INCLUS DANS VOTRE ACHAT
VOTRE OUVRAGE ACCESSIBLE EN LIGNE

sur **www.rfedition.com**

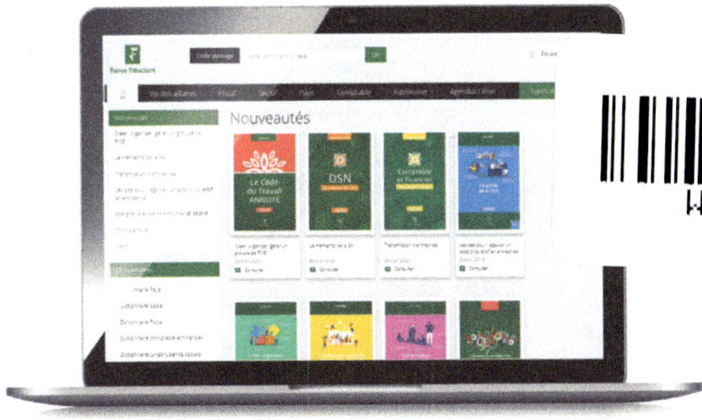

W0329068

> **Accédez à la dernière version** à jour de la réglementation*

> **Consultez votre ouvrage** où que vous soyez

> **Recherchez rapidement** par mots clés

> Retrouvez **l'ensemble de vos éditions**

1 SCANNEZ ce QR Code

OU

1 ENTREZ CE CODE UNIQUE sur le site

IDENTIFIANT UNIQUE

0096-2A1C-422B-8700-1274

2 REMPLISSEZ LE FORMULAIRE et recevez vos identifiants** par e-mail

* Jusqu'à la sortie d'une nouvelle édition. ** Vos identifiants sont uniques et personnels.
Tout partage et reproduction sont strictement interdits et soumis au droit d'auteur.

Revue Fiduciaire

320195012

LES GUIDES

Le mémento de la SA non cotée

Date d'arrêt des textes : 29 novembre 2023

— 16e édition —

Réalisé sous la direction
d'Yves de La Villeguérin

Coordination : Justine Roubeau

Marianne Deniau, Julien Ducomte, Maud Geslot, Anne Laurique, Aurore Milliotte, Charline Peltier, Marie Sautier, Françoise Soulé, Noëlle Tabary et Sandrine Vincent

Groupe Revue Fiduciaire
100, rue La Fayette - 75485 Paris Cedex 10
www.revue-fiduciaire.com

Attention

la photocopie tue le livre

Nous alertons nos lecteurs sur la menace que représente pour l'avenir de l'écrit, tout particulièrement dans les domaines du droit et de la gestion, le développement massif du « photocopillage ».

Le code de la propriété intellectuelle interdit en effet, expressément, la photocopie à usage collectif sans autorisation des ayants droit. Or, cette pratique s'est développée dans de nombreux cabinets, entreprises, administrations, organisations professionnelles et établissements d'enseignement, provoquant une baisse notable des achats de livres et de revues au point que la possibilité même de créer des œuvres nouvelles et de les faire éditer est aujourd'hui menacée.

100 rue La Fayette - 75485 Paris Cedex 10

Dépôt légal Janvier 2024 - ISBN 978-2-7579-1051-1

Achevé d'imprimer sur les presses de l'imprimerie Maqprint - 43 rue Ettore Bugatti - 87280 Limoges - France - Janvier 2024

Le mémento de la SA non cotée

Table analytique

Un sommaire analytique détaillé figure en tête de chaque fiche et une table alphabétique à la page 661

La numérotation des paragraphes n'est pas continue

CONSTITUTION D'UNE SA

ADMINISTRATION ET DIRECTION DE LA SA

DROITS ET DÉCISIONS DES ACTIONNAIRES

COMPTES SOCIAUX ET CONTRÔLE

ACTIONS ET MOYENS DE FINANCEMENT

MODIFICATIONS STATUTAIRES

DOSSIERS PRATIQUES

Constitution d'une SA

Pourquoi choisir une SA ?

UN PROJET D'ENVERGURE

- **CONFIANCE ACCRUE** DES INVESTISSEURS ÉTRANGERS
- **PLUS GRANDE CRÉDIBILITÉ** FACE AUX PARTENAIRES (BANQUES, CLIENTS...)
- **SÉCURITÉ JURIDIQUE**
- **FACULTÉ DE FAIRE APPEL AU PUBLIC** POUR OBTENIR DES CAPITAUX

INCONVÉNIENTS DE LA SA

- **COMPLEXITÉ DES RÈGLES JURIDIQUES**
- **NOMBREUSES RÈGLES IMPÉRATIVES**
- **RIGIDITÉ DE FONCTIONNEMENT**

Revue Fiduciaire

1 Présentation des sociétés anonymes

§§

Éléments essentiels

Personnalité morale

1 La société anonyme (SA) a une vie propre, des droits et des obligations distincts de ceux des personnes qui la composent : elle a une personnalité morale. Sur le plan pratique, cette notion fondamentale se manifeste, notamment, par les conséquences suivantes :
- possession et disposition d'un patrimoine propre ;
- usage d'un nom, la dénomination sociale ;
- disposition d'un domicile, le siège social ;
- attribution d'une nationalité ;
- caractère mobilier des actions quelle que soit la composition de l'actif social ;
- possibilité d'ester en justice ;
- responsabilité pénale dans les cas prévus par la loi, etc.

La jouissance de la personnalité morale est subordonnée à l'immatriculation de la société au registre du commerce et des sociétés *(voir § 153)*.

Commercialité

2 Quel que soit son objet, la SA est, dans tous les cas, une société commerciale, soumise comme telle à l'ensemble des règles du droit commercial et, au point de vue fiscal, passible de l'impôt sur les sociétés (c. com. art. L. 210-1 ; CGI art. 206).

La SA doit tenir une comptabilité conforme aux prescriptions du code de commerce. La législation concernant les procédures collectives lui est, bien entendu, applicable et toutes les contestations entre actionnaires, comme l'action des créanciers sociaux contre la société, relèvent du tribunal de commerce. Les actionnaires ne sont pas commerçants.

Responsabilité limitée des actionnaires

▸ Principe

3 Aucun des actionnaires ne peut être tenu des dettes sociales et des engagements de la société au-delà du montant de ses actions. L'actionnaire voit donc son risque exactement limité soit aux apports en nature qu'il a effectués auprès de la société, soit aux sommes qu'il a promis de lui apporter.

Responsabilité civile des associés. Voir le paragraphe *608.*

▸ Portée pour les dirigeants

4 Ce principe de limitation de responsabilité vaut seulement pour les actionnaires qui ne dirigent pas en droit ou en fait la société. Les dirigeants peuvent voir engager leur responsabilité civile *(voir § 501)*, pénale *(voir § 524)* ou fiscale *(voir § 530)*.

▸ SA d'envergure restreinte

5 Dans le cas des SA d'envergure restreinte, en pratique, cette limitation de la responsabilité est assez illusoire : les banques exigent le plus souvent pour leur financement un engagement personnel et inconditionnel d'un ou de plusieurs actionnaires solvables généralement investis des fonctions de dirigeant au sein de la société ou apparaissant comme les véritables maîtres de l'affaire.

Droits des actionnaires

▸ Information des actionnaires

6 Les droits des actionnaires font l'objet de protections très particulières au sein des SA. Les actionnaires bénéficient d'un droit d'information très minutieusement défini par les textes, leur permettant de participer en connaissance de cause aux délibérations sociales *(voir § 618)*. Il reçoit, par écrit ou sur sa demande par des moyens de télécommunication, des informations des organes de gestion et de contrôle et il délibère sur les rapports établis par les dirigeants et, s'il y a lieu, les commissaires aux comptes.

▸ Droit de céder leurs actions

7 La SA est une société de capitaux (par opposition aux sociétés de personnes). Comme son nom l'implique, elle fait entièrement abstraction de la personnalité des actionnaires qui, sauf exceptions, peuvent librement transmettre leurs actions sans avoir à obtenir le consentement préalable des organes sociaux ou des autres actionnaires *(voir § 1229)*.

Ainsi, les actionnaires ne peuvent rester prisonniers de leurs titres.

Différents types de direction

Deux formes de SA

8 Les SA peuvent recourir à deux types de gestion, à savoir :
– la société dite « moniste classique », dotée d'un conseil d'administration dont les membres peuvent être actionnaires. Ce conseil désigne un président, lequel peut être chargé de la direction de la société avec l'assistance d'un ou de plusieurs directeurs généraux délégués. Les fonctions de président du conseil

d'administration de celles de directeur général peuvent également, en application des clauses statutaires, être dissociées *(voir § 9)* ;
– la société dite « dualiste » comprenant, d'une part, un organe collégial de direction, dénommé « directoire », et, d'autre part, un organe collégial de contrôle, appelé « conseil de surveillance » *(voir § 12)*.

SA à conseil d'administration

▸ Rôle du conseil d'administration

9 Le conseil d'administration a pour mission principale de déterminer les orientations de l'activité de la société en veillant à leur mise en œuvre, conformément à son intérêt social et en prenant en considération les enjeux sociaux, environnementaux, culturels et sportifs de son activité. Il peut aussi se saisir de toute question intéressant la bonne marche de la société *(voir § 304)*.

▸ Direction confiée à un président-directeur général

10 Traditionnellement, la SA a un conseil d'administration dont le président assume la direction générale de la société. Il cumule sur sa tête la double fonction de président du conseil d'administration et celle de directeur général. L'unité de direction est ainsi assurée et la responsabilité est ciblée *(voir § 405)*.

▸ Dissociation des fonctions de président et de directeur général

11 La direction de la SA peut être assurée par une personne physique autre que le président du conseil d'administration, portant le titre de directeur général (c. com. art. L. 225-51-1) *(voir § 416)*.

Dans cet organigramme, le président du conseil d'administration a un rôle réduit à l'organisation et la direction des débats, ainsi qu'à la surveillance du bon fonctionnement du conseil.

Le directeur général est investi des pouvoirs les plus étendus pour agir en toutes circonstances au nom de la société. Il est le chef de l'exécutif et sa responsabilité civile est celle des administrateurs.

La dissociation des fonctions peut entraîner des conflits entre le président et le directeur général et peut être une source de dispersion des pouvoirs et des responsabilités tant envers les actionnaires qu'à l'égard des tiers. La dissociation peut néanmoins présenter un intérêt pour une période de transition destinée à l'intégration d'un futur président.

• **Directeur général délégué.** Sur proposition du directeur général, un ou plusieurs directeurs généraux délégués (5 au maximum) peuvent être nommés par le conseil d'administration (c. com. art. L. 225-53) *(voir § 429)*.

• **Évolution de la structure de direction.** Le choix du mode de direction dans les sociétés traditionnelles appartient au conseil d'administration, dans les conditions prévues par les statuts. Dès lors, le conseil peut, à la fin d'un mandat, passer d'un type d'organisation reposant sur une dissociation du pouvoir de direction entre un directeur général et un président du conseil d'administration à une direction unique en la personne du président du conseil d'administration, également directeur général.

SA à directoire et conseil de surveillance

12 Il peut être stipulé dans les statuts de toute société anonyme que celle-ci est dirigée par un directoire sous le contrôle d'un conseil de surveillance *(voir § 560)*.

Le directoire est composé de personnes physiques qui peuvent être ou non actionnaires. Les membres sont nommés par le conseil de surveillance.

Le conseil de surveillance chargé de contrôler la gestion du directoire réunit des actionnaires, personnes physiques ou morales.

Une des raisons de la création de cette structure était de remédier à la concentration des pouvoirs entre les mains du président du conseil d'administration. La dissociation des pouvoirs offerte au sein de la société à directoire et conseil de surveillance peut permettre d'atteindre cet objectif.

En pratique, cette dissociation n'est pas exempte de difficultés en raison du rôle variable qui peut être donné au conseil de surveillance face au directoire. Elle connaît un certain déclin et reste très minoritairement choisie.

En conséquence, le présent ouvrage se concentre essentiellement sur les SA à conseil d'administration qui restent très majoritaires.

Sociétés cotées ou non

13 Une SA peut, le cas échéant, être cotée.

La loi établit, à plusieurs reprises, une distinction entre les SA dont les titres sont admis aux négociations sur un marché réglementé et les autres SA (règles de constitution, mesures de publicité, contrôle de l'Autorité des marchés financiers).

Le présent ouvrage est consacré aux SA non cotées et ne présente donc pas les spécificités des sociétés cotées.

Nouvelle codification propre aux sociétés cotées. L'ordonnance 2020-1142 du 16 septembre 2020 a clarifié le droit des SA non cotées en transférant les mesures propres aux sociétés cotées dans un nouveau chapitre au sein du code de commerce. Cette ordonnance réorganise les dispositions du code de commerce mais ne modifie ni le champ d'application, ni les règles de fonds applicables à ces sociétés. La nouvelle codification a pris effet au 1er janvier 2021 (ord. 2020-1142 du 16 septembre 2020, art. 19).

SA ou SAS ?

14 Une différence profonde entre SAS et SA réside dans la liberté statutaire d'organisation et de fonctionnement de la SAS dans laquelle les règles impératives sont donc réduites au minimum. Les associés échappent ainsi aux contraintes de la SA aussi bien au niveau de l'administration de la société (conseil d'administration ou directoire, cumul des mandats, limite d'âge…) qu'en ce qui concerne les décisions à prendre, notamment la nécessité de réunir une assemblée ou les règles de quorum et de majorité.

En dépit d'une certaine rigidité de fonctionnement, la SA n'est pas dépourvue d'atouts car elle peut offrir :
– une structure adaptée aux projets d'envergure ;
– une plus grande crédibilité face aux partenaires (banques, clients fournisseurs…) ;
– une confiance accrue à l'égard des investisseurs étrangers (le cadre légal qui entoure le fonctionnement de la SA lui confère une plus grande sécurité juridique, dont le corollaire est une plus grande lourdeur de fonctionnement) ;

– une structure évolutive qui permet de faire appel, si besoin, au public pour obtenir des capitaux en cotant en bourse la société. La SA reste en effet (avec la SCA) la seule forme sociale offrant la possibilité de faire appel au public pour obtenir des capitaux *(voir § 13)*. On notera que la SAS est néanmoins autorisée à réaliser certaines offres au public de titres (auprès d'investisseurs qualifiés ou cercle restreint d'investisseurs ou encore offres encadrées) et à recourir au financement participatif (c. com. art. L. 227-2).

2 Les actionnaires

Nombre d'actionnaires

20 Une SA non cotée peut être constituée entre 2 associés ou plus (c. com. art. L. 225-1, al. 2). Avant l'intervention de l'ordonnance 2015-1127 du 10 septembre 2015, le minimum d'actionnaires dans une SA était de 7. Le passage à un nombre minimal de 2 actionnaires dans les SA avait pour objectif de renforcer l'attractivité de celles-ci, qui, en raison de la stabilité et de la prévisibilité de ses règles de fonctionnement, assure une meilleure protection des associés, et plus particulièrement des minoritaires, que les SAS (rapport au Président de la République relatif à l'ordonnance 2015-1127 du 10 septembre 2015).

Si, au cours de la vie sociale, la société non cotée vient à ne compter qu'un seul actionnaire, cette circonstance n'entraîne pas la dissolution de plein droit de la société, mais tout intéressé peut demander cette dissolution si la situation n'a pas été régularisée dans le délai de 1 an. Telle est la solution résultant de l'article 1844-5 du code civil qui précise que le tribunal :
– peut accorder un délai maximal de 6 mois pour régulariser la situation ;
– ne peut prononcer la dissolution si, au jour où il statue sur le fond, cette régularisation a eu lieu.

Au-delà de 150 actionnaires. Aucun texte ne fixe un nombre maximal d'actionnaires. Toutefois, le chiffre de 150 constitue un seuil sensible ; en effet, au-delà de ce seuil (c. mon. et fin. art. D. 411-4), la notion de cercle restreint d'investisseurs visée par l'article L. 411-2 du code monétaire et financier n'est plus admise et il existe une présomption d'offre au public (c. mon. et fin. art. L. 411-2). La société anonyme qui atteindra ce seuil devra respecter le dispositif applicable à l'offre au public ; les règles sont, dans ce cas, complexes et minutieusement réglementées.

Capacité exigée

Capacité civile

21 Bien que la société anonyme soit une société commerciale, ses actionnaires, pris en cette qualité, ne sont pas des commerçants. Ils n'ont donc pas besoin d'avoir la capacité qui est requise pour être commerçant. Par exemple, une personne contre laquelle a été prononcée une interdiction de gérer peut être actionnaire.

L'actionnaire doit toutefois avoir la capacité juridique de s'engager (c. civ. art. 1128). Tel n'est pas le cas du mineur non émancipé *(voir § 23)* ou encore du majeur sous tutelle *(voir § 28)* (c. civ. art. 1146).

Mineur émancipé

22 Le mineur émancipé a la pleine capacité civile et doit être assimilé à un majeur (c. civ. art. 413-6). Rien ne s'oppose donc à ce qu'il devienne actionnaire d'une société anonyme. Le mineur émancipé peut ainsi souscrire seul des actions en numéraire ou effectuer des apports en nature.

Mineur non émancipé

▸ Souscription des actions

23 Un mineur non émancipé peut être actionnaire d'une société anonyme. Toutefois, les actions doivent être souscrites, en son nom, par son représentant légal. Le représentant légal du mineur est l'administrateur légal si le mineur est sous le régime de l'administration légale. Le représentant légal est le tuteur lorsque le mineur est sous tutelle, c'est-à-dire lorsque les deux parents sont décédés ou privés de l'autorité parentale ou encore lorsque la filiation du mineur n'est pas établie (c. civ. art. 390).

• **Qui est administrateur légal du mineur ?** Lorsque, ce qui est le cas général, l'autorité parentale est exercée en commun par les deux parents, chacun des deux est administrateur légal. Chaque parent est réputé, vis-à-vis des tiers, avoir reçu de l'autre le pouvoir de faire seul les actes d'administration sur les biens du mineur (c. civ. art. 382-1).

Lorsque l'autorité parentale est exercée par un seul parent, c'est ce parent qui l'administrateur légal du mineur (c. civ. art. 382).

• **Vote du mineur.** Les règles d'exercice du droit de vote par son représentant sont présentées plus loin *(voir § 734)*.

▸ Apport de numéraire

24 Lorsqu'un seul parent est administrateur légal, il peut effectuer l'apport sans autorisation du juge des tutelles.

Lorsque chaque parent est administrateur légal, les deux parents doivent effectuer ensemble l'apport en numéraire au nom du mineur. Un parent peut toutefois effectuer seul l'apport lorsque celui-ci n'a que de faibles conséquences sur le contenu et la valeur du patrimoine du mineur, sur ses prérogatives et sur son mode de vie (c. civ. art. 382, 382-1 et 387-1 ; décret 2008-1484 du 22 décembre 2008, ann. 2, col. 2-II).

En cas de désaccord entre les parents sur un apport en numéraire, cet apport doit être autorisé par le juge des tutelles (c. civ. art. 387).

Dans le cas d'un mineur sous tutelle, l'apport en numéraire nécessite l'autorisation du conseil de famille, sauf si cet apport a de faibles conséquences sur le contenu ou la valeur du patrimoine du mineur (c. civ. art. 505 ; décret 2008-1484 du 22 décembre 2008, art. 2 et ann. 2, col. 2-II). Le tuteur peut remplacer l'autorisation du conseil de famille par une autorisation du juge des tutelles lorsque l'apport n'excède pas 50 000 € (c. civ. art. 502 ; décret 2008-1484 du 22 décembre 2008, art. 4).

▸ Apport d'un immeuble ou d'un fonds de commerce

25 Les parents doivent toujours obtenir une autorisation préalable du juge des tutelles en cas d'apport en société d'un immeuble ou d'un fonds de commerce appartenant au mineur (c. civ. art. 387-1, 2°).

S'il appartient à un mineur sous tutelle, l'apport d'un immeuble ou d'un fonds de commerce en société doit être autorisé par le conseil de famille (ou, à défaut, par le juge des tutelles) après recueil de l'avis d'au moins deux professionnels qualifiés (c. civ. art. 505).

▸ Apport d'instruments financiers

26 Les parents doivent obtenir l'autorisation préalable du juge des tutelles lorsque l'apport d'instruments financiers (actions, obligations...) engage le patrimoine du mineur par une modification importante de son contenu, une dépréciation significative de sa valeur ou une altération durable des prérogatives du mineur. Si l'apport ne conduit pas à un tel engagement, il peut être effectué par les parents agissant en commun (ou le parent agissant seul lorsqu'il est seul administrateur légal) (c. civ. art. 382, 382-1 et 387-1).

Lorsque le mineur est sous tutelle, l'apport est soumis au même régime qu'un apport d'un immeuble lorsque les instruments financiers ne sont pas admis aux négociations sur un marché financier. S'ils y sont admis, leur apport nécessite l'autorisation du conseil de famille, sauf lorsqu'il a de faibles conséquences sur la valeur du patrimoine du mineur, sur ses prérogatives et sur son mode de vie (c. civ. art. 505 ; décret 2008-1484 du 22 décembre 2008, art. 2 et ann. 2).

▸ Apport d'autres biens

27 S'agissant des autres biens (par exemple, des parts sociales ou des meubles d'usage courant), les deux parents doivent effectuer ensemble l'apport lorsque chaque parent est administrateur légal. Un parent peut toutefois effectuer seul l'apport lorsque celui-ci n'a que de faibles conséquences sur le contenu et la valeur du patrimoine du mineur, sur ses prérogatives et sur son mode de vie (c. civ. art. 382, 382-1 et 387-1 ; décret 2008-1484 du 22 décembre 2008, art. 2 et ann. 2).

En cas de désaccord entre les parents, cet apport doit être autorisé par le juge des tutelles (c. civ. art. 387).

Lorsqu'un seul parent est administrateur légal, il peut, depuis le 1er janvier 2016, effectuer l'apport sans autorisation du juge des tutelles (c. civ. art. 382 ; décret 2008-1484 du 22 décembre 2008, art. 2 et ann. 2).

Lorsque le mineur est sous tutelle, le tuteur doit obtenir l'autorisation du juge des tutelles, sauf lorsque l'apport a de faibles conséquences sur le patrimoine du mineur, ses prérogatives et son mode de vie (c. civ. art. 505 ; décret 2008-1484 du 22 décembre 2008, art. 2 et ann. 2).

Majeurs protégés

28 Le majeur placé sous la sauvegarde de justice conservant l'exercice de ses droits (c. civ. art. 435, al. 1), il peut souscrire seul des actions de société anonyme ; toutefois, les actes qu'il a passés et les engagements qu'il a contractés pourront être rescindés pour simple lésion ou réduits en cas d'excès. Tel serait le cas, notamment, en présence d'apports sous-évalués (c. civ. art. 435, al. 2).

Le majeur en curatelle ne peut, sans l'assistance de son curateur, faire aucun acte qui, sous le régime de la tutelle des majeurs, requerrait une autorisation du conseil de famille (c. civ. art. 467). En conséquence, l'assistance du curateur est toujours nécessaire en cas d'apport d'un immeuble, d'un fonds de commerce ou d'instruments financiers qui ne sont pas admis aux négociations sur un marché réglementé. Pour les autres biens, l'assistance du curateur est nécessaire sauf lorsque leur apport n'a que de faibles conséquences sur le patrimoine du majeur protégé, ses prérogatives et son mode de vie.

Le majeur sous tutelle est soumis aux mêmes règles que celles relatives à la tutelle des mineurs *(voir §§ 23 à 27)*.

Un mandat de protection future peut être donné par toute personne capable (majeur ou mineur émancipé) pour le cas où elle ne pourrait plus pourvoir seule à ses intérêts en raison d'une altération médicalement constatée de ses facultés mentales (c. civ. art. 477). La mise en exécution de ce mandat n'empêche pas le mandant de souscrire des actions. Toutefois, son apport peut être annulé pour lésion ou réduit en cas d'excès. Les tribunaux prennent notamment en considération l'utilité ou l'inutilité de l'opération, l'importance ou la consistance du patrimoine de la personne protégée et la bonne ou mauvaise foi de ceux avec qui elle a contracté. L'action n'appartient qu'à la personne protégée et, après sa mort, à ses héritiers (c. civ. art. 488).

Curatelle. La circonstance qu'un actionnaire majoritaire soit placé sous curatelle ne lui interdit pas d'exercer ses droits d'actionnaire en l'absence de disposition du jugement de curatelle limitant sa capacité juridique sur ce point ; mais, depuis son placement sous curatelle, l'actionnaire n'a plus la capacité juridique nécessaire pour exercer un mandat d'administrateur d'une société anonyme (CA Paris, 3e ch., sect. A, 2 juillet 2002, 2001/19901).

Étrangers

29 Un étranger peut être associé d'une société anonyme ; il n'a pas, pour cette seule qualité, à avoir une autorisation spéciale ou à effectuer une déclaration quelconque.

Les règles encadrant le contrôle des investissements étrangers ont été modifiées depuis le 1er avril 2020 (décret 2019-1590 du 31 décembre 2019). Le seuil de participation déclenchant un contrôle de l'investissement *(voir infra « Investissement »)* a été abaissé à 25 % (contre 33 %). Les investissements étrangers réalisés en France sont soumis à autorisation du ministre de l'Économie lorsqu'ils sont réalisés au profit d'entité exerçant certaines activités sensibles (c. mon. et fin. art. L. 151-3 et R. 151-3). Sont ainsi visées : les activités de nature à porter atteinte à l'ordre public, à la sécurité publique ou aux intérêts de la défense nationale ainsi que les activités de recherches, de production ou de commercialisation d'armes, de munition, de poudres et substances explosives.

- **Investissement.** Pour cette réglementation, un investissement est le fait (c. mon. et fin. art. R. 151-2) :
– d'acquérir le contrôle (au sens de l'article L. 233-3 du code de commerce) d'une entité de droit français ;
– d'acquérir tout ou partie d'une branche d'activité d'une entité de droit français ;
– de franchir, directement ou indirectement, seul ou de concert, le seuil de 25 % de détention des droits de vote d'une entité de droit français. Le franchissement de ce seuil n'est pas soumis à autorisation si l'investisseur est une personne physique ayant la nationalité d'un État membre de l'UE ou d'un état partie à l'accord sur l'EEE ayant conclu une convention d'assistance avec la France en vue de lutter contre la fraude et l'évasion fiscale et est domicilié dans l'un de ces états.

- **Investisseurs.** Constitue un investisseur (c. mon. et fin. art. R. 151-1, I) :

– toute personne physique de nationalité étrangère (ou de nationalité française n'ayant pas son domicile fiscal en France) ;
– toute entité de droit étranger ;
– toute entité de droit français contrôlée (au sens de l'article L. 233-3 du code de commerce) par une ou plusieurs personnes ou entités énumérées ci-dessus.

• **Chaîne de contrôle.** Constitue une chaîne de contrôle, l'ensemble formé par un investisseur (entité de droit étranger ou de droit français contrôlée) avec les personnes ou entités qui le contrôlent. Toutes les personnes ou entités qui composent cette chaîne constituent des investisseurs (c. mon. et fin. art. R. 151-1, II).

• **Sanctions.** La loi 2019-486 du 22 mai 2019 (dite « loi Pacte ») a renforcé le pouvoir d'injonction du ministre de l'Économie dans l'hypothèse où un investissement étranger soumis à autorisation préalable a été réalisé sans cette autorisation. Ainsi, le ministre peut enjoindre l'investisseur soit de déposer une demande d'autorisation, soit de rétablir à ses frais la situation antérieure, soit de modifier l'investissement. Ces injonctions peuvent être assorties d'une astreinte (c. mon. et fin. art. L. 151-3-1). Le ministre peut également infliger une amende dont le montant ne pourra excéder la plus élevée des sommes suivantes : le double du montant de l'investissement irrégulier, 10 % du montant du chiffre d'affaires annuel de la société cible, 1 M€ pour les personnes physiques et 5 M€ pour les personnes morales (c. mon. et fin. art. L. 151-3-2).

Personnes morales

30 **Tout groupement jouissant de la personnalité morale peut souscrire des actions de société anonyme. Toutefois :**
– si une société par actions a plus de 10 % des actions de la société anonyme, cette dernière ne pourra, par la suite, détenir d'actions de la première (c. com. art. L. 233-29) **;**
– le représentant légal du groupement souscripteur doit être habilité à effectuer la souscription soit par les statuts du groupement, soit par une décision des associés ou de l'organe de direction, selon le cas.

Couples

Époux

31 **Un époux peut devenir actionnaire d'une société anonyme sans avoir besoin de l'autorisation ou du concours de l'autre, même s'il est marié sous un régime de communauté. En effet, chaque époux peut se faire ouvrir, sans le consentement de l'autre, tout compte de dépôt et tout compte de titres en son nom personnel** (c. civ. art. 221)**. Or, les actions de SA sont inscrites sur des comptes de titres. Aucune justification n'a à être donnée au moment de la libération de la souscription promise par un époux candidat associé. Lorsque cet époux est marié sous un régime de communauté, la libération des actions peut être faite au moyen d'espèces détenues par lui ou par un chèque tiré sur un compte bancaire ouvert à son nom, ou encore avec des fonds communs.**

Le conjoint au nom duquel le compte d'actions est ouvert peut en disposer librement. Il est habilité pour faire seul toutes les opérations relatives à la gestion de ces actions.

Deux époux qui font chacun un apport dans une même société doivent naturellement être comptés pour deux actionnaires et non pour un seul, même s'ils sont communs en biens. Toutefois, si l'apport est effectué conjointement par les deux époux, ils ont la qualité d'actionnaires indivis, sauf si les actions sont attribuées à un seul.

• **Apport de biens propres.** Quel que soit le régime matrimonial, un époux peut faire seul à une SA l'apport en nature de biens meubles ou immeubles qui lui sont propres ; toutefois, le consentement du conjoint est nécessaire pour le logement familial (c. civ. art. 215, al. 3) ou pour l'apport d'une entreprise à laquelle le conjoint participe (c. com. art. L. 121-5).

Rappelons que, sous un régime de communauté, sont des biens propres ceux acquis avant le mariage et ceux recueillis par succession ou donation au cours du mariage.

• **Apport de biens communs.** Le consentement des deux époux est indispensable pour l'apport de certains biens dépendant de la communauté (c. civ. art. 1424) : droits qui assurent le logement de la famille, meubles meublants garnissant ce logement, immeubles, fonds de commerce ou exploitation dépendant de la communauté, droits sociaux non négociables (parts de SARL, de société en nom collectif, de société civile), meubles corporels dont l'aliénation est soumise à publicité (avion, bateau). Par ailleurs, un bien faisant partie de la communauté, lorsqu'il est nécessaire à l'exercice de l'activité professionnelle d'un époux, ne peut être apporté à une société que par cet époux (c. civ. art. 1421). Les autres biens communs, telle une créance, peuvent être apportés par un seul époux.

Si un époux a outrepassé ses pouvoirs sur les biens communs, son conjoint peut agir en nullité de l'apport pendant 2 ans à partir du jour où il en a eu connaissance (c. civ. art. 1427). Une fois ce délai écoulé, l'action du conjoint est prescrite (cass. civ., 1re ch., 23 mars 2011, n° 09-66512).

• **Apport d'une entreprise à laquelle le conjoint participe.** Lorsque le conjoint participe à l'activité professionnelle en qualité de conjoint travaillant dans l'entreprise, son consentement doit être sollicité pour aliéner (ou apporter) les éléments du fonds ou de l'entreprise propre ou commune qui, par leur importance ou par leur nature, sont nécessaires à l'exploitation de l'entreprise (c. com. art. L. 121-5) ; à défaut, le conjoint peut demander l'annulation de l'apport. Ce texte s'applique quel que soit le régime matrimonial.

• **Déclaration de remploi.** L'opération par laquelle l'apporteur, marié sous un régime de communauté, et la société se donnent respectivement un bien déterminé et des valeurs contre ce bien a pour effet de faire entrer les valeurs dans le patrimoine de l'apporteur ; il est donc indifférent qu'au moment de l'opération, l'apporteur n'ait pas fait la déclaration de remploi prévue par l'article 1434 du code civil (cass. civ., 1re ch., 21 novembre 1978, n° 76-13275). Mais en cas d'acquisition de parts à l'aide d'espèces provenant de la vente d'un bien propre, et à défaut de déclaration de remploi, ces parts ne prennent pas la qualité de « propre » (cass. civ. 5 mars 1991, n° 87-18298).

• **Restitution des fonds.** Si les fonds déposés par un époux commun en biens doivent être restitués, ils ne doivent l'être qu'à celui au nom duquel le dépôt a été fait ou à celui qui a été indiqué pour les recevoir (cass. civ. 3 juillet 2001, n° 99-19868).

• **Décès.** L'époux marié sous le régime de la communauté qui est inscrit sur le registre des actions a seul la qualité d'actionnaire, même si l'achat a été financé au moyen de biens communs. En conséquence, au décès de son conjoint, les actions ne tombent pas en indivision avec les enfants (CA Versailles, 13e ch., 7 décembre 2000, n° 679 ; Bull. Joly 2001, p. 420). En pratique, et selon cet arrêt opérant une distinction entre le titre et la finance des actions, l'époux survivant vote seul aux assemblées ; il touche les dividendes des actions inscrites à son nom. Il n'a pas à demander l'accord ou l'intervention des enfants pour ces différentes opérations.

- **Divorce.** Durant l'indivision post-communautaire, la cession d'actions indivises ne peut pas être faite par un époux sans l'autorisation de son conjoint. Si l'époux effectue seul cette cession, elle est inopposable à son conjoint et la valeur des actions au jour du partage doit être portée à l'actif de la masse à partager (cass. civ., 1re ch., 7 octobre 2015, n° 14-22224).

- **Droit de vote double.** Lorsqu'un droit de vote double est conféré à des actions en application de l'article L. 225-123 du code de commerce, le droit n'est pas perdu par suite de liquidation de communauté de biens entre époux ou de donation entre vifs au profit d'un conjoint (c. com. art. L. 225-124).

Actionnaires pacsés

▸ Pactes conclus depuis le 1er janvier 2007

32 **Pour les pactes conclus depuis le 1er janvier 2007, les partenaires sont automatiquement soumis à un régime de séparation des biens** (c. civ. art. 515-5). **Ils peuvent toutefois, dans la convention initiale ou dans une convention modificative, choisir de soumettre au régime de l'indivision les biens qu'ils acquièrent, ensemble ou séparément, à compter de l'enregistrement de ces conventions. Lorsque cette déclaration est effectuée, les biens sont alors réputés indivis par moitié** (c. civ. art. 515-5-1).

En dépit d'une déclaration de soumission au régime de l'indivision dans le pacte, demeurent la propriété exclusive de chaque partenaire, notamment (c. civ. art. 515-5-2) :
– les biens créés avec leurs accessoires ;
– les biens acquis au moyen de deniers appartenant à un partenaire antérieurement à l'enregistrement de la convention initiale ou modificative ;
– les biens acquis au moyen de deniers reçus par donation ou succession.

En pratique, s'il existe une clause soumettant au régime de l'indivision les biens acquis par les partenaires postérieurement à la convention, les actions reçues en rémunération d'un apport réalisé par un partenaire sont donc, a priori, indivises pour moitié. Toutefois, le caractère propre des actions du partenaire fondateur sera maintenu s'il effectue une déclaration d'emploi de deniers soit lui appartenant antérieurement au Pacs (relevé de compte bancaire), soit reçus par donation ou succession. Une autre solution serait de considérer que le fondateur bénéficie du caractère propre au titre des biens créés, ce terme visant peut-être les actions d'une SA en cours de constitution.

▸ Pactes antérieurs au 1er janvier 2007

33 Si les partenaires n'ont pas opté pour le régime actuel (*voir § 32*), les biens dont les partenaires deviennent propriétaires à titre onéreux postérieurement à la conclusion du pacte civil de solidarité sont présumés indivis par moitié si l'acte d'acquisition ou de souscription n'en dispose pas autrement (c. civ. art. 515-5, al. 2 ancien). Cela vaut pour les actions souscrites après la conclusion du pacte.

Choix de sa dénomination sociale : précautions à prendre

1

ÉVITER LA CONFUSION
AVEC UNE DÉNOMINATION EXISTANTE OU UNE MARQUE DÉPOSÉE

▼ **EFFECTUER UNE « RECHERCHE D'ANTÉRIORITÉ »**
▼ AUPRÈS DE L'INPI

▼ **RÉSERVER AU PLUS TÔT UN NOM DE DOMAINE**

2

ÉVITER LES PIÈGES

CHOISIR UNIQUEMENT DES LETTRES OU DES CHIFFRES

CERTAINS SIGNES PEUVENT ÊTRE AJOUTÉS : « @ » OU « / »
—
D'AUTRES SONT INTERDITS EX : « € » OU « X³ »

ÉVITER CERTAINS TERMES

EX : LE MOT « SOLDE » OU SES DÉRIVÉS

INCLURE LE NOM DES ACTIONNAIRES ?

POSSIBLE
MÊME SI LE NOM DE L'ACTIONNAIRE (PERSONNE PHYSIQUE) EST LE MÊME QUE CELUI D'UNE MARQUE DÉPOSÉE

UNE DÉNOMINATION DE PURE FANTAISIE

EST AUSSI POSSIBLE

Revue Fiduciaire

3 Rédaction des statuts

§§

Établissement des statuts

Projet de statuts

50 C'est au vu des statuts que les souscripteurs pourront s'engager en connaissance de cause. Il est donc indispensable qu'au cours de la brève procédure de constitution, d'éventuelles modifications ne puissent pas être apportées subrepticement au texte du projet de statut sur la base duquel la souscription est effectuée.

Pratiquement, le projet est établi en autant d'exemplaires que de souscripteurs et est remis à chacun d'eux : les intéressés peuvent ainsi vérifier que les statuts, soumis à leur signature après l'accomplissement des premières formalités, sont conformes au projet au vu duquel ils ont souscrit. Il est également possible de déposer le projet au rang des minutes d'un notaire ou même d'établir le projet par acte notarié, mais ces deux dernières solutions ne sont généralement retenues que si les formalités de constitution s'échelonnent dans le temps ou si le nombre des futurs actionnaires est relativement élevé.

- **Préambule.** Un préambule exposant les raisons pour lesquelles le contrat de société est établi peut introduire les statuts. Il n'a pas de valeur contraignante, sauf s'il contient des obligations ou interdictions. En cas de litige, les juges peuvent s'y référer pour la recherche des objectifs voulus par les actionnaires.

- **Promesse de société.** L'engagement pris par une personne envers une autre dépasse le stade de « simples pourparlers » dès lors qu'il ressort d'un compte rendu de réunion, à laquelle les deux parties ont participé, qu'un accord est intervenu sur l'objet de la future société, sur l'importance et la nature des apports respectifs de chaque associé et sur la forme de la nouvelle société, que la rémunération d'un des futurs associés est également prévue et que, par suite, la rupture abusive unilatérale de cette promesse de société ouvre droit à réparation (cass. com. 28 avril 1987, n° 85-18062).

Par ailleurs, la convention intitulée « promesse de société » comportant une clause de « non-réalisation de la présente promesse sans indemnité de part ni d'autre » traduit la volonté des parties signataires de préparer, dans un avant-contrat, les bases d'une association future, tout en réservant leur engagement définitif jusqu'à la date limite de la constitution de la société (cass. civ. 5 novembre 1996, n° 94-20817).

Acte sous seing privé

51 **Les statuts des sociétés anonymes doivent nécessairement être établis par un acte. Lorsque le capital est entièrement constitué par des apports en espèces ou par apports de biens mobiliers, l'acte peut être établi sous signatures privées.**

Il est dressé autant d'originaux (c'est-à-dire d'exemplaires signés par tous les actionnaires) qu'il est nécessaire pour le dépôt d'un exemplaire au siège social et l'exécution des diverses formalités requises (c. com. art. R. 224-1). **Les statuts sont fournis en copie des originaux par voie électronique via le Guichet unique** (c. com. art. R. 123-77) *(voir §§ 1600 et 1664)*.

• **Apport d'un brevet ou d'un droit au bail : originaux supplémentaires.** Certaines formalités pourront rendre nécessaires des exemplaires originaux supplémentaires. Ainsi, en cas d'apport de brevets d'invention, un original sera destiné à l'Institut national de la propriété industrielle (INPI) ; en cas d'apport de droit au bail, si le bail le prévoit, un original sera délivré au propriétaire.

• **Copies certifiées conformes.** Il faudra prévoir, en outre, un certain nombre de copies de l'acte constitutif qui, après avoir été certifiées conformes par le président, serviront pour les dépôts aux différentes administrations, aux banques, etc.

Acte notarié

▸ Apport d'un bien soumis à publicité foncière

52 **Les statuts peuvent, dans tous les cas, être dressés dans la forme notariée, l'acte étant conservé dans les minutes du notaire qui délivre les expéditions nécessaires au dépôt au greffe.**

En cas d'apport d'un bien soumis à publicité au service de la publicité foncière, l'acte constatant un tel apport doit être dressé en la forme notariée. Une telle publicité est requise non seulement si le bien est un immeuble, mais également s'il s'agit d'un droit au bail d'une durée de plus de 12 ans et portant sur un immeuble (c. civ. art. 710-1).

▸ Société entre successibles

53 **Lorsque la société est constituée entre une personne et un ou plusieurs de ses héritiers présomptifs (un père et ses enfants, par exemple), la rédaction des statuts par acte notarié permet aux enfants membres de la société de ne pas craindre une demande de rapport à la succession paternelle des avantages retirés par eux de la constitution de la société. Aux termes de l'article 854 du code civil, en effet, « il n'est pas dû de rapport pour les associations faites sans fraude entre le défunt et l'un de ses héritiers, lorsque les conditions en ont été réglées par un acte authentique ».**

Si l'acte constitutif est fait sous seing privé, la menace d'un rapport à succession n'est d'ailleurs à redouter pour l'héritier actionnaire que s'il a bénéficié, de ce fait, d'une véritable libéralité au détriment des autres cohéritiers non actionnaires. La forme sous seing privé pourra donc être employée sans inquiétude si tous les héritiers présomptifs entrent en même temps dans la société.

▸ **Société entre époux**

54 Aux termes de l'article 1832-1 du code civil « les avantages et libéralités résultant d'un contrat de société entre époux ne peuvent être annulés parce qu'ils constitueraient des donations déguisées, lorsque les conditions en ont été réglées par un acte authentique ».

Ce texte n'interdit pas de constituer par acte sous seing privé une société dans laquelle entrent simultanément deux époux, mais l'un des époux peut alors se voir reprocher un jour d'avoir consenti ainsi une donation déguisée au profit de l'autre.

Clauses des statuts

Rédaction des statuts

55 Outre les mentions obligatoires *(voir § 56)*, l'usage est de reproduire les principales dispositions légales afin de faciliter la compréhension et la consultation du pacte social. Toutefois, les fondateurs peuvent rédiger des statuts simplifiés contenant les mentions indispensables et renvoyant, pour le reste, aux dispositions législatives et réglementaires. La lecture peut en être plus difficile, cette simplification obligeant à consulter les textes légaux et réglementaires. Ces statuts simplifiés ont, en revanche, l'avantage de ne pas avoir à être modifiés lorsqu'une disposition légale est réformée.

Par ailleurs, les statuts peuvent contenir toutes les autres dispositions utiles au fonctionnement de la société qui ne violent pas celles d'ordre public.

• **Raison d'être.** Depuis le 24 mai 2019, les statuts d'une société peuvent mentionner une « raison d'être ». Cette raison d'être correspond aux « principes dont la société se dote et pour le respect desquels elle entend affecter des moyens dans la réalisation de son activité » (c. civ. art. 1835 modifié par la loi 2019-486 du 22 mai 2019, dite loi « Pacte »).

Si la mention d'une raison d'être est une simple faculté, elle est toutefois indispensable à toute entreprise souhaitant s'attribuer le statut de société à mission (sur cette notion, voir ci-dessous).

• **Société à mission.** La loi Pacte a intégré un nouveau concept au code de commerce, celui de société à mission. L'idée est qu'une entreprise puisse mettre en avant le fait qu'elle poursuit, en plus du but lucratif, une finalité d'ordre social ou environnemental.

Une société ne peut faire publiquement état de sa qualité de société à mission que lorsque les conditions suivantes seront respectées (c. com. art. L. 210-10) :
– ses statuts précisent une raison d'être (sur cette notion, voir ci-dessus) ;
– ses statuts précisent un ou plusieurs objectifs sociaux et environnementaux que la société se donne pour mission de poursuivre dans le cadre de son activité ;
– ses statuts précisent les modalités du suivi de l'exécution de cette mission ;
– l'exécution des objectifs sociaux et environnementaux fait l'objet d'une vérification par un organisme tiers indépendant ;
– la société déclare sa qualité de société à mission au greffier du tribunal de commerce, qui la publie au registre du commerce et des sociétés.

L'exécution des objectifs est contrôlée par un organisme tiers indépendant au moins tous les 2 ans, la première vérification intervenant dans les 18 mois suivant la déclaration de la qualité de société à mission au RCS (voir c. com. art. R. 210-21 pour la désignation de l'organisme et les modalités de son contrôle). Les vérifications de l'organisme donnent lieu à un avis motivé qui est joint au rapport de gestion (c. com. art. L. 210-10, 4° ; c. com. art. A. 210-1 et A. 210-2).

• **Rédaction d'un pacte d'actionnaires.** Des actionnaires peuvent également rédiger un pacte d'actionnaires pour fixer entre eux certaines règles, telle une convention de vote. La rédaction d'un tel pacte et son articulation avec les statuts sont délicates, d'autant que, en cas de contentieux, les dispositions statutaires prévalent sur les dispositions du pacte (cass. com. 5 juin 2019, n° 17-18967).

Liste des mentions obligatoires

56 **Les énonciations obligatoires visées par le code de commerce pour les sociétés commerciales sont celles qui précisent** (c. com. art. L. 210-2) **:**
– la forme de la société (ici, société anonyme) ;
– le montant du capital *(voir § 100)* **;**
– la durée de la société *(voir § 61)* **;**
– l'objet social *(voir § 63)* **;**
– la dénomination sociale *(voir § 64)* **;**
– le siège social *(voir § 65)***.**

Sont également imposées les mentions concernant (c. com. art. R. 224-2) **:**
– le nombre d'actions émises, en distinguant, le cas échéant, les différentes catégories d'actions créées et la nature des droits particuliers attachés à celles-ci, et, selon le cas, la part de capital social représentée par chaque catégorie d'actions ou la valeur nominale des actions qui composent celle-ci (actions ordinaires et actions de préférence, *voir §§ 1102 et 1200***) ;**
– la forme des actions nominatives ou au porteur *(voir § 1105)* **;**
– le cas échéant, les restrictions à la libre négociabilité ou à la cessibilité des actions *(voir §§ 1256 à 1275)* **;**
– l'identité des apporteurs en nature, l'évaluation de l'apport effectué par chacun de ceux-ci et le nombre d'actions remises en contrepartie de l'apport ;
– l'identité des bénéficiaires d'avantages particuliers et la nature de ceux-ci ;
– les stipulations relatives à la composition, au fonctionnement et aux pouvoirs des organes de la société *(voir §§ 57 à 59)* **;**
– les dispositions relatives à la répartition du résultat *(voir § 60)***, à la constitution de réserves et à la répartition du boni de liquidation ;**
– l'identité de toutes les personnes physiques ou morales qui ont signé ou au nom de qui ont été signés les statuts ou le projet de statuts.

Valeur nominale des actions. L'article R. 224-2 du code de commerce énumère encore, parmi les mentions obligatoires, la valeur nominale des actions. En réalité, la valeur nominale des actions peut ne pas être fixée par les statuts *(voir § 1107)*.

Conseil d'administration et direction générale

57 **Les statuts fixent :**
– le nombre d'administrateurs (c. com. art. L. 225-17) *(voir § 209)* **;**
– la durée de leurs fonctions (c. com. art. L. 225-18) *(voir § 242)* **;**
– le nombre d'actions dont les administrateurs peuvent être propriétaires (c. com. art. L. 225-25) *(voir § 225)* **;**
– la désignation des premiers administrateurs (c. com. art. L. 225-16) *(voir § 236)* **;**
– le choix du mode de direction de la société : président et directeur général ou président du conseil d'administration et directeur général *(voir § 401)* **;**
– les règles relatives à la convocation et aux délibérations du conseil (c. com. art. L. 225-36-1) *(voir §§ 280 à 293)* **;**
– les missions du conseil (c. com. art. L. 225-35) *(voir §§ 304 à 309)* **;**
– les pouvoirs du président (c. com. art. L. 225-51) *(voir § 407)* **;**

– les limites d'âge des membres du conseil d'administration et des dirigeants sociaux (à défaut, ce sont les limites légales qui s'appliquent) (c. com. art. L. 225-54) *(voir § 228)*.

Les clauses statutaires limitant les pouvoirs légaux du conseil d'administration et de son président sont inopposables aux tiers (c. com. art. L. 225-35, L. 225-51 et L. 225-64).

Commissaire aux comptes

58 Avant l'entrée en vigueur de la loi Pacte, la nomination de commissaires aux comptes était obligatoire dans toute société anonyme et les premiers commissaires aux comptes devaient être désignés dans les statuts (c. com. art. L. 225-16 ancien).

Depuis la réforme opérée par la loi Pacte, cette mention dans les statuts n'a plus lieu d'être. En effet, les sociétés anonymes n'ont plus à désigner un commissaire aux comptes lorsqu'elles se créent. Cette désignation n'interviendra que par la suite si la société vient à dépasser certains seuils *(voir § 950)*.

Assemblées générales

59 Les statuts contiennent des clauses relatives :
– aux délais et conditions de convocation *(voir §§ 681 à 712)* ;
– le cas échéant, au nombre maximal de voix dont dispose chaque actionnaire *(voir § 778)* ;
– le cas échéant, au droit de vote privilégié conféré aux actions entièrement libérées pour lesquelles il est justifié d'une inscription nominative depuis 2 ans au moins au nom du même actionnaire (droit de vote double, *voir § 788)* ;
– et aux actions de préférence *(voir § 1200)*.

Répartition des bénéfices

60 Les statuts doivent contenir « les dispositions relatives à la répartition du résultat, à la constitution des réserves et à la répartition du boni de liquidation » (c. com. art. R. 224-2, 7°).

Les règles légales concernant la détermination du bénéfice et des sommes distribuables ainsi que celles ayant trait à l'affectation des résultats sont exposées plus loin *(voir §§ 862 à 873)*.

Dans la limite des prescriptions légales, il appartient donc aux statuts :
– de décider si les actionnaires ont droit à un premier dividende – appelé encore « intérêt statutaire » –, le taux de ce dividende et les modalités de son calcul. En particulier, ils préciseront si certaines réserves doivent être prises en compte ;
– de préciser, s'il est créé des actions de préférence, les avantages pécuniaires que ces actions comportent par rapport aux actions ordinaires ;
– de fixer les pouvoirs de l'assemblée en matière de constitution de réserves et de report à nouveau.

Durée de la société

61 La durée pour laquelle est constituée la SA ne peut excéder 99 ans (c. com. art. L. 210-2) ; elle court à dater de l'immatriculation au registre du commerce et des sociétés (c. com. art. R. 210-2).

En pratique, la durée de la société sera fixée à 99 ans sans préjudice de la dissolution anticipée qui pourra être décidée par les actionnaires selon les conditions prévues dans les statuts.

Durée de l'exercice social

62 Il convient de préciser dans les statuts la date de clôture de l'exercice social (c. com. art. R. 123-53, 8°). Aucun texte ne fixe la durée de l'exercice social, mais l'article L. 123-12 du code de commerce imposant un contrôle par inventaire au moins tous les 12 mois, c'est cette durée qui est en usage.

Premier exercice social. Par exception, la durée du premier exercice social peut être inférieure ou supérieure à 12 mois. Ne constitue pas une irrégularité justifiant un refus d'immatriculation de la société la durée d'un premier exercice social fixée entre 18 et 23 mois si cette durée est conforme aux clauses des statuts sur ce point (CCRCS, avis n° 2015-015, 29 septembre 2015).

Objet social

63 L'objet social doit être possible, licite et respecter les prescriptions légales qui réglementent certaines professions. L'objet social doit figurer dans les statuts (c. com. art. L. 210-2). La définition de l'objet social doit être précise car elle sert de limitation aux pouvoirs des dirigeants, du moins dans les rapports juridiques internes à la société. Les SA ne peuvent invoquer la nullité d'engagements dépassant les limites de l'objet social que si elles apportent la preuve que les tiers contractants n'ignoraient pas ces limites (c. com. art. L. 225-35, al. 2 et L. 225-56, al. 2).

La définition de l'objet social dépendra de l'activité commerciale ou industrielle poursuivie. Il est recommandé de rédiger la clause relative à l'objet en termes suffisamment généraux tout en précisant le but principal, pour éviter d'avoir à le modifier si la société veut entreprendre des opérations accessoires.

Par ailleurs, certaines activités ne peuvent être exercées que sous réserve de justifier soit de diplômes, soit d'une expérience professionnelle, ou des deux à la fois. D'autres professions sont soumises à autorisation ou à délivrance d'autorisation ou de licence. Les ministères dont relève l'activité envisagée sont à même de renseigner sur le statut particulier éventuellement attaché à celle-ci.

La SA est toujours commerciale, même si son objet est purement civil *(voir § 2)*.

K bis. Au regard du registre du commerce et sur l'extrait K bis, seules les activités principales de la société sont prises en compte et indiquées ; elles correspondent à l'objet social sommairement indiqué. Il n'en demeure pas moins que, pour les opérations importantes, c'est le libellé de la clause statutaire « objet » qui sera à retenir.

Dénomination sociale

64 La société est désignée par une dénomination sociale qui doit être précédée ou suivie de la mention « société anonyme » et du montant du capital social (c. com. art. L. 224-1). Cette dénomination sociale doit être précisée dans les statuts.

Le nom d'un ou de plusieurs associés peut être inclus dans la dénomination sociale (par exemple, « La Carrosserie automobile Durand »), mais celle-ci peut, aussi bien, être de pure fantaisie (par exemple, « Carauplastique ») ou encore être en rapport avec l'objet social (par exemple, « La Carrosserie automobile plastique »).

La dénomination sociale est librement choisie par les associés mais elle ne doit pas porter atteinte aux droits que des tiers pourraient détenir sur cette appellation (marque, nom commercial, dénomination sociale antérieure...).

L'usurpation de la dénomination d'une société existante et le choix d'une dénomination presque semblable de nature à créer une confusion dans l'esprit du public constituent des actes de concurrence déloyale pouvant entraîner condamnation à des dommages-intérêts et à modification de la dénomination. Les dénominations sociales ne sont toutefois protégées que dans la limite de leur rayonnement.

Avant d'adopter une dénomination, il est donc utile d'effectuer une recherche d'antériorité auprès de l'Institut national de la propriété industrielle (www.inpi.fr). Une fois la dénomination choisie, la SA aura tout intérêt à demander au plus tôt un nom de domaine sur le réseau Internet, dès lors qu'elle souhaite une adresse mentionnant sa dénomination sociale.

• **Sigle @.** La dénomination d'une société est constituée à partir de caractères « alphanumériques ». En ce qui concerne le signe @, dit « arobase », il doit être assimilé à la lettre « a » et classé comme tel au RCS (RCS, bull. n°s 9 et 10, p. 29).

• **Sigle €.** Le symbole € (euro) n'est pas une lettre de l'alphabet ; il ne peut être utilisé comme telle dans une dénomination sociale (RCS, bull. n° 17, p. 17).

• **X3.** Une société ne peut pas valablement être immatriculée sous la dénomination X3 car le signe X peut signifier indifféremment la lettre majuscule ou le chiffre romain et le chiffre 3 peut correspondre à un chiffre, un multiplicateur ou un exposant (RCS, bull. 20, p. 11).

• **Solde.** L'emploi du mot « soldes » ou de ses dérivés est interdit pour désigner toute activité, toute dénomination sociale ou tout nom commercial, enseigne ou qualité (c. com. art. L. 310-3, II).

• **Dénomination englobant un sigle.** Lorsque la dénomination déterminée par les statuts fait expressément état d'une abréviation (Dupont Durand Martin par abréviation DDM), celle-ci doit être déclarée comme un sigle. Mais si cette dénomination inclut l'abréviation des termes employés (Dupont Durand Martin DDM), celle-ci doit être considérée comme un sigle seulement lorsqu'elle est déclarée comme sigle dans l'imprimé d'immatriculation M0 (RCS, bull. 14 et 15, p. 21). Le sigle de la dénomination sociale d'une société qui ne peut être composé que des initiales de celle-ci doit être déclaré au RCS. Aucun texte n'impose sa mention dans les statuts. En revanche, la publication du sigle doit être effectuée dans un journal d'annonces légales (RCS, bull. 25, p. 15).

• **Dénomination et enseigne.** L'enseigne, ou nom commercial, est attachée à l'identification du fonds de commerce. Une SA a une seule dénomination mais peut avoir plusieurs enseignes dès lors que celles-ci sont distinctes de cette dénomination. L'enseigne indépendante de la dénomination peut être changée sans que la dénomination le soit.

Une société peut être désignée en justice sous une dénomination constituant un nom commercial ou une enseigne (cass. civ., 2e ch., 24 mai 2007, n° 06-12454).

• **Nom patronymique.** Le principe de l'inaliénabilité et de l'imprescriptibilité du nom patronymique ne s'oppose pas à la conclusion d'un accord portant sur l'utilisation de ce nom comme dénomination sociale ou nom commercial (cass. com. 12 mars 1985, D. 1985, n° 84-17163). Inséré dans les statuts, le patronyme est devenu un signe distinctif pour la personne morale et devient ainsi objet de propriété incorporelle (cass. com. 16 juin 1987, n° 85-18879).

L'intégration du nom patronymique dans la dénomination peut être un frein à la cession de contrôle de la société ou, du moins, être une source de difficiles négociations.

Mais le consentement donné par un associé fondateur, dont le nom est notoirement connu, à l'insertion d'un patronyme dans la dénomination sociale d'une société exerçant son activité dans le même domaine que celui du titulaire du nom ne saurait, sans un accord de sa part et en l'absence de renonciation expresse ou tacite à ses droits patrimoniaux, autoriser la société à déposer ce patronyme à titre de marque pour désigner les mêmes produits ou services (cass. com. 6 mai 2003, n° 00-18192).

Par ailleurs, une société peut incorporer dans sa dénomination sociale un nom de famille identique à une marque existante (champagne « Henriot ») à condition que le titulaire du nom exerce des fonctions de contrôle et de direction dans cette société (cass. com. 21 juin 2011, n° 10-23262).

La société dont la dénomination sociale contient un nom patronymique et qui est titulaire d'une marque constituée de ce même nom peut, sur le fondement de ses droits antérieurs, demander l'annulation de la marque qui, déposée ultérieurement par une société concurrente, se compose du même patronyme. L'utilisation de mauvaise foi par cette dernière de ce nom dans sa dénomination sociale justifie qu'il lui soit interdit de l'utiliser à ce titre, cette interdiction devant être délimitée dans son étendue (cass. com. 13 novembre 2013, n° 12-26439). En revanche, une marque ne permet pas à son titulaire d'interdire à un tiers l'usage, dans la vie des affaires et conformément aux usages loyaux du commerce, de son nom de famille lorsque ce tiers est une personne physique (c. propr. intell. art. 713-6).

Le fait, pour le cédant de la totalité des actions, d'avoir accolé son nom à la dénomination d'une autre société qu'il a créée après la cession est générateur d'une confusion préjudiciable à la société dont les titres ont été cédés, en raison de la similitude d'activité de ces deux entreprises dans le même secteur géographique (cass. com. 21 avril 1992, n° 90-16365).

• **Dénomination et marque.** Est interdit, sauf autorisation du titulaire de la marque, l'usage dans la vie des affaires pour des produits ou des services (c. propr. intell. art. L. 713-2) :
– d'un signe identique à la marque et utilisé pour des produits ou des services identiques à ceux pour lesquels la marque est enregistrée ;
– d'un signe identique ou similaire à la marque et utilisé pour des produits ou des services identiques ou similaires à ceux pour lesquels la marque est enregistrée, s'il existe, dans l'esprit du public, un risque de confusion incluant le risque d'association du signe avec la marque.

• **Marque appartenant à une société en formation.** Caractérise une fraude le fait pour une société A de déposer comme marque un nom qu'elle sait avoir été adopté comme dénomination sociale par une société B en cours d'immatriculation, alors que cette société A et son gérant étaient associés-fondateurs de la société B et qu'ils n'avaient pas obtenu l'accord des autres associés de la société B (cass. com. 24 septembre 2002, n° 99-19362).

• **Appréciation du risque de confusion.** Ne peut être adopté comme marque un signe portant atteinte à une dénomination sociale antérieure s'il existe un risque de confusion dans l'esprit du public. Ce risque doit s'apprécier globalement, par référence au contenu des enregistrements de la marque, vis-à-vis du consommateur des produits ou services tels que désignés par ces enregistrements et sans tenir compte des conditions d'exploitation de la marque ni de l'activité de leur titulaire (cass. com. 14 avril 2021, n° 18-21695).

Siège social

Le siège social est le domicile légal de la société

65 Le siège social doit être mentionné dans les statuts. C'est lui qui détermine :
– la loi applicable : les sociétés dont le siège social est situé en territoire français sont soumises à la loi française (c. com. art. L. 210-3) ;
– le lieu où devront être effectuées les formalités légales de publicité tant lors de la constitution qu'au cours de la vie sociale ;
– les tribunaux compétents pour toutes les actions judiciaires concernant la société.

Les tiers peuvent se prévaloir du siège statutaire, mais celui-ci ne leur est pas opposable par la société si son siège réel est situé en un autre lieu.

Par ailleurs, l'impôt sur les sociétés est établi au lieu du principal établissement de la personne morale ; toutefois, selon ce même texte, l'administration peut désigner comme lieu d'imposition soit celui où est assurée la direction effective de la société, soit celui de son siège social (CGI art. 218 A).

• **Siège réel et siège d'exploitation.** Le lieu du siège social est, en principe, celui où l'entreprise a principalement sa direction juridique, financière, administrative et technique (cass. civ. 7 juillet 1947, D. 1948 somm. 9) ; il en résulte que le siège social peut être distinct du lieu d'exploitation où s'exerce l'activité matérielle.

• **Statut des baux commerciaux.** Une société filiale d'une société étrangère ayant en France son siège social, ses établissements principaux, sa direction et son exploitation est une société française bénéficiant du statut des baux commerciaux (cass. civ. 10 mars 1976, Rev. soc. 1977, 305).

• **Boîte postale.** Une boîte postale, ne répondant pas aux critères posés par l'article R. 123-168 du code de commerce relatif au contrat de domiciliation collective, ne peut être considérée comme un lieu où un siège social peut être installé. Les conclusions d'appel d'une société indiquant comme siège une simple boîte postale sont en conséquence irrecevables (CA Paris, 5e ch., 5 décembre 2007, n° 06-19223).

Les options possibles

66 Le siège social est normalement fixé dans des locaux dont la société dispose en qualité de propriétaire, locataire ou sous-locataire. Elle peut également avoir recours à une domiciliation collective (c. com. art. L. 123-11, al. 2) *(voir § 71)*.

La société peut toutefois être domiciliée en permanence à l'adresse du représentant légal de la SA dès lors que le domicile n'est pas situé à Paris, dans une ville de plus de 200 000 habitants ou dans les communes situées dans les départements des Hauts-de-Seine, de la Seine-Saint-Denis et du Val-de-Marne, et que le bail ou le règlement de copropriété n'interdit pas cette domiciliation *(voir § 67)*.

Une domiciliation permanente chez le dirigeant est également possible dans toutes les villes lorsque l'activité de la société est exercée sans l'emploi de salariés et ne conduit à recevoir ni clientèle ni marchandise *(voir § 68)*.

Enfin, une domiciliation temporaire chez le dirigeant (pour une durée maximale de 5 ans) est toujours possible *(voir § 70)*.

• **Justificatif.** Matériellement, la société devra présenter, lors de son immatriculation, le justificatif de la jouissance privative du local où est situé le siège social : titre de propriété, bail commercial, acte de cession du droit au bail, lettre de mise à disposition.

Le greffe admet également :
– une facture de téléphone ou d'électricité au nom de la société en formation ou de ses fondateurs ;
– une facture de téléphone ou d'électricité, ou une quittance de loyer au nom d'une autre personne, à laquelle est jointe une attestation de ladite personne faisant état de la mise à disposition du local (RCS, bull. n°s 14 et 15, p. 49) ;
– tout document permettant de démontrer la réalité de l'adresse déclarée (RCS, bull. n°s 26 et 27, p. 13).

Le greffe ne contrôle pas la qualité de propriétaire de celui qui met le local à disposition et il n'est pas juge de la régularité de la domiciliation.

• **Apport d'un droit au bail.** Si l'un des futurs associés fait apport à la société d'un droit au bail commercial, il y a lieu de respecter non seulement les formalités prévues par la loi en cas d'apport mais aussi les stipulations du bail fixant les droits du propriétaire en pareille circonstance *(voir § 118)*.

Siège social au domicile du dirigeant

► 1er cas : L'adresse du dirigeant permet d'y installer le siège

67 **Dès lors que le domicile du président ne se trouve ni dans une commune de plus de 200 000 habitants ni dans le département des Hauts-de-Seine, de la Seine-Saint-Denis ou du Val-de-Marne** (c. constr. et hab. art. L. 631-7 et L. 631-7-1)**, la SA peut y installer son siège social, recevoir des clients et exercer sans restriction son activité, et ceci, sans aucune limite dans la durée.**

Toutefois, cette possibilité offerte par l'article L. 123-11-1, alinéa 1, du code de commerce nécessite que l'installation du siège social ne soit interdite ni par le règlement de copropriété ni par le bail du dirigeant. En présence de telles restrictions, notamment prévues dans le bail du gérant, c'est une domiciliation temporaire de 5 ans au plus qui s'imposera *(voir § 70)*.

Cette domiciliation peut être mise en œuvre dans la résidence principale du futur directeur général ou du président et du directeur général, ou du président du directoire et des directeurs généraux d'une SA à directoire. Il ne peut s'agir du domicile du directeur général délégué (c. com. art. L. 225-56 ; CCRCS, avis 04-63 du 17 octobre 2005).

• **Mise à disposition gracieuse.** Pour les besoins des formalités au RCS, le dirigeant établira une lettre ou une convention de mise à disposition gracieuse d'une partie de son local d'habitation pour que la société y établisse son siège et exerce, s'il y a lieu, certaines activités.

• **Transfert à tout moment.** Dans le cas où aucune disposition législative ou stipulation contractuelle ne s'oppose à l'installation du siège social de la SA au domicile de son dirigeant, le transfert du siège social est possible à tout moment (RCS, bull. 24, p. 21 ; circ. 2004-06 D1 du 14 juin 2004) ; la domiciliation permanente à l'adresse du président n'est pas réservée à la seule constitution de la société (rép. Estrosi n° 38172, JO 22 juin 2004, AN quest. p. 4749).

• **Hébergement d'une autre société.** Une société ne peut pas héberger une autre société dans le local d'habitation de son représentant légal (RCS, bull. 26 et 27, p. 35).

• **Déménagement du dirigeant.** Le dirigeant de la SA peut faire suivre le siège de la société à l'adresse de son nouveau domicile en cas de déménagement.

→ EN PRATIQUE *Pour bénéficier du dispositif de domiciliation à l'adresse du dirigeant de la société, la personne intéressée doit procéder aux vérifications suivantes :*
– ai-je la qualité de représentant légal, et donc de dirigeant, de la société en cours de constitution ? ;
– le local destiné au siège social est-il situé dans une ville ou une commune où est interdit tout changement d'affectation de locaux d'habitation pour un autre usage ? ;
– le local pressenti comme siège social m'appartient-il et en ai-je la libre disposition ? Cet immeuble est-il indépendant ou compris dans un ensemble immobilier ? En présence d'un pavillon situé dans un lotissement, le cahier des charges doit être consulté dans le but de déceler les clauses pouvant interdire, à l'intérieur du lotissement, l'exercice de l'activité sociale considérée ;
– lorsque le local dépend d'une copropriété, le règlement contient-il une clause interdisant ou restreignant l'activité en cause ? Dans l'affirmative, seule une autorisation des copropriétaires pourrait lever cette interdiction. Si le règlement précise que la destination est exclusivement bourgeoise, interdisant tout autre mode d'occupation, une décision unanime s'imposera. Dans la mesure où le règlement est muet sur ce point, il faut se référer à l'avis du syndic quant au caractère de l'immeuble, à sa situation et aux précédents pouvant exister ;
– si le local est loué pour un usage d'habitation, le contrat de bail fait-il échec à la domiciliation d'entreprise ? En tout état de cause, une autorisation préalable du bailleur est nécessaire.

► 2e cas : L'activité sera sans réception de clientèle ni de marchandises

68 L'exercice d'une activité professionnelle, y compris commerciale, est autorisé dans une partie d'un local à usage d'habitation, dès lors que l'activité n'est exercée que par le ou les occupants ayant leur résidence principale dans ce local, qu'elle ne conduit à y recevoir ni clientèle ni marchandise et qu'aucune stipulation contractuelle prévue dans le bail ou le règlement de copropriété ne s'y oppose (c. constr. et hab. art. L. 631-7-3).

Les dispositions de cet article sont applicables aux représentants légaux des personnes morales, quelle que soit leur adresse en France. Aucune autorisation en mairie n'a à être demandée et le siège peut être installé au domicile du dirigeant sans limitation de durée.

Attention, la présence d'un salarié au domicile est un obstacle au bénéfice de cette disposition. Par ailleurs, ni le règlement de copropriété ni le contrat de bail ne doivent contenir une clause interdisant l'exercice d'une activité professionnelle et la domiciliation de la société. En présence d'une telle interdiction, le dirigeant devra obtenir l'accord préalable des copropriétaires et/ou l'autorisation expresse de son bailleur.

Si, une fois ce bilan effectué, il en ressort que les règles d'affectation des locaux, les clauses du règlement ou du cahier des charges ainsi que les stipulations du bail sont un obstacle à une domiciliation permanente et à l'exercice de toute activité, seule une domiciliation provisoire pendant 5 ans pourra être mise en place *(voir § 70)*.

► 3e cas : Le maire accorde une autorisation permanente

69 Une activité commerciale peut être autorisée par le maire dans une partie du local d'habitation utilisé par le demandeur comme résidence principale (c. constr. et hab. art. L. 631-7-2). Cette possibilité est intéressante lorsque, tout à la fois :
– la SA entend recevoir des clients et de la marchandise à son siège social ;
– le dirigeant est domicilié dans une ville de plus de 200 000 habitants ou dans le département des Hauts-de-Seine, de la Seine-Saint-Denis ou du Val-de-Marne.

Pour que cette autorisation soit accordée, ni le bail ni le règlement de copropriété ne doivent s'opposer à l'exercice d'une telle activité. En outre, cette activité ne doit engendrer ni nuisance ni danger pour le voisinage et elle ne doit conduire à aucun désordre pour le bâti.

Le bail de cette résidence principale reste un bail d'habitation et ne peut être un élément constitutif du fonds de commerce (c. constr. et hab. art. L. 631-7-2).

Le texte ne précisant pas que l'activité doit être exercée à titre personnel, ce dispositif pourrait bénéficier au président désirant maintenir le siège social en son domicile au-delà de la période de tolérance de 5 ans *(voir § 70)*. Le texte n'envisage pas expressément ce cas. Il appartiendra au maire compétent pour délivrer l'autorisation de statuer.

• **Maison individuelle du dirigeant.** Cette autorisation de domiciliation permanente avec exercice de l'activité de la société concernera notamment le dirigeant d'une société qui entend fixer le siège social de la société dans la maison indépendante dont il est propriétaire. Il pourra y recevoir la clientèle, réceptionner les marchandises et employer du personnel sur le site dès lors que cet immeuble est situé dans une commune hors champ d'application de la réglementation administrative sur les changements d'affectation prévus à l'article L. 631-7 du code de la construction et de l'habitation.

• **Appartement du dirigeant.** Cette dérogation permanente pourrait également être retenue pour un appartement, propriété du représentant légal de la société dépendant d'un immeuble non concerné par les règles administratives de transformation des locaux précitées et dont le règlement de copropriété n'emporte aucune interdiction d'exercer l'activité considérée et la domiciliation de société.

▸ Autres cas : une domiciliation pour 5 ans est toujours possible

70 Lorsque la SA et son dirigeant ne remplissent pas les conditions exigées dans les différents cas de domiciliation permanente, une domiciliation pour 5 ans reste toujours possible.

En effet, l'article L. 123-11-1 du code de commerce permet au représentant légal d'une société d'en installer le siège à son domicile, « pour une durée ne pouvant ni excéder 5 ans à compter de la création de celle-ci, ni dépasser le terme légal, contractuel ou judiciaire de l'occupation des locaux ».

Cette possibilité est ouverte alors même que le règlement de copropriété, ou le bail, interdirait l'activité envisagée par la SA. Pour en bénéficier, celle-ci doit, préalablement au dépôt de sa demande d'immatriculation, notifier par écrit au bailleur, au syndicat de la copropriété ou au représentant de l'ensemble immobilier son intention d'user de cette faculté.

Avant l'expiration des 5 ans (ou à l'arrivée du terme), la SA devra, sous peine de radiation d'office, communiquer au greffe du tribunal les éléments justifiant son changement de situation.

Cette domiciliation provisoire ne peut conduire ni à un changement de destination de l'immeuble ni à l'application du statut des baux commerciaux.

• **Justificatif.** Le justificatif de la notification faite au bailleur, au syndicat de copropriété ou au représentant de l'ensemble immobilier n'est pas exigé pour l'immatriculation de la société, mais la notification doit elle-même être faite ; en pratique, l'envoi d'une lettre recommandée avec demande d'avis de réception permettra de ménager la preuve de cet envoi.

• **Changement de domicile.** La domiciliation au nouveau domicile du dirigeant sera faite pour la période de 5 ans restant à courir depuis la création de la société, ou pour le terme du nouveau bail s'il est antérieur à l'expiration de ce délai. Dans ce cas, la société devra notifier au nouveau bailleur ou au syndicat de la nouvelle copropriété son intention d'user de la domiciliation temporaire du siège social de la société dans les nouveaux locaux.

• **Fin de domiciliation.** Trois mois avant l'expiration du délai de 5 ans, le greffier du tribunal de commerce invitera le dirigeant de la société à lui communiquer l'adresse du nouveau siège social de la société ; à défaut de régularisation de la situation au regard des alinéas 2 à 4 de l'article L. 123-11-1 du code de commerce, le greffier procède à la radiation de l'inscription (c. com. art. R. 123-171).

En pratique, le greffier, dans son courrier, demandera au représentant légal de la SA :
– si elle se trouve dans une commune soumise aux dispositions des articles du code de la construction et de l'habitation ou du code de l'urbanisme, de préciser si elle bénéficie d'une dérogation (telle que celle de l'article L. 631-7-3 du code de la construction et de l'habitation) ou d'une autorisation préfectorale, dont elle doit justifier ;
– et, dans tous les cas, qu'elle se trouve ou non dans une commune soumise aux conditions des codes précités, de préciser et de justifier qu'elle n'est pas soumise à des dispositions légales ou des stipulations contractuelles contraires lui interdisant de maintenir son siège dans un local d'habitation.

Lorsque ces conditions ne sont pas remplies, elle doit alors justifier de l'installation de son siège dans un local conforme aux dispositions législatives et réglementaires ou aux stipulations contractuelles, sous peine d'être radiée d'office conformément à l'article R. 123-171 du code de commerce (circ. ministère de la Justice 2004-06 D1 du 14 juin 2004).

Les conséquences d'un défaut de réponse ou du non-respect du délai quinquennal sont précisées, de sorte que son destinataire est informé des risques encourus. Les greffes n'hésitent pas, au demeurant, à réitérer cet envoi lorsque la société destinataire ne leur répond pas. En l'état actuel du droit, une société provisoirement domiciliée chez son représentant légal, par dérogation à des dispositions législatives ou à des stipulations contractuelles contraires, ne peut bénéficier de ce mode de domiciliation au-delà du terme quinquennal. Cela étant, toute société radiée d'office peut, dans un délai de 6 mois à compter de la radiation et dès lors qu'elle démontre qu'elle a régularisé sa situation, saisir le juge commis à la surveillance du registre aux fins de voir rapporter cette radiation (rép. Fouché nos 6003 et 6004, JO 30 avril 2009, Sén. quest. pp. 1070 et 1071).

Domiciliation collective

71 **Le siège social de la SA peut être installé dans des locaux occupés en commun par une ou plusieurs entreprises et donc dans le cadre d'une domiciliation collective** (c. com. art. L. 123-11).

Cette domiciliation collective doit faire l'objet d'un contrat spécifique entre la SA et le domiciliataire qui doit être propriétaire des locaux ou titulaire d'un bail autorisant la domiciliation collective de tiers. Le contrat de domiciliation écrit doit avoir une durée d'au moins 3 mois, renouvelable par tacite reconduction (c. com. art. R. 123-168). **Il doit être mentionné au registre du commerce et des sociétés avec l'indication du nom ou de la dénomination sociale et des références de l'immatriculation principale sur un registre public de l'entreprise domiciliataire** (c. com. art. R. 123-169).

Le domiciliataire doit avoir obtenu un agrément préfectoral pour son activité ; cet agrément est à renouveler tous les 6 ans (c. com. art. R. 123-166-3). **Pendant la durée de la domiciliation, il doit être immatriculé au registre du commerce et des sociétés.**

• **Obligations du domiciliataire.** Le domiciliataire met à la disposition de la personne domiciliée des locaux dotés d'une pièce « propre à assurer la confidentialité nécessaire » et permettant une réunion régulière des organes chargés de la direction, de l'administration ou de la surveillance de l'entreprise et l'installation des services nécessaires à la tenue, à la conservation et à la consultation des livres, registres et documents prescrits par les lois et règlements.

Il doit détenir, pour chaque personne domiciliée, un dossier contenant les pièces justificatives relatives au domicile de son représentant légal et à ses coordonnées téléphoniques ainsi qu'à chacun de ses lieux d'activité et au lieu de détention des documents comptables lorsqu'ils ne sont pas conservés chez le domiciliataire (c. com. art. R. 123-168).

Le domiciliataire doit fournir :
– au greffier du tribunal les informations, d'une part, de cessation de la domiciliation de l'entreprise dans ses locaux à l'expiration du contrat ou en cas de résiliation anticipée de celui-ci et, d'autre part, le cas échéant, sur le fait que la personne domiciliée dans ses locaux n'a pas pris connaissance de son courrier depuis 3 mois ;
– aux huissiers de justice munis d'un titre exécutoire les renseignements propres à permettre de joindre la personne domiciliée ;
– au service des impôts et aux organismes de recouvrement des cotisations et contributions de sécurité sociale compétents, chaque trimestre, une liste des personnes qui se sont domiciliées dans ses locaux au cours de cette période ou qui ont mis fin à leur domiciliation, ainsi que chaque année, avant le 15 janvier, une liste des personnes domiciliées au 1er janvier.

• **Engagements de la SA.** La personne domiciliée doit prendre l'engagement d'utiliser effectivement et exclusivement les locaux comme siège de l'entreprise et d'informer le domiciliataire de toute modification concernant son activité (c. com. art. R. 123-168).

Elle prend en outre l'engagement de déclarer tout changement relatif à sa forme juridique et à son objet, ainsi qu'au nom et au domicile personnel des personnes ayant le pouvoir de l'engager à titre habituel.

• **Sanctions pénales encourues par le domiciliataire.** Le domiciliataire qui ne respecte pas ces obligations est passible d'une amende de 1 500 €, s'il est une personne physique, et de 7 500 €, s'il s'agit d'une personne morale, montant porté au double en cas de récidive (contravention de 5e classe). Il est puni de la même peine pour ne pas s'être assuré que la personne domiciliée respecte bien ses obligations. Il risque également la peine complémentaire de confiscation du local, des équipements et des loyers perçus au titre du contrat de domiciliation (c. com. art. R. 123-169-1). Par ailleurs, s'il exerce son activité sans agrément, il encourt une amende de 7 500 €, pour une personne physique, et de 37 500 €, pour une personne morale (c. com. art. L. 123-11-8).

• **Prestations insuffisantes.** Une entreprise de domiciliation ne respecte pas les obligations légales dès lors qu'elle domicilie 58 sociétés dans des locaux ne comportant qu'une seule pièce de 40 m^2 environ (CA Paris 25 octobre 2002, JCP éd. E 2003, p. 543).

• **Limites de la domiciliation par rapport à une sous-location.** Lorsque le bail de la société domiciliataire autorise l'activité de domiciliation mais interdit la sous-location, cette société risque la résiliation de son bail si elle accorde à diverses entreprises la jouissance privative de bureaux (CA Paris, ch. 5-3, 10 novembre 2010, n° 09-16431, HLM Immobilière 3F c/ ABC Services). Dans un tel cas, la société domiciliataire peut toutefois offrir aux entreprises domiciliées une mise à disposition intermittente, temporaire ou encore une mise à disposition contrôlée, en conservant, par exemple, la maîtrise des horaires d'accès aux locaux (cass. civ., 3e ch., 13 février 2002, n° 00-17994).

Transformation d'un local d'habitation

72 **Si les fondateurs entendent transformer un local d'habitation pour y installer la société, certaines règles d'urbanisme doivent être connues.**

Ainsi, la transformation de locaux à usage d'habitation en locaux à usage commercial est soumise, dans les communes de plus de 200 000 habitants ainsi que dans celles situées dans les départements des Hauts-de-Seine, de la Seine-Saint-Denis et du Val-de-Marne, à une autorisation préalable et motivée du maire de la commune (c. constr. et hab. art. L. 631-7). **Par ailleurs, dans la région Île-de-France,**

l'extension des locaux à usage de bureaux et à usage industriel est limitée (c. urb. art. L. 510-1, L. 520-1 et R. 520-1).

Pour cette réglementation, constituent des locaux destinés à l'habitation toutes catégories de logements et leurs annexes, y compris, notamment, les logements inclus dans un bail commercial. Un local est réputé à usage d'habitation s'il était affecté à cet usage au 1er janvier 1970 (c. constr. et hab. art. L. 631-7, al. 2 et 3).

Le maire peut autoriser le changement d'usage en exigeant, en contrepartie, une compensation physique sous la forme d'une transformation concomitante en habitation de locaux ayant un autre usage.

Par ailleurs, dans la région Île-de-France, la création et l'extension de locaux sont soumises à agrément à partir de 1 000 m^2 pour les bureaux et à partir de 5 000 m^2 pour les entrepôts (c. urb. art. L. 510-1, R. 510-1 et R. 510-6).

Sanction. En cas d'infraction, une amende civile de 50 000 € est encourue. Cette amende est prononcée sur assignation du maire ou de l'Agence nationale de l'habitat par le président du tribunal judiciaire. Le président du tribunal fixe également le délai dans lequel doit être réalisé le retour à l'habitation des locaux transformés sans autorisation. À l'expiration de ce délai, il prononce une astreinte (jusqu'à 1 000 € par jour et par m^2 des locaux irrégulièrement transformés) et l'administration peut procéder d'office, aux frais du contrevenant, à l'expulsion des occupants et à l'exécution des travaux nécessaires (c. constr. et hab. art. L. 651-2).

Mère et filiales

73 Les sociétés et leurs filiales peuvent installer leur siège dans un même local dont l'une a la jouissance. Elles ne sont pas tenues de conclure entre elles un contrat de domiciliation (c. com. art. R. 123-170). Une simple attestation de la société qui a la jouissance du local suffira pour les besoins du registre du commerce.

Lorsque la société domiciliataire de la filiale (ou de la mère) est propriétaire des locaux, les parties arrêteront librement les conditions de cette occupation, gracieuse ou non.

Dans l'hypothèse où la société qui entend domicilier une filiale ou une société mère est locataire, une analyse du bail s'impose. Certains baux interdisent de concéder la jouissance des lieux à qui que ce soit et sous quelque forme que ce soit ; d'autres contiennent une interdiction générale de sous-location, domiciliation, prêt ou mise à disposition, même temporaire, des locaux. Dans ces différents cas, l'accord préalable du bailleur s'impose, quelle que soit la nature de la convention devant être établie avec la filiale ou le tiers. En présence d'une véritable domiciliation pour les seuls besoins administratifs de la société domiciliée, l'accord du bail devrait être facilité.

D'autres baux prohibent seulement les sous-locations ; il n'y a pas de sous-location si l'existence d'une obligation de paiement n'est pas caractérisée (cass. civ. 5 juillet 1995, n° 93-10924). Ce paiement peut consister en un versement de loyer ou une prestation en nature. Les juges apprécient souverainement l'existence d'une telle sous-location.

En pratique, on notera que les clauses du bail peuvent être ambiguës quant à la portée de l'interdiction ; les modalités de la domiciliation peuvent aussi être de nature à entraîner une requalification. Cette domiciliation peut se heurter à la clause de destination du bail. Autant d'aléas qui peuvent conduire le locataire à informer le bailleur de son intention et à solliciter, s'il y a lieu, son accord.

Établissement secondaire ou succursale

74 **Est un établissement secondaire au sens du registre du commerce tout établissement permanent, distinct du siège social ou de l'établissement principal et dirigé par la société immatriculée, un préposé ou une personne ayant le pouvoir de lier des rapports juridiques avec les tiers** (c. com. art. R. 123-40).

La succursale ou l'établissement secondaire implique une certaine indépendance d'exploitation : il faut qu'elle soit dirigée par une personne (subordonnée du siège) ayant un pouvoir de décision.

L'ouverture d'un tel établissement par une SA nécessite, 1 mois avant ou après l'ouverture :
– une immatriculation secondaire, si la société n'est pas déjà immatriculée au greffe dans le ressort duquel est situé l'établissement (c. com. art. R. 123-63, al. 1) **;**
– une inscription complémentaire dans le cas contraire (c. com. art. R. 123-67, al. 1).

La demande d'immatriculation secondaire indique tous les éléments d'identification de l'établissement ouvert et les renseignements concernant la société qui ouvre cet établissement (numéro d'identification, siège et dénomination).

• **Justificatif non exigé.** Pour les établissements secondaires, il n'est pas exigé de justificatif de la jouissance du local dans lequel cet établissement est exploité (RCS, bull. 5, p. 21).

• **Baux commerciaux.** L'absence d'immatriculation d'un établissement secondaire peut être invoquée par le bailleur pour dénier tout droit au statut des baux commerciaux et priver l'entreprise d'un droit au renouvellement de son bail.

• **Numéro d'identification.** Chaque établissement secondaire immatriculé reçoit un numéro à quatorze chiffres (numéro SIRET) ; les neuf premiers chiffres (SIREN) sont ceux attribués à la société dont dépend l'établissement secondaire.

• **Début d'activité.** Lors de l'immatriculation d'un établissement secondaire, la date déclarée de début d'activité ne peut être antérieure à celles de la société et de son établissement principal. Dès lors un établissement secondaire ne peut être immatriculé avant la société et l'établissement principal (RCS, bull. 13, p. 11).

• **Société créée dans un autre État de l'Union européenne.** Un État de l'Union européenne ne peut pas refuser l'immatriculation d'une succursale d'une société constituée dans un autre État membre dans lequel elle a son siège sans y exercer d'activités commerciales, même lorsque la succursale est destinée à permettre à la société d'exercer l'ensemble de son activité dans l'État où cette succursale est constituée, en éludant les règles de constitution des sociétés qui y sont plus contraignantes (CJCE 9 mars 1999, aff. 212/97, Centros).

De même, lorsqu'une société créée dans un État membre crée une succursale dans un autre État membre, celui-ci ne peut pas lui imposer de se soumettre à sa législation pour la constitution des sociétés (par exemple, capital minimum) (CJCE 30 septembre 2003, aff. 167/01, Inspire Art).

4 Dépôt des fonds et réalisation des apports

§§

Constitution du capital social

Montant du capital social

100 Le montant minimal du capital de la société anonyme est de **37 000 €**, que la SA fasse ou non une offre au public de titres financiers (c. com. art. L. 224-2).

Le montant du capital figure parmi les énonciations à indiquer sur les actes et documents émanant de la société et destinés aux tiers *(voir § 155)*. Rappelons que les SA ne sont pas tenues d'indiquer les chiffres après la virgule dans les actes et documents émanant de la société. Ils peuvent indiquer un chiffre rond (c. com. art. R. 123-238).

- **Sociétés de presse.** Le capital social des SA de rédacteurs de presse est de 300 € (c. com. art. L. 224-2, al. 3).

- **Sociétés coopératives.** Le capital des sociétés coopératives constituées sous forme de sociétés par actions ne peut être inférieur à la moitié du montant minimal prévu pour les SA, soit 18 500 € (loi 47-1775 du 10 septembre 1947, art. 27).

• **Sociétés d'assurance.** Le capital minimum des SA d'assurance est de 480 000 € ou de 800 000 €, non compris les apports en nature, selon la nature de leurs activités (c. ass. art. R. 322-5).

• **Capital variable interdit.** La stipulation d'un capital variable n'est pas possible dans les SA (c. com. art. L. 231-1).

Souscription et libération du capital

101 **Le capital de la SA doit être intégralement souscrit** (c. com. art. L. 225-3, al. 1er).

L'engagement du souscripteur ressort de sa signature des statuts. La signature d'un bulletin de souscription ne s'impose pas (c. com. art. L. 225-12) *(voir § 102)*.

Les actions de numéraire doivent être libérées lors de leur souscription, de la moitié au moins de leur valeur nominale, le solde pouvant être appelé en une ou plusieurs fois dans un délai de 5 ans maximum à compter de l'immatriculation de la société au registre du commerce et des sociétés (RCS) (c. com. art. L. 225-3, al. 2) *(voir § 1111)*.

Les apports faits par les actionnaires peuvent également être des apports en natures : biens corporels (matériel, stocks, etc.), biens incorporels (fonds de commerce, brevet, droit au bail, créances, valeurs mobilières, immeubles). Les actions correspondant ainsi à des apports en nature doivent toujours être intégralement libérées dès leur émission. Les statuts doivent contenir l'indication de l'identité des apporteurs en nature, l'évaluation de l'apport effectué par chacun de ceux-ci et le nombre d'actions remises en contrepartie de l'apport (c. com. art. L. 225-14).

Pour être rémunérés par des actions et concourir à la formation du capital, les apports doivent avoir une valeur actuelle appréciable en espèces et constituer un élément d'actif réalisable pouvant être inscrit à l'actif du bilan de la société. À ce titre, les actions ne peuvent pas représenter des apports en industrie *(voir § 124)*.

• **Apport en compte courant.** Un apport en compte courant consiste en un versement d'une somme d'argent consentie sous forme d'avances ou de prêts par les actionnaires de la société. Il ne concourt pas à la formation du capital social et peut être repris à tout moment *(voir § 1351)*.

• **Versement en compte de l'autre moitié.** Le versement de la moitié seulement des fonds permet au mandataire désigné pour prendre des engagements pour le compte de la société *(voir § 158)* de recueillir l'autre moitié en compte. Le mandataire se procure ainsi des disponibilités pour agir pendant la période de formation qui ne prendra fin qu'avec l'immatriculation au RCS et pendant laquelle les fonds versés au titre des souscriptions en numéraire sont indisponibles. Cette solution ne sera retenue que si le mandataire est assuré de l'immatriculation de la société. Après cette immatriculation, le conseil d'administration décidera d'appeler la moitié restant à libérer, et la libération du capital s'effectuera au moyen des sommes dont les actionnaires se trouveront créditeurs en compte courant.

• **Sanctions.** Est puni de 150 000 € d'amende le fait, pour les fondateurs, le président, les administrateurs ou les directeurs généraux d'une SA d'émettre des actions sans que les actions de numéraire aient été libérées à la souscription de la moitié au moins ou sans que les actions d'apport aient été intégralement libérées avant l'immatriculation de la société au RCS (c. com. art. L. 242-1).

• **Sociétés en difficulté.** Le jugement d'ouverture d'une procédure collective rend immédiatement exigible le montant non libéré du capital social (c. com. art. L. 624-20). Le mandataire judiciaire a qualité pour mettre en demeure un actionnaire de verser les sommes restant dues sur le montant des actions qu'il a souscrites (c. com. art. L. 622-20, al. 2 et L. 631-14). En cas de liquidation judiciaire, ce pouvoir appartient au liquidateur (c. com. art. L. 641-4, al. 4).

Dépôt des fonds

Modalités du dépôt

102 Les fonds provenant des souscriptions en numéraire reçus par l'un des fondateurs ou toute personne au nom de la société en formation doivent être déposés :
- soit dans une banque ;
- soit chez un notaire ;
- soit à la Caisse des dépôts et consignations ;
- soit dans une entreprise d'investissement habilitée pour exercer l'activité de conservation et d'administration d'instruments financiers.

Ce dépôt des apports en numéraire effectués par les fondateurs intervient avant la signature des statuts et dans le délai de 8 jours à compter de la réception des fonds, à moins que ceux-ci ne soient recueillis directement par les banques, établissements de crédit et prestataires de services d'investissement.

Ces versements sont accompagnés d'une liste des souscripteurs indiquant les nom, prénom usuel et domicile de ces derniers et les sommes versées par chacun d'eux (c. com. art. L. 225-5 sur renvoi art. L. 225-12 et R. 22-10-6 sur renvoi art. R. 225-13).

Les versements assurant la libération des actions de numéraire sont effectués en espèces ou par compensation (c. com. art. L. 228-7). Si les versements ont lieu par chèque ou virement, ils ne seront réalisés qu'après l'encaissement définitif desdits modes de règlement. Les chèques sont souvent libellés à l'ordre de la société avec la mention « en formation ».

• **Refus de l'établissement bancaire.** Un établissement bancaire peut refuser de recevoir le dépôt de la société, cette opération n'entrant pas dans le cadre du droit au compte prévu par l'article L. 312-1 du code monétaire et financier. Dans ce cas, le futur dirigeant doit démarcher les banques concurrentes afin de trouver le partenaire financier qui acceptera de recevoir les fonds et ultérieurement, de financer son entreprise. En tout état de cause, le dépôt du capital, avant l'enregistrement, peut toujours être effectué auprès de la Caisse des dépôts et consignations, cette opération étant gratuite et les fonds déposés y bénéficiant d'une rémunération (rép. Gilles n° 89139, JO 20 juin 2006, AN quest. p. 6639).

• **Bulletin de souscription.** En l'absence d'offre au public, la signature de bulletins de souscription n'est pas imposée (c. com. art. L. 225-12). L'engagement définitif de souscription résulte de la seule signature des statuts.

Certificat du dépositaire

103 Les versements sont constatés par un certificat du dépositaire établi, au moment du dépôt des fonds, sur présentation de la liste des actionnaires mentionnant les sommes versées par chacun d'eux (c. com. art. L. 225-13).

Le dépositaire des fonds est tenu, jusqu'au retrait de ceux-ci (*voir § 104*), de communiquer la liste des souscripteurs à tout souscripteur justifiant de sa souscription ; le requérant peut même obtenir, à ses frais, délivrance d'une copie (c. com. art. R. 22-10-6 sur renvoi art. R. 225-13).

Le défaut de constatation des versements par un certificat du dépositaire est sanctionné par la suspension des droits de vote ainsi que des droits à dividende des actions en numéraire (c. com. art. L. 225-11-1 sur renvoi art. L. 225-12 et L. 225-16-1).

Par ailleurs, les fausses affirmations du dépositaire de fonds ou les souscriptions fictives sont susceptibles de conduire à des poursuites pénales pour faux (c. pén. art. 441-l) ou escroquerie (c. pén. art. 313-1).

Retrait des fonds

104 Les fonds déposés sont indisponibles. Ils ne peuvent être retirés qu'après l'immatriculation de la société au RCS (c. com. art. L. 225-11 sur renvoi art. L. 225-12).

Le retrait est accompli par un mandataire de la société sur présentation d'un certificat K bis attestant cette immatriculation (c. com. art. R. 22-10-12 sur renvoi art. R. 225-13).

Restitution. Lorsqu'une SA n'est pas constituée dans les 6 mois du premier dépôt des fonds ou si elle n'est pas immatriculée au RCS dans ce délai, les souscripteurs peuvent demander en justice la nomination d'un mandataire chargé de retirer les fonds pour les leur restituer. Un mandataire désigné par l'ensemble des souscripteurs peut également en demander le retrait directement au dépositaire, sans passer par le juge (c. com. art. L. 225-11).

Réalisation des apports en nature

Vérification des apports en nature

▸ Désignation d'un commissaire aux apports

105 Un (ou plusieurs) commissaire aux apports doit établir, sous sa responsabilité, un rapport sur l'évaluation des apports en nature (c. com. art. L. 225-14) (sur ce que sont les apports en nature, *voir § 101*).

Un commissaire aux apports est désigné à l'unanimité des fondateurs ou, à défaut, par le président du tribunal de commerce statuant sur requête à la demande des fondateurs ou de l'un d'eux (c. com. art. L. 225-8 sur renvoi art. L. 225-12). Le tribunal compétent est celui du lieu où la société doit être immatriculée (CNCC bull. 1998, p. 422).

Le commissaire est choisi parmi les commissaires aux comptes inscrits ou parmi les experts inscrits sur l'une des listes établies par les cours et tribunaux (c. com. art. R. 22-10-7 sur renvoi art. R. 225-13).

Assistance d'un expert. Le commissaire aux apports peut se faire assister, dans l'accomplissement de sa mission, par un ou plusieurs experts de leur choix, les honoraires de ces experts étant à la charge de la société (c. com. art. R. 22-10-7, al. 3 sur renvoi art. R. 225-13).

▸ Dispense de recours au commissaire aux apports

106 Lors de la constitution d'une SA, les fondateurs peuvent décider de ne pas faire évaluer par un commissaire aux apports (c. com. art. L. 225-8-1 sur renvoi art. L. 225-12) :
– les valeurs mobilières donnant accès au capital ou instruments du marché monétaire, s'ils ont été évalués au prix moyen pondéré auquel ils ont été négociés sur un ou plusieurs marchés réglementés au cours des 3 mois précédant la date de la réalisation effective de l'apport ;
– les autres éléments d'actifs déjà évalués par un commissaire aux apports dans les 6 mois précédant la réalisation effective de l'apport.

Circonstances exceptionnelles. Bien que répondant aux caractéristiques énoncées ci-dessus, l'apport en nature fait l'objet d'une réévaluation lorsque des circonstances exceptionnelles ou nouvelles ont modifié sensiblement sa valeur à la date de la réalisation effective de l'apport (c. com. art. L. 225-8-1, II sur renvoi art. R. 225-13).

▸ **Rapport des commissaires aux apports**

107 Le rapport des commissaires aux apports décrit chacun des apports, indique quel mode d'évaluation a été adopté et pourquoi il a été retenu, et affirme que la valeur des apports correspond au moins à la valeur nominale des actions à émettre augmentée éventuellement de la prime d'émission (c. com. art. R. 22-10-8 sur renvoi art. R. 225-13).

Le rapport des commissaires aux apports est tenu, à l'adresse prévue du siège social, à la disposition des futurs actionnaires qui peuvent en prendre copie 3 jours au moins avant la date de la signature des statuts (c. com. art. R. 225-14).

Transfert de propriété

108 Le transfert de propriété du bien apporté à la société a lieu définitivement à la date de l'immatriculation de la société au RCS. Jusqu'à cette date, les rapports entre les associés sont régis par le contrat de société et par les principes généraux du droit applicables aux contrats et obligations (c. civ. art. 1842). L'apporteur est lié pendant toute la période de formation, depuis son engagement d'apporter le bien jusqu'à l'immatriculation de la société ; le bien doit donc être conservé en l'état et ses fruits appartiennent à la société (c. civ. art. 1614).

Garantie de l'apporteur

109 Comme dans une vente, l'apport opère un véritable transfert de propriété et l'apporteur doit sa garantie comme un vendeur (c. civ. art. 1843-3, al. 3). Il doit donc garantir la société contre l'éviction et les vices cachés.

À la différence d'un vendeur, l'apporteur ne peut :
– prétendre à aucun privilège, ni aucune hypothèque sur l'objet de l'apport (sauf si l'apport est mixte et comprend pour partie un prix payé par la société) ;
– demander la rescision pour lésion de plus des sept douzièmes, s'agissant de biens immobiliers. En effet, la valeur des actions qui lui sont attribuées en rétribution est aléatoire.

Enfin, à la dissolution de la société, l'apporteur ne peut reprendre de plein droit le bien apporté, à moins que l'apport ne comporte que l'usufruit pour la durée de la société. Ce bien est devenu le gage des créanciers et c'est seulement si la société est « in bonis », et si les droits de l'apporteur sont au moins égaux à la valeur actuelle des biens compris dans l'apport, qu'il peut en obtenir l'attribution (à défaut, l'apporteur devra verser une soulte aux autres actionnaires). Une clause de statuts peut lui réserver ce droit.

Responsabilité en cas d'apports surévalués

110 S'il s'avère qu'un apport a été surévalué, une action en nullité ou en réduction de l'apport est susceptible d'être accueillie par les tribunaux en cas de fraude. Mais, en tout état de cause, la majoration des apports n'est pas sanctionnée par la nullité de la constitution de la SA.

La majoration des apports peut également être sanctionnée pénalement si elle est assortie de manœuvres frauduleuses. Ainsi, encourent un emprisonnement de

5 ans et une amende de 9 000 € « ceux qui, frauduleusement, auront fait attribuer à un apport en nature une évaluation supérieure à sa valeur réelle » (c. com. art. L. 242-2, 4°).

Par ailleurs, des dommages et intérêts peuvent être réclamés, à l'associé qui a surévalué son apport, par ses coassociés. En effet, l'insuffisance des apports faits par un associé, qui se traduit par une majoration infondée de sa participation au capital social, cause de ce fait un préjudice aux autres associés (cass. com. 26 avril 2017, nos 15-28091 et 15-28104).

Compte tenu de ces risques, les actionnaires retiennent généralement la valeur arrêtée par le commissaire aux apports, sauf à démontrer que tel ou tel élément important n'a pas été retenu dans ce rapport.

Pour autant, le commissaire aux apports peut, lui aussi, être l'objet d'une action en responsabilité. Il est, en effet, responsable des fautes qu'il a commises et qui ont conduit à un préjudice à la société, aux associés ou aux tiers. Ainsi, il peut être tenu de dédommager les actionnaires victimes de la surévaluation des apports d'un autre actionnaire (cass. com. 28 juin 2006, n° 03-13112). Il peut également être tenu d'indemniser les tiers qui, du fait de la surévaluation des apports, ont été trompés quant à la solvabilité de la société (cass. com. 7 janvier 2014, n° 12-23640). Le commissaire aux apports peut, en outre, être poursuivi devant le tribunal correctionnel en application de l'article L. 242-2, 4° du code de commerce cité ci-dessus.

• **Sûretés non prises en compte.** Commettent le délit de majoration frauduleuse d'apport en nature l'apporteur d'un fonds de commerce, commerçant expérimenté, et le commissaire aux apports, expert-comptable, qui ont évalué le fonds sans tenir compte des sûretés dont il était grevé (cass. crim. 22 janvier 1990, n° 88-84955).

• **Fraude du dirigeant couverte par le commissaire aux apports.** Le commissaire aux apports qui, pour la constitution d'une SA, reprend intégralement les valeurs proposées par le président de la société apporteuse et qui ne peut prétendre ne pas s'être rendu compte des agissements frauduleux des dirigeants de la société apporteuse dont il était le commissaire aux comptes commet le délit de majoration frauduleuse d'apports et de non-révélation de faits délictueux (cass. crim. 18 juin 1990, n° 88-86550).

Vérification des avantages particuliers

111 Les statuts peuvent accorder à certains actionnaires, aux fondateurs, ou même à des tiers non actionnaires dont le concours pour la constitution de la société a été, ou paraît devoir être, spécialement utile, certains avantages ou bénéfices qui sont prélevés au détriment de la masse des actionnaires.

Les statuts doivent mentionner l'identité des bénéficiaires d'avantages particuliers et la nature de ceux-ci (c. com. art. L. 225-14). Par ailleurs, une procédure identique à celle suivie pour les apports en nature doit être respectée *(voir §§ 105 à 107)*.

Les avantages sont souvent attachés à des actions de préférence émises lors de la constitution de la société ou en cours d'existence *(voir § 1200)*. Si ces actions sont émises au profit d'un ou plusieurs actionnaires ou tiers nommément désignés, leur création donne lieu au respect de la procédure des avantages particuliers (c. com. art. L. 228-15).

• **Ce que sont les avantages particuliers.** L'article L. 225-8 du code de commerce ne contient pas de définition précise des avantages particuliers. Cette notion est-elle attachée à un avantage, pécuniaire ou non, inscrit dans les statuts ? Autant d'interrogations pour lesquelles il n'existe pas de réponses certaines.

Afin d'éviter toute contestation ultérieure, il convient de mettre en œuvre la procédure des avantages particuliers en présence de toute faveur, pécuniaire ou autre, attribuée à titre personnel à un associé ou à un tiers (trib. com. Roubaix, 6 mai 1994, Bull. Joly 1994, 651). En fait, l'avantage particulier équivaut à un traitement de faveur relatif à l'actif social ou à ses produits, accordé à certains actionnaires ou à des tiers. L'avantage consenti à tous les actionnaires perd son caractère particulier et n'est pas soumis à une procédure de vérification.

L'avantage particulier peut aussi consister en un droit spécial sur les bénéfices conféré à certains actionnaires par une clause statutaire.

En outre, il peut être prudent de soumettre à la procédure de vérification les rémunérations allouées aux fondateurs ès qualités, à l'exception, toutefois, du remboursement des frais exposés lors des démarches, négociations et déplacements, qui ne saurait être assimilé à un avantage particulier.

• **Mission du commissaire.** Selon le Garde des Sceaux, le commissaire aux avantages particuliers, lors de la constitution de la SA, a pour mission essentielle d'apprécier la consistance et les incidences éventuelles sur la situation des actionnaires, notamment si de tels avantages confèrent à certains d'entre eux un droit préférentiel sur les bénéfices et le boni de liquidation (rép. Rossi n° 31295, JO 3 décembre 1990, AN quest. p. 5543).

Formalités liées à certains apports

Apport d'un fonds de commerce

▸ Acte d'apport

112 Jusqu'à l'intervention de la loi 2019-744 du 19 juillet 2019, tout acte de cession ou d'apport en société d'un fonds de commerce était tenu d'énoncer certaines informations telles que le nom du précédent vendeur ainsi que le prix d'acquisition, l'état des privilèges et nantissements, le chiffre d'affaires réalisé durant les 3 exercices comptables précédant celui de la cession, les résultats d'exploitation réalisés pendant le même temps et, s'il y a lieu, les informations relatives au bail. L'omission de ces énonciations pouvait, à la demande de l'acquéreur, entraîner la nullité de l'acte de vente ou d'apport (c. com. art. L. 141-1 ancien).

La loi du 19 juillet 2019 a supprimé l'article L. 141-1 du code de commerce. Ainsi, depuis le 21 juillet 2019, l'acte de cession ou d'apport en société d'un fonds de commerce n'est plus assorti d'aucune mention obligatoire spécifique (c. com. art. L. 141-1 abrogé).

▸ Formalités de publicité

113 L'apport d'un fonds de commerce à une SA existante ou en voie de formation est soumis aux mêmes formalités de publicité que la vente de fonds de commerce, sauf s'il résulte d'une fusion ou d'une scission (c. com. art. L. 141-21 et L. 141-22). Ainsi, l'apport est porté à la connaissance des tiers et des créanciers au moyen d'une insertion d'un avis publié dans un support habilité à recevoir des annonces légales et au Bulletin officiel des annonces civiles et commerciales (BODACC).

Cette publicité doit être précédée de l'enregistrement de l'acte, sauf lorsqu'il s'agit d'un acte authentique (c. com. art. L. 141-13).

Défaut de publicité. L'omission ou l'irrégularité de la publicité prescrite n'a pas d'effet sur la validité de l'apport. Mais les créanciers non inscrits de l'apporteur du fonds de commerce peuvent indéfiniment procéder à la déclaration de leurs créances *(voir § 114)*.

▸ Déclaration des créanciers de l'apporteur

114 Dans les 10 jours de la dernière publicité *(voir § 113)*, tout créancier non inscrit de l'actionnaire apporteur doit faire connaître au greffe du tribunal de commerce compétent sa qualité de créancier et la somme qui lui est due (c. com. art. L. 141-22).

▸ Option des actionnaires face à une déclaration d'un créancier

115 À défaut par les actionnaires (ou l'un d'eux) de former, dans la quinzaine qui suit la déclaration d'un créancier, une demande en annulation de la société ou de l'apport, ou si l'annulation n'est pas prononcée, la société est tenue, solidairement avec le débiteur principal, au paiement du passif déclaré et justifié (c. com. art. L. 141-22).

Les créanciers ont donc tout intérêt à lever des états aux greffes dès l'expiration du délai de validité des oppositions afin de permettre aux actionnaires de prendre position sur l'option que la loi leur offre. Il semble cependant que la procédure des déclarations de créances soit peu appliquée soit parce qu'elle est ignorée des créanciers, soit parce que ceux-ci ne peuvent pas toujours suivre les publications parues dans les supports d'annonces légales ou au BODACC.

▸ Droit de préemption communal

116 **Se renseigner auprès de la commune.** En cas de cession, les communes ou les établissements publics de coopération intercommunale délégataires (qui peuvent eux-mêmes déléguer notamment à un établissement public y ayant vocation, à une société d'économie mixte ou au concessionnaire d'une opération d'aménagement) peuvent préempter des fonds de commerce, fonds artisanaux et baux commerciaux présents dans un périmètre de sauvegarde du commerce et de l'artisanat (c. urb. art. L. 214-1 à L. 214-3 et R. 214-1 à R. 214-19 ; arrêté du 29 février 2008).

L'apport d'un fonds de commerce ou d'un droit au bail commercial à une société est assimilé à une cession. Le formulaire de déclaration de cession d'un fonds de commerce soumis au droit de préemption vise expressément l'apport en société (formulaire Cerfa n° 13644*02).

L'apporteur d'un fonds de commerce demandera un « certificat » de non-création d'un périmètre de sauvegarde ou de non-appartenance au périmètre de sauvegarde, qu'il pourra joindre aux statuts ou à l'acte d'apport. Un modèle de demande est proposé ci-après.

MODÈLE

DEMANDE D'EXISTENCE D'UN DROIT DE PRÉEMPTION COMMUNAL

Monsieur le Maire,

Je suis propriétaire d'un fonds de commerce de … (activité exercée) situé dans votre commune de … (nom de la commune), rue …, n° …

J'envisage d'apporter ce fonds de commerce à une société. Afin de me permettre d'établir les documents nécessaires à cette opération, je vous remercie de bien vouloir m'indiquer si votre commune a instauré un périmètre de sauvegarde du commerce et de l'artisanat et, dans l'affirmative, si le fonds mentionné ci-dessus est inclus dans le périmètre à l'intérieur duquel la commune peut exercer son droit de préemption sur les cessions de fonds de commerce, de fonds artisanaux ou de baux commerciaux.

Je vous prie d'agréer, Monsieur le Maire, l'expression de mes salutations respectueuses.

117 **Prévoir une condition suspensive.** Dans le cas où il a été instauré un périmètre de sauvegarde, il est recommandé d'insérer dans le traité d'apport une condition suspensive de non-exercice du droit de préemption par la commune (décision expresse de renonciation ou absence de réponse dans le délai légal).

Apport d'un droit au bail commercial

▸ Assimilation à une cession

118 L'apport d'un droit au bail est assimilé à une cession de bail (cass. com. 8 mars 1949, D. 1949, 332).

Si le droit au bail est apporté en même temps que le fonds de commerce, le bailleur ne peut s'opposer à cette opération. Toutes les clauses interdisant cette cession sont réputées non écrites (c. com. art. L. 145-16). Toutefois, les modalités de la cession prévues au bail doivent être respectées *(voir § 119)*.

Si le droit au bail est apporté isolément à une société, l'autorisation expresse du propriétaire doit être obtenue auparavant. Pour les apports réalisés depuis le 1er octobre 2016, cet accord peut être donné par avance, auquel cas l'apport en société produit effet à l'égard du propriétaire lorsque le contrat d'apport lui est notifié ou lorsqu'il en prend acte (c. civ. art. 1216, al. 2). En pratique, il conviendra de notifier l'apport au bailleur par lettre recommandée avec accusé de réception ou alors de lui faire constater la prise d'acte par écrit.

Toutefois, il peut être également prévu dans l'acte d'apport en société, ou dans le contrat de bail initial, que les formalités de l'article 1690 du code civil doivent être respectées.

L'apport d'un droit au bail étant assimilé à une cession de bail, un état des lieux devra être établi au moment de la prise de possession des locaux par la société (c. com. art. L. 145-40-1).

Enfin, le droit de préemption communal est susceptible de s'appliquer *(voir § 116)*.

▸ Modalités de l'apport

119 Les clauses relatives aux modalités de cession sont valables dans la mesure où elles n'aboutissent pas à une interdiction générale et absolue de céder le bail à l'acquéreur du fonds (cass. civ., 3e ch., 2 octobre 2002, n° 01-02035).

Les clauses instaurant une autorisation préalable du bailleur ou son agrément sont licites. Elles permettent au bailleur de contrôler la régularité de la cession et d'apprécier la moralité ainsi que la solvabilité de l'acquéreur. Elles ne font pas échec, en soi, à la liberté de céder le bail à l'acquéreur du fonds de commerce (cass. civ., 3e ch., 19 décembre 1983, n° 82-11205 ; cass. civ., 3e ch., 2 octobre 2002, n° 01-02035). Toutefois, est injustifié le refus du propriétaire d'autoriser l'apport du droit au bail à une société lorsque ce refus est fondé sur une opposition de principe à tout apport, une telle position étant contraire à la liberté de céder ou d'apporter (c. com. art. L. 145-16 ; cass. civ. 10 avril 1973, D. 1973, somm. p. 89).

Les clauses relatives à la forme de la cession doivent également être respectées, sous peine d'une résiliation du bail ou du refus de renouvellement sans indemnité. Citons :
– la cession par acte notarié et la remise d'une copie exécutoire au bailleur, le bailleur entendant avoir un titre exécutoire immédiatement, ce qu'il n'aurait pas avec un acte sous seing privé ;
– la cession par l'intermédiaire du conseil du bailleur ;
– l'intervention du bailleur à l'acte de cession. Cette dernière clause impose seulement aux parties de demander au bailleur d'intervenir à l'acte, mais elle n'équivaut pas à une clause d'agrément. Elle doit jouer en cas d'apport du bail à une société si la société est en cours de formation (cass. civ., 3e ch., 8 mai 1979, n° 78-10502).

Résiliation du bail. En cas d'infraction à ces clauses par le locataire, le bail ne peut être résilié qu'après la délivrance d'une sommation d'exécuter lorsque cette formalité est prévue dans le bail pour mettre en jeu la clause résolutoire (cass. civ. 30 avril 1985, Loyers, octobre 1985, n° 325).

▸ Durée du bail

120 Le titulaire d'un bail peut-il faire apport de celui-ci, quelle que soit la durée de jouissance restant à courir ?

Si le droit au bail est apporté isolément, le bail doit avoir encore au moins 3 ans à courir, sinon la société ne pourra pas, en principe, obtenir le renouvellement. Il en est ainsi même si le bailleur est seulement intervenu à l'acte pour agréer le cessionnaire sans promettre le renouvellement (cass. civ., 3e ch., 6 octobre 1981, n° 80-10964) ou en présence d'une clause prévoyant la cession pour tous commerces (cass. civ., 3e ch., 23 février 1983, n° 81-16378).

Si le droit au bail est apporté en même temps que le fonds de commerce, la durée du bail restant à courir n'a pas d'importance. En effet, la société pourra ajouter la durée d'exploitation de l'apporteur à sa propre durée d'exploitation. En conséquence, la société pourra justifier d'avoir exploité pendant les 3 dernières années qui ont précédé la date d'expiration du bail.

▸ Substitution de garanties

121 En cas de cession, fusion, scission, transmission universelle de patrimoine ou d'apport partiel d'actif, si l'obligation de garantie ne peut être assurée dans les termes de la convention, le tribunal peut y substituer toutes garanties qu'il jugera suffisantes (c. com. art. L. 145-16).

Par conséquent, si l'opération intervenue sans l'accord exprès du bailleur entraîne une réduction des sûretés que celui-ci détenait à l'encontre du locataire précédent, le tribunal pourra lui-même décider si les garanties offertes par le cessionnaire, la société absorbante ou le bénéficiaire de l'apport partiel sont susceptibles de remplacer les anciennes garanties ou s'il convient d'en exiger de nouvelles (par exemple, une caution personnelle) ; les garanties personnelles ne suivent pas l'apport.

Apport d'une créance

122 L'apport d'une créance étant assimilé à une cession, il y a lieu de suivre les formalités d'une cession de créance.

Depuis la réforme du code civil par l'ordonnance 2016-131 du 10 février 2016 (entrée en vigueur le 1er octobre 2016), les formalités de la cession de créance ont été notablement allégées. Ainsi, la formalité, particulièrement lourde, de la signification par huissier ou de l'acceptation du débiteur par acte authentique, a été supprimée. La cession est opposable aux tiers dès la date du contrat, sans autre formalité (c. civ. art. 1323). Ce contrat doit être écrit à peine de nullité (c. civ. art. 1322). Pour être opposable au débiteur s'il n'y a pas consenti, la cession doit lui être notifiée ou il doit en prendre acte (c. civ. art. 1324).

Apports immobiliers

123 Les créanciers de l'apporteur dont les créances ne sont pas inscrites sur les immeubles et droits immobiliers apportés perdent leurs recours sur ces biens dès que les formalités de publicité foncière ont été accomplies.

Rappelons que tous les actes constatant un apport de biens immobiliers doivent être dressés en la forme authentique et faire l'objet d'un dépôt au service de la publicité foncière de la situation de l'immeuble ; ce dépôt est fait, à la diligence du notaire.

Ils peuvent aussi être rédigés sous seing privé puis déposés au rang des minutes du notaire avec reconnaissance d'écritures et de signatures pour la publicité au service de la publicité foncière.

- **Immeuble faisant l'objet d'un bail.** Si l'immeuble apporté fait l'objet d'un bail antérieur à l'apport, la société bénéficiaire de l'apport ne peut expulser le locataire qui a un bail authentique ou dont la date est certaine (enregistré). Il peut toutefois le faire s'il s'est réservé ce droit par le contrat de bail (c. civ. art. 1743).

- **Défaut de publicité foncière.** Le défaut d'accomplissement des formalités de publicité foncière n'entraîne pas la nullité de l'apport mais son inopposabilité aux tiers. La responsabilité des fondateurs ou du notaire pourrait être mise en jeu.

Apports en industrie

124 Les apports en industrie qui correspondent à la valeur du travail d'un associé sont interdits dans une société anonyme. Les actions ne peuvent représenter des apports en industrie (c. com. art. L. 225-3 sur renvoi art. L. 225-12).

En effet, pour être rémunérés par des actions et concourir à la formation du capital, les apports doivent avoir une valeur actuelle appréciable en espèces et constituer un élément d'actif réalisable pouvant être inscrit à l'actif du bilan de la société ; or, les apports en industrie ont un caractère aléatoire et font l'objet de prestations successives.

Apports de droits sociaux

125 **L'apport d'actions de SA, SCA ou SAS s'effectue par un simple virement de compte à compte. Si les statuts de la société dont les actions sont apportées prévoient un agrément, la procédure doit être suivie** (c. com. art. L. 228-23 et s.).

Pour l'apport de parts de SARL (c. com. art. L. 223-17)**, de société en nom collectif** (c. com. art. L. 221-14) **ou de société en commandite simple** (c. com. art. L. 222-2)**, il doit, en principe, être signifié à la société ou accepté par elle dans un acte authentique. Toutefois, ces formalités peuvent être remplacées par le dépôt, au siège social, d'un original de l'acte d'apport** (c. com. art. L. 221-14).

En cas d'agrément prévu dans les statuts pour les cessions de parts, la procédure doit être suivie.

Passage en société de l'entrepreneur individuel

126 **La loi 2022-172 du 14 février 2022 en faveur de l'activité professionnelle indépendante a créé un statut unique de l'entrepreneur individuel et instauré un nouveau mécanisme de transfert universel de son patrimoine professionnel. Ce mécanisme facilite le passage en société de l'entrepreneur individuel, qui peut apporter en société l'intégralité de son patrimoine professionnel, sans procéder à la liquidation de celui-ci** (c. com. art. L. 526-27)**, à l'exception toutefois des dettes de cotisations et contributions sociales** (c. com. art. D. 526-32).

Le transfert universel du patrimoine professionnel se formalise dans un seul acte. Il entraîne la cession, de façon indivisible, de tous les droits, biens, obligations et sûretés utiles à l'activité professionnelle (c. com. art. L. 526-27, al. 2).

Le transfert universel du patrimoine n'est opposable aux tiers qu'à compter de la publication d'un avis au BODACC, au plus tard 1 mois après sa réalisation (c. com. art. D. 526-30)**. Les créanciers de l'entrepreneur individuel pourront former opposition au transfert dans le mois suivant la publication** (c. com. art. D. 526-31).

Apport d'un EIRL. La loi 2022-172 du 14 février 2022 a également prévu la disparition progressive du statut de l'entrepreneur individuel à responsabilité limitée (EIRL). Il n'est donc plus possible d'opter pour ce régime depuis le 16 février 2022. Pour autant, les dispositions du code de commerce relatives à l'EIRL sont maintenues pour les besoins des entrepreneurs ayant adopté ce statut avant cette date (loi 2022-172 du 14 février 2022, art. 6).

Un EIRL peut faire apport de son patrimoine affecté à une SA. Cela entraîne le transfert de propriété dans le patrimoine de la société, sans maintien de l'affectation, la personne morale ne pouvant cumuler les deux statuts (c. com. art. L. 526-17, II, al. 2). Sont transférés l'actif et le passif du patrimoine. La société devient débitrice des créanciers de l'EIRL en lieu et place de celui-ci, sans que cette substitution emporte novation à leur égard (c. com. art. L. 526-17, III, al. 3).

Les créanciers professionnels de l'EIRL dont la créance est antérieure à la date de publicité de l'avis de transmission peuvent former en justice opposition à la transmission du patrimoine affecté (c. com. art. L. 526-17, III, al. 4). Celle-ci doit avoir lieu dans le délai de 1 mois à dater de la publication de l'avis (c. com. art. R. 526-14).

Notons qu'en cas d'apport à la société d'un fonds de commerce affecté, les règles relatives à la vente du fonds de commerce ne s'appliquent pas (c. com. art. L. 526-17-III, al. 2).

Apport d'une marque ou d'un brevet

127 L'apport en société d'une marque de fabrique (en propriété ou en jouissance) n'est valable, à l'égard des tiers, qu'après avoir été inscrit sur le registre national des marques tenu à l'Institut national de la propriété industrielle (INPI) (c. prop. intell. art. L. 714-7). Il en va de même pour un brevet (c. prop. intell. art. L. 613-9).

La demande d'inscription doit être accompagnée d'une copie ou d'un extrait de l'acte constatant l'apport ainsi que de la justification du paiement de la redevance (c. prop. intell. art. R. 613-55 et R. 714-4).

Apports en jouissance ou en usufruit

Apports en jouissance

128 Lorsque l'apport en jouissance porte sur un fonds de commerce, une entreprise, un bien immobilier, le bien considéré est mis à la disposition de la société pour un temps déterminé. La société peut user de ce bien pendant la durée prévue pour l'apport. L'apporteur reste propriétaire du bien. En cas de procédure collective prononcée à l'encontre de la SA, ce bien ne devrait pas faire partie de l'actif social.

L'apporteur doit garantir la société dans les mêmes conditions qu'un bailleur envers son locataire. L'obligation de l'apporteur a donc pour objet la délivrance d'une chose conforme à l'usage prévu et il doit procurer à la société une jouissance paisible du bien apporté (c. civ. art. 1719).

Lorsque l'apport porte sur des titres sociaux ou sur des biens qui doivent être renouvelés pendant la durée de l'apport (marchandises), la société devient propriétaire des biens, à charge pour elle d'en rendre une pareille quantité, qualité et valeur (c. civ. art. 1843-3, al. 4). L'apport en jouissance ne donne pas lieu aux publicités prévues pour l'apport des biens en pleine propriété.

Action en justice. Une action en justice ne peut faire l'objet d'un apport en jouissance rémunéré par l'attribution de droits sociaux (cass. com. 31 mai 2005, n° 02-18547).

Apports de biens démembrés

▸ Apport de l'usufruit d'un bien

129 L'associé apporte à la société l'usufruit, le droit d'utiliser le bien et d'en percevoir les fruits. Il y a transfert d'un droit réel au profit de la société. Cet apport ne peut excéder 30 ans (c. civ. art. 619). L'usufruit existant au moment de l'apport à la société s'éteindra au jour du décès de la personne sur la tête de laquelle il est né. L'apporteur conserve la propriété du bien.

▸ Apport d'un bien en nue-propriété

130 L'associé apporte à la société le seul droit de propriété sur le bien, sans l'usufruit. La société est donc propriétaire du bien mais ne peut ni l'utiliser ni en percevoir les revenus.

► **Apports conjoints par le nu-propriétaire et l'usufruitier**

131 Selon le ministère de la Justice, l'apport simultané de l'usufruit et de la nue-propriété d'un bien à une même société peut, si les parties en conviennent, être suivi du démembrement de propriété sur les titres rémunérant l'apport. Le Garde des Sceaux a toutefois souligné que le fondement juridique d'une telle opération faisait l'objet d'une controverse doctrinale, non tranchée par la jurisprudence. Cependant, il pourrait être considéré que le rétablissement du démembrement sur les droits sociaux résulte d'un échange, la clause de report de démembrement, pour produire ses effets, devant emporter renonciation de l'apporteur d'usufruit à sa qualité d'associé au profit de l'apporteur de la nue-propriété qui, en contrepartie, concède un usufruit sur l'ensemble de ses droits sociaux. Le Garde des Sceaux a toutefois ajouté que certains auteurs étaient toutefois d'un avis contraire, et considéraient que le démembrement de propriété affectant les biens apportés se reportait, par le jeu de la subrogation réelle conventionnelle, sur les titres de la société (rép. Chazeaux n° 48735, JO 27 novembre 2000, AN quest. p. 6756).

Droits d'enregistrement sur les apports

Distinction des apports purs et simples et des apports à titre onéreux

132 Pour déterminer les droits d'enregistrement applicables, il convient de distinguer les apports purs et simples, les apports à titre onéreux et les apports mixtes.

Les apports sont purs et simples lorsqu'ils sont réalisés en échange de droits sociaux exposés aux risques de l'entreprise.

Ils sont à titre onéreux lorsqu'ils sont rémunérés par une contrepartie soustraite aux risques sociaux. Tel est le cas de la remise de titres à revenu fixe (obligations, bons de caisse), d'espèces, ou encore de la prise en charge d'un passif incombant à l'apporteur.

Les apports sont qualifiés d'apports mixtes lorsqu'ils sont purs et simples pour partie et à titre onéreux pour le surplus. Ce sera, en général, le cas d'un apport grevé d'un passif. Lorsque les biens sont grevés d'un passif pris en charge par la société, l'apport pur et simple correspond à leur valeur nette. À concurrence du passif, il y a apport à titre onéreux (BOFiP-ENR-AVS-10-30-12/09/2012).

Apports purs et simples enregistrés gratis

133 Sont enregistrés gratis, lorsqu'ils sont réalisés lors de la constitution de société, (CGI art. 810 et 810 bis) :

- les apports en numéraire ;
- les apports purs et simples d'immeubles ou droits immobiliers, fonds de commerce, clientèle, droit de bail entre sociétés ou autres personnes morales passibles les unes et les autres de l'IS (de même pour les apports faits à des sociétés non passibles de l'IS) ;
- les apports purs et simples d'autres biens meubles.

Lorsque les apports réalisés à l'occasion de la constitution d'une société sont enregistrés gratuitement, les dispositions figurant dans les actes et déclarations (désignation des dirigeants, pouvoirs donnés pour accomplir les formalités de constitution), ainsi que leurs annexes, établis à l'occasion de la constitution de sociétés sont également enregistrés gratuitement (CGI art. 810 bis).

Engagement dans le cadre d'un pacte Dutreil. Un engagement de conservation d'actions prévu en matière de droits de mutation à titre gratuit (CGI art. 787 B) constitue une disposition indépendante (ou ne dérivant pas nécessairement des dispositions de constitution de la société) qui doit être soumise au droit fixe de 125 € en cas d'acte authentique ou de présentation volontaire à la formalité de l'enregistrement (CGI art. 671). Toutefois, cet engagement est dispensé du droit fixe s'il figure en tant qu'autre disposition dans les actes et déclarations ainsi que leurs annexes établis à l'occasion de la constitution de sociétés dont les apports sont enregistrés gratis (CGI art. 680 et 810 bis ; BOFiP-ENR-AVS-10-10-10-§ 200-02/09/2015).

Apports purs et simples soumis au droit de mutation

▸ Apports purs et simples à une SA passible de l'IS

134 Les apports purs et simples faits à une SA passible de l'IS par une personne physique ou morale non soumise à cet impôt sont assimilés à des mutations à titre onéreux dans la mesure où ils ont pour objet (CGI art. 809, I.3° ; BOFiP-ENR-AVS-10-10-20-06/04/2016) :

– un immeuble ou des droits immobiliers (usufruit, nue-propriété...) ;
– un fonds de commerce (sauf les marchandises neuves dont l'apport est passible de la TVA) ;
– une clientèle (civile ou commerciale) ;
– un droit à un bail ou à une promesse de bail portant sur tout ou partie d'un immeuble.

Les taux usuels des droits de mutation à titre onéreux sont mentionnés au paragraphe *136*. Les autres biens apportés par ces personnes à une SA passible de l'IS sont, en principe, enregistrés gratis (apports en numéraire et apports d'autres biens meubles) *(voir § 133)*.

Les apports purs et simples entre personnes morales passibles de l'IS sont enregistrés gratis. Par dérogation, le droit de mutation à titre onéreux s'applique lorsqu'un bien précédemment enregistrés gratis (ou enregistré au droit fixe) est apporté à nouveau à une autre société passible de l'IS. Toutefois, ce nouvel apport peut être enregistré gratis si les conditions de ce régime sont réunies, en particulier l'engagement de conservation des titres (BOFiP-ENR-AVS-10-10-20-§ 450-06/04/2016) *(voir § 135)*.

▸ Engagement de conservation des titres pour les apports réalisés lors de la constitution

135 Les apports visés au paragraphe *134* réalisés lors de la constitution de la société sont enregistrés gratis si l'apporteur prend l'engagement de conserver les titres pendant au moins 3 ans (CGI art. 810, III). Ces mêmes apports réalisés au cours de la vie de la société sont enregistrés gratis.

L'engagement de conservation doit être pris dans l'acte ou dans la déclaration (BOFiP-ENR-AVS-10-10-20-§ 380-06/04/2016). Lorsque l'engagement est pris, l'enregistrement gratis en cas de constitution de société bénéficie aux apports d'immeubles ou de droits immobiliers qui sont compris dans l'apport de l'ensemble des éléments de l'actif immobilisé et sont affectés à l'exercice d'une activité professionnelle. Demeurent soumis au droit de mutation :

– les apports d'immeubles non affectés à l'exercice d'une activité professionnelle, même s'ils sont compris dans l'ensemble apporté ;
– les apports d'immeubles affectés à l'exploitation de manière isolée ;
– les apports d'autres biens entrant dans le champ d'application du droit proportionnel pour lesquels l'engagement de conservation n'a pas été pris ou n'a pas été respecté.

En cas de rupture de l'engagement de conservation, la société bénéficiaire de l'apport devient redevable des droits de mutation à titre onéreux. Exigible immédiatement, ce complément de droits ne peut pas faire l'objet d'un paiement fractionné.

L'engagement porte sur la totalité des titres. La cession d'une fraction des titres entraîne la perception du droit de mutation sur la totalité des titres. L'associé peut souscrire ou acquérir des parts ou actions de la société postérieurement à l'engagement : en cas de cession de ces parts ou actions, l'engagement n'est pas rompu tant que l'associé détient un nombre de droits sociaux au moins égal à celui sur lequel a porté l'engagement (BOFiP-ENR-AVS-10-10-20-§ 410-06/04/2016).

L'enregistrement gratis n'est pas remis en cause en cas de décès du détenteur des titres ou droits sociaux, en cas de donation des titres ou droits sociaux, lorsque le donataire prend dans l'acte l'engagement de les conserver jusqu'au terme de la 3e année suivant l'apport (CGI art. 810, III).

Apports à titre onéreux

136 Les apports à titre onéreux sont assimilables à des ventes. Ces apports sont soumis aux droits de mutation à titre onéreux (CGI art. 683 bis ; BOFiP-ENR-AVS-10-20-06/04/2016). La contrepartie d'un apport à titre onéreux peut consister notamment en une remise d'espèces à verser par la société, lorsque l'associé stipule le paiement d'un prix en échange de son apport (travaux effectués à charge pour la société de payer la facture, par exemple) ou encore par la remise d'un bien en nature.

Si la société bénéficiaire prend à sa charge le paiement du passif grevant l'apport, le droit de mutation à titre onéreux est exigible à concurrence du montant du passif et l'apport est pur et simple pour le surplus (il s'agit alors d'un apport mixte). Toutefois, l'apport à titre onéreux est enregistré gratis s'il résulte de la prise en charge par la SA du passif incombant à un exploitant individuel qui apporte à la société l'ensemble de ses éléments d'actif professionnel dans les conditions prévues à l'article 151 octies du CGI et qui prend l'engagement de conserver les titres reçus en contrepartie de l'apport pendant au moins 3 ans (CGI art. 809, I bis ; BOFiP-ENR-AVS-10-20-§ 340-06/04/2016).

Taux usuels des droits de mutation à titre onéreux (1)

Nature des apports	Droits
Brevets	Droit fixe : 125 €
Fonds de commerce	Barème progressif : - jusqu'à 23 000 €, 0 € (minimum perception 25 €) ; - > 23 000 € et ≤ 200 000 € : 3 % - > 200 000 € : 5 %
Immeubles (2)	5 %
Biens mobiliers d'investissement	TVA dans certaines conditions
Cessions d'actions de sociétés (autres que SPI)	0,1 %
Cessions de parts sociales de sociétés (autres que SPI)	3 % avec abattement pour chaque part sociale cédée = 23 000 € / nombre total de parts de la société
Cessions de participations dans une SPI	5 %
Créances, autres biens mobiliers, espèces	Pas d'imposition, sauf enregistrement volontaire au droit fixe de 125 €

(1) Sous réserve des exonérations applicables dans le cadre de régimes spéciaux.
(2) Les frais d'assiette applicables en cas de mutation à titre onéreux ne sont pas exigibles en cas d'apport à titre onéreux (CGI art. 683 bis ; BOFiP-ENR-AVS-10-10-20-§ 300-06/04/2016).

Apports mixtes

▸ Liberté d'imputation

137 Les droits exigibles sur les apports mixtes sont déterminés, par combinaison des règles régissant les apports purs et simples (enregistrement gratis ou droit de mutation) avec celles s'appliquant aux apports à titre onéreux (droit de mutation). L'administration autorise les parties à déclarer dans l'acte ou au pied de l'acte (ou même après enregistrement en vue de la révision de la perception) quels sont, parmi les biens mis en société, ceux qui constituent l'apport pur et simple et ceux qui doivent être considérés comme apportés à titre onéreux.

Lorsqu'un apport est partiellement rémunéré par la prise en charge d'une dette de l'apporteur, les parties peuvent imputer librement ce passif sur les biens mis en société qu'elles désignent dans l'acte ou au pied de l'acte. Elles ne sont pas tenues d'imputer le montant d'un emprunt sur la valeur du bien qu'il a servi à financer. Les droits sont perçus en tenant compte de la ventilation opérée par les parties (BOFiP-ENR-AVS-10-30-12/09/2012).

▸ Imputation proportionnelle

138 Quand les parties ne désignent pas les biens transmis à titre onéreux, l'administration perçoit l'impôt en imputant le prix de la mutation (ou le passif) sur les biens de chaque espèce, proportionnellement à leurs valeurs respectives. Cette imputation proportionnelle ne peut être effectuée, au cas où les apports comprennent des meubles et des immeubles, que s'il a été stipulé un prix particulier pour les objets mobiliers et qu'ils sont désignés et estimés, article par article, dans le contrat. À défaut, le tarif immobilier est seul applicable (CGI art. 735 ; BOFiP-ENR-AVS-10-30-§ 30-12/09/2012).

En pratique les parties ont donc intérêt à utiliser cette faculté et à affecter, en priorité, le montant des dettes prises en charge sur les biens qui supportent les droits d'enregistrement les plus faibles ou qui ne supportent pas de droit d'enregistrement.

Trois méthodes pour sécuriser **les contrats de la SA en formation**

1

CONTRATS CONCLUS
AVANT LA SIGNATURE DES STATUTS

LA SOLUTION
ANNEXER UN ÉTAT DES CONTRATS AUX STATUTS

2

CONTRATS CONCLUS
ENTRE LA SIGNATURE DES STATUTS ET L'IMMATRICULATION

LA SOLUTION
DONNER MANDAT À UN ACTIONNAIRE
—
SOIGNER LA RÉDACTION DU CONTRAT CONCLU PAR LE MANDATAIRE

UNE RÉDACTION SANS RISQUE
LE CONTRAT EST CONCLU
PAR L'ACTIONNAIRE « POUR LE COMPTE DE LA SA »

3

UN RATTRAPAGE
POSSIBLE APRÈS L'IMMATRICULATION

LA SOLUTION
RATIFIER LES CONTRATS PAR UNE DÉCISION DES ACTIONNAIRES

NE PAS SUIVRE UNE DES TROIS MÉTHODES, C'EST RISQUER :

SOIT
LA NULLITÉ
DU CONTRAT

SOIT
QUE LE MANDATAIRE SOIT PERSONNELLEMENT
ENGAGÉ PAR LE CONTRAT

5 Phase définitive de constitution

Mise en place de la société

Signature des statuts

150 **Après l'établissement du certificat du dépositaire des fonds, les statuts sont signés par les actionnaires soit en personne, soit par un mandataire justifiant d'un pouvoir spécial** (c. com. art. L. 225-15)**.**

La signature des statuts est la formalité constitutive essentielle ; elle entraîne approbation du pacte social qui doit désigner les premiers membres du conseil d'administration et les premiers commissaires aux comptes.

Mandat spécial. Le mandat donné par un fondateur à un tiers pour signer en ses lieu et place les statuts doit être établi pour cette seule opération. Ce mandat doit contenir les caractéristiques essentielles de la société (dénomination, durée, siège social, capital, objet) et le nombre d'actions, ou catégorie d'actions, souscrites par le fondateur en contrepartie de son apport. Lorsque des clauses restrictives à la cession des actions sont prévues, le mandat doit en faire état.

En pratique, le projet de statut sera annexé au mandat de façon à bien en délimiter les pouvoirs.

Ce mandat, daté et signé par le fondateur (signature souvent précédée de la mention « bon pour mandat »), sera annexé aux statuts.

Réunion du premier conseil

151 **Les premiers administrateurs sont désignés dans les statuts** (c. com. art. L. 225-16)**. Le premier conseil d'administration se réunira après la signature des statuts pour doter la société de ses organes de direction.**

Ces organes de direction entreront en fonction après l'immatriculation de la SA au RCS.

• **SA à conseil d'administration.** Dans les conditions fixées par les statuts, le conseil d'administration choisira entre les deux modalités d'exercice de la direction générale, à savoir :
– soit une direction générale assumée par le président du conseil d'administration, qui cumulera les pouvoirs de président du conseil d'administration avec celui de directeur général ;
– soit la nomination d'une autre personne physique et portant le titre de directeur général. Cette personne n'a pas à être désignée parmi les administrateurs, à moins que les statuts ne l'imposent.

Ces deux types de direction sont étudiés plus loin *(voir § 400)*.

• **SA à directoire et conseil de surveillance.** Le conseil de surveillance désigne un président et un vice président. De plus, il lui revient de nommer les membres du directoire *(voir § 560)*.

Immatriculation de la société

152 **Les formalités à accomplir pour immatriculer la société au registre du commerce et des sociétés (RCS) sont traitées dans une étude spécifique** *(voir § 1661)*.

Naissance de la personnalité

Existence de la société

153 **Les sociétés commerciales jouissent de la personnalité morale à dater de leur immatriculation au RCS** (c. com. art. L. 210-6)**, et non lorsque le numéro SIREN** *(sur ce numéro, voir § 154)* **leur est attribué** (cass. com. 29 novembre 2023, n° 22-16463)**.**

Avant leur immatriculation, elles doivent être considérées comme des sociétés de fait auxquelles les dispositions relatives aux personnes morales ne peuvent s'appliquer.

Pendant le laps de temps qui s'écoule entre la signature des statuts et l'immatriculation, la SA nouvelle est considérée comme n'ayant encore aucune existence.

• **Absence de pouvoir des dirigeants.** La SA n'ayant pas d'existence avant son immatriculation, les personnes désignées en qualité de dirigeant ne peuvent engager la société pour les actes passés avant son immatriculation. Les moyens permettant de remédier à cette difficulté sont exposés plus loin *(voir §§ 156 à 163)*.

• **Impossibilité d'agir en justice.** Une société en formation ne peut pas agir en justice. Son assignation est nulle (cass. com. 30 novembre 1999, n° 97-14595 ; cass. com. 14 juin 2000, n° 98-10617). L'irrégularité tenant à l'inexistence de la personne qui agit en justice ne peut être couverte (cass. com. 23 novembre 2010, n° 07-21936 ; cass. civ., 2e ch., 4 mars 2021, n° 19-22829).

• **Pas de responsabilité de la société avant sa création.** Une entreprise s'aperçoit qu'un salarié licencié a transféré, avant son départ, des actes commerciaux sur sa boîte mail personnelle, puis a créé une société concurrente. L'entreprise assigne la société pour concurrence déloyale mais perd son procès devant la Cour de cassation. En effet, la société n'était ni constituée, ni immatriculée lors des agissements fautifs ; ceux-ci ne pouvaient donc pas engager sa responsabilité (cass. com. 17 mai 2023, n° 22-16031).

Identification de la société

154 La SA (comme toute entreprise) est identifiée au moyen du numéro unique d'identification des entreprises (c. com. art. D. 123-235 et D. 123-236) ; il s'agit du numéro attribué aux entreprises lors de leur inscription au répertoire des entreprises, à savoir le numéro SIREN à neuf chiffres.

Ce numéro est, en principe, le seul qui puisse être exigé d'une entreprise. Le code de commerce prévoit néanmoins des indications complémentaires et spécifiques à cette numérotation unique ; ainsi, pour les sociétés commerciales, le numéro SIREN doit être complété par :
– la mention RCS suivie du nom de la ville où se trouve le greffe dans lequel la société est immatriculée ;
– la référence de l'immatriculation à un autre registre ou répertoire, ou l'indication de l'autorisation ou de la déclaration nécessaire à l'exercice de son activité, tel, par exemple, le numéro d'autorisation administrative pour une entreprise de sécurité. Cette mention a pour objectif de contrôler que la formalité a été effectuée ;
– l'indication du numéro de TVA intracommunautaire pour les sociétés intervenant sur le marché communautaire. Ce numéro est construit à partir du numéro unique d'identification, sur le modèle suivant :

FR code pays	+	00 clé informatique	+	123456789 numéro SIREN

– le numéro interne de classement attribué à l'un des établissements de la société ou à celle-ci pour ses relations avec les administrations ; en fait, c'est le numéro SIRET qui est indiqué. Ainsi, dans ses relations avec l'URSSAF, chaque entreprise est désormais tenue de mentionner son numéro SIRET composé sur le schéma suivant :

123456789 numéro SIREN	+	12345 numéro interne de classement

Mentions obligatoires sur les papiers d'affaires

155 Les actes et documents émanant de la société et destinés aux tiers, notamment les lettres, factures, annonces et publications diverses, doivent indiquer la dénomination sociale, précédée ou suivie immédiatement et lisiblement des mots « société anonyme » ou des initiales « SA », et de l'énonciation du montant du capital social qui peut être arrondi à la valeur entière inférieure (c. com. art. R. 123-237).

En cas d'omission, le ministère public ainsi que tout intéressé peuvent demander au président du tribunal de commerce statuant en référé d'enjoindre sous astreinte au directeur général et aux directeurs généraux délégués de porter ces mentions sur tous les actes ou documents émanant de la société (c. com. art. L. 238-3).

Par ailleurs, toute société inscrite au registre du commerce et des sociétés est tenue d'indiquer en tête de ses factures, notes de commande, tarifs et documents

publicitaires ainsi que sur toutes correspondances et récépissés concernant son activité et signés en son nom :
– son numéro unique d'identification ;
– la mention RCS, suivie du nom de la ville où se trouve le greffe où elle est immatriculée ;
– le lieu de son siège social ;
– le cas échéant, qu'elle est en état de liquidation ;
– le cas échéant, la qualité de locataire-gérant ou de gérant-mandataire.

Toute contravention à cette obligation peut être punie de l'amende prévue pour les contraventions de la 4e classe (c. com. art. R. 123-237)**, soit jusqu'à 750 € si les poursuites visent le dirigeant et jusqu'à 3 750 € si elles visent la SA** (c. pén. art. 131-13 et 131-41)**.**

• **SA à directoire.** Si la société est dotée d'un directoire et d'un conseil de surveillance, la forme sociale doit être indiquée par les mots « société anonyme à directoire et conseil de surveillance » (c. com. art. R. 123-238, 4°, a).

• **Faible augmentation de capital.** La société n'est tenue de mentionner le nouveau montant du capital qu'à l'expiration d'un délai de 3 ans à compter de la constatation de l'augmentation dans le cas d'une augmentation de capital de faible ampleur (≤ 10 % du montant antérieur) résultant (c. com. art. R. 123-238, 4°, b) :
– de l'exercice des droits attachés à des valeurs mobilières donnant accès au capital ;
– de la levée d'option de souscription d'actions ;
– ou du paiement du dividende en actions.

• **Courriers électroniques.** L'article R. 123-238 du code de commerce vise les actes et documents émanant de la société et destinés aux tiers ; le courriel étant un document, il entre dans le champ d'application de cette disposition. Le comité juridique de l'ANSA a conclu que :
– tout document officiel émanant d'une société, quel que soit son support et notamment les courriels, doit comporter les mentions obligatoires prévues par l'article R. 123-238 précité ;
– les documents internes et les documents, mêmes destinés aux tiers, qui sont d'ordre factuel ne sont pas soumis à cette obligation ;
– chaque société est libre de choisir l'option technique assurant les mentions légales soit automatiquement, soit par une manœuvre volontaire (ANSA, 2 juin 2004, n° 04-050).

• **Site Internet.** Doivent figurer sur le site Internet de toute personne immatriculée le numéro unique d'identification de celle-ci ainsi que la mention du RCS où elle est immatriculée, le lieu de son siège social et, pour les sociétés dont le siège est à l'étranger, la dénomination sociale, la forme juridique et, le cas échéant, l'état de liquidation (c. com. art. R. 123-237).

Le nom de domaine du site Internet peut être indiqué dans la demande d'immatriculation au RCS *(voir § 1667)*.

Sort des engagements pris pendant la constitution

L'objectif : engager la société et elle seule

156 **Un certain nombre d'engagements peuvent ou doivent être souscrits avant l'immatriculation définitive de la société. L'exemple classique est la signature du contrat de bail pour le local devant servir de siège social à la société en formation.**

Ces contrats ne peuvent pas être signés par la société puisqu'elle n'existe pas encore. Plusieurs techniques permettent d'aboutir à ce que la société soit considérée comme seule engagée par ces actes, à l'exclusion du signataire *(voir §§ 157 à 159)*.

État des actes annexés aux statuts

157 L'état des actes accomplis pour le compte de la société en formation, avec l'indication, pour chacun d'eux, de l'engagement qui en résulterait pour la société (cass. com. 26 avril 1988, n° 87-11051 ; cass. com. 13 juillet 2010, n° 09-68142), est présenté aux associés avant la signature des statuts. Cet état est annexé aux statuts dont la signature emportera reprise automatique des engagements par la société lorsque celle-ci aura été immatriculée au RCS (c. com. art. R. 210-6).

La mention des actes directement dans les statuts suffit à emporter leur reprise (cass. civ., 3e ch., 13 juillet 2011, n° 10-18640). En revanche, il a été jugé que la formule selon laquelle « la signature des statuts emportera reprise des engagements qui seront réputés avoir été souscrits dès l'origine par la société » ne valait pas reprise en l'absence d'état des actes (cass. com. 26 avril 1988, n° 87-11051 ; cass. com. 13 mars 2001, n° 97-22288).

En l'absence d'annexe aux statuts, les actes signés pour le compte de la société en formation pourront être repris postérieurement à l'immatriculation par une décision collective *(voir § 159)*.

Mandat donné par les actionnaires

158 Les actionnaires peuvent, dans les statuts ou par acte séparé, donner mandat à l'un ou plusieurs d'entre eux de prendre des engagements pour le compte de la société (c. com. art. R. 210-6, al. 3). Sous réserve qu'ils soient déterminés et que leurs modalités soient précisées par le mandat, l'immatriculation de la SA au RCS emportera reprise de ces engagements par la société.

L'article R. 210-6 du code de commerce ne visant que les actionnaires, un mandat conféré à un directeur général non actionnaire ou à un membre du futur directoire, non actionnaire, ne serait pas valable.

Le mandat est inclus dans les statuts ou est rédigé par acte séparé. Il doit indiquer la nature, le montant approximatif ou maximal et les modalités des engagements à souscrire (cass. com. 14 novembre 2006, n° 05-16527). Le mandat de souscrire les actes et engagements entrant dans l'objet statutaire et conformes à l'intérêt social est un mandat trop général et insuffisamment précis, donc inefficace (cass. com. 24 mars 1998, n° 96-11366).

- **Formulation à adopter.** Le mandataire qui intervient personnellement et signe l'acte indiquera dans celui-ci qu'il agit « au nom » ou pour « le compte » de la SA dénommée X en cours de formation et d'immatriculation, et non pour son compte personnel (cass. com. 2 mai 2007, n° 05-14071 ; cass. com. 2 février 2010, n° 09-13405).

Toutefois, depuis le revirement de jurisprudence opéré le 29 novembre 2023 par la Cour de cassation, la reprise de l'engagement par la société pourra éventuellement être admise alors même que le mandataire n'aura pas adopté la bonne formulation *(voir § 162)*.

- **Un seul mandat spécial suffit.** Un bail, signé par deux associés dont un seul est investi du mandat spécial nécessaire, est réputé avoir été souscrit à l'origine par la société (cass. com. 13 décembre 2005, n° 04-12528).

• **Mandat postérieur à l'acte.** Un mandat spécial peut être donné postérieurement à la signature d'un engagement, tel un bail (cass. com. 14 janvier 2003, n° 00-12557 ; cass. com. 1er juillet 2008, n° 07-10676).

Ratification par les actionnaires

159 **Les actionnaires qui n'ont pas donné mandat à l'un d'entre eux pour passer les actes pendant la période de formation peuvent encore décider que la SA reprendra ces actes à son compte. Cette reprise nécessite une décision collective régulière prise après l'immatriculation de la société** (cass. com. 3 avril 1973, n° 71-13527 ; cass. com. 20 janvier 1987, n° 85-15568). **Cette décision est prise à la majorité des voix exprimées (présentes ou représentées) plus une, sauf clause contraire des statuts, ceux-ci pouvant prévoir une majorité qualifiée ou même l'unanimité.**

Actes exclus. La reprise ne vaut d'abord que pour les engagements contractuels. Ne peuvent pas faire l'objet d'une reprise par la société :
– des agissements constitutifs de concurrence déloyale (CA Paris 24 février 1977, JCP 1978, éd. G., II, 18957) ;
– des demandes d'autorisations administratives qui ne génèrent aucune obligation pour la société (cass. civ., 3e ch., 5 novembre 2014, n° 13-10888).

Pas de reprise implicite

160 **La Cour de cassation a posé le principe que seule une délibération spéciale de la collectivité des associés, prise, sauf clause contraire, à la majorité d'entre eux, constitue l'accomplissement exigé par les textes en l'absence de mandat** (cass. com. 1er avril 2004, n° 99-12443 ; cass. com. 12 juillet 2004, n° 01-16801 ; cass. com. 6 décembre 2005, n° 03-16853 ; cass. com. 17 juin 2008, n° 07-14608).

Ainsi, une reprise implicite des engagements paraît impossible. À titre d'exemple, il a été jugé que ne pouvaient valoir reprise par la société des engagements souscrits avant l'immatriculation :
– ni l'approbation des comptes du premier exercice (cass. civ., 1re ch., 2 octobre 2002, n° 00-10499) **;**
– ni l'exécution de l'engagement par la société (cass. com. 1er avril 2003, n° 00-21042) **;**
– ni l'acceptation de l'engagement par plusieurs fondateurs (cass. com. 9 octobre 2007, n° 06-16483) **;**
– ni la conclusion d'un crédit-bail conclu postérieurement à l'immatriculation de la société pour financer un matériel commandé avant l'immatriculation (cass. com. 13 décembre 2011, n° 11-10699).

Notons que la Cour de cassation fait actuellement évoluer sa jurisprudence sur la reprise des engagements, mais la question de la reprise implicite n'a pas été abordée dans ces récents arrêts *(voir § 162)*.

Effets de la reprise des engagements

161 **La société qui reprend régulièrement l'engagement souscrit envers un tiers en son nom et pour son compte, tel un bail, alors qu'elle était en formation, se trouve engagée dès la date de signature du contrat et libère corrélativement le signataire de l'acte, sauf si celui-ci s'est engagé personnellement à en garantir l'exécution** (cass. civ. 3 décembre 1980, n° 79-12619 ; cass. com. 22 mai 1991, n° 90-12217 ; cass. com. 18 juin 1991, n° 90-10755).

À cela deux exceptions. D'une part, lorsque la reprise n'a eu pour but que de faire échapper l'auteur des actes litigieux à ses obligations, en transférant la

charge à une personne morale insolvable, cette fraude aux droits des créanciers rend la reprise nulle et les juges condamneront personnellement l'auteur de l'acte (cass. com. 2 juillet 1996, n° 94-19431).

D'autre part, la personne qui a fait ouvrir un compte pour une société en formation reste personnellement tenue du paiement des chèques émis par elle. La ratification ultérieure, par l'assemblée des associés, des engagements pris au nom de la société reste sans influence sur son obligation de tireur personnellement garant du paiement du chèque (CA Paris 24 mars 1988, D. 1988, 556). **En effet, « la provision doit être faite par le tireur ou par celui pour le compte de qui le chèque sera tiré, sans que le tireur pour compte d'autrui cesse d'être personnellement obligé envers les endosseurs et le porteur seulement »** (c. mon. et fin. art. L. 131-4, al. 2).

- **Acquisition immobilière.** L'acte portant reprise, par une société régulièrement immatriculée, des engagements souscrits par ses fondateurs, qui sont alors réputés avoir été dès l'origine contractés par celle-ci, est déclaratif et n'a pas à être publié pour être opposable aux tiers (cass. civ. 9 juillet 2003, n° 01-10863).

- **Garanties.** Les garanties fournies par des tiers pour l'exécution d'engagements pris pour le compte de la société en formation se trouvent validées par la reprise de ces actes (cass. civ., 1re ch., 3 décembre 1980, n° 79-12619).

- **Bail.** Un particulier acquiert pour le compte d'une société en formation un fonds de commerce comportant un bail commercial. Une fois la société immatriculée, celle-ci reprend les engagements souscrits, notamment l'acquisition du fonds de commerce. Quelques mois plus tard, le bailleur donne congé à la société en lui refusant le renouvellement du bail et le versement d'une indemnité d'éviction. Il fait valoir que, entre la date d'acquisition du fonds et celle de l'immatriculation de la société, la personnalité morale de la société n'existait pas. Par conséquent, cette dernière ne pouvait se prévaloir du statut des baux commerciaux pour réclamer le versement d'une indemnité (c. com. art. L. 145-1). Les juges entérinent son raisonnement mais la Cour de cassation censure : dès lors que la société reprend les engagements souscrits en son nom, elle est réputée bénéficier de la personnalité morale rétroactivement (cass. civ., 3e ch., 7 décembre 2011, n° 10-26726).

Contentieux sur la reprise des engagements

162 **Par trois arrêts du 29 novembre 2023, la Cour de cassation a opéré un important revirement de jurisprudence.**

Dans ces arrêts, la Cour a, tout d'abord, rappelé sa jurisprudence, établie depuis de nombreuses années, selon laquelle ne sont susceptibles d'être repris par la société après son immatriculation que les engagements expressément souscrits « au nom » (cass. com. 22 mai 2001, n° 98-19742 ; cass. com. 21 février 2012, n° 10-27630 ; cass. com. 13 novembre 2013, n° 12-26158) **ou « pour le compte »** (cass. com. 11 juin 2013, n° 11-27356 ; cass. com. 10 mars 2021, n° 19-15618) **de la société en formation, et que sont nuls les actes passés « par » la société, même s'il ressort des mentions de l'acte ou des circonstances que l'intention des parties était que l'acte soit accompli en son nom ou pour son compte** (cass. civ., 3e ch., 5 octobre 2011, n° 09-72855 ; cass. com., 21 février 2012, n° 10-27630 ; cass. com. 19 janvier 2022, n° 20-13719).

Cependant, cette solution a pour conséquence que l'acte non expressément souscrit « au nom » ou « pour le compte » d'une société en formation est nul et que ni la société ni la personne ayant entendu agir pour son compte n'auront à répondre de son exécution, à la différence d'un acte valable, mais non repris par la société, qui engage les personnes ayant agi « au nom » ou « pour son compte ».

Cette solution produit ainsi des effets indésirables en étant parfois utilisée par des parties souhaitant se soustraire à leurs engagements. Elle conduit donc à fragiliser

les sociétés lors de leur démarrage au lieu de les protéger, sans toujours apporter une protection adéquate aux tiers cocontractants, qui, en cas d'annulation de l'acte, se trouvent dépourvus de tout débiteur.

En conséquence, la Cour de cassation a reconnu aux juges du fond le pouvoir d'apprécier souverainement, par un examen de l'ensemble des circonstances, intrinsèques à l'acte et extrinsèques, si la commune intention des parties était que (cass. com. 29 novembre 2023, nos 22-18295, 22-21623 et 22-12865) :
– l'acte fût conclu au nom ou pour le compte de la société en formation (peu important la rédaction adoptée dans l'acte) ;
– la société puisse, après avoir acquis la personnalité juridique, décider de reprendre les engagements souscrits.

Au regard du droit fiscal

163 Afin d'éviter une double taxation des engagements souscrits pendant la période de formation (lors de la passation de l'acte et lors du transfert des droits acquis à la société), l'administration exige le respect d'un certain formalisme à savoir (BOFiP-ENR-AVS-10-40-§ 130-12/09/2012) :
– l'acte de reprise des engagements souscrits au nom de la SA doit contenir tous les éléments nécessaires à l'identification de cette société ;
– l'acte de reprise ne doit opérer aucune novation par rapport aux dispositions essentielles de la convention intervenue au cours de la période de formation.

Si ces conditions sont remplies, le transfert des droits acquis résultant de la reprise des engagements souscrits au nom de la SA en formation n'est pas taxé. En effet, les conventions translatives de propriété ou de jouissance conclues pour le compte d'une société en formation sont considérées comme parfaites dès l'origine et réalisées par la personne qui a agi au nom de la société en voie de constitution. Ils sont assujettis immédiatement à l'impôt de mutation (droit d'enregistrement ou taxe de publicité foncière). La reprise par la société des engagements souscrits en son nom au cours de la période de formation et le transfert ultérieur des droits par la substitution rétroactive de la personne morale à l'acquéreur initial ne donnent ouverture à aucun droit ou taxe de mutation si la ratification est pure et simple (BOFiP-ENR-AVS-10-40-§ 90-12/09/2012). Toutefois, les ratifications pures et simples d'actes notariés, d'actes sous seing privé ou de conventions verbales donnent ouverture au droit fixe de **125 €** (CGI art. 680).

La reprise des actes conclus avant la signature des statuts présente un risque fiscal, dans la mesure où pour l'administration, la période de formation d'une SA débute à la date du dépôt des fonds provenant des souscriptions ou, en cas d'apport en nature, la date de désignation du commissaire aux apports par les futurs associés. En conséquence, les actes passés avant cette période de formation peuvent donner lieu à une double perception des droits de mutation : une première fois, les droits seraient dus par l'associé souscripteur de l'acte, puis une seconde fois lorsque la société reprendrait l'acte à son nom.

• **Convention affectée d'une condition suspensive.** Si la réalisation de la convention est subordonnée à la ratification ultérieure de la société au nom de laquelle le contrat a été passé, les droits ou taxes éventuellement exigibles ne sont perçus que lors de la réalisation de la condition. Il en est de même en cas de promesse unilatérale de vente simplement acceptée en tant que telle par la personne agissant au nom de la société en formation dès lors que la levée de l'option est faite par la personne morale postérieurement à son immatriculation au registre du commerce et des sociétés (BOFiP-ENR-AVS-10-40-§ 90-12/09/2012).

• **Défaut de reprise des engagements.** Dans ce cas, la personne qui a contracté au nom de la société en formation (ou les mandants, dans l'hypothèse où il a été donné mandat de contracter) est considérée, tant au point de vue fiscal que civil, comme acquéreur ou preneur définitif du bien concerné, à moins, bien entendu, que la réalisation de la convention n'ait été expressément subordonnée à la ratification ultérieure de la société au nom de laquelle le contrat a été passé (BOFiP-ENR-AVS-10-40-§ 100-12/09/2012).

• Les conventions conclues au nom d'une société anonyme en formation peuvent en principe être prises en considération pour la détermination du **bénéfice imposable** de cette société, ainsi que des taxes sur le chiffre d'affaires dont elle est redevable (BOFiP-BIC-BASE-10-10-§ 90-03/02/2016).

Administration et direction de la SA

Statut des administrateurs

CONSEIL D'ADMINISTRATION

ENTRE 3 ET 18 MEMBRES, SELON LES STATUTS

PAR DÉROGATION : EN CAS DE FUSION, 24 MEMBRES AU PLUS POUR LES 3 ANNÉES APRÈS LA FUSION

QUALITÉ DES ADMINISTRATEURS

PERSONNE PHYSIQUE
NATIONALITÉ FRANÇAISE OU ÉTRANGÈRE, MAJEUR OU MINEUR ÉMANCIPÉ

OU

PERSONNE MORALE
AVEC DÉSIGNATION D'UN REPRÉSENTANT PERMANENT

CUMUL POSSIBLE AVEC UN CONTRAT DE TRAVAIL SI :
- EXERCICE D'UN EMPLOI EFFECTIF
- FONCTIONS SALARIÉES DISTINCTES DE CELLES D'ADMINISTRATEUR
- EXISTENCE D'UN LIEN DE SUBORDINATI

NB : UNE PERSONNE SOUS TUTELLE NE PEUT PAS ÊTRE ADMINISTRATEUR
1/3 DES ADMINISTRATEURS PEUVENT ÊTRE SALARIÉS AU PLUS

SI LES STATUTS LE PRÉVOIENT : DÉTENTION D'UN NOMBRE MINIMUM D'ACTIONS

LIMITES

L'ADMINISTRATEUR NE DOIT PAS ÊTRE FRAPPÉ D'UNE **INTERDICTION DE GÉRER, NI D'INCOMPATIBILITÉS EN RAISON DE SA PROFESSION** (EX. : COMMISSAIRE AUX COMPTES, FONCTIONNAIRE)

LIMITATION À 5 MANDATS D'ADMINISTRATEUR OU DE DIRECTEUR GÉNÉRAL (SAUF DANS LES GROUPES DE SOCIÉTÉS)

LIMITE D'ÂGE
- 2/3 DES ADMINISTRATEURS DOIVENT AVOIR MOINS DE 70 ANS
- LES STATUTS PEUVENT FIXER UNE LIMITE D'ÂGE DIFFÉRENTE

RESPECT DE LA PARITÉ HOMMES/FEMMES DANS LES GRANDES SA (AU MOINS 250 SALARIÉS E 50 M€ DE CA OU DE BILAN

NOMINATION DES ADMINISTRATEURS

NOMINATION OBLIGATOIRE DANS LES STATUTS POUR LES PREMIERS ADMINISTRATEURS

NOMINATION PAR L'ASSEMBLÉE AU COURS DE LA VIE SOCIALE

DURÉE DES FONCTIONS

6 ANS MAXIMUM
LES STATUTS PEUVENT PRÉVOIR UNE DURÉE INFÉRIEURE

CESSATION DES FONCTIONS

RÉVOCATION : À TOUT MOMENT PAR L'ASSEMBLÉE

AUTRES CAS DE CESSATION DES FONCTIONS :
DÉMISSION, ARRIVÉE DU TERME DU MANDAT, DÉCÈS, INCAPACITÉ, INCOMPATIBILITÉ, ATTEINTE DE LA LIMITE D'ÂGE OU CHANGEMENT DE FORME DE LA SOCIÉTÉ

! L'ADMINISTRATEUR DOIT ÊTRE INFORMÉ DES MOTIFS DE SA RÉVOCATION ET EN MESURE DE PRÉSENTER SES OBSERVATIONS. TOUTE RÉVOCATION ABUSIVE OU VEXATOIRE DONNE LIEU À DES DOMMAGES ET INTÉRÊTS.

Revue Fiduciaire

6 Statut des administrateurs

§§

Nombre d'administrateurs

Nombre limité par la loi et les statuts

209 La SA classique est tenue d'avoir un conseil d'administration composé de :
- 3 membres au moins ;
- 18 au plus.

Les statuts fixent le nombre des membres du conseil à l'intérieur de ces limites (c. com. art. L. 225-17, al. 1). Les premiers administrateurs sont désignés dans les statuts *(voir § 151)*.

Les administrateurs salariés ne sont pas pris en compte pour le calcul du nombre minimal ou maximal des administrateurs *(voir § 211)*.

Suite à un décès ou à une démission, si le nombre d'administrateurs devient inférieur au minimum légal, les administrateurs doivent convoquer l'assemblée des actionnaires pour compléter leur effectif jusqu'à atteindre le minimum légal et statutaire.

Nombre variable ou fixe dans les statuts. La solution la plus souple consiste à prévoir un nombre d'administrateurs variable (entre 3 et 18 membres) ou dans les limites légales, afin d'éviter d'autres révisions éventuelles. La solution d'un nombre fixe d'administrateurs peut toutefois s'imposer dans des hypothèses particulières comme, par exemple, dans le cas d'une filiale commune à 50/50, avec un nombre pair d'administrateurs choisis à égalité par chacune des sociétés mères.

Exceptions

▸ En cas de fusion

210 En cas de fusion de SA, le nombre des membres du conseil d'administration peut dépasser celui de 18 pendant un délai de 3 ans à compter de la date de la fusion, sans pouvoir être supérieur à 24 membres (c. com. art. L. 225-95).

Régularisation à la date d'effet. L'article L. 225-95 du code de commerce fait un renvoi à l'article L. 236-4 du même code en ce qui concerne la date de prise d'effet de la fusion. Dès lors, si le contrat prévoit une date d'effet, généralement le premier jour de l'exercice en cours, c'est ce point de départ qu'il faudra retenir pour le décompte du délai de 3 ans pendant lequel la société peut avoir un conseil de 24 membres.

▸ Représentants des salariés

211 Ne sont pas pris en compte, pour la détermination du nombre minimal et du nombre maximal d'administrateurs, les administrateurs élus par les salariés de la société et ceux de ses filiales directes ou indirectes ainsi que les administrateurs représentant les salariés qui doivent siéger dans les conseils d'administration des grandes SA (c. com. art. L. 225-23, L. 225-27 et L. 225-27-1) *(voir § 268)*.

Conditions requises

Capacité

212 Les administrateurs n'étant en réalité que les mandataires des actionnaires et non des commerçants, aucune capacité juridique particulière autre que celle de droit commun ne leur est imposée.

Un mineur non émancipé ne peut être administrateur. Un mineur émancipé peut l'être, sans restriction.

Un majeur sous curatelle peut être administrateur (cass. com. 29 septembre 2009, n° 08-15125).

Une personne placée sous tutelle ne peut pas être administrateur. S'il est mis sous tutelle, l'administrateur est réputé démissionnaire d'office. Toutefois, cette démission d'office n'entraîne pas la nullité des délibérations auxquelles a pris part l'administrateur réputé démissionnaire d'office (c. com. art. L. 225-19, al. 5 et 6).

Nationalité

213 La nationalité étrangère des administrateurs n'est pas un obstacle à l'exercice de leurs fonctions, sauf dans certains cas tenant à l'objet de la société ; des dispositions légales écartent en effet les étrangers des conseils de sociétés qui exploitent certains services concédés par l'État ou de branches d'activité ayant un intérêt national.

Les administrateurs de nationalité étrangère peuvent être tenus de détenir un titre de séjour *(voir § 432)*.

Interdiction de gérer et d'administrer

214 Les administrateurs de SA doivent avoir la capacité d'administrer et de gérer une entreprise.

Les administrateurs ne doivent pas être frappés d'une interdiction de gérer et d'administrer une société commerciale prononcée à titre de peine complémentaire à des condamnations :
– pour une durée de 5 ans par le juge répressif pour des délits punis d'une peine d'emprisonnement (c. pén. art. 131-6, 15°) ;
– pour des infractions au droit des sociétés (c. com. art. L. 249-1).

L'interdiction de diriger, administrer, gérer ou contrôler à titre quelconque, directement ou indirectement, une société commerciale peut être soit définitive, soit être établie pour une période de 15 ans au plus (c. pén. art. 131-27). Cette peine doit être motivée en tenant compte de la gravité des faits, de la personnalité de leur auteur et de sa situation personnelle (cass. crim. 1er février 2017, n° 15-85199). Toute violation de l'interdiction d'exercer une activité professionnelle est punie de 2 ans d'emprisonnement et de 30 000 € d'amende (c. pén. art. 434-40). Toute violation de l'interdiction de diriger, d'administrer, de gérer une société est punie de 2 ans d'emprisonnement et de 375 000 € d'amende (c. pén. art. 434-40-1).

Il appartient aux juges d'appliquer – ou non – l'interdiction de gérer aux personnes qu'ils condamnent pour un certain nombre d'infractions graves. Tous les délits au droit des sociétés sont en effet visés (présentation de comptes infidèles, défaut d'établissement des comptes, abus de biens sociaux...), ainsi que d'autres délits divers : escroquerie, faux, fraude fiscale, travail dissimulé, pratique commerciale trompeuse, démarchage irrégulier, falsification d'un produit...

Le tribunal correctionnel, qui sanctionne pour banqueroute, ne peut plus ajouter la faillite ni l'interdiction de gérer (C. constit., décision 2016-573 QPC du 29 septembre 2016 ; c. com. art. L. 654-6 abrogé). La faillite personnelle emporte interdiction de gérer (c. com. art. L. 653-2). Le tribunal de commerce peut prononcer, à la place de la faillite personnelle, l'interdiction de gérer (c. com. art. L. 653-8). La durée de l'interdiction de gérer (ou de la faillite) est fixée par le tribunal ; elle ne peut pas excéder 15 ans. L'intéressé peut obtenir d'être relevé de cette mesure dans un certain nombre de cas (c. com. art. L. 653-11).

Relevé de l'interdiction. En matière pénale, la personne qui a été interdite de gérer peut demander à être relevée, en tout ou en partie, de l'interdiction ou encore que la durée de l'interdiction soit réduite (c. pén. art. 132-21). Elle peut aussi demander la non-inscription de la condamnation au bulletin 2 de son casier judiciaire ; l'exclusion de la mention entraînera d'elle-même le relevé de l'interdiction de gérer (c. proc. pén. art. 775-1). Elle peut également présenter une demande de réhabilitation (c. proc. pén. art. 782).

Incompatibilités

215 **Les principaux cas d'incompatibilité concernent certains officiers ministériels ou auxiliaires de la justice auxquels la loi ou les règles de leur profession interdisent cette sorte d'activité ou l'assortissent de certaines conditions.**

Les sanctions des incompatibilités sont presque toujours disciplinaires : elles sont parfois pénales lorsque l'intérêt général l'exige ; mais la violation des prescriptions relatives aux incompatibilités n'entraîne pas, semble-t-il, la nullité de la nomination de l'intéressé au poste d'administrateur ni l'annulation des décisions prises.

• **Commissaires aux comptes.** Les commissaires aux comptes ne peuvent pas être nommés dirigeants, administrateurs ou occuper un poste de direction au sein des sociétés qu'ils contrôlent, moins de 3 ans après la cessation de leurs fonctions. Pendant ce même délai, ils ne peuvent pas exercer les mêmes fonctions dans une personne ou entité contrôlée ou qui contrôle la société dont ils ont certifié les comptes (c. com. art. L. 822-12 devenu c. com. art. L. 821-32 au 1er janvier 2024).

• **Experts-comptable.** Un expert-comptable peut être nommé administrateur d'une SA. En effet, les experts-comptables peuvent accepter, sous le contrôle du conseil régional dont ils relèvent et dans les conditions fixées par le règlement intérieur de l'ordre des experts-comptables, tout mandat social dans toute société, dès lors que ce mandat n'est pas de nature à porter atteinte à leur indépendance (ordonnance 45-2138 du 19 septembre 1945, art. 22, al. 6).

• **Notaires.** Un notaire peut être administrateur d'une SA. Lorsqu'il exerce cette fonction, il ne peut pas recevoir les actes de la société (décret 45-0117 du 19 décembre 1945, art. 13-1). Un notaire ne peut pas, en revanche, être président du conseil d'administration (cass. com. 10 octobre 1995, nos 91-21748 et 91-21990).

• **Avocats.** Jusqu'à l'intervention du décret 2020-58 du 29 janvier 2020, un avocat ne pouvait pas être président du conseil d'administration d'une SA. Depuis le 31 janvier 2020, ce professionnel peut exercer cette fonction, dès lors qu'il n'en est pas également le directeur général. En effet, un avocat est toujours interdit d'être directeur général d'une SA à moins que celle-ci ait pour objet la gestion d'intérêts familiaux ou l'exercice de la profession d'avocat (décret 2023-552 du 30 juin 2023, art. 22).

D'autre part, s'il justifie d'une ancienneté de 7 années d'exercice de la profession, un avocat peut être élu administrateur (décret 2023-552 du 30 juin 2023, art. 23). Toutefois, il doit en informer l'ordre par écrit dans un délai de 15 jours à compter de la date de son élection. Sous certaines conditions, le conseil de l'ordre peut l'inviter à se démettre de ses fonctions (décret 2023-552 du 30 juin 2023, art. 24). Mais il a été jugé que les actes passés par un avocat également président du conseil d'administration d'une SA restent valables (cass. crim. 22 avril 1977, n° 75-93306).

• **Fonctionnaires.** Les fonctionnaires ne peuvent être membres du conseil d'administration d'une SA (CGFP, art. L. 123-1).

• **Parlementaires.** Sont également visés par les incompatibilités les membres du parlement et les membres du gouvernement dans les cas prévus par les dispositions du code électoral (c. élect. art. L. O146 et L. O297 ; constit. art. 23).

• **Conseils en propriété industrielle.** Cette profession est incompatible avec la qualité de d'administrateur d'une SA, lorsque le conseil en propriété industrielle a moins de 7 années d'exercice professionnel et n'a pas obtenu préalablement une dispense (c. propr. intell. art. L. 422-12).

Personnes morales administrateurs

▸ Nomination d'un représentant permanent

216 Une personne morale peut être nommée administrateur, mais, lors de sa nomination, elle est tenue de désigner un représentant permanent soumis aux mêmes conditions et obligations et qui encourt les mêmes responsabilités civile et pénale que s'il était administrateur en son nom propre, sans préjudice de la responsabilité solidaire de la personne morale qu'il représente (c. com. art. L. 225-20, al. 1).

Le représentant permanent doit être désigné, lors de la nomination de la société, au poste d'administrateur par le représentant légal de la société désignée (gérant de SARL, président de SAS, directeur général ou directeurs généraux délégués de SA).

Lorsque la personne morale révoque son représentant, elle est tenue de pourvoir en même temps à son remplacement (c. com. art. L. 225-20, al. 3). Elle doit notifier sans délai à la société, par lettre recommandée, la révocation, le décès ou la démission du représentant permanent, ainsi que l'identité de son nouveau représentant permanent (c. com. art. R. 225-16, al. 2). Il n'existe aucune sanction spécifique à l'inobservation de l'obligation d'information à la charge de la société administrateur en cas de changement de représentant permanent (rép. Liot, JO 13 février 1973, Sén. quest. p. 66). Reste que la révocation d'un mandat notifiée à un seul mandataire ne peut être opposée aux tiers qui ont traité dans l'ignorance (c. civ. art. 2005).

• **Représentant permanent administrateur de la même société.** La présence au conseil d'administration d'une même société d'un administrateur agissant à la fois en son nom propre et pour le compte d'une autre société en qualité de représentant permanent met en jeu le principe de la collégialité du conseil d'administration, car elle est de nature à fausser les règles relatives au fonctionnement et aux délibérations du conseil. L'inscription modificative au registre du commerce et des sociétés (RCS) du président aux fonctions de représentant permanent d'une personne morale administrateur de la société peut être refusée (CA Nancy, 2e ch., 17 septembre 1998, Sem. jur. 1999, éd. E., p. 1828).

• **Formalités de publicité.** La désignation du représentant et la cessation de son mandat sont soumises aux mêmes formalités de publicité que s'il était administrateur en son nom propre (c. com. art. R. 225-17). Sur ces formalités, se reporter au paragraphe *1697*.

▸ Assimilation à un administrateur personne physique

217 Le représentant permanent, librement désigné par la personne morale administrateur, ne doit pas être frappé d'une interdiction ou d'une incompatibilité *(voir §§ 214 et 215)*. Il est soumis aux mêmes limitations statutaires que celles imposées aux administrateurs en nom.

Le représentant permanent, étant assimilé à un administrateur en nom propre, est soumis aux mêmes restrictions. Il en est notamment ainsi pour la limitation du nombre de mandats *(voir § 219)*, sous réserve de dérogations applicables à certaines sociétés, telles que les sociétés de capital-risque (c. com. art. L. 225-95-1). Le représentant permanent doit respecter également les règles concernant le cumul avec un contrat de travail *(voir § 253)*.

Il est soumis à la procédure des conventions réglementées pour celles passées, directement ou indirectement, entre lui et la société où il exerce la mission de représentant permanent *(voir § 1024)*.

Il est tenu aux mêmes limitations en ce qui concerne l'âge *(voir § 228)*.

Responsabilités. Le représentant permanent est responsable civilement et pénalement à l'égard de la société administrée et à l'égard de la société administrateur qu'il représente (c. com. art. L. 225-20, al. 1 ; c. civ. art. 1992). S'il est salarié de la société, sa responsabilité n'est engagée qu'en cas de faute lourde (cass. com. 22 septembre 2011, n° 09-72557).

▸ Durée du mandat et mission du représentant permanent

218 Le mandat du représentant permanent lui est donné pour la durée de celui de la personne morale (c. com. art. R. 225-16, al. 1). Il n'est pas nécessaire de confirmer le mandat du représentant permanent lors du renouvellement du mandat de la personne morale. Le représentant permanent n'a pas pouvoir pour mettre fin au mandat d'administrateur de sa société. Seuls les représentants légaux de celle-ci peuvent le faire.

Le représentant permanent participe aux séances du conseil d'administration, vote au nom de la personne morale qu'il représente, dispose des mêmes informations que les autres administrateurs et peut exercer le droit de communication. Durant toute la durée du mandat, il est la seule personne autorisée à siéger au conseil au nom de la société. Le représentant légal de cette société ne peut se substituer, même occasionnellement, au représentant désigné (cass. com. 21 juillet 1975, n° 74-11746).

En cas d'empêchement, il doit se faire représenter en donnant mandat à un autre administrateur.

Limitation du nombre de mandats

▸ 5 mandats d'administrateur ou de membre du conseil de surveillance

219 Une personne physique ne peut exercer simultanément plus de 5 mandats d'administrateur de SA ayant leur siège sur le territoire français (c. com. art. L. 225-21, al. 1).

Ce dispositif concerne les mandats exercés au sein de sociétés, cotées ou non, ayant leur siège social en métropole, mais aussi dans les départements et territoires d'outre-mer.

La limitation du cumul de mandats ne concerne que les personnes physiques ; les personnes morales peuvent avoir un nombre illimité de mandats d'administrateur.

Pour le calcul du seuil de 5 mandats, il convient de retenir non seulement ceux détenus à titre d'administrateur mais aussi ceux des membres du conseil de surveillance d'une SA à directoire (c. com. art. L. 225-94, al. 1). Sont également comptabilisées les fonctions de représentant permanent d'une personne morale administrateur ou membre du conseil de surveillance, sauf exceptions.

Deux exceptions sont prévues pour les groupes de sociétés :
– l'une au profit des mandats de gestion d'administrateur (de membre du conseil de surveillance) dans les sociétés contrôlées cotées ou non (dérogation dite verticale, *voir § 222*) ;
– l'autre concernant les mandats de gestion exercés dans les sociétés sœurs non cotées (dérogation dite horizontale, *voir § 223*).

Rapport sur le gouvernement d'entreprise. Le rapport sur le gouvernement d'entreprise doit comprendre la liste de l'ensemble des mandats et fonctions exercés dans toute société par chaque mandataire durant l'exercice *(voir § 855)*.

▸ Plafond global

220 Un plafond global est instauré pour tous les mandats exercés dans des SA ayant leur siège sur le territoire français. Ainsi, une même personne physique ne peut exercer simultanément plus de 5 mandats de :

– directeur général ;
– membre du directoire ou directeur général unique ;
– administrateur ou membre du conseil de surveillance.

Ce plafond global s'applique sous réserve des règles propres à chaque fonction ou mandat, notamment sur la limite du nombre des mandats de directeur général *(voir §§ 418 à 421)* ou de membre du directoire ou directeur général unique *(voir § 564)*.

Pour le calcul du cumul général de 5 mandats de toutes natures confondues, l'exercice de la direction générale par un administrateur est décompté pour un seul mandat. L'administrateur qui est directeur général (ou président et directeur général) de la société n'exerce qu'un seul mandat (c. com. art. L. 225-94-1, al. 1).

Ne sont pas pris en compte les mandats d'administrateur ou de membre du conseil de surveillance exercés dans les sociétés contrôlées par la SA dans laquelle l'intéressé exerce un mandat de directeur général ou d'administrateur (c. com. art. L. 225-94-1, al. 2).

Ne sont pas retenus les mandats de gérant d'une SARL, de président de SAS ou de gérant d'une commandite par actions. Ainsi, un administrateur titulaire de 5 mandats d'administrateur ou de membre du conseil de surveillance peut exercer les fonctions de gérant d'une SARL ou de président de SAS, mais l'exercice de ces fonctions devra être mentionné dans le rapport sur le gouvernement d'entreprise *(voir § 855)*.

Groupe de PME. Le régime des cumuls autorise l'exercice d'un maximum de 5 mandats sociaux confondus entre les mandats de direction générale et les mandats de contrôle. Il est donc possible, tout en restant dans un contexte de petites et moyennes entreprises, de réaliser la diversification des activités par le moyen d'un réseau de SA, dans lequel une même personne physique pourra déléguer certains des mandats de direction, tout en s'attribuant un mandat de contrôle dans les sociétés pour lesquelles la gestion aura été déléguée (rép. Hénart n° 84027, JO 28 mars 2006, AN quest. p. 3444).

▸ Dépassement du seuil de 5 mandats

221 Tout administrateur personne physique qui se trouve en infraction avec les règles du cumul doit se démettre de l'un de ses mandats dans les 3 mois de sa nomination (c. com. art. L. 225-21, al. 4).

À l'expiration du délai de 3 mois, l'administrateur est réputé s'être démis du nouveau mandat ou du mandat au sein d'une société contrôlée qui ne répond plus à l'une des conditions afin de bénéficier de la dérogation pour l'exclure du décompte ; l'administrateur est tenu, dans ces cas, de restituer les rémunérations perçues. Mais la validité juridique des délibérations du conseil d'administration auxquelles l'intéressé a pris part n'est pas remise en cause (c. com. art. L. 225-94-1).

Selon l'ANSA, toutes les délibérations sont visées par cette règle, y compris celles postérieures au délai de régularisation de 3 mois. Concernant les rémunérations, l'ANSA est partagée. Une petite majorité de son comité juridique estime que leur restitution porte sur les rémunérations versées pendant le délai de 3 mois et après. Une large minorité estime, au contraire, que la restitution ne peut porter que sur les rémunérations postérieures au délai de 3 mois (ANSA, comité juridique du 7 décembre 2011, n° 11-071).

Dérogations dans les groupes de sociétés

▸ Dérogation verticale au profit des filiales, cotées ou non

222 Par dérogation au plafond de 5 mandats, ne sont pas pris en compte les mandats d'administrateur ou de membre du conseil de surveillance exercés par une personne physique dans les sociétés contrôlées au sens de l'article L. 233-16 du code de commerce par la société dont elle est l'administrateur (c. com. art. L. 225-21, al. 2). Cette neutralisation totale des mandats de gestion d'administrateur ou de membre du conseil de surveillance s'applique, que les filiales soient cotées ou non, et quel que soit leur nombre. Le nombre de mandats détenus dans un groupe n'est pas limité.

Pour l'application de cette dérogation, l'analyse s'opère de haut en bas, pour exclure l'ensemble des mandats exercés dans les filiales ou sous-filiales. Dans un schéma classique, on part de la fonction ou du mandat exercé dans la société mère pour neutraliser les mandats exercés dans les filiales. Les mandats dans les sous-filiales bénéficient également de l'exonération, la détention pouvant être directe ou indirecte.

Le président du conseil d'administration peut se prévaloir de cette dérogation de groupe ; les mandats exercés dans les filiales de la société où il exerce la présidence ne sont pas comptabilisés.

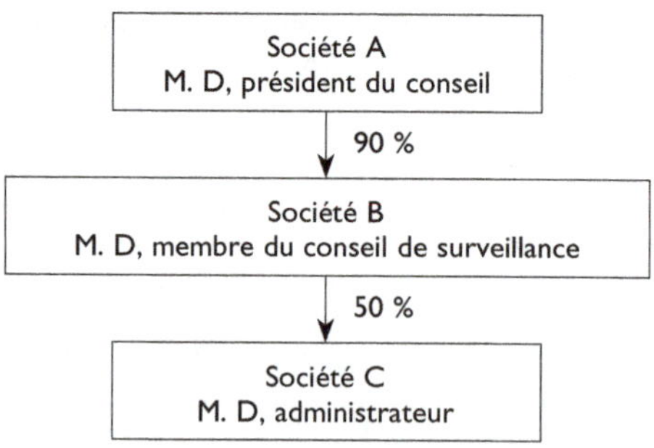

M. D n'exerce qu'un seul mandat d'administrateur pour le calcul de la limitation ; les mandats exercés dans les sociétés B et C ne sont pas décomptés.

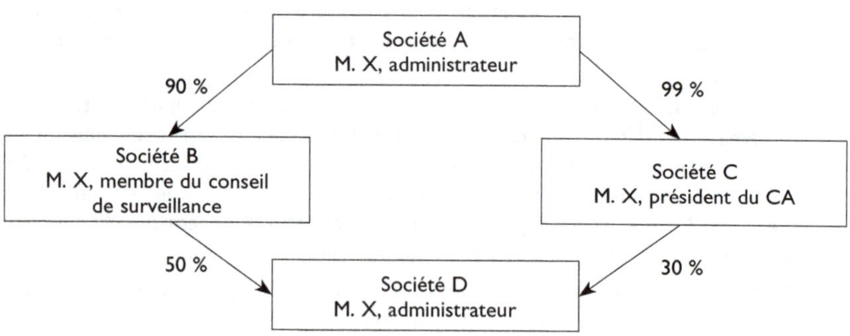

M. X n'exerce qu'un seul mandat d'administrateur pour le calcul de la limitation ; les mandats exercés dans les filiales B et C, et dans la sous-filiale D sous le contrôle indirect de A, ne sont pas comptabilisés.

▸ Deuxième dérogation horizontale au profit des sociétés sœurs

223 **Par dérogation à la limitation des 5 mandats, les mandats d'administrateur des sociétés non cotées et contrôlées au sens de l'article L. 233-16 du code de commerce par une même société ne comptent que pour un seul mandat, sous réserve que le nombre de mandats détenus à ce titre n'excède pas 5** (c. com. art. L. 225-21, al. 3)**. Pour le calcul de ce seuil de 5 mandats, il convient de retenir non seulement ceux détenus à titre d'administrateur mais aussi ceux des membres du conseil de surveillance d'une SA à directoire** (c. com. art. L. 225-94, al. 1).

À la différence de la situation exposée au paragraphe 222, **ce sont les mandats exercés au sein des filiales sœurs qui sont retenus et non ceux exercés dans la mère. Une personne physique ne détenant pas de mandat chez la mère peut détenir un mandat dans 5 filiales ou sous-filiales.**

• **Sous-filiales.** Les sociétés doivent être contrôlées par une même société au sens de l'article L. 233-16 du code de commerce ; cet article vise le contrôle indirect (et donc celui exercé sur des filiales des sociétés sœurs directement contrôlées par une même société).

Lorsqu'une personne ne détient que des mandats d'administrateur de plusieurs filiales non cotées d'une même société, elle peut être 5 fois administrateur de 5 groupes différents, c'est-à-dire détenir 25 mandats (rapport Sénat 13, p. 16 ; rép. Dubernard n° 15662, JO 4 août 2003, AN quest. p. 6209). Cette dérogation ne peut conduire à un plafond de 25 que si une même personne détient 5 mandats dans 5 groupes différents et non dans les filiales du même groupe (ANSA, comité juridique du 8 janvier 2003, n° 3217).

• **Panachage des deux dérogations.** La combinaison entre la dérogation prévue en faveur des filiales *(voir § 222)* et celle concernant les sociétés sœurs semble admise ; en effet, le texte de l'alinéa consacré à cette dérogation indique « Pour l'application du présent article » et lie donc l'ensemble du dispositif ; le cas envisagé est celui où une personne exerce un mandat dans la chaîne de contrôle d'une société sœur.

• **Dépassement du nombre de 5.** Lorsque la personne dépassera la limite de 5 mandats et exercera, au titre du même groupe, un sixième mandat dans une sœur, on peut considérer que le bénéfice de la dérogation tombe et tous les mandats seraient décomptés ; une solution plus favorable consisterait à admettre que la personne devrait se démettre de l'un de ses mandats de façon à revenir à la limite de 5.

• **Schéma**

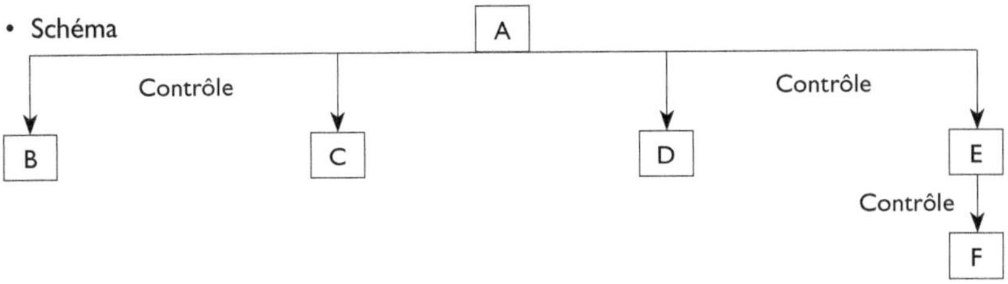

Si une personne exerce des mandats d'administrateur dans les sociétés sœurs B, C, D, E et également un autre mandat d'administrateur dans la société F contrôlée indirectement, le nombre total de mandats est de 5. En conséquence, pour le calcul de la limitation, un seul mandat serait décompté au titre des 5 effectivement exercés.

Si cette personne exerce, en parallèle, un autre mandat dans une société G appartenant à un autre groupe ainsi que dans les 2 filiales de cette société H et I, elle aurait au total 8 mandats. Pour le calcul des mandats excédentaires, les 5 mandats exercés dans B, C, D, E et F ne comptent que pour 1 et ceux dans G, H et I également pour 1, soit un total de 2 mandats.

▸ Cas concrets de cumul

224

Mandats exercés	Possibilité de cumul
Monsieur X est président du conseil d'administration et directeur général d'une société A qui n'a pas de filiale.	Les mandats de président du CA (et donc d'administrateur) et de directeur général ne comptent que pour un. Monsieur X peut donc exercer : - un second mandat de directeur général ou de membre du directoire dans une autre SA non cotée sans lien avec la société A ; - 3 mandats de gestion d'administrateur ou de membre du conseil de surveillance dans d'autres SA. Il peut exercer des fonctions de gérant de SARL, de président de SAS, de gérant de société civile. Ces mandats ne sont pas pris en compte pour le cumul, mais il doit être en mesure de les exercer réellement avec la responsabilité y attachée.
Monsieur X est directeur général d'une société A qui a 5 filiales non cotées et contrôlées au sens de l'article L. 233-16 du code de commerce.	Au regard des mandats de direction, Monsieur X peut exercer : - un second mandat de directeur général ou de membre du directoire dans l'une des 5 filiales ; - un autre mandat de directeur général ou de membre du directoire dans une autre SA non cotée n'ayant aucun lien avec la société A. Au regard des mandats de gestion, monsieur X peut détenir, sans limitation, des mandats d'administrateur, de membre du conseil de surveillance dans toutes les sociétés, cotées ou non, contrôlées par la SA où il exerce son mandat de direction. Dans le cadre du calcul du plafond global, il semble que les 3 mandats de direction sont comptés de sorte qu'il ne pourra exercer que 2 autres mandats de gestion dans des sociétés ne bénéficiant pas de dérogation.
La société mère A a 5 filiales directes : les sociétés B, C, D, E et F Madame X exerce dans chacune des sociétés B, C, D, E et F un mandat d'administrateur.	Les 5 mandats de Madame X exercés dans les sœurs contrôlées par A ne sont retenus que pour un seul mandat. En conséquence, madame X peut encore exercer : - 4 autres mandats d'administrateur ou de membre du conseil de surveillance dans d'autres SA non liées à A ; - ou un mandat de direction et 3 mandats de gestion.
Monsieur X est président du conseil d'administration d'une SA dont la direction générale a été confiée à monsieur Y.	Un seul mandat est exercé par monsieur X. Il peut donc exercer soit 4 mandats d'administrateur ou de membre du conseil de surveillance, soit 4 autres mandats de président de CA. Il peut être, sans limitation légale, gérant de SARL, président de SAS, directeur général délégué de SA.
Monsieur X détient dans les sociétés B, C, D, E contrôlées par A, dans laquelle il n'a aucun mandat, les mandats suivants : B administrateur et directeur général C administrateur et directeur général D administrateur E administrateur	Monsieur X détient 2 mandats de directeur général *(sur cette dérogation, voir § 420)*. Les mandats d'administrateur au sein des sociétés sœurs sont tous neutralisés par l'effet de l'article L. 225-94-1 relatif au cumul global, les dérogations se cumulant et se combinant totalement (ANSA, CJ du 7 septembre 2005, n° 05-048). Si cette solution n'était pas retenue, 3 mandats seraient décomptés, 2 de directeur général et 1 pour l'ensemble des mandats d'administrateur.

Qualité facultative d'actionnaire

▸ Nombre d'actions

225 Les statuts peuvent imposer que chaque administrateur soit propriétaire d'un nombre d'actions de la société, qu'ils déterminent (c. com. art. L. 225-25, al. 1).

Toutefois, les statuts ne peuvent pas imposer ce type d'obligation aux administrateurs salariés (c. com. art. L. 225-25, al. 3).

▸ **Formalités**

226 Comme les autres actions, les actions des administrateurs exigées par les statuts sont inscrites au compte de l'intéressé chez l'émetteur ou auprès d'un intermédiaire habilité (pour les actions au porteur).

▸ **Sanctions**

227 L'administrateur qui, au jour de sa nomination, n'est pas propriétaire du nombre d'actions imposé par les statuts ou qui, en cours de mandat, cesse d'en être propriétaire dispose d'un délai de 6 mois pour régulariser sa situation : passé ce délai, il est réputé démissionnaire d'office (c. com. art. L. 225-25, al. 2). Les délibérations du conseil auxquelles il a participé pendant le délai de 6 mois ne devraient pas être remises en cause (cass. com. 13 janvier 1998, n° 95-17697).

Les commissaires aux comptes, s'il en existe, dénoncent à l'assemblée générale annuelle toute violation des dispositions de l'article L. 225-25 du code de commerce (c. com. art. L. 225-26). Les administrateurs et le directeur général sont responsables, individuellement ou solidairement, envers la société, ou les tiers, du non-respect de cette obligation légale (c. com. art. L. 225-251).

Limite d'âge

228 Les statuts doivent prévoir, pour l'exercice des fonctions d'administrateur, une limite d'âge s'appliquant soit à l'ensemble des administrateurs, soit à un pourcentage déterminé entre eux.

Dans le premier cas, il est souhaitable que la date de cessation de fonctions des administrateurs atteints par la limite d'âge coïncide avec la réunion d'une assemblée pour éviter d'avoir à convoquer spécialement les actionnaires, notamment dans le cas où le conseil ne comprendrait que 3 membres (la cessation des fonctions de l'un d'eux excluant alors la cooptation).

Dans le second cas, la clause statutaire devra prendre soin de préciser les règles d'arrondissement à retenir pour l'application du pourcentage. Par ailleurs, s'agissant d'une proportion qui ne peut être dépassée, il est indispensable de déterminer, parmi les administrateurs ayant franchi l'âge limite et ayant ainsi contribué au dépassement de la proportion statutaire, celui qui devra cesser ses fonctions : ce sera logiquement l'administrateur le plus âgé, mais ce pourrait être aussi l'administrateur le plus ancien.

Cette limite d'âge est fixée librement.

À défaut de disposition expresse dans les statuts, le nombre des administrateurs ayant dépassé l'âge de 70 ans ne pourra être supérieur à 1/3 des administrateurs en fonction. Toute nomination intervenue en violation de cette règle est nulle.

À défaut de dispositions statutaires prévoyant une autre procédure, lorsque la limitation fixée pour l'âge est dépassée, le membre du conseil le plus âgé est réputé démissionnaire d'office.

Toutefois, la nullité et la démission d'office n'entraînent pas la nullité des délibérations auxquelles a pris part l'administrateur irrégulièrement nommé ou réputé démissionnaire d'office (c. com. art. L. 225-19).

Représentant permanent. La limitation et les sanctions prévues par la loi s'appliquent aux représentants permanents des personnes morales administrateurs.

Parité hommes/femmes

▸ Recherche de représentation équilibrée dans toutes les SA

229 Le conseil d'administration de toute SA, quelle que soit sa taille, doit rechercher une représentation équilibrée des hommes et des femmes (c. com. art. L. 225-17, al. 2).

▸ Proportion de 40 % dans les grandes SA

230 La proportion des administrateurs de chaque sexe ne peut être inférieure à 40 %, pour les SA qui, à l'issue de la prochaine assemblée ayant à statuer sur des nominations et pour le 3e exercice consécutif, emploient un nombre moyen d'au moins 250 salariés permanents et présentent un montant net de chiffre d'affaires ou un total de bilan d'au moins 50 M€ (c. com. art. L. 225-18-1).

▸ Proportion par têtes dans les grandes SA

231 Dans les mêmes SA que celles visées au paragraphe *230*, lorsque le conseil d'administration est composé au plus de 8 membres, l'écart entre le nombre des administrateurs de chaque sexe ne peut être supérieur à 2 (c. com. art. L. 225-18-1).

▸ Appréciation de la mixité

232 Les représentants permanents des personnes morales administrateurs doivent être pris en compte pour l'appréciation de la mixité (c. com. art. L. 225-20, al. 2).

En revanche, les administrateurs élus par les salariés ou représentant les salariés (actionnaires ou non) sont exclus du décompte des seuils de la mixité (c. com. art. L. 225-23, al. 1, L. 225-27, al. 2 et L. 225-27-1, II, al. 2).

▸ Nomination provisoire d'administrateurs

233 Lorsque la composition du conseil d'administration ne respecte plus les dispositions relatives à la mixité *(voir §§ 230 et 231)*, le conseil d'administration doit procéder à des nominations à titre provisoire afin d'y remédier, dans le délai de 6 mois à compter du jour où se produit la vacance. Ces nominations sont soumises à ratification de la plus prochaine assemblée générale ordinaire (AGO). À défaut de ratification, les délibérations prises et les actes accomplis antérieurement par le conseil n'en demeurent pas moins valables (c. com. art. L. 225-24, al. 4 et 5).

▸ Sanctions

234 **Nullité de la nomination.** Toute nomination ou toute désignation intervenue en violation des dispositions relatives à la mixité et n'ayant pas pour effet de remédier à l'irrégularité de la composition du conseil d'administration est nulle.

Depuis la loi 2019-486 du 22 mai 2019, dite « loi Pacte », cette nullité entraîne également celle des délibérations auxquelles l'administrateur irrégulièrement nommé a pris part. En effet, les dispositions écartant la nullité des délibérations ont été supprimées (c. com. art. L. 225-18-1, al. 2).

235 **Rémunération des administrateurs suspendue.** Le versement des rémunérations aux administrateurs des sociétés dont la composition ne respecte pas la règle des 40 % est suspendu. Il est rétabli lorsque la composition du conseil devient régulière, incluant l'arriéré depuis la suspension (c. com. art. L. 225-45, al. 2).

→ **À NOTER** *Une nouvelle obligation de mixité s'appliquera de façon progressive dans les SA qui, pour le 3ème exercice consécutif, emploient au moins 1 000 salariés. Elle concernera les cadres dirigeants ainsi que les instances chargées d'assister les organes de direction (par exemple, les comités de direction ou les comités d'exécution). Parmi ces cadres et dans ces* *instances, la représentation de chaque sexe devra dépasser 30 % à compter du 1er mars 2026 et 40 % à compter du 1er mars 2029* (loi 2021-1774 du 24 décembre 2021, art. 14). *N'étant pas chargés d'assister des organes de direction, les conseils d'administration, directoires et conseils de surveillance ne sont pas concernés.*

Nomination et durée des fonctions

Nomination dans les statuts

236 Les premiers administrateurs sont désignés dans les statuts (c. com. art. L. 225-16).

Ce mode de désignation n'assure aucune garantie particulière aux administrateurs, qui sont révocables dans les mêmes conditions que les administrateurs nommés par l'assemblée *(voir § 247)*.

Nomination par l'assemblée

▸ AGO ou AGE

237 Au cours de la vie sociale, les administrateurs sont nommés par l'AGO. Toutefois, en cas de fusion ou de scission, la nomination peut être faite par l'assemblée générale extraordinaire (AGE). Toute nomination intervenue en violation de ces règles est nulle (c. com. art. L. 225-18, al. 1).

• **Impossibilité d'avoir un conseil d'administration régulier.** Lorsqu'une société est dans l'impossibilité de se pourvoir d'un conseil d'administration conforme aux exigences légales, la conservation de ses intérêts ne peut être assurée que par un administrateur provisoire désigné judiciairement (CA Paris 25 mars 1969, Bull. Joly 1969, 779).

• **Désignation anticipée des administrateurs.** À la différence du président de SAS, il n'est pas possible d'inscrire le successeur d'un administrateur en cas de décès dans l'acte de nomination. En effet, une telle anticipation reviendrait à priver l'assemblée de son droit de décider librement de la nomination ou du renouvellement des administrateurs (c. com. art. L. 225-18 ; ANSA, comité juridique du 1er décembre 2021, n° 21-040).

▸ Ordre du jour

238 L'élection des administrateurs doit être inscrite par le conseil d'administration à l'ordre du jour de l'assemblée, sous peine de nullité (c. com. art. L. 225-105 et L. 225-121, al. 3).

Pareillement, à l'expiration du mandat d'un ou de plusieurs administrateurs, le conseil d'administration doit inscrire à l'ordre du jour de l'assemblée la question du remplacement de l'administrateur, même si le nombre d'administrateurs restant en place est supérieur ou égal au minimum statutaire et même si le conseil décide de ne pas proposer la réélection de l'administrateur (cass. com. 7 novembre 1989, n° 88-11381).

▸ Informations sur les candidats au poste d'administrateur

239 Lorsque l'ordre du jour comporte la nomination d'administrateurs, il est nécessaire de préciser (c. com. art. R. 225-83, 5°) :
– les nom, prénom usuel et âge des candidats, leurs références professionnelles et leurs activités professionnelles au cours des 5 dernières années, notamment les fonctions qu'ils exercent ou ont exercées dans d'autres sociétés ;

– les emplois ou fonctions occupés dans la société par les candidats et le nombre d'actions de la société dont ils sont titulaires ou porteurs.

Lorsqu'un administrateur a été coopté par le conseil *(voir § 245)*, **il convient d'informer de la même façon les actionnaires qui vont ratifier cette nomination.**

Les actionnaires peuvent se faire adresser ou se faire communiquer au siège social ces renseignements lorsque l'ordre du jour porte sur la nomination ou le renouvellement d'administrateurs.

• **Renouvellement du mandat.** Le renouvellement des fonctions d'administrateur étant un nouveau mandat, il est fortement conseillé d'adresser ces renseignements aux actionnaires. Si l'actionnariat est strictement le même que lors de la nomination des administrateurs concernés et si aucune modification n'est intervenue par rapport aux renseignements exigés par le texte, l'information semble superflue, mais le temps nécessaire à un pointage minutieux de l'ensemble de ces données donnera lieu, le plus souvent, à un envoi systématique.

• **Personnes morales ayant la qualité d'administrateur.** À s'en tenir aux dispositions réglementaires, aucun renseignement ne serait à fournir pour les candidats personnes morales. Dans un souci de transparence et d'information, il est conseillé d'indiquer pour le moins : la dénomination, la forme, le numéro unique d'identification et le registre du commerce des personnes morales pressenties.

▸ Qui arrête la liste des candidats ?

240 **En principe, la liste des candidats est arrêtée par le conseil d'administration. La plupart du temps, le conseil rédigera une résolution unique comportant le nom et l'identité des candidats retenus. Cette solution est traditionnelle lorsque le nombre de candidats est égal au nombre de postes à pourvoir.**

Le conseil demande à l'assemblée de voter pour un groupe de candidats présentant une certaine cohésion. Lorsque le conseil estime que cette façon de procéder risque de soulever des contestations en assemblée, il présentera autant de résolutions que de candidats. Dans ce cas, l'ordre de présentation des résolutions, et donc des candidatures, peut être stratégique.

• **Candidatures d'un groupe d'actionnaires.** Un ou plusieurs actionnaires représentant au moins 5 % du capital peuvent demander l'inscription à l'ordre du jour d'un projet de résolution concernant la présentation de candidats choisis par eux (c. com. art. L. 225-105). Les actionnaires doivent fournir les informations prévues par l'article R. 225-83 du code de commerce. La résolution proposée doit être soumise au vote des actionnaires.

• **Candidature spontanée.** Même s'il ne figure pas sur la liste des candidats présentée par le conseil, un actionnaire ne possédant pas 5 % du capital a la possibilité de présenter sa candidature au cours de la réunion de l'assemblée et lors de la discussion de la partie de l'ordre du jour concernant l'élection d'administrateur (rép. Cornet, JO 14 février 1970, AN quest. p. 369).

• **Liste d'administrateurs.** Lorsque le nombre de candidats aux fonctions d'administrateur est supérieur au nombre de postes à pourvoir, très souvent il est établi une liste de tous les candidats avec les renseignements requis par les textes. Le conseil qui établira cette liste demandera aux actionnaires :
– soit de rayer le nom des candidats qu'ils ne veulent pas,
– soit de se prononcer, parmi les différents candidats, successivement sur chaque siège d'administrateur à pourvoir.

• **Obligation d'être actionnaire.** Lorsque le candidat administrateur n'est pas actionnaire et que les statuts l'imposent, il peut régulariser sa situation dans un délai de 6 mois *(voir § 227)*. Il peut également acquérir immédiatement des actions en respectant notamment la procédure d'agrément (*voir § 1256*). Si cet agrément est de la compétence du conseil d'administration, celui-ci agréera l'intéressé et le proposera au poste d'administrateur.

▸ Vote par l'assemblée

241 L'assemblée peut accepter le vote de la résolution unique portant sur l'ensemble des candidats. Elle peut souverainement exiger un vote individuel sur chacune des candidatures en cas de vote bloqué.

De même, l'assemblée peut toujours modifier les résolutions qui lui sont soumises et, notamment, choisir des administrateurs autres que ceux dont les noms lui sont proposés par le conseil (rép. Stehlin, JO 27 janvier 1973, AN quest. p. 234 ; CA Paris 7 septembre 2004, Rev. soc. 2005, p. 233). Dans ce cas, s'il existe des pouvoirs en blanc, ces pouvoirs ne pourront être utilisés puisqu'ils ne peuvent l'être que pour les projets de résolution présentés ou agréés par le conseil d'administration, sauf si le conseil a pu, au cours d'une interruption de séance, agréer les résolutions proposées par les actionnaires.

Aucune disposition n'impose une majorité absolue des voix pour la nomination d'un administrateur ; en conséquence, si 4 personnes sont proposées, sont élues les 4 personnes qui ont obtenu le plus de voix, pourvu qu'elles en aient obtenu au moins une (CA Limoges 19 octobre 1992, Bull. Joly 1993, 217).

Le procès-verbal de la séance de l'assemblée constate, s'il y a lieu, l'acceptation de leurs fonctions par les administrateurs.

Vote de l'administrateur sortant. Aucune disposition légale ne fait interdiction à un administrateur de SA de participer au vote désignant son propre successeur, sa démission ne prenant effet, tout comme la désignation de son remplaçant, qu'à l'issue de la séance (CA Amiens 10 mars 1977, D. 1978, 198). Cette décision a été rendue à propos d'une séance du conseil d'administration, mais elle est transposable à l'assemblée. Le mandat prend également fin à l'issue de l'AGO.

Durée des fonctions

▸ Règles statutaires

242 La durée des fonctions des administrateurs est déterminée par les statuts, mais elle ne peut excéder 6 ans (c. com. art. L. 225-18, al. 1). Toute nomination pour une durée supérieure à 6 ans est nulle, sauf cooptation (c. com. art. L. 225-18, al. 3). Si la nomination a été régulièrement publiée, la société ou les tiers ne peuvent pas invoquer cette nullité pour se soustraire à leurs engagements (c. com. art. L. 210-9).

Les fonctions des premiers administrateurs débutent à la date de l'immatriculation de la société au RCS. Celle des administrateurs nommés en cours de vie sociale débute le jour de leur nomination.

Leurs fonctions prennent fin à l'issue de la réunion de l'AGO ayant statué sur les comptes de l'exercice écoulé et tenue dans l'année au cours de laquelle expire le mandat de cet administrateur (c. com. art. R. 225-15).

→ **EXEMPLE** *Dans une société dont les exercices coïncident avec l'année civile, un administrateur a été nommé pour 6 ans par une assemblée tenue le 5 juin 2019. Si elles étaient décomptées de date à date, les fonctions de l'intéressé expireraient le 5 juin 2025 ; par application de la règle formulée par l'article R. 225-15, elles prendront fin à la date de l'AGO tenue, en 2025, qui statuera sur les comptes de l'exercice 2024. Cette assemblée, qui doit être réunie dans les 6 mois de la clôture de l'exercice, peut se tenir avant ou après le 5 juin 2025 ; selon le cas, le mandat de l'administrateur aura donc une durée effective inférieure ou supérieure à 6 ans.*

Statuts ne déterminant pas la durée du mandat des administrateurs. Dans l'hypothèse où les statuts ne fixent pas la durée du mandat des administrateurs, mais indiquent seulement une durée maximale, les nominations effectuées par l'AGO des actionnaires pour une durée inférieure (1 an par ex.) sont-elles valides ? Selon l'ANSA, malgré le caractère incomplet des statuts, la désignation des administrateurs pour 1 an n'est pas contraire à cette clause statutaire et n'encourt pas la nullité. Il convient cependant qu'une prochaine assemblée générale mixte modifie les statuts pour qu'ils contiennent une clause déterminant la durée précise du mandat (ANSA, comité juridique du 1er juillet 2009, n° 09-045).

▸ Renouvellement par roulement

243 **Il est possible de renouveler le conseil à chaque AGO, mais il est bon d'assurer une certaine continuité dans l'administration de la société. C'est dans ce but que les statuts organisent parfois un renouvellement des membres du conseil par roulement. Il convient toutefois de veiller à ce que la durée du mandat de chaque administrateur n'excède pas 6 années.**

À l'expiration des mandats des premiers administrateurs, le conseil est renouvelé dans son entier ; on procède ensuite, tous les ans ou tous les 2 ans, ou lorsqu'il apparaît nécessaire d'abréger la durée du mandat d'un ou de plusieurs administrateurs pour les besoins du roulement au sein du conseil, à un tirage au sort qui soumet à la réélection ceux des administrateurs ainsi désignés ; postérieurement, le renouvellement se fait par rang d'ancienneté, chaque administrateur étant soumis à une réélection à l'expiration de la durée de son mandat, qui, rappelons-le, ne peut pas excéder 6 ans.

Lorsqu'il a été procédé au remplacement d'un administrateur dont les fonctions ont pris fin par anticipation, il est d'usage que l'administrateur nommé en remplacement le soit pour le temps restant à courir jusqu'à l'expiration du mandat de son prédécesseur.

• **Nomination d'un administrateur pour une durée moindre ou supérieure.** Les statuts de certaines sociétés prévoient que l'AGO peut, par exception, désigner un administrateur pour une durée inférieure à la durée normale prévue par les statuts, uniquement pour la mise en place du roulement. Une variante de cette méthode (mais inverse) consisterait pour les statuts à fixer la durée normale du mandat, par exemple 4 ans, et à permettre par exception à l'assemblée de désigner pour un seul mandat un ou deux candidats pour une durée plus longue, dans la limite de 6 ans (ANSA, comité juridique du 3 décembre 2008, n° 08-059).

• **Recommandation de l'ANSA.** Dans la mesure où les statuts prévoient le renouvellement par roulement des administrateurs, il est nécessaire de mettre en œuvre l'un ou l'autre des procédés qui respectent les principes de la désignation des administrateurs : rôle des statuts de l'AGO, durée unique du mandat, sauf pour amorcer le roulement, liberté des actionnaires dans le vote, transparence et objectivité (ANSA, comité juridique du 3 décembre 2008, n° 08-059).

▸ Réélections

244 **Les administrateurs sont rééligibles, sauf si les statuts en disposent autrement** (c. com. art. L. 225-18)**, mais, dans ce dernier cas, les dispositions statutaires ne doivent pas restreindre le choix de l'assemblée au point de le supprimer.**

• **Réélection de l'intéressé non obligatoire.** Le conseil d'administration n'est pas tenu de proposer la réélection de l'intéressé (cass. com. 7 novembre 1989, n° 88-11381). Le conseil peut proposer un autre candidat et peut, si le nombre d'administrateurs reste supérieur ou égal au minimum statutaire, proposer de ne pas pourvoir au poste devenu vacant.

• **Caractère abusif d'une non-réélection.** Si l'assemblée n'est tenue d'aucune obligation de réélire l'administrateur dont le mandat vient à expiration, sa décision de non-renouvellement revêt toutefois un caractère abusif lorsqu'elle est précipitée ou entourée de circonstances injurieuses ou vexatoires portant atteinte de manière injustifiée à la réputation de l'administrateur (CA Paris 27 octobre 1995, D. 1995, IR 270).

Cooptations d'administrateurs

▸ Possibilité entre deux assemblées générales

245 Le conseil d'administration peut procéder, entre deux assemblées générales, à des nominations à titre provisoire en cas de vacance, par décès ou par démission, d'un ou de plusieurs sièges d'administrateur, soumises à ratification de l'AGO ultérieure (c. com. art. L. 225-24, al. 1 et 5).

À défaut de ratification, les délibérations prises et les actes accomplis antérieurement par le conseil n'en demeurent pas moins valables (c. com. art. L. 225-24, al. 5). Si l'AGO n'a pas ratifié la cooptation d'un administrateur, il serait possible d'invoquer l'incident de séance permettant à l'assemblée de procéder à la nomination d'un administrateur en remplacement de celui non ratifié (ANSA, comité juridique du 7 mai 2003, n° 3259). La nomination de l'administrateur dont le mandat n'est pas ratifié peut être annulée par décision de justice.

La cooptation ne peut pas intervenir, sous peine de nullité de la nomination et des délibérations du conseil, en cas de révocation d'un administrateur. Elle ne peut pas jouer en cas de dissolution d'une personne morale administrateur.

Cooptation entre deux assemblées. Le droit de cooptation ne peut s'exercer qu'entre deux assemblées. Aussi, si la vacance d'un siège d'administrateur intervient entre la date de convocation et celle de la tenue de l'assemblée générale, le conseil d'administration peut procéder à une cooptation, mais la ratification non inscrite à l'ordre du jour de cette assemblée ne pourra intervenir qu'au cours de l'assemblée suivante. En revanche, si la cooptation n'a pu être faite dans le délai de cooptation, l'ANSA précise que le conseil perd son droit à coopter. Il ne peut plus l'exercer à la suite de l'assemblée (ANSA, comité juridique du 3 juin 1998, n° 2987).

▸ Hypothèses de cooptation ou d'impossibilité de coopter

246 Quatre hypothèses doivent être distinguées :

1) Lorsque le nombre des administrateurs en fonction demeure égal ou supérieur au minimum statutaire et au minimum légal (à savoir 3 administrateurs), la cooptation est purement facultative pour remplacer les administrateurs décédés ou démissionnaires (c. com. art. L. 225-24, al. 1) ;

2) Lorsque le nombre des administrateurs en fonction devient inférieur au minimum statutaire (par exemple inférieur à 4 administrateurs), sans toutefois être inférieur au minimum légal, le conseil d'administration doit procéder à des nominations à titre provisoire en vue de compléter son effectif dans le délai de 3 mois à compter du jour où se produit la vacance (c. com. art. L. 225-24, al. 3). Il délibère valablement pendant cette période. S'il néglige, dans le délai de 3 mois, de procéder aux nominations requises, tout intéressé peut demander en justice la désignation d'un mandataire chargé de convoquer l'assemblée générale à l'effet de procéder aux nominations (c. com. art. L. 225-24, al. 6). Les administrateurs perdent leur pouvoir si ce n'est celui de convoquer l'assemblée des actionnaires ;

3) Lorsque le nombre des administrateurs est devenu inférieur au minimum légal, la cooptation n'est pas possible et les administrateurs restants doivent convoquer

immédiatement l'AGO en vue de compléter l'effectif du conseil (c. com. art. L. 225-24, al. 2). À défaut, tout intéressé peut demander en justice la désignation d'un mandataire chargé de convoquer l'assemblée générale à l'effet de procéder aux nominations (c. com. art. L. 225-24, al. 6). Dans cette troisième hypothèse, le conseil d'administration disparaît de fait, les administrateurs restants (un ou deux) n'ont plus aucun pouvoir sauf celui de convoquer l'assemblée générale des actionnaires. L'ordre du jour de cette assemblée est strictement relatif à la nomination de nouveaux administrateurs ;

4) Lorsque la composition du conseil d'administration ne respecte plus les dispositions relatives à la parité hommes/femmes, le conseil doit alors procéder à des nominations à titre provisoire afin d'y remédier, dans le délai de 6 mois à compter du jour où se produit la vacance (c. com. art. L. 225-24, al. 4) *(voir § 233)*.

• **Quorum.** Lorsque le nombre des administrateurs devient inférieur au minimum statutaire, mais reste supérieur au minimum légal, le quorum est calculé sur le nombre d'administrateurs en place.

• **Nombre d'administrateurs inférieur au minimum légal.** Lorsque le nombre des administrateurs devient inférieur au minimum légal, les deux administrateurs restants (ou un seul) doivent convoquer immédiatement l'AGO, qui procédera alors à de nouvelles nominations. Celles-ci prendront effet pour l'avenir et le greffier retiendra la date de nomination telle qu'elle figure dans la délibération de l'AGO (RCS, bull. 18-19, p. 23).

Cessation des fonctions

Révocation du mandat

▸ Révocation discrétionnaire

247 Les administrateurs sont de simples mandataires de la société et sont révocables comme tels par décision de l'AGO à toute époque et sans motif (c. com. art. L. 225-18).

Il n'est d'ailleurs pas nécessaire que la révocation figure à l'ordre du jour : après avoir rappelé que l'assemblée ne peut pas délibérer sur une question qui n'est pas inscrite à l'ordre du jour, l'article L. 225-105, alinéa 3 du code de commerce précise qu'elle peut, néanmoins, en toutes circonstances, révoquer un ou plusieurs administrateurs et procéder à leur remplacement. Par conséquent, le mandat donné par un actionnaire pour être représenté à une assemblée générale porte nécessairement, sauf instruction contraire du mandant, sur l'exercice de ce pouvoir de révocation (cass. com. 1er juillet 2008, n° 06-19020). La décision doit être prise dans les conditions de quorum et de majorité fixées par la loi. Elle peut l'être au cours d'une AGE.

La règle de la révocabilité *ad nutum* (littéralement : « sur un signe de tête ») a un caractère d'ordre public et ne peut pas être supprimée ou restreinte, ni directement ni indirectement. Toute stipulation portant atteinte à la libre révocation des administrateurs est illicite (cass. com. 7 février 1989, n° 87-16464 ; cass. com. 14 mai 2013, n° 11-22845). En particulier, les statuts ne peuvent pas imposer, pour cette révocation, des conditions plus rigoureuses que la majorité absolue des actionnaires, présents ou représentés, avec quorum du quart des actions ou prévoir limitativement les causes de révocation. Un pacte d'actionnaires est également sans effet sur la révocabilité des administrateurs (cass. com. 26 avril 2017, n° 15-12888).

Par suite, l'administrateur révoqué ne peut prétendre à aucune indemnité ni dommages et intérêts, malgré tous les contrats ou engagements qui auraient pu être signés à cet égard par les fondateurs ou le conseil d'administration et ce, même s'il a été désigné dans les statuts. Un tel engagement de la société peut être susceptible de porter atteinte à l'équilibre financier de la société et, par là même, au principe de révocabilité *ad nutum* (cass. com. 15 novembre 2011, n° 09-10893).

Dans tous les cas, il convient de respecter les droits de la défense de l'administrateur en phase d'être révoqué *(voir § 248)*.

Demande isolée d'un actionnaire. Tout actionnaire peut proposer à l'assemblée de voter sur la révocation d'un administrateur. Il revient au bureau d'apprécier si une mise aux voix est ou non opportune et s'il faut écarter, par exemple, une demande manifestement fantaisiste ou très isolée (ANSA, comité juridique du 4 mai 2011, n° 11-041).

▸ Révocation abusive

248 La révocation *ad nutum* est entourée d'une garantie procédurale au bénéfice de la personne révoquée ; elle doit être en mesure de présenter ses observations.

Ce principe, lié au droit de la défense, a été affirmé à propos des dirigeants *(voir § 410)*, mais il s'applique également aux administrateurs *(voir § 244, rubrique « Caractère abusif d'une non-réélection »)*. En pratique, il convient d'informer l'administrateur de la sanction envisagée et de lui indiquer les motifs relevés à son encontre. L'administrateur doit pouvoir répondre aux griefs oralement ou par écrit, mais sans prendre part au vote le concernant. La décision doit être prise dans l'intérêt de la société, en respectant les droits de la personne concernée.

Très exceptionnellement, les circonstances de fait entourant la révocation d'un administrateur peuvent toutefois entacher celle-ci d'abus et donner lieu à des dommages et intérêts (cass. com. 26 novembre 1996, n° 94-15661 ; cass. com. 12 mai 2004, n° 00-19415).

Parmi les éléments constitutifs de l'abus, la jurisprudence retient, en particulier, l'atteinte à l'honneur de l'administrateur révoqué ou les mesures vexatoires à son encontre.

- **Caractère vexatoire.** Ont été déclarés abusifs :
– une révocation brutale accompagnée d'une expulsion immédiate des locaux (cass. soc. 19 octobre 1981, Rev. soc. 1982, 821) ;
– les allégations injurieuses ou vexatoires, surtout si elles s'accompagnent d'une publicité susceptible d'attenter à l'honneur ou à la réputation de l'intéressé (cass. com. 22 novembre 1972, n° 71-12390 ; cass. com. 6 mai 1974, n° 72-14536 ; cass. com. 3 janvier 1985, n° 83-16014).

- **Non-respect de la procédure.** Ont ouvert droit à dommages et intérêts :
– le fait que l'administrateur ait été mis dans l'impossibilité de se défendre (cass. com. 26 avril 1994, n° 92-15884 ; CA Paris 27 octobre 1995, Bull. Joly 1996, 45), le fait qu'un dirigeant n'ait pas été avisé des motifs de sa révocation et qu'il n'ait pas pu en débattre (cass. com. 29 mars 2011, n° 10-17667), même s'il a bénéficié de suspensions de séance afin de lui permettre de contacter des tiers et de rédiger un communiqué (cass. com. 14 mai 2013, n° 11-2284) ou encore celui d'un gérant se trouvant dans des circonstances identiques, même s'il était à l'origine d'une mésentente entre les associés ayant fait obstacle au bon fonctionnement de l'entreprise (cass. com. 29 mars 2017, n° 15-16778 à propos d'une SARL mais transposable à la SA) ;
– le fait que la société n'ait pas respecté les règles de procédure relatives à la tenue de l'assemblée générale (trib. com. Paris 26 mars 1985, D. 1986, 92 et Rev. soc. 1986, 411) ;
– l'abstention volontaire de l'inscription de la révocation à l'ordre du jour, alors que celle-ci était préméditée (cass. com. 19 décembre 1983, n° 82-12179 ; CA Paris, 25e ch. A, 4 juillet 1996, Sem. jur. éd. E 1996, n° 1057).

• **Pas de droit à un avocat.** À propos de la révocation d'un gérant de SELARL, il a été décidé qu'il ne pouvait imposer la présence d'un avocat à ses côtés à l'assemblée se prononçant sur sa révocation, celle-ci n'étant pas un organisme juridictionnel ou disciplinaire (cass. com. 10 mai 2006, n° 05-16909). L'assemblée d'une SA qui révoque un administrateur présente le même caractère.

• **Administrateur salarié.** Le collaborateur salarié qui a accédé au conseil d'administration ne perd pas le bénéfice de son contrat de travail. Librement révocable en qualité d'administrateur, il ne peut être licencié, au titre de ses fonctions salariées, qu'en conformité avec les prescriptions de la législation du travail, mais un tel cumul de fonctions est strictement réglementé *(voir §§ 253 à 267)*.

• **Information régulière de l'administrateur.** Le caractère abusif d'une révocation n'a pas été retenu dès lors que l'administrateur a été régulièrement convoqué à l'assemblée générale, dont la convocation et l'ordre du jour comprenaient notamment la révocation de son mandat, et que cet administrateur n'apportait pas la preuve que la société l'eut empêché de s'expliquer (CA Versailles 19 février 1998, Sem. jur. éd. E 1998, 25 ; CA Paris 9 septembre 2000, RJDA 2001, n° 32).

• **Conflit entre deux époux.** Deux époux en instance de divorce étaient respectivement président et administrateur d'une SA. L'épouse est révoquée ; elle conteste cette révocation et la validité de l'assemblée. Sa demande est rejetée car elle ne rapportait pas la preuve du non-respect de son droit à l'information, la preuve d'une préméditation ou de circonstances rendant sa révocation abusive n'était pas établie et elle ne s'était pas rendue à l'assemblée pour laquelle elle avait été régulièrement convoquée (cass. com. 8 octobre 2002, n° 99-11421).

• **Absence de l'administrateur révoqué.** Un administrateur régulièrement convoqué à une assemblée doit s'y rendre. Même si la question de sa révocation n'est pas inscrite à l'ordre du jour, il ne peut agir en justice pour révocation abusive en reprochant de ne pas avoir pu présenter sa défense. Il s'est lui-même exclu des débats. Quant au fait que la question de sa révocation n'ait pas été inscrite à l'ordre du jour, il n'y a rien à redire puisque l'article L. 225-105 du code de commerce le permet expressément (cass. com. 10 juillet 2012, n° 11-23280).

• **Faute lourde.** La faute lourde commise par un dirigeant peut emporter sa révocation immédiate et sans entretien préalable. Toutefois, avant que la décision ne soit prise, le dirigeant doit pouvoir présenter ses observations. À défaut, la révocation est abusive et donne lieu à des dommages-intérêts (cass. com. 11 octobre 2023, n° 22-12361 à propos d'une SAS mais transposable à la SA).

Démission

▸ Conditions de la démission

249 **L'administrateur peut toujours se démettre de ses fonctions, sans préavis ni formalité. La démission n'a pas à être motivée mais elle ne doit pas être donnée dans l'intention de nuire. Le plus généralement, il est fait état de motifs de santé ou de convenance personnelle.**

Sauf stipulation contraire des statuts, la démission d'un dirigeant de société, qui constitue un acte juridique unilatéral, produit tous ses effets dès lors qu'elle est portée à la connaissance de la société, ne nécessite aucune acceptation de la part de celle-ci et ne peut pas faire l'objet d'une rétractation, son auteur pouvant seulement en contester la validité en démontrant que sa volonté n'a pas été libre et éclairée (cass. com. 22 février 2005, n° 03-12902 ; cass. com. 7 avril 2009, n° 07-14626 ; cass. com. 8 juin 2017, n° 14-29618)**.**

▶ **Précautions à observer**

250 Si la démission est dictée par un désaccord sur la conduite des affaires sociales et fait suite à des objections ou mises en garde antérieurement formulées et demeurées sans effet, l'administrateur a intérêt à indiquer les raisons de sa démission pour mettre à couvert sa responsabilité (qui pourra notamment être recherchée en cas de cessation des paiements ; *voir § 517rubrique « Responsabilité des administrateurs »*). Les précisions insérées à cet effet doivent être formulées avec modération et être exemptes de toute critique injustifiée ou excessive qui serait de nature à porter préjudice à la société. La démission s'imposera notamment lorsque l'administrateur s'oppose à une décision grave pour laquelle il n'entend pas que sa responsabilité soit recherchée *(voir § 507)*.

Si le président du conseil refuse de consigner les dires de l'administrateur, il ne peut le faire qu'en justifiant les motifs du refus (intérêt social en jeu, révélation d'un contrat sensible, mise en cause grave d'un autre administrateur). Dans certains cas, l'administrateur opposant pourra résumer les motifs de son opposition dans un document dont il demandera l'annexion au procès-verbal du conseil.

L'administrateur démissionnaire doit notifier sa décision à la société. Cette notification peut avoir lieu dans une forme quelconque. En pratique, elle est donnée soit verbalement lors d'une réunion du conseil et mention en est faite au procès-verbal de la réunion, soit par écrit (lettre recommandée adressée au président du conseil d'administration, au vice-président ou à tous les administrateurs, si c'est le président qui démissionne).

S'ils veulent tous démissionner, les administrateurs engagent leur responsabilité s'ils ne convoquent pas l'assemblée générale des actionnaires à l'effet de prendre acte de leur démission et de nommer de nouveaux administrateurs.

Autres cas de cessation des fonctions

251 Les fonctions des administrateurs peuvent prennent fin, le cas échéant sous peine de sanctions :
– à l'arrivée du terme de leur mandat ou lorsque l'assemblée ne les renouvelle pas ;
– en cas de décès ou maladie ;
– en cas de déchéance ou d'incompatibilité ;
– lorsque les intéressés sont atteints par la limite d'âge ;
– en cas de transformation ou de dissolution de la société (ils sont alors remplacés par le liquidateur) ;
– lorsque la société change de structure (directoire et conseil de surveillance).

Enfin, l'administrateur qui n'a pas régularisé sa situation dans un délai de 3 mois, au regard du nombre maximal de mandats *(voir § 221)*, ou dans un délai de 6 mois, au regard du nombre d'actions imposé par les statuts, est réputé démissionnaire d'office *(voir § 227)*.

Publication des nominations et cessations de fonctions

252 Ni la société ni les tiers ne peuvent, pour se soustraire à leurs engagements, se prévaloir d'une irrégularité dans la nomination des personnes chargées de gérer, d'administrer ou de diriger la société lorsque cette nomination a été régulièrement publiée (c. com. art. L. 210-9, al. 1).

La société ne peut se prévaloir, à l'égard des tiers, des nominations et cessations de fonctions des personnes visées ci-dessus tant qu'elles n'ont pas été régulièrement publiées (c. com. art. L. 210-9, al. 2).

Les formalités de publicité sont présentées plus loin *(voir § 1697)*. **Le renouvellement d'un administrateur n'a pas à être publié** (rép. Rickert, JO 17 mai 1972, AN quest. p. 1561).

L'ancien administrateur agira prudemment en vérifiant que la cessation de ses fonctions a bien été publiée et a donné lieu à inscription modificative au RCS ; ainsi, il prendra date pour toute action en responsabilité. En cas de difficultés, il demandera en justice la condamnation de la société.

• **Opposabilité à un repreneur.** La société n'étant pas un tiers à l'égard de son administrateur, la démission de celui-ci est opposable dès qu'elle a été donnée à la société et, par voie de conséquence, à son repreneur dans le cadre d'un plan de cession d'entreprise (cass. soc. 12 octobre 2005, n° 03-44534).

• **Condamnation de la société sous astreinte.** Une SA a été condamnée sous astreinte à procéder à toute rectification dans les documents sociaux et tous autres documents pour faire disparaître le nom d'un administrateur qui avait cessé de l'être. En outre, la société a également dû, sous astreinte, apposer sur tous documents sociaux de l'intéressé, comportant la mention erronée « a la qualité d'administrateur », la mention qu'il n'avait plus cette qualité depuis la date précisée par l'arrêt de la cour d'appel (CA Paris, sect. B, 15 mars 2002, Dr. Soc. 2002, 157).

• **Responsabilité de l'administrateur.** Le défaut de publicité de la désignation d'un administrateur (ou d'un dirigeant), si elle lui interdit de se prévaloir à l'égard des tiers de cette nomination, ne peut pas avoir pour effet de le soustraire aux responsabilités attachées aux fonctions qu'il a acceptées et exercées (cass. com. 26 janvier 1988, n° 85-17684 ; cass. com. 8 juillet 2003, n° 00-18250).

Cumul avec un contrat de travail

Conditions requises pour être administrateur et salarié

253 **Un salarié peut, sous certaines conditions, devenir administrateur de la société qui l'emploie. Un administrateur peut devenir salarié de la société anonyme s'il s'agit d'une PME** *(voir § 261)*. **Un cumul régulier de fonctions suppose que deux conditions soient réunies** (c. com. art. L. 225-21-1 et L. 225-22) **:**
– le contrat de travail doit correspondre à un emploi effectif *(voir § 255)* **;**
– le nombre de salariés au conseil d'administration ne doit pas dépasser le tiers des administrateurs en fonction *(voir § 259)*.

Salarié nommé administrateur : conservation du bénéfice du contrat de travail

254 Un salarié peut devenir administrateur sans perdre le bénéfice de son contrat de travail.

Toutefois, pour que le contrat de travail soit maintenu, plusieurs conditions doivent être réunies :
– les fonctions salariées doivent être distinctes des fonctions de direction au titre du mandat social et être exercées dans un lien de subordination vis-à-vis de la société *(voir § 256)* ;
– la rémunération des fonctions salariées doit être distincte de celle du mandat social *(voir § 257)*.

Si ces règles sont respectées, le cumul entre contrat de travail et mandat social sera possible. Le salarié ainsi nommé administrateur aura deux contrats : celui de travail et celui de mandat social, chacun de ces contrats obéissant à ses règles propres.

- **Cumul impossible : suspension du contrat de travail.** Si le contrat de travail ne peut se poursuivre sous l'empire du mandat social, en l'absence de fonctions distinctes exercées dans un lien de subordination à l'égard de la société, il est suspendu pendant la durée du mandat social et reprend ses effets à l'issue de celui-ci (cass. soc. 14 juin 2005, n° 02-47320 ; cass. soc. 23 septembre 2009, n° 08-41397 ; cass. soc. 18 septembre 2019 n° 18-19712).

Le contrat de travail ne disparaît donc pas avec la nomination du salarié à des fonctions de mandataire social, sauf si les parties ont convenu d'une novation du contrat de travail en mandat social. C'est à la société d'apporter la preuve de la novation du contrat en cas de litige (cass. soc. 9 mai 1973, n° 71-13535 ; cass. soc. 6 mars 1985, n° 83-42081).

Si le fonds de la société est donné en location-gérance à une autre personne, cette opération met fin à la suspension du contrat de travail qui se poursuit avec le locataire-gérant devenu employeur (cass. soc. 14 juin 2005, n° 02-47320).

- **Absence de reprise effective du travail à l'issue du mandat social.** À l'expiration de son mandat social de directeur général de société anonyme, le contrat de travail qui avait été suspendu durant le mandat a repris effet. Or, le salarié ne reprend pas le travail. Mais celui-ci n'ayant pas manifesté l'intention de démissionner, la société aurait dû, pour mettre fin à la relation de travail, procéder à son licenciement, faute de quoi la rupture s'analysait en un licenciement sans cause réelle et sérieuse (cass. soc. 23 janvier 2008, n° 07-40082).

- **Modification de la situation juridique de la société : poursuite du contrat dans la nouvelle société.** En cas de fusion ou de scission, le contrat de travail peut avoir été conclu avec l'une des sociétés fusionnées ou avec la société scindée (c. com. art. L. 225-22, dern. al.). La condition d'antériorité du contrat de travail peut ainsi être remplie auprès de l'ancienne société, ce qui autorise le salarié à être nommé administrateur dans la nouvelle société, dans laquelle son contrat se poursuit.

- **Modification du contrat de travail.** Le contrat de travail se poursuivant, il peut être modifié en particulier au moyen d'une augmentation de salaire, mais ces modifications, intervenant durant son mandat d'administrateur, doivent être soumises à la procédure des conventions réglementées (c. com. art. L. 225-38) *(voir § 258)*.

- **Réorganisation interne du groupe et changement de contrat.** Hormis dans les PME *(voir § 261)*, le salarié devenu administrateur ne peut pas, à l'occasion d'une réorganisation interne du groupe, conclure un nouveau contrat de travail pour des fonctions et une rémunération différentes (cass. soc. 7 décembre 2016, n° 15-23820). Ce contrat de travail est nul *(voir § 264)*.

Caractère effectif du contrat de travail

▸ Exercice d'un emploi effectif

255 **Un salarié de la société ne peut être nommé administrateur que si son contrat de travail correspond à un emploi effectif** (c. com. art. L. 225-22, al. 1).

Le caractère effectif du contrat de travail doit subsister pendant l'exercice des fonctions de mandataire social. Cette condition, bien que nullement évoquée par l'article L. 225-22 du code de commerce, résulte d'une importante décision de la chambre sociale (cass. soc. 4 janvier 1979, n° 76-13568).

Un contrat de travail effectif se caractérise notamment par des fonctions techniques distinctes, nettement dissociées de celles découlant du mandat (non : cass. soc. 22 mai 1995, n° 94-41787 ; oui : cass. soc. 16 octobre 1991, n°s 88-40188 et

88-42392 à propos d'un expert-comptable ; cass. soc. 30 juin 1993, n° 90-40799 à propos d'un emploi de technico-commercial) *(voir § 256)*.

Tout montage juridique organisé pour permettre au mandataire social de se constituer un statut injustifié de salarié constitue une fraude (cass. soc. 12 mars 1991, n° 88-41025).

Le législateur a voulu que le contrat de travail soit « sérieux et sincère » et qu'il ne permette pas seulement à un futur administrateur de se maintenir dans la société en cas de révocation de son mandat, faisant ainsi échec au principe de la libre révocabilité des mandataires sociaux (cass. soc. 26 juin 1980, JCP éd. CI « Droit et gestion », 1980, 9065-4 ; cass. soc. 15 mars 1983, n° 81-40368 ; cass. com. 7 juin 1988, n° 86-17229 pour un président-directeur général).

Ne constitue pas la preuve d'un emploi effectif la simple qualification donnée à l'intéressé (simple indice) (conducteur de travaux : cass. soc. 5 juin 1980, n° 79-11906 ; secrétaire : cass. soc. 19 février 1986, n° 83-42004) **; ni la mention dans la délibération du conseil d'administration de la prorogation du contrat de travail du mandataire, le prétendu contrat de travail étant le résultat d'un accord en vue de faire échec à la règle d'ordre public de la libre révocation des mandataires sociaux** (cass. soc. 31 mars 1981, n° 79-16946).

• **Absence de contrat écrit.** En l'absence de production d'un contrat de travail écrit par le président du conseil d'administration d'une SA qui invoquait sa qualité de salarié, les juges du fond, qui ont constaté que celui-ci n'établissait pas avoir exercé effectivement des fonctions techniques distinctes de son mandat social dans un état de subordination, ont pu décider qu'il n'était pas salarié de la société (cass. soc. 30 octobre 2001, n° 99-45518).

• **Contrat de travail « apparent ».** Le mandataire social qui se prévaut d'un emploi salarié effectif doit apporter des éléments de preuve laissant supposer l'existence d'un contrat de travail apparent. La production de bulletins de salaire et d'une lettre de licenciement sont à elles seules insuffisantes à créer l'apparence d'un contrat de travail (cass. soc. 30 octobre 2001, n° 99-45518 ; cass. soc. 10 juin 2008 n° 07-42165 ; cass. soc. 14 juin 2017, n° 15-26675). En revanche, le mandataire qui produit un contrat de travail et des bulletins de paie démontre l'existence d'un contrat de travail apparent. Dans ce cas, il incombe à la société de rapporter la preuve de son caractère fictif (cass. soc. 18 octobre 2007 n° 06-46188).

▸ Fonctions distinctes et lien de subordination

256 **Dans le cadre de ses fonctions salariées, le mandataire ne doit pas disposer de pouvoirs analogues à ceux qui sont attachés à son mandat social.**

Les fonctions salariées doivent être nettement distinctes et subordonnées. Ainsi, le cumul est possible lorsque le salarié nommé administrateur continue à assurer, sous la subordination du président-directeur général, la direction administrative de la société, fonction distincte de celle de son mandat (cass. soc. 7 juillet 1983, Bull. Joly 1983, p. 1133).

En revanche, lorsque les attributions conférées par le contrat de travail ne peuvent pas être distinguées de celles d'un mandataire social investi de pouvoirs de direction générale, il y a non pas cumul, mais confusion de fonctions. L'intéressé ne peut alors arguer de la prétendue qualité de salarié pour faire échec à la libre révocabilité des mandataires sociaux *(voir § 247)*. **Ainsi, le contrat de « direction technique et administrative » qui, en sus de la direction des usines et de divers services, confère le pouvoir d'engager et de représenter la société dans les divers actes de sa vie juridique n'est pas suffisamment distinct du mandat social et ne peut pas être invoqué par son titulaire** (CA Paris 22 octobre 1973, Gaz. Pal. 1974.I.168 et RTD com. 1974, p. 533). **Il en va de même du contrat de travail prévoyant des fonctions de directeur général de la société, afin de réaliser l'objet**

social défini par les statuts, avec attribution d'une délégation de pouvoirs (cass. soc. 26 novembre 2003, n° 01-15795).

De même, si en vertu de son mandat social, le salarié devenu administrateur en vient à assurer la direction de la société avec les pouvoirs les plus étendus pour agir en toutes circonstances et qu'il n'est plus soumis à aucun lien de subordination, il perd sa qualité de salarié (cass. soc. 29 juin 2017, n° 16-15814).

- **Taille de l'entreprise.** Dans les entreprises de taille modeste, il est souvent difficile aux dirigeants de distinguer les fonctions de direction de celles de salarié (cass. soc. 21 juillet 1981, n° 79-42130) et de démontrer que leurs activités techniques sont distinctes de leur mandat (cass. soc. 11 juillet 1995, n° 92-40808 ; cass. soc. 14 mai 1998, n° 96-40693).

- **Administrateur travaillant en toute indépendance.** Après avoir été nommé directeur général adjoint d'une société, un administrateur de société a travaillé en toute indépendance pour l'ensemble de ses activités, y compris techniques, sans recevoir aucune instruction du président. Il n'était plus, envers la société, dans un état de subordination (cass. soc. 19 février 1986, n° 83-42004).

- **Groupe de sociétés.** Pour l'exercice de fonctions salariées distinctes du mandat social, l'exigence d'un lien de subordination doit être remplie à l'égard de la société employeur, sans que puissent être invoquées des directives émanant de la société tête de groupe (cass. soc. 22 septembre 2011, n° 09-72637).

- **Indemnités en cas de rupture.** Un président du conseil d'administration de filiales d'un groupe cumulait avec ses fonctions un contrat de travail de conseiller du président de la société mère. Les mandats sociaux de l'intéressé et leur rémunération avaient été maintenus, mais il avait été mis fin à son contrat de travail. Pour le calcul des indemnités de préavis et de licenciement sans cause réelle et sérieuse, il a été décidé que son montant devait être calculé en référence à la seule rémunération perçue par l'intéressé en sa qualité de conseiller du président (cass. soc. 20 février 2002, n° 99-46237).

▸ Rémunération distincte

257 **La rémunération doit être distincte de celle qui découle du mandat social** (cass. soc. 16 mai 1990, n° 86-42681). **Précisons, toutefois, que :**
– rémunération distincte ne signifie pas nécessairement double rémunération, les fonctions de mandataire social pouvant être exercées à titre gratuit (cass. soc. 16 octobre 1980, n° 79-12751) **;**
– la remise d'un bulletin de paie constitue un indice qui ne peut être ignoré, la qualification professionnelle indiquée étant particulièrement révélatrice pour établir la réalité ou la fictivité d'un contrat de travail ;
– la rémunération allouée au titre du contrat de travail doit globalement correspondre aux fonctions salariales. En présence d'une disproportion, la coexistence d'un contrat de travail et d'un mandat social pourra difficilement être admise (cass. soc. 23 juin 1988, n° 85-46078) **;**
– l'existence d'une double rémunération ne suffit pas à établir la poursuite effective de l'activité salariale au sein de la société ; les juges du fond vérifient l'existence du lien de subordination (cass. soc. 11 juillet 1995, n° 92-40808).

Clauses non usuelles. Le contrat ne doit pas comporter de clauses s'écartant de la pratique habituelle. Certaines garanties stipulées dans le contrat de travail (indemnités de licenciement d'un montant exagérément élevé, durée abusive de préavis) risquent d'être considérées par les tribunaux comme destinées à assurer en fait l'irrévocabilité du mandat social (cass. soc. 15 octobre 1970, n° 69-40291).

▸ Modifications du contrat du salarié

258 La loi ne donne aucune précision pour le cas où des modifications seraient apportées au contrat de travail d'un salarié ayant accédé au conseil d'administration. S'agissant d'une grande entreprise *(voir § 261)*, le point clef est de déterminer si, par leur ampleur, les modifications en cause altèrent l'économie du contrat et équivalent à la passation d'un nouveau contrat de travail, ce qui est interdit lorsque l'intéressé est un administrateur en fonction (en ce sens, CA Limoges 19 mars 1971, Sem. jur. 1972, 17029).

Le retrait d'un mandat social donné à un salarié ne constitue pas, à lui seul, une modification de son contrat de travail (cass. soc. 14 juin 2000, n° 97-45945).

• **Conventions réglementées.** Lorsque ces modifications sont admissibles, elles sont soumises à la procédure spéciale des conventions intervenant entre la société et l'un de ses administrateurs (rép. Estève, JO 16 janvier 1973, Sén. quest. p. 23 ; rép. Valbrun, JO 24 janvier 1976, AN quest. p. 365 ; sur la période à suivre pour les conventions réglementées) *(voir § 1024)*. Il n'est pas possible de faire échec à cette procédure en signant un avenant au contrat de travail antidaté, de sorte à le faire démarrer avant la nomination en tant qu'administrateur. Il s'agit d'une fraude pouvant conduire à l'annulation de l'avenant (cass. com. 5 janvier 2016, n° 14-18688 : avenant prévoyant une importante indemnité de licenciement).

• **Licenciement.** La révocation des fonctions de directeur général ne constitue pas une cause réelle et sérieuse de licenciement dans les fonctions salariées (CA Paris 7 juillet 1981, Sem. jur. 14074), mais, dans certains cas, les griefs peuvent être liés aux deux fonctions. Ainsi, la révocation des mandats sociaux d'un salarié et sa condamnation à des dommages et intérêts ne constituent pas des sanctions disciplinaires interdisant que soit prononcé, pour les mêmes faits, le licenciement (cass. soc. 7 avril 1993, n° 91-42914).

Accès limité des salariés au conseil d'administration

▸ Limitation du tiers

259 Le nombre des administrateurs liés à la société par un contrat de travail ne peut pas dépasser le tiers des administrateurs en fonction (c. com. art. L. 225-22, al. 2). Pour autant, cette règle ne connaît pas de sanction spécifique *(voir § 263)*.

Ce dispositif légal est expressément écarté par d'autres textes en ce qui concerne diverses sociétés faisant l'objet d'une réglementation particulière. On citera notamment les sociétés de commissaires aux comptes (c. com. art. L. 822-9) et les sociétés d'exercice libéral à forme anonyme (loi 90-1258 du 31 décembre 1990, art. 12).

Ne sont pas comptés, pour la détermination du nombre de ces administrateurs, ceux élus par le personnel salarié ou désignés pour le représenter ni ceux représentant les salariés actionnaires *(voir §§ 268 à 273)*.

▸ Décompte des mandats

260 Pour l'application de la limitation du tiers, on considère habituellement que le président du conseil d'administration et le directeur général membre du conseil d'administration, bien que rémunérés par un salaire au sens des législations fiscale et sociale, sont des organes de la société révocables à tout moment et qu'ils ne peuvent pas être assimilés à des salariés ordinaires.

À ce titre, ils ne sont pas rattachés à la société par un contrat de travail et ne doivent pas être comptés au nombre des administrateurs liés à la société par un contrat de travail ; il en serait autrement en cas de cumul des fonctions de président ou de directeur général avec celles de salarié lié à la société par un contrat de travail, par exemple au titre de directeur technique (rép. Laucoumet, JO 30 novembre 1968, Sén. quest. p. 1507 ; rép. Liot, JO 7 mars 1972, Sén. quest. p. 85).

Les représentants des personnes morales administrateurs sont assimilés à des administrateurs en nom propre et ils sont comptés lorsqu'ils sont titulaires d'un contrat de travail au sein de la société administrative *(voir § 217)*.

→ **EXEMPLES**

❶ *Soit un conseil composé, outre le président et le directeur général administrateur, de 4 membres. Le nombre total des administrateurs en fonction étant égal à 6, seuls 2 administrateurs pourront bénéficier du cumul. Si, par ailleurs, le président est lié à la société par un contrat de direction technique, une seule autre personne titulaire d'un contrat de travail pourra accéder au conseil d'administration.*

❷ *Dans une société dont le conseil est composé de 5 membres, nombre non divisible par 3, la limitation numérique du tiers ne permet qu'à un seul administrateur d'être lié à la société par un contrat de travail. Cet administrateur peut être soit le président du conseil d'administration cumulant ses fonctions avec celles de salarié de la société, soit un autre administrateur si le président n'est pas lié à la société par un contrat de travail.*

Administrateur concluant un contrat de travail

261 Les administrateurs de petites et moyennes sociétés anonymes peuvent cumuler un mandat social avec un contrat de travail conclu postérieurement à leur nomination au conseil d'administration, dès lors que (c. com. art. L. 225-21-1) :
– d'une part, ce contrat de travail correspond à un emploi effectif ;
– d'autre part, le nombre des administrateurs liés à la SA par un contrat de travail reste limité au tiers des administrateurs *(voir § 259)*.

Sont concernés les administrateurs de sociétés anonymes qui ne dépassent pas, à la clôture d'un exercice social, les seuils prévus à l'article 2 de l'annexe à la recommandation 2003/361/CE de la Commission du 6 mai 2003, soit :
– 250 salariés ;
– 50 M€ de chiffre d'affaires annuel ou 43 M€ de bilan annuel.

Sanctions d'un cumul irrégulier

▸ Absence d'un emploi effectif

262 La sanction d'un cumul irrégulier est la nullité de la nomination au conseil, et cette nullité n'entraîne pas celle des délibérations auxquelles a pris part l'administrateur irrégulièrement nommé (c. com. art. L. 225-22).

▸ Nomination au-delà du maximum du tiers des administrateurs en fonction

263 La loi n'a prévu aucune sanction explicite, mais le ministre de la Justice a indiqué qu'un conseil composé en violation de la limitation numérique du tiers « ne peut être considéré comme régulier » et qu'« il n'existe pas de solution légale permettant d'éviter l'application de l'article 93, alinéa 2, de la loi de 1966 » (rép. Liot, JO 20 août 1974, Sén. quest. p. 1084). Pour la Cour de cassation, la violation de la limitation numérique du tiers a pour seul effet la nullité de la nomination au poste d'administrateur et non celle des contrats de travail des administrateurs intéressés (cass. soc. 11 juin 1986, Sem. jur. éd. E 1986.I.15846, n° 10).

▸ Conclusion d'un contrat de travail par un administrateur en fonction

264 **Dans le cas d'une grande entreprise** *(voir § 261)*, **seul le contrat de travail est nul et l'administrateur conserve ses fonctions de mandataire social. Par suite de la nullité du contrat de travail, les juridictions prud'homales sont incompétentes pour connaître de tels litiges** (cass. soc. 21 novembre 1974, n° 74-40055). **L'absence de contrat de travail entraîne, pour l'intéressé, la restitution des sommes perçues sous la dénomination de salaires** (cass. soc. 2 février 2006, n° 04-46058 ; cass. soc. 7 décembre 2016, n° 15-23820).

Sans indemnisation pour le travail accompli. Un administrateur ne peut pas fonder une demande d'indemnité pour le travail accompli au service de la société sur l'enrichissement sans cause dont aurait bénéficié cette société (cass. com. 16 mai 1995, n° 93-14709 ; cass. soc. 5 novembre 2009, n° 08-43177).

Protection sociale attachée au contrat de travail

▸ Assurance chômage

265 **En raison de leur qualité de mandataires, les dirigeants de sociétés sont exclus du régime d'assurance chômage des salariés, bien qu'ils puissent par ailleurs être assimilés à des salariés au regard de la sécurité sociale. Ce n'est que dans le cas de cumul du mandat social et d'un emploi salarié, et exclusivement au titre du contrat de travail correspondant, qu'ils participent au régime d'assurance chômage et au régime de garantie des créances salariales (AGS)** (dir. Unédic 2002-36 du 31 juillet 2002).

Le point de savoir à quelles conditions le contrat de travail d'un salarié devenu régulièrement mandataire social demeure en vigueur présente donc un intérêt pratique tout particulier. En cas de cessation de ses fonctions, le mandataire qui reste lié par un contrat de travail peut en effet prétendre, en cas de perte involontaire de son emploi, aux allocations du régime d'assurance chômage et à la garantie de l'AGS, en cas d'ouverture d'une procédure collective.

En tout état de cause, le paiement d'une cotisation chômage au régime général ne vaut pas reconnaissance tacite de la qualité de salarié. Le Pôle Emploi et l'AGS examinent rigoureusement si les conditions du cumul sont réunies.

Assurances facultatives. Les dirigeants peuvent se garantir personnellement contre les risques de chômage en s'affiliant soit à l'Association pour la garantie sociale des chefs et dirigeants d'entreprise (GSC – 42, avenue de la Grande-Armée - 75017 Paris ; Tél. : 01 45 72 63 10 ; www.gsc.asso.fr), soit à l'Association pour la protection des patrons indépendants (APPI – 25 bd de Courcelles – 75008 Paris ; Tél. : 01 45 63 92 02 ; www.appi-asso.fr).

▸ Interroger le Pôle Emploi

266 **Pour connaître sa situation, le dirigeant peut, via une procédure de rescrit, saisir le Pôle Emploi (ou, s'il est expatrié, le Pôle Emploi services) afin qu'il se prononce explicitement sur son assujettissement ou non au régime d'assurance chômage** (c. trav. art. L. 5312-12-2). **Cela lui évitera, le cas échéant, d'acquitter des cotisations qu'il ne doit pas et lui permettra éventuellement, s'il n'est pas couvert, de souscrire une assurance privée.**

→ **À NOTER** *La demande de rescrit peut également émaner de l'employeur du dirigeant mandataire social.*

Pour ce faire, le dirigeant doit présenter une demande, par tout moyen conférant date certaine à sa réception, comportant une présentation précise et complète de la situation de fait, accompagnée de toutes les informations et pièces nécessaires (c. trav. art. R. 5312-5-1).

Pôle Emploi a 2 mois à compter de la date de réception de la demande (ou des éléments complémentaires qu'il a demandés) pour se prononcer. Sa décision est notifiée au mandataire et à son employeur (c. trav. art. R. 5312-5-1).

La décision de Pôle emploi est opposable pour l'avenir au dirigeant, à son employeur, à Pôle Emploi et aux organismes recouvrant les contributions d'assurance chômage, tant que la situation de fait exposée dans la demande ou la législation au regard de laquelle la situation a été appréciée n'a pas été modifiée (c. trav. art. L. 5312-12-2).

Si Pôle emploi conclut au non-assujettissement du mandataire social, il ne peut être procédé au recouvrement des contributions d'assurance chômage pendant toute la période couverte par cette décision. Si Pôle Emploi modifie sa décision, il doit en avertir le demandeur (c. trav. art. L. 5312-12-2).

Intérêts, même en cas de refus. Même si cette démarche s'achève par une décision de non-assujettissement au régime d'assurance chômage, elle présente un double intérêt pour le dirigeant :
– il cessera de cotiser inutilement et, le cas échéant, pourra, dans la limite de 3 ans, demander le remboursement des cotisations versées à tort ;
– il pourra prendre les dispositions qui s'imposent pour s'assurer une garantie financière en cas de cessation de ses fonctions. Il existe, à cet effet, des régimes de garantie facultatifs s'adressant aux mandataires sociaux *(voir § 265)*.

▸ Prévoyance, mutuelle et retraite

267 Si les conditions du cumul entre mandat social et contrat de travail sont remplies, l'administrateur bénéficie, pendant la suspension de son contrat (ex : arrêt maladie), du régime de protection sociale des salariés.

La rémunération qui lui est versée en contrepartie de son activité salariale est soumise aux cotisations sociales relevant du régime de protection des salariés.

Participation des salariés au conseil

Administrateurs élus par les salariés

▸ Pouvoir des statuts

268 Il peut être stipulé dans les statuts que le conseil d'administration comprend des administrateurs élus soit par le personnel de la société, soit par le personnel de la société et celui de ses filiales directes ou indirectes sur le territoire français (c. com. art. L. 225-27). Ces salariés siègent au conseil avec voix délibérative.

▸ Nomination et statut des administrateurs

269 Le nombre des administrateurs élus par les salariés fixé par les statuts ne peut pas être supérieur à 4 dans les sociétés non cotées, ni excéder le tiers du nombre des autres administrateurs. Ce nombre s'ajoute à celui des administrateurs nommés par l'assemblée ; les administrateurs élus par les salariés ne sont pas pris en compte pour la limitation du tiers des administrateurs titulaires d'un contrat

de travail *(voir § 259)*, ni pour la détermination du nombre minimal et du nombre maximal d'administrateurs *(voir § 211)*, ni pour l'appréciation de la mixité au sein du conseil d'administration *(voir § 232)* (c. trav. art. L. 225-22 et L. 225-27).

Les administrateurs élus par les salariés doivent être titulaires d'un contrat de travail avec la société ou l'une de ses filiales directes ou indirectes antérieur de 2 années au moins à leur nomination et correspondant à un emploi effectif ; cette antériorité n'est pas requise si la société employeur a moins de 2 années d'existence (c. com. art. L. 225-28).

Les administrateurs élus par les salariés ne perdent pas le bénéfice de leur contrat de travail. Leur rémunération en tant que salariés ne peut pas être réduite du fait de l'exercice de leur mandat (c. com. art. L. 225-31). La rupture du contrat de travail met fin au mandat de l'administrateur élu par les salariés (c. com. art. L. 225-32).

Les membres du comité social et économique *(voir § 1060)* ne peuvent pas être nommés administrateur de la société où ils exercent leur mission (c. com. art. L. 225-30) ; de même, le mandat d'administrateur élu par les salariés est incompatible avec tout mandat de délégué syndical ou de permanent syndical désignés en sus des délégués syndicaux, en application d'un accord d'entreprise (cass. soc. 30 septembre 2005, n° 04-10490).

• **Conditions de l'élection.** Tous les salariés de la société et, le cas échéant, de ses filiales directes ou indirectes sont électeurs, dès lors que leur contrat de travail est antérieur de 3 mois à la date de l'élection (c. com. art. L. 225-28, al. 2).

Des règles de parité pour la présentation des candidats doivent être respectées. Lorsqu'un seul siège est à pourvoir, le candidat et son remplaçant doivent être de sexe différent. Lorsque plusieurs sièges sont à pourvoir, chaque liste doit comporter un nombre de candidats double de celui des sièges à pourvoir et elle doit être composée alternativement d'un candidat de chaque sexe. Sur chacune des listes, l'écart entre le nombre des candidats de chaque sexe ne peut être supérieur à un (c. com. art. L. 225-28, al. 5 et 6).

• **Cadres exclus.** Seuls les cadres détenant sur un département, un service ou un établissement de l'entreprise une délégation écrite d'autorité permettant de les assimiler à un chef d'entreprise sont exclus de l'électorat et de l'éligibilité aux fonctions d'administrateur (cass. soc. 6 février 2002, n° 00-60488). Toutefois, cette règle pourrait être remise en cause compte tenu de la jurisprudence du Conseil constitutionnel qui a considéré non conforme à la Constitution l'exclusion de l'électorat des salariés assimilés à l'employeur s'agissant de l'élection des membres du comité social et économique *(voir § 1060)* (c. constit., décision 2021-947 QPC du 19 novembre 2021, JO du 20).

• **Durée du mandat.** La durée du mandat de l'administrateur élu par les salariés est déterminée par les statuts, sans pouvoir excéder 6 ans. Le mandat est renouvelable, sauf stipulation contraire des statuts (c. com. art. L. 225-29).

• **Actions.** Les administrateurs ne sont pas obligés de détenir le nombre d'actions requis par les statuts pour les autres administrateurs *(voir § 225)*.

Administrateurs représentant les salariés dans les grandes entreprises

▸ Dans les SA importantes

270 Les statuts des SA importantes doivent prévoir que le conseil d'administration comprend des administrateurs représentant les salariés (c. com. art. L. 225-27-1).

Sont concernées par l'obligation (c. com. art. L. 225-27-1) :
– d'une part, les SA ayant leur siège social en France et qui occupent, à la clôture de 2 exercices consécutifs, au moins 1 000 salariés permanents en France ;

– d'autre part, les SA ayant leur siège social en France et à l'étranger qui occupent, à la clôture de 2 exercices consécutifs, au moins 5 000 salariés permanents dans le monde.

Dérogations. Sont exclues de l'obligation de désigner des administrateurs représentant les salariés (c. com. art. L. 225-27-1, I) :
– les filiales, directes ou indirectes, dont la société mère est soumise au dispositif ;
– les sociétés dont l'activité principale est d'acquérir et de gérer des filiales et des participations et qui détiennent une ou plusieurs filiales respectant cette obligation. Toutefois, cette dispense ne s'applique que si l'entreprise n'est pas soumise à l'obligation de mettre en place un comité social et économique *(voir § 1060)* ;
– ce deuxième cas de dérogation est applicable aux sociétés cotées si au moins 80 % de leurs actions sont détenues, directement ou indirectement, par une personne physique ou morale agissant seule ou de concert (c. com. L. 22-10-7).

▸ Modification obligatoire des statuts

271 Dans les 6 mois suivant la clôture du second des 2 exercices consécutifs au cours desquels les seuils d'effectif ont été atteints *(voir § 270)*, après avis, selon le cas, du comité de groupe, du comité social et économique central ou du comité social et économique *(voir § 1060)*, l'AGE doit procéder à la modification des statuts pour déterminer les conditions dans lesquelles sont désignés les administrateurs représentant les salariés, selon l'une des modalités suivantes (c. com. art. L. 225-27-1, III) :
– soit une élection des salariés de la société et de ses filiales situées sur le territoire français ;
– soit une désignation, selon le cas, par le comité de groupe, le comité social et économique central ou le comité social et économique. Si la société est dotée d'un comité de groupe, c'est nécessairement ce comité, et non le comité social et économique, qui effectue la désignation (cass. soc. 23 novembre 2022, n° 21-19944 FSB) ;
– soit une désignation par l'organisation syndicale, ou les deux organisations syndicales lorsque deux administrateurs sont à désigner, arrivées en tête au premier tour des élections professionnelles ;
– soit, lorsqu'au moins deux administrateurs sont à désigner, la désignation de l'un des administrateurs selon l'une des trois modalités énoncées ci-dessus et de l'autre par le comité d'entreprise européen ou, pour les sociétés européennes, par l'organe de représentation des salariés ou, à défaut, par le comité de la société européenne.

Délai pour l'élection des représentants des salariés. L'élection ou la désignation des administrateurs représentant les salariés doit intervenir dans les 6 mois suivant la modification des statuts.

▸ Représentants des salariés

272 Le nombre d'administrateurs représentant les salariés varie selon le nombre d'administrateurs de l'entreprise considérée (c. com. art. L. 225-27-1, II) :
– il est au moins égal à 2 dans les sociétés dont le nombre des administrateurs non salariés est supérieur à 8 ;
– il est au moins égal à 1 dans les sociétés dont le nombre des administrateurs non salariés est égal ou inférieur à 8.

Les administrateurs représentant les salariés ne sont pas pris en compte pour la détermination du nombre minimal et du nombre maximal d'administrateurs *(voir § 211)*, ni pour l'appréciation de la mixité au sein du conseil d'administration *(voir § 232)*, ni pour la limitation du tiers des administrateurs titulaires d'un contrat de travail *(voir § 259)* (c. com. art. L. 225-22 et L. 225-27-1, II).

Pour être candidats à la fonction d'administrateur, les salariés doivent être titulaires d'un contrat de travail avec la société ou l'une de ses filiales directes ou indirectes et ce, depuis au moins 2 ans par rapport à la date de nomination (sauf dans les sociétés créées depuis moins de 2 ans) ; ce contrat de travail doit naturellement correspondre à un emploi effectif (c. com. art. L. 225-28).

Les membres du comité social et économique *(voir § 1060)* **ne peuvent pas être nommés administrateur de la société où ils exercent leur mission** (c. com. art. L. 225-30) **; de même, le mandat d'administrateur représentant les salariés est incompatible avec tout mandat de délégué syndical ou de permanent syndical désignés en sus des délégués syndicaux, en application d'un accord d'entreprise** (cass. soc. 30 septembre 2005, n° 04-10490).

• **Parité.** L'élection des administrateurs représentant les salariés doit respecter les règles de la parité (c. com. art. L. 225-27-1, II et L. 225-28, al. 5 et 6) *(voir § 269, rubrique « Conditions de l'élection »)*. Par ailleurs, lorsque deux administrateurs sont désignés sur le fondement de l'article L. 225-27-1, III, 2° du code de commerce *(voir § 271)*, le comité de groupe, le comité social et économique central ou le comité social et économique *(voir § 1060)* doit désigner une femme et un homme.

• **Durée du mandat.** La durée du mandat de l'administrateur élu ou désigné est déterminée par les statuts, sans pouvoir excéder 6 ans. Le mandat est renouvelable, sauf stipulation contraire des statuts (c. com. art. L. 225-29).

Administrateurs représentant les salariés actionnaires

273 **L'élection d'administrateurs représentant les salariés actionnaires concerne les SA cotées où le personnel détient plus de 3 % du capital social** (c. com. art. L. 22-10-5)**, ainsi que les SA non cotées dans lesquelles les salariés détiennent plus de 3 % du capital social et qui emploient, à la clôture de 2 exercices consécutifs** (c. com. art. L. 225-23) **:**

– soit au moins 1 000 salariés en France dans la société ou ses filiales ;

– soit au moins 5 000 salariés dans le monde dans la société ou ses filiales.

Les administrateurs représentant les salariés actionnaires sont élus par l'AGO (c. com. art. L. 225-106, III al. 2) **sur proposition des salariés actionnaires, parmi les salariés actionnaires ou, le cas échéant, parmi les salariés membres du conseil de surveillance d'un FCPE détenant des actions de la société.**

Ces administrateurs ne sont pris en compte ni pour la détermination du nombre minimal et du nombre maximal des administrateurs *(voir § 211)*, **ni pour l'appréciation de la mixité au sein du conseil d'administration** *(voir § 232)* **et ni pour la limitation du tiers des administrateurs titulaires d'un contrat de travail** *(voir § 259)* (c. com. art. L. 225-22 et L. 225-23).

• **Modification préalable des statuts.** Les administrateurs représentant les salariés actionnaires sont élus par l'assemblée générale selon des règles de vote déterminées par les statuts (c. com. art. L. 225-23, al. 1). Par conséquent, la SA, nouvellement concernée par cette obligation, devra au préalable réunir une AGE ayant pour objet la fixation des conditions relatives au vote et la modification nécessaire des statuts.

• **Durée du mandat.** La durée du mandat de l'administrateur représentant les salariés actionnaires est déterminée par les statuts, sans pouvoir excéder 6 ans. Le mandat est renouvelable, sauf stipulation contraire des statuts. Toutefois, leur mandat prend fin par l'arrivée du terme ou la rupture, pour quelque cause que ce soit, de leur contrat de travail (c. com. art. L. 225-18 et L. 225-23).

Les rôles du **conseil d'administration**

1 DÉTERMINER LES ORIENTATIONS DE LA SA

PUIS VEILLER À LEUR MISE EN ŒUVRE
LES POUVOIRS DU CONSEIL SONT DONC TRÈS LARGES !

UNE LIMITE IMPORTANTE : LE CONSEIL NE DOIT PAS EMPIÉTER SUR LES PRÉROGATIVES DE L'ASSEMBLÉE
EXEMPLE : IL NE PEUT PAS MODIFIER LES STATUTS

EXCEPTION : IL PEUT DÉPLACER LE SIÈGE SOCIAL PARTOUT EN FRANCE, SOUS RÉSERVE D'UNE RATIFICATION DE L'ASSEMBLÉE

2 ORGANISER ET CONTRÔLER LA DIRECTION

CHOISIR LE MODE DE DIRECTION
SOIT UN PDG
SOIT UN PRÉSIDENT ET UN DIRECTEUR GÉNÉRAL

—

NOMMER LE PRÉSIDENT, LE DIRECTEUR GÉNÉRAL, LES DIRECTEURS GÉNÉRAUX DÉLÉGUÉS

—

FIXER LEUR RÉMUNÉRATION

—

LES RÉVOQUER

—

RÉPARTIR ENTRE LES ADMINISTRATEURS LA RÉMUNÉRATION GLOBALE VOTÉE PAR L'ASSEMBLÉE

—

AUTORISER LES CONVENTIONS RÉGLEMENTÉES

—

AUTORISER LES GARANTIES DONNÉES AU NOM DE LA SA

3 PRÉPARER LES ASSEMBLÉES

- **CONVOQUER LES ACTIONNAIRES**
- **ARRÊTER LES COMPTES ANNUELS, VOIRE LES COMPTES CONSOLIDÉS**
- **ÉTABLIR LES RAPPORTS :** RAPPORT DE GESTION, RAPPORT SUR LE GOUVERNEMENT D'ENTREPRISE, RAPPORTS PROPRES À CHAQUE ASSEMBLÉE ...

Revue Fiduciaire

7 Missions du conseil d'administration

§§

Réunions et délibérations du conseil

Organe collectif

280 La société anonyme « est administrée par un conseil d'administration ». Cela signifie que les administrateurs qui le composent ne peuvent agir à titre individuel, qu'ils n'ont aucun pouvoir propre, mais sont réunis dans un organe assurant une administration collégiale (c. com. art. L. 225-17). Le conseil doit traiter des orientations stratégiques de la société et non de la gestion quotidienne, qui est du pouvoir du directeur général *(voir § 422)*.

Code de bonne conduite des administrateurs

281 Les missions imparties au conseil et aux administrateurs doivent conduire les administrateurs à une certaine vigilance dans le cadre de leur contrôle d'information. Accepter un mandat d'administrateur constitue un engagement envers l'entreprise, source de responsabilité.

Parmi les règles de bonne conduite le plus souvent mises en avant, citons :
– compétence, loyauté, professionnalisme, rigueur, qualités généralement demandées aux administrateurs de PME ;
– respect des règles de cumul de mandats *(voir § 220)* ;
– engagement d'être assidu aux réunions, à les préparer avec soin ;
– exercice de son droit à l'information et réclamation chaque fois que nécessaire des informations utiles sur les sujets en discussion *(voir § 301)* ;
– respect des règles d'information des actionnaires ;
– discrétion. Ne jamais donner, en dehors du conseil, des informations déclarées confidentielles *(voir § 292)* ;
– respect des pouvoirs du directeur général et des directeurs généraux délégués, donc ne pas exercer un pouvoir exécutif ;
– respect des statuts et des règles du code de commerce, tout particulièrement en ce qui concerne les conventions réglementées et le droit de communication ;
– surveiller que les P-V du conseil d'administration reflètent bien le déroulement et les points évoqués lors de cette réunion ;
– apporter au conseil son point de vue en fonction de son expérience ou de sa compétence technique sur les options de l'entreprise ;
– en cas d'opposition sur telle décision, prise ou à prendre, l'administrateur opposant fera mentionner cette opposition et son vote « contre » sur le procès-verbal du conseil, ainsi que les arguments qu'il a mis en avant au cours des débats et tout particulièrement ceux ayant trait à la protection de l'intérêt social. L'abstention n'est pas un moyen d'échapper à sa responsabilité, l'acte le plus exonératoire de responsabilité est la démission *(voir § 507)* ;
– la tenue d'un dossier complet des notes et documents concernant chaque séance.

Des points sensibles. Selon le type d'activité de l'entreprise et son importance, les alertes peuvent être diverses. Toutefois, la vigilance de l'administrateur sera particulièrement mise en éveil en présence :
– d'écart significatif entre le résultat prévisionnel et ceux effectifs ;
– de difficultés chroniques de trésorerie ;
– d'insuffisance de couverture d'assurance ;
– de grèves, de litiges au sein de l'entreprise.

Lorsque l'administrateur pressent des difficultés, il ne demandera pas le remboursement de son compte courant.

Réunion du conseil

▸ Aussi souvent que l'intérêt de la société l'exige

282 Le conseil se réunit aussi souvent que l'intérêt de la société l'exige ; il se saisit de toute question intéressant la bonne marche de la société *(voir § 304)*. Les modes et délais de convocation sont librement fixés par les statuts (c. com. art. L. 225-36-1).

Il doit, en tout cas, se réunir chaque fois qu'il y a lieu de convoquer une assemblée. Une réunion est donc obligatoire au moins chaque année pour l'examen des comptes annuels, l'adoption du rapport de gestion à présenter aux actionnaires et la convocation de l'assemblée générale annuelle. Très souvent, quatre conseils au moins se tiennent par an, aux fins d'un examen trimestriel de la situation de l'entreprise.

Cependant, le conseil doit aussi se réunir, le cas échéant, pour l'établissement des autres documents et rapports prévus par la loi (ainsi, pour les documents d'information financière et prévisionnelle, *voir § 925*).

Plus généralement, une bonne administration veut que le conseil ait une participation active à la gestion des affaires sociales ; s'il ne s'est pas réuni depuis plus de 2 mois, le conseil peut d'ailleurs être convoqué par des administrateurs constituant le tiers de ses membres. Le directeur général peut demander au président de convoquer le conseil sur un ordre du jour déterminé *(voir § 284)*.

• **Lieu des réunions.** Les statuts fixent le plus souvent le lieu des réunions du conseil d'administration, mais sans en faire une obligation : le siège social ou un autre local et même une autre ville, à condition que ce ne soit pas pour faciliter un abus de droit, par exemple pour éviter la présence de certains administrateurs hostiles aux décisions à prendre.

• **Règlement intérieur.** Ce règlement est ***a priori*** obligatoire lorsque le conseil utilise les moyens de visioconférence ou de télécommunication *(voir § 288)*. En dehors de ce cas de figure, l'élaboration d'un règlement intérieur se développe. Ce document permet, avec plus de souplesse que les statuts, de préciser les règles de fonctionnement du conseil (prise de décision) et le degré d'information des administrateurs.

▸ Sous l'autorité d'un président et d'un bureau

283 Le conseil doit désigner un président (aux pouvoirs plus ou moins étendus ; *voir § 407*) dont le rôle est de présider et d'animer le conseil ; il peut aussi désigner un ou plusieurs vice-présidents pour présider les délibérations en cas d'absence ou d'empêchement du président. À défaut de vice-président, le conseil désigne le président de séance.

Un secrétaire est généralement désigné, qui peut être pris en dehors du conseil. C'est à lui qu'est confiée la rédaction des procès-verbaux de réunions.

Convocation du conseil

▸ Rôle des statuts

284 Les statuts, ou le règlement intérieur, déterminent les règles relatives à la convocation et aux délibérations du conseil d'administration (c. com. art. L. 225-36-1, al. 1) ; ils doivent être respectés.

Généralement, c'est le président qui convoque le conseil d'administration. Mais les statuts pourraient, par exemple, prévoir qu'un groupe d'administrateurs (souvent 1/3) ait la possibilité de convoquer et de fixer l'ordre du jour adressé ensuite au président (ANSA, 12 mars 2003, communication n° 3227). Si une clause d'un règlement intérieur précise que la convocation du conseil d'administration de la SA ne peut être demandée que par 6 administrateurs au moins, le président n'est pas en droit de procéder à cette convocation (cass. com. 29 janvier 2008, n° 06-20311).

En dehors de cette clause statutaire de convocation directe, la loi prévoit que, lorsqu'il ne s'est pas réuni depuis plus de 2 mois, le tiers au moins des membres du conseil d'administration peut demander au président de convoquer celui-ci sur un ordre du jour déterminé qui le lie (c. com. art. L. 225-36-1, al. 2 et 4).

Dans le cas où la direction de la société est assumée par un directeur général dissocié et non par le président du conseil d'administration, le directeur général peut également demander à celui-ci de convoquer le conseil d'administration sur un ordre du jour déterminé (c. com. art. L. 225-36-1, al. 3).

Président empêché, incapable ou décédé. Lorsque le président n'est plus en mesure d'exercer ses fonctions, le conseil d'administration peut déléguer un administrateur dans les fonctions de président (c. com. art. L. 225-50). Le conseil, pour nommer cet administrateur délégué, peut se réunir directement puisque le président n'est justement plus en état de le convoquer. La loi n'impose pas que les décisions soient prises à l'unanimité (ANSA n° 05-050).

▸ Ordre du jour et mode de convocation

285 Hormis le cas particulier de la convocation par le tiers des administrateurs *(voir § 284)*, et sauf prescription statutaire contraire, il n'est pas nécessaire que la convocation indique l'ordre du jour. Toutefois, les votes de surprise doivent être évités et quand il s'agit de prendre des décisions importantes, il est bon que la convocation en fasse état.

La convocation interviendra selon les formes prévues par les statuts ou le règlement intérieur : lettre simple ou recommandée, télécopie, voire, en cas d'urgence, convocation verbale. À défaut de précision, il appartient au président de choisir librement le mode de convocation des administrateurs (CA Paris 22 mars 1977, D. 1978, 157 ; Trib. com. Nanterre 17 mai 1990, Dr. soc. 1991, n° 335).

La convocation irrégulière ou tardive d'un administrateur, soumise à l'appréciation des tribunaux, peut justifier l'annulation des décisions prises en son absence (cass. com. 7 mai 1973, n° 72-10587 ; CA Versailles 29 juin 2000, D. 2000, AJ 384 ; CA Paris 21 février 2003, n° 2002/7198). Au cas considéré, la lettre de convocation avait été envoyée de façon à ce que l'administrateur ne puisse la recevoir à temps.

En dehors des administrateurs, doivent être convoqués aux réunions du conseil d'administration :
– les représentants du comité social et économique *(voir § 294)* ;
– le commissaire aux comptes, s'il en existe un et si le conseil d'administration doit examiner ou arrêter des comptes annuels ou intermédiaires (c. com. art. L. 823-17). Il peut également être convoqué à toute autre réunion du conseil d'administration (c. com. art. R. 823-9).

• **Preuve de la convocation.** Une société ne peut pas prétendre avoir régulièrement convoqué un administrateur à une réunion du conseil d'administration par remise en mains propres contre reçu alors que la copie de la convocation produite en cours d'instance par la société ne porte pas mention du reçu (CA Paris, 3e ch., sect. C, 31 mars 2000).

• **Absence de clause statutaire sur l'ordre du jour.** En l'absence de dispositions statutaires, le conseil d'administration peut valablement examiner d'autres questions que celles figurant à l'ordre du jour de la convocation (CA Paris, 3e ch., 12 janvier 2006, n° 04/21881).

• **Conventions réglementées.** Une convention réglementée n'a pas été valablement autorisée dès lors que l'ordre du jour figurant dans le procès-verbal du conseil n'a pas mentionné l'existence d'une délibération portant sur l'autorisation de cette convention (cass. com. 3 mai 2000, n° 97-22510) *(voir § 1043)*.

Présence effective et quorum

286 Un quorum est exigé pour la validité des délibérations du conseil ; la moitié au moins de ses membres doivent être présents, toute clause contraire étant répu-

tée non écrite (c. com. art. L. 225-37). Les administrateurs représentés ne sont pas retenus. Ainsi, en présence d'un conseil d'administration de 6 membres, dont 2 sont présents à une réunion et 1 est représenté, la séance doit être reportée. En revanche, si 3 administrateurs sont présents, la réunion peut se tenir.

Sont réputés présents, pour le calcul du quorum et de la majorité, les administrateurs qui participent à la réunion du conseil par des moyens réguliers de visioconférence. Par ailleurs, certaines décisions du conseil d'administration peuvent être prises sans réunion des administrateurs, par consultation écrite *(voir § 288)*.

Les présences sont constatées au moyen des signatures apposées sur le registre des présences et des procès-verbaux *(voir § 290)*.

Nullité. Lorsqu'un administrateur a irrégulièrement coopté deux autres actionnaires pour constituer le conseil d'administration, celui-ci ne peut valablement délibérer et la convocation de l'assemblée générale faite dans ces conditions est irrégulière (cass. com. 30 avril 1968, BC IV n° 143). Plus généralement, les décisions prises par un conseil d'administration dont le quorum n'est pas atteint peuvent être annulées (cass. com. 7 juillet 1981, Bull. Joly 1981, p. 818).

Majorité

287 Les décisions sont prises à la majorité des membres présents ou représentés, les statuts pouvant seulement prévoir une majorité plus forte (c. com. art. L. 225-37, al. 2). En cas de partage des voix, celle du président de séance est prépondérante, sauf disposition contraire des statuts (c. com. art. L. 225-37, al. 4).

La majorité requise pour l'adoption des décisions du conseil d'administration doit tenir compte des abstentions et des votes blancs, lesquels équivalent à un vote défavorable (CA Douai 17 novembre 1994, bull. Joly 1995, p. 671).

Administrateur intéressé. L'intérêt personnel d'un administrateur à la prise d'une décision, tel l'agrément de l'acquéreur de ses actions ou le vote sur la désignation de son propre successeur, ne lui interdit pas de voter (cass. com. 24 février 1975, Rev. soc. 1976, 92 ; CA Amiens 10 mars 1977, D. 1978, 198), mais, notamment pour les conventions réglementées, l'administrateur intéressé ne peut pas prendre part au vote *(voir § 1044)*.

Réunion du conseil ou consultation écrite

288 La présence effective, ou par représentation, des administrateurs est exigée pour les délibérations du conseil ayant trait à :
– l'arrêté des comptes annuels et celui des comptes consolidés ; la lecture littérale du texte implique que la totalité de la réunion se tienne avec une participation physique de la moitié au moins des administrateurs (ANSA n° 06-008) ;
– et à l'établissement du rapport de gestion de la société et, s'il y a lieu, celui du groupe (c. com. art. L. 225-37, al. 3).

Les statuts peuvent indiquer d'autres décisions ne pouvant être prises par des moyens de télécommunication. Ainsi, ils pourraient prévoir que la désignation (et/ou la révocation) du directeur général, sa rémunération ou celle des directeurs généraux délégués, exigent la présence physique d'au moins la moitié des administrateurs.

Pour les autres décisions, le règlement intérieur peut prévoir, sauf disposition contraire des statuts, que sont réputés présents, pour le calcul du quorum et de la majorité, les administrateurs qui participent à la réunion du conseil par des moyens de visioconférence ou de télécommunication permettant leur identification et garantissant leur présence effective ; il peut autoriser le vote des

résolutions par ces moyens de visioconférence. Pour les sociétés qui n'ont pas de règlement intérieur, l'autorisation pourrait être prévue dans les statuts.

Par ailleurs, depuis le 21 juillet 2019, les statuts d'une société anonyme peuvent prévoir que certaines décisions du conseil d'administration peuvent être prises par consultation écrite des administrateurs. Ces décisions sont (c. com. art. L. 225-37, al. 3) **:**

– le transfert du siège social dans le même département ;
– la nomination provisoire d'un administrateur en cas de vacance d'un siège ;
– l'autorisation d'engager la SA par un cautionnement, un aval ou une garantie ;
– la mise en conformité des statuts sur délégation de l'assemblée générale extraordinaire ;
– la convocation de l'assemblée générale.

• **Seule la majorité peut imposer le vote à bulletin secret.** Il n'existe pas de mode de scrutin obligatoire dans les conseils d'administration, les décisions devant simplement être prises après « délibérations » (c. com. art. L. 225-35). L'ANSA estime qu'un administrateur ne peut pas imposer un vote à bulletin secret, même en l'absence de précisions dans le règlement intérieur. Le vote doit, selon l'ANSA, s'exprimer ouvertement, sous réserve de l'opportunité de voter à bulletin secret sur des décisions individuelles sensibles (par exemple, la révocation d'un administrateur). Cette opportunité peut être prévue par le règlement intérieur ou proposée par le président en séance et validée par un vote du conseil (ANSA, comité juridique du 6 juillet 2022, n° 22-030).

• **Moyens techniques de visioconférence.** Afin de garantir l'identification et la participation effective à la réunion des administrateurs y participant par des moyens de visioconférence ou de télécommunication, les moyens techniques transmettent au moins la voix des participants et satisfont à des caractéristiques techniques permettant la retransmission continue et simultanée des délibérations (c. com. art. R. 225-21). Si un incident technique survient, il doit en être fait état dans le procès-verbal du conseil *(voir § 298)*.

Représentation des administrateurs

289 **Sauf clause contraire des statuts, les administrateurs peuvent se faire représenter en donnant, par écrit, mandat à un autre administrateur de les représenter à une seule séance** (c. com. art. R. 225-19, al. 1)**. Ils ne peuvent accorder une procuration pour plusieurs séances, même en cas d'empêchement pendant une longue période** (ANSA, n° 17-033 du 7 juin 2017)**. Chaque administrateur ne peut disposer, au cours d'une même séance, que d'une seule des procurations ainsi reçues** (c. com. art. R. 225-19, al. 2)**.**

Ces dispositions s'appliquent au représentant permanent d'une personne morale administrateur (c. com. art. R. 225-19, al. 3)**.**

Le mandat donné au moyen d'un courrier électronique, ou d'une télécopie, est valable. En effet, l'écrit électronique a la même force probante que l'écrit sur support papier, sous réserve que puisse être dûment identifiée la personne dont il émane et qu'il soit établi et conservé dans des conditions de nature à en garantir l'intégrité (c. civ. art. 1366)**.**

Registre de présence

▸ Obligation de tenir ce registre

290 **Il doit être tenu un registre de présence, distinct du registre des délibérations du conseil, qui est signé par les administrateurs participant à la séance du conseil d'administration et qui mentionne le nom des administrateurs réputés présents.**

Depuis le 4 novembre 2019, ce registre peut être tenu sous forme électronique. Si tel est le cas, il doit être signé au moyen d'une signature électronique qui répond au moins aux exigences prévues à l'article 26 du règlement UE 910-2014 du 23 juillet 2014 *(sur les exigences relatives à la signature électronique, voir § 813)*. Afin de préserver la valeur probante du registre de présence, il doit également être daté de façon électronique par un moyen d'horodatage offrant toute garantie de preuve (c. com. art. L. 225-37 et R. 225-20 modifié par le décret 2019-1118 du 31 octobre 2019).

► **Forme du registre**

291 Le registre des présences n'obéit à aucune prescription particulière. À la différence du registre des procès-verbaux du conseil, il n'a pas à être coté et paraphé. Un tel registre peut être acheté en librairie ou constitué par un registre quelconque, mais, le décret parlant de « registre », on estime généralement qu'il doit s'agir d'un registre ou d'un cahier relié.

Feuilles mobiles. Le ministre de la Justice estime que le registre des présences peut, à l'instar du registre des procès-verbaux, être également tenu sous la forme de feuillets mobiles numérotés sans discontinuité et paraphés par l'une des personnes visées au premier alinéa de l'article 85 du décret (c. com. art. R. 225-22) puisqu'aucun texte ne l'interdit (rép. Authié n° 7341, JO 24 septembre 1987, Sén. quest. p. 1517). L'apparent libéralisme de cette prise de position ne doit pas faire oublier les formalités supplémentaires de cote et paraphe si la solution des feuillets mobiles est retenue.

Obligation de discrétion

292 Une obligation de discrétion pèse sur les administrateurs et sur toute personne appelée à assister aux réunions du conseil à l'égard des informations présentant un caractère confidentiel et données comme telles par le président du conseil d'administration (c. com. art. L. 225-37, al. 5). Le respect de cette obligation est dépourvu de sanction pénale particulière, mais une condamnation à des dommages et intérêts pourrait être prononcée envers les administrateurs fautifs.

Liberté de vote

293 L'administrateur exerce librement son droit de vote, dans l'intérêt de la société.

Pour autant, le devoir de loyauté auquel l'administrateur d'une société mère est tenu à l'égard de celle-ci l'oblige, lorsqu'une décision est votée par le conseil d'administration de cette société, à voter dans le même sens au sein du conseil d'administration de la filiale, sauf lorsque cette décision est contraire à l'intérêt social de la filiale (cass. com. 22 mai 2019, n° 17-13565).

Par ailleurs, la loi est muette sur les conventions de vote des administrateurs. De telles conventions peuvent être annulées si l'engagement de vote a été pris pour une période indéterminée, dans l'ignorance de la survenance d'éléments nouveaux (CA Paris 4 mai 1960, D. 1960, p. 637 ; cass. com. 8 mai 1963, Sem. jur. éd. CI 1963, 72417). En revanche, un engagement de vote en faveur d'une augmentation de capital doit être tenu pour licite dès lors qu'il est limité à l'opération concernée, qu'il est conforme à l'intérêt social et qu'il est exempt de toute idée de fraude (CA Paris 30 juin 1995, Sem. jur. éd. E 1996, 795).

Représentants du comité social et économique

Assistance aux délibérations du conseil

294 **Dans les entreprises d'au moins 50 salariés, deux membres élus du comité social et économique (CSE), délégués par le comité et appartenant l'un à la catégorie des cadres techniciens et agents de maîtrise, l'autre à la catégorie des employés et ouvriers assistent, avec voix consultative, à toutes les séances du conseil d'administration ou du conseil de surveillance** (c. trav. art. L. 2312-72).

→ **À NOTER** *Les différentes instances représentatives du personnel (délégués du personnel ou DP, comités d'entreprise ou CE et CHSCT) ont été fusionnées en une seule instance depuis janvier 2020 : le comité social et économique (CSE) (voir §§ 1060 et suivants).*

• **Collège « cadres ».** Dans les sociétés où est créé un collège spécial « cadres », c'est-à-dire dans celles qui comprennent au moins 25 cadres, la délégation du personnel au conseil d'administration ou de surveillance est portée à 4 membres :
– 2 appartenant à la catégorie des ouvriers et employés ;
– 1 appartenant à la catégorie de la maîtrise ;
– 1 appartenant à la catégorie des ingénieurs, chefs de service et cadres administratifs, commerciaux ou techniques assimilés sur le plan de la classification.

• **Présence de salariés administrateurs.** La représentation du CSE est ramenée à un seul membre, obligatoirement choisi parmi les élus titulaires, dans le cas des conseils comprenant des membres élus ou désignés par le personnel salarié (c. trav. art. L. 2312-75) *(sur ces membres élus ou désignés par les salariés, voir §§ 268 et suivants).*

• **Rôle du chef d'entreprise.** L'employeur ne participe pas au vote lorsqu'il consulte les membres élus du CSE en tant que délégation du personnel (c. trav. art. L. 2315-32). Le chef d'entreprise devra donc s'abstenir de participer à l'élection des représentants du comité au conseil d'administration ou de surveillance.

Droits des représentants du CSE

295 **Les membres délégués du CSE ont un rôle consultatif. Mais ils ont droit aux mêmes documents que ceux adressés ou remis aux membres du conseil d'administration ou du conseil de surveillance à l'occasion de leurs réunions. Ils peuvent soumettre les vœux du CSE au conseil d'administration ou au conseil de surveillance, celui-ci doit donner un avis motivé sur ces vœux** (c. trav. art. L. 2312-73).

Les délégués peuvent prendre la parole au cours des débats et exprimer un avis sur les questions débattues en séance du conseil. Leur refuser la parole sur ces sujets est de nature à exposer le président du conseil à des sanctions pénales pour entrave au fonctionnement du comité.

• **Secret professionnel.** Les membres du comité sont tenus au secret professionnel pour toutes les questions relatives aux procédés de fabrication (c. trav. art. L. 2315-3).

• **Obligation de discrétion spécifique.** Les membres du comité, comme toute personne appelée à assister aux réunions du conseil d'administration, sont tenus à une obligation de discrétion à l'égard des informations présentant un caractère confidentiel et données comme telles par le chef d'entreprise ou son représentant (c. trav. art. L. 2315-3 ; c. com. art. L. 225-37, al. 5). La sanction serait d'ordre civil. Cette obligation ne peut être invoquée par l'employeur que si le caractère confidentiel des informations figure au procès-verbal de la réunion (cass. soc. 12 juillet 2006, n° 04-47558).

Sanctions

296 L'annulation des délibérations du conseil pour défaut de convocation des délégués du CSE ne peut intervenir, semble-t-il, que si ce défaut de convocation est jugé frauduleux (voir la position du ministre du Travail, JO 8 juin 1982, AN p. 3011). A été annulée une décision d'un conseil d'administration prise hors la présence des membres du comité d'entreprise (désormais le CSE), après que la séance eut été déclarée levée (cass. com. 17 février 1975, n° 73-13242).

Un strict respect de l'article L. 2312-72 du code du travail s'impose en tout état de cause car les infractions à ce texte peuvent être sanctionnées pénalement au titre du délit d'entrave au fonctionnement régulier du CSE sanctionné par une amende de **7 500 €** (c. trav. art. L. 2317-1).

Procès-verbaux

Rédaction d'un procès-verbal

▸ Établissement

297 Constatant les décisions prises par le conseil d'administration, la rédaction d'un procès-verbal est obligatoire (c. com. art. R. 225-22, al. 1er). Le défaut d'établissement du procès-verbal entraîne la nullité de la délibération *(voir § 303)*.

Les procès-verbaux sont établis sur un registre spécial tenu au siège social et coté et paraphé soit par un juge du tribunal de commerce, soit par un juge du tribunal judiciaire, soit par le maire de la commune du siège social ou un adjoint au maire, dans la forme ordinaire et sans frais (c. com. art. R. 221-3, al. 1er). Cependant, « sans frais » ne signifie pas gratuité absolue (rép. Cazenave n° 13893, JO 26 novembre 1970, AN quest. p. 5948).

Si le président du conseil d'administration ne transcrit pas les procès-verbaux des réunions du conseil sur ce registre, tout intéressé peut demander au président du tribunal de commerce de l'enjoindre sous astreinte de le faire (c. com. art. L. 238-4).

Depuis le 4 novembre 2019, le registre des délibérations peut être tenu et les procès-verbaux établis sous forme électronique. Si tel est le cas, les procès-verbaux doivent être signés au moyen d'une signature électronique qui répond au moins aux exigences prévues à l'article 26 du règlement UE 910/2014 du 23 juillet 2014 (sur les exigences relatives à la signature électronique, *voir § 813*). Afin de préserver la valeur probante des procès-verbaux, ils doivent également être datés de façon électronique par un moyen d'horodatage offrant toute garantie de preuve (c. com. art. R. 225-22 modifié par le décret 2019-1118 du 31 octobre 2019).

- **Feuilles mobiles.** Au lieu du registre, les procès-verbaux peuvent être établis sur des feuilles mobiles numérotées sans discontinuité, paraphées dans les conditions ci-dessus et revêtues du sceau de l'autorité qui les a paraphées. Dès qu'une feuille a été remplie, même partiellement, elle doit être jointe à celles précédemment utilisées. Toute addition, suppression, substitution ou interversion de feuilles est interdite (c. com. art. R. 225-22, al. 2).

- **Pratique usuelle.** Dans de nombreux cas, après la réunion du conseil d'administration, un procès-verbal sur feuilles mobiles est immédiatement établi ; ce document est revêtu des signatures et peut servir pour l'exécution des décisions prises et comme preuve envers les tiers. Ce n'est qu'après que ce procès-verbal est retranscrit sur les registres.

La Cour de cassation a implicitement admis cette pratique, en précisant que le défaut de retranscription du procès-verbal est inopposable aux tiers (*voir § 302*, rubrique « Défaut de retranscription »).

▸ Contenu

298 **Le procès-verbal de la séance indique le nom des administrateurs présents, réputés présents au sens de l'article L. 225-37 du code de commerce (visioconférence), excusés ou absents. Il fait état de la présence ou de l'absence des personnes convoquées à la réunion du conseil d'administration en vertu d'une disposition légale, et de la présence de toute autre personne ayant assisté à tout ou partie de la réunion. Il fait également état de la survenance éventuelle d'un incident technique relatif à un moyen de visioconférence ou de télécommunication lorsqu'il a perturbé le déroulement de la séance.**

Un seul administrateur absent. Si un seul administrateur est absent, son nom doit être indiqué, même si celui-ci peut être facilement identifié en raison de la mention du nom de tous les autres administrateurs présents (CA Paris 15 février 2007, n° 05/12824) ; le procès-verbal ne mentionnant pas le nom du seul administrateur absent est nul, mais la société ne peut se prévaloir de cette nullité envers les tiers de bonne foi.

▸ Signature

299 **Le procès-verbal est revêtu de la signature du président de séance et d'au moins un administrateur. En cas d'empêchement du président de séance, il est signé par deux administrateurs au moins** (c. com. art. R. 225-23).

La signature par le président ou l'administrateur engage sa responsabilité.

Copies ou extraits des procès-verbaux

▸ Certification

300 **Les copies ou extraits de procès-verbaux sont valablement certifiés par le président du conseil d'administration, le directeur général, les directeurs généraux délégués, l'administrateur délégué temporairement dans les fonctions de président ou le fondé de pouvoir habilité à cet effet. Au cours de la liquidation de la société, ces copies ou extraits sont valablement certifiés par un seul liquidateur** (c. com. art. R. 225-24).

Depuis le 4 novembre 2019, la certification conforme, par les dirigeants, des copies ou extraits de procès-verbaux peut s'effectuer au moyen d'une signature électronique, à condition que la signature réponde aux exigences prévues à l'article 26 du règlement 910/2014 du 23 juillet 2014 (c. com. art. R. 225-24, al. 2 modifié par le décret 2019-1118 du 31 octobre 2019) *(sur les exigences relatives à la signature électronique, voir § 813)*.

▸ Communication aux administrateurs

301 **Un droit d'information est reconnu à chaque administrateur** (c. com. art. L. 225-35, al. 3). **Dans le cadre de ce droit spécifique d'information, chaque administrateur trouvera un fondement légal à la communication du procès-verbal. En pratique, il convient d'adresser aux administrateurs un projet de procès-verbal en les convoquant à la réunion suivante du conseil, de façon à ce qu'ils puissent formuler leurs observations avant la réunion de celui-ci.**

Force probante et sanctions

▸ Valeur probante

302 **Les procès-verbaux font foi de leur contenu jusqu'à preuve contraire** (cass. civ., 1re ch., 8 juin 2004, n° 01-18016 ; cass. com. 23 juin 2004, n° 02-20722). **Il est suffisamment justifié du nombre des administrateurs en exercice et de leur présence, ou de leur représentation, par la production d'une copie ou d'un extrait du procès-verbal** (c. com. art. R. 225-25).

• **Approbation du procès-verbal de la précédente séance.** L'approbation par un administrateur lors d'un conseil d'administration du procès-verbal de la précédente réunion, à laquelle il n'a pas participé, ne peut s'analyser en une approbation au fond des décisions prises lors de cette réunion (CA Paris, 3e ch., sect. C, 31 mars 2000).

• **Preuve par huissier d'un faux procès-verbal.** La preuve du caractère erroné des énonciations d'un procès-verbal de délibération du conseil d'administration énonçant la présence d'un administrateur peut résulter d'un constat d'huissier attestant que cet administrateur ne pouvait être présent (CA Paris, 25e ch., sect. B, 10 mars 2000, Rev. soc. 2000, 585).

• **Défaut de retranscription.** Le défaut de retranscription sur le registre du procès-verbal du conseil d'administration d'une société A autorisant son président à cautionner le remboursement d'un apport en compte courant consenti par une autre société B est inopposable à celle-ci (cass. com. 13 février 2001, n° 97-18315) ; au cas considéré, la société anonyme A entendait remettre en cause son engagement en prétendant que l'autorisation du conseil n'avait pas été régulièrement établie, à défaut de retranscription sur les registres.

▸ Nullité des délibérations du CA

303 **Le fait, pour le président du conseil d'administration, de ne pas constater les délibérations par des procès-verbaux est sanctionné par la nullité des délibérations du conseil. Cette action est ouverte à tout administrateur. Elle ne peut être exercée au-delà de l'approbation de la deuxième réunion du conseil d'administration qui suit la réunion dont les délibérations n'ont pas été consignées dans un procès-verbal** (c. com. art. L. 235-14).

→ **EXEMPLE** *Supposons qu'une délibération d'un conseil d'administration tenu le 4 avril 2023 n'ait pas donné lieu à l'établissement d'un procès-verbal, puis que deux autres conseils successifs se soient tenus respectivement le 17 juillet et le 2 octobre 2023 et aient donné lieu à des procès-verbaux réguliers. À compter du 2 octobre 2023, un administrateur ne peut plus invoquer la nullité de la délibération du conseil qui s'est tenu le 4 avril 2023.*

Délai de régularisation. Le président du tribunal de commerce, saisi d'une action en nullité, peut, même d'office, fixer un délai pour permettre de couvrir la nullité (c. com. art. L. 235-4 et L. 235-5 applicables à l'action en nullité pour défaut de tenue de procès-verbaux).

Pouvoirs du conseil

Orientation et bonne marche de la société

304 **Le conseil d'administration détermine les orientations de l'activité de la société et veille à leur mise en œuvre, conformément à son intérêt social, en prenant en considération les enjeux sociaux, environnementaux, culturels et sportifs de son activité** (c. com. art. L. 225-35). **Toutefois, la violation de cette disposition ne peut pas conduire à la nullité d'un acte ou d'une délibération** (c. com. art. L. 235-1, al. 2).

Il prend également en considération, s'il y a lieu, la raison d'être de la société *(sur la raison d'être, voir § 55)*.

Sous réserve des pouvoirs expressément attribués aux assemblées d'actionnaires *(voir §§ 830 à 835 et 881)* **et dans la limite de l'objet social** *(voir § 307)*, **il se saisit de toute question intéressant la bonne marche de la société et règle par ses délibérations les affaires qui la concernent** (c. com. art. L. 225-35, al. 1). **Le conseil procède aux contrôles nécessaires.**

Pour l'exercice de ces différentes missions, le conseil a un pouvoir d'investigation et les administrateurs ont un droit d'information *(voir § 306)*.

Le conseil d'administration veillera à ne pas empiéter sur la gestion de la personne chargée de la direction générale de la société. Il définira les orientations, à charge pour le directeur général de les mettre en œuvre ; il exercera une surveillance et un contrôle réels sur la conduite des affaires sociales.

Il exercera par ailleurs les pouvoirs qui lui sont propres *(voir § 308)* **et autorisera, s'il y a lieu, le directeur général à conclure des actes devant être soumis, en vertu des statuts, à son accord préalable** *(voir §§ 422 et 423)*.

Dès lors qu'elles ne sont pas contraires à la hiérarchie des organes sociaux et qu'elles ne vont pas à l'encontre des pouvoirs expressément attribués par la loi au conseil d'administration, des limitations statutaires peuvent restreindre les pouvoirs du conseil. En cas d'infraction à une telle restriction de ses pouvoirs, le conseil engage sa responsabilité vis-à-vis de la société.

• **Orientation de l'activité.** La formulation vise à conférer à cet organe, dans une première partie, une mission stratégique liée aux orientations de l'activité de la société. Le rôle du conseil est d'encadrer, orienter et de surveiller l'application de ses décisions par le directeur général ; il n'a plus, à ce stade, une mission générale d'administration de la société. La gestion quotidienne appartient au directeur général. On notera, toutefois, que certaines orientations stratégiques emportent par elles-mêmes une prise de décision laissant peu de place à l'initiative des organes exécutifs. Tel peut être le cas d'une décision de prise de participation, de vente d'un élément d'actif ou de la fermeture d'un établissement secondaire. En ces domaines, où l'orientation rejoint les décisions stratégiques, la responsabilité des membres du conseil sera forte en cas de faute de gestion *(voir § 507)*.

• **Bonne marche de la société.** La seconde partie des pouvoirs du conseil est plus ambiguë puisqu'il est invité à se saisir de toute question intéressant la bonne marche de la société et surtout, il règle par ses délibérations les affaires qui la concernent. La formulation est très générale et imprécise quant au domaine de compétence et peut laisser place à une intervention directe du conseil dans la gestion de la société. Le conseil d'administration n'est pas un organe de gestion permanent, à la différence des dirigeants qui assurent la gestion courante ; même présidé par une personne physique qui n'exercerait pas le rôle de directeur général, le conseil ne peut assurer la gestion quotidienne de l'entreprise. Un risque de conflit entre ses deux rôles peut naître, qui rejaillira sur les problèmes de responsabilité.

Cette formulation très générale trouve peut-être sa justification dans le fait que le conseil peut être conduit à intervenir en cas de vacance de la direction, ou pour autoriser ou assister le directeur général pour certains actes. Cependant, le conseil ne peut, sous couvert de se saisir de toute question intéressant la bonne marche de la société, s'approprier les pouvoirs du directeur général. Ce dernier a seul les pouvoirs les plus étendus pour agir en toute circonstance au nom de la société.

Selon une autre analyse, cette référence aux affaires de la société peut n'avoir d'autre sens que de réaffirmer la compétence générale reconnue au conseil pour déterminer les orientations de l'activité de la société, ce texte paraissant alors quelque peu redondant (A. Vallini, avis de la commission des lois 2309, p. 52).

• **Exemple de conflit de compétence : audit comptable.** Un conseil d'administration ordonne la réalisation d'un audit comptable et financier par un cabinet déterminé afin de vérifier la bonne marche de la société, des éléments tangibles laissant supposer l'existence de difficultés auxquelles il faut remédier. Le directeur général estime qu'il résulte des dispositions de l'article L. 225-35 du code de commerce que le conseil d'administration ne prend pas de décision, mais détermine des orientations générales, le pouvoir de décision appartenant au directeur général. Fort de cette analyse, il fait réaliser l'audit par un autre cabinet. Le directeur général est condamné à mandater le cabinet d'audit retenu par le conseil d'administration ; il doit laisser à ce cabinet libre accès à tous les documents comptables (trib. com. Bordeaux, 2 janvier 2003, Rev. soc. 2003, p. 134).

Contrôles et vérifications

305 **Le conseil d'administration procède aux contrôles et vérifications qu'il juge opportuns** (c. com. art. L. 225-35, al. 3)**.**

La mission de contrôle et de vérification attribuée au conseil lui permet de disposer des moyens nécessaires pour veiller à l'application des orientations qu'il a définies et pour contrôler le suivi des affaires sociales.

Responsabilité des experts-comptables. La responsabilité professionnelle d'un expert-comptable a été retenue dans la mesure où celui-ci, présent à toutes les séances du conseil d'administration, n'avait jamais mis les administrateurs en garde sur la portée de certains documents comptables et avait ainsi donné une apparence de sérieux aux renseignements transmis (cass. com. 1er décembre 1998, n° 96-18657).

Communication à chaque administrateur

306 **Le président ou le directeur général doit informer chaque administrateur. Les administrateurs étant responsables individuellement ou solidairement des fautes commises dans la gestion** *(voir § 507)*, **ils doivent pouvoir bénéficier des informations nécessaires pour exercer ce contrôle.**

Cette information doit être spontanée et doit parvenir en temps utile à ses destinataires. Il n'est pas fait obligation au président du conseil de remettre tous les documents demandés. Il lui appartient, sous sa responsabilité, d'apprécier si telle ou telle demande est excessive. Le président veillera tout particulièrement à ce que les administrateurs aient à leur disposition les documents comptables et financiers nécessaires aux réunions consacrées à l'établissement des comptes ; il réclamera, s'il y a lieu, au directeur général les documents nécessaires à la bonne information des administrateurs.

En règle générale, le projet de procès-verbal de la précédente réunion du conseil sera adressé aux membres lors de leur convocation à une nouvelle séance.

En cas de carence, l'administrateur qui s'estime insuffisamment informé devra exercer systématiquement son droit de communication dans la mesure où il est responsable des fautes (ou négligences) commises dans l'exercice de sa fonction. Il mettra en demeure le président de lui communiquer les documents nécessaires pour sa mission, compte tenu de l'ordre du jour du conseil. Il ne bénéficie pas de la procédure d'injonction de communiquer les documents offerte aux actionnaires. En cas de refus de communication de documents significatifs, l'administrateur peut démissionner en explicitant ses motifs.

• **Défaut de communication : un trouble manifestement illicite.** Le refus par le président de communiquer une lettre nécessaire à l'exercice de la mission des administrateurs est source d'un trouble manifestement illicite auquel il convenait de mettre fin. Le président du conseil devait, en conséquence, mettre immédiatement à la disposition de l'ensemble des administrateurs l'intégralité de la lettre litigieuse et non de simples extraits (cass. com. 29 janvier 2008, n° 06-20311).

• **Délai suffisant.** Certaines informations peuvent être déjà en possession des administrateurs et il n'y aura pas lieu de les leur communiquer. Il est recommandé de communiquer avant la séance du conseil arrêtant les comptes tous les documents comptables et financiers, assortis, s'il y a lieu, d'explications sur les évolutions, l'administrateur devant disposer d'un délai raisonnable pour prendre connaissance des documents transmis avant d'en délibérer. Ainsi, il est recommandé de faire parvenir aux administrateurs les documents comptables au moins 2 ou 3 jours (un délai de 8 jours est fréquent) avant la réunion du conseil arrêtant les comptes. Certains arrêts font référence à une mise à disposition et non à un envoi.

• **Investigation des administrateurs.** Les administrateurs ont un rôle d'investigation à jouer, ils doivent se renseigner et demander les informations dont ils estiment avoir besoin. Ils pourront prendre copie des documents sociaux. La société ne peut, à notre avis, leur opposer la confidentialité ; en effet, les administrateurs sont eux-mêmes tenus à une obligation de discrétion *(voir § 292)*.

• **Annulation des délibérations.** Une cour d'appel a pu annuler les délibérations d'un conseil d'administration chargé d'arrêter les comptes et les termes du rapport de gestion, les convocations à ce conseil ne comportant aucune mention concernant la mise à la disposition des administrateurs des documents utiles à l'exercice de leur mission. La nullité des réunions du conseil a entraîné celle de l'assemblée appelée à statuer sur les comptes et, par conséquent, celle de toutes les résolutions adoptées par elle, y compris celle décidant la révocation d'un administrateur (cass. com. 13 décembre 2005, n° 04-12135).

Pouvoirs du conseil vis-à-vis des tiers

307 **Dans les rapports avec les tiers, la société est engagée, même par les actes du conseil d'administration qui ne relèvent pas de l'objet social, à moins qu'elle ne prouve que le tiers savait que l'acte dépassait cet objet ou qu'il ne pouvait l'ignorer compte tenu des circonstances, étant exclu que la seule publication des statuts suffise à constituer cette preuve** (c. com. art. L. 225-35, al. 2)**.**

Pouvoirs spécifiques du conseil

▸ Pouvoirs généraux

308 **En dehors de son pouvoir général d'orientation et de contrôle, le conseil d'administration dispose de pouvoirs propres en certains domaines. Citons :**
– choix du mode de direction de la société en application des clauses statutaires *(voir § 402)* **; à cet égard, les personnes désignées pour être administrateurs sont habilitées, dès leur nomination, à choisir l'un des modes d'exercice de la direction générale de la société ;**
– nomination et révocation du président du CA *(voir § 408)* **;**
– désignation du directeur général et révocation de ce dirigeant *(voir § 401)* **;**
– nomination et révocation d'un ou de plusieurs directeurs généraux délégués *(voir § 429)* **;**
– détermination des rémunérations du directeur général et des directeurs généraux délégués *(voir § 467)* **;**
– autorisation des conventions réglementées *(voir § 1043)* **;**
– répartition des rémunérations votées par l'assemblée entre les administrateurs *(voir § 462)* **;**
– cooptation d'administrateur *(voir § 245)* **;**

– convocation des assemblées *(voir § 681)* ;
– arrêté des comptes annuels et, s'il y a lieu, des comptes consolidés *(voir § 836)* ;
– établissement du rapport de gestion *(voir § 839)*, du rapport sur le gouvernement d'entreprise et des rapports propres à chaque assemblée ;
– établissement du rapport sur les stock-options *(voir § 1156)* et sur l'attribution gratuite d'actions *(voir § 1132)* ;
– établissement, s'il y a lieu, des documents de gestion prévisionnelle *(voir § 925)*.

▸ **Déplacement du siège social**

309 Le conseil d'administration peut déplacer le siège social sur tout le territoire français, sous réserve de ratification par la prochaine assemblée (c. com. art. L. 225-36).

Ce pouvoir appartient au conseil et non à son président. En prenant seul la décision de transférer le siège social, le président commet une faute grave :
– motivant sa révocation par le conseil d'administration dont il a méconnu les pouvoirs (CA Paris 16 mai 1978, Rev. soc. 1979, 72) ;
– susceptible d'engager sa responsabilité. Ainsi, un président de conseil d'administration a été condamné à réparer le montant du préjudice subi par la société dans la mesure où elle avait dû résilier le bail signé par le président, moyennant le versement d'une forte indemnité au propriétaire (CA Paris 26 avril 1983, Sem. jur. 1986, 20553).

Les formalités à opérer sont analysées plus loin *(voir § 1702)*.

Modification des statuts. Le texte autorisant le conseil à déplacer le siège social déroge au principe général selon lequel l'assemblée générale extraordinaire est seule habilitée à modifier les statuts ; il en résulte que les formalités de publicité prévues par les textes peuvent être accomplies dès la décision de déplacement du siège prise par le conseil d'administration, mais elles devront indiquer que cette décision doit faire l'objet d'une ratification ultérieure (rép. Deniau n° 33418, JO 1er février 1988, AN quest. p. 489).

C'est la loi 2016-1691 du 9 décembre 2016 qui, modifiant l'article L. 225-36 du code de commerce, a élargi la compétence du conseil d'administration pour le transfert du siège social dans le département ou le département limitrophe à tout le territoire français. Si les statuts mentionnent toujours l'ancienne limitation de compétence du conseil, il est nécessaire de procéder à leur modification avant de pouvoir déplacer le siège au-delà du département ou du département limitrophe (ANSA, n° 17-031, juin 2017).

Garanties données par la société anonyme

Diversité des procédures

310 Les cautions, avals et garanties figurent au nombre des actes jugés spécialement dangereux pour la société.

Dans certains cas, la loi les interdit purement et simplement. Un administrateur personne physique ne peut se faire cautionner, ou avaliser par la société dans laquelle il exerce son mandat, un engagement qu'il a pris envers un tiers *(voir § 1017)*.

En dehors de ces actes interdits, le cautionnement par la société d'un engagement d'un de ses administrateurs personne morale ou d'un de ses actionnaires nécessite le respect de la procédure des conventions réglementées *(voir § 1024)*.

Il est une autre hypothèse qui est celle où la société donne des garanties au profit de tiers en contrepartie, par exemple, d'un prêt ou d'une ouverture de crédit. Le dirigeant doit, dans ce cas, être préalablement autorisé par le conseil pour consentir cette garantie au nom de la société *(voir §§ 311 à 320)*.

Annexe au bilan. Un état des cautions, avals et garanties de la société est annexé au bilan (c. com. art. L. 232-1, I, 1°).

Garantie susceptible de mettre fin à l'objet social ou de le modifier

311 **La doctrine et la jurisprudence ont toujours considéré que le conseil d'administration, quelle que soit l'étendue des pouvoirs dont il dispose, ne peut consentir des garanties dont l'importance serait de nature à compromettre l'objet social et l'activité de la société.**

• **Nantissement d'un fonds.** Si l'activité de la société est l'exploitation d'un fonds de commerce précis identifié dans les statuts, le conseil d'administration n'a pas compétence pour en autoriser le nantissement. En effet, une telle garantie est susceptible d'entraîner l'aliénation de ce fonds et de mettre fin, en conséquence, à l'objet même de la société. Ce nantissement ne peut donc être décidé que par l'assemblée générale extraordinaire.

Si la société a vocation pour organiser et exploiter plusieurs fonds de commerce, le conseil d'administration pourrait valablement nantir l'un d'eux puisque, même en cas de vente, la société conserverait son objet et sa raison d'être (cass. req. 1er juin 1921, Gaz. Pal. 1921.2.233). Il semble pourtant prudent, même dans ce cas, d'en référer à l'assemblée générale, car la privation d'un fonds indispensable à l'exploitation de la société peut dénaturer son activité.

• **Opposabilité au créancier.** Un engagement de caution ayant été pris, au nom d'une société anonyme, par le président du conseil d'administration à l'occasion d'un prêt, le prêteur avait toute raison de croire à la régularité de cet acte, la société ne rapportant pas la preuve que ce prêteur savait que cet acte dépassait l'objet social (cass. com. 18 juin 1980, n° 78-16419).

Cautions, avals et garanties de la compétence du conseil d'administration

▸ Garanties données par la société

312 **Les cautions, avals et garanties donnés par les sociétés, autres que celles exploitant des établissements bancaires et financiers, font l'objet d'une autorisation du conseil d'administration** (c. com. art. L. 225-35, dernier al.).

En pratique, le conseil consent le plus souvent une autorisation globale pour une durée de 1 an au directeur général *(voir § 315)*. **Une autorisation spéciale sera sollicitée :**

– à défaut d'une telle autorisation globale ;

– lorsque l'engagement dépasse les limites autorisées par l'autorisation globale ou si l'engagement est indéterminé *(voir § 316)*.

▸ Garanties prises pour de tiers

313 **L'autorisation du conseil n'est requise que pour garantir les engagements pris par des tiers. Ainsi constitue une garantie soumise à autorisation l'engagement pris à la demande d'un crédit-bailleur par une société de reprendre le matériel loué par sa filiale** (cass. com. 25 février 2003, n° 99-10107) **; la filiale a été considérée comme un tiers par rapport à la société mère. Il en est de même de la reprise à son compte d'un engagement de caution pris au bénéfice d'une filiale par la société cédante** (cass. com. 1er décembre 2009, n° 08-18896).

Contre-garantie. Le protocole par lequel une société cessionnaire des actions d'une autre société s'engage à se substituer au cédant dans les cautionnements qu'il avait consentis aux créanciers de la société ou à l'en contre-garantir constitue une garantie devant faire l'objet d'une autorisation préalable du conseil d'administration en application de l'article L. 225-35 du code de commerce (cass. com. 24 juin 2003, n° 01-01464).

▸ Lettre d'intention et garanties à première demande

314 **La lettre d'intention est une sûreté définie par le code civil comme l'engagement de faire ou de ne pas faire, ayant pour objet le soutien apporté à un débiteur dans l'exécution de son obligation envers son créancier** (c. civ. art. 2322).

La qualification légale de sûreté fait entrer cette garantie dans les opérations nécessitant une autorisation du conseil d'administration (ou de surveillance) conformément à l'article L. 225-35 du code de commerce.

La garantie à première demande correspond à l'engagement par lequel le garant s'oblige, en considération d'une obligation souscrite par un tiers, à verser une somme soit à première demande, soit suivant des modalités convenues (c. civ. art. 2321). **La souscription d'une telle garantie doit être préalablement autorisée par le conseil d'administration.**

• **Garantie à première demande.** Le dirigeant sera très attentif à la rédaction de l'acte proposé par le créancier et aux termes utilisés. Ainsi, les expressions « garanties à première demande », « paiement à première demande », « engagement autonome », « renonciation à se prévaloir des exceptions attachées à l'obligation garantie » peuvent être lourdes de conséquences et entraîner un paiement immédiat dès la demande du créancier, sans pouvoir soulever telle ou telle exception de paiement liée à la dette principale.

• **Promesse de porte-fort.** Lorsqu'il est souscrit par une société anonyme, un engagement de porte-fort, qui est constitutif d'une garantie au sens de l'article L. 225-35 du code de commerce, doit avoir fait l'objet d'une autorisation du conseil d'administration, à défaut de quoi il est inopposable à la société (CA Paris 4 novembre 2008, bull. Joly 2009, p. 376).

Autorisation globale pour les cautions et garanties

▸ Autorisation donnée au directeur général

315 **Le conseil d'administration peut autoriser son directeur général à donner des cautions, avals ou garanties au nom de la société, dans la limite d'un montant total qu'il fixe. Cette autorisation peut également fixer, par engagement, un montant au-delà duquel la caution, l'aval ou la garantie de la société ne peut être donné. Lorsqu'un engagement dépasse l'un ou l'autre des montants ainsi fixés, l'autorisation du conseil d'administration est requise à chaque cas** (c. com. art. R. 225-28, al. 1er).

Le conseil n'est pas tenu de donner tous les ans une autorisation à son directeur général. En l'absence d'une telle autorisation, le directeur devra, pour chaque garantie, solliciter l'autorisation préalable du conseil *(voir § 316)*.

• **Autorisation directe au seul directeur général.** Le texte prévoit que l'autorisation du conseil ne peut être donnée qu'au directeur général et non au directeur général délégué (ANSA 06-052). Cependant, le directeur général peut déléguer.

• **Vérification des tiers.** Dans le cadre d'une autorisation globale donnée par le conseil d'administration, les tiers bénéficiaires de la garantie ne sont pas tenus d'exiger du dirigeant la preuve de la délégation. En pratique, ils exigeront une copie certifiée conforme (ou un extrait) de la délibération du conseil fixant le montant des engagements autorisés. Ainsi, les tiers vérifieront que l'autorisation est en cours de validité et que l'acte en cause n'excède pas le montant limite prévu. L'investigation ne peut aller au-delà. En effet, les tiers n'ont pas les moyens de vérifier que le dirigeant, par d'autres engagements déjà signés, n'a pas atteint ou dépassé le plafond, sous réserve des cas où les tiers ont connaissance de ces engagements.

• **Délibération expresse antérieure.** Les cautions, avals et garanties donnés par les sociétés doivent faire l'objet d'une autorisation préalable du conseil d'administration permettant de déterminer le montant de l'engagement et la durée de cette autorisation. À défaut, l'acte souscrit par le président au nom de la société n'est pas opposable à celle-ci (cass. com. 11 juillet 1988, n° 87-11209 ; cass. com. 17 novembre 1992, n° 90-19073).

▸ Durée et montant de l'autorisation

316 **La durée des autorisations données par le conseil au directeur général ne peut être supérieure à 1 an, quelle que soit la durée de l'engagement cautionné** (c. com. art. R. 225-28, al. 2).

Cette durée maximale concerne l'autorisation donnée par le conseil et non l'engagement lui-même, qui peut s'étendre sur une période de temps beaucoup plus longue.

Lorsque le conseil autorise le dirigeant à donner des cautions, avals ou garanties sans aucune limitation de sommes et pour toute la durée de son mandat, cette prétendue autorisation n'est pas conforme aux dispositions impératives du décret et le cautionnement n'est pas opposable à la société (CA Lyon 5 octobre 1990, Rev. soc. 1991, somm. 391).

• **Montant global ou montant par opération.** Le conseil d'administration peut autoriser son directeur général (avec faculté de subdéléguer) à consentir, pour une durée maximale de 1 an, des cautions, avals ou garanties au nom de la société pour une somme globale maximale fixée par le conseil.

Le conseil peut aussi opter pour une autorisation des cautions, avals ou garanties au nom de la société à hauteur d'une somme maximale fixée par engagement, sans que le montant global de tous les engagements souscrits puisse dépasser une somme totale. L'autorisation est également conférée pour 1 an au plus.

Il sera prévu, dans tous les cas, qu'à l'échéance, le directeur général établira un état des engagements souscrits, conformément à l'autorisation donnée, état qui sera soumis au conseil.

• **Montant indéterminé.** L'autorisation est spécialement requise lorsque le montant des obligations mises à la charge de la société ne peut être précisément chiffré ; il en est de même lorsque l'engagement ne porte de précision que sur le montant du capital hors accessoire (rép. Fréville n° 30373, JO 11 décembre 1995, AN quest. p. 5258).

• **Délégation du directeur général.** Le directeur général lui-même (président du conseil ou non), seul titulaire de l'autorisation, peut déléguer les pouvoirs qu'il a ainsi reçus (c. com. art. R. 225-28, al. 4), aussi bien à son adjoint (le directeur général délégué) qu'à toute autre personne.

La délégation devra être précise. Ainsi, n'est pas valable l'acte de caution souscrit au nom d'une société par l'adjoint financier du directeur général, le procès-verbal du conseil attestant que le président du conseil autorisé à consentir cette caution avait délégué ce pouvoir au directeur général, mais pas au directeur financier (CA Paris 14 avril 1999, JCP éd. E 2000, p. 31).

La signature d'un acte de cautionnement déterminé pour garantir une dette d'un tiers est donnée par un clerc de notaire à qui le directeur financier de la société avait donné procuration. L'engagement est annulé du fait de l'absence de preuve de la délégation de pouvoir du directeur général à ce directeur financier, peu important que la société caution a reconnu son engagement dans de nombreux courriers adressés à la banque créancière (cass. com. 1er avril 2003, n° 00-14070).

• **Garanties au sein d'un groupe.** Deux nouvelles possibilités s'offrent, depuis le 21 juillet 2019, au conseil d'administration lorsque la SA souhaite garantir les engagements d'une filiale contrôlée (au sens de l'article L. 233-16, II du code de commerce) :
– le conseil peut donner au directeur général une autorisation annuelle, globale et sans limite de montant pour garantir les engagements pris par des filiales contrôlées ;
– le conseil peut également autoriser le directeur général à garantir, globalement et sans limite de montant, les engagements des filiales contrôlées.

Dans ce second cas, le directeur général doit rendre compte au conseil au moins une fois par an (c. com. art. L. 225-35). La loi n'a pas prévu de sanction spécifique si le directeur général ne respecte pas ce devoir d'information. Le conseil a donc tout intérêt à encadrer les conséquences du non-respect de cette obligation lors de la délégation de compétence (rapp. Sén. n° 657 du 1er juin 2016).

▸ Autorisations et mandats spécifiques pour une opération

317 **L'autorisation du conseil d'administration est requise chaque fois qu'un engagement dépasse l'un des montants qu'il a fixés à son directeur général** (c. com. art. R. 225-28, 1er al.). **Il en est de même lorsque le directeur général n'a pas d'autorisation globale, ce qui est rare en pratique.**

Cette autorisation ne doit pas être confondue avec la précédente qui avait une vocation générale ; celle-ci est attachée à une opération précise, dont elle ne saurait se dégager.

• **Mandats spéciaux.** Le conseil d'administration peut également conférer à un ou plusieurs de ses membres, voire même à des tiers (actionnaires ou non), tous mandats spéciaux pour un ou plusieurs objets déterminés (c. com. art. R. 225-29). On remarquera que ces délégations ont, comme la précédente, une vocation limitée.

• **Contrat de crédit-bail.** Le cautionnement garantissant l'exécution d'un contrat de crédit-bail portant sur un véhicule industriel a été déclaré inopposable à une société anonyme, dès lors que le conseil d'administration avait autorisé la conclusion d'un cautionnement garantissant l'exécution de la vente d'un véhicule et non l'exécution d'un contrat de crédit-bail (cass. com. 22 mai 2001, n° 98-17386).

Inopposabilité des garanties irrégulières

▸ Autorisation préalable du conseil indispensable

318 **L'autorisation doit ressortir d'une délibération préalable formelle du conseil et l'absence de remise en cause de l'engagement par le conseil d'administration ne permet pas d'établir que le conseil avait donné à son président l'autorisation préalable de souscrire la garantie en cause** (cass. com. 11 juin 2002, n° 98-11193).

Lorsque le directeur général d'une société anonyme cautionne, ou avalise, des engagements au nom de la société sans l'autorisation du conseil d'administration, il excède ses pouvoirs légaux et, selon une jurisprudence bien établie, ne peut engager la société (cass. com. 8 novembre 1988, n° 87-11234 ; cass. com. 8 décembre 1998, n° 96-11542). **Une société qui se porte caution d'une autre société dans laquelle elle détient des parts n'est pas engagée sans l'autorisation du conseil** (cass. com. 15 janvier 2013, n° 11-27648). **Le cautionnement de dettes de filiales d'une société qui est donné par le président (désormais, le directeur général) de la société mère sans avoir recueilli l'autorisation du conseil d'administration de cette société lui est inopposable** (cass. com. 28 avril 1987, n° 85-16956).

Si l'autorisation du conseil est entachée d'irrégularités, la nullité de la caution en résultant n'est pas opposable au créancier de bonne foi (cass. com. 28 juin 2006, n° 03-19714).

Les tiers, qui ne peuvent ignorer les restrictions légales aux pouvoirs du président, ne peuvent ni invoquer un mandat apparent (cass. com. 24 février 1987, n° 84-11474) **ni soutenir qu'un cautionnement non autorisé a fait l'objet d'une « approbation implicite » du conseil d'administration et de l'assemblée des actionnaires** (cass. com. 15 octobre 1991, n° 89-19969).

Preuve de l'autorisation. Le refus pour une société de communiquer le registre des délibérations de son conseil d'administration, document susceptible de justifier son objection à l'exécution du cautionnement souscrit par son président, doit être interprété comme une preuve de l'existence de l'habilitation régulière du président à consentir ce cautionnement (cass. com. 5 mars 1996, n° 94-13151). En l'absence de production de ce registre, la société ne peut rapporter la preuve du défaut d'autorisation de ce dernier (cass. com. 16 novembre 2004, n° 00-19829).

Lorsqu'une copie d'un procès-verbal du conseil d'administration d'une société, signée des administrateurs et autorisant son président à accorder une caution à une autre société, a été remise à celle-ci, la société cautionnée n'est tenue à aucune vérification concernant ladite autorisation et le défaut de retranscription du procès-verbal sur le registre des délibérations du conseil lui est inopposable (cass. com. 13 février 2001, n° 97-18315).

▸ Dépassement des limites et vérification du bénéficiaire

319 **Si les cautions, avals ou garanties ont été donnés pour un montant total supérieur à la limite fixée pour la période en cours (1 an), le dépassement ne peut être opposé aux tiers qui n'en ont pas eu connaissance, à moins que le montant de l'engagement invoqué n'excède, à lui seul, l'une des limites fixées par la décision du conseil d'administration** (c. com. art. R. 225-28, al. 5). **Les limites fixées par le conseil sont celles de l'engagement global ou celles liées à une autorisation particulière du conseil.**

Il appartient donc au tiers bénéficiaire de la garantie de demander les justificatifs de l'autorisation du conseil spécial ou global (extrait certifié conforme du P-V) et de vérifier que l'engagement souscrit ne dépasse pas la limite fixée. Les tiers n'ont pas à vérifier que d'autres garanties ont déjà été données à des tiers, et donc que le total des engagements donnés par le directeur général dépasse, au cours de la période considérée, le montant global autorisé par le conseil.

• **Dépassement du délai d'un an.** La demande en paiement formée par le bénéficiaire d'un cautionnement a été rejetée, le cautionnement ayant été consenti plus de 1 an après l'autorisation donnée au dirigeant par le conseil et sans que cette autorisation ait été renouvelée (cass. com. 20 octobre 1998, n° 96-15418).

• **Dépassement de la somme autorisée.** Le conseil avait autorisé le président-directeur général d'une société anonyme à se porter caution à concurrence de 600 000 €, un cautionnement ayant été néanmoins souscrit pour un montant garanti de 750 000 €. Les juges du fond ont considéré que la société était tenue dans la limite de 600 000 €, les 150 000 € de dépassement lui étant inopposables (CA Paris 15 février 2007, n° 05/12824).

▸ Action en responsabilité

320 **Les tiers ne peuvent pas mettre en jeu la responsabilité du dirigeant sur la base d'une faute personnelle commise en signant un cautionnement non autorisé. Selon la Cour de cassation, si le dirigeant commet une faute en ne vérifiant pas qu'il détient le pouvoir de consentir des cautionnements au nom de la société,**

cette faute n'est pas séparable de ses fonctions de direction générale et, ainsi, il n'est pas établi que sa responsabilité personnelle est engagée (cass. com. 20 octobre 1998, n° 96-15418 ; cass. com. 9 mai 2001, n° 98-10260 ; cass. com. 9 juin 2004, n° 00-19773).

Cette absence de faute détachable paralysant une action en responsabilité envers le dirigeant non autorisé ne peut qu'inciter les bénéficiaires de la garantie à vérifier l'étendue des pouvoirs du signataire. En effet, la caution, ou la garantie, non autorisée au préalable par le conseil sera nulle et le créancier ne pourra agir en paiement des sommes « faussement » garanties envers le dirigeant.

Mise en jeu de la responsabilité de la société. La mise en jeu de la responsabilité de la société suppose des manœuvres frauduleuses ou, au moins, un dol spécial distinct de la simple émission d'un aval irrégulier ; la responsabilité de la société en dehors de ces cas ne peut être retenue ni sur le fondement de la responsabilité civile de droit commun, en raison du caractère spécial des dispositions de l'article L. 225-35 du code de commerce (CA Paris 25 juin 1996, D. 1997, somm. 261 ; CA Paris 3 mars 2000, bull. Joly 2000, 697).

Garanties ne relevant pas de la compétence du conseil d'administration

321 **Les garanties qui sont consenties au bénéfice de la société sont de la compétence directe des dirigeants de la société anonyme, sauf clause d'autorisation prévue par les statuts. Ainsi, l'autorisation du conseil n'est pas requise pour des garanties hypothécaires consenties par une société relativement à ses propres dettes : la signature du président est suffisante** (cass. com. 11 février 1986, n° 84-13959), **ou pour une garantie de passif afférente aux propres engagements de cession de la société** (cass. com. 12 juillet 2011, n° 10-16118).

- **Cession d'une créance professionnelle.** L'autorisation du conseil n'est pas requise pour la cession d'une créance professionnelle en vue de garantir le paiement d'un solde de compte courant dont la société était titulaire auprès d'une banque (cass. com. 4 mai 1999, n° 97-13855).

- **Rachat des biens d'un concessionnaire.** L'engagement de racheter les biens du concessionnaire d'une société ne nécessite pas obligatoirement une autorisation du conseil d'administration (cass. com. 18 mars 1997, n° 94-15081).

- **Nantissement du matériel.** Le dirigeant d'une société spécialisée dans la fabrication de débit de bois peut valablement consentir un nantissement sur du matériel en garantie d'un prêt souscrit par la société, sans autorisation du conseil d'administration (CA Grenoble 12 décembre 1994, Sem. jur. 1996, 3942).

- **Garantie de bonne exécution.** La garantie donnée par une société de travaux publics, membre d'un groupement d'entreprises, envers le maître d'ouvrage constitue non un cautionnement, mais un engagement direct et autonome échappant à la procédure d'autorisation de l'article L. 225-35 (cass. com. 1er juin 1993, n° 91-17392).

- **Hypothèques.** Dès que les garanties revêtiront quelque solennité, leur bénéficiaire se heurtera à la prudence et aux réticences des intermédiaires. En matière d'hypothèque, par exemple, les notaires et les services de la publicité foncière exigent souvent la production d'une délibération spéciale du conseil d'administration. Pourtant, le garde des Sceaux a eu l'occasion de préciser que l'aliénation d'un immeuble pour le compte d'une société anonyme ne nécessitait pas la production d'une telle délibération (rép. Jacquet, JO 22 février 1969, AN p. 460).

8 Choix du mode de direction

Trois modes de direction de la SA

400

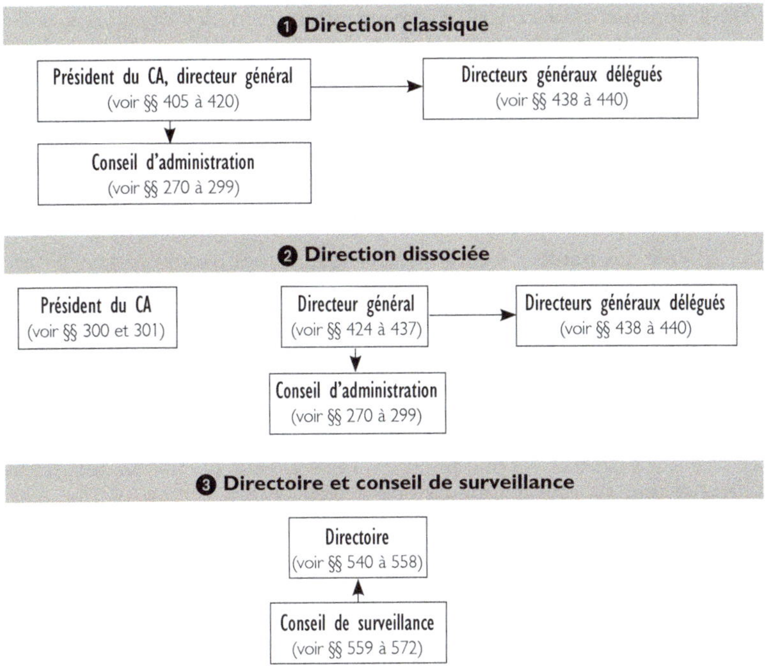

Dualité ou cumul des fonctions de direction

Président-directeur général ou président et directeur général

401 La direction générale de la société est assumée, sous sa responsabilité, soit par le président du conseil d'administration, soit par une autre personne physique nommée par le conseil d'administration et portant le titre de directeur général (c. com. art. L. 225-51-1, al. 1).

Le directeur général comme le président sera une personne physique ; l'un et l'autre seront nommés par le conseil d'administration *(voir §§ 405 et 416)*. Le législateur n'a pas voulu imposer un mode de fonctionnement plus qu'un autre. Les deux solutions sont possibles ; elles peuvent, sauf clause contraire des statuts, être alternées selon la volonté du conseil d'administration *(voir § 402)*.

En revanche, il n'est pas possible d'avoir à la fois un président du conseil exerçant la direction générale et un autre directeur général. Mais le président-directeur général comme le directeur général peuvent être assistés par 1 à 5 directeurs généraux délégués.

Transmission aux enfants. La dissociation est généralement retenue lorsque le chef d'entreprise entend confier la direction de la société à l'un de ses enfants tout en en conservant le contrôle. Le père qui abandonne son poste au profit de son fils pourra conserver au sein du conseil d'administration un rôle collectif de contrôle ; il ne sera pas le subordonné de son fils.

À qui appartient le choix ?

402 **Il appartient au conseil d'administration, dans des conditions définies par les statuts, de choisir entre ces deux modalités d'exercice de la direction générale. Les actionnaires et les tiers sont informés de ce choix** (c. com. art. L. 225-51-1, al. 2)**. L'option du conseil pour la dissociation des fonctions n'est pas figée, elle peut évoluer au cours de la vie sociale. Toutefois, à chaque nouveau choix, le conseil devra respecter la procédure d'information envers les actionnaires et les tiers** *(voir § 403)*. **Les statuts peuvent prévoir des conditions de majorité renforcée au sein du conseil concernant la nomination du directeur général.**

• **Rôle des statuts.** Le choix appartient au conseil d'administration, il n'est pas exercé directement dans les statuts et ces derniers ne pourraient imposer un choix. Les statuts introduisent seulement ce pouvoir de choisir au profit du conseil. Ils peuvent certainement en arrêter les modalités et prévoir les conditions de désignation du directeur général. La clause statutaire introduite, le conseil pourra évoluer dans son choix en fonction des besoins de direction de la société et selon les clauses statutaires. Les statuts devront prévoir les deux modalités de direction de la société et, pour chacune d'entre elles, définir les pouvoirs respectifs des différents organes. Les limitations de pouvoirs internes seront plus rares si la direction est confiée à un P-DG ; elles peuvent être plus fréquentes en présence d'un directeur général n'exerçant pas la présidence du conseil.

• **Clause d'alternance.** S'agissant des clauses d'alternance qui pourraient être prévues, a été déclarée nulle, en son temps, la convention par laquelle deux administrateurs ont décidé que celui d'entre eux qui sera désigné comme président-directeur général ne pourra briguer et obtenir le renouvellement de son mandat pour la période suivante, ces fonctions devant être dévolues par alternance à chacun des deux intéressés (cass. com. 8 mai 1963, BC III n° 233). De même, est nulle la clause qui prévoit une alternance dans la dévolution de la présidence, car elle porte atteinte à la révocabilité des administrateurs et s'oppose à ce qu'à tout moment, les membres du conseil d'administration puissent se faire une opinion et l'exprimer par un vote librement émis (CA Paris 4 mai 1960, D. 1960.637).

Information des actionnaires et des tiers

▸ Indication du choix aux actionnaires

403 **L'actionnaire peut, par lui-même ou par mandataire au siège social, ou au lieu de la direction administrative, prendre connaissance de l'extrait du procès-verbal contenant la décision du conseil d'administration relative au choix de l'une des deux modalités d'exercice de la direction générale** (c. com. art. R. 225-93).

À l'occasion de son premier rapport sur le gouvernement d'entreprise, le conseil d'administration mentionnera le choix opéré entre les deux modes de direction. En cas de modification de ce choix, il donnera à nouveau l'information dans son rapport sur le gouvernement d'entreprise (c. com. art. L. 225-37-4).

▸ Publicité envers les tiers

404 **La décision du conseil d'administration relative au choix du mode de direction fait l'objet d'un avis inséré dans un support d'annonces légales dans le département du siège social** (c. com. art. R. 225-27).

Ensuite, et de façon traditionnelle, l'extrait du procès-verbal contenant la décision du conseil d'administration relative au choix de l'une des deux modalités d'exercice de la direction générale fait l'objet d'un dépôt au registre du commerce (c. com. art. R. 123-109). **Ce dépôt devra être effectué en un exemplaire dans le délai de 1 mois. À défaut d'un tel dépôt, tout intéressé ou le ministère public peut**

demander au président du tribunal de commerce, statuant en référé, d'enjoindre sous astreinte les dirigeants d'effectuer le dépôt (c. com. art. L. 123-5-1).

Statut du président

Conditions de nomination

405 Le conseil d'administration élit parmi ses membres un président (c. com. art. L. 225-47, al. 1). Le président est donc un administrateur.

À peine de nullité de la nomination, le président du conseil doit être une personne physique (c. com. art. L. 225-47, al. 1). Une société anonyme ne peut donc être constituée exclusivement entre des sociétés.

Durée des fonctions

406 Le président du conseil d'administration est nommé pour une durée qui ne peut excéder celle de son mandat d'administrateur (c. com. art. L. 225-47, al. 2).

Cette limitation est logique, l'intéressé ne pouvant conserver une fonction dont la condition est précisément de posséder la qualité d'administrateur, mais rien n'interdit au conseil de nommer le président pour une durée inférieure à celle de son mandat d'administrateur. Le président est rééligible (c. com. art. L. 225-47, al. 2).

Ces dispositions devraient s'appliquer également lorsque le président est directeur général. Toutefois, la loi ne prévoit aucune durée pour les fonctions de directeur général. Dès lors, on pourrait faire valoir que le président, cumulant les deux fonctions, soumis selon la loi à toutes les règles applicables au directeur général, obéit à ce régime ; la fin de son mandat d'administrateur entraîne celle de celui de président du conseil, mais n'a pas celle de celui de directeur général.

Afin d'éviter toute ambiguïté en ce domaine, le conseil qui nomme le président également directeur général indiquera la durée de ses fonctions et précisera que la fin de son mandat d'administrateur entraîne celle des deux fonctions.

Perte de la qualité d'administrateur. Un administrateur qui n'est pas devenu propriétaire du nombre d'actions exigé par les statuts, et qui n'a pas régularisé sa situation dans les délais, est considéré comme démissionnaire d'office. La perte de sa qualité d'administrateur entraîne, ***de facto***, la perte de sa qualité de président du conseil d'administration (cass. com. 7 juin 2011, n° 10-17732).

Rôle et pouvoirs

407 Le président du conseil d'administration organise et dirige les travaux de celui-ci : il convoque, fixe l'ordre du jour (par exemple l'adaptation d'un règlement intérieur), préside et dirige les débats, organise les scrutins, veille à la bonne information des membres, de sorte que ceux-ci puissent exercer leur droit de contrôle *(voir § 305)*, établit le procès-verbal.

Il veille au bon fonctionnement des organes de la société et s'assure, en particulier, que les administrateurs sont en mesure de remplir leur mission (c. com. art. L. 225-51).

Le président ne représente pas le conseil et n'a pas un pouvoir hiérarchique sur les autres membres du conseil, celui-ci restant un organe collégial *(voir § 280)*. Il dispose, sauf clause contraire des statuts, d'une voix prépondérante en cas de partage des voix *(voir § 287)*.

• **Contrôle de la régularité des délibérations.** Le président doit vérifier que le quorum est atteint. Il contrôlera les pouvoirs et s'assurera, le cas échéant, que les membres du comité social et économique (CSE) et les commissaires aux comptes ont été régulièrement convoqués. Dans l'hypothèse où le conseil a recours à des moyens de visioconférence ou de télécommunication, il appartiendra au président de s'assurer de la fiabilité du matériel *(voir § 288)*.

• **Destinataire des questions écrites.** Le président est le destinataire des questions portant sur les opérations de gestion qui sont un préalable à une demande d'expertise de gestion *(voir § 610)*.

• **Destinataire des demandes d'inscription à l'ordre du jour.** Le président est le destinataire des demandes d'inscription de points ou de projets de résolution à l'ordre du jour (c. com. art. R. 225-74) *(sur ces demandes, voir § 690)*.

• **Confidentialité.** Il appartient au président de déclarer telle ou telle information « confidentielle ».

• **Consultation des salariés.** Il appartient au président du conseil d'organiser avant toute assemblée générale la consultation des salariés actionnaires qui détiennent plus de 3 % du capital en vue de la désignation d'un mandataire (c. com. art. L. 225-106).

Révocation du président

▸ Révocation discrétionnaire

408 **Comme tout administrateur, le président est révocable *ad nutum*, par simple décision du conseil** (c. com. art. L. 225-47, al. 3)**, sans qu'il puisse réclamer aucune indemnité de ce fait : le droit de révocation du président, comme celui des administrateurs, est d'ordre public et ne peut pas être limité. Il en est de même lorsque le président assume les fonctions de directeur général. En effet, alors que la révocation du directeur général sans juste motif donne lieu à des dommages et intérêts, cette indemnisation est expressément exclue lorsque le directeur général assume les fonctions de président du conseil d'administration** (c. com. art. L. 225-55, al. 1)**.**

▸ Clauses faisant échec à la libre révocabilité

409 **Les conventions faisant échec à la libre révocabilité du président d'une société anonyme sont réputées non écrites et donc illicites ; il appartient aux juges de rechercher si une convention prise en faveur d'un dirigeant n'a pas pour objet, ou pour effet, de restreindre ou d'entraver la révocation *ad nutum*** (cass. com. 2 juin 1992, n° 90-17873)**. Les décisions sont nombreuses en ce domaine ; un grand nombre ont trait au rachat des actions du président en cas de révocation, d'autres sont liées au versement d'une indemnité substantielle entraînant une charge financière importante pour la société. Les clauses sont annulées lorsqu'il est démontré que l'engagement pouvait influer sur la décision de révocation.**

• **Versement d'indemnité.** Ont été annulées :
– une clause contractuelle visant à assurer au président une indemnité payable par la société ou un actionnaire principal en cas de cessation de ses activités (CA Versailles 1er décembre 1988, Bull. Joly 1989, p. 172) ;
– une clause qui aurait pour effet de mettre à la charge de l'actionnaire majoritaire le paiement d'une somme équivalant presque à la valeur totale du capital social, puisqu'elle lui ferait obligation de racheter 49 % de ce capital au double de sa valeur (CA Versailles 11 juillet 1991, Bull. Joly 1991, p. 1008) ;
– une convention prévoyant qu'une indemnité serait due « pour toute révocation » intervenant dans un temps déterminé et pour quelque cause que ce fût, cet engagement

ayant des conséquences financières importantes pour la société et portant atteinte à la libre révocabilité (cass. com. 26 mai 2004, n° 01-03569).

En revanche, l'indemnité contractuelle ayant pour objet de compenser, à la date de sa révocation, les droits acquis par un salarié devenu dirigeant social dans l'exercice de ses fonctions salariées ne fait pas obstacle à la libre révocabilité (cass. com. 16 janvier 1990, n° 88-12342).

• **Engagement de devenir salarié.** Ont été déclarées illicites :
– la convention par laquelle une société A, actionnaire majoritaire d'une autre société B, s'engage à faire désigner une personne comme président du conseil d'administration de la société B, puis à devenir, au bout de 1 an, directeur salarié, en la faisant bénéficier d'un préavis de 1 an pour le cas où il serait mis fin à sa collaboration pour quelque cause que ce soit (cass. com. 17 janvier 1984, n° 82-14771) ;
– la convention par laquelle les acquéreurs de la majorité s'engagent, à l'égard du président, au nom de la société, à le maintenir dans ses fonctions ou dans la société jusqu'à l'âge de 65 ans, avec une rémunération mensuelle (cass. com. 3 mai 1995, n° 93-17776).

• **Engagement de rachat des actions du président.** Est, en principe, non écrit l'engagement par lequel une société anonyme doit racheter les actions détenues par le président en cas de cessation de ses fonctions, ces clauses limitant ou supprimant le libre droit de révocation.

En fait, la jurisprudence refuse l'annulation des conventions si elles ne sont pas de nature à influer sur la décision de révocation. Tel est le cas :
– d'une promesse d'achat, à prix minimum, des actions du dirigeant d'une future société holding dans les 6 mois de la cessation de ses fonctions, promesse signée par une autre société du groupe, faute de pouvoir prouver en quoi cette société pouvait influer sur la décision de révocation (cass. com. 12 mars 1996, n° 94-11954) ;
– de la convention obligeant le président du conseil d'administration à acquérir des actions de la société et à les lui rétrocéder lors de la cessation de ses fonctions, le rachat de ces actions ne représentant, pour la société, qu'une charge financière peu élevée en raison du nombre limité d'actions dont le dirigeant était propriétaire. En outre, cet accord obligeait le président à s'intéresser au développement de la société et donnait à la société le moyen d'éloigner le président le jour où il n'exerçait plus ses fonctions (cass. com. 7 février 1989, n° 87-16464).

• **Pacte de famille.** L'existence d'un pacte familial ne saurait faire obstacle à l'application de la règle de la révocation ad nutum (CA Paris 9 mars 2001, n° 1999/21221).

• **Transaction postérieure à la révocation.** Un accord postérieur à la révocation du président du conseil d'administration prévoyant le versement d'une indemnité transactionnelle et une indemnité de non-concurrence ne fait pas échec au principe de libre révocabilité sans indemnité du président. Il est donc valable (cass. com. 1er mars 2011, n° 10-13993).

▸ Versement exceptionnel de dommages et intérêts

410 **Les juges atténuent la rigueur du principe de révocabilité à tout moment en accordant au président des dommages et intérêts dans deux circonstances considérées comme abusives :**
– lorsque la révocation a été brutale, privant le président de tout droit de défense et sans qu'il ait été en mesure de présenter ses observations ;
– ou lorsqu'elle est intervenue dans des conditions qui portent atteinte à la réputation ou à l'honneur du dirigeant révoqué.

Les précautions sont les mêmes que celles préconisées pour les administrateurs afin de respecter les garanties procédurales *(voir § 248)*.

Circonstances de la révocation. Les circonstances de la révocation peuvent très exceptionnellement justifier l'octroi de dommages et intérêts. Ainsi en est-il dans le cas d'une révocation qui est assortie de motifs inexacts (alors qu'elle n'a pas à être motivée) et porte atteinte à la réputation (cass. civ. 20 novembre 1962, Gaz. Pal. 1963.I.232) ou lorsque les circonstances qui ont entouré la révocation portent atteinte à l'honneur ou à la réputation de l'intéressé, notamment quand l'attitude brusque et hâtive de la société laisse croire à des agissements malhonnêtes du président (CA Rennes 29 juin 1976 ; CA Paris 12 juillet 1978 et cass. com. 2 octobre 1978, D. 1979 IR 107 ; cass. com. 19 octobre 1981, Rev. soc. 1982-821 ; cass. com. 21 juin 1988, n° 86-19166) ; il en est de même dans l'hypothèse d'un dénigrement du président auprès des salariés émanant de l'époux de la secrétaire générale du groupe (cass. com. 13 novembre 2003, n° 01-00376).

On notera que, dans une affaire où le caractère vexatoire et injurieux de la révocation a été reconnu, le président qui réclamait un million de francs de dommages et intérêts a obtenu une condamnation de la société à lui verser une indemnité de 120 000 F (18 294 €) pour préjudice moral (CA Paris 13 octobre 2000, n° 98-14092).

Démission

► Acte unilatéral

411 **Le président peut démissionner sans motif, sauf à engager sa responsabilité si cette démission est donnée dans des conditions telles qu'elle porte préjudice à la société, à moins qu'il ne se trouve dans l'impossibilité de continuer son mandat sans en éprouver lui-même un préjudice considérable.**

S'il est à la fois président et directeur général, il doit démissionner pour le tout, les deux fonctions étant liées. En revanche, il peut ne pas donner sa démission d'administrateur.

Sauf stipulation contraire des statuts, la démission d'un dirigeant de société qui constitue un acte juridique unilatéral produit tous ses effets dès qu'elle est portée à la connaissance de la société. Il peut être dérogé à cette règle par la commune intention des parties de lier la date d'effet de la démission avec la fin du préavis (cass. com. 20 septembre 2017, n° 15-28262)**.**

La démission ne peut être rétractée (cass. com. 22 février 2005, n° 03-12902 ; cass. com. 7 avril 2009, n° 07-14626)**, son auteur pouvant seulement en contester la validité en démontrant que sa volonté n'a pas été libre et éclairée** (cass. com. 8 juin 2017, n° 14-29618)**.**

Le président du conseil d'administration peut faire publier sa démission au registre du commerce et des sociétés même en l'absence de délibération du conseil sur sa démission et son remplacement (RCS, bull. n°s 9 et 10, 2000, p. 19)**.**

Démission intempestive. Si elle est donnée de façon intempestive, à contretemps et avec l'intention de nuire, la démission ouvre droit à des dommages et intérêts (CA Versailles, 11 juin 1998, Bull. Joly, 1168), mais il a été jugé que celle donnée sans préavis est la contrepartie du principe de révocation ad nutum (CA Paris 31 octobre 1995, Dr soc. 1996, n° 66). La démission d'un dirigeant constitue un acte juridique unilatéral qui produit tous ses effets dès lors qu'elle a été portée à la connaissance de la société ; la méconnaissance de l'obligation de respecter un préavis peut seulement ouvrir droit à des dommages et intérêts, sauf pour le dirigeant démissionnaire à établir qu'il était dans l'impossibilité de continuer le mandat (cass. soc. 1er février 2011, n° 10-20953).

► Démission en blanc du président-directeur général

412 **Dans certaines sociétés anonymes « fermées », l'accession aux fonctions de P-DG est parfois assortie de la signature, par le président nouvellement nommé, d'une lettre de démission non datée remise à l'actionnaire majoritaire ou au chef de file de la majorité ; le moment venu, au lieu d'une décision mettant fin aux**

fonctions du président, les archives sociales ne mentionneront qu'une banale démission pour convenances personnelles.

Un tel procédé ne met pas le conseil à l'abri d'une éventuelle résistance du démissionnaire en blanc qui aura pour résultat de restituer à la cessation des fonctions son caractère véritable de révocation.

Le cas échéant, selon les circonstances dont elle s'accompagne, l'utilisation de la démission en blanc pourra justifier la condamnation de la société en réparation du préjudice causé au président (CA Paris 3 avril 1963, D. 1963, p. 646).

Président d'honneur - Vice-président

413 Il est d'usage courant que le président d'une société, lorsqu'il cesse ses fonctions après les avoir exercées pendant de longues années, se voit attribuer par le conseil d'administration le titre de « président d'honneur » ou de « président honoraire ». Cette appellation n'a qu'un caractère honorifique et n'investit celui à qui elle est conférée d'aucune prérogative particulière. Si, notamment, l'intéressé ne fait plus partie du conseil d'administration, il ne peut participer aux séances du conseil que s'il y est invité et, bien entendu, sans voix délibérative.

Le titre de vice-président est lui aussi purement coutumier. Fréquemment attribué dans les sociétés importantes, il n'emporte d'autre attribution que celle de présider les séances du conseil en l'absence du président ; ainsi, il signera le procès-verbal de la séance qu'il a présidée du fait de l'empêchement temporaire du président *(voir § 299)*.

Administrateur délégué dans les fonctions de président

▸ En cas d'empêchement ou de décès du président

414 Le conseil d'administration peut déléguer un administrateur dans les fonctions de président (c. com. art. L. 225-50).

Cette règle devrait s'appliquer lorsque le président est également directeur général, bien que les dispositions légales ne visent que les fonctions de président. En revanche, lorsque ces fonctions sont dissociées, à s'en tenir à la lettre du texte, on pourrait soutenir que seul le décès ou l'empêchement temporaire du président permettrait de nommer un administrateur délégué, mais qu'il n'en serait pas de même pour des événements identiques frappant le directeur général. Il est vrai que, dans cette dernière situation, le conseil n'a pas forcément voulu confier la mission de directeur général à un administrateur.

S'agissant de la durée des fonctions, deux cas doivent être distingués :
– l'empêchement temporaire du président : la délégation ne peut être donnée que pour une durée limitée et est renouvelable ;
– le décès du président : dans ce cas, la délégation vaut jusqu'à la nomination du nouveau président.

Bien entendu, l'administrateur délégué est, comme le président lui-même, révocable à tout moment.

La limitation statutaire d'âge du président s'impose à l'administrateur délégué.

La nomination de l'administrateur délégué fait l'objet des mêmes publications que celles du président *(voir § 1699)*.

Cumul de mandats. L'administrateur délégué ne figure pas au nombre des dirigeants visés par les règles du cumul des mandats.

▶ **Pouvoirs**

415 L'administrateur provisoirement délégué exerce, vis-à-vis des tiers, la plénitude des pouvoirs dévolus par les textes au président, toute limitation de pouvoirs étant inopposable aux tiers.

Cependant, sur le plan interne, les statuts peuvent restreindre les pouvoirs du président, donc ceux de l'administrateur provisoirement délégué ; l'intéressé n'admettra toutefois qu'avec réticence d'être nommé avec de telles restrictions statutaires puisque, comme le président, sa responsabilité est pleine et entière, tant sur le plan civil vis-à-vis des tiers que sur le plan pénal.

Statut du directeur général

Nomination du directeur général

▶ **Durée des fonctions**

416 Le code de commerce ne prévoit aucune durée minimale ou maximale pour les fonctions de directeur général. Il appartient au conseil qui le nomme de fixer la durée de son mandat. Les statuts pourraient prévoir que lorsque le directeur général est également administrateur, la durée de ses fonctions ne pourra excéder celle de son mandat. À défaut, le conseil pourra le prévoir.

Si le président et le directeur général ne sont pas la même personne, il convient que le terme de chaque fonction soit le même, sauf à procéder à la révocation de l'un des deux dirigeants.

▶ **Administrateur ou non**

417 Le code de commerce n'indique pas que le directeur général doit être pris au sein des administrateurs ; il appartiendrait aux statuts de le prévoir.

Dans les PME, le directeur général chef de l'exécutif sera généralement pris au sein du conseil d'administration ; aussi, une clause statutaire exigera-t-elle le plus souvent que le directeur général ait la qualité d'administrateur. Ainsi, le directeur général sera directement associé aux décisions d'orientation prises par le conseil.

Dans le silence des statuts, et contrairement au président, le directeur général pourra être un tiers et ne pas détenir d'actions.

Une clause statutaire précise pourrait prévoir que le directeur général aura telle ou telle compétence ou diplôme.

Limitation du nombre de mandats

▶ **Un mandat unique de directeur général**

418 Une personne physique ne peut exercer simultanément plus d'un mandat de directeur général de sociétés anonymes ayant leur siège sur le territoire français (c. com. art. L. 225-54-1, al. 1).

Des dérogations sont toutefois prévues *(voir §§ 419 et 420)*.

Par ailleurs, le dirigeant est tenu par la limite de 5 mandats *(voir § 220)* tous mandats confondus.

Le président du conseil d'administration, qui cumule ses fonctions avec celle de directeur général, est soumis à la même limitation ; son mandat d'administrateur et de directeur général ne compte que pour un. Il peut donc exercer 4 autres mandats d'administrateurs ou de membres du conseil de surveillance dans des sociétés sans lien de contrôle ; il en est de même pour le directeur général administrateur.

Mandat de liquidateur amiable. Le mandat de liquidateur amiable n'est pas un mandat de directeur général : il n'est pas énuméré par l'article L. 225-54-1 du code de commerce. En conséquence, il ne doit pas être pris en compte pour le calcul du nombre de mandats prévu par ce texte (CNCC, bull. 131, p. 491).

▸ Deuxième mandat dans une filiale

419 Un deuxième mandat de directeur général, ou de membre du directoire ou de directeur général unique, peut être exercé dans une société contrôlée au sens de l'article L. 233-16 du code de commerce par la société dont le président du conseil d'administration est directeur général (c. com. art. L. 225-54-1).

Par ailleurs, il est expressément prévu que le directeur général dans une société mère peut être membre du directoire ou directeur général unique dans une filiale, et réciproquement. Les dispositions relatives au cumul global prennent en compte cette possibilité de mandats croisés en ce qui concerne les mandats de direction (c. com. art. L. 225-94).

Pour le calcul du plafond global de 5 mandats toutes natures confondues (administrateurs, membre du conseil de surveillance, direction générale), ce mandat dans la filiale devrait être compté pour un, de sorte que le dirigeant concerné exerçant par hypothèse un mandat dans la société mère n'aura plus qu'un crédit de 3 mandats de gestion (administrateur ou membre du conseil de surveillance), hors ceux exercés dans le groupe.

▸ Un autre mandat dans une société non cotée

420 Une personne physique exerçant un mandat de directeur général dans une société peut également exercer un mandat de directeur général, de membre du directoire ou de directeur général unique dans une société, dès lors que les titres de celle-ci ne sont pas admis aux négociations sur un marché réglementé (c. com. art. L. 225-54-1).

Mandats de gestion illimités. Un directeur général (ou un président) peut détenir un nombre illimité de mandats d'administrateur ou de membre du conseil de surveillance dans les sociétés contrôlées par la société dans laquelle il exerce son mandat de direction (c. com. art. L. 225-94-1, al. 2) *(voir § 223)*.

Pour le décompte global des mandats, M. X ne détient qu'un seul mandat dans la société A, les mandats dans les filiales B et C et dans la sous-filiale D ne sont pas retenus.

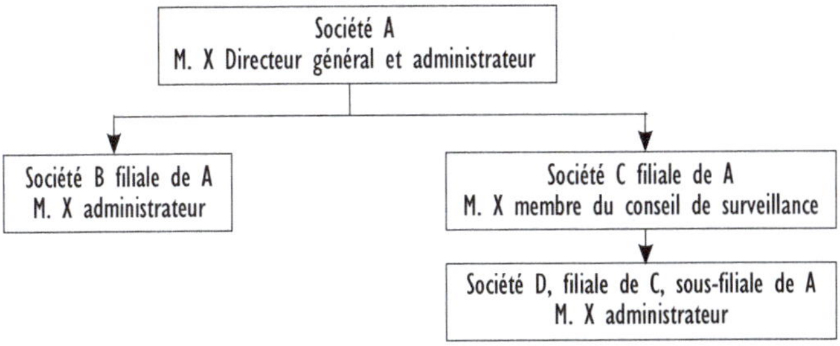

▸ Dépassement du nombre des mandats

421 **Toute personne physique qui se trouve en infraction avec les dispositions sur le cumul des mandats de direction doit se démettre de l'un de ses mandats dans les 3 mois de sa nomination ou du mandat en cause dans les 3 mois de l'événement ayant entraîné la disparition des conditions justifiant une ou des dérogations prévues par les textes** *(voir §§ 419 et 420)*.

À l'expiration de ce délai, l'intéressé est réputé s'être démis, selon le cas, soit de son nouveau mandat, soit du mandat ne répondant plus aux conditions fixées et doit restituer les rémunérations perçues, sans que soit, de ce fait, remise en cause la validité des délibérations auxquelles l'intéressé a pris part (c. com. art. L. 225-94-1).

• **Étendue des sanctions.** Concernant la restitution des rémunérations, sont concernées celles perçues au cours du délai de régularisation, et pas seulement celles reçues après ce délai. Pour la validité des délibérations, le comité juridique estime que sont visées toutes les délibérations, celles intervenant au cours du délai de régularisation de 3 mois mais également celles réalisées après ce délai, afin de garantir la sécurité juridique des tiers (ANSA, décembre 2011, avis n° 11-071).

• **Président-directeur général démissionnaire.** Si le président-directeur général abandonne ses fonctions de président du conseil et de directeur général, il reste, sauf décision contraire de sa part, administrateur et détient un mandat de gestion à comptabiliser.

• **Président-directeur général devenant président du conseil.** Si le conseil décide de dissocier les fonctions de président du conseil et de directeur général, le président en place conserve son mandat d'administrateur. La présidence du conseil est attachée à ce mandat ; elle n'est pas distincte.

Pouvoirs du directeur général

▸ Pouvoir exécutif

422 **Le directeur général dispose des pouvoirs les plus étendus pour agir en toute circonstance au nom de la société. Il exerce ces pouvoirs dans la limite de l'objet social et sous réserve de ceux que la loi attribue expressément aux assemblées d'actionnaires et au conseil d'administration** (c. com. art. L. 225-56).

Il représente sa société dans ses rapports avec les tiers. La société est engagée même par les actes du directeur général qui ne relèvent pas de l'objet social, sauf pour les cas où la société est en mesure de prouver que le tiers connaissait, ou ne pouvait ignorer, le dépassement d'objet.

Il convient d'observer que le conseil d'administration a également le pouvoir de déterminer les orientations de l'activité de la société et il peut se saisir de toute question intéressant la bonne marche de la société ; en outre, il a le pouvoir d'engager la société par ses actes *(voir § 304)*.

• **Représentant légal de la SA.** Une SA avait demandé la nomination d'un conciliateur, l'objectif étant de concilier les différentes sociétés appartenant à son groupe. À l'issue de sa mission, le président du tribunal de commerce a fixé à 300 000 € HT les honoraires du conciliateur au vu du relevé des diligences de celui-ci, validé et signé par le président du conseil d'administration de la SA. La SA a obtenu la censure de cette décision en mettant en avant le fait que le représentant légal d'une SA n'est pas le président du conseil d'administration mais le directeur général. Le relevé des diligences signé par le président était donc sans valeur (cass. com. 14 décembre 2022, n° 21-16655).

• **Déclaration d'une créance.** Le directeur général d'une société anonyme a le pouvoir d'agir en justice au nom de la société et notamment d'effectuer des déclarations de créance au nom de celle-ci (cass. com. 10 février 2009, n° 07-21216).

• **Pouvoirs reçus par délégation.** Depuis le 21 juillet 2019, le conseil d'administration peut déléguer au directeur général le soin de :
– répondre aux questions posées par les actionnaires (c. com. art. L. 225-108 modifié par la loi 2019-744 du 19 juillet 2019) ;
– modifier les statuts à la suite du paiement des dividendes en actions (c. com. art. L. 232-20 modifié par la loi 2019-744 du 19 juillet 2019).

• **Convention de management fees.** Les sociétés confient parfois à un prestataire extérieur (qui peut être l'actionnaire majoritaire) une mission d'assistance administrative, financière et commerciale, dans un contrat souvent appelé « convention de management fees ». Cette convention ne doit pas faire double emploi avec les prestations que le dirigeant exerce du fait de son mandat. Si une société démontrait ce double emploi, elle pourrait obtenir l'annulation de la convention (cass. com. 5 juin 2019, n° 17-26167).

▸ Limitation des pouvoirs

423 Les pouvoirs du directeur général (ou du président-directeur général) peuvent être limités :
– par les décisions du conseil d'administration ;
– par les dispositions des statuts.

Ces limitations de pouvoirs sont inopposables aux tiers (c. com. art. L. 225-56).

Souvent, des clauses statutaires imposent au directeur général d'obtenir l'autorisation préalable du conseil pour la vente du fonds de commerce ou d'éléments du fonds, pour des apports en société, pour les hypothèques, ou pour des engagements ou des garanties excédant une certaine somme. Les clauses sont variées.

Droit des tiers de s'en prévaloir. L'inopposabilité aux tiers des limitations statutaires des pouvoirs du dirigeant n'interdit pas à ces tiers de s'en prévaloir pour justifier du défaut de pouvoir du dirigeant à figurer au procès comme représentant de la société (cass. civ. 23 octobre 1985, n° 83-12007).

▸ Droit de demander la réunion du conseil

424 Lorsqu'il n'est pas président le la SA, le directeur général peut demander au président de convoquer le conseil d'administration sur un ordre du jour déterminé.

Le président du conseil est lié par les demandes qui lui sont adressées par le directeur général (c. com. art. L. 225-36-1). Le président ne peut donc pas refuser au directeur général la convocation de cet organe. Cependant, le texte ne prévoit aucun délai d'exécution ni aucune sanction propre. Selon l'ordre du jour proposé par le directeur général, la convocation pourra être plus ou moins rapide.

▸ Obligation envers les administrateurs

425 Le directeur général de la société est tenu de communiquer à chaque administrateur tous les documents et informations nécessaires à l'accomplissement de sa mission (c. com. art. L. 225-35, al. 3). Cette obligation pèse de la même façon sur la tête du président, les rôles respectifs concernant la circulation des documents entre le directeur général et le président du conseil d'administration pouvant faire l'objet d'un accord plus ou moins formalisé.

Cessation des fonctions

▸ Révocation

426 Le directeur général est révocable à tout moment par le conseil d'administration. Si la révocation est décidée sans juste motif, elle peut donner lieu à dommages et

intérêts, sauf lorsque le directeur général assume les fonctions de président du conseil d'administration *(voir § 408)*.

Bien que révocable à tout moment, le directeur général peut bénéficier de dommages et intérêts si cette décision est prise en l'absence de juste motif, que le juge appréciera souverainement.

Le directeur général révoqué, même pour juste motif, peut obtenir des dommages et intérêts :
– si la révocation a été brutale sans respecter les droits de la défense ;
– ou si elle est intervenue dans des conditions qui portent atteinte à la réputation ou à l'honneur du directeur général *(voir § 410)*.

• **Notion de juste motif.** Le juste motif doit s'apprécier en considération de la société, dans le respect des droits du dirigeant révoqué ; la décision ne doit pas masquer une intention de nuire. Le juste motif de révocation est retenu souvent en présence de fautes de gestion (telles qu'un défaut de règlement des impôts et des charges sociales, le non-respect des clauses statutaires). Le juste motif peut s'apprécier au regard de l'intérêt social : l'attitude du dirigeant de nature à compromettre l'intérêt social ou le fonctionnement de la société est un juste motif de révocation (cass. com. 4 mai 1993, n° 91-14693, arrêt rendu à propos d'un gérant de SARL).

• **Changement de mode de direction.** La substitution d'un conseil d'administration au directoire ne constitue pas une révocation sans juste motif (cass. com. 4 février 1997, n° 94-21707). Cette jurisprudence pourrait être transposée au cas, assez voisin, où le conseil confie l'ensemble des pouvoirs au président du conseil d'administration, mettant fin ainsi au mandat du directeur général.

• **Mésentente grave.** La révocation du directeur général repose sur un juste motif lorsqu'il existe d'importantes divergences d'appréciation entre lui et le président du conseil d'administration ainsi que certains administrateurs sur sa gestion, sa gouvernance et sur ses orientations. À ces divergences s'ajoutait une perte de confiance réciproque et généralisée entre les membres du conseil d'administration et le directeur général. Ces divergences et cette perte de confiance sont de nature à compromettre l'intérêt social. Dès lors, peu importent les motifs, réels ou supposés, et l'imputabilité de cette mésentente (cass. com. 26 avril 2017, n° 15-12560).

• **Perte de confiance.** Le fait pour un directeur général de mentir sur son âge, son diplôme et son activité professionnelle antérieure n'est pas une cause de nullité du mandat pour dol, mais constitue un motif de révocation du dirigeant pour perte de confiance (CA Paris 22 novembre 2007, RTD com. 2008, 122).

• **Déloyauté.** Le contrat conclu entre une société anonyme (détenue à 85 % par un fonds d'investissement) et son directeur général prévoit une indemnité en cas de révocation, sauf si elle est décidée en raison d'une faute grave. Moins de deux ans plus tard, la société, au demeurant en difficulté, révoque le directeur général pour faute grave, faute que celui-ci conteste. Les juges saisis retiennent que lors de réunions, le directeur général a tenu des propos traduisant un doute profond sur la viabilité du modèle économique choisi par la société. Par ailleurs, il a communiqué directement avec un investisseur potentiel ; il a tenté de créer un antagonisme entre la société et son principal actionnaire ; il a, en outre, dissimulé des informations à la société. Ses actes déloyaux sont contraires aux exigences de son contrat. Ils sont également contraires aux intérêts de la société et, précisent les juges, à ceux de l'actionnaire majoritaire. Les juges, suivis par la Cour de cassation, confirment ainsi la faute grave (cass. com. 5 juillet 2016, n° 14-23904).

• **Non-respect des droits de la défense.** La jurisprudence sanctionne le fait que le dirigeant a été privé de tous moyens de présenter des explications et veille au respect du principe de la contradiction (cass. com. 26 avril 1994, Rev. soc. 1994, 725 ; cass. com. 3 janvier 1996, n° 94-85841 ; cass. com. 24 février 1998, n° 95-12349). Il en est ainsi d'un directeur général qui n'avait pas été avisé des motifs de sa révocation ni invité à participer à la réunion du conseil au cours de laquelle cette décision avait été prise (cass. com. 29 mars 2011, n° 10-17667).

• **Révocation après redressement judiciaire de la SA.** Suite à la mise en redressement judiciaire d'une société, le conseil d'administration révoque le président-directeur général. Le P-DG réclame alors 161 800 € au titre d'une indemnité contractuelle de départ. Les juges saisis notent que cette indemnité résulte de la révocation des fonctions de dirigeant. Or, lorsqu'elles sont sans lien avec la poursuite de l'activité, les créances nées après le jugement de redressement doivent être déclarées au mandataire judiciaire dans les 2 mois de leur exigibilité (c. com. art. L. 622-24 et L. 631-14). À défaut, elles sont inopposables à la société en redressement (c. com. L. 622-26 et L. 631-14). Le P-DG aurait donc dû déclarer sa créance dans les 2 mois de sa révocation, ce qu'il n'a pas fait. Le paiement de cette créance ne peut donc plus être réclamé à la société (cass. com.12 juillet 2016, n° 14-23668).

• **Pacte d'actionnaires : sans effet sur la révocation.** Lors de la fusion de deux SA, un pacte d'actionnaires est conclu. Ce pacte désigne M. X en tant que président du conseil d'administration et M. Y en tant que directeur général de la nouvelle société. Par ailleurs, les statuts de cette société prévoient que seul un administrateur peut être directeur général. Par la suite, le président du conseil d'administration, qui est actionnaire majoritaire, vote la révocation de M. Y en tant qu'administrateur. De ce fait, M. Y perd son poste de directeur général. Il reproche alors au président d'avoir violé le pacte et réclame des dommages-intérêts. Sa demande est rejetée, la Cour de cassation rappelant que les administrateurs peuvent être révoqués à tout moment par l'assemblée générale ordinaire (c. com. art. L. 225-8). Par conséquent, toute stipulation portant atteinte à la libre révocabilité des administrateurs est illicite. L'administrateur évincé ne peut donc pas invoquer le pacte d'actionnaires pour contester sa révocation (cass. com. 26 avril 2017, n° 15-12888).

• **Quitus donné au président.** S'il a commis des fautes personnelles de gestion, le directeur général peut être révoqué. Il ne peut pas prétendre bénéficier du quitus donné au président pour sa gestion. Cette décision a été prise à propos d'une SAS mais elle est transposable aux SA (cass. com. 5 juillet 2017, n° 15-22936).

• **Procès engagé par le directeur général contre la SA.** Parce qu'il avait engagé une action judiciaire contre la SA (action qui a été jugée irrecevable), le directeur général a été révoqué pour faute grave. Cette révocation a été jugée abusive car le droit d'agir en justice constitue une liberté fondamentale. Ni les statuts, ni un acte extrastatutaire ne peuvent prévoir le contraire (cass. com. 21 juin 2023, n° 21-21875).

▸ Démission

427 **Le directeur général, comme le président-directeur général, peut démissionner sans motif, sauf à engager sa responsabilité si sa démission est donnée dans des conditions telles qu'elle porte préjudice à la société. La décision est un acte unilatéral, qui ne peut être rétracté (sur ces questions,** *voir § 411***).**

La révocation d'un directeur général, décidée par un vote unanime du conseil d'administration de la société, exclut par là même un départ décidé d'un commun accord (cass. com. 26 mai 2004, n° 01-03569)**.**

▸ Intérim

428 **Lorsque le directeur général cesse, ou est empêché d'exercer, ses fonctions, les directeurs généraux délégués conservent, sauf décision contraire du conseil, leurs fonctions et leurs attributions jusqu'à la nomination du nouveau directeur général** (c. com. art. L. 225-55, dern. al.)**.**

Le fonctionnement et la continuité de la société pourront être assurés par les directeurs généraux délégués quand ils existent. Le conseil d'administration peut aussi, en cas de décès ou de cessation de fonctions du directeur général, se réunir en urgence pour nommer un nouveau directeur général ou confier à son président cette direction de façon permanente.

La loi ne prévoit pas la possibilité, pour le conseil, de déléguer un administrateur aux fonctions de directeur général, à la différence de ce qui est prévu pour le président *(voir § 414)*. En revanche, elle permet au conseil de se saisir de toute question intéressant la bonne marche de la société *(voir § 304)*.

Directeurs généraux délégués

Adjonction de directeurs généraux délégués

▸ Nomination et durée des fonctions

429 Sur proposition du directeur général, le conseil d'administration peut nommer une ou plusieurs personnes physiques chargées d'assister le directeur général, avec le titre de directeur général délégué.

Il détermine à cette fin un processus de sélection qui garantit jusqu'à son terme la présence d'au moins une personne de chaque sexe parmi les candidats. Ces propositions de nomination s'efforcent de rechercher une représentation équilibrée des femmes et des hommes.

Les statuts fixent le nombre maximum des directeurs généraux délégués, qui ne peut dépasser 5 (c. com. art. L. 225-53).

• **Administrateur ou non, actionnaire ou non.** Le directeur général délégué peut être choisi en dehors des administrateurs et des actionnaires.

• **Contrat de travail.** Le directeur général délégué peut cumuler sa fonction avec un contrat de travail, pour des fonctions distinctes de celles de son mandat. S'il est administrateur, les règles relatives au cumul doivent être respectées *(voir §§ 253 à 261)*.

• **Président-directeur général.** Lorsque le conseil confère à son président le pouvoir exécutif, c'est le président, en sa qualité de directeur général, qui fait la proposition au conseil de nommer de 1 à 5 directeurs généraux délégués.

• **Président non directeur général.** L'interdiction pour le président du conseil d'administration, en cas de dissociation des fonctions, d'être directeur général s'applique également aux fonctions de directeur général délégué. La cour d'appel de Lyon a en effet précisé que le directeur général délégué d'une société anonyme étant une émanation du directeur général, l'interdiction pour le président du conseil d'administration, en cas de dissociation des fonctions, d'être directeur s'applique également aux fonctions de directeur général délégué (CA Lyon 25 septembre 2003, n° 2003/02257) ; les greffes des tribunaux de commerce, après avoir interrogé la chancellerie sur ce point, ont adopté la même position (CCRCS, avis 02-22 du 24 mai 2003).

• **Un seul candidat proposé au poste de directeur délégué.** Selon l'ANSA, l'équilibre hommes-femmes souhaité par le code de commerce (c. com. art. L. 225-53, al. 1er in fine) n'impose pas au directeur général de proposer au conseil le choix entre au moins une femme et un homme. Le directeur général est parfaitement en droit de proposer un seul candidat au conseil d'administration (ANSA, 6 janvier 2021, n° 21-001).

▸ **Pouvoir des directeurs généraux délégués**

430 **En accord avec le directeur général, le conseil d'administration détermine l'étendue et la durée des pouvoirs conférés aux directeurs généraux délégués.**

Envers les tiers, les directeurs généraux délégués disposent des mêmes pouvoirs que le directeur général (c. com. art. L. 225-56, II).

• **Pouvoir envers les tiers.** Bien que subordonné du directeur général, le directeur général délégué dispose des mêmes pouvoirs que celui-ci envers les tiers. La société est donc engagée par les décisions du directeur général délégué, même si ces actes ne relèvent pas de l'objet social, à moins qu'elle ne prouve que le tiers savait que l'acte dépassait cet objet ou qu'il ne pouvait l'ignorer compte tenu des circonstances, étant exclu que la seule publication des statuts suffise à constituer cette preuve.

• **Distinction avec les directeurs techniques.** Les directeurs qui sont responsables de différents services (financiers, commerciaux, techniques) sont des salariés. Ils sont nommés par le directeur général, ou par un directeur général délégué, qui définit l'étendue de leurs missions. Ils n'ont aucun pouvoir légal d'engager la société ; ils ne peuvent le faire qu'en vertu d'une délégation de pouvoirs, de toute façon limitée quant aux missions. Les directeurs techniques bénéficient des garanties prévues pour les salariés titulaires d'un contrat de travail en matière de licenciement.

• **Pouvoirs reçus par délégation.** Depuis le 21 juillet 2019, le conseil d'administration peut déléguer à un directeur général adjoint certains de ses pouvoirs. Il peut notamment lui confier le soin de :
– répondre aux questions posées par les actionnaires (c. com. art. L. 225-108 modifié par la loi 2019-744 du 19 juillet 2019) ;
– modifier les statuts à la suite du paiement des dividendes en actions (c. com. art. L. 232-20 modifié par la loi 2019-744 du 19 juillet 2019).

Statut des directeurs généraux délégués

431 **Le conseil d'administration détermine la rémunération pour chacun des directeurs généraux délégués. Les directeurs généraux délégués sont affiliés au régime général de la sécurité sociale** *(voir § 479)*.

Les directeurs généraux délégués sont soumis à la même limite d'âge que le directeur général, à savoir 65 ans, à défaut de clause statutaire contraire (c. com. art. L. 225-54).

Les directeurs généraux délégués sont révocables par le conseil d'administration, sur proposition du directeur général ; à défaut de juste motif, cette révocation peut donner lieu à dommages et intérêts (c. com. art. L. 225-55) *(voir § 426)*.

Les dispositions pénales prévues par le code de commerce visant les directeurs généraux des sociétés anonymes sont applicables, selon leurs attributions respectives, aux directeurs généraux délégués (c. com. art. L. 248-1).

• **Directeur général empêché.** Lorsque le directeur général est empêché ou cesse ses fonctions, les directeurs généraux délégués conservent, sauf décision contraire du conseil, leurs fonctions et leurs attributions jusqu'à la nomination du nouveau directeur général (c. com. art. L. 225-55, al. 2). Le conseil d'administration peut décider que la cessation des fonctions du directeur général entraîne celle des directeurs généraux délégués.

• **Responsabilité civile.** Le directeur général délégué non administrateur n'est pas soumis à la responsabilité spécifique des administrateurs prévue par les articles L. 225-251 à L. 225-255 du code de commerce, mais il répond de ses fautes personnelles selon le droit commun.

• **Responsabilité après liquidation judiciaire de la SA.** Le directeur général délégué est un dirigeant de droit qui, en cette qualité, est susceptible d'être condamné à combler le passif de la SA à la suite de sa liquidation judiciaire (cass. com. 5 mai 2021, n° 19-23575).

• **Cumul des mandats.** Les directeurs généraux délégués ne figurent pas au nombre des personnes concernées par les limitations de mandats. Même l'article L. 225-94 du code de commerce, qui traite du plafond global des mandats applicable à une même personne physique au sein de plusieurs sociétés anonymes, ne vise pas la fonction de directeur général délégué *(voir § 220)*.

• **Conventions réglementées.** Les conventions conclues entre la société et un directeur général délégué de la société sont soumises à l'autorisation préalable du conseil d'administration dans les conditions de droit commun *(voir § 1017)*.

Règles communes aux dirigeants

Dirigeant étranger

▸ Étrangers concernés

432 **Lorsqu'ils conservent leur résidence à l'étranger, les dirigeants étrangers n'ont aucun titre à détenir.**

Par ailleurs, les citoyens européens sont dispensés de détenir un titre de séjour s'ils fixent leur résidence en France (CESEDA art. L. 231-1). **Ils doivent toutefois se faire enregistrer auprès du maire de leur commune de résidence dans les 3 mois de leur arrivée en France** (CESEDA art. L. 231-2).

En outre, des engagements internationaux exemptent certains étrangers de la détention d'un titre de séjour. Tel est le cas pour les ressortissants de la République populaire d'Algérie (accord franco algérien du 27 décembre 1968), **des vallées d'Andorre** (convention du 4 décembre 2000 entre la République française, le royaume d'Espagne et la principauté d'Andorre) **et de la principauté de Monaco** (convention de voisinage entre la France et la Principauté de Monaco du 18 mai 1963).

Les autres dirigeants étrangers doivent détenir un titre *(voir §§ 434 à 436)*.

▸ Dirigeants concernés

433 **Sont concernés les étrangers dont l'activité non salariée nécessite « une immatriculation ... au registre du commerce et des sociétés... »** (CESEDA art. R. 421-7).

En réalité, les dirigeants de sociétés ne sont pas « immatriculés » mais « déclarés » au registre du commerce et des sociétés (c. com. art. R. 123-54). **Ce point mis de côté, sont déclarés au RCS en vue de l'immatriculation de la SA à conseil d'administration le président, le directeur général, les directeurs généraux délégués et les administrateurs** (c. com. art. R. 123-54, 2°, a et b) **:**

Ce sont donc, a priori, ces personnes qui, si elles sont étrangères *(voir § 432)*, **doivent détenir un titre de séjour.**

▸ Plusieurs types de titres de séjour

434 **Carte de séjour temporaire « entrepreneur ». Une carte de séjour temporaire portant la mention « entrepreneur / profession libérale » est délivrée à un étranger pour l'exercice d'une activité non salariée, économiquement viable et dont il tire des moyens d'existence suffisants.**

Cette carte de séjour est valable pour une durée maximale de 1 an (CESEDA art. L. 421-5).

435 **Carte de séjour pluriannuelle.** L'étranger qui était titulaire d'une carte de séjour temporaire peut, à l'issue d'une première année de séjour régulier en France, bénéficier d'une carte de séjour pluriannuelle (CESEDA art. L. 433-4). Elle est en principe valable pour une durée de 4 ans (CESEDA art. L. 411-4).

436 **Carte de résident.** Les étrangers qui justifient d'une résidence ininterrompue d'au moins 5 ans en France peuvent obtenir une carte de résident valable 10 ans et renouvelable de plein droit à l'expiration de cette période (CESEDA art. L. 411-3, L. 426-17 et L. 433-2).

Limite d'âge

▸ Les textes

437 Les statuts doivent prévoir, pour l'exercice des fonctions de président du conseil d'administration, une limite d'âge qui, à défaut d'une disposition expresse, est fixée à 65 ans (c. com. art. L. 225-48, al. 1).

Toute nomination intervenue en violation de ces dispositions est nulle. Lorsque le président du conseil d'administration atteint la limite d'âge, il est réputé démissionnaire d'office (c. com. art. L. 225-48, al. 2 et 3).

Pour autant, la nullité et la démission d'office n'entraînent pas la nullité des délibérations auxquelles a pris part le président du conseil d'administration irrégulièrement nommé ou réputé démissionnaire d'office ni la nullité de ses décisions (c. com. art. L. 225-48, al. 4).

Les mêmes règles s'appliquent pour le directeur général et les directeurs généraux délégués (c. com. art. L. 225-54).

▸ Rôle des statuts

438 En pratique, les statuts doivent régler deux points essentiels.

Il s'agit tout d'abord de fixer un âge limite. Le président devant, par définition, être membre du conseil, il faudra que la limite retenue soit compatible avec celle prévue par ailleurs pour les administrateurs *(voir § 228)* ou celle prévue pour le directeur général lorsque les deux fonctions doivent se cumuler. Certes, les statuts pourraient prévoir une limite d'âge différente pour les fonctions de président du CA et celles de directeur général. Cette divergence d'âge peut être source de difficultés lorsque le président du conseil d'administration exerce la fonction de directeur général et qu'il atteint la limite d'âge prévue pour l'une ou l'autre des fonctions.

Les statuts doivent fixer clairement la limite d'âge. Les statuts ne peuvent se borner à stipuler que « les limites d'âge prévues par la loi ne sont pas applicables » : une clause fixant une limite, même extrêmement large, est nécessaire.

Il faut ensuite déterminer la date effective de cessation des fonctions du président lorsque la limite d'âge est atteinte. Prévoir que le président cesse ses fonctions dès qu'il dépasse l'âge limite implique une réunion immédiate du conseil pour désigner un nouveau président. Laisser le président assumer ses fonctions jusqu'à la fin de l'exercice en cours, ou jusqu'à la réunion de la plus prochaine assemblée, permet à la société d'élargir le cercle des administrateurs et rend possible la désignation d'un président parmi le ou les nouveaux admis au conseil d'administration.

MODÈLE

Clause

« Par dérogation aux dispositions qui précèdent et quelle que soit la durée pour laquelle elles lui ont été confiées, les fonctions du président prennent fin de plein droit lorsqu'il atteint l'âge de … ans révolus. »

Variante. « Par dérogation aux dispositions qui précèdent et quelle que soit la durée pour laquelle elles lui ont été confiées, les fonctions du président prennent fin de plein droit lors de la réunion de la première assemblée générale tenue après qu'il a atteint l'âge de … ans révolus. »

Mise sous tutelle

439 Le président du conseil d'administration, le directeur général et les directeurs généraux délégués sont réputés démissionnaires lorsqu'ils sont placés sous tutelle.

Cette démission d'office n'entraîne pas la nullité des délibérations auxquelles a pris part le président du conseil d'administration irrégulièrement nommé ou réputé démissionnaire d'office ni la nullité de ses décisions (c. com. art. L. 225-48 et L. 225-54).

Comité d'études

Décision de création par le conseil d'administration

440 Le conseil d'administration peut décider la création de comités chargés d'étudier les questions que lui-même ou son président soumet pour avis à leur examen ; il fixe la composition et les attributions de ces comités, qui exercent leur activité sous sa responsabilité (c. com. art. R. 225-29, al. 2).

Personnes élues

441 Les comités peuvent être composés de toute personne dont l'avis est jugé utile, et non pas seulement d'administrateurs et de directeurs. Bien entendu, ces comités n'ont qu'un rôle purement consultatif et le président, comme le conseil, ne sont pas tenus de suivre les avis qui leur sont donnés. Les membres du comité sont librement révocables et le comité lui-même peut être supprimé à tout moment par le conseil.

Lorsqu'ils sont titulaires d'un mandat d'administrateur, les membres du comité peuvent recevoir une rémunération supérieure à celles des autres administrateurs (c. com. art. R. 225-33) *(voir § 462)*.

Administrateur provisoire judiciaire

Désignation d'un administrateur judiciaire

442 **Le terme très courant d'« administrateur provisoire » désigne, en réalité, un administrateur judiciaire, nommé à la suite d'une procédure engagée pour assurer la gestion des affaires sociales lorsque des difficultés temporaires empêchent le fonctionnement normal de la société et menacent gravement les intérêts sociaux. Le président du tribunal de commerce peut ainsi, même en présence d'une contestation sérieuse, prescrire les mesures conservatoires qui s'imposent soit pour prévenir un dommage imminent, soit pour faire cesser un trouble manifestement illicite** (c. proc. civ. art. 873)**. La demande peut émaner du conseil d'administration, d'un dirigeant ou d'un actionnaire (voire d'un groupe d'actionnaires). L'administrateur provisoire se substituera le plus souvent aux organes de direction en place.**

Mais le tribunal peut aussi désigner un mandataire dit « ad hoc », ayant une mission ponctuelle telle que la convocation d'une assemblée *(voir § 685)*, **une assistance du conseil d'administration et l'information des actionnaires** (cass. com. 19 avril 2005, n° 02-17133) **ou le contrôle de la gestion** (CA Paris 19 octobre 1988, Bull. Joly soc. 1989, p. 79) **avec, le cas échéant, la recherche d'une conciliation entre les parties** (CA Paris 12 octobre 1989, Bull. Joly 1989, p. 965)**. La nomination de ce mandataire ad hoc n'a pas pour effet de dessaisir les organes sociaux** (cass. com. 15 mars 2017, n° 15-12742) **et peut être demandée même si la société n'est pas menacée d'un péril imminent** (cass. com. 21 septembre 2022, n° 20-21416 à propos d'une SARL mais transposable à la SA)**.**

- **Assigner la société.** La société doit impérativement être mise en cause dans l'instance tendant à la nomination d'un administrateur provisoire (cass. civ. 25 mars 1992, n° 90-21743).

- **Recours.** Les dirigeants de la société ont le pouvoir d'exercer les voies de recours ouvertes à l'encontre de la décision de désignation (cass. com. 7 janvier 2004, n° 01-10034).

- **Rémunération.** La rémunération de l'administrateur est fixée par le juge ; elle incombe normalement à la société, sauf décision contraire.

- **Report d'une assemblée.** Le juge des référés peut reporter une assemblée générale jusqu'à l'issue de l'intervention d'un administrateur provisoire, si les décisions qui seront votées risquent d'altérer la mission de l'administrateur. Pour écarter ce risque, il peut également suspendre les effets des délibérations d'ores et déjà votées par une assemblée générale (cass. com. 13 janvier 2021, nos 18-25713 et 18-25730).

Face à des difficultés graves

443 **D'une façon générale, la nomination d'un administrateur provisoire est une mesure exceptionnelle qui suppose rapportée la preuve de circonstances rendant impossible le fonctionnement de la société et menaçant celle-ci d'un péril imminent** (cass. com. 25 février 2005, n° 00-22457 ; cass. com. 6 février 2007, n° 05-19008 ; cass. com. 18 mai 2010, n° 09-14838)**. L'intervention de la justice dans la vie d'une société porte en effet atteinte à la souveraineté des associés et doit demeurer un remède exceptionnel pour des situations exceptionnelles.**

- **Contestations sérieuses.** L'existence de contestations sérieuses sur la validité des délibérations de l'assemblée générale et du conseil d'administration d'une société anonyme, dont il est constaté que la marche n'était plus normale et qui apparaissait aux yeux des tiers comme ayant 2 conseils d'administration et 2 présidents-directeurs généraux, justifie la désignation d'un administrateur judiciaire (cass. com. 5 novembre 1971, n° 69-14706).

• **Mésentente grave.** Un administrateur provisoire a été nommé dans les situations suivantes :
– dissentiment grave existant dans un conseil d'administration entre 2 des membres et le troisième, ainsi qu'au sein des assemblées générales entre le groupe majoritaire et celui des minoritaires, ce dissentiment ayant commencé à mettre en péril les intérêts sociaux et créé un trouble susceptible de conduire rapidement la société à sa perte (CA Rouen 19 mars 1974, Rev. soc. 1974, 718) ;
– existence de dissentiments entre les associés et les agissements du gérant, qui faisaient courir au patrimoine de la société un péril « manifeste et pressant » (cass. civ. 9 juillet 1974, n° 73-12282) ;
– mésintelligence des 3 administrateurs en fonction, qui avait provoqué une crise grave au sein de la société, risquant d'entraîner sa disparition (cass. com. 26 avril 1982, n° 81-10514) ;
– mésentente entre les associés rendant anormal le fonctionnement de la société et pour laquelle il faut porter remède, notamment du fait de l'annulation, prévisible à brève échéance, de la désignation des dirigeants sociaux (cass. com. 17 janvier 1989, n° 87-10966).

• **Mésentente non bloquante.** Cependant, une mésentente grave entre associés ne permet la désignation d'un administrateur provisoire que si elle fait obstacle au fonctionnement normal de la société soit parce qu'elle entraîne la paralysie des organes de direction, soit parce qu'elle met en péril la société elle-même ou les intérêts sociaux (cass. com. 24 mai 1994, n° 92-21699 ; cass. com. 7 janvier 2004, n° 01-10034 ; cass. com. 14 octobre 2020, n° 18-20240). Il en est de même en présence de graves dissensions entre deux frères associés qui n'empêchent pas le fonctionnement des organes sociaux ni celui de la société (cass. com. 6 février 2007, n° 05-19008).

Quelles rémunérations peut percevoir un administrateur ?

RÉMUNÉRATION DE BASE

UNE SOMME GLOBALE, FIXÉE PAR L'ASSEMBLÉE, EST RÉPARTIE PAR LE CONSEIL D'ADMINISTRATION ENTRE LES ADMINISTRATEURS.

DES REMBOURSEMENTS DE FRAIS PEUVENT S'AJOUTER.

LA RÉPARTITION PEUT ÊTRE INÉGALITAIRE.

EXEMPLES : UNE SOMME PLUS IMPORTANTE PEUT ÊTRE ACCORDÉE AU PRÉSIDENT OU AU DIRECTEUR GÉNÉRAL.

UN ADMINISTRATEUR QUI A UN CONTRAT DE TRAVAIL PEUT ÊTRE EXCLU.

\+

RÉMUNÉRATION POUR UNE DE CES FONCTIONS

PRÉSIDENT, DIRECTEUR GÉNÉRAL, DIRECTEUR GÉNÉRAL DÉLÉGUÉ

\+

RÉMUNÉRATION POUR UNE MISSION PARTICULIÈRE

EXEMPLES : MISSION TEMPORAIRE À L'ÉTRANGER, NÉGOCIATION D'UN MARCHÉ IMPORTANT

\+

DES HONORAIRES POUR UNE PRESTATION

EXEMPLE : CONSULTATION TECHNIQUE

\+

OU UN SALAIRE EN CAS DE CONTRAT DE TRAVAIL

IL PEUT ÊTRE FIXE OU/ET PROPORTIONNEL, AVEC AVANTAGES EN NATURE (LOGEMENT, VOITURE...).

ATTENTION. SUIVRE LA PROCÉDURE DES CONVENTIONS RÉGLEMENTÉES

\+

BONS DE SOUSCRIPTION DE PARTS DE CRÉATEUR D'ENTREPRISE

OUVERTS AUX ADMINISTRATEURS GRÂCE À LA LOI « PACTE » DE 2019

RÉMUNÉRATIONS IMPOSSIBLES POUR UN « SIMPLE » ADMINISTRATEUR (NI PRÉSIDENT, NI DIRECTEUR) :

- STOCK-OPTIONS, ACTIONS GRATUITES
- INTÉRESSEMENT, PARTICIPATION, PLAN D'ÉPARGNE ENTREPRISE
- « GOLDEN PARACHUTE » : CETTE INDEMNITÉ SUBSTANTIELLE DE DÉPART EST, EN PRATIQUE, RÉSERVÉE AUX PRÉSIDENTS ET DIRECTEURS

Revue Fiduciaire

9 Les rémunérations

Rémunération des administrateurs (anciens jetons de présence)

Rémunération classique des administrateurs

460 En rétribution de leur activité au sein du conseil, les administrateurs peuvent recevoir ce que le code de commerce appelait, jusqu'à la loi 2019-486 du 22 mai 2019, des « jetons de présence » *(voir §§ 461 et 462)*. Cette loi a supprimé le terme de « jetons de présence » pour le remplacer par celui de « rémunération » (c. com. art. L. 225-45). Dans cet ouvrage, c'est donc le terme de « rémunération » qui est utilisé. Rappelons également que cet ouvrage traite des sociétés non cotées et ne présente donc pas les spécificités relatives aux rémunérations des dirigeants dans les sociétés cotées.

Par ailleurs, si l'administrateur cumule son mandat social avec un contrat de travail, il percevra un salaire au titre du contrat de travail *(voir § 253)*.

Le président du conseil, outre sa rémunération dont le montant peut être différent de celui des autres administrateurs, peut avoir une rémunération spéciale. Le directeur général et le directeur général délégué, également administrateur, ont droit à une rémunération au titre de cette fonction *(voir § 467)*.

Le conseil d'administration peut confier à un ou plusieurs administrateurs des missions ou mandats spécifiques ; en contrepartie, le conseil peut allouer des rémunérations exceptionnelles *(voir § 469)*.

Les administrateurs élus par les salariés ne perdent pas le bénéfice de leur contrat de travail et leur rémunération salariale ne peut être réduite du fait de l'exercice de leur mandat social (c. com. art. L. 225-27 et L. 225-31).

En dehors de ces différents cas, les administrateurs ne peuvent recevoir de la société aucune rémunération permanente ou non. Toute clause statutaire contraire est réputée non écrite et toute décision contraire est nulle (c. com. art. L. 225-44).

Toutefois, depuis l'intervention de la loi 2019-486 du 22 mai 2019, les administrateurs peuvent se voir attribuer des bons de souscription de parts de créateur d'entreprise (BSPCE). Les BSPCE font l'objet d'une étude particulière *(voir § 1346)*.

Pas d'action en enrichissement sans cause. Un administrateur ne peut fonder une demande d'indemnité pour le travail accompli au service de la société sur l'enrichissement sans cause de celle-ci. A ainsi été rejetée la demande formulée par l'épouse de l'actionnaire majoritaire d'une société anonyme, membre du conseil d'administration présidé par son mari. L'intéressée, qui effectuait des tâches de nature commerciale et comptable au sein de la société, n'a pu obtenir, au moment de son divorce, aucune indemnisation pour le travail fourni (cass. com. 16 mai 1995, n° 93-14709).

Fixation de la rémunération

▸ Pouvoir de décision de l'assemblée

461 **L'assemblée générale peut allouer aux administrateurs en rémunération de leur activité une somme fixe annuelle, que cette assemblée détermine sans être liée par des dispositions statutaires ou des décisions antérieures. Le montant de celle-ci est porté aux charges d'exploitation** (c. com. art. L. 225-45, al. 1)**. Cette décision est généralement prise au cours de l'assemblée qui statue sur les comptes de l'exercice écoulé, mais toute assemblée ordinaire est compétente dès lors que la question est portée à l'ordre du jour selon le droit commun.**

En d'autres termes, l'assemblée générale ordinaire des actionnaires a la possibilité de fixer la rémunération des administrateurs en tenant compte, à chaque exercice, à la fois des possibilités de l'entreprise et des qualités de la gestion et ce, quelles que soient les dispositions statutaires ou les décisions prises antérieurement en ce domaine.

• **Montant pour plusieurs exercices.** L'assemblée n'est pas tenue de fixer tous les ans le montant de la rémunération des administrateurs. Simplement, elle a toute latitude pour modifier, chaque année, le niveau de rémunération antérieurement fixé s'il lui paraît devoir être révisé. Il est parfaitement possible de prévoir que « le montant annuel de la rémunération des administrateurs est fixé à ... € jusqu'à nouvelle décision de l'assemblée ».

• **Somme fixe annuelle non indexable.** La somme attribuée aux administrateurs est « une somme fixe annuelle » ; l'assemblée n'a donc pas la possibilité de déterminer son montant d'après le nombre de séances auxquelles les administrateurs sont convoqués ni d'après le nombre des administrateurs en fonction. Il n'est pas non plus possible d'indexer cette somme à un quelconque taux.

• **Absence de bénéfice.** L'allocation d'une rémunération n'est pas liée aux résultats de l'exercice et à la répartition des dividendes mais, en cas d'abus, les tribunaux pourraient prononcer des sanctions sur le fondement de l'abus de droit et des règles légales relatives à la responsabilité pénale et civile des dirigeants (rép. Comet, JO 13 octobre 1974, AN quest. p. 4709 ; CA Paris 28 septembre 1990, D. 1990, IR 268).

• **Vote des administrateurs intéressés.** En l'absence de dispositions expresses dans les textes, l'allocation par l'assemblée générale d'une rémunération aux administrateurs ne paraît pas être soumise à une procédure particulière comportant l'interdiction pour les administrateurs de prendre part au vote de cette résolution (rép. Comet, JO 13 octobre 1974, AN quest. p. 4709).

• **Société actionnaire.** Lorsque l'actionnaire est une société, la pratique dominante considère que c'est l'administrateur en titre, c'est-à-dire la société, qui, juridiquement, a droit à la rémunération (ANSA, annales 1994-1996, p. 25).

• **Paiement effectif.** L'article 108 de la loi du 24 juillet 1966 (dorénavant c. com. art. L. 225-45) prévoit le versement d'une somme. Le versement en actions n'est pas possible (ANSA, CJ du 6 mars 1996, doc. 2834).

▸ **Pouvoir de répartition du conseil**

462 La répartition, entre les administrateurs, de la somme fixée par l'assemblée est déterminée par le conseil d'administration (c. com. art. L. 225-45). Le fait d'ériger en règle légale l'exigence d'une délibération expresse du conseil devrait exclure le recours à un comité pour répartir la rémunération entre les administrateurs.

C'est la décision du conseil d'administration qui fait naître le droit à percevoir la rémunération. Une répartition au prorata du temps où chacun des administrateurs a été membre du conseil est équitable. Très souvent, le président du conseil et/ou le directeur général administrateur reçoivent une part supérieure.

• **Répartition inégalitaire.** La répartition inégalitaire est possible. Sauf clause contraire des statuts, elle n'a pas à être prise à une majorité renforcée ou à l'unanimité.

Une part plus importante peut être attribuée :
– au président du conseil et à l'administrateur exerçant la fonction de directeur général ;
– aux administrateurs membres d'un comité d'études.

• **Abus de majorité.** Toutefois, une répartition massive en faveur d'un ou de plusieurs administrateurs majoritaires pourrait être annulée pour abus de pouvoir.

• **Majorité.** À défaut de disposition statutaire, le conseil est libre d'effectuer une répartition inégale à la majorité simple et selon des critères que lui seul détermine (rép. Lauriol n° 69127, JO 29 juillet 1985, AN quest. p. 3572).

• **Administrateurs sans rémunération.** Selon l'ANSA, les administrateurs titulaires d'un contrat de travail peuvent ne pas bénéficier d'une rémunération en dehors de leur salaire. En effet, le conseil d'administration répartit librement la rémunération votée entre ses membres. Il peut ainsi décider que l'existence d'un contrat de travail conclu avec une société du groupe (ou l'existence d'une rémunération versée à un autre titre par l'une des sociétés du groupe) est un critère pertinent, et non discriminatoire, pour ne pas verser de rémunération (ANSA, réunion du Comité juridique du 5 février 2014, n° 14-010).

• **Suspension du versement de la rémunération.** Lorsque le conseil d'administration ne respecte pas les règles de mixité qui s'appliquent dans certaines sociétés (*voir §§ 230 et 231*), le versement des rémunérations aux administrateurs est suspendu. Il est rétabli lorsque la composition du conseil d'administration devient régulière, incluant l'arriéré depuis la suspension (c. com. art. L. 225-45, al. 2).

Régime fiscal

▸ **Pour la société anonyme**

463 La rémunération des administrateurs prévue par l'article L. 225-45 du code de commerce (*voir §§ 461 et 462*) est une charge d'exploitation déductible fiscalement dans les limites suivantes variables selon l'effectif de la société (CGI art. 210 sexies) :
– dans les sociétés employant au moins 5 personnes, 5 % du produit obtenu, en multipliant la moyenne des rémunérations déductibles attribuées au cours de l'exercice aux salariés les mieux rémunérés de l'entreprise par le nombre de membres composant le conseil (sont retenus les 5 salariés les mieux rémunérés jusqu'à 200 salariés et les 10 salariés rémunérés au-delà de cet effectif) ;
– dans les sociétés employant moins de 5 personnes, 457 € par membre du conseil.

La fraction de la rémunération excédant cette limite doit être réintégrée extra-comptablement pour la détermination du résultat fiscal.

Pour l'appréciation de la limite, il n'est tenu compte ni de la répartition inégalitaire de la rémunération pratiquée par le conseil ni de leur qualification particulière.

La déduction de la rémunération est subordonnée à la participation de l'administrateur aux réunions des organes statutaires ou à l'exercice d'une activité effective dans l'entreprise (CAA Versailles, 15 juillet 2010, n° 09VE01944).

→ **EXEMPLE** *Une société anonyme emploie 60 salariés. La rémunération globale versée aux 5 personnes les mieux rémunérées s'élève à 1 300 000 €. Le montant de la rémunération des administrateurs porté en charge s'élève à 80 000 €.*

Le nombre d'administrateurs ayant exercé leurs fonctions durant l'exercice est de 5.

Pour le calcul, il convient de procéder ainsi :

1 300 000 € / 5 = 260 000 € par personne, parmi les mieux rémunérées.

Montant maximal déductible : 5 % × 260 000 × 5 = 65 000 €.

Montant à réintégrer : 80 000 € – 65 000 € = 15 000 €.

Administrateurs entrant ou sortant en cours d'exercice. Les administrateurs qui n'ont exercé leurs fonctions que pendant une partie de l'exercice doivent être comptés dans l'effectif du conseil au prorata de leur temps de présence par rapport à la durée de l'exercice (BOFiP-IS-BASE-30-20-20-§ 160-20/12/2019).

▸ Pour les administrateurs personnes physiques

464 **La rémunération allouée aux administrateurs en tant que simples membres du conseil est imposée selon les règles des revenus de capitaux mobiliers** (CGI art. 117 bis). **Cette rémunération des administrateurs est donc taxée en deux temps :**
– lors de son paiement, elle est soumise sur son montant brut à un prélèvement forfaitaire obligatoire (PFO) de 12,8 % perçu à titre d'acompte d'impôt sur le revenu, majoré des prélèvements sociaux ;
– l'année suivante, elle est soumise à l'impôt sur le revenu au prélèvement forfaitaire unique (PFU) de 12,8 % ou, sur option globale, au barème progressif sans abattement de 40 %, le PFO perçu à la source étant imputable sur cet impôt et, le cas échéant, restituable.

• **Frais déductibles.** Les membres des conseils d'administration (ou de surveillance) des SA peuvent déduire du montant de leur rémunération perçue à ce titre au cours d'une année, et imposée dans la catégorie des RCM, le montant des frais engagés dans l'exercice de leurs fonctions au titre de cette même année, à condition que les dépenses soient prises en compte pour leur montant réel et justifié, aient été effectivement payées et rendues nécessaires par l'exercice des fonctions exercées et n'aient pas été remboursées par la société. Cette déduction n'est toutefois possible que si les administrateurs personnes physiques optent pour le barème progressif, le PFU s'appliquant au montant brut des revenus.

Sont, notamment, déductibles à ce titre (rép. Bourg-Broc n° 50659, JO 26 décembre 2006, AN quest. p. 13621, non retrouvée au BOFiP) :
– les frais de correspondance, de télécopie et de téléphone, les frais de déplacement pour se rendre aux réunions du conseil, les frais de restauration, ainsi que les frais de formation, dès lors qu'ils sont en relation directe avec leur fonction d'administrateur ;
– les dépenses d'adhésion à des associations professionnelles, dès lors qu'elles se rapportent directement à la fonction d'administrateur.

• **Rémunération abandonnée à une organisation syndicale.** Des représentants du personnel salarié siègent dans les conseils d'administration et les conseils de surveillance des sociétés. Certains de ces représentants abandonnent leur rémunération à l'organisation syndicale à laquelle ils sont affiliés. Les rémunérations abandonnées ne sont pas soumises à l'impôt sur le revenu au nom de ces représentants lorsque les conditions suivantes sont remplies (BOFiP-RPPM-RCM-10-20-20-60-§§ 50 et 60-20/12/2019) :
– elles sont versées par les sociétés aux représentants du personnel salarié qui siègent ès qualité dans les conseils d'administration et les conseils de surveillance ;

– l'abandon est consenti à l'organisation syndicale à laquelle le représentant salarié est affilié, porte sur l'intégralité de la rémunération et est consenti dès la prise de fonctions de l'intéressé et pour toute la durée de son mandat ;
– la rémunération est versée directement par la société à l'organisation syndicale au profit de laquelle l'abandon est consenti.

En revanche, l'exonération d'impôt sur le revenu n'emporte pas celle des prélèvements sociaux, qui restent dus dans les conditions de droit commun. C'est donc pour leur montant net de prélèvements sociaux que les rémunérations abandonnées par leur bénéficiaire doivent être versées à l'organisation syndicale concernée (BOFiP-RPPM-RCM-10-20-20-60-§ 70-20/12/2019).

▸ **Pour les administrateurs personnes morales**

465 **Une personne morale, administrateur d'une société anonyme, doit nommer un représentant permanent, qui est généralement, soit un de ses administrateurs, soit un de ses salariés. Les rémunérations allouées aux administrateurs (ex-jetons de présence ordinaire) perçus par une personne morale en sa qualité d'administrateur d'une société anonyme présentent le caractère de revenus mobiliers imposables à son nom (si la personne morale administrateur est passible de l'IS, le montant de la rémunération perçue figure donc parmi ses produits imposables à l'IS). Peu importe, à cet égard, que la société administrateur reverse la rémunération à la personne physique qui la représente au sein du conseil d'administration de la société anonyme dont elle est membre, auquel cas, la taxation entre les mains de la personne physique est fonction des liens juridiques qui unissent les parties** (BOFiP-RPPM-RCM-10-20-20-60-§ 30-20/12/2019). **L'imposition est réalisée par exemple, dans la catégorie des revenus mobiliers s'il est membre du conseil d'administration de cette dernière ou dans la catégorie des traitements et salaires s'il a la qualité de salarié dans l'entreprise sociale.**

Régime mère-fille. Lorsqu'elle est versée à une société mère ayant la qualité d'administrateur, la rémunération n'ouvre pas droit au régime des sociétés mères et filiales.

Régime social

466 **Les sommes versées aux administrateurs de sociétés anonymes dans le cadre de leur mandat échappent en principe aux cotisations du régime général de la sécurité sociale** (cass. soc. 26 mai 1987, n° 85-12333, BC V n° 341).

Il en est ainsi pour les rémunérations (ex-jetons de présence) versées aux administrateurs non salariés ; ces sommes, constituant la rémunération d'un mandat social, n'ont pas de caractère salarial et ne sont pas soumises à cotisations (cass. soc. 16 mars 1976, n° 74-13824, BC V n° 173).

• **Administrateurs salariés.** Pour assujettir un administrateur salarié aux cotisations du régime général au titre de son contrat de travail, il convient de vérifier qu'il est bien lié à la société anonyme par un contrat de travail et d'établir le lien existant entre ce contrat et l'attribution de la rémunération (cass. soc. 3 décembre 1981, n° 80-16228, BC V n° 939).

• **Administrateur en charge d'une mission permanente.** L'administrateur, chargé par le conseil d'administration d'une mission d'assistance et de conseil auprès des dirigeants en contrepartie d'une rémunération fixe mensuelle, exerce une activité qui excède les attributions d'un simple administrateur et peut être assujetti en tant que salarié (cass. soc. 12 octobre 1989, n° 87-11195, BC V n° 356).

• **Mission exceptionnelle d'un administrateur.** Ne sont pas soumises à cotisations sociales les rémunérations attribuées pour des missions exceptionnelles ou spéciales n'ayant pas de caractère permanent *(voir § 469)*, telle une mission d'action d'audit confiée par le conseil d'administration à un administrateur en raison de ses compétences particulières ; cette activité ponctuelle est exclusive de tout lien de subordination (cass. soc. 31 octobre 2000, n° 99-11808).

• **Complément de salaire.** Donnent lieu à cotisations les rémunérations qui ne constituent pas la rémunération du mandat social, mais un complément de salaire versé en contrepartie ou à l'occasion d'un travail salarié (cass. soc. 12 décembre 1991, n° 89-16730 D). À l'inverse, ne sont pas soumises à cotisations les rémunérations versées à un administrateur cumulant une activité salariée dans la même société, dès lors que leur versement n'est intervenu qu'en raison du mandat social (cass. soc. 19 octobre 1995, n° 94-11752 D).

Comme elles échappent à toutes les cotisations et contributions dues au titre des revenus d'activité, les rémunérations, permanentes ou exceptionnelles *(voir § 469)*, **versées en contrepartie de l'exercice de leur mandat aux administrateurs sont soumises au forfait social** (c. séc. soc. art. L. 137-15, al. 7). **C'est la société qui est redevable de cette contribution de 20 %.**

En revanche, les rémunérations versées au président du conseil d'administration, au directeur général ou au directeur général délégué ne sont pas concernées, puisqu'elles sont traitées comme un élément de salaire soumis à cotisations *(voir § 479)*.

Autres rémunérations des dirigeants

Plusieurs sortes de rémunérations

▸ Rémunération du président et de la direction générale

467 **Le conseil détermine la rémunération de son président** (c. com. art. L. 225-47). **Le président ne peut renoncer à sa rémunération que par une décision explicite et le conseil ne peut supprimer celle-ci que par une délibération expresse** (CA Paris 31 mai 1996, n° 14720/94).

Par ailleurs, le conseil détermine la rémunération du directeur général et des directeurs généraux délégués (c. com. art. L. 225-53, al. 3).

Si le directeur général est administrateur, il cumulera sa rémunération pour ses fonctions de direction et sa rémunération à titre d'administrateur.

Si le directeur général est également le président, le conseil fixera généralement une rémunération globale pour les deux fonctions.

• **Absence pour maladie.** Sauf stipulation contraire dans les statuts ou la décision ayant fixé la rémunération du dirigeant, celle-ci doit être maintenue pendant les absences du dirigeant, notamment pour maladie. C'est ce qu'a jugé la Cour de cassation dans une affaire concernant une SELARL, mais transposable (cass. com. 21 juin 2017, n° 15-19593).

• **Prime sur objectifs.** Une prime sur objectifs promise au dirigeant peut lui être due même si, dans les faits, aucun objectif ne lui a été demandé. Tel est le cas lorsque, selon les termes de la convention conclue entre la SA et le dirigeant, il incombait à la société, et à elle seule, de fixer les objectifs. On ne pouvait donc pas refuser le paiement de la prime en reprochant au dirigeant de ne pas avoir demandé à la société de préciser les objectifs à atteindre (cass. com. 30 mars 2022, n° 20-16168).

▸ Administrateur délégué dans les fonctions de président

468 La rémunération de l'administrateur délégué dans les fonctions du président est déterminée par le conseil (c. com. art. R. 225-34).

Certains auteurs soulignent le caractère temporaire, et par là exceptionnel, de la mission confiée à l'intéressé. Par ailleurs, le président empêché peut-il simultanément continuer à être rémunéré ? Il semble inéquitable de le priver de toute rémunération dès lors que « l'empêchement » qui a motivé la délégation de ses fonctions à un administrateur ne lui interdit pas d'œuvrer pour la société : tel serait le cas, par exemple, d'une mission temporaire à l'étranger. En cas d'empêchement du président, le conseil décidera s'il y a lieu, compte tenu des circonstances et de la durée prévisible de l'empêchement, de réduire la rémunération du président.

▸ Rémunération exceptionnelle des administrateurs

469 Il peut être alloué par le conseil d'administration des rémunérations exceptionnelles pour les missions ou mandats confiés à des administrateurs (c. com. art. L. 225-46).

• **Types de mission.** Il s'agira, par exemple, de missions importantes ou délicates pour lesquelles le conseil juge l'intervention d'un ou de plusieurs de ses membres préférable à celle d'un simple directeur technique : mission temporaire à l'étranger, négociation d'un marché important, recherche d'une transaction pour mettre fin à un litige en cours, inspection d'une agence ou d'une succursale à la suite d'une défaillance grave de ses dirigeants, etc.

• **Conventions réglementées.** Les rémunérations exceptionnelles allouées aux administrateurs pour les missions ou mandats qui leur sont confiés sont soumises aux dispositions régissant les conventions réglementées (c. com. art. L. 225-46).

▸ Administrateur et prestataire de services

470 L'interdiction édictée par l'article L. 225-44 du code de commerce concernant les rémunérations des administrateurs *(voir § 460)* ne semble pas faire obstacle à ce que des administrateurs agissent à l'égard de la société en tant que prestataires de services et lui fournissent, par exemple, des consultations techniques. Il leur sera alloué, en pareil cas, des honoraires en rapport avec le travail fourni et les services rendus.

• **Brevets ou droits de propriété industrielle.** Si un administrateur concède à la société le droit d'exploiter des brevets ou des droits de propriété industrielle ou commerciale dont il est titulaire, il percevra les redevances que comportent habituellement de tels contrats.

• **Conventions réglementées.** S'agissant de conventions conclues entre la société et ses administrateurs, il y a lieu, bien entendu, de respecter la procédure spéciale prévue à cet effet (c. com. art. L. 225-38 à L. 225-42).

▸ Membres d'un comité d'études

471 La rémunération des membres non administrateurs d'un comité d'études *(sur ce comité, voir § 440)* est déterminée par le conseil d'administration (c. com. art. R. 225-33), qui a toute latitude pour verser, selon le cas, des honoraires ou un complément de salaire qui correspondent à la rétribution normale d'un travail effectif.

Si les membres du comité sont des administrateurs, leur rémunération peut consister dans l'attribution par le conseil d'une part supérieure à celle des autres administrateurs de la rémunération votée par l'assemblée (c. com. art. R. 225-33). Le conseil peut aussi leur allouer des rémunérations exceptionnelles pour missions ou mandats (c. com. art. L. 225-46) *(voir § 469)*, mais les rémunérations accordées à ce titre tombent sous le coup de la procédure prévue pour les conventions conclues entre la société et l'un de ses administrateurs (c. com. art. L. 225-38 à L. 225-42).

▸ Contrat de travail et autres rémunérations

472 Le président-directeur général, le directeur général et les directeurs généraux délégués peuvent cumuler leur mandat social avec un contrat de travail dès lors que celui-ci correspond à un emploi effectif. La fonction salariale doit, par sa technicité, pouvoir être dissociée du mandat de direction de la société, la rémunération versée au titre de ce travail salarié doit être distincte de celle qui découle du mandat social *(voir impérativement §§ 253 à 258)*. Un lien de subordination entre la société et le dirigeant en tant que salarié doit pouvoir être démontré. Cette preuve sera très souvent difficile (voire impossible) à apporter pour les dirigeants de la société qui exercent, sous leur responsabilité, la direction générale de la société ; le lien de subordination est encore moins réaliste lorsque le dirigeant est actionnaire majoritaire. Le salarié nommé directeur général pourra suspendre son contrat de travail le temps de sa fonction.

Lorsque le dirigeant devient titulaire d'un contrat de travail en cours de mandat social, la conclusion de ce contrat est soumise à la procédure des conventions réglementées *(voir §§ 1023 et suivants)*. Il en va de même en cas de modification de ce contrat de travail pendant le mandat social *(voir § 1024)*.

Aux diverses rémunérations des dirigeants, peuvent venir s'ajouter :
– des participations basées sur les bénéfices sociaux ou même, semble-t-il, sur le chiffre d'affaires. Dans les groupes, il est admis que la rémunération peut être proportionnelle aux résultats du groupe (rapport COB 1980, p. 37) ;
– des avantages en nature, tels que logement, usage d'une voiture.

Il est, en outre, fréquemment attribué à ces dirigeants des indemnités forfaitaires représentatives de frais d'emploi.

• **Clause de parachute.** Les clauses dites « Golden Parachute » sont fréquentes dans les groupes ; elles consistent à prévoir le versement d'une indemnité substantielle en cas de départ de cadres de haut niveau ou de dirigeants. L'octroi de telles indemnités exceptionnelles de départ doit être soumis à la procédure des conventions réglementées *(voir §§ 1023 et suivants)* (cass. com. 18 octobre 1994, n° 92-22052 ; cass. soc. 29 novembre 2006, n° 04-48219). En outre, pour le président-directeur général, ces indemnités ne devront pas avoir pour objet, ou pour effet, de restreindre ou d'entraver la révocation ***ad nutum*** des dirigeants *(voir §§ 408, 409 et 426)*.

• **Bonus.** Le seul défaut d'approbation par l'assemblée générale d'une convention réglementée souscrite entre la société et un de ses mandataires sociaux n'est pas, en soi, de nature à la priver d'effet mais ouvre seulement à la société la possibilité d'exercer contre son cocontractant une action en responsabilité *(voir §§ 1054 et s.)* (cass. soc. 8 juillet 2009, n° 08-41589).

• **Stock-options, actions attribuées gratuitement, BSA, BSPCE.** L'attribution de stock-options peut être un moyen d'intéressement complémentaire d'un dirigeant *(voir § 1166)*. La possibilité offerte d'octroyer gratuitement des actions aux dirigeants sous certaines limites peut constituer un autre mode d'intéressement *(voir §§ 1139 à 1144)*. Des bons de souscription d'actions (BSA) ou de parts de créateur d'entreprise (BCE) peuvent aussi être envisagés *(voir §§ 1343 à 1350)*.

• **Intéressement, participation et plans d'épargne d'entreprise dans les SA de 1 à moins de 250 salariés.** Le président du conseil d'administration, le directeur général et les membres du directoire peuvent bénéficier de l'intéressement si l'entreprise emploie de 1 à moins de 250 salariés (c. trav. art. L. 3312-3). La participation est également ouverte à ces dirigeants, sous réserve que l'entreprise, de 1 à moins de 250 salariés, ait conclu un accord de participation avec une formule dérogatoire plus avantageuse que la formule légale. Dans ce cas, les intéressés peuvent bénéficier de la part de réserve spéciale excédant le montant qui aurait résulté de la formule légale (c. trav. art. L. 3324-2). Enfin, ces dirigeants peuvent participer à un PEE lorsque l'entreprise exploitée en SA emploie de 1 à moins de 250 salariés (c. trav. art. L. 3332-2).

• **Intéressement aux bénéfices et départ du dirigeant.** Un conseil d'administration avait attribué au président-directeur général une rémunération comprenant, notamment, une bonification en fin d'année de 8 % du bénéfice brut annuel avant impôts et participation. Le président démissionne en cours d'année et la société refuse de lui verser la bonification de fin d'année, au motif que cet intéressement n'est dû que si le dirigeant est encore lié à la société au moment du bilan annuel. À défaut de précision limitant le droit à cette rémunération à la durée de la fonction de dirigeant durant un exercice entier, l'intéressement doit être calculé au prorata du temps passé au cours de l'exercice (CA Paris 25 mars 1993, Bull. Joly 1993, 744).

• **Complément de retraite.** Le conseil d'administration est seul compétent pour fixer la rémunération du président. Il peut lui octroyer un complément de retraite ayant pour contrepartie des services particuliers rendus à la société pendant l'exercice de ses fonctions par le président, dès lors que l'avantage accordé est proportionné à ces services et ne constitue pas une charge excessive pour la société. Face à des difficultés économiques nouvelles, le conseil peut supprimer la pension viagère octroyée lorsqu'elle devient une charge excessive pour la société (cass. com. 24 octobre 2000, n° 98-18367).

Points de vigilance

▸ Pouvoir exclusif du conseil

473 **La Cour de cassation se montre très ferme quant à la nécessité d'une délibération effective du conseil d'administration pour fixer la rémunération de la direction générale.**

Elle refuse de reconnaître la validité d'un accord tacite du conseil et exige une délibération spéciale fixant le montant et les modalités de cette rémunération ; les paiements effectués par la société ne peuvent suppléer cette délibération (cass. com. 13 février 1996, n° 94-11094)**. La rémunération allouée au président d'une société anonyme, notamment sous forme d'un complément de retraite, doit faire l'objet d'une délibération du conseil d'administration sur son montant et ses modalités, la confirmation par simple référence à une décision prise par deux administrateurs mandatés à cet effet ne pouvant suppléer la décision du conseil** (cass. com. 11 octobre 2005, n° 02-13520)**. La rémunération ne peut être fixée par une convention conclue par un tiers, peu important, à cet égard, que cette convention ait été autorisée par le conseil d'administration** (cass. com. 14 mars 2010, n° 09-6084)**.**

• **Recours à un comité.** La Cour a considéré « irrégulier le procédé consistant pour le conseil d'administration à déléguer son pouvoir de déterminer la rémunération du président à un comité chargé de fixer cette rémunération si les conclusions de ce comité et le montant qu'il a fixé ne sont pas expressément approuvés par le conseil ». Au cas considéré, un complément de retraite au profit du P-DG avait été fixé par une commission dont les conclusions avaient simplement été annexées au procès-verbal de l'une des réunions du conseil d'administration (cass. com. 4 juillet 1995, n° 93-17969).

• **Mandat à un membre.** Il n'est pas interdit au conseil de donner mandat à l'un de ses membres pour fixer des modalités de rémunération qui aient l'agrément du président-directeur général. Une fois que seront arrêtés les appointements, participations et indemnités alloués au président, l'administrateur mandaté à cet effet en précisera le montant au conseil qui en délibérera et l'approuvera, ou en modifiera le montant.

• **Ratification d'une décision du président.** Le conseil d'administration n'a pas le pouvoir de ratifier une décision unilatérale du président s'allouant, sans autorisation préalable du conseil, une rémunération (cass. com. 15 décembre 1987, n° 86-13479 ; cass. com. 30 novembre 2004, n° 01-13216) ; le dirigeant doit, dans ce cas, restituer les rémunérations non autorisées, sous réserve de la prescription. Il est toutefois à noter que, dans le cadre d'une SARL, la Cour de cassation a, plus récemment, admis qu'une rémunération non autorisée pouvait être validée par les associés plus d'un an après avoir été perçue par le dirigeant (cass. com. 15 mars 2017, n° 14-17873).

• **Le juge ne peut fixer la rémunération.** Faute d'avoir saisi le conseil d'administration, le président et directeur général de la SA n'a droit à aucune rémunération (cass. com. 12 janvier 1993, n° 91-13366). Les juges ne peuvent pas se substituer aux organes sociaux légalement compétents pour fixer la rémunération d'un dirigeant (cass. com. 31 mars 2009, n° 08-11860).

• **Ne pas déléguer des fonctions de direction.** En dehors du cas de l'administrateur délégué temporairement dans les fonctions de dirigeant *(voir § 468)*, les fonctions de décision, de stratégie et de représentation incombent au directeur général de la société. Celle-ci ne doit donc pas rémunérer une autre personne pour exécuter certaines de ces fonctions. Un tel contrat pourrait, en effet, être considéré comme dépourvu de contrepartie pour la société et, par conséquent, annulé (cass. com. 23 octobre 2012, n° 11-23376).

• **Condamnation du commissaire aux comptes.** Si le P-DG s'octroie une rémunération importante sans l'accord du conseil d'administration, il peut être poursuivi pour abus de biens sociaux *(voir § 475)*. Quant au commissaire aux comptes, il risque, le cas échéant, de se voir reprocher son manque de réactivité. Un commissaire aux comptes a ainsi été condamné à verser 71 000 € à une société pour ne pas l'avoir mise en garde contre l'abus de biens sociaux commis par le P-DG. La ratification ultérieure de la rémunération par le conseil d'administration ne permet pas d'écarter ce risque (cass. com. 31 mars 2021, n° 19-12045).

▸ Hors réglementation des conventions réglementées

474 **La rémunération du président, du directeur et des directeurs généraux délégués n'est pas soumise à la procédure spéciale des conventions réglementées.**

Le conseil d'administration d'une société anonyme est, de par la loi, en effet seul compétent pour fixer la rémunération du président (cass. com. 3 mars 1987, n° 84-15726). **Même dans le cas où elle serait proportionnelle aux résultats, la rémunération du président ne relève pas des textes régissant les conventions réglementées** (CA Paris 28 octobre 1994, Bull. Joly 1995, 55). **La règle s'applique de la même manière à la rémunération du directeur général et des directeurs généraux délégués.**

• **Décision isolée.** Une seule décision (CA Versailles 15 mai 1985, Droit des sociétés, octobre 1985, rubrique 220 et Sem. jur. éd. E 1987, 15129) a estimé qu'une rémunération ne présentant pas un caractère normal devait être soumise à la procédure d'autorisation préalable. En l'espèce, la rémunération du président et des directeurs généraux consistait en un pourcentage du chiffre d'affaires.

• **Position de l'ANSA.** Pour le comité juridique de l'ANSA, il n'y a aucune raison de remettre en cause la solution traditionnelle : la fixation de la rémunération du directeur général ou du président relève de la compétence exclusive du conseil d'administration en vertu des articles L. 225-47 et L. 225-53 du code de commerce. Cette règle spéciale déroge aux dispositions des articles L. 225-38 et suivants du code précité sur les conventions réglementées. C'est au conseil d'administration d'apprécier si le montant de la rémunération est, compte tenu de l'activité et des résultats du dirigeant, conforme à l'intérêt social (ANSA, n° 08-057).

▸ Rémunération et abus de biens sociaux

475 L'abus de biens sociaux est constitué lorsque le dirigeant fixe de son propre chef sa rémunération sans l'autorisation de l'organe social compétent ; peu importe que cette rémunération soit excessive ou non (CA Paris, 9e ch. A, 27 février 1990, Sem. jur. éd. E 1990, pan. 26). A ainsi été condamné le président d'une société qui s'était attribué, avec une autorisation partielle du conseil, des rémunérations élevées alors que la société avait une activité réduite (cass. crim. 6 octobre 1980, Rev. soc. 1981, 133).

L'approbation donnée par le conseil d'administration à la perception d'une rémunération et l'absence de réaction des contrôleurs extérieurs ne font pas disparaître à eux seuls le caractère délictueux des détournements (cass. crim. 22 septembre 2004, Rev. soc. 2005, 200). Au cas considéré, la rémunération ayant été déterminée par le conseil 8 ans auparavant, à une époque où la société ne connaissait aucune difficulté financière, les juges du fond doivent rechercher si la rémunération que le dirigeant a continué de percevoir n'était pas manifestement disproportionnée au regard de ses missions dans l'entreprise et de la situation financière de celle-ci.

Lorsque le dirigeant est condamné en raison d'une rémunération excessive, il ne doit rembourser que la part excessive de sa rémunération (cass. crim. 7 décembre 2016, n° 15-86731).

Rémunération excessive et abus de pouvoir. Le dirigeant d'une importante SA cotée n'obtient pas des membres du comité des rémunérations (organisme souvent présent au sein des sociétés cotées) l'augmentation de sa rémunération. Il convainc alors le conseil d'administration de renouveler complètement le comité des rémunérations. Les nouveaux membres fixent à plus de 4 M€ sa rémunération annuelle, plus de 12 M€ ses stock-options et plus de 2 M€ le montant de sa retraite complémentaire. Le dirigeant est condamné à 375 000 € d'amende (montant maximal) pour abus de pouvoir (cass. crim. 16 mai 2012, n° 11-85150).

▸ Rémunération et faute de gestion

476 Le fait de s'octroyer unilatéralement une rémunération constitue, en outre, une faute de gestion. Le dirigeant est révocable pour juste motif s'il s'octroie des rémunérations qui n'ont pas été votées par le conseil d'administration. On peut toutefois noter une décision favorable au dirigeant : la Cour de cassation retient que le dirigeant n'est pas révocable pour avoir perçu une rémunération sans vote du conseil d'administration car si le conseil n'avait pas délibéré, c'est parce que le directeur général avait conservé la même rémunération en dépit de son changement de statut (ce dirigeant était passé de président-directeur général à vice-président-directeur général) (cass. com. 16 avril 2013, n° 09-14999).

- **Utilisation de la carte bancaire de la société.** Le directeur général d'une société anonyme utilise pour l'exécution de son mandat social une carte bancaire mise à sa disposition par la société. Estimant injustifiées ou excessives certaines dépenses effectuées au moyen de cette carte, la SA en demande le remboursement au directeur général. Cette demande est jugée fondée : le dirigeant doit justifier que ses dépenses sont conformes à l'exécution de son mandat social (cass. com. 25 juin 2013, n° 12-21206).

- **Cession de la société.** Les rémunérations du président et du directeur général étaient, selon les procès-verbaux, fixées annuellement ; le président, suite à la cession de la totalité des actions de la société, a été condamné à restituer la rémunération qu'il avait perçue au titre de l'année au cours de laquelle la cession d'actions était intervenue, cette rémunération n'ayant pas été fixée par le conseil d'administration pour l'année en cause (cass. com. 30 novembre 2004, n° 01-13216). En pratique, lorsqu'une rémunération est fixée annuellement, le conseil doit, lorsqu'il souhaite modifier cette rémunération, prendre une nouvelle délibération arrêtant un nouveau montant.

• **Abus de majorité.** Une cour d'appel avait considéré que les rémunérations allouées au président-directeur général, actionnaire majoritaire, étaient constitutives d'un abus de majorité car supérieures au montant des bénéfices qui étaient systématiquement mis en réserve. L'arrêt est censuré pour ne pas expliquer en quoi les décisions allouant les rémunérations litigieuses avaient été prises contrairement à l'intérêt social et dans l'unique dessein de favoriser les majoritaires au détriment des minoritaires (cass. com. 17 mars 2009, n° 08-11268).

• **Société en difficulté.** Des actionnaires réclament des dommages et intérêts au dirigeant de la société. Ils lui reprochent d'avoir commis des fautes de gestion et de s'être octroyé des rémunérations excessives, alors que la société rencontrait des difficultés financières. Cependant, le dirigeant a, certes, omis d'adapter sa rémunération au risque d'une évolution défavorable de la société mais cette omission n'a pas sensiblement joué sur les comptes de l'entreprise. Elle n'a pas, non plus, contribué aux difficultés de la société. Ces difficultés étaient dues à des causes indépendantes de la volonté du dirigeant, et plus particulièrement à l'évolution défavorable du marché. Les juges rejettent donc la demande de dommages et intérêts (cass. com. 20 septembre 2016, n°s 14-22189 et 14-24282).

Régime fiscal

▸ Pour la société qui les verse

477 **Pour la société qui les verse, les sommes destinées à rémunérer les fonctions de direction générale sont, en principe, assimilées, au point de vue fiscal, à des salaires** *(voir § 478)* **et constituent une charge d'exploitation.**

Les rémunérations ne sont admises en déduction des résultats que si elles correspondent à un travail effectif et ne sont pas excessives eu égard à l'importance du service rendu (CGI art. 39, 1.1°). **Cette disposition s'applique à toutes les rémunérations, directes ou indirectes, y compris les indemnités, allocations, avantages en nature et remboursements de frais** (voir « Détermination du résultat (BIC-IS) », RF 1140, §§ 520 à 527).

L'appréciation du caractère excessif de la rémunération du dirigeant d'une société ne peut se faire qu'au regard des services rendus par celui-ci à ladite société (CE 23 janvier 2002, n° 216733). **A été rejetée la méthode consistant à globaliser les rémunérations versées par trois sociétés pour apprécier leur caractère excessif.**

• **Réintégration des rémunérations excessives.** La fraction jugée excessive des rémunérations doit être réintégrée dans le résultat fiscal de la société ; elle vient donc soit en augmentation du bénéfice imposable soit en réduction du déficit reportable.

Cette fraction excédentaire non déductible est imposée au nom du bénéficiaire dans la catégorie des revenus de capitaux mobiliers *(voir § 478)*.

• **Caractère normal ou non.** Pour apprécier le caractère normal des rémunérations, la jurisprudence retient différents critères, et notamment :
– la prépondérance de l'action personnelle de l'intéressé au sein de l'entreprise, son savoir-faire particulier, ses connaissances techniques (CE 24 juillet 1987, n° 57920 ; CE 26 avril 1989, n° 84697 ; CAA Paris 11 juin 1998, n° 96PA00395) ;
– la comparaison avec les rémunérations attribuées aux personnes occupant des emplois analogues dans les entreprises similaires de la région (CE 15 février 1989, n° 56154) ou dans la même entreprise (CE 8 janvier 1988, n° 50552) ;
– l'exercice conjoint d'une autre activité (CE 27 septembre 1989, n° 65047), l'importance de la rémunération par rapport au service rendu (CAA Lyon 2 avril 1991, n°s 89LY01308 et 89LY01529) ;
– le rôle déterminant du dirigeant dans la progression du chiffre d'affaires, le pourcentage des salaires par rapport à la masse salariale et au chiffre d'affaires (CAA Bordeaux 18 avril

2000, n° 87BX01325). La rentabilité de l'entreprise prime les éléments de comparaison retenus par l'administration (CAA Paris 10 février 2000, n° 97BX03393) ;
– les taux de rémunération attribués aux personnels occupant des emplois analogues dans les entreprises similaires de la région, l'importance de la rémunération totale et éventuellement de la part de capital détenue par le contribuable, le volume des affaires sociales, la nature des fonctions exercées par le bénéficiaire et l'importance de ses responsabilités (CAA Paris 20 juin 2018, n° 17PA02744).

• **Mission exceptionnelle d'un administrateur.** Quelle que soit la forme qu'elle revêt, la rémunération perçue par un administrateur au titre d'une mission exceptionnelle *(voir § 469)* est admise en déduction pour la détermination du résultat fiscal de la société versante, dans la mesure, bien entendu, où elle correspond à la rémunération normale des services rendus et ne constitue pas en réalité une distribution de bénéfices.

▸ Pour les dirigeants sociaux

478 **Pour le président-directeur général, le directeur général, les directeurs généraux délégués et, le cas échéant, l'administrateur délégué, les rémunérations perçues ès qualités ont, en principe, le caractère de salaires au point de vue fiscal** (BOFiP-RSA-CHAMP-10-30-20-§§ 140 à 210-06/03/2014).

Ces dirigeants – qui sont nécessairement des personnes physiques – doivent donc intégrer leurs diverses rémunérations, y compris, le cas échéant, la valeur des avantages en nature et les indemnités ou allocations forfaitaires professionnelles dont ils bénéficient, dans leur revenu imposable au titre des traitements et salaires. Conformément aux règles prévues pour ces revenus, ils peuvent déduire du montant brut de leurs rémunérations leurs frais professionnels, sous la forme soit de la déduction forfaitaire de 10 % pour frais professionnels plafonnée (CGI art. 83, 3°), **soit de la déduction des frais réels.**

En revanche, la rémunération allouée aux administrateurs en leur qualité de membres d'un comité d'études *(voir § 471)* **est imposée comme des revenus mobiliers. Il en est de même des rémunérations allouées au président et au vice-président d'un conseil de surveillance** (CGI art. 117 bis).

• **Président du conseil d'administration.** En l'état actuel des textes, le président du conseil d'administration, même s'il n'exerce que cette fonction, l'exécutif étant confié à un directeur général, est assimilé à un salarié.

• **Emploi salarié.** Les émoluments attribués aux administrateurs ou aux membres du conseil de surveillance exerçant un emploi salarié pour les rétribuer de cet emploi sont naturellement assujettis au régime d'imposition des salariés (BOFiP-RSA-CHAMP-10-30-20-§ 190-06/03/2014).

• **Avantages en nature.** Les avantages en nature forment un élément de la rémunération de leurs bénéficiaires ; les entreprises doivent inscrire sous une forme explicite la nature et la valeur des avantages en nature accordés à leur personnel et à leur dirigeant. Les présidents et directeurs généraux de sociétés anonymes doivent évaluer les avantages de nourriture et de logement d'après leur valeur réelle. Les avantages résultant de l'utilisation privée d'un véhicule de fonction ou des outils d'information et de communication (TIC) peuvent faire l'objet d'une évaluation forfaitaire (voir « Impôt sur le revenu », RF 1143, §§ 220 à 245). En cas de cumul avec un contrat de travail, les avantages de nourriture et de logement consentis aux dirigeants peuvent faire l'objet d'une évaluation forfaitaire, sous réserve de justifier, le cas échéant, de la régularité du cumul du contrat de travail et du mandat social.

• **Rémunération excessive.** Pour le bénéficiaire de la rémunération, la fraction jugée excessive de la rémunération a le caractère de revenu mobilier (CGI art. 109 et 110 ; CGI, ann. II art. 47). La circonstance qu'à l'égard de la société versante, la réintégration des rémunérations jugées excessives n'ait eu pour effet que de réduire le déficit fiscal ne fait pas obstacle à ce que ces rémunérations soient soumises à l'impôt sur le revenu en tant que bénéfices distribués, dès lors qu'elles ont été effectivement mises à la disposition de l'intéressé. Pour le calcul de l'impôt sur le revenu, ces rémunérations excessives sont retenues pour leur montant majoré de 1,25 (CGI art. 158, 7.2°).

• **Indemnités de cessation de fonctions.** Toute indemnité (contractuelle ou conventionnelle) versée, à l'occasion de la cessation de leurs fonctions, aux mandataires sociaux, dirigeants et personnes visées à l'article 80 ter du CGI est imposable. Toutefois, en cas de cessation forcée des fonctions, les indemnités perçues sont exonérées d'impôt sur le revenu dans la limite de 3 fois le plafond annuel de la sécurité sociale (PASS) en vigueur à la date de versement de l'indemnité, soit 123 408 € pour 2022 et 131 976 € pour 2023 (CGI art. 80 duodecies, 2 ; voir RF 1143, §§ 187 à 196). La fraction imposable de ces indemnités peut être imposée sous le système du quotient, quel que soit son montant (CGI art. 163-0 A, I). Lorsque les indemnités afférentes à une même cessation forcée de fonctions sont versées sur 2 années civiles successives, le plafond d'exonération s'apprécie en faisant masse de l'ensemble des versements.

Régime social

▸ Assujettissement au régime des salariés

479 **Les présidents, les directeurs généraux et les directeurs généraux délégués de sociétés anonymes sont obligatoirement assujettis au régime général de la sécurité sociale des salariés** (c. séc. soc. art. L. 311-3, 12°). **En conséquence, les rémunérations versées à l'occasion de leurs fonctions sont soumises à cotisations sociales** (cass. soc. 7 mai 1998, n° 96-17447, BC V n° 238) *(voir § 480)*.

Pour être assujetti au régime général des salariés, le dirigeant doit être rémunéré. Dans le cas contraire, et à l'instar des gérants associés de SARL non rémunérés (cass. ch. réunies, 24 juin 1966, n° 63-13821, BC ch. réun. n° 4, p. 3), **il ne relève alors d'aucun régime de protection sociale obligatoire** (cass. soc. 1er mars 1967, BC V n° 197).

Avantages en nature. Pour apprécier le caractère rémunéré d'une activité, les avantages en nature doivent être pris en compte (cass. soc. 17 avril 1985, n° 83-15445, BC V n° 238).

▸ Assiette des cotisations

480 **Les rémunérations perçues par le président, le président-directeur général, le directeur général ou les directeurs généraux délégués doivent être intégrés en totalité dans l'assiette des cotisations sociales** (cass. soc. 7 février 1980, n° 78-13425, BC V n° 127 ; cass. soc. 14 novembre 1984, n° 83-10943, BC V n° 433 ; cass. soc. 7 mai 1998, n° 96-17447, BC V n° 238 ; cass. civ., 2e ch., 3 avril 2003, n° 01-20935 D).

Rémunérations qualifiées d'honoraires. Dans la mesure où la société anonyme ne rapporte pas la preuve que les honoraires perçus par un dirigeant lui ont été versés à titre de travailleur indépendant ou libéral, et non en raison de ses fonctions de P-DG, lesdites sommes qualifiées d'honoraires doivent être considérées comme des rémunérations versées par la société à son P-DG et être, à ce titre, réintégrées dans l'assiette des cotisations sociales (cass. civ., 2e ch., 15 novembre 2005, n° 04-30409 D).

Mais pour que l'URSSAF puisse intégrer dans l'assiette des cotisations les sommes versées par la société à son dirigeant, encore faut-il que ce dernier puisse à tout moment appréhender ces sommes. C'est le cas lorsqu'elles sont mises à sa disposition soit par inscription à son compte personnel, soit par tout autre moyen. Il en est ainsi :

– des sommes inscrites au compte courant du dirigeant (cass. soc. 16 avril 1992, n° 90-11296, BC V n° 283 ; cass. soc. 16 mars 1995, n° 92-17279) **;**

– des avances en compte courant, qui constituent des avantages en espèces

soumis à cotisations (cass. soc. 23 mai 1996, n° 94-12010 ; cass. civ., 2e ch., 1er juillet 2003, n° 02-30202, BC II n° 216). **Peu importe que la pratique de telles avances soit interdite et que le montant en ait été ensuite réduit par des versements au crédit de ce compte** (cass. civ., 2e ch., 10 mai 2005, n° 03-30657 D).

Les sommes mises à disposition et par la suite abandonnées par le dirigeant restent assujetties à cotisations (cass. civ., 2e ch., 25 avril 2013, n° 12-19144, BC II n° 85).

En revanche, les sommes simplement enregistrées dans un compte de charges à payer ne peuvent être considérées comme mises à disposition du dirigeant tant qu'elles ne sont pas portées au compte courant de l'intéressé (cass. soc. 3 juin 1993, n° 90-17036), **et ne doivent donc pas être intégrées dans l'assiette des cotisations ; il en est de même de l'intéressement sur le chiffre d'affaires inscrit en provision sur un compte spécial** (cass. soc. 3 octobre 1991, n° 89-16175) **ou encore des rémunérations correspondant à une distribution ou à une avance de dividendes** (cass. civ., 2e ch., 25 mai 2004, n° 03-30030, BC II n° 235).

• **Versement des cotisations.** Lorsque les sommes sont mises à la disposition de leur bénéficiaire, elles doivent être déclarées et donner lieu à cotisations à l'URSSAF et à l'AGIRC-ARRCO. Elles sont également soumises à la CSG et à la CRDS, avec, éventuellement, application de l'abattement de 1,75 % pour frais professionnels, sauf en cas d'application d'une assiette forfaitaire.

En pratique, ces sommes doivent apparaître sur un bulletin de paie, sur lequel figurent les précomptes des cotisations.

• **Rémunérations excessives fiscalement.** Le paiement de cotisations sociales sur des sommes versées comme salaires n'est pas remis en cause du fait que l'administration fiscale considère que ces rémunérations sont excessives et non déductibles ; l'employeur ne peut prétendre au remboursement de ses cotisations (cass. soc. 14 janvier 1993, n° 90-15106).

• **Indemnités de cessation de fonctions.** Les indemnités versées lors de la cessation des fonctions des dirigeants sociaux sont, en principe, assujetties aux cotisations sociales, à la CSG et la CRDS.

Toutefois, en cas de cessation forcée des fonctions (ex : révocation), la fraction d'indemnité exonérée d'impôt sur le revenu (*voir § 478*) est également exonérée de cotisations sociales mais dans la limite de 2 plafonds annuels de la sécurité sociale (soit 87 984 € en 2023 et 92 736 € en 2024). Elle est aussi exonérée de CSG et de CRDS à hauteur de son montant exonéré de cotisations sociales. La fraction excédant 2 plafonds annuels de la sécurité sociale est assujettie à cotisations sociales, et à CSG et CRDS sans abattement d'assiette (c. séc. soc. art. L. 136-1-1, III, 5° b et L. 242-1, II, 7°).

En revanche, l'indemnité de cessation forcée des fonctions est assujettie aux cotisations, à la CSG et à la CRDS dès le 1er euro si son montant excède un seuil fixé à 5 fois le plafond annuel de la sécurité sociale (soit 219 960 € en 2023 et 231 840 € en 2024). Le dépassement du seuil se vérifie en faisant masse des indemnités de cessation forcée des fonctions et, le cas échéant, des indemnités de rupture du contrat de travail détenu par le dirigeant (c. séc. soc. art. L. 136-1-1, III, 5° b et L. 242-1, II, 7° ; BOSS, Indemnités de rupture, § 1440, 01/09/2023).

▸ Chômage

481 **Assurance chômage. Les dirigeants de sociétés ayant la qualité de mandataire sont en principe exclus de l'assurance chômage, même s'ils sont affiliés au régime général de la sécurité sociale. En cas de cumul d'un mandat social avec un emploi salarié effectif** (*voir § 472*), **ces dirigeants de sociétés peuvent toutefois participer au régime d'assurance chômage, mais exclusivement au titre du contrat de travail correspondant à l'emploi salarié** (dir. Unédic 2002-36 du 31 juillet 2002).

Une procédure de rescrit auprès de Pôle Emploi permet à l'employeur d'un mandataire social ou au titulaire d'un mandat social lui-même de vérifier s'il doit ou non être assujetti à l'assurance chômage *(voir § 266)*.

L'Unédic a précisé que le versement des contributions d'assurance chômage, qui est effectué de façon globale et anonyme, exclut toute reconnaissance tacite du droit aux prestations. En cas de demande d'allocations de chômage, le Pôle Emploi recherchera s'il y a eu effectivement rupture d'un contrat de travail et non révocation *(voir § 247)* ou perte des fonctions de mandataire *(voir § 251)*. Les dirigeants mandataires des sociétés commerciales ne pouvant justifier d'un contrat de travail ne peuvent être garantis contre les risques de perte de leur travail qu'en instituant eux-mêmes un système d'assurance particulier (rép. Pinte, JO 15 janvier 1977, AN p. 261).

• **Conséquence pour l'URSSAF d'un contrat de travail.** Pour l'URSSAF, l'incidence de l'existence ou non d'un contrat de travail est limitée puisque l'assujettissement au régime général de la sécurité sociale s'effectue de manière identique pour le mandat social et pour le contrat de travail. Toutefois, certaines règles ne peuvent pas être appliquées aux dirigeants lorsque ceux-ci n'ont pas de contrat de travail. Ce sont celles relatives :
– à la réduction générale patronale de cotisations sociales ;
– à l'assiette minimale des cotisations ;
– à l'abattement d'assiette pour temps partiel (le plafond ne pourrait être proratisé que pour la rémunération liée à l'éventuel contrat de travail à temps partiel dont serait par ailleurs titulaire le dirigeant) ;
– à la neutralisation du plafond de la sécurité sociale liée à certaines absences.

En revanche, toutes ces règles ont vocation à s'appliquer au titre du contrat de travail dont serait titulaire le dirigeant.

• **Assurances facultatives.** Les dirigeants peuvent se garantir personnellement contre les risques de chômage en adhérant soit à l'Association pour la garantie sociale des chefs et dirigeants d'entreprise (GSC – 42 avenue de la Grande-Armée, 75017 Paris ; Tél. : 01 45 72 63 10 ; www.gsc.asso.fr), soit à l'Association pour la protection des patrons indépendants (APPI – 25 bd de Courcelles, 75008 Paris ; Tél. : 01 45 63 92 02 ; www.appi-asso.fr).

482 **Allocation chômage des travailleurs indépendants.** Les présidents du conseil d'administration, les directeurs généraux et les directeurs généraux délégués non titulaires d'un contrat de travail peuvent percevoir pendant 182 jours l'allocation chômage des travailleurs indépendants (ATI), versée par Pôle emploi, lorsque l'entreprise fait l'objet (c. trav. art. L. 5424-4 et L. 5424-25) :
– soit d'un jugement d'ouverture de liquidation judiciaire (c. com. art. L. 641-1), à l'exception des procédures ouvertes après la cessation de l'activité professionnelle (c. com. art. L. 640-3) ;
– soit d'une procédure de redressement judiciaire, lorsque l'adoption du plan de redressement est subordonnée par le tribunal au remplacement du dirigeant (c. com. art. L. 631-19-1) ;
– soit, pour les demandes d'allocations déposées depuis le 1er avril 2022, d'une cessation totale et définitive d'activité déclarée auprès du guichet unique électronique des formalités d'entreprise, lorsque cette activité n'est pas économiquement viable.

Pour cela, ces dirigeants doivent (c. trav. art. R. 5424-70 à R. 5424-73) :
– justifier d'une activité non salariée pendant au moins 2 ans consécutifs au sein de l'entreprise ;
– être effectivement à la recherche d'un emploi et donc être inscrits sur la liste des demandeurs d'emploi (ils doivent ainsi accomplir des actes positifs et répétés

en vue de retrouver un emploi, de créer, de reprendre ou développer une entreprise et s'actualiser chaque mois) ;
– justifier, au titre de leur activité non salariée, de revenus antérieurs au moins égaux à 10 000 € par an ;
– disposer de ressources, autres que celles tirées de l'activité non salariée, inférieures au revenu de solidarité active (RSA) pour une personne seule.

Le montant de l'ATI est fixé à 26,30 € par jour (19,73 € à Mayotte) (c. trav. art. D. 5424-74).

10 Responsabilités dans la société

§§

Responsabilité civile des dirigeants

Plusieurs types d'actions en responsabilité

▸ Distinction entre action sociale et action individuelle

501 Une action en responsabilité civile contre un dirigeant peut avoir pour but de réparer un préjudice subi par la société. On appelle cette action l'« action sociale ». Elle est présentée aux paragraphes *510 à 513*.

Ou bien, une action en responsabilité peut avoir pour but de réparer un préjudice subi à titre personnel par un ou plusieurs actionnaires. On parle alors d'« action individuelle ». Elle est présentée au paragraphe *509*.

▸ Responsabilité envers les tiers

502 Les tiers peuvent rechercher la responsabilité des administrateurs, du directeur général ou des directeurs généraux délégués à la condition que la faute qu'ils leur reprochent soit séparable de leurs fonctions et qu'elle leur soit imputable personnellement (cass. com. 28 avril 1998, n° 96-10253 ; cass. com. 20 octobre 1998, n° 96-15418) ; il en est ainsi lorsque le dirigeant commet intentionnellement une faute d'une

particulière gravité incompatible avec l'exercice normal des fonctions sociales (cass. com. 20 mai 2003, n° 99-17092).

L'action en responsabilité contre les dirigeants engagée par des tiers se prescrit par 3 ans à compter du fait dommageable ou, s'il a été dissimulé, de sa révélation (c. com. art. L. 225-254).

• **Poursuites pénales.** Un dirigeant achète des véhicules au nom et pour le compte de la société, moyennant une réserve de propriété qu'il n'a pas respectée par la suite. La chambre criminelle rejette la condamnation pour abus de confiance mais condamne civilement le dirigeant à dédommager le vendeur. Peu importe que sa faute ne soit pas séparable de ses fonctions (cass. crim. 5 avril 2018, n° 16-87669).

Quant à la chambre commerciale, elle retient que la faute pénale intentionnelle du dirigeant est par essence détachable des fonctions. Peu importe qu'elle ait été commise dans le cadre de celles-ci (cass. com. 18 septembre 2019, n° 16-26962).

• **Prélèvement sur les bénéfices.** A commis une faute détachable de ses fonctions, la société gérante d'une SCI qui, ayant connaissance d'un litige envers un tiers, prélève dans la trésorerie de la société par anticipation sur les bénéfices une somme conduisant celle-ci à la cessation des paiements. Cette faute traduit la volonté délibérée de faire échapper cette somme au gage des créanciers de la SCI (cass. com. 6 novembre 2007, n° 05-13402 à propos d'une SCI mais transposable à la SA).

• **Défaut de provision et faute entrant dans les attributions du dirigeant.** La faute détachable peut exister, même si le dirigeant agit dans les limites de ses attributions. Tel est le cas de la décision de ne pas constituer de provisions pour le montant des redevances dues par une société au titre de contrats de licence résiliés par elle (cass. com. 10 février 2009, n° 07-20445). Cet arrêt précise par ailleurs que l'action en responsabilité contre les dirigeants est recevable lorsqu'elle a été engagée avant le jugement prononçant le redressement judiciaire de la société.

• **Défaut d'assurance obligatoire.** Commet une faute intentionnelle d'une particulière gravité incompatible avec l'exercice de ses fonctions sociales le dirigeant d'une société qui autorise un salarié à utiliser le véhicule alors que celui-ci n'était plus assuré pour défaut de paiement de ses primes (cass. com. 4 juillet 2006, n° 05-13930 ; *a contrario*, cass. civ., 3e ch., 4 janvier 2006, n° 04-14731). L'absence de couverture par une assurance garantissant la responsabilité décennale des constructeurs est une faute constitutive d'une infraction pénale intentionnelle, séparable comme telle des fonctions du dirigeant (cass. com. 28 septembre 2010, n° 09-66255).

À l'occasion d'un stage de parapente organisée par une société, une personne fait une chute entraînant des blessures. La Cour de cassation rappelle que le fait, pour le responsable d'une société organisant des activités sportives, de ne pas souscrire les garanties d'assurance est puni de 6 mois d'emprisonnement et d'une amende de 7 500 € (c. sport art. L. 321-1 et L. 321-2). Si la société n'a pas souscrit une assurance, cette carence constitue une faute, détachable de ses fonctions du dirigeant, de nature à engager la responsabilité civile personnelle de celui-ci (cass. com. 27 mai 2015, nos 13-23772, 14-11405 et 14-13689).

Après liquidation judiciaire de la société, l'action en responsabilité d'un créancier contre le dirigeant est justifiée lorsque ce créancier est dans l'impossibilité de voir sa créance garantie par l'assurance obligatoire que le dirigeant aurait dû souscrire pour couvrir l'éventuelle responsabilité de la société. Il s'agit bien d'un préjudice personnel, distinct du préjudice subi collectivement par les créanciers de la société (cass. com. 25 janvier 2016, n° 15-17787).

• **Contrefaçon – Concurrence déloyale.** La responsabilité personnelle d'un dirigeant envers les tiers a été retenue et établie, celui-ci ayant participé de façon active et personnelle à des actes de contrefaçon et de concurrence déloyale dont il avait revendiqué la qualité d'initiateur (cass. com. 7 juillet 2004, n° 02-17729). La chambre commerciale a considéré que ce dirigeant avait commis une faute séparable de ses fonctions.

• **Cession de brevets non publiés.** A commis une faute intentionnelle d'une particulière gravité le gérant qui a signé trois contrats de sous-licence, alors qu'il savait que les brevets correspondants n'avaient été ni délivrés ni publiés (cass. com. 26 février 2008, n° 05-18569).

• **Dépôt de plainte infondée.** Une société anonyme avait passé commande à un prestataire et son dirigeant avait signé le bon de commande. Un an plus tard, le prestataire engage un recouvrement car sa facture n'est toujours pas réglée. La SA a changé de dirigeant et le nouveau président prétend que la signature portée sur la commande est un faux. Il dépose plainte avec constitution de partie civile. Cependant, le tribunal de commerce admet la régularité de la signature et enjoint à la SA de prendre position sur la demande en paiement du prestataire. Sur ces entre-faits, la SA est mise en liquidation judiciaire et le prestataire perd ainsi tout espoir d'être payé par la société. Le prestataire assigne alors le dernier dirigeant de la SA qui, selon lui, a engagé sa responsabilité personnelle en déposant plainte dans le seul but de faire obstacle au règlement de la facture. La Cour de cassation valide l'argumentation du prestataire (cass. com. 24 juin 2014, n° 13-50050).

• **Défaut de preuve d'une faute séparable des fonctions.** La faute séparable n'a pas été retenue à l'encontre du dirigeant dans les circonstances suivantes :
– l'engagement de garantir le paiement des dettes d'une filiale sans révéler au bénéficiaire de la garantie la situation économique précaire de la société garantie (cass. com. 20 juin 2006, n° 05-10052) ;
– le fait d'adresser à des entreprises une lettre circulaire affirmant qu'une banque allait donner une réponse favorable à l'octroi d'un prêt à la société ayant à faire face à des difficultés financières (cass. com. 25 juillet 2005, n° 01-11377) ;
– le cautionnement donné par un président d'une SA sans autorisation préalable du conseil d'administration (cass. com. 9 juin 2004, n° 00-19773) ;
– suite à la commission par le chef comptable de facturations fictives afin de majorer les résultats des deux exercices sociaux ayant précédé la cession de la totalité du capital de la société, le fait qu'il n'était pas démontré la particulière gravité des faits commis par le président-directeur général (cass. com. 23 novembre 2010, n° 09-15339).

• **Action d'un créancier contre le dirigeant d'une société en liquidation judiciaire.** Lors d'une vente de droits sociaux, le cédant se voit confier une mission d'accompagnement rémunérée pendant un an. Entre-temps, la société cessionnaire est mise en liquidation judiciaire. Le cédant assigne les dirigeants de cette dernière en réparation de la perte de revenus liés à la mission d'accompagnement qui n'a pas pu être accomplie jusqu'à son terme. Sa demande est rejetée par la cour d'appel au motif qu'il appartient au liquidateur, et à lui seul, d'agir au nom des créanciers (c. com. art. L. 622-20 et L. 641-4, al. 3). La Cour de cassation censure : un créancier peut engager la responsabilité du dirigeant d'une société en procédure collective dès lors qu'il a subi un préjudice personnel distinct de celui des autres créanciers et résultant d'une faute du dirigeant séparable de ses fonctions (cass. com. 8 septembre 2021, n° 19-13526). De même, le cessionnaire d'une société ensuite placée en liquidation judiciaire peut exercer une action personnelle contre le dirigeant si ce dernier lui a fourni des documents comptables erronés sur la foi desquels il avait investi dans la société (cass. com. 2 février 2022, n° 20-17151).

• **Détournement de clientèle.** Le dirigeant d'une société relativement récente est assigné en responsabilité par une entreprise concurrente, qui lui reproche un détournement de clientèle. Estimant que le délai d'action de 3 ans contre le dirigeant est expiré, la cour d'appel rejette l'action mais sa décision est censurée. Pour la Cour de cassation, les juges d'appel auraient dû rechercher si le détournement n'avait pas été commis par le dirigeant avant sa nomination à cette fonction. Dans ce cas, la prescription quinquennale (c. civ. art. 2224) devait s'appliquer (cass. com. 28 juin 2023, n° 22-10184).

Devoir de loyauté

503 **Le dirigeant a une obligation de loyauté vis-à-vis de tous les actionnaires, tout particulièrement lorsqu'il agit en tant qu'intermédiaire dans les cessions d'actions** (cass. com. 27 février 1996, n° 94-11241). **Il manque à cette obligation lorsqu'il dissimule aux cédants une information de nature à influencer leur consentement** (cass. com. 12 mai 2004, n° 00-15618).

Il est également tenu à une obligation de loyauté vis-à-vis de la société qu'il dirige. La loyauté lui interdit de concurrencer la société qu'il dirige (cass. com. 15 novembre 2011, n° 10-15049), **sauf accord unanime des associés** (cass. com. 18 mars 2020, n° 18-17010). **De même, après sa démission, il ne peut pas commencer une activité concurrente pendant le délai de préavis, si un préavis est prévu par les statuts** (cass. com. 12 février 2002, n° 00-11602).

- **Propos après révocation.** A été condamné un ancien dirigeant ayant tenu des propos malveillants à l'encontre de la société après sa révocation (CA Paris 28 janvier 1999, Dr. Soc. 1999, n° 81).

- **Manipulation d'un minoritaire.** Un actionnaire minoritaire a pu exercer une action en responsabilité envers des administrateurs qui l'avaient intentionnellement induit en erreur sur les causes et conditions de rachat de ses actions dans le cadre d'une réduction de capital ayant pour but de l'évincer de la société (cass. com. 8 novembre 2005, n° 03-19679).

- **Le dirigeant privilégie secrètement ses intérêts.** Un dirigeant acquiert secrètement (par l'intermédiaire de sociétés interposées) un immeuble que les associés projetaient d'acquérir tous ensemble. Les juges considèrent que l'indélicatesse du dirigeant ne suffit pas à caractériser une faute, mais la Cour de cassation censure cette position : le dirigeant a manqué à son devoir de loyauté et doit donc être condamné au paiement de dommages et intérêts (cass. com. 18 décembre 2012, n° 11-24305).

- **Groupe de sociétés.** Lorsqu'une décision a été votée par le conseil d'administration d'une société mère, le devoir de loyauté, auquel l'administrateur de cette société est tenu envers elle, l'oblige à voter dans le même sens au sein du conseil d'administration de la filiale, sauf si cette décision est contraire aux intérêts de la filiale (cass. com. 22 mai 2019, n° 17-13565).

Infractions aux dispositions légales et aux statuts

▸ Responsabilité des fondateurs

504 **Les fondateurs de la société auxquels la nullité est imputable et les administrateurs en fonctions au moment où elle a été encourue peuvent être déclarés solidairement responsables du dommage résultant pour les actionnaires ou pour les tiers de l'annulation de la société. La même responsabilité solidaire peut être prononcée contre ceux des actionnaires dont les apports ou les avantages n'ont pas été vérifiés et approuvés** (c. com. art. L. 225-249).

Par ailleurs, les fondateurs de la société, ainsi que les premiers membres des organes de gestion, d'administration, de direction et de surveillance sont solidairement responsables du préjudice causé par le défaut d'une mention obligatoire dans les statuts, ainsi que par l'omission ou l'accomplissement irrégulier d'une formalité prescrite par la loi et les règlements pour la constitution de la société. Cette responsabilité s'applique également en cas de modification des statuts, aux membres des organes de gestion, d'administration, de direction, de surveillance et de contrôle, en fonction lors de ladite modification (c. com. art. L. 210-8).

▸ Responsabilité des administrateurs et du directeur général

505 Plus généralement, « les administrateurs et le directeur général sont responsables, individuellement ou solidairement, selon le cas, envers la société ou envers les tiers, soit des infractions aux dispositions législatives ou réglementaires applicables aux sociétés anonymes, soit des violations des statuts, soit des fautes commises dans leur gestion » (c. com. art. L. 225-251, al. 1). Cette action implique une simple faute prouvée.

Cette action en responsabilité vise notamment :
– le défaut de convocation des actionnaires pour statuer sur les comptes, les infractions au droit de communication des actionnaires, les inexactitudes ou irrégularités dans l'établissement de la feuille de présence, la méconnaissance des règles relatives à la compétence et à la majorité, le défaut d'accomplissement des formalités de publicité (rép. Massot, JO 20 octobre 1974, AN p. 4710) ;
– l'irrégularité dans la tenue des comptes, mais il existe une infraction pénale liée au délit de présentation infidèle des comptes sociaux ;
– le non-respect des clauses statutaires relatives au fonctionnement du conseil d'administration, ou encore aux cessions des actions.

• **Administrateur personne morale.** Le représentant permanent d'une personne morale administrateur (ou membre du conseil de surveillance) d'une société anonyme encourt la même responsabilité que s'il était dirigeant en son nom propre (c. com. art. L. 225-20).

• **Directeur général.** Le directeur général est soumis à la même responsabilité que les administrateurs sur les mêmes fondements, celle-ci pouvant être engagée individuellement ou solidairement avec les administrateurs. D'ailleurs, l'article R. 225-167 du code de commerce vise expressément les demandes en responsabilité à l'encontre du directeur général.

• **Directeurs généraux délégués.** Ils ne sont pas visés par l'article L. 225-251 du code de commerce, qui ne concerne que les administrateurs et le directeur général.

Fautes de gestion des administrateurs et des dirigeants

▸ Responsabilité étendue

506 Étant des mandataires, les administrateurs répondent comme tels de leurs fautes de gestion, y compris de toutes les fautes légères commises dans l'exercice de leur mandat, qu'il y ait ou non dol ou fraude (c. com. art. L. 225-251). Cependant, il faut que cette faute soit la cause du préjudice invoqué. Cette responsabilité est étendue au directeur général et donc également au président du conseil lorsqu'il cumule les deux fonctions.

La responsabilité des administrateurs est engagée, selon la jurisprudence, lorsqu'ils n'ont pas surveillé activement et efficacement, en bons pères de famille, la marche de la société, l'inaction étant considérée comme une faute.

Peu importe que l'administrateur ait un intérêt limité dans l'affaire ; une participation infime dans le capital ne l'exonère pas de sa responsabilité. Celle du conseil pourra également être engagée pour les interventions liées à la bonne marche de la société et aux affaires qui la concernent, notamment en cas d'acte anormal.

Pour que la responsabilité de l'administrateur soit engagée, son comportement doit avoir été adopté en pleine connaissance de cause, c'est-à-dire qu'il ait été clairement, complètement et honnêtement informé sur les motivations des décisions en débats ou qu'il aurait dû, comme un administrateur normalement diligent, réclamer cette information (ANSA, CJ n° 10-058, novembre 2010).

• **Ancien administrateur.** Un ancien administrateur, même s'il a cédé toutes ses actions de la société, est néanmoins responsable de toutes les fautes qu'il a pu commettre pendant sa gestion (cass. com. 11 octobre 1988, n° 87-10529).

• **Effet du quitus.** L'approbation des comptes par l'assemblée générale et le quitus donné aux administrateurs ne font pas obstacle à ce que soit recherchée leur responsabilité pour leur gestion (cass. com. 15 décembre 1987, n° 86-13479).

De façon générale, aucune décision de l'assemblée ne peut avoir pour effet d'éteindre une action en responsabilité contre le dirigeant pour une faute commise dans l'accomplissement de son mandat (cass. civ., 3e ch., 27 mai 2021, n° 19-16716, solution prononcée à propos d'une société civile mais transposable à une société commerciale).

• **Défaut de surveillance.** Celui qui accepte les fonctions d'administrateur est tenu à une surveillance et à un contrôle sérieux de l'administration de la société et l'intérêt limité qu'il a dans l'affaire ne peut justifier sa passivité (cass. com. 31 janvier 1995, n° 92-21548).

• **Comptes certifiés.** Le fait que les comptes sociaux soient certifiés par un commissaire aux comptes n'a aucune influence sur la responsabilité éventuelle du dirigeant (rép. Masson n° 1563, JO du 15 novembre 2007, Sén. quest. p. 2091).

• **Rémunération abusive.** En cas de rémunération abusive démontrée, les administrateurs qui l'ont décidé peuvent être poursuivis sur le fondement de la faute de gestion. Pour que le caractère abusif des rémunérations des dirigeants soit établi, il faut apporter la preuve qu'elles dépassent ce qui est justement dû pour la rétribution des personnes concernées et celle du caractère fautif de la décision prise au sein de la société (cass. com. 21 septembre 2004, n° 02-17559).

• **Choix stratégique.** Le choix de conserver des activités diversifiées ne peut être considéré comme une faute de gestion, dès lors qu'il s'agit d'un choix stratégique dont la mise en œuvre n'a pas démontré qu'il ait été manifestement malheureux ni contraire aux intérêts de la société (cass. com. 21 septembre 2004, n° 02-17559).

▸ Responsabilité individuelle ou solidaire

507 **Chaque administrateur est seul responsable des fautes qu'il a personnellement commises dans le cadre de sa mission. Le plus souvent, cette responsabilité personnelle sera exercée à l'encontre du président du conseil d'administration sur qui pèsent des missions spéciales** *(voir § 508)*. **En dehors de ces cas, la responsabilité est celle du conseil. Le conseil étant un organe collectif, tous les administrateurs sont responsables et chacun d'entre eux doit indemniser le tiers victime d'un préjudice démontré. La responsabilité solidaire concerne également le directeur général qui a coopéré aux mêmes faits.**

Le tribunal peut néanmoins déterminer la part contributive de chacun des administrateurs dans la réparation du dommage (c. com. art. L. 225-251, dernier al.).

Une présomption de faute est posée à l'encontre de chacun des membres du conseil d'administration ou du directoire d'une société anonyme. Le membre de l'organe collégial peut échapper à sa responsabilité, à charge pour lui de démontrer qu'il s'est comporté en administrateur prudent et diligent, notamment en s'opposant à la décision fautive. L'un de ces moyens est de prouver qu'il s'est opposé à cette décision (cass. com. 30 mars 2010, n° 08-17841).

L'administrateur opposant devra faire mentionner son opposition au procès-verbal de la réunion du conseil. Pour les cas les plus graves, la preuve la plus nette de son opposition sera sa démission (ANSA n° 10-058).

La responsabilité des administrateurs est limitée au préjudice causé par leur faute, individuelle ou collective, à la société, aux actionnaires ou aux tiers ; il appartient au juge de donner une évaluation motivée de ce préjudice.

▸ Président du conseil d'administration

508 Le président du conseil d'administration veille au bon fonctionnement des organes de la société et s'assure, en particulier, que les administrateurs sont en mesure de remplir leur mission. Pèse sur le président l'obligation de s'assurer du bon fonctionnement du conseil d'administration, lequel est chargé de contrôler le pouvoir exécutif.

Le président est tenu, comme le directeur général, de communiquer à chaque administrateur tous les documents et informations nécessaires à l'accomplissement de sa mission. Le président doit, de sa propre initiative, fournir les documents nécessaires et, sur demande des administrateurs, leur communiquer les informations et documents supplémentaires dont ils auraient besoin au vu de l'ordre du jour. Cette obligation pèse sur le président du conseil, mais aussi sur le directeur général. Si les fonctions sont dissociées, les deux personnes peuvent être mises en cause.

• **Obligation de moyens.** La responsabilité du président du conseil d'administration implique la commission d'une faute de gestion, étant précisé qu'il n'est tenu qu'à une obligation générale de moyens, le mauvais état des affaires sociales ne pouvant faire présumer sa faute (CA Versailles 11 juin 1998, Bull. Joly 1998, 1168).

• **Opportunité des décisions de gestion.** Les tribunaux n'étant pas compétents pour apprécier l'opportunité des décisions de gestion, les fautes commises par le président doivent s'apprécier en fonction de la régularité du processus qui a conduit à leur adoption, de leur caractère non anormal au moment où elles ont été prises en tenant compte de l'acceptation des risques générés par la gestion de toute société et du contrôle incombant au conseil d'administration (CA Versailles 17 mars 1998, Rev. soc. 1998, 828).

Exercice de l'action en responsabilité

▸ L'action individuelle

509 Cette action peut être exercée par les actionnaires, agissant en leur nom personnel, pour réparer le préjudice causé à chacun d'eux par chacun des membres du conseil d'administration, ce préjudice étant distinct de celui subi par la personne morale (c. com. art. L. 225-252). Tel peut être le cas de l'action envers des administrateurs qui, dans le cadre d'une opération de réduction de capital, induisent en erreur l'actionnaire minoritaire sur les conditions de rachat de ses actions *(voir § 503, « Manipulation d'un minoritaire »)*.

La mise en œuvre de la responsabilité des administrateurs et du directeur général à l'égard des actionnaires agissant en réparation du préjudice qu'ils ont personnellement subi n'est pas soumise à la condition que les fautes imputées à ces dirigeants soient intentionnelles, d'une particulière gravité et incompatibles avec l'exercice normal des fonctions sociales, contrairement à celle à l'égard des tiers (cass. com. 9 mars 2010, n° 08-21547).

En revanche, s'il ne peut pas alléguer un préjudice distinct de celui de la société, un associé ne peut pas agir contre le dirigeant (cass. com. 17 janvier 2018, n° 16-10266).

Si plusieurs actionnaires ont subi personnellement un préjudice en raison des mêmes faits, ils peuvent donner à un ou plusieurs d'entre eux le mandat d'agir en

leur nom devant les juridictions civiles. Ce mandat écrit et la demande en justice doivent répondre à certaines conditions de forme (c. com. art. R. 225-167).

- **Défaut de convocation des actionnaires.** L'action personnelle d'un actionnaire a été admise à l'encontre d'un dirigeant qui ne convoque pas l'assemblée annuelle, entraînant ainsi une absence de distribution des bénéfices (CA Paris 15 décembre 1995 et 19 janvier 1996, RTD com. 1997, 286). Un arrêt plus ancien a également retenu le préjudice individuel d'un actionnaire à l'encontre du dirigeant refusant de lui verser les dividendes auxquels il a droit (CA Paris 2 mai 1935, Gaz. Pal. 1935, 2, p. 113).

- **Perte de la valeur des actions.** A été déclarée irrecevable l'action engagée par des actionnaires envers les dirigeants d'une société anonyme fondée sur une diminution de leur participation au capital suite à une opération d'augmentation puis de réduction de capital nécessitée par des pertes importantes (cass. com. 4 mars 1986, n° 84-15282). De même, a été rejetée l'action individuelle d'actionnaires en réparation de la perte de valeur de leurs actions en raison d'une faute des dirigeants, le préjudice subi n'étant que le corollaire du dommage causé à la société (cass. com. 1er avril 1997, n° 94-18912 ; cass. com. 15 janvier 2002, n° 97-10886). Il en est de même en cas de ruine de l'entreprise (cass. com. 19 avril 2005, n° 02-10256), mais l'action est recevable si les dirigeants n'agissent pas loyalement *(voir § 503)*.

▸ L'action sociale

510 **L'action sociale est destinée à réparer un préjudice subi par la société** *(voir § 501)*. **Elle relève de l'initiative des dirigeants de la société ; les nouveaux dirigeants peuvent agir contre les anciens. Elle peut également être exercée par un ou plusieurs actionnaires (action sociale *ut singuli*) soit individuellement, soit en se groupant** (c. com. art. L. 225-252).

- **Action sociale de plein droit.** La loi répute non écrite toute clause des statuts ayant pour effet de subordonner l'exercice de l'action sociale à l'avis préalable ou à l'autorisation de l'assemblée générale, ou qui comporterait par avance renonciation à l'exercice de cette action. Aucune décision de l'assemblée générale ne peut avoir pour effet d'éteindre une action en responsabilité contre les administrateurs pour faute commise dans l'accomplissement de leur mandat (c. com. art. L. 225-253).

- **Action engagée par un nouveau président.** L'action sociale peut être exercée par un nouveau dirigeant contre un ancien, alors même qu'il aurait participé aux agissements fautifs (cass. com. 7 décembre 1982, n° 81-11504). Le nouveau dirigeant peut mettre en cause la responsabilité de son prédécesseur pour des faits antérieurs à son entrée dans la société (cass. com. 11 octobre 1988, n° 86-12240).

- **Perte de la qualité d'actionnaire.** Le retrait en cours d'instance d'un ou de plusieurs actionnaires, soit qu'ils aient perdu la qualité d'actionnaire, soit qu'ils se soient volontairement désistés, est sans effet sur la poursuite de l'instance ainsi engagée, mais l'action sociale engagée par un actionnaire postérieurement à la cession de la totalité de ses titres est irrecevable (cass. com. 26 janvier 1970, n° 67-14787).

- **Action contre le dirigeant ou des administrateurs.** Par le biais de l'action sociale, les actionnaires minoritaires peuvent, au nom de la société, assigner en responsabilité le dirigeant et les administrateurs, mais en aucun cas un tiers (cass. com. 19 mars 2013, n° 12-14213).

▸ Groupement d'actionnaires pour l'exercice de l'action sociale

511 **Dans les SA dont le capital est au plus de 750 000 €, des actionnaires peuvent, s'ils représentent au moins le vingtième du capital social, charger à leurs frais un ou plusieurs d'entre eux de les représenter pour soutenir, tant en demande qu'en défense, l'action sociale contre les administrateurs ou le directeur général** (c. com. art. R. 225-169).

Capital supérieur à 750 000 €. Lorsque le capital de la société est supérieur à 750 000 €, le montant du capital à représenter en application des dispositions ci-dessus est, selon l'importance dudit capital, réduit ainsi qu'il suit (c. com. art. R. 225-169) :
- 4 % pour les 750 000 premiers euros ;
- 2,50 % pour la tranche de capital comprise entre 750 000 € et 7 500 000 € ;
- 1 % pour la tranche de capital comprise entre 7 500 000 € et 15 000 000 € ;
- 0,50 % pour le surplus du capital.

▸ Mise en cause de la société

512 **Lorsque l'action sociale est exercée par un ou plusieurs actionnaires, agissant soit individuellement, soit de façon groupée, le tribunal ne peut statuer que si la société a été régulièrement mise en cause par l'intermédiaire des dirigeants de la société anonyme** (c. com. art. R. 225-170).

• **Conflit d'intérêt.** Le tribunal peut désigner un mandataire ad hoc pour représenter la société dans l'instance, lorsqu'il existe un conflit d'intérêt entre celle-ci et ses représentants légaux (c. com. art. R. 225-170, al. 2). Il en est ainsi lorsqu'un associé assigne en responsabilité un dirigeant à la fois à titre personnel mais aussi en tant que représentant légal de la société (cass. com. 9 novembre 2022, n° 20-19077 à propos d'une SARL mais transposable à la SA).

• **Mesures conservatoires.** Les associés ont qualité pour prendre toute mesure de nature à garantir le paiement de l'action qu'ils exercent, mais ces mesures conservatoires doivent être prises au nom de la société (cass. civ. 14 septembre 2006, n° 05-16266). Cette décision a été rendue à propos de l'action sociale visée à l'article 1843-5 du code civil, mais elle est transposable à l'action ut singuli engagée par des actionnaires.

• **Juge d'instruction.** La mise en cause préalable de la société ne s'applique pas devant le juge d'instruction (cass. crim. 3 octobre 2007, n° 06-87849).

▸ Prescription

513 **L'action en responsabilité contre les administrateurs, tant sociale qu'individuelle, se prescrit par 3 ans à compter du fait dommageable ou, s'il a été dissimulé, de sa révélation. Toutefois, lorsque le fait est qualifié de crime, l'action se prescrit par 10 ans** (c. com. art. L. 225-254).

• **Faits révélés après la démission du dirigeant.** Un dirigeant est actionné en responsabilité plus de 3 ans après sa démission des fonctions de président et d'administrateur ; cette action est néanmoins déclarée recevable du fait que l'état de la comptabilité tenue alors qu'il était président avait exigé, après son départ, des recherches importantes en raison de ses lacunes, de sorte que la situation réelle n'avait été connue que 8 mois après son départ, début du délai de 3 ans (cass. com. 22 septembre 1982, Légi France, sans numéro de pourvoi).

• **Information régulière des actionnaires.** Lorsque l'opération reprochée au dirigeant ayant entraîné un dommage est connue des actionnaires intentant l'action en responsabilité, le délai de prescription de 3 ans peut courir à compter de la démission de ce dirigeant (cass. com. 25 mars 2003, n° 99-20916) ; au cas considéré, la rénovation d'une clinique avait donné lieu à de nombreuses informations au cours du conseil d'administration. De plus, lors de la dernière assemblée avant le départ du dirigeant, le commissaire aux comptes avait refusé de certifier les comptes.

• **Rémunérations perçues indûment depuis plus de 3 ans.** La prescription triennale court à compter du fait dommageable que constitue, pour une société, la privation des sommes, indûment réglées à ses administrateurs à titre de rémunérations réintégrées par l'administration fiscale, à l'époque où celles-ci ont été décidées ou perçues, même si le redressement fiscal date de moins de 3 ans (cass. com. 2 mai 1983, n° 81-12717).

• **Prise de contrôle prescrite.** L'action en responsabilité engagée à l'encontre de dirigeants plus de 3 ans après une prise de contrôle est irrecevable dès lors que cette opération résulte de décisions et délibérations dûment publiées et présentées à l'approbation des actionnaires (cass. com. 28 avril 2004, n° 01-15375).

• **Rapport d'expertise confirmant la faute d'administrateurs.** Le point de départ de la prescription de l'action intentée contre les administrateurs se situait au plus tard le 29 juin 1994, date du dépôt du rapport d'expertise, lequel comportait de façon explicite la confirmation de la faute commise par les administrateurs ; dès lors, les assignations délivrées à partir de juillet 1998 étaient prescrites (cass. com. 31 janvier 2006, n° 02-13085).

• **Dissimulation et report du point de départ du délai.** Le point de départ du délai de prescription court à compter de la révélation du fait dommageable dissimulé ; cette règle ne peut pas s'appliquer à la dissimulation du montant du préjudice subi suite à une cession d'une branche d'activité révélée aux associés (cass. com. 20 février 2007, n° 03-12088). Ont été considérés comme révélés et pris comme point de départ du délai de prescription les faits suivants :
– la date de la publication au Balo des comptes annulant certains produits (cass. com. 9 mars 2010, n° 08-21547) ;
– la date de nomination d'un administrateur provisoire (cass. com. 30 mars 2010, n° 08-17841).

• **Dénonciation calomnieuse.** Lorsque la responsabilité civile du dirigeant procède d'une dénonciation calomnieuse, le point de départ du délai de prescription correspond au jour de la décision de non-lieu (cass. com. 21 juin 2017, n° 15-27465).

Assurance responsabilité civile des dirigeants

514 **Les contrats assurant la responsabilité civile des dirigeants sont, dans la pratique, conclus entre un assureur et une société (et non pas entre un assureur et un dirigeant).**

Bien qu'il ne s'agisse pas, à proprement parler, d'un accord conclu entre le dirigeant et la société, il peut paraître prudent de respecter le formalisme des conventions réglementées, car le contrat d'assurance engage la société et profite au dirigeant. Quelques compagnies d'assurances demandent d'ailleurs l'approbation des associés ou du conseil d'administration, même si l'ANSA considère, de son côté, que « ce contrat [d'assurance] se trouve complètement en dehors du champ des conventions avec la société » (ANSA, 1er octobre 2003, n° 04-005).

Les fautes intentionnelles ne sont pas assurées. Cette règle est prévue de façon expresse par le code des assurances : « l'assureur ne répond pas des pertes et des dommages provenant d'une faute intentionnelle ou dolosive de l'assuré » (c. ass. art. L. 113-1, al. 2). **Cependant, en matière d'assurance, la faute intentionnelle est définie de façon étroite : elle suppose la volonté de provoquer le dommage, et pas seulement d'en créer le risque** (cass. civ., 1re ch., 10 avril 1996, n° 93-14571). **Ainsi, lorsqu'un dirigeant viole un accord de confidentialité, cette faute est certes volontaire (elle a été voulue par le dirigeant). Pour autant, il ne s'agit pas d'une faute intentionnelle au sens du droit des assurances et elle est donc assurable.**

• **Violation d'un accord de confidentialité.** Un dirigeant conclut un accord de confidentialité avec une entreprise tierce. L'engagement du dirigeant est pris, précise l'accord, en tant que directeur général de la société mais aussi à titre personnel. Quelques années plus tard, la société et son dirigeant sont solidairement condamnés au paiement de dommages et intérêts (près de 180 000 €) pour avoir violé l'accord de confidentialité. Le dirigeant demande alors à l'assureur de le garantir à hauteur de la moitié de la condamnation (l'autre moitié incombant à la société au titre de la condamnation solidaire). L'assureur, puis les juges saisis du litige, repoussent cette demande, les juges soulignant que, dans l'accord de confidentialité, le dirigeant s'est engagé à titre personnel.

Cette décision est censurée car la faute a bien été commise par le dirigeant dans le cadre de ses fonctions. Peu importe, ajoute la Cour de cassation, que le directeur général soit tenu personnellement (cass. civ., 2e ch., 1er juin 2011, n° 10-18143). D'ailleurs, s'il n'avait pas été tenu personnellement, il n'aurait pas mis en jeu la garantie.

• **Diffusion d'informations trompeuses.** Le directeur général délégué d'une société cotée diffuse des informations trompeuses sur la société afin de mieux en négocier la cession. Cette tromperie lui vaut deux amendes, l'une de 100 000 €, prononcée par le tribunal correctionnel, l'autre de 500 000 €, prononcée par l'Autorité des marchés financiers (AMF). Ce dirigeant tente de faire jouer son assurance RCMS. Il met en avant un avenant qui a étendu la garantie aux « amendes et/ou pénalités civiles ». Son action est rejetée : l'intention de tromper supprime l'aléa et, sans aléa, il n'y a pas d'assurance (cass. civ., 2e ch., 14 juin 2012, n° 11-17367).

• **Responsabilité du dirigeant dans une liquidation judiciaire.** En cas de liquidation judiciaire, le dirigeant qui a commis une faute de gestion peut être condamné à régler tout ou partie des dettes de la société *(voir § 517)*. Les fautes de gestion étant précisément couvertes par l'assurance « responsabilité civile des mandataires sociaux », ces condamnations sont, en principe, garanties. Mieux vaut, toutefois, s'en assurer avant de souscrire une assurance RCMS, d'autant que les condamnations en la matière sont souvent lourdes.

• **À défaut d'assurance.** La société peut également ne pas conclure de contrat d'assurance pour ses dirigeants et prendre l'engagement direct de les garantir contre tout risque relevant de leur responsabilité civile (ANSA, 1er octobre 2003, n° 04-005), mais un tel engagement aura peu d'intérêt pour ces dirigeants si la société vient à déposer son bilan.

• **Paiement des primes.** Dans la pratique, les primes du contrat sont réglées par la société, ce qui est logique dans la mesure où le contrat est souscrit par la société. Cependant, le contrat a pour but d'éviter au dirigeant de payer certaines sommes dont il risque d'être redevable. Dès lors, n'est-il pas risqué que les primes soient prises en charge par la société ? Selon le comité juridique de l'ANSA, « le principe même de la validité de la prise en charge par la société administrée du coût de l'assurance civile des administrateurs ne fait aucun doute : c'est non seulement un droit mais aussi un devoir pour la société... Il est exclu de parler d'abus de biens sociaux à ce propos » (ANSA, 1er octobre 2003, n° 04-005).

Responsabilité des dirigeants en matière de cotisations sociales

Principe

515 **La responsabilité civile personnelle des dirigeants pour défaut de paiement des cotisations ne peut être retenue que dans la mesure où ils ont commis personnellement une faute de gestion qui a pu être constatée, mais un simple retard ne constitue pas une faute de gestion. La responsabilité de la société est donc la règle et celle des dirigeants, l'exception.**

La responsabilité pénale en cas de non-paiement des cotisations de sécurité sociale est, en revanche, encourue par les dirigeants personnellement. Ceux-ci peuvent donc être condamnés aux amendes prévues par la loi, voire à des dommages et intérêts au profit de l'organisme de sécurité sociale. Mais ils ne peuvent être, en se situant sur le plan pénal, condamnés au paiement des arriérés de cotisations et des majorations de retard, dont le versement incombe à la société elle-même (cass. crim. 15 mars 1973, n° 72-90424, B. crim. n° 136 ; cass. crim. 4 mai 1982, n° 81-93809, B. crim. n° 113).

Exception

516 Une exception est toutefois prévue en cas de travail dissimulé. En effet, lorsqu'un dirigeant, verbalisé pour travail dissimulé, est jugé responsable des manœuvres frauduleuses ou de l'inobservation grave et répétée des obligations sociales qui ont rendu impossible le recouvrement des cotisations, contributions et sanctions pécuniaires dues par la société, il peut être déclaré solidairement responsable du paiement de ces cotisations, contributions et sanctions pécuniaires par le président du tribunal judiciaire. Cette responsabilité solidaire, comme en matière fiscale (*voir § 530*), est applicable à toute personne exerçant en droit ou en fait, directement ou indirectement, la direction effective de la société (c. séc. soc. art. L. 243-3-2).

Responsabilité des dirigeants en cas de procédure collective

Responsabilité pour insuffisance d'actif

▸ Faute de gestion reprochée au dirigeant après une liquidation judiciaire

517 Lorsque la liquidation judiciaire d'une société fait apparaître une insuffisance d'actif, le tribunal peut, en cas de faute de gestion ayant contribué à cette insuffisance, décider que son montant sera supporté, en tout ou en partie, par tous les dirigeants, de droit ou de fait, rémunérés ou non, ou par certains d'entre eux. Toutefois, depuis l'intervention de la loi **2016-1691** du 9 décembre **2016**, lorsque la faute de gestion du dirigeant ne correspond qu'à une simple négligence, le tribunal ne peut pas le condamner à combler personnellement le passif de la société.

En cas de pluralité de dirigeants, le tribunal peut, par décision motivée, les déclarer solidairement responsables (c. com. art. L. 651-2).

La faute du dirigeant doit avoir contribué directement à l'insuffisance d'actif pour que sa responsabilité puisse être engagée sur ce fondement (cass. com. 3 avril 2019, n° 17-26240). Dès lors que sa faute de gestion est l'une des causes de l'insuffisance d'actif, le dirigeant peut être condamné à supporter en totalité (ou en partie) les dettes sociales (cass. com. 21 juin 2005, n° 04-12087 ; cass. com. 20 avril 2017, n° 15-23600).

En revanche, les dettes mises à la charge du dirigeant ne peuvent comprendre celles d'autres sociétés auxquelles la procédure collective a été étendue, sur le fondement d'une confusion de patrimoines, mais dont l'intéressé ne serait pas le dirigeant (cass. com. 23 mai 2000, n° 97-21080). En outre, cette responsabilité pécuniaire ne peut concerner que des fautes de gestion du dirigeant antérieures au jugement d'ouverture de la procédure de liquidation (cass. com. 28 février 1995, n° 92-18572 ; cass. com. 14 mars 2000, n° 97-17753 ; cass. com. 14 juin 2017, n° 15-29412) ; tel n'est pas le cas du défaut de paiement de dettes fiscales ou sociales qui ne sont pas encore exigibles à la date de l'ouverture de la procédure collective (cass. com. 24 mars 2021, n° 19-21471).

• **Fautes sanctionnées.** Commettent une faute de gestion ayant contribué à l'insuffisance d'actif :
– un dirigeant qui s'abstient de mettre en place une structure compétente et des outils de gestion fiables, permettant à lui-même et à la société d'appréhender la situation économique et financière exacte (cass. com. 14 décembre 1993, n° 91-20839) ;

– le dirigeant d'une société dont la situation financière s'est détériorée rapidement sous sa direction sans que des mesures de restructuration aient été prises, le licenciement partiel des salariés et la réduction des frais de publicité n'ayant pas suffi à redresser une situation déjà totalement obérée, tandis que, dans le même temps, ce dirigeant se faisait consentir des avantages financiers (cass. com. 23 octobre 1998, n° 93-13393) ;
– un dirigeant ayant effectué des manœuvres destinées à minorer les pertes réelles pour tromper l'opinion des banques (cass. com. 18 janvier 2000, n° 97-16914) ;
– un dirigeant ayant déclaré tardivement la cessation des paiements de la société (cass. com. 10 mars 2015, n° 12-16956), encore que le seul retard est parfois jugé insuffisant à caractériser la faute de gestion, qui s'apprécie « au regard du comportement d'un dirigeant normalement avisé ou diligent » (CA Paris, 5e ch., 28 juin 2017, n° 15-15397).

• **Mauvais résultats.** Une faute de gestion peut être établie et sanctionnée dès lors qu'il existe des irrégularités dans la comptabilité de la société ou en cas de poursuite d'une activité déficitaire même si la société n'est pas encore en cessation des paiements (cass. com. 29 juin 2022, n° 21-12998).

Mais il ne peut être reproché à un dirigeant d'avoir poursuivi l'activité déficitaire de la société si la dégradation du chiffre d'affaires provenait d'une crise économique avérée et si le dirigeant a cherché par tout moyen, entre autres, en restreignant l'effectif salarié et les frais généraux, à réduire les dettes (cass. com. 30 janvier 2019, n° 17-31009).

• **Négligence.** Une simple négligence du dirigeant ne peut plus le conduire, depuis la réforme opérée par la loi 2016-1691 du 9 décembre 2016, à une condamnation en comblement de passif (cass. com. 5 décembre 2018, n° 17-22011).

L'omission de la déclaration de l'état de cessation des paiements dans le délai légal peut constituer une simple négligence du dirigeant même lorsque le dirigeant n'a pas ignoré cet état (cass. com. 3 février 2021, n° 19-20004).

En revanche, un dirigeant ne peut pas abandonner la gestion de la société à un codirigeant pour se consacrer exclusivement aux aspects techniques ou commerciaux de l'activité. En effet, si la société périclite, son désintérêt pour la gestion sera considéré comme une faute de gestion et non comme une négligence (cass. com. 8 avril 2021, n° 19-25802).

• **Capital insuffisant.** L'insuffisance des apports lors de la constitution de la société est imputable aux associés. Elle ne peut pas constituer une faute de gestion du dirigeant susceptible de faire supporter au dirigeant tout ou partie de l'insuffisance d'actif (cass. com. 10 mars 2015, n° 12-15505). De même, l'absence de régularisation de la situation des capitaux propres d'une société anonyme inférieurs à la moitié du capital social, qui est imputable aux actionnaires, ne constitue pas une faute de gestion (cass. com. 13 octobre 2015, n° 14-15755). Toutefois, une faute de gestion peut être reprochée au dirigeant s'il n'a pas tenté d'obtenir une augmentation de capital lorsqu'elle s'avérait nécessaire à la survie de la société. Tel est le cas du dirigeant qui savait, dès le début de son mandat, que la société serait en état de cessation des paiements si elle n'était pas rapidement recapitalisée. N'ayant pas tenté de faire procéder à l'augmentation nécessaire, il a bel et bien commis une faute de gestion (cass. com. 12 juillet 2016, n° 14-23310).

• **Responsabilité des administrateurs.** Les administrateurs d'une SA, bien qu'ils n'assument pas la direction générale de la société, ont néanmoins la qualité de dirigeants de droit ; leur abstention à réagir devant la situation financière catastrophique de l'entreprise a pu caractériser leur faute de gestion (cass. com. 31 mai 2011, nos 09-67661 et 09-13975).

• **Distribution de dividendes.** Lorsque la société connaît des difficultés d'exploitation, le dirigeant commet une faute de gestion en décidant une distribution exceptionnelle de dividendes qui prive la société d'une part importante de ses réserves (cass. com. 25 octobre 2011, n° 10-23671).

• **Dettes de la société.** Les dettes de la société ne constituent pas, en elles-mêmes, des fautes susceptibles d'engager la responsabilité du dirigeant. Les juges doivent, pour chacune des dettes, expliquer en quoi le défaut de paiement, constitue une faute de gestion ayant contribué à l'insuffisance d'actif (cass. com. 13 décembre 2017, n° 16-20662).

• **Défaut de provision.** Le fait, pour des dirigeants, de ne pas avoir provisionné les créances salariales alors que la société faisait l'objet d'une procédure prud'homale et d'avoir vendu les actifs de la société pour récupérer leur compte courant constituent des fautes de gestion ayant contribué à l'insuffisance d'actif de la société (cass. com. 17 février 2021, n°s 19-12271 et 19-23474).

• **Créances de la société.** Le dirigeant d'une société du BTP qui néglige, de manière délibérée, le recouvrement de factures correspondant à plusieurs chantiers commet une faute de gestion ayant contribué à l'insuffisance d'actif (cass. com. 23 septembre 2020, n° 18-23360).

• **Perdre le seul client de la société n'est pas une faute de gestion.** Pour condamner un dirigeant, les juges lui avaient reproché d'avoir engagé la société dans une activité reposant sur un seul client sans pouvoir garantir la pérennité des relations commerciales. Selon eux, ce manque de vigilance caractérisait une faute de gestion qui dépassait la simple négligence. Saisie par le dirigeant, la Cour de cassation relève que le client unique de la société lui avait imposé des investissements destinés à adapter sa capacité de production à ses demandes dans un secteur d'activité et à une période où le dirigeant pouvait légitimement croire à l'expansion de la société. Pour la Cour, le dirigeant avait seulement fait preuve d'un manque de vigilance qui ne pouvait pas s'apparenter à une faute de gestion (cass. com. 13 avril 2022, n° 20-20137).

• **Demande infondée du liquidateur.** Reprochant une faute de gestion au dirigeant d'une société en liquidation judiciaire, un liquidateur judiciaire demande la condamnation du dirigeant à verser 10 M€. Le liquidateur est débouté et le dirigeant réclame alors la condamnation de celui-ci pour procédure abusive. Il obtient à ce titre 200 000 €. Cependant, cette condamnation du liquidateur est censurée par la Cour de cassation : l'action du liquidateur n'est pas abusive du seul fait qu'elle n'est pas fondée (cass. com. 14 septembre 2022, n° 21-15381).

▸ Prescription et autres règles de procédure

518 **Le tribunal compétent est celui qui a ouvert ou prononcé la liquidation judiciaire** (c. com. art. R. 651-1). **Le tribunal est saisi par le liquidateur ou le ministère public** (c. com. art. L. 651-3).

L'action pour insuffisance d'actif se prescrit par 3 ans à compter du jugement qui prononce la liquidation judiciaire (c. com. art. L. 651-2), **sans considération de la date de commission des fautes de gestion reprochées au dirigeant** (cass. com. 8 avril 2015, n° 13-28512).

Les sommes versées par le dirigeant entrent dans le patrimoine de la société en liquidation et elles sont réparties entre les créanciers, sans que le dirigeant condamné puisse, s'il est créancier de la société, bénéficier de cette répartition (c. com. art. L. 651-2).

• **Faute de gestion et abus de biens sociaux.** Un même fait peut être sanctionné à la fois sur le fondement d'une action en comblement de passif et sur celui d'un délit pénal, tel que l'abus de biens sociaux (cass. com. 29 février 2000, n° 96-15827) ; le cumul de l'action en comblement de passif et de celle en réparation du préjudice résultant d'une infraction est possible (cass. crim. 21 novembre 2001, n° 00-81938).

• **Faute de gestion et solidarité fiscale.** Lorsque le dirigeant a été condamné à combler tout ou partie du passif de la société, il peut, de surcroît, être condamné au titre de la solidarité fiscale (cass. com. 9 décembre 1997, n° 96-12292) *(sur la solidarité fiscale, voir § 530)*. De même, s'il a été condamné au titre de la solidarité fiscale, il peut ensuite être condamné par le tribunal de commerce à combler le passif social (cass. com. 5 septembre 2018, n° 17-13626). Ces deux procédures ne sont pas exclusives l'une de l'autre.

• **Contester le montant du passif.** S'il est assigné pour combler le passif, le dirigeant est en droit de contester le passif salarial. Il y a, en effet, intérêt (cass. soc. 17 mai 2017, n° 14-28820).

• **Calcul du délai de prescription.** Par jugement du 7 janvier 2016, une société est mise en liquidation judiciaire. Le 7 janvier 2019, le liquidateur demande que le dirigeant, auquel il reproche des fautes de gestion, soit condamné à supporter le passif de la société. Pour la cour d'appel, l'action du liquidateur était prescrite car elle devait intervenir dans les 3 ans après le jugement prononçant la liquidation judiciaire. La Cour de cassation censure. Elle rappelle que la prescription se compte par jours (c. civ. art. 2228) et est acquise le dernier jour du terme accompli (c. civ. art. 2229). La Cour en conclut que :
– le jour du jugement prononçant la liquidation judiciaire n'est pas inclus dans la computation du délai de prescription ;
– le délai de prescription expire 3 ans après le jour suivant la date du jugement.

Ainsi, le délai de prescription avait commencé à courir le 8 janvier 2016 et avait pris fin le 7 janvier 2019 à 23h59. De ce fait, la demande du liquidateur, formée le 7 janvier 2019 à 15h37, était recevable (cass. com. 18 janvier 2023, n° 21-22090).

Faillite personnelle et interdiction de gérer

► Comportements sanctionnés

519 **La faillite personnelle d'un dirigeant peut être prononcée à la suite d'un redressement ou d'une liquidation judiciaires** (c. com. art. L. 653-1).

La faillite peut être prononcée à l'encontre des dirigeants de la SA (directeur général, directeurs généraux délégués et administrateurs) pour des faits divers (c. com. art. L. 653-3 à L. 653-5), **parmi lesquels le fait d'avoir :**
– disposé des biens de la personne morale comme des siens propres ;
– fait des actes de commerce dans un intérêt personnel sous le couvert de la personne morale masquant ses agissements ;
– fait des biens ou du crédit de la personne morale un usage contraire à l'intérêt de celle-ci à des fins personnelles, ou pour favoriser une autre personne morale ou entreprise dans laquelle il était intéressé, directement ou indirectement ;
– détourné ou dissimulé tout ou partie de l'actif, ou frauduleusement augmenté le passif de la personne morale ;
– payé, ou faire payé, après cessation des paiements et en connaissance de cause de celle-ci, un créancier au préjudice des autres créanciers ;
– procédé à des achats en vue d'une revente au-dessous du cours ou employé des moyens ruineux pour se procurer des fonds, dans l'intention d'éviter ou de retarder l'ouverture du redressement ou de la liquidation judiciaires ;

Le fait pour un dirigeant de ne pas acquitter les dettes mises à sa charge pour faute de gestion *(voir § 517)* **peut également conduire le dirigeant à la faillite personnelle** (c. com. art. L. 653-6).

Exemples de condamnation. Encourt la faillite personnelle le dirigeant qui :
– a frauduleusement augmenté le passif de la société en ne payant pas les impôts dus en France, entraînant un redressement fiscal de la société (cass. com. 29 avril 2014, n° 13-12563) ;
– a tenu une comptabilité ne permettant pas de justifier une partie importante du passif de la société (cass. com. 13 mai 2014, n° 13-15898) ;
– n'a pas remédié à l'absence de comptabilité depuis sa nomination à la tête de la société (cass. com. 20 octobre 2021, n°20-10557) ;
– a poursuivi abusivement, dans un intérêt personnel, une exploitation déficitaire, sa faute pouvant être retenue même si la cessation des paiements était déjà survenue (cass. com. 13 avril 2022, n° 21-12994).

▸ Effets de la faillite

520 **La faillite emporte notamment :**
– l'interdiction de diriger, gérer, administrer ou contrôler une entreprise commerciale à forme individuelle ou sociale (c. com. art. L. 653-2) **;**
– la privation du droit de vote dans les assemblées de la société (c. com. art. L. 653-9)**. Ce droit de vote est exercé par un mandataire désigné par le tribunal.**

Sa durée est fixée par les juges. Toutefois, elle ne peut pas excéder 15 ans (c. com. art. L. 653-11, al. 1)**.**

▸ Interdiction de gérer

521 **Dans les cas prévus aux articles relatifs à la faillite personnelle** (c. com. art. L. 653-3 à L. 653-6)**, le tribunal peut prononcer, à la place de la faillite personnelle, l'interdiction de diriger, gérer, administrer ou contrôler, directement ou indirectement, soit toute entreprise commerciale, artisanale et toute personne morale, soit une ou plusieurs de celles-ci** (c. com. art. L. 653-8)**.**

La durée de la mesure ne peut être supérieure à 15 ans (c. com. art. L. 653-11)**.**

• **Défaut de déclaration de cessation de paiement.** Ne pas demander l'ouverture d'une procédure collective dans les 45 jours de la cessation des paiements ne peut plus être sanctionné par la faillite. Cette omission peut donner lieu à une interdiction de diriger si elle a été sciemment faite par le dirigeant (c. com. art. L. 653-8, dern. al modifié par la loi 2015-990 du 6 août 2015 ; cass. com. 28 février 2018, n° 16-27591).

Un dirigeant avait déclaré l'état de cessation des paiements de sa société 4 mois après la date effective de celui-ci. Il a été condamné à une interdiction de gérer de 4 ans, les juges ayant noté que (cass. com. 12 juin 2019, n° 17-23176) :
– le dirigeant avait connaissance de l'accumulation des dettes sociales ;
– le retard de déclaration a conduit à une augmentation notable du passif.

Un autre dirigeant avait, en mars 2016, déclaré la cessation des paiements de sa société. Par la suite, le tribunal avait fixé au 6 octobre 2014 le premier jour de la cessation des paiements et condamné le dirigeant à une interdiction de gérer de 7 ans pour l'avoir saisi avec retard. La Cour de cassation a validé la condamnation en retenant que le dirigeant avait eu conscience de la cessation des paiements dès le 1er semestre 2015 lorsqu'il n'avait pas pu payer les cotisations sociales et encore fin 2015 lorsqu'il n'avait pu payer ni la TVA, ni les salaires (cass. com. 12 janvier 2022, n° 20-21427).

• **Un manque de suivi juridique ne peut pas conduire à une interdiction de gérer.** Après liquidation judiciaire d'une association, sa directrice, considérée comme dirigeante de fait, est condamnée à une interdiction de gérer de 2 ans. La sanction est essentiellement motivée par le fait que la directrice n'a pas procédé au suivi juridique de l'association. Cette condamnation est censurée, la Cour de cassation soulignant que l'absence de suivi juridique ne figure pas, dans le code de commerce, parmi les fautes susceptibles de conduire à une interdiction de gérer. Notons qu'il était également reproché à la directrice d'avoir poursuivi abusivement une activité déficitaire. La Cour rappelle que, dans ce cas, l'interdiction de gérer peut être prononcée uniquement lorsque l'activité a été maintenue dans l'intérêt du dirigeant et que ce maintien conduisait nécessairement à la cessation des paiements (cass. com.18 janvier 2023, n° 21-13647 à propos d'une association mais transposable à la SA).

▸ Poursuites

522 **Les poursuites en faillite personnelle ou interdiction de gérer ne peuvent être engagées contre le dirigeant que dans les 3 ans qui suivent le jugement de redressement ou de liquidation judiciaires.**

Toutefois, lorsqu'il lui est reproché de ne pas avoir réglé sa condamnation au titre d'une faute de gestion *(voir § 517)*, **le délai de 3 ans ne commence à courir que du**

jour où le dirigeant a été condamné de façon définitive à combler le passif, ce qui a généralement lieu bien des années après l'ouverture du redressement ou de la liquidation judiciaire (c. com. art. L. 653-1).

Sans transaction possible. Un dirigeant peut transiger pour éviter d'être condamné à régler le passif *(sur cette condamnation, voir § 517)*, par exemple, en proposant de payer une indemnité en contrepartie de la renonciation du liquidateur à le faire condamner. En revanche, il n'est pas possible de transiger avec le liquidateur lorsque celui-ci réclame la faillite du dirigeant ou son interdiction de gérer (cass. com. 9 décembre 2020, n° 19-17258).

Banqueroute

523 **En cas d'ouverture d'une procédure de redressement ou de liquidation judiciaires, le dirigeant de fait ou de droit peut être poursuivi pour banqueroute si l'un des faits suivants peut être relevé contre lui** (c. com. art. L. 654-2) **:**

1° Avoir, dans l'intention d'éviter ou de retarder l'ouverture de la procédure de redressement ou de liquidation judiciaires soit fait des achats en vue d'une revente au-dessous du cours, soit employé des moyens ruineux pour se procurer des fonds ;

2° Avoir détourné ou dissimulé tout ou partie de l'actif du débiteur ;

3° Avoir frauduleusement augmenté le passif du débiteur ;

4° Avoir tenu une comptabilité fictive ou fait disparaître des documents comptables, ou s'être abstenu de tenir toute comptabilité ;

5° Avoir tenu une comptabilité manifestement incomplète ou irrégulière au regard des dispositions légales.

La banqueroute est punie de 5 ans d'emprisonnement et de 75 000 € d'amende (c. com. art. L. 654-3). **Les banqueroutiers encourent également un certain nombre de peines complémentaires : exclusion des marchés publics, interdiction de chéquier, notamment** (c. com. art. L. 654-5). **En revanche, un tribunal correctionnel qui sanctionne un dirigeant pour banqueroute ne peut plus prononcer la faillite à son encontre, ni l'interdiction de gérer, l'article L. 654-6 du code de commerce ayant été abrogé par le Conseil constitutionnel** (c. constit., décision 2016-573 QPC du 29 septembre 2016).

Exemple de condamnation. Ont été condamnés pour banqueroute les dirigeants qui, alors que la société était déjà en état de cessation des paiements, ont vendu des éléments d'actifs à la société mère. Les sanctions sont allées, selon les dirigeants, de 3 mois d'emprisonnement avec sursis et 15 000 € d'amende à 1 an avec sursis et 75 000 € d'amende (cass. crim. 23 mai 2013, n° 12-82799).

Responsabilité pénale des dirigeants et de la société

Responsabilité pénale des dirigeants

524 **Les sanctions pénales édictées par les dispositions du code de commerce sur les sociétés commerciales sont encore nombreuses, en dépit d'une tendance à la dépénalisation. Les infractions concernant les sociétés anonymes ayant trait à la constitution, à la direction et à l'administration, aux assemblées, aux modifi-**

cations du capital, au contrôle et/ou à la dissolution concernent le président, les administrateurs, le directeur général et les directeurs généraux délégués. L'article L. 248-1 du code de commerce vise expressément ces derniers.

Par ailleurs, le dirigeant est pénalement responsable des infractions commises dans le cadre de l'activité de l'entreprise. Il peut s'exonérer en partie de cette responsabilité pénale en déléguant ses pouvoirs à des salariés dotés des qualités, de l'autorité et des pouvoirs nécessaires pour assurer le respect de la réglementation. Un modèle de délégation de pouvoirs est proposé ci-après.

Le dirigeant pénalement condamné est responsable à l'égard des tiers auxquels cette infraction a porté préjudice (cass. crim. 19 février 2003, n° 02-81422) ; le tiers qui s'est porté partie civile dans le cadre d'une action pénale envers le dirigeant a droit à réparation, préjudice établi, sans que l'on puisse lui opposer la notion de faute détachable (sur cette notion, *voir § 502*).

- **Dirigeants de fait.** Les sanctions pénales sont le plus souvent applicables à toute personne qui, directement ou par personne interposée, a, en fait, exercé la direction, l'administration ou la gestion de la société sous couvert ou au lieu et place des représentants légaux (c. com. art. L. 245-16 et L. 246-2).

- **Comment sont fixées les sanctions.** En matière correctionnelle, toute peine doit être motivée en tenant compte de la gravité des faits, de la personnalité de leur auteur et de sa situation personnelle (c. pén. art. 132-1). La condamnation d'un dirigeant a ainsi été censurée par la Cour de cassation, les juges ne s'étant référés ni à la personnalité du dirigeant, ni à sa situation personnelle (cass. crim. 9 janvier 2018, n° 17-80200).

- **Sans recours possible contre la SA.** Lorsque le dirigeant est condamné à dédommager la victime de l'infraction qu'il a commise, il ne peut pas se retourner contre la SA pour qu'elle prenne en charge le montant des dédommagements. En effet, la faute pénale intentionnelle du dirigeant est un acte personnel dont il doit assumer seul les conséquences. Peu importe que le dirigeant ait commis l'infraction dans le cadre de ses fonctions et que la société en ait tiré bénéfice (cass. crim. 18 septembre 2019, n° 16-26962).

MODÈLE

Délégation de pouvoirs

M....,

Vous occupez au sein de la société ... l'emploi de ... qui recouvre les missions suivantes : ... (les exposer précisément).

Eu égard à vos compétences, à l'autorité hiérarchique que vous détenez et aux moyens qui vous sont confiés (les préciser), je vous délègue expressément mes pouvoirs pour accompagner les différentes missions de votre poste. J'attire tout particulièrement votre attention sur l'importance de vos obligations et les responsabilités – notamment, la responsabilité pénale – qui en découlent.

Je vous remercie de me retourner, pour la bonne forme, un des deux exemplaires de ce document signé.

À ..., le ...

Bon pour acceptation de pouvoirs dans les termes ci-dessus

Signature du cadre Signature du dirigeant

Délits majeurs

525 Parmi les principaux délits imputables aux dirigeants, on citera :
– la présentation aux actionnaires de comptes annuels ne donnant pas, pour chaque exercice, une image fidèle du résultat des opérations de l'exercice, de la situation financière et du patrimoine à la fin de cette période *(voir § 909)* ;
– le défaut de réunion de l'assemblée sur l'approbation des comptes *(voir § 837)* ;
– la distribution de dividendes fictifs *(voir § 868)* ;
– l'abus de pouvoir ou de voix visant les dirigeants qui, de mauvaise foi, ont fait des pouvoirs qu'ils possédaient ou des voix dont ils disposaient, un usage qu'ils savaient contraire aux intérêts de la société, à des fins personnelles, ou pour favoriser une autre société ou une autre entreprise dans laquelle ils étaient intéressés, directement ou indirectement (pour un exemple, *voir § 475*, « Rémunération excessive et abus de pouvoir ») ;
– l'abus de biens sociaux *(voir § 526)*.

Comptes consolidés. La présentation infidèle de comptes annuels peut être sanctionnée pénalement, mais non la présentation infidèle de comptes consolidés (cass. crim. 17 février 2021, n° 20-82068).

Abus de biens sociaux

▸ Éléments constitutifs du délit

526 Sont passibles principalement d'un emprisonnement de 5 ans et d'une amende de 375 000 € le président, les administrateurs ou les directeurs généraux d'une société anonyme qui, de mauvaise foi, auront fait des biens ou du crédit de la société un usage qu'ils savaient contraire à l'intérêt de celle-ci, à des fins personnelles, ou pour favoriser une autre société ou une autre entreprise dans laquelle ils étaient intéressés, directement ou indirectement (c. com. art. L. 242-6).

Pour que ce délit soit retenu, les juges doivent établir :
– d'une part, que l'usage des biens de la société a été fait de mauvaise foi ;
– et, d'autre part, qu'il a été fait à des fins personnelles ou pour favoriser une autre entreprise ou société dans laquelle le dirigeant est intéressé, directement ou indirectement.

L'usage contraire à l'intérêt social vise, non seulement l'appropriation des biens sociaux par les dirigeants, mais également leur usage abusif.

Cet usage abusif des biens ou du crédit de la société peut résulter d'une action personnelle du dirigeant, mais aussi d'une abstention volontaire de sa part.

L'intérêt personnel, direct ou indirect, pris par le dirigeant poursuivi pour abus de biens sociaux, peut n'être que moral (cass. crim. 9 mai 1973, n° 72-93501) et résulter, par exemple, de la volonté de maintenir de bonnes relations avec une personne titulaire d'une autorité (cass. crim. 14 novembre 2007, n° 06-17378).

L'intérêt personnel du dirigeant est présumé lorsque celui-ci a prélevé des fonds spéciaux de manière occulte ; c'est au dirigeant, dans ce cas, à justifier que les fonds ont été utilisés dans le seul intérêt de la société (cass. crim. 27 mars 2002, n° 01-83319).

• **SA partie civile.** La victime de l'infraction pénale peut se constituer partie civile pour obtenir réparation de ce dommage devant le juge pénal (c. proc. pén. art. 2). Le délit d'abus de biens sociaux cause un préjudice direct et personnel à la société, qui peut donc se porter partie civile (cass. com. 8 mars 2006, n° 05-81153).

• **Acquisition démembrée d'un immeuble.** Selon le garde des Sceaux, ne commet pas un abus de biens sociaux le dirigeant qui acquiert la nue-propriété d'un bâtiment, l'usufruit étant acquis pour 15 ans par la société dont le nu-propriétaire est le principal actionnaire. Dans ce schéma, la société occupe les locaux en qualité d'usufruitier et non de locataire, solution économiquement plus intéressante (rép. Straumann n° 28171, JO 5 mai 2009, AN quest. p. 4356).

• **Dirigeant de paille.** Un dirigeant de droit, poursuivi pour abus de biens sociaux, ne peut pas s'exonérer de sa responsabilité pénale au seul motif qu'il n'a pas réellement effectué ses fonctions (cass. crim. 31 mai 2012, n° 11-86234).

• **Emprunt du président remboursé par la SA.** Le président d'une société anonyme se rend coupable d'abus de bien sociaux lorsqu'il fait payer par la société le remboursement d'un emprunt personnel, ainsi que des honoraires d'avocat correspondant à un contentieux personnel (cass. crim. 7 novembre 2012, n° 11-88241).

• **Train de vie soutenu par des abus de biens sociaux.** Un dirigeant règle des bouteilles de champagne (pour près de 132 000 €) ainsi que des vêtements et des séjours avec l'argent de la société. Une enquête judiciaire est ouverte et les clients contactés déclarent, contrairement aux affirmations du dirigeant, qu'ils n'ont jamais reçu de cadeaux de la part de la société. L'enquête révèle également que l'épouse du dirigeant a bénéficié, au moins en partie, des achats de son mari. Or, elle est responsable administratif et financier au sein de la société ; elle savait donc que les dépenses de son époux étaient inscrites dans la comptabilité de la société. Dans ces conditions, le dirigeant est condamné pour abus de biens sociaux et son épouse pour recel d'abus de biens sociaux (cass. crim. 30 janvier 2019, n° 17-88241).

• **Commission des infractions fiscales.** À la suite d'une enquête fiscale, un dirigeant est poursuivi pour abus de biens sociaux. Il lui est, notamment, reproché d'avoir encaissé, à son profit, des chèques de la société sur un compte en Suisse et d'avoir fait payer à la société ses voyages d'agrément et ceux de ses amis. Condamné à 18 mois de prison avec sursis et 120 000 € d'amende, il forme un pourvoi et souligne que la condamnation s'appuie sur des faits mentionnés dans une enquête fiscale. Or, à l'issue de l'enquête, aucun acte anormal de gestion n'a été retenu contre lui par la commission des infractions fiscales (CIF). Selon le dirigeant, s'il n'y a pas d'acte anormal de gestion, il n'y a pas d'abus de biens sociaux. L'argument est rejeté : le juge pénal n'est pas lié par la décision de la CIF. En revanche, il peut trouver dans l'enquête fiscale les éléments d'un abus de biens sociaux, c'est-à-dire un usage, par le dirigeant, des biens de la société contraire à l'intérêt de celle-ci, à des fins personnelles ou au profit de ses relations privées (cass. crim. 1er juin 2016, n° 14-81187).

• **Interdiction de gérer.** À la tête d'une trentaine de sociétés, un dirigeant transfère la trésorerie de l'une à une autre société dans laquelle il est particulièrement intéressé. La société privée de sa trésorerie est mise en liquidation judiciaire et ses créanciers ne sont pas payés. Pour ces faits, le dirigeant est déclaré coupable d'abus de biens sociaux. Il est condamné à 6 mois d'emprisonnement avec sursis et à 30 000 € d'amende. De plus, les juges lui interdisent d'exercer une profession commerciale ou industrielle et de diriger une société commerciale pendant 5 ans. Cette condamnation, validée par la Cour de cassation, est l'occasion pour elle de rappeler que la peine complémentaire d'interdiction de gérer doit être motivée par les juges, en tenant compte de la gravité des faits, de la personnalité de leur auteur et de sa situation personnelle (cass. crim. 1er février 2017, n° 15-85199).

• **Peines aggravées.** L'infraction est punie de 7 ans d'emprisonnement et de 500 000 € d'amende lorsqu'elle a été réalisée ou facilitée au moyen soit de comptes ouverts ou de contrats souscrits auprès d'organismes établis à l'étranger, soit de l'interposition de personnes physiques ou morales ou de tout organisme, fiducie ou institution comparable établis à l'étranger (c. com. art. L. 242-6).

▸ Prescription

527 Depuis le 1er mars 2017, le délai de prescription des délits est de 6 ans (et non plus de 3 ans) (c. proc. pén. art. 8)**. Par ailleurs, pour les infractions occultes ou dissimulées (un abus de biens sociaux, par exemple, peut l'être), la loi 2017-242 du 27 février 2017 a consacré la jurisprudence (voir les arrêts ci-dessous) et fait courir le délai de prescription à compter du jour où l'infraction a pu être constatée (et non à compter du jour où elle a été commise). Une limite est toutefois ajoutée : le délai de prescription ne peut pas excéder 12 ans pour un délit occulte ou dissimulé à compter du jour où il a été commis** (c. proc. pén. art. 9-1)**.**

• **Présentation des comptes annuels.** La présentation des comptes annuels pouvant être un moyen de découvrir l'infraction, la prescription de l'action publique court, sauf dissimulation, à compter de la date de présentation des comptes annuels dans lesquels les dépenses ont été mises indûment à la charge de la société (cass. crim. 13 octobre 1999, n° 96-80774 ; cass. crim. 28 mai 2003, n° 02-85185 ; cass. crim. 2 avril 2014, n° 13-80010). Dans d'autres décisions, toutefois, ce n'est pas le jour de la présentation des comptes qui est retenu comme point de départ de la prescription, mais le jour de leur publication (cass. crim. 23 juillet 2014, n° 13-83629).

• **Abus occultes.** La plupart des abus de biens sociaux restent occultes tant que la société ne connaît pas de difficultés financières ou qu'aucune mésentente ne survient entre les associés. C'est, le plus souvent, à l'occasion d'un changement de majorité ou du dépôt de bilan de la société que l'abus de bien sociaux est découvert. La jurisprudence a donc tenu compte des abus dissimulés pour retarder le point de départ de leur prescription au jour où le délit a pu être « constaté dans des conditions permettant l'exercice de l'action publique » (cass. crim. 13 février 1989, n° 88-81218 ; cass. crim. 1er avril 2015, n° 15-80302).

• **Assurance-vie.** En cas de paiement de primes d'assurance-vie indues, le point de départ du délai de prescription est fixé, non au jour de la connaissance du contrat d'assurance-vie, mais à celui de la présentation des comptes annuels par lesquels ces primes étaient mises indûment à la charge de la société (cass. crim. 16 juin 2004, n° 03-82004).

• **Emploi fictif.** Le délai de prescription de délit d'abus de biens sociaux résultant de la rémunération d'un emploi fictif ne court qu'à compter de la date à laquelle l'absence des prestations est apparue et a pu être constatée dans des conditions permettant l'exercice de l'action publique (cass. crim. 14 novembre 2007, n° 06-87378).

Responsabilité pénale de la société

▸ Responsabilité engagée par un organe ou un représentant

528 Une société peut être condamnée pénalement dès lors que l'infraction, quelle qu'elle soit, a été commise, pour son compte, par un de ses organes ou représentants (c. pén. art. 121-2) **ou encore par le délégataire d'un de ses organes ou représentants** (cass. crim. 11 octobre 2011, n° 10-87212)**.**

La faute commise par l'organe ou le représentant pour le compte de la société suffit à engager la responsabilité pénale de celle-ci, sans qu'il existe une faute distincte à la charge de la société (cass. crim. 26 juin 2001, n° 00-83466)**.**

• **Amendes encourues et amendes prononcées.** Les sociétés qui commettent une infraction encourent une peine principale d'amende d'un montant 5 fois plus élevé que le montant de l'amende prévu pour les personnes physiques commettant la même infraction (c. pén. art. 131-38). Les juges peuvent prononcer une amende d'un montant inférieur à celle qui est encourue. Le montant de l'amende doit être fixé par les juges en tenant compte des ressources et des charges de l'auteur de l'infraction ; cette règle vaut pour les sociétés (cass. crim. 9 janvier 2018, n° 17-80200).

Pour les infractions les plus graves, des peines complémentaires peuvent également être infligées (c. pén. art. 131-39).

• **Auteur inconnu de l'infraction.** Dans un premier temps, la Cour de cassation a considéré que la condamnation d'une société pouvait être prononcée dès lors que l'infraction n'avait pu être commise, pour le compte de la société, que par ses organes ou représentants (cass. crim. 20 juin 2006, n° 05-85255 ; cass. crim. 25 juin 2008, n° 07-80261). Puis, la chambre criminelle a, au contraire, considéré que la responsabilité pénale de la société ne pouvait pas être retenue pour un manquement à une obligation en matière de sécurité sans la preuve que ce manquement (cass. crim. 11 avril 2012, n° 10-86974) :
– était dû à l'abstention d'un organe ou d'un représentant ;
– et avait été commis pour le compte de la société.

Cette jurisprudence se retrouve dans les arrêts suivants de la Cour de cassation (cass. crim. 6 mai 2014, n° 13-82677). Ainsi, si les juges relaxent le P-DG parce qu'il n'était pas en fonction au moment des faits, ils doivent rechercher si l'infraction avait été commise par un de ses organes ou représentants, alors en fonction. À défaut, ils ne peuvent pas condamner la société (cass. crim. 6 septembre 2016, n° 14-8520).

• **Une délégation peut être de fait.** Une société exploitant une discothèque est déclarée coupable de discrimination pour avoir refusé l'entrée à des personnes d'origine maghrébine. Elle est condamnée à 20 000 € d'amende. La société forme un pourvoi en cassation et rappelle qu'une société ne peut être condamnée pénalement que si l'infraction a été commise pour son compte par l'un de ses organes ou représentants. Or, l'infraction a été commise par les portiers de l'établissement, lesquels ont agi de leur seule initiative ; ils n'ont donc pas pu engager la responsabilité pénale de la société. Le pourvoi est rejeté : les portiers disposaient d'une délégation de pouvoirs de fait et ont donc engagé la responsabilité pénale de la société (cass. crim. 28 février 2017, n° 15-87378).

• **Véhicule de société.** Lorsqu'un véhicule de la société est « flashé » et que la société reçoit un avis de contravention pour excès de vitesse, le dirigeant doit dénoncer le conducteur. À défaut, la société encourt une amende pour non-dénonciation (cass. com. 11 décembre 2018, n° 18-82628). L'amende est, au minimum de 450 € si la société règle rapidement (c. proc. pén. art. 530-3), au maximum de 3 750 € (c. pén. art. 131-41). Le dirigeant peut également être directement poursuivi (cass. crim. 18 septembre 2019, n° 19-80563) ; en effet, il importe peu que l'avis de contravention soit libellé au nom de la société ou du dirigeant (cass. com. 11 décembre 2018, n° 18-82820).

Lorsque le dirigeant est le conducteur, il doit se dénoncer dans le délai fixé par l'avis de contravention ; le simple règlement de l'amende ne suffit pas. À défaut de dénonciation dans le délai, la société sera sanctionnée malgré le règlement de l'amende (cass. crim. 15 janvier 2019, n° 18-82380), même si le dirigeant se dénonce à l'audience (cass. crim. 7 mai 2019, n° 18-85729).

Par ailleurs, si la personne dénoncée conteste être le conducteur, la société sera condamnée pour non dénonciation faute de disposer d'éléments probants sur l'identité du conducteur effectif au moment de l'infraction (cass. crim. 6 juin 2023, n° 22-87212).

• **Condamnation de la SA absorbante pour des faits commis par une société absorbée.** Alors que, dans un premier temps, la Cour de cassation estimait que la responsabilité pénale ne se transmettait pas lors d'une fusion au motif que « nul n'est responsable pénalement que de son propre fait » (c. pén. art. 121-1), elle s'est ensuite alignée sur la position des cours européennes (CJUE 5 mars 2015, aff. C-343/13 ; CEDH 24 octobre 2019, aff. 37858/14). Ainsi, dans une fusion, le passif pénal de l'absorbée est transmis à l'absorbante et celle-ci peut être condamnée à une peine d'amende ou de confiscation pour les infractions commises par l'absorbée. Ce principe, a précisé la Cour, ne s'applique qu'aux fusions conclues après le 25 novembre 2020 et entrant dans le champ de la directive européenne relative à la fusion des sociétés anonymes. Toutefois, si le but de la fusion était de faire échapper l'absorbée à sa responsabilité pénale, l'absorbante peut être poursuivie pénalement, que la fusion ait été conclue avant ou après le 25 novembre 2020, et peu importante la forme de la société (cass. crim. 25 novembre 2020, n° 18-86955).

▸ **Conséquences pour le dirigeant**

529 Si la société se trouve poursuivie pénalement, cette action peut avoir des incidences fâcheuses pour le dirigeant.

En effet, lorsqu'une action pénale est engagée contre la société qui compte au moins 50 salariés, le comité social et économique en est informé (c. pén. art. R. 131-53), alors qu'une telle information n'existe pas lorsque les poursuites sont dirigées à l'encontre du dirigeant.

D'autre part, le dirigeant risque d'être mis en difficulté devant le conseil d'administration si une condamnation pénale est prononcée à l'encontre de la société.

Par ailleurs, le dirigeant peut être poursuivi pénalement aux côtés de la société soit comme auteur de l'infraction, soit comme complice (cass. crim. 30 octobre 2012, n° 12-80194).

Responsabilité fiscale des dirigeants

Solidarité fiscale

530 Le dirigeant d'une société responsable de manœuvres frauduleuses ou de l'inobservation grave et répétée des obligations fiscales qui ont rendu impossible le recouvrement des impositions et des pénalités dues par la société, peut, s'il n'est pas déjà tenu au paiement des dettes sociales en application d'une autre disposition, être déclaré solidairement responsable du paiement de ces impositions et pénalités par le président du tribunal judiciaire. À cette fin, le comptable public compétent assigne le dirigeant devant le président du tribunal judiciaire du lieu du siège social. Cette disposition est applicable à toute personne exerçant en droit ou en fait, directement ou indirectement, la direction effective de la société (LPF art. L. 267).

Ce texte concerne l'ensemble des dirigeants de sociétés et toute personne exerçant en droit ou en fait, directement ou indirectement, la direction effective de la société. Pour les dirigeants de droit, il suffit que ceux-ci aient conservé un pouvoir de contrôle et de direction de la société (cass. com. 20 novembre 2001, n° 1891 FD ; cass. com. 12 février 2002, n° 372 FD). En cas de pluralité de dirigeants, il appartient au comptable public de prouver la responsabilité personnelle du dirigeant poursuivi (cass. com. 21 janvier 2004, n° 168 FD). Le PDG ne peut pas être déclaré solidaire du paiement des impôts de la société s'il n'a pas exercé la direction effective de la société (cass. com. 19 mars 2013, n° 12-14797).

Le texte ne s'applique pas au dirigeant tenu au paiement des dettes sociales en application d'une autre disposition. Tel est le cas des dirigeants condamnés en vertu de l'article 1745 du CGI (fraude fiscale pénalement sanctionnée), des dirigeants condamnés à payer les dettes de la société et des dirigeants de société de personnes tenus de plein droit au passif de la société (cass. com. 7 février 1995, n° 270 D).

Conditions de mise en œuvre

▸ **Causes de la responsabilité des dirigeants**

531 La responsabilité personnelle du dirigeant dans l'inobservation doit être caractérisée. L'établissement du lien de causalité entre, d'une part la responsabilité

personnelle et, d'autre part, l'impossibilité de recouvrer l'impôt, constitue une condition d'application à part entière (BOFiP-REC-SOLID-10-10-20-§ 1-03/08/2016).

• **Manquements constatés.** Le défaut de présentation de comptabilité, l'absence de grand livre général et l'absence de livre de caisse ne permettent pas à eux seuls de mettre en jeu la solidarité fiscale du dirigeant, dès lors que ce ne sont pas ces manquements qui ont rendu impossible le recouvrement de l'impôt (cass. com. 19 novembre 2002, n° 99-15491). En revanche, les circonstances suivantes sont de nature à engager cette responsabilité : 24 manquements en matière de TVA sur la période contrôlée, de sorte que toutes les déclarations mensuelles déposées durant deux années étaient ainsi erronées, et non reversement au Trésor de la TVA collectée (cass. com. 5 juin 2019, n° 17-15.598).

• **Délégation de pouvoirs.** Une délégation de pouvoirs accordée à un salarié chargé d'établir (ou de faire établir) les liasses fiscales est opposable à l'administration (cass. com. 19 novembre 1991, n° 90-10725) ; il en est de même d'une délégation de pouvoirs octroyée au directeur administratif et financier faute de caractériser la responsabilité personnelle du dirigeant (cass. com. 3 mars 2004, n° 02-14882).

• **Défaut de paiement de la TVA.** Le défaut de paiement de TVA sur une longue période ayant accru le passif de la société au point d'entraîner la clôture pour insuffisance d'actif de la procédure collective constitue un manquement imputable au dirigeant (cass. com. 15 mars 2017, n° 15-21809). Il en est de même du défaut de déclaration et de paiement de la TVA utilisé comme moyen de trésorerie pour maintenir la société par des moyens artificiels (cass. com. 26 février 2002, n° 92-21744). À cet égard, les difficultés économiques ou les difficultés financières rencontrées par la société ne constituent pas des excuses (cass. com. 6 octobre 2015, n° 14-20352).

• **TVA : application erronée du régime de la marge.** Il n'est pas nécessaire que le dirigeant soit de mauvaise foi pour que sa responsabilité soit engagée. Est cassé l'arrêt de la cour d'appel qui, pour rejeter la demande du comptable public, retient que, si le dirigeant d'une société de vente de véhicules d'occasion a **nécessairement eu connaissance** que le circuit mis en place diminuait considérablement de coût de l'opération et avait dès lors quelque chose de suspect, ce simple élément ne constitue pas la manœuvre frauduleuse ou l'inobservation grave et répétée des obligations fiscales. En outre, la décision censurée précisait qu'il ne saurait être reproché à la société d'avoir appliqué le régime de la marge, la coexistence du régime général de la livraison intracommunautaire exonérée de TVA chez le vendeur et du régime spécifique de la TVA sur la marge pouvant être une source de confusion pour un néophyte, dépourvu des connaissances minimales nécessaires en droit fiscal pour distinguer ces deux régimes (cass. com. 24 juin 2020, n° 17-12497).

▸ Preuves à la charge de l'administration

532 **L'administration doit faire la preuve qu'elle a respecté toutes les diligences en matière de contrôle et de recouvrement. Cette preuve résulte notamment de la mise en œuvre des procédures de recouvrement forcé.**

Les avis de mise en recouvrement ne constituent pas des actes de poursuites, mais visent seulement à authentifier la créance. Les mises en demeure sont de simples rappels à l'ordre pouvant valoir commandement de payer dans un délai de trente jours sans emporter saisie. Seul l'avis à tiers détenteur a le même effet qu'une saisie-attribution. En conséquence, en se fondant sur le fait que l'administration avait envoyé une douzaine de mises en demeure, notifié onze avis de mise en recouvrement, et délivré un seul avis à tiers détenteur, pour juger que l'administration avait fait diligence pour recouvrer sa créance fiscale, sans s'expliquer sur le fait que le comptable n'avait émis qu'un seul avis à tiers détenteur, une cour d'appel prive sa décision de base légale (cass. com. 15 janvier 2020, n° 18-13.877).

L'administration peut également démontrer que les agissements du dirigeant sont à l'origine de la tardiveté et de l'inefficacité de son action (cass. com. 18 mai 1999, n° 97-14645 ; cass. com. 19 décembre 2000, n° 98-13768 ; cass. com. 25 avril 2001, n° 98-12244). L'inobservation grave et répétée par le dirigeant de ses obligations fiscales n'est pas regardée comme la cause exclusive de l'impossibilité de recouvrement des impositions éludées lorsque l'administration a, de son côté, délivré des quitus sans qu'aucune vérification ne soit effectuée et sans avoir exercé tous les contrôles lui incombant (cass. com. 27 juin 2019, n° 17-22326).

▸ **Procédure**

533 Seul le comptable public chargé du recouvrement des impôts est habilité à décider de l'engagement de l'action en responsabilité.

L'action ouverte à l'administration peut être exercée tant que les poursuites tendant au recouvrement des créances fiscales ne sont pas atteintes par la prescription (cass. com. 12 octobre 2010, n° 09-71002), ce qui signifie que le principe de solidarité doit être établi par une décision de justice avant que la dette fiscale de la société ne soit prescrite. Mais il n'est pas nécessaire que cette décision soit définitive (cass. com. 8 juillet 1997, n° 95-16757). La clôture pour insuffisance d'actifs ne fait pas obstacle à l'exercice par l'administration, à l'encontre du dirigeant de la société en liquidation, de l'action instituée à l'article L. 267 (cass. com. 30 mai 2000, n° 98-10926).

Caution du dirigeant :
4 motifs essentiels pour refuser de payer

CAUTION DONNÉE AVANT 2022	CAUTION DONNÉE À PARTIR DE 2022
1 L'ACTE DE CAUTION NE COMPORTE PAS LA MENTION MANUSCRITE OBLIGATOIRE	**1** LA MENTION MANUSCRITE N'EST PAS CLAIRE
⚠ LE DIRIGEANT DOIT PAYER SI LA MENTION COMPORTE DE SIMPLES ERREURS DE PLUME	⚠ LE JUGE APPRÉCIERA LE CARACTÈRE SUFFISANT DE LA MENTION

2 À LA SIGNATURE DE L'ACTE, LE MONTANT CAUTIONNÉ EST DISPROPORTIONNÉ AUX BIENS ET REVENUS DU DIRIGEANT

⚠ LE DIRIGEANT DOIT PAYER SI SON PATRIMOINE LE LUI PERMET LORSQUE LA BANQUE L'ASSIGNE

CAUTION DONNÉE AVANT 2022	CAUTION DONNÉE À PARTIR DE 2022
	⚠ LE DIRIGEANT DOIT AU MOINS PAYER LA PART DE SON ENGAGEMENT QUI N'ÉTAIT PAS DISPROPORTIONNÉE À SES BIENS ET REVENUS

3 LA BANQUE N'A PAS MIS EN GARDE LE DIRIGEANT CONTRE LES DANGERS DU CAUTIONNEMENT

CAUTION DONNÉE AVANT 2022	CAUTION DONNÉE À PARTIR DE 2022
⚠ L'ARGUMENT NE VAUT QUE SI LE DIRIGEANT N'A PAS DES COMPÉTENCES FINANCIÈRES	👍 L'ARGUMENT VAUT MÊME SI LE DIRIGEANT A DES COMPÉTENCES FINANCIÈRES

4 LE DIRIGEANT EST SURENDETTÉ

IMPÉRATIF ! IL DOIT SAISIR LA COMMISSION DE SURENDETTEMENT

Revue Fiduciaire

11 Caution donnée par un dirigeant

Souscription du cautionnement

Demande fréquente des créanciers

540 Dans les sociétés anonymes qui ont un caractère personnel ou familial, il est fréquent que le président-directeur général (ou le directeur général) donne en son nom personnel une caution au bénéfice de la société. La surface financière souvent restreinte de telles sociétés incite en effet les fournisseurs et banquiers à demander des garanties portant sur les biens personnels de ceux qui détiennent la fraction la plus notable du capital social et apparaissent, au-delà de la personnalité morale de la société, comme les véritables maîtres de l'affaire.

Les cautions données par le dirigeant en son nom personnel sont des actes graves dont il est parfois difficile, lors de leur conclusion, de mesurer toutes les implications futures. Pour autant, le dirigeant doit bien cerner l'étendue de son engagement et, le cas échéant, le négocier.

Une ordonnance réformant les sûretés a modifié les règles applicables au cautionnement qui, pour beaucoup d'entre elles, étaient une source de contentieux. Pour autant, les cautionnements conclus avant le 1er janvier 2022 restent soumis à la loi ancienne, à l'exception des dispositions relatives à l'obligation d'information de la caution et de la sous-caution *(voir § 546)*, qui leur sont applicables dès le 1er janvier 2022 (ord. 2021-1192 du 15 septembre 2021). Nous présentons ici les règles applicables aux cautionnements conclus depuis le 1er janvier 2022, en précisant les changements apportés par la réforme.

• **Étendue de l'engagement.** Le dirigeant d'une société se porte caution solidaire des engagements de celle-ci envers sa banque à hauteur de 360 000 €. En considération de cette garantie, l'établissement de crédit porte à 400 000 €, pour un mois, la facilité de caisse antérieurement accordée à la société pour un montant de 100 000 €. La société ayant été mise en liquidation judiciaire, la banque se retourne contre la caution et lui demande en justice le paiement des 360 000 € garantis. Le dirigeant refuse. Il prétend ne s'être engagé, en réalité, que pour garantir la ligne de crédit exceptionnelle accordée temporairement à la société. Son cautionnement serait donc limité au découvert supplémentaire de 300 000 €.

C'est la banque qui obtient gain de cause. Selon les termes de l'acte, le dirigeant a consenti un cautionnement en garantie « de toutes les sommes que le cautionné peut ou pourra devoir à la banque au titre de l'ensemble de ses engagements sous quelque forme que ce soit… ». Il n'y avait donc aucune ambiguïté sur l'étendue de son engagement. Celui-ci n'était pas limité autrement que dans son montant à la somme qui lui était justement réclamée (cass. com. 16 janvier 2019, n° 17-14118).

• **Comparaison avec la garantie à première demande.** La garantie autonome est l'engagement par lequel le garant s'oblige, en considération d'une obligation souscrite par un tiers (ici la SA), à verser une somme soit à première demande, soit suivant des modalités convenues (c. civ. art. 2321, al. 1er). Ce texte précise que le garant ne peut opposer aucune exception tenant à l'obligation garantie. Toutefois, le garant ne sera pas tenu en cas d'abus ou de fraude manifestes du bénéficiaire ou de collusion de celui-ci avec le donneur d'ordre. Enfin, le texte précise que cette sûreté ne suit pas l'obligation garantie, mais réserve la possibilité de prévoir le contraire. Cette garantie n'a pas à respecter le formalisme du cautionnement. Notamment, le créancier bénéficiaire de la garantie ne supporte aucune obligation de mise en garde à l'égard du garant autonome (sur ce devoir de mise en garde, *voir § 544*) (cass. com. 30 janvier 2019, n° 17-21279).

Formalisme à respecter

▸ Mentions manuscrites de base

541 **Pour les cautionnements conclus depuis le 1er janvier 2022, la caution personne physique n'est plus tenue de recopier une mention strictement imposée. Elle doit apposer elle-même, à peine de nullité de son engagement, une mention selon laquelle elle s'engage en qualité de caution à payer au créancier, ce que lui doit le débiteur en cas de défaillance de celui-ci et dans la limite d'un montant (en principal et accessoires) exprimé en chiffres et en lettres** (c. civ. art. 2297)**. Notons que cette mention s'impose désormais quelle que soit la qualité du créancier (professionnel ou non).**

Cautionnements conclus avant le 1er janvier 2022. Toute personne physique qui s'engage par acte sous seing privé en qualité de caution envers un créancier professionnel devait, à peine de nullité de son engagement, faire précéder sa signature de la mention manuscrite suivante, et uniquement de celle-ci : « En me portant caution de X…, dans la limite de la somme de… couvrant le paiement du principal, des intérêts et, le cas échéant, des pénalités ou intérêts de retard et pour la durée de…, je m'engage à rembourser au prêteur les sommes dues sur mes revenus et mes biens si X… n'y satisfait pas lui-même » (c. consom. art. L. 331-1 abrogé).

▸ Caution solidaire

542 **Ce que l'on appelle « cautionnement solidaire » est le contrat par lequel le créancier peut poursuivre, indistinctement et à son gré, la caution ou le débiteur pour la totalité de la somme. La solidarité renforce les garanties de la caution : c'est la raison pour laquelle elle est exigée, le plus souvent, par les créanciers.**

Pour les cautionnements solidaires postérieurs au 31 décembre 2021, la caution doit reconnaître, dans la mention manuscrite qu'elle appose *(voir § 541)*, **ne pouvoir exiger du créancier qu'il poursuive d'abord le débiteur ou qu'il divise ses poursuites entre les cautions. À défaut, elle conserve le droit de se prévaloir de ces bénéfices** (c. civ. art. 2297, al. 2).

Cautionnements conclus avant le 1er janvier 2022. S'agissant d'un engagement de caution solidaire conclu entre un créancier professionnel et une caution personne physique, l'acte devait contenir la mention manuscrite suivante : « En renonçant au bénéfice de discussion défini à l'article 2298 du code civil (ancien) et en m'obligeant solidairement avec X ..., je m'engage à rembourser le créancier sans pouvoir exiger qu'il poursuive préalablement X ... » (c. consom. art. L. 331-2 abrogé). À défaut, le créancier ne peut pas se prévaloir de la solidarité, mais l'engagement souscrit demeure valable en tant que cautionnement simple (cass. com. 8 mars 2011, n° 10-10699).

▸ Engagement proportionné

543 L'ordonnance 2021-1192 du 15 septembre 2021 qui a réformé le cautionnement a conservé le principe de proportion de l'engagement de la caution au montant de ses biens et revenus. Cette réforme a toutefois apporté des modifications.

S'agissant d'un cautionnement conclu avant le 1er janvier 2022 par une personne physique, le créancier professionnel ne peut s'en prévaloir si l'engagement était, lors de sa conclusion, manifestement disproportionné à ses biens et revenus, à moins que le patrimoine de cette caution, au moment où celle-ci est appelée, ne lui permette de faire face à son obligation (c. consom. art. L. 332-1 abrogé).

Pour les cautionnements conclus à partir du 1er janvier 2022, la proportionnalité s'apprécie uniquement au moment de la conclusion du contrat de cautionnement. En outre, s'il existe une disproportion manifeste entre les revenus et le patrimoine de la caution, le cautionnement est réduit à hauteur du montant duquel elle pouvait s'engager à la date de conclusion du contrat (c. civ. art. 2300).

▸ Mise en garde des cautions

544 Certaines cautions peuvent invoquer une faute du créancier professionnel qui, selon elles, n'aurait pas rempli son devoir de mise en garde.

Pour les contrats conclus depuis le 1er janvier 2022, l'ordonnance 2021-1192 du 15 septembre 2021 a étendu l'obligation de mise en garde à toutes les personnes physiques, qu'elles soient considérées, ou non, comme des « personnes averties ».

L'ordonnance a en revanche circonscrit cette disposition aux cautions personnes physiques (c. civ. art. 2299, al. 1). Par conséquent, les cautions personnes morales non averties n'en bénéficient plus pour les engagements conclus à compter du 1er janvier 2022. L'ordonnance du 15 septembre 2021 prévoit également une nouvelle sanction en cas de manquement : la déchéance du droit des créanciers à hauteur du préjudice subi par la caution (au lieu de la mise en jeu de leur responsabilité) (c. civ. art. 2299, al. 2).

Cautionnements conclus avant le 1er janvier 2022. Le créancier peut se voir reprocher un manquement à son devoir de mise en garde si la caution n'est pas une « caution avertie », du fait, par exemple, de ses fonctions de gérant et associé unique (cass. com. 5 avril 2011, n° 09-72953) ou encore de ses fonctions de direction et de son expérience professionnelle (cass. com. 9 novembre 2022, n° 20-18264). La simple qualité d'associé ne permet pas de retenir que la caution est, par là même, avertie (cass. com. 29 novembre 2017, n° 16-13448). Il est à noter que la disproportion d'un engagement de caution *(voir § 543)* est un argument qui peut, lui, être invoqué même par une caution avertie (cass. com. 10 juillet 2012, n° 11-16355). Inversement, le défaut de mise en garde d'une caution non avertie peut être reproché à la banque même si l'engagement de caution n'était pas disproportionné aux revenus de la caution (cass. com. 1er juillet 2020, n° 18-24435). Il est de même possible, pour une caution non avertie, de reprocher à la banque de lui avoir fait cautionner un emprunt que le débiteur ne pourrait pas rembourser (cass. com. 15 novembre 2017, n° 16-16790).

Consentement de la caution

545 **Le dirigeant ne doit pas avoir donné son consentement par erreur, dol ou à la suite de violence** (c. civ. art. 1130). **Les vices du consentement sont une cause de nullité relative du contrat** (c. civ. art. 1131).

En outre, dans un contrat, si une partie connaît une information dont l'importance est déterminante pour le consentement de l'autre, elle doit l'en informer dès lors que, légitimement, cette dernière ignore cette information ou fait confiance à son cocontractant. Cette disposition est d'ordre public (c. civ. art. 1112-1).

Le dirigeant peut invoquer le dol lorsqu'il s'est porté caution d'un prêt octroyé à la société par une banque pour acquérir une autre société alors que la banque connaissait la situation obérée de la cédante et qu'elle ne lui avait pas fourni les informations qui lui auraient permis de constater le caractère non viable de l'opération projetée (cass. com. 10 juillet 2012, n° 11-21966). **En revanche, il ne peut invoquer le dol de la banque s'il est parfaitement informé de la situation financière de la société bénéficiaire du prêt** (cass. com. 19 octobre 1999, n° 96-17342).

Époux commun en biens. Le dirigeant commun en biens engage ses biens propres et ses revenus. Le consentement exprès de son conjoint est nécessaire pour engager les biens communs (c. civ. art. 1415).

Lorsque, pour garantir une même dette, des époux mariés sous le régime de la communauté se portent caution dans deux actes séparés, ils n'engagent pas les biens communs, sauf si l'un d'entre eux donne son accord à l'engagement de caution de son conjoint (cass. civ., 1re ch., 13 juin 2019, n° 18-13524).

Information de la caution

546 **L'ordonnance 2021-1192 du 15 septembre 2021 a mis en place une obligation d'information annuelle de la caution, qui s'inspire de celle qui incombait aux établissements de crédit** (c. mon. et fin. art. L. 313-22 abrogé) **et s'impose à tous les créanciers professionnels. Elle s'applique depuis le 1er janvier 2022, y compris aux cautionnements constitués antérieurement.**

Ainsi, depuis cette date, le créancier professionnel est tenu, avant le 31 mars de chaque année, d'informer toute caution personne physique du montant du principal de la dette, des intérêts et des accessoires restant dus au 31 décembre de l'année précédente. Il est également tenu de lui rappeler le terme de l'engagement (ou, en cas de durée indéterminée, sa faculté de résiliation à tout moment) (c. civ. art. 2302).

En outre, le créancier professionnel est tenu d'informer la caution personne physique de la défaillance du débiteur principal dès le premier incident de paiement non régularisé dans le mois d'exigibilité (c. civ. art. 2303). **La caution doit, quant à elle, informer le débiteur principal qu'elle va effectuer le paiement auprès du créancier. À défaut, elle perd tout recours contre celui-ci si, au moment du paiement, il avait les moyens de faire déclarer la créance éteinte. Cette sanction s'applique également lorsque la caution a effectué son paiement après avoir été poursuivie par le créancier** (c. civ. art. 2311).

En outre, la caution de premier rang doit communiquer à la sous-caution personne physique, dans le mois de la réception, les informations qu'elle a reçues au titre de son droit d'information annuelle ou de son droit d'information en cas de défaillance du débiteur cautionné (c. civ. art. 2304).

Paiement par la caution

Demande de paiement

547 **Le dirigeant qui s'est porté caution est tenu de payer la dette dès lors que celle-ci est exigible.**

Ainsi, la caution peut être amenée à payer le solde du compte bancaire de la société en liquidation judiciaire (cass. com. 13 décembre 2016, n° 14-16037).

- **Héritiers.** Les héritiers de la caution ne sont tenus que des dettes nées avant le décès. Toute clause contraire est réputée non écrite (c. civ. art. 2317 ; cass. com. 6 décembre 1988, n° 87-12674).

- **Donation.** Un dirigeant, caution des deux sociétés qu'il dirige, qui change de régime matrimonial et qui fait des donations importantes à ses enfants quelques mois après le cautionnement, commet une fraude pouvant entraîner l'annulation des donations (c. civ. art. 1341-2 ; cass. civ., 1re ch., 17 juin 1986, n° 85-10204).

- **Dissolution de la SA.** En cas de dissolution de la SA (par fusion, scission ou transmission universelle de patrimoine), la caution demeure tenue pour les dettes nées avant que l'opération ne soit devenue opposable aux tiers. En revanche, cette caution ne garantit les dettes nées postérieurement que si elle y a consenti à l'occasion de l'opération ou, pour les dettes affectant la société créancière, par avance (c. civ. art. 2318).

Insolvabilité de la caution

548 **L'impossibilité de faire face à un engagement de cautionner ou d'acquitter solidairement la dette d'une société caractérise une situation de surendettement** (c. consom. art. L. 711-1). **Ainsi, une personne est en droit de saisir la commission de surendettement lorsqu'elle ne parvient pas à faire face aux engagements de caution qu'elle a souscrits pour garantir les dettes de sociétés qu'elle dirige, en droit ou en fait** (cass. civ., 2e ch., 6 juin 2019, n° 18-16228). **La commission de surendettement peut notamment reporter ou rééchelonner le paiement des sommes dues au titre du cautionnement** (c. consom. art. L. 733-1).

Ces dispositions sont applicables aux dirigeants de société.

12 SA à directoire et conseil de surveillance

Une société anonyme particulière

560 Il peut être stipulé dans les statuts de toute SA que celle-ci est dirigée par un directoire sous le contrôle d'un conseil de surveillance (c. com. art. L. 225-57). Ce mode de direction peut être décidé ou supprimé en cours de vie sociale.

Dans les faits, cette structure est loin d'avoir rencontré le succès qu'en escomptaient ses promoteurs. Elle reste statistiquement marginale (essentiellement utilisée par des entreprises publiques ou des filiales de sociétés étrangères).

• **Information des tiers.** Doivent être indiqués sur tous les actes et documents émanant de la société destinés aux tiers, les mots « société anonyme à directoire et conseil de surveillance » (c. com. art. R. 123-238).

• **Déclaration au RCS.** La qualité de président du directoire, de directeur général unique, de membres du directoire ainsi que de président du conseil de surveillance et de membres du conseil de surveillance doit être déclarée au registre du commerce et des sociétés (RCS) lors de la déclaration d'une SA à directoire et conseil de surveillance (c. com. art. R. 123-54).

Composition du directoire

Nombre de membres

561 Le nombre des membres du directoire est fixé par les statuts ou, à défaut, par le conseil de surveillance (c. com. art. R. 225-35).

En principe, comme son nom l'indique, le directoire est un organe collectif : il est composé de 5 membres personnes physique au plus, ce nombre pouvant être porté à 7 par les statuts lorsque les actions de la société sont admises aux négociations sur un marché réglementé.

Toutefois, dans les sociétés dont le capital est inférieur à 150 000 €, les fonctions dévolues au directoire peuvent être exercées par une seule personne (c. com. art. L. 225-58) : celle-ci prend alors le titre de directeur général unique (c. com. art. L. 225-59).

Nombre insuffisant. Dans une société dont le capital est supérieur à 150 000 €, le directoire doit être composé d'au moins 2 membres. S'il est réduit à 1 seul membre à la suite d'un décès ou d'une démission, le conseil de surveillance a 2 mois pour le pourvoir (c. com. art. R. 225-36). Si le directoire reste incomplet au-delà de ce délai, tout intéressé peut demander au tribunal statuant en référé de procéder à cette nomination à titre provisoire. Si le directoire est irrégulièrement composé, ses délibérations sont-elles nulles ? Selon l'ANSA, la procédure de régularisation et l'action en nullité des décisions du directoire irrégulièrement composé sont indépendantes l'une de l'autre. La situation du directoire inopinément incomplet n'encourt pas de nullité automatique. Mais le principe de la collégialité du directoire reste impératif. Il y a donc un risque de nullité qui pourrait être soulevé devant un juge. Le demandeur à l'action doit disposer d'un intérêt légitime, légalement protégé. Par ailleurs, la carence du conseil de surveillance de ne pas avoir pourvu au remplacement d'un membre du directoire pourrait provoquer la mise en cause de la responsabilité de ses membres dans les conditions de droit commun (ANSA, comité juridique du 8 avril 2009, n° 09-024).

Nomination

▸ Nomination par le conseil de surveillance

562 Les membres du directoire sont nommés par le conseil de surveillance (c. com. art. L. 225-59, al. 1er). Cette règle interdit les nominations des membres du directoire par l'assemblée ou dans les statuts.

C'est aussi le conseil de surveillance qui nomme le président du directoire et, si nécessaire, les directeurs généraux.

Si un siège de membre du directoire est vacant, le conseil de surveillance doit le pourvoir dans le délai de 2 mois. À défaut, tout intéressé peut demander au président du tribunal de commerce statuant en référé de procéder à cette nomination, à titre provisoire ; la personne ainsi nommée peut, à tout moment, être remplacée par le conseil de surveillance (c. com. art. R. 225-36).

• **Nomination supplémentaire en cours de mandat.** La cooptation n'est pas prévue pour le remplacement des membres du directoire. Le conseil de surveillance ne peut ni réduire le nombre des membres du directoire en cours de période de validité des mandats ni l'augmenter. La clause contraire des statuts doit être réputée non écrite (CA Versailles 8 juillet 1993, Bull. Joly 1993, p. 1024).

Pour la Cour d'appel de Paris, le conseil de surveillance ne viole aucune disposition impérative du code de commerce en nommant, dans les limites prévues par les statuts, un nouveau membre du directoire au cours de la durée du mandat de celui-ci, dès lors qu'il n'est pas démontré que cette décision a été prise dans le seul but de faire échec à la voix prépondérante du président du directoire (CA Paris, 3e ch. C, 14 juin 2002, Bull. Joly 2002, 575).

Aucun texte ne prohibe une telle possibilité d'augmenter le nombre des membres du directoire en cours de mandat. En cas de nomination en cours de mandat, celui-ci est désigné pour le temps restant à courir (ANSA, comité juridique du 4 novembre 2009, n° 09-063).

• **Les membres du conseil doivent avoir été nommés.** Les personnes désignées pour être membres du conseil de surveillance sont habilitées, dès leur nomination, à désigner les membres du directoire (c. com. art. R. 225-38). Il est nécessaire que les membres du conseil de surveillance soient nommés (ou renouvelés) et qu'un conseil se tienne pour désigner les membres du directoire.

• **Publicité des nominations et cessation de fonction.** Comme pour tout dirigeant, la nomination ou la cessation des fonctions des membres du directoire donne lieu à une insertion dans un support d'annonces légales et à une inscription modificative au RCS *(voir § 1697)*.

▸ Conditions requises

563 **Les membres du directoire sont obligatoirement des personnes physiques, mais ils peuvent être choisis en dehors des actionnaires** (c. com. art. L. 225-59, al. 3).

Par ailleurs, il est interdit de cumuler au sein d'une même société la qualité de membre du directoire et celle de membre du conseil de surveillance (c. com. art. L. 225-74 et R. 225-37), **ainsi que la qualité de membre du directoire et celle de commissaire aux comptes** (c. com. art. L. 822-12 et L. 822-13).

En outre, la composition du directoire doit s'efforcer de rechercher une représentation équilibrée des femmes et des hommes. Le directoire détermine à cette fin un processus de sélection qui garantit jusqu'à son terme la présence d'au moins une personne de chaque sexe parmi les candidats (c. com. art. L. 225-58, al. 1 et 3).

▸ Limitation du nombre de mandats

564 **Une personne physique ne peut exercer plus d'un mandat de membre du directoire ou de directeur général unique de SA ayant leur siège social sur le territoire français** (c. com. art. L. 225-67).

Toutefois, un membre du directoire peut exercer un deuxième mandat de membre du directoire ou de directeur général unique, ou un mandat de directeur général dans une société contrôlée au sens de l'article L. 233-16 du code de commerce par la société dont cette personne est membre du directoire ou directeur général unique. Par ailleurs, un membre du directoire, ou le directeur général unique, peut également exercer un autre mandat de directeur général, de membre du directoire ou de directeur général unique dans une société tierce, dès lors que celle-ci n'est pas cotée. La situation est la même que celle prévue pour le directeur général d'une SA avec conseil d'administration. Les problèmes liés à la détermination du contrôle, au champ d'application, aux régularisations devant intervenir en cas de dépassement du seuil et à l'exercice simultané de la direction générale font l'objet d'une étude spécifique *(voir §§ 418 à 421)*.

Par ailleurs, tous mandats confondus (plafond global), un membre du directoire ne peut cumuler plus de quatre autres mandats de directeur général, de membre du directoire, de directeur général unique, d'administrateur ou de membre du conseil de surveillance dans une autre société ; dans ce nombre plafond, seront inclus, s'il y a lieu, tous les mandats (principal et dérogatoires) de membre du directoire (ou de directeur général unique), soit 3 au maximum.

Ne sont pas pris en compte les mandats d'administrateur ou de membre du conseil de surveillance exercés par une personne physique dans les sociétés contrôlées au sens de l'article L. 233-16 du code de commerce par la société dont elle est déjà membre du conseil de surveillance. Un membre du directoire peut avoir un nombre illimité de mandats d'administrateur ou de membre du conseil de surveillance dans des filiales de la société où il exerce son mandat de direction.

▸ Limite d'âge et mise sous tutelle

565 Les statuts doivent prévoir une limite d'âge pour l'exercice des fonctions de membre du directoire ou de directeur général unique. À défaut, cette limite d'âge est de 65 ans.

Toute nomination intervenue en violation de ces dispositions est nulle. Par ailleurs, lorsqu'un membre du directoire, ou le directeur général unique, atteint la limite d'âge, il est réputé démissionnaire d'office.

Est également réputé démissionnaire d'office le membre du directoire, ou le directeur général unique, placé en tutelle.

La nullité de la nomination et la démission d'office n'entraînent pas la nullité des délibérations et des décisions auxquelles a pris part le membre du directoire irrégulièrement nommé ou réputé démissionnaire d'office (c. com. art. L. 225-60).

Durée des fonctions

▸ Les statuts déterminent la durée du mandat du directoire

566 Les statuts déterminent la durée du mandat du directoire dans des limites comprises entre 2 et 6 ans. À défaut de disposition statutaire, la durée du mandat est de 4 ans. Toujours à défaut de disposition statutaire contraire, les membres du directoire sont rééligibles.

En cas de vacance, le remplaçant est nommé pour le temps qui reste à courir jusqu'au renouvellement du directoire (c. com. art. L. 225-62).

• **Point de départ du délai.** Le point de départ de la durée du mandat est, selon l'opinion dominante, la date d'acceptation de leurs fonctions par les membres du directoire. En pratique, l'acceptation sera consignée dans l'acte de nomination, sur lequel chacun des membres du directoire apposera sa signature en la faisant précéder de la mention manuscrite « bon pour acceptation de fonctions ».

• **Date de fin du mandat.** À la différence de ce qui est prévu pour la durée des fonctions des membres du conseil d'administration ou de surveillance, il n'est pas précisé que le mandat prend fin à l'issue de la réunion de l'assemblée générale ordinaire tenue dans l'année au cours de laquelle expire le mandat et qui statue sur les comptes de l'exercice écoulé. À défaut d'une clause des statuts qui fournirait une telle précision, la durée du mandat se calcule donc de quantième à quantième. Un membre du directoire, nommé le 1er janvier 2023 pour deux années, verra son mandat prendre fin le 31 décembre 2025.

▸ Cessation des fonctions

567 Les fonctions des membres du directoire peuvent prendre fin par anticipation, à la suite de :
– décès ;
– dépassement de la limite d'âge ;
– survenance d'une mise sous tutelle, d'une interdiction ou d'une incompatibilité ;

– **démission ;**
– **révocation** *(voir § 573)* **;**
– **abandon de la forme à directoire et adoption corrélative de la formule du conseil d'administration traditionnel ;**
– **transformation ou dissolution de la société.**

Démission et contrat de travail. Un président du directoire qui cumulait un contrat de travail avec son mandat présente sa démission le jour où il est licencié puis se rétracte 2 jours après. Pour la cour d'appel de Pau, cette démission ne procède pas d'une volonté libre et réfléchie et elle devait être acceptée par le conseil de surveillance. Le caractère abusif du licenciement implique que la révocation consécutive du mandat social se trouve elle-même privée de juste motif (CA Pau 7 mai 2007, Bull. Joly 2008, 185).

Statut des membres du directoire

Rémunération

568 **Lors de la nomination de chaque membre du directoire, le conseil de surveillance fixe sa rémunération** (c. com. art. L. 225-63)**. C'est un pouvoir propre du conseil de surveillance. L'assemblée n'est pas compétente. Cette rémunération est déterminée par tête et non pour tous les membres du directoire.**

La rémunération peut être fixe ou proportionnelle au chiffre d'affaires ou aux bénéfices, ou un panachage de ces deux modes de détermination. Elle peut être différente dans son montant et dans ses modalités pour chaque membre.

La procédure des conventions réglementées ne s'applique pas à la fixation de la rémunération des membres du directoire.

Le texte confère un pouvoir légal au conseil de surveillance pour la fixation de la rémunération du directoire lors de la nomination des membres. Il est muet sur les changements de rémunération. Si le système adopté à l'origine repose sur des critères d'évolution automatique en fonction de données chiffrées, l'augmentation ou la diminution de la rémunération sera la conséquence de ce choix et le conseil de surveillance n'a pas à intervenir. La situation est différente lorsque la rémunération de base ou globale doit être réduite, ou si des circonstances nouvelles conduisent à modifier les clés de calcul ou les pourcentages : baisse de chiffre d'affaires, mauvais résultats.

Dans ces différents cas, la réduction de la rémunération de chaque membre du directoire est de la compétence exclusive du conseil, mais celui-ci ne peut la décider rétroactivement sans l'accord de l'intéressé (cass. com. 10 février 2009, n° 08-12564)**. Un précédent arrêt avait autorisé le conseil de surveillance à revenir sur une augmentation de rémunération** (cass. com. 16 juillet 1985, n° 83-17416)**. En cas d'augmentation, la rétroactivité devrait être décidée sans difficulté particulière.**

• **Proposition d'un comité des rémunérations.** Lorsque le conseil de surveillance entérine les propositions d'un comité de rémunération et adopte sur un nouveau mandat d'autres propositions également approuvées par le conseil dans une résolution, l'approbation d'un taux d'augmentation impliquait que le conseil de surveillance avait expressément approuvé la base de rémunération à laquelle ce taux s'appliquait et qu'il résultait de l'ensemble de ces délibérations successives que la rémunération avait été fixée par cet organe (cass. com. 26 mars 2008, n° 07-10572).

• **Fixation judiciaire impossible.** Le conseil de surveillance a une compétence exclusive pour fixer le mode de rémunération de chacun des membres du directoire. Dès lors, le juge saisi ne peut la fixer en ses lieu et place (cass. com. 12 décembre 1995, n° 94-12489).

• **Défaut de rémunération.** Lorsque l'acte de nomination n'a pas fixé le mode et le montant de la rémunération de chacun des membres du directoire, ceux-ci ne peuvent prétendre à rémunération (CA Paris 1er décembre 2000, Dr. soc. 2001, n° 66).

• **Prime accordée au président selon des objectifs à définir par le conseil de surveillance.** Le président d'un directoire avait conclu avec la SA une convention lui octroyant une prime annuelle de 70000 € en fonction d'objectifs à atteindre que le conseil de surveillance devait déterminer. En réalité, ces objectifs n'ont jamais été fixés. Pour autant, la prime doit être réglée au président sans que l'on puisse lui reprocher de ne pas avoir demandé à la société de préciser les objectifs à atteindre (cass. com. 30 mars 2022, n° 20-16168).

Cumul de fonctions

▸ Possibilité de détenir un contrat de travail

569 **Aucune prescription particulière n'interdit aux membres du directoire d'être liés à la société par un contrat de travail et les textes précisent que si l'intéressé a conclu avec la société un contrat de travail, la révocation de ses fonctions de membre du directoire n'a pas pour effet de résilier le contrat** (c. com. art. L. 225-61, al. 2)**. Le contrat de travail peut être antérieur ou consenti en cours de mandat. Aucune limitation numérique n'est prévue.**

▸ Fonction distincte et réelle

570 **Le contrat de travail doit correspondre à des fonctions réelles dans l'entreprise. Ces fonctions doivent être distinctes de celles assumées en qualité de membre du directoire et faire l'objet d'une rémunération distincte. Le cumul suppose en effet dualité de fonctions** (cass. soc. 4 février 1988, n° 85-42190)**. Il y a, d'un côté, les fonctions d'administration et de gestion assumées au titre d'un mandat social et exercées collectivement au sein du directoire ; il y a, d'autre part, des fonctions de direction technique (par exemple, direction commerciale, direction financière) exercées au titre du contrat de travail et ces fonctions, quelle que soit leur importance, sont déterminées, limitées et subordonnées. C'est au membre du directoire qui se prévaut d'un contrat de travail d'en établir l'existence** (cass. soc. 7 novembre 1995, n° 99-45518)**.**

• **Confusion des fonctions.** La cour d'appel, qui constate que le chef d'exploitation au service d'une société, nommé directeur général adjoint de celle-ci, puis président du directoire, a ainsi été investi de l'ensemble des pouvoirs nécessaires à la direction de la société et que les fonctions exercées en ces deux qualités et pour lesquelles il n'a reçu qu'une seule rémunération étaient à peu près identiques et impliquaient la direction technique et commerciale, estime à bon droit qu'au contrat de directeur général adjoint, même qualifié de contrat de travail, a été définitivement substitué un mandat social essentiellement révocable (cass. soc. 1er juin 1978, n° 77-40465).

• **Disparition de l'état de subordination : suspension du contrat.** Un salarié directeur commercial a été membre et président du directoire de la société. Du fait de l'étendue des pouvoirs dont il disposait, il ne se trouvait plus dans un état de subordination à l'égard de la société. Dès lors, en l'absence de convention contraire, et sauf novation du contrat impliquant sa disparition, le contrat de travail est suspendu durant la durée du mandat (cass. soc. 8 octobre 2003, n° 01-43556, BC V n° 253) (voir également cass. soc. 8 décembre 2004, n° 02-45682).

• **Contrat de travail n'ayant pas pris effet.** La nomination au directoire ne rend pas nécessairement caduc un contrat de travail dont l'exécution n'est pas encore commencée : faute pour eux de constater l'intention des parties de mettre fin au contrat ou la cessation de l'exécution de celui-ci, les juges du fond ne donnent pas de base légale à leur décision (cass. soc. 17 novembre 1988, n° 85-45946, BC V n° 608).

• **Rémunération distincte.** Le fait que le mandataire salarié perçoive une rémunération distincte pour les deux statuts est un élément de preuve (cass. soc. 3 décembre 1992, n° 90-41070 ; cass. soc. 14 mai 1998, n° 97-40652, BC V n° 256). Lorsqu'il résulte de la délibération du conseil de surveillance une volonté non équivoque de continuer à servir la même rémunération à un directeur salarié devenu membre du directoire, alors qu'il continuait à assumer les mêmes fonctions qu'auparavant, le paiement est volontaire et non pas indu (cass. com. 19 juin 2001, n° 98-19382).

▸ Licenciement et indemnités

571 **Il reste qu'une série d'arrêts de la Cour de cassation a mis en évidence les difficultés susceptibles de se présenter lorsque des membres du directoire invoquent un contrat de travail pour demander à l'AGS sa garantie ou des indemnités à la société qui se sépare d'eux. Il est possible d'interroger au préalable Pôle Emploi** *(voir § 266)*.

• **Absence de lien de subordination.** Ainsi, a été cassé un arrêt qui avait attribué la qualité de salarié à un président du directoire sans rechercher si celui-ci avait effectivement assuré, dans un lien de subordination envers la société, des fonctions techniques distinctes de celles correspondant au mandat social dont il était investi et qui suffisaient à le placer sous le contrôle du conseil de surveillance (cass. soc. 4 février 1988, n° 85-42190).

• **Président du directoire ayant les pleins pouvoirs.** Ainsi, encore, lorsque le président du directoire disposait dans la société de tous les pouvoirs sans aucun contrôle et exerçait sa mission technique en toute indépendance sans avoir à en référer à quiconque, une cour d'appel a pu en déduire à bon droit que l'intéressé ne se trouvait pas, à l'égard de la société, dans un lien de subordination caractéristique d'un contrat de travail (cass. soc. 5 juillet 1989, n° 86-18534).

• **Directeur de la gestion et de l'innovation.** La qualité de salarié a été déniée à un président du directoire qui avait conclu un contrat de travail en qualité de directeur de la gestion et de l'innovation, ces fonctions ne se distinguant pas de celles dévolues à tout chef d'entreprise (cass. soc. 11 décembre 1996, n° 93-44171).

• **Licenciement au titre d'un contrat de travail.** Le tribunal saisi d'une contestation concernant la révocation de ses fonctions d'un membre du directoire d'une SA n'est pas tenu par les motifs du jugement du conseil des prud'hommes statuant sur le licenciement de l'intéressé de son emploi de directeur-général adjoint (cass. com. 20 juin 2006, n° 05-14168). Il convient de noter que la cour d'appel de Pau a toutefois considéré que le caractère abusif du licenciement implique que la révocation consécutive du mandat social se trouve elle-même privée de juste motif *(voir § 567, rubrique « Démission et contrat de travail »)*.

▸ Précautions en matière de cumul de fonctions

572 **On ajoutera, en ce qui concerne les cumuls, les remarques suivantes :**
– l'éventuelle spécialisation des tâches au sein du directoire rendra malaisée la démonstration de fonctions techniques particulières assumées en application d'un contrat de travail dont la matérialité ne pourrait être prouvée ;
– la justification de versements de cotisations à la sécurité sociale risque d'être peu probante, car les membres du directoire sont, en tant que tels, assimilés à des salariés au regard de la législation sociale *(voir § 593)* **;**

– les formalités concernant les conventions qui interviennent entre la société et les membres du directoire ou du conseil de surveillance doivent être respectées lorsque le contrat de travail est conclu entre la société et un membre du directoire (c. com. art. L. 225-86 à L. 225-90) *(voir §§ 1020 à 1059 et 587)*. Elles sont, en revanche, inapplicables lorsqu'un salarié de la société devient membre dudit directoire. C'est ainsi qu'une clause d'indemnité de départ figurant dans un contrat de travail conclu antérieurement à la nomination du bénéficiaire comme membre du directoire ne relève pas du régime des conventions réglementées (cass. soc. 10 avril 2013, n° 11-25841).

L'octroi d'une retraite complémentaire, instituée par la société, bénéficiant au président du directoire doit être autorisé par le conseil de surveillance au titre des conventions réglementées *(voir §§ 587 et 1035)*.

Révocation des membres du directoire

▸ Organe compétent

573 Les membres du directoire, ou le directeur général unique, peuvent être révoqués par l'assemblée générale, ainsi que, si les statuts le prévoient, par le conseil de surveillance (c. com. art. L. 225-61, al. 1).

Dans le silence des statuts, la révocation ne peut intervenir que par une décision de l'assemblée générale ; l'assemblée n'a pas à attendre une proposition préalable de révocation émanant du conseil de surveillance. De même, lorsque les statuts confèrent au conseil de surveillance le pouvoir de révoquer le directoire, cette révocation peut intervenir directement sans convocation d'une assemblée.

Octroyer le droit de révocation au conseil peut permettre de débloquer certains conflits entre le directoire et le conseil de surveillance. Ce choix modifie néanmoins les rapports entre les différents organes : le conseil de surveillance nommera et pourra révoquer les membres du directoire. Les actionnaires réunis en assemblée n'auraient plus le rôle d'arbitre.

En toute hypothèse, la personne dont la révocation est envisagée doit avoir été mise en mesure de présenter sa défense et ses arguments avant toute décision de révocation prise par l'assemblée ou le conseil de surveillance (cass. com. 15 mai 2007, n° 05-19464). Il en est de même si le dirigeant a commis une faute lourde caractérisant une volonté de nuire à la société (cass. com. 11 octobre 2023, n° 22-12361 à propos d'une SAS mais transposable à la SA).

• **Ordre du jour de l'assemblée.** Lorsque la révocation est soumise à l'assemblée, elle doit figurer à l'ordre du jour de celle-ci. En effet, la possibilité de révoquer en toute circonstance les administrateurs ou membres du conseil de surveillance (c. com. art. L. 225-105) n'est pas prévue pour les membres du directoire.

Toutefois il a été jugé que l'ordre du jour de l'assemblée étant dédié au « sort de la société », il était prévisible, tant pour les auteurs de la convocation que pour les actionnaires, que ces débats pourraient déboucher sur la question du maintien en fonction des dirigeants ; il était en outre possible pour l'assemblée de se saisir de l'éventuelle révocation de tout ou partie des membres de son directoire au titre des incidents de séance (CA Paris 17 janvier 2003, n° 02-3317 ; CA Lyon, 15 décembre 2005, JCP éd. E. 2006, p. 784).

• **Membre du directoire salarié.** La révocation d'un membre du directoire lié par un contrat de travail ne met pas fin à ses fonctions de salarié (c. com. art. L. 225-61, al. 2).

▶ **Dommages et intérêts**

574 La révocation des membres du directoire décidée sans juste motif peut donner lieu à dommages et intérêts (c. com. art. L. 225-61, al. 1).

Le montant des dommages et intérêts qui peuvent être accordés lorsque la révocation est décidée sans juste motif ne coïncide pas nécessairement avec le montant de la rémunération que l'intéressé aurait perçue jusqu'à la date normale d'expiration de son mandat (cass. com. 22 novembre 1977, n° 76-10630). **Par ailleurs, le montant de ces dommages et intérêts, déterminé amiablement, ne devra pas être abusif, eu égard aux ressources et à la situation de la société, ainsi qu'au préjudice réellement subi.**

En cas de contentieux, le tribunal ne peut réintégrer dans leurs fonctions les membres du directoire révoqués. Il accordera, s'il y a lieu, des dommages et intérêts, mais ne pourra annuler la révocation dès lors que la régularité même de la décision de l'assemblée n'est pas contestée. L'assemblée est en effet souveraine, sauf à supporter les conséquences de ses décisions et à réparer le préjudice causé aux membres révoqués.

• **Justes motifs de révocation.** Ont notamment été admises comme justes motifs de révocation, privant le membre du directoire de dommages et intérêts :
– l'omission par le président du directoire de régler les dettes sociales et fiscales de la société (CA Paris 11 mars 1983, JCP éd. E 1984.II.14169) ;
– la mésentente existant entre les deux membres du directoire et de nature à compromettre l'intérêt social, qui constitue un juste motif de révocation de l'un des deux dirigeants (cass. com. 19 décembre 2006, n° 05-15803) ;
– l'absence de concordance entre le directoire et l'actionnaire principal, qui est un juste motif de révocation dès lors que la société éprouve des difficultés financières (CA Paris 17 janvier 2003, JCP éd. E 2003, p. 1333) ;
– la dissimulation par un membre du directoire de sa qualité d'associé d'une société qui a conclu un contrat de bail commercial avec la société dont il est dirigeant (CA Paris 5 mars 2009, n° 08-8682, RJDA 2009, 521) ;
– la mise en place d'une nouvelle gouvernance si elle est nécessaire à la préservation de l'intérêt social (cass. com. 30 mars 2022, n° 20-16168).

• **Révoqué même sans faute.** Le juste motif peut s'apprécier au regard de l'intérêt social sans que soit invoquée une quelconque faute du membre du directoire révoqué (cass. com. 24 avril 1990, Dr Soc. 1990, n° 273 ; cass. com. 3 mars 2015, n° 14-11840).

• **Absence de juste motif.** Il y a absence de juste motif lorsque les raisons invoquées par le conseil de surveillance à l'appui de la révocation sont imaginaires et traduisent sa volonté de mettre fin coûte que coûte aux fonctions du directeur général unique (cass. com. 23 juin 1975, n° 73-10570 ; CA Versailles 27 juin 1996, Bull. Joly 1996, p. 1021).

• **Substitution d'un conseil d'administration.** En cas de substitution d'un conseil d'administration au directoire et au conseil de surveillance, le président du directoire ne peut prétendre que la suppression de son poste résultant de ce changement constitue une révocation sans juste motif (cass. com. 4 février 1997, n° 94-21707).

Président du directoire et directeurs généraux

575 Le conseil de surveillance confère à l'un des membres du directoire la qualité de président, et lorsqu'une seule personne exerce les fonctions dévolues au directoire, elle prend le titre de directeur général unique (c. com. art. L. 225-59).

La désignation d'un président est obligatoire. La fonction du président ne donne pas à son titulaire un pouvoir de direction plus étendu que celui des autres

membres du directoire. Le président a seulement la mission de représenter la société (CA Douai 17 juin 1976, Rev. soc. 1977, 266).

Le président du directoire, ou le directeur général unique, représente la société dans ses rapports avec les tiers, mais les statuts peuvent également habiliter le conseil de surveillance à attribuer le même pouvoir de représentation à un ou plusieurs autres membres du directoire, qui portent alors le titre de directeur général. Les dispositions statutaires limitant le pouvoir de représentation de la société sont inopposables aux tiers (c. com. art. L. 225-66). **Les directeurs généraux sont nommés par le conseil de surveillance, le texte ne prévoit pas que cette nomination a lieu sur proposition du président du directoire. Dès lors, celui-ci peut se voir imposer un ou plusieurs directeurs généraux qui auront le même pouvoir de représentation de la société envers les tiers.**

- **Durée du mandat.** Les dispositions de l'article L. 225-62 du code de commerce ne sont pas applicables au président du directoire. Il entre donc dans les prérogatives du conseil de surveillance de limiter la fonction de président du directoire dans le temps. La délibération par laquelle le conseil de surveillance a renouvelé le mandat du président du directoire pour une période limitée n'est donc pas nulle (CA Paris 10 décembre 1999, D. 2000 AJ 100).

- **Révocation sans motif.** La révocation du président du directoire peut intervenir à tout moment par simple décision du conseil de surveillance et ce, sans motif (CA Versailles 17 mai 2005, Rev. soc. 2005, 917). La cessation de la fonction de président ne met pas fin au mandat de membre du directoire.

- **Circonstances fautives de la révocation.** Une personne avait été recrutée pour succéder au président du directoire et avait été nommée, dans l'attente, membre du directoire. Sa révocation a été considérée comme justifiée en raison de la mésentente qui l'a opposée aux dirigeants mais la société a été condamnée à des dommages et intérêts dans la mesure où les conditions du recrutement de cette personne étaient constitutives, de la part de la société, d'une légèreté blâmable (CA Paris 31 janvier 2001, Bull. Joly 2001, 791).

Responsabilité

576 **Les membres du directoire sont soumis à la même responsabilité que les administrateurs** (c. com. art. L. 225-256, al. 1er).

Comme les administrateurs, les membres du directoire d'une SA mise en liquidation judiciaire peuvent également être tenus au paiement de tout ou partie du passif social en cas de faute de gestion.

Sont applicables, selon leurs attributions respectives aux membres du directoire et aux membres du conseil de surveillance, les peines frappant les diverses infractions pouvant être commises par le président, les administrateurs ou les directeurs généraux dans les SA de type classique (c. com. art. L. 242-30, L. 245-17 et L. 247-9). **Il en est notamment ainsi pour les peines d'abus de biens sociaux ou de crédit, de distribution de dividendes fictifs, de présentation ou publication de comptes inexacts, ou de défaut d'établissement des comptes sociaux.**

Les actions en responsabilité civile, pénale, fiscale ou en matière de cotisations sociales ou encore en cas de liquidation judiciaire font l'objet d'une étude spécifique *(voir § 501)*.

Le président est le chef d'entreprise pour le droit pénal. Lorsqu'une infraction est commise dans le cadre de l'activité d'une société à directoire, c'est, à défaut de délégation de pouvoir, le président du directoire qui est responsable en tant que chef d'entreprise (cass. crim. 21 juin 2000, n° 99-86433).

A priori, seul le président du directoire a le pouvoir de déléguer ses pouvoirs à un préposé responsable au titre de la responsabilité pénale. Dans la mesure où c'est le conseil de surveillance qui exerce le contrôle sur le pouvoir de représentation de la société, il conviendrait d'obtenir au préalable son autorisation pour déléguer.

Fonctionnement du directoire

Pouvoirs du directoire

577 **Le directoire est investi des pouvoirs les plus étendus pour agir en toute circonstance au nom de la société. Il les exerce dans la limite de l'objet social et sous réserve de ceux expressément attribués par la loi au conseil de surveillance et aux assemblées d'actionnaires.**

Le directoire détermine les orientations de l'activité de la société et veille à leur mise en œuvre, conformément à son intérêt social, en prenant en considération les enjeux sociaux, environnementaux, culturels et sportifs de son activité. Il prend également en considération, s'il y a lieu, la raison d'être de la société *(sur cette notion, voir § 55)* (c. com. art. L. 225-64, al. 1)**.**

Le directoire étant un organe collégial dépourvu de personnalité morale, il n'est pas responsable en tant que tel. Seuls ces membres le sont. Le président, dont la désignation est obligatoire, est le détenteur du pouvoir de représentation envers les tiers. Le conseil de surveillance peut attribuer le pouvoir de représentation à d'autres membres du directoire dénommés directeurs généraux (c. com. art. L. 225-66, al. 2)**. Cependant, le président et les directeurs généraux ne disposent pas d'un pouvoir de direction plus étendu que les autres membres du directoire.**

Les membres du directoire peuvent, avec l'autorisation du conseil de surveillance, répartir entre eux les taches de la direction (c. com. art. R. 225-39)**. Une clause des statuts peut interdire cette répartition de pouvoir. Cette répartition autorisée ne peut, en aucun cas, avoir pour effet de retirer au directoire son caractère d'organe assurant collégialement la direction de la société. Elle n'a d'effet que dans les rapports internes de la société.**

Dans les rapports avec les tiers, la société est engagée, même par les actes du directoire qui ne relèvent pas de l'objet social, à moins qu'elle ne prouve que le tiers savait que l'acte dépassait cet objet ou qu'il ne pouvait l'ignorer compte tenu des circonstances, étant exclu que la seule publication des statuts suffise à constituer cette preuve (c. com. art. L. 225-64, al. 2)**. En fait, c'est le président qui a le pouvoir de représentation et qui engagera la société envers les tiers.**

• **Autorisation préalable du conseil.** Les statuts peuvent subordonner à l'autorisation préalable du conseil de surveillance la conclusion des opérations qu'ils énumèrent, mais les dispositions statutaires limitant les pouvoirs du directoire sont inopposables aux tiers (c. com. art. L. 225-68, al. 2 et L. 225-64, al. 3). Lorsqu'une opération exige l'autorisation du conseil de surveillance et que celui-ci la refuse, le directoire peut soumettre le différend à l'assemblée générale des actionnaires qui décide alors de la suite à donner au projet (c. com. art. R. 225-40).

• **Convocation des assemblées.** Le directoire convoque l'assemblée (c. com. art. L. 225-103), mais le conseil de surveillance peut également le faire.

• **Délégation de l'assemblée.** L'assemblée générale extraordinaire peut déléguer au directoire les pouvoirs nécessaires pour l'attribution d'options *(voir § 1160)*, les augmentations de capital *(voir § 1371)* ou les réductions de capital *(voir § 1464)*.

• **Délégations de pouvoirs.** Le directoire a le pouvoir de nommer un préposé de la société pour déclarer des créances impayées dans le cadre d'une procédure collective frappant un débiteur. Sont valables les deux délégations de pouvoirs successivement conférées à une préposée ayant déclaré la créance de la SA concernée (cass. com. 22 janvier 2008, n° 06-20379).

L'ANSA a rappelé que le directoire peut, au nom de la société, mandater directement un tiers chargé d'une mission précise. Cette délégation ne peut porter que sur les actes attachés à une fonction ou à une opération spéciale, pour éviter tout risque de confusion avec le mandat général de représentation du président du directoire ou du directeur général (ANSA, comité juridique du 9 décembre 2009, n° 09-066).

Rapports et obligations comptables et financiers

578 **Le directoire est tenu à certaines obligations particulières envers le conseil de surveillance :**
– une fois par trimestre au moins, le directoire doit présenter au conseil de surveillance un rapport sur la marche de la société ;
– dans les 3 mois à compter de la clôture de l'exercice, le directoire doit présenter au conseil de surveillance un certain nombre de documents, essentiellement le rapport de gestion et les comptes annuels de la société arrêtés par le directoire. Dans le même délai, il doit lui soumettre, s'ils sont établis, les comptes consolidés accompagnés du rapport de gestion y afférent (c. com. art. L. 225-68, al. 5 et R. 225-55) **;**
– dans les 8 jours de l'établissement des documents de gestion prévisionnelle lorsque la société doit en établir, ceux-ci sont communiqués au conseil de surveillance avec un rapport d'analyse (c. com. art. L. 232-3 et R. 232-6)**.**

• **Autres rapports.** Le directoire établit les rapports aux assemblées et notamment ceux prévus en matière d'augmentation de capital *(voir §§ 1374 et 1391)* ou d'émission d'actions de préférence *(voir § 1210)*.

• **Droit de communication des actionnaires.** Le directoire doit mettre à la disposition des actionnaires ou leur faire parvenir les documents prévus pour leur information en fonction de l'ordre du jour de l'assemblée.

• **Questions écrites.** Le directoire est le destinataire des questions écrites préalables à une demande d'expertise de gestion *(voir § 610)*. De même, les actionnaires représentant au moins 5 % du capital social peuvent poser au directoire par écrit, deux fois par exercice, des questions sur tout fait de nature à compromettre la continuité de l'exploitation (c. com. art. L. 225-232).

Délibérations du directoire

▸ Le directoire délibère et prend ses décisions

579 **Le directoire délibère et prend ses décisions dans les conditions fixées par les statuts** (c. com. art. L. 225-64, dernier al.)**. Ce sont les statuts qui fixent, le cas échéant, en s'efforçant de retenir des solutions exemptes d'un formalisme excessif :**
– la périodicité des réunions ;
– les modalités de convocation ;
– un quorum pour la validité des délibérations (en l'absence de clause statutaire, aucun quorum n'est exigé par les textes) ;
– une majorité qualifiée pour la prise des décisions (en l'absence de disposition expresse des statuts, les décisions sont prises à la majorité simple des membres présents et le président du directoire n'a pas voix prépondérante).

• **Convocation des commissaires aux comptes.** Les commissaires aux comptes, si la société en est dotée, sont obligatoirement convoqués aux réunions du directoire qui examinent ou arrêtent les comptes annuels ou intermédiaires (c. com. art. L. 823-17 devenu c. com. art. L. 821-65 au 1er janvier 2024). Ils sont convoqués en même temps que les membres du directoire.

• **Discrétion.** Les membres du directoire, ainsi que toute personne appelée à assister aux réunions de cet organe, sont tenus à la discrétion à l'égard des informations présentant un caractère confidentiel et données comme telles par le président (c. com. art. L. 225-92).

• **Visioconférence.** Curieusement, aucun texte n'a prévu la tenue des réunions du directoire par visioconférence ou autres procédés techniques. Les statuts peuvent autoriser l'utilisation de la visioconférence ou d'autres moyens de télécommunication garantissant une participation effective à la réunion du directoire (ANSA, comité juridique du 7 janvier 2004, n° 04-016). Ils prévoiront que les membres du directoire, qui participent à la réunion par les moyens autorisés, seront réputés présents pour le calcul du quorum s'il en existe un et de la majorité. Un règlement intérieur organisera et fixera les conditions de ce mode de réunion en s'inspirant des caractéristiques retenues pour les délibérations du conseil d'administration.

▸ Registre des délibérations du directoire

580 Aucune disposition légale ne prévoit la tenue d'un registre de présence, ou l'établissement des procès-verbaux des réunions du directoire et, *a fortiori,* de les transcrire sur un registre coté et paraphé. Il est évident que, lors de certains événements importants jalonnant la vie de l'entreprise, des procès-verbaux consignant les décisions prises pourront être indispensables. Au surplus, l'établissement de procès-verbaux pourra s'avérer utile lorsque certains membres du directoire entendent marquer leurs réticences ou leurs réserves vis-à-vis de décisions qu'ils désapprouvent dans leurs principes ou modalités. En outre, tout intéressé peut demander au président du tribunal statuant en référé d'enjoindre, sous astreinte, au président d'un organe de direction de transcrire les procès-verbaux des réunions du directoire sur un registre spécial tenu au siège social (c. com. art. L. 238-4).

La solution à retenir est fonction de l'importance de la société, de sa structure, des méthodes de travail du directoire, etc. Les statuts peuvent garder un silence complet sur ce point, ce qui n'interdit pas, en toute hypothèse, l'établissement de procès-verbaux. Ils peuvent, à l'inverse, rendre les procès-verbaux obligatoires. Ils peuvent aussi prévoir que « les réunions du directoire font, le cas échéant, l'objet d'un procès-verbal ; cette formalité est de droit à la demande d'un membre du directoire ».

Paraphe et cotation du registre. La rédaction de procès-verbaux soit par suite d'une initiative spontanée, soit en application d'une clause des statuts, est, en toute hypothèse, une mesure d'ordre purement intérieur. Les précisions légales ayant trait à la tenue d'un registre spécial coté et paraphé – ou à l'utilisation de feuillets mobiles préalablement cotés et paraphés – ne concernent que les procès-verbaux du conseil d'administration et du conseil de surveillance. Les sanctions pénales prévues à cet égard sont inapplicables aux procès-verbaux du directoire (rép. Gantier, JO 28 juillet 1979, AN p. 6414).

Conseil de surveillance

Composition du conseil de surveillance

581 Le conseil de surveillance est composé de 3 membres au moins. Les statuts fixent le nombre maximum des membres du conseil, qui est limité à 18 (c. com. art. L. 225-69).

En cas de fusion de sociétés anonymes, le nombre des membres du conseil de surveillance peut dépasser le nombre de 18, pendant un délai de 3 ans à compter de la date de la fusion, sans pouvoir être supérieur à 24 (c. com. art. L. 225-95).

Aucun membre du directoire ne peut faire partie du conseil de surveillance de la même société (c. com. art. L. 225-74).

Dans le cas où le conseil de surveillance est réduit à moins de 3 membres, il n'est plus apte à délibérer. Mais le directoire a la compétence de convoquer l'assemblée et notamment une AGE aux fins de délibérer sur la modification des statuts et le retour à la structure du conseil d'administration (ANSA, comité juridique du 3 juin 2009, n° 09-036).

Conditions de nomination et statut juridique

582 Les textes du code du commerce instituent, pour les membres du conseil de surveillance, des règles analogues à celles prévues pour les membres du conseil d'administration :
– les statuts peuvent imposer que chaque membre du conseil de surveillance soit propriétaire d'un nombre d'actions de la société. Ils déterminent le nombre d'actions dont ils doivent être propriétaires (c. com. art. L. 225-72) (dans le silence des statuts, les membres du conseil n'ont donc pas à être actionnaires) ;
– la nomination par l'assemblée ordinaire et la durée des fonctions, qui est de 6 ans maximum pour les nominations par l'assemblée (c. com. art. L. 225-75) ;
– les représentants permanents des personnes morales membres du conseil (c. com. art. L. 225-76) ;
– la limitation du nombre des mandats susceptibles d'être assumés par une même personne physique (c. com. art. L. 225-77, L. 225-94 et L. 225-94-1) ;
– la limite d'âge (c. com. art. L. 225-70) ;
– les nominations par cooptation (c. com. art. L. 225-78) ;
– la révocabilité à tout moment par l'assemblée générale ordinaire (c. com. art. L. 225-75, al. 2).

Par ailleurs, le conseil de surveillance doit être composé en recherchant une représentation équilibrée des femmes et des hommes (c. com. art. L. 225-69, al. 2) *(voir § 229)*.

• **Commissaire aux comptes.** Un commissaire aux comptes ne peut être membre du conseil de surveillance d'une société qu'il contrôle (c. com. art. L. 822-12).

• **Rémunération.** Les membres du conseil de surveillance, comme les administrateurs, peuvent percevoir une rémunération, que l'on appelait auparavant « jetons de présence », dont le montant est fixé par l'assemblée, la répartition entre les membres étant du pouvoir du conseil (c. com. art. R. 225-60, al. 1). Les membres du conseil peuvent recevoir des rémunérations exceptionnelles pour des activités diverses *(voir §§ 460 et 469)*.

• **BSPCE.** Depuis le 24 mai 2019, les membres du conseil de surveillance peuvent se voir attribuer des bons de souscription de parts de créateur d'entreprise (BSPCE) (c. com. art. L. 225-85, al. 1).

• **Remboursement de frais.** Le conseil de surveillance peut autoriser le remboursement des frais de voyage et de déplacement ainsi que les dépenses engagées par ses membres dans l'intérêt de la société (c. com. art. R. 225-60, al. 2).

• **Respect des statuts.** Si, au jour de sa nomination, un membre du conseil de surveillance n'est pas propriétaire du nombre d'actions imposé par les statuts, il est réputé démissionnaire d'office s'il n'a pas régularisé sa situation dans le délai de 6 mois (c. com. art. L. 225-72, al. 2). Le membre du conseil de surveillance qui acquiert des actions pour respecter les statuts doit veiller à ce que cette acquisition donne lieu à une inscription en compte à son nom. À défaut, il risque d'être déclaré démissionnaire d'office du conseil de surveillance (cass. com. 15 novembre 2011, n° 10-19620).

Fonctions salariées dans la société

583 **L'article L. 225-85 du code de commerce :**
– autorise, parmi les rémunérations que peuvent recevoir les membres du conseil de surveillance, « celles dues au titre d'un contrat de travail correspondant à un emploi effectif » ;
– fixe une limite numérique : le nombre des membres du conseil de surveillance liés à la société par un contrat de travail ne peut dépasser le tiers des membres en fonction.

Présidence et vice-présidence du conseil de surveillance

584 **Le conseil de surveillance élit en son sein un président et un vice-président qui sont chargés de convoquer le conseil et d'en diriger les débats** (c. com. art. L. 225-81, al. 1).

Ce sont, à peine de nullité de leur nomination, des personnes physiques. Ces dernières exercent leurs fonctions pendant la durée du mandat du conseil de surveillance (c. com. art. L. 225-81, al. 2).

La nomination d'un vice-président est obligatoire dans les sociétés à conseil de surveillance, alors qu'elle est purement facultative dans les sociétés à conseil d'administration, où la loi ne la mentionne même pas. La qualité de vice-président donnée par le conseil de surveillance à l'un de ses membres ne fait pas l'objet d'une mention au RCS (CCRCS, délibération du 15 décembre 2005).

Le président, comme le vice-président, est chargé de convoquer le conseil et d'en diriger les débats. Le président du conseil de surveillance, ou le vice-président, a le pouvoir de certifier conforme les copies ou extraits des procès-verbaux des délibérations du conseil (c. com. art. R. 225-51). **Depuis le 4 novembre 2019, cette certification peut également s'effectuer au moyen d'une signature électronique, dans les mêmes règles que celles applicables au conseil d'administration** *(voir § 300)*.

Ni l'un ni l'autre ne représente pas la société vis-à-vis des tiers.

• **Révocation.** Le conseil de surveillance peut révoquer son président, mais celui-ci conserve son mandat de membre du conseil (CA Paris 25 mai 1993, D. 1993, 541). En effet, seul l'assemblée peut révoquer un membre du conseil de surveillance.

• **Rémunération.** Le conseil de surveillance peut allouer une rémunération à son président et à son vice-président (c. com. art. L. 225-81). La fixation de cette rémunération par le conseil de surveillance n'est pas soumise à la procédure des conventions réglementées.

Délibérations du conseil de surveillance

585 **Les statuts de la société déterminent les règles relatives à la convocation et aux délibérations du conseil de surveillance. Le conseil ne délibère valablement que si la moitié au moins de ses membres est effectivement présente** (c. com. art. L. 225-82, al. 1er).

Le président du conseil de surveillance doit convoquer le conseil à une date qui ne peut être postérieure à 15 jours lorsqu'un membre au moins du directoire ou le tiers des membres du conseil de surveillance lui présentent une demande motivée en ce sens. Si la demande reste sans suite, ses auteurs peuvent procéder eux-mêmes à la convocation en indiquant l'ordre du jour de la séance (c. com. art. R. 225-45).

Les dispositions légales relatives au quorum, à la majorité, à la voix prépondérante du président de séance (c. com. art. L. 225-82, al. 3), **à l'obligation de discrétion** (c. com. art. L. 225-92) **et les dispositions réglementaires concernant le registre des présences ou l'établissement des procès-verbaux** (c. com. art. R. 225-49 à R. 225-52) **sont identiques à celles instituées par ailleurs pour le conseil d'administration** *(voir §§ 290 et 297 à 303)*. **Il en est de même pour la participation des membres du conseil par des moyens de visioconférence ou télécommunication** *(voir § 288)*, **ces moyens étant toutefois exclus lorsque la réunion du conseil a pour objet le contrôle des comptes annuels et consolidés.**

• **Consultation écrite.** Depuis le 21 juillet 2019, les statuts d'une SA peuvent prévoir que certaines décisions du conseil de surveillance peuvent être prises par consultation écrite des administrateurs. Ces décisions sont (c. com. art. L. 225-82, al. 3) :
– le transfert du siège social dans le même département ;
– la mise en conformité des statuts sur délégation de l'assemblée générale extraordinaire ;
– l'autorisation d'engager la SA par un cautionnement, un aval ou une garantie ;
– la nomination provisoire d'un membre du conseil de surveillance en cas de vacance d'un siège ;
– la convocation de l'assemblée générale.

• **Commissaire aux comptes.** Les commissaires aux comptes, s'ils existent, doivent être convoqués aux réunions du conseil de surveillance qui examinent ou arrêtent les comptes annuels ou intermédiaires (c. com. art. L. 823-17). Ils sont convoqués par lettre recommandée avec demande d'avis de réception en même temps que les membres du conseil (c. com. art. R. 823-9).

• **Registre.** Il doit être tenu un registre de présence qui est signé par les membres du conseil de surveillance participant à la séance du conseil et qui mentionne le nom des membres du conseil de surveillance réputés présents (c. com. art. R. 225-47). Ce registre peut être tenu sous forme électronique *(voir § 290)*.

• **Représentants du comité social et économique.** Deux membres du CSE dans les SA d'au moins 50 salariés assistent aux réunions du conseil de surveillance dans les conditions définies pour le conseil d'administration *(voir § 294)*.

Missions du conseil de surveillance

▸ Contrôle permanent de la gestion

586 **Le conseil de surveillance n'a pas pour fonction de diriger la société. Sa mission essentielle est de contrôler de façon permanente la gestion du directoire, mais il a aussi d'autres prérogatives qui lui sont dévolues par la loi ou, le cas échéant, par les statuts.**

À toute époque de l'année, le conseil de surveillance opère les vérifications et les contrôles qu'il juge opportuns. Il peut se faire communiquer les documents qu'il estime nécessaires à l'accomplissement de sa mission (c. com. art. L. 225-68, al. 3).

Une fois par trimestre au moins, un rapport doit lui être présenté par le directoire (c. com. art. L. 256-68, al. 4).

Après la clôture de l'exercice, le conseil de surveillance vérifie et contrôle le rapport de gestion, les comptes annuels, et les comptes consolidés qui lui sont présentés par le directoire dans le délai de 3 mois à compter de la clôture de l'exercice (c. com. art. L. 225-68, al. 5 et R. 225-55). Le conseil doit présenter à l'assemblée générale ses observations sur le rapport de gestion et les comptes arrêtés par le directoire.

Le conseil de surveillance doit également présenter à l'assemblée générale un rapport sur le gouvernement d'entreprise. Ce rapport inclut les mêmes informations, le cas échéant adaptées aux sociétés à conseil de surveillance, que celles exigées pour les SA à conseil d'administration *(voir § 855)*, ainsi que les observations du conseil de surveillance sur le rapport du directoire et sur les comptes de l'exercice (c. com. art. L. 225-68, al. 6).

Recours à un cabinet d'audit. Entre dans le pouvoir de contrôle du conseil de surveillance de faire réaliser un audit juridique, puis un audit comptable de la société. Les membres du conseil n'ont commis aucun abus de droit en faisant prendre en charge par la société le coût des deux audits (CA Paris 24 juin 2002, JCP éd. E 2003, p. 709).

▸ Conventions réglementées

587 Toute convention intervenant, directement ou par personne interposée, entre la société et l'un des membres du directoire ou du conseil de surveillance (un actionnaire disposant d'une fraction des droits de vote supérieure à 10 % ou, s'il s'agit d'une société actionnaire, la société la contrôlant au sens de l'article L. 233-3 du code de commerce) doit être soumise à l'autorisation préalable du conseil de surveillance.

Il en est de même des conventions auxquelles une des personnes visées à l'alinéa précédent est indirectement intéressée. Sont également soumises à autorisation préalable les conventions intervenant entre la société et une entreprise, si l'un des membres du directoire ou du conseil de surveillance de la société est propriétaire, associé indéfiniment responsable, gérant, administrateur, membre du conseil de surveillance ou, de façon générale, dirigeant de cette entreprise (c. com. art. L. 225-86).

L'autorisation du conseil de surveillance est toutefois inutile pour les conventions courantes conclues à des conditions normales.

Les conventions réglementées font l'objet d'une étude spécifique *(voir § 1017)*.

Régime de retraite. Doit être autorisée par le conseil de surveillance et approuvée par l'assemblée générale la convention instituant un régime de retraite complémentaire au profit du président du conseil de surveillance et du président du directoire (cass. soc. 14 janvier 1999, n°s 93-41796 et 93-41797).

▸ Autres autorisations

588 C'est au conseil de surveillance qu'il incombe d'autoriser :
– les cautions, avals ou garanties, sauf dans les sociétés exploitant un établissement bancaire ou financier (c. com. art. L. 225-68, al. 2 et R. 225-53) ;
– les opérations qui, le cas échéant, sont statutairement du domaine du conseil de surveillance, étant rappelé que de telles limitations sont inopposables aux tiers (c. com. art. L. 225-68, al. 2).

La loi 2016-1691 du 9 décembre 2016, dite « loi Sapin 2 », a aligné les hypothèses d'autorisation préalable du conseil de surveillance sur celles qui sont prévues dans les SA à conseil d'administration. Ainsi, la cession d'immeubles par nature, la cession totale ou partielle de participations et la constitution de sûretés n'ont plus à faire l'objet de l'autorisation du conseil de surveillance (loi 2016-1691 du 9 décembre 2016, art. 142, 5°). Les actionnaires gardent bien sûr la possibilité de maintenir cette obligation d'autorisation dans les statuts.

► **Autres pouvoirs**

589 C'est le conseil de surveillance qui nomme les membres du directoire et fixe leur rémunération. C'est lui qui désigne le président du directoire et qui a compétence pour le révoquer. C'est également lui qui peut, si les statuts l'y autorisent, attribuer à un ou plusieurs membres du directoire la qualité de directeur général. Il peut également, si les statuts le prévoient, révoquer les membres du directoire.

Par ailleurs, le conseil de surveillance a qualité, comme le directoire, pour convoquer l'assemblée générale des actionnaires (c. com. art. L. 225-103). Il répartit librement entre ses membres le montant de la rémunération votée par l'assemblée (c. com. art. L. 225-83 et R. 225-60).

En outre, le conseil de surveillance peut décider le transfert du siège social sur tout le territoire français sous réserve de ratification de cette décision par la prochaine assemblée générale ordinaire. De même, les modifications nécessaires des statuts, lorsqu'il s'agit de les mettre en conformité avec les dispositions législatives et réglementaires, incombent au conseil de surveillance, qui agit sur délégation de l'assemblée générale extraordinaire. Ces modifications doivent ensuite être ratifiées par la prochaine assemblée générale extraordinaire (c. com. art. L. 225-65).

• **Cooptation.** Comme pour les membres du conseil d'administration, les membres du conseil de surveillance peuvent être cooptés entre deux assemblées (*voir § 245*). Si le nombre de membres du conseil de surveillance est inférieur à 3, la cooptation est impossible et c'est le directoire qui doit convoquer l'assemblée pour procéder à la nomination de membres supplémentaires (c. com. art. L. 225-78, al. 2).

• **Missions particulières.** Le conseil de surveillance peut conférer à un ou plusieurs de ses membres tous mandats spéciaux pour un ou plusieurs objets déterminés (c. com. art. R. 225-56, al. 1er).

• **Mise en place de commissions.** Le conseil de surveillance peut décider la création en son sein de commissions dont il fixe la composition et les attributions et qui exercent leur activité sous sa responsabilité, sans que lesdites attributions puissent avoir pour objet de déléguer à une commission les pouvoirs qui sont attribués au conseil de surveillance lui-même par la loi ou les statuts, ni pour effet de réduire ou de limiter les pouvoirs du directoire (c. com. art. R. 225-56, al. 2).

Responsabilité des membres du conseil de surveillance

590 Les membres du conseil de surveillance sont seulement responsables des fautes personnelles commises dans l'exécution de leur mandat. Ils n'encourent aucune responsabilité en raison des actes de la gestion et de leur résultat.

Ils peuvent être déclarés civilement responsables des délits commis par les membres du directoire si, en ayant eu connaissance, ils ne les ont pas révélés à l'assemblée générale (c. com. art. L. 225-257, al. 1er).

Les membres du conseil de surveillance ne sont pas des dirigeants de droit. Ainsi, si la société est mise en liquidation, ils n'encourent pas les sanctions de faillite personnelle ou d'interdiction de gérer (cass. com. 8 janvier 2020, n° 18-23991). Ils ne peuvent être tenus des dettes sociales, sauf s'ils se sont comportés en dirigeant de fait (cass. com. 12 juillet 2005, n° 03-14045). Pour les infractions en droit des sociétés, ils peuvent être tenus comme responsables mais dans la limite de leurs attributions et donc, au titre du contrôle. Ils n'encourent aucune responsabilité pour les infractions pénales, économiques ou liées au droit du travail.

Actionnaire présent aux réunions du conseil de surveillance. Le fait, pour un actionnaire majoritaire, d'avoir participé à des réunions importantes du conseil de surveillance, n'en fait pas un dirigeant de fait (cass. com. 20 avril 2017, n° 15-19750).

Statut fiscal et social

Statut fiscal des membres du directoire

591 Dans la mesure où elle n'est pas exagérée eu égard aux fonctions exercées, la rémunération principale de chacun des membres du directoire est déductible des bases de l'impôt sur les sociétés. Elle relève, pour son bénéficiaire, de la catégorie des traitements et salaires, de même que la rémunération des fonctions éventuellement exercées, par ailleurs, dans le cadre d'un contrat de travail.

En cas d'exagération, la fraction réintégrée dans les bases de l'impôt sur les sociétés doit être imposée au nom du bénéficiaire comme revenu de capitaux mobiliers, alors même que l'intéressé n'a pas la qualité d'actionnaire (BOFiP-RSA-CHAMP-10-30-20-§ 190-06/03/2014).

Statut fiscal des membres du conseil de surveillance

592 Le président et le vice-président du conseil de surveillance peuvent être rémunérés pour leurs fonctions. Ces rémunérations relèvent du régime fiscal des revenus de capitaux mobiliers (rép. Bourgine, JO du 12 avril 1990, Sén. quest. p. 780 ; rép. Labbé, JO du 5 mars 1990, AN quest. p. 996).

Les membres du conseil de surveillance peuvent percevoir, comme les membres du conseil d'administration des sociétés de type classique (BOFiP-RSA-CHAMP-10-30-20-§ 200-06/03/2014) :
– une rémunération fixée par l'assemblée qui est imposée au nom des bénéficiaires dans la catégorie des revenus de capitaux mobiliers ;
– des rémunérations exceptionnelles pour mandats ou missions qui sont retenues pour l'assiette de l'impôt dû par les bénéficiaires, soit dans la catégorie des traitements et salaires, soit dans celle des bénéfices non commerciaux, suivant les conditions dans lesquelles l'activité qu'elles rémunèrent est exercée.

Pour la société, les rémunérations versées constituent une charge déductible dans la mesure, bien entendu, où elles correspondent à une activité effective et ne présentent pas un caractère excessif.

Statut social des membres du directoire

593 Même s'ils ne sont pas expressément visés à l'article L. 311-3 du code de la sécurité sociale comme « assimilés salariés », les membres du directoire sont

obligatoirement assujettis au régime général de la sécurité sociale des salariés (lettre CNAM du 8 novembre 1972, Bull. jur. UCANSS 46/72).

Ils sont en revanche exclus de l'assurance chômage (rép. Pinte, JO 15 janvier 1977, AN quest. p. 261), **sauf s'ils cumulent leur mandat social avec un contrat de travail** *(voir §§ 569 à 572)* (www.unedic.org). **Ils bénéficient alors de l'ensemble des avantages attachés à la qualité de salarié, mais exclusivement au titre de leur contrat de travail.**

Statut social des membres du conseil de surveillance

594 **Leurs fonctions ayant un caractère exclusivement non salarié, même si elles sont rémunérées** (lettre 1888/86, Bull. jur. UCANSS 1987, 11, Bull. Joly 1987, p. 525), **le président et le vice-président du conseil de surveillance ne relèvent pas du régime général de la sécurité sociale des salariés et ne sont donc pas redevables des cotisations qui y sont attachées.**

Ils sont susceptibles d'entrer dans le champ d'application du régime des non-salariés dès lors que leur rémunération correspond à une « activité professionnelle ». Les présidents ou les vice-présidents qui se trouveraient dans une telle situation seraient alors redevables des cotisations personnelles dues par les travailleurs indépendants. Il convient cependant d'être prudent, dans la mesure où les fonctions qu'ils exercent ne sont pas toujours considérées comme des activités professionnelles non salariées.

Échappent également aux cotisations sociales les rémunérations (ex-jetons de présence) et les rémunérations exceptionnelles pour missions et mandats perçues par les membres du conseil de surveillance. En revanche, ces rémunérations sont soumises au forfait social (c. séc. soc. art. L. 137-15, al. 7 ; lettre-circ. ACOSS 2010-12 du 21 janvier 2010). **C'est la société qui est redevable de cette contribution.**

• **Activité professionnelle non salariée.** Le conseil de surveillance a pour seule mission de contrôler les organes de direction de la société, sans assumer la gestion de celle-ci, dans laquelle il ne peut s'immiscer. Si le président de cet organe collégial est chargé uniquement de convoquer le conseil et d'en diriger les débats, l'exercice d'une activité professionnelle n'est donc pas caractérisé. Sa rémunération n'est alors pas assujettie au paiement de la cotisation personnelle d'allocations familiales due par les personnes exerçant une activité professionnelle non salariée (cass. soc. 25 janvier 2001, n° 99-12376, BC V n° 26 ; cass. soc. 18 octobre 2001, n° 00-11663). En revanche, le vice-président du conseil de surveillance qui a une activité commerciale soutenue au sein de la société exerce une activité professionnelle indépendante, et sa rémunération doit donc être assujettie au paiement de la cotisation personnelle d'allocations familiales (cass. civ., 2e ch., 1er juillet 2010, n° 09-15076).

• **Cumul avec un contrat de travail.** En cas de cumul des fonctions avec un contrat de travail dans les conditions et limites prévues par l'article L. 225-85 du code du commerce, c'est au titre du contrat de travail effectif que les intéressés relèveront du régime général de la sécurité sociale.

Points forts et limites de la société à directoire

595

Points forts de la société à directoire	Limites de la société à directoire
Séparation de la direction et du contrôle. Le directoire assume la direction. Les membres du conseil de surveillance contrôlent le directoire.	Le conseil de surveillance peut n'avoir qu'un rôle de « caisse enregistreuse » et se plier aux décisions du directoire. À l'inverse, un conseil de surveillance puissant orientera la gestion du directoire.
Position solide du directoire. Les membres du directoire ou le directeur général unique, désignés par le conseil de surveillance (pour une durée de 2 à 6 ans), sont révocables par l'assemblée ou par le conseil de surveillance lorsque les statuts l'autorisent. Ils ont droit à des dommages-intérêts en cas de révocation sans juste motif. Les membres du directoire peuvent cumuler un contrat de travail et leur mandat sans se heurter à la limitation du tiers.	Les conflits entre le directoire et le conseil de surveillance débouchent sur une convocation de l'assemblée générale, notamment lorsque le conseil veut mettre fin aux fonctions du directoire. Si le conseil de surveillance, non autorisé statutairement à révoquer, veut de toute urgence révoquer le directoire, il se heurtera au formalisme lié à la convocation d'une assemblée. Le recours à l'assemblée peut être source de nouvelles divergences, le contrôle de la gestion étant affaibli par l'obligation de passer par l'assemblée.
Choix de dirigeants non actionnaires. Les membres du directoire peuvent être non actionnaires et être des salariés.	Le choix d'un non-actionnaire conduira le plus souvent à introduire, dans les statuts, une liste d'actes d'administration subordonnés à l'accord préalable du conseil de surveillance.
Nombre d'organes de direction adaptés à l'importance de l'entreprise. Le directoire peut comprendre jusqu'à 5 membres. Dans les petites entreprises dont le capital est inférieur à 150 000 €, possibilité de désigner un directeur unique.	Le formalisme est un peu trop lourd, se manifestant notamment par de nombreux rapports à établir : - par le directoire, au conseil de surveillance au moins une fois par trimestre à chaque assemblée ; - encore par le directoire, à l'assemblée générale ordinaire réunie au moins une fois par an ; - par le conseil de surveillance à l'assemblée générale ordinaire.
Responsabilité atténuée des membres du conseil de surveillance. Ils ne sont pas responsables des actes de gestion.	Les prérogatives du président du conseil de surveillance sont très restreintes. Il n'est pas le personnage central de la société.

Droits et décisions des actionnaires

Droits des actionnaires

1 PRÉROGATIVES DE L'ACTIONNAIRE

PERCEPTION D'UNE FRACTION DES BÉNÉFICES

PARTICIPATION ET VOTE DANS LES ASSEMBLÉES

CONTRÔLE DE L'ADMINISTRATION DE LA SOCIÉTÉ

APPROBATION OU REJET DES COMPTES ANNUELS

—

DÉSIGNATION D'UN COMMISSAIRE AUX COMPTES

—

EXPERTISE SUR DES OPÉRATIONS DE GESTION

COMMUNICATION DES DOCUMENTS SOCIAUX

DROIT D'INFORMATION PRÉALABLE À TOUTE ASSEMBLÉE :

- ENVOI DE DOCUMENTS SUR DEMANDE DE L'ACTIONNAIRE
- MISE À DISPOSITION DE DOCUMENTS AU SIÈGE SOCIAL

DROIT DE COMMUNICATION PERMANENT À TOUTE ÉPOQUE DE L'ANNÉE SUR LES 3 DERNIERS EXERCICES

- EX : COMPTES ANNUELS, LISTE DES ADMINISTRATEURS, RAPPORTS DU CONSEIL D'ADMINISTRATION

ÉLIGIBILITÉ AUX FONCTIO D'ADMINISTRATEUR

ACTIONS EN JUSTICE

POUR LA DÉFENSE DE SES DROITS SOCIAUX

—

POUR AGIR EN RESPONSABILIT CONTRE LES ADMINISTRATEUR

INTERDICTION D'AUGMENT SES ENGAGEMENTS SANS SON CONSENTEMEN

2 RESPONSABILITÉ DE L'ACTIONNAIRE

SI FAUTE INTENTIONNELLE
D'UNE PARTICULIÈRE GRAVITÉ INCOMPATIBLE AVEC L'EXERCICE NORMAL DES PRÉROGATIVES ATTACHÉES À SA QUALITÉ D'ACTIONNAIRE

SI ABUS DE MAJORITÉ
DÉCISION CONTRAIRE À L'INTÉRÊT SOCIAL DE LA SOCIÉTÉ ET PRISE DANS L'UNIQUE BUT DE FAVORISER LES MAJORITAIRES AU DÉTRIMENT DES MINORITAIRES

Revue Fiduciaire

13 Droits des actionnaires

§§

Droits et obligations fondamentaux des actionnaires

Principes

599 L'actionnaire a droit à une fraction des bénéfices de la société dont il est membre *(voir § 601)*.

Il a le droit de prendre part à la gestion des affaires sociales au moyen :
– du droit de participer et de celui de voter dans les assemblées *(voir § 602)* ;
– du droit d'éligibilité aux fonctions d'administrateur *(voir § 603)* ;
– du droit de contrôle de l'administration de la société, par sa participation à la désignation d'un commissaire aux comptes et par la communication de différents documents sociaux *(voir § 604)*.

Enfin, il a un droit de préférence à la souscription des actions de numéraire émises par la société *(voir § 1380)*.

Interdiction d'augmenter les engagements

600 En aucun cas, les engagements d'un actionnaire ne peuvent être augmentés sans le consentement de celui-ci (c. civ. art. 1836).

Pour les SA, il est d'ailleurs prévu que l'assemblée générale extraordinaire (AGE) ne peut pas augmenter les engagements des actionnaires (c. com. art. L. 225-96, al. 1). À défaut, les délibérations prises sont nulles (c. com. art. L. 225-121, al. 1). La nullité peut être demandée par tout intéressé, y compris l'actionnaire ayant émis un vote favorable à la résolution proposée (cass. com. 13 novembre 2003, n° 00-20646).

Traditionnellement, cette interdiction concerne les mesures qui accroissent la charge pécuniaire des actionnaires. Ainsi, l'assemblée ne peut obliger l'actionnaire à effectuer des versements supplémentaires ou à fournir une prestation non promise. Ce serait le cas, par exemple, si l'assemblée augmentait la valeur nominale de l'action ou bien si elle dédoublait les actions, chaque actionnaire étant tenu soit de verser le complément, soit de souscrire une action nouvelle pour une ancienne. Il en serait encore ainsi si l'assemblée décidait la transformation en une autre forme de société rendant l'actionnaire indéfiniment responsable. Par exemple, la transformation en SNC requiert un consentement unanime (c. com. art. L. 225-245).

Par ailleurs, la notion d'augmentation des engagements des actionnaires, non définie par la loi, a été précisée par la Cour de cassation. Le principe a été posé par un arrêt de **1937** : « les engagements des actionnaires ne sont augmentés que si les dispositions prises par l'assemblée générale entraînent une aggravation de la dette contractée par eux envers la société ou envers les tiers » (cass. civ. 9 février 1937, DP 1937, I, p. 73).

Une diminution des droits des actionnaires ne constitue pas, en principe, une augmentation de leurs engagements. Ainsi, une décision sociale de nature à priver les actionnaires de leur intérêt à participer à la société ne constitue pas, en elle-même, une augmentation de leurs engagements nécessitant un consentement unanime (cass. com. 26 octobre 2010, n° 09-71404).

Seules les modifications des statuts sont concernées par l'interdiction de l'augmentation des engagements, mais non les décisions prises conformément aux clauses statutaires (cass. com. 9 juin 2004, n° 01-12887).

• **Obligation de ne pas faire.** L'AGE d'une SA d'expertise comptable avait modifié les statuts en y insérant, à la charge des actionnaires, une obligation de « respect de clientèle » en cas de retrait ; la clause litigieuse était rédigée dans les termes suivants : « l'ancien actionnaire s'interdit formellement de travailler, d'intervenir, d'entrer en relation ou d'entrer au service d'un client de la société ». La Cour de cassation considère que si une telle clause peut être comprise dans les statuts adoptés lors de la création, son introduction ultérieure ne peut être décidée qu'à l'unanimité ; par l'atteinte qu'elle porte à la liberté du travail et du commerce, cette clause augmente en effet les engagements de l'actionnaire (cass. com. 26 mars 1996, n° 93-21250).

• **Blocage de comptes courants.** Les décisions prises par des assemblées de bloquer pour une durée déterminée les comptes courants ne peuvent être opposées à un actionnaire qui ne consent pas au blocage (cass. com. 24 juin 1997, n° 95-20056).

• **Réduction de capital à zéro.** La réduction du capital social à zéro, sous la condition suspensive d'une augmentation destinée à amener le capital du montant légal, n'entraîne aucune obligation nouvelle mise à la charge des actionnaires et l'opération ne constitue pas une violation de l'article L. 225-96 du code de commerce (cass. com. 17 mai 1994, n° 91-21364 ; cass. com. 18 juin 2002, n° 99-11999).

• **Nullité absolue.** L'associé qui a émis un vote favorable à la résolution augmentant les engagements des actionnaires n'est pas, de ce seul fait, dépourvu d'intérêt à en demander l'annulation (cass. com. 13 novembre 2003, n° 00-20646 à propos d'une société civile de participations mais transposable à la SA).

Participation aux bénéfices et aux pertes

601 **Les actionnaires d'une SA en partagent les bénéfices et contribuent à ses pertes** (c. civ. art. 1832).

Le droit aux bénéfices n'autorise pas l'actionnaire à en demander chaque année la distribution. C'est à l'assemblée d'apprécier la quotité de bénéfices qui doit être distribuée et celle qui doit être mise en réserve ou reportée, en conformité avec les dispositions légales et statutaires *(voir § 865)*.

La distribution des dividendes n'est d'ailleurs pas nécessairement égale pour toutes les actions, puisqu'il peut exister des actions de préférence conférant des droits privilégiés dans la répartition *(voir §§ 1202 et 1203)*.

La contribution aux pertes des actionnaires de la SA est limitée au montant de leurs apports (c. com. art. L. 225-1, al. 1).

• **Cas de suspension du droit aux dividendes.** Les droits à dividende des actions ou coupures d'actions émises en violation des règles applicables à la constitution sont suspendus jusqu'à régularisation de la situation. Tout versement de dividendes effectué pendant la suspension est nul (c. com. art. L. 225-16-1). Il en est de même en cas de violation des règles applicables à l'augmentation du capital (c. com. art. L. 225-150).

• **Statuts.** Les statuts prévoient généralement les modalités de répartition des bénéfices et des pertes. Si ce n'est pas le cas, la part de chaque associé dans les bénéfices et sa contribution aux pertes se détermine à proportion de sa part dans le capital social. Les statuts peuvent prévoir une répartition autre que proportionnelle à l'apport. Toutefois, il est interdit d'attribuer à un ou plusieurs actionnaires la totalité des bénéfices ou des pertes ou de priver un actionnaire de la contribution aux pertes. Ces clauses sont réputées non écrites (c. civ. art. 1844-1).

• **Usufruitier/nu-propriétaire**. Sur la question de savoir qui, de l'usufruitier ou du nu-propriétaire, doit percevoir les sommes distribuées, se reporter au paragraphe *865, rubrique « actions démembrées »*.

Droit de vote dans les assemblées

602 **Le droit de vote est l'une des prérogatives essentielles attachée à la qualité d'actionnaire. Les statuts ne peuvent pas y déroger** *(voir § 776)*.

Mais il est possible :
– de limiter le nombre de voix dont dispose chaque actionnaire dans les assemblées dès lors que cette limitation est imposée à tous (c. com. art. L. 225-125) **ou de créer des actions de préférence sans droit de vote** (c. com. art. L. 228-11) *(voir §§ 778 et 1205)* **;**
– d'accorder un droit de vote double sous certaines conditions (c. com. art. L. 225-123) *(voir § 1204)*.

Limitations légales. Le droit de vote et le droit de participer cessent pour les actions non libérées alors qu'elles devraient l'être (c. com. art. L. 228-29) *(voir § 1117)*.

Le droit de vote est suspendu lorsque les actions ou coupures d'actions ont été émises en violation des règles applicables à la constitution ou à l'augmentation du capital (c. com. art. L. 225-16-1 et L. 225-150).

Il en est de même pour les mandataires sociaux et leurs parents en ligne directe qui n'ont pas mis leurs actions au nominatif (c. com. art. L. 225-109) *(voir § 1105)*.

Éligibilité au conseil d'administration

603 **Les statuts peuvent imposer aux administrateurs d'être actionnaires. Dans ce cas, ils doivent être propriétaires du nombre d'actions imposé par les statuts dans les 6 mois de leur nomination à défaut, ils sont démissionnaires d'office** *(voir §§ 225 à 227)*. **Ces mêmes règles s'appliquent aux membres du conseil de surveillance** *(voir § 582)*.

Droit de contrôle de l'administration de la société

604 **Le droit de contrôle s'exerce :**

– par la nomination d'un commissaire aux comptes, qui a de nombreuses attributions et des prérogatives étendues *(voir § 950)* **;**

– par le droit de se faire communiquer ou même de se faire adresser certains documents sociaux *(voir §§ 618 à 656)* **et, à défaut, de demander en référé une ordonnance d'injonction de faire** *(voir § 650)* **;**

– au vu d'un exposé de la situation de la société durant l'exercice ainsi que de tous les renseignements inclus dans le rapport de gestion, dès lors que la société en établit un *(voir § 841)* **;**

– par le droit d'autoriser ou non les stock-options *(voir § 1156)* **et l'attribution gratuite d'actions** *(voir § 1132)* **;**

– par la faculté, à compter de la communication des documents, de poser par écrit des questions auxquelles le conseil d'administration sera tenu de répondre au cours de l'assemblée *(voir §§ 711 et 769)* **;**

– par l'approbation ou le rejet des comptes annuels et, s'il y a lieu, des comptes consolidés *(voir § 862)* **;**

– par la possibilité, sous certaines conditions, de demander en justice la désignation d'un expert chargé de présenter un rapport sur une ou plusieurs opérations de gestion *(voir §§ 610 à 617)* **ou encore de poser par écrit, deux fois par exercice, des questions au président du conseil d'administration sur tout fait de nature à compromettre la continuité de l'exploitation** *(voir § 607)*.

Droit de provoquer la réunion d'assemblées

605 **Lorsque l'assemblée générale ordinaire (AGO) n'a pas été réunie dans le délai de 6 mois à compter de la clôture des comptes, tout actionnaire (ou le Ministère public) peut saisir le président du tribunal compétent statuant en référé afin d'enjoindre, le cas échéant sous astreinte, aux dirigeants de convoquer cette assemblée ou de désigner un mandataire pour y procéder** (c. com. art. L. 225-100).

Sous certaines conditions, les actionnaires réunissant au moins 5 % du capital peuvent demander en justice la désignation d'un mandataire chargé de convoquer l'assemblée (c. com. art. L. 225-103) *(voir § 685)*.

Droit d'agir en justice

606 **Les actionnaires peuvent soit individuellement, soit en se groupant, intenter l'action sociale en responsabilité contre les administrateurs** *(voir § 510)*.

Ils peuvent, à titre individuel, exercer toutes les actions en justice pour la défense de leurs droits sociaux. Cette action peut être engagée à l'encontre des organes de direction :
– pour faute de gestion des administrateurs ou du directeur général *(voir § 506)* ;
– en expertise sur des opérations de gestion *(voir § 610)* ;
– en nomination d'un administrateur judiciaire *(voir § 442)* ;
– en désignation d'un mandataire de justice afin de convoquer l'assemblée *(voir § 685)* ;
– en ajournement par les voies judiciaires de l'assemblée *(voir § 712)*.

Droits reconnus aux minoritaires

607 Un ou plusieurs actionnaires représentant au moins 5 % du capital social peuvent :
– poser par écrit, deux fois par exercice, des questions au président du conseil d'administration sur tout fait de nature à compromettre la continuité de l'exploitation (c. com. art. L. 225-232) *(voir § 1085)* ;
– demander l'inscription à l'ordre du jour de points et/ou de projets de résolutions *(voir § 690)* ;
– déclencher la procédure d'expertise sur des opérations de gestion *(voir § 610)* ;
– demander que le commissaire aux comptes soit récusé pour juste motif (c. com. art. L. 823-6), ou, en cas de faute ou d'empêchement, soit relevé de ses fonctions avant la fin de son mandat (c. com. art. L. 823-7) *(voir §§ 970 à 972)* ;
– demander en justice la désignation d'un mandataire chargé de convoquer l'assemblée générale *(voir § 685)* ;
– demander en justice la liquidation de la société (c. com. art. L. 237-14) *(voir § 1537)*.

Responsabilités des actionnaires

▸ Responsabilité civile

608 Un actionnaire peut voir sa responsabilité civile personnelle engagée envers un tiers s'il lui a causé un préjudice. Il faut qu'il ait commis une faute intentionnelle d'une particulière gravité incompatible avec l'exercice normal des prérogatives attachées à sa qualité d'actionnaire (cass. com. 18 février 2014, n° 12-29752).

Encore faut-il que son agissement personnel et fautif se caractérisant par un dépassement de pouvoir, une incompatibilité avec l'exercice normal des fonctions d'actionnaire, sa volonté malveillante ou son intention de nuire soient démontrés. Le seul fait, pour un actionnaire, de voter la révocation d'un dirigeant ne caractérise pas une faute susceptible d'engager sa responsabilité auprès dudit dirigeant révoqué (cass. com. 14 mai 2013, n° 11-22845).

• **Intérêt de la société et fraude des majoritaires.** Un associé majoritaire d'une société lui apporte un fonds de commerce. La valeur de la société ayant été sous-évaluée par le majoritaire, il reçoit, en contrepartie de son apport, un nombre important d'actions de cette société. Corrélativement, le minoritaire subit une diminution de la quote-part de capital qu'il détenait. Une cour d'appel a validé l'opération car l'apport du fonds a été réalisé dans l'intérêt de la société. Censure de la Cour de cassation : l'intérêt de la société ne suffit pas à écarter la faute des majoritaires. Ainsi, les juges auraient dû rechercher si l'apport n'avait pas conduit à priver illégitimement le minoritaire d'une partie de ses droits (cass. com. 30 septembre 2020, n° 18-22076).

• **Prescription.** Lorsqu'un salarié démissionne pour créer une société concurrente tout en détournant la clientèle de son employeur, celui-ci peut l'assigner en responsabilité pendant 5 ans (c. civ. art. 2224). Ce délai court à compter du jour où l'employeur a eu, ou aurait dû avoir, connaissance du détournement effectif de la clientèle (cass. com. 28 juin 2023, n° 22-10184).

▸ **Responsabilité pénale**

609 **Est passible d'une peine emprisonnement de 5 ans et d'une amende de 9000 € l'actionnaire qui, lors de la constitution de la société ou lors d'une augmentation de capital, attribue frauduleusement à son apport en nature une évaluation supérieure à sa valeur réelle** (c. com. art. L. 242-2).

Expertise sur des opérations de gestion

Déroulement de la procédure

▸ **Actionnaires demandeurs**

610 Un ou plusieurs actionnaires représentant au moins 5 % du capital social peuvent poser par écrit au président du conseil d'administration des questions sur une ou plusieurs opérations de gestion de la société, ainsi que, le cas échéant, des sociétés qu'elle contrôle au sens de l'article L. 233-3 du code de commerce (c. com. art. L. 225-231, al. 1er).

Si la société fait partie d'un groupe de société, la demande doit être appréciée au regard de l'intérêt du groupe. Ainsi, si l'intérêt du groupe le justifie, les actionnaires minoritaires, personnes physiques ou morales, d'une société de droit étranger contrôlant une société française peuvent demander une expertise de gestion (CA Versailles 23 octobre 2002, Bull. soc. 2003, 204). Toutefois, la demande ne peut pas porter sur des opérations réalisées par la société mère ou par les sociétés sœurs de la société dans laquelle le demandeur est actionnaire (cass. com. 10 septembre 2013, n° 12-16509).

Pour bénéficier du droit de poser des questions sur une ou plusieurs opérations de gestion de la société, le ou les actionnaires détenant un pourcentage moindre peuvent se grouper même de façon informelle pour atteindre le seuil de 5 % (c. com. art. L. 225-231, al. 1er).

La condition de détention de la fraction d'au moins 5 % du capital s'apprécie à la date introductive de la demande en justice et elle ne peut pas être remise en cause par l'effet de circonstances postérieures (si le demandeur n'est plus, à la date de la décision, titulaire d'aucune fraction du capital de la société) (cass. com. 6 décembre 2005, n° 04-10287). Ainsi, une dilution du capital après la demande ne remet pas en cause la procédure engagée.

• **Indivision.** La demande peut être présentée par un ou plusieurs actionnaires détenant en indivision au moins 5 % du capital (cass. com. 4 décembre 2007, n° 05-19643).

• **Usufruit et nue-propriété.** La jurisprudence dominante rattache cette action au droit de vote et prend en compte les actions du nu-propriétaire ou de l'usufruitier selon la nature de l'assemblée en cause (CA Paris 27 mai 1988, D. 1988, IR 219 ; CA Versailles 19 décembre 1989, Dr. Soc. 1990, n° 95).

• **Actions non libérées.** Aucun texte n'exige que le demandeur ait libéré intégralement son apport en numéraire pour demander une expertise de gestion (CA Lyon 16 janvier 1998, JCP éd. E 1999 IV, 1440).

▸ Identification des opérations de gestion

611 **La procédure d'expertise de gestion, aussi bien au moment de la consultation préalable du président du conseil d'administration qu'au moment de la demande en justice** *(voir § 614)*, **doit porter sur une ou plusieurs opérations de gestion clairement déterminées ; elle ne saurait s'étendre à la gestion globale de la société ou à la régularité des comptes** *(voir § 615)*.

• **Irrégularité de faible ampleur.** L'expertise de gestion doit être ordonnée dès lors qu'il existe des présomptions d'irrégularités sur une ou plusieurs opérations de gestion et ce, quel que soit leur montant. Ainsi, est recevable la demande d'expertise d'un associé sur des dépenses peu importantes ou pas significativement préjudiciable à la société (cass. com. 16 décembre 2020, n° 18-25630 à propos d'une SARL mais transposable aux SA).

• **Conventions réglementées.** La procédure prescrite par l'article L. 225-38 du code de commerce en matière de convention réglementée n'exclut pas une demande des actionnaires minoritaires sur une expertise de gestion au sujet des mêmes opérations, la procédure d'expertise de gestion étant distincte de celle établie pour le contrôle des conventions réglementées (CA Paris 20 mai 1998 ; D. Affaires 1998, 1181 ; cass. com. 9 février 1999, n° 96-17581, à propos d'une SARL mais transposable à la SA).

Ni la circonstance qu'un associé se soit abstenu de participer aux assemblées ayant approuvé les conventions litigieuses, ni le fait qu'il n'ait exercé aucun recours contre les décisions d'approbation des conventions ne sont de nature à faire obstacle à sa demande d'expertise de gestion (cass. com. 5 mai 2009, n° 08-15313).

• **Opération favorable à la société.** Une expertise de gestion peut être ordonnée si une mise en location-gérance n'a pas été, à tort, soumise à la procédure de contrôle des conventions réglementées. Peu importe que l'opération n'ait pas été préjudiciable à la société (cass. com. 5 avril 2023, n° 21-23289).

• **Coexistence d'une expertise de gestion et d'une expertise « *in futurum* ».** Un actionnaire minoritaire demande la désignation d'un expert de gestion ; sa demande n'est admise que pour certaines opérations. En appel, il réclame une expertise préventive prévue par l'article 145 du nouveau code de procédure civile portant sur une opération réalisée par une filiale. Cette demande de complément de l'expertise de gestion par le biais d'une mesure civile d'instruction préventive doit être accueillie, sans que le demandeur soit tenu de justifier d'un intérêt distinct de son intérêt d'actionnaire minoritaire (cass. com. 21 septembre 2004, n° 00-21601 ; cass. com. 18 octobre 2011, n° 10-18989).

Une demande de mesures d'instruction ***in futurum*** ne peut être accueillie sur requête qu'à la double condition (cass. civ., 2ᵉ ch., 7 mai 2008, n° 07-14858) :
– d'une justification de l'urgence des mesures sollicitées ;
– de l'existence de circonstances autorisant une dérogation au principe du contradictoire.

L'existence d'une instance ayant pour objet de contester la qualité d'actionnaire n'a pas pour effet, tant qu'il n'a pas été définitivement statué sur cette contestation, de priver l'actionnaire concerné de son intérêt légitime de solliciter une mesure d'instruction tendant à établir la preuve de faits dont pourrait dépendre la solution d'un litige (cass. com. 17 mars 2009, n° 08-11819).

• **Finalité de l'expertise *in futurum*.** La procédure de référé de l'article 145 du code de procédure civile permet l'obtention d'une mesure d'expertise destinée, non pas à répondre à un droit d'information de l'actionnaire, mais à obtenir des preuves dans la perspective d'une éventuelle action en responsabilité (cass. com. 24 juin 2020, n° 18-17104).

▸ Pertinence des questions posées et caractère de la réponse

612 **Les actionnaires doivent tout d'abord interroger par écrit le président du conseil d'administration.**

Le président du conseil d'administration est seul destinataire de la question. Il lui appartient de répondre aux questions se rapportant aux missions du conseil qu'il préside. Si la direction est assurée par un directeur général, il devra le plus souvent lui demander des éléments de réponse.

La demande d'expertise est une mesure grave de nature à discréditer les dirigeants et la société. Elle doit donc revêtir un caractère sérieux et il appartient aux juges du fond d'apprécier cet élément (cass. com. 15 juillet 1987, n° 86-13644) *(sur des cas de rejet, voir § 615)*. Il peut s'agir d'un risque d'atteinte à l'intérêt social (cass. com. 17 janvier 2012, n° 10-27562). Une cour d'appel ne peut refuser l'expertise en retenant que les minoritaires demandeurs poursuivent leur intérêt personnel et que la société a besoin de la confiance de ses interlocuteurs ; de tels motifs sont impropres à établir que l'acte de gestion concerné n'est pas susceptible de porter atteinte à l'intérêt social (cass. com. 10 février 1998, n° 96-11988).

Cette action n'est pas subordonnée à d'éventuelles actions en responsabilité contre les administrateurs ou en nullité des actions sociales.

Le caractère satisfaisant de la réponse apportée par les dirigeants doit être apprécié à l'aune de la pertinence des questions posées par son auteur. Ce qui est le cas lorsque l'auteur de la question a, en qualité d'administrateur et de directeur général, participé aux séances du conseil d'administration et arrêté les comptes sociaux ; il a ainsi disposé des informations relatives à la facturation des prestations pour lesquelles il demandait des informations (CA Versailles 14 février 2007, n° 06-5381).

Le président du conseil d'administration doit adresser sa réponse au commissaire aux comptes, si la société en est dotée (c. com. art. L. 225-231, al. 1er).

Conventions réglementées. La procédure prescrite par l'article L. 225-38 du code de commerce en matière de convention réglementée n'exclut pas une demande des actionnaires minoritaires sur une expertise de gestion au sujet des mêmes opérations, la procédure d'expertise de gestion étant distincte de celle établie pour le contrôle des conventions réglementées (CA Paris 20 mai 1998 ; D. Affaires 1998, 1181 ; cass. com. 9 février 1999, n° 96-17581, à propos d'une SARL mais transposable à la SA).

Ni la circonstance qu'un associé se soit abstenu de participer aux assemblées ayant approuvé les conventions litigieuses, ni le fait qu'il n'ait exercé aucun recours contre les décisions d'approbation des conventions ne sont de nature à faire obstacle à sa demande d'expertise de gestion (cass. com. 5 mai 2009, n° 08-15313).

▸ Mise en œuvre de la procédure

613 L'action judiciaire n'intervient qu'en l'absence de réponse dans un délai d'un mois ou si les éléments de réponse communiqués par les dirigeants sont insuffisants ; dans ces différents cas, les minoritaires détenant au moins 5 % peuvent demander en référé la désignation d'un ou de plusieurs experts chargés de présenter un rapport sur une ou plusieurs opérations de gestion (c. com. art. L. 225-231, al. 2).

Le respect de cette procédure préalable n'a pas pour conséquence de priver le juge de son pouvoir d'apprécier le sérieux de la demande d'expertise qui lui est présentée. L'absence de réponse aux courriers adressés reste sans incidence dès lors que le demandeur disposait d'informations suffisantes sur les questions posées (cass. com. 11 octobre 2005, n° 03-15448).

Initiative du comité social et économique ou du ministère public. Le ministère public et le comité social et économique, dès lors que la société a plus de 50 salariés, peuvent demander en référé des expertises sans avoir à poser une question écrite préalable (c. com. art. L. 225-231, al. 3 ; cass. com. 10 septembre 2013, n° 12-16509).

Désignation et mission des experts

▸ Rôle du président du tribunal de commerce

614 Le président du tribunal de commerce statue après que le greffier a convoqué le président du conseil d'administration à l'audience par lettre recommandée avec demande d'avis de réception (c. com. art. R. 225-163).

S'il fait droit à la demande, la décision de justice détermine l'étendue de la mission et des pouvoirs des experts. Elle peut mettre les honoraires de l'expert à la charge de la société (c. com. art. L. 225-231, al. 4).

La juridiction saisie d'une demande d'expertise de gestion n'est tenue de l'ordonner que si elle relève des présomptions d'irrégularités affectant une ou plusieurs opérations déterminées (cass. com. 22 mars 1988, n° 86-17040).

Il appartient au juge saisi d'une demande d'expertise formée par un actionnaire invoquant le défaut de communication d'éléments de réponse satisfaisants aux questions écrites posées par lui de rechercher si les éléments de réponse communiqués présentent ou non un caractère satisfaisant (cass. com. 17 janvier 2006, n° 05-10167).

▸ Rejet de la demande

615 La demande d'expertise ne peut porter ni sur la gestion globale de la société ni sur la régularité des comptes sociaux. Elle doit être faite pour une ou plusieurs opérations déterminées.

Ont ainsi été rejetées les demandes d'expertise portant sur :
– des critiques de l'ensemble de la gestion sociale (cass. com. 22 mars 1988, n° 86-17040) ;
– des questions si nombreuses et diverses qu'elles tendent à une critique systématique de l'ensemble de la gestion alors que les griefs présentés, de portée trop générale, ne sont pas sérieux (cass. com. 18 octobre 1994, n° 92-19159) ;
– des opérations qui relèvent de la compétence des assemblées car ne pouvant être assimilées à des actes de gestion (ex. : refus pour une opération de rachat de l'entreprise par les salariés, cass. com. 19 novembre 1991, n° 90-11950 ; refus pour un apport du fonds de commerce à une société d'exploitation, cass. com. 12 janvier 1993, n° 91-12548 et sur renvoi CA Versailles 14 mars 1995, JCP éd. E 1995, pan. 606) ;
– l'examen de la gestion de la société depuis la cessation des fonctions du demandeur et la vérification des comptes (cass. com. 16 juin 1998, n° 96-12363) ;
– le contrôle des conditions d'approbation des conventions réglementées (CA Paris 19 mai 1999, Dr. Soc. 1999, n° 117 ; CA Paris 4 février 2000, Rev. soc. 2000, 385) ;
– des interrogations de portée générale sur la politique de gestion de la société sans demander de façon précise des explications sur des actes de gestion clairement identifiés (cass. com. 14 février 2006, n° 05-11822).

▸ Déroulement de l'expertise

616 Le déroulement de l'expertise n'ayant pas été précisé par les textes, il doit être traité par référence aux solutions jurisprudentielles en matière d'expertise judiciaire (rép. Amaud, JO 7 octobre 1970, AN p. 4136).

Pour l'expertise judiciaire, la Cour de cassation a posé le principe selon lequel toutes les opérations de l'expertise doivent se faire en présence des parties ou celles-ci dûment appelées. Cependant, elle a admis que les experts n'ont pas besoin de la présence des parties pour procéder à certaines opérations, notamment pour prendre des renseignements destinés à compléter leur travail, à l'examen des documents que les parties ont été invitées à produire en vue de la défense de leurs intérêts, pour consulter des documents chez un officier ministériel ou encore pour élaborer des travaux qui, par leur nature même, excluent l'intervention des parties qui n'ont pas une compétence technique suffisante pour contrôler les agissements de l'expert.

• **Communication de documents.** L'expert peut procéder seul à certaines constatations dans la comptabilité et les documents remis en consultation par la société, sans qu'au cours de l'expertise ceux-ci soient communiqués aux demandeurs dès lors que le rapport qu'il est chargé de présenter est destiné à fournir tous les éléments utiles à l'information sur la ou les opérations de gestion en cause (cass. com. 26 novembre 1996, n° 94-16432).

• **Entrave aux investigations de l'expert.** Est puni d'un emprisonnement de 5 ans et d'une amende de 75 000 € le fait, pour les dirigeants, de mettre obstacle aux vérifications ou contrôles des experts ou de leur refuser la communication sur place de toutes les pièces utiles à l'exercice de leur mission et notamment, de tous contrats, livres, documents comptables et registres de procès-verbaux (c. com. art. L. 820-4 devenu c. com. art. L. 821-6 au 1er janvier 2024).

Suites du rapport d'expertise

617 Le rapport est adressé au demandeur, au ministère public, au comité social et économique, dès lors que la société a plus de 50 salariés, au commissaire aux comptes, si la société en est doté, et au conseil d'administration. Ce rapport doit, en outre, être annexé à celui établi par le commissaire aux comptes en vue de la prochaine assemblée générale et recevoir la même publicité (c. com. art. L. 225-231, al. 5).

Le rapport d'expertise est communiqué au greffe. Le greffier en assure la communication (c. com. art. R. 225-163, dernier al.).

Droit de communication sur demande des actionnaires

Information des actionnaires selon deux modes

618 Afin de pouvoir prendre les décisions en connaissance de cause, les actionnaires disposent :

– d'un droit de communication préalable à toute assemblée qui s'exerce sur leur demande *(voir § 619)* ou par la mise à disposition de ces documents au siège social *(voir § 631)* ;

– d'un droit de communication s'exerçant à toute époque de l'année (droit de communication permanent ; *voir § 651*).

Demande d'information préalable à toute assemblée

▸ Sur demande de tout actionnaire

619 Tout actionnaire inscrit dans les comptes tenus par la société, quelle que soit sa participation dans le capital, peut demander l'envoi de documents. S'il a cédé ses actions, sa demande doit être rejetée, d'où l'intérêt de la mise à jour régulière de la liste des actionnaires permettant un premier contrôle rapide, assorti, s'il y a lieu, d'une vérification des inscriptions en compte.

À compter de la convocation de l'assemblée et jusqu'au 5e jour inclusivement avant l'assemblée, tout actionnaire peut demander l'envoi de documents selon le type d'assemblée convoquée ; il doit indiquer l'adresse d'envoi à la société (c. com. art. R. 225-88).

• **Demande perpétuelle.** L'actionnaire peut, par une demande unique, obtenir l'envoi des documents à l'occasion de chacune des assemblées ultérieures (c. com. art. R. 225-88, dernier al.). La société devra soigneusement noter et répertorier ces demandes valant pour l'avenir, à raison des sanctions attachées au défaut d'envoi.

• **Usufruitiers, indivisaires et locataires.** Les documents peuvent être demandés par l'usufruitier et le nu-propriétaire dans la mesure où ces deux personnes peuvent assister aux assemblées, quel que soit le titulaire du droit de vote *(voir § 719)*. La convocation étant adressée à chacun des coïndivisaires, chaque indivisaire peut demander l'envoi des documents *(voir § 717)*.

Pour tous les droits autres que celui de vote, le locataire est assimilé à l'usufruitier et le bailleur au nu-propriétaire (c. com. art. L. 239-3). Dès lors, les documents pourront être demandés par l'une et l'autre de ces personnes.

• **Dommages et intérêts.** Une société a été condamnée à payer à un actionnaire des dommages et intérêts au titre du non-respect de ses obligations d'information lors d'assemblées générales au vu des circonstances suivantes :
– l'actionnaire avait par deux courriers successifs réclamé communication des documents ;
– par courrier recommandé resté sans réponse ni protestation de la part de la société, cet actionnaire a indiqué avoir reçu par courrier recommandé une feuille blanche ;
– un constat d'huissier démontre que cet actionnaire s'est présenté au siège social de la société sans parvenir à obtenir les documents réclamés ;
– par lettre adressée après la tenue de l'assemblée, cet actionnaire a protesté auprès du conseil d'administration qu'il n'avait pu prendre connaissance des comptes qu'une demi-heure avant le début de la réunion de l'assemblée. En conséquence, il remettait en cause la mention du procès-verbal, relative à un exercice normal par les actionnaires de leur droit d'information (cass. com. 9 octobre 2007, n° 04-10382).

▸ Envoi d'une procuration et d'un formulaire de vote à distance

620 **Formules de procuration et de vote à distance.** La formule de procuration ne figure pas au nombre des documents à communiquer (c. com. art. R. 225-83). Cependant, d'une part, elle est très souvent présentée dans le formulaire de vote à distance, lequel doit être envoyé sur demande des actionnaires *(voir §§ 805 et 808)*, et, d'autre part, tout actionnaire peut demander au tribunal d'enjoindre la société de la lui communiquer *(voir § 650)*.

621 **Renseignements et documents à joindre à la procuration.** À toute formule de procuration adressée aux actionnaires par la société à l'occasion d'une AGO, AGE ou assemblée spéciale, doivent être joints (c. com. art. R. 225-81) :

1° L'ordre du jour de l'assemblée avec, le cas échéant, les points ajoutés par des actionnaires.

2° Le texte des projets de résolution présentés par le conseil d'administration et par des actionnaires ; bien que l'article R. 225-81 du code de commerce ne le précise pas, il peut être judicieux de compléter cette information par un exposé des motifs du projet de résolution et par l'indication de l'auteur, ces renseignements complémentaires étant imposés lors de l'envoi d'un formulaire de vote par correspondance (c. com. art. R. 225-76).

3° Un exposé sommaire de la situation de la société pendant l'exercice écoulé.

4° Une formule de demande d'envoi des documents et renseignements visés à l'article R. 225-83 du code de commerce, informant l'actionnaire qu'il peut demander à bénéficier des dispositions du troisième alinéa de l'article R. 225-88 du code précité, et donc, par une demande unique, obtenir de la société, pour les assemblées ultérieures, les documents et renseignements qui doivent être adressés sur leur demande aux actionnaires.

5° Un formulaire de vote par correspondance comportant le rappel des dispositions de l'article L. 225-107 du code de commerce relatif à ce mode de vote.

6° Le rappel, de manière très apparente, des dispositions de l'article L. 225-106 du code de commerce relatives à l'utilisation des pouvoirs.

7° L'indication que l'actionnaire, à défaut d'assister personnellement à l'assemblée, peut choisir entre l'une des trois formules suivantes :
a) donner une procuration à un autre actionnaire, à son conjoint ou à son partenaire avec lequel il a conclu un pacte civil de solidarité ;
b) voter par correspondance ;
c) adresser une procuration à la société sans indication de mandat.

8° L'indication qu'en aucun cas l'actionnaire ne peut retourner à la société à la fois la formule de procuration et le formulaire de vote par correspondance.

Absence d'envoi ou envoi non conforme. Toute personne intéressée peut demander au tribunal d'enjoindre à la société de lui communiquer les informations exigées *(voir § 650)*.

▸ Forme et délai de l'envoi à l'actionnaire

622 La société peut adresser les documents par courrier simple à ses frais. L'envoi est également possible par voie électronique (c. com. art. R. 225-81, R. 225-83 et R. 225-88). Les sociétés qui entendent recourir à la communication électronique en lieu et place d'un envoi postal doivent soumettre une proposition en ce sens aux actionnaires inscrits au nominatif, soit par voie postale, soit par voie électronique. Les actionnaires intéressés donnent leur accord par voie postale ou électronique (c. com. art. R. 225-63, al. 1er).

En l'absence d'accord de l'actionnaire au plus tard 35 jours avant la date de la prochaine assemblée générale, la société doit procéder à un envoi postal des documents (c. com. art. R. 225-63, al. 2). L'actionnaire qui retire son accord pour la communication électronique doit le faire 35 jours au moins avant la date de l'insertion de l'avis de convocation à l'assemblée, soit par voie postale, soit par voie électronique (c. com. art. R. 225-63, al. 3).

Pour une synthèse des formalités liées à l'assemblée pouvant être effectuées par voie électronique, se reporter au tableau récapitulatif *(voir § 818)*.

Demande d'information préalable à l'assemblée annuelle

▸ Ordre du jour - Texte des résolutions

623 L'envoi comprendra, en tout premier lieu, l'ordre du jour (c. com. art. R. 225-81, 1°), lequel peut, pour l'assemblée annuelle, porter sur d'autres résolutions que celles strictement liées à l'approbation des comptes et à l'affectation des résultats.

Cet ordre du jour doit comprendre les points qui auront été ajoutés par des actionnaires représentant au moins 5 % du capital (c. com. art. L. 225-105 et R. 225-72) *(voir § 690)*.

La nomination ou le renouvellement d'administrateurs ou du commissaire aux comptes donneront lieu à l'envoi d'informations spécifiques *(voir §§ 628 et 629)*.

Sont également joints le texte des projets de résolution présentés par le conseil d'administration et, s'il y a lieu, celui des projets de résolution présentés par les actionnaires (détenant au moins 5 % du capital) accompagné de l'exposé des motifs de ces projets (c. com. art. R. 225-81, 2° et R. 225-83, 2° et 3°).

Dans les sociétés d'au moins 50 salariés, le comité social et économique peut requérir l'inscription de projets de résolutions à l'ordre du jour des assemblées (c. trav. art. L. 2312-77). Dans ce cas, le droit d'information des actionnaires voudrait que ces projets leur soient également communiqués.

▸ Documents comptables, financiers et sociaux

624 L'envoi porte aussi sur :

– les comptes annuels (bilan, compte de résultats et annexe) et un tableau d'affectation des résultats (c. com. art. R. 225-83, 6°, a) ;

– s'il y a lieu, les comptes consolidés (bilan consolidé, compte de résultats consolidés et annexe) (c. com. art. R. 225-83, 6°, a) ;

– le bilan social accompagné de l'avis du comité social et économique, si la société occupe au moins 300 salariés (c. trav. art. L. 2312-32) *(voir § 640)*.

▸ Rapports du conseil d'administration

625 Seront également adressés à l'actionnaire demandeur, les rapports du conseil d'administration, à savoir :

– le cas échéant, le rapport de gestion (c. com. art. R. 225-83, 4°) ;

– le rapport sur la gestion du groupe si des comptes consolidés sont établis (c. com. art. R. 225-83, 6°, a) ;

– l'exposé sommaire de la situation de la société au cours de l'exercice écoulé (c. com. art. R. 225-81, 3°) ;

– le cas échéant, le rapport sur les conventions réglementées si la SA n'est pas dotée d'un commissaire aux comptes (c. com. art. L. 225-40) *(voir § 1051)*.

• **Dispense de rapport de gestion.** Pour les exercices clos depuis le 11 août 2018, les petites entreprises sont dispensées d'établir un rapport de gestion *(voir § 840)*.

• **Rapport sur les stock-options ou attribution gratuite d'actions.** Un rapport spécial doit informer chaque année l'AGO sur l'attribution gratuite d'actions ou les opérations de stock-options *(voir §§ 1151 et 1175)*. Le texte ne prévoit pas un droit de communication préalable de ce rapport.

• **Rapport sur les délégations en matière d'augmentation de capital.** Ce rapport ne figure pas au nombre des documents à communiquer, mais il constitue un complément du rapport de gestion et, à ce titre, il convient de l'adresser dans le cadre du droit de communication (c. com. art. R. 225-116).

• **Rapport sur le gouvernement d'entreprise.** Le rapport sur le gouvernement d'entreprise (c. com. art. L. 225-37, al. 6) ne fait pas partie des documents à transmettre aux actionnaires. Pour autant, il peut être envoyé en même temps que le rapport de gestion. La possibilité est d'ailleurs offerte à la société d'insérer les informations de ce rapport dans une section du rapport de gestion *(voir § 855)*.

▸ Rapports du commissaire aux comptes

626 Dès lors que la société est dotée d'un commissaire aux comptes *(voir § 950)*, celui-ci établit un certain nombre de rapports, qui doivent être communiqués aux actionnaires, notamment :

– le rapport sur les comptes annuels et, le cas échéant, les comptes consolidés (c. com. art. R. 823-7) ;

– le rapport sur les conventions réglementées (c. com. art. L. 225-40) ;
– un rapport spécial rédigé, le cas échéant, à propos des documents d'information financière et de gestion prévisionnelle à la charge des sociétés d'une certaine importance (c. com. art. L. 232-3).

▸ **Information sur les dirigeants et contrôleurs**

627 L'actionnaire recevra une fiche de renseignements comprenant les nom et prénom usuel des administrateurs et directeurs généraux ainsi que, le cas échéant, l'indication des autres sociétés dans lesquelles ces personnes exercent des fonctions de gestion, de direction, d'administration ou de surveillance (c. com. art. R. 225-83, 1°).

▸ **Si l'ordre du jour porte sur le mandat des administrateurs**

628 Lorsque l'ordre du jour comporte la nomination d'administrateurs, il est nécessaire de préciser (c. com. art. R. 225-83, 5°) :
– les nom, prénom usuel et âge des candidats, leurs références professionnelles et leurs activités professionnelles au cours des 5 dernières années, notamment les fonctions qu'ils exercent ou ont exercées dans d'autres sociétés ;
– les emplois ou fonctions occupés dans la société par les candidats et le nombre d'actions de la société dont ils sont titulaires ou porteurs.

▸ **Si l'ordre du jour porte sur la nomination d'un commissaire aux comptes**

629 Si la nomination (ou le renouvellement) d'un commissaire aux comptes figure à l'ordre du jour de l'assemblée, celui-ci doit informer par écrit la société de son affiliation à un réseau. Le cas échéant, il l'informe du montant global des honoraires perçus par ce réseau au titre des prestations autres que la certification des comptes ainsi que de la nature des services fournis par ce réseau à une société contrôlée ou qui contrôle, au sens de l'article L. 233-3, I et II du code de commerce, celle où le commissaire aux comptes va exercer sa mission.

Ces informations sont jointes aux documents à adresser aux actionnaires ou mis à leur disposition (c. com. art. L. 820-3 devenu c. com. art. L. 821-4 à compter du 1er janvier 2024).

Demande d'information préalable à une AGE ou une assemblée spéciale

630 Préalablement à la tenue d'une AGE ou d'une assemblée spéciale, la société doit, à la demande d'un actionnaire effectuée à compter de la convocation et jusqu'au 5e jour inclusivement avant la réunion, lui adresser les documents et informations suivants (c. com. art. R. 225-88 sur renvoi aux articles R. 225-81 et R. 225-83) :
– l'ordre du jour de l'assemblée, avec, le cas échéant, les points ajoutés par des actionnaires ;
– le rapport du conseil d'administration qui sera présenté à l'assemblée ;
– s'il y a lieu, le rapport des commissaires aux comptes (notamment cas de réduction de capital ; c. com. art. R. 225-150) ;
– l'exposé sommaire de la situation de la société au cours de l'exercice écoulé ;
– le texte des projets de résolution présentés par le conseil d'administration et, éventuellement, celui présenté par les actionnaires accompagné de l'exposé des motifs ;
– la liste des administrateurs et directeurs généraux ;
– une formule de procuration et un formulaire de vote par correspondance *(voir § 620)* ;
– une formule de demande d'envoi de documents (c. com. art. R. 225-81, 4°).

AGO réunie extraordinairement. Lorsque la société convoque une AGO en dehors de l'assemblée annuelle, elle doit, sur la demande d'un actionnaire, lui communiquer les mêmes documents que ceux prévus pour une AGE (sauf le rapport du commissaire aux comptes, qui n'a pas lieu d'être).

En outre, si l'assemblée a pour objet la nomination d'administrateurs, certains renseignements seront joints *(voir § 628)*. De même, pour la désignation d'un commissaire aux comptes, l'information sur l'appartenance à un réseau sera communiquée *(voir § 629)*.

L'assemblée ordinaire réunie extraordinairement peut avoir pour ordre du jour l'acquisition d'un bien appartenant à un actionnaire *(voir § 643)*.

Documents mis à disposition au siège social avant une assemblée

Assemblée annuelle

▸ Convocation de l'AGO, point de départ de la mise à disposition

631 À compter de la convocation de l'AGO annuelle et au moins pendant le délai de 15 jours qui précède la date de la réunion, tout actionnaire a le droit de prendre connaissance au siège social d'un certain nombre de documents et renseignements (c. com. art. R. 225-89).

Cette prérogative est dénommée droit de communication temporaire *(voir § 645)*.

La plupart de ces documents (à l'exception de la liste des actionnaires) font l'objet du droit de communication permanent que tout actionnaire peut exercer au cours de la vie sociale *(voir § 651)*.

▸ Liste des actionnaires

632 La liste des actionnaires est consultable pendant le délai de 15 jours qui précède la réunion (c. com. art. L. 225-116). Ce droit vaut pour toute assemblée.

Il s'exerce avant l'assemblée ; celle-ci ouverte, un actionnaire ne peut plus exiger la consultation de cette liste.

Cette liste contient les informations suivantes pour chaque titulaire d'actions nominatives :
- nom ;
- prénom usuel ;
- domicile ;
- nombre d'actions dont chaque actionnaire est titulaire.

Elle est arrêtée par la société le 16e jour qui précède la réunion (c. com. art. R. 225-90).

▸ Documents comptables et financiers

633 Doivent être mis à la disposition des actionnaires :
- les comptes annuels (bilan, compte de résultat et annexe) de l'exercice écoulé (c. com. art. L. 225-115, 1° et R. 225-83, 6°, a) ;
- un tableau des affectations de résultats précisant notamment l'origine des sommes dont la distribution est proposée (c. com. art. R. 225-83, 6°, a) ;
- les comptes consolidés s'il y a lieu (c. com. art. L. 225-115, 1° et R. 225-83, 6°, a).

► Rapports à disposition au siège social

634 Sont également déposés au siège social, aux fins de consultation :
– les rapports du conseil d'administration (c. com. art. L. 225-115, 2° et R. 225-83, 4°) *(voir § 626)* ;
– le cas échéant, les rapports du commissaire aux comptes *(voir § 626)*. Le droit de communication du rapport des commissaires aux comptes ne s'exerce que pendant le délai de 15 jours (c. com. art. R. 225-89).

► Projets de résolution

635 Sont mis à disposition des actionnaires le texte des projets de résolution présenté par le conseil d'administration, celui présentés par les actionnaires accompagné de l'exposé des motifs (c. com. art. R. 225-83, 2° et 3°), ainsi que les projets de résolution présentés par le comité social et économique *(voir § 623)*.

► Renseignements sur les dirigeants

636 Le droit de communication temporaire comprend les nom et prénom usuel (c. com. art. L. 225-115 et R. 225-83, 1°) :
– soit des administrateurs et directeurs généraux ;
– et, le cas échéant, l'indication des autres sociétés dans lesquelles ces personnes exercent des fonctions de gestion, de direction, d'administration ou de surveillance.

► Mandats des administrateurs et commissaires aux comptes

637 Lorsque l'ordre du jour porte sur la nomination d'administrateurs ou sur la nomination ou le renouvellement d'un commissaire aux comptes, il convient de mettre à la disposition des actionnaires un certain nombre de renseignements *(voir §§ 628 et 629)*.

► Rémunérations (montant global)

638 Tout actionnaire peut obtenir communication du montant global des rémunérations versées aux personnes les mieux rémunérées, le nombre de ces personnes étant de 10 ou de 5 selon que l'effectif du personnel excède ou non 250 salariés, (c. com. art. L. 225-115, 4°).

Ce montant est certifié exact par le commissaire aux comptes, dès lors que la société en est dotée.

► Sommes ouvrant droit à des déductions fiscales

639 L'actionnaire peut se faire communiquer le montant global des sommes ouvrant droit aux déductions visées à l'article 238 bis du CGI ainsi que la liste des actions nominatives de parrainage et de mécénat menées par la société (c. com. art. L. 225-115, 5°).

Ce montant est certifié par le commissaire aux comptes, dès lors que la société en est dotée.

► Dernier bilan social

640 Les entreprises d'au moins 300 salariés sont tenues d'établir un bilan social en vue de la consultation annuelle du comité social et économique (CSE) sur leur politique sociale, les conditions de travail et l'emploi (c. trav. art. L. 2312-28, L. 2317-2 et R. 2312-18 à R. 2312-20) *(voir § 1033)*.

Le dernier bilan social accompagné de l'avis du CSE est adressé aux actionnaires ou mis à leur disposition dans les mêmes conditions que les documents prévus aux articles L. 225-108 et L. 225-115 du code de commerce (ce qui recouvre les envois ou la mise à disposition temporaire, à l'exclusion du droit de communication permanent régi par l'article L. 225-117 du même code) (c. trav. art. L. 2312-32).

▶ **Honoraires des commissaires aux comptes**

641 L'information sur les honoraires versés à chacun des commissaires aux comptes est mise à la disposition des actionnaires au siège de la société contrôlée (c. com. art. L. 820-3, I, al. 2 devenu c. com. art. L. 821-4 au 1er janvier 2024).

AGE et assemblée spéciale

642 À compter de la convocation de l'AGE ou de l'assemblée spéciale, et au moins pendant le délai de 15 jours qui précède la date de la réunion, tout actionnaire peut prendre connaissance (c. com. art. R. 225-89, al. 2) :
– du texte des résolutions présentées ;
– du rapport du conseil d'administration ;
– le cas échéant, du rapport du commissaire aux comptes (par exemple, en cas d'opération de réduction de capital, c. com. art. R. 225-150), ou du rapport du commissaire aux apports (par exemple, en cas d'augmentation de capital par apport en nature, *voir § 1393*) ;
– de la liste des actionnaires *(voir § 632)* ;
– le bilan social accompagné de l'avis du comité social et économique, si la société occupe au moins 300 salariés (c. trav. art. L. 2312-32) *(voir § 640)*.

Achat d'un bien appartenant à un actionnaire

643 Lorsque la SA, dans les 2 ans suivant son immatriculation, acquiert un bien appartenant à un actionnaire dont la valeur est au moins égale à un dixième du capital social, une AGO doit statuer sur l'évaluation de ce bien à la suite du rapport d'un commissaire ad hoc présenté à l'assemblée (c. com. art. L. 225-101).

À compter de la convocation de cette AGO et au moins pendant le délai de 15 jours qui précède la date de la réunion, tout actionnaire peut prendre connaissance (c. com. art. R. 225-89, al. 3) :
– du texte des résolutions proposées ;
– du rapport du conseil d'administration ;
– du rapport du commissaire *ad hoc*.

AGO convoquées extraordinairement

644 Aucun texte n'édicte de règles particulières pour les assemblées ordinaires autres que l'assemblée annuelle ou l'assemblée prévue pour statuer sur l'achat d'un bien appartenant à un actionnaire. Est-ce à dire que, pour les assemblées ordinaires ayant un objet différent – assemblées appelées aussi « assemblées générales ordinaires convoquées extraordinairement » –, un actionnaire puisse seulement prendre connaissance ou copie de la liste des actionnaires, document dont la communication est prévue à l'occasion de toute assemblée ? Il ne le semble pas.

L'article L. 225-108 du code de commerce, renvoyant au décret le soin de fixer les mesures d'application pratique, déclare en effet sur un plan général que le conseil d'administration doit adresser ou mettre à la disposition des actionnaires les documents nécessaires pour permettre à ceux-ci de se prononcer en connaissance de cause et de porter un jugement informé sur la gestion et la marche des affaires de la société.

Exercice du droit de communication temporaire

▶ Actionnaires concernés

645 Tout actionnaire a le droit de communication des documents quel que soit le nombre d'actions détenues *(voir § 619)*.

Ce droit appartient également à chacun des copropriétaires d'actions indivises, au nu-propriétaire et à l'usufruitier d'actions (c. com. art. L. 225-118) ; pour l'exercice de ce droit, il n'y a pas lieu de tenir compte de la nature « ordinaire » ou « extraordinaire » de l'assemblée (cass. crim. 11 avril 1996, n° 94-81166).

Obligataires. Le droit appartient aux représentants de la masse des obligataires (c. com. art. L. 228-55).

▶ Délais

646 Le droit de communication s'exerce à compter du jour de la convocation et au moins pendant les 15 jours qui précèdent la date de la réunion (c. com. art. R. 225-89).

La liste des actionnaires et, le cas échéant, les rapports du commissaire aux comptes ne doivent être tenus à la disposition des actionnaires que 15 jours avant l'assemblée (c. com. art. R. 225-90 et R. 225-89), et non à compter de la convocation.

En outre, le rapport des commissaires aux apports ou des avantages particuliers ne doit être mis à disposition que 8 jours au moins avant l'assemblée (c. com. art. R. 225-136, al. 4).

▶ Droit de prendre copie

647 Le droit de prendre connaissance emporte celui de prendre copie (c. com. art. R. 225-89, dernier al. et R. 225-92) ; cependant, la société n'est pas tenue de lui délivrer copie.

La possibilité de prendre copie consiste en une copie manuscrite ou une photocopie. La rédaction des articles R. 225-89 et R. 225-92 ne permet pas une autre interprétation. Ainsi un actionnaire ou son représentant ou avocat ne pourrait prétendre sauvegarder par exemple le fichier des actionnaires sur un support informatique (ANSA, avis n° 12-052, septembre 2012).

▶ Exercice par un mandataire nommément désigné

648 Le droit de communication peut être exercé par l'actionnaire lui-même ou par le mandataire qu'il a nommément désigné pour le représenter à l'assemblée (c. com. art. R. 225-91).

Ce droit ne peut être exercé que par l'actionnaire lui-même lorsqu'il entend assister personnellement à l'assemblée ou s'il envisage de retourner un pouvoir en blanc ou de voter par correspondance.

▶ Exercice au siège social ou à la direction administrative

649 Le droit de communication peut être exercé au siège social ou au lieu de la direction administrative (c. com. art. R. 225-89, al. 1).

La portée de cette dernière précision est incertaine. On peut y voir la volonté du législateur de faciliter l'information des actionnaires en leur permettant de s'adresser au lieu de la direction administrative si cette dernière est plus proche de leur domicile. Dans cette optique, c'est à l'actionnaire qu'appartient le choix du lieu où il exercera son droit de communication et la société doit prendre ses dispositions en conséquence (Houin et Goré, D. 1967, 1, 157 n° 93). D'autres auteurs estiment (à propos du droit de communication permanent, il est vrai) que ce

choix appartient à la société (Hémard, Terré, Mabilat, La réforme des sociétés commerciales - commentaire analytique, p. 123). **Les tribunaux disposent, en toute hypothèse, d'un large pouvoir d'appréciation.**

Assistance d'un expert. Tout actionnaire exerçant le droit d'obtenir communication de documents et renseignements auprès de la société peut se faire assister d'un expert inscrit sur une des listes établies par les cours et tribunaux (c. com. art. R. 225-94).

Injonction de communication

650 **Lorsque les actionnaires ne peuvent obtenir la production ou la communication des documents auxquels ils ont droit** (c. com. art. L. 225-115 et L. 225-116), **ils peuvent demander au président du tribunal statuant en référé :**
– soit d'enjoindre sous astreinte aux administrateurs ou aux dirigeants de les communiquer ;
– soit de désigner un mandataire chargé de procéder à cette communication.

Lorsqu'il est fait droit à la demande, l'astreinte et les frais de procédure sont à la charge des administrateurs ou des dirigeants.

La même demande est ouverte pour défaut d'envoi de la procuration (c. com. art. L. 238-1).

Cette procédure doit être dirigée contre les dirigeants pris en leur nom personnel et non contre la société qu'ils représentent (cass. com. 1er juillet 2008, n° 07-20643).

• **Procès-verbal du conseil d'administration.** Un dirigeant ne peut être condamné à communiquer la copie des procès-verbaux des réunions du conseil d'administration ainsi que le registre de présence audit conseil et des convocations adressées aux administrateurs, ces documents ne figurant pas parmi ceux que visent les textes limitativement énumérés par l'article L. 238-1 du code de commerce (cass. com. 23 juin 2009, n° 08-14117).

• **Annulation des délibérations de l'assemblée.** En cas de violation des dispositions légales et réglementaires relatives au droit de communication temporaire, les délibérations de l'assemblée peuvent être annulées (c. com. art. L. 225-121, al. 2). Cette nullité de délibérations n'est pas automatique : le juge apprécie souverainement la demande dont il est saisi par l'actionnaire évincé.

En cas de défaut de communication, l'actionnaire peut aussi démontrer un préjudice subi afin d'obtenir des dommages et intérêts.

Droit de communication permanent

Documents des 3 derniers exercices

651 **Tout actionnaire a le droit, à toute époque, de prendre connaissance des documents suivants, concernant les 3 derniers exercices** (c. com. art. L. 225-115 et L. 225-117) **:**
– les comptes annuels et comptes consolidés s'il y a lieu ;
– la liste des administrateurs ;
– les rapports du conseil d'administration ainsi que, le cas échéant, ceux du commissaire aux comptes qui seront soumis à l'assemblée ;
– s'il y a lieu, le texte et l'exposé des motifs des résolutions proposées ainsi que les renseignements concernant les candidats au conseil d'administration ;

– le montant global, certifié, le cas échéant, par le commissaire aux comptes, des rémunérations versées aux personnes les mieux rémunérées, le nombre de ces personnes étant de 10 ou de 5 selon que l'effectif du personnel excède ou non 250 salariés *(voir § 638)* ;
– le montant global, certifié, le cas échéant, par le commissaire aux comptes, des sommes ouvrant droit aux déductions fiscales visées à l'article 238 bis du code général des impôts, ainsi que la liste des actions nominatives de parrainage, de mécénat *(voir § 639)* ;
– les procès-verbaux des assemblées tenues au cours de ces 3 derniers exercices ;
– les feuilles de présence, auxquelles sont joints les procurations et les formulaires de vote à distance, des assemblées tenues au cours de ces 3 derniers exercices ; ces documents peuvent être consultés par voie électronique (c. com. art. R. 225-95, al. 6 ; ANSA, n° 12-052, septembre 2012).

Une liste des documents sur lesquels s'exerce le droit de communication permanent est donnée sous forme de tableau au paragraphe *656*.

• **Extension à d'autres pièces pour expertise.** Les tribunaux peuvent étendre le droit de communication à toutes autres pièces et tous documents qui pourraient être nécessaires aux demandeurs faisant preuve d'un intérêt légitime (cass. civ. 10 février 1969, Dalloz 1969. J. 526, à propos d'une expertise judiciaire destinée à déterminer la valeur d'actions composant un patrimoine successoral).

• **Limitation pour le seul droit de communication.** Le droit de communication permanent accordé aux actionnaires ne saurait aller au-delà et leur donner le droit d'obtenir la communication de documents autres que ceux qui ont été présentés auxdites assemblées (CA Paris 18 octobre 1963, Gaz. Pal. 1964, 1, 386).

Choix du mode d'exercice de la direction

652 L'actionnaire peut, par lui-même ou par mandataire, prendre connaissance, au siège social ou au lieu de la direction administrative, de l'extrait du procès-verbal contenant la décision du conseil d'administration relative au choix de l'une des deux modalités d'exercice de la direction générale de la société (c. com. art. R. 225-93), à savoir :
– un président du conseil d'administration cumulant cette fonction avec celle de directeur général ;
– un président du conseil d'administration et un directeur général.

Bien que les textes ne le précisent pas, il s'agit, à notre sens, d'un droit de communication permanent des actionnaires qui peut s'exercer à tout moment et non pas uniquement avant la réunion d'une assemblée générale.

Exercice du droit de communication permanent

▸ Personnes concernées

653 Le droit de communication permanent appartient à tout actionnaire y compris à chacun des copropriétaires d'actions indivises, au nu-propriétaire et à l'usufruitier d'actions (c. com. art. L. 225-117 et L. 225-118) et il n'y a pas lieu pour ces derniers de distinguer selon que les documents demandés concernent des assemblées ordinaires ou extraordinaires.

Ce droit est également reconnu aux porteurs de valeurs mobilières donnant accès au capital, qui ont vocation à recevoir les documents sociaux transmis par la société aux actionnaires ou mis à leur disposition (c. com. art. L. 228-105).

▶ **Modalités d'exercice**

654 Au point de vue pratique, le droit de communication permanent :
– peut être exercé à toute époque (c. com. art. L. 225-117) ;
– porte sur les trois derniers exercices (c. com. art. L. 225-117) ;
– emporte le droit de prendre copie (c. com. art. R. 225-89 et R. 225-92) ;
– peut être exercé par l'actionnaire lui-même ou par un mandataire (c. com. art. R. 225-92) ;
– peut être exercé au siège social ou au lieu de la direction administrative (c. com. art. R. 225-92) ;
– peut être exercé avec l'assistance d'un expert inscrit sur l'une des listes établies par les cours et tribunaux (c. com. art. R. 225-94).

• **Différence avec le droit de communication temporaire.** Sur ces différents points, on pourra se reporter aux commentaires des paragraphes *645 à 650*, mais on notera qu'à la différence du droit de communication temporaire qui peut être exercé par le mandataire nommément désigné par l'actionnaire pour le représenter à l'assemblée, le droit de communication permanent peut être exercé par tout mandataire.

• **Quels exercices retenir ?** L'article L. 225-117 du code de commerce vise, pour la communication des documents énumérés à l'article L. 225-115, **les trois derniers exercices** ; ainsi, si une demande de communication est faite en octobre 2024, la société doit communiquer les documents pour les exercices 2021, 2022 et 2023 qui sont les exercices clos (clôture au 31 décembre par hypothèse).

S'agissant des procès-verbaux d'assemblée, sont également visés **ceux qui ont été tenus au cours de ces trois exercices**. Toutefois, les sociétés communiquent souvent le procès-verbal de la dernière assemblée annuelle lorsque la demande de l'actionnaire a lieu après la tenue de cette assemblée, bien que l'exercice ne soit pas encore clôturé.

▶ **Injonction de faire**

655 Tout actionnaire intéressé qui ne peut exercer son droit de communication permanent a la possibilité de demander en justice (*voir § 650*) :
– une injonction de communiquer les documents sous astreinte,
– la désignation d'un mandataire *ad hoc* chargé de procéder à la communication de ces documents.

Tableau récapitulatif des documents pouvant être consultés en permanence

656 À toute époque de l'année, tout actionnaire peut prendre connaissance des documents récapitulés dans le tableau ci-dessous concernant les trois derniers exercices (c. com. art. L. 225-115 et L. 225-117).

Document	Étendu du droit
Résolutions.	
- Texte et exposé des motifs des résolutions proposées	Communication et copie
Documents comptables.	
- Comptes annuels (bilan, compte de résultat, annexe) et documents annexés ; le cas échéant, comptes consolidés	Communication et copie
Rapports.	
- Rapports du conseil d'administration	Communication et copie
- Rapports du commissaire aux comptes, si la société en est dotée	Communication et copie
Renseignements concernant les dirigeants sociaux.	
- Liste des administrateurs	Communication et copie

Document	Étendu du droit
- Renseignements concernant les candidats au conseil d'administration	Communication et copie
Renseignements divers.	
- Montant global, le cas échéant certifié exact par le commissaire aux comptes, des rémunérations versées aux personnes les mieux rémunérées, le nombre de ces personnes étant de 10 ou 5 selon que l'effectif du personnel excède ou non 250 salariés	Communication et copie
- Montant global, le cas échéant certifié par le commissaire aux comptes, des sommes ouvrant droit aux déductions fiscales visées à l'article 238 bis du CGI ; liste des actions nominatives de parrainage, de mécénat	Communication et copie
Feuilles de présence et pouvoirs.	Communication et copie
Procès-verbaux.	Communication et copie

Convocation de l'assemblée

QUI CONVOQUE ?

CONSEIL D'ADMINISTRATION

COMMISSAIRE AUX COMPTES
DEMANDE DE CONVOCATION ADRESSÉE AU CONSEIL D'ADMINISTRATION PAR LETTRE RECOMMANDÉE

MANDATAIRE DÉSIGNÉ EN JUSTICE À LA DEMANDE
- SOIT D'UN OU PLUSIEURS ACTIONNAIRES DÉTENANT PLUS DE 5 % DU CAPITAL
- SOIT DE TOUT INTÉRESSÉ EN CAS D'URGENCE

LIQUIDATEUR
SI LA SOCIÉTÉ EST EN LIQUIDATION

INJONCTION DE CONVOQUER L'ASSEMBLÉE ANNUELLE
SI L'ASSEMBLÉE D'APPROBATION DES COMPTES N'A PAS ÉTÉ RÉUNIE DANS LES 6 MOIS DE LA CLÔTURE DE L'EXERCICE, LE MINISTÈRE PUBLIC OU UN ACTIONNAIRE PEUT SAISIR LE PRÉSIDENT DU TRIBUNAL DE COMMERCE

COMMENT ?

QUELLE QUE SOIT LA NATURE DE L'ASSEMBLÉE (ORDINAIRE, EXTRAORDINAIRE OU SPÉCIALE) :

POUR LES ACTIONNAIRES
PAR LETTRE SIMPLE OU RECOMMANDÉE
— OU —
PAR VOIE ÉLECTRONIQUE
SI ACCORD DE L'ACTIONNAIRE

—

POUR LES COMMISSAIRES AUX COMPTES
PAR LETTRE RECOMMANDÉE

QUEL DÉLAI ?

AU MOINS 15 JOURS
AVANT L'ASSEMBLÉE SUR PREMIÈRE CONVOCATION

AU MOINS 10 JOURS
SUR CONVOCATION SUIVANTE

LE JOUR D'ENVOI DE LA CONVOCATION N'EST PAS COMPTÉ ALORS QUE LE JOUR DE LA TENUE DE L'ASSEMBLÉE L'EST

QUE DOIT CONTENIR LA CONVOCATION ?

IDENTITÉ DE LA SA
DÉNOMINATION SOCIALE, FORME, MONTANT DU CAPITAL, ADRESSE DU SIÈGE SOCIAL, NUMÉRO RCS

ORDRE DU JOUR

DATE ET LIEU DE L'ASSEMBLÉE

NATURE DE L'ASSEMBLÉE
(ORDINAIRE, EXTRAORDINAIRE OU SPÉCIALE)

FORMALITÉS DE **VOTE PAR CORRESPONDANCE**

NB : À COMPTER DE LA CONVOCATION, ENVOI DES DOCUMENTS SOCIAUX AUX ACTIONNAIRES QUI EN FONT LA DEMANDE AU TITRE DE LEUR DROIT DE COMMUNICATION

QUELLE SANCTION ?

UNE ASSEMBLÉE IRRÉGULIÈREMENT CONVOQUÉE
PEUT ÊTRE ANNULÉE SAUF SI TOUS LES ACTIONNAIRES SONT PRÉSENTS OU REPRÉSENTÉS

14 Convocation et participation aux assemblées

Droit de convoquer l'assemblée

Conseil d'administration

▸ Au moins une assemblée tous les ans

681 Le droit de convoquer l'assemblée fait partie des pouvoirs du conseil d'administration (c. com. art. L. 225-103). Celui-ci doit réunir chaque année l'assemblée générale dans les 6 mois de la clôture de l'exercice (c. com. art. L. 225-100) ; c'est cette assemblée que l'on désigne sous le nom d'assemblée générale ordinaire annuelle.

▶ **Convocation régulière**

682 Pour que la convocation émanant du conseil soit régulière, il faut que la décision de convoquer l'assemblée ait été prise au cours d'une délibération tenue dans les conditions légales et statutaires. Par exemple, la convocation serait irrégulière :
– si les administrateurs n'étaient pas en nombre suffisant pour délibérer (défaut de quorum : la moitié au moins des membres du conseil doivent être présents) *(voir § 286)* ;
– si la majorité voulue pour la validité des décisions n'était pas atteinte (les décisions sont prises à la majorité des membres présents ou représentés, les statuts pouvant toutefois prévoir une majorité plus forte) *(voir § 287)*.

L'irrégularité de la convocation est susceptible d'entraîner la nullité de l'assemblée *(voir § 708)*.

Conseil incomplet. Les règles à suivre en pareil cas sont exposées au paragraphe *245*.

Commissaires aux comptes

▶ **Prise de décision**

683 À défaut de convocation par le conseil d'administration, l'assemblée peut être convoquée par le commissaire aux comptes, dès lors que la société en est dotée (c. com. art. L. 225-103, II, 1°) *(voir § 1015)*.

Le commissaire aux comptes ne peut convoquer l'assemblée des actionnaires qu'après avoir vainement requis sa convocation du conseil d'administration par lettre recommandée avec accusé de réception (c. com. art. R. 225-162, al. 1).

• **Convocation en cas d'alerte.** Dans le cadre de la procédure d'alerte, le commissaire convoque sous 8 jours l'assemblée si le conseil d'administration ne le fait pas *(voir § 1090, rubrique « Carence du conseil d'administration »)*.

• **Convocation abusive.** Est irrégulière la convocation émise par un commissaire aux comptes pour avoir été faite avant même la réunion prévue du conseil d'administration. Le commissaire aux comptes commet une faute en se substituant indûment aux organes de gestion qui fonctionnaient normalement, quand bien même il existait un conflit entre actionnaires (CA Versailles 19 janvier 2006, Bull. Joly 2006, 705).

• **Convocation non abusive.** Ne constitue pas une immixtion abusive dans la gestion de la société le fait pour le commissaire aux comptes de convoquer une assemblée générale afin de lui soumettre des solutions propres à mettre fin aux graves dissentiments existant entre les dirigeants sociaux (CA Paris 22 février 1980, D. 1982 IR, 15).

▶ **Modalités de la convocation**

684 Lorsqu'il procède à cette convocation, le commissaire aux comptes fixe l'ordre du jour et peut, pour des motifs déterminants, choisir un lieu de réunion autre que celui éventuellement prévu par les statuts mais situé dans le même département. Il expose les motifs de la convocation dans un rapport lu à l'assemblée (c. com. art. R. 225-162, al. 2).

En cas de pluralité de commissaires aux comptes, ils agissent d'accord entre eux. S'ils sont en désaccord sur l'opportunité de convoquer l'assemblée, l'un d'eux peut demander au président du tribunal de commerce, statuant en référé, l'autorisation de procéder à cette convocation, les autres commissaires et le président du conseil d'administration ayant été dûment appelés. L'ordonnance du président qui fixe l'ordre du jour n'est susceptible d'aucune voie de recours (c. com. art. R. 225-162, al. 3).

Frais. Dans tous les cas, les frais entraînés par la réunion de l'assemblée sont à la charge de la société (c. com. art. R. 225-162, al. 4).

Mandataire ad hoc désigné en justice

685 **À défaut de convocation par le conseil d'administration et si l'assemblée générale ordinaire (AGO) n'a pas été réunie dans le délai de 6 mois à compter de la clôture des comptes, le ministère public ou tout actionnaire peut saisir le président du tribunal compétent statuant en référé afin d'enjoindre, le cas échéant sous astreinte, aux dirigeants de convoquer cette assemblée ou de désigner un mandataire pour y procéder** (c. com. art. L. 225-100)**.**

L'assemblée générale peut également être convoquée par un mandataire, désigné en justice, à la demande (c. com. art. L. 225-103, II, 2°) **:**
– soit d'un ou de plusieurs actionnaires réunissant au moins 5 % du capital social. Dans ce cas, les actionnaires prennent en charge les frais qui découlent de cette demande (c. com. art. R. 225-65, al. 1er) **;**
– soit de tout intéressé en cas d'urgence. Pour les actionnaires, l'exigence tenant à la détention de 5 % du capital est alors écartée (rép. Adnot, JO 10 février 2005, Sén. quest. p. 402) **;**
– soit du comité social et économique en cas d'urgence, si la société a au moins 50 salariés (c. trav. art. L. 2312-77)**.**

Si la demande est acceptée, le mandataire convoque l'assemblée sur l'ordre du jour fixé par l'ordonnance du tribunal (c. com. art. R. 225-65, al. 2)**.**

• **Conformité à l'intérêt social.** La demande de désignation d'un mandataire n'est subordonnée ni au fonctionnement anormal de la société, ni à la menace d'un péril imminent ou d'un trouble manifestement illicite, mais seulement à la démonstration de sa conformité à l'intérêt social (cass. com. 13 janvier 2021, nos 18-24853 et 19-11302).

• **Fins légitimes.** Le rôle du juge consiste à vérifier que la demande tend bien à des fins légitimes, conformes à l'intérêt social, et non à la satisfaction à des fins propres aux demandeurs (CA Colmar 24 septembre 1975, D. 1976, 348 ; CA Paris 3 décembre 2003, JCP éd. E 2004, p. 87). Mais le juge n'a pas à se prononcer sur l'opportunité de la demande.

• **Autoconvocation exclue.** L'assemblée ne peut, sans porter atteinte aux pouvoirs que la loi reconnaît au conseil d'administration, ni se réunir spontanément ni confier à un tiers le droit de convoquer (cass. com. 30 avril 1968, BC V n° 143).

• **Constatation des 5 %.** Dès lors qu'un rapport dressé par un huissier établit que les actionnaires demandeurs représentent plus de 5 % du capital, il y a lieu de faire droit à la demande de convocation (trib. com. Paris ord. référé 3 décembre 2003, Dr Soc. mars 2004, n° 46). La quotité du capital doit être appréciée au jour de l'acte introductif d'instance (rép. Adnot, JO 10 février 2005, Sén. quest. p. 402).

• **Société partie à l'instance.** La société est nécessairement partie à l'instance tendant à la désignation d'un mandataire chargé de provoquer la délibération des associés. Par conséquent, la société, et non son seul gérant, doit être assignée (cass. com. 3 novembre 2004, n° 01-01855 à propos d'une société civile mais transposable aux SA).

• **Ordre du jour fixé par le juge.** C'est l'ordonnance qui fixe l'ordre du jour de l'assemblée (c. com. art. R. 225-65, al. 2). En cas de contestation, l'ordre du jour fixé par le juge prévaut sur celui indiqué dans la convocation (cass. com. 20 février 2007, n° 05-19465).

• **Usufruitier.** L'usufruitier peut solliciter la désignation d'un mandataire chargé de convoquer une assemblée qui est susceptible d'avoir une incidence directe sur son droit de jouissance (cass. civ., 3e ch., 16 février 2022, n° 20-15164 à propos d'une société civile mais transposable à la SA) *(voir aussi § 719)*.

• **Refus d'inscrire une résolution à l'ordre du jour.** Un associé minoritaire sollicite la désignation d'un mandataire ad hoc parce que des projets de résolutions n'ont pas été intégrés à l'ordre du jour, ni mis au vote lors des assemblées générales. Sa demande ne peut pas être rejetée au motif qu'il pouvait valablement contester les décisions prises par ces assemblées générales (cass. com. 22 septembre 2021, n° 19-24968 à propos d'une société civile mais transposable à la SA).

Liquidateurs

686 **En période de liquidation, la convocation des assemblées est faite par le soin des liquidateurs** (c. com. art. L. 225-103, II, 3°). **Cette règle laisse, semble-t-il, subsister pendant la période de liquidation le droit pour tout intéressé en cas d'urgence et pour les actionnaires présentant les conditions requises de s'adresser à la justice pour faire désigner un mandataire chargé de convoquer l'assemblée.**

Ordre du jour et demande de convocation

Suivi de formalités successives

687 **La convocation de l'assemblée obéit à des règles minutieuses. Elle exige l'accomplissement de formalités successives qui doivent être effectuées dans les délais requis. Compte tenu des droits reconnus aux actionnaires en matière de dépôt de projets de résolution ou de points à l'ordre du jour, des formalités préliminaires s'ajoutent aux formalités de la convocation proprement dite : ordre du jour, avis de réunion.**

Rôle de l'ordre du jour

688 **L'assemblée ne peut délibérer sur une question non inscrite à l'ordre du jour. Néanmoins, elle peut en toutes circonstances révoquer un ou plusieurs administrateurs et procéder à leur remplacement** (c. com. art. L. 225-105, al. 3). **Si un actionnaire se fait représenter, le mandataire a le droit de voter ces révocations non inscrites à l'ordre du jour.**

Sous réserve des questions diverses qui ne doivent présenter qu'une minime importance, les questions inscrites à l'ordre du jour sont libellées de telle sorte que leur contenu et leur portée apparaissent clairement, sans qu'il y ait lieu de se reporter à d'autres documents (c. com. art. R. 225-66, al. 2).

• **Liste des questions.** Avant de convoquer une AGO, il est nécessaire de vérifier la date d'expiration des mandats des administrateurs, du commissaire aux comptes, ainsi que des dirigeants lorsqu'ils ne sont pas administrateurs. Les questions relatives à la révision des rémunérations doivent être abordées. En fait, ces différents points sont le plus souvent du domaine de l'assemblée annuelle *(voir §§ 831 et 832)*.

• **Question nouvelle.** N'entre pas dans la catégorie des questions diverses une question nouvelle ne se rattachant ni implicitement ni de manière incidente à l'ordre du jour et qui présente pour la vie sociale un intérêt spécifique et essentiel (CA Paris 21 décembre 1979, D. 1982 IR 15).

• **Nomination d'un administrateur inscrite à l'ordre du jour.** La révocation et le remplacement d'un ou plusieurs administrateurs ne doivent pas nécessairement être inscrits à l'ordre du jour (c. com. art. L. 225-105, al. 3). Dès lors, si l'ordre du jour comporte une résolution sur la nomination d'un administrateur et que des candidats sont proposés dans la résolution, l'assemblée statuant sur la résolution peut choisir de nommer un autre administrateur que ceux figurant dans la résolution (ANSA, comité juridique du 3 octobre 2018, n° 18-047).

Établissement de l'ordre du jour

689 **L'ordre du jour des assemblées est arrêté par l'auteur de la convocation (conseil d'administration, commissaire aux comptes, liquidateur) ou par l'autorité qui la décide (président du tribunal de commerce du siège social statuant en référé).**

Les questions inscrites à l'ordre du jour doivent être libellées de telle sorte que leur contenu et leur portée apparaissent clairement sans qu'il y ait lieu de se reporter à d'autres documents.

Les actionnaires ont également la faculté de requérir l'inscription de points à l'ordre du jour (c. com. art. L. 225-105, al. 2) *(voir § 690)*.

• **Contenu de l'ordre du jour.** À propos d'une assemblée générale extraordinaire (AGE), la Cour de cassation a jugé qu'un ordre du jour mentionnant « émission réservée aux salariés dans le cadre d'un plan d'épargne d'entreprise » était incomplet. Il aurait dû indiquer la précision « avec suppression du droit préférentiel de souscription » pour permettre à l'AGE de statuer valablement sur l'opération (cass. com. 25 septembre 2012, n° 11-17256). L'ANSA rappelle, à ce titre, que les sujets à débattre en assemblée d'actionnaires et qui font l'objet d'un vote doivent impérativement figurer à l'ordre du jour de cette assemblée. Selon elle, cet arrêt du 25 septembre 2012 présente une portée générale et semble valoir pour toute question donnant lieu à un vote. Même si le risque d'annulation de l'assemblée générale est assez faible, il peut avoir de lourdes conséquences pour la société (ANSA, décembre 2012, n° 12-063).

• **Ordre du jour incomplet.** Une délibération d'une assemblée générale ayant adopté la résolution relative à la modification de la répartition des droits de vote des associés a été annulée car l'ordre du jour ne comportait aucune question ni aucun projet de résolution relatifs à cette résolution qui avait été rajoutée en cours d'assemblée (CA Limoges, ch. civ., 28 mars 2012, n° 10/00576, à propos d'une SAS mais transposable à la SA).

Inscription de points ou de projets de résolution à la demande des actionnaires

▸ Détention d'un pourcentage du capital

690 **Un ou plusieurs actionnaires représentant au moins 5 % du capital ont la faculté de requérir l'inscription à l'ordre du jour de points et/ou de projets de résolution** (c. com. art. L. 225-105).

Lorsque le capital de la société est supérieur à 750 000 €, le montant du capital à représenter est réduit ainsi qu'il suit (c. com. art. R. 225-71) **:**
– 4 % pour les 750 000 premiers euros ;
– 2,50 % pour la tranche de capital comprise entre 750 000 et 7 500 000 € ;
– 1 % pour la tranche de capital comprise entre 7 500 000 et 15 000 000 € ;
– 0,50 % pour le surplus du capital.

→ **EXEMPLES**

❶ *Si le capital de la société est de 200 000 €, un ou plusieurs actionnaires doivent représenter au moins 10 000 € de capital pour requérir l'inscription d'un projet de résolution.*

❷ *Si le capital est de 7 500 000 €, la participation totale à justifier sera de :*
750 000 × 4 % : 30 000
6 750 000 × 2,50 % : 168 750
Soit un total de : 198 750

▸ Justification de la détention du capital requis

691 La demande d'inscription de points ou de projets de résolution à l'ordre du jour de l'assemblée par un ou plusieurs actionnaires doit être accompagnée, « à la date de leur demande », d'une attestation d'inscription des actions correspondant au pourcentage exigé dans les comptes de titres nominatifs tenus par la société ou, le cas échéant, dans un dispositif d'enregistrement électronique partagé *(voir § 1123)* (c. com. art. R. 225-71, al. 10).

En outre, une nouvelle attestation devra être adressée, par les actionnaires ayant demandé l'inscription de points ou de résolutions à l'ordre du jour, justifiant de l'enregistrement comptable des actions dans les mêmes comptes 2 jours ouvrés avant l'assemblée à zéro heure (heure de Paris) (c. com. art. R. 225-71, al. 11).

▸ Demande des actionnaires

692 En pratique, l'actionnaire qui souhaite solliciter l'inscription à l'ordre du jour de points ou de projets de résolution demande au préalable à la société d'être avisé, avant la convocation des actionnaires, de la date de l'assemblée. Cette demande s'impose dans la mesure où les demandes d'inscription de points ou de projets de résolution doivent être envoyées 25 jours au moins avant la date de l'assemblée *(voir §§ 697 et 698)*.

La demande d'inscription de projets de résolution est adressée au siège social par lettre recommandée avec accusé de réception ou par télécommunication électronique. Elle est accompagnée (c. com. art. R. 225-71) :
– du texte des projets de résolution qui peuvent être assortis d'un bref exposé des motifs. Les projets de résolution peuvent porter sur tout domaine entrant dans les pouvoirs de l'assemblée ; ces projets ne sont pas liés à l'ordre du jour même s'il est recommandé d'adresser celui-ci pour essayer de contenir les demandes ;
– d'une attestation justificative de la détention du nombre d'actions requis *(voir § 691)* ;
– lorsque le projet de résolution porte sur la présentation d'un candidat au conseil d'administration, des renseignements prévus au 5° de l'article R. 225-83 du code de commerce, notamment l'identité des candidats, leur parcours professionnel et le nombre d'actions détenues dans la société *(voir § 628)*.

La demande d'inscription d'un point à l'ordre du jour doit être motivée (c. com. art. R. 225-71, al. 7). Elle peut se faire sans déposer simultanément de projets de résolution.

La société ne peut pas poser des contraintes de forme pour les demandes groupées, telle qu'une demande unique ou la justification de la possession de la fraction du capital requise par des attestations d'inscription en compte des titres établis à une même date (ANSA, comité juridique du 1er juin 2011, n° 11-047 et comité juridique du 6 juillet 2011, n° 11-048).

Comité social et économique. Si la société a au moins 50 salariés, le comité social et économique peut requérir l'inscription de projets de résolution *(voir § 695)*.

▸ Suivi des points et des projets de résolution

693 **Ces points ou projets de résolution sont réceptionnés par le président du conseil d'administration et portés à la connaissance des actionnaires. Le président en accuse réception par lettre recommandée, dans le délai de 5 jours à compter de cette réception. Cet accusé de réception peut également être transmis par un moyen électronique de télécommunication si l'actionnaire intéressé a préalablement donné son accord sur ce mode de transmission et s'il ne s'est pas rétracté** (c. com. art. R. 225-74) *(voir § 622)*.

Très souvent, le conseil d'administration se réunira pour agréer ou non ces points ou projets, mais il ne peut ni les refuser ni se porter juge de leur opportunité. Ce sont les actionnaires qui décident.

Ainsi, ces points ou projets, agréés ou non, sont inscrits à l'ordre du jour et soumis au vote de l'assemblée (c. com. art. R. 225-74). **Le refus d'inscription d'un point ou d'un projet de résolution régulièrement déposé peut entraîner la nullité des délibérations de l'assemblée** (c. com. art. L. 225-121, al. 3) *(voir § 694)*.

- **Information des actionnaires.** Ces projets doivent être portés à la connaissance des actionnaires (c. com. art. L. 225-105, al. 2). La communication du texte de ces projets de résolution peut se faire sur leur demande ou dans le cadre du droit de communication préalable à l'assemblée annuelle (c. com. art. R. 225-81, 2° et R. 225-83, 3°).

- **Pouvoir d'appréciation du conseil d'administration.** Le conseil d'administration examine et qualifie les demandes de points. L'ANSA considère qu'il peut et doit écarter les demandes de points relatifs à des « sujets fantaisistes ou étrangers à l'objet social » ou encore dont le sujet est « vexatoire ou diffamatoire » ou porterait sur « un secret d'affaires ». En cas d'absence de motivation de la demande, celle-ci est irrégulière et le conseil doit l'écarter. Si la demande porte sur un point présentant un caractère général, il n'y a aucune raison de l'écarter en la renvoyant à une question orale à présenter en séance (ANSA, comité juridique du 2 février 2011, n° 11-012).

- **Points inscrits à l'ordre du jour sans projets de résolution.** Les points inscrits à l'ordre du jour sur demande d'actionnaires et dépourvus de projets de résolution pourraient être regroupés sous une rubrique générale intitulée « Débat sans vote ». Quelle que soit la nature de ce point, l'assemblée ne peut pas élaborer en séance un texte de résolution qu'elle pourrait adopter (ANSA, comité juridique du 2 février 2011, n° 11-012).

- **Point et projet de résolution successifs.** Selon l'ANSA, le conseil d'administration peut rejeter un projet de résolution décisionnaire en matière de gestion et qui ne relève pas du domaine de compétence de l'assemblée (c. com. art. L 225-35 et L 225-98). Le fait que la société ait auparavant accepté l'inscription d'un point à l'ordre du jour portant sur le même sujet est sans incidence car une telle inscription n'implique pas un vote (ANSA, comité juridique du 3 mai 2023, n° 23-024).

- **Projets de résolution déposés en séance.** Selon l'ANSA, sauf les cas limités de résolutions pouvant être votées directement en séance (par exemple, la révocation des administrateurs), il n'est pas possible de présenter inopinément en séance des résolutions, même si l'ordre du jour contient un point qui n'est pas complété par un projet de résolution (ANSA, comité juridique du 3 mai 2023, n° 23-024).

Sanction du non-respect des règles de fixation de l'ordre du jour

694 **Avant le 21 juillet 2019, en cas de non-respect des règles relatives à l'ordre du jour, les délibérations de l'assemblée étaient nulles de plein droit.**

Depuis le 21 juillet 2019, la nullité frappant une délibération adoptée sans respecter les règles relatives à l'ordre du jour est facultative (c. com. art. L. 225-121, al. 3 ajouté par la loi 2019-744 du 19 juillet 2019). Autrement dit, la nullité ne pourra être sollicitée que par une personne y ayant un intérêt. Il appartiendra alors au juge d'apprécier, s'il y a lieu, d'annuler ou de maintenir la décision votée.

Projets de résolution émanant du comité social et économique

695 Le comité social et économique (CSE) *(voir § 1020)* peut requérir l'inscription de projets de résolution à l'ordre du jour des assemblées (c. trav. art. L. 2312-77). Cette hypothèse suppose :

– tout d'abord une délibération adoptée en bonne et due forme par le comité ;

– et ensuite le respect des délais prévus par le code de commerce pour l'envoi des projets de résolution, soit 25 jours au moins avant la date de l'assemblée *(voir § 698)*.

Ce droit peut être exercé pour toute assemblée, le texte ne portant aucune limite.

Le CSE adresse ses demandes d'inscription au siège social de la société par lettre recommandée avec demande d'avis de réception ou par un moyen électronique de télécommunication si celui-ci est autorisé par les actionnaires, dans un délai de 25 jours au moins avant la date de l'assemblée réunie sur première convocation. Les demandes sont accompagnées du texte des projets de résolution qui peuvent être assortis d'un bref exposé des motifs (c. trav. art. R. 2312-32).

Le président du conseil d'administration ou le directeur général accusent réception des projets de résolution par lettre recommandée ou par un moyen électronique de télécommunication dans les conditions définies à l'article R. 225-63 du code de commerce *(voir § 622)* au représentant du comité social et économique dans le délai de 5 jours à compter de la réception de ces projets (c. trav. art. R. 2312-33).

• **Réunion du conseil d'administration.** Le conseil d'administration se réunira pour déterminer si le projet de résolution proposé par le comité a leur agrément ou non *(voir § 693)*.

• **Refus d'inscription.** Aucune nullité n'est prévue par le code du travail en cas de refus injustifié d'inscription du projet. Selon l'ANSA, ce refus pourrait justifier la convocation d'une nouvelle assemblée appelée à statuer sur le projet écarté, la responsabilité civile des administrateurs et leur responsabilité pénale pour délit d'entrave au fonctionnement du comité d'entreprise (désormais le CSE) pourraient être engagées (c. trav. art. L. 2317-1 ; ANSA, CJ du 2 octobre 2002, n° 3192).

• **Action en référé.** Dès lors qu'une contestation sérieuse existe sur le caractère impératif ou non de la demande d'inscription d'un projet de résolution du CSE à l'ordre du jour d'une assemblée, il n'y a pas lieu à référé ; dans cette affaire, les magistrats relèvent également le fait que l'existence d'un dommage imminent ou d'un trouble manifestement illicite n'est pas établie (CA Versailles 29 avril 2008, Bull. Joly 2008, 684).

• **Ordre du jour précis.** L'ordre du jour proposé par un CSE, pour satisfaire aux conditions impératives de l'article 123 du décret du 23 mars 1967 (c. com. art. R. 225-66, al. 2) doit être libellé de façon telle que le contenu et la portée des questions apparaissent clairement ; or, au cas considéré, pour saisir toute la portée de ces demandes du comité, il fallait se reporter à une annexe explicitant le projet des résolutions (trib. com. Marseille ord. réf. 7 novembre 2001, n° 2001 R 906).

Avis de réunion et demande de convocation

▶ Avis de réunion

696 L'avis de réunion préparatoire à la convocation de l'assemblée a pour objet de permettre aux actionnaires remplissant les conditions requises de demander l'inscription à l'ordre du jour de points ou de projets de résolution. Cet avis de réunion n'est pas obligatoire, mais l'actionnaire peut demander à recevoir une convocation sous forme d'avis de réunion.

▶ Modalités de la demande

697 Tout actionnaire, qui veut user de la faculté de requérir l'inscription de points ou de projets de résolution à l'ordre du jour, peut effectuer une demande de convocation. Il doit adresser cette demande au siège social par lettre recommandée ou par télécommunication électronique. À la suite de la demande, la société est tenue d'aviser l'actionnaire de la date prévue pour la réunion de la prochaine assemblée ou des assemblées en général (c. com. art. R. 225-72, al. 1) :
– soit par lettre recommandée si l'actionnaire lui a adressé le montant des frais d'envoi. La société n'est pas tenue de faire l'avance du coût du recommandé ;
– soit par un moyen électronique de télécommunication si l'intéressé a donné préalablement par écrit son accord sur ce mode de transmission et ne l'a pas rétracté par écrit *(voir § 622)*. Cet avis est transmis à l'adresse indiquée par l'actionnaire.

▶ Délais d'envoi

698 L'actionnaire qui a demandé à être convoqué doit pouvoir, s'il le souhaite, requérir l'inscription de points ou de projets de résolution à l'ordre du jour de l'assemblée, demande qui doit être envoyée 25 jours au moins avant la date de l'assemblée (c. com. art. R. 225-72, al. 2). Il est donc nécessaire que l'avis de réunion adressé par les voies postale ou électronique parvienne avant ce délai de 25 jours et que l'actionnaire dispose d'un délai suffisant pour rédiger et faire inscrire son projet de résolution.

La convocation normale n'intervenant que 15 jours avant la réunion *(voir § 707)*, elle est donc hors délai pour une inscription d'un projet de résolution.

• **Non-respect du délai de 25 jours.** A été annulée une assemblée pour laquelle le délai de 25 jours n'avait pas été respecté (cass. com. 15 avril 1982, n° 80-15566).

• **Demande d'envoi des documents.** L'actionnaire qui demande à être convoqué peut étendre sa demande aux documents à envoyer à l'actionnaire, notamment pour la tenue de l'assemblée annuelle *(voir §§ 623 à 629)*.

• **Ordre du jour.** L'article R. 225-72 du code de commerce ne prévoit pas l'envoi de l'ordre du jour. En pratique, il est tout de même conseillé à la société de porter sur l'avis de réunion un ordre du jour, afin de permettre à l'actionnaire de proposer des projets de résolution en rapport avec l'objet de la réunion.

Convocation

Contenu de la convocation

699 Les convocations aux assemblées, quelle que soit leur nature, sont généralement faites par lettre (ou courrier électronique), plus rarement par une insertion dans un support habilité à recevoir les annonces légales *(voir § 701)*. Dans l'un ou l'autre cas, l'avis de convocation indique (c. com. art. R. 225-66) :

– la dénomination sociale, éventuellement suivie de son sigle ;
– la forme de la société ;
– le montant du capital social ;
– l'adresse du siège social ;
– le numéro unique d'identification et la mention RCS suivie du nom de la ville où se trouve le greffe où la société est immatriculée ;
– les jour, heure et lieu de l'assemblée, ainsi que sa nature, extraordinaire, ordinaire ou spéciale ;
– l'ordre du jour de l'assemblée ;
– les conditions dans lesquelles les actionnaires peuvent voter par correspondance (lieu où les bulletins doivent être adressés, date limite...), et les lieux et les conditions dans lesquels ils peuvent obtenir les formulaires nécessaires et les documents qui y sont annexés et, le cas échéant, l'adresse électronique où peuvent être adressées les questions écrites.

Dans l'hypothèse où l'assemblée générale se tiendra exclusivement par visioconférence ou par moyens de télécommunication, l'avis de convocation doit le préciser (c. com. art. R. 225-66, al. 3).

• **Deuxième convocation.** Sur nouvelle convocation, c'est-à-dire lorsque la première assemblée n'a pu délibérer valablement faute de quorum (cas commun à toutes les assemblées) ou lorsque la deuxième assemblée a été prorogée (cas des assemblées extraordinaires ou spéciales), l'avis doit en outre rappeler la date de la première assemblée (c. com. art. R. 225-70).

• **Opposition à la tenue d'une AGE dématérialisée.** Un ou plusieurs actionnaires représentant au moins 5 % du capital social peuvent s'opposer à la tenue exclusivement dématérialisée d'une AGE. Les statuts de la SA doivent indiquer si le droit d'opposition doit être exercé avant ou après l'accomplissement des formalités de convocation (c. com. art. R. 225-61-1). Selon le cas, les mentions de l'avis de convocation diffèrent *(voir § 812)*.

Lieu de réunion de l'assemblée

700 Sauf clause contraire des statuts, les assemblées d'actionnaires sont réunies au siège social ou en tout autre lieu du même département (c. com. art. L. 225-103, V).

Les statuts peuvent prévoir que les assemblées générales se tiennent exclusivement par visioconférence ou par des moyens de télécommunication permettant l'identification des actionnaires *(voir § 812)*.

Choix par le commissaire aux comptes. Le commissaire aux comptes peut, lorsqu'il convoque l'assemblée, choisir pour des motifs déterminants un lieu de réunion autre que celui éventuellement prévu par les statuts mais situé dans le même département *(voir § 684)*.

Modalités pratiques de convocation des actionnaires

▸ Insertions dans un support d'annonces légales ou convocation par lettre simple ou recommandée

701 Un avis de convocation est inséré dans un support habilité à recevoir les annonces légales dans le département du siège social (c. com. art. R. 225-67, al. 1).

L'avis de convocation peut être remplacé par une convocation faite, aux frais de la société, par lettre simple ou recommandée adressée à chaque actionnaire (c. com. art. R. 225-67, al. 2). Tel est généralement le cas lorsque la société compte un petit nombre d'actionnaires.

▸ Destinataires de la convocation

702 Indépendamment des insertions légales, les actionnaires, titulaires d'actions depuis 1 mois au moins à la date de l'insertion de l'avis de convocation, sont convoqués à toute assemblée (c. com. art. R. 225-68, al. 1).

Tous les copropriétaires d'actions indivises, titulaires d'actions depuis 1 mois au moins, sont convoqués dans les mêmes formes (c. com. art. R. 225-68, al. 2).

Lorsque des actions sont grevées d'un usufruit ou font l'objet d'un contrat de bail, le titulaire du droit de vote est également convoqué dans les mêmes formes et sous les mêmes conditions (c. com. art. R. 225-68, al. 3).

Usufruitier et nu-propriétaire. Sauf stipulation contraire des statuts, le titulaire du droit de vote est l'usufruitier lorsqu'il s'agit d'une assemblée ordinaire et le nu-propriétaire lorsqu'il s'agit d'une assemblée extraordinaire (c. com. art. L. 225-110). Toutefois, depuis le 21 juillet 2019, tant le nu-propriétaire que l'usufruitier ont le droit de participer aux décisions collectives (c. civ. art. 1844, al. 3). Selon l'ANSA, cette disposition étant applicable aux SA, il est donc requis de convoquer l'usufruitier à chaque assemblée générale, même s'il est dépourvu du droit de vote (ANSA, comité juridique du 1er juillet 2020, n° 20-024) *(voir § 719)*.

▸ Convocation par lettre papier ou électronique

703 Les actionnaires sont, en principe, convoqués aux assemblées par lettre ordinaire. Sous la condition d'adresser à la société le montant des frais de recommandation, ils peuvent demander à être convoqués par lettre recommandée (c. com. art. R. 225-68).

Cette convocation peut également être transmise par un moyen électronique de télécommunication, dès lors que l'actionnaire intéressé a donné au préalable son accord par écrit et indiqué son adresse électronique (c. com. art. R. 225-63). L'actionnaire peut à tout moment demander à revenir à la convocation postale.

Le défaut de convocation ou le non-respect des modalités de cette convocation n'est plus sanctionné pénalement, mais toute assemblée irrégulièrement convoquée peut être annulée (c. com. art. L. 225-104) *(voir § 708)*. C'est à la société d'apporter la preuve que les dirigeants ont régulièrement convoqué les actionnaires (cass. com. 10 novembre 2009, n° 05-15809).

- **Lettre simple ou recommandée.** Lorsque les statuts prévoient une convocation par lettre recommandée, cette formalité doit être respectée. Si on la juge inopportune, il convient de modifier les statuts.

- **Changement d'adresse.** Il appartient à chaque actionnaire de signaler ses changements d'adresse à la société. Est régulière la convocation retournée à la société avec la mention « n'habite plus à l'adresse indiquée » dès lors que la lettre a été envoyée à l'adresse indiquée par l'actionnaire (cass. com. 29 octobre 2003, n° 00-17538).

En revanche, une convocation à une ancienne adresse n'est pas irrégulière si l'associé ne peut pas prouver avoir notifié à la société son changement d'adresse (CA Paris, P 5, ch. 9, 12 avril 2012, n° 11/08588 à propos d'une SARL mais transposable à la SA).

• **Convocation verbale.** Des modes précis de convocation sont imposés, notamment par écrit. Ces règles sont impératives (c. com. art. R. 225-62). La convocation verbale est prohibée et des sanctions civiles pourraient être prononcées à l'égard des dirigeants. Le risque principal est lié à une réclamation d'un actionnaire invoquant une impossibilité d'exercer son droit de communication à défaut de convocation préalable à la réunion *(voir § 618)*.

Formulaire de procuration

704 Le formalisme lié à l'envoi d'une formule de procuration aux actionnaires est indéniable *(voir §§ 620 et 650)*.

Toutefois, il s'est instauré dans un certain nombre de sociétés une pratique consistant à ne pas envoyer de formule de procuration aux actionnaires mais à leur faire prendre l'initiative d'adresser une procuration à la société.

À cet effet, la lettre de convocation rappelle les différentes possibilités offertes à l'actionnaire qui ne pourrait se rendre à l'assemblée et indique notamment qu'il lui est loisible d'adresser à la société un « pouvoir » qu'il rédigera lui-même en termes très simples (procuration datée et signée par l'actionnaire qui indique ses nom, prénom et domicile, déclare faire confiance au président et l'autorise à voter en son nom à l'assemblée en cause).

Dès lors que l'actionnaire est informé de ses droits à obtenir une formule de procuration ou un formulaire de vote par correspondance et si la lettre de convocation est parfaitement explicite tant sur les personnes susceptibles d'être désignées comme mandataires que sur la portée des pouvoirs adressés à la société (par exemple par le rappel des dispositions de l'article L. 225-106 du code de commerce qui prévoient notamment qu'un actionnaire peut se faire représenter par un autre actionnaire, par son conjoint ou par le partenaire avec lequel il a conclu un pacte civil de solidarité), l'actionnaire est réputé avoir été valablement informé de son droit d'être représenté en assemblée.

Convocation des commissaires aux comptes

705 Dès lors que la société est dotée d'un commissaire aux comptes, celui-ci doit être convoqué à toutes les assemblées d'actionnaires par lettre recommandée avec demande d'avis de réception au plus tard lors de la convocation des actionnaires (c. com. art. L. 823-17 devenu c. com. art. L. 821-65 à compter du 1er janvier 2024 et R. 823-9).

La convocation est adressée au commissaire titulaire et non au commissaire suppléant, s'il en existe un *(voir § 962)*.

Aucune disposition ne prévoit une convocation par voie électronique.

Est passible d'un emprisonnement de 2 ans et d'une amende de 30 000 € le fait, pour tout dirigeant de personne morale tenue d'avoir un commissaire aux comptes, de ne pas le convoquer à toute assemblée générale (c. com. art. L. 820-4 devenu c. com. art. L. 821-6 à compter du 1er janvier 2024).

Absence de nullité des délibérations. L'absence de convocation du commissaire aux comptes à une assemblée ne peut pas conduire à la nullité des délibérations. En effet, l'article L. 235-1 du code de commerce sanctionne par la nullité les délibérations lorsqu'une disposition impérative du livre II du code de commerce a été violée. Or, l'obligation de convoquer le commissaire aux comptes, prévue par l'article L. 820-4 (devenu c. com. art. L. 821-6 à compter du 1er janvier 2024) ne fait pas partie de ces dispositions (cass. com. 10 février 2021, n° 18-24302 à propos d'une SAS mais transposable à la SA).

Autres convocations

706 **Aucune règle particulière ne concerne la convocation des représentants de la masse des obligataires. La publication de l'avis de convocation ou l'envoi des lettres en tenant lieu est donc suffisant.**

Si la société a au moins 50 salariés, deux membres du comité social et économique peuvent assister à l'assemblée *(voir § 725)*.

Quant aux convocations des personnes qui peuvent être invitées à assister à l'assemblée sans voix délibérative, elles n'obéissent, bien entendu, à aucune forme particulière.

Assemblées spéciales. L'assemblée spéciale doit être réunie après l'assemblée générale ayant modifié les droits relatifs à une catégorie d'actions (c. com. art. L. 225-99).

Délais de convocation

707 **Quel que soit le type d'assemblée (ordinaire, extraordinaire ou spéciale), le délai entre la date de l'envoi des lettres de convocation ou de la transmission de la convocation par télécommunication électronique, ou encore de l'insertion de l'avis de convocation dans un support d'annonces légales et la date de l'assemblée est au moins de** (c. com. art. R. 225-69) **:**
- **15 jours sur première convocation ;**
- **10 jours sur convocation suivante.**

Le jour d'envoi de la convocation n'est pas compté alors que le jour de la tenue de l'assemblée l'est (cass. com. 11 janvier 2005, n° 02-14118).

Ce second délai ne peut s'appliquer que suite à l'ajournement de l'assemblée d'origine, notamment pour défaut de quorum, entraînant une nouvelle convocation sur le même ordre du jour. Attention, si l'ordre du jour est modifié, il convient d'effectuer une nouvelle première convocation et donc de respecter à nouveau le délai de 15 jours sur première convocation.

Les statuts ne peuvent pas déroger aux dispositions de l'article R. 225-69 du code de commerce fixant ces délais (c. com. art. R. 225-62).

C'est la convocation qui ouvre le droit aux actionnaires d'exercer leur droit de communication *(voir § 619)* **et de poser des questions écrites** *(voir § 711)*.

En cas d'ajournement de l'assemblée par décision de justice, le juge peut fixer un délai différent (c. com. art. R. 225-69) *(voir § 712)*.

• **Calcul du délai.** Soit une assemblée se réunissant le 30 juin. Le jour d'envoi ne comptant pas, le décompte est le suivant :
– sur première convocation : les lettres de convocation devront être envoyées le 15 juin au plus tard (ou le 5 juin sur demande d'un actionnaire souhaitant inscrire des points ou résolutions à l'ordre du jour, *voir § 692*). Peu importe la date de réception de la lettre ;
– sur deuxième convocation : les lettres de convocation devront être envoyées le 20 juin au plus tard.

• **Convocation par voie électronique.** La société conservera une preuve de l'envoi du courrier électronique et de sa réception.

• **Commissaire aux comptes.** Les délais légaux de convocation de 15 et 10 jours s'appliquent également à la convocation qui doit être adressée au commissaire aux comptes *(voir § 705)*.

Sanction du non-respect des règles de convocation

▸ Annulation de l'assemblée

708 **Toute assemblée irrégulièrement convoquée peut être annulée** (c. com. art. L. 225-104). **Les juges ont la faculté d'apprécier si la nullité doit ou non être prononcée.**

Aucune disposition impérative du code de commerce concernant les sociétés commerciales, ni aucune de celles qui régissent la nullité des contrats, n'imposent au juge de prononcer la nullité d'une AGO ou de ses délibérations, au motif que celle-ci a été convoquée par un conseil d'administration siégeant irrégulièrement (cass. com. 9 juillet 2002, n° 99-10453).

Par ailleurs, une assemblée ne peut pas être annulée pour irrégularité de sa convocation basée sur la désignation irrégulière de son auteur avant que la nullité de cette désignation ne soit au préalable prononcée (cass. com. 6 septembre 2016, n° 14-25581).

Il appartient à la société de rapporter la preuve que les actionnaires ont été régulièrement convoqués (cass. com. 10 novembre 2009, n° 05-15809). **L'avis ou la lettre recommandée de convocation peut être utilisé comme moyen de preuve.**

• **Droit absolu de participer.** Un arrêt de la troisième chambre civile de la Cour de cassation a reconnu à tout associé le droit de demander en justice la nullité des délibérations pour défaut de convocation d'un autre associé à l'assemblée générale (cass. civ. 21 octobre 1998, n° 96-16537 ; arrêt rendu à propos d'une société civile, sur le fondement de l'article 1844 du code civil disposant que « tout associé a le droit de participer aux décisions collectives »).

• **Nullité des réunions du conseil entraînant celle de l'assemblée.** Un administrateur assigne la société en annulation des délibérations du conseil d'administration au motif qu'il avait été dans l'impossibilité d'exercer son droit à information et avait été révoqué de ses fonctions d'administrateur par une assemblée convoquée par le conseil d'administration litigieux. Les juges du fond accueillent la demande d'annulation des délibérations du conseil d'administration. Ils déduisent de cette nullité celle de l'assemblée et, par conséquent, de toutes les résolutions adoptées par elle (cass. com. 13 décembre 2005, n° 04-12135).

• **Ruse et artifice.** Est justifiée l'annulation d'une AGE lorsque des actionnaires minoritaires avaient été écartés par ruse et artifice au moyen d'une convocation qui ne respectait pas le délai légal et par le refus d'admission qui leur fut opposé (cass. com. 6 juillet 1983, n° 82-12910).

• **Dommages et intérêts.** À propos d'une SARL, il a été décidé que la violation flagrante des règles relatives à la convocation et à la tenue de l'assemblée décidant la révocation du gérant est inspirée par une intention vexatoire qui peut entraîner, sur le fondement de la responsabilité, une condamnation à des dommages et intérêts des associés (cass. com. 13 mars 2001, n° 98-16197) ; la même sanction est susceptible d'être retenue à l'encontre des actionnaires de SA.

• **Prescription.** L'action en nullité des délibérations sociales se prescrit par 3 ans à compter du jour où elles sont prises, sauf dissimulation entraînant une impossibilité d'agir (c. com. art. L. 235-9).

La seule ignorance des associés ne fait pas obstacle à la prescription de l'action en nullité, si elle ne résulte pas d'une véritable dissimulation (cass. com. 26 septembre 2018, n° 16-13917).

▸ Exception : présence de tous les actionnaires

709 L'action en nullité de l'assemblée n'est pas recevable si tous les actionnaires étaient présents ou représentés (c. com. art. L. 225-104).

Faiblesse de la participation. Une AGO à laquelle n'avaient pas été convoqués deux actionnaires possédant chacun 1 action sur les 1000 composant le capital social n'a pas été annulée ; en raison de la faiblesse de la participation de ces actionnaires, l'irrégularité a été jugée sans incidence sur le vote et ne justifiait pas l'annulation de l'assemblée (Paris 15 novembre 1988, JCP éd. E 1989.II.15562, n° 8). De même, la demande d'annulation d'une AGE par un actionnaire titulaire d'une seule action sur plus de 100000 a été rejetée, ce dernier ne pouvant raisonnablement espérer convaincre l'assemblée de poursuivre l'activité irrémédiablement compromise (CA Paris 8 avril 1986, JCP éd. E 1986.I.15846, n° 7).

Rôle de la convocation pour l'information des actionnaires

▸ Point de départ du droit de communication temporaire

710 La convocation de l'assemblée constitue le point de départ du droit de communication temporaire des actionnaires *(voir §§ 631 à 650)*. Par ailleurs, un certain nombre de documents doivent être joints à l'envoi de toute formule de procuration *(voir § 621)*.

▸ Droit pour les actionnaires de poser des questions écrites

711 À compter de la communication des documents nécessaires à l'information des actionnaires sur la gestion et la marche des affaires de la société, tout actionnaire a la faculté de poser par écrit des questions auxquelles le conseil d'administration sera tenu de répondre au cours de l'assemblée (c. com. art. L. 225-108) *(voir §§ 769 à 771)*.

Il n'existe pas de date limite pour le dépôt des questions.

Plusieurs sortes de questions. Attention à ne pas confondre :
– le droit de poser des questions écrites, qui appartient à tout actionnaire ;
– le droit de poser, deux fois par exercice, des questions écrites sur tout fait de nature à compromettre la continuité de l'exploitation : dans ce dernier cas, le ou les actionnaires demandeurs doivent représenter au moins le cinquième du capital social *(voir § 1085)* ;
– le droit de poser des questions préalables à l'ouverture d'une procédure d'expertise de gestion *(voir § 610)*.

Ajournement de l'assemblée

712 Les auteurs de la convocation peuvent ajourner l'assemblée, c'est-à-dire la reporter dans le temps, si des circonstances nouvelles rendent inopportune sa réunion à la date primitivement fixée.

L'ajournement peut également être décidé :
– par l'assemblée elle-même, à la majorité, en cas d'incidents imprévus dont la solution requiert davantage qu'une simple suspension de séance ;
– par l'autorité de justice, dans des circonstances exceptionnelles et notamment lorsqu'une question litigieuse est susceptible d'entraîner la nullité de l'assemblée ou encore lorsqu'un litige en cours peut avoir une incidence sur le contrôle de la société (CA Paris, 1re ch. A, 14 novembre 1989, Rev. soc. 1990, 55) ;

• **Délai.** Sauf si l'ajournement résulte d'une décision de justice fixant le délai de convocation, la nouvelle convocation doit respecter le délai légal prévu pour les assemblées réunies sur deuxième convocation (10 jours). Toutefois, si l'ajournement est dû à l'irrégularité de la première convocation, le délai de 15 jours doit être suivi (CA Paris 4 février 1988, Bull. Joly 1988, 274) *(voir § 707)*.

• **Report d'une assemblée par un associé indivisaire.** Dans le cadre d'une cession de participation, la société cible doit souscrire un emprunt obligataire et le cessionnaire s'engage à accorder aux cédants un droit de préférence à la souscription des obligations. L'émission des obligations ayant eu lieu, un actionnaire indivisaire sollicite l'ajournement de l'assemblée générale au motif que son droit de préférence n'a pas été respecté. La Cour de cassation lui donne raison : « le propriétaire indivis de droits sociaux, qui a la qualité d'associé, peut prendre les mesures nécessaires à la conservation des actions indivises et, à ce titre, agir en justice aux fins d'ajournement d'une assemblée générale extraordinaire ayant pour ordre du jour l'émission de titres donnant accès au capital de la société émettrice » (cass. com. 7 juillet 2020, n° 18-19330).

• **Report d'une assemblée en référé.** Un administrateur provisoire est désigné afin de négocier avec les banques une restructuration de la dette d'une SAS. Entre-temps, les associés majoritaires adressent au président une convocation à une assemblée générale ayant pour ordre du jour sa révocation. Le président obtient en référé le report de cette assemblée jusqu'à l'issue de la mission de l'administrateur. En effet, le changement de présidence, dont l'urgence n'est pas avérée, était susceptible d'affecter la confiance accordée par les banques à l'administrateur. La tenue de l'assemblée était donc de nature à causer à la SAS un dommage imminent qu'il convenait de prévenir en ordonnant son report (cass. com. 13 janvier 2021, n°s 18-25713 et 18-25730 à propos d'une SAS mais transposable à la SA).

En revanche, le juge des référés est fondé à refuser le report de la date d'une assemblée alors que le fonctionnement de la société est normalement assuré et que ni la violation des règles applicables à la réunion de l'assemblée, ni celle des droits d'information des actionnaires, ni de leur représentation ou de l'exercice de leur droit de vote ne sont invoquées (CA Paris 21 mars 1974, Gaz. Pal. 1975.1.379 ; CA Paris 8 décembre 1988, Rev. soc. 1989, p. 227).

Droit d'assister aux assemblées et justificatifs

Réunion des actionnaires

713 **L'assemblée générale est la réunion des actionnaires au cours de laquelle ceux-ci peuvent exercer leur droit de contrôle et exprimer leur volonté. Pour y prendre part et participer au vote des résolutions, la condition nécessaire est donc d'être propriétaire d'au moins une action. Le droit de participer est un droit fondamental** (c. civ. art. 1844 ; cass. com. 23 octobre 2007, n° 06-16537)**.**

La participation aux assemblées peut s'exercer directement par la présence physique de l'actionnaire sur le lieu de réunion. Elle peut également avoir lieu, sous certaines conditions, au moyen de visioconférence ou procédés assimilés *(voir §§ 760 et 812)*. **La représentation de l'actionnaire au moyen d'un mandat est également un mode de participation** *(voir § 727)*. **Dans tous les cas, l'actionnaire ou son représentant devra justifier de ses qualités** *(voir § 716)*.

• **Droits égaux.** S'agissant de la présence à l'assemblée, les actions de numéraire, entièrement ou partiellement libérées, les actions d'apport et les actions amorties (actions de jouissance) confèrent toutes des droits égaux à leurs propriétaires.

• **Nullité des clauses statutaires exigeant un nombre minimal d'actions.** Les statuts ne peuvent pas prévoir une clause exigeant un nombre minimal d'actions pour avoir le droit de participer aux assemblées générales ; ces clauses sont réputées non écrites (c. com. art. L. 225-113).

• **Non-participation de l'actionnaire.** En s'abstenant de participer, l'actionnaire se prive du droit de contester les décisions prises par une action en nullité ; il se prive également du droit d'agir en responsabilité contre ses coassociés (cass. com. 21 juin 2011, n° 10-21928). S'il est également administrateur et s'il est révoqué sans que la question de sa révocation ait été inscrite à l'ordre du jour, il ne peut pas agir : il s'est exclu des débats et la révocation d'un administrateur n'est pas obligatoirement inscrite à l'ordre du jour (c. com. art. L. 225-105 ; cass. com. 10 juillet 2012, n° 11-23280).

• **Héritiers.** Le droit fondamental de participer aux décisions collectives bénéficie aux actionnaires (ou leurs représentants) exclusivement. En conséquence, la participation à l'assemblée générale, des héritiers d'un actionnaire ne possédant pas de titres dans la société entraîne la nullité de l'assemblée (cass. civ., 3e ch., 8 juillet 2015, n° 13-27248 à propos d'une SCI mais transposable à la SA).

• **Sanction.** Le fait d'empêcher un actionnaire de participer à une assemblée d'actionnaires est puni d'un emprisonnement de 2 ans et d'une amende de 9000 € (c. com. art. L. 242-9).

Actions excluant le droit de participer

▸ Distinction entre privation du droit de vote et exclusion de participer

714 Le droit de vote peut être suspendu ou faire l'objet d'une suppression plus ou moins étendue. Par exemple, les actions de préférence peuvent, sous certaines conditions et limitations, être créées ou émises avec ou sans droit de vote. De même, d'autres actions peuvent être privées de droit de vote (actions devant être aliénées, actions non regroupées, actions d'autocontrôle) *(voir §§ 791 et 792)*. En outre, l'usufruitier ou le nu-propriétaire exercent ou non leur droit de vote selon la nature de l'assemblée *(voir § 719)*.

Pour autant, cette suppression du droit de vote ne comporte pas d'interdiction de participer, il s'agit de deux droits fondamentaux séparés. L'actionnaire privé du droit de vote pourrait participer aux assemblées où il ne peut exercer ce droit. Il pourrait avoir une voix consultative ou seulement entendre les débats. Reste que très souvent, l'actionnaire titulaire d'actions de préférence privées du droit de vote s'abstiendra de participer.

▸ Actions non libérées des versements exigibles

715 L'exclusion du droit de participer aux assemblées est expressément prévue pour les actions non libérées alors qu'elles devraient l'être. En effet, les actionnaires qui n'ont pas été effectués les versements exigibles dans les 30 jours de la mise en demeure adressée à cette fin, n'ont plus droit à l'admission et aux votes dans les assemblées. Leurs actions sont déduites pour le calcul du quorum (c. com. art. L. 228-29 et R. 228-26).

Justifications de la qualité d'actionnaire

716 Pour participer à l'assemblée, il faut justifier de sa qualité d'actionnaire ou du droit de représenter un actionnaire. Dans les SA dont tous les titres sont nominatifs, l'admission aux assemblées (ou le vote à distance) résulte de la seule inscription dans les comptes titres tenus par la société ou dans un dispositif d'enregistrement électronique partagé (DEEP) *(voir § 1123)*. Aucune autre formalité n'est exigée, si ce n'est un éventuel justificatif de l'identité de l'actionnaire inconnu.

Une clause spéciale des statuts peut toutefois exiger que le droit de participer aux assemblées soit subordonné à l'inscription des actions dans les comptes tenus

par la société ou dans un DEEP au 2e jour ouvré précédant l'assemblée à 0 heure (c. com. art. R. 225-86). **Cette clause permet à la société de ne pas prendre en compte les transferts de propriété à J – 2. Ainsi, le cessionnaire non inscrit dans ce délai ne peut pas voter, c'est le cédant toujours inscrit qui vote** *(voir § 720)*.

Les clauses qui prévoient l'inscription des actions 5 jours au moins avant l'assemblée sont caduques ; à notre avis, la société ne peut se prévaloir de l'existence d'une telle clause pour refuser l'accès aux assemblées aux actionnaires non enregistrés 2 jours ouvrés avant l'assemblée en soutenant que le délai de 2 jours s'est substitué de fait à celui de 5.

• **Mandataires.** Les mandataires conventionnels doivent remettre leurs pouvoirs en émargeant la feuille de présence, à moins que les statuts n'en exigent le dépôt à l'avance, ce qui facilite la préparation de l'assemblée.

• **Représentants légaux.** Les mandataires légaux peuvent avoir, lors de l'émargement, à justifier de leur qualité en produisant, sous le contrôle du bureau qui certifie la régularité de la feuille de présence, les documents appropriés (expédition de la décision de justice pour les majeurs incapables, copie ou extrait certifié conforme de la décision des associés ayant nommé le gérant ou le président de la société, etc.).

• **Cession d'actions.** En l'absence de clause statutaire imposant une inscription des actions 2 jours ouvrés avant l'assemblée, le cessionnaire de « dernière minute » pourra participer à l'assemblée *(voir § 720)*.

Propriétaires indivis

717 **Tous les copropriétaires d'actions indivises sont convoqués dans les mêmes formes que les autres actionnaires lorsque leurs droits sont constatés depuis au moins 1 mois par une inscription nominative sur les registres de la société** (c. com. art. R. 225-68, al. 2).

Ils sont représentés aux assemblées générales par l'un d'eux ou par un mandataire unique. En cas de désaccord, le mandataire est désigné par ordonnance du président du tribunal de commerce statuant en référé à la demande du copropriétaire le plus diligent (c. com. art. L. 225-110, al. 2 et R. 225-87). **Le juge des référés peut désigner le mandataire de l'indivision parmi les indivisaires alors même qu'il existe un différend entre les coïndivisaires** (cass. com. 10 juillet 2012, n° 11-21789).

Les copropriétaires d'actions indivises peuvent cependant assister aux assemblées générales alors même qu'ils ont chargé un mandataire pour les représenter et voter en leurs noms (cass. com. 21 janvier 2014, n° 13-10151).

Le ou les indivisaires titulaires d'au moins 2/3 des droits indivis peuvent, à cette majorité, effectuer les actes d'administration relatifs aux biens indivis et donner à l'un ou plusieurs des indivisaires un mandat général d'administration (c. civ. art. 815-3). **Ce mandat général d'administration pourrait être utilisé par l'indivisaire désigné pour représenter les indivisaires aux assemblées ordinaires et notamment à l'assemblée annuelle. Toutefois, en cas de désaccord, le mandataire sera désigné par un juge** (l'article L. 225-110 du code de commerce prime sur l'article 815-3 du code civil).

S'agissant des assemblées extraordinaires, il est conseillé d'exiger un mandat spécial donné par tous les indivisaires à l'un d'eux. En effet, l'article 815-3 du code civil exige le consentement de tous les indivisaires pour effectuer tout acte qui ne ressortit pas à l'exploitation normale des biens indivis et pour effectuer tous actes de disposition autre que la vente de meubles indivis pour payer les dettes et charges de l'indivision. Bon nombre de décisions de la compétence de l'AGE

impliquent un acte de disposition (fusion, scission, dissolution de la société). Par ailleurs, l'appréciation du caractère normal ou non de l'exploitation des biens indivis est aléatoire. Ainsi, le caractère anormal semble évident lorsqu'il est porté atteinte aux droits attachés aux actions indivises ou en cas d'augmentation des engagements des indivisaires ; il l'est moins en cas d'augmentation de capital classique par apport en numéraire.

• **Divorce des époux.** Un arrêt a considéré qu'après la dissolution de la communauté et jusqu'à sa liquidation, les intérêts patrimoniaux des époux sont soumis aux règles de l'indivision (CA Paris 20 octobre 1999, RTD com. 2000, p. 651).

• **Actionnaire pacsé.** À défaut de clause particulière, chaque partenaire conserve l'administration, la jouissance et la libre disposition de ses biens (c. civ. art. 515-5).

• **Mandat tacite possible pour les actes d'administration.** Le mandat tacite est reconnu lorsqu'un indivisaire prend en main la gestion des biens indivis au su des autres et sans opposition de leur part ; ce mandat tacite couvre seulement les actes d'administration et non ceux de disposition (c. civ. art. 815-3, dernier al.). Lorsqu'un héritier indivisaire se prévaut d'un mandat tacite pour représenter la succession au cours d'une assemblée générale, il doit limiter son vote aux résolutions valant acte d'administration (cass. com. 16 novembre 2004, n° 01-10666) ; au cas considéré, le mandataire tacite avait participé à une AGE ayant décidé une augmentation de capital par voie d'apport de titres détenus dans des filiales par la succession en cause. Cette opération sortait du cadre des actes d'administration pour entrer dans celui des actes de disposition ; il en serait de même d'une décision emportant augmentation des engagements d'un actionnaire.

Le mandat tacite ne pourra être mis en œuvre si un coïndivisaire manifeste son opposition ; dans ce cas, une décision de justice s'impose ainsi qu'il a été indiqué ci-avant.

A été annulée la résolution votée sans l'approbation de l'indivision visant à introduire dans les statuts une clause d'exclusion d'un actionnaire entraînant pour celui-ci une obligation de céder ses actions (CA Paris, 3e ch., 27 mars 2001, Bull. Joly 2002, 89).

Nantissement ou location d'actions

718 **Le droit de vote est exercé par le propriétaire des titres remis en gage** (c. com. art. L. 225-110).

Tant que le créancier bénéficiaire d'un nantissement n'a pas obtenu le transfert des actions à son profit, notamment par l'effet d'un pacte commissoire (c. civ. art. 2348 ; c. mon. et fin. art. L. 211-20, V), **il ne peut voter au lieu et place du propriétaire des actions. Ce dernier n'a aucune formalité à effectuer pour exercer son droit de vote.**

Dans le cadre de la location d'actions, le droit de vote attaché à l'action louée appartient au bailleur dans les assemblées statuant sur les modifications statutaires ou le changement de nationalité de la société et au locataire dans les autres assemblées. Pour l'exercice des autres droits attachés aux actions louées, le bailleur est considéré comme le nu-propriétaire et le locataire comme l'usufruitier (c. com. art. L. 239-3).

Nantissement et non gage. Le terme « gage » est réservé aux garanties portant sur des biens mobiliers corporels (c. civ. art. 2333, al. 1). Le nantissement est l'affectation en garantie de biens meubles incorporels telles que des actions (c. civ. art. 2355, al. 1).

Usufruitier et nu-propriétaire

719 **Le droit de vote attaché à l'action appartient, en principe, à l'usufruitier dans les assemblées générales ordinaires et au nu-propriétaire dans les assemblées générales extraordinaires, mais les statuts peuvent déroger à cette règle** (c. com. art. L. 225-110).

Toutefois, est nulle la clause qui ne permet pas à l'usufruitier de voter les décisions concernant les bénéfices. Cette clause, en subordonnant à la seule volonté du nu-propriétaire le droit d'user de la chose grevée d'usufruit et d'en percevoir les fruits, est contraire aux dispositions de l'article 578 du code civil qui attache à l'usufruit ces prérogatives essentielles (cass. com. 31 mars 2004, n° 03-16694). **En revanche, la clause statutaire réservant un droit de vote à l'usufruitier uniquement est valide dès lors qu'elle ne porte pas atteinte au droit du nu-propriétaire de participer aux décisions collectives** (cass. com. 2 décembre 2008, n° 08-13185).

En outre, depuis l'intervention de la loi 2019-744 du 19 juillet 2019, tant le nu-propriétaire que l'usufruitier ont le droit de participer aux décisions collectives et les statuts ne peuvent pas déroger à cette règle (c. civ. art. 1844, al. 4). **La loi de 2019 a ainsi consacré la jurisprudence relative au droit de participation du nu-propriétaire** (cass. com. 4 janvier 1994, n° 91-20256). **Elle a mis également fin à la jurisprudence selon laquelle l'usufruitier n'avait pas à être convoqué aux assemblées statuant sur des délibérations pour lesquelles il ne disposait pas d'un droit de vote** (cass. civ., 3e ch., 15 septembre 2016, n° 15-15172 à propos d'une société civile mais transposable à la SA).

• **L'usufruitier a-t-il la qualité d'actionnaire ?** La Cour de cassation a déclaré que l'usufruitier ne peut pas se voir reconnaître la qualité d'associé qui n'appartient qu'au nu-propriétaire (cass. com. 1er décembre 2021, n° 20-15164 à propos d'une société civile mais transposable à la SA).

• **Convention extra-statutaire.** La loi 2019-744 du 19 juillet 2019 a aussi ouvert la possibilité au nu-propriétaire et à l'usufruitier de conclure une convention extra-statutaire aménageant leurs droits de vote (c. civ. 1844, al. 3). Selon l'ANSA, cette nouvelle faculté ne s'applique pas aux SA car, en application de l'article L. 225-110 du code de commerce, seuls les statuts peuvent déroger à la règle selon laquelle le droit de vote appartient à l'usufruitier pour les assemblées ordinaires et au nu-propriétaire pour les assemblées extraordinaires (ANSA, comité juridique du 1er juillet 2020, n° 20-024). Le ministre de l'Économie a adopté une position identique (Rép. min. Grau n° 40724, JO 11 janvier 2022, AN quest. p. 195).

Cessionnaires d'actions

▸ Inscription en compte

720 **Le transfert de propriété des actions résulte de leur inscription au compte de l'acheteur ou dans un dispositif d'enregistrement électronique partagé (DEEP)** (c. com. art. L. 228-1, al. 9) *(voir §§ 1123 et 1239)*. **L'inscription est faite à la date fixée par l'accord des parties et notifiée à la société émettrice** (c. com. art. R. 228-10). **Les statuts peuvent imposer une inscription 2 jours avant l'assemblée afin de pouvoir y participer** *(voir § 716)*.

L'actionnaire qui a déjà exprimé son vote à distance ou envoyé un pouvoir peut à tout moment céder tout ou partie de ses actions. En cas de cession intervenant 1 jour avant l'assemblée, ou 3 jours avant l'assemblée si les statuts imposent ce délai, et sauf dispositions statutaires particulières, la société invalide ou modifie en conséquence le vote exprimé à distance ou le pouvoir de cet actionnaire avant

l'ouverture de la séance de l'assemblée (c. com. art. R. 225-86, al. 2). Ainsi, la procuration donnée par le cédant sera annulée si le cessionnaire régulièrement inscrit en compte ou dans le DEEP se présente à l'assemblée pour voter.

À s'en tenir au texte, une disposition particulière des statuts pourrait permettre de ne pas procéder aux rectifications pour les cessions intervenues J – 1 ou J – 3 avant l'assemblée ; le vote du cédant serait alors pris en compte malgré la cession et l'inscription du cessionnaire en compte ou dans un DEEP.

→ **EN PRATIQUE** *Si le cessionnaire a été agréé ou si la cession n'est soumise à aucune restriction statutaire, l'opération de cession est définitive dès l'inscription en compte ou dans un DEEP du cessionnaire emportant transfert de la propriété des actions. Ainsi, l'inscription en compte ou dans un DEEP au jour de l'assemblée permet au cessionnaire d'y participer et d'y voter le même jour. À l'inverse, si les statuts prévoient l'obligation, pour le cessionnaire, d'être inscrit en compte 2 jours ouvrés avant l'assemblée, aucun acquéreur dont la cession est réalisée après le 2e jour ouvré ne pourra participer à l'assemblée. C'est le cédant qui a perdu juridiquement la qualité d'actionnaire qui pourra voter comme étant toujours inscrit en compte ou dans le DEEP.*

▸ **Qualité d'actionnaire durant la procédure d'agrément**

721 Lorsque les statuts exigent l'agrément par le conseil ou l'assemblée du nouvel actionnaire *(voir § 1256)* ou réservent un droit de préemption aux anciens actionnaires pour le rachat des actions mises en vente *(voir § 1273)*, les parties doivent, préalablement aux formalités d'inscription en compte ou dans un DEEP, accomplir la procédure prévue dans les statuts. Jusqu'à la fin de la procédure, l'action reste la propriété de l'ancien titulaire qui est alors le seul habilité à la représenter. En effet, la cession ne peut intervenir que sous la condition suspensive de l'agrément par la société ou sous la condition résolutoire de l'exercice du droit de préemption selon le cas.

Actions litigieuses

722 La société n'a pas à se faire juge du différend portant sur la propriété d'actions. Elle est donc fondée à s'en tenir au propriétaire apparent jusqu'à la nomination d'un séquestre (c. civ. art. 1961).

Toutefois, le vote attaché à ces actions risque d'être émis par une personne n'ayant pas juridiquement la qualité d'actionnaire, ce qui peut remettre en cause la validité de l'assemblée ; si la contestation ne paraît pas dépourvue de fondement, il peut donc s'avérer opportun de retarder la convocation de l'assemblée ou même d'ajourner l'assemblée déjà convoquée jusqu'à ce que l'une des parties en présence ait fait désigner un séquestre. Mais la société, étant un tiers par rapport aux personnes qui revendiquent la propriété des actions, ne peut, par elle-même, solliciter une mise sous séquestre.

• **Pouvoir du mandataire.** Le mandataire de justice nommé en qualité de séquestre peut-il exercer le droit de vote ? La réponse varie en fonction des termes de la décision judiciaire de mise sous séquestre : lorsque la décision est muette sur ce point, la jurisprudence considère généralement que le séquestre d'actions litigieuses ne peut exercer le droit de vote.

• **Séquestre avec pouvoir de vote.** Le droit de vote attaché aux actions séquestrées est en principe exercé par l'actionnaire inscrit en compte jusqu'à ce qu'il soit statué sur le fond du litige. Corrélativement, le séquestre désigné n'est pas ordinairement investi du pouvoir d'exercer le droit de vote attaché aux actions séquestrées. Mais, dans certaines circonstances, le juge peut investir le séquestre de ce droit.

Est aussi valable la désignation d'un mandataire séquestre d'actions avec notamment pour mission de conserver, à titre de séquestre, les actions litigieuses et d'exercer le droit de vote attaché à ces actions afin de garantir le maintien de l'équilibre des pouvoirs organisé par les statuts entre les actionnaires de deux catégories d'actions (cass. com. 23 octobre 2007, n° 06-16574).

Serait valable la nomination d'un séquestre ayant pour objet d'éviter que l'usage du droit de vote par l'actionnaire inscrit en compte ne crée une situation irréversible au détriment d'un autre actionnaire revendiquant un droit de préférence sur les actions auxquelles le droit de vote a été exercé (cass. com. 25 septembre 2012, n° 11-20061).

Personnes non actionnaires présentes à l'assemblée

▶ Commissaire aux comptes

723 **Convoqué à toutes les assemblées d'actionnaires au plus tard lors de la convocation des actionnaires eux-mêmes** *(voir § 705)*, **le commissaire aux comptes a, bien entendu, le droit d'assister à l'assemblée mais la loi ne lui en fait pas l'obligation.**

Commissaire aux apports. Il a, à n'en pas douter, la possibilité d'assister à l'assemblée ayant à se prononcer sur l'évaluation des apports en nature ou des avantages particuliers à propos desquels il a eu à intervenir mais la loi ne prévoit ni sa convocation ni, a fortiori, une obligation pour lui de se rendre à l'assemblée.

▶ Représentants de masse

724 **Le représentant de la masse des obligataires peut assister à toutes les assemblées des actionnaires, avec le droit de prendre part à la discussion, mais sans participer au vote** (c. com. art. L. 228-55).

Les représentants des différentes masses de porteurs de valeurs mobilières donnant accès au capital ont accès à l'assemblée générale des actionnaires, mais sans voix délibérative (c. com. art. L. 228-105).

▶ Représentants du comité social et économique

725 **Dans les sociétés d'au moins 50 salariés, 2 membres du comité social et économique (CSE) et appartenant l'un à la catégorie des cadres techniciens et agents de maîtrise, l'autre à la catégorie des employés et ouvriers peuvent assister aux assemblées générales. Ils doivent, à leur demande, être entendus lors de toute délibération requérant l'unanimité des associés** (c. trav. art. L. 2312-77).

L'assistance de membres du CSE à l'assemblée est une simple faculté ouverte au CSE et non une obligation.

Les représentants du CSE ont un rôle passif, ils n'ont pas de voix consultative ; les intéressés devront donc se contenter de rendre compte par la suite aux autres membres du comité de la teneur des débats et des résolutions adoptées. Toutefois, après avis du bureau, les membres du comité pourraient exposer certains vœux.

- **Administrateurs élus par les salariés.** Dans les SA dans lesquelles – statutairement – le conseil d'administration comprend des administrateurs ou des membres élus par les salariés, la représentation du comité est assurée par le membre du CSE déjà désigné pour assister aux séances du conseil ; dans ce cas, un seul élu représente alors le comité à l'assemblée (c. trav. art. L. 2312-75, L. 2312-74 et L. 2312-75).

- **Décisions requérant l'unanimité.** Lorsqu'une décision requiert l'unanimité des associés (transfert du siège à l'étranger, prorogation de la société), les 2 membres du comité doivent être entendus s'ils en formulent la demande (c. trav. art. L. 2312-77). Le terme

« associés » devrait être entendu ici dans un sens large par renvoi notamment aux articles 1836 et 1844-6 du code civil faisant référence à l'unanimité des associés.

• **Mode de convocation des membres désignés.** Si des représentants du CSE ont été désignés, ils doivent être convoqués :
– à toutes les assemblées (ordinaires ou non) ;
– en respectant les règles de forme et de délai prévues pour la convocation des actionnaires.

S'agissant de l'assemblée annuelle, le comité sera informé de la tenue de l'assemblée dans la mesure où les membres du comité sont convoqués aux réunions du conseil d'administration.

Personnes admises par le bureau

726 Le bureau de l'assemblée peut admettre d'autres personnes n'ayant pas la qualité d'actionnaire, mais bien entendu sans voix délibérative.

Il s'agit tout d'abord du secrétaire du bureau qui peut ne pas être actionnaire. Il peut s'agir également des directeurs, des conseils juridiques et fiscaux de la société, de personnes chargées par le conseil d'administration de prendre les débats ou encore de journalistes de la presse financière. Il peut, enfin, s'agir de personnes qui concourent au bon déroulement de l'assemblée (notaire, avocat etc.), à moins qu'un actionnaire ou un groupe d'actionnaires ne s'y oppose.

Quant à l'admission d'un huissier à la demande de certains actionnaires en vue de faire constater d'éventuelles irrégularités ou de consigner *in extenso* les débats et déclarations, elle ne peut être imposée au bureau que si l'officier ministériel a été commis par décision régulière de justice. À défaut, l'admission peut être refusée par le bureau ou par l'assemblée si le bureau préfère s'en remettre à l'assemblée. De leur côté, les tribunaux sont fondés à refuser la mesure sollicitée par des actionnaires lorsque la demande ne repose pas sur des motifs graves ou n'intéresse pas directement le fonctionnement de la société (cass. com. 15 février 1977, Gaz. Pal. 1977.2.518 et D. 1978, 31 ; CA Paris 26 avril 1978, Rev. soc. 1978, 750). Le juge compétent pour autoriser l'accès d'un huissier est celui du siège social de la société où l'assemblée a été convoquée (cass. civ., 2e ch., 18 novembre 1992, n° 91-16447).

Représentation des actionnaires

Représentation conventionnelle

▸ Choix du mandataire : un autre actionnaire, son conjoint ou son partenaire pacsé

727 Un actionnaire peut se faire représenter par un autre actionnaire, par son conjoint ou par le partenaire avec lequel il a conclu un pacte civil de solidarité. Toute clause contraire est réputée non écrite (c. com. art. L. 225-106, al. 1er et 6).

Cette règle limite le choix de l'actionnaire dans la désignation de son représentant : toute clause autorisant une représentation par toute personne au choix de l'actionnaire est nulle.

Tout actionnaire peut recevoir les pouvoirs émis par d'autres actionnaires sans autres limites que celles résultant des dispositions légales. Ainsi, un actionnaire titulaire d'action de préférence sans droit de vote peut représenter un autre actionnaire et voter au nom de ce dernier.

Si le mandataire est une personne morale, le mandat sera exercé par son représentant légal. Le représentant légal est libre de donner, à la personne de son choix, pouvoir de représenter l'actionnaire à l'assemblée générale (cass. com. 5 juillet 2017, n° 15-22936).

• **Actionnariat salarié.** Le président du conseil d'administration peut organiser, préalablement à l'assemblée, une consultation des actionnaires salariés afin de leur permettre de désigner un ou plusieurs mandataires. Cette consultation est obligatoire si les statuts prévoient que l'assemblée générale doit nommer un ou des salariés actionnaires au conseil d'administration. Elle est également exigée lorsque l'assemblée doit se prononcer sur la modification statutaire en vue d'assurer la représentation des salariés (c. com. art. L. 225-106, III).

• **Usufruitier et nu-propriétaire.** Le nu-propriétaire a la qualité d'actionnaire et peut, à ce titre, recevoir mandat d'un autre actionnaire en nue-propriété ou en pleine propriété pour le représenter dans une assemblée ordinaire ou extraordinaire. En revanche, l'usufruitier n'ayant pas la qualité d'actionnaire, il n'est pas possible de lui confier un mandat de représentation *(voir § 719, rubrique « L'usufruitier a-t-il la qualité d'actionnaire ? »)*.

• **Apport des actions à une société en participation.** Un actionnaire peut faire un apport de ses actions à une société en participation entraînant une mise en indivision des titres. Le gérant de la société en participation peut alors exercer les droits de vote correspondant aux actions apportées sans devoir faire établir une procuration à chaque assemblée. En cas de doute sur l'existence d'une société en participation, le bureau de l'assemblée est habilité à exiger des procurations spéciales pour l'exercice commun des droits de vote (ANSA, comité juridique du 9 décembre 2009, n° 09-067).

► Forme du mandat

728 **La procuration doit être écrite et signée par l'actionnaire qui souhaite se faire représenter et indique ses nom, prénom usuel et domicile. Elle peut désigner nommément un mandataire, qui n'a pas faculté de se substituer une autre personne** (c. com. art. R. 225-79, al. 1er). **Elle est communiquée à la société** (c. com. art. L. 225-106, II).

Pour faciliter l'établissement de la feuille de présence *(voir § 755)*, **la procuration mentionnera utilement le nombre des actions dont le mandant est titulaire et le nombre de voix attachées à ces actions.**

La procuration peut être signée et transmise par voie électronique (c. com. art. R. 225-79). **Si les statuts prévoient la participation des actionnaires aux assemblées générales par des moyens de communication électronique, leur signature électronique peut résulter d'un procédé fiable d'identification garantissant son lien avec le formulaire de vote à distance auquel elle s'attache** (c. com. art. R. 225-77 et R. 225-79, al. 2).

• **Mandat spécial.** Le mandat donné pour la représentation à l'assemblée étant personnel (le mandataire désigné ne peut se substituer un tiers) et spécial (c'est-à-dire donné pour une assemblée déterminée), ne constitue pas un mandat valable la procuration signée, non par l'actionnaire lui-même, mais par la personne à laquelle il a donné un mandat général d'administrer tous ses biens (cass. com. 29 novembre 1994, n° 93-11375). Le caractère spécial du mandat implique qu'il soit donné pour une date déterminée (cass. civ., 1re ch., 28 février 1995, n° 93-11731).

• **Bon pour pouvoir.** L'actionnaire est parfois prié de faire précéder sa signature des mots « Bon pour pouvoir » mais il convient de souligner que rien dans notre législation ne permet d'exiger cette mention dont l'absence n'a aucune incidence sur la validité de la procuration.

▸ **Étendue, durée et fin du mandat**

729 Le mandat est donné pour une seule assemblée. Il peut cependant être donné pour deux assemblées, l'une ordinaire, l'autre extraordinaire, tenues le même jour ou dans un délai de 15 jours (c. com. art. R. 225-79, al. 3). L'alternative posée par le texte conduit à suivre la règle de prudence selon laquelle les deux assemblées doivent être l'une ordinaire et l'autre extraordinaire et non de la même nature.

Le mandat donné pour une assemblée vaut pour les assemblées successives convoquées avec le même ordre du jour (c. com. art. R. 225-79, al. 4).

Le mandataire doit être en possession de l'ordre du jour, qui sera en pratique inscrit dans le corps du mandat. Le texte des résolutions n'est pas exigé.

La procuration donnée pour une assemblée générale porte nécessairement, sauf instruction contraire du mandant, sur le pouvoir de révocation des administrateurs et leur remplacement, même si la question n'est pas inscrite à l'ordre du jour (cass. com. 1er juillet 2008, n° 06-19020) *(voir § 688)*.

Le mandat donné par un actionnaire est révocable dans les mêmes formes que celles requises pour la désignation du mandataire (c. com. art. R. 225-79, al. 5). Dès lors, par référence aux modalités prévues par cet article, il peut s'agir soit d'un écrit signé par lequel le mandant révoque expressément la procuration préalablement donnée, soit d'un procédé électronique avec apposition d'une signature électronique sécurisée mettant fin à la procuration électronique. Toutefois, concernant cette dernière forme, dès la réception par la société des instructions données par voie électronique comportant procuration ou pouvoir, celles-ci sont irrévocables (c. com. art. R. 225-80).

Le mandat prend également fin en cas d'incapacité du mandataire (c. civ. art. 1146) ou si celui-ci est frappé d'une interdiction (c. civ. art. 1160).

Deux mandataires. Les dispositions réglementaires ne prohibent pas la désignation par l'actionnaire de deux mandataires pour se faire représenter à une assemblée (cass. com. 19 septembre 2006, n° 05-13264).

Procurations en blanc

▸ **Caractère impératif**

730 Pour toute procuration d'un actionnaire sans indication de mandataire, le président de l'assemblée générale émet un vote favorable à l'adoption des projets de résolution présentés ou agréés par le conseil d'administration et un vote défavorable à l'adoption de tous les autres projets de résolution. Pour émettre tout autre vote, l'actionnaire doit faire le choix d'un mandataire qui accepte de voter dans le sens indiqué par le mandat (c. com. art. L. 225-106, III, al. 5).

▸ **Vote du président**

731 C'est le président de l'assemblée qui émet le vote afférent aux procurations sans indication de mandataire.

Dans une SA à conseil d'administration, les assemblées d'actionnaires sont présidées par le président du conseil d'administration (c. com. art. R. 225-100). Il est ainsi le destinataire obligé des procurations en blanc et est investi d'une obligation légale d'exercer le droit de vote attaché auxdites procurations.

Remarque. À notre avis, l'obligation légale faite ainsi au président de l'assemblée d'exercer le droit de vote afférent aux pouvoirs en blanc et le caractère impératif du sens du vote qui sera émis au titre de ces pouvoirs en blanc règlent la difficulté que pourrait par exemple susciter l'application de l'article L. 225-40 du code de commerce en vertu duquel un administrateur ou un directeur général intéressé à une convention réglementée soumise à l'approbation de l'assemblée générale ne peut prendre part au vote de la résolution correspondante.

▸ **Sens du vote**

732 Le vote ainsi émis est un vote :
– favorable à l'adoption des projets de résolution présentés ou agréés par le conseil d'administration ;
– défavorable pour tous les autres projets de résolution.

Lorsque des projets de résolution sont inscrits à l'ordre du jour à la demande d'actionnaires représentant la quotité requise du capital *(voir § 690)*, le conseil d'administration, réuni après réception de cet envoi, prendra donc soin de préciser si ces projets ont ou non son agrément.

Pour émettre un vote contre le texte des propositions agréées par le conseil ou pour s'abstenir, l'actionnaire doit faire choix d'un mandataire qui accepte de voter dans le sens indiqué par le mandant.

Amendements en cours de séance. Si, au cours de l'assemblée, des amendements sont apportés aux résolutions soumises au vote des actionnaires, le président devra voter « contre » au titre des pouvoirs en blanc à moins que, à l'occasion d'une suspension de séance, le conseil d'administration agrée lesdits amendements. Cela paraît à l'abri de la critique si les amendements en cause sont présentés de bonne foi et sont la suite normale du déroulement des débats de l'assemblée *(voir § 773)*.

Cette solution suppose la présence, à l'assemblée, des membres du conseil d'administration. À titre pratique, les sociétés où la majorité aux assemblées n'est acquise que par le jeu des pouvoirs en blanc peuvent donc avoir intérêt à convoquer le conseil d'administration en même temps qu'elles convoquent l'assemblée des actionnaires.

Représentation légale

▸ **Personnes morales**

733 Les sociétés sont représentées par un membre de leur organe de gestion ou de direction ayant, conformément à la loi, le pouvoir d'engager la société vis-à-vis des tiers, soit :
– dans les SA traditionnelles : le président du conseil d'administration ou l'administrateur provisoirement délégué dans les fonctions du président ou un directeur général *(voir § 422)* ;
– dans les SA à directoire : le président du directoire ou le directeur général unique, ou encore un membre du directoire ayant la qualité de directeur général *(voir § 575)*.

Ces personnes peuvent, dans le cadre de leurs pouvoirs, se substituer ou déléguer à un mandataire de leur choix, y compris à un tiers non actionnaire personnellement (cass. crim. 26 mai 1994, n° 92-83095 ; cass. com. 5 juillet 2017, n° 15-22936 à propos d'une SAS mais transposable à une SA). Il ne semble pas que le mandataire désigné par le représentant légal ait la faculté de se substituer à un autre mandataire.

▸ **Incapables**

734 Le droit d'assister à l'assemblée est un acte d'administration. Lorsque des actionnaires sont incapables, c'est à la personne qui a l'administration de leurs biens qui peut concourir à l'assemblée.

Le mineur non émancipé sera représenté par son représentant légal (administrateur légal ou tuteur) (c. civ. art. 382). **L'exercice du droit de vote dans les assemblées constituant en principe un acte d'administration** (décret 2008-1484 du 22 décembre 2008, annexe 2), **l'administrateur légal participe et vote seul aux assemblées. Mais, en cas d'actes de disposition portant sur un apport en société d'un immeuble ou fonds de commerce appartenant au mineur ou sur des valeurs mobilières ou instruments financiers ayant des conséquences sur le patrimoine du mineur, l'administrateur légal devra requérir l'autorisation préalable du juge des tutelles** (c. civ. art. 387-1).

Le mineur ou majeur sous tutelle sera représenté par un tuteur qui participera et exercera le droit de vote. Le juge des tutelles devra également donner son accord en cas de résolutions portant sur des actes ayant d'importantes conséquences sur le patrimoine du mineur (c. civ. art. 473, 504 et 505).

• **Mineur émancipé.** Le mineur émancipé et pleinement capable peut, bien entendu, prendre part à l'assemblée sans aucune restriction (c. civ. art. 413-6).

• **Majeur sous sauvegarde de justice et curatelle.** Le majeur sous sauvegarde de justice conserve le droit de vote (c. civ. art. 435) ; il en est de même pour le majeur en curatelle, sauf décision contraire du juge des tutelles (c. civ. art. 471). L'autorisation préalable du juge des tutelles sera requise en cas d'actes ayant des conséquences importantes sur la valeur du patrimoine du majeur (c. civ. art. 467 et 505).

Ainsi, la circonstance que l'un des associés soit placé sous curatelle ne lui interdisant pas d'exercer ses droits d'actionnaire en l'absence de disposition du jugement de curatelle limitant sa capacité juridique en ce domaine ne peut justifier l'annulation des assemblées générales auxquelles cet associé a participé (CA Paris 2 juillet 2002, JCP 2002, éd. E, p. 1991).

• **Majeur sous habilitation familiale.** Le majeur conserve l'exercice de ses droits autres que ceux dont l'exercice a été confié à la personne habilitée à le représenter (c. civ. art. 494-8). La possibilité de participer et de voter aux assemblées dépendra donc du champ de l'habilitation.

Le vote dans les assemblées de SA

QUORUM

POUR LES AGO

1re CONVOCATION

▼

1/5 DES VOIX

—

2e CONVOCATION

▼

PAS DE QUORUM

POUR LES AGE

1re CONVOCATION

▼

1/4 DES VOIX

—

2e CONVOCATION

▼

1/5 DES VOIX

NB : LES STATUTS PEUVENT PRÉVOIR DES QUORUMS PLUS ÉLEVÉS

MAJORITÉ

▼

MOITIÉ DES VOIX + 1

▼

2/3 DES VOIX

⚠ LES ABSTENTIONS, VOTES BLANCS OU NULS NE SONT PAS PRIS EN COMPTE DANS LE CALCUL DE LA MAJORITÉ

QUI VOTE ?

- DROIT DE VOTE RÉSERVÉ AUX SEULS ACTIONNAIRES
- L'USUFRUITIER VOTE DANS LES AGO ET LE NU-PROPRIÉTAIRE VOTE DANS LES AGE — SAUF SI LES STATUTS EN DÉCIDENT AUTREMENT
- LES ACTIONS INDIVISES SONT REPRÉSENTÉS PAR L'UN D'EUX OU PAR UN MANDATAIRE UNIQUE
- EN CAS DE CESSION D'ACTIONS, LE CESSIONNAIRE PEUT VOTER SI CES TITRES SONT INSCRITS DANS LES COMPTES DE LA SOCIÉTÉ AU MOINS 2 JOURS AVANT LA DATE DE L'ASSEMBLÉE
- EN CAS DE LOCATION D'ACTIONS, LE BAILLEUR VOTE LES RÉSOLUTIONS MODIFIANT LES STATUTS ET LE LOCATAIRE LES AUTRES RÉSOLUTIONS

MODALITÉS DE VOTE

▼

PROPORTIONNALITÉ DU NOMBRE D'ACTIONS AVEC LE NOMBRE DE VOIX — SAUF EXCEPTIONS

▼

LE VOTE EST ÉLECTRONIQUE POUR LES ACTIONNAIRES PARTICIPANT À L'ASSEMBLÉE PAR VISIOCONFÉRENCE — SI LES STATUTS L'AUTORISENT

Revue Fiduciaire

15 Tenue des assemblées

Règles communes à toutes les assemblées

Différentes sortes d'assemblées

750 Dans les SA non cotées, on dénombre traditionnellement 3 sortes d'assemblées :
– *les assemblées générales ordinaires* (AGO) réunies au cours de la vie sociale, pour le contrôle de la gestion, l'approbation des comptes et les autorisations à donner au conseil d'administration lorsque les opérations à traiter dépassent les pouvoirs qu'il tient des statuts *(voir §§ 830 à 878)* ;
– *les assemblées générales extraordinaires* (AGE) appelées à décider des modifications relatives aux statuts de la société *(voir §§ 879 à 883)* ;

– *enfin, les assemblées spéciales,* réunies notamment lorsqu'une décision de l'AGE comporte une modification des droits attachés à une catégorie d'actions *(voir §§ 884 à 888)*.

Assemblées mixtes. On réunit, dans certains cas, des assemblées dites « mixtes », lorsque certaines décisions concomitantes exigent, les unes, les conditions de quorum et de majorité des assemblées extraordinaires, les autres, les conditions des assemblées ordinaires ; elles ne constituent cependant pas une catégorie spéciale d'assemblée *(voir § 889)*.

Règles communes

751 Les règles communes aux différentes sortes d'assemblées concernent :
– le droit de convoquer l'assemblée *(voir § 681)* ;
– la convocation de l'assemblée et la fixation de l'ordre du jour *(voir § 687)* ;
– l'information et le droit de communication des actionnaires *(voir § 618)* ;
– le droit d'assister à l'assemblée *(voir § 713)* ;
– la réglementation du droit de vote *(voir § 776)* ;
– la représentation des actionnaires par un mandataire *(voir § 727)* ;
– la tenue de l'assemblée.

Loi de la majorité

752 Les décisions de la majorité, pourvu qu'elles soient prises régulièrement, s'imposent à la minorité et aussi à tous les actionnaires absents. Le juge ne peut ni les critiquer ni les modifier, si les prescriptions légales ont été observées (cass. req. 22 juin 1926, J. Soc. 1927, 273).

Il en est ainsi même lorsqu'un actionnaire possède à lui seul cette majorité et peut faire prévaloir son opinion à l'encontre des autres actionnaires. Les tribunaux mettent cependant une limite au pouvoir de la majorité, s'il est exercé dans un intérêt purement personnel et aboutit à un « abus de droit » *(voir §§ 797 à 800)*. Certaines règles relatives aux majorités sont applicables à chaque type d'assemblée *(voir § 774)*.

Préparatifs

Bureau

▸ Composition

753 La constitution d'un bureau est obligatoire pour toutes les assemblées. Il doit certifier exacte la feuille de présence (c. com. art. R. 225-95, al. 7).

Le bureau est composé d'un président, de deux scrutateurs et d'un secrétaire.

a) Le président de l'assemblée est le président du conseil d'administration, ou, en son absence, la personne prévue par les statuts. À défaut, l'assemblée élit elle-même son président (c. com. art. R. 225-100, al. 1er). Dans l'hypothèse où le président du conseil ne serait pas actionnaire, il serait quand même président de l'assemblée conformément aux dispositions de l'article R. 225-100 du code de commerce.

Une assemblée présidée par un mandataire successoral et non par le président du conseil d'administration, lequel était pourtant présent, a été jugée nulle, cette irrégularité étant contraire aux statuts et aux dispositions de l'article L. 225-100 du code de commerce (CA Pau, 2e ch., sect. 1, 3 avril 2012, n° 11/00429).

En cas de convocation par les commissaires aux comptes, par un mandataire de justice ou par les liquidateurs, l'assemblée est présidée par celui ou par l'un de ceux qui l'ont convoquée (c. com. art. R. 225-100, al. 2).

b) Les scrutateurs sont les deux membres de l'assemblée disposant du plus grand nombre de voix (et non d'actions) et acceptant cette fonction (c. com. art. R. 225-101, al. 1er). L'appréciation du plus grand nombre de voix s'apprécie au moment de la constitution du bureau. La variation éventuelle en cours des débats du nombre de droits de vote que les membres du bureau peuvent exercer ne modifie pas les désignations opérées (ANSA, novembre-décembre 1995, n° 2803). Si des actionnaires sont titulaires d'actions à vote double, il faut en tenir compte. De même, pour chaque scrutateur, on comptabilisera ses voix plus celles des actionnaires qu'il représente en vertu d'un pouvoir à son nom. Peut assurer la fonction de scrutateur une personne morale, par l'intermédiaire de son représentant à l'assemblée, ou le conjoint d'un actionnaire, même s'il n'est pas lui-même actionnaire.

Les scrutateurs doivent avoir accepté leur mission. Ils n'ont pas de pouvoirs propres, leurs pouvoirs résultent de leur appartenance au bureau.

c) Le secrétaire est désigné par le bureau de l'assemblée. Sauf disposition contraire des statuts, il peut être choisi en dehors des actionnaires (c. com. art. R. 225-101, al. 2).

S'agissant des modalités de désignation du secrétaire, la règle de la majorité s'impose dans le fonctionnement de cet organisme collégial qu'est le bureau. Ainsi, les scrutateurs peuvent s'opposer à la désignation d'un secrétaire déterminé par la seule volonté du président (rép. Kaspereit, JO 9 juillet 1977, AN p. 4656).

• **Bureau incomplet.** Dans les sociétés comportant peu d'actionnaires, il arrive que le nombre des présents soit insuffisant pour constituer le bureau alors que, grâce aux pouvoirs adressés au conseil, le quorum se trouve atteint. Ainsi, par exemple, deux actionnaires seulement représentant par leurs propres actions et celles de leurs mandants le quorum requis se présentent au jour et à l'heure fixés par la convocation. Doit-on considérer que le bureau peut être constitué avec un seul scrutateur et admettre que l'assemblée peut valablement délibérer ? On estime généralement que la délibération de l'assemblée ne peut, de ce seul fait, être annulée (rép. Sudreau, JO 4 novembre 1970, AN p. 5074 ; T. com. Angoulême, 23 novembre 1972, Rev. com. soc. 1973, p. 91).

• **Pas de scrutateur.** Si aucun actionnaire n'accepte d'être scrutateur, le bureau sera composé du seul président et du secrétaire de séance désigné par lui.

▸ Attributions

754 Le bureau doit certifier exacte la feuille de présence (c. com. art. R. 225-95) *(voir § 755)*, contrôler les pouvoirs des actionnaires représentés, veiller à la régularité de la réunion, diriger les débats, éventuellement trancher les difficultés qui pourraient surgir, et signer le procès-verbal de l'assemblée (c. com. art. R. 225-106) *(voir § 813)*.

À ce titre, le bureau vérifie le quorum qui varie selon la nature de l'assemblée et dépouille les votes par correspondance et les pouvoirs alloués au président. Mais il n'a pas à vérifier si un mandataire vote conformément aux demandes faites par son mandant (ANSA, comité juridique du 8 septembre 2010, n° 10-049).

L'admission ou le refus d'admission des actionnaires est de son ressort, sauf recours à l'assemblée. Le bureau règle le tour de parole des actionnaires, met aux voix les résolutions, contrôle les votes et les dénombre. Pour priver un actionnaire de son droit de vote, il faut des éléments objectifs (CA Versailles, 12e ch., 10 juin 2010, n° 199).

Après avoir constaté que le quorum est atteint, le président dépose sur le bureau les différents documents liés à l'ordre du jour *(voir § 767)*.

Rôle de police. Le bureau a un pouvoir de police de l'assemblée et notamment, le pouvoir et le devoir de contrôler l'exercice du droit de vote. En dehors des actionnaires, personne ne peut, sans son accord, assister à l'assemblée ; c'est le cas pour des sténographes, des rédacteurs de journaux financiers, un huissier requis par des actionnaires pour dresser des constats au cours de l'assemblée, etc., à moins que l'assistance de ces tiers n'intervienne en vertu d'une décision judiciaire.

Le bureau agit comme un premier « juge de l'évidence » ; à ce titre, est justifiée la décision automatique de privation de vote fondé sur des indices graves, précis et concordants de l'existence apparente d'un concert et du défaut de déclaration de franchissement de seuil (CA Versailles 27 juin 2007, n°s 07-04540 et 07-4418). Le bureau peut constater l'existence d'une action de concert sans excéder ses pouvoirs en présence de l'un des cas de présomption légale et en déduire un franchissement de seuil non déclaré (CA Paris, ch. 5-8, 29 janvier 2013, n° 10/03671). En revanche, il ne peut pas priver de ses droits de vote l'actionnaire ayant omis de déclarer le franchissement de seuil dès lors que l'existence de l'action de concert d'où résulterait cette obligation est contestée (cass. com. 15 mai 2012, n° 10-23389).

Feuille de présence

▸ Établissement pour toute assemblée

755 **Une feuille de présence doit être tenue à chaque assemblée** (c. com. art. L. 225-114, al. 1er).

Deux assemblées, l'une ordinaire, l'autre extraordinaire, tenues le même jour à quelques heures d'intervalle, donneront donc lieu à l'établissement de deux feuilles de présence distinctes même si les actionnaires y participant sont identiques. Si un même pouvoir est donné pour la représentation d'un actionnaire aux deux assemblées, il convient d'annexer ce pouvoir à l'une des deux feuilles de présence et de mentionner cette annexion sur l'autre.

▸ Contenu de la feuille de présence

756 **La feuille de présence doit contenir les mentions suivantes** (c. com. art. R. 225-95) **:**

1° Les nom, prénom usuel et domicile de chaque actionnaire présent ou réputé présent comme participant par visioconférence ou par télécommunication électronique (selon les modalités du II de l'article L. 225-107 du code de commerce ou de l'article L. 225-103-1 du même code)**, le nombre d'actions dont il est titulaire, ainsi que le nombre de voix attaché à ces actions.**

2° Les nom, prénom usuel et domicile de chaque actionnaire représenté, le nombre d'actions dont il est titulaire, ainsi que le nombre de voix attaché à ces actions.

3° Les nom, prénom usuel et domicile de chaque mandataire, le nombre d'actions de ses mandants, ainsi que le nombre de voix attaché à ces actions.

4° Les nom, prénom usuel et domicile de chaque actionnaire ayant adressé à la société un formulaire de vote par correspondance, ainsi que le nombre d'actions dont il est titulaire et le nombre de voix attaché à ces actions.

Toutefois, ces renseignements sur les mandants ou actionnaires votant par correspondance peuvent être indiqués dans la procuration ou dans le formulaire de vote par correspondance s'ils sont annexés à la feuille de présence, le

cas échéant, sous format électronique ou numérisé. Dans ce cas, le bureau de l'assemblée indique le nombre des pouvoirs et des formulaires de vote par correspondance annexés à ladite feuille ainsi que le nombre des actions et des droits de vote correspondant aux procurations et aux formulaires (c. com. art. R. 225-95, al. 6).

La feuille de présence est signée par les actionnaires présents et les mandataires de ceux représentés. Les pouvoirs donnés à chaque mandataire par les actionnaires doivent y être annexés (c. com. art. L. 225-114).

La feuille de présence, les pouvoirs et les formulaires de vote à distance sont consultables sous format papier ou, le cas échéant, numérisé ou électronique (c. com. art. R. 225-95, al. 6).

• **Rôle pour les mandats.** La feuille de présence ne fait que prendre acte de la présentation matérielle d'actions ou de mandats sans qu'il en résulte une quelconque acceptation ou validation de mandats (CA Paris 26 février 1993, JCP éd. E 1993, pan. 1384).

• **Droit de communication.** À toute époque, chaque actionnaire a le droit d'obtenir communication des feuilles de présence des assemblées tenues au cours des trois derniers exercices (c. com. art. L. 225-117) *(voir § 651)*.

• **Dématérialisation des assemblées.** Les statuts peuvent prévoir que les AGO et AGE se tiennent **exclusivement** par visioconférence ou par des moyens de télécommunication permettant l'identification des actionnaires *(voir § 812)*.

Lorsque l'assemblée se tient exclusivement par visioconférence ou par des moyens de télécommunication, l'émargement de la feuille de présence par les actionnaires n'est pas requis (c. com. art. R. 225-95, dernier al.).

▸ Sanction

757 En cas de non-respect des prescriptions relatives à la tenue de la feuille de présence, les délibérations de l'assemblée peuvent être annulées (c. com. art. L. 225-114, al. 3). Cette nullité est facultative et laissée à l'appréciation des juges.

Quorum, débats et majorité

Quorum

▸ Définition et pourcentages

758 Les décisions d'une assemblée ne sont valables qu'autant que les actionnaires qui y participent, par eux-mêmes ou par mandataires, possèdent une certaine fraction du capital social ou plus exactement, aux termes mêmes de la loi, une certaine quotité du nombre des actions ayant le droit de vote. Il est du pouvoir du bureau, avant l'ouverture des débats, de s'assurer que le quorum requis est atteint. Celui-ci est différent suivant la nature des décisions à prendre et selon qu'il s'agit d'une première ou d'une deuxième assemblée. Le quorum est fixé selon les indications du tableau ci-après.

Seuils de quorum		
	Première convocation	**Seconde convocation**
Assemblée ordinaire (c. com. art. L. 225-98)	1/5 des actions ayant le droit de vote (1)	Aucun quorum
Assemblée extraordinaire (c. com. art. L. 225-96)	1/4 des actions ayant le droit de vote (1)	1/5 des actions ayant le droit de vote (1)
Assemblées spéciales (c. com. art. L. 225-99)	1/3 des actions ayant le droit de vote (1)	1/5 des actions ayant le droit de vote (1)
Assemblées des titulaires de valeurs mobilières donnant accès au capital (c. com. art. L. 228-103 et sur renvoi L. 225-96)	1/4 des actions ayant le droit de vote (1)	1/5 des actions ayant le droit de vote (1)
Assemblées d'obligataires (c. com. art. L. 228-65, et sur renvoi L. 225-98)	1/5 des obligations ayant le droit de vote (1)	Aucun quorum
(1) Les statuts peuvent prévoir un quorum plus élevé.		

▸ Calcul du quorum

759 En toute hypothèse, le quorum est calculé par le bureau avant l'ouverture des débats et le vote de résolution. Pour y procéder, le bureau devra vérifier les statuts et l'existence éventuelle de disposition imposant un quorum plus élevé que celui prévu par le législateur. Ce calcul sera à nouveau effectué lorsque certains actionnaires ne pourront voter certaines résolutions *(voir § 764)* ou en cas de départ *(voir § 763)*. Le quorum est calculé en fonction du nombre total des actions ayant le droit de vote, peu importe le montant du capital représenté. Pour ce calcul, peu importe que les actions bénéficient d'un droit de vote double ou, au contraire, que les statuts limitent le nombre de voix dont peut disposer chaque actionnaire. En effet, le calcul du quorum s'opère en fonction du nombre d'actions et non du nombre de voix attachées à ces actions.

Pour le calcul du quorum, il est tenu compte des formulaires de vote à distance selon les règles posées par l'article L. 225-107 du code de commerce *(voir §§ 804 à 811)*. Les formulaires reçus hors délai ne sont pas comptabilisés pour le quorum. Si les statuts le prévoient, sont réputés présents les actionnaires qui participent à l'assemblée par visioconférence *(voir § 760)*.

En résumé, le calcul du quorum s'effectue au vu de la feuille de présence et donc en fonction des actionnaires présents, représentés ou votant à distance. À défaut de quorum, le procès-verbal en fait état *(voir § 765)*.

→ **EXEMPLE** *Les actionnaires d'une société au capital de 100 000 €, divisé en 10 000 actions de 10 €, sont convoqués en assemblée générale ordinaire annuelle.*

(a) Aucune action n'est privée du droit de vote. Le quorum du quart est de 2 500 actions.

(b) Il existe 400 actions non libérées des versements exigibles en dépit de mises en demeure adressées depuis plus de 30 jours à leurs propriétaires. Le quorum du quart est de (10 000 – 400) / 4 = 2 400 actions.

Situations particulières pour le calcul du quorum

▸ Présence par visioconférence ou télécommunication

760 Si les statuts le prévoient, sont réputés présents pour le calcul du quorum et celui de la majorité les actionnaires qui participent à l'assemblée par visioconférence ou par des moyens de télécommunication permettant leur identification (c. com. art. L. 225-107, II) *(voir §§ 796 et 812)*.

▸ **Actions privées du droit de vote**

761 Pour le calcul du quorum, seules les actions ayant le droit de vote sont retenues. Les actions privées du droit de vote sont déduites du nombre total d'actions de la société et c'est à partir de ce résultat que le quorum est calculé *(voir §§ 791 et 792)* (actions non libérées, actions de préférence sans droit de vote, actions d'autocontrôle...).

▸ **Actions indivises**

762 Dans une réponse à un parlementaire, le ministre de la Justice a estimé qu'en l'absence d'une désignation expresse d'un représentant unique, que ce soit du fait de la carence des indivisaires ou de leur désaccord, les actions indivises ne peuvent être prises en compte pour le calcul du quorum et de la majorité (rép. Valbrun, JO 1er mars 1975, AN p. 765). Formulée sous réserve de l'appréciation souveraine des tribunaux, cette solution est tout à fait contestable en ce qui concerne le quorum, car elle confond le droit de vote et l'exercice du droit de vote. Il semble plus respectueux des droits des indivisaires d'admettre que les actions indivises doivent être comprises dans la masse de calcul du quorum, comme le sont les titres détenus par les actionnaires qui ne sont ni présents ni représentés.

▸ **Départ d'actionnaires en cours d'assemblée**

763 Le quorum doit être maintenu pendant tout le cours des délibérations et du vote, l'assemblée ne délibérant valablement qu'autant qu'elle est composée d'actionnaires représentant le quorum requis. En cas de départ prématuré de membres de l'assemblée, il conviendra donc de retrancher le nombre des actions qu'ils possèdent ou qu'ils représentent et de s'assurer que le quorum est toujours atteint. Cette solution n'est toutefois praticable que si les personnes ayant quitté l'assemblée ont manifesté leur intention formelle de ne pas participer à la poursuite des délibérations ; il sera d'ailleurs exceptionnel qu'un tel départ soit de nature à remettre en cause le quorum.

▸ **Actionnaires ne pouvant participer au vote de certaines résolutions**

764 Le quorum doit, le cas échéant, être calculé résolution par résolution car certaines actions n'ouvrent pas droit au vote de résolutions déterminées *(voir § 780)*.

Conventions réglementées. Jusqu'à la réforme opérée par la loi 2019-486 du 22 mai 2019, dite « loi Pacte », le vote sur l'approbation d'une convention réglementée par une assemblée de SA comportait la règle suivante : « l'intéressé [à la convention] ne peut pas prendre part au vote et ses actions ne sont pas prises en compte pour le calcul du quorum et de la majorité » (c. com. art. L. 225-40, al. 4 ancien).

Depuis la loi Pacte, la personne intéressée à la convention ne peut toujours pas prendre part au vote, ses actions sont toutefois prises en compte dans le calcul du quorum *(voir § 1052)*.

Défaut de quorum

▸ **Seconde convocation**

765 Les délibérations d'une assemblée générale ou spéciale qui se tiennent sans que soit atteint le quorum requis par la loi sont nulles (c. com. art. L. 225-121, al. 1er).

Si le quorum n'est pas atteint, il en est dressé procès-verbal par le bureau de l'assemblée (c. com. art. R. 225-107). L'établissement de ce procès-verbal permettra de réunir sur seconde convocation l'assemblée qui délibérera avec un quorum égal au 1/4 des actions ayant droit de vote (assemblées extraordinaires et assemblées spéciales) ou sans quorum (assemblée ordinaire).

Prévoir la seconde assemblée. Les sociétés qui, par suite de la très large dispersion de leurs titres et de l'absentéisme des actionnaires, savent qu'elles n'ont aucune chance de réunir le quorum exigé sur première convocation (pour les assemblées extraordinaires en particulier) peuvent indiquer dans les publications afférentes à la première convocation la date, le lieu et l'heure de la seconde assemblée pour le cas probable où le quorum ne serait pas atteint. Cette mention évite aux actionnaires de se déranger inutilement mais une telle indication doit être faite de bonne foi et elle ne dispense pas d'effectuer les formalités afférentes à la deuxième réunion.

▸ Que faire si, par extraordinaire, un seul actionnaire est présent ?

766 Les actionnaires ont été régulièrement convoqués mais une assemblée suppose *a priori* au moins deux membres ; lorsque cette condition n'est pas réunie, les circonstances de fait sont déterminantes et deux cas sont à distinguer.

(1) L'unique actionnaire présent a reçu les pouvoirs favorables de tous les autres actionnaires. Les décisions étant prises à l'unanimité, on voit mal sur quelle base elles pourraient être contestées. Une telle assemblée, régulièrement convoquée et se tenant réellement, ne suscite aucune des difficultés d'ordre pénal que soulève une assemblée papier.

(2) L'unique actionnaire présent, ayant la majorité tant par lui-même que par les procurations reçues, ne dispose pas de l'unanimité : certains actionnaires n'ont envoyé ni procuration ni bulletin de vote ou, encore, ont envoyé des bulletins de vote négatifs par correspondance. Dans un climat précontentieux, il pourra être bon d'avoir recours à un huissier pour faire constater de façon incontestable, avant la tenue de l'assemblée, les pouvoirs et les bulletins de vote par correspondance reçus par la société.

Dans ces deux cas, le procès-verbal sera établi avec un libellé adéquat, de préférence avec le concours du conseil habituel de la société. Par ailleurs, l'unique actionnaire devrait signer la feuille de présence et le procès-verbal.

Documents déposés sur le bureau de l'assemblée

▸ Documents attestant de la régularité de la convocation

767 Après avoir constaté que le quorum est atteint, le président dépose habituellement sur le bureau de l'assemblée (et le procès-verbal rend compte de cette formalité d'usage) les divers documents attestant de la régularité de la convocation et de la délibération de l'assemblée.

Il s'agit :
– de la copie des lettres de convocation adressées aux actionnaires avec les avis de réception correspondants ou, le cas échéant, l'exemplaire du support dans lequel a été publié l'avis de convocation ;
– de la feuille de présence, des pouvoirs annexés et des formulaires de vote à distance ;
– des rapports soumis à l'assemblée et des documents adressés aux actionnaires sur leur demande.

▸ Rapports et résolutions

768 Après constitution du bureau, les rapports du conseil d'administration sont présentés et lus aux actionnaires. Ces rapports varient selon la nature de l'as-

semblée. Si la société est dotée d'un commissaire aux comptes, il présente, s'il y a lieu, ses rapports.

Avant de passer au vote, il devrait être indiqué aux actionnaires la procédure de ce vote et mentionné que, sauf demande d'un ou de plusieurs d'entre eux, le texte complet de chaque résolution ne sera pas lu. La procédure de lecture intégrale devra s'appliquer pour les projets de résolutions présentés pour la première fois en séance, de même que pour les amendements présentés en séance.

Questions écrites : présence du conseil

▸ Droit des actionnaires

769 Le conseil d'administration est tenu de répondre aux questions écrites posées par les actionnaires (c. com. art. L. 225-108). Ces questions peuvent être posées à compter du jour où les actionnaires peuvent exercer leur droit de communication et donc du jour de la convocation de l'assemblée. Ce droit est ouvert à tout actionnaire et il peut être exercé pour toute assemblée.

▸ Forme et contenu des questions

770 Ces questions doivent être envoyées au siège social, par lettre recommandée avec accusé de réception adressée au président du conseil d'administration ou par voie de télécommunication électronique à l'adresse indiquée dans la convocation, au plus tard le 4e jour précédent la date de l'assemblée générale (c. com. art. R. 225-84, al. 1). Le nombre des questions n'est pas limité. L'envoi des questions écrites doit être accompagné d'une attestation d'inscription dans les comptes nominatifs tenus par la société ou dans un dispositif d'enregistrement électronique partagé (c. com. art. R. 225-84, al. 2).

Les questions doivent relever de la compétence de l'assemblée. Ainsi, l'assemblée n'a pas à répondre à des questions relatives à la rémunération du président, domaine du conseil d'administration. En outre, les questions doivent être en relation avec l'ordre du jour de l'assemblée.

▸ Réponse aux questions

771 La réponse à ces questions est du domaine du conseil d'administration. Toutefois, depuis le 21 juillet 2019, le conseil d'administration peut déléguer à l'un de ses membres, au directeur général ou à un directeur général délégué le soin d'y répondre (c. com. art. L. 225-108, al. 4 modifié par la loi 2019-744 du 19 juillet 2019).

La réponse aux questions écrites interviendra au cours des débats et, s'il y a lieu, après une suspension de séance pour les questions remises au dernier moment. Très souvent, il est répondu aux questions écrites en respectant l'ordre chronologique dans lequel elles ont été reçues.

Afin de pouvoir répondre efficacement, il convient de s'assurer que la moitié au moins des administrateurs sera présente à l'assemblée afin de pouvoir réunir en urgence, s'il y a lieu, un conseil d'administration régulier.

Il peut être apporté une réponse commune à des questions portant sur le même contenu que différents actionnaires auront posées par écrit avant l'assemblée, sous réserve d'indiquer, dans le procès verbal, l'auteur de chacune des questions. La société est considérée comme ayant répondu à une question écrite dès lors qu'elle a fait figurer la réponse sur son site Internet dans une rubrique consacrée aux questions-réponses (c. com. art. L. 225-108), au plus tard à la fin de la réunion de l'assemblée. La réponse donnée « au cours de » l'assemblée doit être intégrale.

Le président ne pourrait pas annoncer un résumé de la réponse du conseil en renvoyant « pour la réponse complète » au compte rendu de l'assemblée envoyé par la suite aux actionnaires (ANSA, décembre 2010, n° 10-067).

Usage abusif. Le droit de poser des questions écrites peut être exercé par tout actionnaire, quel que soit le nombre d'actions détenu. Le nombre de questions qu'il peut poser n'est pas limité. Toutefois, le droit de poser des questions écrites ne peut pas être utilisé dans un but étranger à l'intérêt social, ce droit ayant pour seul but l'information nécessaire de l'actionnaire afin qu'il puisse participer à la vie sociale (trib. com. Paris 11 mai 2004, Bull. Joly 2004, p. 1238).

Réunion privée ou réunion publique

772 **Au cours de l'assemblée, des imputations diffamatoires peuvent être proférées par un actionnaire à l'égard de membres du conseil ou de tiers. Il importe donc, pour apprécier les conséquences de ces propos, de rechercher si l'assemblée a le caractère d'une réunion publique ou privée.**

L'assemblée est, en principe, une réunion privée lorsqu'elle ne comprend que des actionnaires introduits en séance après justification de leur qualité et émargement de la feuille de présence.

• **Journalistes.** S'il était constaté qu'ont été admis à une assemblée des étrangers à la société (par exemple des sténographes envoyés par les journaux financiers pour recueillir les débats ou encore un commissaire de justice amené sans mandat de justice par un groupe d'actionnaires pour dresser constat d'actes ou de faits survenus en cours de réunion), cette présence imprimerait à l'assemblée le caractère de réunion publique. Dans ce cas, les propos diffamatoires seraient présumés proférés dans l'intention de nuire. Cependant, la preuve contraire pourrait résulter du fait que l'actionnaire inculpé (ainsi que la plupart des actionnaires) ignorait la présence de tiers dans la salle (cass. crim. 29 décembre 1921, J. Soc. 1922, 490 ; 15 juin 1945, J. Soc. 1945, 223).

• **Critiques de gestion.** Ne constitue pas un délit de diffamation non publique le fait, pour un actionnaire minoritaire, de tenir des propos qui, replacés dans leur contexte, se bornaient à dénoncer les anomalies de gestion de la société en termes véhéments et n'excédaient pas le droit de libre critique d'un actionnaire minoritaire sur un acte de gestion effectué par les actionnaires majoritaires de la société (cass. civ., 2e ch., 13 mai 2004, n° 02-10534).

Débats

773 **L'assemblée ne doit délibérer que sur les questions inscrites à l'ordre du jour** (c. com. art. L. 225-105, al. 3).

Le président de l'assemblée dirige les débats. Le bureau de l'assemblée se prononce sur l'admission de toute nouvelle résolution ou de tout amendement présenté en séance. Il peut refuser tout amendement ou résolution ne relevant pas de l'ordre du jour ou dont la mise en œuvre s'avère impossible.

Le conseil ne pourrait présenter, dès le début de la séance et avant tout débat, une de ses propositions de résolution amendée. Une telle initiative est *a priori* en contradiction avec le principe de l'intangibilité des projets de résolution mis à disposition jusqu'à l'assemblée. Le conseil d'administration peut présenter à l'assemblée des amendements à ses propres projets de résolution, à la suite d'une interruption de séance, d'un débat ou de questions posées par un ou plusieurs actionnaires (vade-mecum à l'attention des membres du bureau des assemblées générales élaboré par l'AFEP en liaison avec l'ANSA, mars 2011 ; code AFEP-MEDEF, juin 2013).

Majorité

▸ Calcul par rapport aux voix

774 Différente selon la nature de l'assemblée, la majorité nécessaire pour l'adoption des résolutions est des 2/3 des voix pour les AGE et de la moitié des voix plus une pour les AGO (notamment l'AGO annuelle statuant sur les comptes). Qu'il s'agisse d'une AGO ou d'une AGE, la majorité est calculée par rapport aux voix exprimées par les actionnaires présents ou représentés (c. com. art. L. 225-96 et L. 225-98).

Depuis la loi 2019-744 du 19 juillet 2019, les voix exprimées par les actionnaires présents ou représentés ne comprennent pas celles attachées aux actions pour lesquelles l'actionnaire n'a pas pris part au vote, s'est abstenu ou a voté blanc ou nul (c. com. art. L. 225-96 et L. 225-98). Autrement dit, les abstentions, votes blancs ou nuls sont exclus du décompte pour le calcul de la majorité.

De même, les formulaires de vote par correspondance ne donnant aucun sens de vote ou exprimant une abstention ne sont pas considérés comme des votes exprimés (c. com. art. L. 225-107).

→ **EXEMPLE** *Soit le capital d'une SA divisé en 10 000 actions de 10 € dont aucune n'est privée du droit de vote. Il n'existe ni actions à droit de vote double ni limitation du nombre de voix. Les actionnaires présents ou représentés à l'AGO totalisent 9 000 actions. Un actionnaire titulaire de 2 500 actions s'abstient lors du vote d'une résolution qui recueille 4 000 voix pour et 2 500 voix contre.*

Réglementation antérieure à la loi du 19 juillet 2019 :

La résolution n'est pas adoptée, la majorité requise de la moitié des voix plus une dont disposent les actionnaires présents ou représentés, soit 4 501 sur 9 000 voix, n'ayant pas été obtenue.

Réglementation issue de la loi du 19 juillet 2019 :

Les abstentions étant exclues du décompte, la majorité de la moitié des voix plus une dont disposent les actionnaires présents ou représentés doit donc être calculée sur un total de 6 500 actions (et non 9 000).

La résolution est adoptée, la majorité requise, soit 3 251 voix sur 6 500, ayant été obtenue.

▸ Minorité de blocage

775 Cette expression courante désigne la situation dans laquelle un ou plusieurs actionnaires disposent de plus du 1/3 des voix et peuvent s'opposer aux décisions extraordinaires, c'est-à-dire aux modifications des statuts (sauf l'augmentation de capital par incorporation de réserves pour laquelle la moitié des voix suffit, *voir § 1392*).

Abus de minorité. Des abus de minorité peuvent être constatés à propos de certaines opérations *(voir §§ 801 à 803)*.

Exercice du droit de vote

Droit fondamental

776 Le principe en la matière est que le droit de vote est un droit essentiel attaché à la qualité d'actionnaire qui doit pouvoir s'exercer librement. Tout actionnaire a le droit de voter, sauf les cas où la loi en dispose autrement. Le droit de vote est d'ordre public (c. civ. art. 1844 ; cass. com. 9 février 1999, n° 96-17661).

Doit ainsi être prononcée la nullité d'un mandat irrévocable, conféré par le cessionnaire d'actions à son cédant, d'exercer en son lieu et place les droits attachés à la propriété des titres vendus, en vue de permettre au cédant de continuer jusqu'à sa mort à administrer la société comme avant la cession (cass. com. 17 juin 1974, n° 73-10541).

• **Licéité des conventions de vote temporaires.** La doctrine tend à admettre la licéité des conventions de vote dès lors qu'elles sont temporaires, qu'il y a absence de fraude à un droit d'ordre public, et qu'elles reposent sur un engagement éclairé des actionnaires signataires et sur l'absence de contrariété à l'intérêt social (voir, en particulier, Michel Jeantin, « Les conventions de vote », Revue de jurisprudence commerciale 1990.124). La jurisprudence est compréhensive pour les engagements de vote pris en connaissance de cause sur une opération déterminée (CA Paris 30 juin 1995, JCP éd. E 1996.II.795 ; CA Paris, ch. 5-8, 4 décembre 2012, n° 11/15313). Ces conventions admises n'ont d'effet qu'entre les signataires et ne sont pas opposables aux tiers.

La violation par l'actionnaire d'une convention de vote n'est, en principe, sanctionnée que par l'octroi de dommages et intérêts fixés par le juge. Toutefois, l'article 1142 du code civil (depuis le 1er octobre 2016, art. 1217), qui prévoit qu'une obligation de faire peut se résoudre en dommages et intérêts en cas d'inexécution, n'interdit pas de recourir à l'exécution forcée lorsque aucune impossibilité matérielle, juridique, ni morale ne lui fait obstacle (CA Paris 30 juin 1995, précité ; CA Paris, 25e ch. A, 21 décembre 2001, n° 2001-9384).

• **Privation du droit de vote.** Des actions de préférence peuvent être émises, sous certaines conditions, sans droit de vote *(voir § 1205)*. Les actionnaires peuvent également, pour certaines décisions, être privés du droit de vote *(voir § 780)*. Enfin, la suppression du droit de vote sanctionne les actionnaires n'ayant pas répondu aux demandes de libération de leurs actions *(voir § 792)*.

• **Clauses interdites**. Les statuts ne peuvent pas prévoir que la décision d'exclusion d'un associé est prise à la majorité calculée en retirant le vote de l'associé mis en cause du comptage des voix. En effet, une telle clause revient à priver cet associé de son droit de vote (cass. com. 21 avril 2022, nos 20-20619 et 21-10355). Cette décision a été rendue à propos d'une SELARL mais est, à notre sens, transposable à la SA. En effet, la Cour de cassation a déjà admis des clauses statutaires d'exclusion d'un actionnaire d'une SA (cass. com. 13 décembre 1994, nos 93-11569 et 93-12349 ; cass. com. 29 septembre 2015, n° 14-17343).

• **Sanctions.** Peuvent être annulées les délibérations prises en violation des dispositions régissant les droits de vote attachés aux actions (c. com. art. L. 235-2-1). Le juge a un pouvoir d'appréciation pour annuler ou non une décision irrégulière.

Sont passibles d'une peine d'emprisonnement de 2 ans et d'une amende de 9 000 € ceux qui se seront fait accorder, garantir ou promettre des avantages pour voter dans un certain sens ou pour ne pas participer au vote, ainsi que ceux qui auront accordé, garanti ou promis ces avantages (c. com. art. L. 242-9).

Proportionnalité du droit de vote

777 **Sous réserves de certaines dispositions légales (voir ci-dessous), le droit de vote attaché aux actions de capital ou de jouissance est proportionnel à la quotité de capital qu'elles représentent et chaque action donne droit à une voix au moins. Toute clause contraire est réputée non écrite** (c. com. art. L. 225-122).

Les dispositions particulières s'opposant à l'application de la règle de la proportionnalité du droit de vote au capital concernent notamment :

– **les sociétés dont les actions de préférence prévoient un droit de vote privilégié** *(voir § 1204)* ;

– les sociétés dont les statuts limitent le nombre de voix dont peut disposer chaque actionnaire *(voir § 778)*.

Valeurs nominales différentes. Le montant nominal des actions créées en cours de vie sociale peut être inégal, les droits accordés restent proportionnels au montant de l'action. La détermination du nombre de voix attachées aux actions s'effectuera sur le montant des actions le plus bas.

Limitation du nombre de voix

778 Il est possible de limiter statutairement le nombre de voix dont dispose chaque actionnaire, à la condition que cette limitation soit imposée à toutes les actions, sans distinction de catégorie, autres que les actions à dividende prioritaire sans droit de vote (c. com. art. L. 225-125).

Les standards appliqués sur de nombreux marchés retiennent le principe « One share, One vote », soit « une action, un droit de vote » ; mais les statuts peuvent retenir toute autre limitation : limitation des voix à un nombre fixé ou à un pourcentage déterminé. Cette limitation peut être prévue pour toutes les assemblées ou *a priori* pour certaines d'entre elles, le texte n'apportant aucune restriction particulière sur ce point. Elle peut être permanente ou temporaire.

Intérêt personnel au vote

▸ Principe : possibilité de voter

779 Aucune disposition légale n'exclut du droit de vote un actionnaire à raison de son intérêt personnel, sauf cas particuliers (voir ci-dessous). Les administrateurs sont, par suite, admis à voter l'approbation de leurs comptes et la fixation de leur rémunération. Ils peuvent aussi voter leur réélection. Il est fréquent que les membres du conseil possèdent une grosse part du capital social ; les écarter du vote serait s'en remettre pour toutes ces décisions à la minorité de la société, ce qui est absolument contraire aux principes qui régissent les SA.

▸ Interdiction de voter certaines résolutions

780 Sans qu'il s'agisse à proprement parler d'une privation du droit de vote entraînant l'impossibilité de participer à l'assemblée, des dispositions particulières interdisent à certains actionnaires de prendre part au vote de certaines résolutions en raison de leur intérêt personnel au vote. Elles concernent :
– les bénéficiaires d'avantages particuliers (notamment des actions de préférence), pour les résolutions ayant trait à l'octroi de ces avantages (c. com. art. L. 228-15) *(voir § 1209)* ;
– les administrateurs, les directeurs généraux et les actionnaires disposant de plus de 10 % des droits de vote, pour l'approbation des conventions intervenues directement ou indirectement entre eux et la société (c. com. art. L. 225-40) *(voir § 1052)* ;
– les actionnaires ayant vendu à la société, dans les 2 ans de son immatriculation, un bien d'une valeur au moins égale au dixième du capital. Lorsque l'opération donne lieu à la procédure particulière prévue par la loi, les intéressés ne peuvent pas prendre part au vote sur l'évaluation du bien (c. com. art. L. 225-101) *(voir § 835)* ;
– les personnes nommément désignées bénéficiaires d'une augmentation de capital en numéraire avec suppression du droit préférentiel de souscription (c. com. art. L. 225-138) *(voir § 1390)*.

Qui vote ?

▸ Droit réservé aux actionnaires

781 Seuls les actionnaires peuvent participer aux décisions collectives (c. civ. art. 1844). A été annulée une décision votée par les héritiers d'un associé d'une société civile qui n'avaient pas la qualité d'associé à défaut d'avoir été agréés (cass. civ., 3e ch., 8 juillet 2015, n° 13-27248 à propos d'une société civile et transposable aux sociétés commerciales).

Le droit de vote appartient aux titulaires d'actions de préférence dans les assemblées spéciales les réunissant.

Différend sur la propriété des actions. La société n'a pas à se faire juge d'un différend portant sur la propriété des actions ; elle est fondée à s'en tenir au propriétaire inscrit en compte jusqu'à la nomination d'un séquestre *(voir § 722)*.

▸ Usufruitier et nu-propriétaire

782 Le droit de vote attaché à l'action appartient, en principe, à l'usufruitier dans les assemblées générales ordinaires et au nu-propriétaire dans les assemblées générales extraordinaires, mais les statuts peuvent déroger à cette règle (c. com. art. L. 225-110) *(voir § 719)*.

▸ Propriétaire indivis

783 Les copropriétaires d'actions indivises sont représentés aux assemblées générales par l'un d'eux ou par un mandataire unique qui vote en leur nom *(voir § 717)*.

▸ Indivision et Pacs

784 Pour les Pacs conclus avant le 1er janvier 2007 et non modifiés, l'apport de biens par un actionnaire pacsé entre dans la présomption d'indivision posée par l'article 515-5 du code civil ; les actions reçues en contrepartie de cet apport sont présumées indivises par moitié si l'acte d'apport n'en dispose pas autrement. Dès lors, c'est le régime de l'indivision légale qui gérera ces actions.

En pratique, si, lors de l'apport, l'actionnaire a fait connaître l'existence d'un Pacs et si son partenaire a participé à l'apport, les actions rémunérant l'apport seront indivises et les deux partenaires auront la qualité d'actionnaires et devront être informés, même si un seul des deux vote. Dans l'hypothèse où un seul des partenaires réalise l'apport, il sera seul actionnaire, même si les actions sont indivises entre les pacsés en raison de la présomption d'indivision.

Pour les Pacs conclus depuis le 1er janvier 2007, le régime de l'indivision ne s'applique que si les partenaires choisissent de soumettre à ce régime les biens qu'ils acquièrent ensemble ou séparément à compter de l'enregistrement de la convention (c. civ. art. 515-5-1). Toutefois, demeurent la propriété exclusive de chaque partenaire les biens à caractère personnel (c. civ. art. 515-5-2). Seul le partenaire apporteur a la qualité d'actionnaire.

▸ Propriétaire de titres remis en gage

785 Le droit de vote est exercé par le propriétaire des titres en gage (c. com. art. L. 225-110).

Actions séquestrées. Le séquestre d'actions peut se voir reconnaître le droit de vote (cass. com. 23 octobre 2007, n° 06-16574) *(voir § 722)*.

▸ Cessionnaire d'actions

786 Le cessionnaire, agréé s'il y a lieu, dont les actions sont régulièrement inscrites à son nom dans les comptes tenus par la société ou dans un dispositif d'enregistrement électronique partagé peut participer et voter.

Cette inscription peut être faite le jour de l'assemblée ou, si les statuts ont retenu l'option, 2 jours ouvrés avant la date de l'assemblée *(voir § 720)*.

▸ Locataire d'actions

787 Le droit de vote attaché à l'action louée appartient au bailleur dans les assemblées statuant sur les modifications statutaires ou le changement de nationalité de la société et au locataire dans les autres assemblées (c. com. art. L. 239-3).

Droit de vote double

▸ Possibilité statutaire

788 Les statuts peuvent attribuer un droit de vote double de celui conféré aux autres actions, eu égard à la quotité de capital social qu'elles représentent (c. com. art. L. 225-123, al. 1er). Une SA qui souhaite instaurer un droit de vote double doit réunir l'assemblée générale extraordinaire des actionnaires afin d'adopter la clause statutaire offrant cette possibilité (à la majorité des 2/3).

Publicité. L'avis dans un support habilité à recevoir les annonces légales doit indiquer les conditions d'attribution du droit de vote double (c. com. art. R. 210-4). Si la clause est introduite en cours de vie sociale, une insertion doit être faite dans un support d'annonces légales (c. com. art. R. 210-9). En outre, sera déposée au greffe du tribunal de commerce la copie du procès-verbal de l'assemblée des actionnaires instituant un droit de vote double (c. com. art. R. 123-108, 2°).

▸ Bénéficiaires

789 Lorsque le droit de vote double est institué, peut en bénéficier tout actionnaire dont les actions (c. com. art. L. 225-123) :
– sont nominatives et inscrites depuis 2 ans au moins à son nom (le droit de vote double cesse de plein droit lorsque les actions nominatives sont converties au porteur) ;
– sont entièrement libérées. Cette libération conditionnant le bénéfice du vote double doit intervenir avant l'expiration du délai d'épreuve de 2 ans.

La possibilité de limiter le droit de vote double aux actionnaires de nationalité française et aux ressortissants d'un État membre de l'Union européenne a été supprimée.

▸ Conséquences en cas d'opération sur le capital ou de restructuration

790 Ce droit de vote double appelle les observations suivantes :
– en cas d'augmentation de capital par incorporation de réserves, bénéfices ou primes d'émission, le droit de vote double peut être conféré dès leur émission aux actions nominatives attribuées gratuitement à un actionnaire à raison des actions anciennes pour lesquelles il bénéficiait de ce droit (c. com. art. L. 225-123, al. 2). Il s'agit là d'une dérogation au délai d'épreuve de 2 ans ;
– toute action transférée en propriété perd le droit de vote double. Néanmoins, le transfert par suite de succession, de liquidation de communauté de biens entre époux, ou de donation entre vifs au profit d'un conjoint ou d'un parent au degré successible, ne fait pas perdre le droit acquis et n'interrompt pas le délai de 2 ans (c. com. art. L. 225-124, al. 1er).

Privation du droit de vote pour toutes les assemblées

▸ Actions détenues par la société

791 Lorsqu'une société détient ses propres actions, elle ne peut valablement voter avec les actions par elle souscrites, acquises ou prises en gage. Il n'est pas tenu compte de ces actions pour le calcul du quorum (c. com. art. L. 225-111, sur le rachat par la société de ses propres actions, *voir §§ 1301 à 1303*).

▸ Actions non libérées, non regroupées

792 Les actions non libérées des versements exigibles sont privées du droit de vote et les actionnaires ne peuvent pas participer à l'assemblée *(voir § 715)*.

De même, à l'expiration d'un délai de 2 ans à compter de la date initiale des opérations de regroupement, les actions non présentées en vue de leur regroupement perdent leur droit de vote (c. com. art. L. 228-29-3 et R. 228-30).

Lorsqu'une société dont les statuts prévoient l'attribution du droit de vote double décide de réunir une AGE afin de regrouper des actions, que ce regroupement d'actions est régulièrement décidé par les actionnaires et que ceux-ci ont l'obligation de procéder aux achats et cessions de titres nécessaires, l'action nouvelle résultant de l'achat d'un « rompu » ne remplit plus la condition d'ancienneté prévue par les statuts pour bénéficier du droit de vote double. Il n'y a aucune raison de réunir l'assemblée spéciale des porteurs de droits de vote double, quelle que soit l'importance du rapport d'échange (ANSA, comité juridique du 5 septembre 2012, n° 12-056).

▸ Procédure collective

793 Le droit de vote des dirigeants frappés de la faillite personnelle ou de l'interdiction de diriger, d'administrer ou de contrôler une entreprise commerciale est exercé dans les assemblées de la société soumise à une procédure de redressement ou liquidation judiciaires par un mandataire désigné par le tribunal (c. com. art. L. 653-9).

Liquidation judiciaire. Lorsqu'une personne physique ou morale se trouve en état de liquidation judiciaire, elle est dessaisie, au profit du liquidateur, de l'administration et de la disposition de tous ses biens. De ce fait, le droit de vote attaché aux actions éventuellement possédées par cette personne est exercé pendant toute la durée de la liquidation judiciaire par le liquidateur (c. com. art. L. 641-9, I).

Vote des résolutions

▸ Mise aux voix de chaque résolution

794 Chaque résolution présentée par le conseil d'administration est mise aux voix séparément. Les résolutions sont présentées dans l'ordre arrêté par le conseil d'administration. Toutefois, au cours des débats, cet ordre peut être modifié.

L'assemblée peut amender telle ou telle résolution, sous réserve de rester dans les limites de l'ordre du jour. Ainsi, elle peut modifier la proposition d'approbation des comptes sociaux *(voir § 862)* ou la nomination des administrateurs *(voir § 688)*.

Conformément au droit commun, l'assemblée peut revenir sur un vote au cours d'une même séance, que la résolution ait été adoptée ou rejetée, à condition que le consentement des actionnaires soit suffisamment éclairé. Le bureau doit donc apporter toutes les explications utiles qui justifient l'adoption d'une résolution modifiée (ANSA, comité juridique du 2 juillet 2014, n° 14-041). Le porteur de pouvoirs en blanc doit voter contre les résolutions modifiées ou rectifiées qui n'ont pas été agréées par le conseil d'administration *(voir § 732)*.

Lorsqu'une résolution présentée par le conseil comporte des dispositions susceptibles de donner lieu à un vote différent, les actionnaires peuvent demander au bureau de fractionner la résolution unique en autant de résolutions qu'il peut y avoir de décisions différentes. Un actionnaire pourrait demander à l'assemblée de se prononcer sur l'éclatement de la résolution unique proposée.

Lorsque la séance n'a pas encore pris fin, il faut reconnaître à l'assemblée, qui forme un tout, le pouvoir de rapporter une décision qu'elle vient de prendre.

▸ Force du vote

795 Après le vote d'une résolution, la volonté collective des actionnaires se substitue à la volonté de chaque actionnaire.

L'assemblée ne peut revenir sur des résolutions adoptées que dans la mesure où l'annulation ou la modification de ces résolutions ne porte pas atteinte à des droits acquis par les actionnaires ou par des tiers. Ainsi, à compter du moment où l'assemblée a décidé la distribution d'un dividende dans des conditions régulières, chacun des actionnaires dispose d'un droit de créance à l'encontre de la société (CA 1er décembre 1934, Sirey 1935, 2, 65 ; CA Paris 15 novembre 1976, JCP 1979, II, 19129).

Les résolutions peuvent être annulées en raison d'une erreur (cass. com. 27 février 1982, Rev. soc. 1982, 825), elles peuvent l'être aussi pour abus de majorité *(voir § 800)*.

Si une décision porte atteinte aux droits d'une catégorie d'actions, elle doit être ratifiée par l'assemblée spéciale des actionnaires de cette catégorie.

• **Approbation des actionnaires et action en responsabilité.** L'approbation des actionnaires réunis en assemblée générale n'éteint pas une action en responsabilité contre les administrateurs ou le directeur général pour faute commise dans l'exercice de leur mandat (cass. com. 8 mars 2016, n° 14-16621).

• **Suspendre les effets d'une assemblée en référé.** Une assemblée vote la révocation du dirigeant de la société. Estimant que le changement de direction était à l'origine d'un trouble manifestement illicite, le juge des référés annule la décision votée. Cette décision est censurée : l'annulation des délibérations de l'assemblée, qui n'est ni une mesure conservatoire, ni une mesure de remise en état, ne relève pas des pouvoirs du juge des référés. Il en est ainsi même dans le cas où cette annulation a pour but de faire cesser un trouble manifestement illicite. Toutefois, le juge des référés peut suspendre les effets des résolutions votées par une assemblée (cass. com. 13 janvier 2021, nos 18-25713 et 18-25730 à propos d'une SAS mais transposable à la SA).

▸ Vote électronique

796 La participation à l'assemblée peut se faire par visioconférence ou par un autre moyen de télécommunication (c. com. art. L. 225-107 et L. 225-103-1). Dans ce cas, le vote s'effectue électroniquement au cours de l'assemblée.

Les moyens de visioconférence ou de télécommunication doivent satisfaire à des caractéristiques techniques permettant la retransmission continue et simultanée des délibérations et transmettre au moins la voix des participants (c. com. art. R. 225-97). Les moyens techniques ne sont pas listés, mais la société qui permet à ses actionnaires de voter aux assemblées par des moyens électroniques de télécommunication doit aménager un site exclusivement consacré au vote électronique (c. com. art. R. 225-61).

Les actionnaires exerçant leurs droits de vote en séance par voie électronique dans les conditions de l'article **R. 225-61** du code de commerce accéderont au site consacré à cet effet après s'être identifiés au moyen d'un code fourni préalablement à la séance (c. com. art. R. 225-98).

Sur le procédé de la signature électronique, voir le paragraphe *811*.

Abus de majorité

▸ Atteinte à l'intérêt social

797 En ce domaine, la jurisprudence est toute en nuances et se laisse malaisément systématiser : les tribunaux sanctionnent tout à la fois la fraude, l'abus, la manœuvre, le détournement de pouvoirs et, dans la plupart des cas qui leur sont déférés, ces divers éléments sont intimement mêlés. En tout cas, l'action doit être dirigée contre les actionnaires majoritaires et non à l'encontre de la société.

L'abus de majorité se caractérise par deux éléments (cass. com. 18 avril 1961, BC III n° 175 ; cass. com. 22 avril 1976, n° 75-10735 ; cass. com. 6 juin 1990, n°s 88-19420 et 88-19783) :
– le premier, nécessaire sinon suffisant, consiste en la non-conformité d'une décision majoritaire avec l'objet et les intérêts de la société ;
– le second consiste en l'avantage retiré par la majorité au détriment de la minorité.

Il ne suffit pas d'alléguer un abus de droit ; encore faut-il l'établir et démontrer à travers les faits que les critères de l'abus de majorité sont réunis. Ainsi, un associé ne peut pas critiquer une décision de l'assemblée au seul motif qu'elle le prive des bénéfices de la société ; il doit prouver que la décision est contraire à l'intérêt social et qu'elle a été prise à son détriment dans l'unique dessein de favoriser les associés majoritaires (cass. com. 26 septembre 2018, n° 16-21825 et cass. com. 10 juin 2020, n° 18-15614).

En revanche, une décision prise à l'unanimité des actionnaires ne peut pas être annulée pour abus de majorité (cass. com. 8 novembre 2023, n° 22-13851).

▸ Actes constituant un abus de majorité

798 Le critère de l'acte contraire à l'intérêt social dans l'unique dessein de favoriser un associé majoritaire au détriment des membres de la minorité a été retenu pour annuler :
– la transformation d'une SA en société en commandite simple (SCS) qui permettait à la société mère de bénéficier d'un avantage personnel sans apporter un avantage quelconque à la société transformée (trib. com. Paris 29 juin 1981, Gaz. Pal. 1981.2.687) ; il en est de même d'une transformation en commandite par actions (SCA) dans le but de contrer un minoritaire voulant vendre ses titres à un tiers (trib. com. Lyon 23 janvier 1995 ; Dr. Soc. 1995, n° 102). Sur renvoi, la cour d'appel de Paris a jugé que cette opération ne constituerait pas un abus de majorité (CA Paris, 1re ch., sect. G, 19 septembre 2001, Bull. Joly 2001, p. 1121) ;
– l'apport fait par une première SA, dominée par un actionnaire majoritaire, au bénéfice d'une SCA dont l'intéressé est commandité gérant statutaire, d'une participation majoritaire dans une seconde SA et qu'à la suite de cette interposition de la SCA entre la société mère et sa filiale, la société mère est devenue une « coque vide » (cass. com. 24 janvier 1995, n° 93-13270 et cass. com. 30 novembre 2004, n° 01-16581) ;
– les décisions au cours desquelles les bénéfices étaient systématiquement affectés aux revenus dans l'unique dessein de favoriser les associés majoritaires

(percevant souvent d'importantes rémunérations) au détriment des minoritaires (cass. com. 6 juin 1990, nos 88-19420 et 88-19780 ; cass. com. 22 avril 1976, précité ; cass. com. 1er juillet 1993, n° 99-19328) ;

– la prise en charge de la totalité du passif d'une filiale dans le but de couvrir la gestion d'un actionnaire majoritaire, gérant de cette filiale (cass. com. 29 mai 1972, n° 71-11739) ;

– la mise en location-gérance d'un fonds afin de transférer indirectement l'actif social en toute propriété à une société d'exploitation créée pour la circonstance par les associés majoritaires de la société propriétaire du fonds est une opération abusive (cass. com. 8 janvier 1973, n° 71-12142) ;

– la résolution ayant pour objet une opération de sous-filialisation par laquelle une société apportait son fonds de commerce et sa participation dans une SCA spécialement constituée au même moment (cass. com. 30 novembre 2004, n° 01-16581) ;

– la décision autorisant la cession d'un important contrat de distribution pour 1 franc symbolique, l'acquéreur s'engageant à reprendre le stock au prix de revient et à acquérir, dès leur arrivée, les marchandises commandées alors que la société cédante était en situation de pertes importantes (cass. com. 26 avril 1994, n° 92-19953).

Cas d'abus de majorité écartés. L'abus de majorité a été écarté par les juges à propos :

– d'une augmentation de capital assortie d'une prime d'émission très importante, car la situation de la société exigeait l'apport de capitaux propres et que le montant des réserves, du chiffre d'affaires et de la valeur du stock justifiait la prime d'émission retenue (cass. com. 22 mai 2001, n° 98-19086) ;

– de décisions du conseil d'administration et de l'assemblée générale d'une SA autorisant la cession à une autre société des 2/3 de son capital social ; en effet, cette société conservait son existence propre, sa personnalité juridique, son objet et sa durée, et la survivance de la société n'était pas mise en cause (cass. com. 21 janvier 1970, Rev. soc. 1970, 292) ;

– de la mise en réserve systématique des bénéfices dès lors que l'absence de distribution de dividendes concerne tous les actionnaires. De ce fait, la décision de mise en réserve ne peut, à elle seule, favoriser un majoritaire au détriment d'un minoritaire (cass. com. 10 juin 2020, n° 18-15614).

▸ Abus touchant au statut des dirigeants

799 Les actions, sur le fondement de l'abus de majorité, peuvent être liées à la fixation d'une rémunération exagérée des dirigeants. À cet égard, l'augmentation de la rémunération des dirigeants majoritaires au fur et à mesure de l'accumulation des résultats peut être un facteur démontrant que tel dirigeant récupère en définitive une part de bénéfice.

S'agissant des dirigeants, peut être remise en cause leur nomination (ou leur révocation) lorsque leur mandat dépend de la seule décision d'un actionnaire.

• **Rémunération du président.** Il y a abus de majorité lorsqu'un associé majoritaire impose aux minoritaires des rémunérations exagérées aux dirigeants de la société, notamment en réduisant d'une façon excessive le montant des bénéfices par rapport à l'activité sociale et au chiffre d'affaires (CA Paris 3 mai 2002, RTD com. 2002, 482). Il en est de même lorsque le versement d'une prime est imposé et que celle-ci correspond à plusieurs fois le montant des bénéfices sociaux mis en réserve pendant plusieurs exercices (cass. com. 1er juillet 2003, n° 99-19328).

En revanche, une mise en réserve des bénéfices permettant aux actionnaires majoritaires également dirigeants de percevoir des rémunérations n'est pas abusive dès lors que les rémunérations versées sont justifiées au regard des fonctions de direction exercées dans la société (cass. com. 30 août 2023, n° 22-10108).

• **Révocation d'un administrateur.** Commet un abus de droit caractérisé le dirigeant qui, ayant largement prémédité la révocation d'un administrateur, ne l'a cependant pas fait inscrire à l'ordre du jour de l'assemblée (cass. com. 19 décembre 1983, n° 82-12179).

De même, constitue un abus de majorité la décision prise par l'actionnaire majoritaire d'une SA de révoquer un administrateur principal animateur de la société, cette révocation étant intervenue pour permettre à l'actionnaire majoritaire, récemment révoqué de ses fonctions de président-directeur général, de continuer à exercer de fait la direction de la société au détriment des minoritaires (CA Paris 2 juillet 2002, Bull. Joly 2002, 1204).

▸ Nullité des décisions prises

800 **L'abus de majorité constaté entraîne la nullité de la décision prise. L'abus commis dans l'exercice du droit de vote lors d'une assemblée affecte par lui-même la régularité des délibérations de cette assemblée.**

Cette nullité d'ordre public peut être invoquée :
– par tout minoritaire, y compris celui qui a voté en faveur de l'adoption de la résolution (CA Paris 8 juillet 1982, BRDA 1982, n° 21) **;**
– au nom de la société victime d'un abus de majorité par son représentant légal. Ainsi, a pu être annulée une convention d'assistance et de trésorerie contraire à l'intérêt d'une filiale et qui avait été imposée par la société mère (cass. com. 21 janvier 1997, n° 94-18883)**.**

L'action fondée sur un abus de majorité se prescrit par le délai de 3 ans conformément aux actions en nullité des sociétés (c. com. art. L. 235-9 ; CA Paris 17 janvier 1972, JCP éd. G 1973, 17448)**.**

Dommages et intérêts. L'abus de majorité peut aussi donner droit à des dommages et intérêts sur le fondement de l'article 1240 du code civil. L'action en réparation du préjudice personnellement subi se prescrit alors par 5 ans, en application de l'article 2224 du même code (cass. com. 30 mai 2018, n° 16-21022 à propos d'une SARL mais transposable aux SA).

Abus de minorité

▸ Définition

801 **Pour le définir, la Cour de cassation retient, en négatif, des critères très voisins de ceux de l'abus de majorité. Il y a abus de minorité lorsque l'attitude de l'associé** (cass. com. 15 juillet 1992, n° 90-17216 ; cass. com. 9 mars 1993, n° 91-14685 ; cass. com. 5 mai 1998, n° 96-15383) **:**
– est contraire à l'intérêt général de la société, ce qui est le cas lorsque l'associé interdit la réalisation d'une opération essentielle pour la société ;
– et est dictée par l'unique dessein de favoriser ses propres intérêts au détriment de l'ensemble des autres associés. Tel a été le cas pour le refus de l'associé minoritaire de voter le transfert de siège social de la société motivé par des raisons purement personnelles de proximité de domicile (CA Rouen 13 juin 2000, n° 1999/04931)**.**

• **Vote négatif.** L'absence de motivation raisonnable à un vote négatif n'est pas nécessairement constitutive d'un abus : il faut contrevenir à l'intérêt social sur une opération essentielle et créer une rupture intentionnelle de l'égalité entre les associés (cass. com. 4 décembre 2012, n° 25408).

• **Transformation d'une SA en SAS.** L'abus de minorité n'a pas été retenu à l'encontre d'un minoritaire qui n'a pas participé à une assemblée générale extraordinaire devant statuer sur la transformation d'une SA en SAS, décision requérant l'unanimité (CA Versailles, 24 février 2005, Bull. Joly 2005, 626).

• **Abus d'égalité.** L'abus d'égalité est une variante de l'abus de minorité. Il peut être caractérisé lorsqu'un actionnaire égalitaire vote contre une opération essentielle pour la société, dans le but de favoriser ses propres intérêts au détriment de l'autre actionnaire (cass. com. 21 juin 2023, n° 21-23298).

▸ Opérations d'augmentation de capital

802 En pratique, c'est essentiellement lors d'une augmentation de capital que la question se trouve posée : ne pouvant ou ne voulant pas souscrire à une augmentation de capital, les minoritaires refusent de voter cette décision afin de ne pas diluer davantage leur participation dans le capital social.

L'abus est ici caractérisé lorsque l'augmentation de capital refusée par le minoritaire est nécessaire à la survie de la société (cass. com. 9 mars 1993, n° 91-14685). Encore faut-il que les actionnaires aient eu à leur disposition les documents leur permettant de se prononcer en connaissance de cause et d'émettre un vote éclairé (cass. com. 27 mai 1997, n° 95-15690 ; cass. com. 20 mars 2007, n° 05-19225).

▸ Sanction de l'abus de minorité

803 La sanction de l'abus de minorité soulève une réelle difficulté. Dans le cas de l'abus de majorité, les tribunaux peuvent annuler une décision abusive. Dans le cas de l'abus de minorité, ils se trouvent face à une absence de décision.

En tout cas, un abus de minorité ne permet pas aux associés lésés d'adopter une décision à une majorité inférieure à celle exigée par les statuts (cass. civ., 3e ch., 21 décembre 2017, n° 15-25627 à propos d'une SCI mais transposable à la SA).

L'abus de minorité peut entraîner une condamnation du minoritaire au paiement de dommages et intérêts, mais la Cour de cassation a précisé qu'il existe d'autres solutions que l'allocation de dommages et intérêts qui permettent la prise en compte de l'intérêt social (cass. com. 14 janvier 1992, n° 90-13055). La condamnation d'un minoritaire à payer des dommages et intérêts à la société ne peut être décidée que si la réalité du préjudice découlant de son opposition est démontrée (cass. com. 5 mai 1998, n° 96-15383).

En aucun cas le juge ne saurait se substituer aux organes sociaux compétents et, après avoir reconnu l'abus de minorité ou d'égalité, prendre la décision à leur place (cass. com. 31 mars 2009, n° 08-11860). Il peut désigner un mandataire aux fins de représenter les associés minoritaires défaillants à une nouvelle assemblée et de voter en leur nom dans le sens des décisions conformes à l'intérêt social (cass. com. 9 mars 1993, n° 91-14685), sans toutefois fixer le sens du vote du mandataire ad hoc désigné par lui (cass. com. 4 février 2014, n° 12-29348). Ainsi, l'abus de minorité légitime la convocation d'une AGE pour voter le principe d'une augmentation de capital et la nomination d'un mandataire *ad hoc* qui votera, le cas échéant, au lieu et place du minoritaire dans l'intérêt de la société (cass. com. 5 mai 1998, précité).

Un mandataire désigné par le juge avec mission de représenter un minoritaire et de voter en son nom ne peut opposer à celui-ci le secret professionnel : il doit lui transmettre notamment les documents échangés entre lui et la société (cass. com. 18 novembre 2014, n° 13-19767).

Vote par correspondance

Possibilité offerte à l'actionnaire et sens des votes

804 Tout actionnaire peut voter par correspondance, au moyen d'un formulaire dont les mentions sont fixées par décret. Les dispositions contraires des statuts sont réputées non écrites (c. com. art. L. 225-107, I, al. 1er).

Les votes à distance sont pris en compte de la même façon que si les actionnaires étaient présents à l'assemblée.

Envoi du formulaire à l'actionnaire

805 À compter de la convocation de l'assemblée, tout actionnaire peut demander par écrit à la société de lui adresser, le cas échéant par voie électronique dans les conditions prévues par les textes, un formulaire de vote à distance. Cette demande doit être déposée ou reçue au siège social au plus tard 6 jours avant la date de la réunion (c. com. art. R. 225-75).

L'avis ou la lettre de convocation doit indiquer les conditions dans lesquelles les actionnaires peuvent voter par correspondance et les lieux et les conditions dans lesquelles ils peuvent obtenir les formulaires nécessaires *(voir § 699)*. Par ailleurs, à l'envoi d'une procuration doit être joint un formulaire de vote par correspondance *(voir § 621)*.

La demande doit être reçue par la société (et non envoyée) au moins 6 jours avant la date de l'assemblée. Pour des questions de preuve, cet envoi sera effectué par lettre recommandée avec demande d'avis de réception en prenant en compte les délais postaux.

Après réception de la demande, la société n'est tenue par aucun délai ou formalisme pour l'envoi du formulaire de vote à distance. Toutefois, dans la mesure où la société a reçu la demande avant le délai de 6 jours, elle doit retourner le formulaire dans un délai suffisant pour permettre à l'actionnaire de voter.

• **Qualité d'actionnaire.** La demande n'a pas à être accompagnée de la justification de la qualité d'actionnaire. Par contre, une mention du nombre d'actions détenues et de leur forme doit être portée dans le formulaire de vote *(voir § 809)*.

• **Injonction d'envoi.** L'actionnaire qui n'a pas reçu le formulaire de vote à distance avec la formule de procuration peut demander au président du tribunal de commerce statuant en référé soit d'enjoindre sous astreinte les dirigeants de les lui communiquer, soit de désigner un mandataire chargé de procéder à cette communication (c. com. art. L. 238-1, al. 2).

Au plan civil et conformément au droit commun, l'assemblée pourrait être annulée s'il était prouvé que le défaut d'envoi du formulaire de vote à distance a été un moyen frauduleux d'empêcher la participation d'un actionnaire à l'assemblée (cass. com. 6 juillet 1983, n° 82-12910).

Contenu du formulaire

▸ Vote sur chaque résolution

806 Le formulaire de vote par correspondance doit permettre un vote sur chacune des résolutions, dans l'ordre de leur présentation à l'assemblée. Il doit offrir à l'actionnaire la possibilité d'exprimer sur chaque résolution un vote favorable ou défavorable à son adoption ou sa volonté de s'abstenir de voter (c. com. art. R. 225-76).

Pour les formulaires-papiers, il est admis que l'actionnaire puisse cocher des cases ou biffer les mentions proposées.

Depuis l'intervention de la loi **2019-744** du **19 juillet 2019**, les formulaires de vote par correspondance ne donnant aucun sens de vote ou exprimant une abstention ne sont plus considérés comme des votes exprimés (c. com. art. L. 225-107, al. 1er) et sont ainsi exclus du décompte de la majorité *(voir § 774)*.

Par conséquent, le formulaire de vote par correspondance doit informer l'actionnaire de manière très apparente que toute abstention exprimée ou résultant de l'absence d'indication de vote ne sera pas considérée comme un vote exprimé (c. com. art. R. 225-76, al. 2 modifié par le décret 2019-1486 du 27 décembre 2019). Cette nouvelle règle de calcul de majorité oblige les actionnaires à être bien plus attentifs dans l'expression de leur vote. En effet, ils doivent indiquer expressément leur volonté de voter contre une résolution car une simple abstention n'est plus assimilée à un vote négatif.

Le contenu est identique pour les formulaires électroniques (c. com. art. R. 225-82).

Mentions obligatoires. En tête du formulaire la dénomination, le capital, le siège social, le numéro d'identification et le RCS sont portés. Le formulaire comporte le rappel des dispositions relatives aux mentions à compléter par l'actionnaire *(voir § 809)* et l'indication de la date avant laquelle, conformément aux statuts, il doit être reçu par la société pour qu'il en soit tenu compte *(voir § 810)*.

▸ Documents à annexer

807 Sont annexés au formulaire (c. com. art. R. 225-76) :

1° le texte des résolutions proposées, accompagné s'il y a lieu d'un exposé des motifs et de l'indication de leur auteur ;

2° une demande d'envoi des documents et renseignements mentionnés à l'article **R. 225-83** du code de commerce et informant l'actionnaire qu'il peut demander à bénéficier des dispositions du troisième alinéa de l'article **R. 225-88** du code précité, et donc, par une demande unique, obtenir de la société, pour les assemblées ultérieures, les documents et renseignements qui doivent être adressés sur leur demande aux actionnaires *(voir §§ 619 à 650)* ;

3° s'il s'agit de l'assemblée ordinaire appelée à statuer sur les comptes annuels, l'exposé sommaire de la situation de la société pendant l'exercice écoulé ainsi que les indications et renseignements prévus lors de l'envoi d'une procuration *(voir § 621)*.

Document unique : formulaire de vote à distance et procuration

808 Le formulaire de vote par correspondance peut, le cas échéant, figurer sur le même document que la formule de procuration (c. com. art. R. 225-76, al. 3).

Dans ce cas, le document unique doit comporter (c. com. art. R. 225-78) :
– les mentions prévues à l'article **R. 225-76** du code de commerce sur le sens du vote *(voir § 806)* ;
– les documents devant être annexés à un formulaire de vote par correspondance par application de l'article **R. 225-76** du même code *(voir § 807)* ;
– les mentions prévues à l'article **R. 225-77** du code précité et ayant trait à la justification de la qualité d'actionnaire et à sa signature *(voir § 809)* ;
– un formulaire de vote par correspondance comportant le rappel des dispositions de l'article **L. 225-107** du code de commerce (c. com. art. R. 225-81, 5°) ;

– le rappel, de manière très apparente, des dispositions de l'article L. 225-106 du même code relatives à l'utilisation des pouvoirs (c. com. art. R. 225-81, 6°).

Les indications suivantes doivent en outre être données au mandataire quant à l'utilisation du formulaire unique (c. com. art. R. 225-78, 1° à 3°) :
– qu'il peut être utilisé pour chaque résolution soit pour un vote par correspondance, soit pour un vote par procuration ;
– qu'il peut être donné procuration pour voter au nom du signataire à un mandataire désigné dans les conditions de l'article L. 225-106 du code de commerce, dont les dispositions doivent être reproduites sur le document ;
– que si des résolutions nouvelles étaient présentées à l'assemblée, le signataire a la faculté d'exprimer dans ce document :
- soit sa volonté de s'abstenir,
- soit de donner mandat au président de l'assemblée générale ou à un mandataire désigné dans les conditions de l'article L. 225-106 du code de commerce,
- soit, depuis les nouvelles règles de décompte de la majorité *(voir § 806)*, un vote défavorable à leur adoption.

Renvoi du formulaire par l'actionnaire

▸ Mentions à porter par l'actionnaire

809 Les formulaires de vote par correspondance reçus par la société doivent comporter (c. com. art. R. 225-77) :
– les nom, prénom usuel et domicile de l'actionnaire ;
– l'indication de la forme nominative des actions et leur nombre, ainsi qu'une mention constatant l'inscription des actions dans les comptes titres de la société.

L'actionnaire qui entend exprimer un vote sur chaque résolution doit remplir les cases correspondantes.

Si le document unique (formulaire + procuration) ne comporte que la signature de l'actionnaire intéressé, il vaut dans ce cas, à notre avis, pouvoir en blanc au président *(voir § 730)*.

▸ Délai limite de réception des formulaires

810 La date après laquelle il ne sera plus tenu compte des formulaires de vote reçus par la société ne peut être antérieure de plus de 3 jours à la date de la réunion de l'assemblée, sauf délai plus court prévu par les statuts (c. com. art. R. 225-77). Toutefois, les formulaires électroniques de vote à distance peuvent être reçus par la société jusqu'à la veille de la réunion de l'assemblée générale *(voir § 811)*.

Selon l'ANSA, la date limite de réception des votes par correspondance est le 4e jour avant l'assemblée ; c'est un délai franc et le décompte à rebours, qui doit être effectué pour calculer la date limite, doit prendre en compte les jours fériés et les jours chômés (ANSA, comité juridique du 1er avril 2015, n° 15-026).

Le formulaire de vote par correspondance adressé à la société pour une assemblée vaut pour les assemblées successives convoquées avec le même ordre du jour (c. com. art. R. 225-77, dernier al.).

Formulaire de vote électronique

811 Le vote à distance peut utiliser la voie électronique. Comme le vote à distance par voie postale, il s'effectue avant la tenue de l'assemblée, contrairement au vote électronique ayant lieu au cours de l'assemblée *(voir § 796)*.

Pour que l'envoi d'un formulaire électronique de vote à distance puisse être effectué, il faut que (c. com. art. R. 225-61 et R. 225-75) :
– l'actionnaire en ait fait la demande ;
– les statuts autorisent expressément le vote aux assemblées par des moyens électroniques de télécommunication ;
– la société ait aménagé un site exclusivement consacré à ces fins.

La signature électronique du formulaire de vote à distance doit résulter d'un procédé fiable d'identification de l'actionnaire, garantissant son lien avec le formulaire de vote à distance auquel elle s'attache (c. com. art. R. 225-76 et R. 225-77). Toute signature électronique est présumée fiable jusqu'à preuve du contraire lorsque celle-ci est créée, l'identité du signataire assurée et l'intégrité de l'acte garantie, dans des conditions fixées par décret (c. civ. art. 1367 ; décret 2017-1416 du 28 septembre 2017, art. 1er).

Ce procédé peut également être utilisé pour la signature des formules de procuration (c. com. art. R. 225-79).

Le formulaire de vote à distance électronique peut être envoyé à la société jusqu'à la veille de la réunion de l'assemblée au plus tard 15 heures, heure de Paris (c. com. art. R. 225-77, al. 1er).

Modèle de formulaire. Un vade-mecum établi par l'ANSA recommande un modèle de formulaire ouvrant à l'actionnaire 3 possibilités d'expression du vote : donner pouvoir au président, donner pouvoir à un mandataire, ou voter pour chaque résolution par voie électronique. Le formulaire peut également être utilisé pour demander une carte d'admission en vue d'assister à l'assemblée. Ce formulaire ne peut être retourné que par voie électronique et par connexion sécurisée. Il ne se substitue pas aux autres modes d'expression du vote par procuration ou par correspondance sur support papier. Le retour du formulaire est possible jusqu'à la veille du jour de l'assemblée à 15 heures, heure de Paris (c. com. art. R. 225-77). Dès réception par la société de ces instructions, celles-ci sont irrévocables (c. com. art. R. 225-80). Un accusé de réception est automatiquement envoyé à l'actionnaire avec horodatage, dans un format interdisant toute modification mais lui permettant de vérifier le contenu de son vote (ANSA, avril 2014, n° 14-012).

Dématérialisation des assemblées

812 Les statuts peuvent prévoir que les AGO et les AGE se tiennent exclusivement par visioconférence ou par un autre moyen de télécommunication permettant l'identification des actionnaires (c. com. art. L. 225-103-1, al. 1er).

Jusqu'au 20 juillet 2019, un ou plusieurs actionnaires représentant au moins 5 % du capital social pouvaient toutefois s'opposer à ce qu'il soit recouru exclusivement à la visioconférence ou à un autre moyen de télécommunication. Depuis la réforme opérée par la loi 2019-744 du 19 juillet 2019, ce droit d'opposition n'est ouvert que pour les AGE. La dématérialisation des AGO peut, quant à elle, être imposée aux actionnaires (c. com. art. L. 225-103-1, al. 2).

Les statuts doivent préciser si le droit d'opposition doit être exercé avant ou après les formalités de convocation des actionnaires (c. com. art. R. 225-61-1).

1° les statuts prévoient que le droit d'opposition doit être exercé **avant** les formalités de convocation de l'AGE (c. com. art. R. 225-61-2).

Dans ce cas, la société doit aviser les actionnaires de la date prévue pour la réunion de l'assemblée, 35 jours au moins avant celle-ci, soit par lettre recommandée AR, soit par courrier électronique AR. Cet avis doit préciser :
– la nature de l'assemblée (ordinaire ou extraordinaire) ;
– les points et texte des projets de résolution que la société entend inscrire à l'ordre du jour ;
– le rappel du droit d'opposition et les conditions d'exercice de ce droit.

Le droit d'opposition doit être exercé 25 jours au moins avant la tenue de l'AGE.

2° les statuts prévoient que le droit d'opposition doit être exercé **après** les formalités de convocation de l'AGE (c. com. art. R. 225-61-3).

Dans ce cas, l'avis de convocation doit indiquer, en plus des mentions habituellement requises *(voir § 699)* :
– que l'assemblée va se tenir de manière exclusivement dématérialisée ;
– l'existence du droit d'opposition des actionnaires au recours exclusif à des moyens dématérialisés ;
– les conditions d'exercice du droit d'opposition ;
– le lieu de réunion de l'assemblée, au cas où il serait fait opposition à sa tenue dématérialisée.

Le droit d'opposition doit être exercé dans un délai de 7 jours à compter de la publication de l'avis de convocation dans un support d'annonces légales ou de l'envoi de cet avis aux actionnaires.

Dans les deux cas, l'opposition est envoyée à la société par lettre recommandée AR ou par courrier électronique AR et les auteurs de l'opposition doivent joindre à leur courrier une attestation d'inscription en compte, de nature à justifier qu'ils représentent au moins 5 % du capital social (c. com. art. R. 225-61-2 et R. 225-61-3).

En cas d'exercice de ce droit, la société avise les actionnaires par lettre simple ou par courrier électronique, au plus tard 48 heures avant la tenue de l'assemblée, que celle-ci ne se tiendra pas exclusivement par des moyens dématérialisés (c. com. art. R. 225-61-3, dernier al.).

• **Feuille de présence.** Lorsque l'assemblée se tient exclusivement par visioconférence ou par des moyens de télécommunication, l'émargement par les actionnaires de la feuille de présence n'est pas requis *(voir § 756)*.

• **Calcul du quorum et de la majorité.** Les prescriptions du II de l'article L. 225-107 du code de commerce relatives au calcul du quorum et de la majorité s'appliquent aux assemblées entièrement dématérialisées.

Procès-verbal

Établissement du procès-verbal

▸ Mentions à porter sur le procès-verbal

813 Les décisions de toute assemblée d'actionnaires doivent être constatées par un procès-verbal, sous peine de nullité (c. com. art. L. 225-114). Aucun délai n'est prévu pour son établissement. Le procès-verbal des délibérations de l'assemblée indique (c. com. art. R. 225-106) :
– la date et le lieu de réunion ;
– le mode de convocation ;

– l'ordre du jour ;
– la composition du bureau ;
– le nombre d'actions participant au vote et le quorum atteint ;
– les documents et rapports soumis à l'assemblée ;
– un résumé des débats, et non le texte intégral des débats ;
– le texte des résolutions mises aux voix et le résultat des votes ;
– le cas échéant, que l'assemblée s'est tenue exclusivement par visioconférence ou par des moyens de télécommunication.

Le procès-verbal est signé par les membres du bureau.

Depuis le 4 novembre 2019, les procès-verbaux des délibérations peuvent être établis sous forme électronique. Cette règle s'applique à toutes les assemblées, qu'elles soient tenues ou non de manière dématérialisée.

Si la société choisit d'établir les procès-verbaux sous forme électronique, ceux-ci doivent être signés au moyen d'une signature électronique qui répond au moins aux exigences prévues à l'article 26 du règlement UE 910/2014. Autrement dit, la signature électronique doit au minimum :
– être liée au signataire de manière univoque ;
– permettre d'identifier le signataire ;
– avoir été créée à l'aide de données de création de signature électronique que le signataire peut, avec un niveau de confiance élevé, utiliser sous son contrôle exclusif ;
– être liée aux données associées à cette signature de telle sorte que toute modification ultérieure des données soit détectable.

Les procès-verbaux électroniques doivent, de plus, être datés de façon électronique par un moyen d'horodatage offrant toute garantie de preuve (c. com. art. R. 225-22 sur renvoi à l'art. R. 225-106, al. 3). Ils préservent ainsi leur valeur probante (par exemple, pour prouver qu'une assemblée s'est tenue dans les délais légaux).

• **Refus de signature.** Si un membre du bureau, hostile aux résolutions prises, refuse de signer le procès-verbal, ce refus est mentionné dans le procès verbal et le procès verbal est signé par les autres membres du bureau. Le scrutateur qui a signé la feuille de présence et refuse ensuite de signer le procès-verbal ne peut se prévaloir de son abstention personnelle pour soutenir que les prescriptions réglementaires concernant la signature des procès-verbaux d'assemblée n'ont pas été respectées (cass. com. 1er décembre 1975, n° 74-13256).

• **Incident technique.** Lorsque des procédés techniques de visioconférence ou de télétransmission sont utilisés pour l'assemblée, le procès-verbal doit faire état de la survenance éventuelle d'un incident technique ayant perturbé le déroulement de l'assemblée (c. com. art. R. 225-99).

▶ Remarques pratiques

814 L'établissement des procès-verbaux peut soulever diverses difficultés.

De façon générale, le texte réglementaire prescrit d'indiquer le texte des résolutions mises aux voix et non pas seulement le texte des résolutions adoptées.

Dans quelles limites le bureau de l'assemblée est-il tenu d'inscrire au procès-verbal les interventions des actionnaires ? Les dispositions réglementaires font état d'un résumé des débats. On pourra donc ne relater que succinctement les observations présentées et les incidents qui ont pu se produire au cours de la séance. Si certains actionnaires demandent la consignation au procès-verbal de leurs observations, protestations ou déclarations particulières, c'est au bureau de

l'assemblée qu'il appartient de décider si cette demande doit être accueillie ou non. Le bureau peut demander à l'actionnaire de condenser ses dires et de les résumer. Dans certains cas, le texte proposé par un actionnaire sera porté en annexe du procès verbal qui y fera référence. Mais en aucun cas, un actionnaire ne peut imposer l'insertion au procès-verbal d'observations considérées comme contraires à l'intérêt de la société ou particulièrement longues ou injurieuses.

• **Réponse aux questions écrites.** Les réponses apportées aux questions écrites en application de l'article L. 225-108 *(voir § 771)* doivent être considérées comme comprises dans les débats de l'assemblée dont un « résumé » doit figurer au procès-verbal. Il n'est donc pas nécessaire que le texte intégral des questions et des réponses soit transcrit au procès-verbal de l'assemblée. Il suffit, pour satisfaire aux prescriptions du décret, que ce document en donne, comme du reste des débats, un résumé fidèle et objectif (rép. Gonnot, JO 22 mai 1989, AN quest. p. 2354).

• **Brouillon signé.** Le secrétaire du bureau aura le plus souvent quelques difficultés à établir séance tenante le procès-verbal de l'assemblée, ne serait-ce qu'en raison de la mise au point du résumé des débats. Le procès-verbal peut parfaitement ne pas être rédigé sur-le-champ mais il est toujours préférable d'en établir un brouillon qui est signé des membres du bureau pour éviter toute discussion lorsque ensuite les signatures seront collectées sur le registre des procès-verbaux.

• **Lecture du procès-verbal.** Il n'est pas nécessaire de donner lecture à l'assemblée suivante de ce procès-verbal et d'en faire approuver le texte par une résolution, d'autant que les actionnaires présents aux deux réunions ne sont pas toujours les mêmes.

• **Valeur probante.** Le procès-verbal de l'assemblée générale, régulier en la forme, ne fait foi que jusqu'à preuve contraire de la tenue effective de cette assemblée et des résolutions prises ; tout actionnaire peut donc en contester l'exactitude (cass. com. 1er décembre 2015, n° 14-16022).

• **Délit de faux.** Constitue un faux l'établissement d'un procès-verbal d'assemblée rédigé alors que l'assemblée ne s'est pas effectivement tenue (cass. crim. 6 septembre 2000, n° 00-80327). Le faux et l'usage de faux sont passibles d'une peine d'emprisonnement de 3 ans et de 45 000 € d'amende (c. pén. art. 441-1).

Registre des procès-verbaux

815 **Les procès-verbaux sont établis sur un registre spécial tenu au siège social, dans les mêmes conditions que celles prévues pour le registre des procès-verbaux des délibérations du conseil d'administration.**

Le registre spécial est un registre coté et paraphé soit par un juge du tribunal de commerce, soit par un juge du tribunal judiciaire, soit par le maire de la commune du siège social ou un adjoint au maire, dans la forme ordinaire et sans frais.

Toutefois, les procès-verbaux peuvent être établis sur des feuilles mobiles numérotées sans discontinuité, paraphées dans les conditions ci-dessus et revêtues du sceau de l'autorité qui les a paraphées. Dès qu'une feuille a été remplie, même partiellement, elle doit être jointe à celles précédemment utilisées. Toute addition, suppression, substitution ou interversion de feuilles est interdite.

Depuis le 4 novembre 2019, ce registre peut être tenu et les procès-verbaux établis sous forme électronique (c. com. art. R. 225-22 sur renvoi à l'art. R. 225-106, al. 3) *(voir § 813)*.

• **Frais de cotation.** « Sans frais » ne signifie pas gratuité absolue (rép. Cazenave, JO 26 novembre 1970, AN p. 5948).

• **Feuilles collées.** L'exigence de l'inscription des procès-verbaux des assemblées sur un registre spécial procède de la préoccupation d'éviter toute altération de la tenue de ces documents. Le simple collage de ceux-ci sur les pages du registre exposerait à la fraude d'une substitution. La reproduction directe sur le registre suppose donc que les procès-verbaux soient inscrits à la main ou dactylographiés (saisis à l'aide d'une machine). Ils peuvent être dactylographiés directement (c'est-à-dire, en cas de saisie informatique, faire l'objet d'une sortie papier) sur les feuilles mobiles numérotées et paraphées (rép. Buot, JO 31 août 1968, AN p. 2746).

La solution qui consisterait à coller les originaux des procès-verbaux sur le registre spécial en faisant signer les personnes habilitées de manière à ce que leurs signatures portent à la fois sur le registre et sur la feuille ne paraît pas non plus conforme aux dispositions réglementaires (rép. Meunier, JO 6 novembre 1968, AN p. 3973).

• **Injonction de faire.** Tout intéressé peut demander au président du tribunal de commerce statuant en référé d'enjoindre sous astreinte au président de l'assemblée générale de transcrire les procès-verbaux des assemblées sur un registre spécial tenu au siège social (c. com. art. L. 238-5).

Sanction civile

816 **En cas de non-respect des dispositions relatives au procès-verbal, les délibérations de l'assemblée peuvent être annulées** (c. com. art. L. 225-114, al. 3)**.**

Il s'agit ici d'une nullité relative qui a pour objectif de donner au juge un pouvoir d'appréciation permettant de proportionner la gravité des mesures à celle des irrégularités. Il serait, en effet, excessif d'annuler automatiquement toute décision d'assemblée générale quand, par négligence, un actionnaire n'a pas signé dans la case prévue à cet effet pour attester de sa présence, si son vote n'a pas influencé le résultat de la délibération. De plus, les effets juridiques de la nullité sont plus pénalisants pour les dirigeants qu'une amende ; ceux-ci devront donc veiller à établir dans les formes les procès-verbaux de la tenue des assemblées générales (rapport AN n° 3787, tome I)**.**

Copies ou extraits des procès-verbaux

817 **Les copies ou extraits de procès-verbaux des assemblées d'actionnaires sont valablement certifiés par le président du conseil d'administration ou par un administrateur exerçant les fonctions de directeur général. Ils peuvent également être certifiés par le secrétaire de l'assemblée.**

En cas de liquidation de la société, ils sont valablement certifiés par un seul des liquidateurs (c. com. art. R. 225-108)**.**

Directeur général et directeurs généraux délégués. L'article R. 225-108 doit être interprété strictement : seules les personnes visées par cet article ont le pouvoir de certifier les copies et extraits des procès-verbaux (CCRCS, avis 02-49, bull. 21-20/2003, p. 45). Le directeur général non administrateur et les directeurs généraux délégués n'en font pas partie et n'ont donc pas le pouvoir de certification des procès-verbaux.

Synthèse des formalités pouvant être effectuées par voie électronique

818 La transmission des convocations et des documents qui l'accompagnent, l'émission d'un vote par correspondance, la participation à l'assemblée et l'expression d'un vote en séance peuvent, sous certaines conditions, intervenir par des moyens électroniques de télécommunication (voir tableau ci-après).

Tableau récapitulatif des formalités pouvant être effectuées par voie électronique

Dispositions	Textes applicables
Assemblée dématérialisée *(voir § 812)*	c. com. art. L. 225-103-1, R. 225-61 à R. 225-61-3, R. 225-97 et R. 225-98
Vote électronique (participation de certains actionnaires à l'assemblée par voie électronique) *(voir § 796)*	c. com. art. L. 225-107, R. 225-61 et R. 225-97 et R. 225-98
Accord préalable des actionnaires pour recourir à la communication électronique, accord donné ou retiré	c. com. art. R. 225-63
Demande d'inscription par les actionnaires de points particuliers ou de projets de résolution à l'ordre du jour de l'assemblée *(voir § 692)*	c. com. art. R. 225-71
Demande par les actionnaires voulant user de la faculté de requérir l'inscription de points ou de projets de résolution à l'ordre du jour d'être avisés de la date prévue pour la réunion des assemblées ou de certaines d'entre elles *(voir § 697)*	c. com. art. R. 225-72
Envoi de l'avis de réunion par la société aux actionnaires souhaitant requérir l'inscription de points particuliers ou de projets de résolution à l'ordre du jour	c. com. art. R. 225-72
Accusé de réception par le président du conseil d'administration des demandes d'inscription à l'ordre du jour de points ou de projets de résolution	c. com. art. R. 225-74
Envoi de la convocation à l'assemblée	c. com. art. R. 225-67
Envoi à l'actionnaire (sur sa demande écrite) de la formule de vote à distance *(voir § 805)*	c. com. art. R. 225-75 et R. 225-82
Envoi aux actionnaires des documents et renseignements *(voir § 622)*	c. com. art. R. 225-88
Envoi des questions écrites par les actionnaires au siège social	c. com. art. R. 225-84
Signature électronique des formules de procuration	c. com. art. R. 225-79
Signature électronique du formulaire de vote à distance *(voir § 811)*	c. com. art. R. 225-77 à R. 225-82
Établissement et consultation de la feuille de présence *(voir § 756)*	c. com. art. R. 225-95
Consultation des formulaires de vote annexés à la feuille de présence sous format électronique ou numérisé *(voir § 756)*	c. com. art. R. 225-95
Consultation des procurations annexées à la feuille de présence sous format électronique ou numérisé *(voir § 756)*	c. com. art. R. 225-95
Établissement des procès-verbaux des assemblées d'actionnaires sous forme électronique *(voir § 813)*	c. com. art. R. 225-22 sur renvoi à l'art. R. 225-106, al. 3
Datage électronique des procès-verbaux *(voir § 813)*	c. com. art. R. 225-22 sur renvoi à l'art. R. 225-106, al. 3
Signature électronique des procès-verbaux *(voir § 813)*	c. com. art. R. 225-22 sur renvoi à l'art. R. 225-106, al. 3 et L. 225-103-1
Tenue du registre des délibérations des actionnaires sous forme électronique *(voir § 815)*	c. com. art. R. 225-22 sur renvoi à l'art. R. 225-106, al. 3

16 AGO, AGE et assemblées spéciales

§§

Assemblées générales ordinaires

Compétence générale des assemblées générales ordinaires

830 L'assemblée générale ordinaire (AGO) prend toutes les décisions qui n'entraînent pas une modification des statuts (c. com. art. L. 225-98). En dépit des pouvoirs généraux conférés à l'assemblée, celle-ci ne peut empiéter sur les prérogatives du conseil d'administration (cass. civ. 4 juin 1946, S. 1947, 153).

L'assemblée générale est appelée assemblée générale ordinaire annuelle (AGOA) lorsqu'il s'agit de l'assemblée convoquée chaque année pour statuer sur les comptes de l'exercice écoulé et décider de l'affectation du résultat *(voir § 836)*.

Quant à l'AGO convoquée à titre extraordinaire, elle est convoquée sur des questions qui, tout en ne requérant pas l'intervention d'une assemblée extraordinaire (modifications statutaires), dépassent la compétence du conseil et dont la solution ne souffre pas d'attendre la prochaine assemblée annuelle.

Décisions concernant les organes sociaux et de contrôle

▸ Membres du conseil

831 La nomination, la révocation, le renouvellement des membres du conseil d'administration ainsi que la fixation de leur rémunération sont de la compétence exclusive de l'AGO (c. com. art. L. 225-18, L. 225-24 et L. 225-45). Ces décisions sont généralement prises au cours de l'assemblée annuelle statuant sur les comptes de l'exercice.

• **Premiers administrateurs.** Les premiers administrateurs sont nommés dans les statuts (c. com. art. L. 225-16).

• **Fusion.** En cas de fusion ou de scission, la nomination peut être faite par l'assemblée extraordinaire (c. com. art. L. 225-18, al. 1).

▸ Commissaire aux comptes

832 L'obligation, dans les SA, de nommer un commissaire aux comptes a été supprimée par la loi 2019-486 du 22 mai 2019, dite loi « Pacte ». Seules les SA qui franchissent les seuils d'audit légal doivent en nommer un *(voir § 950)*. Toutefois, les actionnaires peuvent décider de nommer de manière volontaire un commissaire aux comptes.

Dès lors que la société franchit les seuils d'audit légal ou qu'une désignation volontaire d'un commissaire aux comptes est envisagée, il appartient à l'AGO de procéder à sa nomination, au renouvellement ou au remplacement du mandat du commissaire, sur proposition du conseil d'administration (c. com. art. L. 225-228).

Décisions concernant certaines opérations

▸ Conventions réglementées

833 Les conventions réglementées autorisées sont soumises à l'approbation de l'assemblée générale (c. com. art. L. 225-40) *(voir § 1052)*.

C'est généralement au cours de l'assemblée annuelle que les actionnaires approuvent ces conventions, mais une assemblée ordinaire peut être convoquée, spécialement à cet effet, au cours d'un exercice.

▸ Ratification du transfert du siège social

834 L'assemblée générale des actionnaires doit ratifier la décision prise par le conseil d'administration de déplacer le siège social sur le territoire français (c. com. art. L. 225-36).

En cas de refus de ratification, la décision prise par le conseil serait *a priori* caduque (sans rétroactivité, voire nulle). Les formalités effectuées devront logiquement être refaites afin de revenir à l'état antérieur. Si le conseil d'administration a un doute sérieux sur la ratification du transfert décidé, il est conseillé de convoquer en urgence une AGO de façon à n'organiser le transfert effectif et les actes qui en découlent (par exemple prise à bail de locaux, déménagement) qu'au vu d'une décision certaine.

▸ Achat par la société d'un bien appartenant à un actionnaire

835 Lorsque la société, dans les 2 ans suivant son immatriculation, acquiert un bien appartenant à un actionnaire dont la valeur est au moins égale au dixième du capital social, une procédure spéciale doit être suivie *(voir § 643)*. L'AGO est compétente pour statuer sur l'évaluation du bien, à peine de nullité de l'acqui-

sition. Le vendeur n'a voix délibérative ni pour lui-même ni comme mandataire (c. com. art. L. 225-101).

Autorisation. Lorsque les statuts prévoient une autorisation préalable de l'assemblée pour la conclusion de certains actes, cette décision relève du pouvoir de l'AGO.

Assemblée statuant sur les comptes sociaux

Processus d'examen des comptes

836 L'examen des comptes, leur approbation ou leur modification constituent les principales attributions de l'AGO annuelle. Le conseil d'administration doit présenter à l'AGO les comptes annuels de l'exercice écoulé (c. com. art. L. 225-100).

C'est l'aboutissement d'un long processus qui commence avec l'établissement même des comptes sociaux, se poursuit par leur contrôle par le commissaire aux comptes (si la société en est dotée), leur arrêté par le conseil d'administration, leur présentation aux actionnaires accompagnée des rapports du conseil d'administration et, le cas échéant, du commissaire aux comptes. L'arrêté de ces comptes doit faire l'objet d'une délibération constatée dans un procès-verbal.

Ce processus s'applique également aux comptes consolidés lorsque la société est tenue d'en établir *(voir § 910)*.

Le calendrier ci-dessous représente le processus d'examen des comptes d'une SA non cotée à conseil d'administration. Pour ne pas le surcharger, il est supposé que la SA :
– prévoit un délai de 15 jours entre la convocation à l'assemblée générale annuelle et la tenue de cette assemblée (il s'agit du délai minimum fixé par l'article R. 225-69 du code de commerce) ;
– n'est pas concernée par les dispositions légales et réglementaires ayant trait aux documents d'information financière et prévisionnelle *(voir § 924)* ;
– n'a pas prévu, dans ses statuts, que l'assemblée se tient exclusivement par visioconférence ou par un autre moyen de télécommunication *(voir § 812)*. En revanche, cela n'empêche pas la participation de certains membres seulement par des moyens dématérialisés si les statuts l'ont prévue.

Calendrier de l'AGO annuelle	
Procédure préalable à la convocation	**Délai et date limite**
Dans le mois de la clôture de l'exercice. Avis aux commissaires aux comptes, s'il en existe (1), des conventions autorisées au cours de l'exercice et communication des conventions conclues et autorisées au cours d'exercices antérieurs et qui se sont poursuivies au cours de l'exercice (c. com. art. L. 225-40-1 et R. 225-30).	Dans le mois de la clôture de l'exercice
Convocation à la réunion du conseil d'administration arrêtant les comptes annuels : - des administrateurs (c. com. art. L. 225-36-1, al. 1) ; - le cas échéant, du ou des commissaires aux comptes par lettre recommandée avec accusé de réception (c. com. art. L. 823-17 devenu c. com. art. L. 821-65 à compter du 1er janvier 2024 et R. 823-9) ; - le cas échéant, du comité social et économique si la SA emploie au moins 50 salariés (c. trav. art. L. 2312-72).	Dans les délais prévus par les statuts

Calendrier de l'AGO annuelle	
Procédure préalable à la convocation	**Délai et date limite**
Un mois et un jour au moins avant la convocation de l'assemblée. Réunion du conseil d'administration pour arrêter l'inventaire et les comptes annuels (et, le cas échéant, les comptes consolidés) ; et pour établir, le cas échéant, le rapport de gestion (2) (c. com. art. L. 232-1) (et le rapport sur la gestion du groupe) ainsi que le rapport sur le gouvernement d'entreprise (c. com. art. L. 225-37) qui seront présentés à l'assemblée. Si aucun actionnaire n'a demandé à être avisé, le conseil d'administration peut convoquer l'assemblée et fixer l'ordre du jour et approuver le texte des résolutions.	J – 46
Un mois avant la convocation de l'assemblée. Mise à la disposition du commissaire aux comptes, s'il en existe, au siège social, du bilan, du compte de résultat, de l'annexe, du rapport sur le gouvernement d'entreprise et, le cas échéant, du rapport de gestion, des comptes consolidés et du rapport sur la gestion du groupe. Le commissaire aux comptes peut demander la copie de ces documents (c. com. art. L. 232-1 et R. 232-1).	J – 45
J – 35 (délai conseillé) Envoi d'un avis de réunion aux actionnaires ayant demandé à être informé par lettre recommandée ou par voie électronique (3) de la date prévue des assemblées afin de demander l'inscription de points à l'ordre du jour et/ou de projets de résolution si l'actionnaire représente au moins 5 % du capital social (c. com. art. L. 225-105, R. 225-71 et R. 225-72). **NB** : Le délai d'envoi de l'avis n'est pas imposé par les textes mais il doit être suffisant pour permettre à l'actionnaire de déposer, 25 jours au moins avant la réunion de l'assemblée, des points à l'ordre du jour ou des projets de résolution. **Comité social et économique.** Si la société emploie au moins 50 salariés, le comité social et économique peut requérir l'inscription à l'ordre du jour de l'assemblée de projets de résolution (c. trav. art. L. 2312-77 et R. 2312-32).	J – 35 (délai conseillé)
J – 25 **Expiration du délai imparti pour l'envoi ou la transmission électronique des demandes d'inscription de points ou de projets de résolutions** par les actionnaires présentant 5 % du capital social (moins si le capital est supérieur à 750 000 €). La demande d'inscription doit être accompagnée de la justification de la qualité d'actionnaire (c. com. art. R. 225-71 et R. 225-72). Le même délai s'impose aux membres du comité social et économique, si l'entreprise emploie au moins 50 salariés, qui souhaitent requérir l'inscription à l'ordre du jour de projet de résolution (c. trav. art. R. 2312-32). Le président du conseil d'administration doit accuser réception des demandes d'inscription à l'ordre du jour, dans les 5 jours de leur réception, par lettre recommandée ou par moyens électroniques si l'actionnaire ou le comité social et économique ont accepté préalablement ce mode de communication (3) (c. com. art. R. 225-74 ; c. trav. art. R. 2312-33).	J – 25
J – 16 **Réunion du conseil d'administration afin :** - **d'établir l'ordre du jour de l'assemblée et le texte des résolutions**, compte tenu, le cas échéant, des projets de résolution ou des points ajoutés à l'ordre du jour à la demande des actionnaires ou du comité social et économique (c. com. art. L. 225-103 et L. 225-105) ; - **d'arrêter la liste des actionnaires** (c. com. art. L. 225-116 et R. 225-90). Le conseil d'administration prépare, à cette fin, les documents à adresser aux actionnaires.	J – 16
Convocation à l'assemblée générale	**Délai et date limite**
J – 15 **Convocation à l'assemblée des actionnaires** par lettre simple ou recommandée (si les statuts le prévoient) ou par courrier électronique, si l'actionnaire a préalablement accepté ce moyen (3) (c. com. art. R. 225-68). Lorsque toutes les actions sont nominatives, la société est dispensée de l'obligation d'insérer un avis de convocation de l'assemblée dans un support habilité à recevoir des annonces légales. **Convocation du commissaire aux comptes,** s'il en existe, par lettre recommandée avec accusé de réception (c. com. art. L. 823-17 devenu c. com. art. L. 821-65 à compter du 1er janvier 2024 et R. 823-9). Le commissaire aux comptes doit, 15 jours au moins avant la tenue de l'assemblée, avoir déposé ses rapports au siège social (rapport sur la certification des comptes annuels, rapport spécial sur le gouvernement d'entreprise, rapport spécial sur les conventions réglementées). **Convocation de deux membres du comité social et économique** désigné par celui-ci, si la société emploie au moins 50 salariés (c. trav. art. L. 2312-77).	J – 15

Calendrier de l'AGO annuelle	
Autres formalités en même temps que la convocation	**Délai et date limite**
J – 15 à J **Mise à disposition des actionnaires des documents et informations obligatoires pendant un délai de 15 jours** (c. com. art. R. 225-89), **notamment** (c. com. art. L. 225-115 et R. 225-83) : - les comptes annuels ; - le texte des projets de résolutions ; - le rapport de gestion (2) et, le cas échéant, s'il n'est pas inclus dans le rapport de gestion, le rapport sur le gouvernement d'entreprise ; - le cas échéant, les rapports du commissaire aux comptes sur les comptes annuels (c. com. art. L. 823-9 devenu c. com. art. L. 821-53 à compter du 1er janvier 2024) et sur le gouvernement d'entreprise (4) ; - le rapport sur les conventions réglementées (c. com. art. L. 225-40) ; - la liste des actionnaires (c. com. art. L. 225-116 et R. 225-90).	J – 15 à J
J – 15 à J – 5 **Envoi des documents aux actionnaires sur leur demande.** Tout actionnaire peut aussi demander l'envoi des documents et renseignements d'information prévus pour l'assemblée annuelle (c. com. art. R. 225-81, R. 225-83 et R. 225-88). Cet envoi peut être effectué par un moyen électronique de communication si l'actionnaire a accepté, au préalable, ce moyen et n'a pas rétracté sa demande (3) (c. com. art. R. 225-63). **Envoi par la société des documents et renseignements à joindre à tout envoi de formule de procuration** (c. com. art. R. 225-81 et R. 225-88). **Communication au comité social et économique** de l'ensemble des documents obligatoirement transmis annuellement à l'assemblée (c. trav. art. L. 2312-25, II, 2°).	J – 15 à J – 5
Formalités postérieures à la convocation	**Délai et date limite**
J – 6 **Expiration du délai de demande d'envoi d'un formulaire de vote à distance.** À compter de la convocation de l'assemblée, tout actionnaire peut demander par écrit à la société de lui adresser, le cas échéant par voie électronique, un formulaire de vote à distance (qui pourra être un « formulaire de vote à distance ou par procuration ») (c. com. art. R. 225-75).	J – 6
J – 5 **Expiration du délai de demande d'envoi de documents** (c. com. art. R. 225-88).	J – 5
J – 4 (ouvré) **Expiration du délai pour envoyer les questions écrites** émanant d'actionnaires. Passé ce délai, la société n'est plus tenue de répondre aux questions tardives (c. com. art. L. 225-108, al. 3 et R. 225-84).	J – 4 (ouvré)
J – 3 (sauf délai plus court prévu par les statuts) **Expiration du délai pour la réception des demandes de vote à distance.** Les statuts peuvent subordonner la prise en compte des votes à distance à la condition que les formulaires parviennent à la société quelques jours avant l'assemblée mais ce délai ne peut être supérieur à J – 3 (c. com. art. R. 225-77).	J – 3 (sauf délai plus court prévu par les statuts)
J – 2 (ouvré) **Inscription de points ou de projets de résolution.** L'actionnaire ou le groupe d'actionnaires doit transmettre une nouvelle attestation justifiant de la possession de la fraction du capital exigée au 2e jour ouvré avant l'assemblée générale (c. com. art. R. 225-71, dernier al.). **Participation à l'assemblée.** Les statuts peuvent imposer aux actionnaires de justifier de leur qualité par une inscription dans les comptes d'actions nominatives tenues par la société ou dans un dispositif d'enregistrement électronique partagé, au 2e jour ouvré avant l'assemblée (c. com. art. R. 225-86).	J – 2 (ouvré)
J – 1 (15 h, heure de Paris) **Expiration du délai pour la réception des demandes de vote à distance envoyées par voie électronique** (c. com. art. R. 225-77).	J – 1 (15 h, heure de Paris)
Préparation de la feuille de présence.	Avant l'assemblée

Calendrier de l'AGO annuelle	
Réunion de l'assemblée générale	**Délai et date limite**
J **L'assemblée générale doit être réunie** dans les 6 mois de la clôture de l'exercice, sauf prolongation de ce délai par décision de justice (c. com. art. L. 225-100). Annexion à la feuille de présence des pouvoirs donnés à chaque mandataire et rédaction d'un procès-verbal, à peine de nullité. **Réponse du conseil d'administration sur les questions écrites posées par les actionnaires.** Une réponse commune peut être apportée dès lors que ces questions présentent le même contenu (c. com. art. L. 225-108, al. 3). Le conseil d'administration peut déléguer à l'un de ses membres, au directeur général ou au directeur général délégué le soin d'y répondre. **Participation par visioconférence.** Si les statuts le prévoient, les actionnaires peuvent participer à l'assemblée par conférence téléphonique ou audiovisuelle (ou un autre moyen de télécommunication permettant leur identification) (c. com. art. L. 225-107, II). Il conviendra que les moyens retenus transmettent au moins la voix des participants ainsi qu'une retransmission contenue et simultanée des délibérations.	J
Formalités postérieures à l'assemblée	**Délai et date limite**
J + 15 **Information des actionnaires** au moyen d'un avis dans un support habilité à recevoir des annonces légales du département du siège social du nombre total des droits de vote existants, sauf si le nombre de droits de vote n'a pas varié par rapport à celui de la précédente assemblée générale ordinaire (c. com. art. L. 233-8, I et R. 233-2).	J + 15
J + 1 mois (ou J + 2 mois si dépôt électronique) **Dépôt des comptes annuels,** deux options possibles : ❶ soit **dépôt papier au greffe,** dans le mois de l'assemblée (c. com. art. L. 232-23) : - des comptes annuels (bilan, compte de résultat, annexe) ; - le cas échéant, du rapport des commissaires aux comptes sur la certification des comptes et, si nécessaire, des observations sur les modifications apportées par l'assemblée aux comptes annuels (5) ; - de la proposition d'affectation du résultat soumise à l'assemblée et la résolution d'affectation votée (6) ; - le cas échéant, des comptes consolidés, du rapport sur la gestion du groupe et du rapport du commissaire aux comptes sur les comptes consolidés. En cas de refus d'approbation des comptes, dépôt dans le même délai d'une copie des délibérations de l'assemblée (c. com. art. L. 232-23, II). Le cas échéant, dépôt d'une déclaration de confidentialité des comptes annuels si la société est une micro-entreprise (c. com. art. L. 232-25, al. 1, R. 123-111-1 et A. 123-61-1), du compte de résultat si la société est une petite entreprise (c. com. art. L. 232-25, al. 2, R. 123-111-1 et A. 123-61-1) ou dépôt d'une déclaration de publication simplifiée du bilan et de l'annexe si la société est une moyenne entreprise (7) (c. com. art. L. 232-25, al. 3, R. 123-111-1 et A. 123-61-1). ❷ soit **dépôt électronique,** dans les 2 mois de l'assemblée, des documents mentionnés ci-dessus au Guichet unique (c. com. art. A. 123-61). **Guichet unique.** Depuis le 1er janvier 2023, les entreprises effectuent l'ensemble de leurs formalités pour immatriculer, modifier ou cesser leur activité de manière dématérialisée auprès du Guichet unique, via le site « formalites.entreprises.gouv.fr » (c. com. art. L. 123-33 ; décret 2021-300 du 18 mars 2021) *(voir § 1600)*. De la même manière, le dépôt électronique des comptes annuels doit désormais être opéré par l'intermédiaire de ce site. Pour autant, le dépôt papier des comptes reste encore possible (c. com. art. R. 123-77, al. 2).	J + 30 (ou J + 60 si dépôt électronique)
9 mois après la clôture de l'exercice. **Paiement du dividende** voté par les actionnaires (c. com. art. L. 232-13).	9 mois après la clôture de l'exercice

Calendrier de l'AGO annuelle

(1) À compter du 1er exercice clos après le 26 mai 2019, les SA ne sont plus tenues de nommer un commissaire aux comptes, si elles ne dépassent pas certains seuils (c. com. art. L. 225-218, D. 225-164-1 et D. 221-5) *(voir § 950)*.
(2) Pour les exercices clos à compter du 11 août 2018, les petites entreprises, en dessous de certains seuils, sont dispensées d'établir un rapport de gestion (c. com. art. L. 232-1) *(voir § 840)*.
(3) Pour recourir à la télécommunication électronique pour les convocations et envois de documents, il faut que la société ait préalablement recueilli l'accord écrit des actionnaires, lesquels ont dû indiquer leur adresse électronique. Il est nécessaire que l'actionnaire ne soit pas revenu sur sa décision en adressant une lettre recommandée avec demande d'avis de réception. La proposition de l'entreprise peut être acceptée par les actionnaires intéressés par voie postale ou électronique. Ceux-ci peuvent demander le retour à un envoi postal 35 jours au moins avant la date de l'insertion de l'avis de convocation, par voie postale ou électronique (c. com. art. R. 225-63).
(4) L'article L. 225-235 du code de commerce disposait que le commissaire aux comptes devait joindre à son rapport d'audit un rapport attestant l'existence des informations requises dans le rapport sur le gouvernement d'entreprise. L'ordonnance 2020-1142 du 16 septembre 2020 a abrogé l'article L. 225-235, dont le contenu a été transféré vers la réglementation propre aux sociétés cotées (c. com. art. L. 22-10-71). Pour autant, il ne s'agit là que d'une maladresse du législateur, que le projet de loi de ratification de l'ordonnance 2020-1142 entend rectifier en rétablissant l'article L. 225-235 (projet Sénat n° 681 du 15 juin 2022, art. 8).
(5) Si l'assemblée l'autorise, le commissaire aux comptes peut adresser son rapport directement au greffe du tribunal de commerce (c. com. art. L. 823-8-1 devenu c. com. art. L. 821-52 à compter du 1er janvier 2024).
(6) Doivent être précisées non seulement la résolution d'affectation du résultat votée par les actionnaires mais aussi la proposition par le conseil d'administration d'affectation du résultat soumise à l'assemblée (c. com. art. L. 232-23).
(7) Les moyennes entreprises, qui ne dépassent pas certains seuils, peuvent demander que ne soit rendue publique qu'une présentation simplifiée de leur bilan et de leur annexe (c. com. art. L. 232-25, al. 3) *(voir 880)*.

Respect du délai de 6 mois

▸ Sous peine d'injonction et de sanction

837 L'assemblée appelée à statuer sur les comptes doit être réunie dans les 6 mois de la clôture de l'exercice.

Si l'AGO n'a pas été réunie dans le délai de 6 mois à compter de la clôture des comptes, le ministère public ou tout actionnaire peut saisir le président du tribunal compétent statuant en référé afin d'enjoindre, le cas échéant sous astreinte, aux dirigeants de convoquer cette assemblée ou de désigner un mandataire pour y procéder (c. com. art. L. 225-100, al. 1er).

À défaut de réunion dans les 6 mois. Le président ou les administrateurs qui ne soumettent pas à l'approbation de l'AGO annuelle les comptes annuels et, sauf dispense, le rapport de gestion risquent un emprisonnement de 6 mois et une amende de 9 000 € (c. com. art. L. 242-10).

▸ Prorogation en cas d'impossibilité

838 Le seul recours pour les dirigeants, et notamment pour le président, consiste à présenter dans le délai de 6 mois une requête au président du tribunal de commerce du lieu du siège social afin d'être autorisé à proroger le délai (c. com. art. L. 225-100, al. 1er).

Rapport de gestion

▸ Compétence du conseil d'administration

839 Le conseil d'administration doit établir et présenter à l'assemblée annuelle, outre les comptes annuels, son rapport de gestion (à moins que la société n'en soit dispensée, *voir § 840*) et, le cas échéant, les comptes consolidés et le rapport consolidé de gestion (c. com. art. L. 225-100, al. 2). Le rapport de gestion doit comporter un certain nombre de mentions obligatoires *(voir §§ 841 à 854)*.

• **Délai d'établissement.** Aucun délai n'est fixé par la loi mais l'établissement du rapport de gestion est toutefois subordonné au délai dans lequel il doit être mis à disposition du commissaire aux comptes, soit un mois avant la convocation des actionnaires à l'assemblée générale (c. com. art. R. 232-1).

• **Rapport de gestion du groupe.** Lorsque la société établit des comptes consolidés *(voir § 910)*, le rapport consolidé rend compte de l'ensemble des informations mentionnées au I de l'article L. 225-100-1 du code de commerce pour l'ensemble des sociétés comprises dans la consolidation (c. com. art. L. 225-100-1, II).

• **Sanctions.** Dès lors que la société en a l'obligation, le fait de ne pas avoir établi le rapport de gestion est sanctionné pénalement (c. com. art. L. 242-8 : amende de 9 000 €). Le fait de ne pas rendre compte de l'activité et des résultats de l'ensemble de la société, des filiales de la société et des sociétés qu'elle contrôle par branche d'activité est également sanctionné pénalement (c. com. art. L. 247-1 : 2 ans d'emprisonnement et amende de 9 000 €).

Les délibérations prises par l'assemblée sans la présentation du rapport aux actionnaires sont nulles (c. com. art. L. 225-121). En revanche, sauf cas où le laconisme du rapport équivaudrait à une absence de rapport, l'omission de telle ou telle mention requise par le code de commerce n'est pas sanctionnée automatiquement par la nullité de l'assemblée.

▸ Rapport supprimé pour les petites entreprises

840 **Pour les exercices clos depuis le 11 août 2018, les petites entreprises sont dispensées d'établir un rapport de gestion** (c. com. art. L. 232-1, IV).

Sont considérées comme des petites entreprises les SA qui, à la clôture de l'exercice, ne dépassent pas deux des trois seuils suivants (c. com. art. L. 123-16 et D. 123-200, 2°) **:**
– **6 M€ de total bilan ;**
– **12 M€ de chiffre d'affaires hors taxe ;**
– **50 salariés.**

Notons que la Commission européenne a prévu d'augmenter de 25 % les critères de taille déterminant les catégories des micro, petites, moyennes et grandes entreprises (Directive déléguée (UE) du 17 octobre 2023 modifiant la directive 2013/34/UE du Parlement européen et du Conseil en ce qui concerne l'ajustement des critères de taille pour les micro, petites, moyennes et grandes entreprises ou pour les groupes)**. Les nouveaux seuils européens, en ce qui concerne notamment les petites entreprises, seraient alors portés à : 7,5 M€ de total de bilan, 15 M€ chiffre d'affaires hors taxe et 50 salariés. La France, qui devra transposer ces dispositions dans le code de commerce, pourrait augmenter les seuils actuellement prévus par l'article D. 123-200 pour les aligner aux maxima autorisés par la directive déléguée (non publiée à l'heure où nous rédigeons ces lignes) et les appliquer à compter des exercices commençant le 1er janvier 2024.**

Par exception, les SA suivantes, quels que soient leurs performances financières et le nombre de leurs salariés, sont toujours tenues d'établir un rapport de gestion (c. com. art. L. 123-16-2) **:**
– **établissements de crédit, sociétés de financement et établissements de paiement et de monnaie électronique ;**
– **entreprises d'assurance et de réassurance, fonds et institutions de retraite professionnelle supplémentaire, mutuelles, organismes de sécurité sociale et institutions de prévoyance ;**
– **personnes ou entités dont les titres sont admis aux négociations sur un marché réglementé ;**
– **sociétés faisant appel à la générosité du public ;**
– **entreprises dont l'activité consiste à gérer des titres de participation ou des valeurs mobilières** (c. com. art. L. 232-1).

• **Vérifier les statuts.** Si les statuts d'une petite société imposent d'établir un rapport de gestion, le dirigeant peut-il s'en dispenser ? Selon l'ANSA, tout dépend de la rédaction de la clause statutaire (ANSA, comité juridique du 6 mars 2019, n° 19-016) :
– si la clause précise que le rapport de gestion doit être établi conformément à l'article L. 232-1 du code de commerce, le conseil d'administration en est alors dispensé ;
– si la clause impose, sans autre précision, d'établir un rapport de gestion, celui-ci doit être établi malgré la réforme.

La Commission nationale des commissaires aux comptes a adopté la même position sur la question (CNCC, EJ 2018-90, mai 2019).

• **Sociétés holdings.** Les sociétés dont l'activité consiste à gérer des titres de participations sont exclues de la dispense pour les petites entreprises d'établir un rapport de gestion (voir ci-dessus).

Selon l'ANSA, seules les sociétés dont l'activité exclusive consiste à gérer leurs investissements en capital dans diverses entreprises, sans contrôle d'un groupe de sociétés (participations inférieures à 50 %) sont exclues de la dispense. ***A contrario***, une société dont l'activité, secondaire ou principale, consiste à contrôler une ou plusieurs filiales peut bénéficier de la dispense du rapport de gestion.

L'ANSA souligne, en conséquence, l'attention particulière qui doit être apportée à la rédaction des statuts de holdings (ANSA, comité juridique du 3 avril 2019, n° 19-023).

• **Entreprises nouvelles.** Le dépassement des seuils n'a d'incidence que s'il se produit pendant deux exercices consécutifs (c. com. art. L. 123-16). L'ANSA précise que si une société ne dépasse pas deux des trois seuils des petites entreprises à la clôture de son premier exercice, elle peut immédiatement bénéficier du régime simplifié. Puis, si cette société franchit deux des trois seuils à la clôture de son deuxième exercice, elle ne changera de catégorie que si elle les dépasse toujours à la clôture de son troisième exercice (ANSA, comité juridique du 1er février 2023, n° 23-009).

▸ Mentions à insérer dans le rapport de gestion

841 **Situation de la société.** Le rapport de gestion doit exposer, de manière claire et précise, la situation de la société durant l'exercice écoulé (c. com. art. L. 232-1, II).

Pour une information loyale des actionnaires, le rapport exposera clairement les faits marquants de l'exercice sur :
– l'activité à travers ces différentes facettes : évolution de la production, positionnement sur le marché, produits nouveaux, implantations à l'étranger, acquisition de nouveaux locaux ou matériel lourd ;
– les principaux établissements de production ou de vente, s'il en existe, en précisant leur évolution et une répartition du chiffre d'affaires par branche d'activité ;
– les effectifs de l'entreprise (formation, rémunérations, embauches à durée indéterminée ou à durée déterminée, licenciements, départs à la retraite, conflits, recours au travail temporaire) ;
– les facteurs techniques ou conjoncturels qui ont pu influencer le résultat au cours de l'exercice.

Dans la mesure nécessaire à la compréhension de l'évolution des affaires, des résultats ou de la situation de la société, l'analyse comporte des indicateurs clefs de performance de nature financière et, le cas échéant, de nature non financière ayant trait à l'activité spécifique de la société, notamment des informations relatives aux questions d'environnement et de personnel (c. com. art. L. 225-100-1, I, 2°).

Traditionnellement, le rapport contient une présentation des comptes et des propositions d'affectation du résultat tel qu'il ressort des comptes.

• **Recherche et développement.** Le rapport de gestion de la société doit, le cas échéant, exposer ses activités en matière de recherche et de développement (c. com. L. 232-1, II et L. 233-26).

• **Guerre en Ukraine et inflation.** Les conséquences financières liées à la guerre en Ukraine ou la hausse des prix du gaz et de l'électricité ont pu avoir des répercussions sur la situation de la société, plus ou moins importantes selon son secteur d'activité. Que les retombées soient positives, neutres ou négatives, la SA peut faire part dans son rapport de gestion de la façon dont elle a été impactée par la crise économique *(voir l'exemple ci-dessous)*.

→ **EXEMPLE** *Impacts de la hausse des coûts de l'énergie et des matières premières.*

Dans le contexte actuel de l'inflation, les coûts d'énergie, du transport et des matières premières de la société ont augmenté de près de … € en 2023 par rapport à 2022. Dans le cadre des mesures exceptionnelles mises en place par le gouvernement pour faire face à la hausse des coûts de l'énergie, la société a obtenu un prêt garanti par l'État pour un montant de … €. Elle a pu également bénéficier d'une aide de l'État destinée à compenser les hausses des prix des factures de gaz et d'électricité, pour les mois de … à … 2023, représentant un montant total de … €.

842 **Événements importants postérieurs à la clôture de l'exercice.** Le rapport de gestion doit indiquer les événements importants survenus entre la date de clôture de l'exercice et la date à laquelle ce rapport est établi (c. com. art. L. 232-1, II).

Le code de commerce n'opère pas de distinction entre les catégories d'événements postérieurs devant figurer dans le rapport de gestion. Tous les événements postérieurs importants, sans prendre en considération le fait qu'ils aient ou non un lien direct et prépondérant avec une situation existant à la clôture, doivent y être mentionnés.

Pour les comptes consolidés, il s'agit des mêmes événements survenus entre la date de clôture de l'exercice de consolidation et la date à laquelle les comptes consolidés sont établis (c. com. art. L. 233-26).

Guerre en Ukraine et inflation. La dégradation de la situation de la société entre la date de clôture de l'exercice et la date d'établissement du rapport de gestion, en raison notamment de la guerre en Ukraine ou de la crise énergétique, doit également figurer dans le rapport de gestion.

843 **Évolution prévisible.** Le rapport de gestion doit exposer l'évolution prévisible de la société et du groupe ou les perspectives d'avenir (c. com. art. L. 232-1, II). Ces informations sont parmi celles qui intéressent le plus les actionnaires. L'information doit, là encore, être synthétique en tenant compte des risques inhérents à toute publication relative aux prévisions.

Cette information doit prioritairement porter sur un horizon d'une année. Cet aspect est important, car, lorsque le rapport de gestion est en cours de rédaction, l'exercice sur lequel portent les perspectives est déjà engagé et l'entreprise connaît les grandes tendances sur lesquelles elle évoluera.

La publication d'une prévision doit normalement être accompagnée des hypothèses qui l'ont établie.

Guerre en Ukraine et inflation. Dès lors que la guerre en Ukraine et la hausse des prix de l'énergie peuvent avoir un impact sur le devenir de la société, une mention spéciale relative à cette crise et à ses conséquences doit figurer dans le rapport de gestion. Il indique ici une estimation des impacts sur l'évolution prévisible de la société. S'il est difficile de prédire l'évolution de la situation économique, il convient alors de préciser le caractère d'incertitude lié à ces prévisions, en tenant compte des effets de la crise sur différents aspects : intensité et durée des impacts, effet de rattrapage prévisible ou baisse irréversible de la demande (changement de comportement des consommateurs, par exemple).

844 **Risques et incertitudes.** Le rapport de gestion comporte une description des principaux risques et incertitudes (juridiques, industriels et environnementaux, de marchés, de liquidité et de trésorerie) auxquels la société est confrontée (c. com. art. L. 225-100-1, I, 3°).

Une description des assurances prises pour les différentes catégories de risques majeurs et les mesures mises en œuvre pour assurer le maintien de l'exploitation est aussi fournie. La société précisera également les moyens et niveaux de couverture pour les risques généraux et particuliers.

• **Guerre en Ukraine et inflation.** Sont également présentés les risques et incertitudes engendrés par la guerre en Ukraine et la hausse du prix de l'énergie. Ainsi, peuvent être mentionnés, selon les cas, les risques relatifs aux fournisseurs (rupture d'approvisionnement, retards de livraison) ou aux clients (impayés). Par ailleurs, de nouveaux risques juridiques peuvent apparaître, liés notamment à des ruptures de contrats qui pourraient être qualifiées d'abusives.

• **Devoir de vigilance des très grandes entreprises.** Les sociétés qui, à la clôture de 2 exercices consécutifs, emploient au moins 5 000 salariés en leur sein et dans leurs filiales directes ou indirectes et dont le siège social est en France, et celles qui emploient au moins 10 000 salariés en leur sein et dans leurs filiales directes ou indirectes dont le siège social est en France ou à l'étranger doivent mettre en place un plan de vigilance. Ce plan de vigilance comporte des mesures pour identifier les risques et prévenir les atteintes graves envers les droits humains et les libertés fondamentales, la santé et la sécurité des personnes ainsi que l'environnement résultant des sociétés et de celles sur lesquelles elles exercent un contrôle exclusif (c. com. art. L. 225-102-4 et L. 233-16, II). Il doit être inclus dans le rapport de gestion.

Notons que pour les sociétés produisant ou commercialisant des produits issus de l'exploitation agricole ou forestière, ce plan doit comporter, depuis le 1er janvier 2024, des mesures de vigilance raisonnable propres à identifier les risques et à prévenir la déforestation associée à la production et au transport vers la France de biens et de services importés (c. com. art. L. 225-102-4, I, al. 4).

Enfin, depuis l'intervention de la loi 2021-1729 du 22 décembre 2021, seul le tribunal judiciaire de Paris peut connaître les litiges relatifs au devoir de vigilance des SA (c. org. jud. art. L. 211-21).

• **SA exploitant une installation classée.** Pour les sociétés exploitant au moins une installation classée susceptible de créer des risques très importants pour la santé et la sécurité des populations et l'environnement, le rapport de gestion doit (c. com. art. L. 225-102-2) :
– informer de la politique de prévention du risque d'accident technologique menée par la société ;
– rendre compte de la capacité de la société à couvrir sa responsabilité civile vis-à-vis des biens et des personnes du fait de l'exploitation de telles installations ;
– préciser les moyens prévus par la société pour assurer la gestion de l'indemnisation des victimes en cas d'accident technologique engageant sa responsabilité.

845 **Utilisation d'instruments financiers.** Le rapport de gestion de la société doit comporter, lorsque cela est pertinent pour l'évaluation de son actif, de son passif, de sa situation financière et de ses pertes ou profits, des indications sur :
– ses objectifs et sa politique concernant la couverture de chaque catégorie principale de transactions prévues pour lesquelles il est fait usage de la comptabilité de couverture ;
– son exposition aux risques de prix, de crédit, de liquidité et de trésorerie.

Ces indications comprennent l'utilisation par l'entreprise des instruments financiers (c. com. art. L. 225-100-1, I 4°).

Le même type d'information est demandé dans le rapport de gestion du groupe (c. com. art. L. 225-100-1, II).

846 **Information sur les délais de paiement.** Les SA dont les comptes sont certifiés par un commissaire aux comptes doivent communiquer des informations relatives aux délais de paiement de leurs fournisseurs et de leurs clients (c. com. art. L. 441-14).

Le rapport de gestion doit comprendre, aussi bien pour les fournisseurs que les clients, le nombre et le montant total des factures reçues ou émises non réglées à la date de clôture de l'exercice dont le terme est échu. Ces montants sont ventilés par tranches de retard. Le pourcentage des retards par rapport à l'enveloppe globale des achats et des ventes devra également être indiqué (c. com. art. D. 441-6, I).

La société peut, par dérogation, présenter les retards sur les paiements des fournisseurs et les encaissements des clients non pas à la date de clôture, mais au cours de l'exercice. La ventilation de ce montant par tranche de retard devra alors être indiquée ainsi que la part de ces retards par rapport à l'ensemble des factures reçues et émises dans l'année (c. com. art. D. 441-6, II).

La société est autorisée à publier les montants prévus hors taxe ou toute taxe comprise. Elle doit préciser son choix (c. com. art. D. 441-6, III).

Les retards sont déterminés à partir des délais de paiement contractuels ou, à défaut, des délais légaux applicables. Si la société exclut les factures relatives à des dettes et créances litigieuses ou non comptabilisées, elle l'indique en commentaire et mentionne le nombre et le montant total des factures concernées (c. com. art. D. 441-6, IV).

Deux modèles types de tableaux ont été établis pour présenter ces informations (c. com. art. A. 441-2 et annexe 4-1) :
– l'un si la société choisit de donner l'information pour les factures (reçues et émises) non réglées à la date de clôture ;
– l'autre si elle choisit de donner l'information pour les factures (reçues et émises) ayant connu un retard de paiement au cours de l'exercice.

• **Dispense d'information dans les petites entreprises.** Les petites entreprises sont dispensées de rapport de gestion (c. com. art. L. 232-1, IV) *(voir § 840)*. Selon la Compagnie nationale des commissaires aux comptes, les petites entreprises sont, par là-même, dispensées de fournir les informations relatives aux délais de paiement (CNCC, EJ 2018-90, mai 2019).

• **Commissaire aux comptes.** Le commissaire aux comptes doit attester de la sincérité et de la concordance de l'information sur les délais de paiement avec les comptes annuels et présenter, le cas échéant, ses observations (c. com. art. D. 823-7-1).

Lorsque la société est une grande entreprise ou une entreprise de taille intermédiaire, le commissaire aux comptes adresse son attestation au ministre de l'Économie si elle démontre, de façon répétée, des manquements significatifs de la société aux obligations en matière de délais de paiement (c. com. art. L. 441-14, al. 2). Peuvent ainsi être concernées les sociétés de plus de 250 salariés et ayant soit un chiffre d'affaires supérieur à 50 M€, soit un bilan supérieur à 43 M€ (décret 2008-1354 du 18 décembre 2008, art. 3).

847 **Prêts inter-entreprises.** Les sociétés dont les comptes du dernier exercice clos ont fait l'objet d'une certification par un commissaire aux comptes ou qui ont désigné volontairement un commissaire aux comptes peuvent accorder, à

titre accessoire, des prêts d'une durée de moins de 3 ans à des micro, petites et moyennes entreprises ou encore à des entreprises de taille intermédiaire avec lesquelles elles entretiennent des liens économiques.

Le montant initial de chaque prêt et le capital restant dû doivent être mentionnés dans le rapport de gestion et faire l'objet d'une attestation du commissaire aux comptes (c. mon. et fin. art. L. 511-6 et R. 511-2-1-3).

848 **Prise de participation et opérations de la SA sur ses actions.** Le conseil d'administration rend compte dans son rapport de l'activité et des résultats par branche d'activité de l'ensemble de la société, des filiales de la société et des sociétés contrôlées par elle (c. com. art. L. 233-6).

Le rapport de gestion doit également faire état, lorsqu'elles sont intervenues au cours de l'exercice, de (c. com. art. L. 233-6 et L. 247-1) :
– toute prise de participation dans une société ayant son siège social sur le territoire de la République française représentant plus de 5 %, 10 %, 20 %, 1/3, 50 % ou 2/3 du capital ou des droits de vote aux assemblées générales de cette société ;
– toute prise de contrôle d'une société ayant son siège sur le territoire de la République française ;

Le défaut de ces mentions sur les filiales et les prises de participation est passible d'une amende de 9 000 € et d'un emprisonnement de 2 ans (c. com. art. L. 247-1).

En outre, le rapport de gestion doit mentionner :
– le nom des sociétés contrôlées et la part de capital de la société détenue (c. com. art. L. 233-13). Il s'agit d'une information liée à la réglementation sur l'autocontrôle. Le fait d'omettre ces mentions dans le rapport peut être sanctionné d'une amende de 18 000 € (c. com. art. L. 247-2, III) ;
– des aliénations d'actions en vue de mettre fin aux participations croisées illicites (c. com. art. L. 233-29 et R. 233-19).

• **Rachats d'actions.** Le rapport de gestion doit mentionner, au titre des rachats d'actions faits en application des articles L. 225-208 (attribution aux salariés d'actions gratuites et d'options de souscription d'actions) et L. 225-209-2 (rachat d'actions) du code de commerce (c. com. art. L. 225-211) :
– le nombre d'actions achetées et vendues au cours de l'exercice ;
– les cours moyens des achats et des ventes ;
– le montant des frais de négociation ;
– le nombre d'actions inscrites au nom de la société à la clôture de l'exercice et leur valeur évaluée au cours d'achat ainsi que leur valeur nominale pour chacune des finalités ;
– le nombre d'actions utilisées, les éventuelles réallocations dont elles ont fait l'objet et la fraction de capital qu'elles représentent.

Dans le cas des rachats d'actions de préférence, le rapport de gestion fournit des précisions sur les conditions de rachat, ainsi que les justifications et les modalités de calcul du prix proposé. Il y est également indiqué l'incidence de l'opération sur la situation des titulaires de titres de capital et de valeurs mobilières donnant accès au capital (c. com. art. R. 228-19).

• **Ajustements en cas d'émissions de valeurs mobilières donnant accès au capital.** Les sociétés appelées à attribuer les titres de capital ou les valeurs mobilières y donnant accès peuvent notamment procéder à un ajustement des conditions de souscription, des bases de conversion et des modalités d'échange ou d'attribution initialement prévues (c. com. art. L. 228-99, 3°). Le conseil d'administration doit rendre compte du calcul et des résultats de l'ajustement dans le rapport annuel (c. com. art. R. 228-91, dernier al.).

849 **Participation des salariés.** Le rapport doit rendre compte annuellement de l'état de la participation des salariés au capital social à la clôture de l'exercice. Il établit la proportion du capital que représentent les actions détenues par le personnel de la société et par celui des sociétés qui lui sont liées au sens de l'article L. 225-180 du code de commerce dans le cadre du plan d'épargne d'entreprise et par les salariés et anciens salariés dans le cadre des fonds communs de placement d'entreprise (c. com. art. L. 225-102, al. 1er).

• **Injonction.** Lorsque le rapport annuel ne comprend pas les mentions relatives à l'actionnariat des salariés, toute personne intéressée peut demander au président du tribunal statuant en référé d'enjoindre sous astreinte au conseil d'administration de communiquer ces informations. Lorsqu'il est fait droit à la demande, l'astreinte et les frais de procédure sont à la charge des administrateurs (c. com. art. L. 225-102, al. 3 et 4).

• **Actions gratuites et stock options des mandataires sociaux.** Depuis le 1er exercice clos après le 28 novembre 2019, les informations relatives aux limitations apportées à la possibilité de lever les options (c. com. art. L. 225-185, al. 4 modifié par l'ord. 2019-1234 du 27 novembre 2019) ou de céder les actions gratuites (c. com. art. L. 225-197-1 II al. 4 modifié par l'ord. 2019-1234 du 27 novembre 2019) au profit des dirigeants, qui figuraient antérieurement dans le rapport de gestion doivent désormais être mentionnées dans le rapport sur le gouvernement d'entreprise *(voir § 856)*.

850 **Informations fiscales.** Le rapport de gestion doit préciser le montant des dividendes distribués au titre des 3 derniers exercices et le montant des revenus distribués éligibles à l'abattement de 40 % ainsi que le montant de ceux qui ne sont pas éligibles (CGI art. 243 bis, al. 1er).

Ces mentions apparaîtront également dans le texte des résolutions. Elles sont présentées au paragraphe *869*.

En outre, la SA doit fournir certaines informations concernant les charges non fiscalement déductibles. Ainsi, sont transmis à l'assemblée générale :
– le montant global des charges somptuaires ainsi que l'impôt supporté en raison de ces charges (CGI art. 223 quater) ;
– et les frais généraux excessifs ayant donné lieu à réintégration, à la suite d'un redressement fiscal, dans le bénéfice imposable au titre de l'article 39, 5 du CGI (CGI art. 223 quinquies).

851 **Sanctions prononcées par l'Autorité de la concurrence.** L'Autorité de la concurrence peut ordonner l'insertion de sa décision liée à des pratiques anticoncurrentielles dans le rapport de gestion. Les frais sont alors supportés par la société (c. com. art. L. 464-2, I.al. 10).

Des informations supplémentaires à venir. Suite à l'intervention de l'ordonnance 2023-1142 du 6 décembre 2023, lorsque la SA est une « grande entreprise », dont les seuils, à l'heure où nous rédigeons ces lignes, doivent encore être fixés par décret, le rapport de gestion devra également comprendre des informations sur ses ressources incorporelles essentielles, la manière dont son modèle commercial dépend fondamentalement de ces ressources et en quoi elles constituent une source de création de valeur pour elle (c. com. art. L. 232-1, II, 7° modifié en vigueur au 1er janvier 2025). Cette nouvelle mention s'appliquera à compter du 1er janvier 2025.

852 **Document à annexer au rapport de gestion.** Est à annexer au rapport de gestion le tableau faisant apparaître les résultats des 5 derniers exercices ou de chacun des exercices clos depuis la constitution de la société ou l'absorption par celle-ci d'une autre société, s'ils sont inférieurs à 5 (c. com. art. R. 225-102). Un modèle de ce tableau figure en annexe 2-2 du code de commerce.

853 **Déclaration de performance extra-financière ou reporting de durabilité dans les grandes SA.** Pour les exercices ouverts avant le 1er janvier 2025, les SA non cotées dont le total du bilan ou le chiffre d'affaires excède 100 M € et dont le nombre moyen de salariés permanents est supérieur à 500 doivent insérer dans leur rapport de gestion une déclaration de performance extra-financière (DPEF). Néanmoins, les filiales ne sont pas tenues d'établir cette DPEF si leur société mère les inclus dans leurs comptes consolidés ou si la société qui les contrôle est établie en Europe et publie une DPEF (c. com. art. L. 225-102-1 et R. 225-104).

Cette DPEF va être progressivement remplacée par un reporting en matière de durabilité. En effet, l'ordonnance 2023-1142 du 6 décembre 2023, portant transposition de la directive dite « CSRD » (Corporate Sustainability Reporting Directive) du 14 décembre 2022, a imposé aux entreprises de nouvelles obligations de transparence en matière environnementale, sociale et de gouvernance (ord. 2023-1142 du 6 décembre 2023, JO du 7 ; dir. (UE) 2022/2464 du 14 décembre 2022, art. 1er, 4). Ces informations, qui devront être contenues dans une section du rapport de gestion dédiée aux enjeux de durabilité, s'imposeront à davantage de grandes entreprises et grands groupes. Toutefois, à l'heure où nous rédigeons ces lignes, le décret fixant les nouveaux seuils des sociétés et groupes concernés n'est pas encore paru. En ce qui concerne les SA non cotées, les nouvelles dispositions s'appliqueront de manière progressive à partir des exercices ouverts depuis le 1er janvier 2025. Le premier reporting de durabilité sera alors établi en 2026.

Le reporting en matière de durabilité devra permettre de comprendre les incidences de l'activité de la société sur les enjeux de durabilité (enjeux environnementaux, sociaux et de gouvernement d'entreprise). Il traitera également la manière dont ces enjeux influent sur l'évolution des affaires, des résultats et de la situation de la société (ord. 2023-1142 du 6 décembre 2023, art. 8).

• **Exercices ouverts entre le 1er janvier et le 31 décembre 2024**. Pour le rapport afférent à l'exercice ouvert entre le 1er janvier et le 31 décembre 2024, les dispositions relatives à la DPEF demeurent applicables seulement pour les SA qui ne seront pas soumises aux nouvelles obligations d'informations en matière de durabilité (ord. 2023-1142 du 6 décembre 2023, art. 34, I).

• **Contenu de la DPEF.** La DPEF présente des informations sur la manière dont la société prend en compte les conséquences sociales et environnementales de son activité. Elle doit notamment mentionner (c. com. art. L. 225-102-1, III) :
– les informations relatives aux conséquences sur le changement climatique de l'activité de la société et de l'usage des biens et services qu'elle produit. Ces informations doivent comprendre, le cas échéant, les postes d'émissions de gaz à effet de serre liées aux activités de transport amont et aval de l'activité et être accompagnées d'un plan d'action visant à réduire ces émissions, notamment par le recours aux modes ferroviaire et fluvial ainsi qu'aux biocarburants et à l'électromobilité. En pratique, sont visées les entreprises amenées à commanditer des prestations de transport de marchandises ;
– les engagements sociétaux en faveur du développement durable, de l'économie circulaire, de la lutte contre le gaspillage alimentaire, de la lutte contre la précarité alimentaire, du respect du bien-être animal et d'une alimentation responsable, équitable et durable ;
– les accords collectifs conclus dans l'entreprise et leurs impacts sur la performance économique de l'entreprise ainsi que sur les conditions de travail des salariés ;
– les actions visant à lutter contre les discriminations et promouvoir les diversités ;
– les actions visant à promouvoir le lien Nation-armée et à soutenir l'engagement dans les réserves ;

– les actions visant à promouvoir la pratique d'activités physiques et sportives ;
– les mesures prises en faveur des personnes handicapées ;
– pour certaines grandes sociétés non cotées qui sont des sociétés mères de grands groupes dépassant des seuils sur une base consolidée, les informations, en matière de taxonomie « verte », sur la manière et la mesure dans laquelle les activités de l'entreprise sont associées à des activités économiques pouvant être considérées comme durables sur le plan environnemental (règlement (UE) 2020/852 du 18 juin 2020, art. 8, § 1).

Les sociétés qui établissent une DPEF sont réputées avoir satisfait à l'obligation de mentionner dans le rapport de gestion les informations relatives aux indicateurs de performance de nature non financière (c. com. art. L. 225-102-1, VI).

La DPEF doit être mise à la libre disposition du public et rendue aisément accessible sur le site internet de la société dans un délai de 8 mois à compter de la clôture de l'exercice et pendant une durée de 5 ans (c. com. art. R. 225-105-1, III).

• **Sanctions.** Lorsque le rapport de gestion ne comporte pas la DPEF, toute personne intéressée peut demander au président du tribunal statuant en référé d'enjoindre, le cas échéant sous astreinte, au conseil d'administration de communiquer les informations devant figurer dans la déclaration. Lorsqu'il est fait droit à la demande, l'astreinte et les frais de procédure sont à la charge, individuellement ou solidairement selon le cas, des administrateurs (c. com. art. L. 225-102-1, VI, al. 2).

• **Comptes consolidés et DPEF.** Les sociétés qui doivent établir des comptes consolidés sont tenues de publier une DPEF consolidée dès lors que l'ensemble des entreprises comprises dans le périmètre de consolidation excède les seuils mentionnés ci-avant (c. com. art. L. 225-102-1, II), sauf si elles sont contrôlées par une société qui les inclut dans ses comptes consolidés et qui publie, à ce titre, une déclaration consolidée (c. com. art. L. 225-102-1, IV). Dans ce cas, les informations à fournir portent sur l'ensemble des entreprises incluses dans le périmètre de consolidation (c. com. art. L. 225-102-1, III). Cette déclaration est à inclure dans le rapport de gestion du groupe.

Lorsqu'une société n'est pas tenue d'établir de comptes consolidés mais qu'elle décide d'en établir sur une base volontaire, ce n'est que s'ils sont publiés et présentés à l'AGO, et donc que la société doit établir un rapport sur la gestion du groupe, qu'elle devra y inclure une DPEF consolidée si l'ensemble des entreprises comprises dans le périmètre de consolidation dépasse les seuils précités (CNCC, EJ 2018-48, février 2019).

854 **Mémo du rapport de gestion.** Nous vous présentons ci-après un tableau récapitulatif des mentions à insérer dans le rapport de gestion d'une SA non cotée.

Mémo du rapport de gestion de la SA non cotée	
Nature des informations	**Textes de référence**
Objectifs	
Présentation à l'assemblée par le conseil d'administration des comptes annuels et, le cas échéant, du rapport de gestion, des comptes consolidés accompagnés du rapport de gestion du groupe.	c. com. art. L. 225-100, al. 2
Mentions d'usage	
Rappel de la nature de l'assemblée. Informations significatives sur les aspects économiques, juridiques et sociaux de la société.	c. com. art. L. 225-100
Informations de base	
Situation de la société durant l'exercice écoulé *(voir § 841)*.	c. com. art. L. 232-1, II
Évolution prévisible *(voir § 843)*.	c. com. art. L. 232-1, II
Événements importants survenus entre la date de clôture de l'exercice et la date d'établissement du rapport *(voir § 842)*.	c. com. art. L. 123-20 et L. 232-1, II
Activités en matière de recherche et de développement.	c. com. art. L. 232-1, II

Mémo du rapport de gestion de la SA non cotée	
Nature des informations	**Textes de référence**
Succursales.	c. com. art. L. 232-1, II
Information renforcée	
Analyse objective et exhaustive de l'évolution des affaires, des résultats et de la situation financière de la société, notamment de sa situation d'endettement, au regard du volume et de la complexité des affaires.	c. com. art. L. 225-100-1, I, 1°
Si nécessaire à la compréhension de l'évolution des affaires, des résultats ou de la situation de la société, indicateurs clefs de performance de nature financière.	c. com. art. L. 225-100-1, I, 2°
Si nécessaire à la compréhension de l'évolution des affaires, des résultats ou de la situation de la société, indicateurs clefs de performance de nature non financière ayant trait à l'activité spécifique de la société, notamment des informations relatives aux questions d'environnement et de personnel.	c. com. art. L. 225-100-1, I, 2°
Description des principaux risques et incertitudes auxquels la société est confrontée *(voir § 844)*.	c. com. art. L. 225-100-1, I, 3°
Comptabilité de couverture et utilisation des instruments financiers *(voir § 845)*.	c. com. art. L. 225-100-1, I, 4°
Information liée à une activité dangereuse *(voir § 844)*.	c. com. art. L. 225-102-2
Données fiscales	
Montant des dépenses non déductibles et des dépenses somptuaires.	CGI art. 223 quater et 223 quinquies
Montant des 3 derniers dividendes.	CGI art. 243 bis
Filiales, participation et actionnariat	
Information générale	
Activité et résultats des filiales de la société et des sociétés qu'elle contrôle par branche d'activité.	c. com. art. L. 233-6, al. 2
En présence de valeurs mobilières composées, éléments de calcul et des résultats des ajustements pratiqués.	c. com. art. R. 228-91, dernier al.
Participation et contrôle	
Prises de participation significatives ou prises de contrôle intervenues au cours de l'exercice *(voir § 848)*.	c. com. art. L. 233-6
Rachat par la société de ses propres actions *(voir § 848)*.	c. com. art. L. 225-211, L. 225-209-2 et R. 228-19
Aliénations d'actions intervenues à l'effet de régulariser les participations réciproques.	c. com. art. L. 233-29 et R. 233-19
Actions d'auto-contrôles *(voir § 848)*.	c. com. art. L. 233-13
Actionnariat salarié	
Proportion du capital que représentent les actions détenues par le personnel de la société et par celui des sociétés qui lui sont liées au sens de l'article L. 225-180 du code de commerce *(voir § 849)*.	c. com. art. L. 225-102
Rachat d'actions en vue de les attribuer aux salariés *(voir § 848)*.	c. com. art. L. 225-208, L. 225-211 et R. 228-19
Gouvernement d'entreprise (SA à conseil d'administration)	
Liste de l'ensemble des mandats et fonctions exercés dans toute société par chaque mandataire social durant l'exercice *(voir § 855)*.	c. com. art. L. 225-37-4, 1°
Conventions intervenues, directement ou par personne interposée, entre un des mandataires sociaux et une société contrôlée par la première *(voir § 855)*.	c. com. art. L. 225-37-4, 2°
Tableau récapitulatif des délégations en matière d'augmentation de capital *(voir § 855)*.	c. com. art. L. 225-37-4, 3°

Mémo du rapport de gestion de la SA non cotée	
Nature des informations	**Textes de référence**
À l'occasion du premier rapport ou en cas de modification, le choix fait de l'une des deux modalités d'exercice de la direction générale *(voir § 855)*.	c. com. art. L. 225-37-4, 4°
Lorsque des stock-options ou une attribution gratuite d'actions ont été consenties par le conseil aux dirigeants, le rapport doit indiquer si les options ou les cessions pourront ou non intervenir avant la cessation de leurs fonctions *(voir § 856)*.	c. com. art. L. 225-197-1, II, al. 4 et L. 225-185, al. 4
Autres mentions	
Le cas échéant, injonctions ou sanctions pécuniaires pour des pratiques anticoncurrentielles *(voir § 851)*.	c. com. art. L. 464-2, I.al. 10
Informations sur les délais de paiement *(voir § 846)*.	c. com. art. L. 441-14 et D. 441-6
Prêts inter-entreprises *(voir § 847)*.	c. mon. et fin. art. L. 511-6 et R. 511-2-1-3
Document à annexer	
Tableau des résultats des 5 derniers exercices *(voir § 852)*.	c. com. art. R. 225-102
NB : En fonction de la taille de la SA, sont à ajouter un plan de vigilance et une DPEF ou un reporting de durabilité *(voir §§ 844 et 853)*.	

Rapport sur le gouvernement d'entreprise

▸ Informations requises

855 Le rapport sur le gouvernement d'entreprise relève de la compétence du conseil d'administration (c. com. art. L. 225-37, al. 6). Il prend la forme d'un rapport distinct joint au rapport de gestion. Toutefois, les SA à conseil d'administration peuvent présenter ce rapport dans une section spécifique du rapport de gestion.

Doivent figurer dans le rapport sur le gouvernement d'entreprise (c. com. art. L. 225-37-4) :

– la liste de l'ensemble des mandats et fonctions exercés dans toute société par chaque mandataire social durant l'exercice ;

– les conventions intervenues, directement ou par personne interposée, entre, d'une part, l'un des mandataires sociaux ou l'un des actionnaires disposant d'une fraction des droits de vote supérieure à 10 % d'une société et, d'autre part, une autre société contrôlée par la première au sens de l'article L. 233-3 du code de commerce, à l'exception des conventions portant sur des opérations courantes et conclues à des conditions normales ;

– le tableau récapitulatif des délégations en cours de validité accordées par l'assemblée générale des actionnaires pour les augmentations de capital, par application des articles L. 225-129-1 et L. 225-129-2 du code de commerce, et faisant apparaître l'utilisation faite de ces délégations au cours de l'exercice ;

– à l'occasion du premier rapport ou en cas de modification, le choix fait de l'une des deux modalités d'exercice de la direction générale (président du conseil d'administration ou directeur général).

• **Conventions conclues avec une société contrôlée.** La loi Pacte a supprimé la mention « possède directement ou indirectement plus de la moitié du capital » de l'article L. 225-37-4, 2° du code de commerce. L'article vise désormais toute société contrôlée par la SA au sens de l'article L. 233-3 du même code.

Avec cette modification, devront être mentionnées dans le rapport sur le gouvernement d'entreprise les conventions réglementées conclues avec toute société (c. com. art. L. 233-3) :

– dont la SA détient directement ou indirectement une fraction de capital lui conférant la majorité des droits de vote aux assemblées ;

– dont la SA détient la majorité des droits de vote en vertu d'un accord conclu avec les actionnaires ;
– sur lesquelles la SA exerce un contrôle de fait, par ses droits de vote, sur les décisions des assemblées ;
– dont la SA est un associé disposant du pouvoir de nommer ou de révoquer la majorité des membres de la direction.

La SA est présumée exercer ce contrôle lorsqu'elle dispose directement ou indirectement, d'une fraction des droits de vote supérieure à 40 % et qu'aucun autre associé ne détient directement ou indirectement une fraction supérieure à la sienne.

• **Petites entreprises.** Bien que les petites entreprises ne soient plus dans l'obligation d'établir un rapport de gestion *(voir § 840)*, la Compagnie nationale des commissaires aux comptes estime qu'elles doivent établir un rapport sur le gouvernement d'entreprise (CNCC, EJ 2018-63, novembre 2018).

▸ Informations supplémentaires sur les dirigeants

856 Les dirigeants de SA peuvent se voir attribuer des actions gratuites de la société ou des options donnant droit à la souscription ou à l'achat d'actions de la société. Pour les actions ou options ainsi attribuées, le conseil d'administration soit décide qu'elles ne peuvent pas être cédées ou levées par les intéressés avant la cessation de leurs fonctions, soit fixe la quantité de ces actions ou des actions issues de levées d'options qu'ils sont tenus de conserver au nominatif jusqu'à la cessation de leurs fonctions *(voir §§ 1148 et 1168)*.

Depuis le 1er exercice clos après le 28 novembre 2019, ces informations relatives aux limitations apportées à la possibilité de lever les options ou de céder les actions gratuites qui figuraient antérieurement dans le rapport de gestion doivent désormais être mentionnées dans le rapport sur le gouvernement d'entreprise (c. com. art. L. 225-197, II, al. 4 et L. 225-185, al. 4).

Autres rapports

▸ Stock-options et actions gratuites

857 La SA qui accorde des options est tenue d'établir un rapport spécial informant l'assemblée annuelle des opérations réalisées au cours de l'exercice au titre de ces options (c. com. art. L. 225-184) *(voir § 1175)*.

De même, un rapport d'information annuelle de l'assemblée porte sur les attributions gratuites d'actions consenties au cours de l'exercice (c. com. art. L. 225-197-4) *(voir § 1151)*.

▸ Rapports du commissaire aux comptes

858 Lorsque la SA est dotée d'un commissaire aux comptes, celui-ci certifie que les comptes annuels sont réguliers et sincères et donnent une image fidèle du résultat des opérations de l'exercice écoulé ainsi que de la situation financière et du patrimoine de la société à la fin de l'exercice. Il doit justifier de ses appréciations (c. com. art. L. 823-9 et L. 823-10 devenus c. com. art. L. 821-53 et L. 821-54 à compter du 1er janvier 2024). Parmi les appréciations de nature à nécessiter une justification, figurent celles se rapportant à des éléments significatifs des comptes, reflétant des événements ou des décisions importantes prises par l'entité au cours de l'exercice, et donc déterminantes pour la compréhension des comptes. S'agissant des délais de paiement, le commissaire aux comptes atteste dans son rapport sur les comptes annuels de l'exactitude des informations déclarées (c. com. art. D. 823-7-1) *(voir § 846)*.

Le commissaire aux comptes doit également établir un rapport sur les conventions réglementées, à moins que la société n'ait choisi de bénéficier de la mission « Audit légal des petites entreprises » *(voir §§ 975 et 1048)*.

Enfin, l'article L. 225-235 du code de commerce disposait que le commissaire aux comptes joint à son rapport d'audit, un rapport dans lequel il atteste de l'existence des informations requises dans le rapport sur le gouvernement d'entreprise *(voir §§ 855 et 856)*. L'ordonnance 2020-1142 du 16 septembre 2020 a abrogé l'article L. 225-235, dont le contenu a été transféré vers la réglementation propre aux sociétés cotées (c. com. art. L. 22-10-71). Pour autant, il ne s'agit là que d'une maladresse du législateur, que le projet de loi de ratification de l'ordonnance 2020-1142 entend rectifier en rétablissant l'article L. 225-235 (projet Sénat n° 681 du 15 juin 2022, art. 8).

L'assemblée peut, sur proposition du conseil d'administration, autoriser le commissaire aux comptes à adresser directement ses rapports au greffe. Il peut être mis un terme à cette autorisation selon les mêmes formes (c. com. art. L. 823-8-1 devenu c. com. art. L. 823-8-1 à compter du 1er janvier 2024). Le commissaire aux comptes est libre d'accepter ou de refuser de déposer lui-même ses rapports et les documents annexes. Pour la Commission des études juridiques de la Compagnie nationale des commissaires aux comptes, cette transmission au greffe nécessite une concertation entre le commissaire aux comptes et la société (CNCC, EJ 2002-100, janvier 2013).

Nullité des délibérations. Depuis la loi 2019-744 du 19 juillet 2019, les décisions adoptées par l'assemblée annuelle sont nulles si le rapport du commissaire aux comptes ne lui a pas été présenté (c. com. art. L. 225-121, al. 1).

Préparation de l'assemblée et information des actionnaires

▸ Préliminaires

859 La préparation de l'assemblée nécessite de contrôler différents points afin de préparer efficacement l'ordre du jour. Ainsi, un retour aux statuts sera souvent nécessaire pour contrôler notamment les modes de convocation des membres du conseil d'administration et des actionnaires, les délais d'inscription en compte des actions pour participer aux assemblées, les modalités d'exercice du droit de vote.

Une consultation des derniers procès-verbaux du conseil d'administration s'imposera pour vérifier si d'autres questions sont à soumettre à l'assemblée. Il en sera de même du précédent procès-verbal d'assemblée annuelle. Le dossier juridique avec les dates de nomination des administrateurs et du commissaire aux comptes est le support naturel pour la gestion des mandats.

Au vu de ces documents, le conseil pourra établir un ordre du jour précis, l'assemblée ne pouvant délibérer que sur les questions inscrites à l'ordre du jour joint à la convocation *(voir § 688)*.

▸ Ordre du jour standard

860 L'ordre du jour « standard » de l'assemblée ordinaire annuelle est limité aux points suivants :
– approbation des comptes de l'exercice ;
– affectation du résultat ;
– le cas échéant, rapport de gestion du conseil d'administration ;

– le cas échéant, rapport du commissaire aux comptes sur les comptes de l'exercice
– rapport du commissaire aux comptes (ou du président du conseil d'administration) sur les conventions réglementées *(voir §§ 1048 et 1051)*.

L'assemblée peut révoquer un ou plusieurs administrateurs et procéder à leur remplacement sans que ces points soient inscrits à l'ordre du jour *(voir § 688)*. Dans cette perspective, un mandat donné par un actionnaire pour être représenté à une assemblée générale porte nécessairement sur l'exercice de ce pouvoir de révocation, sauf instruction contraire du mandant (cass. com. 1er juillet 2008, n° 06-19020).

Sur la nécessité de rédiger un ordre du jour clair et précis, voir le paragraphe *689*.

• **Siège social.** Si le siège social a été transféré par le conseil d'administration dans le même département, la prochaine assemblée doit ratifier le transfert *(voir § 834)*.

• **Questions diverses.** La rubrique « Questions diverses » ne peut couvrir que des sujets de minime importance (c. com. art. R. 225-66, al. 2).

• **Nullité relative.** Le non-respect d'une disposition régissant l'ordre du jour de l'assemblée peut entraîner la nullité des délibérations de l'assemblée (c. com. art. L. 225-121, al. 3).

• **Points à l'ordre du jour et projets de résolution émanant d'actionnaires.** Un ou plusieurs actionnaires représentant au moins 5 % du capital ont la faculté de requérir l'inscription à l'ordre du jour de points ou de projets de résolution *(voir § 690)*.

▶ Documents nécessaires

861 Outre les documents comptables *(voir § 900)*, doivent être établis :
– la liste des actionnaires *(voir § 632)* ;
– les P-V et les feuilles de présence aux assemblées des 3 derniers exercices ;
– le rapport de gestion du conseil d'administration *(voir § 839)* ;
– le rapport sur le gouvernement d'entreprise *(voir § 855)* ;
– le rapport spécial sur les stock-options *(voir § 857)* ;
– le rapport spécial concernant les actions gratuites *(voir § 857)* ;
– le cas échéant, le rapport sur les comptes annuels du commissaire aux comptes *(voir §§ 858 et 981)* ;
– le rapport du commissaire aux comptes (ou du président du conseil d'administration) relatif aux conventions réglementées *(voir §§ 858, 1004, 1048 et 1051)* ;
– les lettres de convocation *(voir § 699)* ;
– les projets de résolution proposés par le conseil d'administration ;
– le texte et l'exposé des motifs des projets de résolution présentés par les actionnaires (5 %) *(voir § 690)* ;
– les projets de résolution du comité social et économique *(voir § 695)* ;
– l'ordre du jour ;
– l'information sur les dirigeants et contrôleurs *(voir § 627)* ;
– le montant global certifié, le cas échéant, par le commissaire aux comptes des rémunérations versées aux personnes les mieux rémunérées *(voir § 638)* ;
– le montant des trois derniers dividendes et la ventilation entre les sommes éligibles ou non à l'abattement de 40 % *(voir § 869)*. Ces renseignements devront être rappelés dans le rapport de gestion et dans la résolution relative aux dividendes ;
– un modèle type de procuration. Ce document sera souvent adressé à la demande d'un actionnaire. Son envoi implique celui d'autres documents *(voir §§ 620 et 621)* ;
– si un administrateur doit être nommé, il est nécessaire de préciser son identité et les fonctions exercées *(voir § 628)* ;

– si un commissaire aux comptes doit être nommé, le montant des honoraires des commissaires aux comptes affiliés à un réseau *(voir § 629)*.

Ces documents vont permettre de répondre au droit de communication des actionnaires.

Droit de communication des actionnaires. À compter de la convocation de l'AGO annuelle et au moins pendant le délai de 15 jours qui précède la date de la réunion, tout actionnaire a droit de prendre connaissance au siège social des documents et renseignements énoncés sous les paragraphes *631 à 641*.

Par ailleurs, tout actionnaire peut demander l'envoi de documents que l'assemblée doit lui adresser. Cette communication peut se faire par voie électronique *(voir §§ 619 à 629)*.

Affectation des résultats

▸ Approbation des comptes puis affectation du résultat

862 Une des premières résolutions mises aux voix est celle relative à l'approbation des comptes conditionnant l'affectation du résultat.

Après avoir approuvé les comptes et, s'il y a lieu, les comptes consolidés, l'assemblée générale statue sur l'affectation des résultats dans les conditions prévues par les statuts et les dispositions des textes légaux. Après constatation de l'existence de sommes distribuables, l'assemblée détermine la part attribuée aux actionnaires sous forme de dividendes.

L'assemblée peut n'approuver le bilan qu'après y avoir apporté certaines modifications. Elle peut, par exemple, estimer que certains postes d'actif sont portés pour une valeur trop élevée et constituer une provision destinée à contrebalancer la perte éventuelle. Il en est notamment ainsi pour les créances d'un recouvrement douteux. Elle peut aussi augmenter ou diminuer le montant des amortissements proposés par le conseil.

L'assemblée peut refuser d'approuver les comptes. Ce refus a souvent pour but et généralement pour effet d'entraîner la démission collective du conseil d'administration.

• **Refus d'approbation des comptes.** Si les actionnaires refusent d'approuver les comptes, les sommes ne peuvent être distribuées et le dividende ne peut être versé. L'approbation des comptes conditionne le versement des sommes distribuables (c. com. art. L. 232-12).

• **Comptes consolidés.** Les comptes annuels et les comptes consolidés sont soumis à la même procédure d'approbation, ils sont traités sur un pied d'égalité (c. com. art. L. 225-100). L'assemblée n'est pas tenue de voter deux résolutions, l'une relative aux comptes annuels, l'autre aux comptes consolidés ; elle peut regrouper l'approbation des deux catégories de comptes en une résolution unique. Une majorité d'actionnaires pourrait toutefois demander la dissociation de cette résolution unique *(voir § 924)*.

• **Présentation simplifiée.** Les sociétés commerciales peuvent adopter une présentation simplifiée de leurs comptes annuels si elles ne dépassent pas certains seuils (c. com. art. L. 123-16) *(voir § 901)*.

• **Erreur découverte après l'approbation des comptes.** Les comptes sociaux approuvés et publiés ne doivent pas être modifiés *a posteriori*. Selon la Compagnie nationale des commissaires aux comptes, il ne peut être porté atteinte aux droits acquis et il n'est pas possible à une assemblée générale de modifier des comptes précédemment publiés ou ayant donné lieu à une répartition de dividendes. L'assemblée ne peut prendre une nouvelle décision sur le rapport du commissaire aux comptes que lorsque les comptes n'ont pas été publiés et que l'erreur ne porte pas atteinte à des droits acquis (CNCC, bull. 119, septembre 2000, p. 385, et NI I « Rapports du CAC sur les comptes annuels et consolidés », 3e éd., décembre 2018, § 11.81).

Toutefois, selon l'ANSA, les risques du défaut d'image fidèle, lorsque des erreurs significatives ont un impact sur le résultat, imposent dans certains cas une information spécifique des actionnaires et des tiers. Pour les sociétés non cotées, la seule voie est le dépôt au greffe. Si, dans la plupart des cas, la position précitée de la Compagnie nationale des commissaires aux comptes peut s'appliquer, lorsque le défaut d'image fidèle est établi ou vraisemblable, une information des actionnaires et des créanciers devient indispensable. Pour ce faire, l'ANSA estime que la Chancellerie devrait être saisie afin de rendre possible l'information des actionnaires et des tiers par mention au greffe, à la demande de la société (sans que les comptes soient modifiés) (ANSA, comité juridique du 7 mars 2012, n° 12-025).

Rappelons que sur le plan comptable, les corrections d'erreurs sont comptabilisées au cours de l'exercice au cours duquel elles sont constatées, l'incidence, après impôt, des erreurs significatives étant présentée sur une ligne séparée du compte de résultat (sauf correction d'une écriture ayant été directement imputée sur les capitaux propres) (PCG art. 122-6).

▸ Bénéfice distribuable et sommes distribuables

863 Des dividendes peuvent être distribués sous deux conditions (c. com. art. L. 232-12, al. 1er) **:**

– l'assemblée doit avoir approuvé les comptes ;

– l'assemblée doit constater l'existence de sommes distribuables.

Le bénéfice distribuable est le bénéfice de l'exercice diminué des pertes antérieures ainsi que des sommes à porter en réserve en application de la loi ou des statuts et augmenté des reports bénéficiaires (c. com. art. L. 232-11, al. 1er)**. En d'autres termes, les réserves statutaires – assez exceptionnelles en pratique – l'amputent au même titre que la réserve légale.**

L'assemblée vote sur la proposition d'affectation du résultat présentée par le conseil d'administration. Elle peut par un vote spécial modifier le texte proposé et procéder à d'autres imputations ou distributions. Très souvent, un débat s'ouvre sur le montant du dividende à distribuer par action.

L'assemblée générale peut décider la mise en distribution de sommes prélevées sur les réserves dont elle a la disposition. Dans ce cas, la décision indique expressément les postes de réserve sur lesquels les prélèvements sont effectués. Le prélèvement sur les réserves doit être subsidiaire, les dividendes devant être prélevés par priorité sur les bénéfices (c. com. art. L. 232-11, al. 2)**.**

• **Capitaux propres inférieurs au capital.** Hors le cas de réduction de capital, aucune distribution ne peut être faite aux actionnaires lorsque les capitaux propres sont ou deviendraient, à la suite de celle-ci, inférieurs au montant du capital augmenté des réserves que la loi ou les statuts ne permettent pas de distribuer (c. com. art. L. 232-11, al. 3). Cette règle conduit par prudence à conserver des réserves disponibles à hauteur du « Report à nouveau » déficitaire.

• **Frais d'établissement.** Les frais de constitution de sociétés sont amortis avant toute distribution de bénéfices et, au plus tard, dans les 5 ans (c. com. art. L. 232-9). Il ne peut y avoir de distribution tant que ces frais ne sont pas apurés.

▸ Réserve légale

864 À peine de nullité de toute délibération contraire, il est fait sur le bénéfice de l'exercice, diminué, le cas échéant, des pertes antérieures, un prélèvement de 5 %

au moins affecté à la formation d'un fonds de réserve dit « réserve légale ». Ce prélèvement cesse d'être obligatoire lorsque la réserve atteint 10 % du capital social (c. com. art. L. 232-10).

• **Impossibilité de distribuer la réserve légale.** Il n'est pas possible d'utiliser la réserve légale à la distribution d'un dividende aux actionnaires. Cette réserve est en effet acquise non seulement aux actionnaires, mais aussi aux créanciers de la société. Pour la même raison, le fonds de réserve légale ne peut être employé à l'amortissement ou au rachat du capital. Un prélèvement en faveur des actionnaires ne serait possible que si ce fonds dépassait le minimum légal soit par suite d'une affectation supplémentaire, soit en raison d'une réduction de capital.

• **Capital de référence.** Le capital qui sert de base au calcul est le capital nominal existant au moment du prélèvement. Lorsque la réserve légale atteint 10 % du capital et que la société procède à une augmentation de capital, le prélèvement doit être repris jusqu'à ce que la réserve légale soit complète.

Distribution d'un dividende

▸ Pouvoir souverain de l'assemblée

865 **Après approbation des comptes annuels et constatation de l'existence de sommes distribuables** *(voir § 863)*, **l'assemblée détermine la part du bénéfice attribuée aux actionnaires sous forme de dividendes. C'est la décision de l'assemblée qui donne naissance au dividende** (cass. com. 23 octobre 1990, n° 89-13999). **Même non prévu par les statuts, le report à nouveau d'une partie des bénéfices est toujours possible, l'assemblée n'est pas tenue de suivre les propositions du conseil. En tout cas, les actionnaires doivent respecter les règles statutaires prévues pour la distribution du dividende : en effet, la notion de dividende est attachée à une distribution régulière** *(voir § 868)*.

Toutes les personnes qui ont la qualité d'actionnaire à la date de l'assemblée annuelle décidant la distribution d'un résultat ont droit à leur quote-part de dividendes.

• **Actions démembrées.** L'usufruitier a droit aux dividendes. L'article 582 du code civil attache d'ailleurs à l'usufruit cette prérogative essentielle (cass. com. 31 mars 2004, n° 03-16694). Lorsque le dividende est prélevé sur le bénéfice courant de l'exercice, ce principe s'applique sans difficulté. Néanmoins, lorsque des réserves sont distribuées, la question se pose de savoir qui, de l'usufruitier ou du nu-propriétaire, doit les percevoir. Selon la Cour de cassation, les réserves distribuées ne constituent pas des fruits mais constituent l'accroissement de l'actif social. Ainsi, en ne distribuant pas, la société capitalise. Les sommes prélevées sur les réserves doivent alors revenir au nu-propriétaire (cass. com. 27 mai 2015, n° 14-16246 ; cass. civ., 1re ch., 22 juin 2016, nos 15-19471 et 15-19516).

• **Saisie des dividendes.** Les dividendes peuvent être saisis par le créancier d'un associé, mais non les réserves (cass. civ., 2e ch., 11 mai 2017, n° 16-14139 ; cass. com. 13 septembre 2017, n° 16-13674).

▸ Dans le délai de 9 mois après la clôture de l'exercice

866 **La mise en paiement des dividendes doit avoir lieu dans le délai de 9 mois après la clôture de l'exercice. Ce délai peut toutefois être prorogé par ordonnance du président du tribunal de commerce statuant sur requête à la demande du conseil d'administration** (c. com. art. L. 232-13 et R. 232-18).

Un actionnaire peut renoncer totalement ou partiellement aux dividendes auxquels il a droit au titre d'un exercice clos, sous réserve que cette renonciation soit expresse (cass. com. 26 mai 2004, n° 03-11471).

• **Faute de gestion.** L'obligation de paiement du dividende dans les 9 mois de la clôture de l'exercice éventuellement prolongés n'est pas sanctionnée pénalement. Toutefois, le non-respect de cette règle constitue une faute de gestion pouvant donner lieu à des dommages et intérêts. Le dirigeant d'une holding commet une faute de gestion en proposant à l'assemblée générale d'une filiale une distribution exceptionnelle de dividendes. Cette remontée de dividendes était contraire à l'intérêt de la filiale et avait permis au dirigeant de favoriser la holding dont il était actionnaire majoritaire (cass. com. 25 octobre 2011, n° 10-23671).

• **Paiement par chèque ou par virement.** Les dividendes ne peuvent pas être payés en espèces lorsqu'ils dépassent 1 000 € (c. mon. et fin. art. L 112-6 et D. 112-3).

▶ Paiement des dividendes en actions

867 **Le paiement du dividende en actions nécessite une clause des statuts l'autorisant. Cette opération peut entraîner une modification des équilibres dans la mesure où elle se traduit par une augmentation de capital. Dans le silence des statuts, seule une assemblée extraordinaire peut les modifier afin d'y introduire une clause autorisant ce mode de paiement.**

Ce préalable acquis, la décision d'offrir aux actionnaires un paiement du dividende en numéraire ou en actions est prise par l'AGO statuant sur les comptes. L'offre doit être faite simultanément à tous les actionnaires (c. com. art. L. 232-18).

Le prix d'émission des actions, qui seront attribuées aux actionnaires ayant opté pour ce mode de paiement, ne peut pas être inférieur au montant nominal des actions. Dans les sociétés non cotées, le prix d'émission des actions est fixé au choix de la société :
– soit par un expert désigné en justice à la demande du président du conseil d'administration ;
– soit en divisant l'actif net calculé d'après le bilan approuvé au cours de l'assemblée par le nombre d'actions.

Le commissaire aux comptes, si la société en est dotée, présente un rapport spécial à l'assemblée générale portant sur la vérification des règles de détermination du prix d'émission (c. com. art. L. 232-19).

La demande de paiement du dividende en actions doit intervenir dans le délai fixé par l'assemblée générale, lequel ne peut pas être supérieur à 3 mois à compter de la date de cette assemblée (c. com. art. L. 232-20). **Les rompus sont payés en numéraire** (c. com. art. L. 232-19, al. 4).

• **Augmentation de capital.** Le paiement du dividende en actions entraîne une augmentation de capital en numéraire pour pouvoir attribuer les actions demandées. Celle-ci est réalisée du seul fait de la demande de paiement du dividende en actions et ne donne pas lieu aux formalités de publicité préalable et au dépôt des fonds dans un établissement bancaire (c. com. art. L. 232-20). En revanche, le capital de la société doit être intégralement libéré. En pratique, l'assemblée donnera tout pouvoir au conseil d'administration pour les modalités de cette augmentation.

Après l'expiration du délai d'exercice de l'option, le conseil d'administration constate le nombre des actions émises suite aux options prises et apporte les modifications nécessaires aux clauses des statuts relatives au montant du capital et au nombre d'actions représenté (c. com. art. L. 232-20).

• **Délégation pour modifier les statuts.** Le conseil d'administration peut déléguer au président, et depuis le 21 juillet 2019, au directeur général et au directeur général délégué, le soin de modifier les statuts à la suite du paiement des dividendes en actions (c. com. art. L. 232-20 modifié par la loi 2019-744 du 19 juillet 2019).

• **Actions démembrées.** En ce qui concerne la levée de l'option qui peut être offerte aux actionnaires entre une distribution en numéraire ou en actions des dividendes, un arrêt de la Cour de cassation a précisé que, au moment de l'exercice de l'option, le nu-propriétaire peut faire valoir son propre point de vue auprès de l'usufruitier en demandant la division de la résolution de l'assemblée qui porte à la fois sur le principe de la distribution de dividendes et sur le droit d'option. De plus, il doit proposer d'indemniser l'usufruitier d'une somme équivalente à la valeur du dividende (cass. com. 3 mars 2009, n° 07-20515).

• **Distribution d'un fonds de commerce.** Il a été jugé possible d'attribuer, à titre de dividende, un fonds de commerce si l'actionnaire bénéficiaire a donné son accord (dation en paiement) ou en application d'une décision de l'assemblée et/ou d'une clause statutaire. Selon l'ANSA, bien que la distribution d'un fonds de commerce à titre de dividende ne constitue pas une cession, il convient d'effectuer la publicité du transfert du fonds (c. com. art. L. 141-12). Cette publicité devra préciser le caractère ***sui generis*** de la transmission de propriété afin de renseigner les tiers sur l'absence de prix, et ainsi la portée réelle du droit d'opposition (ANSA, comité juridique du 4 janvier 2012, n° 12-005 à propos d'une SAS mais transposable à la SA).

▸ Dividende fictif, prescription et répétition des dividendes

868 **Sous réserve du respect de la procédure particulière d'acomptes sur dividende** *(voir §§ 870 à 872)*, **tout dividende distribué sans approbation préalable des comptes et constatation de l'existence de sommes distribuables constitue un dividende fictif** (c. com. art. L. 232-12, al. 3). **Les distributions de dividendes fictifs sont sanctionnées pénalement (5 ans d'emprisonnement et amende de 375 000 € ;** c. com. art. L. 242-6, 1°**).**

Les dividendes attachés aux actions sont prescrits à l'issue d'un délai de 5 ans (c. général de la propriété des personnes publiques art. L. 1126-1, 1°).

Aucune demande de restitution des dividendes ne peut être exigée des actionnaires, sauf si (c. com. art. L. 232-17) **:**
– la distribution a été effectuée en violation des dispositions légales (notamment la distribution d'un dividende fictif) ;
– la société établit que les bénéficiaires avaient connaissance du caractère irrégulier de cette distribution au moment de celle-ci ou ne pouvaient l'ignorer compte tenu des circonstances.

▸ Déclarations fiscales des trois derniers dividendes

869 **Comme dans le rapport de gestion, le texte des résolutions soumis à l'assemblée doit mentionner, sous peine d'amende fiscale, le montant des dividendes qui ont été mis en distribution au titre des 3 exercices précédents et le montant des revenus distribués éligibles ou non à l'abattement de 40 %** (CGI art. 243 bis, al. 1)**. Si aucun dividende n'a été distribué soit au titre de l'une des 3 dernières années, soit pour l'ensemble des 3 dernières années, il convient de l'indiquer.**

Pour ouvrir droit à l'abattement de 40 %, les revenus distribués doivent réunir les deux critères suivants.

❶ La distribution doit porter sur des revenus distribués au sens fiscal (CGI art. 108 à 115 **pour les distributions de sociétés françaises et** CGI art. 120 à 123 bis **pour les distributions de sociétés étrangères). Il s'agit, notamment, des distributions suivantes :**

– distributions de dividendes décidées par l'assemblée générale annuelle des actionnaires ou associés ;
– distributions d'acomptes sur dividendes effectuées avant approbation des comptes de l'exercice et respectant les prescriptions légales ;
– distributions exceptionnelles de réserves décidées par une assemblée autre que celle statuant sur la clôture des comptes ;
– acompte ou solde du boni de liquidation ;
– attributions de sommes ou valeurs effectuées en contrepartie d'une réduction de capital non motivée par des pertes, sauf si ces attributions constituent un remboursement d'apport ou de prime d'émission ;
– distributions à titre de partage partiel d'actif en cours de société.

❷ La distribution doit résulter d'une décision juridique régulière. Les distributions de sociétés établies en France doivent donc respecter les prescriptions légales ou statutaires de forme et de fond qui leur sont applicables (BOFiP-RPPM-RCM-20-10-30-10-§ 300-20/12/2019). Toutefois, lorsqu'une personne morale soumise à l'IS cesse d'y être assujettie, les bénéfices et réserves réputés distribués aux associés (CGI art. 111 bis) bénéficient de l'abattement de 40 % lorsque les conditions de cette imposition, autres que celle tenant à la décision expresse des organes compétents de la société, sont respectées (BOFiP-RPPM-RCM-20-10-30-10-§ 290-20/12/2019).

On rappelle dans le tableau suivant les modalités d'imposition des dividendes perçus par les personnes physiques soumises à l'impôt sur le revenu.

Modalités d'imposition des dividendes perçus en N		
N	**N + 1**	
	Imposition forfaitaire de 12,8 %	**Option pour le barème de l'IR**
PFO de 12,8 % non libératoire (1) sur le montant brut Prélèvements sociaux de 17,20 % acquittés à la source au titre des revenus de placement (2)	Impôt calculé sur le montant brut (majoré, le cas échéant, de 1,25 %) Imputation du PFO de 12,8 % CSG non déductible du revenu global de l'année de son paiement	Impôt calculé sur le montant brut, après application de l'abattement de 40 % et déduction des dépenses d'acquisition Imputation du PFO de 12,8 % CSG déductible à hauteur de 6,8 % du revenu global de N
(1) PFO : prélèvement forfaitaire obligatoire. Échappent au PFO les revenus pris en compte pour la détermination du bénéfice d'une entreprise (BIC, BNC, BA), ceux afférents à des titres détenus dans un PEA et enfin les revenus exonérés distribués par les FCPR, les SCR ou encore les SUIR. Sur demande, les personnes physiques dont le domicile fiscal est situé en France et dont le revenu fiscal de référence (RFR) de l'année N – 2 est inférieur à 50 000 € (personne seule) ou 75 000 € (couple soumis à imposition commune) peuvent être dispensées du prélèvement obligatoire. (2) CSG au taux de 9,2 %, CRDS au taux de 0,5 % et prélèvement de solidarité au taux de 7,5 %.		

Acomptes sur dividendes

▸ Encadrement des acomptes

870 Des acomptes sur dividendes peuvent être distribués avant l'approbation des comptes de l'exercice, lorsqu'un bilan établi au cours ou à la fin de l'exercice et certifié par un commissaire aux comptes fait apparaître que la société a réalisé un bénéfice (c. com. art. L. 232-12, al. 2).

Lorsque la société n'est pas dotée d'un commissaire aux comptes et qu'elle souhaite distribuer des acomptes sur dividendes, elle doit en nommer un à cet effet, par simple décision des dirigeants.

Le montant de ces acomptes ne peut excéder le montant du bénéfice ainsi défini. Tout acompte supérieur au bénéfice net constaté est un dividende fictif dont la

société peut demander la restitution (c. com. art. L. 232-17) **et est passible de sanctions pénales** *(voir § 868)*.

L'acompte peut être versé sous la forme d'actions (c. com. art. L. 232-18), **sous réserve du respect des règles applicables en cas de paiement du dividende en actions** *(voir § 867)*.

• **Dividendes fictifs.** La Compagnie nationale des commissaires aux comptes rappelle que les acomptes sur dividendes ne peuvent pas faire l'objet d'une restitution dès lors que la procédure de distribution d'acomptes sur dividendes a respecté les conditions exposées à l'article L. 232-12 du code de commerce (CNCC, bull. 96, décembre 1994, p. 721). Le fait que le résultat définitif de l'exercice au titre duquel l'acompte sur dividendes a été versé est inférieur au montant de l'acompte versé n'est pas de nature à qualifier l'acompte sur dividendes de dividendes fictifs (CNCC, EJ 2011-53, mars 2012).

• **Acomptes sur dividendes réservés à une catégorie d'actions.** Les statuts d'une société par actions qui avait émis plusieurs catégories d'actions prévoyaient que chaque action donnait droit à une part des bénéfices proportionnelle à la quotité de capital qu'elle représentait. La CNCC estime que l'assemblée des actionnaires peut réserver à une catégorie d'actionnaires l'attribution d'un acompte sur dividendes si les autres actionnaires ont expressément renoncé à cet acompte, sous la forme d'un vote unanime (CNCC, EJ 2012-06, bull. 167, septembre 2012).

• **Deuxième exercice.** La distribution d'acomptes sur dividendes par une société au cours de son 1er exercice n'est pas admissible. Il est nécessaire que la société ait préalablement établi un bilan tenant compte d'éléments résultant de la situation à la clôture de l'exercice précédent (ANSA, 2696-2, janvier-février 1994).

• **Pas de prélèvement sur les réserves.** L'acompte sur dividendes ne peut pas être prélevé sur des réserves. Il ne peut être prélevé que sur le bénéfice arrêté ou sur un report à nouveau bénéficiaire.

▸ Intervention du commissaire aux comptes

871 **Le but de l'intervention du commissaire aux comptes est de certifier que le bilan établi par la société fait apparaître, depuis la clôture de l'exercice précédent, après amortissements et provisions, et compte tenu du report à nouveau et des sommes à porter en réserves, un bénéfice au moins égal au montant des acomptes sur dividendes dont la distribution est envisagée** (c. com. art. L. 232-12).

Le bilan permettant de verser des acomptes sur dividendes peut être établi, soit au cours de l'exercice, soit postérieurement à la fin de l'exercice (mais avant la réunion de l'assemblée appelée à statuer sur les comptes qui a compétence pour les décisions relatives à la distribution de dividendes). Il est à noter que la distribution d'acomptes sur dividendes postérieurement à la fin de l'exercice peut être effectuée sur la base d'un bilan établi à la date de clôture, mais aussi à une date antérieure.

Bien que les textes ne donnent pas de précision, il convient que la date du bilan servant de base à la distribution ne soit pas trop éloignée de la date de la décision de distribution de l'acompte sur dividendes (CNCC, NI XII « Le commissaire aux comptes et les opérations relatives aux dividendes », octobre 2012, § 1.7).

Les textes n'obligent qu'à l'établissement d'un bilan (et non des comptes complets), mais en pratique, l'élaboration d'un bilan s'accompagnera de l'établissement d'un compte de résultat à la même date. Si le compte de résultat n'était pas spontanément établi par la société, le commissaire aux comptes serait très probablement conduit à requérir son établissement.

Enfin, selon la Compagnie nationale des commissaires aux comptes, il n'est pas nécessaire que le conseil d'administration se réunisse pour établir et « valider »

le bilan à soumettre à l'examen du commissaire aux comptes. Le bilan peut donc valablement être établi sous la responsabilité de la direction de la société. Toutefois, le commissaire aux comptes pourra estimer utile, voire nécessaire, dans le cadre de ses travaux, de demander au conseil d'administration d'« arrêter » officiellement ce bilan (CNCC, NI XII précitée, § 1.42). Dans ce dernier cas, la décision de distribution fera l'objet d'une seconde réunion.

Par ailleurs, le commissaire aux comptes se fera communiquer, sous forme écrite, le montant de la distribution d'acomptes sur dividendes envisagée (CNCC, NI XII précitée, § 1.42).

Notons enfin que la société devrait se conformer, pour l'établissement du bilan, aux règles prévues pour les comptes intermédiaires par la recommandation CNC 99.R.01 (PCG, titre VIII « Documents de synthèse », chapitre V « Comptes intermédiaires »).

Rapport du commissaire aux comptes. Le rapport du commissaire aux comptes est communiqué au conseil d'administration, pour que la décision soit prise par cet organe au vu de ce bilan. Les textes ne donnant pas de précision, la décision de distribuer peut être prise dès la communication du rapport du commissaire aux comptes (CNCC, NI précitée, § 3.2).

▸ Décision de répartition d'un acompte

872 Le conseil d'administration a qualité de décider de répartir un acompte à valoir sur le dividende et pour fixer le montant et la date de la répartition (c. com. art. R. 232-17).

En tout état de cause, la décision collective d'affectation du résultat prise par les associés lors de l'AGO annuelle fait obstacle au versement de tels acomptes (CA Toulouse, 2e ch., 7 février 2002, n° 01-34 à propos d'une SNC mais transposable aux SA).

L'assemblée constate des pertes

873 Très souvent, l'assemblée décide que la perte de l'exercice est comptabilisée en « Report à nouveau ». Les pertes sont imputées sur les bénéfices reportés et sur les réserves, s'il en existe.

Lorsqu'il existe un report à nouveau bénéficiaire, les pertes doivent d'abord être imputées sur ce poste, avant les réserves. Les pertes peuvent aussi être imputées sur des primes : prime d'émission, d'apports de fusion.

Mais l'assemblée ne peut pas imposer aux actionnaires de combler les pertes. Les actionnaires ne peuvent en effet être contraints de supporter les pertes de la société que lors de sa dissolution et uniquement à hauteur de leurs apports (c. com. art. L. 225-1 ; cass. com. 18 décembre 2012, n° 11-30572).

Perte de la moitié du capital. Une procédure particulière et très stricte doit être suivie en cas de perte de la moitié du capital *(voir § 1469)*.

Procès-verbaux

874 Les décisions de l'assemblée sont obligatoirement constatées par un procès-verbal, sous peine de nullité, qui indique : la date et le lieu de la réunion, le mode de convocation, l'ordre du jour, la composition du bureau, le nombre d'actions participant au vote et le quorum atteint, les documents et rapports soumis à l'assemblée, un résumé des débats, le texte des résolutions mises aux voix et le résultat des votes (c. com. art. L. 225-114, al. 2) *(voir §§ 813 à 817)*.

Formalités après l'assemblée annuelle

▸ Publication du nombre des droits de vote

875 Les SA doivent informer leurs actionnaires, sous forme d'un avis publié dans un support habilité à recevoir les annonces légales du département du siège social, du nombre total de droits de vote existant à la date de l'AGO annuelle. Cette publication doit être faite au plus tard dans les 15 jours qui suivent l'assemblée. Toutefois, les SA non cotées ne sont pas tenues de fournir cette information lorsque le nombre de droits de vote n'a pas varié par rapport à celui de la précédente AGO (c. com. art. L. 233-8 et R. 233-2).

▸ Dépôt des comptes au greffe

876 Toute SA est tenue de déposer au greffe du tribunal de commerce les document suivants (c. com. art. L. 232-23, I, 1° et 2°) :
– les comptes annuels et, le cas échéant, le rapport des commissaires aux comptes sur les comptes annuels, éventuellement complété de leurs observations sur les modifications apportées par l'assemblée aux comptes annuels qui ont été soumis à cette dernière ;
– la proposition d'affectation du résultat soumise à l'assemblée et la résolution d'affectation votée.

Le rapport de gestion n'est pas publié au greffe du tribunal de commerce, mais il doit être tenu à la disposition de toute personne qui en fait la demande (c. com. art. L. 232-23, I, al. 4). Ainsi, toute personne intéressée peut se présenter au siège social et demander, à ses frais, une copie du rapport de gestion. Les frais ne peuvent pas excéder le coût de reproduction (c. com. art. R. 232-21-1).

• **Dépôt des comptes consolidés.** Les SA concernées doivent, en outre, déposer les comptes consolidés, le rapport sur la gestion du groupe et le rapport des commissaires aux comptes sur les comptes consolidés (c. com. art. L. 232-23).

• **Refus d'approbation des comptes.** En cas de refus d'approbation des comptes annuels, une copie de la délibération de l'assemblée doit être déposée dans le même délai (c. com. art. L. 232-23, II).

• **Comptes déposés : l'assemblée peut-elle les modifier ?** Il n'est pas possible de soumettre des comptes modifiés à une nouvelle approbation dès lors qu'ils ont été publiés ou que la modification porte sur une distribution de dividendes (CNCC bull. 119, septembre 2000, p. 385). Le commissaire aux comptes, si la société en est dotée, serait, dans un tel cas, dans l'obligation de la signaler à la prochaine assemblée (c. com. art. L. 823-12, al. 1er ; CNCC, EJ 2009-128, bull. 158, juin 2010).

• **Succursale.** Les sociétés, dont le siège est situé à l'étranger et qui ont créée une succursale en France, doivent déposer les documents comptables qu'elles ont établis, fait contrôler et publier dans l'État où elles ont leur siège. Le dépôt est effectué dans le délai prévu par la législation dont relève le siège de la société (c. com. art. R. 123-112). En revanche, la succursale n'est pas tenue de déposer ses comptes (Dir. UE 2017/1132 du 14 juin 2017, art. 30 et 31).

▸ Modalités du dépôt

877 Le dépôt des comptes annuels peut s'effectuer de deux manières :
– soit par voie électronique sur le Guichet unique *(voir rubrique « Guichet unique », ci-dessous)*, dans les deux mois qui suivent la décision d'approbation des comptes (c. com. art. R. 123-111, al. 2 et A. 123-61) ;

– soit par voie papier au greffe du tribunal de commerce auprès duquel la société est immatriculée, dans le mois qui suit la décision d'approbation des comptes (c. com. art. R. 123-77, al. 2 et R. 123-111, al. 1).

La société n'est pas tenue de déposer les originaux des documents. Une copie des comptes et des rapports peut donc être déposée, dès lors qu'elle est certifiée conforme. Le dépôt des comptes annuels est payant.

Guichet unique. Depuis le 1er janvier 2023, les sociétés doivent effectuer l'ensemble de leurs formalités pour immatriculer, modifier ou cesser leur activité de manière dématérialisée auprès du Guichet unique, via le site « formalites.entreprises.gouv.fr » (c. com. art. L. 123-33 ; décret 2021-300 du 18 mars 2021) *(voir § 1600)*. De la même manière, le dépôt électronique des comptes annuels doit désormais être opéré par l'intermédiaire de ce site.

▸ Option pour la confidentialité des documents comptables

878 **Confidentialité des comptes pour les micro-entreprises.** Les micro-entrepirses disposent de la possibilité, lors du dépôt de leurs comptes annuels au greffe, d'opter pour leur confidentialité vis-à-vis du public. Le dépôt des comptes est alors accompagné d'une déclaration de confidentialité. Un modèle type de cette déclaration figure à l'annexe 1-5 du code de commerce (c. com. art. L. 232-25, R. 123-111-1 et A. 123- 61-1, ann. 1-5).

Entrent dans la catégorie des micro-entreprises les sociétés qui ne dépassent pas, au titre du dernier exercice clos, 2 des 3 seuils suivants : 350 000 € de total de bilan, 700 000 € de chiffre d'affaires net et 10 salariés (c. com. art. D. 123-200, 1°).

La Commission européenne a prévu d'augmenter de 25 % les critères de taille déterminant les catégories de micro, petites, moyennes et grandes entreprises (Directive déléguée (UE) du 17 octobre 2023 modifiant la directive 2013/34/UE du Parlement européen et du Conseil en ce qui concerne l'ajustement des critères de taille pour les micro, petites, moyennes et grandes entreprises ou pour les groupes). Les nouveaux seuils européens, en ce qui concerne les micro-entreprises, seraient portés à : 450 000 € de total de bilan, 900 000 € chiffre d'affaires hors taxe et 10 salariés. La France, qui devra transposer ces dispositions dans le code de commerce, pourrait augmenter les seuils actuellement prévus par l'article D. 123-200 pour les aligner aux maxima autorisés par la directive déléguée (non publiée à l'heure où nous rédigeons ces lignes) et les appliquer à compter des exercices commençant le 1er janvier 2024.

• **Exclusions.** L'option ne s'applique pas à certains types d'entreprises notamment (c. com. art. L. 123-16-2 et L. 232-25, al. 1) :
– les établissements de crédit, les sociétés de financement et les établissements de paiement et de monnaie électronique ;
– les entreprises d'assurance et de réassurance, les fonds et institutions de retraite professionnelle supplémentaire, les mutuelles, les organismes de sécurité sociale et les institutions de prévoyance ;
– les sociétés dont les titres financiers sont admis aux négociations sur un marché réglementé ;
– les entreprises faisant appel à la générosité du public ;
– les sociétés dont l'activité consiste à gérer des titres de participation ou de valeurs mobilières.

• **Confidentialité des comptes d'une société mère.** Une micro-entreprise n'est pas exclue du bénéfice de l'option pour la confidentialité des comptes du seul fait qu'elle détient des filiales ou des participations. Il faut que la micro-entreprise exerce une activité de gestion de titres de participation et de valeurs mobilières, à titre exclusif ou non exclusif, pour qu'elle soit exclue du bénéfice de la confidentialité (CCRCS, avis 2019-011, 19 décembre 2019).

879 **Confidentialité du compte de résultat pour les petites entreprises.** Les petites entreprises peuvent demander au greffe du tribunal de commerce que leur compte de résultat ne soit pas rendu public. Le dépôt du compte de résultat doit alors être accompagné d'une déclaration de confidentialité. Un modèle type de cette déclaration figure à l'annexe 1-5-1 du code de commerce (c. com. art. L. 232-25, R. 123-111-1 et A. 123-61-1, ann. 1-5-1).

• **Seuils.** Sur les seuils des petites entreprises, voir le paragraphe *840*.

• **Sociétés exclues de la confidentialité du compte de résultat.** Ne peuvent bénéficier de la confidentialité du compte de résultat, en plus des entreprises exclues de l'option pour la confidentialité des comptes annuels *(voir § 878, rubrique « Exclusions »)*, les sociétés appartenant à un groupe au sens de l'article L. 233-16 du code de commerce (concernant la consolidation des comptes) (c. com. art. L. 232-25, al. 2).

La Compagnie nationale des commissaires aux comptes précise qu'une société qui appartient à un groupe ne peut pas demander que son compte de résultat soit confidentiel, même dans le cas où elle serait elle-même exemptée d'établir et de publier des comptes consolidés (CNCC, EJ 2016-50, juin 2017 et CNCC, EJ 2023-24, septembre 2023).

• **Confidentialité pour une société mère.** Ne peuvent bénéficier de la confidentialité du compte de résultat les sociétés appartenant à un groupe au sens de l'article L. 233-16 du code de commerce. Il en est ainsi lorsqu'une société détient, de façon directe ou indirecte, la majorité des droits de vote ou désigne la majorité des organes d'administration, de direction ou de surveillance pendant 2 exercices successifs ou dispose du droit d'exercer une influence dominante en vertu d'un contrat ou de clauses statutaires ou encore partage le contrôle d'une filiale commune avec un nombre limité d'actionnaires de sorte que les décisions résultent de leur accord (c. com. art. L. 233-16, II et III). Si la petite entreprise se trouve dans l'une ou l'autre de ces hypothèses, alors elle ne peut pas bénéficier de l'option de confidentialité de son compte de résultat (CCRCS, avis 2019-011, 19 décembre 2019).

880 **Présentation simplifiée du bilan et de l'annexe pour les moyennes entreprises.** La loi Pacte a permis aux moyennes entreprises, lors du dépôt des comptes annuels, de demander que ne soit rendue publique qu'une présentation simplifiée de leur bilan et de leur annexe (c. com. art. L. 232-25, al. 3). Le dépôt de ces documents comptables doit alors être accompagné d'une déclaration de publication simplifiée. Un modèle type de cette déclaration figure à l'annexe 1-5-2 du code de commerce (c. com. art. R. 123-111-1 et A. 123-61-1, ann. 1-5-2).

Toutefois, la publication de la présentation simplifiée devra être accompagnée d'une mention précisant le caractère abrégé de cette publication et le registre auprès duquel les comptes annuels ont été déposés, l'indication s'il y a eu lieu d'un avis sans réserve, d'un avis avec réserves ou d'un avis défavorable du commissaire aux comptes, ou si ce dernier s'est trouvé dans l'incapacité d'émettre un avis, et si le rapport du commissaire aux comptes fait référence à quelque question que ce soit sur laquelle il a attiré spécialement l'attention sans pour autant émettre une réserve dans l'avis (c. com. art. L. 232-25, al. 4).

• **Seuils.** Entrent dans la catégorie des moyennes entreprises, les sociétés qui, au titre du dernier exercice clos, ne dépassent pas deux des trois seuils suivants : 20 M€ de total de bilan, 40 M€ de chiffre d'affaires net et 250 salariés (c. com. art. D. 123-200, al. 4). Notons que la Commission européenne a prévu d'augmenter de 25 % les critères de taille déterminant les catégories de micro, petites, moyennes et grandes entreprises (Directive déléguée (UE) du 17 octobre 2023 modifiant la directive 2013/34/UE du Parlement européen et du Conseil en ce qui concerne l'ajustement des critères de taille pour les micro, petites, moyennes et grandes entreprises ou pour les groupes). Les nouveaux seuils européens, en ce qui concerne les moyennes entreprises, seraient portés à : 25 M€ de total de bilan, 50 M€ de chiffre d'affaires hors taxe et 250 salariés. La France, qui devra transposer ces dispositions dans le code de commerce, pourrait augmenter les seuils actuellement prévus par l'article D. 123-200 pour les aligner aux maxima autorisés par la directive déléguée (non publiée à l'heure où nous rédigeons ces lignes) et les appliquer, à compter des exercices commençant le 1er janvier 2024.

• **Sociétés exclues de la présentation simplifiée.** Ne peuvent bénéficier de la présentation simplifiée du bilan et de l'annexe, les entreprises exclues de l'option pour la confidentialité des comptes annuels *(voir § 878, rubrique « Exclusions »)* et les sociétés appartenant à un groupe au sens de l'article L. 233-16 du code de commerce (c. com. art. L. 232-25, al. 3).

• **Confidentialité du compte du résultat.** Le 3e alinéa de l'article L. 232-25 du code de commerce permet aux moyennes entreprises de ne pas rendre publics le bilan et l'annexe non simplifiés mais il ne mentionne pas le compte de résultat. Ainsi, la Commission nationale des commissaires aux comptes considère que cette limitation au droit qu'ont les tiers de prendre connaissance des comptes annuels déposés au greffe doit être strictement interprétée. Les tiers pourront donc consulter le compte de résultat de la société étant précisé que les moyennes entreprises peuvent établir (et donc déposer) celui-ci selon une présentation simplifiée (c. com. art. L. 123-16, al. 2 ; CNCC, EJ 2020-26, septembre 2021).

881 **Communication aux tiers. Les comptes annuels accompagnés d'une déclaration de confidentialité ou d'une déclaration de publication simplifiée peuvent être délivrés dans leur intégralité à certaines personnes ou institutions, à savoir les autorités judiciaires, les autorités administratives, la Banque de France ainsi que les personnes morales qui financent ou investissent dans les entreprises (établissements de crédit, sociétés de financement, sociétés de gestion de placements collectifs, entreprises d'assurance et de réassurance, mutuelles, etc.) ou qui fournissent des prestations au bénéfice de ces personnes morales (établissements de paiement, conseillers en investissements financiers, agences de notation de crédit)** (c. com. art. L. 232-25, al. 5)**.**

Le greffier délivre un certificat aux frais du demandeur attestant que les comptes annuels ont été déposés mais qu'ils ne sont pas communicables aux tiers, ou qu'ils ne sont communicables que sous une forme simplifiée (c. com. art. R. 123-154-1)**.**

• **Déclaration erronée.** Le greffier ne peut pas délivrer de copie des comptes annuels lorsque le dépôt est accompagné d'une déclaration de confidentialité, même si l'entreprise ne remplit pas les conditions requises. S'il a connaissance qu'il s'agit d'une fausse déclaration, il en informe sans délai le procureur de la République (c. proc. pén. art. 40, al. 2 ; CCRCS avis n° 2016-015).

• **Confidentialité des comptes et rapport du commissaire aux comptes.** Si les micro, petites et moyennes entreprises font usage de la faculté de confidentialité de leurs comptes ou de certains éléments des comptes, le rapport du commissaire aux comptes n'a pas à être rendu public. Les petites et moyennes entreprises doivent, dans ce cas, accompagner les documents rendus publics d'une mention précisant (c. com. art. L. 232-26) :
– si le commissaire aux comptes a certifié les comptes avec ou sans réserves ;
– s'il a refusé ou a été dans l'incapacité de les certifier ;
– si son rapport fait référence à quelque question que ce soit sur laquelle il a attiré spécialement l'attention sans pour autant assortir la certification de réserves.

▸ Non-dépôt des comptes annuels

882 **Le greffier qui constate l'inexécution du dépôt des comptes annuels au greffe du tribunal de commerce en informe le président, qui peut adresser une injonction de faire à bref délai sous astreinte** (c. com. art. L. 232-24)**.**

À la demande de tout intéressé (associés, salariés, entreprises concurrentes ou contractantes) ou du ministère public, le président du tribunal de commerce statuant en référé peut enjoindre, sous astreinte, au dirigeant de procéder au dépôt des comptes annuels. Il peut également désigner un mandataire chargé d'effectuer ce dépôt (c. com. art. L. 123-5-1 ; cass. com. 2 avril 2012, n° 11-17130).

Le président du tribunal peut également d'office prendre cette injonction, après avoir été informé par le greffier de l'absence de dépôt des comptes (c. com. art. L. 611-2, II). Dans ce cas, le président du tribunal rend une ordonnance faisant injonction au dirigeant de déposer les comptes annuels dans un délai de 1 mois à compter de la notification ou de la signification de l'ordonnance, sous peine d'astreinte.

Le greffier notifie cette ordonnance, qui n'est pas susceptible de recours, au représentant légal de la société (c. com. art. R. 611-13 et R. 611-14). Lorsque l'injonction de faire a été exécutée dans les délais impartis, l'affaire est clôturée. Dans le cas contraire, le greffier constate le non-dépôt des comptes par procès-verbal (c. com. art. R. 611-15).

Faute d'exécution, le président du tribunal de commerce peut liquider l'astreinte et condamner le dirigeant à la verser au Trésor public (c. com. art. R. 611-16). Il peut également convoquer le dirigeant. Dès l'envoi de la convocation, le président du tribunal peut obtenir des renseignements sur la situation économique et financière de la société. Il peut réclamer ces renseignements au commissaire aux comptes, aux membres du comité social et économique, aux administrations publiques, aux organismes de sécurité et de prévoyance sociales, ainsi qu'au service chargé de la centralisation des risques bancaires et des incidents de paiement (c. com. art. L. 611-2).

Par ailleurs, dès lors que la société en est dotée d'un, le commissaire aux comptes doit révéler le défaut de dépôt des comptes au Procureur de la République, ainsi que le dépôt tardif qui doit être mentionné dans le rapport sur les comptes annuels (CNCC, bull. 115, septembre 1999, p. 498).

Le non-dépôt des comptes au greffe est pénalement sanctionné par une amende de 5e classe, soit 1 500 € et 3 000 € en cas de récidive (c. com. art. R. 247-3). Le paiement de l'amende ne libère pas le dirigeant de son obligation de dépôt (CNCC, bull. 95, septembre 1994, p. 589).

• **Dépôt des comptes imposé sur les 8 dernières années.** Des distributeurs ont obtenu qu'il soit enjoint à leur ancien fournisseur de déposer ses comptes des 8 dernières années. La Cour de cassation a souligné que ce dépôt des comptes sur ces 8 exercices permettait de mettre un terme au trouble manifestement illicite résultant de l'absence de transparence (cass. com. 3 mars 2021, n° 19-10086). Il est à noter que l'ANSA avait estimé qu'une telle injonction ne pouvait porter que sur les comptes des 5 dernières années (ANSA, comité juridique du 7 février 2018, n° 18-004), ce délai correspondant à la prescription de droit commun (c. civ. art. 2224) et à la prescription commerciale (c. com. art. L. 110-4). Cette position est remise en cause par l'arrêt du 3 mars 2021 de la Cour de cassation.

• **Acte de concurrence déloyale.** Une SA, franchiseur, qui avait reproché à l'un de ses concurrents également franchiseur de ne pas avoir publié ses comptes annuels au greffe du tribunal de commerce, empêchant les candidats à la franchise de comparer les résultats des deux sociétés, l'a fait condamner à lui verser 20 000 € de dommages et intérêts pour captation de candidats de façon déloyale (CA Versailles, 18 mars 2014, 12e ch., n° 12/07662).

• **Sociétés agro-alimentaires.** Lorsque les dirigeants d'une société commerciale transformant des produits agricoles, commercialisant des produits alimentaires, exploitant, directement ou indirectement, un ou plusieurs magasins de commerce de détail de produits de grande consommation ou intervenant dans le secteur de la distribution comme centrale de référencement ou d'achat d'entreprises de commerce de détail ne procèdent pas au dépôt des comptes, le président du tribunal de commerce peut adresser à cette société une injonction de le faire à bref délai sous astreinte. Le montant de cette astreinte peut atteindre, par jour de retard, 2 % du chiffre d'affaires journalier moyen hors taxe réalisé en France par la société au titre de cette activité (c. com. art. L. 123-5-2).

• **Condamnation du dirigeant à titre personnel.** L'injonction de dépôt des comptes annuels et le paiement de l'astreinte obligent le représentant légal de la société à titre personnel. Il revient donc au dirigeant, et non la société, de payer l'astreinte ou, le cas échéant, de la contester en justice (cass. com. 7 mai 2019, n° 17-21047).

Assemblées générales extraordinaires

Rôle de l'AGE

883 **Toutes les décisions modifiant explicitement ou implicitement les statuts** (c. com. art. L. 225-96) **ainsi que le changement de nationalité de la société** (c. com. art. L. 225-97) **entrent dans les prérogatives de l'assemblée générale extraordinaire (AGE). Toutefois, c'est l'assemblée générale ordinaire qui a compétence pour ratifier le transfert du siège décidé par le conseil** *(voir § 834)*.

Changement de nationalité. L'AGE est autorisée à changer la nationalité de la société à condition que le pays d'accueil ait conclu avec la France une convention spéciale permettant d'acquérir sa nationalité et de transférer le siège social de la société sur son territoire, tout en conservant à cette dernière sa personnalité juridique (c. com. art. L. 225-97).

En dehors de cette hypothèse, l'assemblée générale ne peut pas changer la nationalité de la société sauf assentiment de l'unanimité des actionnaires.

Rapport du conseil d'administration

884 **La société doit adresser aux actionnaires ou mettre à leur disposition, à compter de la convocation de l'AGE, notamment le rapport du conseil d'administration qui sera présenté à l'assemblée** (c. com. art. R. 225-83 et R. 225-89)**. Cette formulation très générale semble imposer pour toute AGE l'établissement préalable, par le conseil d'administration, d'un rapport exposant aux actionnaires l'objet et les conséquences des modifications projetées et les raisons pour lesquelles il convient de les adopter. L'AGE n'a, pour autant, pas à statuer sur ce rapport. En outre, la Cour de cassation a jugé qu'une AGE pouvait statuer en l'absence de rapport du conseil d'administration, sans risque d'annulation** (cass. com. 26 octobre 2010, n° 09-71404).

Par ailleurs, la rédaction d'un rapport par le conseil d'administration et sa présentation en AGE sont expressément prévues pour un grand nombre d'opérations sensibles telles que :

– **les augmentations de capital avec ou sans suppression du droit préférentiel de souscription** (c. com. art. L. 225-129 et L. 225-135) *(voir § 1374)* ;

– **l'émission de valeurs mobilières donnant accès au capital** (c. com. art. L. 228-92) *(voir § 1337)* ;

– **les options de souscription ou d'achat d'actions** (c. com. art. L. 225-177) *(voir § 1156)* ;

– **les attributions d'actions gratuites** (c. com. art. L. 225-197-1) *(voir § 1132)*.

Le commissaire aux comptes doit, pour certaines de ces opérations, établir un rapport. Lorsque la société n'en est pas dotée, elle peut devoir en nommer un afin de réaliser l'opération *(voir § 955)*.

Autres assemblées d'actionnaires

Apports et avantages particuliers

885 Dans le cadre d'une augmentation de capital, en cas d'apports en nature ou de stipulation d'avantages particuliers, notamment attachés à des actions de préférence, l'assemblée statue sur l'évaluation de ces apports ou l'octroi de ces avantages dans les conditions prévues à l'article L. 225-10 du code de commerce, à savoir (c. com. art. L. 225-147) :
– les actions de l'apporteur en nature ou du bénéficiaire de l'avantage particulier ne sont pas prises en compte pour le calcul de la majorité (c. com. art. L. 225-10, al. 1) ;
– l'apporteur ou le bénéficiaire de l'avantage particulier n'a voix délibérative ni pour lui-même, ni comme mandataire (c. com. art. L. 225-10, al. 2).

Par voie de conséquence, le quorum dans ces assemblées doit être calculé abstraction faite des actions appartenant aux apporteurs ou aux bénéficiaires d'avantages particuliers dès lors que ces derniers sont exclus du calcul de la majorité.

Assemblées spéciales

▸ Définition

886 Les assemblées spéciales réunissent les titulaires d'actions d'une catégorie déterminée. Elles sont appelées à statuer lorsqu'une décision de l'AGE modifie les droits attachés à une catégorie d'actions : cette décision ne devient en effet définitive qu'après l'approbation par l'assemblée spéciale des actionnaires de la catégorie visée (c. com. art. L. 225-99).

Porteurs d'actions de préférence. Ils sont constitués en autant d'assemblées spéciales qu'il existe de catégories d'actions de préférence *(voir § 1212)*.

▸ Applications

887 L'assemblée générale, avec l'approbation de l'assemblée spéciale, a donc le pouvoir de supprimer les droits spéciaux des actions de préférence, de créer de nouvelles actions de préférence jouissant ou non de droits différents de ceux des anciennes actions de préférence, d'amortir ou de rembourser par préférence les actions d'une seule catégorie, de faire porter la réduction de capital à la suite de pertes sur une seule catégorie d'actions.

Pour qu'il y ait lieu de réunir une assemblée spéciale, il faut nécessairement qu'il existe au moins deux catégories distinctes d'actions. Il en est ainsi quand le capital d'une société est divisé en actions de préférence et en actions ordinaires, en actions de capital et en actions de jouissance, ou encore en actions intégralement libérées et en actions non libérées.

▸ Quorum et majorité

888 Les assemblées spéciales ne délibèrent valablement que si les actionnaires présents ou représentés possèdent au moins sur première convocation le 1/3 des actions, et, sur deuxième convocation le 1/5 des actions ayant le droit de vote

et dont il est envisagé de modifier les droits. À défaut de ce dernier quorum, la deuxième assemblée peut être prorogée à une date postérieure de 2 mois au plus à celle à laquelle elle avait été convoquée. Les statuts peuvent prévoir des quorums plus élevés (c. com. art. L. 225-99).

Elles statuent à la majorité des 2/3 des voix exprimées par les actionnaires présents ou représentés. Les voix exprimées ne comprennent pas celles attachées aux actions pour lesquelles l'actionnaire n'a pas pris part au vote, s'est abstenu ou a voté blanc ou nul *(voir § 774)*.

Masse des porteurs de valeurs mobilières donnant accès au capital

889 Les porteurs de valeurs mobilières donnant accès au capital sont obligatoirement réunis en masse pour la défense de leurs intérêts communs ; les conditions de quorum et de majorité sont celles qui sont prévues pour les assemblées extraordinaires d'actionnaires *(voir § 1339)*.

Rachat des valeurs mobilières donnant accès au capital. Sauf stipulation spéciale du contrat d'émission et hors le cas de dissolution anticipée ne résultant pas d'une fusion ou d'une scission, la société ne peut pas imposer aux titulaires de valeurs mobilières donnant accès à son capital le rachat ou le remboursement de leurs droits (c. com. art. L. 228-102).

Assemblées mixtes

890 Les assemblées sont dites « mixtes » lorsqu'elles sont appelées à prendre des décisions qui entrent pour partie dans les pouvoirs de l'assemblée ordinaire et pour le surplus dans ceux de l'assemblée extraordinaire.

Les assemblées mixtes ne constituent pas une catégorie particulière d'assemblée. Les textes sur les sociétés commerciales ne les mentionnent pas mais leur validité ne paraît pas douteuse dès lors qu'elles réunissent les conditions imposées à chaque nature d'assemblée.

À cet égard, on notera que la tenue de telles assemblées peut, le cas échéant, soulever quelques difficultés pratiques (problèmes d'admission et de décompte des voix). Ainsi lorsque des actions sont grevées d'un usufruit, le quorum et la majorité seront calculés résolution par résolution. Il est parfois préférable de convoquer deux assemblées, l'une ordinaire, l'autre extraordinaire, le même jour et à la suite l'une de l'autre.

Information des actionnaires avant une assemblée extraordinaire ou spéciale

891 **Information des actionnaires avant une assemblée extraordinaire ou spéciale**
(Tableau récapitulatif sommaire)

	Documents à joindre à l'envoi de tout formulaire de vote à distance (§ 807)	Documents à joindre à l'envoi de toute formule de procuration (§ 621)	Documents à adresser aux actionnaires sur leur demande (§ 630)	Documents à mettre à disposition avant l'AGE (§ 642)
Formule de procuration				
– Formule de procuration			+	
– Formule de demande d'envoi des documents et renseignements visés à l'article R. 225-83 du code de commerce informant l'actionnaire que tout titulaire de titres nominatifs peut, par une demande unique, obtenir à l'occasion de chacune des assemblées ultérieures l'envoi des documents et renseignements prévus par les textes réglementaires	+	+	+	
Formulaire de vote à distance		+	+	
Ordre du jour et résolutions				
– Ordre du jour		+	+	
– Texte des projets de résolution (*)	+	+	+	+
Tableaux et renseignements divers (**)				
– Exposé sommaire de la situation de la société pendant l'exercice écoulé		+	+	
Rapports				
– Rapport du conseil d'administration (***)			+	+
– Rapport des commissaires aux comptes, le cas échéant			+	+
– Rapport des commissaires aux apports, en cas d'augmentation de capital par apport en nature ou d'octroi d'avantages particuliers				+
Renseignements concernant les dirigeants sociaux				
– Nom, prénom usuel et domicile des administrateurs et des directeurs généraux et, le cas échéant, indication des autres sociétés dans lesquelles ces personnes exercent des fonctions de gestion, de direction, d'administration ou de surveillance			+	
Liste des actionnaires				+

(*) Dans certains cas, en particulier lorsqu'il s'agit des documents à joindre au formulaire de vote à distance, un exposé des motifs doit être joint au texte des projets de résolution *(voir § 807)*.
(**) Le tableau faisant apparaître les résultats de la société au cours de chacun des cinq derniers exercices est supprimé des documents transmis aux actionnaires ; mais ceux-ci en ont toujours connaissance en annexe au rapport de gestion.
(***) Mais l'AGE n'est pas tenu de statuer sur ce rapport *(voir § 884)*.
Nota. Sur le droit de communication permanent susceptible d'être exercé à toute époque (et, par conséquent, avant une assemblée extraordinaire ou spéciale), voir le tableau récapitulatif figurant au paragraphe 656.

Comptes sociaux et contrôle

17 États financiers

§§

Comptes annuels

Obligations comptables générales

900 Toute société anonyme (SA) doit procéder à l'enregistrement comptable des mouvements affectant le patrimoine de son entreprise. Ces mouvements sont enregistrés chronologiquement. Elle doit contrôler par inventaire, au moins une fois tous les 12 mois, l'existence et la valeur des éléments actifs et passifs du patrimoine de l'entreprise.

Elle doit établir des comptes annuels à la clôture de l'exercice au vu des enregistrements comptables et de l'inventaire. Ces comptes annuels comprennent le bilan, le compte de résultat et une annexe qui forment un tout indissociable (c. com. art. L. 123-12) (pour les allégements offerts aux SA « petites et moyennes entreprises au sens comptable », *voir §§ 902 et 903*).

Pour l'établissement de ces comptes, trois règles s'imposent :
– le principe de prudence, lequel impose notamment de procéder aux amortissements, dépréciations et provisions nécessaires même en cas d'absence ou d'insuffisance du bénéfice (c. com. art. L. 123-20, al. 2) ;
– la continuité de l'exploitation. En effet, pour l'établissement des comptes, la société anonyme est présumée poursuivre ses activités (c. com. art. L. 123-20, al. 1) ;
– la permanence des méthodes, qui interdit de modifier d'un exercice à l'autre, sauf cas exceptionnels, afin de donner une image fidèle du patrimoine, de la situation financière et du résultat de l'entreprise, et dans les conditions prévues par le PCG, les méthodes comptables retenues et la structure du bilan et du compte de résultat. Les modifications doivent être décrites et justifiées dans l'annexe et

signalées, le cas échéant, dans le rapport du commissaire aux comptes (c. com. art. L. 123-17 ; PCG art. 121-5)**.**

Inventaire. L'inventaire est le contrôle annuel de l'existence et de la valeur de tous éléments d'actifs et passifs à la date de clôture. Les données d'inventaire doivent être conservées et organisées afin de permettre de justifier le contenu et le mode d'évaluation des différents postes du bilan (c. com. art. R. 123-177). Le livre d'inventaire a été supprimé pour les comptes afférents aux exercices ouverts à partir du 1er janvier 2016.

Simplifications de présentation des comptes liées à la taille des sociétés

901 **Les sociétés qui, à la clôture de l'exercice, n'ont pas dépassé certains chiffres réglementaires, bénéficient d'allégements comptables, sachant que pour la qualification des catégories d'entreprises au sens comptable, le dépassement ou la cessation du dépassement de 2 des 3 seuils pour les critères définis (total de bilan, chiffre d'affaires et effectif) n'a d'incidence que si la circonstance se produit pendant 2 exercices successifs** (c. com. art. L. 123-16, dernier al.)**.**

▸ Petites entreprises au sens comptable

902 **Sont des petites entreprises celles qui ne dépassent pas 2 des 3 seuils suivants** (c. com. art. L. 123-16 et D. 123-200, 2° ; PCG art. 832-1 à 832-20) **:**
– 6 M€ de total bilan ;
– 12 M€ de chiffre d'affaires ;
– 50 salariés.

Notons qu'en dessous de la catégorie des petites entreprises, les micro-entreprises correspondent à celles qui ne dépassent pas 2 des 3 seuils suivants : 350 000 € de total de bilan, 700 000 € de montant net de chiffre d'affaires et 10 en nombre de salariés (c. com. art. L. 123-16-1 et D. 123-200, 1°). Les micro-entreprises au sens comptable, à part celles dont l'activité consiste à gérer des titres de participations et de valeurs mobilières, bénéficient des simplifications suivantes : bilan et compte de résultat en système abrégé du PCG (PCG art. 810-7) et dispense d'annexe, mais elles doivent fournir un certain nombre d'informations à la suite de leur bilan (c. com. art. L. 123-16-1 ; PCG art. 810-9).

Ces petites entreprises peuvent adopter une présentation simplifiée de leurs comptes annuels, à savoir (c. com. art. L. 123-16) **:**
– pour le bilan et le compte de résultat. Il s'agit de la présentation du système abrégé du PCG (PCG art. 810-7) **qui n'est toutefois pas autorisée sur le plan fiscal pour les entreprises soumises au régime réel d'imposition (tableaux 2050 à 2053 qui correspondent au système de base du PCG). Il y a toutefois concordance en cas d'imposition au RSI ;**
– pour l'annexe des comptes. Sont à fournir les informations prévues aux articles 832-1 à 832-20 du PCG pour les SA « petites entreprises » soumises au régime réel d'imposition. Les SA au RSI peuvent présenter une annexe abrégée (c. com. art. L. 123-25, al. 2 ; PCG art. 831-1 et 831-2)**.**

S'agissant de la publicité des comptes par le dépôt des comptes au greffe *(voir § 877)*, **les petites entreprises bénéficient d'une option de confidentialité de leur compte de résultat, les sociétés appartenant à un groupe ne pouvant pas faire usage de cette faculté** (c. com. art. L. 232-25, al. 2, et R. 123-111-1)**. Selon la Commission des études juridiques de la CNCC, il en est ainsi qu'elle soit elle-même tenue, ou non, d'établir et de publier des comptes consolidés et un rapport sur la gestion du groupe** (CNCC, EJ 2023-24, septembre 2023)**. De même, le comité juridique de l'ANSA a considéré que les sociétés appartenant à un groupe au sens de l'article L. 233-16 englobent l'ensemble des sociétés faisant partie du même périmètre ainsi défini,**

sociétés contrôlante et contrôlées (ANSA, CJ 23-020, 5 avril 2023). Dans ce cas, les documents rendus publics ne sont pas accompagnés du rapport du commissaire aux comptes (le cas échéant), mais doivent comporter une mention sur l'avis du commissaire aux comptes (c. com. art. L. 232-26).

Par ailleurs, notons que les petites entreprises, sauf celles dont l'activité consiste à gérer des titres de participations ou des valeurs mobilières, sont dispensées de rapport de gestion (c. com. art. L. 232-1). Toutefois, elles ne sont pas dispensées d'établir un rapport sur le gouvernement d'entreprise selon la Commission des études juridiques de la CNCC (CNCC, EJ 2018-63, novembre 2018), sachant toutefois que le Comité juridique de l'ANSA est d'un avis contraire (ANSA, comité juridique n° 18-041, octobre 2018).

▸ Moyennes entreprises au sens comptable

903 Sont des moyennes entreprises celles qui se situent au-dessus des seuils des petites entreprises *(voir ci-dessus)* sans pour autant dépasser 2 des 3 seuils suivants (c. com. art. D. 123-200, al. 4) :
– 20 M€ de total bilan ;
– 40 M€ de chiffre d'affaires ;
– 250 salariés.

Les moyennes entreprises peuvent, dans des conditions fixées par l'Autorité des normes comptables (ANC, règlt 2019-02 du 7 juin 2019), adopter une présentation simplifiée de leur compte de résultat qui correspond au système abrégé du PCG (c. com. art. L. 123-16 ; PCG art. 810-7). Cet allégement comptable ne peut toutefois pas être retenu pour la déclaration des résultats *(voir ci-dessus « Petites entreprises au sens comptable »)*.

S'agissant de la publicité des comptes *(voir § 877)*, les moyennes entreprises, à l'exception de celles qui font partie d'un groupe, peuvent demander que ne soit rendue publique qu'une présentation simplifiée de leur bilan et de leur annexe (c. com. art. L. 232-25, al. 3). Le bilan simplifié à retenir est le modèle avant répartition du système abrégé du PCG (ANC, règlt 2019-02 précité ; PCG art. 810-7 et art. 822-1). Les documents publics ne sont pas accompagnés du rapport du commissaire aux comptes, mais doivent mentionner l'avis du commissaire aux comptes (c. com. art. L. 232-26).

La Commission des études juridiques de la CNCC a précisé que, bien que les moyennes entreprises soient autorisées à ne rendre publique qu'une présentation simplifiée du bilan et de l'annexe, la publicité du compte de résultat demeure obligatoire, sous forme simplifiée ou non (CNCC, EJ 2020-26, septembre 2021).

Établissement des comptes

▸ Rôle du conseil d'administration

904 À la clôture de chaque exercice, le conseil d'administration (c. com. art. L. 232-1) :
– dresse l'inventaire et les comptes annuels (c'est-à-dire le bilan, le compte de résultat et l'annexe) conformément aux dispositions des articles L. 123-12 à L. 123-23 du code de commerce (sur l'inventaire, *voir § 900*) ;
– établit un rapport de gestion écrit (sauf dispense, *voir ci-avant, et § 840*).

Les comptes annuels, le rapport de gestion ainsi que, le cas échéant, les comptes consolidés et le rapport sur la gestion du groupe *(voir § 910)* doivent être tenus au siège social à la disposition des commissaires aux comptes, si la société en est dotée *(voir § 950)*, un mois au moins avant la convocation de l'assemblée appelée à statuer sur les comptes (c. com. art. R. 232-1).

Dans les sociétés d'au moins 50 salariés, doivent être mis à la disposition du comité social et économique les documents obligatoirement transmis annuellement à l'assemblée générale des actionnaires, notamment les comptes annuels (c. trav. art. L. 2312-25) *(voir § 1072)*.

Sanction pénale. Est puni d'une amende de 9 000 € le fait, pour le président, les administrateurs ou les directeurs généraux de ne pas, pour chaque exercice, dresser l'inventaire et de ne pas établir des comptes annuels et de rapport de gestion (c. com. art. L. 242-8).

▸ Durée des exercices

905 La durée des exercices sociaux est, en principe, de 12 mois, l'inventaire des éléments actifs et passifs d'une entreprise devant être dressé au moins une fois tous les 12 mois (c. com. art. L. 123-12, al. 2). Les exercices peuvent coïncider ou non avec l'année civile, en fonction, notamment, de l'activité de la société.

Toutefois, la durée du premier exercice est généralement supérieure à 1 an. En cours de vie sociale, il ne peut être dérogé à la périodicité fixe des exercices sociaux qu'à titre exceptionnel (CA Paris, 3e ch., sect. c., 21 mars 2000, n° 99-24687). Par ailleurs, la décision de modifier la date de clôture d'un exercice en cours prise par l'AGE ne peut intervenir après la clôture, car un exercice clos ne saurait être rouvert *(voir § 1520)*.

Renseignements à inclure dans l'annexe d'une SA

▸ Tableau des filiales et participations

906 Un tableau faisant apparaître la situation des filiales et participations doit être inclus dans l'annexe (c. com. art. L. 233-15 ; PCG art. 832-6, 833-6 et 841-6) *(voir § 848)*.

La société filiale est celle dont plus de la moitié du capital est possédée par une autre société (c. com. art. L. 233-1).

Il y a participation lorsque la fraction du capital d'une société possédée par une autre société est comprise entre 10 % et 50 % (c. com. art. L. 233-2).

Sanction pénale. Est puni d'un emprisonnement de 2 ans et d'une amende de 9 000 € le fait pour les présidents, les administrateurs, les directeurs généraux, les directeurs généraux délégués et les membres du directoire de ne pas annexer au bilan de la société le tableau des filiales et participations (c. com. art. L. 247-1, 3°).

▸ Information spécifique aux SA sur les transactions réalisées avec les parties liées

907 Si le contenu de l'annexe dépend de la taille de la société *(voir § 902)*, il convient de noter que, par rapport à d'autres formes juridiques, l'annexe d'une SA, même abrégée ou simplifiée, doit contenir des informations complémentaires sur les transactions conclues avec les principaux actionnaires ou les membres de ses organes d'administration lorsqu'elles sont significatives et qu'elles n'ont pas été conclues à des conditions normales de marché (PCG art. 831-1 pour l'annexe abrégée des SA au RSI, art. 832-16 pour l'annexe simplifiée des SA « petites entreprises »).

Image fidèle du patrimoine, de la situation financière et du résultat

▸ Comptes annuels réguliers et sincères

908 Les comptes annuels doivent être réguliers, sincères et donner une image fidèle du patrimoine, de la situation financière et du résultat de l'entreprise (c. com. art. L. 123-14).

Le commissaire aux comptes, lorsque la société en est doté *(voir § 950)*, doit certifier que les comptes annuels sont réguliers et sincères, et qu'ils donnent une image fidèle du résultat des opérations de l'exercice écoulé ainsi que de la situation financière et du patrimoine de la société à la fin de cet exercice (c. com. art. L. 823-9) *(voir § 974)*.

► Délit de présentation ou de publication de comptes ne donnant pas une image fidèle

909 La loi sanctionne d'une peine d'emprisonnement de 5 ans et d'une amende de 375 000 € le président, les administrateurs ou les directeurs généraux d'une SA qui, même en l'absence de toute distribution de dividendes, auront sciemment publié ou présenté aux actionnaires, en vue de dissimuler la véritable situation de la société, des comptes annuels ne donnant pas, pour chaque exercice, une image fidèle du résultat des opérations de l'exercice, de la situation financière et du patrimoine à l'expiration de cette période (c. com. art. L. 242-6, 2°).

Le délit de présentation ou de publication de comptes ne donnant pas une image fidèle ne vise que les comptes annuels et non les comptes consolidés.

Ce délit est constitué dès lors que le prévenu, administrateur de la société, savait que l'apparence donnée aux comptes était contraire à la réalité et qu'il a participé à la délibération ayant décidé la présentation et la publication des comptes (cass. crim. 29 novembre 2000, n° 99-80324). La connaissance de l'inexactitude affectant les comptes sociaux doit préexister à la présentation ou à la publication des comptes infidèles. Sa preuve résulte du nombre et de la gravité des inexactitudes comptables relevées (cass. ass. plén. 22 novembre 2002, n° 92-82460). Le délit est également constitué en cas de surestimation du stock de produits finis dans les comptes afin de dissimuler la situation de la société (cass. crim. 19 juin 2013, n° 12-85150). Si la volonté de dissimulation de la véritable situation de la société n'est pas rapportée, le délit n'est pas caractérisé. L'élément moral résulte de la matérialité des faits constatés (cass. crim. 1er décembre 2010, n° 09-86125).

• **Report de l'assemblée pour risques connus.** Les risques justifiant la dépréciation des titres étant avérés, il appartenait au président du conseil d'administration d'obtenir le report de l'assemblée générale si le retraitement des comptes nécessitait un délai et si les événements significatifs susceptibles d'être intervenus entre la date d'arrêté des comptes et celle de cette assemblée devaient être mentionnés dans l'annexe du bilan. Le délit de présentation de comptes annuels infidèles a été retenu à l'encontre du dirigeant (cass. crim. 17 octobre 2007, n° 07-81033).

• **Associé partie civile.** Le délit de présentation, ou la publication de comptes infidèles, est de nature à causer un préjudice personnel et direct à chaque associé ou actionnaire, qui peut se porter partie civile (cass. crim. 30 janvier 2002, n° 01-84256 ; cass. crim. 21 novembre 2012, n° 11-87922).

• **Cessionnaire d'actions.** L'acquéreur de la majorité des actions peut se porter partie civile en cas de bilan inexact ayant servi de base à l'évaluation des actions qu'il se proposait d'acquérir (cass. crim. 5 novembre 1991, n° 90-82605).

Comptes consolidés

Sociétés concernées

▸ Sociétés tenues d'établir et de publier des comptes consolidés

910 Le règlement ANC 2020-01, qui s'est substitué au règlement CRC 99-02 pour les comptes consolidés des exercices ouverts à compter du 1er janvier 2021, s'applique à toutes les entreprises, avec des dispositions spécifiques dédiées aux banques et aux assurances.

Pour rappel, ce texte (ANC, règlt 2020-01 du 6 mars 2020) :
– rapproche les méthodes comptables applicables aux comptes consolidés de celles en vigueur dans les comptes individuels ;
– impose dans les comptes consolidés, en tant que méthodes obligatoires, certaines méthodes de référence des comptes individuels (immobilisation des frais de développement éligibles, étalement des frais d'emprunt, comptabilisation en charges des frais d'établissement) ;
– supprime l'option d'enregistrement immédiat en résultat des écarts de conversion au cours de clôture des créances et dettes en devises ;
– élimine le principe de prééminence de substance sur la forme ;
– fait référence à l'annexe des comptes individuels pour le contenu de l'annexe des comptes consolidés ;
– ajoute des règles à suivre lors de la préparation pour la première fois des comptes consolidés ;
– conserve de manière inchangée certaines dispositions, notamment celles sur le processus de consolidation, les écarts d'acquisition, les variations de pourcentage de détention ainsi que les comptes combinés.

Application prospective du règlement ANC 2020-01. Sa première application était prospective puisqu'elle portait sur les opérations et contrats survenant après la date de première application (ANC, règlt 2020-01, art. 4). Ainsi les opérations de même nature survenues avant et après le 1er janvier 2021 ont été comptabilisées selon les méthodes comptables en vigueur respectivement avant et après cette date.

L'obligation d'établissement et de publication des comptes consolidés et d'un rapport sur la gestion du groupe est à la charge de toutes les sociétés commerciales, dès lors qu'elles contrôlent de manière exclusive ou conjointe une ou plusieurs autres entreprises (c. com. art. L. 233-16). Ces sociétés sont dénommées « sociétés consolidantes ». Il existe toutefois des exemptions à ce principe *(voir §§ 914 à 916)*.

Les sociétés qui n'ont qu'une influence notable sur les entreprises qu'elles détiennent n'ont pas l'obligation de consolider *(voir § 913)*.

La méthode de consolidation est liée à l'étendue du contrôle exercé par la société dominante sur les autres sociétés du groupe *(voir § 921)*. En principe, toutes les filiales et participations sous le contrôle de la société dominante doivent être comprises dans la consolidation.

Les comptes consolidés, comme les comptes annuels, doivent être communiqués et présentés aux actionnaires, à peine de nullité des délibérations de l'assemblée *(voir § 923)*. Ils sont déposés au greffe du tribunal de commerce, en un seul exemplaire, dans le mois de l'assemblée annuelle ou dans les 2 mois en cas de dépôt électronique *(voir § 876)*.

• **Date d'entrée dans le périmètre de consolidation.** L'entrée d'une entreprise dans le périmètre de consolidation résulte de la prise de contrôle ou d'influence notable par l'entreprise consolidante ou par toute entité contrôlée par cette dernière. Cette dernière peut correspondre (ANC, règlt 2020-01, art. 211-10) :
– soit à la date d'acquisition des titres ;
– soit à la date de prise de contrôle ou d'influence notable, si l'acquisition a eu lieu en plusieurs fois ;
– soit à la date prévue par le contrat si celui-ci prévoit le transfert du contrôle à une date différente de celle du transfert des titres acquis.

• **Date de sortie.** Une entreprise sort du périmètre de consolidation à la date de perte de contrôle ou d'influence notable (ANC, règlt 2020-01, art. 211-12).

• **Périmètre de consolidation.** Sans changement par rapport au règlement CRC 99-02, les entités incluses dans le périmètre de consolidation sont l'entité consolidante, les entités contrôlées de manière exclusive ou conjointe et les entités sur lesquelles est exercée une influence notable (c. com. art. L. 233-17-2 ; ANC, règlt 2020-01, art. 211-1, 1er al.) *(voir §§ 911 à 913)*.

▸ Contrôle exclusif

911 **Le contrôle exclusif résulte** (c. com. art. L. 233-16, II) **:**
– d'un contrôle majoritaire, c'est-à-dire de la détention, directe ou indirecte, de la majorité des droits de vote dans une autre entreprise ;
– d'un contrôle de fait, c'est-à-dire de la constatation d'une situation de fait, à savoir la désignation, pendant deux exercices successifs, de la majorité des membres des organes d'administration, de direction ou de surveillance d'une autre entreprise. La société consolidante est présumée avoir effectué cette désignation lorsqu'elle a disposé, au cours de cette période, directement ou indirectement, d'une fraction supérieure à 40 % des droits de vote et si aucun autre associé, ou actionnaire, ne détenait, directement ou indirectement, une fraction supérieure à la sienne ;
– d'un contrôle contractuel. Il s'agit, dans ce cas, du droit d'exercer une influence dominante sur une entreprise en vertu d'un contrat ou de clauses statutaires, lorsque le droit applicable le permet.

Définition du règlement de l'ANC. La définition de la notion de contrôle exclusif donnée par l'ANC diffère de celle du code de commerce. Le contrôle exclusif est le pouvoir de diriger les politiques financière et opérationnelle d'une entité afin de tirer avantage de ses activités (ANC, règlt 2020-01, art. 211-3).

▸ Contrôle conjoint

912 **Le contrôle conjoint est le partage du contrôle d'une entreprise exploitée en commun par un nombre limité d'associés ou d'actionnaires, de sorte que les décisions résultent de leur accord. En pratique, le contrôle conjoint se manifeste généralement sous la forme de filiales communes ou encore de sociétés en participation. Le contrôle conjoint entraîne une méthode d'intégration proportionnelle** *(voir § 921)* (c. com. art. L. 233-16, III)**.**

Définition du règlement de l'ANC. La définition du contrôle conjoint donnée par l'ANC est conforme à celle du code de commerce (ANC, règlt 2020-01, art. 211-4).

▸ Influence notable

913 **L'influence notable sur la gestion et la politique financière d'une entreprise est présumée lorsqu'une société dispose, directement ou indirectement, d'une fraction au moins égale à 20 % des droits de vote de cette entreprise** (c. com. art. L. 233-17-2, al. 2)**.**

Définition du règlement de l'ANC. L'article 211-5 du règlement de l'ANC ajoute que l'influence notable sur les politiques financière et opérationnelle d'une entité est présumée lorsque l'entité consolidante dispose, directement ou indirectement, d'une fraction au moins égale à 20 % des droits de vote de cette entité. Il s'agit de la présomption qui figure également dans le code de commerce.

→ **À NOTER** *Au regard de l'obligation de consolidation, le critère de l'influence notable est supprimé pour les exercices ouverts depuis le 1er janvier 2016, mais le périmètre de consolidation, de façon inchangée, inclut les entités sous influence notable* (c. com. art. L. 233-16).

Détention directe ou indirecte. Les contrôles exclusif et conjoint, et l'influence notable, s'entendent, dans tous les cas, directement ou indirectement. Ainsi, pour l'appréciation des droits de vote dont dispose une entreprise dans les assemblées d'une autre entreprise, il doit être fait masse des droits de vote attachés aux actions détenues par l'entreprise consolidante et par toutes les entreprises qu'elle contrôle de manière exclusive (ANC, règlt 2020-01, art. 211-6).

Exemptions d'établir des comptes consolidés

▸ Principe

914 Échappent à l'obligation d'établir et de publier des comptes consolidés et un rapport sur la gestion du groupe les sociétés situées à un niveau intermédiaire (sous-consolidation, *voir § 915*), ainsi que les groupes de taille moyenne *(voir § 916)*, sauf si ces sociétés émettent des valeurs mobilières admises aux négociations sur un marché réglementé ou des titres de créances négociables (c. com. art. L. 233-17).

Par ailleurs, sous réserve d'en justifier dans l'annexe, les sociétés qui ont pour obligation d'établir des comptes consolidés et un rapport sur la gestion du groupe en sont exemptées lorsque toutes les entreprises contrôlées, de manière exclusive ou conjointe, présentent, tant individuellement que collectivement, un intérêt négligeable par rapport à l'objectif de donner une image fidèle de l'ensemble consolidé, ou qu'elles peuvent être exclues de la consolidation du fait que des restrictions sévères ou durables remettent en cause substantiellement le contrôle ou l'influence exercée par la société consolidante sur la filiale ou participation ou les possibilités de transfert de fonds par la filiale ou participation (c. com. art. L. 233-17-1).

▸ Sous-groupe : exemption de sous-consolidation

915 Pour bénéficier de l'exemption d'établir des comptes consolidés, les sociétés doivent remplir les conditions cumulatives suivantes (c. com. art. L. 233-17, 1° et R. 233-15) :
– elles sont elles-mêmes sous le contrôle d'une autre entreprise qui les inclut dans ses comptes consolidés et publiés conformément aux dispositions réglementaires ;
– elles n'émettent pas de valeurs mobilières sur un marché réglementé ou de titres de créances négociables.

Par ailleurs, l'exemption est subordonnée à la condition qu'un ou plusieurs actionnaires ou associés de l'entreprise contrôlée, représentant au moins le dixième de son capital social, ne s'y opposent pas.

▸ Groupes de taille moyenne exemptés

916 Pour bénéficier de l'exemption, l'ensemble constitué par une société et les entreprises qu'elle contrôle ne doit pas dépasser, pendant 2 exercices successifs, sur la base des derniers comptes annuels arrêtés, une taille déterminée par référence à deux des trois critères suivants (c. com. art. L. 233-17, 2° et R. 233-16) :
– 24 M€ de total du bilan ;
– 48 M€ de chiffre d'affaires ;
– 250 salariés.

Ces chiffres sont calculés globalement pour l'ensemble des entreprises concernées selon la méthode définie à l'article D. 123-200 du code de commerce.

• **Sociétés mères et sociétés contrôlées.** Pour chacun des critères, il convient de cumuler, à partir des comptes individuels, les données de la société mère et des sociétés contrôlées (contrôle exclusif et contrôle conjoint), quelle que soit la méthode de consolidation effectivement appliquée.

• **Période de référence.** Pour être exempté de l'obligation d'établissement et de publication de comptes consolidés au titre de l'exercice N, il convient de ne pas dépasser deux des trois seuils sur les 2 exercices précédents (N – 1 et N – 2), qu'il y ait dépassement ou non pour l'exercice N.

• •**Appréciation du dépassement des seuils.** L'appréciation des seuils au titre des exercices N – 2 et N – 1 se fait sur la base des derniers comptes annuels arrêtés au titre des 2 derniers exercices, quelle que soit la durée de ceux-ci et quelle que soit la durée de l'exercice pour lequel l'exemption est examinée (CNCC, EJ 2017-26, janvier 2018).

Exclusions du périmètre de consolidation

▸ Remise en cause durable du contrôle ou de l'influence ou des possibilités de transfert de fonds

917 **Toute entreprise placée sous le contrôle exclusif ou le contrôle conjoint de la société mère, ou sur laquelle cette dernière exerce une influence notable, sera comprise dans le périmètre de consolidation. Toutefois, des exceptions à ce principe sont prévues, sous réserve d'en justifier dans l'annexe établie par la société consolidante.**

Une filiale, ou une participation, sera obligatoirement laissée en dehors de la consolidation lorsque des restrictions sévères et durables remettent en cause substantiellement le contrôle ou l'influence exercé par la société consolidante sur la filiale, ou la participation, ou les possibilités de transfert de fonds par la filiale ou la participation (c. com. art. L. 233-19, I).

Alors que le règlement du CRC prévoyait des dispositions sur les exclusions du périmètre non rigoureusement calquées sur celles du code de commerce, l'article 212-1 du règlement de l'ANC se borne à renvoyer à l'article L. 233-19 de ce code. Celui-ci classe les cas d'exclusion du périmètre en deux catégories, obligatoires ou optionnels. S'agissant des exclusions de nature obligatoire, sous réserve d'en justifier dans l'annexe, une filiale ou une participation est laissée en dehors de la consolidation lorsque des restrictions sévères et durables remettent en cause substantiellement (c. com. art. L. 233-19, I) :
– le contrôle ou l'influence exercée par la société consolidante sur la filiale ou la participation ;
– ou les possibilités de transfert de fonds par la filiale ou la participation.

▸ Autres exclusions

918 **Sous réserve de le justifier dans l'annexe, une filiale ou une participation peut être laissée en dehors de la consolidation lorsque** (c. com. art. L. 233-19, II) **:**

1° les actions ou parts de cette filiale ou participation ne sont détenues qu'en vue de leur cession ultérieure ;

2° la filiale ou la participation ne représente, seule ou avec d'autres, qu'un intérêt négligeable par rapport à l'image fidèle (c. com. art. L. 233-21) **;**

3° les informations nécessaires à l'établissement des comptes consolidés ne peuvent être obtenues sans frais excessifs ou dans des délais compatibles avec

ceux qui sont fixés pour la remise des comptes consolidés à disposition des commissaires aux comptes (c. com. art. L. 233-27).

Exclusions de nature optionnelle. Le règlement de l'ANC ajoute à cette disposition du code de commerce que, lorsque les titres de l'entité contrôlée ou sous influence notable sont détenus uniquement en vue d'une cession ultérieure et que le projet de cession porte seulement sur une fraction des titres, le contrôle ou l'influence notable est défini par référence à la fraction destinée à être durablement possédée (ANC, règlt 2020-01, art. 212-1).

Établissement des comptes consolidés

▸ Référentiel de consolidation

919 Si les groupes cotés sur un marché réglementé doivent établir leurs comptes consolidés selon le référentiel IFRS, les groupes non cotés peuvent aussi opter pour l'établissement et la publication de leurs comptes consolidés en référentiel IFRS. Ils sont alors dispensés d'établir et de publier un jeu de comptes consolidés conforme aux règles françaises (c. com. art. L. 233-24).

Pour les sociétés non cotées sur un marché réglementé qui n'ont pas opté pour l'établissement de leurs comptes consolidés en référentiel IFRS, le corpus réglementaire français des règles et méthodes applicables est le nouveau règlement ANC 2020-01 du 6 mars 2020 qui s'applique à toute personne morale tenue d'établir des comptes consolidés ou des comptes combinés (ANC, règlt 2020-01, art. 111-1). D'autres règlements contiennent des dispositions complémentaires qui visent (ANC, règlt précité, IR2 sous art. 111-1) :

- les organisations syndicales (CRC, règlt 2009-10 du 3 décembre 2009) ;
- les comités d'entreprises (ANC, règlt 2015-10 du 26 novembre 2015) ;
- le groupe Action Logement (ANC, règlt 2017-02 du 5 juillet 2017).

▸ Nature et contenu des documents à établir

920 Les comptes consolidés sont le prolongement des comptes annuels des sociétés. Ils comprennent, comme les comptes annuels, le bilan et le compte de résultat consolidés, ainsi qu'une annexe : ils forment un tout indissociable (c. com. art. L. 233-20). L'annexe consolidée doit comprendre le tableau des flux de trésorerie et le tableau de variation des capitaux propres.

Les comptes consolidés doivent être réguliers et sincères et donner une image fidèle du patrimoine, de la situation financière, ainsi que de l'ensemble constitué par les entreprises comprises dans la consolidation (c. com. art. L. 233-21).

Sous réserve de dispositions particulières justifiées dans l'annexe, les comptes consolidés sont établis selon les principes comptables et les règles d'évaluation du code de commerce, compte tenu des aménagements indispensables résultant des caractéristiques propres aux comptes consolidés par rapport aux comptes annuels. Les éléments d'actif et de passif ainsi que les éléments de charge et de produit compris dans les comptes consolidés sont évalués selon des méthodes homogènes, sauf si les retraitements nécessaires sont de coût disproportionné et d'incidence négligeable sur le patrimoine, la situation financière et le résultat consolidé (c. com. art. L. 233-22).

La société consolidante doit également établir un rapport sur la gestion du groupe (c. com. art. L. 233-26), et lorsque le groupe dépasse certains seuils (*voir § 853*), une déclaration consolidée de performance extra-financière (c. com. art. L. 225-102-1, II).

• **Date d'établissement.** Les comptes consolidés sont en principe établis à la même date que les comptes annuels de la société consolidante. Sous réserve d'en justifier dans l'annexe, ils peuvent être établis à une date différente de celle des comptes annuels de la société consolidante si cette date est retenue par la majorité des entreprises comprises dans la consolidation pour leurs comptes sociaux (c. com. art. L. 233-25).

• **Arrêté et approbation des comptes.** Si les comptes consolidés sont arrêtés dans un conseil différent de celui qui arrête les comptes annuels, le commissaire aux comptes doit également être convoqué à la réunion de ce conseil (CNCC, bull. 123, septembre 2001, p. 468). En ce qui concerne l'approbation des comptes, la CNCC considère qu'il n'est pas possible de dissocier les approbations des comptes annuels et consolidés par deux AGO (CNCC, bull. 150, juin 2008, p. 310).

• **Règles d'évaluation.** Il est possible de déroger, sous conditions et sous réserve d'en justifier dans l'annexe, aux méthodes d'évaluation prescrites pour les comptes annuels. Ainsi, sous réserve d'en justifier dans l'annexe, il est possible d'évaluer les biens fongibles en considérant que le premier bien sorti est le dernier bien rentré (ce qui n'est pas autorisé dans les comptes sociaux) (c. com. art. L. 233-23).

▸ Méthodes de consolidation

921 **Les méthodes de consolidation sont les suivantes** (c. com. art. L. 233-18 et R. 233-3 ; ANC règlt 2020-01, art. 221-1) **:**

– pour les entreprises sous contrôle exclusif, l'intégration globale ;
– pour les entreprises sous contrôle conjoint, l'intégration proportionnelle ;
– pour les entreprises sous influence notable, la mise en équivalence.

L'intégration globale consiste à (ANC règlt précité, art. 221-2) **:**

– procéder à l'élimination des opérations et des comptes entre l'entité intégrée globalement et les autres entités comprises dans le périmètre de consolidation ;
– répartir les capitaux propres et le résultat entre les intérêts de l'entreprise consolidante et les intérêts des autres actionnaires ou associés, dits « intérêts minoritaires » ;
– intégrer dans les comptes de l'entreprise consolidante les éléments des comptes des entreprises consolidées, après retraitements éventuels.

L'intégration proportionnelle consiste à intégrer dans les comptes de l'entreprise consolidante la fraction représentative de ses intérêts dans les comptes de l'entreprise consolidée, après retraitements éventuels et élimination des comptes réciproques et des résultats internes selon les règles spécifiques prévues pour l'intégration proportionnelle (ANC règlt précité, art. 221-3)**.**

La mise en équivalence appliquée aux titres détenus dans les entités sous influence notable consiste à substituer à la valeur comptable des titres détenus la quote-part des capitaux propres, y compris le résultat de l'exercice déterminés conformément aux méthodes comptables appliquées dans les comptes consolidés. Elle élimine les opérations et comptes entre l'entité mise en équivalence et les autres entités comprises dans le périmètre de consolidation (ANC règlt précité, art. 221-4)**.**

▸ Communication et contrôle des comptes consolidés

922 **Dans les mêmes conditions que les comptes annuels, les comptes consolidés doivent être communiqués à tout actionnaire** (c. com. art. L. 225-115) *(voir §§ 624 à 626)***.**

• **Injonction.** Les actionnaires peuvent demander au président du tribunal de commerce statuant en référé d'enjoindre, sous astreinte, les dirigeants sociaux de leur communiquer les comptes consolidés ou de désigner un mandataire chargé de procéder à cette communication (c. com. art. L. 238-1).

• **Deux commissaires aux comptes.** Les sociétés qui publient des comptes consolidés doivent désigner au moins deux commissaires aux comptes *(voir § 958)*. Les commissaires aux comptes doivent, en justifiant de leurs appréciations, certifier les comptes consolidés *(voir § 974)*.

Les comptes consolidés et le rapport sur la gestion du groupe doivent être tenus à la disposition des commissaires aux comptes un mois au moins avant la convocation de l'assemblée annuelle (c. com. art. R. 232-1).

▸ **Sanctions**

923 **Dans les sociétés tenues d'établir des comptes consolidés, la loi punit d'une amende de 9 000 € les membres du conseil d'administration qui n'auront pas établi et adressé aux actionnaires, dans les délais prévus par la loi, des comptes consolidés. En outre, l'insertion du jugement pourra être ordonnée aux frais du condamné, dans un ou plusieurs journaux** (c. com. art. L. 247-1, II).

De plus, le défaut de présentation à l'assemblée des comptes consolidés accompagnés du rapport de gestion du groupe est sanctionné par la nullité des délibérations de l'assemblée (c. com. art. L. 225-121).

Délit de présentation de comptes ne donnant pas une image fidèle. Le délit de présentation ou de publication de comptes ne donnant pas une image fidèle ne vise que les comptes annuels et non les comptes consolidés (c. com. art. L. 242-6, 2°) *(voir § 909)*.

Toutefois, le comité juridique de l'ANSA juge opportun, pour une société non cotée qui aurait présenté des comptes consolidés comportant une erreur, même si l'approbation des comptes consolidés n'a pas d'effet juridique pour les actionnaires, de réunir à nouveau les actionnaires pour leur faire part de la modification (sans pour autant tenir une nouvelle assemblée). De plus, lorsque les comptes consolidés ont déjà été déposés au greffe, le comité juridique de l'ANSA estime qu'un nouveau dépôt modificatif est possible, même en l'absence d'une nouvelle assemblée (ANSA, avis n° 12-015 du 1er février 2012). La constatation d'une erreur dans des comptes consolidés après leur approbation ne peut conduire à rectifier rétroactivement lesdits comptes.

Délibération de l'assemblée sur les comptes consolidés

924 **Après présentation par le conseil d'administration de son rapport relatif aux comptes annuels et, le cas échéant, aux comptes consolidés, l'assemblée délibère et statue sur toutes les questions relatives aux comptes annuels et aux comptes consolidés** (c. com. art. L. 225-100, I, al. 4).

La résolution peut porter à la fois sur les comptes sociaux et les comptes consolidés. Deux résolutions peuvent être présentées, l'une relative aux comptes sociaux, l'autre relative aux comptes consolidés. Tel sera le cas s'il est à craindre que certains actionnaires rejettent les comptes sociaux et non les comptes consolidés.

Selon le comité juridique de l'ANSA, il paraît non seulement plus lisible pour les actionnaires de les faire voter successivement, au moyen de deux résolutions distinctes, mais également plus prudent au cas où l'une ou l'autre des séries de comptes serait contestée par une majorité d'actionnaires. Dans une telle hypothèse, si une résolution fusionnée est présentée à l'assemblée, une majorité d'actionnaires serait en droit d'exiger, par un vote préalable, des résolutions séparées, ce qui, après coup, pourrait, selon certains, avoir un effet négatif pour l'image des dirigeants (ANSA, avis n° 04-054 du 7 juillet 2004).

• **Refus d'approbation des comptes consolidés.** La non-approbation des comptes consolidés n'entrave pas la vie des sociétés. C'est la non-approbation des comptes annuels et, en conséquence, l'impossibilité d'affecter le résultat qui en perturbent grandement le fonctionnement (ANSA, avis n° 04-054 du 7 juillet 2004).

• **Dispositions pénales.** Les dispositions pénales sanctionnant l'inexactitude des comptes annuels publiés ou présentés en vue de dissimuler la véritable situation de la société ne sont applicables qu'aux seuls comptes sociaux ; aucune sanction spécifique n'est prévue pour les comptes consolidés. De même, n'est pas sanctionné pénalement le fait de ne pas soumettre les comptes consolidés à l'approbation des actionnaires. Toutefois, le défaut d'établissement des comptes consolidés est sanctionné pénalement *(voir § 923)*.

Documents d'information financière et prévisionnelle

Établissement de 4 documents

925 **Dans les SA qui, à la clôture d'un exercice social, égalent ou dépassent au moins 1 des 2 seuils (voir tableau) en nombre de salariés ou en chiffre d'affaires, le conseil d'administration est tenu d'établir** (c. com. art. L. 232-2) **:**
– une situation de l'actif réalisable et disponible, valeurs d'exploitation exclues, et du passif exigible ;
– un compte de résultat prévisionnel ;
– un tableau de financement, en même temps que le bilan annuel ;
– un plan de financement prévisionnel.

Les entreprises cessent d'être assujetties à cette obligation lorsqu'elles ne remplissent aucun des 2 critères durant 2 exercices successifs (c. com. art. R. 232-2, al. 2).

Établissement des documents d'information financière et prévisionnelle	
Un critère sur deux	**Seuils** (c. com. art. R. 232-2)
Nombre de salariés	≥ 300
ou Chiffre d'affaires	≥ 18 000 000 €

• Les salariés pris en compte sont les salariés permanents liés à la société et aux sociétés dont cette dernière détient directement ou indirectement plus de la moitié du capital. Sont considérés comme des salariés permanents les salariés à plein temps, titulaires d'un contrat à durée indéterminée (c. com. art. R. 232-2, al. 3).

• Le chiffre d'affaires est égal au montant des ventes de produits et services liés à l'activité courante diminuée des réductions sur ventes, de la TVA et des taxes assimilées (c. com. art. R. 232-2, al. 4).

→ **À NOTER** *Aucune sanction pénale spécifique n'est prévue en cas de non-respect des dispositions relatives aux documents d'information financière et prévisionnelle.*

Périodicité et délais d'établissement des documents

► Dans les 4 mois après le premier semestre

926 **Un document de la situation de l'actif réalisable et disponible, valeurs d'exploitation exclues, et du passif exigible doit être établi.**

Le conseil d'administration établit semestriellement ce document dans les 4 mois qui suivent la clôture de chacun des semestres de l'exercice (c. com. art. R. 232-3, 1°).

Convocation des commissaires aux comptes. La CNCC a précisé, à propos de l'obligation de convoquer les commissaires aux comptes à toutes les réunions qui examinent des comptes annuels ou intermédiaires, que les documents de gestion prévisionnelle ne peuvent pas être assimilés à des comptes annuels ou intermédiaires (CNCC, bull. 133, mars 2004, p. 161).

▸ Documents annuels

927 Le conseil d'administration établit annuellement (c. com. art. R. 232-3, 2°) :
– le tableau de financement, en même temps que les comptes annuels, dans les 4 mois qui suivent la clôture de l'exercice écoulé ;
– le plan de financement prévisionnel et le compte de résultat prévisionnel, au plus tard à l'expiration du 4e mois qui suit l'ouverture de l'exercice en cours.

Le compte de résultat prévisionnel est, en outre, révisé dans les 4 mois qui suivent l'ouverture du 2d semestre de l'exercice.

Modalités d'établissement des documents

928 Les règles de méthodologie sont les suivantes (c. com. art. R. 232-5) :
– les règles de présentation et les méthodes utilisées pour l'élaboration de ces documents ne peuvent être modifiées d'une période à l'autre sans qu'il en soit justifié dans les rapports correspondants *(voir § 900)*. Ces derniers décrivent l'incidence de ces modifications ;
– les postes du tableau de financement, du plan de financement prévisionnel et du compte de résultat prévisionnel comportent l'indication du chiffre relatif au poste correspondant de l'exercice précédent ;
– les postes de la situation de l'actif réalisable et disponible, valeurs d'exploitation exclues, et du passif exigible comportent l'indication des chiffres relatifs aux postes correspondants des deux semestres précédents ;
– les documents font apparaître, chacun en ce qui le concerne, la situation de trésorerie de la société, ses résultats prévisionnels, ainsi que ses moyens et prévisions de financement. S'il y a lieu, des informations complémentaires sont fournies en vue de permettre le rapprochement des données qu'ils contiennent de celles des comptes annuels ;
– le compte de résultat prévisionnel peut comporter une ou plusieurs variantes lorsque des circonstances particulières le justifient.

Rapports sur ces documents

▸ Rapport du conseil d'administration

929 Les documents visés à l'article R. 232-3 du code de commerce *(voir §§ 926 et 927)* sont analysés dans des rapports écrits sur l'évolution de la société, établis par le conseil d'administration (c. com. art. L. 232-3, al. 1). Ces rapports complètent et commentent l'information donnée par ces documents. Ils décrivent les conventions comptables, les méthodes utilisées et les hypothèses retenues, et en justifient la pertinence et la cohérence (c. com. art. R. 232-4).

Les documents et rapports sont communiqués simultanément, et dans les 8 jours de leur établissement, au commissaire aux comptes et au comité social et économique dès lors que l'entreprise a au moins 50 salariés (c. com. art. R. 232-6).

Comité social et économique. Depuis le 1er janvier 2020, les différentes instances représentatives du personnel (délégués du personnel, comité d'entreprise, CHSCT éventuellement regroupés en délégation unique du personnel) ont été fusionnées en une seule instance : le comité social et économique (CSE) *(voir § 1060)*. Bien que le code du commerce ne soit pas à jour, le CSE est d'ordre public. À notre avis, le CSE, dès lors que l'entreprise a au moins 50 salariés, bénéficie du droit à communication des documents et rapports énumérés par les articles R. 232-3 et R. 232-4 du code de commerce, comme cela était le cas pour le comité d'entreprise.

▸ Observations du commissaire aux comptes

930 **En cas de non-observation des dispositions de l'article L. 232-2 du code de commerce et de celles relatives aux rapports du conseil d'administration, ou si les informations données dans les rapports visés à l'alinéa précédent appellent des observations de sa part, le commissaire aux comptes le signale dans un rapport au conseil d'administration. Le rapport du commissaire aux comptes est communiqué simultanément au CSE si la société a au moins 50 salariés** *(voir § 929, rubrique « Comité social et économique »)* **dans le mois qui suit l'expiration des délais impartis pour l'établissement des documents. Il est donné connaissance de ce rapport à la prochaine assemblée générale** (c. com. art. L. 232-3, al. 2 et R. 232-7).

Nouvelles règles de nomination des CAC

OBLIGATOIRE

TOUTE SA

- BILAN SUPÉRIEUR **À 4 M €**
- CHIFFRE D'AFFAIRES SUPÉRIEUR **À 8 M €**
- **NOMBRE DE SALARIÉS SUPÉRIEUR À 50**

GROUPE FRANCHISSANT 2 SEUILS SUR 3

- **BILAN SUPÉRIEUR À 4 M €**
- CHIFFRE D'AFFAIRES SUPÉRIEUR **À 8 M €**
- NOMBRE DE SALARIÉS SUPÉRIEUR **À 50**

SOCIÉTÉS MÈRES QUI FONT PARTIE D'UN PETIT GROUPE

—

EXCEPTION : SOCIÉTÉ ELLE-MÊME CONTRÔLÉE PAR UNE SOCIÉTÉ DISPOSANT D'UN CAC

—

FILIALES SIGNIFICATIVES CONTRÔLÉES DIRECTEMENT OU INDIRECTEMENT DÉPASSANT 2 SEUILS SUR 3

ALPE possible

- **BILAN SUPÉRIEUR À 2 M €**
- CHIFFRE D'AFFAIRES SUPÉRIEUR **À 4 M €**
- NOMBRE DE SALARIÉS SUPÉRIEUR **À 25**

LE MÊME CAC POURRA ÊTRE DESIGNÉ POUR LA SOCIÉTÉ MÈRE ET SES FILIALES

ALPE possible

CAS DES PETITES ENTREPRISES

- **DÉSIGNATION VOLONTAIRE PAR LES ASSOCIÉS**
- **SUR DEMANDE MOTIVÉE DES ASSOCIÉS** ASSOCIÉS REPRÉSENTANT 1/3 DU CAPITAL
- **SUR DEMANDE EN JUSTICE** ASSOCIÉS REPRÉSENTANT 1/10 DU CAPITAL

Revue Fiduciaire

18 Le contrôle des comptes

Recodification du livre VIII du code de commerce en cours

949 L'ordonnance 2023-1142 du 6 décembre 2023 relative à la publication et à la certification d'informations en matière de durabilité et aux obligations environnementales, sociales et de gouvernement d'entreprise des sociétés commerciales, parue après le 30 novembre 2023, date d'arrêt des textes intégrés dans la présente édition, recodifie, à compter du 1er janvier 2024, la partie du code de commerce relative aux commissaires aux comptes, les articles L. 820-1 à L. 824-16 (anciens) étant ainsi recodifiés dans les articles L. 820-1 à 821-87, sans modifications de fond.

Nomination du commissaire aux comptes

Nouvelles règles de nomination des commissaires aux comptes dans les SA (hors appartenance à un petit groupe)

▸ Nomination obligatoire en cas de dépassement de seuils

950 La loi 2019-486 du 22 mai 2019 (PACTE) et la loi 2019-744 du 21 juillet 2019 (Soilihi) ont modifié les règles relatives à la nomination du commissaire aux comptes au sein des sociétés commerciales. Ces dispositions s'appliquent de manière uniforme pour l'ensemble des sociétés commerciales.

À compter du 1er exercice clos après le 26 mai 2019, en métropole, les SA qui dépassent, à la clôture d'un exercice social, 2 des 3 seuils d'audit légal, sont tenues de désigner un commissaire aux comptes, sous réserve des dispositions transitoires *(voir §§ 956 et 957)* (c. com. art. L. 225-218, al. 1).

Les trois seuils définis qui rendent obligatoire la nomination d'au moins un CAC lorsque 2 d'entre les 3 sont dépassés à la clôture de l'exercice social par une SA sont les suivants (c. com. art. D. 225-164-1 sur renvoi au D. 221-5) :
- 4 M€ de total bilan ;
- 8 M€ de chiffre d'affaires hors taxes ;
- 50 salariés.

La mission du CAC est alors une mission classique de six exercices *(voir § 974)*.

L'obligation de nommer un commissaire aux comptes cesse lorsque la société n'a pas dépassé deux des trois seuils précités pendant les 2 exercices précédant l'expiration du mandat du commissaire aux comptes (c. com. art. D. 225-164-1, al. 2).

• **Sociétés devant nommer un/des CAC sans condition de taille.** Ne sont pas concernées par les seuils et doivent nommer un ou des commissaires aux comptes quelles que soient leur taille et leur forme :
- les entités d'intérêt public qui doivent en nommer au moins un (c. com. art. L. 823-2-1) ;
- les sociétés astreintes à publier des comptes consolidés qui doivent au moins en nommer deux (c. com. art. L. 823-2).

En outre, des sociétés peuvent être tenues de nommer un commissaire aux comptes par des règles propres liées à leur activité.

• **Sociétés fiscalement domiciliées dans une collectivité d'outre-mer.** Une société domiciliée dans une collectivité d'outre-mer n'est soumise aux nouveaux seuils prévus par la loi PACTE que depuis le 1er janvier 2021 (CNCC, Questions réponses précitées, quest. 1.11 ; EJ 2019-59, quest. PACTE n° 12).

Les sociétés qui ne dépassent pas 2 des 3 seuils 4/8/50 ne sont pas tenues de nommer un commissaire aux comptes de par leur taille, mais d'autres cas de nomination sont à considérer. Ces petites entreprises au sens de l'audit sont traitées ci-après *(voir §§ 952 à 955)*.

▸ Modalités de désignation du CAC

951 L'assemblée générale ordinaire de la SA désigne un ou plusieurs commissaires aux comptes dans les conditions prévues à l'article L. 225-228 du code de commerce. Les commissaires aux comptes sont proposés par un projet de résolution émanant (c. com. art. L. 225-228, L. 225-98) :
- soit du conseil d'administration ou de surveillance, selon le cas ;
- soit des actionnaires justifiant de 5 % du capital *(voir § 691)*.

La nomination ou le renouvellement du mandat de commissaire aux comptes doit figurer à l'ordre du jour de l'assemblée générale.

• **Mode de désignation du CAC.** Cette nomination ne peut être comprise parmi les questions diverses (CNCC, bull. 97, mars 1995, p. 119). Par conséquent, la délibération des associés statuant sur la nomination d'un commissaire aux comptes et de son suppléant autres que ceux figurant dans la résolution adressée avec l'ordre du jour à l'assemblée générale est irrégulière (cass. com. 14 février 2018, n° 15-16525 à propos d'une SARL mais transposable aux SA).

• **Publicité.** La nomination et la cessation des fonctions des commissaires aux comptes (pour les suppléants, *voir § 962*) donnent lieu à une insertion dans un journal d'annonces légales et à une formalité au registre du commerce et des sociétés par l'intermédiaire du centre de formalités des entreprises. Le procès-verbal de nomination doit être déposé au greffe. Le renouvellement des fonctions de commissaire aux comptes ne donne pas lieu aux formalités de publicité (rép. Rickert, JO 17 mai 1972, AN p. 1561).

▸ Cas des petites entreprises au sens de l'audit

952 **Désignation par demande motivée des associés (au moins 1/3 du capital).** Nouveauté issue de la loi PACTE et aménagée par la loi Soilihi, sont également tenues de désigner un commissaire aux comptes, pour un mandat de 3 exercices, les sociétés dont un ou plusieurs associés représentant au moins le tiers du capital en font la demande motivée auprès de la société (c. com. art. L. 225-218).

Cette demande motivée des associés représentant 1/3 du capital permet de nommer un commissaire aux comptes sans qu'il soit nécessaire de procéder à une demande en justice.

La mission du commissaire aux comptes est alors obligatoirement une mission sur 3 exercices, à savoir une mission d'« audit légal petite entreprise » (mission ALPE) *(voir §§ 975 à 977)*.

953 **Désignation volontaire par l'assemblée des actionnaires ou des associés.** L'assemblée générale ordinaire des SA peut désigner un ou plusieurs commissaires aux comptes (c. com. art. L. 225-218).

Concernant la durée du mandat :
– à défaut de précision contraire lors de la nomination, le commissaire aux comptes nommé volontairement l'est pour une durée de 6 exercices (c. com. art. L. 823-3) ;
– par dérogation à l'article L. 823-3 précité, les associés ou actionnaires peuvent décider de limiter la durée du mandat du commissaire aux comptes désigné de manière volontaire à 3 exercices (c. com. art. L. 823-3-2). La Compagnie nationale des commissaires aux comptes (CNCC) précise que cette décision doit être clairement exprimée dans la résolution adoptée (CNCC, Vademecum pour les commissaires aux comptes, octobre 2019).

954 **Désignation demandée en justice par les actionnaires (1/10 du capital) ou associés.** Même si les seuils de nomination obligatoire ne sont pas atteints, la nomination d'un commissaire aux comptes peut être demandée en justice dans les SA par un ou plusieurs actionnaires représentant au moins le 1/10 du capital (c. com. art. L. 225-218).

Le commissaire aux comptes est désigné par ordonnance du président du tribunal de commerce statuant en la forme des référés, lorsqu'il est fait droit à la demande. La CNCC rappelle à cet égard que le président du tribunal n'est pas tenu de nommer et qu'il doit prendre en considération l'intérêt social pour apprécier la demande (CA Paris, 14e ch., 24 mai 2002 ; CNCC, bull. 129, mars 2003, p. 150, note Ph. Merle).

La mission du CAC est alors une mission classique de 6 exercices.

955 **Désignation ponctuelle d'un CAC par les SA pour sécuriser des opérations juridiques.** Depuis l'entrée en vigueur de la loi PACTE, certaines SA qui sont des « petites entreprises » n'ont pas (ou plus) de commissaire aux comptes, et vont devoir désigner un commissaire aux comptes dans le cadre d'une intervention ponctuelle pour certaines opérations juridiques qui la requièrent (notamment opérations sur le capital ou donnant accès au capital).

La loi PACTE a prévu qu'un commissaire aux comptes puisse être désigné dans le cadre des opérations suivantes par les sociétés qui n'en sont pas dotées (CNCC, Vademecum précité, § 4) :
– augmentation du capital réservée à des personnes nommément désignées ou à des catégories de personnes répondant à des caractéristiques fixées par l'assemblée générale (c. com. art. L. 225-138, II), y compris pour les augmentations de capital réservées aux salariés (CNCC, EJ 2019-42, octobre 2019) ;
– émission de titres de capital sans droit préférentiel de souscription par certaines offres au public (c. com. art. L. 225-136, 2° et L. 411-2) ;
– augmentation du capital libérée par compensation avec des créances (certificat du dépositaire) (c. com. art. L. 225-146) ;
– émission, avec suppression du droit préférentiel de souscription, de valeurs mobilières dilutives (c. com. art. L. 228-91 et s.) (c'est-à-dire donnant accès au capital) et émission, avec suppression du droit préférentiel de souscription, de bons de souscription de parts de créateur d'entreprise (BSPCE) permettant de souscrire des actions nouvelles (c. com. art. L. 225-138, II). Un rapport établi par un CAC est requis, qu'il y ait ou non délégation. En revanche, cette intervention ponctuelle du CAC n'est pas prévue en cas de délégation accordée par l'assemblée qui est l'organe compétent (CNCC, Questions réponses relatives à l'application de la loi PACTE, version 3, octobre 2020, quest. 7.1 ; EJ 2019-42, quest. PACTE n° 2) ;
– attribution gratuite d'actions (c. com. art. L. 225-197-1) ;
– attribution d'options de souscription ou d'achat d'actions (c. com. art. L. 225-177) ;
– rachat d'actions (c. com. art. L. 225-209-2) ;
– distribution d'un acompte sur dividendes (c. com. art. L. 232-12) (cette désignation existait avant la loi PACTE).

Le commissaire aux comptes doit être désigné, si nécessaire, selon les modalités prévues à l'article L. 225-228 du code de commerce, c'est-à-dire par l'assemblée générale sur un projet de résolution émanant du conseil d'administration ou du conseil de surveillance. La désignation d'un CAC pour les besoins d'une opération ponctuelle n'est pas une désignation volontaire pour une durée de 3 ni de 6 exercices. Le renvoi opéré à l'article L. 225-228 qui dispose que les CAC sont proposés à la désignation de l'assemblée générale par un projet de résolution *(voir ci-avant)* a pour unique objet d'identifier l'organe compétent pour effectuer cette désignation (CNCC, Questions réponses précitées, quest. 7.2, EJ 2019-57, quest. PACTE n° 10).

▸ **Mesures transitoires**

956 **Mandats du CAC en cours pendant le 1er exercice clos après le 26 mai 2019.** Les mandats de commissaires aux comptes en cours à l'entrée en vigueur de la loi se poursuivent jusqu'à leur terme (loi PACTE, art. 20, II, al. 2).

Les SA qui ne dépassent pas, pour le dernier exercice clos avant l'entrée en vigueur des nouvelles dispositions (c'est-à-dire 2018 pour les sociétés clôturant

en fin d'année civile), 2 des 3 seuils 4/8/50 des « petites entreprises » peuvent, en accord avec leur CAC, choisir que ce dernier exerce son mandat jusqu'à son terme selon les modalités de la mission ALPE (loi PACTE, art. 20, II, al. 3).

Pour les sociétés qui dépassent 2 des 3 seuils 4/8/50 pour le dernier exercice clos avant l'entrée en vigueur des nouvelles règles (2018 pour les exercices coïncidant avec l'année civile) et qui ne sont donc pas des « petites entreprises », la mission classique se poursuit pour la durée du mandat du CAC restant à courir.

La disposition selon laquelle les mandats en cours se poursuivent jusqu'à leur terme s'applique aux mandats pour lesquels il n'y a pas de modification dans la situation de l'entité. Pour toute décision de transformation d'une société prise après le 26 mai 2019, il convient de déterminer si 2 des 3 seuils 4/8/50 sont dépassés à la clôture du dernier exercice (CNCC, Questions réponses précitées, quest. 6.1 ; EJ 2019-44 A, quest. PACTE n° 4) **:**

– si oui, le mandat du CAC se poursuit ;

– si non, il prend fin.

• **En cas de démission du CAC sur un mandat en cours** dans une SA qui ne dépasse pas, à la clôture de l'exercice 2018, 2 des 3 seuils 4/8/50 (*voir § 950*), le mandat doit se poursuivre jusqu'à son terme (loi PACTE, art. 20, II, al. 2) et la mission sera réalisée par le CAC suppléant, s'il en existe un, ou par un CAC remplaçant pour la durée du mandat restant à courir (CNCC, Questions réponses précitées, quest. 1.4).

• **Création d'une SA après la publication de la loi PACTE.** Selon la Commission des études juridiques de la CNCC, pour une SA nouvellement créée postérieurement au 26 mai 2019, il convient d'attendre la clôture du 1er exercice pour constater le dépassement ou non de 2 des 3 seuils 4/8/50 et devoir, le cas échéant, nommer un commissaire aux comptes (CNCC, Questions réponses précitées, quest. 1.5 ; EJ 2019-44 B, quest. PACTE n° 4).

• **Dépassement des nouveaux seuils d'audit légal lors du 6e exercice du mandat.** Une société dépasse à la clôture de l'exercice au 30/09/2020 (le 6e du mandat du commissaire aux comptes) 2 des 3 nouveaux seuils d'audit légal (*voir § 950*). Ces seuils n'avaient, en revanche, pas été franchis, au titre des exercices précédents qui clôturaient aux 30/09/2018 et 30/09/2019 (soit les 4e et 5e exercices du mandat du CAC). En outre, les fonctions du CAC de la société expirent après la délibération de l'assemblée générale ou de l'organe compétent qui statue sur les comptes clos au 30/09/2020. La Commission des études juridiques de la CNCC rappelle qu'il convient d'appliquer la législation en vigueur au jour où l'assemblée générale statue sur la nomination du commissaire aux comptes. En l'occurrence, pour l'assemblée générale qui statue en 2021 sur les comptes clos au 30/09/2020, les nouveaux seuils précités (4/8/50) sont applicables pour constater leur dépassement ou non aux clôtures 30/09/2019 et 30/09/2020. Par conséquent, la société a l'obligation de désigner un CAC à l'expiration du mandat du CAC en fonction, puisqu'elle dépassait deux des trois seuils 4/8/50 à la clôture de l'exercice clos le 30/09/2020 (CNCC, EJ 2021-17, août 2021).

957 **Mandats expirant avec l'approbation des comptes des exercices clos à compter du 31 décembre 2018.** **Seules les sociétés qui satisfont les conditions cumulatives suivantes sont dispensées de désigner un CAC** (loi PACTE, art. 20, II, al. 4 ; CNCC, Vademecum précité, § 5.2.3) **:**

– le 6e exercice dont l'approbation des comptes par l'AG ou de l'organe compétent marque l'expiration du mandat du CAC a été clos à compter du 31 décembre 2018 et 6 mois au plus avant le 26 mai 2019 (*Ndlr : la formulation utilisée dans la loi PACTE est « six mois au plus avant la publication du décret ». Or, le décret a été publié le 26 mai 2019. Tous les mandats expirant avec l'approbation des comptes des exercices clos à compter du 31 décembre 2018 sont donc, de fait, concernés*) ;

– la délibération de l'AG ou de l'organe compétent statuant sur les comptes de ce 6e exercice ne s'est pas tenue avant le **26 mai 2019** ;
– à la clôture de ce 6e exercice, la société ne dépasse pas 2 des 3 seuils **4/8/50**.

• **Expiration du mandat du CAC lors de l'assemblée.** Dans le cas d'une SA qui a clôturé son exercice le 30/09/2018 et a obtenu un report pour la date de tenue de son assemblée au plus tard le 30/06/2019 et dont le mandat du CAC expire à cette assemblée, la SA est dans l'obligation de désigner un CAC. Il convient d'appliquer les règles de désignation du CAC applicables avant la loi PACTE (CNCC, Questions réponses précitées, quest. 1.8 ; EJ 2019-50, quest. PACTE n° 6).

• **Nomination du CAC avant l'entrée en vigueur de la loi PACTE.** Le CAC nommé le 21 mars 2019 dans une entité dont la date du dernier exercice clos est le 31 mars 2019, peut exécuter sa mission selon les modalités ALPE dès le premier exercice de son mandat. En effet, cette faculté est offerte pour chacun des exercices du mandat en cours (CNCC, Questions réponses précitées, quest. 1.10 ; EJ 2019-76, quest. PACTE n° 19).

Nomination des commissaires aux comptes en cas de publication de comptes consolidés

958 Les sociétés astreintes à publier des comptes consolidés restent tenues de désigner au moins deux commissaires aux comptes (c. com. art. L. 823-2).

Par respect des règles de déontologie, ces deux commissaires doivent être indépendants l'un de l'autre, ce qui exclut qu'ils puissent appartenir au même cabinet (c. déont. art. 24).

Les sociétés tenues de publier des comptes consolidés sont les sociétés qui répondent aux conditions des articles **L. 233-16** et **L. 233-17** du code de commerce *(voir § 910)*.

Règles de nomination des commissaires aux comptes dans les entités appartenant à un « petit groupe »

▸ L'audit légal dans les « petits groupes »

959 Sous certaines conditions de seuils du groupe qu'elles forment, les personnes et entités contrôlant directement ou indirectement une ou plusieurs sociétés doivent nommer un commissaire aux comptes, même si elles ne sont pas tenues de le faire en tant que société considérée individuellement et même si elles n'établissent pas de comptes consolidés. Les sociétés qu'elles contrôlent, directement ou indirectement, sont elles aussi tenues de nommer un commissaire aux comptes dès lors qu'elles sont considérées comme significatives en fonction de certains seuils.

Un petit groupe au sens de l'audit est formé par une personne ou entité qui n'est pas une EIP, qui n'est pas tenue d'établir des comptes consolidés et qui contrôle (c. com. art. L. 233-3) une ou plusieurs sociétés, lorsque l'ensemble qu'elle forme avec les sociétés qu'elle contrôle dépasse au cours d'un exercice les seuils suivants pour **2** des **3** critères (c. com. art. L. 823-2-2, 1er al., et D. 823-1) :
– 4 M€ de total cumulé de bilan ;
– 8 M€ de total cumulé de chiffre d'affaires ;
– 50 d'effectif cumulé.

Les commissaires aux comptes des personnes et entités têtes de petits groupes et les commissaires aux comptes des sociétés qu'elles contrôlent sont les uns à l'égard des autres, libérés du secret professionnel (c. com. art. L. 822-15, al. 3).

• **« Contrôle » au sens de l'article L. 233-3 du code de commerce.** Le groupe formé s'entend ici d'une personne ou entité et des sociétés contrôlées au sens de l'article L. 233-3 du code de commerce, selon lequel une personne physique ou morale est considérée en contrôler une autre (c. com. art. L. 233-3, I) :
– lorsqu'elle détient directement ou indirectement une fraction de capital lui conférant la majorité des droits de vote dans les assemblées générales (AG) de cette société ;
– lorsqu'elle dispose seule de la majorité des droits de vote dans cette société en vertu d'un accord conclu avec d'autres associés ou actionnaires et qui n'est pas contraire à l'intérêt de la société ;
– lorsqu'elle détermine en fait, par les droits de vote dont elle dispose, les décisions dans les AG ;
– lorsqu'elle est associée ou actionnaire de cette société et dispose du pouvoir de nommer ou de révoquer la majorité des membres de ses organes d'administration, de direction ou de surveillance.

La personne est présumée exercer ce contrôle lorsqu'elle dispose, directement ou indirectement, d'une fraction des droits de votre supérieure à 40 % et qu'aucun autre associé ou actionnaire ne détient directement ou indirectement une fraction supérieure à la sienne (c. com. art. L. 233-3, II).

Enfin, deux ou plusieurs personnes agissant de concert sont considérées comme en contrôlant conjointement une autre lorsqu'elles déterminent en fait les décisions prises en AG (c. com. art. L. 233-3, III).

• **Obligation de détermination du périmètre d'un ensemble.** Il appartient aux dirigeants de déterminer s'il existe un « petit groupe ». L'information doit être mise par les dirigeants des entités à la disposition des CAC de celles-ci (CNCC, Questions réponses précitées, quest. 2.10 ; EJ 2020-01, quest. PACTE n° 46).

• **Modalités de détermination d'un ensemble.** Lorsque les filiales n'ont pas la même date de clôture que l'entité mère, les données chiffrées à retenir sont celles des derniers comptes annuels arrêtés des entités qui composent l'ensemble (CNCC, Questions réponses précitées, quest. 2.11 ; EJ 2020-23, quest. PACTE n° 53).

• **Appréciation des seuils.** Toutes les sociétés contrôlées, quelle que soit leur taille, sont prises en compte pour apprécier le franchissement des seuils par l'ensemble qu'elles forment avec la tête de groupe. Autrement dit, il convient de prendre en compte les filiales significatives et les filiales non significatives (c. com. art. L. 823-2-2 ; CNCC, Questions réponses précitées, quest. 2.7 ; EJ 2019-52, quest. PACTE n° 8).

• **Dépassement des seuils.** La constatation du dépassement de deux des trois seuils à la clôture d'un exercice suffit pour déclencher l'obligation de désigner un CAC si l'entité n'en était pas déjà dotée (CNCC, Questions réponses précitées, quest. 2.13 ; EJ 2020-40, quest. PACTE n° 55).

• **Étendue du secret professionnel entre CAC d'entités composant un « petit groupe » nommés pour un mandat ALPE.** En ce qui concerne la communication de documents, seuls les CAC des « sociétés contrôlées significatives » peuvent communiquer leurs rapports sur les risques, et uniquement ce rapport, au CAC de la « tête de petit groupe ». À l'inverse, à défaut de texte le permettant, le CAC de la « tête de petit groupe » ne peut communiquer de documents aux CAC des « sociétés contrôlées significatives » (CNCC, Questions réponses précitées, quest. 8.6 ; EJ 2019-100, quest. PACTE n° 31).

▸ Nomination obligatoire par la tête d'un « petit groupe »

960 **Les personnes et entités non-EIP et non astreintes à publier des comptes consolidés qui contrôlent** (c. com. art. L. 233-3) **une ou plusieurs sociétés sont tenues de désigner au moins un commissaire aux comptes lorsque l'ensemble qu'elles**

forment avec les sociétés qu'elles contrôlent dépasse au cours d'un exercice les seuils suivants pour 2 des 3 critères suivants (c. com. art. L. 823-2-2, 1er al. et D. 823-1) :
– 4 M€ de total cumulé de bilan ;
– 8 M€ de total cumulé de chiffre d'affaires ;
– 50 d'effectif cumulé.

La mission du commissaire aux comptes que la tête de groupe est tenue de nommer est une mission classique sur 6 ans ou bien la société peut décider de limiter la durée de son mandat à 3 exercices lorsqu'elle ne dépasse pas 2 des 3 seuils précités (mission ALPE) (c. com. art. L. 823-3-2).

Si la personne ou l'entité qui contrôle une ou plusieurs sociétés (avec un ensemble dépassant les seuils 4/8/50 et donc formant un « petit groupe ») est elle-même contrôlée par une personne ou une entité qui a désigné un commissaire aux comptes, elle n'est pas tenue d'en désigner un (c. com. art. L. 823-2-2, al. 2).

• Si la personne ou entité qui contrôle la tête d'un petit groupe est étrangère et a nommé un contrôleur légal des comptes, la société contrôlée française est dispensée de l'obligation qu'elle a de désigner un commissaire aux comptes en qualité de tête de « petit groupe ». En effet, selon la Commission des études juridiques de la CNCC, le terme « commissaire aux comptes » utilisé dans l'alinéa 2 précité de l'article L. 823-2-2 est à prendre dans son acception générique de contrôleur légal des comptes (CNCC, Questions réponses précitées, quest. 2.6 ; EJ 2019-43, quest. PACTE n° 3).

• Cette non-obligation pour la tête de petit groupe intervient en tant que cette dernière est tête du sous-groupe. Cela n'exclut pas que cette personne ou entité puisse être tenue de nommer un CAC en tant que « société contrôlée significative » à condition qu'elle soit constituée sous forme de société et qu'elle dépasse les seuils 2/4/25, si elle est contrôlée par une personne ou entité étrangère ayant nommé un contrôleur légal des comptes *(voir ci-après l'obligation pour les sociétés contrôlées significatives)* (CNCC, quest. précitée).

▸ Nomination obligatoire par les sociétés contrôlées significatives

961 Les sociétés contrôlées directement ou indirectement par les personnes et entités ci-avant mentionnées au 1er alinéa de l'article L. 823-2-2 précité (l'ensemble que ces dernières forment avec les sociétés qu'elles contrôlent dépasse en cumulé les seuils 4/8/50) désignent au moins un commissaire aux comptes si elles dépassent les seuils ci-dessous pour 2 des 3 critères suivants (c. com. art. L. 823-2-2, al. 3, et D. 823-1-1) :
– 2 M€ de total du bilan ;
– 4 M€ de chiffre d'affaires hors taxes ;
– 25 pour le nombre de salariés employés au cours de l'exercice.

Un même commissaire aux comptes peut être désigné pour la tête de groupe et la société qu'elle contrôle, directement ou indirectement, qui est tenue d'en désigner un (c. com. art. L. 823-2-2, al. 3).

La société contrôlée significative n'est plus tenue de désigner un commissaire aux comptes dès lors qu'elle n'a pas dépassé ces chiffres pour 2 de ces 3 critères pendant les 2 exercices précédant l'expiration du mandat du commissaire aux comptes (c. com. art. D. 823-1-1).

La mission du commissaire aux comptes que la société contrôlée est tenue de nommer si elle dépasse 2 des 3 seuils 2/4/25 est une mission classique sur 6 ans ou bien la société peut décider de limiter la durée de son mandat à 3 exercices (mission ALPE) (c. com. art. L. 823-3-2) *(voir §§ 975 à 977)*.

L'obligation faite aux sociétés contrôlées par une tête de « petit groupe » et dépassant les seuils 2/4/25 de désigner un commissaire aux comptes édictée à l'article L. 823-2-2, alinéa 3, ne vise pas les sociétés contrôlées par des EIP ou des têtes de groupe tenues de publier des comptes consolidés (CNCC, Questions réponses précitées, quest. 3.1 et 3.2 ; EJ 2019-51, quest. PACTE n° 7 ; Vademecum précité, § 2).

Commissaires aux comptes suppléants

962 **Dans les SA, la désignation d'un commissaire aux comptes suppléant n'est requise que si le titulaire désigné est une personne physique ou une société unipersonnelle. Dans ce cas, le ou les commissaires aux comptes suppléants, appelés à remplacer le titulaire en cas de refus, d'empêchement, de démission ou de décès, sont désignés par l'assemblée générale ordinaire pour six exercices** (c. com. art. L. 823-1, al. 2).

La désignation volontaire d'un CAC suppléant est toujours possible au même titre que la nomination d'un titulaire (CNCC, EJ 2017-04, bull. 186, juin 2017).

L'obligation de désigner un ou plusieurs commissaires suppléants est dépourvue de sanctions pénales, mais les sociétés doivent s'y conformer pour ne pas commettre une irrégularité (que le commissaire titulaire aurait à signaler dans son rapport) et surtout pour des raisons pratiques (continuité du commissariat).

En cas de cessation des fonctions du commissaire titulaire, le suppléant accède de plein droit à la qualité de titulaire jusqu'à la fin du mandat de ce dernier, sauf si l'empêchement n'a qu'un caractère temporaire. Dans ce dernier cas, lorsque l'empêchement a cessé, le titulaire reprend ses fonctions après la prochaine assemblée générale qui approuve les comptes (c. com. art. L. 823-1, al. 3).

• **Publicité.** Aucun texte ne précise si la publicité applicable à la nomination du commissaire aux comptes doit également être faite pour les commissaires suppléants. Cette publicité a été recommandée à titre préventif (rép. min 68563, Godfrain, JO 30 septembre 1985, AN quest. p. 4623).

Selon la Compagnie nationale des commissaires aux comptes, les formalités de publicité légale concernent aussi bien le CAC titulaire que le CAC suppléant (CNCC, NI XIII, § 1.2.2, p. 11).

• **Suppléant prévu par les statuts.** Selon le Comité de coordination du registre du commerce et des sociétés, la nomination d'un commissaire aux comptes suppléant s'impose, même lorsque le commissaire aux comptes s'avère être une société pluripersonnelle, si les statuts prévoient cette désignation sans faire référence à l'article L. 823-1 du code de commerce. Dans un tel cas, une modification des statuts sera nécessaire pour se délier de cette obligation (CCRCS, avis 2018-014, 19 décembre 2018). La Compagnie nationale des commissaires aux comptes partage la même position (CNCC, EJ 2017-04 précitée).

Exercice du commissariat

▸ Inscription sur une liste

963 **Nul ne peut exercer les fonctions de commissaire aux comptes s'il n'est pas préalablement inscrit sur une liste établie à cet effet** (c. com. art. L. 822-1). **Ces fonctions peuvent être exercées par des sociétés sous réserve de respecter des exigences en matière de droit de vote et de direction** (c. com. art. L. 822-1-3).

▸ Incompatibilités

964 Afin d'assurer son indépendance, il est prévu des règles strictes d'incompatibilité. En outre, les commissaires aux comptes doivent respecter les dispositions du code de déontologie applicable à la profession.

De plus, les fonctions de commissaire aux comptes sont incompatibles, notamment, avec tout emploi salarié (sauf enseignement se rattachant à l'exercice de sa profession ou emploi rémunéré chez un commissaire aux comptes ou chez un expert-comptable) (c. com. art. L. 822-10, 2°)**, ainsi qu'avec toute activité commerciale, qu'elle soit exercée directement ou par personne interposée, à l'exception des activités commerciales accessoires à la profession d'expert-comptable** (c. com. art. L. 822-10, 3°)**. Le commissaire aux comptes peut également s'associer dans une société pluriprofessionnelle d'exercice. Il peut exercer dans ce cadre, des activités commerciales accessoires exercées par la société pluri-professionnelle d'exercice** (c. com. art. L. 822-10, 3°)**.**

S'agissant des services auparavant interdits *(voir § 978)*.

Précisions du H3C sur la nature des activités commerciales compatibles avec les fonctions de commissaire aux comptes. La loi Pacte (loi 2019-486 du 22 mai 2019 précitée), en modifiant l'article L. 822-10 du code de commerce relatif aux activités, actes ou emplois incompatibles avec les fonctions de commissaire aux comptes, a apporté deux exceptions au principe de l'incompatibilité entre les fonctions de commissaire aux comptes et l'exercice d'une activité commerciale *(voir ci-avant)*. À la suite de cette modification, le Haut conseil du commissariat aux comptes (H3C), faisant application de l'article R. 821-6 du code de commerce, s'est saisi de la question de l'incompatibilité des fonctions de commissaire aux comptes avec l'exercice d'une activité commerciale et des exceptions à ce principe d'incompatibilité (H3C, avis 2021-01, 15 avril 2021 abrogeant avis 7 juillet 2009 relatif à l'exercice d'une activité commerciale).

Le Haut conseil considère que l'exercice d'une activité commerciale doit être compris comme la réalisation de plusieurs actes de commerce tels que définis aux articles L. 110-1 et L. 110- 2 du code de commerce. Selon lui, l'interdiction ne vise pas des actes de commerce réalisés dans le cadre des stricts besoins de la vie courante.

Il relève également que l'incompatibilité concerne l'hypothèse de « l'exercice direct » d'une activité commerciale comme celle d'un « exercice par personne interposée ». « L'exercice direct » doit s'entendre comme l'exercice par le commissaire aux comptes lui-même, en son nom et pour son propre compte. « L'exercice par personne interposée » implique l'intervention d'un tiers. Ce tiers peut être une personne physique qui agit en réalité sous l'influence et au bénéfice du commissaire aux comptes. Ce tiers peut également être une personne morale ou un groupement dont le commissaire aux comptes maîtrise les décisions.

S'agissant des deux exceptions au principe d'incompatibilité précité (c. com. art. L. 822-10 3°), selon le Haut conseil :
– un commissaire aux comptes également inscrit à l'Ordre des experts-comptables (OEC) peut exercer les activités commerciales accessoires à la profession d'expert-comptable, dès lors que la nature de ces activités, réalisées à titre accessoire, n'est pas de nature à mettre en péril l'exercice de la profession ou l'indépendance des associés experts-comptables ainsi que le respect par ces derniers des règles inhérentes à leur statut et à leur déontologie (exception n° 1). Le Haut conseil est d'avis que la rédaction de cette disposition ne permet pas à un commissaire aux comptes non inscrit à l'OEC d'exercer les activités commerciales accessoires à la profession d'expert-comptable ;
– les fonctions de commissaire aux comptes sont compatibles avec les activités commerciales accessoires exercées par la société pluriprofessionnelle d'exercice (exception n° 2). Le H3C constate qu'il est permis à une SPE inscrite sur la liste des commissaires

aux comptes d'exercer, à titre accessoire, les activités commerciales n'étant interdites ni aux commissaires aux comptes, ni aux autres professions qui constituent son objet social.

Signalons également l'interdiction expresse des sollicitations et cadeaux (sauf d'un montant de faible valeur qui n'a pas encore été fixé par arrêté) (c. déont. art. 14).

▸ **Secret professionnel**

965 Le commissaire aux comptes, ses collaborateurs et ses experts sont astreints au secret professionnel pour les faits, actes et renseignements dont ils ont pu avoir connaissance à raison de leurs fonctions ; le secret professionnel ne peut être libéré qu'en vertu d'une disposition législative particulière (c. com. art. L. 822-15, 1er al.).

Les articles 226-13 et 226-14 du code pénal relatifs au secret professionnel sont applicables aux commissaires aux comptes (c. com. art. L. 820-5).

Lorsqu'une personne morale établit des comptes consolidés (ou combinés), les commissaires aux comptes de la personne morale consolidante et les commissaires aux comptes des personnes consolidées sont, les uns à l'égard des autres, libérés du secret professionnel (c. com. art. L. 822-15, al. 2). Selon la Commission des études juridiques de la CNCC, cette levée du secret professionnel s'applique dès lors qu'il y a une consolidation des comptes, peu importe que le contrôle sur la société consolidée ait été perdu par le groupe consolidant au moment de la réalisation matérielle des opérations de consolidation (CNCC, EJ 2022-14, octobre 2023).

Depuis la loi PACTE précitée, le commissaire aux comptes de la société contrôlante, tête de petit groupe, et le commissaire aux comptes des sociétés qu'elle contrôle au sens de l'article L. 233-3 du code de commerce sont, eux aussi, libérés du secret professionnel les uns à l'égard des autres (c. com. art. L. 822-15, al. 3) *(voir § 959)*.

▸ **Surveillance de la profession**

966 Le Haut Conseil du commissariat aux comptes (H3C) est une autorité publique indépendante qui a pour mission, entre autres, d'assurer la surveillance de la profession (c. com. art. L. 821-1).

Durée des fonctions

▸ **Durée du mandat : principes**

967 En principe, le commissaire aux comptes est nommé pour un mandat de 6 exercices. Ses fonctions expirent après la réunion de l'assemblée générale ordinaire qui statue sur les comptes du 6e exercice (c. com. art. L. 823-3, al. 1).

Pour ne parler ici que des entités qui ne sont pas d'intérêt public, les mandats de commissaire aux comptes peuvent être renouvelés sans limitation. Le conseil d'administration ou le conseil de surveillance propose le renouvellement à l'assemblée.

Par dérogation, un commissaire aux comptes désigné volontairement ou en application de certains cas particuliers *(voir §§ 952 et 953 ; 960 et 961)* peut décider de limiter la durée de son mandat à 3 exercices (c. com. art. L. 823-3-2).

Le commissaire aux comptes nommé par l'assemblée en remplacement d'un autre commissaire (par suite de décès ou démission) ne demeure en fonction que jusqu'à la date d'expiration normale du mandat de son prédécesseur (c. com. art. L. 823-3, al. 2).

Le commissaire aux comptes a le droit de démissionner seulement pour des motifs légitimes. Le H3C doit être informé de cette démission (c. déont. art. 28).

Le mandat conféré par justice à un commissaire aux comptes lorsque l'assemblée a omis d'en désigner un prend fin lorsqu'il a été pourvu, par l'assemblée générale, à la nomination du commissaire aux comptes (c. com. art. L. 823-4).

→ **EN PRATIQUE** *Soit un commissaire aux comptes nommé (ou renouvelé) pour une mission classique au cours de l'assemblée annuelle du 20 juin 2021 statuant sur les comptes de l'exercice 2020. Son mandat prendra fin à l'issue de l'assemblée devant statuer sur les comptes 2026. Si cette assemblée est réunie le 1er juin 2027, la mission prendra fin à cette date ; si cette assemblée se tient le 28 juin 2027, c'est à cette date qu'il cessera ses fonctions.*

Soit un commissaire aux comptes nommé pour un mandat de trois exercices au cours de l'assemblée annuelle du 20 juin 2021 statuant sur les comptes 2020, son mandat prendra fin à l'issue de l'assemblée devant statuer les comptes 2023, soit courant juin 2024.

▶ **Poursuite ou fin de mandat : opérations particulières**

968 **Le jugement d'ouverture d'une procédure de liquidation judiciaire ne met pas fin au mandat du commissaire aux comptes.** La mission du CAC se poursuit jusqu'à la dissolution de la société qui est soumise à des obligations en matière d'arrêté et d'approbation des comptes annuels (c. civ. art. 1844-7 ; c. com. art. L. 641-3 et L. 641-9 ; CNCC, EJ 2014-94 et EJ 2015-05, bull. 178, juin 2015).

Transfert du siège social de la société à l'étranger. Le mandat du commissaire aux comptes cesse à la date effective du transfert, c'est-à-dire à la date d'immatriculation dans l'État d'accueil et de radiation en France. Par conséquent, jusqu'à cette date, la mission permanente du commissaire aux comptes subsiste, notamment en ce qui concerne la mise en œuvre de la procédure d'alerte, la révélation des faits délictueux et le signalement des irrégularités (CNCC, EJ 2013-12, bull. 172, déc. 2013).

Transformation d'une SA après le 26 mai 2019. Selon la doctrine de la Compagnie nationale des commissaires aux comptes, la transformation d'une société met fin au mandat de commissaire aux comptes. Toutefois, une distinction doit être faite selon que la société, dans sa nouvelle forme, est tenue ou non d'avoir un commissaire aux comptes (CNCC, NI VI « Les commissaires aux comptes et la transformation des sociétés », § 1.43, juillet 2018).

Ainsi, pour toute décision de transformation prise après l'entrée en vigueur des nouvelles règles de désignation du commissaire aux comptes *(voir § 950)*, il convient de déterminer si la société dépassait, ou non, les seuils d'audit légal à la clôture du dernier exercice pour savoir si le mandat du commissaire aux comptes doit se poursuivre (CNCC, Questions réponses précitées, quest. 6.1 ; EJ 2019-44_A, quest. PACTE n° 4) *(voir § 956)* :

– si non, elle n'est pas tenue de désigner un commissaire aux comptes et le mandat du commissaire prend fin ;

– si oui, elle est tenue d'en nommer un et le mandat du commissaire aux comptes se poursuit jusqu'à son terme.

Absorption de la société de commissaires aux comptes. Lorsqu'une société de commissaires aux comptes est absorbée par une autre société de commissaires aux comptes, la société absorbante poursuit le mandat confié à la société absorbée jusqu'à la date d'expiration de ce dernier (c. com. art. L. 823-5).

Démission du CAC suivie du rachat de son cabinet : qui devient le CAC titulaire du mandat ? Suite à la démission du CAC titulaire en nom propre d'un mandat auprès d'une société A et à l'absorption de sa société de commissariat aux comptes par une autre société B de commissariat aux comptes, c'est en principe le suppléant qui devient titulaire et non la société B (CNCC, EJ 2020-36, février 2021).

Sanctions pour défaut de nomination ou nomination irrégulière

969 Sur le plan civil, les délibérations prises à défaut de désignation régulière du commissaire aux comptes ou sur le rapport d'un commissaire aux comptes nommé ou demeuré en fonctions contrairement aux dispositions légales sont nulles. L'action en nullité est éteinte si ces délibérations sont expressément confirmées par une assemblée générale sur le rapport du commissaire aux comptes régulièrement désigné (c. com. art. L. 820-3-1).

Sanction pénale. La loi punit d'un emprisonnement de 2 ans et d'une amende de 30 000 € les dirigeants d'une société anonyme qui n'ont pas provoqué la désignation d'un commissaire aux comptes (c. com. art. L. 820-4).

Cessation des fonctions du commissaire aux comptes

Récusation pour justes motifs

▸ Personnes pouvant agir

970 La récusation du commissaire aux comptes peut être demandée en justice, pour juste motif, notamment par un ou plusieurs actionnaires représentant au moins 5 % du capital social, le comité social et économique dès lors que l'entreprise a plus de 50 salariés et le ministère public (c. com. art. L. 823-6, al. 1).

Cette action en récusation concerne tous les commissaires aux comptes, titulaires et suppléants, y compris ceux désignés par décision de justice. La demande doit être fondée sur un juste motif qui est apprécié par le tribunal de commerce, lequel peut rejeter la demande.

Une divergence d'appréciation sur un traitement comptable ou sur une procédure de contrôle n'est pas considérée comme un motif fondé de récusation (c. com. art. L. 823-6, al. 3).

▸ Nomination d'un autre commissaire aux comptes

971 S'il est fait droit à la demande, un nouveau commissaire aux comptes est désigné en justice. Il demeure en fonctions jusqu'à l'entrée en fonctions du commissaire aux comptes désigné par l'assemblée générale (c. com. art. L. 823-6, al. 4).

Lorsque le commissaire aux comptes est relevé de ses fonctions, il est remplacé par le commissaire aux comptes suppléant (c. com. art. R. 823-5).

- **Transmission des dossiers.** Le commissaire aux comptes dont la mission est expirée, quelle qu'en soit la cause (démission, radiation, récusation), doit permettre au commissaire aux comptes lui succédant d'accéder à toutes les informations et à tous les documents pertinents concernant la société dont les comptes sont certifiés (c. com. art. L. 823-3, al. 3).

• **Règles de procédures.** Le président du tribunal de commerce statue selon la procédure accélérée au fond sur la récusation ou le relèvement de fonctions d'un commissaire aux comptes. La demande de récusation ou de relèvement de fonctions est formée contre le commissaire aux comptes et la personne ou l'entité auprès de laquelle il a été désigné. La demande de récusation du CAC est présentée dans les 30 jours de sa désignation (c. com. art. R. 823-5) *(voir § 972)*.

Relèvement pour faute ou empêchement

972 **En cas de faute ou d'empêchement, le commissaire aux comptes peut, à la demande du conseil d'administration, du directoire, du comité social et économique dès lors que l'entreprise a plus de 50 salariés, d'un ou de plusieurs actionnaires représentant au moins 5 % du capital social, être relevé de ses fonctions avant l'expiration normale de celles-ci par décision de justice. Cette demande peut également être présentée par le ministère public** (c. com. art. L. 823-7, al. 1)**.**

La demande doit être présentée devant le tribunal de commerce. Le délai d'appel est, comme pour la récusation, de 30 jours (c. com. art. R. 823-5)**.**

Le conseil d'administration est compétent pour décider le relèvement des fonctions du commissaire aux comptes de la société mais il doit agir en justice par l'intermédiaire du représentant légal de la société et donc du directeur général (cass. com. 3 octobre 2006, n° 05-12410)**.**

Lorsque le commissaire aux comptes est relevé de ses fonctions, il est remplacé par le commissaire aux comptes suppléant si celui-ci a été nommé (c. com. art. R. 823-5, dernier alinéa)**.**

Le relèvement des fonctions du CAC peut trouver son origine dans les manquements du commissaire aux comptes au regard des diligences imposées par les normes d'exercice professionnel.

• **En cas de déclenchement de la procédure d'alerte.** Si la procédure d'alerte déclenchée par le CAC s'est, ensuite, révélée non fondée car les comptes ont établi, par la suite, que la société était en mesure de continuer son activité, elle ne peut pas être considérée comme dictée par une intention de nuire ou par une volonté malveillante de la part du CAC qui ne peut donc pas être relevé de ses fonctions sur ce motif (CNCC, décision commentée, octobre 2021 ; CA Aix-en-Provence, Ch. 3-1, 17 juin 2021, RG 21/00961).

• **Quid de la prescription de l'action en responsabilité civile du CAC ?** La demande de relèvement du CAC n'interrompt pas la prescription de l'action en responsabilité civile intentée simultanément contre lui. Le point de départ de la prescription ne peut pas être reporté en l'absence de preuve que le CAC a dissimulé les faits frauduleux dont il a eu connaissance (CNCC, décision commentée, juillet 2023 ; CA Rennes, 1re Ch., 27 juin 2023, RG 21/07864).

Non-renouvellement des fonctions de commissaire aux comptes

973 **Lorsque, à l'expiration des fonctions d'un commissaire aux comptes, il est proposé à l'assemblée de ne pas renouveler ce dernier, le commissaire doit être entendu par l'assemblée générale s'il le demande** (c. com. art. L. 823-8)**.**

Même si la date exacte de nomination d'un commissaire aux comptes n'est pas expressément indiquée (c. com. art. L. 823-3)**, il ne peut y avoir une interruption de la mission. Le nouveau commissaire aux comptes doit être nommé lors de la décision collective des associés qui approuve les comptes du 6e exercice contrôlé par le commissaire aux comptes en place. Si des circonstances exceptionnelles ne permettent pas de nommer le nouveau commissaire aux comptes lors de cette**

assemblée, il est nécessaire de prévoir dans son ordre du jour une résolution appelant à la convocation d'une prochaine assemblée afin de nommer un commissaire aux comptes. Si c'est bien le cas, le commissaire aux comptes non renouvelé n'a pas de conclusions à tirer sur l'absence de nomination de son successeur lors de cette assemblée ; mais si cette résolution ne figure pas dans l'ordre du jour, le commissaire aux comptes sera amené à signaler l'irrégularité et à la révéler au procureur de la République (c. com. art. L. 823-12 ; CNCC, EJ 2014-63, septembre 2015).

Renouvellement par anticipation. La décision de renouveler par anticipation le mandat des commissaires aux comptes ne saurait être valable, car elle est de nature à influencer sa liberté d'appréciation (CNCC, bull. 132, décembre 2003, p. 654).

Cadre des interventions du commissaire aux comptes

Mission de certification légale classique sur six exercices

974 Le commissaire aux comptes, s'il en a été nommé un, certifie en justifiant de ses appréciations, que les comptes annuels sont réguliers et sincères et donnent une image fidèle du résultat des opérations de l'exercice écoulé, ainsi que de la situation financière et du patrimoine de la société à la fin de cet exercice (c. com. art. L. 823-9, al. 1er).

S'agissant d'une obligation de moyens, il n'a pas à vérifier les comptes de façon exhaustive (cass. com. 23 juin 2015, nos 14-14242 et 14-14158).

Le commissaire aux comptes a pour mission permanente, à l'exclusion de toute immixtion dans la gestion, de vérifier les valeurs et les documents comptables de la société et de contrôler la conformité de sa comptabilité aux règles en vigueur (c. com. art. L. 823-10, al. 1).

Il vérifie également la sincérité et la concordance avec (c. com. art. L. 823-10, al. 2 et 3) :
– les comptes annuels des informations données dans le rapport de gestion du conseil d'administration ou du directoire, selon le cas, et dans les documents adressés aux actionnaires sur la situation financière et les comptes annuels ;
– les comptes consolidés des informations données dans le rapport sur la gestion du groupe, lorsque la société établit de tels comptes.

Dans son rapport à l'assemblée générale ordinaire, le commissaire aux comptes déclare (c. com. art. R. 823-7) :
a) soit certifier que les comptes de l'exercice et, le cas échéant, les comptes consolidés sont réguliers et sincères et qu'ils donnent une image fidèle du résultat des opérations de l'exercice écoulé, ainsi que de la situation financière et du patrimoine de la société et de l'ensemble des entreprises comprises dans la consolidation à la fin de l'exercice, en formulant, s'il y a lieu, toutes observations utiles ;
b) soit assortir la certification de réserves ;
c) soit refuser la certification des comptes ;
d) soit être dans l'impossibilité de certifier les comptes.

Précisions sur les motifs de l'opinion du CAC. Dans ces trois derniers cas, le CAC précise les motifs de son opinion. Même en cas de refus de certifier, l'assemblée peut néanmoins approuver les comptes (rép. Braconnier, JO 12 février 1976, Sén. p. 161). Le refus, temporaire, de certifier les comptes d'un groupe de sociétés n'est pas fautif si le commissaire aux comptes a un doute légitime sur la régularité d'une opération immobilière passée par l'une des sociétés du groupe (cass. com. 18 février 2014, n° 12-29075).

Lorsque la société établit des comptes consolidés, les commissaires aux comptes doivent également certifier que ces comptes consolidés sont réguliers et sincères et donnent une image fidèle du patrimoine, de la situation financière, ainsi que des résultats de l'ensemble des entreprises comprises dans la consolidation, en justifiant de leurs appréciations (c. com. art. L. 823-9, al. 2)**.**

Cette certification est délivrée après examen des travaux des commissaires aux comptes des sociétés comprises dans la consolidation. Comme pour les comptes annuels, les commissaires aux comptes peuvent émettre des réserves ou refuser de certifier les comptes.

Le rapport sur les comptes annuels doit être déposé au siège social 15 jours au moins avant la date de l'assemblée (c. com. art. R. 225-83)**.**

• **Justification des appréciations.** Parmi les appréciations de nature à nécessiter une justification figurent celles se rapportant à des éléments significatifs des comptes, reflétant des événements ou des décisions importantes prises par l'entité au cours de l'exercice et donc déterminantes pour la compréhension des comptes. Au titre de la justification de ses appréciations, le commissaire aux comptes peut, par exemple, renvoyer à une information pertinente de l'annexe (c. com. art. R. 823-7).

• **Opération de gestion.** Enfin, le commissaire aux comptes annexe à son rapport, le cas échéant, celui de l'expert chargé de présenter un rapport sur une ou plusieurs opérations de gestion *(voir § 617)*.

• **Dépôt du rapport au greffe.** Toute société par actions dotée d'un commissaire aux comptes est tenue de déposer, au greffe du tribunal, dans le mois qui suit l'approbation des comptes annuels, le rapport de celui-ci (c. com. art. L. 232-23, I, 1°). La décision collective des associés peut, sur proposition du président ou de l'organe habilité, autoriser le commissaire aux comptes à adresser directement son rapport au greffe (c. com. art. L. 823-8-1). Néanmoins, le commissaire aux comptes est libre d'accepter ou de refuser de déposer son rapport et les documents annexes. Pour la Compagnie nationale des commissaires aux comptes, cette transmission au greffe nécessite une concertation entre le commissaire aux comptes et la société (CNCC, EJ 2012-100, janvier 2013) *(voir § 983)*.

Mission « ALPE » d'audit légal dans les petites entreprises sur 3 exercices

▸ Missions d'audit légal au sein des petites entreprises

975 **Lors de leur mission d'audit légal au sein des petites entreprises (PE), les commissaires aux comptes doivent s'appuyer sur les deux normes d'exercice professionnel (NEP) suivantes** (arrêté du 6 juin 2019, JO du 12, texte 5) **:**
– la NEP 911 précise la nouvelle mission audit légal PE ou « ALPE » sur 3 exercices. Cette mission a été créée par la loi PACTE pour les sociétés dans certains cas bien définis *(voir § 976)* **;**
– la NEP 912 présente, quant à elle, la mission d'audit légal classique au sein des PE sur 6 exercices, avec des diligences du CAC proportionnées à la taille de l'entité contrôlée. Elle remplace, depuis le 13 juin 2019, la NEP 910.

Le Comité des normes professionnelles de la CNCC a précisé que si l'entité n'opte pas pour la mission ALPE sur 3 exercices (NEP 911), c'est la NEP 912 qui trouve à s'appliquer. En effet, la NEP 912 a pour objet de définir les diligences proportionnées à la PE à accomplir par le commissaire aux comptes désigné par une telle entreprise pour un mandat de 6 exercices, ainsi que le formalisme qui s'attache à la réalisation de cette mission (CNCC, CNP 2019-08 c, question 3).

Le tableau ci-dessous présente un comparatif des deux missions d'audit légal au sein des sociétés « petites entreprises ».

Audit légal dans les petites entreprises : deux missions		
	Mission ALPE sur 3 exercices	**Mission d'audit légal « classique » PE sur 6 exercices**
Forme de l'entité auditée	sociétés	sociétés et autres entités
Cadre de référence	NEP 911	NEP 912
Durée de la mission à spécifier dans la lettre de mission	3 exercices	6 exercices (durée classique du mandat du CAC)
Certification des comptes annuels, et le cas échéant des comptes consolidés établis volontairement	oui	oui
Qualification de l'assurance fournie quant à l'absence d'anomalies significatives	« assurance raisonnable »	« assurance raisonnable »
Rapport sur les risques financiers, comptables et de gestion de l'entité et, le cas échéant, de l'ensemble du « petit groupe »	oui	non
Allégements des diligences légales à mettre en œuvre	oui	non
Documentation des travaux proportionnée	oui	oui
Responsabilités civile, pénale et disciplinaire du CAC	oui	oui
Source : d'après CNCC, Mission ALPE : décryptage, § 13, juin 2019.		

▸ Cas où les sociétés sont concernées par la mission ALPE

976 La mission ALPE peut être confiée par des sociétés commerciales « petites entreprises » dans trois cas :

– la désignation volontaire d'un CAC par les associés ou par l'AGO *(voir § 953)* ;

– la désignation obligatoire par une société tête de « petit groupe » en cette qualité *(voir § 960)* ;

– la désignation obligatoire par une société contrôlée par une tête de « petit groupe » et dépassant les seuils 2/4/25, en cette qualité *(voir § 961)*.

Cette mission ALPE est obligatoire pour le CAC qui est désigné suite à la demande d'associés ou actionnaires minoritaires d'une société « petite entreprise » *(voir § 952)*.

À ces 4 cas, s'ajoute temporairement la mesure de transition pour un CAC en cours de mandat à l'entrée en vigueur de la loi PACTE dans une société ne dépassant pas les seuils 4/8/50 pour le dernier exercice clos avant le 27 mai 2019 : il est possible, avec l'accord du CAC, que la société choisisse que celui-ci poursuive son mandat, non de façon classique, mais selon les modalités de la mission ALPE *(voir § 956)*.

La Compagnie nationale des commissaires aux comptes a, toutefois, précisé que si les statuts de la société indiquent que le mandat du commissaire aux comptes est de 6 exercices, alors il n'est pas possible d'y déroger. Il conviendra donc d'adapter les statuts avant de confier au commissaire aux comptes une mission « ALPE » (CNCC, EJ 2019-64, quest. Pacte 14, novembre 2019, publiée en septembre 2020).

▶ **Audit adapté et proportionné**

977 Dans le cadre de la mission ALPE, le CAC exerce son jugement professionnel pour décider de la nature, du calendrier et de l'étendue des travaux, proportionnés à la taille et à la complexité de l'entité, nécessaires pour fonder son opinion sur les comptes (NEP 911, § 9). De même, pour la certification des comptes consolidés, le CAC se réfère à la **NEP 600** relative à l'audit des comptes consolidés et l'applique de manière adaptée à la taille et à la complexité de l'ensemble consolidé (NEP 911, § 14).

L'audit réalisé pour la certification des comptes permet d'obtenir une « assurance raisonnable » que les comptes, pris dans leur ensemble, ne comportent pas d'anomalies significatives (assurance de niveau élevé) (NEP 911, § 12).

Le CAC constitue également un dossier de travail adapté à la taille et aux caractéristiques de l'entité contrôlée en tenant compte du principe de proportionnalité (c. com. art. R. 823-10 ; NEP 911, § 53). Il formalise notamment dans son dossier les échanges verbaux avec les organes mentionnés à l'article **L. 823-16** du code de commerce et la date de ces échanges ainsi qu'une copie de ses communications écrites (NEP 911, § 55). Le CAC, sur la base de son jugement professionnel, peut adopter une rédaction succincte pour la justification de ses appréciations (NEP 911, § 45).

Pour l'ensemble des diligences à mettre en place lors de la mission ALPE, *(voir § 980)*.

Le Comité des normes professionnelles (CNP) de la CNCC a communiqué, sous la forme de questions-réponses, des précisions relatives à la mission d'audit légal petite entreprise (PE) sur 3 exercices ou mission « ALPE ». Des précisions relatives à cette mission sont présentées ci-après.

• **Le CAC d'une entité tête de groupe doit-il effectuer des travaux complémentaires pour l'établissement de son rapport sur les risques, en l'absence de CAC dans les filiales ?** Lorsqu'il intervient dans une entité tête de groupe, le commissaire aux comptes est également attentif aux risques financiers, comptables et de gestion auxquels sont exposées les sociétés qu'elle contrôle qu'il pourrait identifier au cours de la mission de certification des comptes de l'entité tête de groupe. Il lui appartient d'exercer son jugement professionnel pour déterminer l'étendue des diligences complémentaires à mettre en œuvre (NEP 911, §§ 35 à 37). À cet effet, le commissaire aux comptes veillera à se faire communiquer toute information qu'il estime utile sur le périmètre des sociétés contrôlées, notamment, lors de l'acceptation du mandat (CNCC, CNP 2019-08 b, question 1, 26 juin 2020).

• **Le CAC doit-il prévoir des travaux d'intérim ?** La NEP 911 n'inclut ni prescriptions relatives au calendrier d'intervention ni directives sur l'organisation de la mission dont le commissaire aux comptes reste seul juge. Toutefois, la phase de prise de connaissance de l'entité est obligatoire (NEP 911, § 14), le but étant d'identifier et d'évaluer le risque d'anomalies significatives dans les comptes (NEP 911, § 16) (CNCC, CNP 2019-08 b, question 2, 26 juin 2020).

• **Le CAC doit-il réaliser des travaux portant sur le contrôle interne ?** Dans une PE, les éléments de contrôle interne pertinents pour l'audit sont, par exemple :
– la séparation des tâches mise en place par la société ;
– l'organisation du système d'information ;
– l'éthique et le comportement du dirigeant.

• **Le commissaire aux comptes reste juge de la stratégie d'audit à mettre en place** en réponse à son évaluation des risques et peut choisir, ou pas, de s'appuyer sur le contrôle interne de l'entité. En effet, selon son jugement professionnel, il peut concevoir et réaliser des procédures d'audit comprenant, notamment, une approche mixte utilisant à la fois des tests de procédures et des contrôles de substance (NEP 911, § 21) (CNCC, CNP 2019-08 b, question 2).

• **Le CAC doit-il assister à l'inventaire physique en l'absence de risque significatif ?** Le commissaire aux comptes assiste à la prise d'inventaire physique des stocks lorsqu'il estime que les stocks sont significatifs ou présentent un risque d'anomalies significatives. Lorsque sa présence à cet inventaire est impossible, notamment en raison de la nature et du lieu de cet inventaire, le commissaire aux comptes détermine s'il peut mettre en œuvre des procédures d'audit alternatives fournissant des éléments présentant un caractère probant équivalent (NEP 911, § 26). Selon le CNP *(voir ci-avant)*, la NEP 911 requiert que le commissaire aux comptes assiste à l'inventaire physique, dès lors que les stocks sont significatifs même s'ils ne présentent pas un risque d'anomalies significatives dans les comptes (CNCC, CNP 2019-08 b, question 3).

• **Le CAC doit-il vérifier les documents publiés dans les PE qui optent pour la confidentialité de leur compte de résultat et pour lesquelles le rapport du CAC n'est pas rendu public ?** Le CNP s'appuie sur une doctrine antérieure de la CNCC pour indiquer que le commissaire aux comptes n'a pas l'obligation, dans le cadre de sa mission de certification des comptes, de contrôler, de manière systématique, le dépôt au greffe des comptes et autres documents par la société ainsi que les options retenues, par celle-ci, pour ce dépôt (CNCC, CNP 2011-15 ; CNCC, NI.I « Les rapports du commissaire aux comptes sur les comptes annuels et consolidés », décembre 2018, § 11.10, pp. 207 et s. ; CNCC, CNP 2019-08 c, question 1).

• **Le CAC est-il tenu d'établir une lettre d'affirmation ?** La lettre d'affirmation n'est pas obligatoire dans le cadre de la mission ALPE. Elle relève du jugement professionnel du commissaire aux comptes qui doit suivre, le cas échéant, les dispositions de la NEP 580 « Déclarations de la direction » (CNCC, CNP 2019-08 c, question 2).

Services non audit et services auparavant interdits

▸ Libéralisation des services non audit

978 **Dans un contexte de « libéralisation » des services non audit, la Commission d'éthique professionnelle de la Compagnie nationale des commissaires aux comptes (CNCC) a été saisie de questions sur la possibilité, pour un commissaire aux comptes, de fournir certains services et attestations concomitamment à la mission de certification des comptes, notamment les nouvelles offres de la profession (audit contractuel, nouvelles missions contractuelles de diagnostic/recommandations et d'attestations) et les services qui faisaient auparavant l'objet d'interdictions strictes pour les entités non-EIP. Autrement dit, il s'agit de déterminer si ces services non audit sont compatibles, ou non, avec la mission de certification légale** *(voir ci-après)* (CNCC, « Questions/réponses relatives au code de déontologie post PACTE », avril 2021).

Les positions exprimées par la Commission d'éthique professionnelle de la CNCC doivent se lire dans le contexte décrit dans le document questions / réponses d'avril 2021 et requièrent une analyse au cas par cas du professionnel.

En effet, la loi PACTE a, notamment (loi 2019-486 du 22 mai 2019, JO du 23, art. 21 et 23) **:**
– introduit la possibilité pour les commissaires aux comptes de fournir, en dehors ou dans le cadre d'une mission légale, des services et attestations, dans le respect des dispositions du code de commerce, de la réglementation européenne et des principes définis par le code de déontologie (c. com. art. L. 820-1-1) **;**
– supprimé les services interdits pour les entités qui ne sont pas des entités d'intérêt public (non-EIP) ainsi que les services ajoutés par la France au règlement européen relatif au contrôle légal des comptes des entités d'intérêt public (EIP) (c. com. art. L. 822-11, III)**.**

Pour chaque mission ou service, la Commission livre, sous réserve d'avis contraire du Haut conseil du commissariat aux comptes (H3C), son appréciation des risques sur l'indépendance du CAC et présente les mesures de sauvegarde, s'il en existe, permettant de supprimer le risque ou d'en réduire les effets à un niveau suffisamment faible pour que l'indépendance du commissaire aux comptes ne risque pas d'être affectée.

La Commission a, ainsi, analysé 18 nouvelles missions (diagnostics ou attestations) que les CAC peuvent désormais proposer à leurs clients, afin de vérifier qu'elles sont compatibles avec la mission de certification des comptes, en s'assurant que l'indépendance du commissaire aux comptes n'est pas compromise.

► Services auparavant interdits dans un contexte non-EIP : incompatibilité sauf exceptions

979 Les services auparavant interdits pour les entités non-EIP sont présumés incompatibles avec la certification des comptes lorsqu'ils sont réalisés pour l'entité dont les comptes sont certifiés. Toutefois, lorsqu'ils sont réalisés pour une entité contrôlée par cette dernière (mais non auditée par le CAC), cette présomption peut, pour certaines d'entre elles, être réfutable sous réserve d'une analyse documentée.

• Le cadre européen distingue les entités d'intérêt public (EIP) et les non-EIP afin de déterminer les services susceptibles d'être apportés par un CAC aux entités dont il certifie les comptes : pour le contrôle légal des comptes des non-EIP, la mise en place d'un système de sauvegarde suffit (UE, directive 2006/43/CE modifiée, art. 22).

• Le CAC continue à appliquer les trois principes de la directive européenne que sont l'indépendance, l'absence d'auto-révision et l'absence d'immixtion dans la gestion de l'entité contrôlée ainsi que les mesures de sauvegarde (UE, directive 2006/43/CE modifiée, art. 22).

L'établissement de l'annexe des comptes ou des bulletins de paie et des déclarations sociales est incompatible avec la mission de certification des comptes et l'établissement de la liasse fiscale fait l'objet d'une présomption forte d'incompatibilité. La Commission d'éthique professionnelle de la Compagnie nationale des commissaires aux comptes (CNCC) estime que le risque d'autorévision est si important lors de ces prestations qu'il est inutile d'analyser les autres risques sur l'indépendance du CAC.

Quant au commissariat aux apports ou à la fusion (CAA, CAF), aux prestations d'externalisation, au maniement de fonds ou au séquestre de fonds, bien que n'étant pas souvent vecteurs de risques d'autorévision, ils sont porteurs de réels risques sur l'indépendance du CAC. Ces services font donc l'objet d'une présomption forte d'incompatibilité, sauf le maniement de fonds pour lequel il s'agit d'une présomption d'incompatibilité (et non forte) qui est réfutable sous réserve d'une analyse documentée.

Contenu des missions de certification légale

Tableau de synthèse : contenu des missions d'audit légal

980

Diligences et rapports du CAC dans les SA			
Nature de l'opération	**Mission classique sur 6 exercices**	**Mission ALPE sur 3 exercices**	**Référence**
Diligences générales du CAC			
Rapport sur les comptes annuels (et, le cas échéant, consolidés) *(voir §§ 981 à 983)*	x	x	c. com. art. L. 225-100, I
Rapport sur les risques financiers, comptables et de gestion de la société (et, le cas échéant, sur l'ensemble du petit groupe) *(voir § 984)*		x	c. com. art. L. 823-12-1
Vérification du rapport de gestion (s'il existe), des documents adressés aux associés/actionnaires sur la situation financière et les comptes et de l'information sur les délais de paiement incluse dans ce rapport *(voir §§ 985 et 986)*	x	x	c. com. art. L. 823-10
Communication avec les organes d'administration et de direction *(voir § 987)*	x	x	c. com. art. L. 823-16
Contrôle du respect de l'égalité entre les associés les actionnaires ou membres de l'organe compétent *(voir § 988)*	x	x	c. com. art. L. 823-11
Signalement à la plus prochaine assemblée générale ou réunion de l'organe compétent des irrégularités et inexactitudes *(voir § 989)*	x	x	c. com. art. L. 823-12
Révélation des faits délictueux *(voir § 990)*	x	x	c. com. art. L. 823-12
Lutte contre le blanchiment des capitaux et le financement du terrorisme *(voir § 991)*	x	x	c. mon. et fin. art. L. 561-15
Déclenchement de la procédure d'alerte en présence de faits de nature à compromettre la continuité d'exploitation *(voir § 992)*	x	x	c. com. art. L. 234-1 à L. 234-4
Mention des prises de participation et de contrôle dans le rapport sur les comptes annuels *(voir § 993)*	x		c. com. art. L. 233-6
Convocation de l'assemblée générale *(voir § 994)*	x		c. com. art. L. 225-103
Observations sur le rapport sur le gouvernement d'entreprise *(voir § 995)*	x		c. com. art. L. 225-235
Observations ou rapport de carence sur les documents prévisionnels *(voir § 930)*	x		c. com. art. L. 232-3 et L. 232-4
Diligences du CAC en présence d'opérations relatives aux actions			
Vérification du respect des droits particuliers attachés en présence d'actions de préférence *(voir § 1001)*	x	x	c. com. art. L. 228-19
Vérification du respect des règles statutaires sur le nombre d'actions des administrateurs et membres du conseil de surveillance	x	x	c. com. art. L. 225-26 et L. 225-73
Rapport sur les actions gratuites et attributions gratuites d'actions *(voir § 997)*	x	x	c. com. art. L. 225-197-1

Diligences et rapports du CAC dans les SA			
Nature de l'opération	**Mission classique sur 6 exercices**	**Mission ALPE sur 3 exercices**	**Référence**
Rapport spécial sur rachat d'actions	X	X	c. com. art. L. 225-209-2, al. 11 et 14
Rapport spécial sur l'autorisation de consentir des options de souscription ou d'achat d'actions par l'AGE *(voir § 997)*	X	X	c. com. art. L. 225-177
Diligences du CAC en présence d'opérations sur le capital			
Rapport sur une réduction du capital *(voir § 998)*	X	X	c. com. art. L. 225-204
Certificat sur le rapport complémentaire du conseil d'administration ou du directoire en cas d'utilisation d'une délégation pour l'augmentation du capital réservée à une ou plusieurs catégories de personnes répondant à des caractéristiques fixées par l'AG *(voir § 999)*	X	X	c. com. art. L. 225-138, I, al. 2
Rapport spécial en cas d'augmentation du capital réservée à des personnes nommément désignées ou à des catégories de personnes répondant à des caractéristiques fixées par l'AG *(voir § 999)*	X	X	c. com. art. L. 225-138, II
Certificat tenant lieu de certificat du dépositaire an cas d'augmentation du capital libérée par compensation avec des créances *(voir § 1000)*	X	X	c. com. art. L. 225-146
Rapport sur les conditions d'une opération d'augmentation du capital avec suppression du droit préférentiel de souscription (DPS) *(voir § 999)*	X		c. com. art. L. 225-135
Rapport sur les conditions d'une opération d'augmentation du capital avec suppression du DPS et utilisation d'une délégation de pouvoir ou de compétence *(voir § 999)*	X		c. com. art. L. 225-135, al. 4
Diligences en cas de distribution de dividendes			
Rapport spécial sur la distribution d'acomptes sur dividendes *(voir § 1003)*	X	X	c. com. art. L. 232-12
Rapport spécial sur les dividendes - Paiement du dividende en actions ou d'un acompte sur dividende en actions *(voir § 1003)*	X	X	c. com. art. L. 232-19
Diligences en présence de conventions réglementées			
Rapport spécial sur les conventions réglementées *(voir §§ 1004 et 1005)*	X		c. com. art. L. 225-40 et L. 225-88
Rapport spécial pour couvrir la nullité des conventions réglementées conclues sans autorisation préalable du conseil *(voir § 1006)*	X		c. com. art. L. 225-42 et L. 225-90
Autres diligences du CAC dans les SA			
Autorisation à un associé ou dirigeant de la société de la cession de tout ou partie de l'actif de la société en liquidation (hors procédure collective) *(voir § 1007)*	X		c. com. art. L. 237-6
Certification de l'évaluation au début et à la fin du contrat des actions ou parts sociales louées	X		c. com. art. L. 239-2

Diligences et rapports du CAC dans les SA			
Nature de l'opération	Mission classique sur 6 exercices	Mission ALPE sur 3 exercices	Référence
Rapport lors d'une décision de transformation de la société qui atteste que les capitaux propres sont au moins égaux au capital social *(voir § 1008)*	x		c. com. art. L. 225-244
Certification du montant global des versements effectués de dons ainsi que de la liste des actions nominatives de parrainage et de mécénat *(voir § 1009)*	x		c. com. art. L. 225-115, 5° CGI art. 238 bis, 1 et 4
Certification « exact » du montant global des rémunérations versées aux personnes les mieux rémunérées *(voir § 1010)*	x		c. com. art. L. 225-115, 4°
Source : d'après CNCC, Vademecum pour les commissaires aux comptes, § 3.2.2, octobre 2019.			

Diligences générales du CAC

▸ Rapport sur les comptes annuels et consolidés

981 **Compte rendu de la mission permanente.** Le commissaire aux comptes relate, dans son rapport à l'assemblée générale ordinaire, l'accomplissement de la mission qui lui est dévolue par les textes.

Il s'agit essentiellement de :
– la certification des comptes ;
– la vérification des valeurs et des documents comptables ;
– la sincérité des informations données dans le rapport du conseil d'administration ou du directoire, selon le cas, et dans les documents adressés aux actionnaires sur la situation financière et les comptes de la société.

Mission permanente. La mission du commissaire aux comptes n'est pas limitée à un contrôle *a posteriori*, il est investi d'une mission permanente de contrôle (cass. com. 19 octobre 1999, n° 96-20687 ; cass. com. 24 octobre 2000, n° 98-10702, Rev. soc. 2001, 90).

La mission des commissaires aux comptes des SA est, alors, la même que pour toutes les sociétés ou entités, à savoir une mission de certification des comptes et de vérification (c. com. art. L. 823-9 et L. 823-10). Justifiant de leurs appréciations, les commissaires aux comptes certifient que les comptes annuels sont réguliers et sincères et donnent une image fidèle du résultat des opérations de l'exercice écoulé, ainsi que des situations financières et du patrimoine de la société à la fin de cet exercice (c. com. art. L. 823-9).

Les commissaires aux comptes n'ont pas à vérifier les comptes de façon exhaustive (cass. com. 23 juin 2015, nos 14-14242 et 14-14158).

Si les commissaires aux comptes refusent de certifier la régularité et la sincérité des comptes annuels *(voir § 974)*, ils font état, dans leur rapport présenté aux associés, des motifs pour lesquels ils ont cru devoir refuser cette certification (c. com. art. R. 823-7). Un commissaire aux comptes peut refuser temporairement de certifier les comptes sociaux, faute d'avoir obtenu des justifications relatives à une opération susceptible d'avoir un impact sur ceux-ci sans engager sa responsabilité civile (cass. com. 18 février 2014, n° 12-29075).

Lorsque la SA établit des comptes consolidés, les commissaires aux comptes, justifiant de leurs appréciations, certifient que les comptes consolidés sont réguliers et sincères et donnent une image fidèle du patrimoine, de la situation financière, ainsi que du résultat de l'ensemble constitué par les entreprises comprises dans la consolidation (c. com. art. L. 823-9, al. 2).

Par ailleurs, le code de commerce impose au commissaire aux comptes des obligations spécifiques d'informations concernant (CNCC, NI « Les rapports du commissaire aux comptes sur les comptes annuels et consolidés », § 8. 62, décembre 2018, p. 174) :
– les prises de participation et les prises de contrôle intervenues au cours de l'exercice (lorsqu'il y a eu des prises de participation ou de contrôle intervenues au cours de l'exercice) (c. com. art. L. 233-6 et L. 247-1) *(voir § 993)* ;
– les aliénations diverses intervenues en application de la législation sur les participations réciproques (pour toutes les sociétés par actions, en cas de participations réciproques).

Ces obligations d'informations insérées dans la partie du rapport intitulée « Vérifications spécifiques », se superposent aux obligations s'imposant aux sociétés lors de l'établissement du rapport de gestion. Si le rapport de gestion donne, conformément à la loi, une information complète, le commissaire aux comptes peut s'y référer dans son rapport pour éviter de répéter une information détaillée dans le rapport de gestion. Dans le cas inverse, il appartient au commissaire aux comptes de donner lui-même, dans son rapport, l'information minimum qui résulte de l'application stricte de la loi (CNCC, NI « Les rapports du commissaire aux comptes sur les comptes annuels et consolidés », § 8. 63, décembre 2018, p. 178).

Tout comme lors de la pandémie liée à la **Covid-19**, la rédaction des rapports sur les comptes annuels des commissaires aux comptes a été adaptée afin de tenir compte du **conflit Ukraine/Russie**. La CNCC considère que, dans ce contexte, il n'est pas pertinent d'ajouter dans les rapports des mentions à caractère générique et systématique sur les incidences du conflit. En revanche, les incidences de cette situation sur l'activité de l'entité auditée et sur ses comptes sont à apprécier au cas par cas. Le cas échéant, il appartiendra au CAC d'en tirer les conséquences sur son devoir d'alerte et sur la rédaction de son rapport d'audit ou d'examen limité, conformément aux normes d'exercice professionnel (CNCC, communiqué « Crise Covid-19 et situation Ukraine / Russie - Incidences sur les rapports », juin 2022).

Point à suivre. Dans la mesure où le conflit perdure, en affectant à la fois l'organisation interne des entreprises et les modalités de mise en œuvre des travaux des CAC, les recommandations de la CNCC concernant les mentions visées dans les rapports sur les comptes annuels et les comptes consolidés devraient rester, selon nous, pertinentes pour l'établissement des comptes 2023.

982 **Absence de rapport du commissaire aux comptes ou rapport incomplet.** Lorsque la société est dotée d'un commissaire aux comptes, les décisions adoptées par l'assemblée annuelle sont nulles si le rapport du commissaire aux comptes ne lui a pas été présenté (c. com. art. L. 225-121, al. 1 ; L. 225-100, I, al. 3).

→ **EN PRATIQUE** *Pour les sociétés dont l'exercice social correspond à l'année civile, cette nullité pourra donc être invoquée à propos des décisions prises lors de l'assemblée statuant en 2024 sur les comptes 2023.*

Par ailleurs, les actionnaires peuvent demander au président du tribunal de commerce statuant en référé soit d'enjoindre sous astreinte les dirigeants de leur communiquer le rapport du commissaire aux comptes, soit de désigner un mandataire chargé de procéder à cette communication (c. com. art. L. 238-1 et L. 225-115).

Absence de signature. En cas de co-commissariat, le rapport sur les comptes annuels doit être signé par les deux commissaires aux comptes ; dans le cas contraire, il s'agit d'une irrégularité qu'il conviendra de porter à la connaissance de l'organe chargé de l'administration ou de la direction et, le cas échéant, de l'organe de surveillance (c. com. art. L. 823-16, I, 3° et R. 823-8) et de la signaler à la prochaine assemblée (c. com. art. L. 823-12). Mais cette irrégularité ne constitue pas une cause de nullité de l'assemblée qui approuvera les comptes (CNCC, EJ 2012-08, septembre 2012).

983 **Dépôt au greffe du rapport des commissaires aux comptes.** Lorsque la société est dotée d'un commissaire aux comptes, le rapport de celui-ci sur les comptes annuels, éventuellement complété de ses observations sur les modifications apportées par l'assemblée aux comptes annuels qui ont été soumis à cette dernière, ainsi que, le cas échéant, le rapport des commissaires aux comptes sur les comptes consolidés sont au nombre des documents devant être déposés au greffe du tribunal de commerce dans le mois de l'approbation des comptes en cas de dépôt « papier » ou dans les 2 mois en cas de dépôt électronique (c. com. art. L. 232-23, I, 1°) *(voir § 876)*.

Le commissaire aux comptes peut adresser directement au greffe ses rapports devant faire l'objet d'un dépôt, les documents qui y sont joints, ainsi que la copie des documents afférents à leur acceptation de mission ou à leur démission. Pour ce faire, il nécessite l'autorisation de l'assemblée générale ordinaire des actionnaires, sur proposition du conseil d'administration ou du directoire ; il peut être mis un terme à cette autorisation selon les mêmes formes (c. com. art. L. 823-8-1).

- **Confidentialité des comptes.** Si la société a opté pour la confidentialité de ses comptes ou de son compte de résultat, le rapport du CAC n'a pas à être rendu public *(voir § 877)*.

- **Transmission des rapports du CAC au greffe.** Pour la Commission des études juridiques de la CNCC, cette transmission, directement au greffe, nécessite une concertation entre le commissaire aux comptes et la société *(voir § 974)*. Mais cette proposition n'est pas subordonnée à la réception préalable d'une demande du commissaire aux comptes (CNCC, EJ 2012-100, janvier 2013). Le commissaire aux comptes est libre d'accepter ou de refuser de déposer son rapport et les documents annexes. Il devrait faire connaître sa position en réponse à cette autorisation. En cas d'acceptation, il s'assurera, avant de procéder au dépôt, que l'autorisation n'a pas été retirée. Il devra préciser à la société qu'il souhaite être informé sans délai de la décision éventuelle de l'assemblée de revenir sur son autorisation de dépôt (CNCC, EJ 2012-100, janvier 2013).

▸ Rapport sur les risques financiers, comptables et de gestion de la société

984 La mission « ALPE » sur 3 exercices impose l'établissement d'un rapport sur les risques financiers, comptables et de gestion auxquels est exposée la société (c. com. art. L. 823-12-1 et NEP 911, § 6). Pour une société tête de groupe, ce rapport sur les risques porte sur l'ensemble que la société forme avec les sociétés qu'elle contrôle (NEP 911, § 6). Ce rapport est à destination des dirigeants (c. com. art. L. 823-12-1). Toutefois, en fonction de l'importance des risques dont il est fait état dans son rapport, le CAC peut juger nécessaire d'en communiquer tout ou partie également aux autres organes visés à l'article L. 823-16 du code de commerce (selon le cas, il pourra s'agir de l'organe collégial chargé de l'administration ou de l'organe chargé de la direction et de l'organe de surveillance) (NEP 911, § 52).

Afin d'établir ce rapport, le CAC est attentif tout au long de sa mission de certification des comptes aux risques financiers, comptables et de gestion auxquels est exposée la société et qu'il estime d'une importance suffisante pour être portés à l'attention du dirigeant (c. com. art. L. 823-12-1 ; NEP 911, § 34).

Au cours de sa mission de certification des comptes de l'entité tête de groupe, outre les risques financiers, comptables et de gestion auxquels s'expose la société contrôlante auditée, le CAC est également attentif aux mêmes types de risques auxquels sont confrontées les sociétés qu'elle contrôle. Le CAC de la tête de groupe demande dans ce cas aux CAC des sociétés contrôlées, nommés pour un mandat de trois exercices, la communication des rapports sur les risques financiers, comptables et de gestion établis. En l'absence de rapport sur les risques établis, le CAC de la contrôlante apprécie s'il doit compléter les informations déjà recueillies (NEP 911, §§ 35 à 37).

Le contenu et la forme du rapport sont adaptés à l'entité et dépendent du jugement professionnel du CAC. Ce rapport sur les risques doit être cohérent avec l'opinion émise sur les comptes (NEP 911, §§ 47 et 48). **En outre, s'il le juge nécessaire, le CAC formule des recommandations visant à réduire les risques identifiés en tenant compte de la taille de l'entité et de ses caractéristiques, tout en veillant au respect des règles d'indépendance et de non-immixtion dans la gestion** (NEP 911, § 49). **Préalablement à l'émission de son rapport, le CAC s'entretient avec le dirigeant des risques identifiés pour s'assurer de la pertinence des recommandations formulées** (NEP 911, § 51).

• **Fréquence, contenu et forme.** Le rapport sur les risques doit être établi pour chaque exercice (et non tous les 3 ans) (c. com. art. L. 823-12-1 ; NEP 911, § 6 ; CNCC, CNP 2019-08 a, question 6). Le contenu du nouveau rapport (NEP 911, § 6) n'est pas normé, car il doit être adapté aux risques spécifiques de l'entité (CNCC, CNP 2019-08 a, question 1).

• **Date d'établissement et de remise au dirigeant.** Ce rapport est à établir par le commissaire aux comptes pour chaque exercice concomitamment au rapport sur les comptes, et à une date la plus proche possible de celui-ci. Or, la date du rapport sur les comptes est celle de la fin des travaux de contrôle, date à laquelle le commissaire aux comptes apprécie les effets, sur les comptes et sur son rapport, des événements postérieurs dont il a connaissance (CNCC, CNP 2019-08 a, question 1). Dans la mesure où le rapport sur les risques est présenté au dirigeant préalablement à son émission (NEP 911, § 51), la CNCC recommande de prévoir cette étape dans le calendrier de mission, pour permettre l'émission concomitante des deux rapports.

• **Cohérence avec la justification des appréciations figurant dans le rapport sur les comptes.** La justification des appréciations n'a pas pour objectif de porter à la connaissance des associés les risques financiers, comptables et de gestion. Les options ou estimations comptables faisant l'objet d'une justification des appréciations ne doivent pas être confondues avec les risques financiers, comptables et de gestion de l'entreprise susceptibles de figurer dans le rapport sur les risques (CNCC, CNP 2019-08 a, question 2).

• **Cas où le CAC conclut à une exposition de l'entreprise à aucun risque financier ni comptable ni de gestion.** Selon la CNCC, ce cas est rare et il ne pourrait concerner que des sociétés sans activité, sans litiges et sans risque de cybersécurité. Dans un tel cas particulier et circonstancié, un rapport sur les risques devrait quand même être établi (c. com. art. L. 823-12-1 ; CNCC, CNP 2019-08 a, question 3). La CNCC rappelle en outre que, nonobstant l'existence d'un rapport sur les risques qui ne ferait état d'aucun risque, la mission du commissaire aux comptes ne consiste pas à garantir la viabilité ou la qualité de la gestion de la société auditée (c. com. art. L. 823- 10-1 ; CNCC, CNP 2019-08 a, question 3).

• **Le CAC ne doit pas communiquer le rapport à un tiers.** Le commissaire aux comptes, tenu au secret professionnel, ne peut pas communiquer le rapport sur les risques à un tiers. Il le remet au dirigeant, après s'être entretenu avec lui pour s'assurer de la pertinence des recommandations formulées (NEP 911, § 51) et, par ailleurs, en fonction de l'importance des risques dont le rapport fait état, sur la base de son jugement professionnel, il évalue la nécessité de communiquer tout ou partie du rapport aux autres organes visés à l'article L. 823-16 du code de commerce (NEP 911, § 52) (CNCC, CNP 2019-08 a, question 5).

▸ Vérifications portant sur le rapport de gestion

985 **Le rapport de gestion synthétise les informations économiques et juridiques ainsi que celles sur les conséquences sociales et environnementales de l'activité, ces dernières étant contenues dans la déclaration de performance extra-financière pour les sociétés de grande taille. Le commissaire aux comptes de l'entité soumise à cette obligation de DPEF, dans le cadre de sa mission légale, atteste de la présence de ladite déclaration** (c. com. art. L. 823-10). **De plus, à la demande de l'entité, il peut, dans certains cas, en tant qu'organisme tiers indépendant (OTI), vérifier les informations contenues dans la DPEF et réaliser des travaux complémentaires** (c. com. art. L. 225-102-1, V et R. 225-105-2) *(voir § 853)*.

Les « petites entreprises » sont dispensées de rapport de gestion *(voir § 840)*.

→ **À NOTER** *Les sociétés commerciales établissent et publient chaque année à la diligence du conseil d'administration, du directoire, du ou des gérants, selon le cas, des comptes consolidés ainsi qu'un rapport sur la gestion du groupe, dès lors qu'elles contrôlent de manière exclusive ou conjointe une ou plusieurs autres entreprises* (c. com. art. L. 233-16).

Elles n'ont pas à établir un rapport sur la gestion du groupe lorsqu'elles sont exemptées de l'obligation d'établir et de publier des comptes consolidés (c. com. art. L. 233-17, L. 233-17-1 et R. 233-16).

Les travaux du commissaire aux comptes au niveau du rapport de gestion portent sur deux catégories d'information (c. com. art. A. 823-29 ; NEP 9510, §§ 5 à 10) **:**

– d'une part les informations sur la situation financière et les comptes annuels ou consolidés. Ce sont celles extraites des comptes ou qui peuvent être rapprochées des données ayant servi à l'établissement de ces comptes, c'est-à-dire des informations qui figurent dans des balances, des balances âgées, des grands livres, des extraits de comptes, etc. Il peut s'agir de données chiffrées ou de commentaires sur ces comptes (NEP 9510, § 5) **;**

– d'autre part, les « autres informations ». Ce sont les informations qui ne sont pas extraites des comptes ou qui ne peuvent pas être rapprochées des données ayant servi à l'établissement de ces comptes (NEP 9510, § 7).

• **Cadre de référence.** Le CAC s'appuie pour ses travaux sur :

– la norme d'exercice professionnel (NEP) 9510 « Diligences du commissaire aux comptes relatives au rapport de gestion, aux autres documents sur la situation financière et les comptes et aux informations relevant du rapport sur le gouvernement d'entreprise adressés aux membres de l'organe appelé à statuer sur les comptes » qui a été homologuée par arrêté du 27 juillet 2023 (JO du 4 août) et qui remplace celle qui avait été homologuée par arrêté du 1er octobre 2018 ;

– la note d'information NI XVIII « Vérifications spécifiques - Le commissaire aux comptes et les diligences relatives au rapport de gestion, aux autres documents sur la situation financière et les comptes et aux informations relevant du rapport sur le gouvernement d'entreprise adressés aux membres de l'organe appelé à statuer sur les comptes » qui a été mise à jour en décembre 2021. Les travaux du CAC sont précisés en partie 4 de cette note d'information.

• **Information sur le conflit Ukraine/Russie.** Selon la CNCC, qu'il s'agisse des comptes établis en application des principes comptables français ou IFRS, cette situation de conflit est un événement survenu en 2022. Par conséquent, les incidences sont à constater dans les comptes des exercices clos à une date postérieure au 24 février 2022 (correspondant à l'action militaire en Ukraine), que ce soit en matière d'évaluation d'actifs, de provisions ou d'appréciation du contrôle sur les entités incluses dans le périmètre de consolidation.

De même, les incidences sont à mentionner dans le rapport de gestion relatif aux exercices clos à une date postérieure au 24 février 2022.

Le CAC vérifie la sincérité et la concordance avec les comptes annuels des informations données dans le rapport de gestion du conseil d'administration, du directoire ou de tout organe de direction, et dans les documents adressés aux actionnaires ou associés sur la situation financière et les comptes annuels pour faire état de ses observations en la matière dans son rapport sur les comptes annuels ou consolidés (c. com. art. L. 823-10 et R. 823-7).

En outre, il atteste de la sincérité des informations relatives aux délais de paiement *(voir § 986)*.

Ses contrôles consistent à s'assurer que (NEP 9510, § 6) :
– ces informations reflètent la situation de l'entité et l'importance relative des événements enregistrés dans les comptes, telles qu'il les connaît à la suite des travaux menés au cours de sa mission ;
– chaque information significative doit concorder avec les comptes dont elle est issue ou avec les données ayant servi à l'établissement de ces comptes.

Le commissaire aux comptes procède en outre, à la lecture des autres informations afin de relever, le cas échéant, celles qui lui apparaîtraient manifestement incohérentes. Il n'a pas à vérifier ces autres informations. Lorsqu'il procède à cette lecture, le commissaire aux comptes exerce son esprit critique en s'appuyant sur sa connaissance de l'entité, de son environnement et des éléments collectés au cours de l'audit et sur les conclusions auxquelles l'ont conduit les contrôles qu'il a menés (NEP 9510, § 8).

Enfin, le CAC vérifie que le rapport de gestion et les autres documents sur la situation financière et les comptes comprennent toutes les informations requises par les textes légaux et réglementaires et, le cas échéant, par les statuts (NEP 9510, § 10).

Le CAC peut être amené à relever des inexactitudes ou l'omission d'informations, du rapport de gestion, des autres documents sur la situation financière et les comptes. Il demande alors à la direction les modifications nécessaires (NEP 9510, § 18). À défaut de corrections, il détermine si les inexactitudes ou irrégularités sont susceptibles d'influencer le jugement des utilisateurs des comptes et en tire les conséquences éventuelles dans son rapport sur les comptes (NEP 9510, § 19) *(voir § 989)*.

▸ Information sur les délais de paiement incluse dans le rapport de gestion

986 Les sociétés dont les comptes annuels sont certifiés par un CAC doivent mentionner dans leur rapport de gestion, aussi bien pour les fournisseurs que pour les clients, des informations sur les délais de paiement (c. com. art. L. 441-14).

Ces informations font l'objet d'une attestation du commissaire aux comptes qui atteste, dans le rapport sur les comptes, de la sincérité des informations ainsi requises et de leur concordance avec les comptes annuels et, le cas échéant, présente ses observations (c. com. art. L. 441-14, al. 2 et D. 823-7-1).

Pour l'exercice de sa mission, le CAC peut utilement (CNCC, avis technique « Délais de paiement », § 2.2, juillet 2017) :
– vérifier que les informations prévues par les textes sont fournies ;
– prendre connaissance des procédures mises en place pour produire les informations requises, incluant le choix de présenter les informations HT ou TTC ;

– vérifier que les retards sont déterminés à partir des délais de paiement contractuels, ou en l'absence de délais contractuels spécifiques, des délais légaux applicables ;
– apprécier la sincérité du classement en factures litigieuses ou non comptabilisées et vérifier que le nombre et le montant total des factures concernées sont mentionnés, lorsque la société exclut ces factures.

En plus de ces vérifications, le CAC doit effectuer, aussi bien pour les clients que pour les fournisseurs, d'autres diligences selon que l'entité présente les informations de façon détaillée ou cumulée *(voir tableau ci-dessous)*.

Diligences du CAC relatives à l'information sur les délais de paiement	
En cas de présentation détaillée des informations	**En cas de présentation cumulée des informations**
Le CAC vérifie la concordance avec la comptabilité du montant total des factures (émises / reçues) non réglées à la date de clôture de l'exercice dont le terme est échu.	Le CAC doit vérifier la concordance avec la comptabilité ou les données sous-tendant la comptabilité du montant cumulé des factures reçues et émises ayant connu un retard de paiement au cours de l'exercice.
Il vérifie la cohérence avec les données sous-tendant la comptabilité du nombre des factures (émises / reçues) non réglées à la date de clôture de l'exercice dont le terme est échu.	Il vérifie la cohérence avec les données sous-tendant la comptabilité du nombre des factures reçues et émises ayant connu un retard de paiement au cours de l'exercice.
Il vérifie la correcte ventilation par tranches de retard du montant total des factures (émises / reçues) non réglées à la date de clôture de l'exercice dont le terme est échu.	Il vérifie la correcte ventilation par tranches de retard du montant total des factures reçues et émises ayant connu un retard de paiement au cours de l'exercice.
Il contrôle arithmétiquement le rapport entre : - le montant total des factures émises non réglées à la date de clôture de l'exercice dont le terme est échu par tranches de retard au chiffre d'affaires de l'exercice ; - le montant total des factures reçues non réglées à la date de clôture de l'exercice dont le terme est échu par tranches de retard au montant total des achats.	Il contrôle arithmétiquement le rapport en pourcentage du montant total des factures reçues et émises ayant connu un retard de paiement au cours de l'exercice par tranches de retard au montant total des factures, respectivement reçues et émises dans l'année.

Lorsque la société concernée est une grande entreprise ou une entreprise de taille intermédiaire, le commissaire aux comptes adresse son attestation au ministre de l'Économie si elle démontre, de façon répétée, des manquements significatifs de la société aux délais de paiement légaux (c. com. art. L. 441-14, al. 2).

Sont ainsi concernées les entreprises qui occupent au moins 250 personnes et qui ont soit un chiffre d'affaires supérieur à 50 M€, soit un total de bilan supérieur à 43 M€ (décret 2008-1354 du 18 décembre 2008).

Il s'agit de manquements constatés au moment où il établit son rapport, sur au moins deux exercices, retenant par exemple comme critères le pourcentage de soldes fournisseurs dépassant le délai de paiement, l'importance des retards en nombre de jours ou en montant. Le commissaire aux comptes transmet les irrégularités aux organes chargés de l'administration, de la direction ou de la surveillance, ainsi que le cas échéant au comité spécialisé (c. com. art. L. 823-16). Ces irrégularités devront être communiquées à la plus prochaine assemblée et, si elles s'apparentent à des faits délictueux, celles-ci doivent faire l'objet d'une révélation au procureur de la République (c. com. art. L. 823-12) *(voir § 990)*.

Des retards répétés et significatifs en matière de délais de paiement doivent conduire le commissaire aux comptes à s'interroger sur la continuité d'exploitation de l'entité contrôlée (CNCC, CNP 2011-04, 4 octobre 2011).

▸ Communication avec les organes d'administration et de direction

987 Le commissaire aux comptes doit porter à la connaissance du conseil d'administration ou du directoire et du conseil de surveillance, selon le cas (c. com. art. L. 823-16, I) :
– son programme général de travail mis en œuvre, ainsi que les différents sondages auxquels il a procédé ;
– les modifications qui lui paraissent devoir être apportées aux comptes devant être arrêtés ou autres documents comptables, en faisant toutes observations utiles sur les méthodes d'évaluation utilisées pour l'établissement de ces documents ;
– les irrégularités et les inexactitudes qu'il aurait découvertes ;
– les conclusions auxquelles conduisent les observations et rectifications ci-dessus sur les résultats de l'exercice comparés à ceux de l'exercice précédent.

Documents de gestion prévisionnelle. Les sociétés anonymes d'une certaine importance sont tenues d'établir des documents d'information financière et prévisionnelle accompagnés de rapports d'analyse. Le commissaire aux comptes formule, le cas échéant, ses observations en ce domaine. Il doit signaler ses observations dans un rapport au conseil d'administration ou au directoire *(voir § 930)*.

▸ Respect de l'égalité entre les actionnaires

988 Le commissaire aux comptes s'assure également que l'égalité a été respectée entre les actionnaires (c. com. art. L. 823-11).

▸ Signalements des irrégularités ou des inexactitudes

989 Le commissaire aux comptes doit signaler les irrégularités ou inexactitudes relevées au cours de sa mission à la plus prochaine décision collective des associés (c. com. art. L. 823-12), et non exclusivement à la décision collective des associés statuant sur les comptes annuels. La preuve matérielle de cette communication résultera de sa mention dans le procès-verbal de la décision collective des associés (c. com. art. R. 225-106) ou de la documentation, par le commissaire aux comptes, de ses diligences (c. com. art. R. 823-10 ; CNCC, EJ 2012-03, bull. 167, septembre 2012).

▸ Révélation des faits délictueux

990 Le commissaire aux comptes doit révéler au procureur de la République les faits délictueux dont il a connaissance, sans que sa responsabilité puisse être engagée par cette révélation (c. com. art. L. 823-12, al. 2). Il peut, toutefois, voir sa responsabilité engagée et être condamné à verser des dommages et intérêts s'il dénonce la société avec une intention de nuire (cass. com. 15 mars 2017, n° 14-26970). Les faits délictueux visés sont les faits susceptibles de recevoir une qualification pénale. Pour autant, il n'appartient pas au commissaire aux comptes de qualifier l'infraction qui relève de la compétence des autorités judiciaires. De même, l'opportunité des poursuites relève de la seule appréciation du ministère public (H3C, déc. n° 2014-02 du 14 avril 2014 ; ministère de la Justice, circ. CRIM/2014-10/G3 du 18 avril 2014). L'abus de biens sociaux est l'exemple typique d'un fait délictueux que le commissaire aux comptes doit révéler (cass. crim. 5 mars 2014, n° 13-80350). Le défaut de dépôt des comptes sociaux en est un autre exemple (CNCC, bull. 168, décembre 2012, p. 705).

• **Défaut de dépôt des comptes sociaux.** Si la société n'a pas déposé sciemment ses comptes au greffe du tribunal de commerce, son commissaire aux comptes doit révéler cette irrégularité délictuelle au procureur de la République, aux principaux organes de la société et à la plus prochaine réunion de son organe délibérant par une communication *ad hoc* (bull. CNCC n° 168, décembre 2012, p. 705).

• **Conclusion d'une convention interdite.** Une personne visée par les textes qui, sciemment, conclut une convention interdite qui aurait les caractéristiques d'un abus de biens sociaux ou d'un abus de pouvoir commettrait un fait délictueux. Dans ce cas, le commissaire aux comptes aurait l'obligation de révéler ce fait au procureur de la République (c. com. art. L. 823-12). S'il ne le fait pas, il encourt les sanctions prévues pour la non révélation des faits délictueux (c. com. art. L. 820-7).

• **Sanctions pour non-révélation de faits délictueux.** Est puni d'un emprisonnement de 5 ans et d'une amende de 75 000 € le fait, pour un commissaire aux comptes, de donner ou de confirmer des informations mensongères sur la situation de la personne morale ou de ne pas révéler au procureur de la République les faits délictueux dont il a eu connaissance (c. com. art. L. 820-7).

▸ Lutte contre le blanchiment des capitaux et du financement du terrorisme

991 **Sans préjudice de l'obligation de révélation des faits délictueux, le commissaire aux comptes met en œuvre les obligations relatives à la lutte contre le blanchiment des capitaux et le financement du terrorisme (LAB/FT) telles qu'elles résultent des dispositions du code monétaire et financier** (c. com. art. L. 823-12, dernier al.)**.**

Il doit déclarer auprès de Tracfin (c. mon. et fin. art. L. 561-2, 12° bis, L. 561-15 et R. 561-31 ; c. com. art. A. 823-37 modifié par arrêté du 18 août 2020, NEP 9605, § 60) **:**
– les opérations portant sur des sommes dont il sait, soupçonne ou a de bonnes raisons de soupçonner qu'elles proviennent d'une infraction passible d'une peine privative de liberté supérieure à un an ou sont liées au financement du terrorisme ;
– les sommes ou opérations dont il sait, soupçonne ou a de bonnes raisons de soupçonner qu'elles proviennent d'une fraude fiscale, lorsqu'il est en présence d'au moins un critère défini à l'article D. 561 32-1 du code monétaire et financier.

Le commissaire aux comptes nommé pour une mission ALPE applique la NEP 9605 « Obligations du commissaire aux comptes en matière de lutte contre le blanchiment des capitaux et le financement du terrorisme » (NEP 911, § 40) (CNCC, CNP 2019-08 b, question 5).

▸ Rôle de surveillance et d'alerte

992 **Le commissaire aux comptes doit mettre en œuvre une procédure d'alerte sur tout fait de nature à compromettre la continuité de l'exploitation qu'il a relevé à l'occasion de l'exercice de sa mission** (c. com. art. L. 234-1) *(voir §§ 1087 à 1092)***.**

Lorsque le comité social et économique met en œuvre sa propre procédure d'alerte sur des faits de nature à affecter de manière préoccupante la situation économique de l'entreprise, le commissaire peut être convoqué par le comité et le rapport du comité lui est obligatoirement transmis *(voir § 1093)***.**

• **Interrogation par le président du tribunal de commerce.** Lorsque le président du tribunal de commerce a convoqué le représentant légal de la société en raison de difficultés de nature à compromettre la continuité de l'exploitation, le commissaire aux comptes fait partie des personnes que le président du tribunal peut interroger pour avoir communication des renseignements de nature à lui donner une exacte information sur la situation économique et financière de la société (c. com. art. L. 611-2, al. 2) *(voir § 1099)*.

• **Rapport d'expertise.** Le rapport d'expertise sur une ou plusieurs opérations de gestion établi en application de l'article L. 225-231 du code de commerce doit être adressé au commissaire aux comptes, si la société en a désigné un, et ce dernier l'annexera à son propre rapport en vue de la prochaine assemblée générale et lui appliquera la même publicité.

▸ Prise de participation et de contrôle

993 Les commissaires aux comptes mentionnent dans leurs rapports les prises de participation dans les sociétés ayant leur siège social sur le territoire de la République française et représentant plus du vingtième, du dixième, du cinquième, du tiers, de la moitié ou des deux tiers du capital ou des droits de vote, ou les prises de contrôle de telles sociétés, et ce, à peine de sanctions pénales (c. com. art. L. 233-6 et L. 247-1, III).

Des distorsions existent entre l'article L. 233-6 (qui ne mentionne pas le seuil des 2/3) et l'article L. 247-1 (qui le mentionne) par suite d'une inadvertance du législateur. Il convient de rappeler, en ce domaine, le principe de l'autonomie des sanctions pénales.

▸ Convocation au conseil d'administration et à l'assemblée générale

994 Le commissaire aux comptes est convoqué à la réunion du conseil d'administration ou du directoire, selon le cas, au cours de laquelle sont examinés ou arrêtés les comptes annuels ou intermédiaires, ainsi qu'à toutes les assemblées d'actionnaires (c. com. art. L. 823-17). La convocation intervient aussi pour l'examen ou l'arrêté des comptes consolidés.

Il est convoqué à toute assemblée d'actionnaires au plus tard lors de la convocation des actionnaires eux-mêmes ; il est convoqué, s'il y a lieu, aux réunions du conseil d'administration, du directoire ou du conseil de surveillance, selon le cas, en même temps que les administrateurs, les membres du directoire ou du conseil de surveillance eux-mêmes (c. com. art. R. 823-9, al. 1 et 2).

• **Lettre recommandée.** La convocation du commissaire aux comptes est faite par lettre recommandée avec demande d'avis de réception (c. com. art. R. 823-9, al. 3). La convocation par courrier électronique n'est pas prévue par les textes.

Cette règle s'applique non seulement dans les cas où le commissaire aux comptes doit être obligatoirement convoqué à l'assemblée, mais aussi lorsque sa convocation n'est pas imposée et que les dirigeants sociaux souhaitent tout de même qu'il assiste à une réunion (rép. Dumortier, JO 3 octobre 1970, AN quest. p. 4092).

• **Sanctions.** Est puni d'un emprisonnement de 2 ans et d'une amende de 30 000 € le fait, pour les dirigeants, de ne pas convoquer le commissaire aux comptes à toute assemblée générale (c. com. art. L. 820-4, 1°).

• **Alerte.** Dans le cadre de la procédure d'alerte, le commissaire aux comptes est convoqué à la séance du conseil dont il a provoqué la réunion *(voir § 1090)*.

▸ Observations sur le rapport sur le gouvernement d'entreprise

995 Le commissaire aux comptes, si la société en est dotée pour une mission classique de 6 ans, atteste dans un rapport joint au rapport de gestion de l'existence des informations requises dans le rapport sur le gouvernement d'entreprise établi par le conseil d'administration ou le conseil de surveillance (c. com. art. L. 225-37, L. 225-37-4, 1° à 4° et L. 225-235) *(voir § 855)*.

Pour la CNCC, les petites entreprises visées par l'obligation, dispensées du rapport de gestion en raison de leur taille, doivent malgré tout établir ce rapport (CNCC, EJ 2018-63).

C'est dans le rapport sur le gouvernement d'entreprise que figure l'information sur les conventions réglementées pour les SA (c. com. art. L. 225-37-4, L. 225-68) *(voir § 1004)*.

Diligences du CAC en présence d'opérations relatives aux actions

► Émission de valeurs mobilières donnant accès au capital

996 L'émission de valeurs mobilières donnant accès au capital nécessite, en cours de vie sociale, une autorisation de l'assemblée générale extraordinaire des actionnaires prise au vu d'un rapport du conseil d'administration ou du directoire et d'un rapport du commissaire aux comptes (c. com. art. L. 228-92) *(voir § 1337)*.

► Stock-options

997 L'assemblée générale extraordinaire appelée à autoriser l'ouverture d'options de souscription ou d'achats d'actions au bénéfice des membres du personnel doit notamment statuer sur le rapport spécial du commissaire aux comptes, si la société en est dotée (c. com. art. L. 225-177).

Le prix de souscription des actions est fixé au jour où l'option est consentie par le conseil d'administration ou le directoire, selon des modalités déterminées par l'assemblée générale extraordinaire, sur le rapport des commissaires aux comptes, ou, s'il n'en a pas été désigné, d'un commissaire aux comptes désigné à cet effet. Les commissaires aux comptes donnent leur avis sur les modalités proposées pour la fixation du prix de souscription ou d'achat (c. com. L. 225-177, al. 4 et R. 225-144).

Émission d'actions gratuites. L'AGE qui autorise le conseil d'administration ou le directoire à attribuer des actions gratuites doit obligatoirement statuer au vu d'un rapport du commissaire aux comptes. Si la société n'en est pas dotée d'un, elle doit en désigner un à cet effet (c. com. art. L. 225-197-1) *(voir § 1132)*.

Diligences du CAC en présence d'opérations sur le capital

► Réduction de capital

998 Lorsque l'assemblée générale extraordinaire est appelée à autoriser ou à décider une réduction de capital, le commissaire aux comptes, si la société en est dotée, présente un rapport où il fait connaître son appréciation sur les causes et les conditions de la réduction. 15 jours au moins avant la réunion de l'assemblée générale appelée à statuer sur l'opération envisagée, la société adresse aux actionnaires ou met à leur disposition le rapport des commissaires aux comptes sur cette opération (c. com. art. L. 225-204 et R. 225-150).

► Suppression du droit préférentiel de souscription et augmentation de capital

999 L'assemblée qui décide ou autorise une augmentation de capital peut supprimer le droit préférentiel de souscription pour la totalité de l'augmentation de capital ou pour une ou plusieurs tranches de cette augmentation. Lorsqu'elle décide de l'augmentation de capital, soit en fixant elle-même toutes les modalités, soit en déléguant son pouvoir, la société statue également sur rapport des commissaires aux comptes, s'il en existe (c. com. art. L. 225-135).

Lorsque l'assemblée générale extraordinaire supprime le droit préférentiel de souscription en faveur d'une ou plusieurs catégories de personnes répondant à des caractéristiques qu'elle fixe, elle peut déléguer au conseil d'administration ou au directoire le soin d'arrêter la liste des bénéficiaires au sein de cette ou de ces catégories et le nombre de titres à attribuer à chacun d'eux, dans les limites des plafonds prévus (c. com. art. L. 225-129-2, al. 1). Lorsqu'il fait usage de cette délégation, le conseil d'administration ou le directoire établit un rapport complémentaire à la prochaine assemblée générale ordinaire, certifié par le commissaire aux comptes, s'il en existe, décrivant les conditions définitives de l'opération (c. com. art. L. 225-138, I).

Lorsque l'augmentation de capital avec suppression du droit préférentiel de souscription est réservée à certains bénéficiaires, le commissaire aux comptes doit obligatoirement se prononcer sur le prix d'émission ou les conditions de fixation de ce prix déterminés par l'assemblée générale. Si la société n'en a pas désigné, elle doit en désigner un à cet effet (c. com. art. L. 225-138, II) *(voir §§ 1390 et 1391)*.

Les commissaires aux comptes qui ont donné ou confirmé des indications inexactes dans le rapport présenté à l'AGE devant supprimer le droit préférentiel de souscription des actionnaires sont passibles d'un emprisonnement de 2 ans et d'une amende de **18 000 €** (c. com. art. L. 242-20).

Augmentation de capital sans droit préférentiel de souscription par certaines offres au public. Pour les sociétés dont les titres ne sont pas admis sur un marché réglementé, le prix d'émission ou les conditions de fixation de ce prix sont déterminés par l'assemblée générale extraordinaire sur rapport du conseil d'administration ou du directoire et sur rapport spécial du commissaire aux comptes de la société, ou, s'il n'en a pas été désigné, d'un commissaire aux comptes désigné à cet effet (c. com. art. L. 225-136, 2°).

▸ Libération des actions par compensation de créances sur la société

1000 En cas de libération d'actions nouvelles par compensation avec des créances sur la société, le commissaire aux comptes est appelé à certifier l'exactitude de l'arrêté des comptes établi à cet effet par les organes de direction (c. com. art. R. 225-134).

Par ailleurs, la libération des actions doit être certifiée par un notaire, le commissaire aux comptes de la société ou un commissaire aux comptes nommé à cet effet. Ce certificat tient lieu de certificat du dépositaire (c. com. art. L. 225-146, al. 2).

▸ Actions de préférence

1001 Des actions de préférence peuvent être émises lors de la constitution de la société ou en cours de vie sociale (c. com. art. L. 228-11).

Une augmentation de capital par l'émission d'actions de préférence donne lieu à l'établissement d'un rapport spécial du commissaire aux comptes. Par conséquent, si la société n'en est pas dotée, elle doit en désigner un à cet effet (c. com. art. L. 228-12) *(voir § 1210)*.

Par ailleurs, lorsque des actions de préférence confèrent des droits particuliers dans la société qui possède, directement ou indirectement, plus de la moitié du capital de la société émettrice des actions ou de la société dont l'émettrice possède, directement ou indirectement, plus de la moitié du capital, les commissaires aux comptes des sociétés intéressées doivent établir un rapport spécial (c. com. art. L. 228-13) *(voir §1207)*.

La création d'actions de préférence entraîne la procédure des avantages particuliers *(voir § 1209)*.

• **Mission spéciale à l'initiative des porteurs d'actions de préférence.** Les porteurs d'actions de préférence, constitués en assemblée spéciale, ont la faculté de donner mission à l'un des commissaires aux comptes de la société, s'il en existe, d'établir un rapport spécial sur le respect par la société des droits particuliers attachés aux actions de préférence. Ce rapport est diffusé à ces porteurs à l'occasion d'une assemblée spéciale (c. com. art. L. 228-19) *(voir § 1211)*.

• **Conversion d'actions ordinaires en actions de préférence.** La conversion d'actions ordinaires en actions de préférence, ou l'inverse, donne lieu obligatoirement à un rapport du commissaire aux comptes (c. com. art. L. 228-12) *(voir § 1216)*.

▸ **Émission d'actions réservées aux salariés**

1002 Pour les augmentations de capital réservées aux salariés dans le cadre d'un plan d'épargne d'entreprise, le prix de cession défini par les articles **L. 3332-18** à **L. 3332-24** du code du travail est déterminé à chaque exercice, sous le contrôle du commissaire aux comptes (c. trav. art. L. 3332-20 et D. 3324-20).

Diligences du CAC en présence de distribution de dividendes

▸ **Distribution des dividendes**

1003 Après approbation des comptes annuels et constatation de l'existence de sommes distribuables, l'assemblée générale détermine la part attribuée aux associés sous forme de dividendes (c. com. art. L. 232-12, al. 1).

Lorsque les statuts le prévoient, l'assemblée des actionnaires statuant sur les comptes de l'exercice a la faculté d'accorder, pour tout ou partie du dividende mis en distribution, le paiement des dividendes en actions (c. com. art. L. 232-18) *(voir § 867)*. Si tel est le cas, le prix d'émission des actions et les règles de détermination du prix sont vérifiés par un commissaire aux comptes, si la SA en est dotée, qui présente un rapport spécial aux associés (c. com. art. L. 232-19).

L'assemblée peut également décider de la distribution d'acomptes sur dividendes avant l'approbation des comptes de l'exercice. Pour cela, il est exigé qu'un bilan soit établi et certifié par un commissaire aux comptes faisant apparaître que la société a réalisé un bénéfice (c. com. art. L. 232-12, al. 2) *(voir § 871)*.

Diligences en présence de conventions réglementées

▸ **Mission d'information du CAC et établissement du rapport spécial sur les conventions réglementées**

1004 Afin de prévenir les situations de conflit d'intérêt, les conventions réglementées font l'objet d'une procédure de contrôle particulière. En effet, toute convention intervenant directement ou par personne interposée entre la société et l'un de ses mandataires sociaux, l'un de ses actionnaires disposant de plus de 10 % des droits de vote ou toute société contrôlant une société actionnaire au sens de l'article **L. 233-3**, est soumise à l'autorisation préalable du conseil d'administration ou de surveillance. Après sa conclusion, la convention est ensuite soumise à l'approbation de l'assemblée (c. com. art. L. 225-38).

Le président du conseil d'administration ou du conseil de surveillance donne avis aux commissaires aux comptes, s'il en existe, de toutes les conventions autorisées et conclues et soumet celles-ci à l'approbation de l'assemblée générale (c. com. art. L. 225-40 et L. 225-88).

→ **EN PRATIQUE** *Le commissaire aux comptes est avisé des conventions autorisées et conclues au cours de l'exercice par le président du conseil d'administration ou de surveillance dans le mois de leur conclusion. Lui sont également communiqués les motifs qui ont été retenus par le conseil lors de l'autorisation préalable des conventions afin de justifier de leur intérêt pour la société. Lorsque l'exécution de conventions conclues et autorisées au cours d'exercices antérieurs a été poursuivie au cours du dernier exercice, le commissaire aux comptes est informé de cette situation dans le délai de 1 mois à compter de la clôture de l'exercice* (c. com. art. R. 225-30 et R. 225-57).

En outre, lorsque la SA est dotée d'un CAC, ce dernier présente aux actionnaires un rapport spécial sur lequel ils vont se fonder pour approuver ou non les conventions qui y figurent. Lorsque la société n'a pas de CAC, c'est au président du conseil d'administration (ou du conseil de surveillance) qu'il revient de présenter ce rapport à l'assemblée (c. com. art. L. 225-40 et L. 225-88 précités).

Dans le cadre particulier de la mission ALPE *(voir §§ 975 à 977 et 980)*, le CAC est, notamment, dispensé du rapport spécial en présence de conventions réglementées et du rapport exposant les circonstances en raison desquelles la procédure d'autorisation de ces conventions n'aurait pas été suivie.

Relevons que subsiste le rapport spécial sur les conventions réglementées, dans les entités PE, dans le cadre de la mission d'audit légal « classique » PE sur 6 exercices (NEP 912, § 3).

Le commissaire aux comptes a une mission d'information. Il ne donne en aucun cas son avis ou une opinion sur l'utilité, le bien-fondé ou l'opportunité des conventions. S'il n'a pas à effectuer de recherche systématique pour identifier les conventions concernées, le commissaire aux comptes est cependant attentif, lors de ses travaux, à leur existence possible et peut ainsi avoir connaissance, lors de ses missions, de conventions qui auraient dû être soumises à la procédure prévue par la loi, les règlements ou les statuts. La note d'information IX « Le rapport spécial du commissaire aux comptes sur les conventions et engagements réglementés » (février 2018) de la CNCC précise les modalités d'application de ces dispositions.

▸ Contenu du rapport spécial

1005 Au niveau de la forme, le rapport spécial du CAC est constitué par un document spécifique distinct des rapports d'audit sur les comptes annuels et les comptes consolidés et n'est pas soumis à la même publicité que ces derniers (son dépôt au greffe n'est pas prévu par la réglementation) (NI IX précitée §§ 4.1 et 4.3, février 2018). Il est déposé au siège social de la SA contrôlée dans un délai de 15 jours au moins avant la réunion de l'AGO dans les SA (c. com. art. R. 225-89 ; NI IX précitée § 4.131).

Ce rapport, essentiel au regard de l'information des actionnaires, se présente en deux parties (c. com. art. R. 225-31 et R. 225-58) :
– les conventions autorisées et conclues au cours de l'exercice (soumises à l'approbation de l'organe délibérant) (c. com. art. L. 225-40 et L. 225-88) ;
– la liste des conventions et engagements conclus et autorisés au cours d'exercices antérieurs dont l'exécution a été poursuivie au cours du dernier exercice (déjà approuvées par l'organe délibérant) (c. com. art. L. 225-40-1 et L. 225-88-1).

• D'autres types de conventions que celles visées ci-avant peuvent figurer dans le rapport spécial (par exemple, conventions autorisées ou approuvées depuis la clôture de l'exercice écoulé).

• Sauf exception, le commissaire aux comptes n'a pas d'obligation en ce qui concerne les conventions libres. Toutefois, lorsqu'il bénéficie d'une information sur celles-ci, le commissaire aux comptes ne peut s'en désintéresser. Il devra s'assurer que les opérations décrites relèvent bien de la catégorie des conventions libres. Si, au contraire, elles relevaient de celle des conventions réglementées, il lui appartiendrait d'en tirer les conséquences quant à l'établissement du rapport spécial, voire à la communication d'une possible irrégularité (c. com. art. L. 823-12 et L. 823-16).

• Le commissaire aux comptes doit garder à l'esprit qu'une convention peut changer de nature au cours de son existence. Une convention libre à l'origine peut ainsi perdre ce caractère pour devenir une convention réglementée, voire être, à terme, constitutive d'une irrégularité.

Pour établir et présenter son rapport, le commissaire aux comptes doit :
– rassembler les informations relatives aux conventions qui lui ont été signalées ou qu'il a découvertes à l'occasion de ses travaux ;
– et vérifier la concordance de ces informations avec les documents de base dont elles sont issues.

Le rapport du commissaire contient (c. com. art. R. 225-31 et R. 225-58) :
– l'énumération des conventions soumises à l'approbation de l'assemblée générale ;
– le nom des administrateurs intéressés ;
– le nom du directeur général ou des directeurs généraux délégués intéressés ;
– la désignation du ou des actionnaires intéressés disposant d'une fraction des droits de vote supérieure à 10 % et, s'il s'agit d'une société actionnaire, de la société la contrôlant au sens de l'article L. 233-3 du code de commerce ;
– la nature et l'objet desdites conventions réglementées autorisées et conclues au cours de l'exercice ainsi que la motivation de l'autorisation, celles qui se sont poursuivies au cours de l'exercice dont le commissaire aux comptes a été avisé ;
– les motifs financiers et modalités essentielles de ces conventions, notamment l'indication des prix ou tarifs pratiqués, des ristournes et commissions consenties, des délais de paiement accordés, des intérêts stipulés, des sûretés conférées et, le cas échéant, toutes autres indications permettant aux actionnaires d'apprécier l'intérêt qui s'attachait à la conclusion des conventions analysées ;
– l'importance des fournitures livrées ou des prestations de services fournies, ainsi que le montant des sommes versées ou reçues au cours de l'exercice, en exécution des conventions conclues et autorisées au cours d'exercices antérieurs ;
– et la liste des conventions et engagements conclus et autorisés au cours d'exercices antérieurs et réexaminés par le conseil d'administration ou le conseil de surveillance.

→ **EN PRATIQUE** *Un plan type de rapport spécial, notamment pour les SA dont les titres ne sont pas admis aux négociations sur un marché réglementé, est fourni sur le site de la CNCC, dans la partie documentaire intitulée SIDONI.*

▸ Rapport spécial du CAC sur les conventions non autorisées

1006 Les conventions réglementées et conclues sans autorisation préalable du conseil d'administration peuvent être annulées si elles ont eu des conséquences dommageables pour la société. La nullité peut être couverte par un vote de l'assemblée générale intervenant sur rapport spécial des commissaires aux comptes ou, s'il n'en a pas été désigné, du président du conseil d'administration exposant les circonstances en raison desquelles la procédure d'autorisation n'a pas été suivie (c. com. art. L. 225-42, al. 3 et L. 225-90, al. 3).

L'action en nullité se prescrit par 3 ans, à compter de la date de la convention. Toutefois, si la convention a été dissimulée, le point de départ du délai de la prescription est reporté au jour où elle a été révélée (c. com. art. L. 225-42, al. 3 et L. 225-90, al. 3).

Autres diligences du commissaire aux comptes

▸ Liquidation

1007 Au cours de la liquidation, sauf consentement unanime des actionnaires, la cession de tout ou partie de l'actif de la société en liquidation à un ancien dirigeant requiert l'autorisation du tribunal de commerce, du liquidateur et, si la société en a désigné un, du commissaire aux comptes « dûment entendu » (c. com. art. L. 237-6) *(voir § 1547)*.

▸ Transformation de la société

1008 Sauf en cas de transformation en société en nom collectif, la décision de transformation est prise par l'assemblée générale extraordinaire sur le rapport du commissaire aux comptes, si la société en est dotée, qui atteste que les capitaux propres sont au moins égaux au capital social (c. com. art. L. 225-244).

▸ Dons ouvrant droit à une réduction fiscale

1009 Le commissaire aux comptes, si la société en a désigné un, atteste le montant global des versements effectués en application des alinéas 1 et 4 de l'article 238 bis du CGI (dons à des organismes d'intérêt général) qui donnent lieu à une réduction d'impôt et dont les actionnaires ont droit d'obtenir communication. Le commissaire certifie également la liste des actions nominatives de parrainage et de mécénat réalisées par la société (c. com. art. L. 225-115, 5°).

▸ Montant global des personnes les mieux rémunérées

1010 Le commissaire aux comptes, si la société en est dotée, atteste l'exactitude du montant global des rémunérations versées aux 10 ou 5 personnes les mieux rémunérées dans la société, selon que l'effectif du personnel excède ou non 250 salariés (c. com. art. L. 225-115, 4°).

Le montant individualisé par personne n'a pas à être donné et les personnes concernées ne sont pas forcément salariées de la société.

Effectif inférieur à 5. Il résulte de la distinction qui est faite en fonction du nombre de salariés, que le législateur n'a donné aux actionnaires que le droit de connaître la rémunération de la fraction la mieux rémunérée du personnel et non de l'ensemble de celui-ci (c. com. art. L. 225-115, 4°). Lorsque l'effectif n'est pas supérieur à 5, il n'existe pas de fraction du personnel la mieux rémunérée constituée de 5 personnes et la disposition considérée est dépourvue d'objet. Dès lors, selon le ministre de la Justice, le droit de communication de l'actionnaire ne peut s'exercer dans ce cas (rép. Lorenzini, JO 27 octobre 1986, AN quest. p. 3942).

Prérogatives des commissaires aux comptes

Droit de contrôle et de communication

▸ Vérification à toute époque de l'année

1011 À toute époque de l'année, le commissaire aux comptes opère toutes vérifications et tous contrôles qu'il juge opportun. Il peut se faire communiquer sur place toutes les pièces qu'il estime utiles à l'exercice de sa mission et, notamment (cette liste n'est pas limitative), tous contrats, livres, documents comptables et registres de procès-verbaux (c. com. art. L. 823-13, al. 1).

• **Assistance d'expert.** Pour l'accomplissement de son contrôle, le commissaire peut, sous sa responsabilité, se faire assister ou représenter par des experts ou des collaborateurs de son choix, qu'il fait connaître nommément à la société. Ces experts ou collaborateurs ont les mêmes droits d'investigation que le commissaire aux comptes (c. com. art. L. 823-13, al. 2).

Une norme d'exercice professionnel définit les situations dans lesquelles le commissaire aux comptes peut recourir à un expert (NEP 620, arrêté du 10 avril 2007, JO du 3 mai 2007).

• **Exercice collégial.** Lorsque la société est astreinte à désigner deux commissaires aux comptes, ces derniers se livrent ensemble à un examen contradictoire des conditions et des modalités d'établissement des comptes selon les prescriptions énoncées par une norme d'exercice professionnel (NEP 100, arrêté du 21 juin 2011, JO du 3 août 2011). Signalons que la répartition des travaux doit être équilibrée.

S'ils procèdent séparément à leurs investigations, vérifications et contrôles, un rapport commun doit néanmoins être établi. En cas de désaccord entre les commissaires aux comptes, le rapport indique les différentes opinions exprimées (c. com. art. R. 823-8).

▸ Étendue du droit d'investigation

1012 **Ses investigations peuvent être faites auprès de la société dont il est chargé de certifier les comptes comme auprès de ses sociétés mères et filiales. Lorsque la société établit des comptes consolidés, les investigations du commissaire peuvent être faites auprès de l'ensemble des entreprises comprises dans la consolidation** (c. com. art. L. 823-14, al. 1)**.**

Le commissaire aux comptes peut également recueillir toutes informations utiles à l'exercice de sa mission auprès des tiers qui ont accompli des opérations pour le compte de la société. Toutefois, ce droit d'information ne peut s'étendre à la communication des pièces, contrats et documents quelconques détenus par des tiers, à moins qu'il n'y soit autorisé par le président du tribunal de commerce statuant en référé (c. com. art. L. 823-14, al. 2 et R. 823-4)**.**

Le secret professionnel ne peut être opposé au commissaire aux comptes dans le cadre de sa mission, sauf par les auxiliaires de justice (c. com. art. L. 823-14, al. 3)**.**

• **Déclaration de la direction.** Dans le cadre de sa mission, le commissaire aux comptes est souvent amené à demander des déclarations de la direction (par exemple, la direction déclare avoir, au mieux de sa connaissance, appliqué les textes légaux et réglementaires ou encore avoir fourni dans l'annexe des comptes, au mieux de sa connaissance, l'information sur les parties liées requise par le référentiel comptable appliqué). En fonction des réponses formulées, le commissaire aux comptes tire les conséquences éventuelles sur l'expression de son opinion (NEP 580, arrêté du 21 juin 2011, JO du 3 août 2011).

• **Informations recueillies auprès de tiers.** Afin de vérifier l'exactitude des déclarations de la direction, le commissaire aux comptes a la possibilité de demander la confirmation auprès de tiers. Pour obtenir les informations nécessaires, le commissaire aux comptes applique la NEP 505 « Demandes de confirmation de tiers » (NEP 505, arrêté du 22 décembre 2006, JO du 30 décembre 2006). Ainsi, il peut effectuer ces demandes auprès des fournisseurs, des clients, des avocats, des banques…

• **Communication par un salarié.** Ne commet pas une faute grave le salarié qui prend l'initiative de révéler au commissaire aux comptes, sans demande de celui-ci, des « situations intérimaires » à usage interne (cass. com. 24 mars 1988, Rev. soc. 1988, 414).

▸ Mise à disposition des comptes et des rapports

1013 **Un mois au moins avant la convocation de l'assemblée des actionnaires appelée à statuer sur les comptes de la société, les comptes annuels, le rapport de gestion, ainsi que, le cas échéant, les comptes consolidés et le rapport sur la gestion du** groupe, sont tenus au siège social à la disposition du commissaire aux comptes. Ces documents sont délivrés, en copie, au commissaire aux comptes qui en fait la demande (c. com. art. R. 232-1).

Documents de gestion prévisionnelle. Ces documents et rapports sont communiqués au commissaire aux comptes et au comité social et économique *(voir § 904)*.

Délit d'obstacle aux vérifications ou contrôles des commissaires aux comptes

1014 **Est puni d'un emprisonnement de 5 ans et d'une amende de 75 000 € le fait, pour les dirigeants de la société ou toute personne au service de la société ayant un commissaire aux comptes, de mettre obstacle aux vérifications ou contrôles des commissaires aux comptes ou des experts nommés, ou de leur refuser la communication sur place de toutes les pièces utiles à l'exercice de leur mission et, notamment, de tous contrats, livres, documents comptables et registres de procès-verbaux** (c. com. art. L. 820-4, 2°).

• **Simple réticence.** Le délit « d'obstacle » ou « d'entrave » n'exige pas que le refus de communication des documents soit absolu : la simple réticence à fournir des explications, l'atermoiement inexcusable, la production partielle caractérisent l'infraction, dès lors qu'ils ont été commis sciemment (CA Rennes 30 septembre 1974, Rev soc. 1976, 521).

• **Refus de communication.** Le refus de communication peut être commis par tous moyens, et notamment par le refus de communiquer au commissaire aux comptes, en original ou en copie, toutes les pièces nécessaires à l'exercice de ses fonctions (cass. crim. 11 mai 1981, D. 1982, 653).

Pouvoir de convoquer l'assemblée générale

1015 **Cette prérogative s'exerce selon certaines conditions** *(voir §§ 683 et 684)* (c. com. art. L. 225-103 et R. 225-162).

Dans le cadre de la procédure d'alerte, en cas de carence du conseil d'administration ou du directoire, le commissaire aux comptes convoque l'assemblée sous un délai de 8 jours *(voir § 1090)*.

Conventions réglementées : la marche à suivre dans une SA

1 CONVENTION CONCLUE ENTRE LA SOCIÉTÉ

- **ET UN DE SES DIRIGEANTS**
- **ET UNE SOCIÉTÉ** AYANT UN DIRIGEANT EN COMMUN
- **ET UN ACTIONNAIRE** DÉTENANT + DE 10 % DES DROITS DE VOTE (OU, S'IL S'AGIT D'UNE SOCIÉTÉ ACTIONNAIRE, LA SOCIÉTÉ LA CONTRÔLANT)

2 PROCÉDURE DE CONTRÔLE

INFORMATION DU CONSEIL D'ADMINISTRATION
(PAR LA PERSONNE INTÉRESSÉE À LA CONVENTION)

—

AUTORISATION PRÉALABLE DU CONSEIL D'ADMINISTRATION
(EXCLUSION DU VOTE DE LA PERSONNE INTÉRESSÉE)

—

TRANSMISSION DU RAPPORT SPÉCIAL SUR LES CONVENTIONS RÉGLEMENTÉES À L'ASSEMBLÉE
(PAR LE CONSEIL D'ADMINISTRATION OU LE COMMISSAIRE AUX COMPTES)

—

APPROBATION OU REJET DES CONVENTIONS PAR L'ASSEMBLÉE
(EN PRATIQUE SOUVENT LORS DE L'AG ANNUELLE)

3 NON-RESPECT DE LA PROCÉDURE

DÉFAUT D'AUTORISATION PRÉALABLE
+ **CONSÉQUENCES DOMMAGEABLES** POUR LA SOCIÉTÉ

=

ANNULATION POSSIBLE DE LA CONVENTION
+ **RESPONSABILITÉ DE LA PERSONNE INTÉRESSÉE**

MAIS POSSIBILITÉ DE COUVRIR LA NULLITÉ DE LA CONVENTION PAR UN VOTE POSTÉRIEUR EN AG

Revue Fiduciaire

19 Conventions réglementées, libres ou interdites

Conventions interdites

Emprunts et cautionnements

▸ Personnes concernées

1017 Il est interdit aux administrateurs autres que les personnes morales de contracter, sous quelque forme que ce soit, des emprunts auprès de la société, de se faire consentir par elle un découvert en compte courant ou autrement, ainsi que de faire cautionner ou avaliser par elle leurs engagements envers les tiers (c. com. art. L. 225-43, al. 1).

Cette interdiction s'étend (c. com. art. L. 225-43, al. 3) :
– au directeur général ;
– aux directeurs généraux délégués ;
– aux représentants permanents des personnes morales administrateurs ;
– aux conjoint, ascendants et descendants des administrateurs, directeurs généraux ou représentants permanents des personnes morales ;
– et à toute personne interposée.

• **Compte courant.** Rien n'interdit la conclusion d'un contrat de compte courant, mais ce compte ne devra jamais être débiteur et il devra être soumis à la procédure des conventions réglementées (rép. Liot n° 14764, JO 20 août 1974, Sén. quest. p. 1084) *(voir § 1023)*.

• **Interposition de personnes.** L'interdiction s'applique à toute personne interposée, y compris une personne morale, dès lors que le bénéficiaire réel de la convention est l'une des personnes mentionnées plus haut (c. com. art. L. 225-43). L'interposition relève du pouvoir des juges, qui recherchent si l'opération a, en définitive, profité personnellement à un administrateur ou à un directeur général. Ainsi, n'est pas une convention conclue par personne interposée le cautionnement donné par une SA pour garantir les engagements d'une société civile dont certains associés siégeaient à son conseil d'administration, dès lors qu'aucun acte litigieux n'avait été passé par la SA avec l'un de ses administrateurs (cass. com. 12 novembre 1969, BC IV n° 330). De même, l'interposition de personnes n'est pas démontrée à propos d'un cautionnement solidaire d'une SARL par une SA, dont les actionnaires majoritaires et administrateurs sont en même temps associés majoritaires de la SARL, si l'intervention de la SARL ne sert pas à masquer que les dirigeants ou associés communs sont les bénéficiaires réels de l'opération (rép. Labbé n° 12232, JO 12 juillet 1982, AN quest. p. 2924). En revanche, il y a personne interposée lorsque la garantie a été donnée au profit d'une société sous le couvert de laquelle agissait le gérant de la société garante (cass. com. 23 janvier 1990, Bull. Joly 1990, p. 282).

• **Annulation d'un cautionnement.** Les juges du fond, tout en constatant l'engagement souscrit par une SA au profit de ses administrateurs, ne peuvent condamner le président du conseil de cette société à supporter les dettes litigieuses au motif qu'il aurait lui-même cautionné cet engagement (cass. com. 25 novembre 1980, n° 79-11442).

► Personnes non concernées

1018 L'interdiction d'emprunter, ou de se faire cautionner ou avaliser, ne s'applique pas :
– aux personnes morales administrateurs ;
– aux actionnaires non titulaires d'un mandat, quel que soit le pourcentage de capital détenu ;
– aux administrateurs, directeurs généraux délégués qui ne sont pas en fonction au jour de la conclusion du contrat ou de l'octroi de la garantie. Ainsi, un prêt consenti à une personne ultérieurement nommée administrateur ne doit pas obligatoirement être remboursé au moment où cette personne devient administrateur. Il convient seulement de respecter les échéances normales prévues au contrat (CNCC, bull. juin 2003, p. 358 et CNCC NI.IX, février 2018, § 1.134)**. Il en est de même des avances sur brevets consenties à un actionnaire majoritaire d'une SA, antérieurement à sa nomination en qualité d'administrateur** (CNCC, bull. 137, p. 126) **;**
– aux personnes morales n'ayant pas qualité d'administrateur et dans lesquelles les dirigeants de la société ont quelque intérêt.

Ainsi, une filiale peut, à notre avis, emprunter auprès de sa société mère et réciproquement. Cependant, en raison des confusions d'intérêts qui risquent de préjudicier à la société en pareille circonstance, les conventions sont en principe soumises à une double procédure : autorisation préalable du conseil d'administration (c. com. art. L. 225-38) **et approbation ultérieure par l'assemblée générale sur présentation d'un rapport spécial du commissaire aux comptes ou, s'il n'en a pas été désigné, du président du conseil d'administration** (c. com. art. L. 225-40)**.**

Enfin, si la société exploite un établissement bancaire ou financier, cette interdiction ne s'applique pas aux opérations courantes de ce commerce conclues à des conditions normales (c. com. art. L. 225-43, al. 2) *(voir § 1020)***.**

Sanctions

1019 Toute convention conclue nonobstant l'interdiction est nulle (c. com. art. L. 225-43, al. 1)**. Cette nullité est d'ordre public. Ainsi, lorsque le prêt est nul, le bénéficiaire doit restituer à la société les sommes empruntées. Aucun palliatif, comme par exemple une délibération de l'assemblée générale emportant renonciation à l'action en nullité du cautionnement, ne permet de faire échec à l'interdiction légale**

(c. com. art. L. 225-43 ; rép. Chauvet, JO 10 avril 1970, AN quest. p. 924 et rép. Lauriol, JO 16 février 1974, AN quest. p. 756). **Cette nullité est absolue ; soulevée par voie d'exception pendant le délai de la prescription, elle est recevable nonobstant l'exécution du prêt** (cass. com. 25 avril 2006, n° 05-12734). **La prescription de droit commun est de 5 ans à compter de la date à laquelle le demandeur a eu ou aurait dû avoir connaissance de la convention** (c. civ. art. 2224).

Une société caution ne peut opposer la nullité d'un cautionnement litigieux à une société créancière dans la mesure où cette dernière était demeurée étrangère à l'interposition frauduleuse de personne créée par le gérant de la première société (cass. com. 23 septembre 1982, n° 81-10418).

Outre la nullité, une sanction pénale peut être appliquée (emprisonnement de 5 ans et amende de **375 000 €**) en cas d'usage abusif des biens ou du crédit de la société (c. com. art. L. 242-6, 3°).

Conventions libres

Conventions portant sur des opérations « courantes »

1020 Les conventions portant sur des opérations courantes conclues à des conditions normales ne sont pas soumises à la procédure des conventions réglementées (c. com. art. L. 225-39). Elles sont totalement libres.

De même, échappent à tout formalisme les conventions conclues avec un actionnaire disposant d'une fraction des droits de vote égale ou inférieure à 10 % (c. com. art. L. 225-38).

Appréciation de la notion d'« opération courante »

1021 Au vu des circonstances, les tribunaux apprécient si une convention porte sur des opérations courantes qui ont été conclues à des conditions normales. La convention peut avoir pour objet une vente, un bail, un prêt. Il peut s'agir de la conclusion, de la modification ou de la résolution d'un commun accord desdites conventions.

D'une façon générale, la procédure de l'autorisation préalable du conseil d'administration n'est pas applicable aux conventions qui, à la fois :
– portent sur des opérations courantes, c'est-à-dire sur des opérations effectuées par la société d'une manière habituelle dans le cadre de son activité (rép. Lebas, JO 4 avril 1969, AN quest. p. 870), entrant dans son objet social (CA Paris 20 novembre 1998, D. 1999, 134) ; la conclusion de baux commerciaux et d'habitation est une opération courante lorsque les locations sont effectuées par une société d'une manière habituelle, dans le cadre de son activité statutaire et qu'elles sont conclues conformément aux pratiques de sociétés exerçant dans le même secteur d'activité (CA Paris 17 octobre 2006, n° 05-12158) ;
– et sont conclues à des conditions normales, c'est-à-dire ne comportent pas, au profit des personnes visées par la loi (c. com. art. L. 225-38), un gain exorbitant ou des conditions exceptionnelles (clause d'exclusivité, délais excessivement longs, remises anormalement avantageuses, etc.). Le caractère normal des conditions consenties ne peut toutefois s'apprécier qu'eu égard aux usages de la société en cause et des autres sociétés du même secteur d'activité (rép. Lebas, précitée). Ne constitue pas une opération courante le contrat qui institue un avantage au profit de certains mandataires, dans leur intérêt direct ou indirect, en les faisant bénéficier de prestations étrangères à l'intérêt de la société (cass. com. 3 juin 2008, n° 07-12307).

Du caractère unique d'une convention découle son caractère exceptionnel, exclusif de la qualification d'opération courante.

Pour l'appréciation de ce caractère courant, il convient de considérer que la procédure des conventions réglementées est le droit commun, les conventions courantes constituant des exceptions, qui doivent s'interpréter restrictivement.

Conventions conclues avec une filiale à 100 %

1022 Les conventions conclues entre deux sociétés dont l'une détient, directement ou indirectement, la totalité du capital de l'autre ne sont pas soumises au régime des conventions réglementées (c. com. art. L. 225-39).

Calcul de la « totalité du capital ». La totalité du capital s'entend, le cas échéant, « déduction faite du nombre minimum d'actions requis pour satisfaire aux exigences de l'article 1832 du code civil ou des articles L. 225-1 et L. 226-1 du code de commerce ». L'article 1832 du code civil, tout comme l'article L. 225-1 du code de commerce, exige 2 associés au minimum pour constituer une société.

Conventions réglementées

Régime déclaratif par l'intéressé

1023 Les conventions passées entre la société et certains de ses mandataires sociaux ou actionnaires ainsi que celles conclues par la société avec une autre société ayant des dirigeants communs, conventions dites « réglementées », sont soumises à une autorisation préalable du conseil d'administration puis à un vote de l'assemblée des actionnaires.

Au premier niveau, c'est « l'intéressé » à une telle convention qui doit prendre l'initiative ; ainsi il doit informer le conseil d'administration dès qu'il a connaissance d'une convention devant être soumise à l'autorisation préalable de cet organe collégial (c. com. art. L. 225-40). Les textes n'obligent pas l'intéressé à communiquer le texte du projet de convention devant être autorisée.

Si l'intéressé ne révèle pas la convention, il engage sa responsabilité *(voir § 1059)*.

Rappelons que cet ouvrage présente la réglementation applicable aux sociétés non cotées. Les règles concernant les sociétés cotées ne sont pas exposées.

Rôle prépondérant du président. Le président veille au bon fonctionnement du conseil et des organes de la société et il s'assure que les administrateurs sont en mesure de remplir leur mission (c. com. art. L. 225-51). Si nécessaire, il demandera au conseil, dans le cadre de la bonne marche de la société, de mettre en place une procédure d'alerte des conventions, comme cela existe pour les sociétés cotées (c. com. art. L. 22-10-12).

Champ d'application des conventions réglementées

▸ Convention entre la société et l'un des dirigeants

1024 Est soumise à l'autorisation préalable du conseil d'administration toute convention intervenant directement ou par personne interposée entre la SA et son directeur général, l'un de ses administrateurs ou l'un de ses directeurs généraux délégués (c. com. art. L. 225-38). Ce dispositif concerne aussi les conventions passées entre la société et le représentant permanent d'une personne morale administrateur de cette société.

Sont également visées :
– les conventions auxquelles le directeur général, l'un des administrateurs ou l'un des directeurs généraux délégués est indirectement intéressé *(voir § 1029)* et celles intervenant par personnes interposées *(voir § 1028)* ;
– les conventions intervenant entre la SA et une entreprise ayant des dirigeants communs *(voir § 1025)*.

Le dirigeant doit être en poste au moment de la conclusion de la convention (cass. soc. 10 avril 2013, n° 11-25841) ; il n'est pas nécessaire qu'il le soit au moment de son exécution. La procédure ne s'applique pas à la convention conclue avec une personne avant son entrée en fonction comme administrateur ou dirigeant (cass. com. 22 juillet 1986, n° 85-12384 ; cass. com. 6 mai 1996, n° 93-16558). Mais la convention pourra être annulée pour fraude pour avoir été conclue avant sa nomination pour l'exclure du champ d'application des conventions réglementées (cass. com. 5 janvier 2016, nos 14-18688 et 14-18689).

Cependant, la modification d'une convention conclue par une personne avec la société, avant son entrée en fonction comme administrateur ou dirigeant, doit être soumise à la procédure d'autorisation préalable. L'exemple type est celui de la modification du contrat de travail d'un administrateur par augmentation du salaire (rép. Estève, JO 16 janvier 1973, Sén. quest. p. 73 et rép. Valbrun, JO 24 janvier 1976, AN quest. p. 365).

▸ Convention avec une entreprise ayant un dirigeant commun

1025 Sont également soumises à autorisation préalable les conventions intervenant entre une société et une entreprise, si le directeur général, l'un des directeurs généraux délégués ou l'un des administrateurs de la SA contractante est propriétaire, associé indéfiniment responsable, gérant, administrateur, membre du conseil de surveillance ou, de façon générale, dirigeant de cette entreprise (c. com. art. L. 225-38, al. 3). Dans ce cas, le dirigeant en cause, s'il est administrateur de la SA, ne pourra pas prendre part au vote. En pratique, cette disposition couvre avant tout les conventions passées entre des entreprises ayant des administrateurs communs et, au premier chef, celles intervenant dans les groupes (*voir toutefois § 1022)*.

Ce texte est très large dans la mesure où, après avoir listé certaines fonctions exercées au sein de l'entreprise concernée, le législateur introduit un terme balayant un grand nombre de situations : « de façon générale, dirigeant cette entreprise ». En fait, la procédure a vocation à s'appliquer lorsque le directeur général, l'un des directeurs délégués ou l'un des administrateurs de la SA est propriétaire de l'entreprise cocontractante, même s'il ne l'exploite pas personnellement. Elle s'appliquerait aussi dès lors qu'il est dirigeant, seul ou avec d'autres, de cette entreprise. Il semble que le terme dirigeant devrait être assimilé à celui de mandataire social inscrit au RCS. Cependant, le terme de « dirigeant » pourrait aussi viser les dirigeants de fait.

Sociétés française et étrangère. La procédure s'applique pour les conventions conclues entre une société française et une société étrangère (CNCC, bull. décembre 2004, p. 706).

▸ Convention entre la société et les actionnaires détenteurs de plus de 10 %

1026 Doivent être soumises à autorisation préalable les conventions intervenant, directement ou par personne interposée, entre une SA et (c. com. art. L. 225-38) :
– l'un de ses actionnaires disposant d'une fraction des droits de vote supérieure à 10 % ;

– une société (ou une personne morale) contrôlant une société actionnaire au sens de l'article L. 233-3 du code de commerce, dès lors que cette dernière dispose d'une fraction des droits de vote supérieure à 10 % *(voir § 1027)*.

Il en est de même des conventions auxquelles les actionnaires ou les sociétés les contrôlant sont indirectement intéressés.

L'appréciation de la détention d'un pourcentage de plus de 10 % de droits de vote par l'actionnaire partie à la convention devrait s'apprécier à la date de sa conclusion.

De même, la situation de contrôle (au sens de l'article L. 233-3 du code de commerce) devrait être appréciée à la date de conclusion de la convention (ANSA n° 3117, février-avril 2002).

Convention conclue par un usufruitier. Prenons l'hypothèse suivante : un actionnaire détient 7 % du capital social d'une société par actions en pleine propriété et 4 % en qualité d'usufruitier. La société doit-elle considérer que cet actionnaire dispose de plus de 10 % des droits de vote et soumettre la convention passée par ce dernier à la procédure de contrôle ? L'ANSA répond par l'affirmative. Les textes visent précisément l'exercice des droits de vote et non la détention du capital. Par conséquent, le seuil de 10 % s'apprécie tant sur les droits de vote détenus en propriété que sur ceux exercés en application de l'usufruit (ANSA, comité juridique du 2 décembre 2020, n° 20-044).

▸ Convention avec la société contrôlant un actionnaire

1027 Les conventions qui sont conclues entre une SA et une autre société contrôlant une société actionnaire de la SA disposant d'une fraction de droit de vote supérieure à 10 % doivent être soumises à la procédure des conventions réglementées, dès lors que l'opération n'est pas courante et conclue à des conditions normales.

Une convention intervenant, directement ou par personne interposée, entre la SA et une société contrôlant une société actionnaire au sens de l'article L. 233-3, doit être soumise à l'autorisation préalable du conseil d'administration.

Une société est présumée contrôler une société actionnaire ayant plus de 10 % des droits de vote (c. com. art. L. 233-3) :
– si elle détient, directement ou indirectement, une fraction de capital lui conférant la majorité des droits de vote dans les assemblées ;
– si elle dispose seule de la majorité des droits de vote, en vertu d'un accord conclu avec d'autres associés et qui n'est pas contraire à l'intérêt social ;
– lorsqu'elle détermine en fait, par les droits de vote dont elle dispose ou dans le cadre d'un accord avec d'autres personnes agissant de concert, les décisions dans les assemblées générales de cette société ;
– lorsqu'elle dispose, directement ou indirectement, d'une fraction des droits de vote supérieure à 40 % et qu'aucun autre associé ou actionnaire ne détient, directement ou indirectement, une fraction supérieure à la sienne.

• **Chaîne de contrôle.** La société qui contrôle doit s'entendre d'une société qui fait partie de la chaîne des détentions directes et indirectes de l'actionnaire ou qui exerce sur celui-ci un contrôle de fait au moyen d'une convention de vote (lettre min. Justice du 6 juillet 2002 ; CNCC, bull. 126, p. 263). Selon cette analyse, la société contrôlante est non seulement « la grand-mère », mais aussi « l'arrière-grand-mère ».

Ainsi, une SA A a, parmi ses actionnaires, une société B qui détient 11 % des droits de vote ; cette société B est filiale de C, également filiale de D. La société D vient à passer un marché avec la société A. Ce marché devra être soumis à l'autorisation préalable du conseil d'administration de la société A. De même, seront soumises à autorisation préalable les conventions entre A et B ainsi qu'entre A et C, sauf s'il s'agit d'opérations courantes conclues à des conditions normales.

• **Action de concert.** Le contrôle conjoint peut résulter d'une action de concert entre deux ou plusieurs personnes qui déterminent, dans le cadre d'accords, les décisions prises dans les assemblées d'une société contrôlée (c. com. art. L. 233-3).

Le ministère de la Justice a estimé que la législation n'a pas entendu appliquer la procédure aux conventions conclues avec une ou plusieurs des sociétés qui agissent de concert et contrôlent conjointement l'actionnaire à 5 %. En effet, l'usage du singulier permet d'écarter le contrôle conjoint (lettre min. Justice du 6 juillet 2002 ; CNCC, bull. 2002, p. 263). On notera que, pour sa part, le Conseil d'État a décidé qu'il pouvait y avoir contrôle conjoint d'une société par deux actionnaires agissant de concert (CE 20 octobre 2004, n° 260898).

• **Cas des filiales et sœurs.** Le texte ne vise pas expressément le cas où la filiale d'une société actionnaire (+ de 10 %) d'une société passe avec cette dernière une convention, la filiale n'étant pas elle-même actionnaire de la société considérée.

Dans ce cas, l'opération doit être appréciée au regard du deuxième alinéa de l'article L. 225-38 du code de commerce qui concerne les conventions auxquelles les actionnaires (ou les dirigeants) sont indirectement intéressés. Selon les situations, on pourra considérer que la société mère est indirectement intéressée par la convention passée par sa filiale.

De même, les conventions passées entre deux sociétés sœurs peuvent être visées par l'article L. 225-38, dans la mesure où il y a une personne indirectement intéressée.

Interposition de personnes et intérêt indirect

▸ Personnes et entreprises interposées

1028 Entrent dans le champ d'application de la procédure les conventions qui interviennent sous le couvert d'une personne physique ou morale servant de prête-nom aux dirigeants ou actionnaires bénéficiaires de ces conventions (c. com. art. L. 225-38). Elles concernent aussi les actionnaires détenant plus de 10 % des droits de vote ou les sociétés les contrôlant qui auraient recours à un prête-nom.

L'interposition de personnes a été reconnue :
– à propos d'une SA exploitant une entreprise de charcuterie et d'une SARL d'approvisionnement, fournisseur exclusif de la viande de porc. Le président du conseil d'administration de la SA était le père des deux seuls associés de la SARL et les contrats d'approvisionnement exclusif n'avaient pas été soumis à l'autorisation préalable du conseil d'administration (cass. com. 23 octobre 1990, n° 89-14950) ;
– dans une affaire dans laquelle un membre du conseil de surveillance avait été poursuivi pour avoir conclu une promesse d'achat défavorable au profit d'une société dont il était associé majoritaire et dont le gérant était le fils. Le fils du membre du conseil était une personne interposée et l'intérêt indirect existait, l'intéressé étant associé majoritaire de la société bénéficiaire de la promesse (cass. com. 28 février 2006, n° 02-11768).

Toutefois, on notera qu'il n'existe aucune présomption légale d'interposition de personnes entre un dirigeant et ses enfants ou les membres de sa famille.

▸ Intérêt indirect

1029 Le dispositif est également applicable lorsque le directeur général, l'un des directeurs généraux délégués, l'un des administrateurs, l'un des actionnaires détenant plus de 10 % des droits de vote et ceux qui les contrôlent sont indirectement intéressés à la convention (c. com. art. L. 225-38, al. 2). L'intérêt indirect suppose que l'intéressé ait :
– d'une part, tiré un profit, généralement pécuniaire, de l'opération ;
– d'autre part, détenu dans la SA un pouvoir suffisant pour obtenir que le contrat soit conclu à des conditions déséquilibrées.

• **Vente à l'épouse du P-DG.** Sous l'empire des dispositions antérieures à la loi du 24 juillet 1966 codifiée, a été annulée pour défaut d'autorisation du conseil d'administration la promesse de vente d'un immeuble appartenant à une SA consentie par le président-directeur général à son épouse, cet immeuble étant la résidence des époux (cass. com. 23 janvier 1968, BC IV n° 38).

• **Bail conclu avec la belle-sœur du directeur général.** A été annulé pour défaut d'autorisation du conseil d'administration le contrat de bail conclu entre une SA, représentée par son directeur général, et la belle-soeur de ce dernier, le bail ayant eu pour effet de faire supporter à la société un loyer surélevé tant au regard du marché qu'en raison de la surface dont celle-ci avait la jouissance exclusive (cass. civ., 3e ch., 30 novembre 2022, n° 21-20910).

Principales conventions réglementées soumises à autorisation

▸ Règles générales

1030 **En principe, toutes les conventions conclues entre la SA et l'un de ses dirigeants, y compris les administrateurs ou un des actionnaires détenant plus de 10 % des droits de vote, doivent être soumises à la procédure des conventions réglementées** *(voir §§ 1042 à 1054)*. **Les exceptions liées aux actes courants doivent s'interpréter restrictivement** *(voir § 1021)*.

Sont soumises à autorisation du conseil d'administration aussi bien la conclusion que la modification substantielle ou la résiliation d'un commun accord de ces conventions (cass. com. 27 février 1996, n° 94-12454 ; ANSA, comité juridique, réunion du 9 mai 2019, n° 19-028). **La convention peut être écrite ou verbale** (cass. com. 27 février 2001, n° 98-14206).

Dans la mesure où l'exécution de cette convention, autorisée au cours d'un exercice antérieur, se poursuit sur le dernier exercice, elle ne nécessite pas un nouveau contrôle mais elle est examinée chaque année par le conseil d'administration (c. com. art. L. 225-40-1) *(voir § 1046)*.

Les conventions qui sont autorisées mais qui ne sont finalement pas conclues n'ont pas à être communiquées au commissaire aux comptes. Elles n'ont pas davantage à être soumises à l'approbation de l'assemblée (c. com. art. L. 225-40, al. 2).

▸ Avenants à des contrats

1031 **Les avenants à une convention, ne visant que des opérations de même nature que d'autres déjà effectuées par la société et relevant de son activité statutaire, sont des opérations courantes** (cass. com. 21 avril 1977, n° 75-12918). **En revanche, un avenant au bail de la société consenti par le propriétaire alors qu'il était administrateur relève de l'article L. 225-38 du code de commerce et peut être annulé si l'assemblée n'en a pas été avisée** (cass. com. 28 novembre 1995, n° 93-21242 ; en l'espèce, l'avenant portait augmentation des loyers ; voir aussi cass. com. 25 mars 2003, n° 99-15470).

▸ Actes de disposition

1032 **L'opération doit avoir été conclue dans le cadre de l'activité ordinaire de la société. S'il s'agit d'un acte de disposition, l'opération doit être limitée dans sa portée et être conclue à des conditions suffisamment usuelles pour s'apparenter à une opération habituelle** (cass. com. 1er octobre 1996, n° 94-16315).

Un acte de disposition doit avoir une portée limitée et être arrêté à des conditions suffisamment usuelles pour s'apparenter à une opération habituelle, et donc courante. En conséquence, la cession, à l'époque pour un franc, des droits et obligations sur le matériel de 90 films tombés dans le domaine public confère à

la convention un caractère particulier et anormal au sens de l'article 102, devenu l'article L. 225-39 du code de commerce (CA Paris 7 avril 1994 ; arrêt confirmé par cass. com. 1er octobre 1996, n° 94-16315).

Promesse de cession d'actions. Une cour d'appel avait considéré que l'autorisation préalable du conseil de surveillance n'était pas nécessaire pour la conclusion d'une promesse de cession d'actions entre une société dont l'activité était la prise de participation et une autre société dépendant du même groupe. La Cour de cassation censure la décision pour n'avoir pas recherché si, eu égard aux circonstances dans lesquelles la promesse d'achat avait été conclue, l'opération constituait bien une opération courante conclue à des conditions normales (cass. com. 11 juillet 2000, n° 97-21612).

▸ Convention de compte courant

1033 **La doctrine et la jurisprudence dominante rangent les avances en compte courant parmi les conventions entrant dans le champ d'application de la procédure des conventions réglementées. Telle est aussi la position de la chancellerie** (rép. Liot, JO 20 août 1974, Sén. quest. p. 104).

L'ANSA considère que les avances en compte courant conclues par des actionnaires minoritaires à plus de 10 %, qui ne sont pas prévues par les statuts, ne relèvent pas des conventions courantes et doivent être soumises à la procédure des conventions réglementées. Cependant, dans certaines sociétés, notamment familiales ou faisant appel au financement participatif, ces avances peuvent relever d'une pratique habituelle. Dans ce cas, l'ANSA estime que le caractère courant peut être admis (ANSA, comité juridique du 4 novembre 2020, n° 20-043).

• **Non-paiement des intérêts.** Un administrateur de SA ne peut prétendre au paiement d'intérêts sur son compte courant dès lors que la convention n'a pas été autorisée par le conseil d'administration (CA Paris 8 décembre 1982, BRDA 1983, p. 18).

• **Convention de blocage.** Les conventions de blocage avec versement d'un intérêt des sommes laissées en compte courant sont des conventions réglementées (CA Paris 6 juillet 1993, Dr. Soc. 1993, p. 190).

• **Décision isolée.** Les simples avances en compte courant peuvent être regardées comme des conventions portant sur des opérations courantes conclues à des conditions normales (CA Paris 10 mai 1972, Bull. Joly 1972, p. 502).

▸ Rémunération des dirigeants

1034 **La rémunération du président et des directeurs généraux des SA non cotées n'est pas soumise à la procédure spéciale des conventions réglementées** *(voir § 474)*. **Elle est déterminée par le conseil d'administration.**

En revanche, sont soumises au contrôle les rémunérations exceptionnelles pour les missions ou mandats confiés à des administrateurs (c. com. art. L. 225-46). **Ont été ainsi soumis au contrôle :**
– le versement de rémunérations exceptionnelles à l'occasion de la démission du président du conseil d'administration et de la cession de ses actions (cass. com. 18 octobre 1994, n° 92-22052) **;**
– les modifications apportées au contrat de travail d'un administrateur titulaire d'un contrat de travail (rép. Valbrun, JO 24 janvier 1976, AN p. 365) **;**
– l'avenant à un contrat de travail d'un administrateur stipulant un versement égal à 1 an de salaire en cas de licenciement (cass. soc. 29 novembre 2006, n° 04-48219) **;**
– le contrat qui institue un avantage au profit de certains mandataires, dans leur intérêt direct ou indirect, en les faisant bénéficier de prestations étrangères à l'in-

térêt de la société et qui avait nécessairement des conséquences dommageables pour celle-ci (cass. com. 3 juin 2008, n° 07-12307) ;
– la rétribution des services rendus par les administrateurs et directeurs généraux, sous forme de pourcentage sur le chiffre d'affaires, ne pouvant apparaître comme un procédé normal de rémunération, car n'étant pas liée aux résultats de l'entreprise (CA Versailles 13 mai 1985, D. 1987, 404).

Il faut, dans ces cas, une délibération spécifique pour laquelle le dirigeant ne peut prendre part au vote.

▸ **Retraite des dirigeants**

1035 L'octroi d'une retraite à un dirigeant est de la compétence du conseil d'administration. Le président du conseil d'administration ou le directeur général ne peut prendre cette décision engageant la société (cass. com. 3 novembre 1988, n° 87-10050). Ce complément de retraite doit faire l'objet d'une délibération spéciale sur son montant et ses modalités (cass. com. 27 février 2001, n° 98-14502). La confirmation par simple référence, dans le procès-verbal de délibération du conseil, à une décision prise par deux administrateurs mandatés pour fixer la retraite du dirigeant ne peut suppléer à la propre décision du conseil (cass. com. 11 octobre 2005, n° 02-13520). La délibération du conseil d'administration accordant un complément de retraite doit porter sur le montant connu après liquidation de son assiette (cass. com. 10 novembre 2009, n° 08-70304).

Cette retraite constitue un complément de rémunération non soumise à la procédure des conventions réglementées dès lors qu'elle (cass. com. 3 mars 1987, n° 84-15726 ; cass. com. 10 février 1998, n° 95-22052 ; cass. com. 24 octobre 2000, n° 98-18367) :
– a pour contrepartie des services particuliers rendus à la société pendant l'exercice des fonctions du dirigeant (par exemple, le développement important de la société durant son mandat) ;
– est proportionnée aux services rendus ;
– et ne constitue pas une charge excessive pour la société.

La procédure des conventions réglementées s'impose lorsque l'avantage est disproportionné aux services rendus et/ou que les sommes versées constituent une charge excessive pour la société. En cas de doute, la procédure sera suivie.

Ainsi, ont été remis en cause :
– l'octroi à un président d'une pension de retraite en cas de cessation de ses fonctions, l'intéressé n'ayant que 7 années d'ancienneté dans la société (CA Paris 30 mars 1987, Bull. Joly 1987, p. 626) ;
– la demande d'un ancien président démissionnaire réclamant le paiement de sommes correspondant aux 2 premières annuités de retraite dans la mesure où le montant de la retraite n'avait pu être fixé qu'après liquidation de son assiette constituée par le salaire brut fiscal perçu au cours des 12 mois précédant la cessation d'activité. En outre, si le bilan de l'action d'un président du conseil d'administration est positif, il n'est pas pour autant établi que les services dont il se prévaut, rendus par lui dans l'exercice de ses fonctions, justifient l'allocation d'une rémunération venant s'ajouter à celle qu'il avait perçue au titre de ses fonctions (cass. com. 10 novembre 2009, n° 08-70302) ;
– une somme mensuelle à titre de pension à un ancien président (*voir § 1043*) ;
– l'attribution par le conseil d'administration d'un complément de retraite à un directeur général, dès lors que cette retraite était accordée pour le cas où l'intéressé viendrait à ne plus exercer ses fonctions, sans qu'il soit exigé qu'il ait atteint l'âge de la retraite. La décision prise par le conseil au moment où des réformes

profondes étaient envisagées a été analysée comme ayant pour but de faire échec à la révocabilité *ad nutum* de ce mandataire (cass. com. 15 juillet 1987, n° 84-16222) **;**
– l'engagement pris par une société, en faveur de son directeur, du versement d'un complément de retraite en l'absence de justification des services rendus lors de son mandat (cass. com. 11 octobre 2005, n° 02-13520)**. N'a pas été retenu l'argument des juges du fond selon lequel il n'était pas démontré que l'option prise par ce dirigeant en faveur d'importants investissements industriels et d'une diversification des produits de la société se serait révélée contraire aux intérêts sociaux.**

• **Retraite attachée au statut de salarié.** Selon la chambre sociale, le règlement instaurant un régime complémentaire de retraite dont se réclamaient le président du conseil de surveillance et celui du directoire constitue un avantage corrélatif au contrat de travail liant ses dirigeants à la société et l'engagement pris par la société constitue, à leur égard, une convention dont ils sont bénéficiaires (cass. soc. 14 janvier 1999, n°s 93-41796 et 93-41797).

• **Retraite liée à un accord d'entreprise.** En application d'un accord d'entreprise, une société souscrit une convention ayant pour objet la constitution d'un régime de retraite complémentaire réservé à certains cadres de la société et de sa filiale et également aux mandataires sociaux sans autorisation préalable du conseil d'administration. Après avoir admis le caractère divisible du contrat justifié par le fait que les cotisations étaient calculées au regard de la situation individuelle de chacune des personnes susceptibles de bénéficier de l'avantage mis en place, de sorte que les prestations afférentes à chacun des mandataires sociaux pouvaient être distinguées de celles relatives aux autres bénéficiaires, il a été jugé de la nullité de la convention, faute d'avoir fait l'objet d'une approbation préalable régulière, et seulement en ce qui concerne les mandataires sociaux (cass. com. 7 juillet 2004, n° 01-15677). Au cas considéré, le caractère dommageable de la convention a été retenu du fait de l'absence d'intérêt que la société pouvait retirer de cet acte *(voir § 1057)*.

• **Proportionnalité de l'avantage.** La cour d'appel de Paris a refusé la retraite « surcomplémentaire » attribuée au dirigeant d'une société cotée mais avant l'application des textes régissant les indemnités. Au vu des critères dégagés par la Cour de cassation, elle a considéré que si le bilan de l'action du dirigeant est positif, il n'était pas démontré que les services rendus justifient l'allocation d'une rémunération s'ajoutant à celle qu'il a perçue au cours de son mandat. L'exigence de proportionnalité de l'avantage en cause et des services qu'il s'agit de rétribuer n'apparaît pas satisfaite (CA Paris 7 octobre 2008, Bull. Joly 2008, 980).

• **Charge excessive pour la société.** Le conseil d'administration peut modifier ou supprimer un complément de retraite accordé à un dirigeant lorsque cette retraite est devenue une charge excessive pour la société (cass. com. 24 octobre 2000, n° 98-18367).

▸ Stock-options

1036 **S'agissant des stock-options, la procédure de contrôle des conventions réglementées n'est pas applicable lorsque le même régime est appliqué à tous les salariés et mandataires sociaux. La procédure de contrôle des conventions réglementées doit, en revanche, être respectée si un ou plusieurs dirigeants bénéficient d'un régime particulier** (ANSA 1990, n° 2495, p. 8)**.**

Les stock-options font l'objet d'une étude particulière *(voir § 1153)***.**

▸ Marge non conforme aux taux pratiqués

1037 **Ne constitue pas une opération courante conclue à des conditions normales le contrat d'entreprise pour l'édification d'un bâtiment de bureaux conclu entre une SA et une société civile ayant des dirigeants communs, à des conditions financières désavantageuses pour la SA et uniquement favorables à la société civile** (cass. com. 9 avril 1996, n° 93-21472)**. En l'espèce, le marché litigieux faisait apparaître une marge nette non conforme à celle relevée sur d'autres chantiers.**

▸ **Conventions relatives à l'exploitation de brevets**

1038 Lorsqu'une SA a pour objet, notamment, l'exploitation de tous brevets, la convention par laquelle un administrateur de cette société lui cède tous ses droits concernant des brevets est une opération courante (CA Paris 4 juin 2003, Bull. Joly 2003, 1315).

En revanche, relève des conventions réglementées la convention reconnaissant au directeur général inventeur la copropriété d'un brevet (cass. com. 10 mai 1989, n° 87-19264).

▸ **Conventions dans les groupes**

1039 Une convention de trésorerie conclue entre deux sociétés liées entre elles ne saurait présenter, par nature, un caractère inhabituel dans un groupe de sociétés, faute de démontrer que cette convention a été passée à des conditions anormales (CA Versailles, ch. com., 2 avril 2002, n° 00/03930).

▸ **Convention de fusion**

1040 Une convention de fusion intervenant entre deux sociétés ayant des administrateurs communs ne relève pas de la procédure des conventions réglementées (sous le régime de la loi de 1867 : cass. 7 juin 1963, Gaz. Pal. 1963, 369).

Il n'entre pas dans les pouvoirs du conseil d'administration de conclure une convention qui est du ressort exclusif de l'assemblée générale extraordinaire (c. com. art. L. 236-9). Dès lors, le conseil d'administration de la société absorbante qui a des administrateurs communs avec la société absorbée ne peut autoriser la convention avant qu'elle ne soit conclue par l'assemblée générale extraordinaire. Cependant, la dissimulation de la communauté d'administrateurs peut constituer une fraude contre laquelle la défense des actionnaires serait assurée par le recours à cette notion même de fraude.

▸ **Prêts inter-entreprises**

1041 Les SA dont les comptes du dernier exercice clos ont fait l'objet d'une certification par un commissaire aux comptes ou qui ont désigné volontairement un commissaire aux comptes peuvent accorder, à titre accessoire, des prêts d'une durée de moins de 3 ans à des micro-entreprises, des petites et moyennes entreprises ou à des entreprises de taille intermédiaire avec lesquelles elles entretiennent des liens économiques le justifiant. Elles doivent les soumettre à la procédure de contrôle des conventions réglementées (c. mon. et fin. art. L. 511-6).

L'article L. 511-6 du code monétaire et financier n'exige pas que les conditions de l'article L. 225-38 du code de commerce soient remplies pour que la procédure des conventions réglementées s'applique (ANSA, avis n° 16-004 du 6 janvier 2016).

Procédure de contrôle

Information du conseil d'administration

1042 La personne directement ou indirectement intéressée à la convention est tenue d'informer le conseil dès qu'elle a connaissance d'une convention à laquelle l'article L. 225-38 du code de commerce est applicable (c. com. art. L. 225-40, al. 1er) *(voir § 1023)*.

Autorisation préalable par le conseil d'administration

▸ Délibération formelle

1043 Le conseil d'administration doit expressément donner son autorisation et une délibération doit avoir lieu sur cette autorisation, avec discussion contradictoire et vote consignés dans un procès-verbal (c. com. art. L. 225-38).

Ne constitue pas l'autorisation d'une convention par le conseil d'administration une résolution approuvant la conclusion d'un contrat alors que le conseil n'a pas été informé de l'intérêt personnel de son président et d'un administrateur, que les intéressés ont participé au vote et que les délibérations du conseil n'ont pas porté sur tous les éléments essentiels de cette convention (cass. com. 21 novembre 2000, n° 97-21748).

Une convention n'est pas valablement autorisée, dès lors que l'ordre du jour du conseil d'administration ne mentionne pas l'existence d'une délibération portant sur une convention réglementée (cass. com. 3 mai 2000, n° 97-22510). Cette convention d'allocation de pension à un ancien président a été annulée comme ayant des conséquences dommageables pour la société.

L'absence d'autorisation du conseil d'administration ne peut être justifiée par le fait que les administrateurs avaient connaissance de l'existence de la convention (cass. com. 8 décembre 1976, n° 75-12486), ni par celui que les actionnaires ont eu individuellement connaissance de l'existence de la convention lors de sa signature (cass. com. 12 décembre 2006, n° 04-20839).

▸ Exclusion du vote de l'intéressé

1044 La personne directement ou indirectement intéressée à la convention ne peut prendre part ni aux délibérations ni au vote sur l'autorisation (c. com. art. L. 225-40, al. 1).

• **Autorisation impossible.** Lorsque la convention soumise à autorisation doit intervenir entre deux sociétés dont les conseils sont composés en totalité d'administrateurs communs, le fait d'exclure du vote les administrateurs intéressés aboutit à une impossibilité d'autorisation par le conseil. En pareille hypothèse, il semble que l'autorisation puisse être donnée par l'assemblée des actionnaires qui interviendra sur le rapport des commissaires aux comptes exposant les motifs pour lesquels la procédure d'autorisation n'a pu être suivie (rép. Lauriol n° 20677, JO 28 juillet 1975, AN p. 5429).

Si l'autorisation préalable des conventions par le conseil d'administration n'est pas possible, tous les administrateurs étant concernés par lesdites conventions, l'assemblée générale est alors appelée à voter après la présentation du rapport spécial des commissaires aux comptes exposant les circonstances pour lesquelles la procédure d'autorisation n'a pas été suivie (c. com. art. L. 225-42, al. 3). Les administrateurs ne peuvent pas prendre part au vote (CNCC, bull. 132, p. 660).

• **Calcul du quorum.** Pour l'ANSA, la personne intéressée doit être prise en compte dans le calcul du quorum, même si elle ne peut prendre part ni aux délibérations, ni au vote. L'ANSA estime, en effet, qu'il faut s'en tenir à l'article L. 225-37 du code de commerce, selon lequel le conseil d'administration délibère valablement si la moitié au moins de ses membres sont « présents ». Ainsi, dès lors que l'administrateur intéressé par la convention est présent à la réunion du conseil d'administration, il doit compter dans le quorum (ANSA, comité juridique, réunion du 3 mars 2021, n° 21-012).

▸ Contenu de l'autorisation

1045 L'autorisation préalable du conseil d'administration doit être motivée en justifiant de l'intérêt de la convention pour la société, notamment en précisant les conditions financières qui y sont attachées (c. com. art. L. 225-38).

Examen annuel des conventions déjà autorisées

1046 Les conventions conclues et autorisées au cours d'exercices antérieurs dont l'exécution a été poursuivie au cours du dernier exercice sont examinées chaque année par le conseil d'administration (c. com. art. L. 225-40-1).

Selon la CNCC, l'absence de cet examen annuel constitue une irrégularité que le commissaire aux comptes doit consigner dans son rapport spécial (CNCC, communiqué sur les nouvelles dispositions relatives au rapport du commissaire aux comptes sur les conventions et engagements réglementés, 29 janvier 2016).

Toutefois, lorsque les conditions qui imposaient une autorisation (mandat social, dirigeant commun, lien en capital à plus de 10 %) ont disparu, il n'est pas nécessaire de soumettre la convention à l'examen du conseil d'administration (ANSA, avis n° 17-013 du 1er mars 2017). Cette convention n'aura plus à figurer dans le rapport spécial du commissaire aux comptes.

En présence d'une convention réglementée assortie d'une clause de tacite reconduction, la procédure de contrôle des conventions réglementées doit être respectée lors de chaque reconduction tacite (CNCC, EJ 2011-46, bull. 163, septembre 2011 ; CNCC, EJ 2013-02, bull. 172, décembre 2013 ; CNCC, EJ 2016-69, mai 2018).

Mission du commissaire aux comptes

▸ Information du commissaire aux comptes

1047 Le président du conseil d'administration avise le commissaire aux comptes, dès lors qu'il en existe un (c. com. art. R. 225-30) :
– des conventions et engagements conclus et autorisés au cours de l'exercice, dans le délai de 1 mois à compter de leur conclusion ; il leur communique également pour chaque convention et engagement autorisés, les motifs justifiant de leur intérêt pour la société ;
– de l'exécution de conventions conclues et autorisées au cours d'exercices antérieurs poursuivie au cours du dernier exercice dans le délai de 1 mois à compter de la clôture de l'exercice.

▸ Rapport du commissaire aux comptes

1048 **Contenu du rapport.** Le commissaire aux comptes, s'il en existe un, présente, sur les conventions dont il a été avisé, un rapport spécial à l'assemblée au vu duquel elle statuera (c. com. art. L. 225-40).

Ce rapport doit comprendre (c. com. art. R. 225-31) :
– l'énumération des conventions soumises à soumis à l'approbation de l'assemblée générale ;
– le nom des administrateurs intéressés, du directeur général ou des directeurs généraux délégués intéressés ;
– la désignation du ou des actionnaires intéressés disposant d'une fraction des droits de vote supérieure à 10 % et, s'il s'agit d'une société actionnaire, de la société la contrôlant ;
– la nature et l'objet de ces conventions ;
– les modalités essentielles de ces conventions et engagements, notamment l'indication des prix ou tarifs pratiqués, des ristournes et commissions consenties, des délais de paiement accordés, des intérêts stipulés, des sûretés conférées, les motifs justifiant de l'intérêt de ces conventions et engagements pour la société, retenus par le conseil d'administration en application du dernier alinéa de l'article L. 225-38

et, le cas échéant, toutes autres indications permettant aux actionnaires d'apprécier l'intérêt qui s'attachait à la conclusion des conventions et engagements analysés ;
– l'énumération des conventions conclues et autorisées au cours d'exercices antérieurs dont l'exécution a été poursuivie au cours du dernier exercice et qui ont été examinés par le conseil d'administration *(voir § 1046)*, ainsi que, le cas échéant, toutes indications permettant aux actionnaires d'apprécier l'intérêt qui s'attache au maintien des conventions et engagements énumérés pour la société, l'importance des fournitures livrées ou des prestations de service fournies et le montant des sommes versées ou reçues au cours de l'exercice, en exécution de ces conventions et engagements.

Le commissaire aux comptes signale non seulement les conventions autorisées dont il a été avisé, mais encore les conventions, autorisées ou non, qu'il aurait découvertes au cours de leurs investigations (rép. Lebas n° 3575, JO 8 mars 1969, AN quest. p. 595).

1049 **Information des actionnaires.** Le commissaire aux comptes doit déposer au siège social le rapport spécial 15 jours au moins avant la réunion de l'assemblée générale ordinaire (c. com. art. R. 225-161).

Le rapport du commissaire aux comptes sur les conventions réglementées est à adresser aux actionnaires sur leur demande *(voir § 626)* et ils peuvent le consulter dans les 15 jours précédant l'assemblée *(voir § 634)*.

1050 **Irrégularité et défaut de présentation du rapport.** Les manquements dans la présentation de son rapport spécial reprochés au commissaire aux comptes ne peuvent être la cause d'un préjudice né de la conclusion de ces conventions (cass. com. 26 février 2013, n° 11-22531).

Le défaut de présentation à l'assemblée générale des actionnaires du rapport des commissaires aux comptes sur les conventions conclues, après autorisation du conseil d'administration, entre une SA et l'un de ses administrateurs ne suffit pas à priver d'effet ces conventions, la seule sanction étant la mise en cause de la responsabilité des administrateurs intéressés et, éventuellement, du conseil d'administration (cass. com. 5 novembre 1991, n° 89-20585).

▸ En l'absence de commissaire aux comptes

1051 Lorsque la SA n'est pas dotée d'un commissaire aux comptes *(sur cette question, voir § 950)*, c'est au président du conseil d'administration d'établir le rapport spécial sur les conventions réglementées (c. com. art. L. 225-40, al. 3).

Décision de l'assemblée générale

▸ Délibération et vote

1052 Le président du conseil d'administration soumet les conventions autorisées par ce dernier et conclues à l'approbation de l'assemblée générale qui statue sur le rapport des commissaires aux comptes (c. com. art. L. 225-40, al. 2). Il s'agit souvent de l'assemblée annuelle appelée à statuer sur les comptes sociaux.

L'ordre du jour doit indiquer clairement la nature de la décision à prendre.

La personne directement ou indirectement intéressée à la convention ne peut pas prendre part au vote et ses actions ne sont pas prises en compte pour le calcul de la majorité (c. com. art. L. 225-40, al. 4).

S'agissant de la prise en compte des actions de la personne intéressée dans le calcul du quorum, la version antérieure de l'article L. 225-40 du code de commerce l'excluait explicitement, ce qui n'est plus le cas de la nouvelle version introduite par la loi 2019-486 du 22 mai 2019. Selon une majorité du comité juridique de l'ANSA, la comparaison entre le texte avant et après modification conduit à prendre en compte les actions de la personne intéressée dans le quorum (ANSA, comité juridique du 3 juillet 2019, n° 19-044). C'est d'ailleurs le but recherché par le législateur de 2019 qui souhaitait permettre aux actionnaires d'obtenir un vote utile dès la première convocation (projet de loi pour la croissance et la transmission des entreprises, étude d'impact, 18 juin 2018).

Si l'intéressé vote, le vote est invalidé mais la convention reste valable (cass. com. 15 juin 2010, n° 09-10961).

• **Une résolution par personne intéressée.** Pour procéder à un décompte exact des actions privées du droit de vote, une résolution distincte sera prise pour chaque convention conclue par des personnes différentes intéressées.

• **Expertise de gestion.** Une expertise de gestion peut intervenir sur des conventions réglementées approuvées *(voir § 612, rubrique « Conventions réglementées »)*.

▸ Effets des conventions approuvées

1053 Lorsque les conventions ont respecté la procédure envers le conseil d'administration et le commissaire aux comptes, et qu'elles ont été approuvées en assemblée, elles produisent tous leurs effets tant à l'égard des parties qu'à l'égard des tiers, sauf en cas d'annulation pour fraude (c. com. art. L. 225-41).

Les conséquences de ces conventions pour la société ne peuvent être mises à la charge des intéressés.

▸ Effets des conventions rejetées

1054 Les conventions que l'assemblée désapprouve produisent quand même leurs effets à l'égard des tiers, sauf lorsqu'elles sont annulées dans le cas de fraude.

Même en l'absence de fraude, les conséquences, préjudiciables à la société, des conventions désapprouvées peuvent être mises à la charge de l'intéressé et éventuellement des autres membres du conseil d'administration (c. com. art. L. 225-41).

Validité de la convention non approuvée. Il est indifférent, pour la validité d'une convention réglementée, que l'assemblée générale des actionnaires ait approuvé cette convention ou qu'elle l'ait désapprouvée, ou encore qu'elle ait sursis à statuer. Dans le cas de fraude, la décision adoptée par le conseil d'administration engage la société dès qu'elle est acceptée par le bénéficiaire (cass. com. 22 mai 1970, n° 67-13197). De même, l'omission de faire statuer l'assemblée générale des actionnaires sur les conventions passées, après autorisation du conseil d'administration, entre une société et un de ses administrateurs n'a pas pour effet de les rendre nulles, en l'absence de fraude (cass. com. 17 octobre 1967, n° 63-13801).

Non-respect de la procédure

▸ Défaut d'autorisation préalable

1055 Sans préjudice de la responsabilité de l'intéressé (administrateur, directeur général, directeur général délégué ou actionnaire), les conventions réglementées conclues sans autorisation préalable du conseil d'administration peuvent être annulées, mais seulement si elles ont eu des conséquences dommageables pour la société (c. com. art. L. 225-42). Le caractère dommageable s'apprécie à la date où le tribunal statue sur la demande d'annulation (cass. com. 1er octobre 1996, n° 94-16315), mais, dans ce cas, peu importent les mobiles des auteurs des conventions réglementées (cass. com. 24 janvier 1995, n° 93-11 954 ; cass. soc. 8 juillet 2009, n° 08-41589).

• **Convention préjudiciable à la société.** Produit des conséquences dommageables pour la société un contrat conclu – sans respecter la procédure légale – pour une durée de 3 ans renouvelable par tacite reconduction prévoyant des honoraires forfaitaires de 38 000 F, soit 5 793 €, par mois et en cas de rupture anticipée, quelle qu'en soit la cause, une indemnité égale à 75 % des honoraires non échus, aboutissant après seulement 3 mois de prestations à la demande d'une indemnité de plus de 1 million de francs, soit 152 449 € (cass. com. 19 mai 1998, n° 95-12649).

• **Convention non préjudiciable à la société.** Une société avait versé à un de ses dirigeants licencié une indemnité transactionnelle de 3 M € en contrepartie d'un engagement de non-concurrence et de la renonciation de ce dernier à toute action contre la société. Cette transaction n'a pas été jugée préjudiciable à la société car elle présentait un intérêt pour la société en la préservant de toute action en justice et de toute concurrence pendant 3 ans. De plus, les sommes versées, importantes, respectaient les usages de la place et la pratique de la société elle-même. Ainsi, la société qui avait interrompu le versement de l'indemnité, après désapprobation de l'assemblée, devait en régler le solde à l'ancien dirigeant (CA Paris 11 décembre 2012, n° 11-16107).

• **Recours à une expertise.** À défaut d'éléments d'appréciation, les juges du fond peuvent recourir à une expertise (cass. com. 22 novembre 1977, n° 75-15481).

▸ Défaut d'accomplissement d'autres obligations

1056 Lorsqu'une convention est autorisée mais n'a pas été transmise au commissaire aux comptes, n'a pas fait l'objet de son rapport spécial ou encore n'a pas été validée par un vote des actionnaires, elle n'encourt pas la nullité. Cependant, les personnes intéressées doivent supporter, le cas échéant, les conséquences dommageables pour la société. Il a été ainsi jugé que le rapport du commissaire aux comptes n'étant pas une condition de validité de la convention qui produit ses effets, la seule sanction consiste, en cas de fraude, dans la responsabilité de l'administrateur intéressé et, éventuellement, du conseil d'administration (cass. com. 5 novembre 1991, n° 89-20585).

Omission d'une convention par le commissaire aux comptes. À les supposer démontrés, les manquements dans la présentation de son rapport spécial reprochés au commissaire aux comptes, ne peuvent être la cause du préjudice né de la conclusion de ces conventions ; si les manquements avaient été à l'origine de la perte d'une chance de ne pas approuver les conventions litigieuses, la responsabilité du commissaire aux comptes aurait pu être engagée (cass. com. 26 février 2013, n° 11-22531).

▸ Nullité facultative et prescription

1057 Les conventions conclues sans autorisation préalable du conseil d'administration ne sont pas nulles de plein droit et demeurent valables tant que la nullité n'en est pas poursuivie et prononcée (cass. com. 3 mai 2000, n° 97-10960).

L'action en nullité d'une convention n'ayant pas fait l'objet d'une autorisation préalable du conseil d'administration peut être exercée par les organes de la société et par les actionnaires agissant individuellement. Un tiers ne peut agir (cass. com. 15 mars 1994, n° 92-13047).

L'action en nullité se prescrit par 3 ans, à compter de la date de la convention. Toutefois, si la convention a été dissimulée, le point de départ du délai de la prescription est reporté au jour où elle a été révélée (c. com. art. L. 225-42). Ce délai est souvent décompté du jour où la convention dissimulée a été révélée à l'assemblée ; de même, le fait que l'assemblée ait approuvé les comptes de l'exercice au cours duquel la convention a été conclue et exécutée n'est pas retenu pour le décompte du délai de prescription (cass. com. 28 novembre 1995, n° 93-21242). La simple

connaissance par les administrateurs de l'existence de la convention n'est pas retenue ; l'absence d'information du conseil d'administration et des actionnaires sur le contenu exact constitue une dissimulation (cass. com. 7 juillet 2004, n° 01-15677). **À défaut d'information, le délai de la prescription triennale n'a pas pu commencer à courir, peu importe qu'un actionnaire en ait eu connaissance** (cass. com. 2 mai 2007, n° 06-12378). **La révélation de la convention doit s'apprécier à l'égard de la personne qui exerce l'action** (cass. com. 8 février 2011, n° 10-11896).

• **Prêt en cours de remboursement.** Une société demandait la nullité d'une convention de prêt, dont la conclusion profitait à l'un des administrateurs et qui n'avait pas été autorisée par le conseil d'administration. Cette demande en nullité, du 5 octobre 1995, était prescrite, la prescription ayant commencé à courir le 5 juin 1992 (cass. com. 4 mars 2003, n° 00-20183).

• **Convention non exécutée, prescription inapplicable.** Si l'action en nullité d'une convention est soumise à la prescription triennale, l'exception de nullité est perpétuelle lorsque la convention n'a pas été exécutée (cass. soc. 29 novembre 2006, n° 04-48219). Au cas d'espèce, l'administrateur salarié d'une SA licencié demandait l'exécution d'une convention par laquelle la société devait lui verser un an de salaire.

En revanche, l'exception de nullité ne peut être invoquée lorsque la société a préalablement totalement ou partiellement exécuté la convention (cass. com. 15 juin 2010, n° 09-10961 ; cass. com. 15 janvier 2013, n° 11-28244).

• **Nullité pour cause illicite.** La prescription est celle de droit commun (5 ans) lorsque la nullité tient au caractère illicite et frauduleux de la convention (cass. com. 3 avril 2013, n° 12-15492 ; cass. com. 25 mai 2022, n° 20-11695).

▸ Couverture de la nullité par l'assemblée

1058 **La nullité des conventions réglementées conclues sans autorisation du conseil d'administration peut être couverte par un vote de l'assemblée générale intervenant sur le rapport spécial des commissaires aux comptes exposant les circonstances en raison desquelles la procédure d'autorisation n'a pas été suivie** (c. com. art. L. 225-42, al. 3). **C'est le seul moyen pour couvrir la nullité d'une convention** (cass. civ., 1re ch., 6 octobre 1998, n° 96-19575 ; cass. soc. 29 novembre 2006, n° 04-48219).

Si la SA n'est pas dotée d'un commissaire aux comptes, le rapport est établi par le conseil d'administration.

La personne intéressée, ne peut prendre part au vote de cette assemblée et ses actions ne sont pas prises en compte pour le calcul de la majorité (c. com. art. L. 225-40, al. 4 sur renvoi de l'art. L. 225-42, al. 3) *(voir § 1052)*.

• **Avenant au bail non approuvé, mais exécuté.** Il a été jugé, s'agissant d'un bail consenti à une société par un de ses administrateurs, que le vote de l'assemblée approuvant des comptes faisant état du montant d'un nouveau loyer, alors qu'elle n'avait jamais été avisée qu'un avenant au bail augmentant le loyer avait été consenti, ne saurait couvrir la nullité entachant cet avenant (cass. com. 28 novembre 1995, n° 93-21242).

• **Rapport spécial du commissaire aux comptes.** Les juges du fond doivent rechercher si le rapport spécial du commissaire aux comptes expose les circonstances à raison desquelles la procédure d'autorisation n'a pas été suivie (cass. com. 24 mars 1998, n° 96-11084). À défaut de rapport spécial du commissaire aux comptes, il ne peut y avoir de régularisation (cass. com. 25 mars 2003, n° 99-15470). De même, la nullité ne peut être couverte si le rapport du commissaire aux comptes n'expose pas les raisons pour lesquelles la procédure d'autorisation n'a pas été suivie (cass. soc. 29 novembre 2006, n° 04-48219 ; cass. com. 20 novembre 2007, n° 06-18621).

• **Approbation ultérieure des comptes.** L'approbation ultérieure des comptes par l'assemblée générale n'a pas pu couvrir la nullité d'une convention, dès lors que celle-ci n'a pas fait l'objet d'une délibération spéciale et que le rapport des commissaires aux comptes établi pour l'exercice sur les conventions réglementées ne contient ni l'exposé de ses clauses essentielles ni les raisons pour lesquelles elle n'a pas été soumise à la procédure d'autorisation (cass. com. 21 novembre 2000, n° 97-21748).

▸ Responsabilité des intéressés

1059 **La responsabilité civile des personnes intéressées à une convention réglementée qui n'a, d'une part, pas été autorisée par le conseil est engagée si la convention a causé un préjudice à la société** (c. com. art. L. 225-42). **L'action en responsabilité n'est pas soumise au régime de la prescription triennale de l'action en nullité** (cass. com. 28 février 2006, n° 02-11768).

D'autre part, si la convention est désapprouvée par l'assemblée générale, la responsabilité de l'intéressé et, éventuellement des autres membres du conseil d'administration, peut, de la même manière, être engagée dès lors que la société subit un préjudice (c. com. art. L. 225-41, al. 2).

En pratique, l'action, lorsqu'elle est dirigée contre un administrateur ou un directeur général, se prescrit par 3 ans à compter du fait dommageable ou, s'il a été dissimulé, de sa révélation (c. com. art. L. 225-254).

Et, lorsqu'elle est dirigée contre un actionnaire détenant plus de 10 % des droits de vote, l'action est soumise à la prescription de droit commun, qui est de 5 ans (c. civ. art. 2224).

Les actionnaires d'une SA ne peuvent intenter une action en responsabilité, au nom et pour le compte de la société, qu'envers les administrateurs ou le directeur général (c. com. art. L. 225-252). **La Cour de cassation précise que cette action ne peut donc pas être diligentée à l'égard de personnes intéressées à la convention si elles ne sont pas dirigeantes de la société pour le compte de laquelle l'action est exercée** (cass. com. 11 octobre 2023, n° 22-10271).

• **Liquidation de la filiale.** Le président du conseil d'administration d'une SA qui conclut avec une filiale de celle-ci, dont il est le dirigeant, une convention non autorisée par le conseil d'administration faisant supporter par la SA des déficits de liquidation de la filiale, entraîne une charge importante pour la société mère. Ce président engage donc sa responsabilité civile (cass. com. 15 juin 1993, n° 91-15378).

• **Abus de biens sociaux.** Un dirigeant qui s'abstient de se soumettre à la procédure des conventions réglementées risque, dans certains cas, d'engager sa responsabilité pénale. En effet, il commet un abus de biens sociaux, dès lors qu'il s'est abstenu délibérément et dans son intérêt (cass. crim. 25 septembre 2019, n° 18-83113).

Comité social et économique : quelles caractéristiques ?

OBLIGATOIRE DEPUIS LE 1ER JANVIER 2020

POUR QUELLES ENTREPRISES ?

À PARTIR DE **11 SALARIÉS** PENDANT 12 MOIS CONSÉCUTIFS

LES MANDATS DURENT **4 ANS**

QUEL EST SON RÔLE SELON LA TAILLE DE L'ENTREPRISE ?

MOINS DE 50 SALARIES
CELUI DES ANCIENS DÉLÉGUÉS DU PERSONNEL

50 SALARIES ET PLUS
CELUI DES ANCIENS DÉLÉGUÉS DU PERSONNEL + COMITÉ D'ENTREPRISE + COMITÉ D'HYGIÈNE SÉCURITÉ ET DES CONDITIONS DE TRAVAIL

QUELS SONT SES MOYENS D'ACTION ?

- DES HEURES DE DÉLÉGATION
- DES RÉUNIONS PÉRIODIQUES
- INFORMATIONS CONSULTATIONS PONCTUELLES ET PÉRIODIQUES
- PANNEAUX D'AFFICHAGE
- LOCAL

QUELLE EST SA COMPOSITION ?

UN NOMBRE D'ELUS QUI VARIE SELON LE NOMBRE DE SALARIES + UN OU DES REPRÉSENTANTS SYNDICAUX

VÉRIFIER SI UN ACCORD COLLECTIF NE PRÉVOIT PAS D'AUTRES RÈGLES

Revue Fiduciaire

20 Information et prérogatives du CSE

§§

Mise en place du CSE

Fin de la période transitoire

1060 Depuis le 1er janvier 2020, les trois institutions représentatives du personnel (IRP) qui existaient jusqu'alors (délégués du personnel, comité d'entreprise et comité d'hygiène, de sécurité et des conditions de travail, le cas échéant regroupés en une délégation unique du personnel) ont été remplacées par une nouvelle entité : le comité social et économique (CSE).

Obligation de constituer un CSE à partir de 11 salariés

1061 Le CSE doit être mis en place dans les entreprises d'au moins 11 salariés si cet effectif a été atteint pendant 12 mois consécutifs (c. trav. art. L. 2311-2).

L'employeur qui n'organise pas l'élection d'un CSE alors que la condition d'effectif est remplie commet un délit d'entrave et s'expose à des poursuites pénales (amende de 7 500 € et peine d'emprisonnement d'un an) (c. trav. art. L. 2317-1).

→ **ATTENTION** *De nombreux points sont négociables concernant le CSE. Nous exposons ici les règles applicables à défaut d'accord.*

Incidence du seuil de 50 salariés

1062 Le seuil de 50 salariés est déterminant s'agissant des attributions et du fonctionnement du CSE.

Dans les entreprises de moins de 50 salariés, les attributions du CSE se rapprochent de celles qui étaient antérieurement dévolues aux délégués du personnel (c. trav. art. L. 2312-5).

À partir de 50 salariés, elles correspondent à celles antérieurement dévolues au comité d'entreprise et au CHSCT (comité d'hygiène de sécurité et des conditions de travail) (c. trav. art. L. 2312-8).

→ **À NOTER** *À l'heure où nous rédigeons l'ouvrage (29 novembre 2023), le code du commerce n'a pas encore été mis à jour de la réforme. Il continue donc à viser :*
– le « comité d'entreprise ou à défaut les délégués du personnel », qu'il convient de comprendre comme le CSE d'une entreprise de moins de 50 salariés ;
– le « comité d'entreprise », qu'il convient à notre avis de comprendre comme désormais le CSE d'une entreprise d'au moins 50 salariés.

Attributions du CSE

Dans les entreprises d'au moins 11 salariés et de moins de 50 salariés

1063 Le CSE a pour mission de présenter à l'employeur les réclamations individuelles ou collectives relatives aux salaires, à l'application du code du travail et des autres dispositions légales et de contribuer à promouvoir la santé, la sécurité et l'amélioration des conditions de travail dans l'entreprise. Il réalise des enquêtes en matière d'accidents du travail ou de maladies professionnelles. Il peut exercer son droit d'alerte en cas d'atteinte aux droits des personnes, à leur santé physique et mentale ainsi qu'en cas de danger grave et imminent (c. trav. art. L. 2312-5, L. 2312-59 et L. 2312-60).

Le CSE est consulté uniquement sur des sujets très spécifiques tels que par exemple :
– la fixation de la période de congés payés et l'ordre des départs à défaut de stipulations dans l'accord collectif (c. trav. art. L. 3141-16) ;
– le licenciement collectif pour motif économique (c. trav. art. L. 1233-5, L. 1233-8, L. 1233-28) ;
– le reclassement d'un salarié inapte (c. trav. art. L. 1226-2 et L. 1226-10).

Dans les entreprises d'au moins 50 salariés

1064 Le CSE exerce, en plus des missions du CSE d'une entreprise de moins de 50 salariés, des missions similaires à celles qui étaient dévolues au comité d'entreprise et au CHSCT (c. trav. art. L. 2312-8). Il a pour rôle d'assurer l'expression collective des salariés permettant la prise en compte permanente de leurs intérêts dans les décisions relatives à la gestion et à l'évolution économique et financière de l'entreprise, à l'organisation du travail, à la formation professionnelle et aux techniques de production, notamment au regard des conséquences environnementales de ces décisions (c. trav. art. L. 2312-8).

Il est informé et consulté sur les questions intéressant l'organisation, la gestion et la marche générale de l'entreprise, dont notamment :
– les mesures de nature à affecter le volume ou la structure des effectifs ;
– la modification de son organisation économique ou juridique ;
– les conditions d'emploi, de travail, notamment la durée du travail, et la formation professionnelle ;
– l'introduction de nouvelles technologies ;
– tout aménagement important modifiant les conditions de santé et de sécurité ou les conditions de travail ;
– les conséquences environnementales de ces différentes mesures.

En matière de santé et de sécurité, il procède à l'analyse des risques professionnels, contribue à faciliter l'accès des femmes à tous les emplois, suscite toute initiative qu'il estime utile et propose notamment des actions de prévention du harcèlement moral ou sexuel et des agissements sexistes (c. trav. art. L. 2312-9).

L'employeur a l'obligation d'informer et de consulter de façon récurrente le CSE sur un certain nombre de sujets *(voir §§ 1070 à 1073)*. Il doit également le consulter ponctuellement sur les questions qui entrent dans ses attributions *(voir §§ 1074 à 1078)*.

→ **À NOTER** *Le fait de ne pas consulter le CSE dans les cas prévus par la loi ou de ne pas lui fournir les informations auxquels il a droit est un délit d'entrave au fonctionnement régulier du comité* (c. trav. art. L. 2317-1).

Outre ces attributions dites « économiques », le comité a également des attributions en matière d'activités sociales et culturelles (loisirs, aides à certains salariés en fonction de leur situation familiale ou sociale, etc.) que nous ne détaillerons pas ici.

En l'absence de délégué syndical dans l'entreprise, des accords collectifs peuvent être conclus avec le CSE (à l'exception de certains thèmes).

Le CSE peut être transformé en conseil d'entreprise et dans ce cas, en plus des attributions de CSE, il peut négocier des accords collectifs d'entreprise sur tous les thèmes (c. trav. art. L. 2321-1 et L. 2321-2).

→ **ATTENTION** *Les développements qui suivent portent sur le fonctionnement et les obligations d'information et de consultation de l'employeur vis-à-vis du CSE d'entreprise d'au moins 50 salariés.*

Modalités d'information et de consultation du CSE (entreprise d'au moins 50 salariés)

Participants aux réunions

1065 Participent de droit aux réunions du CSE :
– le chef d'entreprise ou son représentant (chef d'établissement ou cadre ayant reçu une délégation de pouvoir), en qualité de président ;
– les représentants du personnel titulaires ;
– et le cas échéant, les représentants syndicaux au CSE.

D'autres personnes peuvent être conviées aux réunions en fonction des thèmes abordés (ex. : le médecin du travail lorsque la santé au travail est abordée).

Fréquence des réunions périodiques

1066 Les réunions ont lieu tous les 2 mois dans les entreprises de moins de 300 salariés et tous les mois à partir de 300 salariés (c. trav. art. L. 2315-28). Le seuil de 300 salariés doit avoir été franchi pendant les 12 derniers mois pour que la périodicité des réunions devienne mensuelle (c. trav. art. L. 2312-34).

Il faut ajouter aux réunions périodiques les réunions extraordinaires qui peuvent être organisées dans des circonstances particulières. L'employeur peut bien évidemment réunir le CSE dès lors que cela lui paraît nécessaire, mais les membres élus ont également la possibilité de demander une réunion supplémentaire lorsqu'ils estiment devoir être consultés sur un point donné. Une telle demande doit émaner de la majorité des élus du CSE pour s'imposer à l'employeur (c. trav. art. L. 2315-28).

Fixation et communication de l'ordre du jour

1067 L'employeur et le secrétaire du CSE fixent conjointement l'ordre du jour de la réunion du comité (c. trav. art. L. 2315-29).

Si l'un ou l'autre refuse l'inscription à l'ordre du jour d'un point particulier et que la consultation du CSE sur ce point est légalement obligatoire, alors, l'employeur ou le secrétaire, selon le cas, a le droit d'inscrire d'autorité la question litigieuse à l'ordre du jour.

L'ordre du jour doit être communiqué par le président du comité aux membres du CSE au moins 3 jours avant la réunion (c. trav. art. L. 2315-30).

Information préalable

1068 Toute consultation légale obligatoire du CSE nécessite en premier lieu de fournir à ses membres les informations nécessaires pour qu'ils puissent donner leur avis en connaissance de cause (c. trav. art. L. 2312-15). De façon schématique :
– les informations liées aux consultations récurrentes *(voir §§ 1070 à 1073)* sont fournies en alimentant la « base de données économiques, sociales et environnementales » (c. trav. art. L. 2312-21 et L. 2312-36). Le contenu et les modalités d'alimentation de la BDESE sont détaillés dans notre cahier RF relatif à la représentation du personnel (voir « L'employeur et les représentants du personnel », RF 1139, § 4305) ou dans notre ouvrage « Le comité social et économique », 3e édition 2022 rédigé en collaboration avec le cabinet Barthélémy avocats ;

– les informations liées à des consultations ponctuelles *(voir §§ 1074 à 1078)* donnent lieu à la communication de documents spécifiques. La BDESE peut aussi servir de support à ces consultations et intégrer les informations nécessaires, si l'accord éventuellement signé sur le contenu et le fonctionnement de la BDESE le prévoit (c. trav. art. L. 2312-21).

L'employeur doit communiquer ces informations suffisamment longtemps avant la réunion pour que les représentants du personnel aient le temps de les lire et de s'en imprégner.

Un CSE qui estime ne pas disposer d'informations suffisantes pour se prononcer a la possibilité de saisir le juge judiciaire en urgence afin que celui-ci ordonne à l'employeur de communiquer les éléments manquants (c. trav. art. L. 2312-15).

Obligation de confidentialité. Les membres du CSE sont tenus à une obligation de discrétion à l'égard des informations revêtant un caractère confidentiel et présentées comme telles par l'employeur (c. trav. art. L. 2315-3), y compris si ces informations sont intégrées à la BDESE (c. trav. art. L. 2315-3 et L. 2312-36). Selon ce principe, la confidentialité doit donc avoir été réclamée par l'employeur. Cette demande peut être faite lors de la réunion (le procès-verbal de la réunion doit alors en faire mention) ou résulter de la mention « confidentiel », apposée sur les documents (cass. soc. 12 juillet 2006, n° 04-47558, BC V n° 256).

Toutefois, de nombreuses informations sont expressément qualifiées de confidentielles par le code du travail. Dans toutes ces hypothèses, les représentants du personnel sont tenus par l'obligation de discrétion, même en l'absence de demande de l'employeur en ce sens. Cela concerne essentiellement :
– les documents comptables communiqués au CSE dans le cadre de la consultation annuelle sur la situation économique et financière de l'entreprise (c. trav. art. L. 2312-25) *(voir § 1072)* ;
– les documents communiqués par l'employeur à la suite de l'exercice par le CSE de son droit d'alerte économique (c. trav. art. L. 2312-63) *(voir § 1082)* ;
– les questions relatives aux procédés de fabrication, qui, par définition, sont couvertes par le secret professionnel (c. trav. art. L. 2315-3).

Échanges avec l'employeur et avis du CSE

1069 La réunion est censée permettre à l'employeur et aux membres élus du CSE de débattre du ou des points soumis à consultation. L'employeur doit répondre de façon motivée aux observations du comité (c. trav. art. L. 2312-15).

Dès lors que la ou les réunions vont au-delà de la simple information et s'inscrivent dans une obligation de consultation, le CSE doit rendre un avis sur le point qui lui a été soumis. Cet avis est exprimé à la majorité des membres présents.

L'employeur ne participe pas au vote lorsqu'il consulte les membres élus du comité en tant que délégation du personnel (c. trav. art. L. 2315-32). Toutes les consultations décrites ci-après entrent dans ce cas de figure. Les points sur lesquels l'employeur est autorisé à voter sont rares (ex. : désignation du secrétaire du CSE).

Sauf dispositions légales particulières *(voir § 1075)*, lorsqu'il est consulté dans le cadre de ses attributions économiques, le délai suffisant dans lequel le comité doit rendre son avis est fixé par un accord collectif conclu entre l'employeur et les délégués syndicaux (DS) ou, en l'absence de DS, entre l'employeur et la délégation du personnel du CSE (c. trav. art. L. 2312-16).

En l'absence d'accord sur le sujet, le CSE rend son avis dans les délais suivants (c. trav. art. R. 2312-6) :
– 1 mois en général ;

– 2 mois en cas de désignation d'un expert ;
– 3 mois en cas de désignation d'un ou plusieurs experts et si la consultation implique un CSE central et des CSE d'établissements.

Si le CSE refuse de se prononcer ou ne respecte pas le délai imparti, il est considéré comme ayant rendu un avis négatif.

Sauf cas particuliers nécessitant un avis conforme (ex. : nomination et affectation du médecin du travail, mise en place d'horaires individualisés, refus de certains congés de formation ; c. trav. art. R. 4623-5, L. 3121-48 et L. 2145-11) l'avis du CSE n'a qu'une valeur consultative. Un avis négatif du CSE n'empêche donc pas l'employeur de mettre en œuvre les mesures présentées au comité.

Informations et consultations récurrentes du CSE d'une entreprise d'au moins 50 salariés

Consultations récurrentes

1070 L'employeur doit consulter chaque année le CSE sur les orientations stratégiques de l'entreprise, la situation économique et financière et la politique sociale de l'entreprise. Le comité est informé des conséquences environnementales de l'activité de l'entreprise au cours de ces consultations (c. trav. art. L. 2312-17 et L. 2312-22).

Un accord d'entreprise peut largement aménager ces consultations et leurs rythmes (c. trav. art. L. 2312-19).

Nous exposons ici les règles supplétives (règles qui sont applicables à défaut d'accord).

Consultation annuelle sur les orientations stratégiques de l'entreprise

1071 L'employeur consulte chaque année le CSE sur les orientations stratégiques de l'entreprise, définies, selon le cas, par le conseil d'administration ou par le directoire et le conseil de surveillance (c. trav. art. L. 2312-24).

Il consulte plus précisément le comité, sur les conséquences de ces orientations sur :
– l'activité ;
– l'emploi ;
– l'évolution des métiers et des compétences ;
– l'organisation du travail ;
– le recours à la sous-traitance, à l'intérim, à des contrats temporaires et à des stages.

La consultation porte également sur la gestion prévisionnelle des emplois et des compétences (GPEC) et sur les orientations de la formation professionnelle et sur le plan de développement des compétences.

L'employeur fournit aux membres du comité, les informations relatives à ces orientations stratégiques, en alimentant la base de données économiques, sociales et environnementales (c. trav. art. L. 2312-18) *(voir § 1068)*.

Le comité émet un avis sur ces orientations stratégiques et peut proposer des orientations alternatives. Cet avis est transmis à l'organe chargé de l'administration ou de la surveillance de l'entreprise, qui formule une réponse argumentée. Le comité en reçoit communication et peut y répondre.

Comme pour toutes les consultations annuelles, le CSE peut se faire aider par un expert-comptable. Toutefois, dans ce cas précis, il doit prendre partiellement en charge les honoraires correspondants (c. trav. art. L. 2315-80, 2°) *(voir § 1079)*.

Consultation annuelle sur la situation économique et financière

1072 Chaque année, l'employeur doit consulter le CSE sur la situation économique et financière de l'entreprise. Cette consultation porte également sur la politique de recherche et de développement technologique de l'entreprise, y compris sur l'utilisation du crédit d'impôt pour les dépenses de recherche (c. trav. art. L. 2312-25).

En prévision de cette consultation, l'employeur doit fournir, au travers de la base de données économiques, sociales et environnementales, les éléments suivants (c. trav. art. L. 2312-25) :
– les informations sur l'activité et sur la situation économique et financière de l'entreprise, ainsi que sur ses perspectives pour l'année à venir, ces informations étant par ailleurs tenues à la disposition de l'autorité administrative ;
– les documents obligatoirement transmis annuellement à l'assemblée générale des actionnaires ou à l'assemblée des associés notamment le rapport de gestion, les communications et les copies transmises aux actionnaires dans les conditions prévues aux articles L. 225-100 à L. 225-102-2, L. 225-108 et L. 225-115 à L. 225-118 du code de commerce, ainsi que le rapport des commissaires aux comptes ;
– les documents d'information financière et prévisionnelle ;
– les informations relatives à la politique de recherche et de développement technologique de l'entreprise.

La liste de ces informations a été précisée par décret (c. trav. art. R. 2312-16 et R. 2312-17).

Le comité peut convoquer les commissaires aux comptes pour recevoir leurs explications sur les différents postes des documents communiqués ainsi que sur la situation financière de l'entreprise.

Il peut par ailleurs se faire assister d'un expert-comptable financé par l'employeur *(voir § 1079)*.

L'avis du CSE est transmis à l'organe chargé de l'administration ou de la surveillance de l'entreprise.

Consultation annuelle sur la politique sociale, les conditions de travail et l'emploi

1073 Chaque année, l'employeur consulte le CSE sur la politique sociale de l'entreprise, les conditions de travail et l'emploi. Cette consultation porte plus précisément sur l'évolution de l'emploi, les qualifications, le programme pluriannuel de formation, les actions de formation envisagées par l'employeur, l'apprentissage, les conditions d'accueil en stage, les actions de prévention en matière de santé et de sécurité, les conditions de travail, les congés et l'aménagement du temps de travail, la durée du travail, l'égalité professionnelle entre les femmes et les hommes et les modalités d'exercice du droit d'expression des salariés dans les entreprises non couvertes par un accord sur l'égalité professionnelle et la qualité de vie au travail contenant des dispositions sur ce droit (c. trav. art. L. 2312-26).

À cette fin, l'employeur communique préalablement au CSE, par l'intermédiaire de la BDESE notamment (c. trav. art. L. 2312-26, R. 2312-19 et R. 2312-20) :
– les informations sur l'évolution de l'emploi, des qualifications, de la formation et des salaires, sur les actions en faveur de l'emploi des travailleurs handicapés,

sur le nombre et les conditions d'accueil des stagiaires, sur l'apprentissage et sur le recours aux contrats de travail à durée déterminée, aux contrats de mission conclus avec une entreprise de travail temporaire ou aux contrats conclus avec une entreprise de portage salarial ;
– les informations et les indicateurs chiffrés sur la situation comparée des femmes et des hommes au sein de l'entreprise (c. trav. art. L. 2312-36), ainsi que l'accord ou, à défaut, le plan d'action sur l'égalité professionnelle entre les femmes et les hommes ;
– les informations sur le plan de développement des compétences du personnel de l'entreprise ;
– les informations sur la mise en œuvre des contrats de professionnalisation et du compte personnel de formation ;
– les informations sur la mise en œuvre des entretiens professionnels ;
– les informations sur la durée du travail (heures supplémentaires, bilan du travail à temps partiel, etc.) ;
– les informations sur les mesures prises en vue de faciliter l'emploi des accidentés du travail, des invalides et des travailleurs handicapés, notamment celles relatives à l'application de l'obligation d'emploi des travailleurs handicapés ;
– les informations sur l'affectation de la contribution sur les salaires au titre de l'effort de construction ainsi que sur les conditions de logement des travailleurs étrangers que l'entreprise se propose de recruter ;
– les informations sur les modalités d'exercice du droit d'expression des salariés ;
– etc.

L'employeur présente également au CSE un rapport annuel écrit faisant le bilan de la situation générale de la santé, de la sécurité et des conditions de travail dans l'entreprise et des actions menées au cours de l'année écoulée dans ces domaines et programme annuel de prévention des risques professionnels et d'amélioration des conditions de travail (c. trav. art. L. 2312-27).

Dans les entreprises d'au moins 300 salariés, l'information sur la politique sociale, les conditions de travail et l'emploi porte en outre sur le bilan social (c. trav. art. L. 2312-28). Rappelons que ce bilan doit par ailleurs être adressé aux actionnaires ou mis à leur disposition, avec l'avis du CSE (c. trav. art. L. 2312-32).

Le comité peut se faire assister d'un expert-comptable financé par l'employeur *(voir § 1079)*.

INFORMATIONS TRIMESTRIELLES

Dans les entreprises d'au moins 300 salariés, l'employeur communique tous les trimestres au CSE des informations sur (c. trav. art. L. 2312-69) :
- l'évolution générale des commandes et l'exécution des programmes de production ;
- les éventuels retards de paiement de cotisations sociales par l'entreprise ;
- l'évolution des effectifs et de la qualification des salariés par sexe.

L'employeur doit transmettre au CSE le nombre de titulaires d'un CDD, de salariés temporaires, de salariés appartenant à une entreprise extérieure, etc. (c. trav. art. R. 2312-21).

Soulignons qu'il ne s'agit ici que de communication d'informations, l'employeur n'a pas à consulter le CSE.

L'employeur doit intégrer dans la BDESE les informations trimestrielles à la disposition du CSE.

Consultations ponctuelles du CSE d'une entreprise d'au moins 50 salariés

Principe : consultation pour tout événement ou projet entrant dans les attributions du CSE

1074 Outre les informations et consultations récurrentes *(voir §§ 1070 à 1073)*, l'employeur doit réunir le CSE à chaque fois qu'un événement ou un projet d'entreprise touche un domaine qui entre dans ses attributions.

Ainsi il est consulté sur les conséquences, y compris environnementales (loi 2021-1104 du 22 août 2021, art. 40, JO du 24), des décisions prises par l'employeur en matière d'organisation, de gestion et de marche générale de l'entreprise et notamment (c. trav. art. L. 2312-8) :
– les mesures de nature à affecter le volume ou la structure des effectifs ;
– la modification de son organisation économique ou juridique ;
– les conditions d'emploi, de travail, notamment la durée du travail et la formation professionnelle ;
– l'introduction de nouvelles technologies, tout aménagement important modifiant les conditions de santé et de sécurité ou les conditions de travail ;
– les mesures prises en vue de faciliter la mise, la remise ou le maintien au travail des accidentés du travail, des invalides, des personnes atteintes de maladies chroniques évolutives et des travailleurs handicapés notamment sur l'aménagement des postes de travail.

L'employeur indique les motifs des modifications projetées et consulte le CSE sur les mesures envisagées à l'égard des salariés lorsque ces modifications comportent des conséquences pour ceux-ci.

En outre, le CSE est consulté sur (c. trav. art. L. 2312-37) :
– la mise en œuvre des moyens de contrôle de l'activité des salariés ;
– un projet de restructuration et de compression des effectifs ;
– un projet de licenciement collectif pour motif économique ;
– une offre publique d'acquisition ;
– une grande opération de concentration ;
– une procédure de sauvegarde, de redressement et de liquidation judiciaire.

Certaines situations sont expressément envisagées par le code du travail, avec des règles spécifiques qui précisent les informations à transmettre, les délais à respecter, etc. Les développements qui suivent présentent sommairement les principales consultations ponctuelles expressément prévues par le code du travail *(voir §§ 1075 à 1078)*.

Opération de concentration

1075 Lorsqu'une entreprise est partie à une opération de concentration (c. com. art. L. 430-1), l'employeur doit réunir le CSE dans un délai de 3 jours à compter de la publication du communiqué relatif à la notification du projet de concentration, émanant soit de l'autorité administrative française soit de la Commission européenne (c. trav. art. L. 2312-41).

À cette occasion, le CSE peut décider de recourir à un expert-comptable. Une deuxième réunion devra alors être organisée pour examiner les résultats des travaux de l'expert.

Signalons qu'il faut également réunir le CSE en cas de dépôt d'une offre publique d'acquisition (OPA) *(voir § 1076)*, ce qui peut faire doublon avec la consultation prévue en cas d'opération de concentration. En toute logique, le code du travail précise donc que si l'employeur réunit le CSE à la suite du dépôt d'une OPA, il n'a pas à mener la consultation spécifique aux opérations de concentration.

Offre publique d'acquisition

1076 Le dépôt d'une offre publique d'acquisition (OPA) nécessite de réunir immédiatement le CSE, au sein de l'entreprise auteur de l'offre comme au sein de l'entreprise cible (c. trav. art. L. 2312-42 à L. 2312-52).

La loi encadre plus particulièrement la procédure de consultation du CSE de l'entreprise cible. Elle permet en effet au comité d'auditionner l'auteur de l'OPA, cette audition devant se tenir dans un délai d'une semaine à compter du dépôt du projet d'offre. À cette occasion, l'auteur de l'offre présente au CSE sa politique industrielle et financière, ses plans stratégiques pour la société concernée et les répercussions de la mise en œuvre de l'offre sur l'ensemble des intérêts, l'emploi, les sites d'activité et la localisation des centres de décision de cette société.

Le CSE peut également désigner un expert-comptable. Cet expert dispose d'un délai de 3 semaines, à compter du dépôt du projet d'offre, pour remettre son rapport. Le CSE émet son avis dans un délai d'un mois, toujours à compter du dépôt du projet d'offre.

Par ailleurs, la loi impose ensuite 3 rendez-vous avec le CSE (respectivement au cours du 6e, du 12e et du 24e mois suivant la clôture de l'offre), pour faire le point sur les engagements pris initialement lors de la procédure d'audition, en matière d'emploi, de maintien des sites d'activité et de localisation des centres de décision.

S'agissant de l'entreprise auteur de l'offre, l'employeur réunit le CSE dans les 2 jours ouvrables suivant la publication ou l'annonce de l'offre.

Recherche d'un repreneur en cas de fermeture d'établissement

1077 Les entreprises d'au moins 1 000 salariés, qui envisagent de licencier au moins 10 salariés en 30 jours (« grand » licenciement collectif pour motif économique) et de fermer un établissement, ont l'obligation de chercher un repreneur pour cet établissement (c. trav. art. L. 1233-57-9 à L. 1233-57-22).

Le CSE doit être associé à cette démarche dans le cadre d'une consultation spécifique, à mener en parallèle de la consultation relative au licenciement économique *(voir § 1078)*. L'employeur a notamment l'obligation de communiquer au CSE les offres de reprise qui lui ont été adressées. Le comité peut se faire assister par un expert-comptable.

L'employeur qui envisage d'accepter une offre de reprise doit la soumettre au CSE pour consultation. Si aucune offre n'est formulée ou si l'employeur les décline toutes, il élabore un rapport qu'il présente au CSE. La réunion consacrée à ce rapport intervient obligatoirement avant la fin de la procédure de consultation relative au licenciement collectif.

L'employeur qui n'applique pas la procédure de recherche d'un repreneur risque de ne pas obtenir la validation ou l'homologation de son plan de sauvegarde de l'emploi (PSE) par l'administration.

Autres consultations ponctuelles

1078 Signalons enfin, sans détailler la procédure applicable, que l'employeur doit également informer et consulter le CSE dans les circonstances suivantes :
– déclenchement d'une procédure de sauvegarde, de redressement ou de liquidation judiciaire (c. trav. art. L. 2312-53) ;
– projet de réduction d'effectifs, la consultation étant alors particulièrement encadrée lorsque le licenciement concerne une entreprise d'au moins 50 salariés et que 10 suppressions de postes ou plus sont envisagées, puisque l'employeur doit alors établir un plan de sauvegarde de l'emploi (« PSE », ex-plan social) (c. trav. art. L. 1233-28 à L. 1233-37, L. 2312-39 et L. 2312-58) ;
– mise en œuvre ou modification des méthodes ou des techniques d'aide au recrutement, des traitements automatisés de gestion du personnel et des moyens ou techniques permettant un contrôle de l'activité des salariés (c. trav. art. L. 2312-38) ;
– attribution, par une personne publique, de subventions pour un montant supérieur à 200 000 € ou de prêts ou d'avances remboursables pour un montant supérieur à 1 500 000 € (c. trav. art. R. 2312-23 ; arrêté du 27 avril 2009, texte n° 22, JO du 29).

Recours à un expert-comptable par le CSE d'une entreprise d'au moins 50 salariés

Cas de recours à un expert-comptable et frais d'expertise

1079 Le CSE peut se faire assister par un expert-comptable lors de ses consultations récurrentes ou ponctuelles. L'expert notifie à l'employeur le coût prévisionnel, l'étendue et la durée d'expertise dans un délai de 10 jours à compter de sa désignation (c. trav. art. R. 2315-46). L'employeur peut contester la nécessité de l'expertise dans un délai de 10 jours à compter de la délibération du CSE décidant le recours à l'expertise (c. trav. art. L. 2315-86, 1° ; cass. soc. 18 octobre 2023, n° 22-10761 FB).

L'expert est rémunéré à 100 % par l'employeur dans le cadre des consultations suivantes (c. trav. art. L. 2315-80) :
– la consultation sur la situation économique et financière *(voir § 1072)* ;
– la consultation sur la politique sociale *(voir § 1073)* ;
– un projet de licenciements économiques avec PSE ;
– la recherche d'un repreneur en cas de projet de fermeture de site décidé dans une entreprise d'au moins 1 000 salariés *(voir § 1078)* (c. trav. art. L. 1233-57-17).
– en présence d'un risque grave, identifié et actuel, révélé ou non par un accident du travail, une maladie professionnelle ou à caractère professionnel (c. trav. art. L. 2315-78 et L. 2315-94). Dans ce cas, c'est un expert habilité en qualité du travail et de l'emploi que le CSE peut solliciter et pas un expert-comptable.

Dans les autres cas de consultations récurrentes ou ponctuelles, le CSE doit, sauf exceptions liées notamment à un budget du CSE insuffisant, prendre en charge sur son budget de fonctionnement 20 % des frais d'expertises, le solde devant être assumé par l'employeur (c. trav. art. L. 2315-80).

En dehors de ces hypothèses, le CSE peut toujours faire appel à un expert-comptable pour l'assister dans ses travaux, mais il doit alors prendre en charge ses honoraires (c. trav. art. L. 2315-81).

En tout état de cause, la décision de recourir à un expert-comptable nécessite un vote du CSE, à la majorité des membres présents. L'employeur ne participe pas à ce vote (Q/R 112, CSE, 117 questions/ réponses du ministère du Travail, 16 janvier 2020 ; cass. soc. 26 novembre 1987, n° 86-14530, BC V n° 679).

Droits et obligations de l'expert-comptable

1080 L'expert-comptable nommé dans le cadre des consultations récurrentes et des consultations ponctuelles du CSE dispose d'un libre accès dans l'entreprise (c. trav. art. L. 2315-82).

L'employeur doit lui fournir les documents nécessaires à sa mission (c. trav. art. L. 2315-83). Il a accès aux mêmes documents que le commissaire aux comptes dans le cadre de la consultation sur la situation économique et financière (c. trav. art. L. 2315-90).

Sa mission peut porter sur tous les éléments d'ordre économique, financier, social ou environnemental nécessaires à la compréhension des orientations stratégiques, de la situation économique et financière et de la politique sociale (c. trav. art. L. 2315-87-1, L. 2315-89 et L. 2315-91-1).

Lorsqu'il est saisi dans le cadre d'une opération de concentration ou d'une opération de recherche de repreneurs *(voir §§ 1075 et 1077)*, l'expert a accès aux documents de toutes les sociétés intéressées par l'opération (c. trav. art. L. 2315-93).

Lorsqu'il est saisi dans le cadre d'une offre publique d'acquisition *(voir § 1076)*, l'expert-comptable a accès aux documents nécessaires à l'élaboration de son rapport, en l'occurrence les éléments qui lui permettront d'évaluer la politique industrielle et financière et les plans stratégiques que l'auteur de l'offre envisage d'appliquer à la société objet cible, ainsi que les répercussions de leur mise en œuvre sur l'ensemble des intérêts, l'emploi, les sites d'activité et la localisation des centres de décision de cette dernière société (c. trav. art. L. 2315-93).

Un accord entre l'employeur et le CSE encadre parfois les modalités selon lesquelles l'expert peut réclamer la communication de documents nécessaires à sa mission. À défaut, l'expert demande à l'employeur, au plus tard dans les 3 jours de sa désignation, toutes les informations complémentaires qu'il juge nécessaires à la réalisation de sa mission. L'employeur répond à cette demande dans les 5 jours (c. trav. art. R. 2315-45).

De façon plus générale, l'expert-comptable est seul compétent pour identifier les documents nécessaires à l'exercice de sa mission peu important que les informations demandées ne soient pas au nombre de celles devant figurer dans la base de données économiques, sociales et environnementales (cass. soc. 23 mars 2022, n° 20-17186 FSB ; cass. soc. 18 mai 2022, n° 20-21444 D). Ni l'employeur ni même le juge ne peuvent substituer leur appréciation à celle de l'expert-comptable (cass. crim. 23 avril 1992, n° 90-84031, BC V n° 180 ; cass. soc. 15 décembre 2009, n° 08-18228, BC V n° 286). Mais l'expert-comptable ne peut pas exiger la production de documents n'existant pas et dont l'établissement n'est pas obligatoire pour l'entreprise (cass. soc. 27 mai 1997, n° 95-20156, BC V n° 192). De plus, les documents demandés doivent rester dans le cadre de la mission de l'expert (cass. soc. 16 mai 1990, n° 87-17555, BC V n° 222).

Les experts mentionnés dans la présente section sont tenus aux mêmes obligations de secret et de discrétion que les membres du CSE (c. trav. art. L. 2315-84).

Délai d'expertise

1081 Le délai dans lequel l'expert-comptable rend son rapport est fixé par un accord d'entreprise ou à défaut, par un accord entre l'employeur et les membres élus du CSE à l'occasion d'une réunion du comité (cass. soc. 8 juillet 2020, n° 19-10987 FSPBRI). À défaut, les délais sont fixés par les textes (c. trav. art. R. 2315-47).

En tout état de cause, l'expert remet son rapport au plus tard 15 jours avant l'expiration des délais de consultation du CSE *(voir § 1069)*.

Dans le cadre du recours à un expert-comptable lors d'une opération de concentration *(voir § 1075)*, l'expert remet son rapport dans un délai de 8 jours à compter de la notification de la décision de l'Autorité de la concurrence ou de la Commission européenne saisie du dossier.

Enfin, à défaut d'accord d'entreprise ou d'accord entre l'employeur et le CSE et lorsque l'expert a été sollicité par le CSE en dehors des cas énumérés plus haut *(voir § 1079)*, l'expert remet son rapport dans un délai de 2 mois à compter de sa désignation. Ce délai peut être renouvelé une fois par accord entre l'employeur et le CSE.

Droit d'alerte du CSE d'une entreprise d'au moins 50 salariés

1082 Le CSE dispose d'un « droit d'alerte », qui lui permet de contraindre l'employeur à lui fournir des explications lorsque la situation économique de l'entreprise apparaît préoccupante (c. trav. art. L. 2312-64 à L. 2312-67). Ce mécanisme est décrit dans la fiche consacrée aux procédures d'alerte *(voir § 1093)*.

Signalons que le CSE dispose d'un autre droit d'alerte, lorsque l'entreprise accroît de façon significative son recours aux contrats à durée déterminée, à l'intérim ou à des salariés « portés » (c. trav. art. L. 2312-70 et L. 2312-71).

Représentation du personnel dans les organes de direction

1083 Les développements qui précèdent portent essentiellement sur les obligations d'information et de consultation de l'employeur vis-à-vis du CSE. La représentation du personnel au sein des organes de direction est évoquée par ailleurs.

Signalons simplement que :
– deux membres (parfois quatre) du CSE assistent, avec voix consultative, à toutes les séances du conseil d'administration ou du conseil de surveillance *(voir § 294)* ;
– le CSE peut requérir l'inscription de projets de résolution à l'ordre du jour des assemblées *(voir § 695)* ;
– le conseil d'administration peut comporter des administrateurs élus par les salariés *(voir § 270)* et, dans les SA les plus grandes, des administrateurs représentant les salariés *(voir § 272)*.

21 Procédures d'alerte

§§

Alerte par les actionnaires minoritaires

Questions écrites des actionnaires

1085 Un ou plusieurs actionnaires représentant au moins 5 % du capital social peuvent, deux fois par exercice, poser par écrit des questions au président du conseil d'administration sur tout fait de nature à compromettre la continuité de l'exploitation. La réponse est communiquée au commissaire aux comptes, si la société en est dotée (c. com. art. L. 225-232).

Les actionnaires n'ont pas le pouvoir de s'adresser directement au conseil d'administration ou à l'assemblée, ils sont tenus d'adresser leur demande au président du conseil.

Réponse aux questions

1086 Le président du conseil d'administration (c. com. art. R. 225-164) :
– répond par écrit dans le délai de 1 mois aux questions écrites des actionnaires ;
– adresse, dans le même délai, copie de la question et de sa réponse au commissaire aux comptes, si la société en est dotée.

• **Questions avant l'assemblée.** D'autres questions écrites peuvent être posées par les actionnaires à compter de la convocation d'une assemblée sans condition de détention d'une quotité du capital et auxquelles il doit être répondu lors de l'assemblée *(voir §§ 769 à 771)*.

• **Questions préalables à l'expertise de gestion.** Des questions écrites doivent être posées avant toute demande d'expertise de gestion *(voir § 612)*.

Alerte par le commissaire aux comptes

Rôle du commissaire

1087 Lorsque la société est dotée d'un commissaire aux comptes *(voir § 950)*, celui-ci a un rôle de surveillance et d'alerte. Il lui appartient de mettre en œuvre une procédure d'alerte lorsqu'il relève des faits de nature à compromettre la continuité de l'exploitation (c. com. art. L. 234-1). Toutefois, lorsqu'une procédure de conciliation ou de sauvegarde a été engagée par les dirigeants de l'entreprise, le commissaire aux comptes n'a pas à déclencher cette procédure (c. com. art. L. 234-4).

La responsabilité des commissaires aux comptes ne peut être engagée en ce qui concerne les informations ou divulgations de faits dans le cadre de cette procédure (c. com. art. L. 821-37, al. 2).

Enfin, signalons qu'au-delà de la procédure d'alerte, en cas d'incertitude significative sur la continuité d'exploitation, le commissaire aux comptes en tire les conséquences dans son rapport d'audit (NEP 570, arrêté du 26 mai 2017, JO du 9 juin 2017 ; c. com. art. A. 823-18). Les mêmes faits de nature à compromettre la continuité d'exploitation peuvent ainsi aboutir (NI I « Les rapports du commissaire aux comptes sur les comptes annuels et consolidés » § 5.4 « Procédure d'alerte », décembre 2018) :
– d'une part, à mettre en œuvre la procédure d'alerte ;
– d'autre part, à attirer l'attention sur l'information donnée dans l'annexe dans la partie distincte du rapport relative à des incertitudes significatives liées à des événements ou à des circonstances susceptibles de mettre en cause la continuité d'exploitation ou à formuler un refus ou une impossibilité de certifier les comptes.

Dans les SA, la procédure d'alerte comporte quatre phases.

Le commissaire aux comptes a la possibilité d'interrompre ou de poursuivre ses diligences à chaque stade de la procédure d'alerte ; sa décision est conditionnée par les réponses reçues ou les mesures prises par l'organe concerné. Il peut, sous certaines conditions, reprendre la procédure au stade où il l'a arrêtée *(voir § 1092)*.

Première phase de la procédure : information du président

1088 Le commissaire aux comptes informe le président du conseil d'administration des faits de nature à compromettre la continuité d'exploitation au moyen d'un courrier recommandé AR (c. com. art. L. 234-1 et R. 234-1, al. 1er). Le président doit répondre par lettre recommandée AR dans les 15 jours qui suivent la réception du courrier du commissaire aux comptes (c. com. art. R. 234-1, al. 2). En fait, l'information du commissaire aux comptes aboutit à une demande d'explication par les dirigeants de la société.

Dans cette procédure propre aux SA, si la réponse faite au commissaire aux comptes est jugée satisfaisante et permet d'être assuré de la continuité de l'exploitation, la procédure d'alerte s'arrête à ce stade (sauf réouverture dans les 6 mois, *voir § 1092*) et personne n'en est informé.

• **Attention au délai de 15 jours.** La gravité de la situation ou encore les limites imposées par la loi ou les statuts au chef d'entreprise peuvent conduire celui-ci, pour répondre au commissaire aux comptes, à souhaiter obtenir l'avis du conseil d'administration ou de surveillance afin d'établir un projet de redressement. Cependant, ce processus ne doit pas conduire le chef d'entreprise à ne pas respecter le délai de 15 jours prévu par la loi.

En effet, la deuxième phase de la procédure d'alerte serait alors nécessairement engagée *(voir § 1089)*.

Cette deuxième phase débouche, au sein de la société, sur un cercle plus large d'organes de nature collégiale (conseil d'administration et comité social et économique, dès lors que la société a au moins 50 salariés) et sur l'information d'une autorité extérieure à la société (président du tribunal de commerce).

• **Contenu de la réponse.** Dans sa réponse, le dirigeant peut :
– soit contester la gravité de la situation (il reviendra alors au commissaire aux comptes d'examiner les arguments avancés et de vérifier qu'ils permettent de conclure que la continuité de l'exploitation n'est finalement pas remise en cause) ;
– soit exposer les mesures qu'il entend prendre pour remédier à une situation dont il ne conteste pas la gravité.

• **Alerte accélérée du tribunal.** Le commissaire aux comptes peut informer par tout moyen et sans délai le président du tribunal dès la première information faite au président du conseil d'administration ou au dirigeant, lorsque (c. com. art. L. 611-2-2, al. 1er) :
– l'urgence commande l'adoption de mesures immédiates ;
– et le dirigeant s'y refuse ou propose des mesures insuffisantes.

Dans ce cas, le commissaire aux comptes adresse au président du tribunal la copie de tous les documents utiles à cette information et lui expose les raisons qui l'ont conduit à constater l'insuffisance des décisions prises. À son initiative ou à la demande du président, il lui transmet également tout renseignement complémentaire de nature à lui donner une exacte information sur la situation économique et financière de l'entreprise. Enfin, il peut à tout moment demander à être entendu avec les dirigeants par le président du tribunal (c. com. art. L. 611-2-2, al. 2 à 4).

Deuxième phase de la procédure : défaut de réponse ou réponse non satisfaisante

1089 **À défaut de réponse dans le délai de 15 jours ou si celle-ci est jugée non satisfaisante, le commissaire aux comptes invite par écrit – dont copie est transmise au président du tribunal de commerce – le président du conseil d'administration à réunir le conseil d'administration afin qu'il délibère dans les 15 jours qui suivent sur les faits relevés. Le commissaire aux comptes est convoqué à cette séance** (c. com. art. L. 234-1, al. 2 et R. 234-2, al. 1).

La délibération du conseil d'administration est communiquée au président du tribunal de commerce et au comité social et économique. Dans le cadre de cette deuxième phase de la procédure, le commissaire aux comptes peut demander à être entendu par le président du tribunal de commerce (c. com. art. L. 234-1, al. 2).

L'invitation du commissaire aux comptes à faire délibérer le conseil d'administration est formulée par lettre recommandée AR dans les 8 jours qui suivent la réponse du président du conseil d'administration (ou la constatation de l'absence de réponse dans les délais). Une copie de cette invitation est adressée sans délai par le commissaire aux comptes au président du tribunal, par lettre recommandée AR (c. com. art. R. 234-2, al. 1).

Le président du conseil d'administration doit alors convoquer, dans les 8 jours qui suivent la réception de la lettre du commissaire aux comptes, le conseil d'administration en vue de le faire délibérer dans les 15 jours qui suivent la réception de cette lettre (c. com. art. R. 234-2, al. 2).

Un extrait du procès-verbal des délibérations est adressé au commissaire aux comptes, au CSE et au président du tribunal par lettre recommandée AR dans les 8 jours qui suivent la réunion du conseil (c. com. art. R. 234-2, al. 3).

Absence de secret professionnel envers le président du tribunal de commerce. Le commissaire aux comptes est délié du secret professionnel à l'égard du président du tribunal de commerce lorsqu'il met en application la procédure d'alerte (c. com. art. L. 821-35). Sa responsabilité ne peut être engagée pour les informations ou divulgations de faits dans le cadre de cette procédure *(voir § 1087)*.

Troisième phase de la procédure : convocation de l'assemblée

1090 La convocation de l'assemblée intervient dans l'une ou l'autre des situations suivantes :

– soit le conseil d'administration n'a pas été réuni pour délibérer sur les faits relevés ;
– soit le commissaire aux comptes n'a pas été convoqué à cette séance ;
– soit le commissaire aux comptes constate qu'en dépit des décisions prises, la continuité de l'exploitation demeure compromise.

Le commissaire aux comptes établit un rapport spécial qui est présenté à cette assemblée. Ce rapport est communiqué au comité social et économique (c. com. art. L. 234-1, al. 3).

L'invitation du commissaire aux comptes à faire délibérer l'assemblée sur les faits relevés est faite par lettre recommandée avec accusé de réception dans le délai de 15 jours à compter de la réception de la délibération du conseil ou de l'expiration du délai imparti pour celle-ci. Cette invitation est accompagnée du rapport spécial du commissaire aux comptes, qui est communiqué au comité social et économique par le président du conseil d'administration dans les 8 jours qui suivent sa réception (c. com. art. R. 234-3, al. 1).

• **Droit de communication des actionnaires.** Le rapport d'alerte figure au nombre des documents sur lesquels porte le droit de communication des actionnaires lors de leur convocation à l'assemblée annuelle ou à une assemblée extraordinaire (c. com. art. L. 225-115, R. 225-83, R. 225-88 et R. 225-89) *(voir §§ 626 et 634)*.

• **Carence du conseil d'administration.** En cas de carence du conseil d'administration, le commissaire aux comptes convoque l'assemblée générale dans un délai de 8 jours à compter de l'expiration du délai imparti et en fixe l'ordre du jour. Il peut, en cas de nécessité, choisir un lieu de réunion autre que celui éventuellement prévu par les statuts, mais situé dans le département. Dans tous les cas, les frais entraînés par la réunion de l'assemblée sont à la charge de la société (c. com. art. R. 234-3, al. 3).

Quatrième phase : en cas d'échec de la procédure d'alerte

1091 Si, à l'issue de la réunion de l'assemblée générale, le commissaire aux comptes constate que les décisions prises ne permettent pas d'assurer la continuité de l'exploitation, il en informe sans délai, par lettre recommandée avec accusé de réception, le président du tribunal de commerce (c. com. art. L. 234-1, al. 4).

Cette information comporte la copie de tous les documents utiles à l'information du président du tribunal ainsi qu'un exposé des raisons qui ont conduit le commissaire aux comptes à constater l'insuffisance des décisions prises (c. com. art. R. 234-4).

À ce stade, le commissaire aux comptes peut également demander à être entendu par le président du tribunal de commerce.

Reprise de la procédure d'alerte

1092 Dans les 6 mois du déclenchement de la procédure d'alerte, le commissaire aux comptes peut reprendre la procédure d'alerte au stade où elle a été précédemment arrêtée. Pour que la reprise soit possible, il faut (c. com. art. L. 234-1, dern. al.) :
– d'une part, qu'en dépit des éléments ayant motivé le commissaire aux comptes à mettre un terme à la procédure, la continuité de l'exploitation demeure compromise ;
– d'autre part, que l'urgence commande l'adoption de mesures immédiates.

Alerte par le CSE

Déclenchement de la procédure

1093 Dans les seules entreprises d'au moins 50 salariés, le comité social et économique (CSE) *(voir § 1060)* peut mettre en œuvre une procédure d'alerte – assez voisine de celle du commissaire aux comptes – pour des « faits de nature à affecter de manière préoccupante la situation économique de l'entreprise » (c. trav. art. L. 2312-63).

Au-delà des éléments comptables et financiers, les représentants du personnel peuvent invoquer des difficultés économiques telles qu'une baisse importante et durable des commandes, un fléchissement substantiel des investissements, un gonflement important et durable des stocks pouvant s'accompagner de plans de restructuration et de licenciement (rép. Dermaux n° 4136, JO 29 septembre 1986, AN quest. p. 335).

Le code du travail ne donne pas de liste des faits qui sont de nature à déclencher une alerte. Les juges ont précisé que le déclenchement d'une alerte n'implique pas nécessairement que la continuité de l'exploitation soit en cause (cass. soc. 19 février 2002, n° 00-14776, BC V n° 70) et n'est pas circonscrit à la seule prévention de difficultés économiques (cass. soc. 18 janvier 2011, n° 10-30126, BC V n° 26).

L'employeur peut saisir le juge d'une demande d'annulation de la procédure d'alerte et de la nomination d'un expert s'il estime celle-ci abusive.

Étape 1 : demande d'explications à l'employeur

1094 Lorsque le comité a connaissance de tels faits, il peut demander à l'employeur de lui fournir des explications ; cette demande est inscrite de droit à l'ordre du jour de la prochaine séance du CSE. Toutefois, des échanges entre l'employeur et les élus du CSE peuvent constituer la première étape du droit d'alerte économique. Les représentants du personnel peuvent donc passer à la deuxième étape sans nécessairement devoir inscrire ces échanges à l'ordre du jour (cass. soc. 12 septembre 2018, n° 17-18027 D).

Lorsque l'entreprise est dotée d'un CSE central et de CSE d'établissement, le droit d'alerte économique relève de la compétence exclusive du CSE central (cass. soc. 15 juin 2022, n° 21-13312 FB ; cass. soc. 18 janvier 2011, n° 10-30126, BC V n° 26). Toutefois une disposition plus favorable peut avoir été négociée ou être prévue par un usage (c. trav. art. L. 2312-4). Le périmètre d'exercice du droit d'alerte du CSE d'une filiale n'est pas nécessairement limité à cette seule filiale. Les demandes d'explications peuvent aussi concerner la société mère en cas de liens écono-

miques étroits entre les deux structures (cass. soc. 21 septembre 2016, n° 15-17658, BC V n° 175).

Le président du conseil d'administration communique au commissaire aux comptes les demandes d'explications formées par le CSE, les rapports adressés au conseil d'administration, ainsi que les réponses faites à cet organe (c. com. art. L. 234-3).

• **Absence de trouble.** L'employeur doit fournir les explications demandées en application de l'article L. 2312-63 du code du travail. La procédure d'alerte engagée par le CSE ne constitue pas un trouble manifestement illicite. Dès lors, le juge des référés ne peut considérer que l'engagement de cette procédure est infondé (cass. soc. 8 mars 1995, n° 91-16002, BC V n° 81).

• **Informations confidentielles.** Les informations concernant l'entreprise, communiquées en application de ce droit d'alerte, ont par nature un caractère confidentiel. Toute personne, qui y a accès en application de ces mêmes articles, est tenue à une obligation de discrétion à leur égard (c. trav. art. L. 2312-67).

Étape 2 : établissement d'un rapport

1095 **En cas de réponse insuffisante ou de réponse confirmant le caractère préoccupant de la situation, le CSE (ou, dans les entreprises d'au moins 1 000 salariés, la commission économique du CSE) établit un rapport qui est transmis à l'employeur et au commissaire aux comptes** (c. trav. art. L. 2312-63). **Ce rapport traite de la nécessité de saisir le conseil d'administration ou de surveillance** *(voir § 1096)*.

Expert-comptable du comité. Dans le cadre de la procédure d'alerte, le CSE, ou sa commission économique, peut se faire assister, une fois par exercice, d'un expert-comptable, convoquer le commissaire aux comptes et s'adjoindre avec voix consultative deux salariés de l'entreprise choisis en dehors du comité social et économique, pour leur compétence (c. trav. art. L. 2312-64) *(voir § 1079)*.

Étape 3 : saisine éventuelle du conseil d'administration ou de surveillance

1096 **Le rapport du CSE conclut en émettant un avis sur l'opportunité de saisir de ses conclusions le conseil d'administration ou de surveillance** (c. trav. art. L. 2312-65 et R. 2312-29). **Au vu de ce rapport, il appartient au comité de décider ou non de cette saisine à la majorité de ses membres présents (à l'exclusion des représentants syndicaux au CSE et des suppléants sauf s'ils remplacent les titulaires). Dans l'affirmative, l'avis de l'expert-comptable est joint à la saisine.**

La question doit être inscrite à l'ordre du jour de la prochaine séance du conseil d'administration ou de surveillance, à condition que celui-ci ait pu être saisi au moins 15 jours à l'avance. La réponse du conseil doit être motivée (c. trav. art. L. 2312-66).

Délai. Le conseil statue dans le mois de sa saisine. L'extrait du procès-verbal des délibérations du conseil, où figure la réponse motivée à la demande d'explication, est adressé au CSE dans le mois qui suit la réunion du conseil (c. trav. art. R. 2312-29).

Convocation par le président du tribunal de commerce

Convocation du dirigeant

1097 Lorsqu'il résulte de tout acte, document ou procédure qu'une société commerciale connaît des difficultés de nature à compromettre la continuité de l'exploitation, ses dirigeants peuvent être convoqués par le président du tribunal de commerce pour que soient envisagées les mesures propres à redresser la situation (c. com. art. L. 611-2, I, al. 1er).

Le président du tribunal de commerce du lieu du siège social fait convoquer le représentant légal de la société – dans une SA à conseil d'administration, le président-directeur général ou le directeur général – par lettre recommandée avec accusé de réception et par lettre simple, un mois au moins à l'avance. La convocation est accompagnée d'une note par laquelle le président du tribunal expose les faits qui ont motivé son initiative. Elle doit reproduire les termes des articles L. 611-2, R. 611-11 et R. 611-12 du code de commerce (c. com. art. R. 611-10).

Entretien privé

1098 L'entretien se tient hors la présence du greffier ; il donne lieu à l'établissement, par le président du tribunal, d'un procès-verbal qui ne mentionne que la date et le lieu de l'entretien, ainsi que l'identité des personnes présentes. Il est signé par ces dernières et par le président du tribunal (c. com. art. R. 611-11, al. 1er).

Si le dirigeant de la société ne répond pas à la convocation, un procès-verbal de carence est dressé le jour même par le greffier. Une copie du procès-verbal est notifiée sans délai par le greffier au dirigeant convoqué par le biais d'une lettre recommandée avec accusé de réception (c. com. art. R. 611-11, al. 2).

- **Pas d'audience publique.** Le juge des référés ne peut pas faire convoquer le représentant légal de la personne morale à une audience publique, l'entretien devant conserver une certaine confidentialité (CA Versailles 26 janvier 1995, Gaz. Pal. 1995.I, somm. 71).

- **Dépôt au greffe du procès-verbal.** Le procès-verbal de l'entretien, ou celui de carence, est déposé au greffe (c. com. art. R. 611-11, dern. al.).

Demande de renseignements

1099 Dès l'envoi de la convocation à l'entretien, le président du tribunal peut, nonobstant toute disposition législative ou réglementaire contraire, obtenir communication, par le commissaire aux comptes, les membres du comité social et économique, les administrations publiques, les organismes de sécurité et de prévoyance sociales, ainsi que les services chargés de la centralisation des risques bancaires et des incidents de paiement, des renseignements de nature à lui donner une exacte information sur la situation économique et financière de la société (c. com. art. L. 611-2, I, al. 2).

Le président du tribunal dispose de 3 mois à compter de la date d'envoi de la convocation, pour demander ces renseignements. Cette demande doit être accompagnée de la copie de la lettre de convocation adressée au dirigeant et de la note explicative établie par le président du tribunal de commerce *(voir § 1097)* (c. com. art. R. 611-12, al. 1).

• **Délai de communication des renseignements.** Si la demande est présentée dans les formes et délais indiqués ci-avant, les personnes et organismes interrogés doivent communiquer les renseignements réclamés dans le délai de 1 mois. Dans le cas contraire, ils ne sont pas tenus d'y répondre (c. com. art. R. 611-12, al. 2).

• **Levée du secret professionnel.** Il y a levée du secret professionnel vis-à-vis du président du tribunal de commerce pour les personnes ou organismes interrogés dans ce cadre.

Actions et moyens de financement

22 Actions

Différentes sortes d'actions

Nature des actions

1100 Les actions et autres titres émis par les sociétés par actions sont classés parmi les instruments financiers (c. mon. et fin. art. L. 211-1). Elles sont, par ailleurs, soumises aux règles générales applicables aux valeurs mobilières quant aux règles d'inscription en compte et de transmission par simple virement de compte à compte *(voir §§ 1123 à 1125)*.

L'action permet à l'actionnaire de participer aux assemblées et lui confère un droit de créance sur les dividendes futurs, le droit préférentiel de souscription en cas d'augmentation de capital et le boni de liquidation quand il existe.

Parts de fondateur. L'émission de parts bénéficiaires ou de parts de fondateur est interdite, à peine de nullité. Toutefois, les parts émises avant le 1er janvier 1967 demeurent régies par la loi du 23 janvier 1929 (c. com. art. L. 228-4).

Actions de numéraire et actions d'apport

1101 **Les actions de numéraire sont celles dont le montant est libéré en espèces ou par compensation de créance, celles qui sont émises suite à une incorporation au capital de réserves, bénéfices ou primes d'émission et celles dont le montant résulte, pour partie, d'une incorporation de réserves, bénéfices ou primes d'émission et, pour partie, d'une libération en espèces. Ces dernières doivent être intégralement libérées lors de la souscription.**

Toutes autres actions sont des actions d'apport (c. com. art. L. 225-3 et L. 228-7 ; c. mon. et fin. art. L. 212-1).

Les actions en numéraire doivent demeurer en la forme nominative jusqu'à leur entière libération sous peine de nullité (c. com. art. L. 228-9).

• **Intérêts de la distinction.** La distinction « actions de numéraire - actions d'apport » demeure importante :
– ces deux catégories d'actions obéissent à des règles différentes en ce qui concerne leur libération *(voir § 101)* ;
– les actions d'apport sont négociables tout comme les actions de numéraire mais en pratique un délai fiscal est à prendre en considération : dans bien des cas, les apports en nature auront donné lieu à une exonération des droits d'apport ou de mutation à condition que l'apporteur s'engage à conserver pendant 3 ans les titres reçus *(voir § 135)*. La rupture de cet engagement expose à un coûteux complément de droits ;
– les actions d'apport donnent lieu à une procédure spéciale de vérification par un commissaire désigné en justice.

• **Apports en industrie.** Les actions de SA ne peuvent représenter des apports en industrie (c. com. art. L. 225-3).

Actions ordinaires et actions de préférence

▸ Actions de préférence

1102 **Toutes les actions d'une même société ne donnent pas nécessairement à leurs propriétaires des droits égaux dans les distributions de bénéfices, dans la répartition de l'actif disponible en cas de liquidation ; certaines actions peuvent conférer des droits extra-patrimoniaux privilégiés. On se trouve alors en présence de deux catégories d'actions : les actions ordinaires et les actions de préférence** *(voir §§ 1200 à 1217)*. **Seule la création d'actions de préférence permet de conférer des droits spécifiques à son titulaire par rapport aux actions dites « ordinaires ».**

▸ Actions avec ou sans droit de vote

1103 **Dans les SA, seule la création d'actions de préférence peut permettre la suspension ou la suppression des droits de vote ; mais les actions de préférence privées de droit de vote ne peuvent représenter plus de la moitié du capital social** *(voir § 1205)*.

Actions de capital et actions de jouissance

1104 **Les actions de jouissance sont celles dont le capital a été intégralement amorti** (c. com. art. L. 225-198), **c'est-à-dire remboursé à leurs propriétaires à l'aide de prélèvements sur les bénéfices ou sur les réserves de la société, qui perdent en contrepartie leur droit au remboursement du nominal ou de leur apport lors de la dissolution. Malgré cet amortissement, le capital reste entier et c'est le compte « réserves » ou « résultats » qui est affecté par cette opération. Celle-ci peut permettre à une société disposant de capitaux propres suffisants de rembourser par anticipation des actionnaires minoritaires.**

Les actions de jouissance sont créées à la suite d'une opération d'amortissement du capital. Celui-ci est effectué en vertu d'une stipulation statutaire ou d'une décision de l'assemblée générale extraordinaire et au moyen des sommes distribuables au sens de l'article L. 232-11 du code de commerce (c. com. art. L. 225-198)**.**

Les droits des actions de jouissance restent les mêmes que ceux des actions de capital, à l'exception :
– du droit au premier dividende statutaire correspondant à l'intérêt du capital remboursé ;
– du droit au remboursement du capital ou de la fraction de capital remboursée, en cas de liquidation (c. com. art. L. 225-199)**.**

• **Conversion en actions de capital.** L'assemblée générale extraordinaire des actionnaires, lorsque le capital est divisé soit en actions de capital et en actions amorties totalement ou partiellement, soit en actions inégalement amorties, peut décider la conversion en actions de capital des actions totalement ou partiellement amorties (c. com. art. L. 225-200).

Deux procédés sont admis pour réaliser cette conversion :
– un prélèvement obligatoire sur la part des profits sociaux revenant aux actions de jouissance après paiement, pour les actions partiellement amorties, du premier dividende s'il en existe un (c. com. art. L. 225-200, al. 2) ;
– un versement dans la caisse sociale, par les propriétaires des actions amorties, du montant des sommes qu'ils ont perçues lors de l'amortissement, augmenté s'il y a lieu du premier dividende (c. com. art. L. 225-201).

• **Amortissement du capital en présence d'actions de préférence.** En cas d'amortissement du capital, l'assemblée générale extraordinaire détermine les incidences de ces opérations sur les droits des porteurs d'actions de préférence. Ces incidences peuvent également être constatées dans les statuts (c. com. art. L. 228-16, al. 2) *(voir § 1210, rubrique « Présence de valeurs mobilières donnant accès au capital »)*.

• **Amortissement de capital et stock-options.** L'amortissement ou la réduction de capital figurent au nombre des opérations sensibles entraînant la protection des bénéficiaires d'options.

• **Amortissement du capital interdit en présence de valeurs mobilières donnant accès au capital.** À dater de l'émission de valeurs mobilières donnant accès au capital, la société appelée à attribuer les titres et donc des actions ne peut amortir son capital sauf si elle y a été autorisée par le contrat d'émission ou par une décision spéciale des porteurs de ces valeurs mobilières et sous réserve de prendre les dispositions nécessaires au maintien de leurs droits (c. com. art. L. 228-98, al. 2). Si la société a déjà émis des actions à dividende prioritaire sans droit de vote, elle ne peut procéder à l'amortissement de son capital tant que ces actions n'ont pas été rachetées et annulées (c. com. art. L. 228-35-9, al. 2).

• **Régime fiscal.** Les remboursements d'apport ne sont pas imposables au titre des revenus distribués, mais cette exonération ne s'applique que si tous les bénéfices et les réserves autres que la réserve légale ont été auparavant distribués, ce qui est rare. Dès lors, la somme perçue par l'actionnaire au titre du remboursement anticipé de son apport sera souvent imposable pour son montant intégral.

Actions nominatives et actions au porteur

1105 Les actions des SA non cotées revêtent, en principe, la forme nominative ; les statuts peuvent l'imposer (c. com. art. L. 228-1, al. 3 ; c. mon. et fin. art. L. 212-3).

Toutefois, si les actions d'une SA sont admises aux opérations d'un dépositaire central (Euroclear France), elles peuvent être inscrites dans un compte-titres tenu par un intermédiaire financier habilité (établissement de crédit, entreprise d'investissement) sauf décision contraire de l'émetteur (c. mon. et fin. art. L. 211-7 et R. 211-2). Elles sont alors au porteur.

Notons que, depuis le 3 juin 2023, peuvent également être au porteur les titres inscrits par une infrastructure de marché DLT (Distributed Ledger Technology) dans un dispositif d'enregistrement électronique partagé, dit « DEEP » (c. com. art. R. 211-2 modifié par le décret 2023-421 du 31 mai 2023) (*voir § 1123, exergue « Titres financiers numériques »*).

Sur l'inscription en compte des actions, voir le paragraphe *1123*.

Privation du droit de vote. Si les actions devant revêtir la forme nominative ne sont pas inscrites en compte chez la société émettrice (ou un intermédiaire habilité) dans le délai de 6 mois, leurs détenteurs sont privés du droit de vote et du droit aux dividendes tant qu'ils n'ont pas demandé l'inscription de ces actions en compte nominatif (c. mon. et fin. art. L. 212-3, II). Cette suspension du droit de vote et du droit aux dividendes vaut jusqu'à régularisation de la situation. Tout vote émis ou tout versement de dividende effectué pendant la suspension est nul d'office (c. com. art. L. 225-109).

Valeur nominale des actions

Différence avec la valeur réelle

1106 La valeur nominale d'une action constitue la part du capital social que représente chaque action. Cette valeur ne doit pas être confondue avec la valeur réelle ou économique du droit de l'actionnaire : c'est pourquoi on utilise alors d'autres expressions comme « valeur boursière », « valeur liquidative », « valeur de convenance », etc.

Montant nominal des actions

▸ Fixation statutaire facultative de la valeur nominale

1107 Le montant nominal des actions ou coupures d'actions peut être fixé par les statuts. Cette option s'applique alors à toutes les émissions d'actions (c. com. art. L. 228-8).

Les signataires des statuts sont libres non seulement de fixer le montant de la valeur nominale des actions mais aussi de la mentionner ou non dans les statuts.

Lorsque les actionnaires mentionnent une valeur nominale des actions, celle-ci doit être arrondie au centime d'euro près.

En cours de vie sociale, les actionnaires réunis en assemblée générale extraordinaire peuvent rétablir, ou supprimer, dans les statuts la valeur nominale de toutes les actions selon l'option prise à l'origine. Cette décision entraîne une modification statutaire assortie du dépôt en un exemplaire du procès-verbal de l'AGE et des statuts mis à jour (pas d'insertion dans un support d'annonces légales). Cette décision vaut pour toutes les actions émises et celles qui le seront ultérieurement.

Le « pour » et le « contre » une fixation de la valeur nominale. Fixer le montant nominal des actions dans les statuts a le mérite de la clarté pour le suivi des droits et obligations des actionnaires : la solution traditionnelle donne instantanément les repères nécessaires en cas de réduction ou d'augmentation de capital ou encore lorsque certaines actions ne sont pas intégralement libérées. En pratique, bon nombre de sociétés ont maintenu une valeur nominale aux titres sociaux.

Fixer le montant nominal des actions dans les statuts a l'inconvénient d'un certain manque de souplesse et d'aller au-delà de ce qu'exige la loi.

▸ Notion de « pair »

1108 En divisant le montant du capital par le nombre d'actions émises, on obtient le pair qui représente la quotité de capital attachée à chaque action. En l'absence de valeur nominale des actions, chaque action est égale au pair.

Il est impossible d'émettre des actions en dessous du pair. Le capital doit être intégralement souscrit et, dans le cas d'actions de numéraire libérées seulement du quart ou de la moitié, le conseil d'administration doit, sauf réduction de capital, procéder aux appels de fonds pour réaliser la libération intégrale du capital dans le délai légal, à peine de mise en œuvre de la procédure d'injonction *(voir § 1112)* ; quant aux actions d'apport, elles doivent être intégralement libérées *(voir § 101)*.

Augmentation de capital. Lors de toute opération d'augmentation de capital par apport en numéraire, il est nécessaire de déterminer la quotité du capital représentée par chaque action existante. Ce calcul du pair permettra en effet de ventiler le prix de souscription entre la partie attachée au capital et celle liée à la prime d'émission. Très souvent, pour permettre que le montant du capital soit arrondi, le conseil d'administration est autorisé à incorporer une partie de la prime d'émission nécessaire.

Regroupement des actions

▸ But poursuivi

1109 Le regroupement d'actions est une opération permettant de réduire le nombre d'actions dans un but de simplification des opérations sur les titres et de réduction de coût (ex. : 10 actions de 10 € regroupées en une action de 100 €) (c. com. art. L. 228-29-1 à L. 228-29-7).

L'opération de regroupement peut obliger certains actionnaires, qui ne possèdent pas un nombre d'actions suffisant pour obtenir les actions nouvelles, à vendre ou à acheter les actions formant « rompus ». Les actions non cotées ayant une valeur nominale inférieure ou égale à un montant de 3,81 € peuvent être regroupées, nonobstant toute disposition législative ou statutaire contraire (c. com. art. L. 228-29-1 et R. 228-27). Par ailleurs, la valeur nominale des actions regroupées ne doit pas dépasser 15,25 € (c. com. art. R. 228-27).

À l'expiration d'un délai de 2 ans, les actions non présentées en vue de leur regroupement perdent leur droit de vote, et leur droit au dividende est suspendu (c. com. art. L. 228-29-3 et R. 228-30).

▸ Engagement et prise de décision

1110 Le regroupement des actions non cotées est effectué sur proposition du conseil d'administration et sur décision de l'AGE statuant dans les conditions prévues pour les modifications statutaires. Les regroupements comportent l'obligation, pour les actionnaires, de procéder aux achats ou aux cessions nécessaires pour réaliser le regroupement. Avant la décision de l'AGE, la société doit obtenir d'un ou de plusieurs actionnaires (dans une société fermée, ce seront les majoritaires) l'engagement de servir, au prix fixé par l'assemblée, la contrepartie tant à l'achat qu'à la vente portant sur les rompus (s'il en existe) ou des demandes tendant à compléter le nombre de titres appartenant à chacun des actionnaires intéressés (c. com. art. L. 228-29-2).

Les commissaires aux comptes donnent, dans un rapport spécial à l'assemblée, leur avis sur l'opération de regroupement. Ce rapport doit indiquer si le prix proposé leur paraît réel et sérieux et si les engagements pris pour les rompus leur paraissent de nature à assurer en toute hypothèse la contrepartie prévue à l'article L. 228-29-2 du code de commerce. L'assemblée générale fixe les bases du regroupement et arrête le prix prévu (c. com. art. R. 228-28).

Les engagements pris par des actionnaires relatifs aux rompus sont portés à la connaissance de l'assemblée par le conseil d'administration et sont reproduits dans le rapport des commissaires aux comptes (c. com. art. R. 228-29). Si les engagements ne sont pas remplis, les opérations de regroupement peuvent être annulées. Dans ce cas, les achats et les ventes de rompus peuvent être annulés à la demande des actionnaires qui y ont procédé ou de leurs ayants cause, à l'exception des actionnaires défaillants, sans préjudice de tous dommages et intérêts s'il y a lieu (c. com. art. L. 228-29-6) ; les actions en nullité se prescrivent par 5 ans à l'expiration du délai de 2 ans (c. com. art. R. 228-32).

Lorsqu'une société dont les statuts prévoient l'attribution du droit de vote double décide de réunir une AGE afin de regrouper des actions, que ce regroupement d'actions est régulièrement décidé par les actionnaires et que ceux-ci ont l'obligation de procéder aux achats et cessions de titres nécessaires, l'action nouvelle résultant de l'achat d'un « rompu » ne remplit plus la condition d'ancienneté prévue par les statuts pour bénéficier du droit de vote double. Il n'y a aucune raison de réunir l'assemblée spéciale des porteurs de droits de vote double, quelle que soit l'importance du rapport d'échange (ANSA, n° 12-056, septembre 2012).

• **Droits du porteur d'un simple rompu.** Le porteur d'un simple rompu n'est pas un actionnaire ; il ne peut donc plus bénéficier des droits de vote et aux dividendes (ANSA, CJ 1er février 2012, 12-014). Mais il peut agir en justice en tant qu'actionnaire à l'encontre de l'opération ayant décidé l'échange d'actions qui est à l'origine de la naissance de ces droits et jusqu'à l'issue de la prescription. En effet, avant la prise d'effet de cet échange, le titulaire de rompus est bien un actionnaire pouvant agir en cette qualité. Après cette prise d'effet, le titulaire de rompus n'est plus qu'un créancier pouvant agir en justice pour la défense de ses droits conformément au droit commun (ANSA, CJ 4 avril 2012, 12-027).

• **Délai supplémentaire pour rachat de rompus.** Les actionnaires qui ont pris l'engagement concernant les rompus disposent, pour procéder au regroupement de leurs actions, d'un délai supplémentaire de 1 mois à compter de l'expiration du délai de 2 ans (c. com. art. R. 228-30).

• **Publication au BALO et début des opérations de regroupement.** Les décisions des assemblées générales des actionnaires relatives au regroupement d'actions sont publiées au Bulletin des annonces légales obligatoires (BALO). Cette publication indique notamment la date à laquelle débuteront les opérations de regroupement ; cette date est postérieure de 15 jours au moins à celle de la publication (c. com. art. R. 228-31).

Libération des actions

Appels de fonds

▸ Appels de fonds par le conseil d'administration

1111 L'appel du non-versé est effectué à la diligence du conseil d'administration aux dates fixées par cet organe.

Le conseil n'a aucune justification à fournir pour procéder aux appels de fonds et il est tenu d'y procéder dans le délai maximal de 5 ans de l'immatriculation ou de la décision définitive d'augmentation du capital sous peine de mise en œuvre de la procédure d'injonction de faire *(voir § 1112)*. En pratique, la décision interviendra avant le délai légal de 5 ans, de façon que les actionnaires puissent verser les fonds avant cette échéance.

Les délais et fractions appelés seront, sauf accord unanime des actionnaires, identiques pour tous les actionnaires. En pratique, chaque actionnaire concerné sera informé par lettre recommandée avec AR des appels de fonds, des délais et des sommes à verser ; la lettre précisera qu'à défaut de paiement dans le délai imparti les sommes dues seront de plein droit productives d'intérêts au taux prévu par les statuts ou, à défaut, au taux légal *(voir § 1118)*.

▸ Injonction de faire

1112 Lorsqu'il n'a pas été procédé dans un délai légal aux appels de fonds pour réaliser la libération intégrale du capital, tout intéressé peut demander au président du tribunal statuant en référé (c. civ. art. 1843-3) :
– soit d'enjoindre sous astreinte aux administrateurs et dirigeants de procéder à ces appels de fonds ;
– soit de désigner un mandataire chargé de procéder à la libération du capital au lieu et place des organes défaillants.

▸ Responsabilités civile et pénale des dirigeants

1113 En toute hypothèse, le président qui ne procéderait pas aux appels de fonds dans le délai de 5 ans à compter soit de la date d'immatriculation, soit du jour où l'augmentation de capital est devenue définitive engagerait sa responsabilité civile pour violation de la loi. Et, passé le délai de 5 ans et à défaut de décision d'appel de fonds, le commissaire aux comptes, s'il en a été désigné un, devrait révéler au procureur de la République ce fait délictueux.

Le fait, pour les fondateurs, le président, les administrateurs ou les directeurs généraux d'une SA, d'émettre ou de négocier des actions ou des coupures d'actions, sans que les actions de numéraire aient été libérées à la souscription de la moitié au moins ou sans que les actions d'apport aient été intégralement libérées avant l'immatriculation de la société au RCS, est puni d'une amende de 150 000 € (c. com. art. L. 242-1).

Société en déficit. Le dirigeant commet une faute de gestion s'il ne sollicite pas la libération du solde du capital alors que la société est en déficit. Il prend le risque d'être condamné à combler le passif de la société si celle-ci est finalement mise en liquidation judiciaire (cass. com. 16 octobre 2001, n° 98-12568).

Libération des actions par l'actionnaire

▸ Modalités de paiement des versements complémentaires

1114 Les versements complémentaires interviennent, en ce qui concerne la constitution, aux dates fixées par le conseil d'administration (c. com. art. L. 225-3, al. 2 sur renvoi de l'art. L. 225-12). Dans le cas d'une augmentation de capital, ils interviennent aux dates fixées par les statuts ou par l'assemblée générale extraordinaire des actionnaires (c. com. art. L. 225-144).

La libération des actions s'opère normalement par des versements en espèces.

Une libération par compensation est aussi possible lorsque l'appel de fonds aura eu lieu, la dette devenant exigible (c. com. art. L. 225-128). Cette compensation légale sera faite avec les créances que l'associé détient envers la société et qui sont inscrites en compte courant dès lors que les sommes ne sont pas bloquées. Aussi, l'actionnaire qui entend se libérer par compensation avec son compte courant ne signera pas une convention de blocage de son compte.

Lorsque la société fait l'objet d'une procédure collective (sauvegarde, redressement ou liquidation judiciaire), ses actionnaires ne peuvent plus invoquer une compensation (légale ou judiciaire) après le jugement d'ouverture de la procédure. Avant l'ouverture de la procédure, un actionnaire peut faire valoir une compensation mais celle-ci pourra être annulée lorsqu'elle intervient pendant la période suspecte précédent l'ouverture d'une procédure de redressement ou de liquidation judiciaire *(voir exergue « Période suspecte » ci-dessous)*.

- **Période suspecte.** Le remboursement d'un compte courant au cours de la « période suspecte » (c'est-à-dire, avant le jugement d'ouverture d'un redressement ou d'une liquidation judiciaire mais après la date de cessation des paiements) est annulable dans la mesure où l'associé, en même temps dirigeant de la société, ne peut ignorer la situation financière à la date du remboursement (cass. com. 29 mai 2001, n° 98-16142) ; d'une façon plus générale, toute compensation au cours de la période suspecte pourra être annulée dans la mesure où l'actionnaire avait connaissance de la cessation des paiements (c. com. art. L. 632-2).

- **Compensation judiciaire.** Après le jugement d'ouverture d'une procédure collective, la compensation judiciaire ne peut plus être invoquée car il n'existe pas de connexité entre la créance de compte courant, née du prêt consenti à la société par l'actionnaire, et sa dette envers la société dérivant du contrat de société par lequel il s'est obligé à libérer son apport en numéraire (cass. com. 20 mai 1997, n° 95-15298 ; cass. com. 18 janvier 2000, n° 97-14362).

- **Augmentation de capital : libération par compensation.** La libération par compensation fait l'objet d'un arrêté de compte établi par le conseil d'administration et certifié par le commissaire aux comptes (c. com. art. R. 225-134) *(voir § 1376)*. Les libérations d'actions par compensation sont constatées par un certificat du notaire ou du commissaire aux comptes de la société, ou, s'il n'en a pas été désigné, d'un commissaire aux comptes désigné à cet effet (c. com. art. L. 225-146, al. 2).

- **Retrait d'un actionnaire.** Chaque associé est débiteur envers la société de tout ce qu'il a promis de lui apporter en nature, en numéraire ou en industrie (c. civ. art. 1843-3, al. 1). En conséquence, l'associé qui se retire de la société reste tenu de payer sa part du capital social non libéré (cass. civ., 3e ch., 17 janvier 2019, n° 17-22070 à propos d'une société civile mais transposable à la SA).

▸ Exigibilité du capital

1115 Sauf clause contraire des statuts, l'actionnaire ne peut se libérer avant l'appel de fonds. Lorsque les statuts autorisent des libérations par anticipation, les versements ainsi effectués ont fondamentalement le caractère d'apports et non pas de simples sommes versées en dépôt.

Le capital social non libéré devient immédiatement exigible dès l'ouverture de la procédure collective (de sauvegarde, de redressement ou de liquidation judiciaire) ouverte à l'égard de la société (c. com. art. L. 624-20, applicable au redressement et liquidation judiciaires sur renvoi de L. 631-18, al. 1 et L. 641-14, al. 1) et il est donné qualité au mandataire judiciaire (ou au liquidateur) pour agir à l'égard de l'associé défaillant (c. com. art. L. 622-20, al. 2, L. 631-14, al. 1 et L. 641-4, al. 4). Celui-ci met en demeure l'actionnaire défaillant par lettre recommandée avec demande d'avis de réception. Cette lettre reproduit les dispositions de l'article L. 624-20 du code de commerce (c. com. art. R. 624-17 et R. 641-35, al. 2).

Entreprise en difficulté. Le commissaire à l'exécution du plan n'est pas, pour sa part, compétent pour exiger d'un actionnaire qu'il libère ses apports en cas de cession des actifs de la société, cette demande incombe à son liquidateur amiable ou à un mandataire ad hoc (cass. com. 12 octobre 2004, n° 02-16762).

Défaillance de l'actionnaire

▸ Mise en demeure

1116 À défaut pour l'actionnaire de libérer aux époques fixées par le conseil d'administration les sommes restant à verser sur le montant des actions souscrites par lui, la société lui adresse une mise en demeure par lettre recommandée avec demande d'avis de réception (c. com. art. L. 228-27 et R. 228-24, al. 1).

Préalable à toute action. La mise en demeure est un préalable à toute poursuite de la société envers l'actionnaire défaillant ; passé le délai de 30 jours la société pourra mettre en œuvre la procédure de vente des actions *(voir § 1121)* et elle opposera à l'actionnaire la déchéance provisoire de ses droits *(voir § 1117)*.

▸ Privation du droit de vote et suspension des dividendes

1117 À l'expiration du délai de 30 jours à compter de la mise en demeure, les actions non libérées cessent de donner droit de prendre part aux assemblées et de voter ; elles sont provisoirement privées du droit aux dividendes et du droit préférentiel de souscription (c. com. art. L. 228-29 et R. 228-26).

• **Calcul de la majorité.** Les actions privées du droit d'accès et de vote aux assemblées ne seront pas retenues pour le calcul de la majorité et celui du quorum.

• **Suspension du droit aux dividendes.** À l'expiration du délai de 30 jours après la mise en demeure, les actions non libérées sont provisoirement privées du droit aux dividendes et du droit préférentiel de souscription en cas de décision d'augmentation du capital.

C'est seulement après paiement des sommes dues, en principal et en intérêts, que l'actionnaire peut demander le versement des dividendes non prescrits ; mais il ne peut exercer une action du chef du droit préférentiel de souscription à une augmentation de capital après l'expiration du délai fixé pour l'exercice de ce droit.

En pratique, préalablement à une augmentation de capital, le capital doit être libéré et la sanction de privation temporaire du droit préférentiel de souscription semble difficilement applicable.

▸ **Intérêts moratoires**

1118 L'actionnaire qui est défaillant devient de plein droit et, sans demande, débiteur des intérêts de cette somme à compter du jour où elle devait être payée (c. civ. art. 1843-3, al. 5).

Les statuts peuvent fixer le taux d'intérêt exigible en cas de non-versement à la date prévue. À défaut, l'intérêt légal sera exigible dès la date prévue par le conseil d'administration pour le paiement.

Dommages et intérêts. Les associés défaillants peuvent aussi être condamnés à des dommages et intérêts (c. civ. art. 1843-3).

▸ **Actions en justice**

1119 La société peut poursuivre en justice l'actionnaire en paiement des sommes dues. Le plus souvent, elle utilisera la procédure spéciale de « l'exécution » (c. com. art. L. 228-27 à L. 228-29). Cette procédure permet, après une mise en demeure restée sans effet pendant 1 mois, de poursuivre sans aucune autorisation de justice la vente des actions.

Cession des actions non libérées : solidarité des cessionnaires successifs

1120 Lorsque l'action est cédée avant son entière libération, la cession ne libère pas le souscripteur de son engagement, qui reste tenu pendant un délai de 2 ans après la date d'inscription des actions au nom du cessionnaire ; il en est de même pour le cessionnaire s'il vient à son tour à céder l'action non libérée. Le souscripteur initial et les cessionnaires successifs sont tenus solidairement entre eux du montant non libéré des actions. Si un des cessionnaires désintéresse la société, il dispose d'un recours pour le tout contre les titulaires successifs de l'action ; la charge définitive de la dette incombe au dernier d'entre eux sous réserve de la prescription (c. com. art. L. 228-28).

Mise en œuvre de la procédure de vente des actions non libérées

▸ **Vente des actions**

1121 Un mois après la mise en demeure demeurée sans effet *(voir § 1116)*, la société poursuit, sans aucune autorisation de justice, la vente des actions (c. com. art. L. 228-27, al. 2).

La vente des actions est effectuée aux enchères publiques par un prestataire de services d'investissement (souvent un établissement de crédit agréé) ou par un notaire et ce, nonobstant toute disposition statutaire contraire (c. mon. et fin. art. L. 211-21).

À cet effet, la société publie dans un support d'annonces légales du département du siège social, 30 jours au moins après la mise en demeure, le nombre des actions mises en vente.

Elle avise le débiteur et, le cas échéant, ses codébiteurs de la mise en vente, par lettre recommandée contenant les indications de la date et du numéro du support dans lequel la publication a été effectuée. Il ne peut être procédé à la mise en vente des actions moins de 15 jours après l'envoi de la lettre recommandée (c. com. art. L. 228-27, al. 3 et R. 228-24, al. 2).

Rédaction du cahier des charges. La rédaction du cahier des charges incombe au notaire par le ministère duquel est effectuée la mise en vente. Ce dernier demandera à la société les documents qui lui sont nécessaires : statuts, justification de l'immatriculation au RCS, procès-verbal de l'assemblée ayant décidé l'augmentation de capital, procès-verbal du conseil d'administration ayant décidé l'appel du non-versé, certificat du dépositaire des fonds, liste des souscripteurs, copie des lettres recommandées avisant de l'appel des fonds, copie de la lettre recommandée de mise en demeure, etc.

▸ **Conséquences de la vente**

1122 L'inscription en compte de l'actionnaire défaillant chez la société émettrice est annulée de plein droit : il perd définitivement tous ses droits d'actionnaire. L'acquéreur est inscrit dans les comptes de la société émettrice et de nouvelles attestations indiquant la libération des versements appelés et portant la mention « duplicatum » sont délivrées. L'acquéreur devient actionnaire et doit verser les sommes non encore appelées.

Le produit net de la vente revient à la société à due concurrence et s'impute sur ce qui est dû en principal et intérêts par l'actionnaire défaillant et ensuite sur le remboursement des frais exposés par la société pour parvenir à la vente. L'actionnaire défaillant reste débiteur ou profite de la différence (c. com. art. R. 228-25).

Inscription en compte des actions

Conditions

1123 Les actions autres que les SICAV, SPPICAV et SPPPICAV qui ne sont pas admises sur un marché réglementé ou sur un système multilatéral de négociation revêtent, en principe, la forme nominative (c. mon. et fin. art. L. 212-3, I).

L'inscription en compte des actions est réservée à la SA émettrice. Cette mise au nominatif et l'inscription en compte chez la société émettrice (ou un intermédiaire habilité) doivent être satisfaites dans un délai de 6 mois à compter de la date (c. mon. et fin. art. L. 212-3, II) :
- d'émission des actions concernées ;
- de la cessation d'admission des actions aux opérations d'un dépositaire central.

Les actions ne sont matérialisées que par une inscription au compte de leur propriétaire. Le transfert de propriété des actions résulte de leur inscription au compte de l'acheteur *(voir § 1239)*.

Toutes les actions (et valeurs mobilières) doivent être inscrites dans un compte. Pour les actions nominatives, les comptes sont tenus par la SA émettrice au nom du propriétaire des actions (c. mon. et fin. art. L. 211-7). Le compte-titres est ouvert au nom des propriétaires des actions qui y sont inscrites (c. mon. et fin. art. L. 211-4).

Depuis le décret 2018-1226 du 24 décembre 2018, les actions peuvent également être inscrites sur un dispositif d'enregistrement électronique partagé, dit « DEEP ». Le DEEP a pour objet de retranscrire, sur un support électronique, l'ensemble des émissions et des cessions de titres financiers (titres de capital ou de créance en ce qui concerne les SA). Ainsi, ce mode d'inscription constitue une alternative à l'inscription en compte des actions. Pour ce faire, la SA devra notamment mettre en conformité ses logiciels pour installer le DEEP, respecter les dispositions concernant le traitement des données à caractère personnel (règlt UE 2016/679 du 27 avril 2016 ou « RGPD ») et modifier ses statuts pour y inclure la possibilité de recourir à un DEEP. Le DEEP doit garantir l'enregistrement et l'intégrité des inscriptions et permettre, directement ou indirectement, d'identifier

les propriétaires des titres, la nature et le nombre de titres détenus (c. mon. et fin. art. R. 211-9-7, modifié par le décret 2023-421 du 31 mai 2023).

Par ailleurs, la société tient à jour la liste des personnes titulaires d'actions nominatives, avec l'indication du domicile déclaré par chacune d'elles (c. com. art. R. 228-7). **Lorsque le titulaire des actions assure lui-même la gestion de ses titres et exerce personnellement auprès de la société émettrice tous les droits attachés à ces titres, ces derniers sont qualifiés de titres « nominatifs purs » ; mais l'actionnaire peut confier la gestion de ses actions à un intermédiaire financier habilité** (c. mon. et fin. art. R. 211-4, al. 1) **et les actions sont inscrites en titres « nominatifs administrés ». Notons en outre que, depuis le 3 juin 2023, le titulaire de titres financiers inscrits dans un DEEP peut charger un intermédiaire (ou une « infrastructure de marché DLT ») de détenir les moyens d'accès à ces titres, y compris sous la forme de clés cryptographiques privées, et de traiter les événements concernant ces titres** (c. mon. et fin. art. R. 211-4, al. 2, modifié par le décret 2023-421 du 31 mai 2023).

La société a la possibilité de faire tenir les comptes par un mandataire si elle désire se décharger de cette tâche (c. mon. et fin. art. R. 211-3 et R. 211-4). **La dénomination et l'adresse de ce dernier doivent être publiées au préalable au *Bulletin des annonces légales obligatoires* (BALO). Ce mandataire est librement choisi par la société ; il peut s'agir, par exemple, d'une filiale du groupe chargée de tenir des comptes-titres.**

- **Gestion par un intermédiaire.** L'actionnaire peut confier à un intermédiaire financier habilité la gestion de ses titres. Il donnera un mandat écrit à cet intermédiaire qui exercera les droits patrimoniaux attachés aux titres dont il a la gestion ; il encaissera notamment les dividendes. La communication des documents sociaux, la convocation aux assemblées, l'exercice du droit de vote sont exercés par l'actionnaire en personne.

Par ailleurs, la SA émettrice des actions doit toujours tenir un compte au nom des actionnaires sur lequel seront portés les changements d'actionnaires (c. mon. et fin. art. R. 211-4).

Lorsque ce mandataire est une « infrastructure de marché DLT », il est responsable vis-à-vis de l'émetteur en cas de perte de l'instrument financier DLT (c. mon. et fin. art. R. 211-3 modifié par le décret 2023-421 du 31 mai 2023 ; règlement (UE) 2022/858 du Parlement européen et du Conseil du 30 mai 2022, art. 7, § 6).

- **Tenue du registre des titres nominatifs.** Les registres peuvent être tenus de manière chronologique sur support papier ou sur tout autre support durable, notamment au moyen d'un dispositif d'enregistrement électronique partagé (c. com. art. R. 228-8, al. 2).

- **Fichiers par nom.** Il peut être tenu, en plus du registre, des fichiers contenant, par ordre alphabétique, les nom et adresse des titulaires de titres, ainsi que l'indication du nombre, de la catégorie et, le cas échéant, des numéros des titres de chaque titulaire. Ces mentions ne peuvent faire preuve contre celles contenues dans les registres (c. com. art. R. 228-8, al. 3).

- **Titres financiers numériques.** Notons que depuis le 23 mars 2023 (entrée en vigueur du règlement 2022/858/UE du 30 mai 2022 dit « régime pilote »), les titres financiers numériques (c'est-à-dire, inscrits dans un DEEP) peuvent être admis aux négociations sur une infrastructure de marché sur blockchain, appelées DLT (Distributed Ledger Technology). Depuis le 3 juin 2023, ces titres financiers numériques sont dispensés d'un placement en compte d'administration préalablement à leur négociation sur une plateforme de négociation sous forme nominative (R. 211-5, modifié par le décret 2023-421 du 31 mai 2023).

Régime simplifié de tenue des comptes

1124 La tenue des comptes s'effectue généralement par l'utilisation de l'un ou l'autre de ces documents :
- des comptes d'inscription (un compte d'émission pour la totalité des titres, des comptes administratifs purs, des comptes nominatifs administrés, s'il y a lieu) ;
- un registre des mouvements qui sert à constater, par ordre chronologique, les changements dans la propriété des titres ;
- les inscriptions de titres dans un DEEP.

Les comptes ouverts par la société émettrice n'ont pas à être tenus en partie double ; ils sont représentés généralement par des fiches individuelles. Les opérations sont enregistrées chronologiquement et il est indiqué le nombre de titres inscrits ou radiés et le solde.

C'est généralement au vu de l'ordre de mouvement que les comptes sont mis à jour. Les actions se transmettent par virement de compte à compte ou, le cas échéant, par inscription dans un DEEP (c. mon. et fin. art. L. 211-15).

Un « cahier des charges applicables aux teneurs de comptes d'instruments financiers français non admis aux opérations d'un dépositaire central » établi sous l'égide du CFONB décrit les éléments d'identification des titulaires de comptes, comporte un modèle d'ordre de mouvement normalisé par l'AFNOR (norme NFK 12-500) facultatif mais recommandé pour tout mouvement sur des titres nominatifs non cotés ou assimilés (circ. CFONB du 23 décembre 2008 ; ANSA n° 10-002, mars 2010).

• **Réunion de fiches individuelles.** Le registre de titres nominatifs peut être constitué par la réunion, dans l'ordre chronologique de leur établissement, de feuillets identiques utilisés sur une seule face. Chacun de ces feuillets est réservé à un titulaire de titres à raison de sa propriété ou à plusieurs titulaires à raison de leur copropriété, de leur bail, de leur nue-propriété ou de leur usufruit sur ces titres.

• **Mentions des fiches individuelles.** Pour des raisons d'efficacité, les mentions suivantes seront portées sur les fiches individuelles :
- le nom ou la dénomination des titulaires ;
- s'il y a lieu, la nature juridique des droits du titulaire : indivisaire, nu-propriétaire ;
- s'il y a lieu, les restrictions liées à sa capacité (mineur représenté par administrateur légal ou tuteur, majeur protégé assisté du curateur M. ... ou représenté par le juge des tutelles M. ...) ;
- les nantissements ou oppositions frappant les actions ;
- le numéro d'ordre.

• **Indivision.** En pratique, une seule fiche sera créée au nom de l'indivision mais l'identité de tous les coïndivisaires sera portée sur cette fiche. Une mention particulière pourrait être portée au regard du nom de l'indivisaire chargé de représenter l'ensemble des indivisaires dans les assemblées dans les conditions prévues à l'article L. 225-110 du code de commerce.

• **Époux.** L'époux au nom duquel les actions sont inscrites en compte exercera les droits qui y sont attachés.

• **Usufruit et nue-propriété.** Une seule fiche est créée au nom du nu-propriétaire avec la mention du nom de l'usufruitier et la mention de l'usufruit, en précisant si celui-ci est total ou seulement pour partie.

• **Location d'actions.** Une seule fiche est ouverte au nom du bailleur avec la mention du nom du locataire.

• **Nantissement d'actions.** Il convient d'indiquer le nom du titulaire des actions avec la mention « Titres nantis au profit de M. … ».

• **Donation.** Le dispositif prévu pour les cessions à titre onéreux d'actions s'applique sans réserve aux donations. Le notaire doit envoyer par voie postale ou signifier l'acte de donation. La société inscrira en compte des donataires les actions transmises à la date fixée dans l'acte de donation (rép. Esgaulx n° 6739, JO 11 juin 2009, Sén. quest. p. 466). L'intitulé de compte précisera si les titres donnés sont grevés d'un droit de retour conventionnel et/ ou d'une interdiction d'aliéner. La même procédure s'applique en cas de don manuel d'actions sous réserve que la transmission s'effectue alors au vu d'un ordre de mouvement.

• **Décès de l'actionnaire.** Le décès d'un actionnaire ne pose pas de problèmes particuliers *(voir §§ 1280 et 1281)*.

Registre des mouvements

1125 **Dans les SA, les changements dans la propriété des titres par suite de cession, mutation par décès, donation ou autre opération, ainsi que le nantissement des titres, sont inscrits dans l'ordre chronologique sur un registre dénommé « registre des mouvements ».**

Pour les cessions, c'est au vu de l'ordre de mouvement *(voir § 1238)* **que la société inscrira l'opération. L'inscription par la société au compte de l'acheteur ou, le cas échéant, dans un DEEP, des actions acquises emporte transfert de propriété des actions à la date fixée par l'accord des parties et notifiée à la société émettrice** (c. com. art. L. 228-1 et R. 228-10) **; elle rend par ailleurs la cession opposable à la société et aux tiers. L'ordre de mouvement doit être signé par le cédant** *(voir § 1238)*.

Nul ne peut revendiquer pour quelque cause que ce soit un titre financier (et donc une action) dont la propriété a été acquise de bonne foi par le titulaire du compte-titres dans lequel ces titres sont inscrits ou, le cas échéant, par la personne identifiée par le DEEP (c. mon. et fin. art. L. 211-16).

En cas de refus d'inscription de la cession sur le registre par la société émettrice, l'acquéreur peut obtenir cette inscription en référé dès lors qu'il y a urgence et que la société a reçu un ordre de mouvement signé par le cédant, même en cas de litige sur la validité de la cession. Cette solution, relative à une SCI, est transposable aux SA (cass. civ., 3e ch., 16 septembre 2008, n° 07-17892).

• **Mentions obligatoires.** Les indications à porter sur le registre des mouvements sont les suivantes pour un transfert d'actions :

1° la date de l'opération (sa nature sera utilement précisée) ;

2° les nom, prénoms et domicile ou la dénomination sociale et les sièges de l'ancien et du nouveau titulaire des actions. Le titulaire des actions peut être remplacé par un numéro d'ordre permettant de retrouver ce nom dans les registres ;

3° la valeur nominale et le nombre de titres transférés faisant l'objet du mouvement pour les actions, le capital et le nombre de titres représenté par l'ensemble des actions de la même catégorie peuvent être indiqués en lieu et place de leur valeur nominale ;

4° si la société a émis des actions de différentes catégories et s'il n'est tenu qu'un seul registre des actions nominatives, la catégorie et les caractéristiques des actions transférées ;

5° un numéro d'ordre affecté à l'opération.

En cas de transfert, le nom de l'ancien titulaire des actions peut être remplacé par un numéro d'ordre permettant de retrouver ce nom dans les registres (c. com. art. R. 228-9).

• **Pas de mention relative au droit de propriété.** L'inscription en compte n'ayant pas pour fonction d'informer les tiers des imperfections susceptibles d'affecter les droits de propriété des actions, elle ne peut être assortie d'aucune mention ayant un tel objet (cass. com. 29 janvier 2008, n° 06-19624).

• **Augmentation de capital.** Le registre est prévu pour les opérations emportant changement de propriétaire des actions ; aussi, les opérations donnant naissance à la souscription ou l'attribution de nouvelles actions, suite notamment à une augmentation de capital, ne sont pas prévues ; elles peuvent être seulement inscrites sur les comptes des bénéficiaires de ces actions.

• **Date de mise à jour.** Le registre est émargé de la date de mise à jour des comptes individuels de titres, qui doit être effectuée au moins semestriellement et, en toute hypothèse, préalablement à la tenue de l'assemblée générale annuelle des actionnaires. En pratique, pour que le transfert de propriété s'opère, il faut que l'inscription intervienne sans délai *(voir §§ 1239 et 1240)*.

• **Délai de conservation.** Le délai de conservation est de 5 ans à compter de la date de la dernière opération mentionnée sur le registre (c. civ. art. 2224).

• **Absence de compte titres.** En l'absence de registre des transferts des actions tenu au sein d'une SA, les juges du fond ont pu considérer que le revendiquant avait établi sa possession de bonne foi des titres dans la mesure où il avait toujours exercé le droit de vote et ses coassociés l'avaient toujours considéré comme actionnaire (cass. com. 5 mai 2009, n° 08-18165).

Actionnariat des salariés

Augmentation de capital réservée aux salariés

1126 **Lors de toute décision d'augmentation du capital par apport en numéraire dans une société qui a des salariés, sauf si elle résulte d'une émission au préalable de valeurs mobilières donnant accès au capital, l'assemblée générale extraordinaire doit se prononcer sur un projet de résolution tendant à réaliser une augmentation de capital effectuée dans les conditions prévues aux articles L. 3332-18 à L. 3332-24 du code du travail.**

L'assemblée générale extraordinaire se prononce sur un tel projet de résolution lorsqu'elle délègue sa compétence au conseil d'administration pour réaliser l'augmentation de capital (c. com. art. L. 225-129-6)**. Ainsi, lorsque l'AGE qui a délégué sa compétence au conseil s'est prononcée sur un projet de résolution tendant à la réalisation d'une augmentation de capital au profit des salariés, une nouvelle AGE n'aura pas à être convoquée pour délibérer sur cette résolution lorsque le conseil utilisera la délégation de pouvoir pour rendre effective l'augmentation de capital.**

La décision d'augmentation du capital qui ne contient pas une résolution tendant à réaliser une augmentation de capital réservée aux salariés est nulle (c. com. art. L. 225-149-3)**. Cette nullité de l'augmentation de capital se prescrit après l'expiration du délai de 3 ans ; elle peut être couverte jusqu'au jour où le juge statue sur le fond en première instance.**

• **Groupe de sociétés.** Les sociétés filiales dépendant d'un groupe (contrôlé au sens de l'article L. 233-16 du code de commerce), au sein duquel est applicable un accord d'épargne de groupe, sont dispensées de faire se prononcer l'assemblée générale extraordinaire des actionnaires sur la participation des salariés en cas d'augmentation de capital (c. com. art. L. 225-129-6).

Pour que cette dispense puisse s'appliquer, il faut que la société qui les contrôle ait mis en place un plan de groupe prévu à l'article L. 3344-1 du code du travail (intéressement, participation ou plan d'épargne entreprise), dont peuvent bénéficier les salariés des sociétés contrôlées. En définitive, dans ces cas, c'est la société mère qui gère l'épargne salariale du groupe et sur qui ces obligations de consultation pèsent.

- **Absence de plan d'épargne d'entreprise.** Le caractère général de l'article L. 225-129-6 du code de commerce conduit à considérer que l'obligation de présenter un projet de résolution en faveur des salariés s'applique dans tous les cas, même si la société n'a pas préalablement mis en place un plan d'épargne d'entreprise (rép. Chossy, JO 10 décembre 2001, AN quest. p. 7123).

- **Libération du capital.** Dans le cadre d'une augmentation de capital par émission d'actions réservées aux salariés, il est possible de n'exiger aucun versement lors de la souscription mais le délai susceptible d'être accordé pour la libération des actions ne peut être supérieur à 3 ans (c. com. art. L. 225-138-1, 4°). Par ailleurs, les actions réservées aux adhérents des plans d'épargne entreprise peuvent être émises alors même que le capital social n'aurait pas été intégralement libéré (c. com. art. L. 225-138-1, 7°).

- **Augmentations de capital exclues.** Seules sont visées par le dispositif réservé aux salariés, les augmentations de capital par apport en numéraire. Celles réalisées par d'autres procédés (par incorporation de réserves ou par apport en nature par exemple) ne sont donc pas concernées.

Fin de l'obligation de réunir une AGE tous les 3 ans

1127 **Avant l'intervention de la loi 2019-744 du 19 juillet 2019, une AGE devait être convoquée, tous les 3 ans, afin de se prononcer sur un projet de résolution tendant à réaliser une augmentation de capital réservée aux salariés lorsque l'ensemble des actions détenues par les salariés représentaient moins de 3 % du capital social. En pratique, la résolution était souvent rejetée.**

Depuis le 21 juillet 2019, cette obligation triennale est supprimée (c. com. art. L. 225-129-6 modifié).

Administrateurs salariés

1128 **Depuis la loi Pacte, l'obligation de nommer des administrateurs représentant les salariés actionnaires au conseil d'administration est étendue aux sociétés non cotées dans lesquelles les salariés actionnaires détiennent au moins 3 % du capital social et qui emploient, à la clôture de 2 exercices consécutifs, au moins 1 000 salariés en France ou au moins 5 000 salariés dans le monde** (c. com. art. L. 225-23).

Auparavant, cette obligation n'était prévue que dans les sociétés cotées, sans condition d'effectif *(voir § 273)*.

D'autre part, la loi Pacte a renforcé la présence d'administrateurs représentant les salariés au sein des organes de direction des grandes entreprises.

En effet, dans les SA qui emploient, à la clôture de 2 exercices consécutifs, au moins 1 000 salariés en France ou au moins 5 000 salariés dans le monde, le nombre d'administrateurs représentant les salariés au sein de leur conseil est porté à 2 lorsque le conseil d'administration compte plus de 8 administrateurs non salariés (avant la loi Pacte, la présence de 2 administrateurs salariés s'imposait uniquement lorsqu'il y avait plus de 12 administrateurs non salariés).

En outre, pour un conseil comportant au plus 8 administrateurs non-salariés (au lieu de 12 auparavant), doit siéger au moins un administrateur représentant les salariés (c. com. art. L. 225-27-1) *(voir § 270)*.

• **Exception pour les holdings.** Une société holding peut ne pas mettre en œuvre l'obligation de nommer au moins 1 ou 2 membres représentant les salariés dans le conseil d'administration des grandes entreprises si elle remplit les obligations cumulatives suivantes (c. com. art. L. 225-27-1) :
– elle n'est pas soumise à l'obligation de mettre en place un comité social et économique (CSE) ;
– elle détient, comme auparavant, une ou plusieurs filiales, directes ou indirectes, soumises à l'obligation d'élire des administrateurs salariés.

• **Durée du mandat.** La durée du mandat de l'administrateur représentant les salariés actionnaires est déterminée par les statuts, sans pouvoir excéder 6 ans. Le mandat est renouvelable, sauf stipulation contraire des statuts. Toutefois, leur mandat prend fin par l'arrivée du terme ou la rupture, pour quelque cause que ce soit, de leur contrat de travail (c. com. art. L. 225-18 et L. 225-23).

Attribution gratuite d'actions

Économie du régime

1129 Ce dispositif permet à une SA d'octroyer gratuitement à ses salariés et aux dirigeants des actions ouvrant à terme un droit aux prérogatives attachées à ces titres (vote, dividende, droit préférentiel de souscription). En pratique, dans un premier temps, le salarié a un droit de créance à l'attribution d'actions gratuites. Le salarié deviendra propriétaire de ces actions à l'issue du délai dont la durée maximale est fixée par l'assemblée. Pour les actions attribuées aux dirigeants, le conseil d'administration doit imposer des contraintes pour la cession des titres *(voir § 1148)*.

Il convient d'observer que les bénéficiaires de ces actions deviennent actionnaires sans aucun apport. Ce dispositif est un mode attractif de rémunération de cadres et de dirigeants ; il devrait fortement concurrencer le régime des stock-options.

→ **À NOTER** *Le régime fiscal et social des attributions gratuites d'actions et des stock-options est analysé dans notre cahier « Épargne salariale et actionnariat salarié » auquel nos lecteurs peuvent utilement se reporter* (voir RF 2021-6).

Attribution gratuite d'actions ou stock-options

▸ Des avantages

1130 L'attribution gratuite d'actions et les options de souscription ou d'achat d'actions peuvent être mises en place simultanément dans une même société ou au sein d'un même groupe. Ces deux modes d'intéressement et de participation ont chacun leurs atouts et leurs faiblesses.

L'attribution gratuite d'actions ne demande aucune mise de fonds de la part de l'attributaire, contrairement au mécanisme des stock-options dans lequel le bénéficiaire doit verser des fonds au moment de la levée de l'option.

En outre, le bénéficiaire des options encourt le risque de voir le prix d'exercice de l'option d'achat ou de souscription dépasser la valeur de l'action durant la période d'exercice.

L'attributaire des actions devient propriétaire des titres qui lui seront remis gratuitement au terme de la période d'acquisition. Sauf perte totale de la valeur des actions ou dépôt de bilan de la société, il réalise immédiatement un gain.

Le plan d'attribution gratuite d'actions peut être un moyen de fidéliser le personnel d'une entreprise et/ou de ses dirigeants. Pour qu'il en soit ainsi, les critères de performance doivent être adaptés.

▸ Des limites

1131 Parmi les contraintes attachées au régime d'attribution gratuite d'actions, nous attirons l'attention sur les points suivants :
– le seuil de 10 % (ou de 15 % sous certaines conditions) du capital social qui s'impose tant pour le volume de l'émission que pour le plafonnement des attributions pour chacun des bénéficiaires. Ce pourcentage est porté à 30 % du capital lorsque l'attribution bénéficie à l'ensemble des salariés de la société et que l'écart, au delà du pourcentage de 10 % (ou, le cas échéant, de 15 %), entre le nombre d'actions distribuées à chaque salarié n'est pas supérieur à un rapport de 1 à 5 *(voir § 1142)* ;
– l'impossibilité, pour les salariés et les mandataires sociaux, bénéficiaires définitifs des actions, de les inscrire sur un plan d'épargne en actions. Le versement sur le plan d'épargne entreprise n'est possible que si l'attribution gratuite est réalisée au profit de l'ensemble des salariés de l'entreprise *(voir § 1150)* ;
– l'attribution gratuite d'actions à émettre entraîne immédiatement un effet dilutif du capital ;
– l'attribution d'actions devrait être liée à des performances. Les critères de performance sont de la compétence exclusive du CA, souvent peu enclin à les arrêter pour les actions attribuées aux dirigeants. Les actionnaires n'ont pas le contrôle des critères d'attribution, ils peuvent seulement limiter les personnes bénéficiaires ;
– les incertitudes liées à une émission d'actions gratuites par voie d'augmentation de capital ;
– en raison de la nature salariale du gain d'acquisition des actions gratuites, l'imputation, sur le gain, des moins-values subies sur d'autres opérations de cession de valeurs mobilières n'est pas possible.

Modalités d'attribution des actions gratuites

▸ Autorisation préalable des actionnaires au vu de rapports

1132 L'attribution d'actions gratuites par le conseil d'administration procède d'une autorisation donnée par l'AGE, sur rapport du conseil d'administration et sur le rapport spécial des commissaires aux comptes. Si la SA n'est pas dotée d'un commissaire aux comptes (voir § 950), elle devra en désigner un à cet effet (c. com. art. L. 225-197-1, al. 1).

• **Rapport spécial des commissaires aux comptes.** Aucune disposition légale ne fixe le contenu du rapport spécial du commissaire aux comptes, que les actions attribuées gratuitement soient nouvelles ou non. En effet, les dispositions de l'article R. 225-115 du code de commerce relatives aux augmentations de capital et l'incidence de la suppression du droit préférentiel de souscription sur la situation des titulaires d'actions concernent les apports en numéraire. La Compagnie nationale des commissaires aux comptes a proposé un exemple de rapport spécial (CNCC, bull. 138, p. 176). Les textes relatifs aux apports en numéraire ne sont pas applicables (ANSA, CJ 4 janvier 2006, n° 06-001).

• **Catégories de personnel.** Pour l'application de ce dispositif, les catégories de personnel s'entendent :
– soit de celles qui sont retenues en droit du travail (ouvriers, employés, agents de maîtrise, ingénieurs et cadres) ;
– soit de celles qui s'inspirent des usages (constants, généraux et fixes) ou des accords collectifs en vigueur dans la profession ou l'entreprise, si elles sont déterminées à partir de critères objectifs, non restrictifs et clairement définis.

▸ Contenu de l'autorisation de l'AGE

1133 L'assemblée générale extraordinaire :
– arrête les modalités d'attribution gratuite des actions soit par voie d'augmentation de capital, soit par rachat d'actions à cet effet. En cas d'augmentation de capital avec délégation à l'organe collégial, une résolution spéciale doit être prévue à cet effet (c. com. art. L. 225-129-2). L'autorisation donnée par l'assemblée emporte de plein droit, au profit des bénéficiaires, renonciation au droit préférentiel de souscription ;
– désigne les bénéficiaires potentiels des attributions d'actions gratuites. L'autorisation peut concerner l'ensemble du personnel ou seulement certaines catégories de personnel ;
– fixe le pourcentage maximal du capital social pouvant être attribué, dans la limite de 10 % (portée à 15 % dans les PME, au sens communautaire et à 30 % si l'attribution d'actions gratuites bénéficie à l'ensemble des salariés de la société), la durée de validité de l'autorisation et la durée minimale des périodes d'acquisition et de conservation des actions.

Elle peut également :
– réduire ou supprimer la période de conservation des actions sous réserve que la période cumulée de l'attribution et de la conservation soit au moins égale à 2 ans ;
– prévoir l'attribution définitive des actions en cas d'invalidité du bénéficiaire au cours de la période d'acquisition ;
– autoriser le conseil d'administration, en cas d'opérations sur le capital de la société pendant la phase d'acquisition, à adapter le nombre d'actions gratuites attribuées afin de garantir la neutralité de ces opérations sur les droits des attributaires à des actions de la société émettrice.

Ajustement des droits initiaux. Sous réserve qu'il n'ait pour objet et pour seul effet que de préserver à l'identique les droits des bénéficiaires, cet ajustement ne remet pas en cause la validité de l'attribution initiale. En outre, les actions gratuites nouvelles en résultant sont soumises aux mêmes conditions et critères que ceux portant sur les droits initiaux. Ainsi, par exemple, les actions nouvelles sont grevées du délai d'acquisition restant à courir à la date de l'ajustement des droits initiaux.

▸ Validité de l'autorisation de l'AGE

1134 L'AGE fixe également le délai pendant lequel cette autorisation peut être utilisée par le conseil d'administration. L'autorisation d'attribuer des actions gratuites est valide pendant une période qui ne peut excéder 38 mois (c. com. art. L. 225-197-1, I, al. 4).

Décision d'attribution réservée au conseil d'administration

▸ Choix des bénéficiaires

1135 Il appartient au conseil d'administration de déterminer l'identité des bénéficiaires des attributions gratuites au sein du personnel ou, le cas échéant, des catégories de personnel désignées par l'AGE (c. com. art. L. 225-197-1, I, 9e al.).

▸ Conditions et critères d'attribution

1136 Le conseil d'administration (c. com. art. L. 225-197-1, I, 9e al.) :
– doit obligatoirement fixer les conditions d'attribution des actions ;
– peut fixer, le cas échéant, les critères d'attribution des actions.

Le conseil d'administration peut fixer comme seules conditions d'attribution, dans le cadre défini par l'AGE, la durée des périodes d'acquisition et de conservation des actions par les attributaires.

→ **EXEMPLE** *Il peut être prévu que :*
– les actions puissent être acquises sous condition d'ancienneté, c'est-à-dire que leur acquisition sera définitive quand le bénéficiaire aura atteint l'ancienneté exigée. Pour autant, le bénéficiaire des actions ne pourra en être véritablement propriétaire qu'au terme de la période d'acquisition et ce, même si la condition liée à l'ancienneté est remplie avant son échéance ;
– des conditions relatives à la présence des bénéficiaires dans l'entreprise au terme de la période d'acquisition. À défaut de précision sur ce point par l'organe exécutif, au terme de la période d'acquisition, le bénéficiaire sera propriétaire des actions, même s'il ne fait plus partie du personnel de la société (à la suite d'une démission ou d'un licenciement, par exemple) ou s'il n'est plus titulaire d'un mandat social.

Quant aux critères, ils peuvent être, par exemple, liés à la performance appréciée soit au niveau individuel du bénéficiaire, soit au niveau de l'entreprise.

Modification des critères d'attribution. L'ANSA considère que le pouvoir du conseil d'administration de fixer les conditions d'attribution inclut celui de les modifier, que cette hypothèse soit prévue ou non dans le plan. Par conséquent, le conseil peut, en principe, modifier la durée d'attribution pour un ou plusieurs bénéficiaires, sous réserve que cette modification soit conforme à l'intérêt social. L'ANSA met toutefois en garde sur le risque de requalification et les conséquences fiscales et sociales que peut entraîner une telle modification (ANSA, CJ du 6 juillet 2022, n° 22-033).

▸ Périodes d'acquisition et de conservation

1137 D'une manière générale, les conditions et critères d'attribution portent sur la période d'acquisition des actions, la seule obligation des attributaires au-delà de cette période étant de conserver les actions pendant la période minimale déterminée, le cas échéant, conformément à l'autorisation délivrée par l'AGE.

En effet, au terme de la période d'acquisition, le bénéficiaire est propriétaire des titres et n'a plus de condition à respecter. Ainsi, par exemple, le bénéficiaire ne peut pas être contraint d'apporter ces actions à une autre entreprise au terme de la période de conservation.

Pour les dirigeants, le conseil d'administration est tenu de déterminer une quantité d'actions qu'ils doivent conserver *(voir § 1148)*.

Bénéficiaires des actions gratuites

▸ Salariés de la société attributrice ou d'une société liée

1138 Peuvent bénéficier d'une attribution d'actions gratuites :
– l'ensemble du personnel salarié de la société attributrice ou, le cas échéant, certaines catégories seulement de celui-ci ;
– les salariés de sociétés ou de GIE filiales de la société attributrice.

• Sociétés ou GIE liés. Les actions gratuites peuvent donc être attribuées aux salariés de sociétés ou de GIE dont la société attributrice détient, directement ou indirectement, 10 % au moins du capital ou des droits de vote de la société ou du GIE (c. com. art. L. 225-197-2, 1°).

• **Contrôle par des établissements de crédit.** Des actions peuvent également être attribuées, dans les mêmes conditions, par une entreprise contrôlée, directement ou indirectement, exclusivement ou conjointement, par un organe central, des organes centraux ou les établissements de crédit qui lui ou leur sont affiliés (au sens et pour l'application des articles L. 511-30 à L. 511-32 du code monétaire et financier), aux salariés de ces sociétés ainsi qu'à ceux des entités dont le capital est détenu, pour plus de 50 %, directement ou indirectement, exclusivement ou conjointement, par cet organe central, ces organes centraux ou ces établissements de crédit (c. com. art. L. 225-197-2-II).

• **Société dont le siège est à l'étranger.** En outre, les actions gratuites peuvent être attribuées par une société dont le siège est situé à l'étranger aux salariés employés en France au sein d'un établissement stable (succursale ou quartier général, par exemple) d'une autre société dont le siège est situé à l'étranger et qui lui est liée dans les conditions indiquées ci-dessus. Ainsi, par exemple, les salariés d'une succursale française de la filiale anglaise d'une société américaine peuvent se voir attribuer des actions gratuites par celle-ci et bénéficier des régimes fiscal et social de faveur.

▸ Dirigeants mandataires sociaux

1139 **Les actions de la société peuvent être attribuées, dans les mêmes conditions qu'aux salariés, au président du conseil d'administration, au directeur général ou aux directeurs généraux délégués.**

Avant le 1er décembre 2023, seuls les mandataires sociaux de la SA émettrice pouvaient se voir attribuer des actions gratuites, les dirigeants des filiales étant exclus de ce dispositif. Depuis cette date, le président du conseil d'administration, le directeur général, les directeurs généraux délégués, le président, les membres du directoire ou le gérant de sociétés ou GIE liés (voir exergue, *§ 1138*), peuvent se voir attribuer des actions de sociétés non cotées (c. com. art. L. 225-197-1, II, al. 3 modifié par la loi 2023-1107 du 29 novembre 2023)**.**

• **Dirigeants bénéficiaires.** Seules les personnes physiques ayant des fonctions de direction, à l'exclusion des administrateurs, peuvent bénéficier d'attribution d'actions gratuites. Cela étant, en cas de cumul régulier d'un mandat social et d'un contrat de travail, le dirigeant peut se voir attribuer des actions gratuites au titre de son activité salariée.

• **Seuil dérogatoire de 30 %.** En cas d'attribution d'actions aux mandataires sociaux, les rémunérations brutes et le nombre de mandataires sociaux de la société émettrice sont pris en compte au titre des salaires bruts et de l'effectif salarié pour le calcul du seuil dérogatoire de 30 % *(voir § 1142, exergue « Attribution aux mandataires sociaux »)*.

Limites d'attribution

▸ Limite globale au niveau de la société : 15 % du capital social ou 20 % pour les PME

1140 **Avant le 1er décembre 2023, le nombre total des actions attribuées gratuitement ne pouvait excéder 10 % du capital social à la date de la décision de leur attribution par le conseil d'administration. Dans les PME au sens communautaire, les statuts pouvaient prévoir, dans le cas d'attributions gratuites d'actions à certaines catégories des membres du personnel salarié de la société uniquement, un pourcentage plus élevé, qui ne pouvait toutefois excéder 15 % du capital social à la date de la décision d'attribution des actions par le conseil d'administration.**

La loi « 2023-1107 » du 29 novembre 2023, dite « Partage de la valeur au sein de l'entreprise », a rehaussé ces plafonds. Ainsi, à compter du 1er décembre 2023, le plafond global d'actions gratuites susceptibles d'être attribuées est passé

à 15 % du capital social pour les grandes entreprises et les entreprises de tailles intermédiaires (ETI) et à 20 % du capital social pour les PME non cotées (c. com. art. L. 225-197-1, I, al. 2 modifié).

Pour l'appréciation de ces seuils, ne sont pas prises en compte les actions qui n'ont pas été définitivement attribuées au terme de la période d'acquisition dans le cadre d'une précédente attribution d'actions gratuites ainsi que les actions qui ne sont plus soumises à l'obligation de conservation (c. com. art. L. 225-197-1, I, al. 2).

• **Rachat des actions.** La société peut racheter ses propres actions pour les attribuer gratuitement, sous réserve que les actions rachetées soient attribuées dans un délai de 1 an à compter de leur date d'acquisition (c. com. art. L. 225-208). Une provision, qui est fonction du prix des actions achetées, doit être comptabilisée.

• **PME au sens communautaire.** Est considérée comme PME, au sens européen, la société qui, à la clôture d'un exercice social, emploie moins de 250 personnes et a, soit un chiffre d'affaires inférieur ou égal à 50 M€, soit un total du bilan inférieur ou égal à 43 M€ (recommandation CE 2003/361, 6 mai 2003, ann., art. 2).

• **Attribution aux salariés de filiales.** L'ANSA considère que les attributions gratuites d'actions selon le régime de l'article L 225-197-1 du code de commerce en faveur des salariés des « filiales » (au sens de l'article L 225-197-2) peuvent bénéficier également du plafond de 15 %, lorsque les conditions de seuils sont remplies au niveau du (petit) groupe (ANSA, CJ du 1er juin 2022, n° 22-025).

▶ Limite individuelle d'attribution plafonnée à 10 % du capital social

1141 Il ne peut pas être attribué d'actions gratuites aux salariés et aux mandataires sociaux détenant chacun plus de 10 % du capital social. En outre, une attribution d'actions gratuites ne peut avoir pour effet d'amener les intéressés à détenir chacun plus de 10 % du capital social (c. com. art. L. 225-197-1, II, al. 3).

Ces limites sont appréciées en tenant compte :
– des actions détenues par le bénéficiaire, y compris le cas échéant en nue-propriété en cas de démembrement de la propriété de l'action ;
– et des attributions d'actions gratuites précédentes, c'est-à-dire des actions gratuites non encore définitivement acquises au moment de la nouvelle attribution.

La loi 2023-1107du 29 novembre 2023, dite « Partage de la valeur au sein de l'entreprise », a précisé que pour vérifier si le plafond de 10 % est atteint, ne doivent être pris en compte que les titres de la société détenus directement depuis moins de 7 ans par un salarié ou un mandataire social (c. com. art. L. 225-197-1, II, al. 4 modifié). Cette précision permet ainsi de « recharger » le plafond individuel d'actions gratuites.

En revanche, ces limites sont appréciées sans tenir compte :
– des options sur titres non encore levées ;
– du pourcentage de participation du bénéficiaire des actions gratuites dans le capital social de la société attributrice au jour de l'attribution définitive.

▶ Dérogations à la limite d'attribution globale

1142 Avant le 1er décembre 2023, les pourcentages précités *(voir §§ 1140 et 1141)* pouvaient être portés à 30 % lorsque l'attribution d'actions gratuites bénéficie à l'ensemble des membres du personnel salarié de la société.

La loi 2023-1107 du 29 novembre 2023, dite « Partage de la valeur au sein de l'entreprise », a rehaussé, à compter du 1er décembre 2023, ce plafond dérogatoire à 40 % lorsque l'attribution d'actions gratuites bénéficie à l'ensemble des salariés (c. com. art. L. 225-197-1, I, al. 3 modifié).

Elle a également instauré un nouveau plafond dérogatoire lorsque l'attribution gratuite d'actions bénéficie à au moins 50 % des salariés de la société attributrice, représentant au moins 25 % du total des salaires bruts pris en compte dans l'assiette des cotisations sociales et versés lors du dernier exercice social. Dans ce cas, le nombre total des actions attribuées est alors plafonné à 30 % du capital social (c. com. art. L. 225-197-1, I, al. 3 modifié)**.**

En cas d'attribution à l'ensemble des salariés ou à au moins 50 % d'entre eux, l'AGE peut fixer un écart entre le nombre d'actions distribuées à chaque salarié supérieur au rapport de 1 à 5 pour la fraction des attributions n'excédant pas 15 % (ou 20 % dans les PME) du capital social (c. com. art. L. 225-197-1, I, al. 3)**.**

• **Date d'appréciation du plafond.** Les plafonds dérogatoires sont appréciés, comme les plafonds de 15 % et de 20 %, au moment de la décision d'attribution par le conseil d'administration.

• **Attributions successives.** L'ANSA considère que, pour appliquer le plafond rehaussé de 40 % (de 30 %, avant le 1er décembre 2023), l'ensemble des salariés de la SA doit bénéficier de l'attribution gratuite d'actions à chaque décision d'attribution du conseil d'administration, sans tenir compte d'éventuelles précédentes attributions (ANSA, CJ du 7 avril 2021, n° 21-013).

• **Attribution dans le cadre d'un groupe.** En cas d'attribution dans le cadre d'un groupe, le plafond réhaussé de 40 % (de 30 %, avant le 1er décembre 2023), n'est applicable que si l'attribution est faite à tous les salariés du groupe qui ont été retenus dans le plan (le règlement du plan peut en effet choisir celles des filiales qui participent à l'opération) (ANSA, CJ 2 avril 2014, n° 14-027).

• **Attribution aux mandataires sociaux.** En cas d'attribution d'actions aux mandataires sociaux *(voir § 1139)*, les rémunérations brutes et le nombre de mandataires sociaux de la société émettrice sont pris en compte au titre des salaires bruts et de l'effectif salarié pour le calcul du seuil dérogatoire de 30 % (c. com. art. L. 225-197-1, II, al. 1 modifié).

Caractéristiques des attributions

▸ Attribution d'actions existantes ou à émettre

1143 **L'attribution d'actions gratuites peut porter :**

– soit sur des actions existantes. Dans ce cas, la société doit les détenir, au plus tard, la veille du jour de leur attribution définitive aux bénéficiaires ;

– soit sur des actions à émettre par voie d'augmentation de capital.

Les actions attribuées doivent présenter un réel risque en capital. En outre, le rendement du titre doit avoir un caractère aléatoire. Ces actions peuvent être des actions de préférence, dès lors qu'elles remplissent ces conditions.

• **Modalités d'émission des actions nouvelles.** L'émission gratuite peut prendre la forme d'actions à émettre qui sont libérées, selon le comité juridique de l'ANSA, par incorporation spéciale de réserves (ANSA, CJ 20 janvier 2005, n° 05-005). La renonciation de plein droit au droit préférentiel de souscription, que le législateur a cru bon d'ajouter à l'article L. 225-197-1 du code de commerce, ne conduit pas à remettre en cause l'interprétation du comité juridique de l'ANSA selon laquelle l'augmentation de capital ne peut résulter que d'une incorporation spéciale de réserves (ANSA, CJ 7 février 2007, n° 07-010). Le montant nominal des actions à attribuer sera affecté à un compte de réserve indisponible.

• **Renonciation au droit préférentiel de souscription.** Lorsque l'attribution porte sur des actions à émettre, l'autorisation donnée par l'AGE emporte de plein droit, au profit des bénéficiaires des actions attribuées gratuitement, renonciation des actionnaires à leur droit préférentiel de souscription. L'augmentation de capital est définitivement réalisée du seul fait de l'attribution définitive des actions aux bénéficiaires (c. com. art. L. 225-197-1, I, 5e al.). Les actionnaires en place non bénéficiaires de cette attribution ne peuvent exercer leur droit préférentiel pour limiter l'opération. La renonciation au droit préférentiel de souscription s'inscrit difficilement dans la procédure d'augmentation de capital par incorporation de réserves. La renonciation au droit préférentiel est attachée à une émission en numéraire.

► **Attribution sans contrepartie financière**

1144 Les actions doivent être attribuées sans contrepartie financière.

Tolérance de 5 %. En pratique, une participation financière des attributaires qui n'excède pas 5 % de la valeur réelle des titres au jour de l'attribution revêt un caractère symbolique et ce, même si elle correspond à la valeur nominale des titres. Cette participation symbolique s'impute sur le montant imposable de l'avantage (« gain d'acquisition »).

Propriété des titres après une période de conservation

► **Deux périodes**

1145 Le bénéficiaire d'une attribution d'actions gratuites ne devient propriétaire des titres correspondants qu'au terme d'une période d'acquisition et ne peut pleinement en disposer, en principe, qu'à l'issue d'une période de conservation.

► **Période d'acquisition minimale d'un an**

1146 Au terme de la période d'acquisition, le bénéficiaire est propriétaire des actions.

La durée minimale de la période d'acquisition est déterminée par l'AGE qui ne peut être inférieure à un an. Toutefois, l'assemblée peut prévoir l'attribution définitive des actions avant le terme de la période d'acquisition en cas d'invalidité du bénéficiaire (c. com. art. L. 225-197-1, I, al. 6).

En tout état de cause, l'AGE peut décider d'une durée supérieure à la durée minimale.

Le conseil d'administration ne peut pas réduire cette durée minimale, qui peut être supérieure à un an aux termes de la résolution de l'AGE. Il peut, le cas échéant, prévoir une période d'acquisition d'une durée plus longue.

Cette période d'acquisition court à compter de la date d'attribution par le conseil d'administration. Il faut néanmoins tenir compte du caractère intercalaire des échanges de titres *(voir § 1149)*.

→ **À NOTER** ***Pendant cette période, le bénéficiaire, titulaire d'un simple droit de créance, n'est pas propriétaire des titres. Il ne possède donc aucun des droits qui leur sont attachés : droits de vote, notamment, ou droits financiers (droits à dividende, notamment), même sous la forme d'une perception différée au terme de la période d'acquisition.***

Décès ou invalidité du bénéficiaire. En cas de décès du bénéficiaire, ses héritiers peuvent demander l'attribution des actions dans les 6 mois du décès (c. com. art. L. 225-197-3). Il en résulte les conséquences suivantes :
– l'attribution des actions est définitive au moment de la demande ;
– les actions reçues par l'héritier sont librement cessibles. Les héritiers ne sont donc tenus ni par le délai d'acquisition restant à courir, ni par la période de conservation des actions.
Notons que le délai de 6 mois est celui prévu pour les déclarations de succession et que les droits d'attribution n'ont, ***a priori***, pas à figurer dans cette déclaration.

En outre, l'AGE peut prévoir une attribution anticipée des actions en cas d'invalidité du bénéficiaire correspondant au classement dans la deuxième ou la troisième des catégories prévues à l'article L. 341-4 du code de la sécurité sociale (c. com. art. L. 225-197-1, I, 6e al.).

La condition selon laquelle le bénéficiaire doit être présent dans le groupe au terme du délai minimal de 2 ans est inopposable à ses héritiers. Les textes accordent clairement le droit à l'héritier de demander l'attribution (ANSA, avis n° 06-007, février 2006). D'une façon plus générale, le comité juridique de l'ANSA considère que, hormis cette condition de maintien dans le groupe qui tombe de plein droit, le délai d'acquisition prévu n'est pas opposable à l'héritier.

▸ Période de conservation

1147 **L'AGE peut fixer une durée minimale de conservation des actions par le bénéficiaire** (c. com. art. L. 225-197-1, I, al. 7)**.**

La durée cumulée des périodes d'acquisition et de conservation ne peut être inférieure à 2 ans (c. com. art. L. 225-197-1, I, al. 8)**. Il en résulte que :**
– le conseil d'administration peut fixer une période de conservation d'une durée plus longue ;
– lorsque l'assemblée retient une période d'acquisition *(voir § 1146)* **au moins égale à 2 ans, elle peut réduire ou supprimer la durée minimale de conservation de tout ou partie des actions. Le bénéficiaire est alors dispensé de l'obligation de conservation des actions, qui sont cessibles dès l'expiration de cette période.**

Pendant cette période de conservation, le bénéficiaire ne peut ni céder à titre onéreux, ni transmettre à titre gratuit, que ce soit en pleine propriété ou sous forme démembrée, ni louer les actions qui lui ont été attribuées. Par dérogation, en cas d'invalidité ou de décès du bénéficiaire, les actions sont librement cessibles (c. com. art. L. 225-197-1, I, al. 7 et L. 225-197-3, al. 2)**.**

Suspension et report du droit à dividende. Selon l'ANSA, il est possible de prévoir le report de la mise en paiement du dividende après le terme de la période de conservation ou de supprimer le droit au dividende pendant cette période (ANSA, CJ 7 juillet 2021, n° 21-024).

▸ Durée de conservation liée à la cessation des fonctions pour les dirigeants

1148 **Pour les actions attribuées aux dirigeants** *(voir § 1139)*, **le conseil d'administration doit obligatoirement choisir entre l'une des deux solutions suivantes** (c. com. art. L. 225-197-1, II, 4e al.) **:**
– décider que ces actions ne peuvent pas être cédées par les dirigeants avant la cessation de leurs fonctions ;
– fixer la quantité de ces actions que ces dirigeants doivent conserver au nominatif jusqu'à la cessation de leurs fonctions. C'est la solution la plus souvent retenue.

La loi n'impose aucun nombre ou pourcentage minimal. Des quotités différentes peuvent être fixées en fonction de la qualité des administrateurs ; la durée de conservation peut varier selon l'importance des attributions.

L'option choisie par l'organe collégial doit être portée à la connaissance des actionnaires (c. com. art. L. 225-197-1, II, al. 4)**.**

Quantité d'actions gratuites devant être conservées par le dirigeant. Le conseil d'administration peut décider de fixer la quantité des actions que les dirigeants sont tenus de conserver jusqu'à la cessation de leur fonction (c. com. art. L. 225-197-1, II, al. 4). Dans ce cas, l'ANSA précise que le conseil peut déterminer cette quantité des actions soumise à l'obligation supplémentaire de conservation selon des modalités librement fixées (nombre de titres, pourcentage). Cette obligation s'applique pour chaque plan d'attribution. Il est possible que, compte tenu du niveau de détention résultant des différents plans, le conseil n'exige, pour chaque plan futur, qu'une quotité réduite, voire même nulle. En tout état de cause, les textes n'imposent, en aucune façon, de procéder au virement des actions sur un compte titres bloqué (ANSA, 3 octobre 2018, n° 18-048).

Caractère intercalaire des opérations de restructuration

▸ Opérations d'échange sans soulte ou d'apports de droits à attribution ou d'actions

1149 Les opérations d'échange sans soulte ou d'apport des droits à attribution ou des actions réalisées pendant la période, selon le cas, d'acquisition ou de conservation ont un caractère intercalaire (c. com. art. L. 225-197-1, III). Ainsi :
– lorsque les actions attribuées gratuitement sont échangées à l'occasion d'une opération de fusion ou de scission réalisée conformément à la réglementation en vigueur pendant les périodes d'acquisition ou de conservation, la période d'acquisition ou de conservation en cours à la date de l'échange est reportée sur les droits à attribution et les actions reçus pour la durée restant à courir à la date de l'échange ;
– lorsque l'échange résulte d'une opération d'offre publique, de division ou de regroupement réalisée conformément à la réglementation en vigueur pendant la période de conservation des actions, la période de conservation en cours à la date de l'échange est reportée sur les actions reçues pour la durée restant à courir.

De même, en cas d'apport d'actions à une société ou à un fonds commun de placement dont l'actif est exclusivement composé de titres de capital ou donnant accès au capital émis par la société attributrice ou par l'une de ses filiales, l'obligation de conservation reste applicable, pour la durée restant à courir à la date de l'apport, aux actions ou parts reçues en contrepartie.

▸ Versement des actions sur un plan d'épargne entreprise (PEE)

1150 Les actions attribuées gratuitement peuvent être affectées à un PEE, à l'expiration de la période d'acquisition, dans les limites et conditions suivantes (c. trav. art. L. 3332-14) :
– elles sont plafonnées, par adhérent, à 7,5 % du plafond annuel de la sécurité sociale. Ces versements constituent des versements volontaires du bénéficiaire : ils sont donc pris en compte pour l'appréciation du plafond annuel des versements volontaires susceptibles d'être effectués sur un PEE et peuvent donner lieu à un abondement de l'employeur ;
– l'attribution des actions gratuites est réalisée au profit de l'ensemble des salariés de l'entreprise ;
– la répartition des actions entre les salariés fait l'objet d'un accord d'entreprise ou, à défaut, d'une décision du conseil d'administration ou du chef d'entreprise.

Les actions ne sont disponibles qu'à l'expiration d'un délai de 5 ans à compter de leur versement dans le plan.

La répartition peut être uniforme, proportionnelle à la durée de présence dans l'entreprise au cours de l'exercice ou proportionnelle aux salaires ou retenir conjointement ces différents critères.

Information des actionnaires

▸ Information annuelle dans un rapport spécial

1151 L'assemblée générale ordinaire est informée chaque année au moyen d'un rapport spécial des opérations réalisées dans le cadre du dispositif d'attribution d'actions gratuites (c. com. art. L. 225-197-4). Ce rapport doit être établi dès la décision du conseil d'attribuer gratuitement des actions, même si des conditions sont prévues pour leur acquisition définitive (ANSA, CJ 5 juillet 2006, n° 06-037). L'ANSA recommande de prendre en compte les actions attribuées durant l'exercice.

L'assemblée générale ordinaire de la société qui contrôle majoritairement, directement ou indirectement, celle qui attribue les actions gratuites est également destinataire des informations contenues dans le rapport (c. com. art. L. 225-197-5).

Ce rapport n'a pas à être déposé au greffe.

▸ Mentions du rapport spécial

1152 Ce rapport doit :

– mentionner le nombre et la valeur des actions qui, durant l'année et à raison des mandats et des fonctions exercés dans la société, ont été attribuées gratuitement à chacun des mandataires par la société, ou par une société étrangère mère ou par une filiale de celle dans laquelle ils exercent leur mandat ;

– rendre compte du nombre et de la valeur des actions qui ont été attribuées gratuitement durant l'année à chacun de ces mêmes mandataires, à raison des mandats et fonctions qu'ils y exercent, par les sociétés contrôlées au sens de l'article L. 233-16 du code de commerce ;

– indiquer le nombre et la valeur des actions qui, durant l'année, ont été attribuées gratuitement par la société, ou l'une de ses filiales, à chacun des 10 salariés de la société, autres que les mandataires sociaux, dont le nombre d'actions attribuées gratuitement est le plus élevé.

Le rapport indique également le nombre et la valeur des actions qui, durant l'année, ont été attribuées gratuitement par les sociétés ou groupements qui lui sont liés à l'ensemble des salariés bénéficiaires ainsi que leur nombre et la répartition des actions attribuées entre les catégories de bénéficiaires (c. com. art. L. 225-197-4).

• **Date d'évaluation.** Une solution prudente serait de mentionner la valeur des actions à la date d'attribution et celle au jour de l'acquisition définitive dans deux rapports successifs, l'un au titre de la décision d'attribution prise par le conseil, et l'autre à la suite de l'acquisition définitive.

Le rapport à l'assemblée doit rendre compte de la valeur des actions à la date de la réunion du conseil qui les attribue, le texte ne prévoyant nullement une actualisation de cette valeur postérieurement à cette date (ANSA, CJ du 5 juillet 2006, n° 06-037).

• **Évaluation des actions.** Aucune méthode d'évaluation n'est imposée ; pour les titres non cotés, le conseil attribuant les actions devrait choisir une méthode d'évaluation des actions (en s'inspirant, par exemple, des règles en matière de stock-options et en retenant soit la méthode dite « multicritère », soit celle de l'actif net réévalué ; ANSA, CJ du 5 juillet 2006, n° 06-037).

Stock-options ou plans d'options

Deux types d'options

▸ Caractéristiques

1153 Appelé « stock-option », par référence au système en vigueur aux États-Unis et dont il est inspiré, le dispositif des plans d'options permet aux sociétés par actions cotées ou non cotées d'offrir à leurs salariés ou dirigeants, ainsi qu'à ceux du groupe, le droit de souscrire ou d'acheter des actions émises par elles-mêmes.
Les options peuvent donner droit :
– dans le cadre des plans d'options de souscription, à la souscription par les bénéficiaires à une augmentation différée de capital lors de la levée de l'option, supposant la création d'actions nouvelles (c. com. art. L. 225-177) ;
– dans le cadre des plans d'options d'achat, à l'achat d'actions provenant d'un rachat préalable, par la société, de ses propres actions, à un prix fixé le jour où l'option est consentie (c. com. art. L. 225-179).

Cette offre est consentie pour un certain délai et moyennant un prix arrêté à l'avance de manière irrévocable. L'intérêt de l'opération réside dans le fait que ce prix est fixé définitivement le jour où la société propose cette offre, quelle que soit l'évolution ultérieure de la valeur de l'action.

Les bénéficiaires de l'offre peuvent, à compter d'une date donnée dite « d'ouverture de l'option », lever celle-ci et souscrire ou acquérir les actions au prix arrêté à l'avance et garanti. À l'expiration du délai de blocage, les bénéficiaires peuvent souscrire ou acheter les actions dont la valeur est supérieure au prix de souscription ou d'achat fixé à l'avance. Ils revendront ensuite les actions dont ils seront devenus propriétaires en réalisant une plus-value ; cette plus-value est soumise à un régime fiscal spécifique.

Absence de liquidité. Par définition, les actions émises par des sociétés non cotées sont souvent peu liquides ; il n'existe pas de marché ouvert. Le recours aux bons de souscription de créateur d'entreprise (BCE ou BSPCE) peut constituer une autre option *(voir § 1346)*.

▸ Options d'achat

1154 Dans le cadre des options d'achat, la société doit, préalablement à l'ouverture des options, racheter les actions. Le nombre d'actions rachetées doit être suffisant pour faire face aux demandes ; la société ne sera remboursée des sommes ainsi avancées qu'au fur et à mesure des levées d'option.

Ce rachat, qui s'opère sans intervention directe de l'assemblée générale mais à l'intérieur d'un délai fixé par elle, donne lieu à une information dans le rapport de gestion (c. com. art. L. 225-211). Sont précisés le nombre des actions achetées et vendues au cours de l'exercice, les cours moyens des achats et des ventes, le montant des frais de négociation, le nombre des actions inscrites au nom de la société à la clôture de l'exercice et leur valeur évaluée au cours d'achat, ainsi que leur valeur nominale pour chacune des finalités, le nombre des actions utilisées, les éventuelles réallocations dont elles ont fait l'objet et la fraction du capital qu'elles représentent.

Ces actions doivent faire l'objet d'une offre d'option au profit des salariés dans un délai de 1 an à partir de la date du rachat par la société (c. com. art. L. 225-208).

Par ailleurs, la société doit respecter les conditions relatives à la détention par une société de ses propres actions. Ainsi, elle ne peut pas détenir plus de 10 % de ses propres actions. L'acquisition ne doit pas avoir pour effet d'abaisser le montant des capitaux propres à un montant inférieur à celui du capital augmenté des réserves non distribuables (c. com. art. L. 225-210).

La société doit tenir un registre des achats et des ventes ; ce rachat, qui s'opère sans intervention directe de l'assemblée générale, donne lieu à une information dans le rapport de gestion (c. com. art. L. 225-211 et R. 225-159).

→ **À NOTER** *L'attribution de stock-options sous forme d'options d'achat d'actions n'engendre aucune dilution du capital pour les actionnaires en place. Mais la société devant acheter au préalable ses propres actions, elle immobilise des capitaux pendant toute la durée de l'option.*

▸ Options de souscription

1155 Ces options peuvent être consenties par des sociétés dont le capital n'a pas été intégralement libéré (c. com. art. L. 225-177, al. 3).

Le nombre total des options ouvertes et non encore levées ne peut donner droit à souscrire un nombre d'actions excédant le tiers du capital social (c. com. art. L. 225-182 et R. 225-143).

Autorisation de l'AGE

▸ Compétence de l'AGE

1156 Les options de souscription ou d'achat (ou la création) d'actions doivent être autorisées par l'assemblée générale extraordinaire (AGE) statuant sur le rapport du conseil d'administration et sur le rapport spécial des commissaires aux comptes, si la SA en est dotée (c. com. art. L. 225-177 et L. 225-179). En fait, l'AGE autorise, le plus souvent, le conseil d'administration à consentir de telles options *(voir § 1160)*.

▸ Contenu de l'autorisation

1157 L'autorisation doit impérativement déterminer les modalités de fixation du prix de souscription ou d'achat des actions.

Dans leur rapport spécial, les commissaires aux comptes donnent leur avis sur les modalités proposées pour la fixation du prix de souscription ou d'achat. Si la SA n'est pas dotée d'un commissaire aux comptes, elle devra alors en désigner un spécifiquement à cet effet (c. com. art. L. 225-177, al. 4).

L'assemblée :

– peut imposer au conseil de consentir soit des options de souscription, soit des options d'achat. En pratique, le mandat donné au conseil d'administration lui laissera le soin de choisir entre ces deux modalités d'option. Très généralement, l'assemblée arrête un plafond en nombre ou en pourcentage des actions nouvelles à émettre ou à acheter ;

– fixe le délai pendant lequel l'autorisation peut être utilisée par l'organe de direction. Ce délai ne peut pas être supérieur à 38 mois (c. com. art. L. 225-177, al. 1er et L. 225-179, al. 1er). Cette délégation de compétence nécessite une résolution particulière présentée aux actionnaires (c. com. art. L. 225-129-2, al. 3) ;

– fixe librement le délai pendant lequel les options pourront être exercées par les bénéficiaires. Ainsi, la période de blocage pendant laquelle les options ne peuvent être exercées varie selon la politique de fidélité que la société entend développer envers les salariés et mandataires sociaux.

• **Consultation du CSE d'une entreprise d'au moins 50 salariés.** Le comité social et économique d'une entreprise d'au moins 50 salariés *(voir §§ 1020 et suivants)* doit être consulté préalablement à la mise en place de plans d'options entraînant une modification de l'organisation de l'entreprise et, notamment, dans les cas suivants :
– options réservées à de nombreux salariés ;
– options concernant une fraction importante du capital et entraînant une augmentation significative de celui-ci.

• **Augmentation de capital réservée aux salariés.** La décision autorisant l'attribution d'options de souscription et une augmentation de capital différé devra contenir une résolution tendant à réaliser une augmentation de capital réservée aux salariés, sauf si la société n'a pas de salarié (c. com. art. L. 225-129-6).

• **Rapport du conseil d'administration.** Le rapport du conseil d'administration sur lequel statue l'assemblée générale doit indiquer les motifs de l'ouverture des options de souscription ou d'achat d'actions ainsi que les modalités proposées pour la fixation du prix de souscription ou d'achat (c. com. art. R. 225-144). Les noms des bénéficiaires éventuels *(voir § 1162)* et le nombre d'actions sur lesquelles portent les options peuvent ne pas être précisés.

• **Dépôt au greffe.** Une copie certifiée conforme du P-V de l'assemblée ayant autorisé l'ouverture d'options de souscription doit être déposée au greffe du tribunal de commerce (c. com. art. R. 123-107). Ce dépôt n'a pas lieu lorsque l'assemblée autorise l'attribution d'option d'achat d'actions.

▸ Prorogation du délai d'exercice des options

1158 La prorogation du délai pendant lequel les options doivent être exercées relève de la seule compétence de l'AGE. Toutefois, une telle prérogative ne semble pas devoir être admise lorsque des options ont déjà été levées ou lorsque l'assemblée n'a pas prévu, dans la résolution d'origine, une clause de prolongation de leur délai d'exercice. En effet, dans ces deux hypothèses, un report de délai placerait les attributaires des options dans une situation inégale au regard des prévisions contractuelles découlant de l'émission des titres (rép. Myard n° 25717, JO 23 novembre 2004, AN quest. p. 9208).

Sur le plan fiscal, la seule prorogation du délai d'exercice des options qui ne s'accompagnerait d'aucune autre modification des plans, et notamment de leur prix d'exercice, sous réserve des dispositions de l'article L. 225-181 du code de commerce, n'est pas, en elle-même, de nature à remettre en cause le régime spécial d'imposition (CGI art. 80 bis pour les options attribuées à compter du 28 septembre 2012 et CGI 163 bis C pour celles attribuées avant cette date). Cela étant, l'administration pourrait considérer, par exception et au vu des circonstances d'espèce, que la prorogation de la période d'exercice des options concernées s'analyse, en réalité, comme un nouveau plan d'options avec toutes les conséquences qui en découlent (rép. Myard précitée).

▸ Renonciation des actionnaires à leur droit préférentiel de souscription

1159 L'autorisation de l'AGE en matière d'options de souscription et d'augmentation de capital au profit des bénéficiaires des options vaut renonciation des actionnaires à leur droit préférentiel de souscription pour les actions qui devront être émises au fur et à mesure des levées d'options (c. com. art. L. 225-178).

Il est ainsi dérogé à la disposition générale protectrice des intérêts des titulaires de valeurs mobilières donnant accès au capital qui concerne les émissions de nouveaux titres de capital avec droit préférentiel de souscription (c. com. art. L. 228-99).

Pour les options d'achat, les actions étant acquises, l'opération ne donne lieu à aucune renonciation des actionnaires à leurs droits.

Délégation au conseil d'administration

▸ Pouvoirs pouvant être délégués

1160 L'AGE peut donner une large délégation de pouvoirs au conseil d'administration pour fixer la nature des achats et ou souscriptions et les conditions dans lesquelles les options seront octroyées. Toutefois, cette délégation ne peut porter sur les points étant de la compétence exclusive de l'assemblée, à savoir (c. com. art. L. 225-177 et L. 225-179) :

– ni sur le délai d'exercice de l'option ;
– ni sur les modalités de fixation du prix.

Le conseil d'administration peut ne pas utiliser l'autorisation conférée par l'assemblée si, par exemple, la conjoncture n'est pas favorable à une telle émission.

→ **EXEMPLE** *En fonction des pouvoirs conférés par l'assemblée, le conseil peut, notamment :*
– indiquer à quelle date il opérera le choix entre achat d'actions ou souscription d'actions ;
– utiliser la faculté donnée par l'assemblée de consentir ces options en une ou plusieurs fois à l'intérieur du délai impératif fixé par l'assemblée (cette possibilité de procéder par tranches a été admise notamment par l'ANSA, dossier « Stock-options », 1996, n° 2851) ;
– dans la limite du plafond souvent imposé par l'assemblée et du plafond légal (voir § 1155), arrêter le montant total des options et celui de l'augmentation de capital pour les options de souscription ;
– fixer le prix auquel l'option est réellement offerte le jour où l'option est réellement consentie par le conseil ; ce prix doit être déterminé selon les modalités arrêtées par l'assemblée générale extraordinaire (voir § 1157) ;
– fixer la liste des bénéficiaires des options ainsi que les qualités requises ou les conditions particulières de levée des options telles que la réalisation d'objectifs financiers par des dirigeants.

• **Modification du choix initial.** S'il a choisi d'attribuer, par exemple, des options de souscription, le conseil d'administration ne peut modifier ensuite ce choix pour des options d'achat (ou l'inverse) qu'à la condition que l'autorisation de principe de l'AGE porte explicitement sur les deux types d'options sans aucune restriction. Par ailleurs le conseil doit respecter les droits des bénéficiaires et des tiers (ANSA, CJ 6 mars 2002, n° 3120).

• **Règlement du plan.** Le conseil d'administration arrête dans un document les conditions dans lesquelles le bénéficiaire peut lever l'option ; c'est dans ce document que sera réglée l'incidence du départ du salarié ou du dirigeant sur les options à venir *(voir §§ 1162 à 1168)*. Le plus souvent, le règlement prévoit la libération intégrale des actions lors de leur souscription. Ce document devra être signé par les bénéficiaires et les conditions prévues ne pourront être modifiées qu'avec l'accord des bénéficiaires concernés.

▸ Réalisation de l'augmentation de capital

1161 Dans le cadre des options de souscription, le capital augmente au fur et à mesure des levées d'options. L'augmentation du capital est définitivement réalisée du seul fait de la déclaration de levée d'option accompagnée du bulletin de souscription signé et du paiement, en numéraire ou par compensation avec des créances, de la somme due par le bénéficiaire (c. com. art. L. 225-178, al. 2). Le dépôt des fonds en banque n'est pas exigé.

Aucune formalité de publicité n'est imposée par les textes.

Dès la levée d'option et l'inscription des actions en compte, les bénéficiaires des options bénéficient des droits attachés aux actions (dividendes, participation aux assemblées, droit de communication). Très souvent, la revente immédiate des actions n'est pas possible en raison du délai de conservation *(voir § 1168)*.

Lors de la première réunion suivant la clôture de l'exercice, le conseil d'administration constate, s'il y a lieu, le nombre et le montant des actions émises pendant la durée de l'exercice à la suite des levées d'options et apporte les modifications nécessaires aux clauses statutaires relatives au montant du capital et au nombre d'actions qui le représentent. Le conseil d'administration peut déléguer au directeur général ou, en accord avec ce dernier, aux directeurs généraux délégués, le pouvoir de constater le nombre d'actions émises pendant la durée de l'exercice à la suite des levées d'options et d'apporter les modifications nécessaires aux clauses statutaires relatives au montant du capital et au nombre d'actions émises. Le directoire peut également déléguer le pouvoir de procéder à ces opérations à son président ou, en accord avec ce dernier, à un ou plusieurs de ses membres.

Ces opérations peuvent également être réalisées, à tout moment, pour l'exercice en cours (c. com. art. L. 225-178, al. 3).

• **Paiement par compensation.** En cas de paiement par compensation, les textes ne prévoient pas un arrêté des comptes par les commissaires aux comptes, lequel est imposé dans la procédure traditionnelle.

• **Libération partielle.** Dans le cadre de la procédure d'options de souscription se traduisant par une augmentation de capital en numéraire, les actions pourraient n'être libérées que du quart lors de leur souscription. Très souvent, il est prévu une libération intégrale.

• **Options d'achat.** Pour les options d'achat, le salarié verse le prix fixé à l'origine et reçoit en contrepartie les actions.

Bénéficiaires des stock-options

► Choix des bénéficiaires

1162 Le nombre et la qualité des bénéficiaires sont déterminés par le conseil d'administration, dans les limites éventuellement fixées par l'AGE. Des options peuvent n'être consenties qu'à une catégorie de salariés.

En cas de décès du bénéficiaire, ses héritiers peuvent exercer l'option dans un délai de 6 mois à compter du décès (c. com. art. L. 225-183, 3e al.). Le délai de levée de stock-options par les héritiers est un délai de forclusion ayant impérativement pour point de départ le décès du bénéficiaire des options (cass. com. 10 décembre 2013, n° 12-17724).

• **Libération des actions.** Dans le cadre de la procédure d'options de souscription se traduisant par une augmentation de capital en numéraire, les actions pourraient n'être libérées que du quart lors de leur souscription. Très souvent, il est prévu une libération intégrale.

• **Présence du bénéficiaire dans l'entreprise.** Le maintien des options peut être subordonné à la présence du bénéficiaire dans l'entreprise (cass. soc. 20 octobre 2004, n° 02-41860). Les juges doivent rechercher si la clause du règlement, selon laquelle la levée des options est soumise à la condition que le bénéficiaire ne soit ni démissionnaire ni licencié à la date de l'exercice de l'option, a été acceptée par le salarié (cass. soc. 9 mai 2001, n° 98-42615).

L'empêchement de lever les options lorsque le licenciement a été jugé sans cause réelle et sérieuse lui cause un préjudice qui doit être réparé (cass. soc. 29 septembre 2004, n° 02-40027 ; cass. soc. 18 mars 2009, n° 07-45664 ; cass. soc. 29 janvier 2014, n° 12-22663).

• **Compétence des tribunaux.** Les différends liés à l'attribution de stock-options, accessoire du contrat de travail, sont de la compétence du conseil des prud'hommes. En revanche, les litiges intervenant entre un ancien salarié ayant quitté la société, et devenu simple actionnaire à la suite d'une levée d'options, et la société relèvent de la compétence des tribunaux de commerce (cass. soc. 24 septembre 2013, n° 12-15678).

→ **À NOTER** *Il n'entre pas dans les devoirs du notaire chargé de liquider une succession d'informer et de conseiller les héritiers sur l'opportunité comme sur les incidences financières d'une levée d'options de souscription d'actions dont était titulaire le défunt* (cass., 1re civ., 30 avril 2014, n° 13-13850).

Tant que l'option n'est pas exercée, le droit d'option est incessible (c. com. art. L. 225-183, al. 2). *Du fait de cette incessibilité :*
– *les stock-options ne sont pas des valeurs mobilières ;*
– *les droits résultant de l'attribution de stock-options, pendant le mariage, à un époux commun en biens forment des biens propres par nature ; en revanche, si l'option de souscription ou d'achat d'actions est levée durant le mariage, alors les actions acquises par l'exercice de ces droits deviennent librement cessibles et entrent dans la communauté en tant que rémunération* (cass., 1re civ., 9 juillet 2014, n° 13-15948 ; cass. 1re civ., 25 octobre 2023, n° 21-23139).

▸ **Salariés**

1163 **Salariés de la société émettrice.** Les options de souscription ou d'achat d'actions peuvent être consenties aux salariés de la société qui attribue ces options (c. com. art. L. 225-177 et L. 225-179), sous réserve qu'ils ne détiennent pas plus de 10 % de capital *(voir § 1169)*.

1164 **Salariés de groupes de sociétés.** Les options peuvent également être attribuées aux membres du personnel salarié des sociétés et des GIE dont 10 % au moins du capital ou des droits de vote sont détenus, directement ou indirectement, par la société qui consent les options (sociétés filiales) (c. com. art. L. 225-177, dernier al. et L. 225-180, I-1°).

En conséquence, les options ne peuvent pas être attribuées aux salariés de la société mère ou des sociétés sœurs de la SA émettrice.

1165 **Options consenties par les sociétés étrangères.** Les options peuvent être accordées, par une société dont le siège est situé à l'étranger, aux salariés d'une société française dont la société étrangère est la mère ou la filiale dès lors que les conditions prévues aux articles L. 225-177 à L. 225-186 du code de commerce sont réunies.

▸ **Mandataires sociaux**

1166 **Dirigeants de la société émettrice.** Comme les salariés :
– les mandataires sociaux (président du conseil d'administration, directeur général, directeurs généraux délégués) peuvent bénéficier d'options de souscription ou d'achat d'actions (c. com. art. L. 225-185, al. 4) ;
– aucune option ne peut être consentie aux mandataires sociaux qui détiennent plus de 10 % du capital social (c. com. art. L. 225-182, al. 2).

Administrateurs. Les administrateurs ne peuvent pas bénéficier d'option, sauf s'ils cumulent leurs fonctions avec un contrat de travail ou s'ils exercent des fonctions de direction éligibles à ce régime, dans les filiales du groupe.

1167 **Dirigeants des sociétés liées exclus.** Les sociétés dont les titres ne sont pas admis aux négociations sur un marché réglementé ne peuvent consentir des options qu'à leurs propres mandataires sociaux. Elles ne peuvent donc pas en attribuer à des dirigeants qui n'exercent pas leurs fonctions au sein de la société et, notamment, à des dirigeants de filiales, de sociétés sœurs ou de leur société mère sauf s'ils sont salariés de la société émettrice (c. com. art. L. 225-185, dernier al.).

• **Conventions réglementées.** Les attributions d'options ne sont pas soumises à la procédure des conventions réglementées (Déb. Sén., JO 13 octobre 2000, p. 5062). L'avis du comité juridique de l'ANSA est plus tranché. La procédure des conventions réglementées n'est pas applicable lorsque les membres du conseil d'administration ne bénéficient pas d'un régime spécifique par rapport aux autres bénéficiaires dans l'octroi des options et que le même régime est appliqué à tous les salariés et mandataires sociaux. En revanche, si un ou des dirigeants bénéficient d'un régime particulier nettement plus avantageux (indépendamment des différences concernant les quantités de titres offerts), ou si par exemple le président, ou le président et les directeurs généraux, sont seuls bénéficiaires de toutes les options, alors la procédure des conventions réglementées est applicable (ANSA, CJ 3 janvier 1990, n° 2495).

• **Mandataires sociaux non dirigeants.** Par exception, des stock-options peuvent être attribuées à des personnes physiques mandataires sociaux non dirigeants (par exemple, un administrateur). Ces options peuvent être consenties pendant une durée de 2 ans à compter de l'immatriculation de la société, aux mandataires sociaux qui ont participé avec des salariés à la constitution de la société (c. com. art. L. 225-185). Selon l'ANSA, les mandataires sociaux qui ont effectué leurs apports au cours des 2 années suivant l'immatriculation de la société peuvent également en bénéficier (ANSA, CJ du 6 octobre 2021, n° 21-042).

1168 **Contraintes de conservation pour les dirigeants.** Le conseil d'administration qui attribue des options au président du conseil d'administration, au directeur général ou aux directeurs généraux délégués doit (c. com. art. L. 225-185, al. 4) :
– soit décider une interdiction de lever leurs options avant la cessation de leurs fonctions ; dans ce cas, le plan devra réserver la clause dite « de présence » aux seuls salariés non dirigeants en fonction dans la société au moment de la levée de l'option ;
– soit fixer la quantité des actions issues des options exercées qu'ils sont tenus de conserver au nominatif jusqu'à la cessation de leurs fonctions. Dans ce cas, le délai de conservation pourra être supérieur au délai de 4 ans.

L'option choisie par le conseil d'administration doit être mentionnée dans le rapport sur le gouvernement d'entreprise (*voir § 856*).

Selon l'ANSA, ces conditions doivent être fixées plan par plan ; à défaut, certaines offres d'options pourraient n'être assorties d'aucune contrainte, ce qui serait contraire au texte (ANSA, CJ 7 mars 2007, n° 07-011).

Ces conditions s'appliquent aux seuls dirigeants des sociétés qui émettent les options et non aux dirigeants de leurs sociétés liées. Elles ne concernent donc pas les dirigeants des sociétés françaises bénéficiant d'options attribuées par des sociétés liées, françaises ou étrangères (BOFiP-RSA-ES-20-10-10-§ 260-12/08/2014).

En outre, les personnes titulaires d'un des mandats sociaux qui exercent, au sein d'une même société, à la fois une fonction de mandataire social et une activité salariée doivent respecter ces contraintes pour les options qui leur ont été attribuées en qualité de mandataire social (BOFiP-RSA-ES-20-10-10-§ 270-12/08/2014).

→ **ATTENTION** *En cas de méconnaissance des restrictions précitées, le régime spécial d'imposition n'est pas applicable à l'ensemble des options accordées à un même bénéficiaire dans le cadre d'une même attribution* (BOFiP-RSA-ES-20-10-10-§ 310-12/08/2014).

Cessation des fonctions. En pratique, la cessation des fonctions s'entend de la fin du mandat social. En cas de renouvellement de ce mandat, les contraintes restent applicables jusqu'à l'expiration de ce mandat. Il en est de même en cas de changement de fonction dirigeante si le bénéficiaire continue à occuper l'une des fonctions dirigeantes visées ci-dessus. En revanche, les mandataires ne sont plus tenus à ces obligations lorsqu'ils cessent leur mandat, même s'ils continuent à exercer une activité salariée au sein de la société (BOFiP-RSA-ES-20-10-10-§§ 280 à 300-12/08/2014).

▸ **Limite de participation du bénéficiaire**

1169 Il ne peut être consenti d'options aux salariés et mandataires sociaux qui possèdent plus de 10 % du capital social (c. com. art. L. 225-182, al. 2). Cette limite est portée au tiers du capital lorsque des options sont attribuées dans les 2 ans de la création ou du rachat d'une société par ses salariés ou ses mandataires (c. com. art. L. 225-185, al. 3) *(voir § 1170)*.

Le seuil de 10 %, ou du tiers, s'apprécie au moment où les options sont consenties. En cas de démembrement de la propriété de l'action (disjonction de la nue-propriété et de l'usufruit), seuls les titres détenus par le nu-propriétaire doivent être retenus (BOFiP-RSA-ES-20-10-10-§ 100-12/08/2014).

▸ **Création ou reprise d'entreprise**

1170 Les mandataires sociaux qui participent, avec des salariés, à la création ou au rachat de la majorité du capital d'une société peuvent bénéficier d'options de souscription, et ce pendant 2 ans à compter (c. com. art. L. 225-185, al. 1 et 2) :
– soit de l'immatriculation de la société nouvelle ;
– soit du rachat de la majorité du capital de la société.

Prix de souscription ou d'achat des actions

▸ **Prix fixé de manière irrévocable**

1171 Le prix de souscription ou d'achat des actions est fixé au jour où l'option est consentie, par le conseil d'administration, selon les modalités déterminées par l'assemblée générale extraordinaire *(voir § 1157)*.

Le prix ainsi déterminé ne peut pas être modifié pendant la durée de l'option (c. com. art. L. 225-181). Toutefois, si la société vient à effectuer certaines opérations, des ajustements doivent être opérés *(voir § 1173)*.

Rachat des actions. En pratique, il est généralement prévu, dans le règlement, qu'une filiale, une personne physique ou un fonds commun de placement (dans le cadre du plan d'épargne entreprise) achètera, si le bénéficiaire le demande, toutes les actions qu'il détient suite à la levée d'option. Les modalités de fixation du prix et les conditions de paiement seront prévues dans ce document.

▸ **Modalités de fixation du prix**

1172 Le prix d'exercice des options est fixé à la valeur des titres au jour où l'option est consentie, déterminée selon les méthodes définies par la loi (c. com. art. L. 225-177, 4e al.).

En pratique, c'est la méthode multicritère ou, à défaut, celle de l'actif net réévalué calculé d'après le bilan le plus récent qui doit être utilisée. Aucun rabais ne peut donc être consenti sur le prix d'exercice des options par rapport à la valeur de l'action déterminée selon ces méthodes.

Le prix de souscription doit donc être déterminé conformément aux méthodes objectives retenues en matière d'évaluation d'actions en tenant compte, selon une pondération appropriée à chaque cas, de la situation nette comptable, de la rentabilité et des perspectives d'activité de l'entreprise. Ces critères sont appréciés, le cas échéant, sur une base consolidée ou, à défaut, en tenant compte des éléments financiers issus des filiales significatives (c. com. art. L. 225-177, al. 4).

Lorsque cette méthode ne peut pas être appliquée, le prix de souscription est déterminé en divisant par le nombre de titres existants le montant de l'actif net réévalué, calculé d'après le bilan le plus récent.

Fusion-absorption d'une société ayant attribué des options. Une société absorbe une société ayant attribué des options avant la levée de ces options. L'application de la parité d'échange retenue au moment de la fusion conduit à une baisse du prix de l'action lors de la levée des stock-options, que l'URSSAF entend réintégrer dans l'assiette des cotisations sociales. Les juges repoussent la position de l'URSSAF : certes, le prix de souscription ne peut pas être modifié pendant la durée de l'option (c. com. art. L. 225-181), mais l'application au prix fixé lors de l'attribution des options de la parité d'échange fixée lors de la fusion ne constitue pas une modification de prix prohibée par le code de commerce (cass. civ., 2e ch., 27 novembre 2014, n° 13-25715).

Ajustements à opérer

▸ Opérations concernées

1173 Si, postérieurement à l'attribution du plan d'options, la société vient à réaliser une opération financière ayant des répercussions sur la valeur du titre *(voir ci-après)*, elle doit prendre les mesures nécessaires à la protection des intérêts des bénéficiaires des options, dans les conditions prévues pour la protection des intérêts des titulaires de valeurs mobilières donnant accès au capital (c. com. art. L. 228-99 et R. 228-87 à R. 228-92).

Les opérations qui nécessitent de prendre des mesures de protection en faveur des intérêts des bénéficiaires des options sont les suivantes (c. com. art. L. 225-181, al. 2) :
- amortissement ou réduction du capital ;
- modification de la répartition des bénéfices ;
- attribution gratuite d'actions ;
- incorporation au capital de réserves, bénéfices ou primes d'émission ;
- distribution de réserves ;
- toute émission de titres de capital ou de titres donnant droit à l'attribution de titres de capital comportant un droit de souscription réservé aux actionnaires.

▸ Modalités d'ajustement

1174 Pour assurer la protection des intérêts des bénéficiaires d'options, l'ajustement du prix de souscription ou d'achat doit intervenir dans les conditions prévues à l'article R. 228-91 du code de commerce relatif à l'ajustement des droits des titulaires de valeurs mobilières donnant accès au capital (c. com. art. R. 225-137).

Toutefois, des règles particulières subsistent pour les opérations suivantes :
- augmentation de capital par incorporation de réserves, bénéfices ou primes d'émission et attribution gratuite d'actions (c. com. art. R. 225-139) ;
- réduction du capital motivée par des pertes (c. com. art. R. 225-142).

En toute hypothèse, l'ajustement du prix de souscription ne peut jamais avoir pour effet de ramener le prix au-dessous du montant du nominal des actions (c. com. art. R. 225-141).

Cet ajustement est organisé par le contrat d'émission (c. com. art. L. 228-99 et R. 228-91).

Information des actionnaires

▸ Rapport spécial

1175 **Information sur les plans d'option.** Chaque année, l'assemblée générale ordinaire de la société émettrice doit être informée, dans un rapport spécial, des plans d'options mis en œuvre (c. com. art. L. 225-184) tant en ce qui concerne les mandataires sociaux que les 10 salariés ayant le plus d'options. Ce rapport doit être établi uniquement si, durant l'exercice, la société a procédé à l'attribution d'options (ANSA, CJ 4 juin 2014, n° 14-035). Par exemple, si une société n'a procédé à aucune attribution d'options de souscription ou d'achat d'actions en 2021, elle n'a pas à établir le rapport spécial d'information, en vue de l'AGO qui se tient en 2022 et qui va statuer sur les comptes 2021.

Ce rapport spécial, établi par le conseil d'administration, doit rendre compte (c. com. art. L. 225-184, al. 2 à 5) :
– du nombre, des dates d'échéance et du prix des options de souscription ou d'achat d'actions qui, durant l'année et à raison des mandats et fonctions exercés dans la société, ont été consenties à chacun de ces mandataires par la société et par celles qui lui sont liées dans les conditions prévues à l'article L. 225-180 du code de commerce et, notamment, les sociétés ou GIE dont elle détient 10 % au moins du capital ;
– du nombre, des dates d'échéance et du prix des options de souscription ou d'achat d'actions qui ont été consenties durant l'année à chacun de ces mandataires, à raison des mandats et fonctions qu'ils y exercent, par les sociétés contrôlées (au sens de la notion des comptes consolidés prévue à l'article L. 233-16 du code de commerce) ;
– du nombre et du prix des actions souscrites ou achetées durant l'exercice par les mandataires sociaux de la société en levant une ou plusieurs des options détenues sur les sociétés visées aux deux alinéas précédents.

• **Modalités de consultation.** Ce rapport permet d'informer l'assemblée ; il n'est pas présenté à cet organe. Seuls les actionnaires présents en ont connaissance, mais il peut être consulté par tous les autres actionnaires. Il ne figure pas au titre des documents communicables avant l'assemblée (c. com. art. R. 225-83 et R. 225-89).

• **Pas de dépôt au greffe.** Aucun texte n'impose le dépôt au greffe de ce rapport spécial ; le dépôt n'est prévu que pour le rapport relatif aux comptes sociaux. Or ce rapport spécial est, a priori, autonome.

1176 **Dix salariés non mandataires sociaux.** Le rapport doit indiquer (c. com. art. L. 225-184) :
– pour chacun des 10 salariés de la société qui ne sont pas mandataires sociaux et à qui le nombre d'options consenties est le plus élevé : le nombre, le prix et les dates d'échéance des options de souscription ou d'achat d'actions consenties durant l'année, tant par la société que par les sociétés qui lui sont liées au sens de l'article L. 225-180 du code de commerce ;
– pour chacun des 10 salariés de la société qui ne sont pas mandataires sociaux et ayant acheté ou souscrit le nombre d'actions le plus élevé : le nombre et le prix des actions ayant donné lieu à la levée de l'option ;
– le nombre, le prix et les dates d'échéance des options de souscription ou d'achat d'actions consenties durant l'année par la société et les sociétés qui lui sont liées à l'ensemble des salariés bénéficiaires, ainsi que le nombre de ceux-ci et la répartition des options consenties entre les catégories de ces bénéficiaires (c. com. art. L. 225-184, dernier al.).

→ **EN PRATIQUE** *Le rapport devra, pour l'exercice écoulé, faire le cumul des options d'achat et de souscription, et distinguer les options consenties et celles levées.*

Au vu de ces éléments, la société devra publier les noms :
– des 10 salariés ayant bénéficié du total le plus élevé d'options de souscription d'achat ;

– des 10 salariés (pouvant être différents) qui, en levant des options au cours de l'exercice, ont acheté ou souscrit le nombre le plus élevé d'actions.

▸ **Société contrôlante**

1177 L'assemblée générale de la société qui contrôle majoritairement, directement ou indirectement, celle qui consent les options est informée de ces options dans les conditions prévues pour la société émettrice par l'article L. 225-184 du code de commerce.

Dans une première approche, la société contrôlante peut reprendre l'ensemble des informations données par la société contrôlée dans son rapport.

Le comité juridique de l'ANSA a retenu une solution consistant, pour la société contrôlante, à ne donner dans son rapport qu'une information globale et non nominative de l'ensemble des options accordées par les sociétés du groupe dès lors que les mandataires de la société contrôlante ne sont pas bénéficiaires d'options (ANSA, CJ 15 mai 2002, n° 3138).

Règles générales d'imposition du bénéficiaire

1178 Le régime fiscal et social des stock-options est analysé dans notre cahier « Épargne salariale et actionnariat salarié », auquel nos lecteurs peuvent utilement se reporter (voir RF 2021-6). Sont notamment précisées les modalités d'imposition du rabais, de l'avantage et de la plus-value de cession en cas de cession des actions acquises en exercice de stock-options, et d'autre part le régime social des stock-options, au regard de chaque catégorie d'avantages.

Pourquoi créer
des actions de préférence en SA ?

1

ACCORDER À CERTAINS ACTIONNAIRES DES AVANTAGES

- **AVANTAGES FINANCIERS** (PAR EXEMPLE, DIVIDENDE PRIORITAIRE)
- **DROIT DE VOTE RENFORCÉ** (PAR EXEMPLE, DROIT DE VOTE MULTIPLE)
- **DROIT D'INFORMATION RENFORCÉ** (PAR EXEMPLE, COMMUNICATION PARTICULIÈRE SUR CERTAINES OPÉRATIONS)

2

RESTREINDRE LES DROITS DE CERTAINS ACTIONNAIRES

- **SUPPRIMER LE DROIT DE VOTE** DES ACTIONS (AU MAXIMUM POUR 50% DU CAPITAL)
- **RESTREINDRE LES DROITS FINANCIERS** (PAR EXEMPLE, UNIQUEMENT DROIT AU BONI DE LIQUIDATION)

NE JAMAIS PRIVER UN ACTIONNAIRE DE TOUT DROIT FINANCIER, NI L'EXEMPTER DE TOUTE PERTE

3

CONTRAINTES

- **RESPECTER UNE PROCÉDURE PARTICULIÈRE**
- **FAIRE INTERVENIR UN COMMISSAIRE AUX APPORTS**

Revue Fiduciaire

23 Actions de préférence

§§

Les différentes catégories d'actions de préférence

Création et protection des actions de préférence

Les différentes catégories d'actions de préférence

Particularités des actions de préférence

1200 Ces titres de capital, se distinguant par les prérogatives qui y sont attachées par rapport aux actions dites ordinaires, restent soumis au régime des actions.

Les actions de préférence peuvent moduler le droit de vote (suppression ou extension, sous certaines limites). Le recours aux actions de préférence est le seul moyen pour conférer des droits de vote spécifiques à des actionnaires.

Elles peuvent également aménager les droits financiers. Les actions de préférence auxquelles est attaché un droit limité de participation aux dividendes, aux réserves ou au partage du patrimoine en cas de liquidation sont privées de droit préférentiel de souscription pour toute augmentation de capital en numéraire, sous réserve de stipulations contraires des statuts. Depuis la réforme opérée par la loi 2019-486 du 22 mai 2019, dite « loi Pacte », la règle s'applique aussi bien aux actions de préférence avec ou sans droit de vote à l'émission (c. com. art. L. 228-11, dernier al.).

Les actions de préférence peuvent être créées à l'origine dans les statuts ou être émises en cours de vie sociale par décision de l'AGE ; leur émission est encadrée afin de garantir les droits des autres actionnaires et des créanciers. Mais, en toute hypothèse, les actions de préférence doivent être prévues par les statuts avec l'indication des droits qu'elles emportent (c. com. art. L. 228-11). Une modification statutaire s'imposera pour les sociétés existantes de façon à rendre opposables ces droits aux tiers.

Les actions de préférence peuvent être attribuées gratuitement aux dirigeants et/ou aux salariés *(voir §§ 1138 et 1139)*.

Mention des droits particuliers. Les statuts doivent indiquer, pour chaque catégorie d'actions émises, le nombre d'actions et la nature des droits particuliers attachés à celles-ci et, selon le cas, la part de capital social qu'elle représente ou la valeur nominale des actions qui la composent (c. com. art. R. 224-2, 1°).

Avantages multiples

1201 Les actions de préférence peuvent conférer à leurs titulaires, à l'image des actions de priorité :
- des droits privilégiés patrimoniaux ou extra-patrimoniaux ;
- des droits de vote différents de ceux attachés aux actions ordinaires.

Ces droits, définis dans les statuts ou par l'AGE qui va créer les actions de préférence, peuvent être permanents ou de durée variable. Ils pourraient être suspendus puis réactivés en fonction de la situation de la société. En toute hypothèse, l'événement certain ou aléatoire qui met fin aux droits privilégiés ou qui les fait renaître devra être défini.

Ces avantages pécuniaires, aussi larges soient-ils, ne doivent pas porter atteinte à certains principes fondamentaux du droit des sociétés ou à des règles propres aux SA.

Limitation des avantages. Les droits de préférence suivent l'action, mais les statuts ou la décision d'émission peuvent prévoir la suspension des avantages passé un certain délai (souvent limité à un nombre d'exercices), ou lors de l'arrivée d'un événement tel qu'un montant de bénéfices distribuables.

Avantages patrimoniaux

▸ Avantages autour du dividende

1202 La création d'actions de préférence aura souvent pour objectif de permettre à leur titulaire de recevoir une part de bénéfice supérieure à celle devant être attribuée aux actions ordinaires, le tout sous réserve des limitations inscrites dans le droit des sociétés *(voir ci-dessous la rubrique « Limites applicables au dividende spécial »)*.
Les droits ainsi conférés aux actions peuvent consister en :
- une quote-part supérieure des bénéfices lors de chaque distribution ; le contrat de société pourra prévoir une distribution des bénéfices selon une clé de répartition différente suivant la nature des actions sans être liée à la part de capital détenu ;
- un pourcentage du résultat distribuable ;
- un dividende préciputaire, c'est-à-dire un dividende qui sera prélevé prioritairement sur les bénéfices distribuables après dotation de la réserve légale ; cette clause peut priver les autres actionnaires de tout bénéfice lorsque les résultats d'un exercice sont insuffisants ;
- un droit aux bénéfices, comme pour tous les actionnaires, pour la quote-part restant après paiement du dividende prioritaire ;
- un droit cumulatif à un prélèvement sur les bénéfices des exercices futurs lorsque, au cours d'un exercice, les bénéfices d'un exercice donné sont insuffisants pour le paiement d'un dividende prioritaire.

Le dividende attaché à des actions de préférence pourrait être lié à des performances de la société en fonction d'objectifs préétablis ; l'appréciation des performances, faisant naître ou supprimant le droit au dividende, ne sera jamais laissée à l'arbitraire des dirigeants.

Ce dividende renforcé peut être contrebalancé par une privation du droit de vote *(voir § 1205)*. Le nombre d'actions de préférence assorties de droits financiers renforcés n'est pas plafonné par rapport au capital. Les droits financiers privilégiés peuvent venir en plus des autres droits de l'actionnaire.

• **Dividende en actions.** Le dividende distribué aux titulaires d'actions de préférence peut être accordé en titres de capital selon les modalités fixées par l'assemblée générale extraordinaire ou les statuts (c. com. art. L. 228-18). Les titres remis à titre de dividende pourraient être des actions ordinaires ou d'autres actions de préférence, le texte ne portant aucune restriction quant aux titres en capital pouvant être distribués.

• **Attribution privilégiée de biens en nature.** L'attribution d'un bien social à des titulaires d'actions de préférence entraînera une réduction de capital ; l'article L. 225-204 du code de commerce précise que cette opération ne peut porter atteinte à l'égalité des actionnaires sous peine d'une amende de 30 000 € (c. com. art. L. 242-23).

• **Maintien du dividende majoré pour les actions ordinaires.** Les actions ordinaires inscrites au nominatif depuis plus de 2 ans peuvent bénéficier d'un dividende majoré ; cette majoration, dans la limite de 10 %, prévue par les statuts bénéficie à tous les actionnaires qui remplissent les conditions d'ancienneté (c. com. art. L. 232-14). Cet avantage n'est pas un avantage particulier.

• **Limites applicables au dividende spécial.** Le mécanisme mis en place ne doit pas conduire à priver les autres actionnaires de tout droit au bénéfice en vertu de la prohibition des pactes léonins (c. civ. art. 1844-1).

• **Notion de bénéfice distribuable.** Aucun dividende, même préciputaire, ne peut être distribué à défaut d'avoir constaté l'existence de sommes distribuables (c. com. art. L. 232-12).

• **Intérêt.** L'attribution à des actions de préférence d'un intérêt payable sur le résultat, même en l'absence de bénéfices, n'est pas possible (c. com. art. L. 232-15).

• **Privation du droit au dividende.** Il est possible de restreindre les droits financiers attachés aux actions de préférence, par exemple en supprimant le droit au dividende et en maintenant le droit au boni de liquidation. En revanche, il n'est pas possible de créer une catégorie d'actions de préférence totalement privée de droits financiers, même si les titulaires de ces actions possèdent des actions ordinaires leur donnant accès à ces droits (ANSA, CJ du 8 septembre 2021, n° 21-027).

▸ Avantages pécuniaires non liés au bénéfice

1203 **L'action de préférence peut conférer des droits financiers non liés à une distribution de bénéfices ; il peut s'agir, par exemple :**

– d'un droit de rachat prioritaire des actions de préférence ;

– d'un amortissement prioritaire des actions de préférence en cas d'amortissement du capital ;

– de la réservation d'une tranche d'augmentation de capital afin de permettre de conserver toujours la même part de capital ;

– d'un droit privilégié au boni de liquidation ;

– d'un remboursement prioritaire du nominal des actions, sous réserve que cette priorité ne confère pas un droit de préférence envers les créanciers sociaux. Sous cette réserve, les actions de préférence pourraient être déclarées remboursables avant les actions ;

– d'une exonération partielle des pertes ; par contre l'exonération totale des pertes est prohibée.

• **Actions rachetables.** Les statuts pourraient prévoir qu'une catégorie d'actions sera rachetable selon des conditions préétablies. Ainsi, ils pourraient prévoir qu'à une date donnée ou à l'arrivée de tel événement économique ou financier touchant la société arrêté dans les statuts, la société pourrait racheter les actions de préférence prévues sans avoir à obtenir au préalable l'accord de leurs titulaires. Ce rachat entraînerait l'annulation des actions acquises.

• **Boni de liquidation.** Des droits privilégiés peuvent être prévus en cas de dissolution et de liquidation de la société. Les actions privilégiées seront par exemple remboursées en priorité pour leur montant nominal ; un pourcentage supérieur aux autres actions dans le boni de liquidation peut aussi être prévu en faveur des actions de préférence. Ces droits ne peuvent s'exercer qu'après paiement des créanciers.

Avantages extrapatrimoniaux

▸ Préférence négative ou positive quant au droit de vote

1204 Les actions de préférence peuvent être créées avec ou sans droit de vote.

Depuis la réforme opérée par la loi Pacte, les actions de préférence émises dans les SA non cotées ne sont plus tenues de respecter les dispositions des articles L. 225-122 à L. 225-125 du code de commerce. Ces textes portent notamment sur la proportionnalité des droits de votes en fonction de la quotité du capital détenu et sur la prohibition des actions à droit de vote triple ou multiple (c. com. art. L. 228-11, al 1).

En conséquence, il n'existe plus de limitation spécifique, pour les actions de préférence émises à compter du 23 mai 2019, concernant la préférence positive attachée au vote.

Actions démembrées à droit de vote double. Lorsque les actions sont démembrées, le droit de vote, simple ou double, est exercé par l'usufruitier dans les assemblées ordinaires et par le nu-propriétaire dans les AGE, en application de l'article L. 225-110 du code de commerce.

▸ Actions sans droit de vote

1205 Les actions de préférence sans droit de vote ne peuvent pas représenter plus de la moitié du capital social des SA non cotées (c. com. art. L. 228-11, al. 3).

Pour le calcul de cette quotité, il est tenu compte des actions à dividende prioritaire sans droit de vote et des certificats d'investissement existants. Toutefois, l'application de cette disposition ne fait pas obstacle au maintien des droits des titulaires de titres existants (c. com. art. L. 228-29-10). Ainsi, une SA, dont 40 % du capital est déjà représenté par des actions à dividende prioritaire et des certificats d'investissement, ne pourra émettre qu'un nombre d'actions de préférence sans droit de vote, représentant au plus 10 % de son capital.

Toute émission ayant pour effet de porter la proportion au-delà de cette limite de 50 % peut être annulée (c. com. art. L. 228-11, al. 4). La nullité n'est pas de droit, le juge ayant un pouvoir d'appréciation.

• **Suspension temporaire.** Le droit de vote peut être suspendu pour une durée déterminée ou déterminable, ou il peut être supprimé. La référence à l'expression « déterminable » implique que la limitation temporaire ne doit pas dépendre de la volonté de l'actionnaire ou de la société ; elle doit être liée à un événement objectif ou à une convention.

Par ailleurs, l'article L. 228-11 du code de commerce précise que le droit de vote peut être aménagé également pour un délai déterminé ou déterminable. Cette disposition semble rejoindre la question très délicate des conventions de vote.

• **Calcul du pourcentage de moitié.** Le comité juridique de l'ANSA estime que, pour apprécier le seuil de moitié du capital, il faut se placer non seulement au moment même de la décision d'émission ou de la réduction de capital (s'appliquant aussi aux actions de préférence), modifiant ainsi la proportion entre actions ordinaires et actions de préférence, mais aussi examiner en permanence le montant du capital à considérer. Par ailleurs, une action de préférence, privée temporairement du droit de vote en vertu des statuts, doit être considérée comme ne possédant pas de droit de vote (ANSA n° 04-077, 3 novembre 2004).

• **Droit de vote dans les assemblées spéciales.** Les titulaires d'actions de préférence sont réunis en assemblée spéciale, la privation du droit de vote n'emportant pas suspension du droit de vote dans ces assemblées.

• **Droit de participer aux décisions collectives.** L'actionnaire qui ne détient que des actions de préférence sans droit de vote dispose néanmoins du droit de participer aux décisions collectives (c. civ. art. 1844-10, al. 2).

▸ Autres avantages non pécuniaires

1206 Les actions de préférence peuvent conférer des droits particuliers non financiers, non attachés directement au vote. Ces droits non négligeables et souvent exigés par des investisseurs peuvent consister en :
– une information renforcée par rapport aux droits d'information de l'actionnaire classique ;
– une communication particulière préalable et privilégiée sur certaines opérations ou décisions pouvant être prises par la société. Cette consultation ne pourra conduire dans une SA à un droit de veto ;
– une cession des actions de préférence dans une totale liberté et en dehors de tout agrément ou préemption ; à l'inverse, la cession des actions de préférence peut être soumise à l'agrément de la société dans les conditions statutaires. Cet agrément est écarté dans les mêmes cas que ceux prévus pour les actions ordinaires (succession, liquidation de communauté ; *voir § 1256*) ;
– un droit de représentation au sein des organes d'administration ou de surveillance.

En toute hypothèse, ces droits divers, fruits de l'imagination des praticiens, ne peuvent porter atteinte à la hiérarchie des organes sociaux.

Droit de préemption. Des clauses de préemption peuvent être prévues pour les cessions d'actions intervenant au sein d'une catégorie d'actions. Ainsi, toute cession d'actions d'une catégorie A doit être soumise en priorité aux autres actionnaires de cette catégorie A, chaque actionnaire de cette catégorie exerçant son droit de préemption au prorata de ses droits, avec faculté de substitution. Ce droit de préemption, spécifique à une catégorie, peut être étendu aux cessions d'actions d'autres catégories. Ces clauses se rencontrent notamment pour des sociétés fermées détenues par des groupes familiaux. La mise en œuvre de ces clauses, surtout lorsqu'elles prévoient des droits de préemption successifs en fonction des catégories, demande une parfaite maîtrise de ce type d'accord afin d'éviter des incompatibilités entre les différentes procédures.

Droits particuliers dans les groupes

▸ Mère-fille

1207 Les droits particuliers attachés à certaines actions de préférence peuvent être exercés (c. com. art. L. 228-13, al. 1) :
– dans la société qui possède, directement ou indirectement, plus de la moitié du capital de l'émettrice ;
– dans la société dont l'émettrice possède, directement ou indirectement, plus de la moitié du capital.

Dès lors, la société mère détenant plus de la moitié du capital peut émettre des actions conférant des droits particuliers dans une ou plusieurs de ses filiales.

Malgré la réforme opérée par la loi Pacte qui supprime la désignation obligatoire d'un commissaire aux comptes dans une SA (*voir §§ 950 et s.*), les dispositions du code commerce restent inchangées concernant l'émission d'avantages particuliers au sein d'un groupe. Ainsi, les textes prévoient l'établissement d'un rapport spécial par les commissaires aux comptes des deux sociétés (c. com. art. L. 228-13, dernier al.).

• **Deux assemblées.** Lorsque sont émises des actions de préférence conférant des droits particuliers, que ce soit dans une filiale de la société mère émettrice des actions ou dans la société mère lorsque c'est la filiale qui émet des actions, deux AGE doivent intervenir (c. com. art. L. 228-13, al. 2) :
– l'AGE de la société émettrice (mère ou fille) ;
– l'AGE de la société dans laquelle les droits de préférence doivent être exercés.

• **Lien en capital.** Pour que ces droits particuliers puissent s'exercer dans des filiales ou dans la mère, il faut que la société détienne plus de 50 % du capital de la société qui a émis des actions de préférence ; référence est ici faite aux liens en capital et non en droit de vote. La détention peut être indirecte.

▸ Limitation des droits exercés dans les filiales

1208 Les droits conférés doivent respecter les limites exposées ci-avant pour les actions de préférence émises au sein d'une société *(voir § 1202 pour les limites financières et § 1205 pour les actions sans droit de vote)* et les principes fondamentaux du droit des sociétés suivants :
– seul un actionnaire d'une société peut exercer les droits fondamentaux attachés à cette qualité et notamment voter ;
– les dividendes sont réservés aux actionnaires de la société émettrice. Un tiers peut recevoir un avantage financier mais non un dividende ; toutefois, le texte étant très large, des actions de préférence conférant des droits aux dividendes d'une filiale sont émises au profit d'actionnaires de la société mère. Dans certains cas, le droit aux dividendes porte sur le résultat global des sociétés contrôlées répondant au critère des filiales ;
– le respect de la hiérarchie des organes sociaux au sein de chaque société.

Création et protection des actions de préférence

Création et respect de la procédure des avantages particuliers

1209 Les actions de préférence peuvent être émises lors de la constitution de la société ou en cours de vie sociale (c. com. art. L. 228-11).

Avant la publication de la loi Pacte, la procédure spéciale des avantages particuliers s'appliquait déjà lorsque les actions de préférence étaient émises au profit d'un ou plusieurs actionnaires nommément désignés. Pour les actions de préférence émises à compter du 23 mai 2019, la procédure des avantages particuliers s'applique également lorsque les actions sont émises au profit de tiers (c. com. art. L. 228-15).

En conséquence, l'intervention du commissaire aux avantages particuliers s'impose pour toute augmentation de capital réservée au profit d'un actionnaire ou d'un tiers par voie d'émission d'actions conférant une préférence pécuniaire ou non prévue dans les statuts.

Toutefois, lorsque l'émission porte sur des actions de préférence relevant d'une catégorie déjà créée, il peut ne pas avoir lieu de désigner un commissaire aux

avantages particuliers ; ce rôle est dévolu au commissaire aux comptes lorsque la SA en a désigné un (c. com. art. L. 228-15, al. 3).

Dans le cadre de la procédure des avantages particuliers, le bénéficiaire de l'émission ne peut pas prendre part au vote sur les résolutions le concernant, ni pour lui-même, ni par un mandataire. Les actions du bénéficiaire ne sont pas prises en compte pour le calcul du quorum et de la majorité (c. com. art. L. 228-15, al. 2).

• **Commissaires aux avantages particuliers.** Les commissaires sont désignés et accomplissent leur mission dans les mêmes conditions que celles prévues par l'article R. 22-10-7 du code de commerce (sur renvoi art. R. 225-13) pour les commissaires aux apports. Ils sont donc désignés à l'unanimité des actionnaires ou, le cas échéant, en justice pour apprécier, sous leur responsabilité, les avantages particuliers ; ce commissaire est un commissaire aux comptes n'ayant pas réalisé et ne réalisant pas de mission au sein de la société (c. com. art. L. 228-15 et R. 225-136). Le ministre de la Justice a précisé que cette disposition exclut la désignation d'un commissaire aux comptes ayant réalisé toute mission au sein de la société, y compris en vertu d'une désignation judiciaire (rép. Adnot, JO 23 décembre 2004, Sén. quest. p. 2970). Par ailleurs, les commissaires aux comptes sont soumis aux incompatibilités prévues par l'article L. 822-11 du code de commerce.

Depuis la loi 2019-744 du 19 juillet 2019, le commissaire aux apports ne doit pas avoir réalisé depuis 3 ans au moins de mission au sein de la société, alors qu'auparavant la durée était de 5 ans (c. com. art. L. 228-15, al. 1).

• **Rapport spécial du commissaire.** Le rapport décrit et apprécie chacun des droits particuliers attachés aux actions de préférence. S'il y a lieu, il indique, pour ces droits particuliers, quel mode d'évaluation a été retenu et pourquoi il a été retenu, et justifie que la valeur des droits particuliers correspond au moins à la valeur nominale des actions de préférence à émettre, augmentée éventuellement de la prime d'émission (c. com. art. R. 225-136, al. 3). Pour des actions de préférence conférant exclusivement des droits extra-patrimoniaux tels qu'un droit de communication renforcé, l'évaluation de la préférence ne s'imposera généralement pas et le texte laisse au commissaire le soin d'apprécier la nécessité ou non de ces mentions.

Ce rapport est tenu, au siège social de la SA, à la disposition des actionnaires 8 jours au moins avant la date de l'AGE. Ce délai peut être réduit si tous les actionnaires y consentent, par écrit, préalablement à la désignation du commissaire (c. com. art. R. 225-136, al. 4 et 5).

• **Mission du commissaire à la transformation et du commissaire chargé d'apprécier les droits particuliers.** Lorsqu'un commissaire à la transformation a été nommé dans le cadre de la transformation d'une SA en SAS dont les statuts prévoient la création d'actions de préférence au profit d'un actionnaire désigné, les avantages ou droits sur lesquels le commissaire à la transformation ou le commissaire aux apports se prononce ne sont pas les mêmes, et les responsabilités du commissaire à la transformation et du commissaire aux apports ne se superposent pas. Il n'est donc pas nécessaire que le commissaire à la transformation fasse référence dans son rapport à celui du commissaire aux apports (CNCC, bull. 143, p. 509).

• **Mention du nom des bénéficiaires dans les statuts.** Les statuts doivent mentionner l'identité des bénéficiaires d'avantages particuliers et la nature de ceux-ci (c. com. art. R. 224-2, 5°).

• **Dépôt au greffe.** Aucun texte ne prévoit le dépôt au greffe du tribunal de commerce du rapport sur les avantages particuliers établi lors de l'émission d'actions de préférence en numéraire ou par conversion d'actions ordinaires réservées à certaines personnes (ANSA, CJ 11 mai 2005, n° 05-034).

• **Absence de rapport.** Le dispositif de l'article L. 228-15 du code de commerce ayant trait aux avantages particuliers fait référence aux dispositions propres aux augmentations de capital, au nombre desquelles figurent les articles L. 225-147 et L. 22-10-54 du code précité, relatives aux apports en nature et aux avantages particuliers ; c'est le régime spécial des nullités propre aux augmentations de capital qui devrait s'appliquer avec le délai de prescription de 3 mois (ANSA, CJ 12 mars 2008, n° 08-011).

Décision de l'AGE

1210 **L'assemblée générale extraordinaire peut décider d'augmenter son capital par l'émission d'actions de préférence** (c. com. art. L. 225-127).

L'assemblée générale est seule compétente pour décider de l'émission, au vu d'un rapport spécial des commissaires aux comptes. Cette règle impose donc la désignation d'un commissaire aux comptes pour les SA qui n'en auraient pas nommé (c. com. art. L. 228-12).

L'assemblée peut également, comme pour toute augmentation de capital, déléguer au conseil d'administration ou au directoire soit sa compétence dans les limites fixées par les textes, soit son pouvoir de fixer les modalités de l'augmentation de capital *(voir § 1372)*.

• **Rapport du conseil d'administration.** Un rapport du conseil d'administration doit également être établi. Il indique les caractéristiques des actions de préférence et précise l'incidence de l'opération sur la situation des actionnaires et des titulaires de valeurs mobilières donnant accès au capital (c. com. art. R. 228-17).

Le contenu de ce rapport est le même, que l'émission des actions de préférence s'effectue avec ou sans droit préférentiel de souscription. L'article R. 228-17 du code de commerce précise ce contenu en utilisant la technique du renvoi aux textes d'application relatifs aux augmentations de capital, notamment à ceux prévus exclusivement en cas de suppression du droit préférentiel de souscription (c. com. art. R. 225-115 et R. 225-116). Pour l'ANSA, en cas d'émission d'actions de préférence avec maintien du DPS, le renvoi aux textes doit s'appliquer, en l'absence d'indication contraire, pour autant que la mention d'information requise existe lors de l'opération en cause (par exemple, il est nécessaire de rendre compte de l'incidence de l'opération conformément aux dispositions de l'article R. 225-115 du code de commerce, mais les explications sur la suppression du DPS doivent être ignorées) (ANSA, CJ 6 octobre 2010, n° 10-052).

Ce rapport est conforme aux règles posées pour le rapport des organes de gestion en cas d'augmentation de capital telles qu'elles sont fixées par l'article R. 225-113 du code de commerce (motifs de l'opération et marche des affaires sociales). La suppression du droit préférentiel de souscription entraînera l'indication, dans ce rapport, du montant maximal et les motifs de l'augmentation de capital proposée ainsi que ceux de la proposition de suppression du droit préférentiel conformément à l'article R. 225-114 du code de commerce.

En outre, lorsque l'AGE fixe elle-même toutes les modalités de l'augmentation de capital avec suppression du droit préférentiel de souscription, le rapport indique l'incidence de l'émission des actions de préférence sur la situation des actionnaires en ce qui concerne leur quote-part des capitaux propres à la clôture du dernier exercice. Si la clôture est antérieure de plus de 6 mois à l'émission des actions de préférence, cette incidence est appréciée au vu d'une situation intermédiaire établie selon les mêmes méthodes et suivant la même présentation que le dernier bilan annuel (c. com. art. R. 228-17 et par renvoi R. 225-115).

• **Rapport des commissaires aux comptes.** Le commissaire aux comptes donne un avis sur l'augmentation de capital envisagée, les caractéristiques des actions de préférence et l'incidence de l'opération ainsi que sur la situation des actionnaires existants et des titulaires de valeurs mobilières donnant accès au capital, ladite situation étant appréciée par rapport aux capitaux propres, conformément à l'article R. 225-115 du code de commerce (c. com. art. R. 228-17). En cas de suppression du droit préférentiel de souscription, ce rapport doit, en outre, comme pour une augmentation de capital, contenir un avis sur la proposition de suppression de ce droit et sur le choix des éléments de calcul du prix d'émission et de son montant.

Il vérifie et certifie la sincérité des informations tirées des comptes de la société à partir desquelles il donne cet avis.

• **Émission au profit de personnes désignées.** Lorsque l'émission des actions de préférence est réalisée au profit de personnes nommément désignées, le droit préférentiel de souscription (DPS) des autres actionnaires doit être supprimé, ce qui donne lieu à l'émission d'un rapport spécial du commissaire aux comptes. Lorsque la société n'en est pas déjà dotée, elle est donc tenue de désigner ponctuellement un commissaire aux comptes en vue de l'émission de ce rapport spécial. L'ANSA estime regrettable que cette mission ne puisse être confiée au commissaire aux avantages particuliers chargé d'établir le rapport sur l'évaluation des avantages particuliers (ANSA, CJ du 4 mai 2022, n° 22-021).

• **Délégation de l'AGE au conseil.** Lorsque l'assemblée générale extraordinaire délègue sa compétence ou ses pouvoirs au conseil d'administration pour émettre des actions de préférence en application des articles L. 225-129-1 ou L. 225-129-2 du code du commerce, le conseil d'administration doit, au moment où il fait usage de l'autorisation, établir un rapport complémentaire décrivant les conditions définitives de l'opération établies conformément à l'autorisation donnée par l'assemblée. Ce rapport comporte, en outre, l'incidence de l'émission en ce qui concerne la quote-part de capitaux propres des actionnaires.

Dans cette situation, le commissaire aux comptes vérifie la conformité des modalités de l'opération au regard de l'autorisation donnée par l'assemblée et des indications fournies à celle-ci, et donne également son avis sur le choix des éléments de calcul et sur l'impact de l'émission quant à la situation des actionnaires en place, conformément à l'article R. 225-116 du code de commerce.

• **Présence de valeurs mobilières donnant accès au capital.** Depuis le 23 mai 2019, l'existence de valeurs mobilières donnant accès au capital (VMDAC) empêche la création d'actions de préférence entraînant la modification des règles de répartition des bénéfices ou l'amortissement du capital, à moins que la société y soit autorisée dans le contrat d'émission ou dans les conditions prévues à l'article L. 228-103 du code de commerce (assemblée spéciale des titulaires de valeurs mobilières) et sous réserve de prendre les dispositions nécessaires au maintien des droits des titulaires de valeurs mobilières donnant accès au capital dans les conditions définies à l'article L. 228-99 (c. com. art. L. 228-98 modifié par la loi 2019-486 du 22 mai 2019). Selon l'ANSA, lorsque l'assemblée spéciale des titulaires de VMDAC est convoquée, à plusieurs reprises, en vue d'autoriser une émission d'actions de préférence nécessaire à la poursuite d'activité de la société et ne peut délibérer faute de quorum du fait de l'absence volontaire des porteurs, cela constitue une situation de carence, voire d'abus de minorité (ANSA, CJ du 5 octobre 2022, n° 22-037).

Protection des titulaires d'actions de préférence

▸ Assemblée spéciale et respect de leurs droits

1211 **Les porteurs d'actions de préférence, constitués en assemblée spéciale** *(voir § 885)*, **ont la faculté de donner mission au commissaire aux comptes de la société, s'il en existe, d'établir un rapport spécial sur le respect par la société des droits particuliers attachés aux actions de préférence** (c. com. art. L. 228-19). **Le commissaire aux comptes est chargé, dans ce cas, d'assurer la protection des actionnaires bénéficiant de droits particuliers.**

• **Rapport sur le respect des droits de préférence.** Le rapport spécial du commissaire aux comptes comprend son avis sur le respect par la société des droits particuliers attachés aux actions de préférence et indique, le cas échéant, la date à partir de laquelle ces droits ont été méconnus.

Ce rapport est tenu à la disposition des actionnaires au siège social, 15 jours au moins avant la date de l'assemblée spéciale au cours de laquelle il doit être présenté (c. com. art. R. 228-22).

• **Frais du rapport spécial.** Les frais relatifs à l'établissement du rapport sont à la charge de la société (c. com. art. R. 228-22, al. 2).

▸ Modification des droits des porteurs d'actions de préférence

1212 **La décision d'une assemblée de modifier les droits relatifs à une catégorie d'actions n'est définitive qu'après approbation par l'assemblée d'actionnaires de cette catégorie** (c. com. art. L. 225-99).

Ce texte, applicable à toutes les actions particulières, concerne également la protection des porteurs d'actions de préférence.

• **Convocation en même temps que l'AGE.** L'assemblée spéciale composée des titulaires d'actions de préférence intéressés par les modifications de leurs droits doit être convoquée dans les mêmes formes et se tenir, au plus tard, le même jour que l'AGE des actionnaires ordinaires (c. com. art. R. 228-16).

• **Émission de nouvelles actions de préférence.** Lorsque l'AGE décide d'émettre une nouvelle catégorie d'actions de préférence modifiant les droits des titulaires d'actions de préférence déjà émises, les rapports du commissaire aux comptes et du conseil d'administration sont transmis à l'assemblée spéciale des porteurs d'actions de préférence concernés (c. com. art. R. 228-21).

▸ Augmentation ou réduction du capital

1213 **En cas de modification (augmentation ou réduction) ou d'amortissement du capital, l'assemblée générale extraordinaire détermine les incidences de ces opérations sur les droits des porteurs d'actions de préférence. Les incidences peuvent également être constatées dans les statuts** (c. com. art. L. 228-16). **Le texte n'impose pas une sauvegarde précise des droits des porteurs d'actions de préférence.**

La société devra prendre les mesures nécessaires pour la préservation des droits des porteurs d'actions de préférence.

▸ Opération de fusion ou de scission

1214 **En cas de fusion ou de scission, les actions de préférence peuvent être échangées contre des actions des sociétés bénéficiaires du transfert de patrimoine comportant des droits particuliers équivalents ou selon une parité d'échange spécifique tenant compte des droits particuliers abandonnés** (c. com. art. L. 228-17).

Information des actionnaires de l'absorbante. Le rapport du commissaire à la fusion doit comporter une explication sur l'échange des actions de préférence et la nature des droits particuliers accordés afin d'informer les actionnaires de la société absorbante (ANSA n° 08-040, 3 septembre 2008).

Rachat des actions de préférence

1215 **Le rachat des actions de préférence relève de deux régimes distincts** (c. com. art. L. 228-12) **:**

– le régime de droit commun du rachat des actions, applicable dans le silence des statuts, tant au titre de sa mise en œuvre que de ses finalités (c. com. art. L. 228-12,

II et L. 228-12-1, al. 1er : application des articles L. 225-204 à L. 225-214 du code de commerce) ;
– et un régime particulier applicable lorsque les statuts créent cette catégorie d'actions de préférence et en organisent les modalités préalablement à leur souscription (c. com. art. L. 228-12, III). C'est alors un régime spécifique qui s'applique.

Ainsi, lorsque les statuts ont organisé les modalités de rachat, les conditions suivantes doivent être respectées (c. com. art. L. 225-210) :
– la société ne peut pas posséder, directement ou indirectement, à l'issue de ce rachat, plus de 10 % du total de ses propres actions ni plus de 10 % d'une catégorie déterminée. Ces actions doivent être nominatives et entièrement libérées ;
– le rachat ne doit pas avoir pour effet d'abaisser les capitaux propres de la société à un montant inférieur à celui du capital, augmenté des réserves non distribuables ;
– ces actions ne donnent droit ni aux dividendes, ni au droit de vote, ni au droit préférentiel de souscription ;
– la société doit respecter les obligations de tenue du registre des achats et des ventes, d'information des actionnaires (c. com. art. L. 225-211).

En outre, la société ne doit respecter dans ce cas que les prescriptions suivantes :
– l'acquisition des actions de préférence ne peut être réalisée qu'au moyen de sommes distribuables (c. com. art. L. 232-11) ;
– la société doit détenir des réserves d'un montant au moins égal à la valeur nominale des seules actions de préférence rachetées (c. com. art. L. 225-210) ;
– les opérations de rachat ne doivent pas porter atteinte à l'égalité des actionnaires se trouvant dans une situation analogue (c. com. art. L. 228-12, III, 5°).

Pour les actions de préférence émises depuis le 23 mai 2019, le rachat a lieu soit à l'initiative exclusive de la société, soit à l'initiative conjointe de la société et du détenteur ou soit à l'initiative exclusive du détenteur, selon les règles, conditions et délais prévus par les statuts (c. com. art. L. 228-12, III, 4° modifié par la loi 2019-486 du 22 mai 2019).

Par ailleurs, le conseil d'administration doit dresser un avis de rachat tenu à la disposition des actionnaires, 15 jours au moins avant la réalisation de l'opération, au siège social et au greffe du tribunal de commerce. Cet avis doit indiquer les modalités essentielles du rachat, le décret fixant une liste non exhaustive des informations à fournir (c. com. art. R. 228-22-1).

Lorsque les conditions de rachat n'ont pas été prévues par les statuts (c. com. art. L. 228-12, II), le rapport du conseil d'administration doit préciser les conditions du rachat ainsi que les justifications et les modalités de calcul du prix proposé. Il doit aussi préciser l'incidence de l'opération sur la situation des titulaires de titres de capital et de valeurs mobilières donnant accès au capital (c. com. art. R. 228-19).

• **Rapport du conseil et du commissaire aux comptes sur l'offre de rachat.** Le rapport du conseil d'administration indiquant les conditions de rachat précise l'incidence de l'opération sur la situation des actionnaires et des titulaires de valeurs mobilières donnant accès au capital. Ce rapport indiquera en particulier l'impact de l'émission proposée sur la situation des actionnaires appréciée par rapport aux capitaux propres à la clôture du dernier exercice. Si la clôture est antérieure de plus de 6 mois, une situation intermédiaire doit être établie, le tout conformément à l'article R. 225-115 du code de commerce applicable aux augmentations de capital *(voir § 1390)*.

Le commissaire aux comptes donne son avis sur l'offre de rachat ainsi que sur l'incidence de l'opération sur la situation des actionnaires et des titulaires de valeurs mobilières donnant accès au capital, appréciée par rapport aux capitaux propres, conformément à l'article R. 225-115. Le commissaire aux comptes indique par ailleurs si les modalités de calcul du prix de rachat sont exactes et sincères (c. com. art. R. 228-19).

• **Fixation du prix par voie d'expert.** À défaut d'accord entre la société et l'assemblée spéciale, un expert pourra être désigné soit par les parties, soit, à défaut d'accord, par le président du tribunal de commerce (c. civ. art. 1843-4).

• **Registre des rachats.** Un registre des rachats effectués selon le régime de droit commun doit être tenu (c. com. art. R. 225-159 et R. 225-160) pour l'application de l'article L. 225-208 et des articles L. 22-10-62 et L. 225-209-2 du code de commerce (c. com. art. R. 225- 160-4, I). Le registre des rachats d'actions de préférence stipulées rachetables dans les statuts est tenu selon des modalités spécifiques, qui tiennent compte des conditions supplémentaires à satisfaire (c. com. art. R. 225-160-4, II).

• **Annulation immédiate après rachat.** Selon l'ANSA, en présence d'actions de préférence rachetables et destinées à être annulées immédiatement après leur achat, les deux plafonds de 10 % (global et par catégorie), tels qu'ils sont prévus à l'article L. 225-210 du code de commerce en cas d'autodétention, ne sont pas applicables. En effet, il ne s'agit pas d'un cas d'autodétention mais d'une réduction de capital non motivée par des pertes régie par l'article L. 225-205 du code de commerce, qui ne comporte pas de plafond de 10 % (ANSA, CJ du 7 septembre 2022, n° 22-044).

• **Bénéficiaires et versement de la prime de rachat.** L'ANSA considère que les bénéficiaires de la prime ne peuvent être que les porteurs des actions rachetables (et non tous les actionnaires) et que cette prime peut être versée en même temps que le prix de rachat (ANSA, CJ du 4 mai 2022, n° 22-022).

Conversion des actions de préférence

1216 **Par décision de l'assemblée générale extraordinaire, les actions de préférence peuvent être converties en actions ordinaires** (c. com. art. L. 228-12 et L. 228-14)**. Elles peuvent également être converties en actions de préférence d'une autre catégorie.**

L'assemblée générale extraordinaire peut se prononcer sur l'inscription dans les statuts des modalités de conversion des actions de préférence. Dans ce cas, le rapport du conseil d'administration indique les modalités de conversion ainsi que les modalités de mise à disposition des actionnaires des rapports du conseil d'administration et du commissaire aux comptes de la société (ou celui désigné spécialement) à l'assemblée générale extraordinaire appelée à se prononcer sur la conversion (c. com. art. R. 228-20)**. Ces indications sont inscrites dans les statuts. Le commissaire aux comptes donne son avis sur les modalités de conversion.**

Les statuts prévoiront utilement les modalités financières de conversion et notamment le mode de calcul ou les modalités de détermination de la valeur reconnue aux droits de préférence attachés aux actions. Le recours à une expertise peut être l'une des modalités de détermination du prix.

La décision de conversion des actions de préférence emporte renonciation des actionnaires au droit préférentiel de souscription aux actions issues de la conversion (c. com. art. L. 225-132, al. 5)**. Si les actions sont détenues par les actionnaires titulaires d'un contrat de travail ou exerçant un mandat social, la procédure des avantages particuliers doit être suivie** (bull. CNCC, sept. 2006, n° 513)**.**

• **Actions de préférence converties en une autre catégorie.** Lorsque les actions de préférence sont converties en actions d'une autre catégorie préférentielle à créer, les porteurs des actions devant être converties ne peuvent pas, à peine de nullité, prendre part au vote (c. com. art. L. 228-15). Les actions qu'ils détiennent sont décomptées pour le calcul du quorum et de la majorité, sauf si l'ensemble des actions fait l'objet d'une conversion en actions de préférence. Cette procédure, qui prive également les porteurs concernés du droit de vote, semble distincte de celle prévue pour les avantages particuliers, nécessitant, en outre, la désignation d'un commissaire aux apports. Ce régime serait autonome et différent de celui lié à la création d'actions de préférence.

• **Droit des créanciers en cas de réduction de capital.** Si la conversion des actions aboutit à une réduction de capital non motivée par des pertes, les créanciers dont la créance est antérieure à l'opération peuvent former opposition à la conversion dans le délai de 20 jours à compter du dépôt au greffe du tribunal de commerce du procès-verbal de l'AGE décidant de la conversion et de la réduction de capital et ce, dans les mêmes conditions que celles prévues pour les réductions de capital.

Une décision de justice rejette l'opposition ou ordonne soit le remboursement des créances, soit la constitution de garanties, si la société en offre et si elles sont jugées suffisantes.

Les opérations de conversion ne peuvent pas commencer pendant le délai d'opposition (c. com. art. L. 228-14 et R. 228-15).

• **Augmentation de capital.** Si la conversion entraîne une augmentation de capital, la libération du montant nominal des actions ordinaires correspondant à cette augmentation peut avoir lieu par incorporation de réserves, bénéfices ou primes d'émission. En revanche, en l'absence de mention de valeur nominale des actions dans les statuts, il n'est pas possible de faire varier le « pair » de l'action ordinaire au gré des conversions (rép. Adnot n° 13314, JO 16 mars 2006, Sén. quest. p. 792).

• **Constatation de la conversion.** À tout moment de l'exercice en cours, et au plus tard lors de la première réunion suivant la clôture de celui-ci, le conseil d'administration constate, s'il y a lieu, le nombre et le montant nominal des actions issues de la conversion des actions de préférence, au cours de l'exercice écoulé, et apporte les modifications nécessaires aux clauses des statuts relatives au montant du capital et au nombre de titres qui le composent (c. com. art. L. 228-12).

• **Conversion automatique par incorporation de réserves ou primes d'émission.** La conversion d'actions de préférence peut impliquer une augmentation de capital (par exemple, lorsqu'une action de préférence de catégorie A est convertible en 2 actions de préférence de catégorie B et que les actions A et B ont un montant nominal identique). Si pour la réaliser, la clause de conversion ne prévoit que l'incorporation de réserves ou de primes et que celles de la société sont insuffisantes, il n'est pas possible, selon la Compagnie nationale des commissaires aux comptes, d'utiliser un compte de report à nouveau débiteur. En effet, ce procédé constituerait un artifice répréhensible dans la mesure où il aboutirait à faire apparaître des réserves fictives (CNCC, NI V, Tome 5 « Actions de préférence », 3e édition, mars 2023).

• **Société non dotée d'un commissaire aux comptes.** Selon la Compagnie nationale des commissaires aux comptes, lorsque la société n'est pas dotée d'un commissaire aux comptes, elle n'a pas a en désigner un ponctuellement pour l'émission et la conversion d'actions de préférence, ni pour certifier l'exactitude de l'arrêté des comptes en cas de libération du capital par compensation de créances (CNCC, EJ 2022-78).

Sort des actions à dividende prioritaire

1217 **Les actions à dividende prioritaire existant avant l'entrée en vigueur de l'ordonnance du 24 juin 2004 subsistent ; il en est de même des actions de priorité. Leur existence et les droits particuliers qui y sont attachés subsistent ; en revanche, il ne peut plus en être créé** (c. com. art. L. 228-29-8).

L'exercice du droit préférentiel de souscription attaché à ces actions ne peut pas donner lieu à l'émission de nouvelles actions de préférence ou à dividende prioritaire (c. com. art. L. 228-29-9).

Le législateur entend favoriser la conversion de ces titres en actions de préférence.

Ainsi, pour les détenteurs d'actions à dividende prioritaire sans droit de vote, il leur accorde un droit de souscrire des actions de préférence en cas d'augmentation de capital en numéraire (c. com. art. L. 228-34 et L. 228-35-7). De même, en cas de distribution gratuite d'actions, ce seront des actions de préférence qui seront remises.

• **Droit préférentiel pour des actions de préférence.** Les porteurs d'actions à dividende prioritaire ont un droit préférentiel à la souscription d'actions de préférence ou de valeurs mobilières donnant droit à l'attribution de titres de capital ou de créance et conférant les mêmes droits que ceux accordés par les titres qu'ils possèdent, sauf si l'assemblée a réservé l'émission ou supprimé le droit préférentiel de souscription (c. com. art. L. 228-29-9).

• **Clause de non-conversion.** Les statuts ou le contrat d'émission peuvent prévoir que la décision de conversion des actions à dividende prioritaire sans droit de vote en actions ordinaires par l'AGE ne s'impose pas aux porteurs de ces actions (c. com. art. L. 228-35-3). La même stipulation peut être prévue pour les actions de priorité (c. com. art. L. 228- 35-1).

24 Cessions et transmissions des actions

Modalités de cession des actions

Cessibilité et négociabilité des actions

▶ Cessibilité

1229 **La libre cessibilité est l'un des caractères essentiels de l'action, par opposition aux parts des sociétés à responsabilité limitée ou encore aux droits sociaux dans les sociétés de personnes.**

Il en résulte que ce droit de cession ne saurait être supprimé par une disposition des statuts ou par une décision de l'assemblée générale extraordinaire des actionnaires. Certaines restrictions peuvent cependant être apportées à la cessibilité des actions au moyen de clauses d'agrément et de droit de préemption *(voir §§ 1256 et 1273)***.**

• **Cession d'actions appartenant à un mineur.** Un mineur non émancipé peut être actionnaire d'une société anonyme *(voir § 22)*. La cession d'actions est un acte d'administration. Si l'administration légale est exercée en commun par les deux parents, chacun d'eux est réputé, à l'égard des tiers, avoir reçu de l'autre le pouvoir de faire seul les actes d'administration portant sur les biens du mineur (c. civ. art. 382-1). En cas de désaccord des parents, l'acte de cession doit être autorisé par le juge des tutelles (c. civ. art. 387).

• **Entreprises en difficulté / redressement et liquidation judiciaires.** La cessibilité des actions peut être limitée pour des entreprises en difficulté. Ainsi, un jugement ayant arrêté un plan de continuation de la société peut prévoir que les actions de cette société seraient incessibles pendant toute la durée du plan, sauf décision contraire du tribunal. Le cessionnaire ne pourrait donc s'engager à rétrocéder les actions au cédant à l'insu des organes de procédure (cass. com. 15 janvier 2013, n°s 11-12495, 11-13250 et 11-3274).

• **Éviction d'actionnaires salariés.** La clause prévoyant que les actionnaires salariés d'une société anonyme perdent leur qualité d'actionnaire lorsqu'ils cessent d'être salariés peut être qualifiée de clause d'éviction ; elle est licite. L'expert de l'article 1843-4 du code civil n'intervient pas pour évaluer les préjudices résultant d'une vente forcée d'actions (cass. com. 29 septembre 2015, n° 14-17343).

• **Pacte d'actionnaires.** Un pacte d'actionnaires peut prévoir qu'en cas de révocation pour justes motifs ou de démission d'un dirigeant, celui-ci est tenu de céder ses actions à l'actionnaire majoritaire de la société (cass. com. 22 septembre 2021, n° 19-23958).

▶ Négociabilité

1230 **Les actions ne sont négociables qu'après l'immatriculation de la société au registre du commerce et des sociétés. En cas d'augmentation de capital, les actions sont négociables à compter de la réalisation de celle-ci** (c. com. art. L. 228-10, al. 1)**.**

• **Actions des salariés.** Les actions souscrites dans le cadre d'un plan d'épargne d'entreprise, délivrées avant l'expiration du délai d'indisponibilité de 5 ans prévu par l'article L. 3332-25 du code du travail ne sont négociables qu'après avoir été intégralement libérées (c. com. art. L. 225-138-1, 6°).

• **Dissolution.** Les actions sont négociables après la dissolution de la société et jusqu'à la clôture des opérations de liquidation (c. com. art. L. 228-21).

• **Partage en nature des actions.** Le partage en nature des actions d'une SA entre trois héritiers ne permet pas de préserver l'égalité du partage successoral qui en constitue « l'âme » et il convient en cas de désaccord de procéder à la vente aux enchères publiques de toutes les actions indivises en un seul lot afin de répartir le prix de vente entre les héritiers (CA Paris, 2e ch., sect. A, 2 juillet 2001, n° 2000/19862) ; au cas considéré la cour a précisé que la valeur de chaque action à l'intérieur des 1 713 actions dépendant de la succession et constituant ensemble une minorité de blocage est supérieure à celle de chaque action à l'intérieur d'un lot en nature de 571 actions (1/3) revenant à chacun.

• **Portage.** N'est pas un portage l'opération par laquelle des acquéreurs d'actions revendent, le jour même de leur acquisition, les actions de sociétés, à celles-ci ou à leurs représentants, sans qu'aucune stipulation ne vienne retarder le transfert de propriété de telle sorte que les donneurs d'ordre ne perdaient pas la propriété des actions cédées et les cessionnaires n'en devenaient pas propriétaires (cass. com. 23 janvier 2007, n° 05-15652).

• **Promesses d'actions.** La négociation de promesses d'actions est interdite dans une SA non cotée (c. com. art. L. 228-10, al. 2).

Pourparlers

1231 **Très souvent la procédure de cession d'actions débute par des pourparlers avant la signature de protocole ou d'ordre de mouvement. Les négociations doivent respecter le principe de bonne foi** (c. civ. art. 1104)**. Elles peuvent être rompues à tout moment. En effet, la rupture des pourparlers est libre** (c. civ. art. 1112)**. Mais lorsque ceux-ci ont atteint, en degré et en intensité, un niveau suffisant pour faire croire légitimement à une partie que l'autre est sur le point de conclure, la rupture est fautive. La responsabilité de l'auteur de la rupture est, selon la jurisprudence, engagée lorsque celle-ci est imprévisible et intempestive** (cass. com. 26 novembre 2003, n° 00-10243)**.**

Pourparlers après la signature. Une cession peut être rendue nulle et non avenue lorsque sa signature est immédiatement suivie de nouvelles conditions exigées par les deux parties ; le fait de poursuivre les pourparlers après la signature caractérise une absence de consentement réel des parties à l'acte de cession (cass. com. 10 octobre 2018, n° 17-12527).

Promesse unilatérale de vente d'actions

1232 **Les parties peuvent décider de conclure un accord préalable sous la forme d'une promesse unilatérale de vente. Le futur vendeur, le promettant, s'engage à vendre au futur acquéreur, le bénéficiaire, des actions à un prix fixé dans la promesse.**

Le bénéficiaire dispose d'une option et d'un délai pour décider s'il lève ou non cette option.

La révocation de la promesse pendant le temps laissé au bénéficiaire pour opter n'empêche pas la formation du contrat promis. Le contrat conclu en violation de la promesse unilatérale avec un tiers qui en connaissait l'existence est nul (c. civ. art. 1124)**.**

Une fois l'option levée, la cession devient parfaite.

Inexécution de la promesse d'achat

1233 **Si la promesse d'achat d'actions n'est pas exécutée du fait du bénéficiaire, les promettants peuvent intenter une action en réparation de leur préjudice** (c. civ. art. 1217)**. Mais ils ne peuvent pas demander un montant d'indemnité excédant la valeur, telle que chiffrée par l'expert judiciaire, des actions de la société** (cass. com. 11 septembre 2012, n° 11-19785)**.**

Pour éviter la nullité de toute la promesse du fait de l'absence de détermination du prix d'une partie des titres, les juges peuvent aussi rechercher si la promesse est divisible (cass. com. 9 octobre 2012, n° 11-14498).

Les promesses d'achat d'actions pour un prix convenu ayant pour objet d'assurer l'équilibre des engagements en garantissant aux bénéficiaires le remboursement de l'investissement auquel ils n'auraient pas consenti sans lesdites promesses ne contreviennent pas aux dispositions de l'article **1844-1** du code civil sur les clauses léonines (cass. com. 3 mars 2009, n° 08-12359).

Celui qui exerce régulièrement une promesse d'achat de ses actions peut obtenir, en référé, l'octroi d'une provision sur le prix de cession, même si l'évaluation des actions est contestée en justice (cass. com. 28 juin 2011, n° 10-25593).

Promesses croisées

1234 La vente est parfaite entre les parties et la propriété acquise de droit à l'acheteur à l'égard du vendeur dès qu'il y a accord réciproque sur la chose et sur le prix, quoique la chose n'ait pas été livrée ni le prix payé (c. civ. art. 1583).

Un protocole d'accord signé entre les parties, ne comportait pas de clause stipulant que, à défaut de régularisation et de paiement du prix dans le délai fixé, il serait caduc. Même non exécuté, il valait vente (cass. com. 23 octobre 2012, n° 11-24349).

L'échange d'une promesse unilatérale d'achat contre une promesse unilatérale de vente réalise une promesse synallagmatique de vente valant vente définitive dès lors que les deux promesses réciproques ont le même objet et qu'elles sont stipulées dans les mêmes termes (cass. com. 22 novembre 2005, n° 04-12183). Au cas considéré, les deux promesses formulées dans un même acte avaient le même objet et la même période de levée d'option.

Lorsque l'actionnaire majoritaire s'engage à céder une partie de ses droits sociaux et que deux personnes physiques s'engagent à les acquérir, pour le cas où l'une des deux parties ne satisfait pas à son engagement, la clause résolutoire du contrat est toujours sous-entendue. Mais le contrat ne peut pas être résolu de plein droit. La partie envers laquelle l'engagement n'a pas été exécuté a le choix ou de forcer l'autre à l'exécution de la convention lorsqu'elle est possible, ou d'en demander en justice la résolution avec dommages et intérêts (c. civ. art. 1221 et 1224).

Le défaut d'*affectio societatis* de la part des deux cessionnaires ne fait pas obstacle à la formation de la promesse synallagmatique de vente d'actions conclue par ces derniers avec le cédant. Cette promesse de vente de droits sociaux vaut donc vente à partir du moment où les parties sont d'accord sur la chose et le prix (cass. com. 11 juin 2013, n° 12-22296).

Vente des actions en déshérence

▸ Différentes situations de blocage

1235 Bon nombre de sociétés sont confrontées au problème d'actions dont le titulaire ne peut être identifié ; les convocations aux assemblées reviennent avec la mention « inconnu à l'adresse indiquée ». Certaines opérations, et notamment des augmentations de capital, sont très difficiles à réaliser ; par ailleurs, la société anonyme ne peut se transformer en SAS, faute d'une décision unanime.

Par ailleurs, lorsque la société a procédé à des opérations entraînant des échanges ou des attributions de titres, le silence des actionnaires ou de leurs héritiers ne faisant pas valoir leurs droits peut être très contraignant pour la société, surtout lorsqu'elle veut procéder à d'autres opérations de même nature.

Le législateur est intervenu et a prévu une procédure de vente forcée soit pour les actions non réclamées, soit pour les actions détenues par des personnes qui sont inconnues de la société.

▸ Vente des actions non attribuées individuellement et des rompus

1236 Nonobstant toutes stipulations statutaires contraires, une société peut vendre les titres qui n'ont pas pu être attribués individuellement et correspondants à des droits formant rompus à la suite (c. com. art. L. 228-6) :
– d'échanges de titres (consécutifs à des opérations de fusion, de scission, de réduction du capital, de regroupement ou de division de titres, de conversion obligatoire de titres au porteur en titres nominatifs) ;
– ou d'attribution de nouveaux titres de capital.

La décision de vendre est prise par le conseil d'administration à la condition d'avoir procédé un an au moins à l'avance à une publicité. Un avis publié dans deux journaux à diffusion nationale met en demeure les ayants droit de faire valoir leurs droits dans un délai d'un an et les informe que la société procédera à la vente à l'expiration de ce délai et qu'elle tiendra le produit net de la vente des titres à leur disposition pendant 10 ans sur un compte bloqué dans un établissement de crédit (c. com. art. R. 228-11).

▸ Vente d'actions dont le titulaire est inconnu

1237 La vente des titres dont les titulaires ne peuvent être joints est également prévue. Cette vente des titres n'est possible que si leurs titulaires, malgré le respect des formalités de convocation aux assemblées générales, sont inconnus du teneur de compte-titres ou n'ont pas été atteints par les convocations, depuis 10 années révolues (c. com. art. L. 228-6-3).

Pour ces actions dont le titulaire est inconnu depuis au moins 10 ans, la vente ne peut intervenir qu'à l'expiration d'un délai de 1 an après la publication d'un avis dans deux journaux à diffusion nationale et si pendant cette période, les personnes inscrites sur les registres, ou leurs ayants droit, n'ont pu être atteintes par cet avis qui doit leur être adressé par lettre recommandée avec demande d'avis de réception (c. com. art. R. 228-14). Cet avis sera envoyé à la dernière adresse connue du titulaire des actions ou de ses ayants droit.

La société doit, à cet égard, accomplir toutes les diligences nécessaires pour entrer en contact avec les titulaires ou leurs ayants droit (c. com. art. L. 228-6-3). Mais elle n'a pas à se livrer à une enquête de police, elle doit s'en tenir au domicile déclaré par les actionnaires sauf si elle a en sa possession d'autres éléments (demande d'un notaire, d'un généalogiste…).

La procédure de vente est la même que celle prévue pour les actions non attribuées individuellement ou les rompus *(voir § 1236)*.

Ordre de mouvement

1238 Dans les sociétés anonymes ne faisant pas d'offre au public de titres financiers, la cession des actions donne lieu pratiquement à l'établissement d'un ordre de mouvement remis par le cédant à la SA dont les titres sont cédés. Cet ordre de mouvement est un mandat donné à la société de procéder au virement de compte et à l'inscription sur le registre des transferts *(voir § 1239)*.

L'ordre de mouvement est signé par le cédant ou le représentant de la société cédante, il comporte l'indication de la date du transfert, du compte du cédant à débiter, du nombre d'actions cédées et la nature de celles-ci (actions ordinaires, privilégiées, voire obligations). Il précise la nature de l'opération : cession (vente), mutation par décès, donation, échange, apport d'actions et souscription à une augmentation de capital ainsi que l'identification du titulaire du compte du cessionnaire qui doit être crédité ou à créer.

L'obligation de délivrer les actions cédées s'exécute par la signature des ordres de mouvements et cette formalité incombe au seul cédant (cass. com. 24 mai 2011, n° 10-12163).

Toutefois, l'ordre de mouvement n'emporte pas présomption de propriété des actions sur lesquelles il porte. Il peut constituer un commencement de preuve par écrit de la cession (cass. com. 3 novembre 1983, n° 82-10294).

• **Modèles.** Un ordre de mouvement normalisé a fait l'objet d'une norme AFNOR, NF K12-500 d'octobre 2008. Les utilisateurs ont toute liberté pour adopter la forme d'écrit qui leur semble la plus satisfaisante.

• **Mention manuscrite.** La mention manuscrite « Bon pour » a été supprimée ; elle reste néanmoins très usitée. En revanche, la cour d'appel de Paris a précisé que l'imprimé d'ordre de mouvement requiert les formalités de l'article 1326 (ancien) du code civil (c. civ. art. 1376 ; CA Paris 5 juillet 1990, Dr. sociétés 1990, n° 422). En pratique, le cédant indiquera en toutes lettres et en chiffres la quantité d'actions cédées ; il portera sa signature en dessous de cette mention.

• **Rôle de la société.** La société émettrice vérifiera que le cédant qui donne l'ordre de virement a la capacité de le faire. Ainsi, en présence d'une indivision, la société vérifiera que tous les indivisaires ont signé l'ordre de mouvement ou qu'un mandat de céder les actions a été régulièrement donné à l'un d'eux. La société vérifiera aussi que les actions peuvent être cédées et qu'elles ne sont pas nanties. La société n'a, en revanche, pas à constater que le consentement des parties est réel.

Inscription en compte

▸ Date du transfert de propriété

1239 Le transfert de propriété des actions résulte de leur inscription au compte de l'acheteur ou dans un dispositif d'enregistrement électronique partagée (DEEP) *(voir § 1123)* (c. com. art. L. 228-1, al. 9). Pour les actions nominatives, l'inscription emportant transfert de propriété est faite à la date fixée par l'accord des parties et notifiée à la SA émettrice des actions cédées (c. com. art. R. 228-10).

Il est impératif de notifier à la société l'acte de cession ou l'ordre de mouvement sur lequel la date du transfert doit apparaître précisément. Au vu de ces renseignements, la SA procédera à l'inscription en compte à la date prévue par les parties. En pratique, il conviendra de retenir la date de la notification ou toute date postérieure à celle-ci, la société pourra ainsi gérer la convocation et la tenue des assemblées postérieures à ce transfert de propriété.

• **Forme de la notification.** À défaut de précision dans les textes réglementaires, la notification à la SA sera faite soit par lettre recommandée avec demande d'avis de réception, soit par la remise de l'ordre de mouvement à la société contre récépissé, soit enfin par acte d'huissier.

• **Conséquences fiscales.** L'inscription au compte de l'acheteur emportant transfert de propriété des actions, c'est à cette date et non à celle de l'ordre de mouvement que la cession d'actions sera effectivement réalisée pour la consistance du patrimoine fiscal ou le régime des plus-values.

• **Donation d'actions.** Si l'article R. 228-10 du code de commerce mentionne l'inscription en compte de l'acheteur, il y a lieu de considérer que ces dispositions s'appliquent de la même manière, tant en ce qui concerne les cessions effectuées à titre onéreux que celles consenties à titre gratuit, l'article L. 228-1 du même code visant toutes les formes de cessions, sans distinction (rép. Des Esgaulx n° 6739, JO 11 juin 2009, Sén. quest. p. 1466). Il ressort de cette réponse que le transfert de propriété résultera de la date d'effet de la donation prévue dans l'acte ou de la date portée sur l'ordre de mouvement pour les dons manuels d'actions. En l'absence de disposition expresse, la notification sera faite à la société par un envoi postal, la remise de l'acte au destinataire contre émargement ou récépissé ou la signification par voie d'huissier (rép. Des Esgaulx précitée).

• **Preuve de la non-propriété.** Même si l'inscription en compte vaut transfert de propriété, un propriétaire d'actions peut démontrer que l'inscription en compte des actions au nom d'une autre personne est erronée dans la mesure où il apporte la preuve qu'il n'avait pas signé de document de cession, ni manifesté sa volonté de céder ses actions, ni même reçu le prix de la vente prétendue (cass. com. 22 octobre 2002, n° 98-22772).

▸ Rôle de la SA

1240 **Au vu de l'ordre de mouvement notifié à la SA, celle-ci procède au virement des actions cédées du compte du cédant à celui du ou des cessionnaires. En effet, les titres inscrits en compte se transmettent par virement de compte à compte ou, le cas échéant, par l'inscription dans un DEEP** (c. mon. et fin. art. L. 211-15 et R. 211-2)**. En pratique, il conviendra souvent de créer des comptes au nom du ou des cessionnaires dès lors qu'ils ne sont pas actionnaires. Les mentions à porter sur ce compte sont libres pour les SA mais elles doivent permettre d'identifier le titulaire du compte, la quantité et la nature des actions inscrites. Les démembrements de propriété seront indiqués ainsi que les restrictions touchant ces actions (interdiction temporaire d'aliéner, nantissement...).**

Le virement de compte à compte est en fait un simple jeu d'écritures.

• **Fiche individuelle.** Les comptes ouverts au nom de chaque actionnaire peuvent être représentés par des fiches individuelles. En cas d'usufruit et de nue-propriété, une seule fiche est créée au nom du nu-propriétaire qui est associé en indiquant que les actions sont grevées d'usufruit ; il est porté sur ce compte l'identité de l'usufruitier.

• **Refus d'inscription en compte.** En cas de refus d'inscription de la cession sur le registre par la société émettrice alors que l'ordre de mouvement est apparemment régulier, l'acquéreur peut obtenir cette inscription en référé (sur le fondement de l'article 809 du code de procédure civile) dès lors qu'il y a urgence et que la société a reçu un ordre de mouvement signé par le cédant, même dans le cas d'un litige sur la validité de la cession (cass. com. 16 septembre 2008, n° 07-17892).

Effets de la cession

Droit du cessionnaire aux dividendes

1241 Le cessionnaire se trouve subrogé au cédant dans tous les droits attachés aux actions acquises par lui à compter du jour où la cession devient opposable à la société. À compter de la date du transfert de propriété, les risques sont à la charge du cessionnaire.

Il peut participer aux votes des actionnaires et aux distributions de bénéfices sociaux.

Le droit aux dividendes appartient à celui qui est associé au jour de la décision de l'assemblée générale de distribuer tout ou partie des bénéfices réalisés au cours de l'exercice (cass. com. 9 juin 2004, n° 01-02356).

Selon cette analyse et sauf volonté des parties, les dividendes seraient répartis selon les règles suivantes :
– si l'assemblée n'a pas décidé au jour de la cession la distribution des dividendes, ceux-ci seraient acquis au cessionnaire qui a droit aux dividendes non échus ;
– si l'assemblée a décidé, antérieurement ou concomitamment à la cession, la distribution de dividendes, ceux-ci, qualifiés alors de fruits, seraient acquis au cédant.

Mais ces dispositions ne sont pas d'ordre public, les parties peuvent y déroger. Il en est ainsi d'un acte prévoyant une jouissance rétroactive, antérieure à la date de l'assemblée générale ayant décidé la distribution de dividendes. Les dividendes revenaient au nouvel actionnaire (CA Paris pôle 5-ch. 8, 13 mars 2012, n° 10/16731).

• **Précautions à observer.** Afin d'éviter tout litige en ce domaine, il est recommandé aux parties de préciser de façon très claire le sort des dividendes. À cet égard, il est très généralement inséré dans l'acte de cession une clause aux termes de laquelle le cessionnaire aura seul le droit à toute répartition ou distribution qui pourrait être faite postérieurement à la cession. Les formulations raccourcies telles que « coupon attaché » ou « jouissance courante » peuvent, en dépit des usages, donner lieu à contentieux.

• **Bénéfices : élément du prix de cession.** L'engagement d'un acquéreur de titres sociaux à rembourser au cédant le solde de son compte courant après qu'il y a été inscrit sa quote-part des bénéfices réalisés par la société à la date de la cession constitue un élément du prix de cession des titres soumis aux droits d'enregistrement (cass. com. 28 novembre 2006, n° 04-17486). Ainsi que le relève la Cour de cassation, le paiement d'une partie des bénéfices d'un exercice avant la décision des associés participe de l'appréciation de la valeur de la société et constitue une contrepartie négociée de la valeur des parts à la charge de l'acquéreur.

Comptes courants d'associés

1242 Les cessions d'actions n'entraînent pas de plein droit la cession du compte courant du cédant (cass. com. 11 janvier 2017, n° 15-14064). La cession du compte courant doit être expressément prévue par les parties, par écrit. Elle s'analyse en une cession de créance opposable aux tiers dès la date du contrat, sans autre formalité (c. civ. art. 1323). Pour être opposable à la société, la cession doit lui avoir été notifiée ou elle doit en avoir pris acte (c. civ. art. 1324).

Si l'acte de cession de droits sociaux est ambigu sur le sort du compte courant, le juge apprécie souverainement la commune intention des parties. Un acte de cession des titres d'une société peut mentionner la remise au cessionnaire du bilan de la société cédée faisant état du compte courant du cédant. Mais si, pré-

alablement à la signature de la cession, la remise au cessionnaire d'une situation comptable plus récente ne fait plus référence au compte courant, cette remise formalise un abandon de cette créance : il y a accord sur ce point à la date de la signature de l'acte de cession et la société est légitime à refuser le remboursement du compte courant au cédant (cass. com. 11 septembre 2012, n° 11-20034).

Cessions d'actions et de compte courant dans un seul acte. Dès lors que l'acte de vente prévoit, à la fois, une cession de droits sociaux et une cession de compte courant d'associé moyennant un prix global sans faire distinction, l'objet de la vente est indivisible. L'annulation de la cession des titres pour dol entraîne, par conséquent, l'annulation de la cession du compte courant (cass. com. 7 juillet 2021, n° 19-20746).

Cession de contrôle

1243 **Le cédant ne perd la qualité d'associé que s'il cède la totalité de ses actions. Dans d'autres cas, c'est seulement le contrôle de la société qui est cédé.**

La prise de contrôle d'une société anonyme emporte le transfert du pouvoir de décision tant au sein de l'assemblée que des organes d'administration de la société. Le repreneur doit donc être assuré d'avoir la maîtrise des décisions annuelles d'approbation des comptes sociaux et de pouvoir nommer ou révoquer les dirigeants de la société (voir « Les groupes de PME », RF 2023-5).

La prise de contrôle nécessitera d'acquérir plus de 50 % des actions. En pratique, le cessionnaire devra vérifier au cas par cas qu'il disposera de ce pourcentage ; il devra faire procéder à une analyse des actions de préférence émises par la société mais aussi des droits de vote attachés aux titres (droits de votre double) pouvant influer sur le calcul des actions ayant le droit de vote *(voir §§ 1200, 1201, 1204 et 1336 à 1342)* **et se faire communiquer les pactes d'actionnaires s'il en existe. Très souvent, dans les cessions de contrôle, le cédant désire conserver pendant un laps de temps défini un poste de direction ou de surveillance. Il est nécessaire que les conditions légales pour bénéficier de ce mandat social soient réunies.**

• **Protocoles d'accord sur la cession de contrôle.** Lorsque la cession emporte le contrôle de la société, cédant et cessionnaire établissent un protocole définissant leurs obligations réciproques et les garanties accordées par le cédant, notamment celles relatives à l'actif net *(voir § 1249)*. La signature d'un simple ordre de mouvement est insuffisante.

• **Accord d'un cocontractant pour tout changement dans le capital.** De nombreux contrats (notamment de concession ou de partenariat) conclus ***intuitu personae*** prévoient une autorisation préalable d'un des cocontractants pour tout changement proposé dans la participation du capital d'une des sociétés partie au contrat. Afin d'éviter une décision arbitraire, il est souvent prévu que la partie chargée d'examiner le changement proposé devra le faire équitablement et communiquer sa décision dans un délai précis. Cette obligation d'un examen équitable et soigneux de la demande faite n'impose pas une motivation dans la décision d'agrément. La Cour de cassation a admis que des motifs pouvaient être avancés après notification de la décision d'agrément (cass. com. 2 juillet 2002, n° 01-12685).

• **Acte de commerce.** Une cession d'actions est un acte de commerce dès lors qu'elle a pour effet de conférer au cessionnaire le contrôle de la société ; les litiges relèvent du tribunal de commerce (cass. com. 26 mars 1996, n° 94-14051 ; cass. com. 11 mars 2003, n° 99-20331). Mais le caractère commercial de l'opération n'a pas pour effet de rendre libre la preuve : pour qu'il en soit ainsi, il faudrait que les parties, et notamment le cessionnaire, aient la qualité de commerçants inscrits au RCS (en effet, l'article L. 110-3 du code de commerce réserve cette liberté de preuve entre commerçants). En revanche, le caractère commercial entraîne une présomption simple de solidarité entre les parties (cass. com. 22 mars 2005, n° 01-16331 ; cass. com. 28 novembre 2006, n° 05-14827).

• **Information préalable des salariés en cas de projet de vente de leur société.** Afin de favoriser la reprise des entreprises commerciales par les salariés, les employeurs des PME de moins de 250 salariés sont, depuis le 1er août 2014, tenus de les informer des possibilités de cession (loi 2014-856 du 31 juillet 2014, art. 18, 19 et 20 ; c. com. art. L. 141-23 à L. 141-32, L. 23-10-6 à L. 23-10-12 et D. 141-3 et D. 23-10-1). La loi « Macron » a aménagé ce dispositif, visant à l'assouplir et à le sécuriser via deux obligations d'information des salariés : l'une en cas de projet de vente de l'entreprise (applicable depuis le 1er janvier 2016) et l'autre sur les possibilités de reprise de la société (applicable depuis le 6 janvier 2016) (loi 2015-990 du 6 août 2015, art. 204 ; décret 2015-1811 du 28 décembre 2015 ; décret 2016-2 du 4 janvier 2016).

Dans les sociétés commerciales de moins de 250 salariés, les salariés doivent être informés des possibilités de reprise d'une société par le personnel au moins une fois tous les 3 ans (conditions juridiques de la reprise d'une entreprise par les salariés, avantages et difficultés, dispositifs d'aide, orientations générales de l'entreprise relatives à la détention de son capital). Le personnel doit être informé sur le projet de vente d'une participation représentant plus de 50 % des actions ou valeurs mobilières donnant accès à la majorité du capital (loi 2014-856 du 31 juillet 2014, art. 18 ; loi 2015-990 du 6 août 2015, art. 204 ; décret 2016-2 du 4 janvier 2016).

Dans les entreprises de moins de 50 salariés, les salariés doivent être informés, au plus tard 2 mois avant la vente, afin de permettre à un ou plusieurs salariés de présenter une offre d'achat de cette participation. Pour cela, le représentant légal doit leur notifier sans délai cette information, en leur indiquant qu'ils peuvent présenter au cédant une offre d'achat (c. com. art. L. 23-10-1, al. 1 et 2 et D. 141-4 et D. 23-10-2).

Dans les entreprises de 50 à 249 salariés dotées d'un comité social et économique (CSE) *(voir §§ 1020 et suivants)*, le cédant doit notifier sa décision à la société. Le chef d'entreprise porte cette notification à la connaissance des salariés, au plus tard en même temps que l'information et la consultation du CE, et leur indique leur possibilité de lui présenter une offre de rachat (c. com. art. L. 23-10-7, al. 1 et 2).

En l'absence de l'information requise, le chef d'entreprise est passible d'une amende civile dont le montant ne peut pas excéder 2 % du montant de la vente (c. com. art. L. 141-23, L. 141-28, L. 23-10-1 et L. 23-10-7).

• **Solidarité entre cédants.** La cession du contrôle d'une société commerciale est un acte de commerce, ce qui entraîne une solidarité présumée entre cédants. Pour éviter une telle issue, il est possible, ainsi que le rappelle la Cour de cassation, d'insérer dans l'acte de cession une clause écartant la solidarité (cass. com. 30 août 2023, n° 22-10466).

Étendue de la garantie du cédant

1244 **Le cédant est tenu à la garantie de l'existence des titres sociaux. Lorsque le cédant est une société, cette garantie d'éviction pèse non seulement sur celle-ci mais également sur son dirigeant ou sur la personne qu'il pourrait interposer pour échapper à ses obligations** (cass. com. 24 mai 2005, n° 02-19704)**. Aussi, les décisions rendues en matière de garantie du cédant peuvent concerner les différents types de sociétés commerciales.**

La cession, même de la majeure partie des actions d'une SA propriétaire d'un fonds de commerce, ne donne aucun droit direct à l'acquéreur sur ce fonds de commerce et le cédant ne garantit pas directement cet élément. C'est ce qu'oublient parfois acheteur et vendeur « en société ». Ce n'est que dans l'hypothèse où la société n'est plus en mesure de remplir durablement son objet social et d'exploiter son fonds qu'une action en garantie peut être introduite par l'acquéreur dans le délai de droit commun de 5 ans (c. civ. art. 2224) **suivant la découverte de l'erreur [le délai est de 2 ans pour les vices cachés** (c. civ. art. 1648)**]. Le cédant ne garantit pas la valeur des actions cédées, d'où l'utilité des clauses dites de « garantie de passif »** *(voir § 1249)*.

• **Éviction totale.** Les vendeurs des parts d'une société ayant pour objet l'exploitation d'un fonds de commerce d'hôtel meublé doivent garantir contre l'éviction, conformément à l'article 1626 du code civil, les cessionnaires desdites parts. Ils n'ont pas rempli cette obligation dès lors que, par l'effet d'une décision judiciaire de fermer totalement l'hôtel, ces cessionnaires ont souffert d'une éviction totale, la privation de la possibilité d'exploiter le fonds de commerce que représentaient ces parts ayant enlevé à celles-ci toute valeur (cass. com. 12 décembre 1972, n° 71-11080 à propos d'une SARL mais transposable à la SA). De même, a été annulée une cession de parts d'une SARL exploitant un hôtel-restaurant faisant l'objet d'un arrêté de fermeture administrative (cass. com. 4 décembre 2001, n° 00-10926 transposable à la SA).

• **Erreur déterminante.** L'erreur est une cause de nullité d'un acte de cession d'actions si elle porte sur les qualités essentielles des actions acquises ou de leur contrepartie ou sur celles du cocontractant (c. civ. art. 1132). Lorsque le cessionnaire démontre que, au moment de la cession, la société est privée de l'essentiel de son patrimoine et qu'il est impossible de réaliser l'objet social et de poursuivre de façon rentable une activité économique, il peut obtenir l'annulation de l'acte de cession pour erreur sur les qualités substantielles (cass. com. 7 février 1995, n° 93-14257 ; cass. com. 17 octobre 1995, n° 93-20523 ; cass. com. 16 novembre 2004, n° 02-12636 ; cass. com. 28 février 2006, n° 01-14951). En revanche, n'a pas été retenu le fait pour un cédant de résilier après la cession l'un des deux contrats de distribution préalablement consentis à la société ayant émis les titres cédés dès lors que ce contrat ne représente qu'un pourcentage réduit du chiffre d'affaires de la société (cass. com. 9 juillet 2002, n° 98-22284).

De même, le fait qu'une société d'expertise comptable ait exercé son activité de façon irrégulière jusqu'à sa cession n'a pas permis à l'acquéreur d'annuler cette cession. L'irrégularité tenait au fait que la majorité du capital n'était pas détenue par des experts-comptables, mais par son dirigeant, qui ne possédait pas cette qualification. Or, cette situation n'avait pas empêché la société de poursuivre l'activité économique qui constituait son objet social (cass. com. 30 septembre 2020, n°s 18-18239 et 18-18358).

• **Dol informatique.** L'acquéreur de droits sociaux d'une société informatique qui a, au préalable, cédé l'ensemble des logiciels et « programmes-sources » peut agir en nullité de la cession des titres (cass. com. 4 juillet 2000, n° 97-10052).

• **Dette fiscale.** La garantie des vices cachés de l'article 1641 du code civil ne s'applique pas à une dette fiscale dont est responsable la société à la suite d'une vérification (cass. com. 23 janvier 1990, n° 87-17521) ; il en est de même de la révélation d'un passif ne constituant pas un vice caché (cass. com. 4 juin 1996, n° 94-13047).

• **Garantie légale d'éviction du fait personnel du vendeur.** S'agissant de la cession des actions d'une société, cette garantie n'entraîne, pour le vendeur, l'interdiction de se rétablir que si ce rétablissement est de nature à empêcher les acquéreurs de ces actions de poursuivre l'activité économique de la société et de réaliser l'objet social (cass. com. 21 janvier 1997, n° 94-15207).

• **Garantie de conformité du bien.** Les dispositions de l'article L. 211-1 du code de la consommation ne sont pas applicables aux cessions d'actions qui certes sont, de par la loi, des meubles (c. civ. art. 529), mais entrent dans la catégorie des biens mobiliers incorporels exclus du dispositif en faveur des consommateurs.

• **Société en cessation des paiements.** La société mère qui cède les titres qu'elle détient dans le capital social d'une filiale en état de cessation des paiements, n'a pas l'obligation de s'assurer, avant la cession, que le cessionnaire dispose d'un projet de reprise garantissant la viabilité économique et financière de cette filiale (cass. com. 1er mars 2023, n° 21-14787).

Réticences dolosives du cédant

1245 **L'ordonnance 2016-131 du 10 février 2016 a introduit dans le code civil un devoir général d'information, d'ordre public. Ainsi, « celle des parties qui connaît une information dont l'importance est déterminante pour le consentement de l'autre doit l'en informer dès lors que, légitimement, cette dernière ignore cette information ou fait confiance à son cocontractant »** (c. civ. art. 1112-1, al. 1)**. Le manquement à ce devoir est sanctionné par des dommages et intérêts et peut également entraîner la nullité du contrat s'il a provoqué un vice du consentement (erreur ou dol)** (c. civ. art. 1112-1, dem. al.)**.**

La réticence dolosive est consacrée. Le dol est le fait pour un contractant d'obtenir le consentement de l'autre par des manœuvres ou des mensonges. Constitue également un dol la dissimulation intentionnelle par l'un des contractants d'une information dont il sait le caractère déterminant pour l'autre partie (c. civ. art. 1137)**. Le dol peut émaner du cocontractant, de son représentant ou d'un tiers agissant de connivence** (c. civ. art. 1138)**. Il rend toute erreur excusable même si elle porte sur la valeur des parts** (c. civ. art. 1139)**. En l'absence d'intention de tromper, le défaut d'information, qui peut ne résulter que d'une simple négligence, ne sera sanctionné que par l'octroi de dommages et intérêts. Cette réforme du code civil conserve à la jurisprudence relative aux cessions de parts ou d'actions tout son intérêt (voir les arrêts ci-dessous, ainsi que ceux cités au** *§ 1247***).**

• **Cession frauduleuse.** Si le cédant a caché des informations sur la société qu'il savait déterminantes pour le cessionnaire, alors il est réputé avoir agi de manière intentionnelle et la cession d'actions peut être annulée (cass. com. 9 janvier 2019, n° 17-28725).

• **Rétention de documents comptables.** Ont été annulées sur le fondement de la réticence dolosive des cessions de parts du fait du caractère volontaire de la rétention de documents comptables et d'informations sur la situation financière de la société :
– la société avait été mise en liquidation après l'opération de cession et la date de cessation des paiements avait été fixée à une date antérieure à celle de la cession des parts (cass. com. 17 juin 2003, n° 99-12492) ;
– les cédants avaient donné une image trompeuse des résultats atteints par la société cédée au cours des mois précédant la cession et avaient dissimulé l'effondrement prévisible du chiffre d'affaires réalisé avec les deux principaux clients de l'entreprise (cass. com. 30 mars 2016, n° 14-11684).

• **Présentation de bilans inexacts.** A été annulée une cession de parts sociales pour réticence dolosive des cédants consistant à présenter au cessionnaire des bilans inexacts sans les aviser des risques fiscaux dus à leur gestion et à occulter la situation réelle de la société (cass. com. 12 octobre 1993, n° 91-19838 à propos d'une SARL mais transposable à la SA). Quelques inexactitudes dans les comptes de l'entreprise cédée ne suffisent pas à démontrer une manœuvre frauduleuse du vendeur (cass. com. 3 mai 2016, n° 14-26673). L'erreur sur la situation financière de la société du fait de la présentation d'un bilan erroné qui affecte les données objectives de la cession est déterminante du consentement du vendeur et peut donner lieu à indemnisation (cass. com. 10 novembre 2015, n° 14-11370 ; cass. com. 26 avril 2017, n° 11-25941). Le fait de communiquer des documents comptables erronés à l'occasion d'une cession de parts sociales ne constitue pas le délit de présentation aux associés de comptes infidèles. Ces faits relèvent des qualifications de faux et usage de faux (cass. crim. 30 juin 2004, n° 03-85319 à propos d'une SARL mais transposable à la SA). La présentation de comptes infidèles peut constituer, indépendamment des manœuvres frauduleuses constitutives de l'escroquerie, un dol au sens de l'(ancien) article 1116 du code civil (c. civ. art. 1137 ; cass. com. 26 mai 2009, n° 08-15980).

• **Plusieurs cédants.** Si plusieurs associés cèdent leurs titres dans un acte unique, le dol commis par l'un d'eux entraîne la nullité de tout l'ensemble des cessions ; en revanche, seul l'auteur du dol peut être condamné à indemniser l'acquéreur des titres pour le préjudice subi (cass. com. 12 juillet 2005, n° 02-13583 à propos d'une société civile mais transposable à la SA).

• **Restitution en valeur des actions en cas d'annulation.** L'annulation d'une cession de titres sociaux pour dol confère au cédant, dans la mesure où la remise en nature des titres n'est plus possible, le droit d'en obtenir la remise en valeur estimée au jour de la restitution (c. civ. art. 1352-5 ; cass. com. 14 juin 2005, n° 03-12339).

• **Demande de dommages et intérêts.** Dans l'acte de cession de la totalité des actions d'une société qui exploite un magasin de bricolage, les vendeurs indiquent ne pas avoir connaissance d'un événement pouvant avoir un effet défavorable sur l'activité de la société. En réalité, ils connaissent l'existence d'un projet d'implantation, à proximité, d'un grand magasin de bricolage. Ce magasin ouvre ses portes et l'acheteur les assigne en dommages-intérêts. La Cour de cassation ne lui donne pas raison. L'acheteur n'ayant pas demandé l'annulation de la vente (ce qu'il aurait pu faire puisqu'il avait été trompé), il ne peut être indemnisé que « pour la perte d'une chance d'avoir pu contracter à des conditions plus avantageuses ou ne pas contracter » (cass. com. 21 juin 2016, n° 14-29874).

• **Majoration artificielle de la trésorerie.** Le dirigeant actionnaire, qui a cédé ses actions, se rend coupable de dol s'il ne respecte pas la lettre d'intention dans laquelle il s'est engagé, auprès du cessionnaire, à poursuivre l'activité de la société en « bon père de famille » jusqu'au jour de la cession. En l'espèce, le dirigeant s'était livré à des manœuvres destinées à majorer artificiellement la trésorerie de la société, à la suite de l'audit comptable et financier effectué par le cessionnaire (cass. com. 5 juin 2019, n° 16-10391).

• **Expertise « in futurum ».** L'acquéreur qui envisage d'invoquer un dol pour demander une expertise « in futurum » (c. proc. civ. art. 145) doit démontrer que son action n'est pas manifestement vouée à l'échec. Tel est le cas lorsque ce dernier avait été suffisamment averti sur la situation de la société cédée, étant donné qu'il avait eu accès à une information exhaustive sur l'ensemble des données sociales, fiscales, juridiques, comptables et financières de la société pendant les 18 mois précédent la cession (cass. com. 18 janvier 2023, n° 22-19539).

• **Revente immédiate.** Commet une réticence dolosive, l'acquéreur qui obtient du cédant, par avenant au contrat de cession, une réduction du prix alors qu'il dissimule des négociations de revente qu'il mène par ailleurs (cass. com. 9 novembre 2022, n° 21-14995).

• **Cession rectifiée.** La nullité pour dol a été écartée lorsque le cessionnaire, après avoir découvert que la cession était viciée, a obtenu sa rectification et demandé la désignation d'un arbitre pour en fixer le prix définitif (cass. com. 21 avril 2022, n° 20-16295).

Obligation de non-concurrence du cédant

1246 **Très souvent, l'acquéreur des titres sociaux impose au cédant de souscrire un engagement de non-concurrence. Cet engagement, qui doit être spécifique, précise son étendue ; souvent, il emporte une interdiction pour le cédant de créer et d'exploiter, directement ou indirectement, un fonds de commerce concurrent de celui exploité par la société dont il a cédé les titres.**

La clause de non-concurrence insérée dans un acte de cession ne peut empêcher l'intéressé d'exercer toute autre activité salariée ou de gestion ; elle doit être proportionnée par rapport à l'objet du contrat ou à la protection des intérêts en présence (cass. com. 4 décembre 2007, n° 04-17449). **Elle ne doit pas avoir pour effet de constituer, pour le cédant, un obstacle disproportionné à la possibilité d'exercer sa profession ou de créer, reprendre ou entreprendre une activité commerciale**

ou industrielle entrant dans le champ de ses compétences. Elle peut être annulée si elle est gravement attentatoire à la liberté du commerce. Il en est ainsi pour des cédants qui n'avaient été autorisés à vendre qu'à des « particuliers » alors que l'essentiel du chiffre d'affaires se faisait avec des professionnels ; ils s'étaient vus interdire d'embaucher du personnel pendant 5 ans et ils se trouvaient soumis à des contrôles inquisitoriaux périodiques (cass. com. 13 décembre 2011, n° 10-21653).

L'engagement de non-concurrence peut être adossé à un contrat de travail consenti au dirigeant cédant. Une clause de non-concurrence insérée dans un contrat de travail doit, pour être valable, protéger les intérêts légitimes de l'entreprise, tenir compte des spécificités du poste du salarié, être strictement délimitée dans le temps et dans l'espace et avoir une contrepartie financière (cass. soc. 10 juillet 2002, nos 99-43334, 00-45135, 00-45387). Il en est de même pour une clause de non-concurrence insérée dans un pacte d'actionnaire (cass. com. 15 mars 2011, n° 10-13824 ; cass. com. 30 mars 2022, n° 19-25794).

Si le cédant ne respecte pas l'obligation de non-concurrence, la société et l'actionnaire acquéreur peuvent demander en justice le paiement de dommages-intérêts et la cessation des activités concurrentes.

• **Contrepartie financière.** La contrepartie financière de la clause de non-concurrence (le prix de cession) ne doit pas apparaître comme disproportionnée au regard de l'engagement de non-concurrence. Tel pourrait être le cas d'un actionnaire très minoritaire de la société cédée percevant, dans le cadre de la cession, une quote-part du prix en rapport avec le pourcentage de capital détenu, mais dérisoire au regard de l'engagement de non-concurrence exigé.

Les parties peuvent préciser dans l'acte de cession une rémunération distincte du prix de cession attachée à la clause de non-concurrence. Toutefois les conséquences fiscales et sociales de cette contrepartie distincte devront être étudiées. En effet, la rémunération de l'engagement de non-concurrence serait imposée à l'impôt sur le revenu selon le barème progressif et la société serait redevable des charges sociales sur les indemnités versées.

• **Promesse d'embauche.** L'engagement du cédant, dans l'acte de cession des droits sociaux, de ne pas concurrencer la société cédée nécessite de prévoir, en sa faveur, une contrepartie financière seulement si le cédant a aussi la qualité de salarié au jour de la cession. Tel n'est pas le cas d'une simple promesse d'embauche qui ne suffit pas rendre nécessaire cette contrepartie financière (cass. com. 23 juin 2021, n° 19-24488).

Obligation de loyauté du dirigeant cédant

1247 La jurisprudence fait peser sur le dirigeant de la société, dont les titres sont cédés, une obligation de loyauté à l'égard des actionnaires, en particulier lorsqu'il intervient dans les opérations de cession de titres sociaux et qu'il dissimule aux cédants une information de nature à influer sur leur consentement (cass. com. 27 février 1996, n° 94-11241 ; cass. com. 12 mai 2004, n° 00-15618 ; cass. com. 12 mars 2013, n° 12-11970). Tel est notamment le cas :

– en présence de manœuvres dolosives commises par le dirigeant de la société dont les actions ont été cédées pour conduire un autre actionnaire à céder ses titres à un prix inférieur à leur valeur réelle (cass. com. 14 juin 2005, n° 03-12339) ;

– en l'absence de mise en garde des associés cédant leurs titres d'une société sur l'existence dans le patrimoine de cette société de bénéfices distribuables d'un montant supérieur à celui du prix convenu (cass. com. 6 mai 2008, n° 07-13198) ;

– lorsqu'il acquiert les actions d'un associé en s'abstenant de l'informer qu'il négocie leur revente pour un prix légèrement supérieur ou en revendant les actions moins d'un an après, à un prix nettement supérieur (cass. com. 12 mars 2013, n° 12-11970).

Le préjudice subi par l'actionnaire en raison de la déloyauté du dirigeant consiste en la perte d'une chance de pouvoir négocier ses actions à un meilleur prix (cass. com. 15 mars 2017, n° 15-14419).

Sort des cautions et garanties

1248 Le dirigeant d'une société anonyme qui se porte caution des dettes de celle-ci continue d'être tenu des dettes nées après la cessation de ses fonctions, à moins qu'il n'ait prévu expressément que la caution soit liée à l'exercice de ses fonctions et qu'elle prendrait fin de plein droit lorsqu'il serait mis fin à sa fonction (cass. com. 15 octobre 1991, n° 89-19122).

La banque n'est pas tenue d'informer le cédant sur la persistance des engagements de caution des cédants à la suite de la cession de leurs actions. En conséquence, il appartient à ces derniers de solliciter de la banque l'extinction de leur engagement de caution, préalablement à la cession de leurs titres (cass. com. 29 janvier 2002, n° 99-12976).

Reprise d'engagement par le cessionnaire. La garantie souscrite par un cessionnaire de parts de SARL s'engageant à prendre à son compte toutes les cautions ayant pu être consenties par le cédant a un caractère indéterminé dès lors qu'aucune précision n'a été donnée ou relevée sur l'identification, la nature et l'étendue des cautions, et le cessionnaire ne peut être condamné à payer en sa qualité de garant du cédant (cass. civ., 1re ch., 18 octobre 1994, n° 92-18685 transposable à la SA). Mais, pour la chambre commerciale, l'obligation de substitution conjointement souscrite par des cessionnaires, portant sur l'ensemble des cautionnements personnels donnés par les vendeurs en garantie des emprunts contractés par la société, a un objet suffisamment déterminé (cass. com. 1er avril 1997, n° 94-16083).

Clauses de garantie de passif

▸ Deux types de clauses

1249 Les actions légales étant limitées surtout en matière de perte de valeur des actions, le cessionnaire exigera une garantie conventionnelle dite « garantie de passif ». Ce terme générique recouvre plusieurs types d'engagements qui lient plus ou moins le cédant, le but étant, dans tous les cas, de protéger le cessionnaire contre la révélation d'un passif occulte ou contre certains risques généralement énumérés.

De plus en plus souvent, le cédant effectue un grand nombre de déclarations relatives aux données comptables, juridiques, financières, sociales, voire d'environnement concernant la société dont les titres sont cédés. L'inexactitude de ces engagements souscrits sous forme de déclarations entraîne la mise en œuvre de la garantie.

La stipulation d'une garantie de passif ne prive pas son bénéficiaire de se prévaloir du droit commun des vices du consentement et plus particulièrement du dol dont il a été victime (cass. com. 2 mai 2007, n° 05-21975 ; cass. com. 3 février 2015, n° 13-12483). L'engagement par le cédant de prendre à sa charge tout passif, de quelque nature qu'il soit, ne vaut que comme garantie de passif et n'emporte pas une garantie d'actif net.

De façon schématique, ces différentes clauses de garantie de passif peuvent être regroupées autour de deux notions qui ne lient pas les juges :
– **la garantie de passif pur ou garantie indemnitaire** : l'indemnisation est liée à la diminution de l'actif net, celle-ci pouvant être due à une augmentation du passif ou à un amoindrissement de l'actif ; le cédant s'engage à désintéresser les créanciers révélés postérieurement ou à rembourser à la société le montant des dettes divulguées après la cession afin que la société apure le passif. La clause prévoyant que le cédant s'engage à reverser dans les caisses sociales, au cas où un passif « non écrituré » dans la situation comptable se révélerait, les sommes correspondant à l'appauvrissement net subi, confère à la société un droit propre et direct contre le cédant (stipulation pour autrui) lui permettant d'agir contre lui pour obtenir le paiement des sommes correspondant à cet appauvrissement net (cass. com. 7 octobre 1997, n° 95-18119). La clause précise le bénéficiaire de la garantie et les modalités d'information du cédant. Le bénéficiaire peut être la société ou ses créanciers *(voir § 1250)*. Le cédant prend en charge, par cette garantie, l'intégralité du passif nouveau sauf stipulation contraire. Cette indemnisation peut être supérieure au prix de cession, sauf clause contraire. Elle peut couvrir, outre la révélation d'un passif non provisionné ou insuffisamment provisionné, toutes les conséquences dommageables pour le bénéficiaire de l'inexactitude de l'une des déclarations du garant (cass. com. 21 octobre 2014, n° 13-11805) ;
– **la clause de révision de prix ou clause de garantie de valeur** : le cédant s'engage à garantir l'acquéreur de la baisse de valeur des actions cédées du fait de la révélation d'un passif ; il rembourse directement au cessionnaire la différence de valeur des éléments contenus dans le prix constatée par la prise en compte du passif révélé ; le prix d'acquisition est alors réduit. Cette garantie ne peut excéder le prix de cession (cass. com. 18 décembre 2001, n° 98-17320 : cas où le prix de cession avait été ramené à zéro). Cette clause est surtout efficace lorsque le paiement est échelonné dans le temps. Cette garantie ne peut être invoquée que par l'acquéreur (cass. com. 21 octobre 1997, n° 95-17089), même s'il n'est plus actionnaire au jour de la demande de révision de prix (cass. com. 3 avril 2007, n° 04-15532). Cette méthode peut avoir pour conséquence de traduire un prix dont la détermination ne répond plus aux conditions de validité en la matière et de rendre nulle la convention.

• **Formalisme.** La garantie de passif doit être expressément prévue dans l'acte de cession ou dans un acte séparé. Si la convention de garantie de passif social forme un tout avec l'acte synallagmatique portant cession des droits sociaux auquel elle s'intègre, même consentie solidairement, entre les cédants, elle n'est pas soumise aux conditions de validité de l'acte de cautionnement (c. civ. art. 1376 ; cass. com. 26 juin 1990, n° 88-14444 ; cass. civ., 1re ch., 20 septembre 2012, n° 11-13144).

La garantie de passif doit préciser l'étendue de l'engagement pris par le cédant : l'ensemble du passif occulte dont l'origine est antérieure à la date de la cession, des dettes particulières (emprunt bancaire, dettes fiscales ou sociales, créanciers, etc.).

L'autorisation préalable du conseil d'administration prévue par l'article L. 225-35 du code de commerce à la garantie de passif fournie par la SA qui cède des actions n'est pas nécessaire (cass. com. 12 juillet 2011, n° 10-16118).

• **Garantie de tout passif.** Une clause insérée dans un acte de cession de droits sociaux garantissait les cessionnaires de toute diminution d'actif ou de passif nouveau, notamment fiscal, qui pourrait se révéler d'ici le délai de reprise de l'administration fiscale, ayant une origine antérieure au jour de la cession. Cette clause doit jouer dès l'instant où un passif antérieur, qui n'avait pas été inscrit ou provisionné au bilan, se révélerait après la cession ; peu importe que le cessionnaire ait été au courant du procès qui avait généré ce passif (cass. com. 1er avril 2003, n° 00-11645).

• **Passif postérieur à la cession.** Une clause garantissant le cessionnaire du passif antérieur à la cession ne s'applique pas au passif résultant du licenciement d'un salarié pour inaptitude postérieur à la cession (cass. com. 2 décembre 2020, n° 18-11336). Il importe peu que le licenciement ait été prononcé pour des faits antérieurs à la cession (cass. com. 21 septembre 2022, n° 20-18965). En revanche, lorsque le salarié est victime d'un accident du travail avant la cession et qu'il est déclaré, en conséquence, inapte et non reclassable après la cession, alors la garantie de passif s'applique à l'indemnité de licenciement (cass. com. 6 juillet 2022, n° 21-11483).

• **Faute de gestion du cédant.** L'existence de fautes de gestion commises avant la cession par le cédant, et ancien dirigeant de la société dont les titres sont cédés, et révélées postérieurement, ne suffit pas à mettre en jeu la garantie d'actif et de passif. Pour cela, il faut démontrer une diminution de l'actif ou une augmentation du passif due à des opérations antérieures à la cession et révélées ultérieurement. Peu importe la nature de ces opérations (cass. com. 22 septembre 2021, n° 19-22938 à propos d'une SARL mais transposable à la SA).

• **Garantie de la garantie de passif.** La convention prévoit parfois la mise en place d'une caution bancaire à hauteur d'un montant déterminé, destinée à couvrir, à due concurrence, l'indemnité éventuellement due par le cédant au titre de la garantie de passif.

• **Information du cédant.** La plupart des garanties de passif comportent une clause obligeant l'acquéreur à informer le cédant dans un délai prévu de toute action contentieuse ou de tout fait ou événement générateur de la garantie.

À défaut de tout engagement particulier, les acquéreurs ne sont pas tenus d'aviser les débiteurs de la garantie de passif du contrôle fiscal en cours pour leur permettre de fournir tous les éléments de réponse utiles (cass. com. 23 novembre 1993, n° 91-21536). En l'absence de clause, le cessionnaire n'engage pas sa responsabilité s'il n'informe pas le cédant d'un contrôle fiscal, et, à l'issue de celui-ci, il peut mettre en jeu la garantie face à un redressement. L'acquéreur a suffisamment respecté son obligation en avisant le cédant dans les formes et délais fixés par la convention, de la vérification des comptes de la société annoncée par l'administration fiscale, de sorte que le cédant a pu soumettre son point de vue et ses justificatifs à l'inspecteur (cass. com. 19 janvier 2010, n° 09-12063). À l'inverse, l'acquéreur qui, par défaut d'information, ne permet pas au cédant de suivre un contrôle fiscal et de faire aboutir une réclamation contentieuse, voit sa garantie minorée par la perte de chance subie par le cédant (cass. com. 18 mai 2016, n° 14-22354).

Les juges peuvent décider que l'inexécution par un acquéreur de son obligation d'informer le cédant dans le délai convenu, le prive, à elle seule, du bénéfice de la garantie de passif (cass. com. 28 mars 2006, n° 04-15762 ; cass. com. 9 juin 2009, n° 08-17843 ; cass. com. 21 octobre 2014, n° 13-11805). Encore faut-il qu'une sanction contractuelle soit prévue dans ce cas (cass. com. 25 janvier 2017, n° 15-17137).

• **Mise en œuvre.** Même si l'acquéreur a été informé, avant la cession, du risque d'une diminution d'actifs, il peut mettre en œuvre la garantie de passif dès lors que les informations figurant dans l'acte de cession étaient garanties par le vendeur peu important que l'engagement ne distinguait pas selon que le bénéficiaire avait ou non connaissance de la cause des faits susceptibles d'affecter de manière substantielle les actifs visés dans la garantie (cass. com. 12 mai 2015, n° 14-13234).

• **Diminution de créances.** Une diminution des créances de la société cédée, non comptabilisée, justifie la mise en œuvre d'une garantie d'actif et de passif (cass. com. 18 mai 2016, n° 14-22354).

• **Imprévision.** Les opérations sur les actions intègrent un risque d'évolution imprévisible sur leur valorisation. En effet, les actions sont des titres négociables, contrairement aux parts sociales. Dès lors, il est justifié qu'une cession d'actions ne puisse être révisée pour imprévision, contrairement aux parts (C. constit., décision 2023-1049 QPC du 26 mai 2023).

Toutefois, en pratique, une cession d'actions peut prévoir une clause de révision dont les conditions seront librement fixées par les parties.

• **Dépassement du plafond de garantie.** Pour qu'un acquéreur trompé en raison d'une comptabilisation des stocks TTC puisse obtenir une réparation complète de son préjudice (au-delà du plafond de la garantie), il doit être démontré que cette comptabilisation constituait une violation tellement flagrante des principes de comptabilité qu'elle ne pouvait être ignorée du vendeur (cass. com. 12 octobre 2022, n° 21-12702).

▶ Bénéficiaires de la garantie

1250 L'identification du bénéficiaire est très importante, non seulement parce qu'elle détermine la qualité de créancier, mais aussi parce qu'elle constitue, pour certains tribunaux, un critère de distinction entre une clause de garantie à proprement parler et une clause de révision de prix ou clause de valeur (cass. com. 11 mars 2008, n° 06-20738).

Plusieurs cas se présentent.

La garantie de passif peut désigner en tant que bénéficiaire **l'acquéreur**. Celui-ci peut faire valoir son droit même en cas de revente de ses titres (cass. com. 11 mars 2008, n° 06-20738 ; cass. com. 11 septembre 2012, n° 11-13167). À défaut de désignation d'un autre bénéficiaire, la Cour de cassation confirme que seul l'acquéreur des titres sociaux peut réclamer au cédant le paiement de la garantie (cass. com. 8 mars 2017, n° 15-19174).

La garantie consentie au profit des acquéreurs ou de leurs ayants droit (garantie de valeur) ne peut pas bénéficier au sous-acquéreur des titres qui n'était ni partie à cet acte ni ayant droit d'une des parties (cass. com. 4 décembre 2007, n° 06-19996 ; cass. com. 11 septembre 2012, n° 09-69347). Mais même si l'acte de cession initial des droits sociaux ne prévoit rien quant à la transmission de la garantie, le bénéficiaire de celle-ci peut la céder au sous-acquéreur par une clause stipulant que l'intégralité des engagements pris par le premier cédant est transmise lors de la revente (cass. com. 9 octobre 2012, n° 11-21528), sauf si le contrat de cession a été conclu *intuitu personae* (cass. com. 20 octobre 2015, n° 14-17896).

La garantie de passif peut faire de **la société** le bénéficiaire de la garantie, de façon exclusive ou encore en parallèle avec l'acquéreur ; l'acte doit comporter une stipulation claire en ce sens. Lorsque la société est désignée comme bénéficiaire de la garantie (cass. com. 7 octobre 1997, n° 95-18119), elle a le droit d'agir directement contre le cédant en exécution de la garantie. Mais l'acquéreur peut également demander en justice au cédant de payer les sommes dues au titre de la garantie. Il s'agit d'une stipulation pour autrui (c. civ. art. 1205).

Si les bénéficiaires désignés sont les créanciers, le remboursement portera sur leur créance.

La garantie de passif profite aussi à l'expert-comptable. Lorsqu'une société est cédée avec une garantie de passif et que l'acheteur s'aperçoit ensuite d'erreurs comptables importantes, le cédant ne peut pas réclamer à l'expert-comptable le remboursement de la somme qu'il va devoir restituer à l'acquéreur (cass. com. 14 octobre 2020, n° 18-17949). Cette décision se justifie dans la mesure où le vendeur n'aurait certainement pas obtenu le même prix si l'acheteur avait connu la réalité de la situation comptable telle qu'elle s'est révélée par la suite. Autrement dit, le vendeur ne peut pas bénéficier à la fois d'un prix surcoté et de la prise en charge par l'expert-comptable d'une partie de la condamnation au titre de la garantie d'actif et de passif.

▸ **Incidences fiscales pour le cédant**

1251 **Pour les entreprises.** Si le cédant est une entreprise, la plus-value de cession des titres est rattachée à l'exercice de la cession, même si le prix n'a pas encore été payé (principe d'imposition des créances acquises). Si le cédant est tenu, en exécution d'une convention de garantie de passif, d'indemniser l'acquéreur, la question se pose de savoir si cette somme est une diminution du prix de cession ou une indemnité déductible.

Pour la cour administrative d'appel de Paris, la somme versée par le vendeur constitue à hauteur de l'excès de son montant sur le prix définitif de cession, le caractère de dommages et intérêts déductibles de ses résultats (CAA Paris 10 juin 1993, n° 93PA00973). La cour administrative d'appel de Douai a admis la déduction des sommes versées par le cédant en exécution d'une convention garantissant le résultat de la filiale cédée, lorsque leur versement s'inscrit dans le cadre d'un acte normal de gestion et ne constitue pas un élément du prix de cession (CAA Douai 31 juillet 2012, n° 11DA00407). Cette solution est symétrique de celle retenue pour le traitement de l'indemnité chez l'acquéreur *(voir §§ 1253 et 1254)*.

1252 **Pour les particuliers.** Lorsque la cession des titres assortie d'une telle clause relève du régime des plus-values des particuliers, le cédant peut obtenir, par voie de réclamation contentieuse, la décharge ou la réduction de l'imposition de la plus-value qu'il a supportée à concurrence des sommes reversées (CGI art. 150-0 D, 14 ; voir RF 2021-5, §§ 7931 à 7933).

Cette déduction est plafonnée au prix de cession initialement déclaré et ne peut pas avoir pour conséquence de dégager une perte nette (BOFiP-RPPM-PVBMI-20-10-10-30-§ 80-20/12/2019).

▸ **Incidences fiscales pour le cessionnaire**

1253 **Pour les entreprises.** Pour le cessionnaire des titres, l'indemnité versée par le cédant lors de l'exécution d'une convention de garantie de passif ne diminue pas le coût de revient des titres inscrit à l'actif du bilan, mais doit être comprise dans le résultat imposable au taux de droit commun (CE 24 avril 1981, n° 18346 ; CE 24 juin 2013, n° 350451).

Le versement d'une somme effectué en application d'une telle clause constitue, pour la société cédée, une indemnisation destinée à réparer une diminution de la valeur d'actif, une dépense exposée ou une perte de recette qu'elle a subie. Lorsque cette somme est versée directement à la société cédée en vertu d'une obligation de réparation incombant à la partie versante, elle constitue une recette imposable de cette société si la perte ou la charge qu'elle a pour objet de compenser est elle-même déductible du résultat imposable. Lorsque la somme ainsi versée à la société cédée a pour objet de compenser une charge fiscalement non déductible du résultat imposable, elle ne constitue pas un produit imposable pour cette dernière (rép. Grau n° 28652, 9 février 2021, AN quest. p. 1154).

1254 **Pour les particuliers.** En cas de cession ultérieure des titres par le cessionnaire, le prix d'acquisition à retenir pour déterminer la plus-value imposable entre ses mains doit être diminué du montant des sommes reçues en exécution de la clause de garantie de passif (CGI art. 150-0 D, 14.al. 2 ; voir RF 2021-5, § 7934).

Prix de cession

1255 L'existence d'un prix déterminé, ou déterminable au travers d'éléments objectifs ou la décision d'un tiers, conditionne la validité d'une cession d'actions.

Le fait que, pour les cessions d'actions, les ordres de mouvement n'imposent pas de mention du prix ne déroge aucunement aux règles de la vente et notamment à l'existence d'un prix déterminable (cass. civ., 1er ch., 16 juillet 1992, n° 90-19107). L'existence d'un prix déterminable n'implique ni l'indication de la part revenant à chacun des vendeurs (cass. civ., 3e ch., 19 mars 1986, n° 84-13582), ni le prix de chacune des sociétés rachetées en présence d'un prix global (cass. com. 8 avril 2008, n° 06-18042).

En revanche, le prix n'était pas déterminé et déterminable pour une promesse d'achat de 5 360 actions consentie, à due concurrence de 1 621 actions, pour un prix dont le mode de calcul était précisé uniquement pour ces 1 621 actions (cass. com. 9 octobre 2012, n° 11-14498). Un prix plafond ne permet pas de pallier une indétermination du prix (cass. com. 21 septembre 2022, n° 20-16994).

Très souvent, le prix ne peut être déterminé immédiatement dans la mesure où une situation comptable doit être établie. Un prix provisoire peut être fixé dans la promesse ou le protocole ; ce prix, qui peut constituer un maximum ou un minimum, sera corrigé au vu du bilan à établir.

Lorsque la détermination du prix dépend des résultats, et donc d'un bilan de clôture, la validité de ce mode de fixation du prix implique de dégager des critères objectifs. Est licite la cession arrêtant un prix global de base devant être corrigé selon des modalités prévues dans la convention (cass. com. 10 mai 1994, n° 92-19240). Il en est de même de la clause fixant clairement les obligations du cessionnaire quant au montant du prix, bien qu'il soit subordonné à l'établissement d'un bilan rectificatif selon des méthodes prévues (cass. com. 16 janvier 2001, n° 98-15663).

Sont annulables les clauses dont les éléments destinés à permettre le calcul du prix dépendent de la volonté de l'une des parties (cass. civ., 1re ch., 12 novembre 1974, n° 73-10850) ; mais tel n'est pas le cas lorsque le prix des actions cédées est évalué en fonction du chiffre d'affaires et des loyers perçus par la société (cass. com. 15 juin 1982, n° 79-13367).

Si l'acte de cession prévoit que le prix définitif sera fixé à partir d'une situation comptable établie conjointement par les experts-comptables des deux parties, cette situation ne peut être valablement établie séparément par chacun d'eux, même en cas d'échanges contradictoires ultérieurs (cass. com. 15 mars 2017, n° 15-12236).

Lorsque la clause de prix n'est pas parfaitement claire, les juges peuvent l'interpréter. Ils ont ainsi décidé souverainement qu'un complément de prix prévu dans le cas où l'acheteur recevait des commandes correspondant à un certain chiffre d'affaires ne devait être versé que pour les commandes fermes et concrétisées par un contrat signé du client (cass. com. 11 mai 2017, n° 15-20368).

• **La remise d'un ordre de mouvement ne vaut pas la libération du prix.** Un ordre de mouvement délivré par le cédant à la société émettrice ne constitue pas un titre de créance (c. civ. art. 1342-9) et ne fait pas preuve de la libération du prix. Le juge ne peut imposer aux parties une méthode de détermination du prix qui n'a pas retenu leur accord ; l'article 1591 du code civil ne permet pas à l'expert, même judiciaire, de se substituer aux parties (cass. com. 12 février 2008, n° 06-18414).

• **Validité d'une cession d'actions pour un euro.** A été jugée valable une cession d'actions pour un euro consentie par un dirigeant et principal actionnaire d'une société dans le cadre d'une transaction comportant des concessions réciproques, mêmes indirectes (cass. com. 5 juillet 2017, n° 15-22220).

• **Cession au prix de souscription.** Une promesse de cession d'actions, qui stipule que les titres seront cédés à un prix par titre égal au prix unitaire de souscription avec une décote de 1 % est valide, car la clause de prix est sans incidence sur la participation aux bénéfices et la contribution aux dettes et ne porte donc pas atteinte au pacte social (cass. com. 21 juin 2023, n° 21-21875).

• **Intérêts de retard.** Des intérêts de retard sont exigibles (c. civ. art. 1344-1). Les intérêts de retard commencent à courir au jour de l'assignation en paiement, ce jour valant mise en demeure, ou à la date contractuellement stipulée dans l'acte de cession par les parties, même si elle est antérieure à l'assignation (cass. com. 5 juin 2012, n° 11-20360).

• **Complément de prix : incidences fiscales pour les particuliers.** Le complément de prix versé par l'acquéreur de valeurs mobilières ou de droits sociaux en exécution d'une clause d'indexation est imposable entre les mains du cédant au titre de l'année au cours de laquelle il est reçu, selon le régime des plus-values mobilières, quelle que soit la durée écoulée entre la date de la cession et celle du versement du complément de prix (CGI art. 150-0 A, I.2 ; voir « Titres de sociétés et instruments financiers : quelle fiscalité ? » RF 2021-5, §§ 7910 à 7921).

• **Révision du prix de cession : conséquences fiscales pour les entreprises.** Les sommes versées en exécution d'une révision du prix de cession suivent le régime fiscal des plus et moins-values (CGI art. 39 duodecies, 9). Le complément de prix acquis en exécution d'une clause d'un contrat de cession de titres par lequel le cessionnaire s'engage à verser au cédant un complément de prix attaché à la valorisation des titres au moment de la cession et exclusivement déterminé en fonction d'une indexation en relation directe avec l'activité de la société dont les titres sont cédés est imposable au titre de l'exercice au cours duquel ce complément de prix est acquis et selon le même régime qui a été appliqué au prix initial. Le complément de prix, qui le cas échéant, peut être plafonné, doit présenter un caractère aléatoire à la date de réalisation de la cession. Il ne doit pas constituer en réalité la rémunération de l'activité ou d'une prestation fournie par le cédant. En tout état de cause, le régime des plus-values à long terme ne s'applique que si ce complément de prix reçoit un traitement comptable compatible avec cette qualification (BOFiP-BIC-PVMV-10-20-10-§ 250-11/03/2013).

• **Prix de cession des actions des actionnaires qui cessent d'être salariés.** Un pacte d'actionnaires peut imposer la cession des actions des actionnaires qui cessent d'être salariés et prévoir une décote de 50 % de la valeur des actions des salariés licenciés, s'il exclut le cas des licenciements disciplinaires (cass. com. 7 juin 2016, n° 14-17978).

• **Pacte d'actionnaires.** L'actionnaire, qui s'engage dans un pacte d'actionnaire à acquérir les actions d'un mandataire social à la date de fin de ses fonctions, à un prix déterminable selon des modalités de calcul établis dans le pacte, devient propriétaire des actions dès la survenance de l'événement s'il n'a pas contesté le prix dans le délai imparti par le pacte. Peu importe que le prix lui ait été notifié après l'expiration du délai de contestation (cass. com. 7 mai 2019, n° 17-16066).

En l'espèce, le pacte d'actionnaires stipulait que le délai de contestation courait non pas à compter de la date de notification du prix de cession au cédant mais à compter de la date de cession (la fin des fonctions du mandataire social). Les clauses du pacte étant claires et précises, les juges n'avaient donc pas le pouvoir de remettre en cause les dispositions du pacte et rien n'empêchait, dès lors, la notification du prix de cession après l'expiration du délai de contestation. Il est donc conseillé de redoubler d'attention lors de la rédaction et de la signature des clauses « prix ».

Clauses d'agrément

Cessions soumises à agrément

▸ Cession à des actionnaires ou à des tiers

1256 Lorsque les actions sont librement cessibles, les dirigeants sociaux sont exposés à voir une fraction importante du capital passer entre des mains adverses avec toutes les conséquences qu'un tel changement peut impliquer sur la composition des organes de gestion et d'administration comme sur la politique commerciale et financière de la société.

Pour prémunir la société contre des risques de cet ordre, une clause d'agrément insérée dans les statuts lors de la constitution ou introduite postérieurement par une décision de l'assemblée générale extraordinaire subordonnera la réalisation de la cession des titres à un agrément préalable du cessionnaire.

L'agrément peut être également requis pour les cessions entre actionnaires.

En revanche, une clause d'agrément ne peut concerner les transferts d'actions relatifs à (c. com. art. L. 228-23, al. 3) :
– la dévolution des actions suite à une succession ;
– la liquidation du régime matrimonial des époux ; cette notion vise non seulement la liquidation de la communauté entre époux mais également les actions en indivision dans le cadre d'une séparation de biens ;
– la cession à un conjoint, à un ascendant ou à un descendant. Ces opérations familiales sont libres de tout agrément préalable.

Une clause d'agrément ne peut être stipulée que si les actions sont nominatives en vertu de la loi ou des statuts (c. com. art. L. 228-23, al. 2).

La société anonyme peut, par une clause appropriée, être totalement fermée et maintenir ainsi un équilibre entre les actionnaires existants. Le recours à des clauses de préemption pour les cessions entre actionnaires ne s'impose plus comme parade aux clauses d'agrément.

Toute cession effectuée en violation d'une clause statutaire d'agrément est nulle (c. com. art. L. 228-23, dernier al.).

• **Actions de préférence.** Les cessions d'actions de préférence peuvent être soumises aux mêmes restrictions que les actions ordinaires, l'article L. 228-23 du code de commerce s'applique de la même façon à ces titres de capital.

• **Pacs.** Les clauses d'agrément pourront se prononcer sur le sort des actionnaires pacsés. En effet, la cession d'actions au partenaire pacsé doit être considérée comme une cession à un tiers, mais le partenaire de l'actionnaire peut avoir des droits indivis sur les actions du fait de la présomption d'indivision qui existe pour les pactes civils de solidarité conclus jusqu'au 31 décembre 2006 et qui n'ont pas été modifiés. Pour les pactes conclus depuis le 1er janvier 2007, les partenaires peuvent dans la convention soumettre au régime de l'indivision les biens acquis au cours de la durée du pacte.

Les actionnaires pacsés ne sont pas visés au titre des opérations familiales échappant à tout agrément.

Il est donc préférable de régler le sort de ces cessions. Ainsi, les statuts peuvent prévoir que toute cession ou transmission au pacsé d'un actionnaire sera soumise à la procédure d'agrément et ce, même si la cession intervient entre les partenaires pacsés dans le cadre d'une cession de droits indivis.

• **Clause antérieure à 2004.** Avant 2004, la loi ne soumettait pas à agrément les cessions entre actionnaires (loi 66-537 du 24 juillet 1966, art. 274). Depuis 2004, la loi prévoit que les statuts peuvent soumettre ces cessions à agrément (c. com. art. L. 228-23). Néanmoins cette évolution législative n'est pas immédiatement applicable aux clauses d'agrément insérées dans des statuts élaborés antérieurement. Ainsi, pour déterminer le périmètre d'une clause d'agrément, les juges doivent rechercher, au regard de la loi en vigueur lors de l'adoption des statuts, si les actionnaires avaient souhaité soumettre cette clause à toute modification légale ultérieure ou s'ils souhaitaient soumettre à agrément les seules cessions aux tiers (cass. com. 15 mars 2023, n°s 21-15393 et 21-15808).

▸ Opérations concernées

1257 **Les clauses d'agrément concernent les cessions (ventes, apports, échanges, apport isolé...).**

En outre, il peut être opportun de prévoir que le dispositif d'agrément s'applique également en cas d'augmentation de capital, par émission d'actions de numéraire, aux cessions de droit préférentiel de souscription ou de droit d'attribution.

• **Opérations de fusion-scission.** Pour des raisons d'efficacité, la clause d'agrément visera toutes les cessions, les transmissions, y compris universelles et les transferts au titre des opérations soumises à agrément... La clause statutaire devra préciser quel est le sort des actions en cas de refus d'agrément des titres de la société absorbée devant être soumis à agrément. La Cour de cassation a précisé que la fusion-absorption ne figure pas au nombre des actes pour lesquels la clause d'agrément est interdite (cass. com. 6 mai 2003, n° 01-12567).

Si la clause d'agrément contenue dans les statuts ne vise que les « cessions » d'actions, la clause ne saurait être étendue aux transferts d'actions résultant d'une fusion. Ainsi la clause visant la cession à une personne étrangère à la société ne saurait s'appliquer à une transmission par voie de fusion-absorption (cass. com. 12 février 2008, n° 06-20966).

• **Apports.** Les statuts d'une société soumettant sans distinction à l'agrément du conseil d'administration toutes cessions d'actions à d'autres qu'à des actionnaires sont applicables aux apports que les actionnaires font de leurs titres à une autre société (cass. com. 21 janvier 1970, n° 68-11085).

• **Non-agrément au sein d'un groupe.** Il peut être utile de prévoir une clause de non-agrément pour les cessions intervenant au sein du même groupe ou au profit de filiales contrôlées.

Cas particuliers

▸ Actions réservées aux salariés de la société

1258 **Lorsque les statuts d'une société réservent des actions aux salariés, il peut être stipulé une clause d'agrément pour les opérations familiales (succession, liquidation de communauté, cession à un conjoint, ascendant ou descendant), dès lors que cette clause a pour objet d'éviter que lesdites actions ne soient dévolues ou cédées à des personnes n'ayant pas la qualité de salarié de la société** (c. com. art. L. 228-23, al. 4)**.**

▸ Insertion obligatoire d'une clause d'agrément dans certaines sociétés

1259 **L'insertion d'une clause d'agrément dans les statuts est obligatoire dans certaines sociétés :**

– les sociétés de commissaires aux comptes (c. com. art. L. 822-9, al. 3) **;**

– les sociétés d'exercice libéral (loi 90-1258 du 31 décembre 1990, art. 10 (applicable jusqu'au 30 août 2024) et ordonnance 2023-77 du 8 février 2021, art. 76 (applicable à compter du

1er septembre 2024) ; voir « Professions libérales et non commerciales SCP et SEL », RF 2022-6, §§ 5130 à 5136) ;
– **les sociétés de presse** (loi 86-897 du 1er août 1986, art. 4).

▸ **Redressement judiciaire**

1260 **En cas de modification du capital social ou de cession des droits sociaux prévue dans le projet de plan ou dans le plan, les clauses d'agrément sont réputées non écrites** (c. com. art. L. 631-19, II).

Création d'une clause d'agrément

1261 **L'agrément ne peut exister qu'en application d'une clause statutaire prévue au moment de la signature des statuts ou introduite par délibération d'une assemblée générale extraordinaire en cours de vie sociale. Une telle modification des statuts ne constitue pas une augmentation des engagements de l'actionnaire nécessitant un accord unanime** (cass. civ. 9 février 1937, D. 1937-1-73).

La clause d'agrément sera opposable aux tiers à compter de la publication des statuts constitutifs ou mis à jour en cours de vie sociale (c. com. art. R. 123-103 et R. 123-105).

• **Insertion légale.** Donnent lieu à insertion dans un support d'annonces légales l'existence ou la modification de clauses relatives à l'agrément des cessionnaires d'actions et la désignation de l'organe habilité à statuer sur les demandes d'agrément (c. com. art. R. 210-4 et R. 210-9) *(voir § 1661)* ; la clause d'agrément fait l'objet d'un dépôt au greffe (c. com. art. R. 123-103 et R. 123-105).

• **Défaut de publicité : inopposabilité aux acquéreurs.** Une société anonyme à directoire et conseil de surveillance se transforme en société anonyme avec conseil d'administration. À défaut de publicité adéquate, la clause des statuts soumettant les cessions d'actions à l'agrément du conseil d'administration au lieu et place du conseil de surveillance est inopposable aux cessionnaires (cass. com. 31 mai 2005, n° 03-10955).

Demande d'agrément

1262 **La procédure de droit commun est fixée par les articles L. 228-24 et R. 228-23 du code de commerce. Les dispositions de l'article L. 228-24 ont un caractère impératif et il ne peut y être dérogé par convention** (cass. com. 8 avril 2008, n° 06-18362).

Si une clause d'agrément est stipulée, la demande d'agrément indique (c. com. art. L. 228-24, al. 1) **:**
– **les noms, prénoms et l'adresse du cessionnaire ;**
– **le nombre d'actions cédées ;**
– **le prix offert.**

Cette demande d'agrément est généralement présentée par le cédant mais les parties peuvent convenir qu'elle le sera par le cessionnaire. Elle est notifiée à la société par acte extrajudiciaire ou par lettre recommandée avec demande d'avis de réception (c. com. art. R. 228-23). **Elle doit être formulée préalablement à la réalisation de la cession ou de l'opération de fusion** (cass. com. 6 mai 2003, n° 01-12567).

L'agrément demandé à la société ne porte que sur la personne du cessionnaire, pas sur le prix ; ce prix peut être provisoire (cass. com. 11 janvier 2017, n° 15-13025).

L'agrément résulte :
– **soit d'une décision favorable notifiée au cédant ;**
– **soit du défaut de réponse dans le délai de 3 mois à compter de la demande ;**
– **soit du non-rachat des actions non agréées dans le délai imparti.**

Le cessionnaire est une société. Si l'acquéreur des actions est une société, les exigences légales relatives à l'identité du cessionnaire sont satisfaites par les mentions de sa forme, de sa dénomination et du lieu de son siège social (cass. com. 26 avril 1994, n° 92-18173).

Prise de décision

▸ Organe compétent pour statuer

1263 **L'organe compétent pour statuer sur les demandes d'agrément n'est pas précisé par la loi. Pour des raisons de simplicité et de rapidité, les statuts attribuent le plus souvent cette compétence au conseil d'administration. Plus lourd à mettre en œuvre est un agrément de la compétence de l'assemblée, celle-ci devant être convoquée spécialement pour délibérer sur ce point. Dans un tel cas, les statuts peuvent prévoir que le conseil d'administration, lorsqu'il convoque l'assemblée, formule un avis préalable.**

• **Vote du cédant.** Aucun texte n'interdit à un administrateur de participer au vote sur l'agrément de la cession de ses propres actions (cass. com. 24 février 1975, n° 73-14141). Une clause des statuts interdisant au cédant de voter dérogerait au principe selon lequel tout associé a le droit de participer aux décisions collectives et de voter en dehors des cas prévus par la loi (cass. com. 23 octobre 2007, n° 06-16537).

• **Administrateur provisoire.** Le pouvoir conféré au conseil d'administration par les statuts d'accepter ou de refuser les acquéreurs étrangers à la société sort du cadre de la mission confiée à un administrateur provisoire de gérer la société et de convoquer dès que possible une assemblée générale pour procéder à la nomination des administrateurs (cass. com. 27 octobre 1969, BC IV n° 314).

• **Liquidateur.** Le liquidateur n'est pas compétent pour statuer sur un agrément à défaut de clause lui conférant ce pouvoir (cass. com. 12 mai 2004, n° 00-10335). Au cas considéré, l'agrément était de la compétence du conseil d'administration dont la dissolution a mis fin aux fonctions ; dès lors, seule l'assemblée peut agréer.

▸ Décision d'agrément

1264 **La décision d'agrément n'a pas à être motivée, elle est notifiée à l'actionnaire cédant. Lorsque l'organe compétent agrée le cessionnaire, celui-ci se substitue au cédant dans les droits conférés par les actions cédées aux conditions prévues dans la convention entre les deux parties. En pratique, la cession est généralement faite sous la condition suspensive de l'agrément. La cession sera parfaite à la date de l'agrément. Cet agrément étant une condition de validité, la cession ne devrait pas rétroagir à une date antérieure à celle de l'autorisation. Les parties préciseront utilement le caractère non rétroactif de la condition suspensive.**

L'agrément doit être global, sauf accord exprès du cédant, il ne peut être limité à une quote-part des actions objet de la cession.

Lorsque l'organe social compétent a donné son agrément, cet agrément doit être pur et simple, c'est-à-dire qu'il ne peut pas être soumis à des conditions suspensives ; les conditions que poserait l'organe social habilité à autoriser la cession seraient réputées non écrites (cass. com. 17 janvier 2012, n° 09-17212).

• **Délai supplémentaire.** La procédure d'agrément étant d'ordre public, les parties à une cession ne peuvent pas amender cette procédure d'agrément pour y ajouter des conditions particulières non prévues par les textes et notamment d'allonger le délai de 3 mois pour faire face à une demande de renseignements complémentaires (ANSA septembre-octobre 1990, 2517).

• **Agrément d'une cession de la totalité des titres pour un prix global.** La décision de l'assemblée des associés qui agrée comme cessionnaire l'auteur d'une offre portant sur toutes les parts mais faite à un prix inégalitaire pour le minoritaire n'est pas annulée ; elle ne s'était pas prononcée sur le prix de cession, ni constaté l'existence d'un accord entre l'auteur de l'offre et le minoritaire sur le prix de parts cédées, ni entériné une cession de parts entre ces derniers (cass. com. 3 mars 2015, n° 14-13381 à propos d'une SARL mais transposable à la SA).

• **Abus de droit.** Les décisions prises par le conseil d'administration ne peuvent être tenues pour des abus de pouvoir dès lors que les offres d'acquisition faites aux actionnaires ont été transmises à tous sans exception et qu'il n'apparaît pas que ce conseil a cherché à favoriser certains actionnaires ou donné des renseignements inexacts, dissimulé des informations utiles ni qu'il n'ait pas été tenu compte de l'intérêt de la société (cass. com. 21 janvier 1970, n° 68-11085).

▸ Agrément tacite

1265 **L'agrément résulte du défaut de réponse de la société dans le délai de 3 mois à compter de la demande** (c. com. art. L. 228-24, al. 1).

L'agrément peut également résulter d'un défaut de rachat des actions dans le délai imparti suite à un refus d'agrément *(voir § 1271)*.

Refus d'agrément

▸ Décision expresse

1266 **En pratique, la société notifiera son refus d'agrément de l'acquéreur par lettre recommandée avec demande d'avis de réception ou par acte d'huissier. Ainsi, elle pourra avoir la preuve de la notification de refus faisant courir le délai de 3 mois pour le rachat des actions** *(voir § 1268)*.

Le conseil d'administration est tenu, dans le délai de 3 mois à compter de la notification du refus, de faire acquérir les actions, soit par un actionnaire ou par un tiers, soit avec le consentement du cédant, par la société en vue d'une réduction du capital (c. com. art. L. 228-24, al. 2).

▸ Droit de renonciation du cédant

1267 **Le cédant peut, à tout moment, renoncer à la cession de ses actions ou valeurs mobilières donnant accès au capital** (c. com. art. L. 228-24, al. 2).

La Cour de cassation a admis qu'en cas de refus d'agrément, aucune clause des statuts ne peut empêcher l'actionnaire cédant de retirer son offre de vente (cass. com. 10 mars 1976, n° 74-14680, Rev. soc. 1976, 332). **Le cédant est libre de retirer son offre de cession dès le refus d'agrément. Il peut aussi le faire si la procédure de fixation par expert a été mise en œuvre et que le prix fixé lui semble insuffisant** *(sur la fixation du prix, voir § 1269)* (ANSA, CJ du 2 mars 2022, n° 22-013).

Conséquences du refus d'agrément

▸ Rachat des actions dans un délai de 3 mois

1268 **Si la société n'agrée pas le cessionnaire proposé, les actions doivent être rachetées dans un délai de 3 mois ; passé ce délai sans rachat, le cédant peut réaliser la cession prévue** *(voir § 1271)*. **Ce délai pour racheter les actions peut être prolongé par décision de justice à la demande de la société** (c. com. art. L. 228-24, dernier al.).

Ce rachat peut être réalisé :
– soit par un actionnaire ou un tiers ;
– soit par la société elle-même sous réserve de procéder à une réduction du capital social.

• **Notification du refus. Calcul du délai de 3 mois.** La cession ou l'achat des actions doit être réalisée dans le délai de 3 mois à compter de la notification du refus d'agrément du cessionnaire proposé initialement ; s'il y a eu accord des parties sur la chose et sur le prix, suivi de la ratification de cet accord par l'assemblée générale extraordinaire des actionnaires de la société, l'achat est réalisé, avant l'expiration du délai imparti (cass. com. 17 octobre 1989, n° 88-11220). Les statuts d'une société prévoyaient que, en cas de refus d'agrément, et à défaut du retrait de sa demande par le cédant, le conseil d'administration devait, dans les 3 mois à compter de la notification du refus, faire acquérir les actions. L'assemblée ayant refusé l'agrément ne peut par elle-même faire courir un quelconque délai à son encontre, seule la lettre ayant informé tous les actionnaires de la décision de l'assemblée étant de nature à constituer la notification prescrite par les statuts (cass. com. 18 mai 1993, n° 91-15096).

• **Faire une demande judiciaire de délai supplémentaire en cas de retard de l'expertise.** Dans l'affaire précitée relative à l'impossibilité de proroger le délai en dehors d'une décision judiciaire, suite au refus d'agrément par la société, un expert avait été désigné à l'amiable et sa mission prorogée, laquelle s'était poursuivie au-delà des 3 mois. Dès lors, le délai de 3 mois étant expiré, le cédant avait fait valoir que l'agrément était acquis, ce qui a été reconnu par la Cour de cassation. La société a tout intérêt à demander en justice un report de délai dès qu'elle a connaissance que le rapport de l'expert ne pourra pas être établi avant l'expiration du délai de 3 mois.

• **Rachat par la société.** L'achat par la société pour permettre à l'actionnaire cédant de se défaire de ses titres constitue l'un des cas d'auto-détention par une société de ses titres *(voir § 1301)*. Si le nombre d'actions achetées ou détenues dépasse plus de 10 % des actions émises, la société doit, à l'expiration d'un délai de 1 an, les revendre ; à défaut, elles seront annulées *(voir § 1298)*. L'associé sera imposé au titre des revenus de capitaux mobiliers.

• **Remboursement des actions.** On remarquera que, du point de vue fiscal, la situation du cédant est très différente selon qu'il cède ses actions (plus-values) ou qu'il perçoit un remboursement par suite d'une réduction de capital (imposition du revenu distribué) : il est donc normal que son consentement soit requis pour un remboursement.

• **Renonciation au rachat.** Une société avait effectué une demande de mise sous séquestre des actions et de désignation d'un expert, qui démontrait son intention de racheter les actions au prix fixé par l'expert, ce que le cédant avait accepté. En conséquence, la société n'a pas pu revenir sur cet accord car il y avait bien eu accord sur la chose et sur les modalités du prix (cass. com. 4 janvier 2023, n° 21-10035). En effet, contrairement à la renonciation du cédant qui peut intervenir « à tout moment » (c. com. art. L. 228-24), celle de l'acquéreur obéit aux règles du droit commun des contrats qui prévoient que l'engagement est définitif dès lors que l'on a donné son accord sur la chose et sur le prix (ANSA, CJ du 2 mars 2022, n° 22-013).

▸ Fixation du prix d'achat par un expert

1269 **Désignation de l'expert.** En cas de contestation entre les parties sur la valeur des actions, celles-ci peuvent avoir recours à un expert « de prix », elles préciseront si celui-ci est désigné en application de l'article 1592 du code civil (droit de la vente) ou si elles entendent que ce tiers intervienne en application de l'article 1843-4 du code civil.

La procédure de fixation du prix par l'expert de l'article **1843-4** du code civil s'impose dans :
– les cas où la loi renvoie à cet article pour fixer les conditions de prix d'une cession ou le rachat des droits sociaux ;
– les cas où les statuts prévoient la cession des droits sociaux d'un associé ou le rachat de ces droits par la société sans que leur valeur soit ni déterminée ni déterminable (c. civ. art. 1843-4).

Lorsque la cession des droits sociaux est prévue dans une convention extra-statutaire, cette convention peut également prévoir le recours à l'expert de l'article **1843-4** du code civil (ANSA, CJ du 6 mai 2015, n° 15-032).

La loi **2019-222** du **23** mars **2019** de réforme pour la justice a supprimé la procédure « en la forme des référés ». L'ordonnance **2019-738** du **17** juillet **2019**, prise en application de cette loi, a en conséquence modifié les règles de désignation de l'expert de l'article **1843-4** du code civil.

Ainsi, à compter du 1er janvier **2020**, l'expert sera désigné soit par les parties, soit à défaut d'accord entre elles, par jugement du président du tribunal judiciaire ou du tribunal de commerce compétent, statuant selon la procédure accélérée au fond et sans recours possible (c. civ. art. 1843-4, al. 1er).

Lorsque les actionnaires ont notifié leur intention d'acquérir ou de faire acquérir les titres du cédant en demandant la fixation du prix par voie d'expertise, en s'en remettant ainsi à l'estimation de l'expert désigné, les parties font de la décision de cet expert leur loi et la vente est parfaite (cass. com. 13 octobre 1992, n° 91-10600 ; cass. com. 2 juillet 1996, n° 94-13454 ; cass. com. 30 novembre 2004, n° 03-13756).

1270 **Mission de l'expert.** L'expert est un technicien chargé par la loi, en cas de contestation entre actionnaires, de déterminer la valeur des droits sociaux, de sorte que sa mission ne prend fin qu'avec la fixation de cette valeur (cass. com. 26 mars 2013, n° 12-10144).

Dans tous les cas, il est tenu d'appliquer, lorsqu'elles existent, les règles et modalités de détermination de la valeur prévues par les statuts de la société ou par toute convention liant les parties (c. civ. art. 1843-4, I, al. 2).

Une provision sur le prix de cession de droits sociaux peut être octroyée par un expert judiciaire à l'associé retrayant (cass. civ., 1re ch., 27 février 2013, n° 12-15828). Lorsque le prix déterminable doit être révisé en application d'une garantie de passif, l'article **1843-4** du code civil ne peut s'appliquer (cass. com. 26 février 2013, n° 11-27521).

Erreur grossière. Lorsque l'erreur grossière de l'expert est retenue, les juges ne peuvent procéder eux-mêmes à l'évaluation des parts (cass. civ., 1re ch., 25 janvier 2005, n° 01-10395). Commet une erreur grossière l'expert qui n'évalue pas les droits sociaux de l'associé qui se retire de la société à la date la plus rapprochée de celle du remboursement de ces droits (cass. com. 15 janvier 2013, n° 12-11666 à propos d'une société civile mais transposable à la SA), ou à la date convenue statutairement (ANSA n° 13-012, mars 2013).

▸ Non-réalisation du rachat dans les 3 mois

1271 Si, à l'expiration du délai de 3 mois, l'achat n'est pas réalisé, l'agrément est considéré comme donné. Toutefois, ce délai peut être prolongé à la demande de la société par ordonnance, non susceptible de recours, du président du tribunal de commerce statuant en référé, l'actionnaire cédant et le cessionnaire étant dûment appelés (c. com. art. R. 228-23).

À l'expiration du délai de 3 mois, le cédant recouvre l'entière liberté de réaliser la vente projetée, mais il n'est pas fondé à exiger le rachat desdites parts par la société (cass. com. 29 novembre 1982, n° 81-13117 **à propos d'une SARL mais transposable à la SA).**

• **Prolongation judiciaire du délai.** En fixant d'emblée le délai d'acquisition des actions à 8 mois, les juges du fond exercent souverainement la faculté prévue par l'article L. 228-24 du code de commerce autorisant une prolongation judiciaire (cass. com. 6 mai 2003, n° 01-12567).

• **Le cessionnaire refusé peut exiger le transfert des actions.** Une société refuse d'agréer un cessionnaire. Le cédant refuse les deux propositions de rachat faites par la société à l'intérieur du délai de 3 mois suivant ce refus. Faute pour la société émettrice d'avoir concrétisé l'intention d'achat par les associés dans le délai de 3 mois, l'agrément a été donné. L'acquéreur rejeté peut requérir que la cession intervenue à son profit soit retranscrite sur les registres de la société (cass. com. 8 avril 2008, n° 07-11327).

• **Diligence de l'expertise.** Le prix proposé au cédant est déterminé soit à l'amiable, soit, plus fréquemment, par voie d'expertise. Dans ce dernier cas, il n'est pas exclu que le rapport de l'expert soit déposé hors délai. Pour éviter la forclusion, la société devra presser l'expert de déposer son rapport ou encore demander au président du tribunal de commerce une prolongation du délai de 3 mois (cass. com. 3 avril 1973, n° 71-14661). Elle veillera à ce que cette prorogation soit étendue au délai de 3 mois prévu en cas de refus d'agrément pour acquérir les actions. Toutefois, la Cour de cassation a admis en présence d'une ordonnance dont les termes étaient ambigus que la prorogation de la mission de l'expert s'interprète comme une prorogation du délai de 3 mois (cass. com. 7 mars 1995, n° 93-12636).

Violation d'une clause statutaire d'agrément

1272 **Est nulle toute cession effectuée en violation d'une clause d'agrément figurant dans les statuts** (c. com. art. L. 228-23, dernier al.)**. La sanction de la nullité, qui remplace celle de l'inopposabilité aux tiers, assure une pleine efficacité aux stipulations statutaires.**

Cette nullité est réservée à la société ou aux actionnaires non concernés.

• **Qui peut demander la nullité ?** Seuls la société ou les actionnaires dont le consentement est requis peuvent invoquer la nullité de la cession qui pourrait résulter du non-respect ou de l'irrégularité de l'agrément, cette nullité ne pouvant être demandée ni par le cédant ni par l'acquéreur (cass. com. 14 décembre 2004, n° 00-20287).

• **Prise de participation.** Toutefois, la prise de participation, même majoritaire, dans le capital d'une ou de plusieurs sociétés actionnaires d'une autre société ne constitue pas, à elle seule, une fraude ayant pour objet ou pour effet d'éluder les clauses statutaires de cette société, à défaut d'éléments permettant de caractériser cette fraude (cass. com. 13 décembre 1994, n°s 93-11569 et 93-12349).

• **Cession par l'intermédiaire d'une « coquille vide ».** Ont été annulées pour fraude, les cessions d'actions réalisées par l'intermédiaire d'une société « coquille vide » entre les mains d'une société financière qui n'était animée d'aucun ***affectio societatis*** puisque l'achat était fait dans le seul but d'obtenir une plus-value importante par le démantèlement de la société ciblée (cass. com. 25 avril 2006, n° 01-15754).

• **Prescription.** Les actions en nullité de la société ou d'actes et délibérations postérieures à sa constitution se prescrivent par 3 ans à compter du jour ou la nullité est encourue (c. civ. art. 1844-14). Ce délai a également été déclaré applicable à propos d'une cession de parts de société civile immobilière dans l'hypothèse où la nullité est fondée sur une irrégularité affectant la décision sociale ayant accordé l'agrément (cass. civ., 3e ch., 6 octobre 2004, n° 01-00896 transposable à la SA).

Le point de départ du délai de prescription court à compter du moment où l'irrégularité peut être connue, donc à partir de la notification de la cession litigieuse ; à défaut, si la date de la cession fixée librement entre les parties pouvait seule faire courir le délai, une cession laissée secrète par les parties pourrait être rendue inattaquable à l'issue du délai de 3 ans (ANSA, 4 juin 2014, n° 14-034).

• **Régularisation.** La nullité peut faire l'objet d'une régularisation jusqu'à ce que le tribunal ait statué sur le fond en première instance (c. com. art. L. 235-3). L'agrément du conseil d'administration prévu par les statuts aurait dû être sollicité préalablement à l'opération ; la demande présentée postérieurement au transfert des actions est sans effet (cass. com. 6 mai 2003, n° 01-12567).

Clauses de préemption

Validité des clauses de préemption

1273 Les clauses de préemption sont des clauses qui instituent un droit prioritaire d'achat. Lorsqu'elles portent sur des actions de sociétés anonymes, leur champ d'application et leur contenu sont limités par le jeu des dispositions légales qui n'admettent, que dans certains cas et dans certaines conditions, les atteintes à la libre négociabilité des titres. Le but de ce droit de préemption n'est pas tant de contrôler les entrées de tiers ou d'autres personnes dans la société, que de permettre à un actionnaire d'augmenter ses droits au cas où un autre désirerait vendre.

Compte tenu de l'interdiction de stipuler des clauses d'agrément pour les cas de transmission ou de cession d'actions au sein de la famille (transmission par décès, conjoint, *voir § 1256*), le droit de préemption, qui ne prive certes pas l'actionnaire du droit de céder ses actions mais aboutit à le priver du libre choix du cessionnaire, ne semble pouvoir s'appliquer :
– ni à la transmission des actions pour le cas de succession ou de liquidation de communauté de biens entre époux ;
– ni à la cession des actions au conjoint, à un ascendant ou à un descendant.

Les clauses de préemption doivent être interprétées de façon restrictive. Dès lors que les statuts stipulent que l'actionnaire doit notifier à la société le projet de cession en précisant le prix de cession, cette clause n'est pas applicable aux cessions à titre gratuit (cass. com. 17 mars 2009, n° 08-11268 ; rép. Lequiller n° 59160, JO 22 mars 2011, AN quest. p. 2851). Les statuts doivent donc être rédigés avec précision.

La clause peut être insérée dans les statuts au moment de la constitution de la société ou en cours de vie sociale par une assemblée générale extraordinaire. Si la clause est réservée à une catégorie d'actions, il semble prudent de respecter la procédure des avantages particuliers. On peut toutefois s'interroger sur la nature de l'avantage dans la mesure où les actions bénéficiaires d'un droit de préemption deviennent moins liquides et plus difficilement négociables. La tenue d'une assemblée spéciale propre à chaque catégorie d'actionnaires peut être une autre option en fonction des spécificités des actions créées. La clause est souvent insérée dans un pacte extra-statutaire liant certains actionnaires.

Force de la clause statutaire. Une assemblée générale extraordinaire décide d'augmenter le capital social d'une société par l'émission d'actions privilégiées réservées à une société financière. Au cours de cette assemblée, un droit de préférence pour le rachat des actions émises est consenti à deux actionnaires qui s'étaient portés caution hypothécaire des engagements de la société. Un rapport d'un commissaire aux apports chargé d'apprécier les avantages particuliers accordés aux deux actionnaires visait l'attribution de ce droit préférentiel sur le rachat des actions. Au vu de ces éléments, la Cour de cassation a précisé que la décision de l'assemblée générale avait pour objet l'attribution aux deux actionnaires d'un droit de préemption statutaire s'imposant à l'ensemble des actionnaires et donc qui l'emportait sur le pacte d'actionnaires signé par les quatre principaux actionnaires au profit de la société financière (cass. com. 15 février 1994, n° 92-12330).

Contenu

1274 La procédure de préemption doit, quant au fond, s'inspirer des règles prévues par la loi à propos des clauses d'agrément pour le cas de refus d'agrément. Les statuts ne peuvent pas, en effet, par une stipulation qui fait échec au libre choix du cessionnaire, assurer moins de garanties que les mécanismes légaux visant à assurer dans un délai normal une juste indemnisation du cédant. La préemption peut être réservée à des actionnaires désignés dans les statuts ou être ouverte à tous les actionnaires. Elle peut être limitée aux cessions à titre onéreux ou concerner toutes les cessions et transmissions avec ou sans contrepartie financière, y compris celles à titre universel.

En conséquence, il est recommandé de prévoir dans la clause de préemption les points essentiels suivants :
– les modalités de la notification par le cédant du projet de cession à la société et les renseignements essentiels sur la qualité du cessionnaire ;
– une obligation d'achat dans un délai de 3 mois à compter de la notification du projet de cession, le défaut de préemption dans ce délai entraînant pour le cédant le droit de réaliser librement la cession projetée ;
– les conditions de prix auxquelles la préemption s'exercera, le cédant devant bénéficier d'un juste prix. Il est souvent stipulé que la préemption s'exercera aux mêmes prix et conditions que ceux indiqués dans le projet de cession notifié aux actionnaires. Toutefois, en cas de désaccord, il sera prévu qu'une fixation du prix d'achat des actions aura lieu par voie d'expertise dans les conditions prévues par l'article 1843-4 du code civil ;
– les opérations donnant lieu à exercice du droit de préemption ; le rédacteur prendra en compte le fait que cette clause restreignant la libre négociation des actions sera interprétée restrictivement. Aussi, la clause visera non seulement toute cession, sous quelque forme que ce soit, mais, s'il y a lieu, des opérations particulières : fusion et autre transmission à titre universel, apports partiels, partage des actifs sociaux en cas de dissolution.

• **Autres éléments à régler dans la clause.** Dans un souci d'efficacité, d'autres points devront être réglés dans la clause statutaire, citons :
– l'organe qui est chargé de transmettre le projet de cession aux autres actionnaires (conseil d'administration, comité...) ; la mission de cet organe devra également comprendre le pouvoir de répartition des titres lorsque le nombre d'actions que les actionnaires désirent acquérir est supérieur à l'offre faite par le cédant ; de même, cet organe devra établir la liste des acquéreurs avec le nombre d'actions préemptées par chacun d'eux ;
– le délai de clôture de la consultation des actionnaires ;

– la possibilité pour le cédant de se dégager si le total des actions préemptées par les autres actionnaires est inférieur au nombre d'actions, objet du projet de cession ;
– les délais et conditions de paiement du prix ainsi que les modalités de signature des ordres de mouvement ;
– les différents rangs de préemption lorsque le droit de préemption est réservé à certains actionnaires ou catégories d'actionnaires. Les clauses devront régler qui exerce en premier le droit de préemption et selon quelles modalités ;
– la faculté de repentir du cédant ; à défaut d'une telle clause, il serait difficile au juge d'admettre un droit de repentir, le prix ayant été fixé par l'expert, la vente est considérée comme parfaite (ANSA, 7 mai 2003, n° 3256).

• **Non-respect de la procédure statutaire.** La clause de préemption doit être exercée selon les termes statutaires ; une proposition de vente ne prévoyant ni le nombre d'actions dont la cession était envisagée, ni leur prix, comme les statuts le requéraient, ne permet pas au cessionnaire d'exercer son droit de préemption (cass. com. 6 mai 2008, n° 07-12378).

La violation d'une clause de préemption figurant dans les statuts d'une société commerciale n'emporte pas par elle-même nullité de la cession de parts conclue entre deux associés (cass. com. 11 mars 2014, n° 13-10366 à propos d'une SARL mais transposable à la SA). Mais le tiers acquéreur, évincé peut agir en responsabilité contre celui qui a irrégulièrement préempté (cass. com. 2 février 2016, n° 14-20747).

Toute cession passée en violation de cette clause sera inopposable à la société. Dès lors, celle-ci n'inscrira pas la cession sur les comptes de titres et le registre des transferts.

• **Introduction d'une clause de préemption en cours de vie sociale.** Si les statuts ne prévoient pas de droit de préemption et s'ils ne fixent pas les conditions dans lesquelles ils peuvent être modifiés, l'unanimité est nécessaire pour ajouter une clause de préemption dans les statuts.

Si les statuts prévoient la procédure à suivre pour les modifier et si la clause de préemption est utilisée proportionnellement pour tous les actionnaires et sur toutes les cessions, la procédure statutaire de modification doit être suivie. En revanche, si la clause de préemption ne peut être utilisée que par certains actionnaires, il y a lieu d'appliquer la procédure d'approbation des avantages particuliers *(voir §§ 884 à 887)*.

Le droit de vote des bénéficiaires est neutralisé, ce qui offre une protection suffisante (ANSA 8 septembre 2010, n° 10-047).

• **Recours à l'expertise.** Dans le cadre d'une clause de préemption, les parties ne se trouvent pas dans un des cas où les dispositions de l'article 1843-4 du code civil s'imposent *(voir § 1269)*. En cas d'extension conventionnelle, la jurisprudence précise que l'article 1843-4 précité ne peut pas être appliqué sans qu'il soit constaté qu'elles avaient convenu de la vente des actions au prix déterminé par un expert (cass. com. 26 novembre 1996, n° 94-15403).

• **Droit de repentir.** Lorsque le bénéficiaire de la préemption exerce son droit, le cédant ne bénéficie pas d'un droit de renoncer à la cession. Le droit de repentir sera utilement prévu dans la clause lorsque, à défaut d'accord, le prix sera déterminé par une expertise dans les conditions de l'article 1843-4 du code civil. Cette solution trouve son équivalence dans la faculté désormais offerte au cédant de renoncer à tout moment à la cession dans le cadre de la procédure d'agrément *(voir § 1267)*.

• **Plafonnement des participations.** Le droit de préemption peut être limité par une stipulation selon laquelle la préemption ne pourra pas permettre à un actionnaire de dépasser un pourcentage de droits de vote ou une quotité de capital. Au-delà de ce seuil, l'actionnaire ne peut plus préempter. Ce droit ne pourra être exercé que par les autres actionnaires de façon égalitaire ou proportionnellement à leur participation dans le capital.

Conventions extra-statutaires

1275 Lorsqu'elles ne figurent pas dans les statuts, les clauses de préemption portant sur les cessions entre actionnaires n'ont guère suscité d'incertitudes sur leur licéité : leur validité a été rapidement reconnue par la jurisprudence (cass. com. 12 mai 1975, n° 74-10802).

Est licite un pacte extra-statutaire dont l'objet est d'instituer, en cas de projet de cession d'actions à des tiers, une procédure permettant d'accorder la préférence aux autres actionnaires sans porter préjudice à la libre négociabilité des actions à un prix soit convenu conventionnellement entre les parties, soit, à défaut, déterminé à dire d'expert choisi sur une liste agréée par les parties. Ce pacte n'est pas contraire à une règle d'ordre public, ni aux dispositions statutaires auxquelles il fait expressément référence, en particulier, à la clause d'agrément et de préemption (cass. com. 7 janvier 2004, n° 00-11692). Le pacte de préférence qui contient une clause de fixation du prix ne permettant pas la fixation d'un prix déterminable est nul (cass. com. 5 janvier 2016, n° 14-19584).

Par ailleurs, l'existence d'un pacte de préférence ne rend pas incessibles les actions sur lesquelles il porte et n'empêche pas leur détenteur de présenter à l'agrément de la société en cause une offre d'achat émanant d'un tiers (cass. com. 26 avril 1994, n° 92-18173). Si les techniques peuvent varier, les engagements souscrits ont généralement pour objet de conserver entre actionnaires ou groupes d'actionnaires la proportion existant dans la répartition du capital en cas de retrait de certains d'entre eux. Ainsi, le pacte de préférence conclu entre actionnaires majoritaires vise à faire échec aux prises de contrôle extérieures.

• **Annulation de l'acte passé au mépris du pacte de préférence.** Le bénéficiaire d'un pacte de préférence est en droit d'exiger l'annulation du contrat passé avec un tiers en méconnaissance de ses droits et d'obtenir sa substitution à l'acquéreur, à la condition que ce tiers ait eu connaissance, lorsqu'il a contracté, du pacte de préférence et de l'intention du bénéficiaire de s'en prévaloir ; il peut obtenir des dommages et intérêts. Le tiers aussi peut mettre en demeure le bénéficiaire d'avoir à confirmer ou non l'existence d'un pacte de préférence et son intention de s'en prévaloir (c. civ. art. 1123, al. 3).

• **Exécution forcée du pacte.** Dès lors que la société s'était engagée irrévocablement, aux termes d'un pacte d'actionnaires, à céder ses titres, dans les conditions globales de l'offre qui serait acceptée par plus de 51 % des actionnaires, et qu'elle en est restée propriétaire, le tribunal pouvait en ordonner l'exécution forcée puisque aucune impossibilité matérielle, juridique ou morale, ne faisait obstacle à cette exécution (CA Paris 21 décembre 2001, Bull. Joly 2002, 509).

• **Pacte d'actionnaires et fusion.** Le pacte d'actionnaires qui contient un droit de préemption doit être interprété restrictivement dès lors qu'il est une limite au principe de libre négociation des actions. Ainsi, si dans la définition des transferts d'actions soumis à préemption ne sont visées que des cessions isolées, la transmission à titre universel résultant d'une fusion-scission se trouve exclue (cass. com. 28 avril 2004, n° 00-15003). Cet arrêt précise que la clause d'agrément comme le droit de préemption résultant d'un pacte d'actionnaires extra-statutaires peut valablement s'appliquer à une fusion-absorption.

Enregistrement des cessions

Les frais d'enregistrement

1276 Selon une pratique très générale, les frais d'enregistrement sont à la charge de l'acquéreur, mais ce point devra être précisé soit dans l'acte, soit dans l'ordre de mouvement, soit dans une lettre accompagnant la remise de l'ordre de mouvement. En toute hypothèse, le cédant et le cessionnaire sont solidaires vis-à-vis de l'enregistrement pour le paiement des droits et des pénalités éventuelles.

La SA n'est pas à prépondérance immobilière

▸ Droit de 0,1 %

1277 Les cessions d'actions de sociétés non cotées dont le siège social est établi en France, constatées ou non par un acte (autres que les sociétés à prépondérance immobilières) sont soumises aux droits d'enregistrement. Les cessions d'actions de sociétés cotées ne sont taxables que si elles sont constatées par un acte (CGI art. 635, 2.7° ; BOFiP-ENR-DMTOM-40-10-10-§ 50-12/09/2012). Les cessions d'actions (cotées ou non cotées) enregistrées sont soumises à un taux de 0,10 % (BOFiP-ENR-DMTOM-40-10-20-§ 1-28/04/2017).

Les droits sont calculés sur le prix exprimé et le capital des charges augmentatives du prix ou sur l'estimation des parties si la valeur réelle est supérieure au prix augmenté des charges (CGI art. 726, II).

Le montant des droits n'est soumis à aucun plafonnement (CGI art. 726, I.1°). Il peut être diminué d'un éventuel crédit d'impôt étranger lorsque l'acte de cession est passé à l'étranger. Le minimum de perception est de 25 € (CGI art. 674).

Lorsqu'un acte est établi, celui-ci doit être enregistré dans le délai d'un mois à compter de la cession au service des impôts de la résidence du notaire s'il s'agit d'un acte notarié ou à défaut au service des impôts du domicile de l'une des parties (CGI art. 635, 2.7° et 635, 2.7° bis).

En l'absence d'acte, les cessions d'actions de SA non cotées doivent faire l'objet d'une déclaration spéciale 2759 en deux exemplaires, dans le mois de la cession (CGI art. 635, 2.7° et 639) :
– au service chargé de l'enregistrement dont dépend le domicile de l'une des parties contractantes ;
– à la recette des non-résidents (10 rue du Centre – TSA 50014 – 93465 Noisy-le-Grand cedex), si les deux parties résident à l'étranger ;
– à titre exceptionnel, au service chargé de l'enregistrement dont dépend le siège social de la société dont les titres sont cédés, pour les cessions d'actions réalisées au profit des administrateurs et des membres du conseil de surveillance de sociétés ou groupes de sociétés.

L'enregistrement s'accompagne du paiement des droits.

→ **À NOTER** *Le service d'enregistrement en ligne est ouvert aux cessions de droits sociaux non constatées par un acte.*

▶ **Exonérations**

1278 Les exonérations spécifiques aux cessions de titres de sociétés autres que les sociétés à prépondérance immobilière sont les suivantes (BOFiP-ENR-DMTOM-40-10-10-§ 200-12/09/2012) :
– acquisitions de droits sociaux dans le cadre du rachat par une société de ses propres titres destinés à être cédés aux adhérents d'un plan d'épargne d'entreprise (c. trav. art. L. 3332-1 et s.) ou dans le cadre d'une augmentation de capital à l'exception des rachats d'actions effectués dans les conditions prévues à l'article L. 225-209-2 du code de commerce ;
– acquisitions de droits sociaux de sociétés placées sous procédure de sauvegarde ou en redressement judiciaire ;
– acquisitions de droits entre sociétés du même groupe intégré (CGI art. 223 A) ;
– acquisitions de droits sociaux entre sociétés d'un même groupe au sens de l'article L. 233-3 du code de commerce, au moment de l'acquisition de droits concernée ;
– acquisitions intervenant dans les conditions prévues sous les régimes suivants : régime des fusions (CGI art. 210 A), régime des apports partiels d'actif et des scissions (CGI art. 210 B), rachat d'une entreprise par ses salariés (CGI art. 220 quater, 220 quater A et 220 quater B) ;
– opérations soumises à la taxe sur les transactions financières (CGI art. 235 ter ZD).

Sociétés à prépondérance immobilière

1279 Les cessions de participations dans des sociétés à prépondérance immobilière non cotées sont taxées au taux de 5 % sur le prix exprimé majoré des charges imposées à l'acquéreur (CGI art. 726, I.2°). À défaut d'acte, les cessions doivent faire l'objet d'une déclaration spécifique (formulaire 2759).

Un crédit d'impôt étranger s'impute le cas échéant sur le montant de droit obtenu (CGI art. 718 bis). L'administration a la possibilité d'asseoir en définitive le droit de cession sur la valeur vénale réelle lorsqu'elle est supérieure au prix déclaré ou à l'estimation des parties (BOFiP-ENR-DMTOM-40-10-20-§ 50-28/04/2017).

Est à prépondérance immobilière la personne morale, quelle que soit sa nationalité, dont les droits sociaux ne sont pas négociés sur un marché réglementé d'instruments financiers ou sur un système multilatéral de négociation (c. mon. et fin. art. L. 421-1 et L. 424-1) et dont l'actif est, ou a été au cours de l'année précédant la cession des participations, principalement constitué d'immeubles ou de droits immobiliers situés en France ou de participations dans des personnes morales, quelle que soit leur nationalité, non cotées en Bourse, elles-mêmes à prépondérance immobilière (CGI art. 726, I.2° ; BOFiP-ENR-DMTOM-40-10-10-§ 180-12/09/2012). La prépondérance immobilière s'apprécie au jour de la cession ou à tout moment au cours de l'année précédant la cession des participations en cause.

Les immeubles par destination ne sont pas retenus pour apprécier la prépondérance immobilière (cass. com. 2 décembre 2020, n° 18-25559).

Tableau récapitulatif des droits

Mutation	Sans acte		Acte passé en France		Acte passé à l'étranger	
	Société française	Société étrangère	Société française	Société étrangère	Société française	Société étrangère
Cessions d'actions et assimilées (1) (2)						
Actions de sociétés cotées	Pas de taxation		0,10 %	0,10 % (CGI art. 718)	0,10 % (CGI art. 726, I.1°) (4)	Pas de taxation
Actions de sociétés non cotées (autres que SPI)	0,10 %	Pas de taxation	0,10 %	0,10 % (CGI art. 718) (3)	0,10 % (CGI art. 726, I.1°) (4)	
Cession de participation dans des SPI (1) (2)						
Participation dans des SPI	5 % (CGI art. 726, I.2°) (4)				5 % (4)	5 % (3) (4)

(1) Le minimum de perception est de 25 €.
(2) Sauf exonérations *(voir § 1278)*.
(3) Un acte doit obligatoirement être établi en France.
(4) Imputation éventuelle d'un crédit d'impôt étranger.

Transmission par décès

Conséquences du décès d'un actionnaire

▸ Absence d'agrément

1280 Le décès d'un actionnaire ne pose pas de problèmes particuliers même dans les sociétés « fermées » que sont généralement les sociétés de famille. Le décès d'un actionnaire dirigeant nécessite toutefois une réunion en urgence du conseil pour désigner un nouveau directeur général.

Il ressort très clairement de l'article L. 228-23 du code de commerce que la transmission d'actions par suite de succession ou de liquidation du régime matrimonial des époux est entièrement libre et ne peut être restreinte par des clauses d'agrément. Il en est de même pour les cessions d'actions faites au conjoint, à un ascendant ou à un descendant. Cette solution devrait être étendue aux héritiers auxquels sont dévolues par testament des actions, mais non aux légataires n'ayant pas la qualité d'héritier.

• **Action des salariés.** La clause d'agrément pourrait être stipulée lorsque la société réserve des actions aux salariés de la société et dans la mesure où cette clause a pour objet d'éviter que lesdites actions ne soient dévolues à des personnes n'ayant pas la qualité de salarié de la société (c. com. art. L. 228-23).

• **Attribution préférentielle.** Il semble que le conjoint ou l'héritier remplissant les conditions prévues pourrait demander l'attribution préférentielle des actions que le défunt détenait dans la société en application de l'article 831 du code civil (rép. Le Breton, JO 1er janvier 1982, Sén. quest. p. 1817).

► **Actions indivises**

1281 **Suite au décès de l'actionnaire, les actions font partie de l'actif à partager au même titre que les autres biens mobiliers. En présence de plusieurs héritiers, ceux-ci sont, jusqu'au partage, propriétaires indivis. À l'égard de la société, les titres sont indivisibles** (c. com. art. L. 228-5). **Les propriétaires indivis sont tenus de se faire représenter aux assemblées générales par l'un d'eux ou par un mandataire unique.**

Mais chacun des indivisaires d'actions nominatives doit être convoqué aux assemblées et peut exercer le droit de communication réservé aux actionnaires (c. com. art. L. 225-118). **La violation du droit d'information ouvre à chaque indivisaire une action en réparation du préjudice qu'il a subi personnellement** (cass. crim. 11 avril 1996, n° 94-81166).

• **Désaccord.** En cas de désaccord, le mandataire est désigné par ordonnance du président du tribunal de commerce statuant en référé à la demande du copropriétaire le plus diligent (c. com. art. L. 225-110 et R. 225-87).

• **Privation du droit de vote.** Si l'un des indivisaires se trouve dans une situation où la loi le prive de son droit de vote, le représentant ne peut voter du chef des actions indivises (rép. Valbrun, JO 1er mars 1975, AN p. 765).

• **Désignation du mandataire.** La désignation d'un mandataire unique ne peut être demandée par la société, la demande appartient aux indivisaires (cass. com. 15 novembre 1976, n° 75-13730).

• **Formalités auprès de la société.** La société émettrice demandera tous justificatifs de la qualité d'héritier. Un certificat de propriété délivré par un notaire, indiquant les noms des bénéficiaires de la transmission à titre gratuit, sera généralement exigé.

• **Actions administrées par un intermédiaire.** Les actions sont inscrites au nom du défunt ou du donateur à un compte « nominatif administré ».

À la réception du certificat de mutation ou de l'acte de donation, l'intermédiaire émet un ordre de mouvement en faveur de l'émetteur et lui transmet la pièce justificative. Il débite le compte administré de son client par le crédit d'un compte dit « de transit », lequel est soldé par la suite par le crédit du compte d'avoir chez l'émetteur.

L'émetteur, sur production de l'ordre de mouvement et de la pièce justificative, vire les titres du défunt ou du donateur de son compte « nominatif administré » à un compte « nominatif pur » ouvert au nom des ayants droit et adresse à ces derniers une attestation.

Si les nouveaux titulaires désirent faire administrer leurs titres, ils signent un mandat à leur intermédiaire qui poursuit l'opération.

Pacte de conservation des actions (pacte « Dutreil »)

1282 **Les transmissions d'entreprises exploitées sous forme sociétaire bénéficient, sous certaines conditions, d'une exonération des droits de succession ou de donation, à concurrence des trois quarts de leur valeur et sans limitation de montant** (CGI art. 787 B). **Les conditions d'application de ce régime sont détaillées dans notre cahier consacré à la « Transmission d'entreprise »** (voir RF 2022-5, §§ 3000 et s.).

Changements dans la situation personnelle de l'actionnaire

▸ Événements entraînant un changement

1283 Certains événements n'entraînent pas de mouvement dans le droit de propriété, mais nécessitent une modification dans l'inscription du titulaire des titres. Tel est le cas lorsqu'il y a changement de capacité (majorité, émancipation, tutelle) ou de qualité civile (octroi de la nationalité française à un étranger, mariage de la femme actionnaire). La société procédera aux adjonctions ou corrections au vu de justificatifs présentés par l'actionnaire.

▸ Modifications à apporter au compte titres en cas de transmission

1284 La modification à apporter au compte du titulaire est réalisée sur production :
– d'un extrait de l'acte de décès de l'usufruitier, en cas d'extinction de l'usufruit par décès ;
– d'une expédition de l'acte authentique si l'usufruitier a aliéné son droit d'usufruit par voie de donation ou de renonciation ;
– d'une fiche d'état civil en cas de changement de capacité ou de qualité : mineur ayant atteint sa majorité, mariage de la femme ;
– de l'ampliation du décret de naturalisation, pour l'acquisition de la nationalité française par un étranger, etc. ;
– de toute autre pièce attestant le changement.

Les formalités à remplir pour l'inscription du changement au compte des intéressés sont analogues à celles qui viennent d'être énoncées pour la mutation des actions en cas de décès ou de donation.

25 Nantissement, location et rachat des actions

Nantissement des actions

Caractéristiques du nantissement

1290 Le nantissement, c'est-à-dire la remise en gage des actions, est une opération classique définie par le code monétaire et financier (c. mon. et fin. art. L. 211-20).

Le compte nanti d'actions prend la forme d'un compte spécial ouvert au nom du titulaire et tenu le plus souvent par la SA émettrice des titres ou par un intermédiaire habilité pour les titres administrés.

La SA ne peut prendre en nantissement ses propres actions.

• **Privilège du créancier gagiste.** Le gage confère au créancier le droit de se faire payer sur la chose qui en est l'objet par préférence aux autres créanciers (c. civ. art. 2333).

• **Actions dépendant de la communauté.** Les époux ne peuvent pas l'un sans l'autre affecter un bien dépendant de la communauté à la garantie de la dette d'un tiers (c. civ. art. 1422, al. 2). Le nantissement des actions dépendant de la communauté nécessite l'intervention des deux époux.

• **Compte spécial.** Le compte nanti prend la forme d'un compte spécial ouvert généralement chez un établissement de crédit. Ce compte spécial peut être remplacé par tout procédé informatique permettant d'identifier les instruments financiers, et éventuellement les sommes mises en gage (c. mon. et fin. art. L. 211-20, II).

Constitution du nantissement

▸ Déclaration de nantissement

1291 **La constitution en gage d'un compte d'instruments financiers est réalisée tant à l'égard de la personne morale émettrice qu'à l'égard des tiers par une déclaration signée par le titulaire du compte** (c. mon. et fin. art. L. 211-20, I)**.**

Ce document qui est soumis facultativement à la formalité de l'enregistrement, doit être établi quelle que soient la forme nominative ou au porteur des actions et la nature civile ou commerciale du gage.

• **Mentions de la déclaration de gage.** Les mentions obligatoires de la déclaration de nantissement du compte titres sont les suivantes (c. mon. et fin. art. D. 211-10) :
– la dénomination « Déclaration de nantissement de compte d'instruments financiers » ou « Déclaration de nantissement de titres financiers inscrits dans un dispositif d'enregistrement électronique partagé » ;
– la mention que la déclaration est soumise aux dispositions de l'article L. 211-20 du code monétaire et financier ;
– le nom ou la dénomination sociale ainsi que l'adresse du constituant et du créancier nanti ou de leur siège social s'il s'agit de personnes morales ;
– le montant de la créance garantie ou, à défaut, les éléments permettant d'assurer l'identification de cette créance ;
– les éléments d'identification du compte spécial prévu au II de l'article L. 211-20 du code monétaire et financier lorsqu'un tel compte existe ou, à défaut, les éléments d'identification des titres financiers identifiés par le procédé informatique prévu au second alinéa du même II ;
– la nature et le nombre des instruments financiers inscrits initialement au compte gagé.

Ce document sera, en pratique, signé par le constituant du gage. L'omission d'une de ces mentions risque de rendre le gage inefficace.

• **Rédaction d'un acte.** La déclaration du titulaire du compte suffit pour établir le nantissement. Il reste qu'en pratique le nantissement est souvent soumis à des conditions particulières qui seront définies dans un acte enregistré.

• **Notification à la société.** Le nantissement est réalisé et opposable aux tiers par le seul effet de la déclaration signée par le titulaire du compte. Aucune notification à la société teneuse du compte-titres nanti n'est requise à cet effet, même si le contrat de nantissement le prévoit (cass. com. 30 novembre 2022, n° 20-23554).

▸ Assiette du nantissement

1292 **L'assiette du nantissement est constituée des titres financiers figurant initialement dans le compte nanti, ceux qui leur sont substitués ou les complètent en garantie de la créance initiale du créancier nanti, ainsi que, sauf convention contraire, leurs fruits et produits. Les titres financiers qui sont inscrits postérieurement au crédit du compte nanti en garantie de la créance initiale du créancier nanti sont soumis aux mêmes conditions que ceux y figurant initialement et sont considérés comme ayant été remis à la date de déclaration de nantissement initiale** (c. mon. et fin. art. L. 211-20, I)**.**

Lorsque le teneur du compte des actions nominatives nanties n'est pas une personne autorisée à recevoir des fonds du public, les fruits et produits versés (lorsqu'ils ne sont pas exclus) sont inscrits au crédit d'un compte fruits et produits ouvert au nom du titulaire du compte nanti dans les livres d'un intermédiaire habilité ou d'un établissement de crédit. Les fruits et produits sont réputés faire partie intégrante du compte nanti à la date de signature de la déclaration

de nantissement, quelque soit la date d'ouverture du compte fruits et produits. Depuis le 1er janvier 2022, les fruits et produits qui n'ont pas été inscrits dans un compte fruits et produits à la date de réalisation du nantissement sont exclus de son assiette (c. mon. et fin. art. L. 211-20, III modifié par l'ordonnance 2021-1192 du 15 septembre 2021).

• **Convention.** Le créancier nanti peut, par convention avec le titulaire du compte nanti, définir les conditions dans lesquelles ce dernier peut disposer des valeurs mobilières et autres instruments financiers ainsi que des sommes figurant dans ce compte (c. mon. et fin. art. L. 211-20, IV).

• **Nantissement de valeurs mobilières indisponibles.** Selon la Cour de cassation, l'indisponibilité d'une valeur mobilière, quand elle est simplement temporaire, ne fait pas obstacle à son affectation en nantissement (cass. com. 30 septembre 2008, n° 07-12768).

• **Possibilité d'exclure les fruits et produits.** L'ordonnance 2021-1192 du 15 septembre 2021 donne la possibilité, à compter du 1er janvier 2022, d'exclure les fruits et produits de l'assiette du nantissement (c. mon. et fin. art. L. 211-20, I modifié).

▶ Droit du créancier nanti

1293 Pendant toute la durée du nantissement, son bénéficiaire a un droit de rétention sur les titres financiers et les sommes figurant au compte nanti lui permettant de s'opposer à tout transfert des titres qui y sont inscrits (c. mon. et fin. art. L. 211-20, IV).

Le créancier nanti peut obtenir, sur simple demande au teneur de compte, une « attestation de nantissement de compte d'instruments financiers » comportant l'inventaire des titres financiers et des sommes inscrites sur le compte spécial figurant au compte nanti à la date de délivrance de cette attestation (c. mon. et fin. art. L. 211-20, I).

Mainlevée. La mainlevée du nantissement fait l'objet d'un avis donné, par écrit, par le créancier bénéficiaire au destinataire de la déclaration d'origine ou de l'écrit visé ci-dessus.

Réalisation du nantissement

1294 Avant l'ordonnance 2021-1192 du 15 septembre 2021 réformant le droit des sûretés, le créancier nanti pouvait, à défaut de paiement à l'échéance, 8 jours après une signification faite au débiteur, et au tiers bailleur du gage s'il y en avait un, faire procéder à la vente publique des objets donnés en gage (c. com. art. L. 521-3, abrogé par l'ordonnance du 15 septembre 2021).

L'ordonnance du 15 septembre 2021 a aménagé ces règles de réalisation du nantissement en les transférant dans le code civil. Depuis 1er janvier 2022, la signification a été remplacée par une mise en demeure remise en mains propres au débiteur ou adressée par lettre recommandée avec avis de réception et cette mise en demeure est également notifiée au constituant lorsqu'il n'est pas le débiteur ainsi qu'au teneur de compte (lorsqu'il n'est pas le créancier). La réalisation du nantissement intervient 8 jours après mise en demeure du débiteur, sauf autre délai préalablement convenu avec le titulaire du compte (c. mon. et fin. art. L. 211-20, V, al. 2 modifié par l'ordonnance 2021-1192 du 15 septembre 2021).

Les autres règles n'ont pas été modifiées par l'ordonnance du 15 septembre 2021. Ainsi, il est toujours possible pour le créancier de prévoir, lors de la constitution du nantissement ou postérieurement, l'attribution des actions nanties *(voir ci-dessous « Pacte commissoire »)*. La clause d'agrément pourrait viser ce cas *(voir ci-dessous « Agrément du nantissement »)*.

• **Adjudication des actions.** L'adjudication des actions est faite par un prestataire de services d'investissement ou par un notaire (c. mon. et fin. art. L. 211-21).

• **Pacte commissoire.** Il est possible de prévoir dans l'acte de nantissement l'attribution des actions au créancier bénéficiaire du gage sous réserve d'une estimation des actions au jour du transfert par un expert désigné à l'amiable ou par décision de justice. Lorsque la valeur des actions gagées excède le montant de la dette garantie, la somme égale à la différence est versée au débiteur ou, s'il existe d'autres créanciers gagistes, elle est consignée conformément aux dispositions de l'article 2348 du code civil.

• **Agrément du nantissement.** Les statuts d'une SA peuvent-ils contenir une clause soumettant le nantissement d'actions à agrément ? En présence d'une clause statutaire d'inaliénabilité, le comité juridique de l'ANSA admet majoritairement la validité d'une clause interdisant le nantissement dans les mêmes conditions que la clause d'inaliénabilité. Mais si une clause subordonne le nantissement à l'agrément de la société, même en présence d'une clause d'inaliénabilité, sa validité serait contestable. En cas de violation de la clause, le nantissement ne serait pas nul, faute d'un texte en ce sens. Il serait sans doute inopposable à la société (ANSA, CJ du 4 février 2015, n° 15-009).

Pour éviter que la clause d'agrément éventuellement prévue ne gêne la mise en nantissement des actions, si la société a donné son consentement à un projet de nantissement d'actions, ce consentement emportera agrément du cessionnaire en cas de réalisation forcée des actions nanties, à moins que la société ne préfère, après la cession, racheter sans délai les actions en vue de réduire son capital (c. com. art. L. 228-26). Dans ce cas particulier, le rachat n'est pas, pour la société, une obligation à laquelle elle est tenue accessoirement à son refus d'agrément. La société a donné par avance son agrément à l'attributaire des actions, quel qu'il puisse être, et le rachat est pour elle une simple faculté qu'elle exercera si elle le juge utile. La clause d'agrément pourrait être utilement complétée en prévoyant que le consentement donné à un projet de nantissement emporte agrément en cas de mise en œuvre du pacte commissoire.

Opérations interdites

Souscription de ses propres actions

▸ Interdiction de souscription

1295 **Est interdite la souscription par la société de ses propres actions soit directement, soit par une personne agissant en son nom propre, mais pour le compte de la société** (c. com. art. L. 225-206-I), **sauf dans les cas autorisés par la loi** *(voir § 1301)*.

▸ Sanctions

1296 **La méconnaissance des dispositions de l'article L. 225-206-II du code de commerce n'est pas sanctionnée par la nullité du rachat par la société de ses propres actions** (cass. com. 3 janvier 1996, n° 93-20406 ; cass. civ., 1re ch., 17 décembre 2009, n° 08-12344).

▸ Libération des actions souscrites par la société

1297 **Sur le plan pécuniaire, les fondateurs ou, dans le cas d'une augmentation de capital, les membres du conseil d'administration, selon le cas, sont tenus, dans les conditions prévues à l'article L. 225-251 du code de commerce, de libérer les actions souscrites par la société en violation de l'interdiction légale** (c. com. art. L. 225-206, I).

• **Responsabilité civile.** Le renvoi aux articles L. 225-251 rend applicable le régime juridique de la responsabilité civile des dirigeants sociaux.

• **Prête-nom.** Par ailleurs, lorsque les actions auront été souscrites par une personne agissant en son nom propre mais pour le compte de la société, cette personne sera tenue de libérer les actions solidairement avec les fondateurs ou, selon le cas, avec les membres du conseil d'administration. Cette personne est en outre réputée avoir souscrit ces actions pour son propre compte (c. com. art. L. 225-206, I, al. 3).

▸ Cession ou annulation des actions souscrites par la société

1298 **Sur le plan du droit des sociétés, les actions possédées en violation des articles L. 225-206 à L. 225-208 et L. 225-210 du code de commerce doivent être cédées dans un délai de 1 an à compter de leur souscription ou de leur acquisition, à l'expiration de ce délai, elles doivent être annulées** (c. com. art. L. 225-214).

Pas d'annulation sans décision de l'assemblée générale. Les actions auto-détenues depuis plus d'un an doivent être annulées par une décision d'assemblée générale. En l'absence d'une telle décision, ces actions ne sont pas nulles de plein droit et leur cession est encore possible (cass. com. 12 mai 2021, n° 19-17566).

Gage de ses propres actions

1299 **Est interdite la prise en gage par la société de ses propres actions, directement ou par l'intermédiaire d'une personne agissant en son nom propre mais pour le compte de la société. Les actions prises en gage par la société doivent être restituées à leur propriétaire dans le délai d'un an** (c. com. art. L. 225-215, al. 1er).

• **Entreprises de crédit et sociétés de financement.** Cette interdiction n'est pas applicable aux opérations courantes des entreprises de crédit et des sociétés de financement (c. com. art. L. 225-215, dern. al.).

• **Restitution des actions.** Les actions prises en gage par la société doivent être restituées à leur propriétaire dans le délai de 1 an ; la restitution peut avoir lieu dans un délai de 2 ans si le transfert du gage à la société résulte d'une transmission de patrimoine à titre universel ou d'une décision de justice ; à défaut, le contrat de gage est nul de plein droit (c. com. art. L. 225-215, al. 2).

Prêts consentis par la société pour l'achat de ses actions

1300 **Une société ne peut avancer des fonds, accorder des prêts ni consentir une sûreté en vue de la souscription ou de l'achat de ses propres actions par un tiers, sous peine d'une amende de 150 000 €** (c. com. art. L. 225-216 et L. 242-24, al. 2).

Cette interdiction vise les achats d'actions par un tiers mais aussi par un actionnaire. En cas de recours à des prêts pour financer l'opération de rachat d'actions, la société émettrice des actions ne peut pas donner en garantie ses biens sociaux. Cette interdiction d'ordre public doit être interprétée de façon restrictive.

• **Rachat d'une société cible.** Une banque consent à une société A un prêt destiné à l'acquisition de 97 % des actions d'une société anonyme B ; en garantie de cet emprunt, la banque obtient :
– un cautionnement solidaire d'une personne physique ;
– la remise par la société A à titre de nantissement des actions de la société B, objet de l'acquisition ;
– le cautionnement d'une filiale à 100 % de la société B ; ainsi que le nantissement sur le fonds de commerce de cette filiale.

La société A est mise en redressement judiciaire et la banque assigne en paiement des échéances impayées la caution personne physique qui résiste.

La Cour de cassation considère que la constitution de cette sûreté n'entrait pas dans le champ d'application de l'article L. 225-216 du code de commerce dans la mesure où le prêt consenti par la banque à la société A a été garanti par le nantissement des actions de la société B. Les biens engagés n'étaient donc pas la propriété de la société B.

De même, a été rejeté un autre argument selon lequel le nantissement du fonds de commerce de la filiale à 100 % de la société B était une garantie consentie par personne interposée entrant dans le champ d'application du texte en cause (cass. com. 19 décembre 2000, n° 97-11502).

• **Acquisition par les salariés.** L'interdiction des prêts ne s'applique pas aux opérations effectuées en vue de l'acquisition par les salariés d'actions de la société, d'une de ses filiales ou d'une société comprise dans le champ d'un plan d'épargne de groupe prévu à l'article L. 3344-1 (anciennement L. 444-3 du code du travail) (c. com. art. L. 225-216, al. 2).

Achat par la société de ses propres actions

Achats autorisés

1301 **L'achat par une société de ses propres actions est autorisé seulement dans les conditions prévues aux articles L. 225-207 à L. 225-217 du code de commerce** (c. com. art. L. 225-206, II).

Pour les sociétés non cotées, plusieurs catégories d'achat peuvent être distinguées :
– pour la mise en œuvre d'une réduction de capital non motivée par des pertes, sous réserve que les actions achetées soient immédiatement annulées (c. com. art. L. 225-207) **; ce rachat est éphémère, les actions acquises disparaissant à l'issue de l'opération ;**
– dans l'année de leur rachat, pour attribuer des actions aux salariés ou dirigeants de la société dans le cadre de la participation, de l'attribution d'actions gratuites (c. com. art. L. 225-197-1 et s.)**, de stock-options** (c. com. art. L. 225-177) **ou d'un plan d'épargne entreprise** (c. trav. art. L. 3332-1 et s.)**, dans la limite de 10 % du capital** (c. com. art. L. 225-208 et L. 225-209-2, al. 2) **;**
– dans les 2 ans de leur rachat en paiement ou en échange d'actifs acquis par la société dans le cadre d'une opération de croissance externe, de fusion, de scission ou d'apport, dans la limite de 5 % du capital (c. com. art. L. 225-209-2, al. 3) **;**
– dans les 5 ans de leur rachat, aux actionnaires qui manifesteraient à la société l'intention de les acquérir à l'occasion d'une procédure de mise en vente organisée par la société elle-même dans les 3 mois qui suivent chaque assemblée générale ordinaire annuelle, dans la limite de 10 % du capital (c. com. art. L. 225-209-2, al. 4)**.**

S'agissant des 3 dernières catégories de rachat énoncées ci-dessus, l'assemblée générale doit préciser la finalité pour laquelle est exercé l'opération de rachat (c. com. art. L. 225-209-2)**.**

Pour autant, depuis le 21 juillet 2019, l'assemblée générale qui précise les modalités de rachat peut autoriser le conseil d'administration à utiliser les actions rachetées pour une autre des finalités de l'article L. 225-209-2 du code de commerce que celle initialement prévue (c. com. art. L. 225-209-2, al. 8 modifié par la loi 2019-744 du 19 juillet 2019)**.**

En outre, les offres de rachat peuvent, depuis le 21 juillet 2019, être adressées à un nombre restreint d'actionnaires. En effet, la loi 2019-744 du 19 juillet 2019 a supprimé le dernier alinéa de l'article L. 225-209-2 stipulant que les opérations de rachat par la société ne devaient en cas porter atteinte à l'égalité des actionnaires (loi 2019-744 du 19 juillet 2019, art. 25)**.**

• **Achat par un prête-nom.** Une SA ne peut faire acheter ses actions par un prête-nom (personne agissant en son propre nom mais pour le compte de la société) (c. com. art. L. 225-206). La nullité de l'achat n'est pas prévue par les textes. La méconnaissance des dispositions de l'article L. 225-206 du code de commerce n'est pas sanctionnée par la nullité de l'acquisition (cass. civ., 1re ch., 17 décembre 2009, n° 08-12344).

• **Promesse de rachat d'actions.** La situation dans laquelle une SA s'engage envers un actionnaire à lui racheter ses actions ne figure pas dans celles autorisées par les articles L. 225-207 à L. 225-217 du code de commerce. Par conséquent, cette promesse ne peut faire l'objet d'une exécution forcée (cass. civ., 1re ch., 15 novembre 2010, n° 09-69308).

• **Refus d'agrément.** La société peut acheter ses propres actions en cas de refus d'agrément d'une cession d'actions, pour permettre à l'actionnaire cédant de se défaire de ses titres (c. com. art. L. 228-24) *(voir § 1268)*.

• **Vice du consentement.** L'achat est également possible pour éviter la nullité d'une délibération fondée sur un vice du consentement ou l'incapacité d'un actionnaire (c. com. art. L. 235-6).

• **Transmission du patrimoine.** Le cas des actions acquises à la suite d'une transmission de patrimoine à titre universel ou encore à la suite d'une décision de justice fait l'objet de dispositions particulières (c. com. art. L. 225-213), les actions doivent être cédées dans un délai de 2 ans lorsque la société possède plus de 10 % de son capital. À l'expiration de ce délai, elles doivent être annulées.

• **Comptabilisation des actions.** Les actions propres de la société sont inscrites parmi les titres immobilisés dont elles suivent les règles d'évaluation et de présentation au bilan. Lorsque les titres sont destinés à être annulés, leur valeur comptable n'est soumise à aucune dépréciation et reste égale à leur prix d'achat jusqu'à leur annulation, leur inscription devant être regardée comme équivalant à une réduction des capitaux propres (CNC, avis 98).

• **Droits d'enregistrement.** Depuis le 1er janvier 2019, les réductions de capital de sociétés contre annulation ou réduction du nominal ou du nombre de titres sont enregistrées gratuitement (CGI art. 814 C, 1°).

• **Achat des actions par la SA réclamé en vain par un actionnaire.** Une SA s'était engagée envers un actionnaire à lui racheter ses actions. Cet achat n'étant pas réalisé, l'actionnaire assigne la SA en paiement. Il perd son procès car l'achat par une SA de ses actions n'est autorisé que dans les conditions et suivant les procédures prévues aux articles L. 225-207 à L. 225-217 du code de commerce. Or, ces articles n'envisagent pas le cas d'un engagement de la SA à racheter ses actions. Dans ce cas, il n'est donc pas possible d'imposer aux actionnaires de mettre en œuvre l'un des procédures prévues par le code de commerce pour l'achat par la SA de ses actions (cass. com. 3 mars 2021, n° 18-25528).

• **Achat des actions par la SA contesté en vain par un actionnaire.** Une convention d'actionnaires contenait la promesse de l'actionnaire-dirigeant de céder ses actions à la SA en cas de révocation. Le dirigeant est révoqué mais il s'oppose en justice au transfert de propriété de ses actions à la SA. Il fait valoir que, en application de l'article L. 225-206, II du code de commerce, le rachat par la SA de ses actions n'est possible que dans les cas énumérés aux articles L. 225-207 à L. 225-217. Or, aucun de ces articles ne vise le cas d'une faute grave commise par l'actionnaire-dirigeant. Son argument est toutefois rejeté, ces articles n'affectant pas la validité de la promesse consentie par le dirigeant de vendre ses actions à la SA (cass. com. 11 mars 2014, n° 12-12074).

Limite de 10 % des actions autodétenues

1302 Lorsque la société est autorisée à détenir ses propres actions soit pour les annuler, soit pour les conserver pendant un délai prévu par les textes, elle ne peut détenir plus de 10 % du total de ses propres actions (c. com. art. L. 225-210, al. 1er).

Cette tolérance porte au maximum sur 10 % du total des actions émises par la société représentant 10 % du capital.

Lorsque la société a émis des actions de catégories particulières et notamment des actions de préférence, elle ne peut détenir plus de 10 % de chaque catégorie d'actions. Pour le calcul du plafond de 10 %, il faut ajouter les actions détenues par des prête-noms.

Les sociétés qui détiennent leurs propres actions dans la limite prévue ci-avant et dans les cas autorisés doivent impérativement respecter les deux conditions suivantes :
– le maintien des capitaux propres : l'acquisition d'actions de la société ne peut avoir pour effet d'abaisser les capitaux propres à un montant inférieur à celui du capital augmenté des réserves non distribuables (c. com. art. L. 225-210, al. 2). Les réserves non distribuables sont la réserve légale et celles éventuellement prévues dans les statuts ;
– la société doit disposer de réserves, autres que la réserve légale, d'un montant au moins égal à la valeur de l'ensemble des actions qu'elle possède directement ou par l'intermédiaire de prête-nom (c. com. art. L. 225-210, al. 3). Ces réserves qui incluent les primes d'émission d'apport ou de fusion ne peuvent être ni distribuées ni affectées à l'apurement de pertes pendant toute la période où la société détient ses propres actions. Ces actions sont inscrites à un compte spécial de réserve et lorsque la société ne respecte plus l'une de ces conditions (notamment en cas de survenance de pertes), elle doit céder les actions ainsi irrégulièrement détenues ; à défaut de cession dans le délai de 1 an, elles seront annulées (c. com. art. L. 225-214).

Dans le cas d'une réduction de capital non motivée par des pertes et réalisée par rachat d'actions propres, il n'est pas nécessaire de disposer de réserves d'un montant équivalent au rachat si le rachat est suivi d'une annulation immédiate des actions (ANSA 09-061, janvier 2010).

Les actions acquises par la société doivent, dans tous les cas, être mises sous la forme nominative et être inscrites en compte chez la société dès leur acquisition. Elles doivent par ailleurs être intégralement libérées.

• **Actions acquises par des filiales.** L'achat d'actions pour le compte d'une société est interdit (c. com. art. L. 225-206). L'achat d'actions d'une société-mère par une de ses filiales ne serait interdit que s'il est démontré que la filiale a agi pour le compte de sa mère afin de détourner l'interdiction. Cette position liée à l'autonomie des filiales est celle notamment retenue par l'ANSA (« Compléments et précisions sur le régime d'achat par une société de ses propres actions » avril-juin 1999, n° 2998, p. 11). En revanche, la COB (aujourd'hui AMF) prend en compte les actions de la société mère détenues par des filiales ou sous-filiales de celle-ci pour le calcul des 10 % (COB, bull. 343, février 2000, p. 65).

• **Privation du droit de vote.** Toutes les actions détenues par la société émettrice sont privées du droit de vote (c. com. art. L. 225-210, al. 4). Ces actions sont décomptées pour le calcul du quorum et de la majorité.

• **Privation du droit aux dividendes.** Les actions possédées par la société ne donnent pas droit aux dividendes (c. com. art. L. 225-210, al. 4).

• **Suppression du droit préférentiel.** En cas d'augmentation du capital par souscription d'actions en numéraire, la société ne peut pas exercer, par elle-même, le droit préférentiel pour les actions détenues. L'assemblée générale extraordinaire peut décider soit de faire abstraction de ces actions autodétenues pour déterminer le droit de souscription, soit de répartir les droits préférentiels attachés au prorata des actions détenues par les autres actionnaires (c. com. art. L. 225-210, al. 5).

• **Absence d'annulation par l'assemblée.** La décision d'annuler les actions autodétenues depuis plus d'un an par la société (c. com. art. L. 225-214) doit être prise par l'assemblée générale. En l'absence d'une telle décision, ces actions ne sont pas nulles de plein droit et leur cession est encore possible. Ainsi, l'augmentation de capital de la société votée en vue de leur rachat n'est pas illicite (cass. com. 12 mai 2021, n° 19-17566).

Registres des achats et des ventes

1303 Des registres des achats et des ventes d'actions effectuées en vue de leur attribution aux salariés doivent être tenus par la société ou par la personne chargée du service de ses titres (c. com. art. L. 225-208, L. 225-211, al. 1er et R. 225-159). Ces registres doivent mentionner la date de chaque opération, le cours d'achat ou, à défaut, le prix unitaire d'achat, le nombre des actions achetées à chaque cours, le coût total de l'achat, incluant le montant des frais ainsi que le nombre des actions détenues à la fin de chaque exercice et leur coût global ainsi que le nombre des actions attribuées aux salariés et la date de chaque attribution.

Un registre des achats et des ventes doit être tenu pour relater les opérations effectuées en application de l'article L. 225-209-2 du code de commerce. Il indique séparément les opérations d'achat et les opérations de vente. Pour chacune de ces opérations, le registre indique, dans l'ordre des négociations réalisées la date de l'opération, le cours d'achat ou de vente ou, à défaut, le prix unitaire d'achat, le nombre des actions achetées ou vendues à chaque cours, le coût total de l'achat, incluant le montant des frais, ou le produit net de la vente, le nombre total des actions achetées et leur coût global, le nom du prestataire de services d'investissements ayant exécuté l'ordre d'achat ou de vente ou le nom de l'établissement de crédit ou de l'établissement financier ayant transmis l'ordre, le cas échéant, le nom de la personne ayant agi en son nom mais pour le compte de la société. Le nombre et le coût total de l'achat des actions vendues sont déduits, au moins chaque semestre, du nombre des actions achetées et de leur coût global (c. com. art. L. 225-211 et R. 225-160).

Location d'actions

Conditions de la location

▸ Actions détenues par des personnes physiques

1304 Les statuts de SA peuvent prévoir que les actions peuvent être données à bail au profit d'une personne physique (c. com. art. L. 239-1). Le locataire doit être agréé dans les mêmes conditions légales ou statutaires qu'un cessionnaire d'actions (c. com. art. L. 239-3).

Les SA peuvent donner à bail à une personne physique les actions qu'elles détiennent. En revanche, elles ne peuvent être locataires de parts ou d'actions, évitant ainsi tout risque en matière de participation réciproque ou d'autocontrôle.

La location d'actions ne peut porter que sur des titres nominatifs non négociables sur un marché réglementé, non inscrits aux opérations d'un dépositaire central (c. com. art. L. 239-1, al. 2).

Les actions soumises au régime d'attribution gratuite aux salariés et mandataires sociaux (c. com. art. L. 225-197-1)**, et donc à une obligation d'acquisition et de conservation d'au moins 2 ans, ne peuvent faire l'objet d'un bail.**

En outre, cette location d'actions ne peut pas porter sur des titres (c. com. art. L. 239-1, al. 3, 1° à 3°) **:**

– détenus par des personnes physiques dans le cadre de la gestion de leur patrimoine privé lorsque les produits et plus-values bénéficient d'un régime d'exonération en matière d'impôt sur le revenu (ex. : actions inscrit sur un PEA) ;
– inscrits à l'actif d'une société de capital-risque ;
– ou détenus par un fonds commun de placement à risques, un fonds commun de placement dans l'innovation ou un fonds d'investissement de proximité.

• **SA relevant de l'IR.** Lorsque la société anonyme opte, dans sa phase de création, pour le régime fiscal des sociétés de personnes, elle ne peut pas consentir des locations d'actions même si ses statuts le prévoient tant qu'elle n'est pas soumise à l'IS.

• **Intérêt du régime.** Ce régime permet au propriétaire des actions de recevoir un revenu fixe non lié à la distribution d'un dividende. Pour le locataire, notamment s'agissant d'un dirigeant c'est un moyen d'exercer les droits attachés à des actions détenues par des minoritaires sans avoir à acquérir leurs titres. En pratique, cette location sera une première étape vers une cession ou une transmission des actions louées. Dès lors, cette location comprendra une promesse d'achat des actions par le locataire, assortie de garanties usuelles en ce domaine.

▸ Nature du contrat de bail

1305 **Ce contrat est obligatoire. Il peut être notarié ou sous seing privé. Son enregistrement est imposé** (c. com. art. L. 239-2).

Ce contrat sera opposable à la société émettrice des actions données en location, en application de l'article 1690 du code civil, au moyen d'une signification par commissaire de justice ou, le cas échéant, une acception par celle-ci dans un acte authentique. Ainsi, la société connaîtra l'identité du locataire bénéficiaire des dividendes et du droit de communication.

La délivrance des actions est réalisée à la date de la mention du bail et du nom du locataire à côté de celui de l'actionnaire bailleur dans le registre des titres nominatifs de la SA.

À défaut, pour les dirigeants des sociétés concernées, de modifier le registre des actions, la procédure d'injonction de faire peut être mise en œuvre par tout intéressé (c. com. art. L. 239-5).

Lorsque la location porte sur un nombre d'actions conférant au locataire un pouvoir de décision, le propriétaire des actions demande une garantie en cas de perte de valeurs des actions au terme de la location.

• **Une évaluation des actions** louées est effectuée, sur la base de critères tirés des comptes sociaux, en début et en fin de contrat ; elle est certifiée par un commissaire aux comptes. Lorsque le bailleur est une société, une évaluation en fin de chaque exercice est en outre exigée (c. com. art. L. 239-2, dern. al.). Selon la Compagnie national des commissaires aux comptes, les sociétés non dotées d'un commissaire aux comptes ont l'obligation d'en nommer un pour la certification (CNCC, Bull., décembre 2009, p. 700).

• **Mentions obligatoires du contrat de bail.** Le contrat de bail d'actions comporte, à peine de nullité, les mentions suivantes :
– la nature, le nombre et l'identification des actions louées ;
– la durée du contrat et du préavis de résiliation ;

– le montant, la périodicité et, le cas échéant, les modalités de révision du loyer ;
– si les actions louées sont cessibles par le bailleur en cours de contrat, les modalités de cette cession ;
– les conditions de répartition du boni de liquidation, dans le respect des règles légales applicables à l'usufruit.

En l'absence de mentions relatives à la révision du loyer et à la cession des actions en cours de bail, le loyer est réputé fixe et les actions incessibles pendant la durée du bail (c. com. art. R. 239-1).

• **Fin du contrat.** Le bail est renouvelé dans les mêmes conditions que la conclusion du bail initial.

En cas de non-renouvellement du contrat de bail ou de résiliation, la partie la plus diligente fait procéder à la radiation de la mention portée dans le registre des actions de la SA (c. com. art. L. 239-4).

Très souvent, le contrat se dénouera par une cession des titres au locataire dans des conditions prévues par le contrat de bail. Au regard des droits d'enregistrement, aucune mesure particulière n'est en revanche prévue et ce sont les droits applicables aux cessions de parts ou d'actions qui s'appliqueront avec les franchises propres à chacune de ces opérations. Il en est de même pour le régime fiscal de la plus-value de cession.

Droits du bailleur et du locataire

1306 **Le locataire ne peut pas disposer des titres ; il a seulement des droits réduits à la perception du dividende et des droits assimilés à ceux d'un usufruitier.**

Le droit de vote attaché à l'action appartient au bailleur dans les assemblées statuant sur les modifications statutaires ou le changement de nationalité de la société et au locataire dans les autres assemblées. Pour l'exercice des autres droits attachés aux actions louées, le bailleur est considéré comme le nu-propriétaire et le locataire comme l'usufruitier (c. com. art. L. 239-3).

Ainsi, les règles transposées dans la SA confèrent le droit de vote au locataire dans les assemblées générales ordinaires et au bailleur dans les assemblées générales extraordinaires, sauf clause contraire des statuts (c. com. art. L. 225-110).

En pratique, les solutions retenues pour l'exercice du droit de vote de l'usufruitier et son droit de communication seront reprises en faveur du locataire d'actions *(voir § 719)*.

La sous-location des actions louées est frappée de nullité. Il en est de même de l'opération de prêt de titres au sens des articles L. 211-22 à L. 211-26 du code monétaire et financier (c. com. art. L. 239-1, al. 7).

Conséquences fiscales de la location des actions

▸ Imposition du locataire

1307 **Le locataire des actions est considéré comme l'usufruitier. Il bénéficie donc des dividendes distribués par la société dont il prend les titres en location.**

Dans le cadre du contrat de location d'actions, le preneur acquitte un loyer et perçoit en contrepartie les éventuels dividendes mis en distribution. Si le montant du loyer acquitté est supérieur au montant des dividendes reçus, il en résulte un déficit relevant de catégorie des revenus des capitaux mobiliers. Il est prévu que ce déficit ne peut pas être imputé sur les autres revenus du foyer fiscal. Ces déficits peuvent cependant être imputés sur les revenus de même nature des 6 années suivantes (CGI art. 156, I.8°).

▶ Imposition du bailleur

1308 Les revenus tirés de la location de titres de sociétés relèvent :
- de la catégorie des BIC, si le bailleur relève de l'IR ;
- de l'IS si le bailleur est une société soumise à cet impôt.

Pour les personnes physiques, la location d'actions entraîne automatiquement le transfert des titres du patrimoine privé au patrimoine professionnel. En cas de cession ultérieure des titres, il convient d'appliquer le régime dit des « biens migrants » (CGI art. 151 sexies, I). Ainsi, l'accroissement de la valeur des titres loués au cours de la période pendant laquelle ils ont figuré dans le patrimoine privé du bailleur avant d'être donnés en location relève, lors de leur cession, du régime des plus-values mobilières des particuliers (BOFiP-RPPM-PVBMI-20-10-30-20/12/2019).

Location des titres assortie d'une promesse de vente

▶ Opération de crédit-bail

1309 La loi organise un mécanisme de crédit-bail pour l'acquisition des actions données à bail. À cet effet, le code monétaire et financier rend éligibles au régime des opérations de crédit-bail les opérations de location d'actions prévues aux articles L. 239-1 à L. 239-5 du code de commerce, assorties d'une promesse unilatérale de vente moyennant un prix convenu tenant compte, au moins pour partie, des versements effectués à titre de loyers (c. com. art. L. 239-1 à L. 239-5 ; c. mon. et fin. art. L. 313-7, dern. al.).

▶ Régime fiscal

1310 Pour le bailleur, le régime fiscal est le même que celui de la location d'un fonds de commerce, d'un fonds artisanal ou d'un de leurs éléments incorporels non amortissables (CGI art. 38 ter).

Les sommes correspondant à la quote-part de loyer prise en compte pour la fixation du prix de vente convenu pour l'acceptation de la promesse unilatérale de vente ne constituent pas un élément du résultat imposable de l'entreprise bailleresse si le versement de ces sommes fait naître, à l'égard du locataire, une dette d'égal montant constatée au bilan de l'entreprise de crédit-bail. En revanche, pour déterminer la plus-value de cession imposable lors de l'acceptation par le locataire de la promesse unilatérale de vente, le prix de vente convenu au contrat est majoré de la quote-part de loyer qui avait été définie (CGI art. 38 ter).

Pour le locataire, parmi la liste des charges non admises en déduction, figure la quote-part de loyers prise en compte pour la fixation du prix de vente convenu pour l'acceptation de la promesse unilatérale de vente en cas de crédit-bail d'un fonds de commerce ou d'un fonds artisanal (CGI art. 39, 8). Cette exclusion est étendue au cas de la location des parts sociales ou des actions de sociétés commerciales non négociables sur un marché réglementé. La part non déductible doit être indiquée distinctement dans le contrat de crédit-bail.

Plus-values de cession des titres réalisées par les particuliers. Les règles de calcul des plus-values à titre onéreux sont précisées pour les titres acquis dans le cadre d'une opération d'acquisition en crédit-bail d'actions ou de parts sociales.

Si l'option d'achat est exercée à l'issue de la période de location, le prix d'acquisition à retenir est égal au prix convenu pour la levée d'option, c'est-à-dire sans tenir compte des loyers déjà versés (CGI art. 150-0 D, 8 bis ; voir RF 2021-5, § 3455).

Obtenir le remboursement **de son compte courant d'actionnaire en SA**

1

LE REMBOURSEMENT PEUT ÊTRE DEMANDÉ À TOUT MOMENT

✓

AUCUNE PRESCRIPTION N'EST À CRAINDRE

—

TOUTEFOIS, SI LA DEMANDE DE REMBOURSEMENT N'A PAS D'EFFET, IL FAUT SAISIR LA JUSTICE DANS LES 5 ANS

2

DEUX CAS DE REMBOURSEMENT IMPOSSIBLE

UNE CONVENTION DE BLOCAGE A ÉTÉ SIGNÉE PAR TOUS LES ACTIONNAIRES

LA SA A ÉTÉ MISE EN REDRESSEMENT OU LIQUIDATION JUDICIAIRE

3

UN ÉCUEIL POUR LE DIRIGEANT ACTIONNAIRE

SITUATION : LE DIRIGEANT SE FAIT REMBOURSER SON COMPTE COURANT D'ACTIONNAIRE PEU DE TEMPS AVANT LE REDRESSEMENT OU LA LIQUIDATION

1[ER] RISQUE

▼

LE DIRIGEANT PEUT DEVOIR REVERSER LA SOMME PERÇUE

2[E] RISQUE

▼

LE DIRIGEANT PEUT ÊTRE CONDAMNÉ À UNE LOURDE SANCTION PÉCUNIAIRE POUR FAUTE DE GESTION

Revue Fiduciaire

26 Autres sources de financement

Obligations

Caractéristiques

1330 Les obligations sont des titres de créances négociables conférant à leur possesseur le droit de percevoir un intérêt. Dans une même émission, elles confèrent les mêmes droits de créances pour une même valeur nominale. L'obligation est une valeur à revenu fixe par opposition à l'action, qui est une valeur à revenu variable (c. mon. et fin. art. L. 213-5 ; c. com. art. L. 228-38).

Une société anonyme peut émettre des obligations au profit de prêteurs ; c'est un moyen de financement.

• **Valeurs mobilières négociables.** Les obligations qui confèrent un droit de créance sur le patrimoine de la société sont des valeurs mobilières au sens de l'article L. 211-2 du code monétaire et financier ; elles doivent être inscrites soit en comptes tenus par la société émettrice ou par un intermédiaire habilité, soit dans un dispositif d'enregistrement électronique partagé (DEEP) (c. com. L. 228-1, al. 6 ; c. mon. et fin. art. L. 211-3). Les obligations revêtent la forme nominative lorsque la société émettrice tient le compte-titres ou qu'elle les a inscrites dans un DEEP (c. mon. et fin. art. R. 211-2, al. 1).

• **Obligations à prime.** Parmi les nombreuses variantes d'émission et de remboursement des obligations, signalons les obligations à prime. Ce terme peut concerner la prime d'émission pour les obligations émises au-dessous du pair et remboursables à leur montant nominal. Dans d'autres cas, il s'agira d'une prime de remboursement ; l'obligation est émise au pair. Mais son remboursement a lieu à un taux plus élevé.

Émission d'obligations

▸ Organe compétent

1331 L'émission d'obligations est de la compétence du conseil d'administration qui autorise ou décide l'émission d'obligations, sauf si les statuts réservent ce pouvoir à l'assemblée générale ; l'assemblée peut également décider d'exercer ce pouvoir. Le conseil d'administration peut déléguer, à toute personne de son choix, les pouvoirs nécessaires pour réaliser, dans un délai d'un an l'émission d'obligations et en arrêter les modalités. Les personnes désignées leur rendent compte dans les conditions déterminées par ces organes (c. com. art. L. 228-40).

▸ Conditions pour émettre

1332 L'émission d'obligations par une société anonyme n'ayant pas établi deux bilans régulièrement approuvés par les actionnaires doit être précédée d'une vérification de l'actif et du passif (c. com. art. L. 228-39, al. 1).

Le conseil d'administration désigne un ou plusieurs commissaires aux apports. Ces commissaires établissent, sous leur responsabilité, un rapport sur la valeur des actifs et des passifs de la société. Ce rapport est soumis, préalablement à la décision ou à l'autorisation d'émission, au conseil d'administration (c. com. art. L. 228-39, al. 2).

Ces dispositions sont impératives : leur violation ouvre droit à l'action en nullité (c. com. art. L. 235-1).

La société fixe le montant des emprunts obligataires et la valeur nominale des obligations.

L'émission d'obligations est interdite aux sociétés dont le capital n'est pas intégralement libéré sauf si les actions non libérées ont été réservées aux salariés bénéficiant d'un plan épargne entreprise, et sauf si elle est faite en vue de l'attribution aux salariés des obligations émises au titre de la participation de ceux-ci aux fruits de l'expansion de l'entreprise (c. com. art. L. 228-39, al. 4).

• **Émission d'obligations sans vérification préalable de l'actif et du passif.** En cas d'émission d'obligations sans vérification préalable de l'actif et du passif, aucune disposition pénale ne sanctionne directement la violation de l'article L. 228-39 du code commerce. En théorie, une action en responsabilité civile peut être envisagée. La nullité est encourue pour défaut d'information préalable du conseil d'administration ou de l'assemblée générale et des souscripteurs des obligations. Ce vice du consentement n'est pas régularisable. Mais la décision de l'émission comme la souscription des obligations peut faire l'objet d'une confirmation par les intéressés au vu du rapport d'information. En pratique, cette « confirmation » implique une décision de l'organe décisionnaire et le consentement des obligataires, sauf à rembourser ceux qui le réclameraient (ANSA, CJ du 7 mai 2014, n° 14-030).

• **Dispense de vérification.** L'obligation de vérification de l'actif et du passif n'est pas applicable à l'émission d'obligations qui bénéficient de la garantie de sociétés ayant établi deux bilans régulièrement approuvés par les actionnaires. Elles ne sont pas non plus applicables à l'émission d'obligations qui sont gagées par des titres de créance sur l'État, sur les autres collectivités publiques ou sur des entreprises concessionnaires de l'État ou de toute autre collectivité publique ou subventionnées par ces mêmes collectivités et ayant établi le bilan de leur premier exercice (c. com. art. L. 228-39, al. 3).

• **Émission d'obligations au profit d'actionnaires détenant plus de 10 % du capital.** Faut-il appliquer la procédure des conventions réglementées ? L'ANSA répond par la négative. L'article L. 228-40 du code de commerce attribue au conseil d'administration le pouvoir d'autoriser ou de décider l'émission d'obligations ; il place donc ces décisions hors du champ de l'article L. 225-38 du même code qui implique que la décision soumise à autorisation doit relever de la compétence d'un autre organe que le conseil d'administration. Toutefois, elle préconise par prudence de faire appel à un expert indépendant chargé d'examiner les conditions financières de l'emprunt et de recommander aux administrateurs intéressés de s'abstenir lors du vote de l'autorisation (ANSA, CJ du 4 juin 2014, n° 14-033).

Représentation des obligataires

▸ Masse des obligataires

1333 **Les porteurs d'obligations d'une même émission sont groupés de plein droit pour la défense de leurs intérêts communs dans une masse qui jouit de la personnalité civile** (c. com. art. L. 228-46).

Émissions successives. En cas d'émissions successives d'obligations, la société peut, lorsqu'une clause de chaque contrat d'émission le prévoit, grouper en une masse unique les porteurs d'obligations ayant des droits identiques.

▸ Représentants de la masse

1334 **La masse est représentée par un ou plusieurs mandataires** (c. com. art. L. 228-47) **désignés dans le contrat d'émission ou par l'assemblée générale des obligataires ou, à défaut, par décision de justice, à la demande de tout intéressé** (c. com. art. L. 228-51).

La société débitrice ne peut être choisie comme représentant de la masse, de même que les sociétés possédant au moins le dixième du capital de la société débitrice ou dont celle-ci possède au moins le dixième du capital et les sociétés garantes de tout ou partie des engagements de la société débitrice (c. com. art. L. 228-49).

Les représentants ont, sauf restrictions décidées par l'assemblée des obligataires, le pouvoir d'accomplir, au nom de la masse, tous les actes de gestion pour la défense des intérêts communs des obligataires. Ce pouvoir peut être délégué par les représentants de la masse à un tiers (c. com. art. L. 228-53). **Ils disposent notamment de prérogatives particulières en cas de fusion, scission ou d'apports partiels d'actif.**

La masse des obligataires subsiste tant qu'il n'a pas été définitivement statué sur les droits de ceux-ci et seuls ses représentants peuvent exercer les actions tendant à la défense de leurs intérêts communs (cass. com. 10 décembre 2013, n° 12-24198).

• **Droit de communication.** Les représentants de la masse disposent, en outre, du même droit de communication que les actionnaires et peuvent l'exercer dans les mêmes conditions. Ils ont accès aux assemblées générales d'actionnaires mais sans voix délibérative. Ils ne peuvent s'immiscer dans la gestion des affaires sociales (c. com. art. L. 228-55). Le droit de communication porte sur le texte des résolutions soumises au vote et sur les rapports présentés à l'assemblée des obligataires.

• **Mandat réservé aux ressortissants européens.** Le mandat de représentant de la masse ne peut être confié qu'aux personnes ressortissantes d'un État membre de l'Union européenne ou domiciliées dans un État membre de l'Union européenne, ainsi qu'aux associations et sociétés y ayant leur siège (c. com. art. L. 228-48).

• **Rémunération.** La rémunération des représentants de la masse est déterminée par le contrat d'émission ou l'assemblée générale des obligataires ; à défaut, elle est fixée par le président du tribunal judiciaire (c. com. art. R. 228-63).

Ne peut ainsi, solliciter une provision sur sa rémunération, le représentant de la masse de porteurs de bons de souscriptions d'actions (BSA) au titre de sa qualité d'auxiliaire de justice en application des dispositions du code de procédure civile. En effet, la Cour de cassation a précisé que la rémunération du représentant de la masse de porteurs de BSA doit être prise conformément aux dispositions des articles L. 228-56 et R. 228-63 du code de commerce et que toute rémunération attribuée sur un autre fondement est nulle (cass. com. 7 mai 2019, n° 17-15905).

▸ Assemblées d'obligataires ou consultation écrite

1335 **Les décisions de la masse des obligataires sont prises en assemblée générale. Toutefois, le contrat d'émission peut prévoir qu'elles soient prises en consultation écrite selon certaines modalités de délai et de forme, y compris par voie électronique** (c. com. art. L. 228-46-1).

L'assemblée générale des obligataires est convoquée par le conseil d'administration ou le représentant légal de la société, par les représentants de la masse ou par les liquidateurs pendant la période de liquidation. Peuvent également demander à la société et au représentant de la masse la convocation de l'assemblée un ou plusieurs obligataires, réunissant au moins le trentième des titres d'une masse par acte extrajudiciaire ou par lettre recommandée avec demande d'avis de réception. Si l'assemblée générale n'a pas été convoquée dans le délai de 2 mois, les auteurs de la demande peuvent charger l'un d'entre eux de poursuivre en justice la désignation d'un mandataire qui convoquera l'assemblée (c. com. art. L. 228-58 et R. 228-65).

Cette assemblée est présidée par un représentant de la masse (c. com. art. L. 228-64). **À chaque assemblée est tenue une feuille de présence** (c. com. art. L. 228-60-1). **Le vote à distance est admis** (c. com. art. L. 228-61, al. 3)

L'assemblée générale des obligataires délibère sur toutes les mesures ayant pour objet d'assurer la défense des obligataires et l'exécution du contrat d'emprunt ainsi que sur toute proposition tendant à la modification du contrat ; le quorum est de 1/5 sur première convocation (pas de quorum sur seconde convocation), la majorité est de 2/3 des voix dont disposent les obligataires présents ou représentés (c. com. art. L. 228-65, II). **Elle ne peut cependant ni accroître les charges des obligataires, ni établir un traitement inégal entre les obligataires d'une même masse ; elle ne peut pas davantage, sauf cas particulier, décider la conversion des obligations en actions** (c. com. art. L. 228-68).

• **Convocation.** La convocation des assemblées générales d'obligataires est faite dans les mêmes conditions de forme et de délai que celles des assemblées d'actionnaires (c. com. art. L. 228-59 et R. 228-69). L'avis de convocation doit contenir certaines mentions (c. com. art. R. 225-66 et R. 228-66). Toutefois, le contrat d'émission des obligations peut fixer les conditions dans lesquelles l'avis de convocation de l'assemblée est porté à la connaissance des obligataires ; à défaut de précision, cette information est publiée dans un support d'annonces légales du département du siège social (et au bulletin des annonces légales obligatoires si les obligations sont au porteur). Toutefois, si toutes les obligations émises par la société sont nominatives, les insertions peuvent être remplacées par une convocation faite aux frais de la société, par lettre simple ou recommandée adressée à chaque obligataire (c. com. art. R. 228-67).

• **Nu-propriétaire.** Le droit de vote dans les assemblées générales d'obligataires appartient au nu-propriétaire (c. com. art. L. 228-66).

• **Visioconférence et vote électronique.** Si les statuts ou le contrat d'émission le prévoient, sont réputés présents pour le calcul du quorum et de la majorité les obligataires qui participent à l'assemblée par visioconférence ou par des moyens de télécommunication permettant leur identification (c. com. art. L. 228-61, al. 5). Les dispositions prévues pour les assemblées d'actionnaires relatives à la visioconférence, aux moyens de télécommunication, au vote électronique et au vote par correspondance s'appliquent (c. com. art. R. 228-68) *(voir §§ 760 et 804)*.

• **Liste des obligataires.** La société émettrice d'obligations doit tenir à jour la liste des titulaires d'obligations nominatives avec l'indication du domicile déclaré de chacun d'eux (c. com. art. R. 228-7).

Valeurs mobilières donnant accès au capital

Catégories de valeurs mobilières

1336 Les sociétés par actions peuvent émettre :
– des valeurs mobilières, qui donnent accès au capital, telles que les bons de souscription en actions (c. com. art. L. 228-98 à L. 228-106) ; ces valeurs mobilières peuvent être représentées par des titres simples et des titres composés (OBSA, ABSA) ;
– des valeurs mobilières donnant droit à l'attribution de titres de créances (obligations à bons de souscription d'obligations dites OBSO ou des bons de souscription d'obligations).

Les titres de capital ne peuvent pas être convertis ou transformés en valeurs mobilières représentatives d'un droit de créance. Toute clause contraire est réputée non écrite (c. com. art. L. 228-91, al. 3).

L'émission de ces valeurs mobilières ne constitue pas une promesse d'actions dont la négociation est interdite (c. com. art. L. 228-91).

• **Agrément.** La cession des valeurs mobilières donnant accès au capital peut, au même titre que les actions, être soumise à un agrément dans les conditions fixées par les statuts.

• **Cession liée.** Le contrat d'émission peut prévoir que les valeurs mobilières et le titre de capital auquel elles donnent droit ne peuvent être cédés et négociés qu'ensemble. Dans ce cas, si le titre émis à l'origine est un titre de capital, celui-ci ne relève pas d'une catégorie déterminée au sens de l'article L. 225-99 du code de commerce (c. com. art. L. 228-91, al. 2).

Émission des valeurs mobilières

1337 L'émission des valeurs mobilières donnant accès au capital ou donnant droit à l'attribution de titres de créances est de la compétence de l'assemblée générale extraordinaire sur le rapport du conseil d'administration. Un rapport spécial du commissaire aux comptes est également requis (c. com. art. L. 228-92). En l'absence de commissaire aux comptes, il conviendra donc d'en désigner un.

Les règles prévues pour les augmentations de capital par émission d'actions ordinaires ou d'actions de préférence s'appliquent *(voir §§ 1370 à 1375)*. Le non-respect du droit préférentiel de souscription entraîne la nullité des décisions d'émission de valeurs mobilières (c. com. art. L. 228-95).

Doivent être indiquées dans les rapports les caractéristiques des valeurs mobilières donnant accès au capital, les modalités d'attribution des titres de capital auxquels ces valeurs mobilières donnent droit, ainsi que les dates auxquelles peuvent être exercés les droits d'attribution (c. com. art. R. 225-117). On notera que dans certains cas, l'opération n'entraîne pas d'augmentation de capital, notamment lorsque les actions à livrer sont autodétenues.

Lorsque l'émission primaire porte sur une obligation ou un bon, le titre financier reste soumis aux règles qui le concernent en propre (titre d'emprunt ou titre de créances) et non à celles relatives aux augmentations de capital, sauf disposition spéciale contraire (ANSA n° 08-036). **Ainsi lorsque le titre primaire est une obligation le régime général des obligations s'applique : libération du capital, établissement de deux bilans** *(voir § 1332)*.

• **Droit préférentiel de souscription lié à la création des valeurs mobilières.** Les actionnaires d'une société émettant des valeurs mobilières donnant accès au capital ont, proportionnellement au montant de leurs actions, un droit de préférence à la souscription de ces valeurs mobilières (c. com. art. L. 228-93). Ce droit préférentiel de souscription (DPS) s'exerce selon les mêmes règles que celles applicables en cas d'augmentation de capital ordinaire (c. com. art. L. 225-132 à L. 225-141). Qu'il soit demandé ou non aux actionnaires de renoncer à leur droit préférentiel, les rapports du conseil d'administration et du commissaire aux comptes doivent être conformes aux règles posées par les articles R. 225-113 à R. 225-116 du code de commerce *(voir §§ 1374, 1375 et 1390)*.

Lorsque le DPS est maintenu, le commissaire aux comptes doit donner son avis sur l'émission proposée et sur le choix des éléments de calcul du prix d'émission et de son montant (c. com. art. R. 225-117).

Lorsque le DPS est supprimé, les articles L. 225-135 à L. 225-138 du code de commerce s'appliquent ; dès lors, cette suppression doit s'effectuer selon l'une des procédures prévues : offre au public, placement privé, dérogation des 10 %, émission réservée à des personnes dénommées ou à une catégorie d'investisseurs (ANSA, CJ du 3 juin 2015, n° 15-037).

• **Renonciation au DPS lors de l'émission des actions.** La décision d'émission de valeurs mobilières donnant accès au capital emporte renonciation des actionnaires à leur droit préférentiel de souscription aux titres de capital (actions) auxquels les valeurs mobilières émises donnent droit (c. com. art. L. 225-132).

• **Réalisation de l'augmentation de capital différée.** Les augmentations de capital rendues nécessaires par l'exercice des droits attachés à des valeurs mobilières donnant accès au capital ne donnent pas lieu à un avis dans un support d'annonces légales informant de l'émission des actions nouvelles et de ses modalités ; l'article R. 225-120 du code de commerce ne s'applique pas.

Les bulletins de souscription sont établis selon les modalités de l'article R. 225-128 du même code sans faire mention ni du montant de l'augmentation ni du montant à souscrire en numéraire.

Les dispositions des articles R. 225-129 à 135 du code de commerce relatives au dépôt des fonds et aux compensations ne s'appliquent pas.

L'augmentation de capital est définitivement réalisée du seul fait de l'exercice des droits correspondants et, le cas échéant, des versements exigibles (c. com. art. L. 225-149).

La publication de l'avis de modification des statuts dans un support d'annonces légales intervient dans un délai de 1 mois (c. com. art. R. 228-93).

L'augmentation de capital résultant de l'exercice des droits attachés à ces valeurs mobilières peut être constatée par le directeur général sur délégation du conseil d'administration. Cette constatation et la modification corrélative des statuts doivent intervenir au plus tard dans le mois de la clôture de l'exercice (c. com. art. L. 225-149 et R. 225-132).

• **Rompus.** Lorsque l'augmentation de capital résultant de l'exercice de droits attachés aux valeurs mobilières donnant accès au capital fait apparaître un rompu, celui-ci est versé en espèces. Ce versement est égal au produit de la fraction d'action formant rompu par la valeur de l'action (c. com. art. R. 228-94, al. 1). Le contrat d'émission peut prévoir que le titulaire des valeurs mobilières a le droit de demander la délivrance du nombre entier d'actions à condition de verser à la société la valeur de la fraction d'action supplémentaire demandée (c. com. art. R. 228-94, dernier al.).

• **Résolution en faveur d'une augmentation de capital au profit des salariés.** Selon la Compagnie nationale des commissaires aux comptes, lors de la décision d'émettre des valeurs mobilières donnant accès au capital, il est nécessaire de proposer à l'assemblée une augmentation de capital réservée aux salariés.

• **Actions de préférence sans droit de vote.** Lorsque les valeurs mobilières donnent droit à des actions de préférence sans droit de vote, les actions à émettre et celles déjà existantes ne peuvent représenter plus de la moitié du capital (c. com. art. L. 228-11).

Titres mère-fille et fille-mère

1338 **Les valeurs mobilières émises par la société mère peuvent donner droit aux actions d'une filiale dont la mère possède directement ou indirectement plus de la moitié du capital. De même, une filiale peut émettre des valeurs mobilières donnant droit à des actions chez la mère** (c. com. art. L. 228-93, al. 1)**.**

À peine de nullité, l'émission doit être autorisée à émettre ces valeurs mobilières par l'assemblée générale extraordinaire de la société appelée à émettre ces valeurs mobilières et par celle de la société au sein de laquelle les droits sont exercés (c. com. art. L. 228-93, al. 2)**. Là encore, la société mère et la fille doivent être liées par un pourcentage supérieur à la moitié du capital ; les participations égales ou inférieures sont exclues.**

Les termes donnant accès au capital ne se limitent pas à la souscription de titres nouveaux ; ils concernent également l'acquisition de titres existants (ANSA, 6 octobre 2004, n° 04-064)**.**

Droit préférentiel. Seuls les actionnaires de la société émettrice ont un droit préférentiel à la souscription des valeurs donnant accès au capital. Ce droit préférentiel disparaît en l'absence d'augmentation de capital, même éventuelle et différée ; tel peut être le cas d'attribution d'actions déjà existantes de la société émettrice (ANSA, 6 octobre 2004, n° 04-064).

Masse des porteurs de valeurs donnant accès au capital

1339 **Les porteurs de valeurs mobilières donnant accès au capital sont obligatoirement réunis en masse pour la défense de leurs intérêts communs. Il est formé, s'il y a lieu, une masse distincte pour chaque nature de titres donnant les mêmes droits. Cette masse dotée de la personnalité morale est organisée et soumise au même régime que celui des obligataires** (c. com. art. L. 228-103)**. Cette assemblée désigne les représentants de la masse et fixe leur rémunération ; elle autorise les modifications portant atteinte aux droits des porteurs de valeurs mobilières donnant accès au capital.**

• **Masse de porteurs de BSPCE.** Aucun porteur de bons de souscription de parts de créateurs d'entreprise (BSPCE) ne peut être désigné représentant de la masse, les personnes bénéficiaires de ces bons (administrateurs, membres du directoire, du conseil de surveillance, directeurs généraux, etc.) étant exclues de cette fonction par l'article L. 228-49, 4° du code de commerce. Un tiers non porteur doit donc être désigné à cet effet (ANSA, CJ du 1er mars 2023, n° 23-017).

• **Consultation écrite de la masse des porteurs de BSPCE.** Selon l'ANSA, l'article L. 228-46-1 relatif à la faculté de consultation écrite des obligataires (y compris par voie électronique) n'est pas applicable à la masse des porteurs de BSPCE. En revanche, il est possible de prévoir dans le contrat d'émission que les membres qui participent à l'assemblée par visioconférence ou par des moyens de télécommunication permettant leur identification sont réputés présents pour le calcul du quorum et de la majorité (ANSA, CJ du 6 avril 2022, n° 22-015).

• **Fusion.** Selon l'ANSA, dans le cadre d'une opération de fusion, lorsque la société qui va être absorbée a émis des obligations convertibles en actions (ou des obligations remboursables en actions), il est inutile de réunir la masse des porteurs de ces titres ou de leur proposer le remboursement. Les titulaires recevront de nouvelles obligations convertibles en actions de la société absorbante, en substitution de leurs anciens titres, et conformément au rapport d'échange prévu dans le traité de fusion (ANSA, CJ du 1er mars 2023, n° 23-014).

Protection des porteurs de valeurs mobilières donnant accès au capital

▸ Opérations emportant modification de forme ou d'objet de la société

1340 À dater de l'émission de valeurs mobilières donnant accès au capital, la société devant attribuer ces titres ne peut modifier sa forme ou son objet.

Toutefois, ces opérations peuvent être autorisées par le contrat d'émission. La masse des porteurs des valeurs mobilières peut également autoriser les opérations (c. com. art. L. 228-98).

Pour ces opérations, il n'y a pas lieu de mettre en œuvre des mesures de protection des porteurs de valeurs mobilières donnant accès au capital.

▸ Modifications touchant les bénéfices, le capital ou la création d'actions de préférence

1341 En outre, la société ne peut :
– ni modifier les règles de répartition de ses bénéfices ;
– ni amortir son capital ;
– ni créer des actions de préférence entraînant une modification des règles de répartition de ses bénéfices ou un amortissement de son capital. Le contrat d'émission ou l'assemblée des porteurs de valeurs mobilières donnant accès au capital pourrait autoriser ces opérations (c. com. art. L. 228-98).

Le contrat d'émission ou l'assemblée des porteurs de valeurs mobilières donnant accès au capital pourrait autoriser ces opérations (c. com. art. L. 228-98).

Dans ce cas, il convient de prendre les dispositions nécessaires au maintien des droits des titulaires des valeurs mobilières donnant accès au capital. Ces dispositions sont applicables aussi longtemps qu'il existe des droits attachés à chacun des éléments des valeurs mobilières émises (c. com. art. L. 228-100).

En revanche, depuis le 23 mai 2019, une autorisation du contrat d'émission ou de l'assemblée de la masse des porteurs n'est plus nécessaire pour la création d'actions de préférence n'entraînant pas de modification des règles de répartition des bénéfices (c. com. art. L. 228-98, modifié par la loi 2019-486 du 22 mai 2019, art. 100).

Mandataire ad hoc. Selon l'ANSA, en cas d'absence volontaire des porteurs de valeurs mobilières donnant accès au capital aux assemblées, empêchant ainsi toute délibération sur une opération nécessaire à la poursuite de l'activité de la société, il est possible de faire désigner en justice un mandataire ad hoc chargé de voter à l'assemblée spéciale de la masse en leur nom *(voir § 1210)* (ANSA, CJ du 5 octobre 2022, n° 22-037).

▸ Opérations portant sur le capital

1342 Des mesures nécessaires à la protection des intérêts des titulaires de valeurs mobilières donnant accès au capital doivent être prises par la société tenue d'émettre les actions devant être attribuées aux porteurs de ces valeurs lorsqu'elle décide de (c. com. art. L. 228-99) :
– procéder à l'émission sous quelque forme que ce soit de nouveaux titres de capital avec droit préférentiel de souscription réservé à ses actionnaires ;

– **distribuer des réserves en espèces ou en nature et des primes d'émission ;**
– **modifier la répartition de ses bénéfices par la création d'actions de préférence.**

• **Mesures de protection des titulaires de valeurs mobilières.** Avant de procéder à l'émission des nouveaux titres, la société doit :
– soit permettre aux porteurs des valeurs mobilières d'exercer immédiatement leur droit d'accès au capital de façon qu'ils puissent immédiatement participer aux opérations prévues (c. com. art. L. 228-99, 1°). Ainsi si la société émet de nouveaux titres de capital avec droit préférentiel de souscription, les droits attribués aux valeurs mobilières donnant accès au capital ne peuvent s'exercer qu'à certaines dates ; la société doit ouvrir une période exceptionnelle pour leur permettre de souscrire les titres nouveaux (c. com. art. R. 228-87) ;
– soit prendre les dispositions qui leur permettront, lorsqu'ils exerceront leurs droits à devenir actionnaire, de profiter par équivalent des mêmes avantages que ceux consentis aux actionnaires, sauf en ce qui concerne la jouissance. Les porteurs de valeurs mobilières devenus actionnaires pourront souscrire à titre irréductible les nouveaux titres ou en obtenir attribution gratuite ou encore recevoir des espèces ou des biens semblables à ceux qui ont été distribués, dans les mêmes quantités ou proportions ainsi qu'aux mêmes conditions (c. com. art. L. 228-99, 2°) ;
– soit procéder à un ajustement des conditions de souscription, des bases de conversion, des modalités d'échange ou d'attribution initialement prévues de façon à tenir compte de l'incidence des opérations d'émission (c. com. art. L. 228-99, 3°). L'ajustement doit, dans ce cas, égaliser au centième d'action près la valeur des titres qui seront obtenus en cas d'exercice des droits attachés aux valeurs mobilières donnant accès au capital après la réalisation de l'opération et la valeur des titres qui auraient été obtenus en cas d'exercice de ces droits avant la réalisation de l'opération. Les nouvelles bases d'exercice des droits attachés aux valeurs mobilières sont calculées en tenant compte de différents éléments définis à l'article R. 228-91 du code de commerce notamment en cas d'opération comportant un droit préférentiel de souscription.

• **Modification de la répartition des bénéfices.** Les nouvelles bases d'exercice des droits attachés aux valeurs mobilières donnant accès au capital sont, dans ce cas, calculées en tenant compte du rapport entre la réduction par action du droit aux bénéfices et la valeur de l'action avant cette modification (valeur définie dans le contrat d'émission) (c. com. art. R. 228-91, 4°).

• **Distribution de réserves.** La société qui procède à la distribution de réserves, en espèces ou en nature, ou de primes d'émission, vire à un compte de réserve indisponible la somme et, le cas échéant, conserve les biens en nature pour remettre aux titulaires des droits attachés aux valeurs mobilières donnant accès au capital qui exerceraient leur droit ultérieurement la somme ou les biens qu'ils auraient reçus s'ils avaient été actionnaires au moment de la distribution (c. com. art. R. 228-89).

• **Amortissement du capital.** Les nouvelles bases d'exercice des droits attachés aux valeurs mobilières donnant accès au capital sont calculées en tenant compte du rapport entre le montant par action de l'amortissement et la valeur de l'action avant cette modification (c. com. art. R. 228-91, 5°).

Bons de souscription d'actions

Modalités d'émission

1343 **Les bons de souscription d'actions (BSA) relèvent de la catégorie des valeurs mobilières donnant accès au capital** *(voir § 1336)*.

Les sociétés par actions peuvent émettre ces bons au profit de leurs salariés, dirigeants ou tiers collaborateurs afin de leur donner le droit de souscrire de nouvelles actions à un prix déterminé ou déterminable.

Les BSA sont le plus souvent émis moyennant le versement d'un prix d'émission mais peuvent aussi être gratuits. Ces bons sont des valeurs mobilières donc sont cessibles. Leur émission obéit aux règles de droit commun des émissions de valeurs mobilières donnant accès au capital ou donnant droit à l'attribution de titres de créances (c. com. art. L. 228-91) *(voir §1337)*.

• **Différences avec les BSPCE.** Les bons de souscription de parts de créateur (BSPCE) ne peuvent pas être attribués à des tiers à la société émettrice et ne sont pas cessibles contrairement aux BSA. En outre, la société qui souhaite émettre des BSPCE doit remplir un certain nombre de conditions tenant à son ancienneté, la composition de son capital ou son imposition *(voir § 1346)* qui ne s'imposent pas pour émettre des BSA. Enfin, les BSPCE sont nécessairement attribués gratuitement alors que les BSA sont le plus souvent payants.

• **Durée des bons.** Les BSA peuvent avoir une durée plus longue que celle des actions auxquelles ils donnent accès.

• **Renonciation au droit préférentiel de souscription.** Les BSA sont soumis, quant à leur émission, au régime des bons de souscription autonomes ; en conséquence les actionnaires voteront la renonciation à leur droit préférentiel de souscription pour que seuls les bénéficiaires de ces bons puissent en bénéficier.

• **Dissolution anticipée de la société émettrice.** Selon l'ANSA, en présence d'un boni de liquidation, les titulaires de BSA doivent bénéficier des mêmes mesures protectrices qu'en cas de distribution de réserve (c. com. art. L. 228-99). Ainsi, ils doivent être en mesure d'exercer leurs bons et recevoir la part de boni correspondant aux actions souscrites (ANSA, CJ du 6 mars 2019, n° 19-017).

• **Absence de rapport du commissaire aux comptes : sanction.** Selon l'ANSA, le risque d'annulation d'une décision d'émettre des BSA rendue sans rapport du commissaire aux comptes peut être couvert par une nouvelle AGE revotant l'émission de BSA en présence du rapport qui faisait défaut. La nouvelle délibération de l'AGE doit, pour cela, préciser expressément qu'il s'agit de régulariser une délibération antérieure (ANSA, septembre 2018, n° 18-037).

Régime fiscal des BSA proposés dans le cadre d'un « management package »

1344 **Par trois décisions rendues en formation plénière, le Conseil d'État a précisé les modalités d'imposition des gains provenant de dispositifs de « management packages » ayant pris la forme de BSA ou d'options d'achat ou de souscription d'actions ne relevant pas du dispositif des stock-options prévu par les articles L. 225-177 et suivants du code de commerce** (CE 13 juillet 2021, n°s 428506, 435452 et 437498).

Le mécanisme consiste à associer le cadre ou le dirigeant à une stratégie de performance en lui proposant de profiter d'une partie de la plus-value de cession des

titres qu'il aura souscrits à des conditions avantageuses. La difficulté fiscale est de déterminer la nature du revenu généré et sa catégorie d'imposition : traitements et salaires ou plus-values de cession des valeurs mobilières des particuliers ?

Rappelons que, en pratique, les gains de management package se décomposent en :
– d'une part une « plus-value d'acquisition » égale à la différence entre la valeur de l'action à la date de levée de l'option et le prix de souscription de l'option d'achat d'actions ou d'acquisition de BSA ;
– et d'autre part une « plus-value de cession » égale à la différence entre le prix de cession et la valeur de l'action au moment de la levée de l'option.

La jurisprudence a évolué afin de déterminer le régime fiscal applicable à ces gains. Ainsi, si le gain traduit une prise de risque, le juge a pu retenir que ce gain suivait le régime fiscal des plus-values sur valeurs mobilières des particuliers. Si le gain trouve son origine dans le contrat de travail, il est imposable comme un salaire.

Les trois décisions rendues par le Conseil d'État en formation plénière clarifient l'analyse à mener. En acquérant ou en souscrivant, à tarifs préférentiels, des BSA ou des COA (contrats d'option d'achat d'actions), un dirigeant ou un salarié bénéficie d'un avantage. Cet avantage, lorsqu'il est octroyé au salarié en raison des fonctions qu'il occupe dans l'entreprise, constitue un complément de salaire. Le caractère préférentiel de ce prix est en revanche sans incidence sur la nature des gains réalisés ultérieurement par le contribuable lors de la cession des titres acquis en exercice des bons ou lors de la cession des bons. Toutefois, lorsque l'action est cédée dans des délais tels que sa valeur réelle n'a pas évolué depuis la levée de l'option, l'administration est fondée à imposer l'intégralité de l'écart entre le prix de cession et le prix d'achat majoré précité dans la catégorie des traitements et salaires (CE plén. 13 juillet 2021, n° 428506).

S'agissant des gains issus de la cession de BSA, ils sont en principe imposables comme des plus-values de cession de valeurs mobilières, y compris lorsque ces bons ont été acquis ou souscrits auprès d'une société dont le contribuable était alors dirigeant ou salarié, ou auprès d'une société du même groupe. Il en va toutefois autrement lorsque, eu égard aux conditions de réalisation du gain de cession, ce gain doit être regardé comme acquis non à raison de la qualité d'investisseur du cédant, mais en contrepartie de ses fonctions de salarié ou de dirigeant et constitue, ainsi, un revenu imposable dans la catégorie des traitements et salaires, réalisé et disponible l'année de la cession de ces bons. Tel est notamment le cas lorsque le titulaire des BSA a bénéficié d'un mécanisme lui garantissant le prix de cession de ces bons. La juridiction administrative a confirmé cette solution quelques mois plus tard dans un arrêt du 17 novembre 2021 (CE 17 novembre 2021, n° 439609).

La qualification de gain en capital imposable selon le régime des plus-values de cession de valeurs mobilières doit, en particulier, être écartée :
– lorsque l'intéressé a bénéficié d'un mécanisme lui garantissant, dès l'origine ou ultérieurement, le prix de cession de ces bons dans des conditions constituant une contrepartie de l'exercice de ses fonctions de dirigeant ou de salarié (CE plén. 13 juillet 2021, n° 437498) ;
– lorsque l'attribution des BSA visait à opérer une « rétrocession » au manager d'une « super plus-value » dégagée lors de la cession de la société (CE plén. 13 juillet 2021, n° 434452).

Régime social des BSA

1345 Le code de la sécurité sociale ne prévoit pas de régime social spécifique pour les bons de souscription d'actions (à l'inverse des stock-options et des attributions gratuites d'actions).

Un litige a donné l'occasion à la Cour de cassation de définir les conditions d'assujettissement des BSA aux cotisations de sécurité sociale, dans un arrêt de principe du 4 avril 2019, consécutif à un redressement URSSAF. Dans cette affaire, une société avait mis en place au profit de ses dirigeants des mécanismes d'intéressement sous forme de BSA. Le tout avait été matérialisé dans un contrat d'investissement.

Pour se défendre, la société soutenait en substance que, compte tenu de la nature des bons de souscription d'actions, l'achat de BSA par des dirigeants d'entreprise en leur qualité d'associé et d'actionnaire devait être qualifié d'investissement financier, et non d'élément de rémunération assujetti à cotisations de sécurité sociale.

Mais selon la Cour de cassation, les BSA constituent un avantage assujetti à cotisations s'ils sont proposés aux travailleurs en contrepartie ou à l'occasion du travail et acquis par ceux-ci à des conditions préférentielles. Or il ressortait du contrat d'investissement qu'il y avait bien un lien entre, d'une part, l'attribution de BSA et le maintien de ceux-ci, et, d'autre part, l'existence et le maintien d'un contrat de travail ou d'un mandat social (cass. civ., 2e ch., 4 avril 2019, n° 17-24470 FSPBRI).

Le fait générateur des cotisations sociales afférentes à cet avantage s'entend de la date de cession ou de réalisation des BSA, de sorte que l'avantage doit être évalué à cette date en fonction du gain obtenu ou de l'économie réalisée par le bénéficiaire. La plus-value est alors calculée pour chaque bénéficiaire à la date d'exercice effectif de ses BSA, laquelle correspond à la différence entre, d'une part, la valeur de l'action à la date de son acquisition et, d'autre part, le prix d'acquisition du bon et celui de l'action (cass. civ., 2e ch., 28 septembre 2023, n° 21-2120685 FSB).

→ **À NOTER** *Précédemment la Cour de cassation estimait que cet avantage devait être estimé au regard de la valeur des bons à la date à laquelle les bénéficiaires en avaient obtenu la libre disposition* (cass. civ., 2e ch., 4 avril 2019, n° 17-24470 FSPBRI).

Bons de souscription de parts de créateurs d'entreprise (BSPCE)

Régime fiscal de faveur

▸ Présentation

1346 Certaines sociétés par actions constituées depuis moins de 15 ans peuvent attribuer des bons de souscription de parts de créateur d'entreprise (BCE ou BSPCE) à leurs salariés, à leurs dirigeants et aux membres de leur conseil d'administration ou de leur conseil de surveillance (CGI art. 163 bis G, II). Les BSPCE confèrent à leurs bénéficiaires le droit de souscrire des titres représentant une quote-part du capital de la société émettrice, à un prix fixé de manière intangible lors de leur attribution. Les titres sont émis au fur et à mesure de l'exercice des bons, c'est-à-dire des demandes de souscription des bénéficiaires accompagnées du versement du prix correspondant. Ils constituent un outil de motivation des salariés ou dirigeants au même titre que les stock-options.

La société émettrice peut également attribuer des BSPCE à ces personnes membres des sociétés dont elle détient au moins 75 % du capital ou des droits de vote sous réserve, que ces filiales répondent aux conditions mentionnées ci-après (conditions relatives à la capitalisation boursière et à l'âge de la société, appréciées à la date à laquelle la société procède à l'attribution des BSPCE) (BOFiP-RSA-ES-20-40-10-§ 240-23/06/2021).

Dans les SA, les dirigeants éligibles sont le président du conseil d'administration, les directeurs généraux, les directeurs généraux délégués et les membres du directoire (BOFiP-RSA-ES-20-40-10-§ 250-23/06/2021).

• Attribués aux bénéficiaires intuitu personae, les bons sont incessibles et ne constituent pas des valeurs mobilières. Toutefois, bien qu'ils ne constituent pas des valeurs mobilières, les BSPCE sont soumis aux dispositions qui les régissent. Ils doivent donc être inscrits en compte, chez la société émettrice s'il s'agit de titres au nominatif pur ou chez un intermédiaire financier habilité s'il s'agit de titres au nominatif administré ou au porteur.

• Les BSPCE ne peuvent figurer ni sur un plan d'épargne en actions (PEA), ni sur un plan d'épargne salariale, notamment sur un plan d'épargne d'entreprise (PEE). Il en est de même des titres acquis en exercice de ces bons.

• En cas de décès du bénéficiaire, ses héritiers peuvent exercer les bons dans un délai de 6 mois à compter du décès (CGI art. 163 bis G, II bis 2°).

▶ **Sociétés éligibles**

1347 Les sociétés doivent être immatriculées au registre du commerce et des sociétés depuis moins de 15 ans à la date d'attribution des bons, décomptés de quantième à quantième (BOFiP-RSA-ES-20-40-10-§ 100-23/06/2021).

Le capital de la société émettrice doit être détenu directement et de manière continue pour 25 % au moins par des personnes physiques. Pour l'appréciation du seuil de détention de 25 %, la quote-part de capital détenue par des personnes morales est incluse si ces personnes morales sont elles-mêmes directement détenues à 75 % par des personnes physiques (BOFiP-RSA-ES-20-40-10-§§ 140 à 170-23/06/2021). Pour l'appréciation des seuils de 25 % et 75 % les participations détenues par certaines structures ne sont pas prises en compte au dénominateur du ratio de détention (SCR, SFI, FPCR, SLP, FIP).

Pour les sociétés dont les titres sont admis aux négociations sur un marché d'instruments financiers français ou étranger, l'émission BSPCE est subordonnée à la condition que leur capitalisation boursière soit inférieure à 150 M€. Les sociétés qui dépassent ce seuil peuvent, sous réserve de remplir l'ensemble des autres conditions, continuer à attribuer des BSPCE pendant les 3 années suivant ce dépassement. Ce délai est apprécié de date à date (CGI art. 163 bis G, II ; ann. II art. 91 ter A ; BOFiP-RSA-ES-20-40-10-§§ 40 à 90-23/06/2021).

• Le régime s'applique aux sociétés françaises soumises à l'IS. Peuvent émettre des BSPCE, dans les mêmes conditions que celles exigées pour les sociétés françaises, les sociétés dont le siège est établi dans un État membre de l'UE ou dans un État ou territoire ayant conclu avec la France une convention fiscale contenant une clause d'assistance administrative en vue de lutter contre la fraude ou l'évasion fiscales (CGI art. 163 bis G, III bis).

• Sont visés les titres admis aux négociations sur un marché d'instruments financiers français ou étranger dont le fonctionnement est assuré par une entreprise de marché ou un prestataire de services d'investissement autre qu'une société de gestion de portefeuille ou tout autre organisme similaire étranger, ou sont admis aux négociations sur un tel marché d'un État partie à l'accord sur l'Espace économique européen (EEE).

Modalités d'émission des BSPCE

▸ Décision d'émission

1348 **Les bons de créateur d'entreprise sont émis dans les conditions de droit commun des émissions de valeurs mobilières donnant accès au capital ou donnant droit à l'attribution de titres de créances** (c. com. art. L. 228-91). **L'émission de ces bons est autorisée par l'assemblée générale extraordinaire (AGE) des actionnaires, sur le rapport du conseil d'administration et sur le rapport spécial des commissaires aux comptes** (c. com. art. L. 228-92). **En l'absence de commissaire aux comptes, il conviendra donc d'en désigner un.**

L'AGE doit également autoriser l'émission des titres auxquels ces bons permettront de souscrire. En pratique, c'est la même AGE qui autorise l'émission des bons et l'augmentation de capital correspondante.

L'AGE doit fixer le prix d'acquisition des titres qui seront souscrits en exercice des bons et la liste des bénéficiaires. Au vu et dans le cadre de l'autorisation de l'AGE, le conseil d'administration procède à l'attribution effective des BSPCE. Toutefois, l'AGE peut déléguer au conseil d'administration le soin de fixer la liste des bénéficiaires des bons et le prix des titres souscrits en exercice des bons. Lorsqu'il est fait usage de l'une ou l'autre de ces délégations, le conseil d'administration établit également un rapport complémentaire à la prochaine assemblée générale ordinaire, certifié par le commissaire aux comptes, décrivant les conditions définitives de l'opération (c. com. art. L. 225-129-5).

L'AGE doit fixer le délai pendant lequel les bons peuvent être exercés. En l'absence de délai, les titres souscrits au moyen de l'exercice des bons ne peuvent bénéficier du régime fiscal et social des BSPCE. Lorsque la procédure d'émission choisie par l'AGE est celle relative aux émissions réservées prévue à l'article L. 225-138 du code de commerce, les bons doivent être émis dans un délai de 18 mois (c. com. art. L. 225-138).

L'attribution de BSPCE par l'AGE ou, sur sa délégation, par le conseil d'administration suppose que les actionnaires renoncent à leur droit préférentiel de souscription (c. com. art. L. 225-132, al. 6).

• **Conventions réglementées.** Lorsque ces bons sont attribués à des dirigeants soumis au régime fiscal des salariés, il est recommandé de soumettre l'attribution des bons à la procédure des conventions réglementées en dépit du fait que le plan d'émission sera décidé par l'AGE.

• **Licenciement du bénéficiaire.** Une société attribue des bons de créateurs d'entreprise à son directeur général adjoint lui donnant le droit de souscrire des actions de la société dans les 5 ans de leur attribution puis le licencie 2 ans plus tard. Pour la Cour de cassation, le licenciement du directeur général ayant été jugé sans cause réelle et sérieuse et ayant eu lieu avant l'expiration du délai de 5 ans, l'employeur devait donc des dommages et intérêts pour lui avoir fait perdre la possibilité de souscrire les actions pendant les 3 dernières années (cass. soc. 19 novembre 2014, n° 13-22686).

• **Société sans commissaire aux comptes.** Selon l'ANSA, une société sans commissaire aux comptes ne peut se dispenser d'en nommer un pour l'émission de BSPCE en recourant à des renonciations individuelles des actionnaires à leur droit préférentiel de souscription (DPS). La société émettrice étant tenue de respecter les dispositions de l'article L. 225-138 du code de commerce (émission réservée à des personnes ou catégories de personnes), il en découle une obligation de supprimer le DPS des actionnaires, et donc, de désigner un commissaire aux comptes pour établir un rapport spécial (ANSA, CJ du 5 avril 2023, n° 23-021).

▸ Prix d'acquisition des titres souscrits en exercice des BSPCE

1349 Ce prix d'acquisition est fixé au jour de l'attribution des bons par l'AGE, sur le rapport du conseil d'administration et le rapport spécial des commissaires aux comptes ou par le conseil d'administration en cas de délégation.

Lorsque, dans les 6 mois précédant l'émission des bons, la société a augmenté son capital par émission de titres conférant des droits équivalents à ceux résultant de l'exercice des bons, le prix d'acquisition des titres souscrits en exercice des bons est au moins égal au prix d'émission des titres (BOFiP-RSA-ES-20-40-20-§ 150-25/05/2023). Cependant, pour les bons attribués à compter du 23 mai 2019, ce prix peut être diminué le cas échéant d'une décote correspondant à la perte de valeur économique du titre depuis cette émission (CGI art. 163 bis G, III.al. 1).

Imposition des gains de cession des titres souscrits en exercice des BSPCE

1350 Le gain net de cession des titres souscrits en exercice de BSPCE est en principe imposable dans les conditions prévues pour les plus-values sur valeurs mobilières (CGI art. 163 bis G, I.al. 1). Ce gain net est égal à la différence entre le prix de cession, net des frais et taxes acquittés par le cédant, et le prix d'acquisition.

Lorsque, au moment de la cession des titres, le cédant exerce ou a exercé son activité dans la société émettrice pendant au moins 3 ans, le gain net est imposable (CGI art. 163 bis G, I.al. 10 ; BOFiP-RSA-ES-20-40-30-§§ 30 à 70-25/05/2023) :
– pour les bons attribués jusqu'au 31 décembre 2017, au taux de 19 %, sans aucun abattement (abattement pour durée de détention et abattement fixe), quelle que soit la date de la cession (avant ou à compter du 1er janvier 2018) (CGI art. 150-0 D ter, II.bis.4) ;
– pour les bons attribués depuis le 1er janvier 2018, soit au taux de 12,8 %, soit, sur option, au barème progressif de l'IR, sous réserve que cette option soit globale (CGI art. 163 bis G, I). En cas d'imposition au barème progressif, le gain net ne bénéficie d'aucun abattement pour durée de détention (CGI art. 150-0 D, 1.al. 4). En revanche, lorsque les titres sont cédés dans le cadre du départ en retraite du dirigeant, l'abattement fixe de 500 000 € s'applique quelles que soient les modalités d'imposition du gain (PFU ou barème) (CGI art. 150-0 D ter).

Si le cédant exerce ou a exercé son activité dans la société émettrice pendant moins de 3 ans au moment de la cession, le gain net est imposable au taux de 30 % (CGI art. 163 bis G, I.al. 2), sans appliquer l'abattement fixe (CGI art. 150-0 D ter, III.4°) quelle que soit la date d'attribution du bon.

Depuis le 23 mai 2019, les membres du conseil d'administration, du conseil de surveillance ou de tout organe statutaire équivalent dans les SAS peuvent également se voir attribuer des BSPCE. Dans ce cas, le gain net est imposable au taux de 12,8 % si le bénéficiaire exerce ou a exercé son mandat dans la société, la filiale ou la société-mère depuis au moins 3 ans ; à défaut c'est le taux de 30 % qui s'applique.

Dans tous les cas, le gain réalisé est également soumis aux prélèvements sociaux sur les revenus du patrimoine au taux de 17,20 % (c. séc. soc. art. L. 136-6).

Régime social. Si les conditions d'attribution et d'émission des bons sont satisfaites, les gains de cession des titres acquis en exercice des BSPCE ne sont pas compris dans l'assiette des cotisations de sécurité sociale (loi 97-1269 du 30 décembre 1997, art. 76, II). En conséquence, ils ne sont pas soumis à la taxe d'apprentissage, à la participation à l'effort de construction et la contribution à la formation professionnelle, ni, plus généralement, à l'ensemble des prélèvements calculés sur les salaires dans les conditions prévues pour les cotisations de sécurité sociale (assurance chômage, retraite complémentaire, FNAL, versement mobilité notamment). Ils échappent également à la CSG et à la CRDS au titre des revenus d'activité. La taxe sur les salaires n'est pas non plus due, compte tenu de l'alignement de la base imposable avec l'assiette de la CSG (BOFiP-RSA-ES-20-40-30-§§ 120 et 130-25/05/2023).

Régime fiscal (BSPCE attribués depuis 2018)	
Date d'imposition	Année de cession des titres
Montant du gain	Prix de cession (net des frais et taxes) – prix de souscription
Taux d'imposition	- soit PFU de 12,8 % (1) (2) (3) + prélèvements sociaux au titre des revenus du patrimoine (4) + CEHR, le cas échéant ; - soit 30 % (+ prélèvements sociaux au titre des revenus du patrimoine) (4) (et CEHR, le cas échéant) lorsque, au moment de la cession des titres : - pour les salariés, le bénéficiaire exerce son activité dans la société émettrice depuis moins de 3 ans ou si, n'étant plus salarié ou dirigeant de l'entreprise émettrice des bons au moment de la cession, il y a exercé son activité pendant moins de 3 ans, - pour les administrateurs (BSPCE à compter du 23.05.2019), le bénéficiaire exerce son mandat dans la société, la filiale ou la société mère depuis moins de 3 ans à la date de la cession.

(1) Option possible pour le barème progressif de l'IR qui ne devrait toutefois s'avérer plus avantageux que dans des situations exceptionnelles.
(2) Un abattement fixe de 500 000 € est applicable aux cessions de titres de PME réalisés par les dirigeants lors de leur départ à la retraite, quelles que soient les modalités d'imposition du gain (PFU ou barème) (CGI art. 150-0 D ter).
(3) Pour les BSPCE attribués jusqu'au 31 décembre 2017, taux de 19 % sans abattements.
(4) La CSG n'est pas déductible du revenu imposable en cas d'imposition forfaitaire (elle le devient en cas d'option globale pour le barème progressif de l'IR) (CGI art. 154 quinquies, II).

Lorsque les conditions prévues ne sont pas remplies (*voir §§ 1347 à 1349*), ces gains nets constituent un complément de salaire soumis à l'impôt sur le revenu selon les règles de droit commun des traitements et salaires, compris dans l'assiette des cotisations et contributions sociales, et dans celle des taxes et participations assises sur les salaires (notamment de la taxe sur les salaires et de la participation des employeurs à l'effort de construction) dont l'assiette est alignée sur celle des cotisations de sécurité sociale. En effet, les bons sont attribués aux intéressés ès qualités et le gain de cession des titres résulte directement de l'activité qu'ils ont personnellement déployée dans la société et qui a contribué à la valorisation de ces titres.

Comptes courants d'associés

Gestion des comptes courants

▸ Motivations des actionnaires

1351 Pour les besoins de financement de la SA, les actionnaires effectuent des dépôts, au fur et à mesure des besoins, sous forme d'avances dites en compte courant.

À la différence des apports, dont la contrepartie est inscrite au poste capital du bilan, les avances sont enregistrées dans un compte de passif dit compte courant.

Les statuts prévoient généralement de tels versements.

Les avantages du compte courant sont, notamment, que :
– les sommes prêtées peuvent être rémunérées ;

– l'actionnaire peut effectuer des retraits au gré de ses besoins, sauf clause contraire ;
– le compte courant permet de consolider la surface financière de la société, sans faire appel à d'autres actionnaires, et donc sans risque de renversement de majorité, en incorporant les fonds au capital ;
– la société peut, sous certaines conditions, déduire les intérêts versés aux dirigeants ou associés de son résultat *(voir § 1356)*.

Mais il faut savoir que les concours bancaires sont parfois subordonnés à un engagement de la part de l'actionnaire concerné de bloquer les sommes en compte pendant un certain temps.

• **Définition du compte courant.** Au sens strict du mot, le « compte courant » est le contrat par lequel deux personnes, envisageant de faire entre elles une série d'opérations, stipulent que les créances et les dettes réciproques à naître de ces opérations ne seront pas réglées séparément, mais qu'elles figureront dans un compte unique, où elles perdront leur individualité et seront remplacées par des articles de crédit et de débit pour se résoudre, lors de la clôture du compte, par voie de compensation, en un solde, seul exigible.

Les dépôts de fonds par les actionnaires, intitulés « versements en compte courant », qui sont prévus dans presque tous les statuts de SA correspondent à de simples prêts et non à l'ouverture d'un compte courant répondant à la définition juridique ci-dessus rapportée.

• **Liberté des apports en compte courant.** Quelques mois après avoir cédé sa propre entreprise, un associé apporte un peu plus de 50 000 € en compte courant dans la société gérée par son fils. Cette société développe une activité similaire à celle de l'entreprise cédée. Le cessionnaire reproche alors au cédant d'avoir violé la clause de non-concurrence prévue dans l'acte de cession. Cette clause interdit au cédant de s'intéresser, pendant 5 ans, à l'exploitation d'un fonds de commerce similaire à celui de l'entreprise cédée. Le reproche du cessionnaire est écarté. En effet, si, la clause prohibe une participation active dans l'exploitation d'un fonds de commerce concurrent, elle n'interdit pas des apports en compte courant qui, rappellent les juges, restent une dette à la charge de la société (cass. com. 12 décembre 2018, n° 17-18640).

• **Avec ou sans intérêts.** Le compte courant peut être conventionnellement assorti d'intérêts. Toutefois, s'ils ne veulent pas que leur responsabilité personnelle risque d'être mise en cause, les actionnaires et dirigeants ne devraient se faire servir un intérêt que dans la mesure où les avances en compte courant sont vraiment nécessaires pour la société et ne sont pas uniquement justifiées par l'avantage personnel des prêteurs. Par ailleurs, il convient, dans un tel cas, de respecter la réglementation relative aux conventions réglementées *(voir § 1023)*.

En l'absence de stipulation conventionnelle, les avances en compte courant sont présumées avoir été effectuées à titre gratuit (cass. civ., 1re ch., 26 novembre 1991, n° 90-17169).

▸ Des comptes courants facilités par la loi PACTE

1352 Les comptes courants d'associés sont une dérogation au monopole des établissements de crédit, qui interdit à toute autre entreprise de recevoir, à titre habituel, des fonds remboursables du public (c. mon. et fin. art. L. 511-5, al. 2). La violation de cette interdiction est punie pénalement par une amende (jusqu'à 375 000 €), voire un emprisonnement (jusqu'à 3 ans) (c. mon. et fin. art. L. 571-3, al. 1er).

La loi 2019-486 du 22 mai 2019, dite « loi PACTE » a élargi la dérogation, notamment dans les SA.

Avant cette réforme, les actionnaires devaient détenir plus de 5 % du capital pour avoir un compte courant. Cette condition a été supprimée (c. mon. et fin. art. L. 312-2).

▸ Interdiction des comptes débiteurs pour les dirigeants

1353 **Il est interdit, sous peine de nullité, aux dirigeants de contracter, sous quelque forme que ce soit, des emprunts auprès de la société, ou de se faire consentir par elle un découvert en compte courant ou autrement** (c. com. art. L. 225-43).

Par conséquent, le compte courant doit soit être égal à zéro soit présenter un crédit en faveur du dirigeant. Il ne doit en aucun cas présenter un crédit en faveur de la société.

Portée de l'interdiction. L'article L. 225-43 du code de commerce prévoit que cette interdiction s'applique aux administrateurs autres que des personnes morales, au directeur général, aux directeurs généraux délégués et aux représentants permanents des personnes morales administrateurs ainsi qu'aux conjoints, ascendants et descendants des personnes visées ainsi qu'à toute personne interposée.

▸ Remboursement du compte courant

1354 **Remboursable à tout moment sauf clause particulière. En l'absence de convention de blocage, l'actionnaire est en droit d'exiger le remboursement d'une avance en compte courant à tout moment, en dehors de toute procédure de retrait ; il en est ainsi quelle que soit la situation de la société** (cass. civ. 3e ch., 3 février 1999, n° 97-10399).

La décision de blocage des sommes déposées en compte courant entraîne une augmentation des engagements des actionnaires et nécessite donc l'accord de chacun d'entre eux (cass. com. 24 juin 1997, n° 95-20056).

• **Récupérer des dividendes inscrits en compte courant.** Les dividendes distribués à un actionnaire par l'assemblée générale ne lui sont pas réglés en monnaie sonnante et trébuchante, mais sont portés sur son compte courant d'associé. Bien des années plus tard, l'actionnaire demande à en recevoir le paiement. La société estime que la demande est prescrite, l'actionnaire ayant laissé passer plus de 5 ans depuis la décision de distribution prise par l'assemblée générale. Cependant, la prescription de la créance de remboursement du compte courant d'associé ne court qu'à compter du jour où l'actionnaire demande le paiement du solde de son compte, et non pas à compter de la décision de distribution des dividendes prise par l'assemblée générale. Les juges condamnent donc la société à verser à l'actionnaire le solde de son compte courant (cass. com. 18 octobre 2017, n° 15-21906).

En pratique, tant qu'un actionnaire ne demande pas le remboursement de son compte courant, cette créance ne peut pas être prescrite. En revanche, lorsqu'il en demande le remboursement, l'actionnaire doit, si la société fait la sourde oreille, engager une procédure dans les 5 ans de sa demande. Passé ce délai, sa demande sera déclarée prescrite.

• **Abus de majorité.** Un associé rachète les parts d'un autre associé et, pendant plusieurs années, son compte courant d'associé est crédité des dividendes calculés en fonction de l'ensemble de ses parts. Puis, la cession de parts étant annulée, l'assemblée générale décide de débiter le compte courant de cet associé des dividendes versés en trop les années précédentes. Pour pouvoir invoquer utilement un abus de majorité, l'associé doit démontrer que la décision de l'assemblée est contraire à l'intérêt social et qu'elle a été prise dans l'unique dessein de favoriser les associés majoritaires au détriment des associés minoritaires (cass. com. 26 septembre 2018, n° 16-21825 à propos d'une société civile mais transposable à la SA).

• **Condition de remboursement fixée dans une cession d'actions.** Le remboursement au cédant de son compte courant peut être fixé, dans la cession d'actions, à telle date et à la condition que l'actif disponible de la société soit supérieur au passif exigible. Dans un tel cas, le compte courant doit être compté dans le passif (cass. com. 31 janvier 2017, n° 15-14734). S'il est supérieur à l'actif disponible, il ne sera donc pas remboursé.

1355 **En cas de procédure collective.** Lorsque la société est mise en procédure collective, l'associé ne peut plus réclamer le remboursement effectif de son compte courant. Il doit obligatoirement déclarer sa créance, comme le fait n'importe quel créancier de la société (c. com. art. L. 622-7, L. 622-24, al. 1er, L. 631-14, al. 1 et L. 641-3, al. 4). Il ne sera effectivement remboursé qu'après les créanciers privilégiés et si les finances de la société le permettent, ce qui est rare.

Par ailleurs, le remboursement d'un compte courant effectué par le dirigeant quelque temps avant la déclaration de cessation des paiements peut être annulé s'il s'avère que l'associé dirigeant ne pouvait ignorer la situation financière de la société (cass. com. 29 mai 2001, n° 98-16142). Bien plus, un tel remboursement peut être considéré comme une faute de gestion et conduire à la condamnation financière du dirigeant (voir ci-après « Faute de gestion »).

• **Risque des comptes courants d'associé.** Un associé minoritaire apporte 300000 € en compte courant d'associé pour permettre à la société de faire face à ses difficultés financières. Peu après, la société est mise en liquidation judiciaire et l'associé minoritaire n'obtient pas le remboursement de son compte courant. Il réclame alors au dirigeant des dommages et intérêts ; il lui reproche des manœuvres dolosives destinées à le convaincre d'effectuer l'apport en compte courant. Les juges rejettent cette demande : non seulement le dirigeant n'a commis aucune manœuvre, mais l'associé connaissait les difficultés financières de la société et l'urgence de la situation lors de son apport en compte courant. « Il ne pouvait ignorer les risques d'une telle opération pour le cas où son aide se révélerait insuffisante pour surmonter ces difficultés » (cass. com. 24 mai 2017, n° 15-19430). Par ailleurs, l'apport en compte courant effectué afin d'éviter une procédure collective peut être considéré comme un soutien artificiel camouflant l'état de cessation des paiements, ce qui n'empêchera pas le placement de la société en redressement judiciaire (cass. com. 1er juillet 2020, n° 19-12068).

• **Faute de gestion.** Suite à un litige, une société est définitivement condamnée en justice à verser la somme de 166000 € à une autre entreprise. 3 jours plus tard, le dirigeant de la société rembourse deux comptes courants d'associés, le sien à hauteur de 100000 € et celui d'un autre associé pour 50000 €. 15 jours plus tard, il déclare la cessation des paiements de la société qui est mise en liquidation judiciaire. Le liquidateur poursuit le dirigeant et obtient sa condamnation. En effet, si le remboursement d'un compte courant d'associé est en principe exigible à tout moment, c'est à la condition que ce remboursement ne constitue pas un paiement préférentiel au détriment des autres créanciers. Or, le dirigeant a effectué les remboursements 3 jours seulement après la décision de condamnation en justice tandis qu'il savait que la société devait une somme importante, qu'elle ne pourrait y faire face et qu'elle serait donc en cessation des paiements. Il s'agit là d'une faute de gestion pour laquelle, le gérant est condamné à verser 150000 €. (cass. com. 24 mai 2018, n° 17-10119). Commettent également une faute de gestion, les dirigeants qui vendent les actifs de la société, afin de régler certaines dettes et améliorer le compte de résultat de la société, dans le but de récupérer leurs comptes courants, sans provisionner les créances salariales (cass. com. 17 février 2021, nos 19-12271 et 19-23474).

La faute de gestion peut être également caractérisée alors même que les comptes bancaires de la société étaient créditeurs d'une somme supérieure au montant du remboursement du compte courant dès lors que le dirigeant a effectué le remboursement en parfaite connaissance des difficultés financières qu'un tel acte allait engendrer sur la société (cass. com. 20 octobre 2021, n° 20-11095).

• **Faillite personnelle.** Le remboursement du compte courant qui correspond au paiement d'une dette de la société ne peut pas être qualifié de détournement d'actif. En outre, ce remboursement effectué avant l'état de cessation des paiements de la société ne peut pas non plus constituer un paiement préférentiel au profit d'un créancier. Ainsi, la sanction de faillite personnelle prononcée pour ces deux motifs (sur le fondement des articles c. com. art. L. 653-4, 5° et L. 653-5, 4°) contre le gérant associé a été censurée par la Cour de cassation (cass. com. 20 octobre 2021, n° 20-15736).

• **Actionnaire salarié.** L'inscription d'une créance de salaires en compte courant d'associé ne suffit pas, en principe, à entraîner une novation de la créance salariale en créance de prêt (cass. soc. 1er octobre 2003, n° 01-44590). Le salarié ne perd donc pas la garantie de l'AGS.

A cependant perdu la garantie de sa créance salariale par l'AGS, le salarié qui avait accepté de laisser le montant de ses créances salariales sur un compte dénommé « compte courant » du fait de l'étroite imbrication des intérêts du salarié et de la société (cass. soc. 22 juin 1993, n° 90-46005).

• **Engagement du dirigeant.** Le président d'une SAS qui prend l'engagement d'alimenter un compte courant d'associé afin de régler la dette sociale, peut voir, à la suite de la liquidation de la société, sa responsabilité retenue. C'est ce qui a été jugé au motif qu'il avait pris un engagement personnel de régler la facture impayée pour permettre l'apurement du passif social, alors même qu'il ne s'était pas engagé envers le créancier. Pour les juges, cet engagement constituait par ailleurs un début de preuve de reconnaissance de dette (cass. com. 8 avril 2008, n° 07-12860 transposable à la SA).

Fiscalité des comptes courants

▸ Limite de déduction

1356 La déduction des intérêts des sommes laissées par les actionnaires à la disposition d'une société, notamment sur leur compte courant, est fiscalement limitée.

Les intérêts servis aux avances consenties par les actionnaires en sus de leur part de capital ne sont déductibles que si le capital a été entièrement libéré (CGI art. 39, 1.3°.al. 2). Cette condition s'applique aussi bien en cas de constitution de société qu'en cas d'augmentation de capital, sans distinguer selon que les apports ont lieu en espèces ou en nature. En cas d'augmentation de capital, l'administration admet qu'elle ne soit pas appliquée lorsque l'acte constatant l'augmentation du capital prévoit expressément la libération intégrale dans un délai maximal de 3 ans. Cette mesure de tempérament est rétroactivement rapportée si ce délai n'est pas strictement respecté (BOFiP-BIC-CHG-50-50-20-§ 30-12/09/2012).

En outre, le taux de rémunération de ces sommes ne peut pas excéder un taux moyen obtenu en effectuant la moyenne annuelle des taux effectifs moyens pratiqués par les établissements de crédit pour les prêts à taux variables aux entreprises, d'une durée initiale supérieure à 2 ans (en abrégé TMP). Lorsque l'exercice comptable d'une durée de 12 mois coïncide avec l'année civile, le taux limite de déduction est égal à la moyenne arithmétique des taux trimestriels.

▸ Conséquences pour les bénéficiaires des intérêts

1357 **Nature des intérêts.** S'ils sont déductibles des résultats de la SA, les intérêts des comptes courants d'associés constituent pour le bénéficiaire des revenus de créances, dépôts et comptes courants et sont soumis à ce titre à l'impôt sur le revenu au titre des revenus de créances. Toutefois, si les intérêts figurent dans les recettes d'une entreprise individuelle exerçant une profession industrielle, commerciale, artisanale ou agricole, ils sont compris dans les produits financiers et restent soumis à l'impôt dans la catégorie des BIC (ou des BA) (CGI art. 124), sous réserve de se rapporter à l'exercice de l'activité professionnelle (voir « Détermination du résultat fiscal (BIC-IS) », RF 1140, § 222).

Les intérêts exclus des charges déductibles en application des limites fixées pour la déduction des intérêts *(voir § 1356)* et réintégrés dans les bases de la SA (soumise à l'IS) sont soumis à l'impôt, entre les mains des bénéficiaires, comme des produits d'actions ou de parts sociales (CGI art. 109, 1.2° ; BOFiP-RPPM-

RCM-10-20-20-50-§ 20-20/12/2019). **Ces intérêts sont soumis à une retenue à la source** (CGI art. 119 bis, 2) **lorsque le bénéficiaire a son domicile ou son siège hors de France.**

1358 **Intérêts revenant à une société mère soumise à l'IS.** Si les intérêts versés par une SA soumise à l'IS à sa mère elle-même soumise à l'IS excèdent les limites de déduction prévues pour les comptes d'associés, les intérêts excédentaires réintégrés dans le bénéfice imposable de la filiale peuvent bénéficier pour la mère de l'exonération prévue pour le régime des sociétés mères et filiales (voir RF 1140, § 184). Cette règle ne s'applique que pour les intérêts qui excèdent le taux limite et non pour ceux qui ne sont pas déductibles en l'absence de libération du capital de la filiale (BOFiP-IS-BASE-10-10-20-§ 40-11/03/2021).

1359 **Intérêts versés à des personnes physiques.** Les produits de placement à revenu fixe perçus par des personnes physiques fiscalement domiciliées en France, donnent lieu au paiement d'un prélèvement obligatoire de 12,8 % (PFO), que l'établissement payeur de ces produits soit établi en France ou hors de France (CGI art. 125 A, III bis et 125 D, I).

Lorsque l'établissement payeur est établi en France, les personnes physiques appartenant à un foyer fiscal dont le revenu fiscal de référence de l'avant-dernière année est inférieur à 25 000 € (contribuables célibataires, divorcés ou veufs) et à 50 000 € (couples soumis à imposition commune) peuvent demander à être dispensées du prélèvement obligatoire (CGI art. 125 A, I.al. 4 ; BOFiP-RPPM-RCM-30-20-10-§§ 40 à 210-06/07/2021).

Le prélèvement de 12,8 % n'est pas libératoire de l'impôt sur le revenu, mais s'impute sur le montant dû au titre de l'année au cours de laquelle il a été opéré, qu'il soit calculé par application du prélèvement forfaitaire unique (PFU) de 12,8 %, ou sur option du contribuable, par application du barème progressif de l'IR. Ainsi, les revenus perçus au titre d'une année N et soumis au prélèvement de 12,8 % non libératoire seront imposés, sur option, au barème progressif de l'IR après imputation ou restitution du prélèvement de 12,8 % opéré en N. Le taux du prélèvement forfaitaire obligatoire (PFO) étant identique à celui du prélèvement forfaitaire unique (PFU), le PFO constitue, en définitive, un paiement de l'impôt à la source, sauf option pour le barème progressif. Le taux de la retenue à la source applicable aux intérêts perçus par des personnes physiques qui n'ont pas leur domicile fiscal en France est également de 12,8 % (CGI art. 187, I).

Par ailleurs, la CSG (9,2 %), la CRDS (0,5 %) et le prélèvement de solidarité (7,5 %) sont précomptés par l'établissement payeur sur les produits de placement à revenus fixes, soit un taux global de 17,2 % au titre des prélèvements sociaux.

Sauf option pour le barème de l'IR, les intérêts des comptes d'associés supportent un prélèvement global de 30 % (12,8 % + 17,2 %).

Pour les revenus de placement perçus ou réalisés à compter du 1er janvier 2019, la CSG et la CRDS ne sont pas dues par les personnes qui, à la fois (c. séc. soc. art. L. 136-6, I ter ; voir RF 1143, § 2452) :
– relèvent de la législation d'un autre État de l'Union européenne ou de l'Espace économique européen (Islande, Norvège, Liechtenstein) ou de la Suisse en matière d'assurance maladie, par application des dispositions du règlement européen 883/2004 du 29 avril 2004 sur la coordination des systèmes de sécurité sociale ;
– ne sont pas à la charge d'un régime obligatoire de sécurité sociale français.

Ces personnes, exonérées de CSG et de CRDS, restent redevables du **prélèvement de solidarité de 7,5 %**.

Il résulte de ce qui précède que les revenus du capital et de placement imposables en France d'une personne soumise à un régime de sécurité sociale d'un État tiers à l'EEE restent soumis aux prélèvements sociaux.

1360 **Comptes bloqués d'associés.** Les sociétés débitrices des intérêts versés au titre des sommes mises à leur disposition par les associés ou actionnaires et portées sur un compte bloqué individuel doivent joindre à leur déclaration de résultats un état des sommes mises à leur disposition (CGI art. 54 sexies, al. 1). Le non-respect de cette obligation entraîne l'exigibilité immédiate des impôts dont ont été dispensés les associés ou actionnaires et la société, assortis, le cas échéant, de l'intérêt de retard décompté de la date à laquelle ces impôts auraient dû être acquittés (CGI art. 54 sexies, al. 2).

Prêts entre entreprises

1361 Certaines sociétés, notamment les SA, peuvent consentir, à titre accessoire à leur activité principale, des prêts à des microentreprises, des petites et moyennes entreprises ou à des entreprises de taille intermédiaire avec lesquelles elles entretiennent des liens économiques le justifiant.

Ces sociétés sont :
– celles dont les comptes du dernier exercice clos ont fait l'objet d'une certification par un commissaire aux comptes ;
– ainsi que celles qui ont désigné volontairement un commissaire aux comptes dans le cadre de la procédure d'audit allégé *(voir § 976)*.

Depuis le 24 mai 2019, ces prêts peuvent être d'une durée maximale de 3 ans, contre 2 ans auparavant (c. mon. et fin. art. L. 511-6, 3 bis).

Bons de caisse

1362 Les bons de caisse sont des placements financiers destinés aux particuliers, qui se traduisent par la remise d'un bon nominatif. Les bons de caisse peuvent être émis par des établissements de crédits mais aussi par des commerçants ou des sociétés commerciales (c. mon. et fin. art. L. 223-2).

La rémunération du bon de caisse n'est versée qu'à son échéance. Ainsi, le créancier n'est remboursé qu'au terme du placement et ne perçoit ces intérêts qu'à ce moment-là. Ce mécanisme est donc attractif pour les entreprises, car il leur permet de se procurer facilement de la trésorerie tout en ne payant les intérêts qu'à terme.

Depuis le 24 mai 2019, deux modifications ont été apportées par la loi PACTE. D'une part, les bons de caisse peuvent être émis par une société dès le terme de sa première année d'exercice, au lieu de la troisième année d'exercice (c. mon. et fin. art. L. 223-2).

D'autre part, la durée maximale de souscription des bons de caisse, qui était jusqu'alors de 5 ans, est portée à 7 ans afin d'aligner leur régime avec celui des crédits proposés dans le cadre des financements participatifs (c. mon. et fin. art. L. 223-3).

Modifications statutaires

Comment augmenter
le capital d'une SA en numéraire ?

1

CONDITION PRÉLIMINAIRE
LIBÉRATION INTÉGRALE DU CAPITAL SOCIAL

2

RAPPORT DU CONSEIL D'ADMINISTRATION
SUR LES MOTIFS DE L'AUGMENTATION DE CAPITAL
ET SUR LA MARCHE DES AFFAIRES SOCIALES

3

COMPÉTENCE DE L'AGE

DÉCISION DES ACTIONNAIRES

DÉLÉGATION POSSIBLE AU CONSEIL D'ADMINISTRATION
(FIXE LES MODALITÉS D'ÉMISSION OU DÉCIDE DE L'AUGMENTATION DANS LES CONDITIONS POSÉES PAR LES ACTIONNAIRES)

4

DÉLAI DE RÉALISATION DE L'AUGMENTATION
EN PRINCIPE 5 ANS
OU 26 MOIS SI DÉLÉGATION AU CONSEIL D'ADMINISTRATION
OU 18 MOIS SI SUPPRESSION DU DROIT PRÉFÉRENTIEL DE SOUSCRIPTION

5

SOUSCRIPTIONS
(CONSTATÉES PAR BULLETINS)

Revue Fiduciaire

27 Augmentation de capital

Règles fondamentales

Actions nouvelles ou élévation du nominal

1370 Le capital social peut être augmenté soit par l'émission d'actions ordinaires ou d'actions de préférence, soit par majoration du montant nominal des actions existantes (c. com. art. L. 225-127) ; l'élévation d'un tel montant par un procédé autre que l'incorporation de réserves nécessite une décision unanime (c. com. art. L. 225-130, al. 2).

Il peut également être augmenté par l'exercice de droits attachés à des valeurs mobilières donnant accès au capital *(voir §§ 1336 et s.)*.

L'augmentation de capital peut se faire soit par apport en numéraire, y compris par compensation avec des créances liquides et exigibles sur la société *(voir §§ 1376 à 1391)*, soit par apport en nature *(voir § 1393)*, soit par incorporation de réserves, bénéfices ou primes d'émission *(voir § 1392)*, soit en conséquence d'une fusion ou d'une scission (c. com. art. L. 225-128).

Élévation du nominal des actions. Cette technique, qui permet de ne pas porter atteinte aux parités existant entre les actionnaires, est retenue lors de l'incorporation de bénéfices, réserves ou primes ; aucune action nouvelle ne sera alors émise.

Organe compétent pour décider d'augmenter le capital

▸ Compétence de l'assemblée générale extraordinaire

1371 L'assemblée générale extraordinaire (AGE) est seule compétente pour décider, sur le rapport du conseil d'administration, une augmentation de capital immédiate ou à terme (c. com. art. L. 225-129).

Toutefois, elle peut déléguer cette compétence au conseil d'administration *(voir § 1372)*.

Sont nulles, les décisions prises en violation de ces dispositions (c. com. art. L. 225-149-3, al. 2).

• **Redressement judiciaire : augmentation de capital et cession forcée des actions.** Dans le cadre du redressement judiciaire et sous certaines conditions, le tribunal de commerce peut faire voter par un mandataire, qu'il désigne, une augmentation de capital en lieu et place des actionnaires récalcitrants (c. com. art. L. 631-19-2).

• **Respect des minoritaires.** Une augmentation de capital peut présenter un caractère frauduleux justifiant son annulation si elle est assortie de conditions qui mettent les minoritaires dans l'impossibilité d'y souscrire (cass. com. 16 avril 2013, n° 09-10583).

▸ Délégation au conseil d'administration

1372 La délégation de l'AGE est utilisée pour les augmentations en numéraire ; elle en facilite la réalisation en fonction des besoins de la société.

Ainsi, l'assemblée délègue au conseil d'administration sa compétence pour :
– soit fixer les modalités de l'émission (c. com. art. L. 225-129-1) ;
– soit décider de l'augmentation du capital, dans les conditions posées par les actionnaires (c. com. art. L. 225-129-2).

Dans le second cas, la délégation suppose, pour être valable, que l'assemblée fixe :
– la durée, qui ne peut excéder 26 mois, durant laquelle cette délégation peut être utilisée ;
– le plafond global de l'augmentation de capital envisagée.

Pour pouvoir être déléguées au conseil d'administration, certaines émissions doivent faire l'objet de résolutions particulières de l'AGE (c. com. art. L. 225-129-2). Il s'agit des émissions avec suppression du droit préférentiel de souscription, des émissions d'actions de préférence, des émissions en vue d'une attribution gratuite d'actions et des émissions consécutives à l'exercice d'options de souscriptions d'actions par des salariés.

D'autre part, dans la limite de la délégation donnée par l'AGE, le conseil d'administration dispose des pouvoirs nécessaires pour fixer les conditions d'émission, constater la réalisation des augmentations de capital qui en résultent et procéder à la modification corrélative des statuts.

Cette délégation prive d'effet toute délégation antérieure ayant le même objet (c. com. art. L. 225-129-2). En cas de délégation de compétence donnée par l'assemblée, le conseil d'administration a le pouvoir de rétablir le droit de souscription à titre réductible par une décision expresse (c. com. art. L. 225-133).

L'AGE qui délègue sa compétence au conseil d'administration le pouvoir de fixer les modalités de l'émission des titres (c. com. art. L. 225-129-1) détermine souverainement l'étendue des pouvoirs délégués à l'organe collégial. Elle peut, par exemple, arrêter les caractéristiques essentielles de l'augmentation de capital (montant de l'émission, nature des titres à émettre) en laissant au conseil le soin d'assurer le suivi de cette augmentation et donc de fixer les dates d'ouverture et de clôture des souscriptions ainsi que la contribution de l'émission.

Lorsqu'il est fait usage de l'une ou l'autre forme de délégation de compétence ou de pouvoirs, le conseil d'administration établit un rapport complémentaire qui sera porté à la connaissance des actionnaires lors de l'assemblée qui suit la réalisation de l'augmentation de capital délégué ; sur les mentions de ce rapport, il convient de se reporter au paragraphe *1374*.

Enfin, la délégation peut être limitée à un certain type de valeurs mobilières et le conseil peut *a priori* utiliser cette délégation en totalité ou en partie.

▸ Délai de réalisation

1373 L'augmentation de capital doit être réalisée dans un délai maximal de 5 ans à compter de la décision de l'AGE (c. com. art. L. 225-129, al. 2). Ce délai est ramené à :
- 26 mois en cas de délégation de compétence aux organes de direction pour décider de l'augmentation de capital (c. com. art. L. 225-129-2, al. 1) ;
- 18 mois en cas de suppression du droit préférentiel de souscription au profit de personnes désignées (c. com. art. L. 225-138, III).

De même, la durée maximale de 5 ans ne s'applique pas pour les augmentations de capital intervenant à la suite de l'exercice d'un droit attaché à des valeurs mobilières donnant accès au capital ou à la suite de levées d'option de souscription d'actions ou encore du fait de l'attribution définitive d'actions gratuites (c. com. art. L. 225-129, al. 2).

Rapport à établir

▸ Rapports du conseil d'administration

1374 Dans tous les cas, le conseil d'administration doit présenter à l'assemblée un rapport indiquant (c. com. art. R. 225-113) :
- les motifs de l'augmentation du capital ;
- la marche des affaires sociales depuis le début de l'exercice en cours et, si la décision collective statuant sur les comptes n'a pas encore été réalisée, pendant l'exercice précédent. Le cas échéant, le conseil d'administration indique le montant maximal de l'augmentation de capital.

En cas de suppression du droit préférentiel de souscription, le rapport doit comporter des mentions particulières attachées à cette suppression notamment le prix d'émission ou, le cas échéant, le nom des personnes désignées (c. com. art. R. 225-114).

Les actionnaires doivent avoir à leur disposition les documents leur permettant de se prononcer en connaissance de cause et d'émettre un vote éclairé, et notamment un rapport comportant des informations claires, spécifiques et circonstanciées sur les motifs, l'importance et l'utilité de l'augmentation de capital au regard des perspectives d'avenir de la société (cass. com. 27 mai 1997, n° 95-15690).

Dans le cas de délégation de pouvoirs ou de compétence, le conseil d'administration établit, au moment où il est fait usage de l'autorisation, un rapport complémentaire décrivant les conditions définitives de l'opération établies conformément à l'autorisation donnée par l'assemblée générale. Lorsque l'augmentation de capital est assortie de la suppression du droit préférentiel de souscription, le rapport indique, en outre, l'incidence de l'émission proposée sur la situation des titulaires de titres de capital et de valeurs mobilières donnant accès au capital (c. com. art. R. 225-116).

▸ **Commissaire aux comptes ou aux apports**

1375 En cas d'apport en nature ou si des actions de priorité réservées à certains actionnaires sont créées, un ou plusieurs commissaires aux apports doivent être désignés (c. com. art. L. 225-147, al. 1).

En outre, si la société est dotée d'un commissaire aux comptes, il lui appartiendra d'établir et de présenter un rapport spécial en cas de suppression du droit préférentiel de souscription (c. com. art. L. 225-135) *(voir § 1391)*. Les SA non dotées de commissaires aux comptes ne sont pas tenues de procéder à leur nomination en cas de suppression collective du droit préférentiel de souscription.

Actions de préférence. Un commissaire aux comptes doit établir un rapport spécial en cas d'émission d'actions de préférence *(voir § 1209)*.

Augmentation de capital en numéraire

Conditions préliminaires

1376 Tout d'abord, le capital doit être intégralement libéré avant toute émission d'actions nouvelles à libérer en numéraire, à peine de nullité de l'opération (c. com. art. L. 225-131). Cette obligation est sanctionnée pénalement par une amende de **150 000 €** (c. com. art. L. 242-17, al. 1er).

Cette libération doit être effectuée grâce à une source financière personnelle. Celle-ci ne peut pas être constituée directement par les primes d'émission qui existent dans la société. En revanche, ces primes peuvent être incorporées au capital *(voir § 1392)*.

Les actions souscrites en numéraire émises doivent, pour leur part, être libérées d'au moins un quart de leur montant et de la totalité de la prime d'émission quand il en est prévu une (c. com. art. L. 225-144). Le montant versé peut l'être par versement en espèces, par chèque, par virement, mais aussi par compensation avec une créance de la société.

L'assemblée, ou le conseil sur délégation, peut exiger une libération totale ou une quote-part supérieure au quart. Le surplus sera libéré en une ou plusieurs fois sur appel du conseil d'administration dans le délai de 5 ans à compter du jour de l'augmentation de capital (c. com. art. L. 225-144).

Les fonds provenant des souscripteurs peuvent être déposés à la Caisse des dépôts et consignations ou chez un notaire, ou dans une société financière. Ces souscriptions et versements sont constatés par un certificat du dépositaire établi au moment du dépôt des fonds, sur présentation des bulletins de souscription *(voir § 1377)*.

• **Libération par compensation de créances.** Les apports en numéraire peuvent être libérés par compensation avec des créances liquides et exigibles sur la société (c. com. art. L. 225-128). Les créances font l'objet d'un arrêté de comptes établi par le conseil d'administration et certifié exact par le commissaire aux comptes, le cas échéant (c. com. art. R. 225-134).

Les libérations d'actions sont, quant à elles, constatées par un certificat d'un notaire ou d'un commissaire aux comptes désigné, le cas échéant, à cet effet (c. com. art. L. 225-146).

• **Exception au profit des stock-options.** Par exception, la libération intégrale du capital ancien n'est pas une condition préalable aux augmentations de capital en numéraire effectuées dans le cadre des « options » de souscription d'actions offertes par les sociétés à leur personnel salarié et aux dirigeants (c. com. art. L. 225-177, al. 3).

• **Exception au profit des plans d'épargne.** Les actions réservées aux adhérents des plans d'épargne mentionnés à l'article L. 3332-1 du code du travail (plan d'épargne entreprise) peuvent être émises alors même que le capital social n'aurait pas été intégralement libéré (c. com. art. L. 225-138-1, 7°).

• **Formalités.** Il convient de se reporter au paragraphe *1714*.

• **Droits d'enregistrement.** L'augmentation du capital des sociétés au moyen de l'incorporation de bénéfices, de réserves ou de provision de toute nature est enregistrée gratuitement (CGI art. 812).

Bulletin de souscription

1377 **Les souscriptions sont constatées par des bulletins de souscription** (c. com. art. L. 225-143)**. Le bulletin doit être daté et signé par le souscripteur (ou par son mandataire), qui doit écrire en toutes lettres le nombre de titres souscrits. Une copie de ce bulletin est remise au souscripteur** (c. com. art. R. 225-128)**.**

• **Établissements de crédit.** Le bulletin de souscription n'est toutefois pas exigé des établissements de crédit (et des prestataires de services d'investissement) qui reçoivent mandat d'effectuer une souscription, à charge pour ces mandataires de justifier de leur mandat (c. com. art. L. 225-143, al. 2).

• **Mentions du bulletin.** Le bulletin de souscription énonce (c. com. art. R. 225-128) :
1° la dénomination sociale, suivie, le cas échéant, de son sigle ;
2° la forme de la société ;
3° le montant du capital social ;
4° l'adresse du siège social ;
5° le numéro unique d'identification et la mention RCS suivie du nom de la ville où se trouve le greffe où la société est immatriculée ;
6° le montant et les modalités de l'augmentation de capital ;
7° le cas échéant, le montant à souscrire en actions de numéraire et le montant libéré par les apports en nature ;
8° le nom ou la désignation sociale, et l'adresse de la personne qui reçoit les fonds ;
9° les nom, prénom usuel et domicile du souscripteur et le nombre des titres souscrits par lui ;
10° la mention de la remise au souscripteur d'une copie du bulletin de souscription.

• **Souscription électronique.** Dans la mesure où le support papier n'est pas exigé par les textes, l'ANSA considère que le support électronique est autorisé. Le bulletin pourrait donc être signé électroniquement, dès lors que la signature électronique met en œuvre un procédé fiable d'identification garantissant son lien avec l'acte auquel elle s'attache (c. civ. art. 1174 et 1367). L'ANSA ne s'est toutefois pas prononcée sur le niveau d'exigence auquel la signature électronique devrait alors répondre pour constituer un procédé fiable (ANSA, comité juridique du 2 décembre 2020, n° 20-046).

Augmentation de capital en numéraire réservée aux salariés

1378 **Lors de toute décision d'augmentation du capital par apport en numéraire dans une SA qui a des salariés, sauf si elle résulte d'une émission au préalable de valeurs mobilières donnant accès au capital, l'AGE doit se prononcer sur un projet de résolution tendant à réaliser une augmentation de capital effectuée dans les conditions prévues aux articles L. 3332-18 à L. 3332-24 du code du travail** (c. com. art. L. 225-129-6, al. 1er)**.**

L'assemblée se prononce également sur un tel projet de résolution tendant à réaliser une augmentation de capital lorsqu'elle délègue sa compétence au président pour réaliser l'augmentation de capital.

L'inobservation de cette obligation entraîne la nullité de la décision d'augmenter le capital (c. com. art. L. 225-149-3)**. Cette nullité se prescrit dans le délai de 3 mois à compter de la date de l'assemblée générale suivant la décision d'augmentation de capital** (c. com. art. L. 235-9, al. 3)**. Par ailleurs, une régularisation est possible.**

• **Régularisation d'une augmentation de capital omettant la résolution sur les salariés.** Dans le cas où l'assemblée générale décide d'une augmentation de capital sans se prononcer sur une résolution tendant à proposer une augmentation de capital réservée aux salariés, l'opération peut être régularisée lors d'une nouvelle assemblée se prononçant uniquement sur la résolution omise, sans qu'il y ait lieu à nouvelle délibération sur la première résolution (cass. com. 28 novembre 2018, n° 16-28358).

• **Fin de l'obligation triennale.** Jusqu'au 21 juillet 2019, les actionnaires devaient, tous les 3 ans, se prononcer sur une augmentation de capital réservée aux salariés lorsque l'ensemble des actions détenues par les salariés représentaient moins de 3 % du capital social. En pratique, la résolution était souvent rejetée. La loi 2019-744 du 19 juillet 2019 a donc supprimé cette obligation (c. com. art. L. 225-129-6).

• **Groupes.** Les sociétés filiales dépendant d'un groupe (soit les sociétés contrôlées au sens de l'article L. 233-16 du code de commerce), au sein duquel est applicable un accord d'épargne de groupe, sont dispensées de faire se prononcer les actionnaires sur la participation des salariés en cas d'augmentation de capital (c. com. art. L. 225-129-6, al. 2).

Pour que ces dispenses puissent s'appliquer, il faut que la société qui les contrôle ait mis en place un plan de groupe (c. trav. art. L. 3344-1) (intéressement, participation ou plan d'épargne entreprise), dont peuvent bénéficier les salariés des sociétés contrôlées. En définitive, dans ces cas, c'est la société mère qui gère l'épargne salariale du groupe et sur qui ces obligations de consultation pèsent.

• **Participation d'un commissaire aux comptes.** Lorsqu'une société réalise une augmentation de capital réservée aux salariés adhérents d'un plan d'épargne, l'évaluation du prix d'émission s'effectue selon deux méthodes différentes : la méthode multicritères ou celle de l'actif net réévalué (c. trav. art. L. 3332-20). Dans ce second cas, le prix d'émission est déterminé, à chaque exercice, sous le contrôle du commissaire aux comptes. Selon l'ANSA, ce contrôle est réalisé par le commissaire aux comptes qui a été désigné en vue de la certification des comptes de la société. Lorsque la société n'a pas procédé à une telle nomination, elle peut néanmoins choisir la méthode de l'actif net sans devoir désigner ponctuellement un commissaire aux comptes (ANSA, comité juridique du 3 novembre 2021, n° 21-036).

Prime d'émission

1379 **Les actions nouvelles sont émises soit à leur montant nominal, soit à ce montant majoré d'une prime d'émission** (c. com. art. L. 225-128)**, prime qui a pour but d'équilibrer la valeur des droits que les anciens actionnaires ont dans l'actif avec celle des** droits qu'obtiennent les souscripteurs dans cet actif, lorsqu'il existe des réserves ou des plus-values d'actif apparentes ou latentes.

Cette prime doit être intégralement versée au moment de la souscription à l'augmentation de capital (c. com. art. L. 225-144). La prime d'émission ne constitue donc pas un bénéfice mais un supplément d'apport. Elle est portée aux réserves et appartient, après la réalisation de l'augmentation, à tous les actionnaires anciens et nouveaux. La prime s'analyse comme un droit d'entrée dont l'importance doit être supérieure à sa valeur nominale (CNCC, bull. 65, mars 1987, p. 113). Très souvent, le versement d'une prime par les nouveaux entrants est la contrepartie de la renonciation par les actionnaires en place à leur droit préférentiel de souscription.

→ **EXEMPLE** *Soit une société au capital de 100 000 €, divisé en 10 000 actions de 10 € ; les réserves de cette société sont de 50 000 €. La valeur théorique de chaque action ressort à :*

$$\frac{(100\ 000 + 50\ 000)}{10\ 000} = 15\ €.$$

La prime d'émission est, dans ce cas, de 5 € ; chaque souscripteur d'action nouvelle au titre de l'augmentation de capital devra verser 10 € de valeur nominale + 5 € de prime, soit 15 €.

En l'absence de versement de prime d'émission, la valeur de chaque action sera de 15 €. Les souscripteurs bénéficient d'une valorisation de 5 € par action et les actionnaires en place lors de l'augmentation de capital subissent une dévalorisation de 5 € par action.

- **Frais d'augmentation de capital.** La prime peut être utilisée pour compenser les frais d'augmentation de capital (c. com. art. L. 232-9).

- **Affectation de la prime.** Cette prime peut être utilisée pour apurer les pertes de l'exercice en cours ou portées en report à nouveau débiteur. En l'absence de pertes, elle sera inscrite au compte de réserve.

Droit préférentiel de souscription

Droit à titre irréductible

1380 Aux termes de la loi, « les actionnaires ont, proportionnellement au montant de leurs actions, un droit de préférence à la souscription des actions de numéraire émises pour réaliser une augmentation de capital. » (c. com. art. L. 225-132, al. 2). Toute décision d'augmentation de capital prise en violation de cette disposition est nulle (c. com. art. L. 225-149-3, al. 2).

Pour pouvoir bénéficier de ce droit, les actions détenues par l'actionnaire doivent être intégralement libérées.

Ce droit, qu'on appelle « droit de souscription à titre irréductible » permet à tout actionnaire qui entend souscrire à l'augmentation de capital de conserver sa quote-part dans le capital de la société avec les droits patrimoniaux (droit sur les réserves apparentes ou occultes) ou extra-patrimoniaux (droit de vote) qui y sont attachés. Ce droit préférentiel de souscription ne peut pas être exercé par la société pour ses propres actions qu'elle détient dans les cas autorisés par les textes (c. com. art. L. 225-210).

Ce droit préférentiel peut, sous certaines conditions, être supprimé *(voir § 1390)*. Les actionnaires peuvent aussi y renoncer *(voir § 1388)*.

→ **EXEMPLE** *Si une société, au capital de 40 000 € divisé en 4 000 actions de 10 €, décide d'augmenter son capital de 20 000 € par émission de 2 000 actions de 10 €, chaque actionnaire en place a le droit de souscrire une action nouvelle pour deux actions anciennes.*

Droit à titre réductible

1381 Si certains actionnaires n'ont pas usé de ce droit préférentiel de souscription, les actions nouvelles rendues disponibles sont attribuées, à titre réductible, aux actionnaires qui ont souscrit un nombre d'actions supérieur à celui auquel ils ont droit, mais dans la proportion de leurs droits et dans la limite de leurs demandes.

C'est le droit de souscription à titre réductible, ainsi qualifié puisque, à ce stade, le candidat souscripteur ne dispose pas d'un droit incompressible : il sera « servi » en fonction des autres demandes et, le cas échéant, il lui sera attribué un nombre d'actions plus réduit que celui qu'il demandait.

Le droit à titre réductible n'existe que si l'assemblée en a décidé ou a éventuellement délégué au conseil d'administration la mission de le décider (c. com. art. L. 225-133).

Caractère du droit préférentiel de souscription

1382 Lorsque le droit préférentiel de souscription (DPS) n'est pas détaché d'actions négociables, il est cessible dans les mêmes conditions que l'action elle-même. Dans le cas contraire, ce droit est négociable pendant la durée de la souscription (c. com. art. L. 225-132, al. 3).

Lorsque le DPS sera détaché d'actions négociables, la négociation se fera pendant une durée égale à celle de l'exercice du droit de souscription par les actionnaires mais qui débute avant l'ouverture de celle-ci et s'achève avant sa clôture (c. com. art. L. 225-132, al. 3). En effet, le DPS sera lui-même négociable à partir du deuxième jour ouvré avant l'ouverture de la période de souscription ou, si ce jour n'est pas un jour de négociation, le jour de négociation qui le précède, et jusqu'au deuxième jour ouvré avant la fin de la période de souscription ou, si ce jour n'est pas un jour de négociation, jusqu'au jour de négociation qui le précède (c. com. art. R. 225-117-1).

Lorsqu'une émission d'actions nouvelles ou de valeurs mobilières donnant accès au capital est susceptible d'entraîner une augmentation de capital, les actionnaires sont informés de cette émission et de ses modalités par un avis contenant un certain nombre de mentions, dont l'existence du DPS des nouvelles actions ou valeurs mobilières donnant accès au capital, les conditions d'exercice de ce droit, ainsi que ses modalités de négociation lorsqu'il est détaché d'actions négociables (c. com. art. R. 225-120, 8°).

• **Renonciation au droit préférentiel.** Les actionnaires qui ne souhaitent pas souscrire peuvent également, après l'ouverture des délais de souscription, renoncer individuellement à leur droit préférentiel *(voir §§ 1388 et 1389)*.

• **Délai de souscription.** Le délai accordé aux actionnaires pour l'exercice du droit de souscription ne peut être inférieur à 5 jours de bourse à dater de l'ouverture de la souscription. Si l'augmentation de capital se trouve intégralement souscrite après ces renonciations, le délai minimal de souscription se trouve clos par anticipation (c. com. art. L. 225-141).

• **Droits de l'usufruitier et du nu-propriétaire.** Lorsque les actions sont grevées d'un usufruit, le droit préférentiel de souscription qui leur est attaché appartient au nu-propriétaire. Si celui-ci vend les droits de souscription, les sommes provenant de la cession ou les biens acquis par lui au moyen de ces sommes sont soumis à l'usufruit. Si le nu-propriétaire néglige d'exercer son droit, l'usufruitier peut se substituer à lui pour souscrire aux actions nouvelles ou pour vendre les droits.

Les actions nouvelles sont également démembrées entre nue-propriété et usufruit (c. com. art. L. 225-140).

Dans le cas où l'augmentation de capital est réalisée par l'attribution gratuite d'actions nouvelles, le droit d'attribution appartient au nu-propriétaire, sous réserve des droits de l'usufruitier, et il y a lieu, le cas échéant, d'appliquer les dispositions légales et réglementaires prévues pour le droit préférentiel de souscription (c. com. art. L 225-140 et R. 225-123).

Les mêmes règles sont applicables en cas d'actions louées (c. com. L. 239-3, al. 2).

• **Droits des époux.** Pour les époux mariés sous un régime de séparation de biens, le droit préférentiel de souscription appartient, de toute évidence, à l'époux propriétaire des actions. Dans l'hypothèse où cet époux ne dispose pas de ressources suffisantes pour souscrire des actions nouvelles, il pourra emprunter les deniers nécessaires à son conjoint, à charge d'en rembourser le montant aux époques et conditions arrêtées entre eux.

Les époux mariés sous le régime de la communauté peuvent, chacun, librement exercer les droits attachés aux actions qui leur sont propres. Les actions nouvelles ainsi souscrites constitueront des accroissements de biens propres selon l'article 1406 du code civil.

• **Clause d'extension de l'augmentation de capital.** En cas d'augmentation de capital avec ou sans droit préférentiel de souscription, l'assemblée générale peut prévoir que le nombre de titres pourra être augmenté dans les 30 jours suivant la clôture de la souscription, dans la limite de 15 % de l'émission initiale et au même prix que celui retenu pour l'émission initiale (c. com. art. L. 225-135-1 et R. 225-118).

Ce pouvoir de prévoir une clause d'extension de l'augmentation de capital appartient à l'AGE ; en cas de délégation de compétence ou de réalisation de l'augmentation de capital au conseil d'administration, l'AGE doit prévoir une résolution particulière autorisant le conseil à étendre l'augmentation de capital.

Lorsque l'extension de l'augmentation de capital ne rencontre pas le succès escompté, le conseil peut limiter l'augmentation de capital à 75 % du nouveau montant, c'est-à-dire du montant initial augmenté de l'extension de 15 %.

Par exemple, si l'augmentation de capital d'un montant initial de 100 000 € remporte un vif succès, le conseil autorisé par l'AGE peut porter cette augmentation à 115 000 €, mais si, en dépit du succès, la totalité ne peut être souscrite, le conseil pourra limiter l'augmentation à 75 % de 115 000 €, soit 86 250 €, et non à 75 % de l'augmentation d'origine, soit 75 000 €.

Le recours à cette clause ne peut servir qu'à satisfaire les demandes de souscription à titre réductible des actionnaires ou des cessionnaires de droits préférentiels de souscription (recommandation AMF 2020-06, 17 juin 2020, modifiée le 29 avril 2021, p. 87).

• **Sanctions civiles.** Sont nulles les décisions prises en violation des dispositions relatives au droit préférentiel de souscription (c. com. art. L. 225-149-3). Cette nullité se prescrit par un délai de 3 mois à compter de la date de l'assemblée générale suivant la décision d'augmentation de capital (c. com. art. L. 235-9).

Valeur du droit de souscription

▸ Valeur théorique

1383 **Lorsque la valeur des actions anciennes est supérieure au prix d'émission du fait de l'existence de réserves ou de plus-values latentes de la société, le droit de souscription a une valeur (théorique) directement liée à l'excédent de cette valeur patrimoniale sur le prix d'émission et à l'incidence de la venue de nouveaux actionnaires qui partageront cet excédent avec les anciens actionnaires.**

Elle est donc égale à la perte de valeur que subit chaque action ancienne suite à l'émission d'actions nouvelles.

Difficulté de négociation. Dans les sociétés « fermées », les droits se négocient plus difficilement. Parfois, les actionnaires n'ayant pas trouvé dans le délai prévu un acquéreur pour leur droit préférentiel doivent y renoncer.

→ EXEMPLES

❶ *Soit une société au capital de 1 000 000 €, divisé en 10 000 actions de 100 €, et dont le montant des réserves s'élève à 300 000 €. La valeur théorique de chaque action est de : (1 000 000 € + 300 000 €) / 10 000 € = 130 €.*

❷ *Si la société augmente son capital de 500 000 € par création de 5 000 actions nouvelles de 100 € (valeur du pair), la valeur théorique de chaque action, après réalisation de l'augmentation de capital, sera de : (1 000 000 € + 300 000 € + 500 000 €) / 15 000 actions = 120 €.*

La valeur théorique du droit préférentiel de souscription est de : 130 € – 120 € = 10 €.

❸ *Si les actions nouvelles sont émises avec une prime de 10 € par action et au prix de 110 €, la valeur des actions après l'augmentation de capital sera de : 1 800 000 € (capital + réserve + augmentation) + (10 x 5 000) / 15 000 actions = 123,333 €.*

▸ Émission avec prime

1384 Lorsque les actions nouvelles sont émises avec prime, la valeur du droit de souscription est moins importante puisque la prime constitue déjà un prix d'accès aux réserves de la société. Très souvent, le versement d'une prime constitue la contrepartie d'une renonciation au droit préférentiel de souscription.

▸ Valeur réelle

1385 Quant à la valeur effective ou vénale du droit de souscription, elle dépend d'un ensemble de facteurs, car elle obéit à la loi du marché. S'agissant spécialement de sociétés non cotées, la négociation du droit de souscription peut s'avérer aléatoire.

Règles applicables en cas de souscriptions insuffisantes

▸ Limitation de l'augmentation ou répartition des actions

1386 Les règles applicables, lorsque les souscriptions à titre irréductible et, le cas échéant, à titre réductible n'ont pas absorbé la totalité de l'augmentation de capital, sont les suivantes (c. com. art. L. 225-134) :

1° Le montant de l'augmentation de capital peut être limité au montant des souscriptions, sauf décision contraire de l'assemblée générale. En aucun cas, le montant de l'augmentation de capital ne peut être inférieur aux 3/4 de l'augmentation décidée. Ainsi, l'augmentation de capital est, sauf décision contraire de l'assemblée, limitée aux souscriptions, dès lors que le seuil de 75 % a été atteint ;

2° Les actions non souscrites peuvent être librement réparties, totalement ou partiellement, à moins que l'assemblée en ait décidé autrement ;

3° Les actions non souscrites peuvent être offertes au public, totalement ou partiellement, lorsque l'assemblée a expressément admis cette possibilité (généralement, cette possibilité n'est pas admise). Cette autorisation n'est pas requise pour les offres au public mentionnées au 1° ou au 2° des articles L. 411-2 et L. 441-2-1 du code monétaire et financier.

Le conseil d'administration peut utiliser, dans l'ordre qu'il détermine, les facultés prévues ci-dessus ou certaines d'entre elles seulement. La décision ne peut être prise qu'après la clôture des souscriptions et elle doit être mentionnée dans le bulletin de souscription.

L'augmentation de capital n'est pas réalisée lorsque, après l'exercice de ces facultés, le montant des souscriptions reçues n'atteint pas la totalité de l'augmentation de capital ou les 3/4 de cette augmentation dans le cas prévu au 1° ci-dessus.

Toutefois, le conseil d'administration peut, d'office et dans tous les cas, limiter l'augmentation de capital au montant atteint lorsque les actions non souscrites représentent moins de 3 % de l'augmentation de capital. Toute délibération contraire est réputée non écrite (c. com. art. L. 225-134, dernier al.).

▸ Répartition des actions non souscrites

1387 Les actions non souscrites peuvent être librement réparties, totalement ou partiellement, à moins que l'assemblée n'en ait décidé autrement.

En d'autres termes, le silence de l'assemblée vaut autorisation pour le conseil d'administration de répartir librement tout ou partie des actions non souscrites (généralement, au prorata des actionnaires intéressés). Si l'on entend écarter cette solution, il convient de prévoir, dans la décision de l'assemblée, que le conseil devra, dans le cas où les souscriptions sont insuffisantes, soit limiter l'augmentation de capital au montant des souscriptions recueillies si elles atteignent au moins les 3/4 de l'augmentation décidée, soit renoncer à l'opération.

Renonciation individuelle au droit préférentiel de souscription

▸ Objectifs d'une renonciation

1388 Les actionnaires peuvent renoncer à titre individuel à leur droit préférentiel de souscription (c. com. art. L. 225-132, al. 4). Cette situation permet d'accélérer l'augmentation de capital. En effet, lorsque l'augmentation de capital a été intégralement souscrite après renonciation individuelle à leurs droits de souscription par les actionnaires, le délai de souscription se trouve clos par anticipation *(voir § 1382)*.

La renonciation au droit préférentiel peut donner lieu au versement par le bénéficiaire d'une somme d'argent à l'actionnaire renonçant ; cette indemnité est assimilée à une cession du droit préférentiel de souscription.

• **Donation indirecte.** La renonciation à un droit préférentiel de souscription au profit d'une personne déterminée peut s'analyser en une donation indirecte si les conditions sont réunies, à savoir :
– un enrichissement du donataire et un appauvrissement corrélatif du donateur, ce qui suppose une valeur du droit de souscription importante ;
– une intention libérale du donateur, laquelle peut résulter non seulement du lien de parenté, mais surtout de la nécessité ou non de la renonciation. Celle-ci s'impose surtout lorsque les actionnaires n'ont pas les moyens de souscrire à l'augmentation de capital.

• **Renonciation automatique.** Les décisions suivantes emportent automatiquement renonciation des actionnaires à leur droit préférentiel de souscription (c. com. art. L. 225-132, al. 5 et 6, L. 225-197-1, I. al. 5 et L. 228-101) :
– la conversion d'actions de préférence ;
– l'émission de valeurs mobilières donnant accès au capital ;
– l'attribution gratuite d'actions ;
– l'approbation d'actions en contrepartie d'un projet de fusion par les actionnaires de la société absorbante.

▸ Formes et modalités de la renonciation

1389 La renonciation individuelle de chaque actionnaire peut être faite soit sans indication de bénéficiaire, soit au profit de bénéficiaires dénommés. La renonciation au profit d'une personne dénommée entraîne le transfert des droits de souscription à titre irréductible et, s'il y a lieu, à titre réductible.

Quelle que soit la forme de la renonciation, l'actionnaire qui renonce doit en aviser la société par lettre recommandée (c. com. art. R. 225-122). La renonciation au profit de bénéficiaires dénommés doit être accompagnée de l'acceptation de ces derniers (c. com. art. R. 225-122, al. 3). Ces dispositions impliquent que l'assemblée se soit tenue et que le délai de souscription soit ouvert.

Effet de la renonciation. La renonciation sans indication de bénéficiaire accroît le nombre d'actions pouvant être souscrites à titre réductible lorsque ce droit est ouvert. Toutefois, si cette renonciation a été notifiée à la société au plus tard à la date de la décision de réalisation de l'augmentation de capital, les actions correspondantes sont mises à la disposition des autres actionnaires pour l'exercice de leur droit préférentiel (c. com. art. R. 225-122, al. 4).

Suppression du droit préférentiel de souscription

Au profit de personnes désignées

1390 L'assemblée générale qui décide de l'augmentation du capital peut la réserver à une ou plusieurs personnes nommément désignées. À cette fin, elle peut supprimer le droit préférentiel de souscription.

Cette suppression nécessite un rapport du président ou de l'organe habilité ainsi qu'un rapport spécial du commissaire aux comptes de la société ou spécialement désigné à cet effet *(voir § 1391)*. La procédure des avantages particuliers n'a pas à être respectée.

Lorsque l'augmentation de capital est réservée au profit d'un actionnaire nommément désigné, ce dernier ne pourra pas, sous peine de nullité de l'assemblée, voter la résolution supprimant en sa faveur le droit préférentiel ; ces actions seront décomptées pour le calcul de la majorité et du quorum s'il en est prévu un (c. com. art. L. 225-138).

Par ailleurs, afin d'éviter le formalisme inhérent à la suppression du droit préférentiel de souscription, les actionnaires peuvent tous être tentés de renoncer au cours de l'assemblée, à leur droit préférentiel, mais cette pratique semble contraire aux textes. En effet, il semble résulter de ces textes que la renonciation ne peut intervenir qu'après l'ouverture du délai de souscription et donc après la tenue de l'assemblée ; en outre, cette renonciation collective pourrait être assimilée à une fraude à la loi, son but étant d'éviter la procédure spécifique prévue justement en ce cas.

• **Rapport sur l'incidence de l'émission.** Le rapport du président ou des dirigeants doit indiquer l'incidence de l'émission proposée sur la situation des titulaires d'actions et de valeurs mobilières donnant accès au capital, en particulier en ce qui concerne leur quote-part des capitaux propres à la clôture de l'exercice (c. com. art. R. 225-115 sur renvoi art. R. 225-116).

• **Augmentation de capital au cours du second semestre.** Si l'opération envisagée intervient plus de 6 mois après la clôture du dernier exercice pour apprécier l'impact de cette augmentation en ce qui concerne la quote-part des capitaux propres des actionnaires en place, il est nécessaire de faire établir une situation financière intermédiaire (c. com. art. R. 225-115).

• **Prix d'émission.** Le prix d'émission des actions ou les conditions de fixation de ce prix sont déterminés par l'AGE sur le rapport du conseil d'administration et sur rapport spécial du commissaire aux comptes (c. com. art. L. 225-138, II). En l'absence de commissaire aux comptes, la SA devra en désigner un à cet effet.

• **Émission d'actions de préférence.** Les actions de préférence auxquelles est attaché un droit limité de participation aux dividendes, aux réserves ou au partage du patrimoine en cas de liquidation sont privées de droit préférentiel de souscription pour toute augmentation de capital en numéraire, sous réserve de stipulations contraires des statuts (c. com. art. L. 228-11, dernier al.).

La question a été posée au comité juridique de l'ANSA de savoir si, au vu de cette disposition, une société pouvait émettre des actions de préférence sans droit limité aux bénéfices qui seraient dépourvues statutairement de droit préférentiel de souscription.

Le comité répond par la négative. La suppression du droit préférentiel de souscription envisagé par l'article L. 228-11 précité n'est applicable qu'aux actions de préférence ayant un droit limité aux bénéfices. Et, pour le comité, les termes « sous réserve de stipulations contraires des statuts » ne s'appliquent qu'à cette suppression. Autrement dit, la société a seulement la possibilité de créer, dans les statuts, une catégorie d'actions de préférence ayant un droit limité aux bénéfices mais jouissant d'un droit préférentiel de souscription (ANSA, comité juridique du 5 octobre 2022, n° 22-036).

Au vu de rapports

1391 **Lorsque l'AGE décide l'augmentation du capital réservée avec suppression du droit préférentiel de souscription, elle doit statuer au vu du rapport du conseil d'administration** (c. com. art. L. 225-135).

S'agissant du rapport spécial du commissaire aux comptes, quatre situations peuvent être envisagées :

❶ ***L'assemblée délègue au conseil d'administration sa compétence pour décider de l'augmentation de capital, en fixant seulement la durée*** *(voir § 1372)*. **Dans ce cas, le rapport préalable du commissaire aux comptes n'a pas à être établi. En revanche, le commissaire aux comptes, s'il en existe, doit établir un rapport sur les conditions définitives de l'opération, qui sera présenté à l'assemblée générale ordinaire suivante** (c. com. art. L. 225-135, al. 4).

❷ ***L'assemblée décide l'augmentation de capital, mais délègue au conseil d'administration le pouvoir de réaliser l'augmentation de capital dans les conditions qu'elle a fixées*** *(voir § 1372)*. **Si la SA est dotée d'un commissaire aux comptes, la décision de l'assemblée est prise au vu d'un rapport de celui-ci, son rapport venant en complément de celui du conseil d'administration** (c. com. art. L. 225-135, al. 3). **En outre, le commissaire aux comptes établit un rapport sur les conditions définitives de l'opération qui sera présenté à la prochaine assemblée** (c. com. art. L. 225-135, al. 4).

❸ ***L'assemblée décide de réserver l'augmentation de capital à une ou plusieurs personnes nommément désignées*** *(voir § 1390)*. **Ici, le prix d'émission et les conditions de fixation de ce prix doivent être déterminés sur rapport du conseil d'administration et sur rapport spécial du commissaire aux comptes de la société. La société devra donc, le cas échéant, en nommer un spécialement habilité à cet effet** (c. com. art. L. 225-138, II).

❹ ***L'assemblée décide et fixe les conditions de l'augmentation de capital sans délégation de pouvoirs*** *(voir § 1371)*. **Dans ce cas, la décision est prise sur le rapport du commissaire aux comptes, s'il en existe un** (c. com. art. L. 225-135, al. 3).

Incorporation de réserves ou de bénéfices

1392 **L'assemblée générale appelée à se prononcer sur une augmentation de capital par incorporation de réserves statue aux conditions de quorum et de majorité applicables aux assemblées ordinaires, c'est-à-dire à la majorité des voix exprimées par les actionnaires présents ou représentés** (c. com. art. L. 225-130, al. 1).

L'incorporation au capital des divers comptes de « Réserves » est effectuée par un simple virement au compte « Capital ». En principe, toutes les réserves figurant au bilan peuvent être utilisées à l'incorporation au capital : réserves facultatives, réserves statutaires, réserve légale, réserve de réévaluation, primes d'émission et primes de fusion, bénéfices reportés à nouveau des exercices antérieurs ; en revanche, la réserve spéciale de participation, qui représente une créance des salariés sur la société, ne peut pas être incorporée.

• **Incorporation de réserves au capital et élévation du nominal des titres existants.** Les textes ne prévoient pas la protection des bénéficiaires en cas d'incorporation de réserves au capital (c. com. art. L. 228-99). En application de l'article L. 225-128 du code de commerce sur l'émission à la valeur nominale des nouvelles actions, il convient de s'assurer de la libération effective de la nouvelle valeur nominale (en cas d'unicité de cette valeur nominale). Ainsi, lorsque le prix d'émission du titre de capital potentiel est au moins égal à la nouvelle valeur mobilière, il est inutile de prévoir la constitution d'une réserve indisponible (ANSA, comité juridique du 4 mai 2011, n° 11-035).

• **Modalités pratiques.** L'augmentation de capital peut être réalisée :
– soit par la création d'actions nouvelles, attribuées aux actionnaires au prorata du nombre d'actions anciennes détenues par chacun d'eux ;
– soit par l'élévation du montant nominal des actions, ce deuxième procédé étant préféré toutes les fois que la répartition des actions nouvelles ne peut se faire sans « rompus », c'est-à-dire sans fractionnement de certaines actions nouvelles, et en l'absence d'une clause spéciale des statuts obligeant les actionnaires à faire leur affaire personnelle de l'acquisition ou de la cession de droits d'attribution permettant d'obtenir un nombre entier d'actions nouvelles. Une décision unanime n'est pas exigée pour la procédure d'élévation du capital par incorporation de réserves ; elle l'est dans les autres cas (c. com. art. L. 225-130, al. 2).

• **Rompus.** L'assemblée peut décider que les droits formant « rompus » ne seront ni négociables ni cessibles et que les titres de capital correspondants sont vendus (c. com. art. L. 225-130). Les sommes provenant de la vente prévue ci-dessus sont allouées aux titulaires des droits dans un délai de 30 jours à compter de la plus tardive des dates d'inscription à leur compte du nombre entier de titres de capital attribués (c. com. art. R. 225-130).

La mise en vente par la société des titres qui n'ont pas pu être attribués individuellement est précédée de la publication, un an au moins à l'avance, d'un avis dans deux journaux à diffusion nationale ; cet avis met en demeure les titulaires des droits de faire valoir leurs droits dans un délai d'un an et les informe que la société procédera à la vente à l'expiration de ce délai. Ce même avis les informe que la société tiendra le produit net de la vente des titres à leur disposition pendant 10 ans sur un compte bloqué dans un établissement de crédit. La vente peut être faite aux enchères publiques par un prestataire de services d'investissement ou par un notaire, conformément aux dispositions de l'article L. 211-21 du code monétaire et financier (c. com. art. L. 228-6 et R. 228-11).

Augmentation de capital par apports en nature

Rapport du commissaire aux apports

1393 Les augmentations de capital par apports en nature (auxquelles il peut être procédé, même si le capital ancien n'est pas intégralement libéré) sont soumises à des règles analogues à celles applicables aux apports en nature lors de la constitution de la société. ; il s'agit des obligations suivantes (c. com. art. L. 225-147) :

– désignation d'un ou de plusieurs commissaires aux apports à l'unanimité des actionnaires ou, à défaut, en justice (sauf cas de dispense, voir *§ 1394*) ;

– établissement d'un rapport par les commissaires aux apports, qui apprécient la valeur des apports en nature et les avantages particuliers.

Ce rapport contient les mêmes indications qu'en cas d'apports en nature lors de la constitution (c. com. art. R. 22-10-8 sur renvoi de l'article R. 225-136, al. 1) : il décrit chacun des apports, indique quel mode d'évaluation a été adopté et pourquoi il a été retenu, affirme que la valeur des apports correspond au moins à la valeur du nominal des actions à émettre, augmentée éventuellement de la prime d'émission.

Le rapport est tenu au siège social à la disposition des actionnaires 8 jours au moins avant la date de l'assemblée (c. com. art. R. 225-136, al. 4).

Indépendance du commissaire aux apports. Le défaut d'indépendance du commissaire aux apports vis-à-vis de l'une des parties à l'opération d'apport (ou d'une personne qui la contrôle ou qu'elle contrôle) est sanctionné par la nullité des délibérations prises au vu de son rapport (cass. com. 26 mai 2009, n° 08-13611).

Dispense du commissaire aux apports

1394 Le recours à un commissaire aux apports peut être écarté par le conseil d'administration lorsque l'apport en nature est constitué (c. com. art. L. 225-147-1, I) :

– de valeurs mobilières donnant accès au capital ou d'instruments du marché monétaire, s'ils ont été évalués au prix moyen pondéré auquel ils ont été négociés sur un ou plusieurs marchés réglementés durant les 3 mois précédant la date de la réalisation effective de l'apport ;

– d'autres éléments d'actifs si, dans les 6 mois précédant la date de la réalisation effective de l'apport, ces éléments ont déjà fait l'objet d'une évaluation à la juste valeur par un commissaire aux apports.

La décision de ne pas désigner un commissaire aux apports ainsi que les documents relatifs à la description et à l'évaluation des apports (dont l'attestation précisant qu'aucune circonstance nouvelle n'est venue modifier l'évaluation retenue) doivent être tenus à la disposition des actionnaires au siège social 8 jours au moins avant l'assemblée appelée à décider l'augmentation de capital ; les actionnaires peuvent en prendre copie. Ces documents doivent également être déposés au greffe du tribunal de commerce huit jours au moins avant ladite assemblée (c. com. art. R. 225-136-1).

Réévaluation des apports

1395 L'apport en nature fera alors l'objet d'une réévaluation dans certains cas, à l'initiative et sous la responsabilité du conseil d'administration. Cette réévaluation a lieu lorsque (c. com. art. L. 225-147-1, II) :
– le prix des valeurs mobilières donnant accès au capital ou des instruments du marché monétaire a été affecté par des circonstances exceptionnelles pouvant modifier sensiblement leur valeur à la date de la réalisation effective de l'apport ;
– des circonstances nouvelles ont modifié sensiblement la juste valeur des actifs autres que les valeurs mobilières ou instruments du marché monétaire à la date de la réalisation effective de l'apport. Faute d'une telle réévaluation, un ou plusieurs actionnaires représentant au moins 5 % du capital au jour de la décision d'augmenter le capital ont la faculté de demander une évaluation par un commissaire aux apports.

Les actionnaires délibèrent sur l'évaluation de ces apports (ou des avantages).

Les actions d'apport ordinaires ou de préférence doivent être libérées intégralement dès leur émission (c. com. art. L. 225-147, al. 5).

• **Augmentation de capital faisant suite à une distribution de dividendes en actions.** Une augmentation de capital faisant suite à une distribution de dividendes en actions est de la compétence de l'assemblée générale ordinaire (AGO), elle déroge à ce titre, aux règles générales d'une augmentation de capital par émission de titres ou de valeurs mobilières qui sont de la compétence de l'AGE. Cette AGO n'a donc pas à se prononcer sur le projet de résolution relatif à la réalisation d'une augmentation de capital réservée aux salariés pour le paiement d'acompte sur dividendes ou de dividendes en actions (CNCC, EJ 2011-37, décembre 2011).

• **Droits d'enregistrement.** L'augmentation de capital en nature est soumise au même régime fiscal que les apports en société *(voir §§ 132 à 138)*.

Sanctions

Nullités facultative ou impérative

1396 En cas de non-respect des dispositions relatives aux augmentations de capital, trois types de sanctions sont prévus : une injonction de faire *(voir § 1397)*, une nullité impérative et une nullité facultative (c. com. art. L. 225-149-3). Un tableau récapitule les nullités et injonctions applicables au manquement de ces obligations *(voir § 1398)*.

L'action en nullité est éteinte lorsque la cause de la nullité a cessé d'exister le jour où le tribunal statue sur le fond en première instance, sauf si cette nullité est fondée sur l'illicéité de l'objet social (c. com. art. L. 235-3). Une nouvelle assemblée, régulièrement tenue et convoquée, peut donc régulariser une situation litigieuse avant la décision du tribunal.

L'action en nullité se prescrit par 3 mois à compter de l'assemblée générale suivant l'augmentation de capital (c. com. art. L. 235-9).

• **Suspension des droits de vote et des droits à dividendes.** Les droits de vote et les droits à dividende des actions ou coupures d'actions émises en violation des règles applicables à l'augmentation du capital sont suspendus jusqu'à régularisation de la situation.

Tout vote émis ou tout versement de dividende effectué pendant la suspension est nul (c. com. art. L. 225-150).

La suspension du droit de vote et du droit aux dividendes est prévue également si les actions nouvelles ne sont pas libérées du quart au moins de la valeur nominale et la totalité de la prime d'émission à l'expiration d'un délai de 30 jours après mise en demeure (c. com. art. L. 228-29 et R. 228-26).

• **Suppression du droit préférentiel de souscription.** Une augmentation de capital réservée à certaines personnes est nulle si la suppression du droit préférentiel de souscription décidée à cette occasion n'a pas été inscrite à l'ordre du jour (cass. com. 25 septembre 2012, n° 11-17256).

• **Abus de majorité.** Une augmentation de capital présente un caractère frauduleux justifiant son annulation si elle est assortie de conditions qui mettent les minoritaires dans l'impossibilité d'y souscrire (cass. com. 16 avril 2013, n° 09-10583).

• **Sanctions pénales des dirigeants.** Est puni de 150 000 € d'amende, le fait pour le président, les administrateurs ou les directeurs généraux d'une société anonyme, d'émettre des actions ou des coupures d'actions sans que le capital antérieurement souscrit ait été intégralement libéré ou sans que les actions d'apport aient été intégralement libérées avant l'inscription modificative au registre du commerce et des sociétés (c. com. art. L. 242-1).

• **Demande d'annulation rejetée.** Dans une SA, une augmentation de capital est votée afin de régulariser l'auto-détention d'actions par sa société actionnaire. Un an plus tard, deux autres actionnaires demandent son annulation en justice au motif que, l'augmentation ayant eu lieu en période estivale et sa souscription ayant été réalisée un mois à peine après le vote, ils ont manqué de temps pour pouvoir y souscrire. Cette demande est rejetée tant par les juges d'appel que par la Cour de cassation. En effet, les actionnaires connaissaient le problème posé par l'auto-détention d'actions et l'intention des autres actionnaires de procéder à l'augmentation de capital depuis plus de 6 mois avant son vote. Ils avaient donc pu disposer du temps nécessaire pour s'y préparer et, le cas échéant, réunir les fonds pour y participer (cass. com. 12 mai 2021, n° 19-17566).

Injonction de faire

1397 **À la demande de tout intéressé, le président du tribunal de commerce peut enjoindre sous astreinte aux administrateurs ou aux dirigeants de communiquer les documents visés aux articles L. 225-129, L. 225-129-5, L. 225-129-6, L. 225-135, L. 225-136 et L. 225-138 du code de commerce** (c. com. art. L. 238-1)**.**

De même, les rapports et les formalités mentionnés à l'article L. 225-129-2, au second alinéa de l'article L. 225-131, aux 1° et 2° de l'article L. 225-136, aux articles L. 225-138, L. 225-142 et L. 225-143, au dernier alinéa de l'article L. 225-144, aux articles L. 225-145 à L. 225-147, à l'avant-dernier alinéa de l'article L. 225-149 et à l'article L. 225-149-2 du code de commerce peuvent donner lieu à une injonction de faire suivant les modalités définies aux articles L. 238-1 et L. 238-6 du même code (c. com. art. L. 225-149-3)**.**

Procédure d'injonction envers les dirigeants. La procédure d'injonction de faire, organisée par l'article L. 238-1 du code de commerce, qui permet, en cas de succès de la demande, de faire supporter par les dirigeants sociaux la charge de l'astreinte et les frais de procédure doit être engagée contre ces dirigeants pris en leur nom personnel et non contre la société (cass. com. 1er juillet 2008, n° 07-20643).

Tableau récapitulatif des sanctions

1398

Situations	Référence c. com	Sanctions		
		Injonction de faire	Nullité facultative	Nullité impérative
Procédés d'augmentation de capital, d'émission et de libération des actions nouvelles	L. 225-127 et L. 225-128	-	-	-
Compétence de l'AGE pour décider l'augmentation de capital sur le rapport du conseil d'administration (CA)	L. 225-129, al. 1	X (L. 238-1)	-	X
Délégation au CA pour fixer les modalités de l'augmentation	L. 225-129-1	-	-	X
Délégation de compétence pour décider l'augmentation de capital	L. 225-129-2, al. 1 et 2	X (L. 225-149-3)	-	X
Résolutions particulières ; pouvoirs du CA	L. 225-129-2, al. 3 et 4	X (L. 225-149-3)	X	-
Rapport complémentaire de l'organe délégataire à présenter à l'AGO en cas d'usage d'une délégation de pouvoirs ou de compétence	L. 225-129-5	X (L. 238-1)	X	-
Obligation permanente de soumettre une résolution visant à augmenter le capital au profit des salariés (rapport du conseil d'administration)	L. 225-129-6, al. 1	X (L. 238-1)	-	X
Règles de quorum et de majorité des augmentations de capital par incorporation de réserves et par majoration du montant nominal des titres de capital	L. 225-130	-	X (sort du produit de la vente des droits formant rompus)	X (condition de vote de l'augmentation)
Libération intégrale du capital avant toute augmentation de capital en numéraire	L. 225-131, al. 1	-	-	X
Existence d'un droit préférentiel de souscription	L. 225-132, al. 1	-	-	-
Droit de préférence proportionnel au montant des actions	L. 225-132, al. 2	-	-	X
Compétence de l'assemblée pour supprimer le droit préférentiel de souscription, sur rapport du CA et du commissaire aux comptes (CAC) en cas de délégation de pouvoirs	L. 225-135, al. 1 à 4	X (L. 238-1)	-	-
Rapport du CA ou du CAC en cas de suppression du droit préférentiel de souscription en faveur de bénéficiaires dénommés ou d'une catégorie de bénéficiaires	L. 225-138	X (L. 238-1 et L. 225-149-3)	X	-
Formalités de publicité, établissement du bulletin de souscription, obligations de libération des actions souscrites et certificat du dépositaire	L. 225-142 à L. 225-146	X (L. 225-149-3)	X	-
Vérification et libération des apports en nature	L. 225-147, al. 1 à 5	X (L. 225-149-3) (rapport des commissaires aux apports)	X	-

Caption: Tableau récapitulatif des principales sanctions liées aux augmentations de capital des SA non cotées

Réduction de capital dans une SA :
les grands principes

1

COMPÉTENCE DE L'ASSEMBLÉE
DÉCISION DES ASSOCIÉS — **OU** — DÉLÉGATION AU CONSEIL D'ADMINISTRATION

2

DROIT DES CRÉANCIERS
RÉDUCTION DE CAPITAL MOTIVÉE PAR DES PERTES : PAS DE DROIT D'OPPOSITION
RÉDUCTION DE CAPITAL NON MOTIVÉE PAR DES PERTES : DROIT D'OPPOSITION

3

DIFFÉRENTS PROCÉDÉS DE RÉDUCTION
RÉDUCTION DU NOMINAL DES ACTIONS — **OU** — RÉDUCTION DU NOMBRE D'ACTIONS

4

LIMITES
LE CAPITAL NE PEUT ÊTRE INFÉRIEUR À 37 000 €
LA RÉDUCTION NE DOIT PAS PORTER ATTEINTE À L'ÉGALITÉ ENTRE ACTIONNAIRES

28 Réduction de capital

Objectifs de la réduction de capital

Différents motifs

1460 La réduction de capital peut être envisagée dans trois hypothèses principales, énoncées ci-dessous, au cours de la vie sociale. Toutefois, la réduction du capital de la société anonyme (SA) ne doit pas amener celui-ci à un montant inférieur à celui du montant minimum légal (37 000 €) *(voir § 1467)*.

Remboursement aux actionnaires

1461 La société peut réduire son capital par remboursement, lorsqu'elle estime son capital trop important, eu égard à ses besoins de trésorerie.

La réduction de capital non motivée par des pertes se traduit par une répartition de sommes ou de valeurs sociales au profit des actionnaires non imposables à hauteur du remboursement des apports des actionnaires. Les distributions de réserves non assimilées à des apports sont imposables au titre des revenus mobiliers entre les mains des bénéficiaires (voir « Dividendes, Distributions », RF 2022-3, §§ 1307 à 1309).

Rachat par la société de ses propres actions

1462 L'assemblée qui a décidé une réduction du capital non motivée par des pertes peut autoriser le conseil d'administration à acheter un nombre déterminé d'actions pour les annuler (c. com. art. L. 225-207). Les actions doivent être annulées dans un délai de 1 mois (c. com. art. R. 225-158). En pratique, la décision prise par l'assemblée générale portera à la fois sur la réduction de capital et sur le rachat du nombre d'actions à annuler.

La société doit présenter à tous les actionnaires une offre d'achat de leurs titres (c. com. art. R. 225-153 à R. 225-155) ; mais à la différence d'une réduction de capital pour pertes qui s'impose à tous les actionnaires, ceux-ci peuvent ne pas donner suite à l'offre qui leur est faite et conserver leurs titres.

• **Refus d'agrément.** Lorsque les statuts soumettent les cessions d'actions à l'agrément préalable de la société, le refus d'agrément pourra conduire, si la clause le prévoit, à un rachat des actions par la société *(voir § 1266)*.

• **Rachat ou conversion d'actions de préférence.** Le rachat par la société des actions de préférence entraînera généralement leur annulation. Cette annulation aura les conséquences d'une réduction de capital non motivée par des pertes et il conviendra de respecter le délai d'opposition des créanciers (ANSA, comité juridique du 5 janvier 2005, n° 05-001) *(voir § 1465)*. Lorsque les actions rachetées sont destinées à être attribuées aux salariés, l'opération n'entraînera pas de réduction de capital.

• **Conséquences fiscales pour les associés dont les titres sont rachetés.** Les gains nets de rachat par une société de ses propres titres sont imposés suivant le régime des gains de cession. Le régime des plus et moins-values est seul applicable, que le rachat soit effectué en vue d'une réduction de capital non motivée par des pertes (c. com. art. L. 225-207), en vue d'une attribution de titres aux salariés (c. com. art. L. 225-208) ou encore dans le cadre d'un plan de rachat (c. com. art. L. 225-209). Ce régime est, suivant la nature des titres, celui des plus-values professionnelles (CGI art. 39 duodecies), des plus-values mobilières des particuliers (CGI art. 150-0 A, II.6) ou des plus-values immobilières des particuliers (CGI art. 150 UB). Il concerne également les valeurs mobilières émises hors de France (CGI art. 120).

Réduction motivée par des pertes

1463 **La société a subi des pertes telles que leur amortissement par imputation sur les bénéfices futurs paraît improbable et, en tout cas, rend impossible la distribution de dividendes pendant la durée de cet amortissement, ou encore, elle doit, en vue de procéder à une réorganisation et de faire appel à des capitaux nouveaux, assainir sa situation financière et, pour compenser tout ou partie des pertes, procéder à la réduction de son capital ancien.**

Dans ces cas, les créanciers ne peuvent pas s'opposer à cette réduction *(voir § 1466)*.

Valeurs mobilières donnant accès au capital. En cas de réduction de capital motivée par des pertes et réalisée par la diminution du montant nominal ou du nombre des titres composant le capital, les droits des titulaires des valeurs mobilières donnant accès au capital sont réduits en conséquence, comme s'ils avaient été exercés avant la date à laquelle la réduction de capital est devenue définitive (c. com. art. L. 228-98, dernier al.).

Mise en œuvre de la réduction

Autorisation de l'assemblée

1464 **La réduction du capital est autorisée ou décidée par l'assemblée générale extraordinaire (AGE), qui peut déléguer au conseil d'administration tous pouvoirs pour la réaliser.**

Lorsque la société est dotée d'un commissaire aux comptes, la réduction de capital donne lieu à l'établissement d'un rapport spécial par ce dernier (c. com. art. L. 225-204)**. Dans ce cas, l'assemblée statut sur la décision de réduction du capital au vu du rapport du commissaire aux comptes, qui fait connaître son appréciation sur les causes et les conditions de l'opération ; ce rapport doit être communiqué aux actionnaires 15 jours avant la réunion de l'assemblée générale appelée à statuer sur l'opération envisagée** (c. com. art. R. 225-150)**. L'établissement du rapport par le**

commissaire aux comptes sur les causes et conditions de la réduction du capital et sa communication aux actionnaires préalablement à la tenue de l'assemblée générale ne sont pas prescrites à peine de nullité (cass. com. 15 mars 2017, n° 15-50021).

En aucun cas, la réduction de capital ne peut porter atteinte à l'égalité entre les actionnaires (c. com. art. L. 225-204, al. 1er). **Toutefois, la Compagnie nationale des commissaires aux comptes précise qu'une décision unanime des actionnaires permet d'imputer une réduction de capital à 100 % sur la participation d'un actionnaire minoritaire. Par exemple, lorsqu'une société est détenue par deux actionnaires à 60/40, une réduction du capital de 40 % peut être imputée exclusivement sur la participation du minoritaire, à la condition que la décision soit prise à l'unanimité** (CNCC, EJ 2017-30, décembre 2017).

• **Annulation de la décision non publiée.** La réduction de capital donne lieu à la publication d'un avis dans un support habilité à recevoir des annonces légales et à une modification au registre du commerce et des sociétés *(voir § 1714)*. La décision non publiée peut être annulée (c. com. art. L. 225-204).

• **Délégation au conseil d'administration.** Lorsque le conseil d'administration réalise l'opération sur délégation de l'assemblée générale, il en dresse procès-verbal soumis à publicité et procède à la modification corrélative des statuts. En cas de non-respect de cette obligation de publicité, les décisions de réalisation de cette opération peuvent être annulées (c. com. art. L. 225-204, dernier al.).

• **Sanction pénale en cas de rupture d'égalité.** Est puni de 30 000 € d'amende le fait, pour le président ou les administrateurs d'une société anonyme, de procéder à une réduction du capital social sans respecter l'égalité des actionnaires (c. com. art. L. 242-23).

Droit des créanciers

▸ Réduction du capital non motivée par des pertes : droit d'opposition

1465 **Les créanciers peuvent former opposition à la réduction de capital lorsque les quatre conditions suivantes sont remplies** (c. com. art. L. 225-205 et R. 225-152) **:**
1° la réduction de capital ne doit pas être motivée par des pertes, sinon la décision des actionnaires réduisant le capital ne ferait que tirer les conséquences d'une situation préexistante, sans diminuer pour autant le gage déjà amoindri des créanciers ;
2° leur créance doit être antérieure à la date de dépôt au greffe du procès-verbal de délibération de l'assemblée générale qui a décidé ou autorisé la réduction de capital ;
3° l'opposition doit être formée dans le délai de 20 jours à compter du dépôt au greffe du procès-verbal de la délibération de l'assemblée ayant décidé ou autorisé la réduction de capital ;
4° elle doit être portée devant le tribunal de commerce.

• **Conversion d'actions de préférence.** En cas de conversion d'actions de préférence en actions ordinaires aboutissant à une réduction de capital non motivée par des pertes, il conviendra de respecter le délai d'opposition des créanciers (c. com. art. L. 228-14).

• **Pouvoir du juge.** La décision de justice rejette l'opposition ou ordonne soit le remboursement des créances, soit la constitution de garanties, si la société en offre et si elles sont jugées suffisantes (c. com. art. L. 225-205).

• **Suspension des opérations de réduction.** Les opérations de réduction du capital ne peuvent ni commencer pendant le délai d'opposition ni, le cas échéant, avant qu'il ait été statué en première instance sur cette opposition. Si le juge de première instance accueille l'opposition, la procédure de réduction du capital est immédiatement interrompue jusqu'à la constitution de garanties suffisantes ou jusqu'au remboursement des créances ; s'il la rejette, les opérations de réduction peuvent commencer (c. com. art. L. 225-205).

• **Rachat d'actions.** Pour l'ANSA, les dispositions relatives à l'auto-détention d'actions par une société forment une protection suffisante pour ses créanciers, notamment l'annulation de l'opération lorsque les actions rachetées n'ont pas été utilisées pour l'une des finalités prévues par la loi (c. com. art. L. 225-209-2). Par conséquent, il est inutile de faire courir un délai d'opposition des créanciers (ANSA, comité juridique du 6 avril 2022, n° 22-016).

▸ **Réduction du capital motivée par des pertes : pas de droit d'opposition**

1466 **Le droit d'opposition des créanciers à la réduction de capital étant réservé à l'hypothèse où l'opération est motivée par des pertes, les créanciers ne peuvent former cette opposition.**

Réduction de capital au-dessous du minimum légal

1467 **La réduction du capital social à un montant inférieur au minimum légal (37 000 €) ne peut être décidée que sous la condition suspensive d'une augmentation de capital destinée à amener celui-ci à un montant au moins égal au niveau du minimum légal, à moins que la société ne se transforme en société d'une autre forme. En cas d'inobservation de cette règle, tout intéressé peut demander en justice la dissolution de la société. Cette dissolution ne peut être prononcée si, au jour où le tribunal statue sur le fond, la régularisation a eu lieu** (c. com. art. L. 224-2, al. 2).

Procédés de réduction

1468 **Le plus souvent, la réduction se traduira par une réduction du nominal des actions ; ce procédé permet de respecter l'égalité entre les actionnaires prévue par l'article L. 225-204 du code de commerce.**

La réduction du nombre d'actions est un procédé plus rare qui s'opérera au moyen de l'une ou l'autre des techniques suivantes :
– soit une annulation d'une fraction déterminée des actions ;
– soit un échange de toutes les actions anciennes contre des actions nouvelles dans une proportion déterminée comme, par exemple : deux actions nouvelles contre trois actions anciennes.

• **Réduction du nominal : impact sur l'engagement de conserver les actions.** La réduction du capital d'une SA par réduction de la valeur nominale des actions sans réduction de leur nombre ne constitue pas une rupture de l'engagement de conservation pendant 3 ans pris par un apporteur de biens ayant reçu des actions en contrepartie des actions (cass. com. 25 mars 2003, n° 99-16669).

• **Risques liés à la réduction du nombre des actions.** Deux difficultés sont attachées à cette technique de réduction :
– tout d'abord, l'interdiction du rachat de ses propres actions, à moins que la réduction de capital ne soit pas motivée par des pertes (c. com. art. L. 225-207) *(voir § 1301)* ;
– ensuite, l'obligation rappelée plus haut de ne pas enfreindre la règle de l'égalité entre actionnaires. Or, quelle que soit la méthode employée, et même si le nombre d'associés est faible, on risque de créer des « rompus ».

• **Exemple de « rompus ».** Un actionnaire détient 7 actions alors que 2 actions sur 3 doivent être annulées. Si l'accord de tous les actionnaires ne peut pas être obtenu, l'opération ne sera réalisable que si les fondateurs de la société ont pris la précaution d'insérer dans les statuts une clause prévoyant que la réduction du capital pourra être réalisée nonobstant l'existence de « rompus », chaque actionnaire devant faire son affaire personnelle de toute acquisition ou cession d'actions anciennes permettant d'obtenir l'attribution d'un nombre entier d'actions nouvelles.

• **Formalités.** Il convient de se reporter au paragraphe *1714*.

• **Droits d'enregistrement.** Les réductions de capital de sociétés contre annulation ou réduction du nominal ou du nombre de titres sont enregistrées gratuitement (CGI art. 814 C, 1°).

Perte de la moitié du capital

Étapes à suivre

1469 **La loi 2023-171 du 9 mars 2023 a assoupli la sanction applicable aux sociétés lorsque les capitaux propres deviennent inférieurs à la moitié de leur capital social** *(voir rubrique ci-dessous « Risque de dissolution amoindri »)* **et prévu une nouvelle phase de régularisation.**

Ainsi, lorsque les capitaux propres de la SA deviennent inférieurs, du fait des pertes constatées dans les documents comptables, à la moitié de son capital, la procédure suivante doit désormais être suivie (c. com. art. L. 225-248) **:**

❶ Consultation des actionnaires dans les 4 mois qui suivent l'approbation des comptes ayant constaté la perte à l'effet de statuer sur la dissolution éventuelle de la société *(voir § 1470)*. **Il appartiendra au conseil d'administration de convoquer l'AGE. Cette consultation est suivie de la publication de la décision des actionnaires prononçant ou non la dissolution de la société** *(voir §§ 1712 et 1713)*.

❷ Régularisation de la situation de la SA non dissoute dans un délai de 2 ans suivant l'exercice au cours duquel la constatation des pertes est intervenue *(voir § 1472)*.

❸ Si la situation n'a pas été régularisée dans les 2 ans et que le montant du capital de la société est supérieur à un certain seuil, réduction de son capital à une valeur inférieure ou égale à ce seuil dans un nouveau délai de 2 ans *(voir § 1475)*.

• **Capital à retenir.** C'est le capital nominal qu'il convient de retenir. Il importe peu que ce capital soit partiellement ou totalement libéré.

• **Interdiction de distribuer.** Aucune distribution ne peut être faite aux actionnaires lorsque les capitaux propres sont, ou deviendraient, à la suite de cette distribution, inférieurs au montant du capital augmenté des réserves que la loi ou les statuts ne permettent pas de distribuer (c. com. art. L. 232-11, al. 3).

• **Prescription.** Les infractions se prescrivent par un délai de 3 ans qui court à l'expiration du délai de 4 mois suivant l'approbation des comptes ayant fait apparaître les pertes (cass. crim. 24 mars 1999, n° 98-81548).

• **Entreprise en sauvegarde ou redressement judiciaire.** Les dispositions relatives à la perte de la moitié du capital ne sont pas applicables aux sociétés sous sauvegarde ou en redressement judiciaires, ou qui bénéficient d'un plan de continuation (c. com. L. 225-248, dernier al.).

Par ailleurs, lorsque l'administrateur, au cours de la période d'observation, envisage de proposer au tribunal un plan de continuation impliquant une modification du capital, il demande aux dirigeants de convoquer une AGE. Si, du fait des pertes constatées dans les documents comptables, les capitaux propres sont inférieurs à la moitié du capital social, l'assemblée est d'abord appelée à reconstituer ces capitaux à concurrence du montant proposé par l'administrateur ou le juge-commissaire qui ne peut pas être inférieur à la moitié du capital (c. com. art. L. 626-3, al. 2).

• **Risque de dissolution amoindri.** Depuis la loi du 9 mars 2023, la société ne risque plus une dissolution judiciaire si la situation n'a pas été régularisée dans le délai de 2 ans (étape 2). En revanche, cette sanction perdure en cas de non-consultation des actionnaires (étape 1) ou, pour les sociétés dont le capital est supérieur au seuil réglementaire, lorsque son montant n'a pas été réduit passé 4 ans (étape 3).

Lorsque la dissolution est demandée en justice, le tribunal peut accorder à la société un délai supplémentaire de 6 mois pour régulariser la situation (c. com. art. L. 225-248, al. 6).

À ce titre, l'ANSA souligne que l'objectif de cette réforme a été « d'écarter, pour toutes les SARL et sociétés par actions disposant d'un capital social inférieur à un montant fixé par décret en Conseil d'État *(voir, pour les SA, § 1475)*, la sanction de dissolution judiciaire pour insuffisance de capitaux propres. Pour ces dernières, il subsiste une simple incitation à reconstituer leurs fonds propres, puisque l'assemblée générale devra toujours se prononcer sur la dissolution ou la poursuite de l'activité » (rapport AN n° 748, 18 janvier 2023 ; ANSA, comité juridique du 6 septembre 2023, n° 23-035).

Convocation et décisions de l'AGE

▶ Convocation dans le délai de 4 mois

1470 **Le ministre de la Justice a indiqué que le délai de 4 mois ne paraît courir qu'à compter de la tenue de l'assemblée qui a effectivement approuvé les comptes ayant fait apparaître la perte, sans préjudice du droit pour les tribunaux d'intervenir en cas de fraude** (rép. Icart, JO 7 février 1970, AN p. 319)**. Sous cette réserve, l'obligation de convoquer une assemblée dans les 4 mois ne s'applique donc pas dans l'hypothèse où les comptes n'ont pas été approuvés.**

Si l'assemblée d'approbation des comptes a fait l'objet d'un report de délai par le tribunal de commerce, le délai de 4 mois doit être décompté à partir de la date de tenue de l'assemblée générale reportée (CNCC, bull. 90, pp. 265 et 266)**.**

→ **EXEMPLE** ***Si l'assemblée générale ordinaire des actionnaires d'une SA s'est tenue le 17 juin 2023 pour approuver les comptes de l'exercice clos le 31 décembre 2022, faisant apparaître des capitaux propres inférieurs à la moitié du capital, le délai imparti pour convoquer l'assemblée générale extraordinaire expire le 17 octobre 2023.***

• **Absence de prolongation.** Ce délai de 4 mois n'est pas susceptible d'être prolongé : les textes ne l'envisagent pas, à la différence de ce qui est prévu à propos de la tenue de l'assemblée ordinaire annuelle devant approuver les comptes dans les 6 mois de la clôture de l'exercice.

• **Convocation des deux assemblées.** Les deux assemblées peuvent se tenir l'une après l'autre dans la mesure où l'AGE se tient postérieurement à celle qui approuve les comptes.

▶ Décision de l'assemblée

1471 **La décision de dissolution anticipée est une décision extraordinaire qui ne peut être valablement prise par les actionnaires qu'aux conditions de quorum et de majorité requises pour la modification des statuts** *(voir §§ 758 et 774)***.**

En pratique, et le plus souvent, les actionnaires rejetteront la décision de dissolution en votant contre ; ils devront alors reconstituer les capitaux propres dans un délai de 2 ans.

Les actionnaires devant se prononcer sur une augmentation du capital d'une société dont les capitaux propres sont devenus inférieurs à la moitié du capital doivent disposer des informations leur permettant de se prononcer en connais-

sance de cause sur les motifs, l'importance et l'utilité de cette opération au regard des perspectives d'avenir de la société. En l'absence d'une telle information, ils ne commettent pas d'abus en refusant d'adopter la résolution proposée (cass. com. 20 mars 2007, n° 05-19225).

▸ Régularisation avant la clôture du deuxième exercice

1472 Si la dissolution n'est pas prononcée, la société est tenue, au plus tard à la clôture du deuxième exercice suivant celui au cours duquel la constatation des pertes est intervenue (c. com. art. L. 225-248, al. 2) :
– soit de reconstituer ses capitaux propres à concurrence d'une valeur au moins égale à la moitié du capital social ;
– soit de réduire son capital social du montant nécessaire pour que la valeur des capitaux propres soit au moins égale à la moitié de son montant, étant précisé que le nouveau capital ne doit pas être inférieur au montant minimum légal (37 000 €).

Depuis la loi du 9 mars 2023, l'absence de régularisation dans le délai légal n'entraîne plus la possibilité, pour tout intéressé, de demander la dissolution judiciaire de la société *(voir § 1469)*. En revanche, une nouvelle étape de régularisation devra, le cas échéant, être suivie *(voir § 1475)*.

Absence de régularisation non-imputable au dirigeant. Le dirigeant ne commet pas nécessairement une faute en poursuivant l'activité de la société jusqu'à sa mise en redressement judiciaire, malgré des capitaux propres inférieurs à la moitié du capital social. En effet, la Cour de cassation considère que la faute n'est pas démontrée si (cass. com. 8 septembre 2021, n° 19-23187) :
– avant l'ouverture de la procédure de redressement judiciaire, le délai pour régulariser courait encore ;
– à compter de l'ouverture de la procédure de redressement judiciaire (qui a eu lieu pendant le délai de régularisation), l'obligation de régularisation n'était plus applicable *(voir § 1469)*.

D'une manière générale, pendant le délai de régularisation, les dirigeants se voient rarement reprocher le fait de n'avoir pas pris les mesures nécessaires pour régulariser la situation des capitaux propres. En revanche, ils devront veiller à consulter les associés car, à l'expiration de ce délai, leur inaction pourra être constitutive d'une faute de gestion (cass. com. 24 janvier 2018, n° 16-23649).

Reconstitution des capitaux propres

▸ Différents procédés

1473 Dans le but de reconstituer les capitaux propres à concurrence d'une valeur au moins égale à la moitié du capital social avant la clôture du deuxième exercice suivant celui au cours duquel la constatation des pertes est intervenue, une assemblée générale peut décider d'une augmentation du capital. Cette consultation peut intervenir immédiatement après l'approbation des comptes ayant fait apparaître la perte, si les statuts prévoient la possibilité d'une convocation en urgence, et sur-le-champ, dans ce cas ; à défaut, il conviendra de respecter le délai statutaire de convocation.

Les capitaux propres à prendre en considération sont ceux ressortant des comptes établis au plus tard à la clôture du deuxième exercice suivant celui au cours duquel la constatation des pertes est intervenue. Ils tiendront compte, le cas échéant, des pertes subies après la décision de poursuivre l'activité sociale.

Quant au capital à retenir, c'est le capital ancien, s'il n'a pas été modifié depuis la décision de continuation ; s'il a été modifié, c'est le capital nouveau qui est à retenir.

Cette reconstitution peut être obtenue de différentes façons *(voir exergues ci-dessous)*, **notamment par une réduction de capital à zéro suivie d'une augmentation de capital** *(voir § 1474)*.

En l'absence de régularisation dans les délais, la société devra, le cas échéant, procéder à une réduction de son capital *(voir § 1475)*.

• **Réalisation de bénéfices permettant de résorber les pertes.** Cette éventualité n'appelle pas de remarque particulière. La situation créée par un ou plusieurs exercices anormalement déficitaires est « effacée » par la réalisation de bénéfices ramenant le niveau des pertes au-dessous du seuil critique.

• **Augmentation de capital.** Dans le but de reconstituer les capitaux propres à concurrence d'une valeur au moins égale à la moitié du capital social avant la clôture du deuxième exercice suivant celui au cours duquel la constatation des pertes est intervenue, une AGE peut décider une augmentation de capital. Ce remède suppose des apports en numéraire ou des apports en nature, car la simple incorporation au capital de réserves figurant déjà au bilan ne modifierait pas la situation de la société.

• **Abandon de créances.** Cet abandon de créances sera le plus souvent le fait d'un actionnaire, prépondérant ou quasi totalitaire, tel que la société mère ou des actionnaires dirigeants.

• **Réévaluation libre du bilan.** Une telle opération augmente à l'actif la valeur des immobilisations corporelles et financières (PCG art. 214-27) avec, en contrepartie, la création au passif d'un poste « de réévaluation libre » figurant parmi les capitaux propres. En pratique, elle est effectuée par des sociétés dont les bilans comportent des plus-values latentes, les immobilisations devant présenter une potentialité de profits.

L'écart de réévaluation ne peut être utilisé à compenser des pertes (c. com. art. L. 123-18, dernier al), mais la reconstitution des capitaux propres n'implique pas l'apurement des pertes. Au demeurant, une augmentation de capital par incorporation de l'écart de réévaluation, suivie d'une réduction de capital, permettra d'apurer les pertes.

• **Incorporation de créances.** S'agissant de l'incorporation de créances au capital, elle sera généralement le fait des actionnaires, personnes morales, n'appartenant pas à un même groupe (qui y verront un moyen d'accroître leur participation dans la société) ou des actionnaires personnes physiques (pour lesquels un abandon de créances ne serait pas déductible de leurs revenus). Elle entraîne une modification de la répartition du capital, contrairement à l'abandon pur et simple de créances.

▸ Coup d'accordéon

1474 **En cas de pertes importantes de l'entreprise et pour garantir la poursuite de son activité, une pratique est née, consistant à réduire le capital social à zéro puis à l'augmenter dans la foulée pour reconstituer les fonds propres. L'augmentation de capital sera le plus souvent précédée d'une réduction du capital, l'opération étant communément désignée par la formule expressive de « coup d'accordéon ». Il convient en effet d'apurer le bilan des pertes qui y figurent avant de réaliser l'augmentation de capital. La solution est évidente lorsque ce sont de nouveaux actionnaires qui apportent les capitaux : ils n'accepteront de participer à l'augmentation de capital que si les pertes sont supportées par les anciens actionnaires. Même lorsque ce sont les actionnaires anciens qui « font » l'augmentation de capital, l'apurement des pertes au moyen d'une réduction de capital est la condition d'une reprise ultérieure du service des dividendes.**

Un « coup d'accordéon » permet de limiter l'effort financier à fournir pour satisfaire aux exigences légales en matière de capitaux propres avec, toutefois, la barre incontournable du capital minimal de 37 000 €. En effet, la réduction à zéro du capital n'est licite que si elle est suivie d'une augmentation de capital amenant celui-ci à un montant au moins égal au minimum statutaire (c. com. art. L. 224-2).

Une réduction de capital à zéro, suivie d'une augmentation de capital, est une opération licite si elle tend à préserver la pérennité de l'entreprise et si les actionnaires majoritaires et minoritaires subissent le même sort (cass. com. 18 juin 2002, n° 99-11999). **Le coup d'accordéon doit être réalisé dans l'intérêt de la société. Les juges statuent sur la validité du coup d'accordéon au vu d'un faisceau d'indices tels que la survie de la société, la période de souscription de l'augmentation de capital (en août), l'absence de création de trésorerie, l'objectif de suppression des droits préférentiels de souscription des anciens actionnaires** (cass. com. 11 janvier 2017, n° 14-27052).

A été rejetée la demande en réparation d'un préjudice personnel invoqué par un associé pour la perte de valeur du capital qu'il avait subie du fait d'une opération de réduction de capital à zéro, destinée à résorber des pertes comptables, suivie d'une augmentation de capital. Ce préjudice n'est que le corollaire de celui causé à la société et n'a aucun caractère personnel (cass. com. 9 octobre 2007, n° 04-10382).

- **Augmentation, puis réduction.** On notera qu'il n'est pas interdit d'intervertir l'ordre normalement suivi et de procéder d'abord à une augmentation de capital et ensuite seulement à une réduction du capital. Cette solution peut s'avérer nécessaire en cas de pertes supérieures au montant du capital si d'autres moyens ne peuvent être conjugués avec la réduction du capital (ex. : abandon de créances par la société mère). Le capital ne peut, en effet, être négatif.

- **Abus de minorité.** N'est pas constitutif d'un abus de minorité le fait, pour un actionnaire, de refuser d'adopter la résolution d'augmentation de capital, suivie d'une réduction de capital par absorption des dettes, dès lors qu'il n'a pas disposé d'informations suffisantes (cass. com. 20 mars 2007, n° 05-19225).

- **Obligations remboursables en actions.** Lorsqu'une opération de réduction du capital à zéro et l'annulation consécutive des obligations remboursables en actions touchent aux conditions d'attribution de titres de capital déterminées au moment de l'émission, l'assemblée générale des obligataires doit être préalablement appelée à statuer sur l'opération (cass. com. 10 juillet 2012, n° 11-22898).

- **Plan de redressement prévoyant un coup d'accordéon.** Pour la Cour de cassation, un associé peut former tierce opposition au jugement ayant arrêté le plan de redressement de la société, dès lors qu'il prévoit une réduction à zéro du capital de la société suivie d'une augmentation de ce capital réservée exclusivement à d'autres associés, dont l'un (qui n'est autre que le mandataire tenu d'exécuter le plan) deviendrait ainsi l'associé presque unique de la société (cass. com. 8 février 2023, n° 21-14189).

- **Suspension de l'augmentation du capital.** La réduction à zéro du capital d'une société par actions n'est licite que si elle est suivie d'une augmentation effective de son capital (c. com. art. L. 224-2). A ainsi été censurée la décision d'une cour d'appel qui jugeait qu'un actionnaire avait perdu cette qualité à la suite d'une réduction à zéro du capital de sa société, alors que la suspension de l'augmentation de son capital avait été préalablement prononcée en référé (cass. com. 4 janvier 2023, n° 21-10609).

Réduction du capital

1475 Si, passé les 2 ans *(voir § 1473)*, la situation de la société n'a pas été régularisée alors que son capital social est supérieur à la valeur la plus élevée entre 1 % du total de son bilan et 37 000 €, ce dernier devra être réduit à une valeur inférieure ou égale à ce seuil dans un nouveau délai de 2 ans (c. com. art. L. 225-248, al. 4 et R. 225-166-1).

Dans le cas contraire, tout intéressé pourra demander en justice la dissolution de la société *(voir § 1469)*.

Parmi les difficultés que peut soulever cette obligation de réduire le capital, on signalera la réduction du nombre des actions (problèmes suscités par les « rompus » en l'absence de clause appropriée dans les statuts).

À la suite de la réduction du capital, deux hypothèses se présenteront à la société (c. com. art. L. 225-248, al. 5) :
– soit ses capitaux propres seront devenus supérieurs à la moitié du capital social. La situation de la société sera alors régularisée ;
– soit ses capitaux propres seront encore inférieurs à la moitié du capital social. Dans ce cas, si la société procède par la suite à une augmentation de capital, elle devra se remettre en conformité en réduisant son capital à une valeur inférieure au seuil réglementaire, avant la clôture du 2e exercice suivant celui au cours duquel a eu lieu cette augmentation.

→ **EXEMPLE** *Une SA au capital de 37 000 € clôture ses exercices au 31 décembre. Au vu des comptes de l'exercice clos le 31 décembre 2022, l'AGO du 30 juin 2023 constate que ses capitaux propres sont inférieurs à la moitié du capital social, soit en dessous de 18 500 €.*

Le 29 septembre 2023, une assemblée générale extraordinaire des actionnaires rejette la résolution de dissolution. En conséquence, la société doit reconstituer ses capitaux propres à hauteur de la moitié du capital avant le 31 décembre 2025.

À la clôture de l'exercice 2024, la situation de la société est schématiquement la suivante :
– capital 37 000 € ;
– pertes reportées 30 000 € ;
– capitaux propres 7 000 €.

En fait, la société ne connaîtra la situation positive ou négative exacte de ses comptes qu'après le 31 décembre 2025 :
– si elle respecte strictement le délai de 2 ans : elle régularise avec le risque d'avoir à réunir une nouvelle AGE dans les 4 mois pour se prononcer à nouveau sur la dissolution si les pertes sont supérieures à celles de 2024 ;
– si elle ne régularise pas avant le 31 décembre 2025 : ce défaut de régularisation dans le délai de 2 ans donne lieu, le cas échéant, à une observation du commissaire aux comptes dans le rapport général.

En pratique, si au vu des comptes 2025, la société réalise un profit d'un montant supérieur à 11 500 €, ses capitaux propres deviennent supérieur à 18 500 € et la société a, de fait, régularisé sa situation.

Par contre, dans le cas contraire et si la société ne se dissout pas, elle doit augmenter son capital d'un montant au moins égal à celui des pertes afin de régulariser sa situation.

29 Modifications statutaires diverses

Changement de l'objet social

1515 Le changement d'objet social entraîne une modification statutaire. À ce titre, cette opération relève de la compétence de l'assemblée générale extraordinaire, toute clause contraire étant réputée non écrite (c. com. art. L. 225-96).

En fait, le changement d'objet ou plus précisément d'activité reste une opération très sensible. Ce changement, s'il est important, peut être le révélateur fiscal d'une création d'une personne morale nouvelle avec les conséquences y attachées ; il peut modifier profondément les objectifs des actionnaires.

La société étant soumise à l'impôt sur les sociétés, cette modification profonde emportera cessation d'entreprise et rendra impossible, dans tous les cas, le report sur les résultats de la nouvelle activité des déficits constatés au cours de l'ancienne activité ; par ailleurs, les bénéfices non encore taxés le seront. L'entreprise peut solliciter un agrément pour éviter les conséquences de la cessation et la perte du droit au report de ses déficits.

• **Critères d'appréciation.** Les règles fiscales prévoient des critères d'appréciation du changement d'activité réelle entraînant les conséquences d'une cessation d'entreprise. Le changement d'activité réelle s'entend notamment de l'adjonction, de l'abandon ou du transfert d'activité entraînant, au titre de l'exercice de sa survenance ou de l'exercice suivant, une variation positive ou négative de plus de 50 % par rapport à l'exercice précédent soit du chiffre d'affaires de la société (premier critère), soit de l'effectif moyen et du montant brut des éléments de l'actif immobilisé (deuxième critère) (CGI art. 221, 5 ; BOFiP-IS-CESS-10-02/08/2017 ; voir « Dictionnaire fiscal », § 4280).

• **Location-gérance.** La mise en location-gérance d'un fonds de commerce n'est pas de nature à caractériser un changement d'activité (BOFiP-IS-CESS-10-§ 130-02/08/2017).

• **Branches complémentaires.** Une société peut, en principe, sans donner naissance à une personne morale nouvelle, élargir ou restreindre le champ d'application de ses opérations et exploiter, par exemple, des branches accessoires ou complémentaires dès lors que la société ne se lance pas dans des entreprises nouvelles.

• **Formalités.** Voir le paragraphe *1708*.

Changement de dénomination sociale

1516 **Le changement de dénomination sociale entraîne une modification statutaire. À ce titre, cette opération relève de la compétence de l'assemblée générale extraordinaire, toute clause contraire est réputée non écrite** (c. com. art. L. 225-96).

Formalités. Voir le paragraphe *1707*.

Transfert du siège social

1517 **Le déplacement du siège social sur le territoire français peut être décidé par le conseil d'administration, sous réserve de la ratification de cette décision par la prochaine assemblée générale ordinaire** (c. com. art. L. 225-36).

En cas de non-ratification par cette assemblée, la décision du conseil d'administration est caduque.

- **Transfert à l'étranger.** La décision de transférer le siège social dans un autre État relève de la compétence des actionnaires réunis en assemblée générale extraordinaire. L'assemblée générale extraordinaire peut changer la nationalité de la société, à condition que le pays d'accueil ait conclu avec la France une convention spéciale permettant d'acquérir sa nationalité et de transférer le siège social sur son territoire, et conservant à la société sa personnalité juridique (c. com. art. L. 225-97).

- **Formalités.** Il convient de se reporter aux paragraphes *1702 à 1705*.

Prorogation de la société

Procédés pour proroger la société

1518 **Les statuts prévoiront les conditions de prorogation de la société à son terme ; à défaut de telles précisions, la prorogation de la société est décidée à l'unanimité des associés** (c. civ. art. 1844-6, al. 1er).

La prorogation régulière d'une société n'entraîne pas la création d'une personne morale nouvelle (c. com. art. L. 210-6).

Une société peut être prorogée une ou plusieurs fois, sans que chaque prorogation puisse excéder 99 ans (c. com. art. R. 210-2, al. 2).

La procédure à suivre pour proroger est à envisager 1 an avant le terme de la société. À défaut, tout associé peut demander au président du tribunal, statuant sur requête, la désignation d'un mandataire de justice chargé de provoquer la consultation ainsi prévue (c. civ. art. 1844-6, al. 2 et 3).

Le défaut de prorogation est assimilable juridiquement à une dissolution. En effet, le greffier peut mentionner d'office au registre du commerce et des sociétés la dissolution de la société (c. com. art. R. 123-124).

Enfin, lorsque la consultation des associés n'a pas eu lieu, le président du tribunal, statuant sur requête à la demande de tout associé dans l'année suivant la date d'expiration de la société, peut constater l'intention des associés de proroger la société et autoriser la consultation à titre de régularisation dans un délai de

3 mois, le cas échéant en désignant un mandataire de justice chargé de la provoquer (c. civ. art. 1844-6, al. 4). **En pratique, la consultation des associés sera autorisée lorsque la majorité statutaire requise pour la prorogation demande la régularisation. Peu importe la raison pour laquelle la consultation des associés n'a pas eu lieu avant l'échéance du terme** (cass. com. 30 août 2023, n° 22-12084 à propos d'une société civile mais transposable à la SA).

• **Mode de consultation.** Les dispositions du code civil relatives à la poursuite de la société s'appliquent à la SA, notamment de la manière suivante :
– consultation des actionnaires un an avant le terme pour statuer sur le sort du contrat à son terme ;
– décision de proroger ou non prise à une majorité fixée directement dans la clause ou par référence aux stipulations statutaires consacrées aux décisions collectives.

• **Retrait des actionnaires opposants.** Les opposants à la prorogation pourront, là encore, être autorisés à se retirer moyennant le rachat de leurs actions par les autres actionnaires dans des termes voisins de ceux prévus pour le retrait ; de telles clauses sont à prévoir dans les statuts surtout lorsque la décision de prorogation appartient à un organe de direction et ne donne lieu à aucun débat. L'introduction de telles clauses en cours de vie sociale pourrait être assimilée à une augmentation des engagements des actionnaires ne pouvant être décidée qu'à l'unanimité.

• **Exclusion des opposants.** Une clause statutaire pourrait obliger les actionnaires opposants à céder leurs actions à la société ou aux autres actionnaires si ces derniers le demandent et ce, moyennant un prix fixé à l'amiable ou, à défaut d'accord, à dire d'expert conformément à l'article 1843-4 du code civil ; il s'agirait d'un cas d'exclusion d'actionnaire. En fait, cette obligation de céder les actions se justifierait en présence d'actionnaires qui bloqueraient le processus de prorogation compte tenu du nombre de voix qu'ils possèdent, empêchant d'atteindre la majorité prévue par les statuts pour cette décision.

• **Prorogation pour 99 ans.** Lorsqu'une société décide ultérieurement de proroger sa durée dans la limite de 99 ans, elle ne saurait encourir l'annulation frappant les engagements perpétuels ; n'encourent pas davantage cette nullité les engagements pris envers la société pour la durée de son existence (cass. com. 1er juin 1999, n° 97-14918). Mais il a été jugé qu'un contrat signé par un praticien et une société exploitant une clinique pour la durée de la société, soit, à défaut de précision, pour 99 ans, devait être réputé conclu sans durée déterminée et donc avec faculté de résiliation unilatérale pour chaque partie (cass. civ., 1re ch., 19 mars 2002, n° 99-21209).

• **Publicités de la prorogation.** Voir le paragraphe *1709*.

Régime fiscal des prorogations de sociétés

1519 **Les actes constatant la prorogation d'une société sont dispensés de la formalité de l'enregistrement. Si un acte constatant la prorogation pure et simple d'une société est présenté à l'enregistrement, cet acte est enregistré gratuitement** (CGI art. 811, 1°).

• **Formalités.** On se reportera au paragraphe *1709*.

• **Sociétés arrivées à leur terme.** L'arrivée du terme d'une société entraîne sa dissolution de plein droit. Si les associés décident néanmoins de poursuivre le pacte social, il y a naissance d'une société nouvelle et les droits sont, en principe, exigibles dans les conditions de droit commun.

Cependant, sont traitées comme n'ayant pas été dissoutes et comme ayant conservé vis-à-vis des tiers et notamment de l'administration leur personnalité juridique originaire, les sociétés dont le terme statutaire est échu et qui n'ont pas expressément procédé à leur prorogation préalable, à la double condition (BOFiP-ENR-AVS-20-50-§ 80-12/09/2012) :

– qu'elles aient depuis l'échéance du terme, poursuivi sans modification significative leur activité antérieure entrant dans les prévisions de leur objet statutaire et continué de fonctionner d'après les règles applicables aux sociétés non dissoutes ;
– qu'aucune modification révélatrice d'une dissolution ne soit apportée aux comptes du bilan, ni à la suite de l'échéance du terme statutaire, ni, le cas échéant, à l'occasion d'une prorogation tardive.

Modification de la date de clôture de l'exercice social

1520 **La décision de changement de date de clôture d'un exercice doit être prise dans les formes requises pour la modification des statuts.**

Sur le plan juridique, la modification de la date de clôture de l'exercice social appelle les observations suivantes :
– la durée des exercices est, en principe, de 12 mois ; l'article L. 123-12 du code de commerce fixe ce délai pour l'inventaire ;
– si la date de clôture est expressément indiquée dans les statuts, alors elle ne peut être modifiée que par décision de l'assemblée générale extraordinaire ;
– une fois atteinte la date de clôture, l'exercice ne saurait être « rouvert ».

Pour la même raison, la décision qui aurait pour conséquence d'abréger la durée d'un exercice ne peut être prise que si la nouvelle date de clôture est postérieure à la décision correspondante (plus généralement, sur les problèmes posés par la remise en cause rétroactive des règles de fonctionnement de la société, rép. Sergheraert, JO 15 décembre 1979, AN quest. p. 11999**).**

Lorsque la durée des mandats des dirigeants est fixée à un nombre d'exercices (par exemple, 3 exercices), le changement de la date de clôture ne modifiera pas la durée du mandat, sauf clause statutaire différente.

• **Dates variables.** Selon la cour d'appel de Paris, l'article L. 123-12 du code de commerce déterminant la durée de l'exercice social a pour finalité de permettre d'apprécier, suivant une périodicité fixe, les résultats de l'activité, en l'espèce d'une société commerciale, par la comparaison notamment des résultats financiers de chaque exercice.

En l'espèce, l'imprécision des termes (à la fin du mois de mars ou au début du mois d'avril) et le caractère permanent que la société entend conférer à cette modification statutaire concernant les dates d'ouverture et de clôture des exercices sociaux impliquent que cette modification ne puisse être regardée comme constituant une dérogation possible aux règles du code de commerce (CA Paris, 3e ch., sect. C, 21 mars 2000, n° 1999/24687).

• **Report du premier exercice comptable.** Le simple report d'une année de la clôture du premier exercice social à une date conforme à celle déclarée lors de l'immatriculation de la société n'entraîne aucune modification de la date de l'exercice et ne fait pas l'objet d'une inscription modificative au RCS. Toutefois, le dépôt du procès-verbal de l'assemblée générale ayant décidé ce report est requis (CCRCS, avis n° 01-30 du 22 octobre 2001) *(voir § 1710)*.

• **Formalités.** *Voir § 1711.*

30 Transformation de la SA

Transformation de la société anonyme

Conditions préalables

1522 La société doit avoir au moins 2 ans d'existence et avoir établi et fait approuver par ses actionnaires le bilan de ses 2 premiers exercices (c. com. art. L. 225-243).

Pour le calcul de ce délai, il convient de retenir la période où la SA a été immatriculée sous une forme autre que la SA, par exemple une SARL, dès lors que cumulativement, sous son ancienne forme et celle de SA, elle a plus de 2 ans d'existence (rép. Chazeaux, JO 31 juillet 2000, AN quest. p. 4582). Il convient d'observer que le premier exercice peut avoir eu une durée plus courte (inférieure à 12 mois) ou plus longue lorsqu'il est clôturé le 31 décembre de l'année civile suivant celle où est intervenue l'immatriculation de la SA.

Si la SA est dotée d'un commissaire aux comptes, la décision de transformation devra être prise au vu d'un rapport de ce commissaire attestant que les capitaux propres sont au moins égaux au capital social (c. com. art. L. 225-244). L'absence de rapport n'entraîne pas la nullité de l'opération (CNCC, bull. décembre 2000, p. 609). Ce rapport n'est pas déposé au greffe du tribunal de commerce (*a contrario* c. com. art. R. 123-105, al. 3 ; cass. com. 8 avril 2008, n° 06-15193).

Ces conditions ne sont toutefois pas requises en cas de transformation en société en nom collectif (c. com. art. L. 225-245).

• **Audit légal au sein d'une petite entreprise.** Si la SA est dotée d'un commissaire aux comptes et que celui-ci est chargé d'une mission dite d'« audit légal petites entreprises » *(voir §§ 975 à 977)*, il est dispensé d'établir le rapport attestant que les capitaux propres sont au moins égaux au capital social (c. com. art. L. 823-12-1, al. 2 devenu c. com. art. L. 821-57 à compter du 1er janvier 2024).

• **Obligataires.** La transformation est soumise à l'approbation de l'assemblée des obligataires (c. com. art. L. 225-244). Si celle-ci n'approuve pas la transformation, la SA peut passer outre en offrant le remboursement aux obligataires qui en feraient la demande (c. com. art. L. 228-72).

• **Valeurs mobilières donnant accès au capital.** La SA qui a émis des valeurs mobilières donnant accès au capital ne peut modifier sa forme ou son objet, à moins d'y être autorisée par le contrat d'émission ou par la masse des porteurs de ces titres (c. com. art. L. 228-98).

• **SA transformée en société européenne.** Une SA détenant une filiale dans un autre État membre de l'Union européenne depuis au moins 2 ans peut se transformer en société européenne même si elle n'a pas revêtu la forme anonyme pendant toute cette période (ANSA, comité juridique du 4 mars 2015, n° 15-018). Il suffit que la société ait la forme d'une SA au jour de la transformation.

• **Conséquences fiscales.** Le simple changement de forme juridique d'une société est neutre fiscalement (sous réserve du droit fixe de 125 € ; CGI art. 680) si la transformation ne s'accompagne pas d'un changement de régime fiscal (passage de l'impôt sur les sociétés au régime des sociétés de personnes) (voir Dictionnaire fiscal, § 31720), d'un changement d'activité réelle *(voir § 1515)* ou d'un changement de nationalité *(voir § 1517)*.

Transformation en société en nom collectif

1523 **La transformation de la SA en société en nom collectif nécessite l'accord de tous les actionnaires** (c. com. art. L. 225-245, al. 1er). **Le respect des conditions préalables de durée d'existence et d'approbation par les actionnaires du bilan des 2 premiers exercices n'est pas nécessaire** *(voir § 1522)*.

Les actionnaires doivent tous avoir la capacité d'être commerçant (c. com. art. L. 221-1), **à peine de nullité de la transformation** (c. com. art. L. 235-1).

Conséquences fiscales. La transformation d'une SA soumise à l'impôt sur les sociétés en société en nom collectif non soumise à cet impôt se traduit par un changement de régime fiscal entraînant les conséquences d'une cessation d'entreprise (voir Dictionnaire fiscal, § 4360).

Transformation en SARL

1524 **La décision de transformation d'une SA en SARL est décidée aux conditions prévues pour les modifications des statuts de SARL** (c. com. art. L. 225-245, al. 3).

Sans entrer dans les détails inhérents à ce type de société, la décision de transformation d'une SA en SARL doit notamment :
- **respecter les règles exposées au paragraphe** *1522* **;**
- **vérifier que l'objet et l'activité de la SA puissent être exercés sous forme de SARL ;**
- **décider la transformation dans les conditions prévues pour modifier les statuts de SARL ;**
- **préciser la date à laquelle elle prendra effet ;**
- **constater la répartition et la libération d'au moins 1/5 du montant des actions ;**
- **établir les nouveaux statuts ;**
- **nommer le ou les gérants ;**
- **doter, s'il y a lieu, la SARL d'un commissariat aux comptes.**

Action en justice. Une SA, régulièrement transformée en SARL, a la capacité juridique pour pratiquer la saisie conservatoire autorisée sous son ancienne forme ; cette transformation n'entraîne pas la création d'une personne morale nouvelle et la capacité juridique d'ester en justice s'attache à la personne morale, quelle que soit sa forme juridique (cass. civ., 2e ch., 8 juillet 2004, n° 02-15623).

Transformation en SAS

1525 **La transformation d'une SA en société par actions simplifiée (SAS) est prise à l'unanimité des actionnaires** (c. com. art. L. 227-3).

Les règles exposées au paragraphe *1522* **doivent être respectées. Par ailleurs, la SA ne peut pas procéder à une offre au public de titres financiers autres que celles autorisées dans la SAS** (c. com. art. L. 227-2).

Rappelons que la SAS peut n'avoir qu'un seul associé.

Le capital social de la SAS est librement fixé dans les statuts. La SA ayant par définition un capital d'au moins 37 000 €, elle pourra le réduire en respectant la procédure prévue à cet effet. La SAS, à la différence de la SA, peut opter pour un capital variable.

Désignation d'un commissaire à la transformation. Une SA sans commissaire aux comptes qui se transforme en société par actions d'une autre forme (en SAS, par exemple) devra respecter une procédure précise. Les actionnaires doivent en effet, avant d'entériner l'opération, expressément approuver l'évaluation des biens composant l'actif social et l'octroi des avantages particuliers au vu d'un rapport établi par un commissaire à la transformation désigné à cet effet (c. com. art. L. 224-3).

En cas de manquements, l'action en responsabilité engagée contre le commissaire à la transformation désigné, non pas en sa qualité de commissaire aux comptes de la société, mais en raison de son inscription sur la liste réglementaire des commissaires aux comptes, se prescrit par un délai de 5 ans (c. civ. art. 2224 ; cass. com. 8 novembre 2023, n° 22-12978).

Transformation en société en commandite

1526 La transformation en commandite simple ou par actions est décidée dans les conditions prévues pour la modification des statuts et avec l'accord unanime de tous les actionnaires qui acceptent d'être associés commandités (c. com. art. L. 225-245, al. 2).

Tous les associés ayant la qualité de commerçant, cette transformation ne peut intervenir en présence d'actionnaires mineurs sauf si leurs actions ont été cédées au préalable. D'autre part, il a été jugé que l'usufruitier qui avait voté cette transformation avec report du démembrement sur des titres de commanditaire ne commet pas d'abus de jouissance s'il est animé par la préservation et la prospérité de l'entreprise (CA Douai 13 février 2013, n° 11/05224).

La transformation de la SA en société en commandite par actions nécessite la désignation d'un commissaire à la transformation *(voir § 1525)*.

Liquider une SA : mode d'emploi

RÉUNIR L'ASSEMBLÉE

ELLE DÉCIDE LA DISSOLUTION

QUORUM ET MAJORITÉ DES ASSEMBLÉES EXTRAORDINAIRES

ELLE NOMME UN LIQUIDATEUR

QUORUM ET MAJORITÉ DES ASSEMBLÉES ORDINAIRES

⚠ **LA DISSOLUTION NE DOIT PAS ÊTRE PRISE** DANS L'UNIQUE INTÉRÊT D'UN MAJORITAIRE OU DANS L'UNIQUE BUT D'ÉVINCER LES CRÉANCIERS DE LA SA

APRÈS LA DÉCISION DE L'ASSEMBLÉE

LA DÉCISION DE DISSOLUTION EST DÉFINITIVE.

IMPOSSIBLE DE REVENIR EN ARRIÈRE !

LA SA CONTINUE À EXISTER

IMPÉRATIF. AJOUTER LA MENTION « SOCIÉTÉ EN LIQUIDATION » SUR TOUS LES DOCUMENTS DE LA SA

LE CONSEIL D'ADMINISTRATION N'A PLUS DE POUVOIR

LE LIQUIDATEUR REPRÉSENTE LA SOCIÉTÉ

LES DEVOIRS DU LIQUIDATEUR

DANS LES 6 MOIS DE SA NOMINATION

IL CONVOQUE L'ASSEMBLÉE
IL FAIT SON RAPPORT SUR :

LA SITUATION DE LA SA
—
LA POURSUITE DES OPÉRATIONS DE LIQUIDATION
—
LE DÉLAI NÉCESSAIRE POUR LES TERMINER

DANS LES 3 MOIS DE LA CLÔTURE DE CHAQUE EXERCICE

IL ÉTABLIT LES COMPTES ANNUELS
—
IL REND COMPTE DE SES OPÉRATIONS DANS UN RAPPORT

DANS LES 6 MOIS DE LA CLÔTU[RE] DE CHAQUE EXERCICE

IL CONVOQUE L'ASSEMBLÉE POUR QU'ELLE STATUE SUR LES COMPTES ANNUELS.

NOUVELLE RÉUNION DE L'ASSEMBLÉE

LORSQU'IL A ACHEVÉ SES OPÉRATIONS, LE LIQUIDATEUR CONVOQUE L'ASSEMBLÉE QUI :

STATUE SUR LE COMPTE DÉFINITIF
—
DONNE QUITUS AU LIQUIDATEUR
—
CONSTATE LA CLÔTURE DE LA LIQUIDATION

PARTAGE DES CAPITAUX ENTRE LES ACTIONNAIRES

APRÈS REMBOURSEMENT AUX ACTIONNAIRES DE LEURS ACTIONS
—
CHAQUE ACTIONNAIRE REÇOIT UNE PART PROPORTIONNELLE À SA PARTICIPATION AU CAPITAL

31 Dissolution et liquidation

§§

Causes de dissolution

Causes de dissolution liées aux caractéristiques de la société

▸ Arrivée du terme de la société

1530 L'expiration de la durée de la société fixée par les statuts (qui ne peut excéder 99 ans) (c. civ. art. 1835 et 1838) entraîne de plein droit la dissolution de la société, à moins que l'assemblée générale extraordinaire ne décide sa prorogation (c. civ. art. 1844-7) *(voir § 1518)*.

Le greffier peut mentionner d'office, au registre du commerce et des sociétés, la dissolution de la société due à l'arrivée du terme, sauf naturellement lorsque la société est prorogée en bonne et due forme (c. com. art. R. 123-124).

▸ Réalisation ou extinction de l'objet

1531 Lorsque l'objet de la société se limite à une opération déterminée, ce qui est assez rare, la réalisation définitive de cette opération entraîne la dissolution de la société, puisqu'elle n'a plus d'objet (c. civ. art. 1844-7, 2°).

L'extinction de l'objet social peut aussi résulter de l'impossibilité absolue de poursuivre la réalisation de cet objet, ce qui est plus fréquent. Mais elle ne peut pas résulter d'une absence momentanée d'activité ni de pertes occasionnées par cette inactivité ; une dissolution de plein droit ne peut pas être prononcée si l'objet social est encore réalisable (cass. com. 20 novembre 2012, n° 11-27835).

• **Objet social limité.** La vente des terrains d'une société (il s'agissait ici d'une société en participation) alors que leur exploitation constitue le seul objet social met fin à la société (cass. com. 8 novembre 2016, n° 14-23461).

• **Société d'expertise comptable.** Une société d'expertise comptable est radiée de l'ordre ; elle ne peut donc plus réaliser les travaux relevant de la profession d'expert-comptable constituant l'objet social fixé par ses statuts. La perte de l'objet social entraîne dissolution et liquidation de la société, aucun délai de régularisation ne pouvant être octroyé (cass. com. 3 mai 1995, n° 92-18000).

► Un seul actionnaire

1532 La réunion de toutes les actions en une seule main n'entraîne pas la dissolution de plein droit de la société. Mais tout intéressé, notamment un créancier de la société (cass. com. 3 décembre 2013, n° 12-23787) peut demander cette dissolution si la situation n'a pas été régularisée dans le délai de 1 an. Le tribunal peut accorder à la société un délai maximal de 6 mois pour régulariser la situation. Il ne peut prononcer la dissolution si, au jour où il statue sur le fond, cette régularisation a eu lieu (c. civ. art. 1844-5).

► Capital inférieur au minimum légal

1533 En cas de réduction du capital au-dessous du minimum légal de 37 000 €, tout intéressé peut demander au tribunal de commerce de prononcer la dissolution de la société. Celle-ci sera écartée si, au jour où le tribunal statue sur le fond, la situation de la société a été régularisée (c. com. art. L. 224-2).

► Capitaux propres devenus inférieurs à la moitié du capital

1534 La dissolution peut être demandée en justice par tout intéressé (c. com. art. L. 225-248, al. 6) *(voir §§ 1469 et 1475)* :

– si l'assemblée n'a pas été réunie dans les 4 mois à l'effet de se prononcer sur la dissolution anticipée de la société ;

– ou, pour les sociétés dont le capital est supérieur au seuil réglementaire, lorsque son montant n'a pas été réduit passé 4 ans.

Dissolution par décision de l'AGE

1535 La dissolution peut être décidée à la majorité prévue pour les modifications statutaires (cass. com. 18 juin 1973, n° 72-12272). En pratique, la décision sera prise par l'assemblée générale extraordinaire.

Cette dissolution ne doit pas être décidée pour nuire aux minoritaires. Est ainsi constitutive d'un abus de majorité la décision de dissolution prise contrairement à l'intérêt social et dans l'unique dessein de permettre à l'associé majoritaire de se soustraire à ses engagements envers l'associé minoritaire (cass. com. 8 février 2011, n° 10-11788).

Cette décision ne doit pas, non plus, être prise en fraude des droits des créanciers. Un dirigeant (il s'agissait d'un gérant de SARL mais la solution est transposable) a ainsi été condamné à réparer la faute commise à l'égard des créanciers en décidant la dissolution de sa société condamnée au paiement de sommes aux créanciers (cass. com. 21 septembre 2004, n° 01-00866).

Remboursement des obligataires. Si la société a émis des obligations, l'assemblée générale des obligataires peut exiger le remboursement des obligations et la société peut l'imposer (c. com. art. L. 228-76).

Dissolution décidée judiciairement

► Pour justes motifs

1536 La dissolution anticipée de la société peut être prononcée par le tribunal à la demande d'un associé pour justes motifs, notamment en cas d'inexécution de ses obligations par un associé, ou de mésentente entre associés paralysant le fonctionnement de la société (c. civ. art. 1844-7, 5°).

• **Mésentente paralysant la société.** La mésentente entre associés justifie la dissolution à la condition qu'elle paralyse le fonctionnement de la société (cass. civ., 3e ch., 23 février 2017, n° 15-28792 ; cass. civ., 3e ch., 14 septembre 2017, n° 16-20160). La dissolution ne peut pas être demandée par l'associé à l'origine de la mésentente (cass. civ., 3e ch., 16 septembre 2021, n° 19-23596).

• **Mise en cause de la société.** La demande en dissolution d'une société impose de mettre celle-ci en cause (cass. civ., 1re ch., 4 juillet 1995, n° 93-12749).

▸ Actionnaires représentant 5 % du capital

1537 La liquidation de la société peut intervenir dans les conditions prévues par les dispositions du code de commerce à la demande d'actionnaires représentant au moins 5 % du capital (c. com. art. L. 237-14). Dans ce cas, les pouvoirs du conseil d'administration prennent fin à dater de la décision de justice (c. com. art. L. 237-15).

▸ Liquidation judiciaire clôturée pour insuffisance d'actif

1538 Si, étant en état de cessation des paiements sans possibilité de redressement, la société est mise en liquidation judiciaire, elle prendra fin en cas de clôture de la procédure pour insuffisance d'actif (c. civ. art. 1844-7, 7°).

Pour autant, la liquidation judiciaire suit les règles particulières d'une procédure collective. Ces règles sont sans rapport avec les règles, exposées ici, de la liquidation d'une société *in bonis* (c'est-à-dire une société qui n'est pas en état de cessation des paiements).

▸ Sanction pénale

1539 La dissolution figure au nombre des sanctions qui peuvent atteindre une société à raison de sa responsabilité pénale.

Cette sanction ne peut être prononcée que si le texte d'incrimination l'envisage expressément. À titre d'exemple, la dissolution de la société est prévue en cas d'escroquerie (c. pén. art. 313-9 et art. 131-39).

Encore faut-il que la société ait été :
– soit créée pour commettre l'infraction ;
– soit détournée de son objet pour commettre l'infraction.

Dans ce second cas, la dissolution ne peut être prononcée que si le texte d'incrimination prévoit, pour les personnes physiques, un emprisonnement de 3 ans au moins (c. pén. art. 131-39, 1°), ce qui est le cas, par exemple, de l'escroquerie (c. pén. art. 313-1).

Règles de la dissolution

Date de la dissolution

1540 La société est en liquidation dès l'instant de sa dissolution, pour quelque cause que ce soit (sauf en cas de transmission universelle du patrimoine à l'actionnaire unique), mais la dissolution de la société ne produit ses effets à l'égard des tiers qu'à compter de la date à laquelle elle est publiée au registre du commerce et des sociétés (c. com. art. L. 237-2).

S'il a été admis de donner une date d'effet postérieure à la date de l'assemblée décidant la dissolution (CCRCS, avis 02-75 du 4 février 2003), en revanche, il n'est pas possible de donner un effet rétroactif à une dissolution de société réalisée dans un cadre général (CCRCS, avis 2012-025 du 30 mai 2012).

Continuation de la personnalité morale

1541 La personnalité morale de la société subsiste pour les besoins de la liquidation jusqu'à la clôture de celle-ci, c'est-à-dire aussi longtemps que les droits et obligations à caractère civil ne sont pas liquidés (cass. civ., 2e ch., 6 mai 1999, n° 96-18070 ; cass. com. 13 février 1996, n° 93-13173). Ainsi, même radiée du registre du commerce et des sociétés à la suite de sa dissolution, la société peut encore agir en justice pour les besoins de sa liquidation (cass. com. 20 septembre 2023, n° 21-14252).

Pour éviter toute confusion, la mention « Société en liquidation » ainsi que le nom du ou des liquidateurs doivent figurer sur tous les actes et documents émanant de la société et destinés aux tiers, et notamment sur toutes les lettres, factures, annonces et publications diverses (c. com. art. R. 237-1). Toute infraction à cette règle est punie de l'amende prévue pour les contraventions de cinquième classe, soit 1 500 € (c. com. art. R. 247-4). En outre, le liquidateur peut être déclaré personnellement responsable du préjudice causé aux tiers par ce défaut d'information (cass. com. 16 mars 1976, n° 74-15083).

La société dissoute continue à traiter en son nom ; elle conserve son patrimoine, qui ne peut être immédiatement appréhendé par les associés. Les actionnaires sont en droit de céder leurs titres comme au cours de vie sociale.

Cette continuation de la personnalité morale ne se justifie que « pour les besoins de la liquidation » et ne permettrait pas, par exemple, à la société dissoute d'entreprendre une nouvelle activité.

Le compte courant de la société ouvert dans une banque est nécessairement clôturé à la date de dissolution de la société, sauf prorogation de son fonctionnement pour les besoins des opérations de la dissolution (cass. com. 15 novembre 1994, n° 90-15865).

Les sociétés en liquidation peuvent transmettre leur patrimoine par voie de fusion ou de scission, à condition que la répartition de leurs actifs entre les associés n'ait pas fait l'objet d'un début d'exécution (c. com. art. L. 236-1, al. 2).

• **Pas de résiliation des baux.** Les baux des immeubles qu'elle utilise pour son activité sociale, y compris les locaux d'habitation dépendant de ces immeubles, ne se trouvent pas résiliés de plein droit (c. com. art. L. 237-5).

• **Cession du bail.** Si, en cas de cession du bail, l'obligation de garantie ne peut plus être assurée dans les termes de celui-ci, il peut y être substitué, par décision de justice, toute garantie offerte par le cessionnaire ou un tiers étant jugée suffisante ; il est statué, en référé, par le président du tribunal judiciaire du lieu de la situation de l'immeuble (c. com. art. L. 237-5, al. 2 et R. 237-4).

Droits des actionnaires

1542 En période de liquidation, les actionnaires peuvent prendre communication des documents sociaux dans les mêmes conditions qu'antérieurement (c. com. art. L. 237-26). Ils ont droit de prendre part au vote dans les assemblées, même s'ils sont liquidateurs.

Sort du conseil d'administration

1543 **Les pouvoirs du conseil d'administration prennent fin à compter** (c. com. art. L. 237-15) **:**
– soit de la décision de justice ayant prononcé la dissolution ;
– soit de la dissolution de la société si elle est postérieure.

Les fonctions des dirigeants et du conseil d'administration reviennent au liquidateur.

• **Nomination d'un contrôleur.** En l'absence d'un commissaire aux comptes, et même dans les sociétés qui ne sont pas tenues d'en désigner, un ou plusieurs contrôleurs peuvent être nommés par les actionnaires dans les conditions de quorum et de majorité des assemblées ordinaires. À défaut, ils peuvent être désignés, par décision de justice, à la demande du liquidateur ou de tout intéressé. L'acte de nomination des contrôleurs fixe leurs pouvoirs, obligations et rémunérations, ainsi que la durée de leurs fonctions. Ils encourent la même responsabilité que les commissaires aux comptes (c. com. art. L. 237-17 et R. 237-11).

• **Cession d'actions.** La dissolution d'une société anonyme met fin aux fonctions du conseil d'administration ayant notamment le pouvoir d'agréer les cessions d'actions ; en l'absence de disposition statutaire conférant cette prérogative au liquidateur, l'agrément est nécessairement du pouvoir de l'assemblée des actionnaires (cass. com. 12 mai 2004, n° 00-10335).

Le statut du liquidateur

Nomination du liquidateur

1544 **Si la dissolution résulte du terme statutaire, ou si elle est décidée par les actionnaires, les liquidateurs sont nommés aux conditions de quorum et de majorité prévues pour les assemblées générales ordinaires ; lorsque les actionnaires n'ont pu procéder à cette désignation, celle-ci est faite par ordonnance du président du tribunal de commerce statuant sur requête de tout intéressé** (c. com. art. L. 237-18, L. 237-19 et R. 237-12)**.**

Ne peuvent être nommées liquidateurs les personnes auxquelles l'exercice des fonctions de dirigeant de société est interdit ou celles qui sont déchues du droit d'exercer ces fonctions (c. com. art. L. 237-4)**. Passer outre cette interdiction peut conduire à des sanctions pénales** (c. com. art. L. 247-5)**.**

Durée des fonctions

1545 **La durée du mandat du liquidateur ne peut excéder 3 ans. Toutefois, ce mandat peut être renouvelé par les actionnaires ou par le président du tribunal de commerce, selon que le liquidateur a été nommé par les actionnaires ou par décision de justice** (c. com. art. L. 237-21)**.**

• **Renouvellement du mandat par justice.** Si l'assemblée des actionnaires n'a pu être valablement réunie, le mandat est renouvelé par décision de justice, à la demande du liquidateur (c. com. art. L. 237-21, al. 2). Tout intéressé peut demander au président du tribunal de commerce statuant en référé d'enjoindre sous astreinte au liquidateur de remplir cette obligation (c. com. art. L. 238-2).

• **Révocation.** Le liquidateur est révoqué et remplacé selon les formes prévues pour sa nomination (c. com. art. L. 237-22).

• **Liquidateur personne morale.** Il ne résulte d'aucune disposition de la loi que la mission de liquidateur amiable confiée à une personne morale prendrait fin en cas de liquidation amiable de cette dernière (cass. com. 20 novembre 2001, n° 98-18498).

Rémunération

1546 La rémunération du liquidateur est fixée par la décision qui le nomme. À défaut, elle l'est postérieurement par le président du tribunal de commerce, statuant sur requête, à la demande du liquidateur (c. com. art. R. 237-14).

Pouvoirs du liquidateur

1547 Le liquidateur représente la société. Il est investi des pouvoirs les plus étendus pour réaliser l'actif, même à l'amiable. Les restrictions à ces pouvoirs, résultant des statuts ou de l'acte de nomination, ne sont pas opposables aux tiers (c. com. art. L. 237-24).

Il est habilité à payer les créanciers et à répartir le solde disponible. La liquidation amiable d'une société impose l'apurement intégral du passif, les créances litigieuses devant, jusqu'au terme des procédures en cours, être garanties par une provision ; en l'absence d'actif social suffisant pour répondre du montant des condamnations éventuellement prononcées à l'encontre de la société, le liquidateur doit différer la clôture de la liquidation et solliciter, le cas échéant, l'ouverture d'une procédure collective à l'égard de la société (cass. com. 26 juin 2007, n° 05-20569).

Les pouvoirs du liquidateur subissent les limitations suivantes :
– sauf consentement unanime des actionnaires, la cession de tout ou partie de l'actif de la société en liquidation à une personne ayant eu, dans cette société, la qualité d'administrateur, de directeur général, de commissaire aux comptes ou de contrôleur ne peut avoir lieu qu'avec l'autorisation du tribunal de commerce, le liquidateur et, s'il en existe, le commissaire aux comptes ou le contrôleur ayant été dûment entendus (c. com. art. L. 237-6) ;
– la cession de tout ou partie de l'actif de la société au liquidateur ou à ses employés, ou à leurs conjoint, ascendants ou descendants, est interdite (c. com. art. L. 237-7) ;
– la cession globale de l'actif ou l'apport de l'actif à une autre société, notamment par voie de fusion, nécessite l'autorisation des actionnaires statuant aux conditions de quorum et de majorité prévues pour les assemblées extraordinaires (c. com. art. L. 237-8).

Par ailleurs, le liquidateur ne peut continuer les affaires en cours ou en engager de nouvelles pour les besoins de la liquidation que s'il y a été autorisé soit par les associés, soit par décision de justice s'il a été nommé par cette voie.

Pluralité de liquidateurs. Sauf disposition contraire de l'acte de nomination, si plusieurs liquidateurs ont été nommés, ils peuvent exercer leurs fonctions séparément. Toutefois, ils établissent et présentent un rapport commun (c. com. art. R. 237-13).

Obligations du liquidateur

► Situations visées

1548 Le liquidateur doit respecter les obligations décrites ci-dessous *(voir §§ 1549 à 1551)* lorsqu'il a été désigné par décision de justice. Il doit également les respecter lorsque tout à la fois :
– il a été désigné par les associés ;
– des règles différentes ne sont fixées ni par les statuts ni par une convention des parties.

▸ Dans les 6 mois de sa nomination

1549 Dans les 6 mois de sa nomination, le liquidateur convoque l'assemblée des actionnaires à laquelle il fait rapport sur la situation active et passive de la société, sur la poursuite des opérations de liquidation et le délai nécessaire pour les terminer. Le délai dans lequel le liquidateur fait son rapport peut être porté à 12 mois sur sa demande par décision de justice (c. com. art. L. 237-23).

Défaillance du liquidateur. À défaut de réunion dans les 6 mois, il est procédé à la convocation de l'assemblée soit par l'organe de contrôle s'il en existe un, soit par un mandataire désigné par le président du tribunal de commerce statuant sur requête, à la demande de tout intéressé. Le juge déchoit le liquidateur qui n'a pas accompli ces diligences de tout ou partie de son droit à rémunération pour l'ensemble de sa mission. Il peut, en outre, le révoquer. Si la réunion de l'assemblée est impossible ou si aucune décision n'a pu être prise, le liquidateur demande en justice les autorisations nécessaires pour aboutir à la liquidation (c. com. art. L. 237-23, al. 2 et 3 et R. 237-15).

Tout intéressé peut également demander au président du tribunal statuant en référé d'enjoindre sous astreinte au liquidateur de remplir ses obligations relatives à la convocation de l'assemblée (c. com. art. L. 238-2).

▸ Dans les 3 mois de la clôture de chaque exercice

1550 Le liquidateur établit, dans les 3 mois de la clôture de chaque exercice, les comptes annuels au vu de l'inventaire qu'il a dressé des divers éléments de l'actif et du passif existant à cette date, ainsi qu'un rapport écrit par lequel il rend compte des opérations de liquidation au cours de l'exercice écoulé. À défaut d'accomplir ces diligences, le liquidateur peut être déchu de tout ou partie de son droit à rémunération pour l'ensemble de sa mission par le président du tribunal (c. com. art. L. 237-25).

Tout intéressé peut demander au président du tribunal de commerce statuant en référé d'enjoindre au liquidateur de remplir cette obligation (c. com. art. L. 238-2).

▸ Dans les 6 mois de la clôture de l'exercice et au moins une fois l'an

1551 Sauf dispense accordée par décision de justice, le liquidateur convoque, dans les 6 mois de la clôture de l'exercice et au moins une fois par an, selon les modalités prévues par les statuts, l'assemblée des actionnaires qui statue sur les comptes annuels, donne les autorisations nécessaires et, éventuellement, renouvelle le mandat des contrôleurs ou du commissaire aux comptes (c. com. art. L. 237-25).

Tout intéressé peut mettre en œuvre la procédure d'injonction de faire si le liquidateur est défaillant (c. com. art. L. 238-2).

- **Défaut de tenue de l'assemblée.** Si l'assemblée n'est pas réunie, le rapport ci-dessus prévu est déposé au greffe du tribunal de commerce et communiqué à tout intéressé (c. com. art. L. 237-25, al. 3).

- **Poursuite de l'activité.** La convocation par le liquidateur d'une assemblée dans les 6 mois de la clôture de l'exercice est impérative en cas de continuation de l'exploitation sociale. À défaut, tout intéressé peut demander cette convocation par le commissaire aux comptes ou par un mandataire désigné en justice (c. com. art. L. 237-28).

Responsabilité du liquidateur

▸ Responsabilité civile

1552 Le liquidateur est responsable, à l'égard tant de la société que des tiers, des conséquences dommageables des fautes commises par lui dans l'exercice de ses fonctions (c. com. art. L. 237-12).

L'action en responsabilité se prescrit par 3 ans à compter du fait dommageable ou, s'il a été dissimulé, de sa révélation. Lorsque la faute du liquidateur est qualifiée de crime, l'action se prescrit par 10 ans (c. com. art. L. 225-254 sur renvoi de l'art. L. 237-12).

Le délai de prescription court à compter du jour où les droits du demandeur ont été reconnus par une décision passée en force de chose jugée (cass. com. 25 juin 2013, n° 12-19173).

La responsabilité du liquidateur à l'égard des tiers n'est pas subordonnée à la démonstration d'une faute séparable de ses fonctions (cass. com. 11 juin 2013, n° 12-18853).

• **Clôture de la liquidation sans prise en compte d'une dette.** Est recevable l'action en responsabilité dirigée contre un liquidateur par un ancien salarié ayant obtenu la condamnation définitive de la société, le liquidateur ayant omis de prendre en compte dans les opérations de liquidation cette créance ; le liquidateur qui avait clôturé à tort les opérations a été condamné à 8 000 €, montant des dommages et intérêts représentant la perte de chance dont le salarié avait été victime (cass. com. 26 juin 2007, n° 05-20569).

• **Révocation judiciaire.** L'assemblée générale des actionnaires décide la liquidation amiable de la société et désigne un liquidateur. Suite à la défaillance de ce dernier dans l'établissement et la présentation des comptes, les actionnaires minoritaires l'assignent en révocation. Les juges rejettent leur demande pour un motif de procédure. Selon eux, le liquidateur ne peut être révoqué qu'à la condition que le juge des référés, saisi par les actionnaires minoritaires, lui ait enjoint sous astreinte de remplir ces obligations. La Cour de cassation censure : la demande de révocation du liquidateur n'est pas subordonnée à la saisine préalable, aux fins d'injonction, du président du tribunal statuant en référé (cass. com. 7 juillet 2015, n° 14-13195).

• **Action en responsabilité par les actionnaires.** Un associé ne peut agir, au nom de la société sur le fondement de l'article L. 225-252 du code de commerce, en réparation contre le liquidateur amiable (cass. com. 6 décembre 2017, n° 16-21005 ; affaire concernant une SARL mais qui peut être étendue aux autres formes de sociétés).

▸ **Responsabilité pénale**

1553 **Les diverses peines encourues par le liquidateur dans l'exercice de sa mission sont définies par les articles L. 247-5, L. 247-7 et L. 247-8 du code de commerce. Ces peines sont tout particulièrement lourdes en cas d'abus des biens, ou du crédit, de la société en liquidation.**

Clôture de la liquidation

Réunion d'une nouvelle assemblée

1554 **Les actionnaires, y compris les titulaires d'actions à dividende prioritaire sans droit de vote déjà émises, sont convoqués en fin de liquidation pour statuer sur le compte définitif, sur le quitus de la gestion du liquidateur et la décharge de son mandat, et pour constater la clôture de la liquidation. À défaut, tout associé peut demander la désignation par le président du tribunal de commerce, statuant en référé, d'un mandataire chargé de procéder à la convocation** (c. com. art. L. 237-9 et R. 237-5).

Si l'assemblée de clôture ne peut délibérer ou si elle refuse d'approuver les comptes du liquidateur, celui-ci, ou tout intéressé, peut saisir le tribunal de

commerce (c. com. art. L. 237-10). Dans cette hypothèse, le liquidateur dépose ses comptes au greffe du tribunal de commerce, où tout intéressé peut en prendre connaissance et obtenir à ses frais la délivrance d'une copie. Le tribunal de commerce statue sur ces comptes et, le cas échéant, sur la clôture de la liquidation aux lieu et place de l'assemblée des actionnaires (c. com. art. R. 237-6).

Recours des tiers

1555 Les tiers gardent leur action en responsabilité contre le liquidateur en cas de faute leur ayant porté préjudice, mais sous réserve que la prescription ne soit pas acquise.

Quant aux actions contre les actionnaires non liquidateurs ou leurs conjoint survivant, héritiers ou ayants cause, elles se prescrivent par 5 ans à compter de la publication de la dissolution de la société au registre du commerce et des sociétés (c. com. art. L. 237-13).

Après la clôture des opérations de liquidation, des dettes peuvent se révéler ; il en est ainsi, notamment, en présence d'une action engagée par un tiers dans le cadre d'une garantie légale ou contractuelle à l'encontre de la société.

Le créancier peut agir directement contre la société ; la jurisprudence admet en effet que les opérations de liquidation peuvent être réouvertes pour permettre d'apurer tous les droits et obligations à caractère social. Toutefois, la mission du liquidateur ayant pris fin et la société étant radiée du registre du commerce et des sociétés, un mandataire *ad hoc* doit être nommé en justice afin de représenter la société dissoute (cass. com. 26 janvier 1993, n° 91-11285 ; cass. civ., 3e ch., 31 mai 2000, n° 98-19435 ; cass. com. 19 juin 2001, n° 98-18616).

Une autre voie est ouverte aux créanciers : ils peuvent agir directement contre les anciens associés (cass. com. 13 juin 1984, Rev. soc. 1985, p. 405), mais dans une SA, les actionnaires ne supportent les pertes qu'à concurrence de leurs apports ; aussi, le recours envers les anciens actionnaires n'est possible que lorsqu'ils ont reçu, lors du partage de l'actif social, un boni de liquidation supérieur à la dette sociale réclamée par le tiers créancier.

Liquidation judiciaire demandée par un créancier. Une société est dissoute le 30 novembre 2010, sa radiation du registre du commerce et des sociétés est effectuée le 29 novembre 2010. La clôture des opérations de liquidation amiable intervient le 20 janvier 2011 et est publiée le 27 janvier 2011. Un créancier impayé assigne la société radiée en liquidation judiciaire le 28 décembre 2011. Cette action est recevable. Certes, lorsque son débiteur a été radié du RCS, le créancier ne peut l'assigner en redressement ou liquidation judiciaire que dans un délai de 1 an à compter de la radiation. Cependant, si le débiteur est une personne morale, ce délai court seulement à compter de la radiation consécutive à la publication de la clôture des opérations de liquidation (c. com. art. L. 631-5 et L. 640-5 ; cass. com. 12 juillet 2016, n° 14-19694).

Partage

1556 Les associés deviennent coïndivisaires du solde de l'actif. Les opérations de partage de cet actif subsistant peuvent commencer après remboursement du nominal des actions, dans les mêmes proportions que leur participation au capital social.

Sauf clause contraire des statuts, le partage des capitaux propres subsistant après le remboursement du nominal des droits sociaux est effectué entre les

actionnaires dans les mêmes proportions que leur participation au capital social (c. com. art. L. 237-29).

Pour effectuer ce partage, il y a lieu de suivre les règles du partage entre héritiers, y compris l'attribution préférentielle, ainsi que le prévoit l'article 1844-9 du code civil (c. civ. art. 1844-9). **Cette attribution peut, en effet, porter sur des droits sociaux** (c. civ. art. 831).

• **Clause statutaire.** Une clause prévoyant que le boni de liquidation est réparti de manière non proportionnelle entre les actionnaires peut être introduite dans les statuts à l'unanimité des actionnaires entre la décision de dissolution et l'assemblée de clôture. La procédure des avantages particuliers n'a pas à être suivie (ANSA 2010-I, n° 09-068).

• **Remboursement des actions à dividende prioritaire.** Le remboursement des actions existantes à dividende prioritaire sans droit de vote doit s'effectuer avant celui des actions ordinaires ; il en est de même pour le dividende prioritaire qui n'a pas été intégralement versé. Peut être annulé le remboursement intégral ou partiel des actions ordinaires avant le remboursement intégral des actions à dividende prioritaire sans droit de vote. Les actions à dividende prioritaire sans droit de vote ont, proportionnellement à leur montant nominal, les mêmes droits que les autres actions sur le boni de liquidation. Toute clause contraire est réputée non écrite (c. com. art. L. 237-30).

• **Action oblique irrecevable.** Les associés d'une société dissoute ont un droit ouvert au partage du reliquat de l'actif après paiement du passif ; ils ne peuvent pas, pour autant, agir en lieu et place de la société pour l'exercice de l'action oblique (cass. civ., 1re ch., 2 octobre 2002, n° 99-10947).

• **Sommes affectées aux répartitions.** Les sommes affectées aux répartitions entre les actionnaires et les créanciers sont déposées, dans le délai de 15 jours à compter de la décision de répartition, à un compte ouvert dans une banque au nom de la société en liquidation judiciaire. Elles peuvent être retirées sur la signature d'un seul liquidateur et sous sa responsabilité (c. com. art. R. 237-17). Si les sommes attribuées à des créanciers ou à des associés n'ont pu leur être versées, elles sont déposées, à l'expiration du délai de 1 an à compter de la clôture de la liquidation, à la Caisse des dépôts et consignations (c. com. art. R. 237-18).

• **Remboursement du capital social.** Le partage de l'actif social entre les associés d'une société en liquidation ne s'effectue qu'après le paiement des dettes et le remboursement du capital social (cass. com. 26 septembre 2018, n° 16-24070).

Dossiers pratiques

32 Formalités au Guichet unique

Un seul guichet pour toutes les formalités

Disparition des CFE

1600 Afin de simplifier les formalités de création des entreprises, la loi 2019-486 du 22 mai 2019 (dite « loi Pacte ») a prévu le remplacement des 6 anciens réseaux de centres de formalités des entreprises (CFE) (chambre de commerce et d'industrie, chambre de métiers et de l'artisanat, greffes des tribunaux de commerce, URSSAF, chambre d'agriculture et service des impôts des entreprises) par un organisme unique, le « Guichet unique » (c. com. art. L. 123-33).

Depuis le 1er janvier 2023, les entreprises doivent ainsi réaliser leurs formalités de création, de modification et de cessation d'activité sur le Guichet unique. En pratique, les sociétés se rendront sur le site « formalites.entreprises.gouv.fr », géré par l'Institut national de la propriété intellectuelle (INPI) (décret 2020-946 du 30 juillet 2020, art. 1).

Ce Guichet unique alimente le registre national des entreprises (RNE) qui existe également depuis le 1er janvier 2023. Le RNE a pour objet de centraliser, de manière dématérialisée, toutes les informations économiques ou juridiques concernant les entreprises, auparavant réparties dans différents registres et répertoires *(voir § 1608)*.

Exception : dépôt des comptes annuels

1601 À l'issue de l'approbation des comptes annuels, les SA sont tenues de déposer au greffe du tribunal de commerce leurs documents comptables, le cas échéant, accompagnés d'une déclaration de confidentialité ou de publication simplifiée *(voir § 876)* (c. com. L. 232-23 et L. 232-25).

Ce dépôt peut se faire de deux manières :
– soit de façon électronique, par l'intermédiaire du Guichet unique, dans les deux mois qui suivent la décision d'approbation des comptes (c. com. art. A. 123-61) ;
– soit par voie papier au greffe, dans le mois qui suit la décision d'approbation des comptes (c. com. art. R. 123-77, al. 2).

Le dépôt d'un dossier au Guichet unique

Un formulaire dynamique

1602 Depuis le 1er janvier 2023, l'ensemble des Cerfa a disparu et est remplacé par un formulaire unique à remplir en ligne, qui sert d'interface avec tous les organismes destinataires des formalités des entreprises.

Ce formulaire a donc vocation à recueillir l'ensemble des informations exigées par les différents organismes destinataires (c. com. art. A. 123-5).

La transmission des pièces justificatives

▸ Pour les documents devant être fournis en original

1603 Pour valider un dossier de formalités sur le Guichet unique, l'ensemble des pièces justificatives doit être déposé. Celles devant être fournies en original font l'objet d'exigences accrues. Ainsi, lorsque le document à déposer est un acte authentique ou un acte sous seing privé en original, le déclarant doit joindre une copie numérisée de la pièce concernée et déposer également l'original, accompagné d'une édition de l'accusé de réception électronique, à l'organisme concerné (c. com. art. R. 123-6, al. 5).

▸ Pour tous les autres documents justificatifs

1604 Pour tous les autres documents justificatifs n'exigeant pas d'original, une simple copie de la pièce numérique ou numérisée doit être déposée sur le Guichet unique.

Format de la pièce jointe. Sur le Guichet unique, le seul dépôt de document au format PDF est admis et celui-ci ne doit pas dépasser 10 Mo (https://www.inpi.fr/les-justificatifs-et-pieces-annexes).

La signature électronique

▸ Pour une création d'entreprise

1605 Concernant les formalités de création d'entreprise sur le Guichet unique, le déclarant n'a pas besoin d'acquérir un logiciel de signature électronique. Une signature dite « simple » suffit (c. com. art. R. 123-5). Le créateur d'entreprise n'a qu'une case à cocher et cela équivaut à sa signature et à sa déclaration sur l'honneur de l'exactitude des informations fournies.

▸ Pour les dépôts des comptes, modifications ou cessations d'activité

1606 Pour réaliser un dépôt de comptes, des modifications ou une cessation d'activité sur le Guichet unique, une signature dite « qualifiée » est exigée.

Pour ce faire, le signataire a deux possibilités (c. com. art. R. 123-5) :
– soit recourir à un système de signature électronique avancée reposant sur un certificat qualifié auprès d'un prestataire figurant sur une liste d'organismes de confiance. Ce type de prestation est payante ;

– soit se doter d'un autre moyen d'identification, accompagné d'une signature « simple » ayant la même valeur qu'une signature « qualifiée ». Les procédés techniques utilisés doivent garantir la conservation des transmissions opérées, l'établissement de manière certaine de leur date d'envoi et de la date de leur mise à la disposition de leur destinataire ou de leur réception par ce dernier, ainsi que la sécurité et la confidentialité des échanges. En pratique, l'entreprise peut utiliser le dispositif « France Connect+ ».

Une procédure de secours en cas de défaillance du Guichet unique

1607 Afin d'assurer la continuité du service délivré par le Guichet unique, une procédure dérogatoire (dite « procédure de secours ») peut être mise en place si la plateforme internet présente des difficultés graves de fonctionnement et que les entreprises se retrouvent dans l'incapacité d'effectuer certaines formalités (c. com. art. R. 123-15). La décision de recourir à cette procédure appartient à l'INPI.

Signalons que le Guichet unique a connu plusieurs dysfonctionnements suite à son ouverture. Ainsi, une procédure de secours a été ouverte dès le 1er janvier 2023 et a pris fin le 31 décembre 2023 (arrêté du 28 décembre 2022, JO du 29, texte 1, art. 7). À cette occasion, les déclarants ont pu se rendre sur le site de substitution « Guichet-entreprises.fr » ou sur www.infogreffe.fr. lorsque une inscription modificative était requise au registre du commerce et des sociétés. En outre, des formalités papier pouvaient encore être adressées aux greffiers.

Refus des dossiers papier par le greffe. En janvier 2023, une société adresse au greffier une demande de radiation par voie papier du fait d'un dysfonctionnement sur le Guichet unique. Le greffier s'y refuse. À tort. La société a saisi le juge chargé de la surveillance du RCS et ce dernier a ordonné au greffier d'accepter le dossier en version papier « eu égard à l'exigence de simplicité qui doit présider à l'organisation des formalités des entreprises » (trib. com. Versailles, juge commis à la surveillance du RCS, ord. du 20 janvier 2023, n° 2023-S-3). De même, une SCI a obtenu gain de cause face à un greffe ayant refusé, à plusieurs reprises entre le 4 et le 18 janvier 2023, son dossier papier relatif au transfert de son siège social et au changement de gérant alors qu'elle ne parvenait pas à réaliser ces formalités sur le Guichet unique (trib. jud. Versailles, juge commis à la surveillance du RCS, ord. du 14 avril 2023, n° RG 23/18 à propos d'une SCI mais transposable à la SA).

Registre national des entreprises

Un registre unique dématérialisé

1608 Outre le Guichet unique, la loi Pacte a également prévu l'instauration d'un registre général dématérialisé, destiné à recueillir et à diffuser l'ensemble des informations relatives aux entreprises (loi 2019-486 du 22 mai 2019, art. 2).

Depuis le 1er janvier 2023, le registre national des entreprises a remplacé les différentes registres et répertoires existants, à l'exception toutefois :
– du répertoire national des entreprises et de leurs établissements (SIRENE), tenu par l'Institut national de la statistique et des études économiques (INSEE) ;
– du registre du commerce et des sociétés (RCS) ;
– du registre spécial des agents commerciaux ;

– du registre spécial des entrepreneurs individuels à responsabilité limitée, gérés par les greffiers des tribunaux de commerce (ou judiciaires dans certains départements).

Notons que ces trois derniers registres, tenus par les greffiers des tribunaux de commerce, ont été maintenus, ce qui n'est pas le cas du registre national du commerce et des sociétés (RNCS).

Le registre national des entreprises est alimenté et mis à jour par le Guichet unique. L'INPI est, quant à elle, en charge d'assurer la tenue de ce registre et de permettre la diffusion des informations au public (c. com. art. L. 123-50 ; c. propr. intell. art. L. 411-1).

Les informations contenues dans le registre unique

1609 Les informations contenues dans le registre national des entreprises correspondent, pour l'essentiel, à celles qui figuraient auparavant dans les anciens registres en place. Il s'agit, par exemple, des comptes sociaux ou des bénéficiaires effectifs (c. com. art. L. 123-37).

Néanmoins, certaines informations, qui n'étaient pas demandées ou qui l'étaient de manière facultative, figurent désormais sur registre national des entreprises (c. com. art. R. 123-252 à R. 123-254 et R. 123-259) :
– les coordonnées téléphoniques et électroniques des dirigeants sociaux ;
– le nom du domaine du site internet de l'entreprise ;
– le caractère ambulant ou saisonnier des activités exercées et, le cas échéant, la superficie du ou des magasins ;
– la qualité d'employeur de l'entreprise et, le cas échéant, de chacun des établissements.

Autorités de contrôle. Le contrôle et la vérification des pièces présentées au registre national s'effectuent, selon la forme juridique ou l'activité exercée par l'entreprise, par les greffiers des tribunaux de commerce ou des tribunaux judiciaires statuant en matière commerciale ou par les présidents des chambres de métiers et de l'artisanat (c. com. art. L. 123-41 à L. 123-47).

La communication des informations aux tiers

▸ Un accès au public encadré

1610 Les informations inscrites et pièces annexées au registre national des entreprises sont accessibles au public gratuitement sur un portail internet.

Toutefois, ne sont pas consultables les documents comptables couverts une déclaration de confidentialité *(voir § 878)* et les informations relatives aux personnes physiques sont limitées aux nom, prénoms, mois, année de naissance et commune de résidence (c. com. art. L. 123-52).

▸ Un accès intégral pour certaines autorités

1611 Pour l'exercice de leurs missions, certaines personnes morales ou institutions disposent d'un accès intégral aux informations figurant au registre national des entreprises.

Il s'agit notamment du Guichet unique, de l'INPI, des notaires, des administrateurs et mandataires judiciaires, des commissaires de justice, des organismes chargés de la gestion d'un régime obligatoire de sécurité sociale, des chambres de commerce et d'industries, de l'INSEE, du président du Haut Conseil du commissariat aux comptes, de la direction générale des finances publiques ou encore des greffiers des tribunaux de commerce (c. com. art. R. 123-318).

Formalités de constitution de la SA

1

RÉDACTION DES STATUTS

2

DÉPÔT DES FONDS
DANS LES 8 JOURS
DE LEUR VERSEMENT DANS UNE BANQUE, CHEZ UN NOTAIRE
OU À LA CAISSE DES DÉPÔTS ET CONSIGNATIONS

3

INSERTION DANS UN SUPPORT D'ANNONCES LÉGALES
DU LIEU DU SIÈGE SOCIAL

4

DÉPÔT DU DOSSIER D'IMMATRICULATION
EN LIGNE AUPRÈS DU GUICHET UNIQUE

PIÈCES JUSTIFICATIVES À FOURNIR :

- **STATUTS** DATÉS ET SIGNÉS
- **CERTIFICAT DU DÉPOSITAIRE DES FONDS**
- **DÉCLARATION DES BÉNÉFICIAIRES EFFECTIFS**
- **ACTE DE NOMINATION** DES DIRIGEANTS SOCIAUX
- **ADMINISTRATEURS PERSONNES MORALES :** EXTRAIT KBIS DE MOINS DE 3 MOIS
- **ATTESTATION DE PARUTION** DANS UN SUPPORT D'ANNONCES LÉGALES
- **LISTE DES SOUSCRIPTEURS**
- **JUSTIFICATIF DE LA JOUISSANCE DES LOCAUX**
- **DIRIGEANTS PERSONNES PHYSIQUES :** COPIE DE LA CNI + ATTESTATION DE NON-CONDAMNATION ET DE FILIATION
- **LE CAS ÉCHÉANT,** POUVOIR DU REPRÉSENTANT LÉGAL
  —
  RAPPORT DU COMMISSAIRE AUX APPORTS
  —
  ACTE DE NOMINATION DES COMMISSAIRES AUX COMPTES

Revue Fiduciaire

33 Dossier d'immatriculation de la SA

§§

Avant la demande d'immatriculation

Formalité de l'enregistrement

▸ Actes devant être enregistrés

1661 Les actes constatant la formation de sociétés commerciales ne sont pas obligatoirement soumis à la formalité de l'enregistrement, sauf dans les situations suivantes (CGI art. 635 ; BOFiP-ENR-AVS-10-10-10-§ 130-02/09/2015) :
– la forme de l'acte l'exige (c'est notamment le cas lorsque l'acte de constitution de la société a la forme notariée) ;
– l'acte comporte une opération particulière soumise à enregistrement (apport d'immeuble, mutation de fonds de commerce, de parts sociales ou d'actions) *(voir § 134)*.

Si l'acte constate des apports immobiliers ou des apports mobiliers et immobiliers, il est soumis à la formalité de la publicité foncière et doit être publié dans le mois de sa date au service de la publicité foncière (CGI art. 647, III).

Sont également passibles des droits d'enregistrement, dans les conditions de droit commun, les actes présentés volontairement à l'enregistrement (CGI art. 662, 2° ; BOFiP-ENR-DG-10-20-§ 270-02/09/2015). Le fait générateur qui détermine le droit applicable est la date de présentation de l'acte à l'enregistrement et non la date de rédaction de l'acte.

À **défaut d'acte la constatant**, la formation d'une société doit donner lieu au dépôt d'une déclaration au service des impôts compétent dans le mois qui suit sa réalisation (CGI art. 638 A). Cette déclaration doit être déposée à l'un des services des impôts dans le ressort desquels les biens apportés sont situés ou, si ces biens n'ont pas une assiette matérielle fixe, au service des impôts du siège social ou du domicile de l'un des apporteurs et à défaut de siège social ou de domicile en France auprès de celle désignée par l'administration (CGI, ann. III art. 250 A). Le service des impôts des entreprises étrangères est désigné pour recevoir les déclarations relatives à des apports de biens n'ayant pas d'assiette matérielle fixe effectués au profit de sociétés et non constatés par un acte lorsque le siège social ou le domicile des apporteurs n'est pas situé en France (CGI, ann. IV art. 60 A).

▸ Paiement des droits

1662 Les droits d'enregistrement sont en principe intégralement versés au moment de l'accomplissement de la formalité.

Toutefois, lorsqu'ils sont soumis à la formalité de l'enregistrement, les actes constitutifs de sociétés commerciales sont enregistrés provisoirement gratis (CGI art. 1717 bis ; BOFiP-ENR-AVS-10-60-§ 20-12/09/2012). Cet enregistrement gratis sera définitif lorsque l'apport est exonéré de droits et donc dans de très nombreux cas.

Si des droits et taxes sont dus, ils sont exigibles au plus tard à l'expiration du délai de trois mois qui suit la date de l'acte constitutif.

Si des apports purs et simples sont soumis au droit de mutation, le paiement de ce droit peut, sur demande expresse de la société, être fractionné en 5 versements (CGI art. 1717 ; BOFiP-ENR-DG-50-20-20-§ 30-06/04/2016).

Insertion dans un support d'annonces légales

1663 Comme pour toute société commerciale, la constitution de la SA nécessite la publication préalable d'un avis dans un support habilité à recevoir les annonces légales dans le département du siège social. L'avis est signé (c. com. art. R. 210-3) :
– soit par l'un des fondateurs ou des premiers actionnaires ayant reçu un pouvoir spécial à cet effet ;
– soit par le notaire qui a reçu l'acte ou au rang des minutes duquel il a été déposé.

L'insertion doit contenir les indications suivantes (c. com. art. R. 210-4) :

a) la dénomination sociale suivie, le cas échéant, de son sigle ;

b) la forme de la société (SA) ;

c) le montant du capital social ;

d) l'adresse du siège social ;

e) l'objet social (sommairement indiqué) ;

f) la durée pour laquelle la société a été constituée ;

g) les nom, prénom usuel et domicile des actionnaires ou des tiers ayant, dans la société, la qualité d'administrateur, président, directeur général ou commissaire aux comptes ;

h) les nom, prénom usuel et domicile des personnes ayant le pouvoir général d'engager la société envers les tiers ;

i) l'indication du greffe du tribunal où la société sera immatriculée au registre du commerce et des sociétés (RCS) ;

j) les conditions d'admission aux assemblées d'actionnaires et d'exercice du droit de vote, notamment les conditions d'attribution du droit de vote double ;

k) le cas échéant, l'existence de clauses relatives à l'agrément des cessionnaires d'actions et la désignation de l'organe social habilité à statuer sur les demandes d'agrément.

L'attestation, délivrée aux fondateurs par le support publicateur au moment où ils lui remettent la demande d'insertion légale, est jointe au dossier d'immatriculation.

• **Tarification au forfait.** Suite à la réforme opérée par la loi 2019-486 du 22 mai 2019, dite loi « Pacte », le coût d'une annonce légale pour la constitution d'une société est forfaitisé et non plus calculé sur la base d'un tarif à la ligne depuis le 1er janvier 2021. Les forfaits sont déterminés selon la forme juridique de la société. À titre indicatif, le tarif pour la création d'une SA en 2023 était de 379 € ou de 387 € selon les départements, avec toutefois un forfait à 453 € pour Mayotte et La Réunion (arrêté du 19 novembre 2021, JO du 28, texte 50 modifié par arrêté du 27 décembre 2022, JO du 31, texte 139).

• **Presse en ligne.** Depuis le 12 février 2020, les services de presse en ligne peuvent publier des annonces judiciaires et légales. Ces services de presse en ligne doivent notamment justifier d'une audience atteignant le minimum fixé par le décret d'application, en fonction de l'importance de la population du département (loi 2019-486 du 22 mai 2019, art. 3 ; décret 2019-1216 du 21 novembre 2019 ; décret 2020-106 du 10 février 2020).

• **Centralisation des annonces légales dans une base unique.** Le portail d'accès disponible à l'adresse « www.pple.fr » constitue un point d'accès central aux publications du BODACC (www.bodacc.fr), des annonces publiées dans les supports d'annonces légales (www.actulegales.fr) et des inscriptions et documents déposés aux RCS (www.infogreffe.fr).

Demande d'immatriculation

À qui s'adresser ?

▸ Guichet unique

1664 **Rappelons que depuis le 1er janvier 2023, les entreprises doivent réaliser leurs formalités par voie électronique sur le Guichet unique, qui a remplacé les anciens centres de formalités des entreprises (CFE)** (c. com. art. L. 123-33) *(voir § 1600)*.

Au sein de ce Guichet unique, les entreprises souscrivent l'ensemble des formalités et procédures nécessaires à l'accès et à l'exercice de leur activité : déclarations relatives à la création, aux modifications de leur situation et à la cessation de leur activité ainsi que les demandes d'autorisation permettant l'accès à certaines activités et leur exercice (c. com. art. R. 123-1 à R. 123-16).

Le Guichet unique reçoit le dossier unique de l'entreprise qui permet de saisir les différentes déclarations : juridique (RCS), fiscale (déclaration d'existence), sociale (URSSAF, Pôle emploi, inspection du travail), statistique (INSEE) (c. com. art. R. 123-1).

• **Formulaire dynamique.** Les formalités de création s'effectuent directement sur le site du Guichet unique « formalites.entreprises.gouv.fr » via un formulaire dynamique à remplir en ligne *(voir § 1602)*.

• **Activités réglementées.** Le Guichet unique peut recevoir les demandes d'autorisation nécessaires à l'activité de l'entreprise que celle-ci est tenue de remettre aux autorités compétentes. Ces demandes concernent des activités telles que celles d'agent immobilier (carte professionnelle), de centre équestre (demande d'autorisation d'exploiter auprès de la direction départementale de l'équipement et de l'agriculture), d'expert-comptable (inscription à l'Ordre), de géomètre expert (inscription à l'Ordre), d'architecte (inscription à l'Ordre), de vétérinaire (inscription à l'Ordre), ou de marchand de biens (carte professionnelle) (c. com. art. R. 123-1, I et arrêté du 1er mars 2010, art. 1er et 2). Le Guichet unique transmet les renseignements ou pièces à chacune des autorités habilitées à délivrer les autorisations (c. com. art. R. 123-1, II).

Toutefois, le déclarant peut, s'il le souhaite, déposer ces demandes directement auprès des autorités compétentes (c. com. art. R. 123-1, I).

• **Registre national des entreprises.** Depuis le 1er janvier 2023, le registre national des entreprises s'est substitué à la plupart des anciens registres et répertoires, tels que le répertoire des métiers ou le registre des actifs agricoles. Il a vocation à centraliser toutes les informations concernant les entreprises (ord. 2021-1189 du 15 septembre 2021). Ce registre est alimenté par le Guichet unique (c. com. art. L. 123-50) *(voir § 1608)*. Notons que, par exception, les registres du commerce et des sociétés tenus par les greffiers demeurent.

► Confier l'immatriculation à un mandataire

1665 Les déclarations peuvent être signées par un mandataire du déclarant accompagné du pouvoir correspondant.

Le mandataire qui signe la demande d'inscription au RCS au nom et pour le compte du déclarant a l'obligation de produire une procuration signée de la personne au nom et pour le compte de laquelle il effectue la formalité. Cette procuration n'est pas nécessaire lorsqu'il résulte des actes ou pièces déposés à l'appui de la demande que le mandataire dispose du pouvoir d'effectuer la déclaration (c. com. art. R. 123-85).

La preuve de l'existence d'une procuration peut résulter d'un procès-verbal d'assemblée ou d'une délibération du conseil d'administration (CCRCS, avis n° 98-59 du 5 mars 1999).

• **Salariés.** Les formalités peuvent également être effectuées par un salarié disposant d'une délégation de pouvoirs englobant le pouvoir d'effectuer les formalités auprès du RCS. Dans ce dernier cas, le salarié doit fournir une photocopie de l'acte de délégation (CCRCS, avis n° 2016-001 du 4 février 2016).

• **Avocats.** Cette procuration s'impose également aux avocats (rép. Léonard n° 19090, JO 30 janvier 1995, AN quest. p. 594).

Quand déposer la demande ?

1666 Aucun délai n'est prévu pour l'immatriculation d'une société. Celle-ci doit être demandée sitôt accomplies les formalités de constitution, publicité comprise (c. com. art. R. 123-36).

Les actionnaires conservent toujours le droit de renoncer à leur projet de créer une personne morale ou de retarder la date à laquelle la société aura la jouissance de la personnalité morale.

Renseignements à porter sur la déclaration

► Concernant la SA

1667 Sont déclarés dans la demande d'immatriculation des sociétés (c. com. art. R. 123-53) :

1° la dénomination sociale suivie, le cas échéant, du sigle ;

2° la forme juridique (SA), en précisant, s'il y a lieu, l'indication du statut légal particulier auquel la société est soumise ;

3° le montant du capital social ;

4° l'adresse du siège social ;

5° le cas échéant, l'indication que le représentant légal a installé le siège social de la société à son domicile (c. com. art. L. 123-11-1) ;

6° les activités principales de l'entreprise ;

7° la durée de la société fixée par les statuts ;

8° la date de clôture de l'exercice social ;

9° les références des immatriculations secondaires éventuellement souscrites et, le cas échéant, des établissements principaux ou secondaires situés et immatriculés dans un autre État membre de la Communauté européenne ou partie à l'accord sur l'Espace économique européen. En outre, la personne morale peut déclarer les mentions relatives à l'adresse et à l'activité principale de ces établissements en produisant les justificatifs correspondants ;

10° le cas échéant, le fait qu'elle est bénéficiaire d'un contrat d'appui au projet d'entreprise pour la création ou la reprise d'une activité économique (c. com. art. L. 127-1 à L. 127-7), en précisant la dénomination de la personne morale responsable de l'appui, l'adresse de son siège social ainsi que, si elle est immatriculée dans un registre public, le lieu d'immatriculation et le numéro unique d'identification ;

11° le cas échéant, s'il s'agit d'une société commerciale, sa qualité d'entreprise de l'économie sociale et solidaire ;

12° le cas échéant, sa qualité de société à mission.

En outre, pour les sociétés résultant d'une fusion ou d'une scission, l'indication des dénomination ou raison sociale, forme juridique et siège social de toutes les sociétés ayant participé, ainsi que, en ce qui concerne chacune d'entre elles, les renseignements prévus pour les immatriculations dans un registre public (c. com. art. R. 123-56).

• **Déclaration frauduleuse.** Le fait de donner, de mauvaise foi, des indications inexactes ou incomplètes en vue d'une immatriculation est puni d'une amende de 4 500 € et d'un emprisonnement de 6 mois (c. com. art. L. 123-5, al. 1).

• **Extrait Kbis.** Sur l'extrait K bis, les greffiers ne mentionnent pas que le montant du capital n'a pas été entièrement libéré (CCRCS, avis n° 2015-06 du 19 mars 2015). Ils indiquent, dans la rubrique « Conditions d'exercice » se rapportant aux justificatifs de l'activité faisant l'objet d'une réglementation particulière, l'autorité dont ils émanent ou, éventuellement, la mention « En attente de la production de la pièce justifiant de la capacité » (CCRCS, avis n° 2016-019 du 18 octobre 2016).

• **Nom de domaine.** Le nom de domaine peut être mentionné dans sa demande d'immatriculation au RCS ; il doit correspondre à un site déjà ouvert ou sur le point de l'être. La société peut déclarer le nom de domaine d'autant de sites qu'elle a d'établissements mentionnés au RCS. Elle peut déclarer le ou les noms d'un ou de plusieurs de ses autres sites commerciaux ou résultant d'obligations légales (c. com. art. R. 123-53). Aucune pièce justificative n'est à joindre. Cette mention du nom de domaine n'est pas à indiquer dans l'avis publié dans un support d'annonces légales (CCRCS, avis n° 2012-033 des 26 septembre et 25 octobre 2012).

• **Adresse du siège social.** L'adresse du siège social s'entend d'un lieu géographique précis, désigné par les éléments usuels en la matière. Le greffier peut exiger des renseignements complémentaires, voire refuser l'inscription, s'il constate la désignation d'une zone industrielle ou artisanale sans précision de la commune ou du département ou si l'adresse est incomplète (CCRCS, avis n° 2016-010 du 5 septembre 2016).

• **Premier exercice social.** Le cas échéant, il convient d'indiquer la date de clôture du premier exercice social lorsque sa durée est inférieure ou supérieure à 12 mois. Le premier exercice social courant à compter de l'immatriculation, cela permet de faire coïncider les exercices suivants avec les années civiles. Si la date de clôture est comprise entre 18 et 23 mois, le greffier vérifiera que cette date correspond bien aux statuts. Si tel n'était pas le cas, il refuserait l'inscription au RCS (CCRCS, avis n° 2015-015 du 21 décembre 2015).

▸ Concernant les dirigeants

1668 Doivent aussi être déclarés les nom, nom d'usage, pseudonyme, prénoms, date et lieu de naissance, domicile personnel, nationalité des :

– directeurs généraux, directeurs généraux délégués ;

– actionnaires et tiers ayant le pouvoir de diriger, gérer ou engager à titre habituel la société avec l'indication, pour chacun d'eux, qu'ils engagent seuls ou conjointement la société vis-à-vis des tiers ;
– administrateurs et président du conseil d'administration ;
– s'il y a lieu, commissaires aux comptes.

Lorsque les administrateurs sont des personnes morales, il y a lieu de déclarer leur dénomination sociale, leur forme juridique, l'adresse de leur siège, ainsi que (c. com. art. R. 123-54) :
– les nom, nom d'usage, pseudonyme, prénoms, date et lieu de naissance, domicile personnel et nationalité de leur représentant permanent ;
– pour les personnes morales de droit français immatriculées au RCS, leur numéro unique d'identification (c. com. art. D. 123-235) et la mention RCS avec l'indication du greffe d'immatriculation ;
– pour les sociétés relevant de la législation d'un autre État membre de l'Union européenne ou partie à l'accord sur l'Espace économique européen, le numéro et le lieu d'immatriculation dans un registre public ;
– pour les personnes morales non immatriculées ou relevant de la législation d'un État non membre de la Communauté européenne ou partie à l'accord sur l'Espace économique européen, les nom, nom d'usage, prénoms et domicile des personnes ayant le pouvoir de les diriger, de les gérer ou de les engager à titre habituel.

• **Activités réglementées.** Des conditions sont imposées pour l'exercice de certaines professions (débit de boissons, coiffure, optique-lunetterie, transports) ; il appartient aux dirigeants des sociétés devant exercer ces activités réglementées de vérifier que les conditions nécessaires (diplôme, qualification professionnelle, licence, autorisation administrative) sont remplies pour obtenir l'agrément ou l'autorisation nécessaire à l'inscription au RCS. Des démarches auprès des organismes ou des syndicats professionnels sont à entreprendre en cas de doute.

• **Société étrangère.** Pour être inscrit au RCS, le responsable d'un établissement d'une société étrangère doit justifier de son identité mais il n'a pas à fournir de pièce relative à sa désignation par la société étrangère (CCRCS, avis n° 2015-012 du 30 juin 2015).

▸ Concernant l'établissement

1669 En outre, les renseignements ci-après relatifs à l'activité et à l'établissement de la SA, ou son siège si elle n'a pas d'établissement, doivent être indiqués (c. com. art. R. 123-38 sur renvoi de l'art. R. 123-59) :

1° la ou les activités exercées correspondant à la nomenclature d'activités définies par décret, éventuellement précisée par le déclarant ;

2° l'adresse de l'établissement ;

3° à défaut d'établissement, l'adresse de l'entreprise fixée au local d'habitation déclarée (c. com. art. L. 123-11-1) ;

4° la date de commencement d'exploitation ;

5° si on les utilise, le nom commercial et l'enseigne ; la société ne peut déclarer qu'un seul nom commercial et qu'une seule enseigne par établissement exploité (CCRCS, avis n° 2015-013 du 30 juin 2015) ;

6° l'indication qu'il s'agit soit de la création d'un fonds de commerce, soit de l'acquisition d'un fonds existant, soit d'une modification du régime juridique sous lequel il était exploité, ou, à défaut, l'origine de l'activité ; sont indiqués, en cas de reprise, les nom, nom d'usage, pseudonyme et prénoms du précédent exploitant, son numéro unique d'identification ; en cas d'achat, de licitation ou de partage d'un fonds de commerce, l'indication du titre et la date du support d'annonces légales dans lequel a été publiée l'insertion (c. com. art. L. 141-12) *(voir § 113)* ;

7° en cas de propriété indivise des éléments d'exploitation, les nom, nom d'usage, pseudonyme, prénoms, domicile des personnes physiques ou dénomination sociale et adresse des personnes morales indivisaires ;

8° en cas de location-gérance, les nom, nom d'usage, pseudonyme, prénoms et domicile ou dénomination sociale et adresse du siège du loueur de fonds ; les dates du début et du terme de la location-gérance avec, le cas échéant, l'indication que le contrat est renouvelable par tacite reconduction ;

9° les nom, nom d'usage, pseudonyme, prénoms, date et lieu de naissance, domicile et nationalité des personnes ayant le pouvoir d'engager à titre habituel, par leur signature, la responsabilité de la société ;

10° en cas de gérance-mandat, les nom, nom d'usage, prénoms et domicile ou la dénomination sociale et l'adresse du siège social du cocontractant (mandant ou gérant-mandataire) ainsi que son numéro d'identification et la mention RCS suivie du nom de la ville où il est immatriculé, mentions auxquelles il convient d'ajouter les dates du début et du terme du contrat de gérance-mandat avec, le cas échéant, l'indication que le contrat est renouvelable par tacite reconduction.

Elle peut déclarer en outre le nom de domaine de son site Internet *(voir § 1667)*.

Nom commercial. Il ne peut être déclaré plusieurs noms commerciaux pour un même établissement. Toutefois, un nom commercial déclaré peut être soit (CCRCS, avis n° 2015-013 du 30 juin 2015) :
– constitué d'un signe complexe, comme procédant notamment de la juxtaposition de plusieurs appellations pourvu que ce signe corresponde à celui effectivement utilisé ;
– différent selon les établissements exploités par un même commerçant ou une même société, puisque pouvant correspondre à un fonds de commerce ou une entreprise distincts.

Pièces justificatives à produire

▸ Concernant la société

1670 Pour la demande d'immatriculation au RCS, sont à produire :
– l'attestation de parution dans un support d'annonces légales indiquant le nom du support et la date de parution ou un exemplaire du support ayant publié l'avis de constitution ;
– un exemplaire des statuts sous seing privé, paraphés, datés et signés en original par tous les actionnaires en personne ou par un mandataire justifiant d'un pouvoir spécial ;
– une copie des actes de nomination des dirigeants sociaux ;
– en présence d'apport en nature, un exemplaire du rapport du commissaire aux apports daté et signé ou le document établi par les fondateurs comprenant leur évaluation ;
– un exemplaire original du certificat du dépositaire des fonds, accompagnés de la liste des souscripteurs mentionnant le nombre d'actions souscrites et les sommes versées par chacun d'eux (c. com. art. R. 123-103) ;
– le cas échéant, un pouvoir du représentant légal de la SA, si ce n'est pas lui qui effectue la déclaration.

• **Transmission des pièces du dossier.** Lorsqu'elle doit transmettre des actes authentiques ou sous seing privé en original, l'entreprise joint à son dossier une copie numérisée des pièces concernées, et dépose les originaux, accompagnés d'une édition de l'accusé de réception électronique, aux organismes ou aux autorités concernés (c. com. art. R. 123-6) *(voir § 1603)*.

• **Société dont le siège est situé à l'étranger.** Lorsque le dépôt au greffe des statuts traduits en langue française a été effectué avant la demande d'immatriculation, il convient de transmettre une copie du récépissé du dépôt. Il faut y ajouter un extrait de l'immatriculation au registre des sociétés étranger ou un titre justifiant l'existence, traduit, le cas échéant, en langue française (c. com. art. A. 123-45 et Annexe 1-1).

Les sociétés ayant leur siège dans un État de l'Union européenne (UE) ou de l'Espace économique européen, y inclus la France, peuvent sur demande procéder au dépôt des statuts dans toute langue officielle de l'UE (c. com. art. R. 123-104 ; CCRCS, avis n° 2015-021 du 10 novembre 2015).

▸ Concernant le siège social

1671 **Doit être fourni un justificatif de la jouissance des locaux par tous moyens** (c. com. art. L. 123-11). **La pièce justificative pourra être : le bail, l'acte de cession du droit au bail avec la mention de l'enregistrement au service des impôts des entreprises, l'acte de sous-location, le contrat de domiciliation ou une quittance EDF.**

Si le représentant légal (soit le président directeur général ou le directeur général) use de la faculté d'installer le siège à son domicile pour une durée limitée (c. com. art. L. 123-11-1), **il devra fournir un justificatif de son domicile par tout document (datant de moins de 3 mois) établi à son nom permettant de justifier la réalité de l'adresse déclarée (ex. : quittance EDF, loyer, internet, taxe foncière). Dans ce cas, le représentant légal de la SA accomplira les démarches auprès de La Poste pour l'identification de la société et inscrira la dénomination sociale de la société sur sa boîte aux lettres.**

Si le siège social est situé dans des locaux occupés en commun par une ou plusieurs autres entreprises, la société devra produire la copie du contrat de domiciliation conclu à cet effet avec le propriétaire ou le titulaire du bail de ces locaux (c. com. art. R. 123-167).

• **Filiale.** Si les locaux sont mis à la disposition d'une filiale par une société mère et qu'ils sont à l'adresse du siège de la société mère, la filiale peut présenter une attestation de mise à disposition des locaux établie par la mère. En revanche, si ces locaux ne correspondent pas au siège social de la société mère, l'attestation n'est pas suffisante. Elle doit nécessairement s'accompagner d'un justificatif de la jouissance, par la société mère, des locaux en cause (CCRCS, avis n° 2014-19 du 1er juillet 2014).

• **Siège social au domicile du dirigeant.** Le siège d'une SA peut être installé, pour une installation permanente ou temporaire selon le cas (c. com. art. L. 123-11-1), au domicile de son président ou de l'un de ses directeurs généraux ou directeurs généraux délégués lorsque ces derniers n'agissent pas sur délégation du président mais en leur qualité de représentant légal de la société (CCRCS, avis n° 2014-017 du 12 juin 2014).

▸ Concernant les dirigeants

1672 **Personnes concernées. Sont visés les actionnaires et les tiers ayant le pouvoir de diriger, de gérer ou d'engager à titre habituel la société et donc essentiellement le président-directeur général ou le directeur général, les directeurs généraux délégués et les administrateurs. Une distinction est faite entre les personnes physiques déjà immatriculées et celles qui ne le sont pas.**

Pièces justificatives manquantes. Lorsque le dirigeant n'est pas en mesure de produire une ou plusieurs pièces justificatives prévues ci-après, il peut saisir sur requête le juge commis à la surveillance du registre aux fins d'être dispensé, le cas échéant, de produire ces pièces (c. com. art. A. 123-45 et Annexe 1-1).

1673 **Cas des personnes physiques déjà immatriculées.** Si la personne est déjà immatriculée au RCS à titre personnel ou en qualité de dirigeant de personne morale : extrait de l'immatriculation datant de moins de 3 mois (K bis) ou copie recto verso de la carte nationale d'identité ou du passeport en cours de validité et d'une attestation sur l'honneur, sur papier libre, de non-condamnation et faisant apparaître la filiation *(voir modèle § 1678)*.

1674 **Cas des personnes physiques non immatriculées.** Copie de la carte d'identité ou du passeport accompagnée d'une déclaration de l'intéressé faisant connaître sa filiation, si celle-ci ne figure pas sur les documents fournis, et relative à sa non-condamnation *(voir modèle § 1678)*.

1675 **Cas des personnes physiques françaises ou ressortissantes d'un État membre de l'UE.** Les pièces à remettre sont la copie (recto verso) de la carte nationale d'identité ou du passeport en cours de validité accompagnée d'une déclaration de l'intéressé faisant connaître sa filiation, si celle-ci ne figure pas sur les documents fournis, et relative à sa non-condamnation *(voir modèle § 1678)*.

Ressortissants européens résidant en France. Les ressortissants européens résidant en France doivent effectuer une simple déclaration à la mairie de leur commune de résidence dans les 3 mois suivant leur arrivée en France. Ils ne sont pas tenus de détenir un titre de séjour (CESEDA art. L. 231-1 et L. 231-2).

1676 **Cas des dirigeants étrangers (hors UE et Espace économique européen ou assimilé).** Une distinction s'impose entre le dirigeant étranger résidant en France et celui qui n'y réside pas.

1) *Le dirigeant de nationalité étrangère voulant exercer en France son mandat et résidant en France* doit produire la copie de sa carte de séjour autorisant l'exercice d'une activité professionnelle : carte de séjour temporaire « entrepreneur/profession libérale » (valable un an), carte de séjour pluriannuelle (valable 4 ans) ou carte de résident (valable 10 ans) (CESEDA art. L. 421-5, L. 421-16 et L. 411-3 ; c. com. art. A. 123-45 et Annexe 1-1).

2) *Le dirigeant de nationalité étrangère ne résidant pas en France* n'a aucune formalité préalable à effectuer. Il doit produire la copie de sa carte nationale d'identité ou de son passeport en cours de validité, éventuellement avec une traduction libre certifiée conforme par le dirigeant *(voir §§ 432 à 436)*.

Dans un cas comme dans l'autre, le dirigeant étranger doit fournir l'original de l'attestation sur l'honneur, sur papier libre, relative à l'absence de condamnation ou de sanction civile ou administrative de nature à interdire l'exercice d'une activité commerciale, faisant apparaître la filiation *(voir modèle § 1678)*.

1677 **Cas des personnes morales dirigeantes.** Il convient de fournir un extrait de l'immatriculation au RCS datant de moins de 3 mois ou, pour les personnes morales non immatriculées au RCS, un titre justifiant leur existence, le cas échéant traduit en langue française.

Pour le représentant permanent de la personne morale et les sociétés relevant de la législation d'un État membre de l'Union européenne avec un numéro d'immatriculation dans un registre public, s'ils ne figurent pas sur l'extrait de l'immatriculation de celle-ci, seront à joindre les pièces prescrites pour les dirigeants personnes physiques *(voir §§ 1674 et 1675)* et la copie de l'acte conférant la qualité de représentant permanent ou récépissé du dépôt de cet acte en annexe lorsque le dépôt a été effectué préalablement.

Représentant spécial. La société dirigeante désigne un représentant spécial. Si la personne morale dirigeante est représentée par une personne physique spécialement habilitée pour cette mission sans être son représentant légal, le représentant devra être déclaré au registre (nom, nom d'usage, pseudonyme, prénoms, date et lieu de naissance, domicile personnel et nationalité).

1678 **Attestation sur l'honneur.** Doit être transmise une attestation sur l'honneur, sur papier libre, relative à l'absence de condamnation ou de sanction civile ou administrative de nature à interdire l'exercice d'une activité commerciale, faisant apparaître la filiation pour les personnes physiques (c. com. art. A. 123-51).

MODÈLE

Déclaration de non-condamnation et attestation de filiation

Je soussigné(e) ...

demeurant ...

Né(e) le ..., à ..., fils (ou fille) de ... (prénoms et nom du père), et de ... (prénoms et nom de jeune fille de la mère),

déclare sur l'honneur, en application de l'article A. 123-51 du code de commerce, n'avoir fait l'objet d'aucune condamnation pénale, ni de sanction civile ou administrative qui serait de nature à m'interdire de gérer, d'administrer ou de diriger une personne morale ou d'exercer une activité commerciale.

J'ai pris connaissance de l'article L. 123-5 du code de commerce qui dispose :

« Le fait de donner, de mauvaise foi, des indications inexactes ou incomplètes en vue d'une immatriculation, d'une radiation ou d'une mention complémentaire ou rectificative au registre du commerce et des sociétés est puni d'une amende de 4 500 € et d'un emprisonnement de 6 mois. Le tribunal compétent peut, en outre, priver l'intéressé, pendant un temps qui n'excède pas 5 ans, du droit de vote et d'éligibilité aux élections des tribunaux de commerce, chambres de commerce et d'industrie et conseils de prud'hommes. »

Fait à ..., le ...

Signature

1679 **Activité réglementée.** Une copie de l'autorisation provisoire, ou définitive, du diplôme ou du titre, doit également être transmise, conformément à l'article R. 123-95 du code de commerce.

▸ Déclaration des bénéficiaires effectifs

1680 Les SA doivent également déclarer au greffe du tribunal de commerce les informations relatives à leurs bénéficiaires effectifs (c. mon. et fin. art. L. 561-46).

Le bénéficiaire effectif est défini comme la ou les personnes physiques qui possèdent ou contrôlent, directement ou indirectement, la société. Il s'agit en conséquence des personnes physiques qui (c. com. art. R. 561-1) :
– soit détiennent, directement ou indirectement, plus de 25 % du capital ou des droits de vote de la société ;
– soit exercent, par tout autre moyen, un pouvoir de contrôle sur les organes de gestion, d'administration ou de direction de la société ou sur l'assemblée générale de ses actionnaires ;
– soit, uniquement à défaut d'identification d'un bénéficiaire effectif, selon les deux critères précédents, occupent directement ou indirectement (par l'intermédiaire d'une ou plusieurs personnes morales) la position de représentant légal

de la société. S'il s'agit d'une personne morale, il conviendra alors de déclarer son représentant légal.

Doivent ainsi être déclarées les informations suivantes (c. com. art. R. 561-56) **:**
– les nom, nom d'usage, pseudonyme, prénoms, date et lieu de naissance, nationalité, adresse personnelle des bénéficiaires effectifs ;
– la nature et les modalités du contrôle exercé sur la société ainsi que l'étendue de ce contrôle ;
– la date à laquelle la ou les personnes physiques sont devenues le bénéficiaire effectif de la société.

• **Diffusion des informations relatives aux bénéficiaires effectifs.** Depuis l'ordonnance 2020-115 du 12 février 2020, le registre des bénéficiaires effectifs est accessible à « tout membre du grand public ». Cependant, le public n'a accès qu'aux informations relatives aux nom, nom d'usage, pseudonyme, prénoms, mois, année de naissance, pays de résidence et nationalité des bénéficiaires effectifs ainsi qu'à la nature et à l'étendue des intérêts effectifs qu'ils détiennent dans la société. L'accès à ces renseignements est gratuit et accessible par le biais d'un site Internet dédié (data.inpi.fr) (c. mon. et fin. art. L. 561-46).

Toutefois, la Cour de justice de l'Union européenne a invalidé le libre accès au registre des bénéficiaires effectifs au regard du droit à la vie privée et à la protection des données personnelles (CJUE, 22 novembre 2022, aff. C-37/20 et C-601/20). Pour autant, le ministre de l'Économie a estimé que les informations relatives aux bénéficiaires effectifs devaient rester accessibles au public avec de possibles restrictions à l'avenir (ministère de l'Économie, communiqué de presse du 19 janvier 2023, n° 520).

• **Accès élargi pour les personnes tenues à une obligation de vigilance.** Les personnes tenues à une obligation de vigilance dans la lutte contre le blanchiment des capitaux (par exemple un expert-comptable ou un avocat) peuvent réclamer à la société l'intégralité des informations sur ses bénéficiaires effectifs. Si elle ne répond pas, ou si elle fournit des informations inexactes ou incomplètes, la société est passible d'une sanction pénale (c. mon. et fin. art. L. 561-45-1 ; *voir ci-dessous rubrique « Sanctions pénales »*).

• **Obligation du bénéficiaire effectif.** Le bénéficiaire effectif a également l'obligation de fournir toutes les informations qui pourraient lui être demandées par la société ou une personne tenue à une obligation de vigilance (c. mon. et fin. art. L. 561-45-2). Pour cela, il dispose de 30 jours ouvrables à compter de la demande (c. mon. et fin. art. R. 561-59). Passé ce délai, il encourt une sanction pénale *(voir ci-dessous rubrique « Sanctions pénales »)*. Par ailleurs, lorsque ce délai n'est pas respecté, ou lorsque les informations fournies par le bénéficiaire effectif sont incomplètes ou erronées, la société peut saisir le président du tribunal statuant en référé aux fins de voir ordonner, au besoin sous astreinte, la transmission de ces informations (c. mon. et fin. art. L. 561-45-2, al. 3).

• **Montant exact du pourcentage détenu.** Le décret 2020-118 du 12 février 2020 a précisé que doivent être indiquées sur la déclaration des bénéficiaires effectifs non seulement « la nature et les modalités du contrôle exercé » mais aussi « l'étendue de ce contrôle » (c. mon. et fin. art. R. 561-56). La déclaration doit donc contenir le pourcentage exact du capital et des droits de vote détenu par le bénéficiaire effectif. Le tribunal de commerce de Bobigny et la Cour d'appel de Lyon avaient déjà soutenu cette position avant même la parution du décret (trib. com. Bobigny 18 mai 2018, n° 2018S07031 ; CA Lyon, 12 septembre 2019, n° 19/02040).

• **Représentant permanent.** Seul le représentant légal (notamment le président, personne physique, d'une SAS actionnaire à plus de 25 % de la SA) est considéré comme le bénéficiaire effectif. Ainsi, selon l'ANSA, le représentant permanent d'une personne morale (même si, par exemple, il a été désigné spécialement à l'effet de représenter la personne morale actionnaire de la SA) est exclu des bénéficiaires effectifs (ANSA, comité juridique du 5 septembre 2018, n° 18-042).

• **Si la déclaration n'est pas effectuée.** Le président du tribunal, d'office ou sur requête du procureur de la République ou de toute personne justifiant y avoir intérêt, peut enjoindre, au besoin sous astreinte, à la société de procéder aux dépôts de pièces relatifs au bénéficiaire effectif. Cette décision n'est pas susceptible de recours (c. mon. et fin. art. R. 561-62). Lorsque la personne ne défère pas à l'injonction du président, le greffier en avise le procureur de la République, lequel pourra engager des poursuites pénales. Le président peut faire un autre choix et désigner un mandataire qui accomplira les formalités omises par la société. Si celle-ci est dotée d'un commissaire aux comptes, le mandataire pourra demander à ce dernier communication de tous renseignements nécessaires (c. mon. et fin. art. L. 561-48).

• **Sanctions pénales.** Toute SA a l'obligation d'obtenir et de conserver des informations exactes et actualisées sur ses bénéficiaires effectifs (c. mon. et fin. art. L. 561-45-1). Le fait de ne pas déposer au RCS le document relatif au bénéficiaire effectif ou de déposer un document comportant des informations inexactes peut conduire à 6 mois d'emprisonnement et 7 500 € d'amende. Les personnes physiques encourent également les peines d'interdiction de gérer et de privation partielle des droits civils et civiques. Les personnes morales peuvent, elles aussi, être poursuivies et condamnées. Elles encourent principalement une amende de 37 500 € (c. mon. et fin. art. L. 574-5). Les mêmes sanctions sont encourues pour :
– le fait de pas fournir les informations relatives aux bénéficiaires effectifs aux personnes tenues à une obligation de vigilance (ou de fournir des informations inexactes ou incomplètes) (c. mon. et fin. art. L. 561-45-1 et L. 574-5) ;
– le fait, pour un bénéficiaire effectif, de ne pas transmettre à la société les informations requises (ou de transmettre des informations inexactes ou incomplètes) (c. mon. et fin. art. L. 574-6).

► Concernant les commissaires aux comptes

1681 Lorsque la SA désigne un commissaire aux comptes, il convient de joindre la justification de l'inscription sur la liste des commissaires aux comptes si celle-ci n'est pas encore publiée et la lettre du commissaire aux comptes acceptant sa désignation. Aucune des dispositions ne s'oppose à ce que la personne mandatée présente, sous sa responsabilité, une simple copie de la lettre d'acceptation des fonctions du commissaire aux comptes (CCRCS, avis 00-30 du 26 juillet 2000).

Sont déclarés, dans la demande d'immatriculation au RCS : les nom, nom d'usage, pseudonyme, prénoms, date et lieu de naissance, domicile personnel (ou, au choix, adresse professionnelle) et nationalité du commissaire aux comptes lorsque le mandat est exercé par une personne physique. S'il s'agit d'une personne morale, doivent être déclarés la dénomination sociale, la forme juridique, l'adresse du siège ainsi que le numéro d'identification RCS suivi du nom de la ville où la société de commissariat aux comptes est immatriculée (c. com. art. R. 123-54).

► Concernant l'établissement

1682 Il convient de joindre les pièces suivantes :

❶ En cas d'acquisition d'un fonds de commerce :
– par achat, licitation : copie de l'acte et attestation de parution dans un support d'annonces légales ou copie de celui-ci ;
– par donation : copie de l'acte ;
– par apport : copie de l'acte et attestation de parution dans un support d'annonces légales ou copie de celui-ci.

❷ En cas de location-gérance : copie du contrat de location-gérance et attestation de parution dans un support d'annonces légales ou copie de celui-ci.

❸ En cas de gérance-mandat d'un fonds de commerce : copie du contrat de gérance-mandat (enregistré par le service des impôts des entreprises) et attestation de parution dans un support d'annonces légales ou copie de celui-ci.

❹ En cas de gestion d'un fonds de commerce cédé dans le cadre d'un plan de cession : la copie du jugement ordonnant le plan de cession.

❺ En cas de fusion par création d'une société nouvelle, scission au profit de sociétés nouvelles, apport partiel d'actif, régime fusion/scission : l'extrait du RCS des sociétés participantes avec mention de l'opération et attestation de parution dans un support d'annonces légales ou une copie de celui-ci.

❻ En cas d'établissements immatriculés dans un pays de l'Union européenne : l'extrait d'immatriculation.

Immatriculation de la SA

▸ Transmission du dossier de création

1683 Suite à l'enregistrement en ligne des formalités de création de la SA, le Guichet unique transmet les renseignements ou pièces du dossier à chacun des organismes destinataires (notamment au greffe du tribunal de commerce) et, le cas échéant, à chacune des autorités habilitées à délivrer les autorisations nécessaires à l'exercice de certaines activités (c. com. art. R. 123-1, II).

Le Guichet unique informe l'entreprise de toute difficulté technique concernant l'envoi de son dossier par ses soins à ces organismes ou autorités (c. com. art. R. 123-12, al. 1).

Lorsque la formalité implique d'obtenir une autorisation nécessaire à l'exercice d'une activité, le déclarant dispose d'un délai de 15 jours ouvrables pour produire les compléments à apporter (c. com. art. R. 123-10, dernier al.).

▸ Vérification du greffier

1684 L'ensemble du dossier de constitution de la société est transmis au greffe du tribunal de commerce compétent. Le greffier dispose de 1 jour ouvrable après la réception de la demande transmise par le Guichet unique pour procéder aux inscriptions au RCS (c. com. art. R. 123-97, al. 1).

Le greffier s'assure alors, sous sa responsabilité, de la régularité de la demande. Il vérifie que les énonciations sont conformes aux dispositions législatives et réglementaires, correspondent aux pièces justificatives et actes déposés en annexe. Plus généralement, il vérifie que la constitution de la SA est conforme aux dispositions législatives et réglementaires qui la régissent. Il vérifie également que le représentant légal de la personne morale tenue à l'immatriculation au registre n'est pas inscrit au fichier national des interdits de gérer (c. com. art. R. 123-95). Le greffier doit seulement s'assurer que la parution, reprenant l'identification de la société par actions et l'objet de l'annonce, est dûment attestée par le support d'annonces légales (CCRCS, avis 2012-028 du 21 juin 2012). Il vérifie la réalité de l'annonce et non son contenu (CCRCS, avis 2014-20 du 1er juillet 2014).

Si le dossier est incomplet, le greffier réclame dans un délai de 1 jour ouvrable, par l'intermédiaire du Guichet unique, les renseignements ou pièces manquants. Le déclarant dispose d'un délai de 15 jours pour fournir les justificatifs demandés (c. com. art. R. 123-10, 2° et R. 123-97, al. 2). Lorsque la complexité du dossier en exige un examen particulier, le greffier avise le déclarant, par l'intermédiaire du Guichet unique et dans le délai de 1 jour, que l'inscription ou son refus lui sera notifié dans le délai franc de 5 jours (c. com. art. R. 123-97, al. 4).

▶ **Accusé de réception électronique**

1685 Le Guichet unique délivre à l'entreprise un accusé de réception électronique qui mentionne les organismes destinataires et autorités compétentes auxquels le dossier unique a été adressé par son intermédiaire (c. com. art. R. 123-6).

Tableau récapitulatif des formalités

1686 Les fondateurs de SA doivent respecter scrupuleusement l'ordre des formalités prévu dans le tableau ci-après.

Nature de la formalité	Règles à suivre
Rédaction des statuts	Un projet de statut est indispensable afin que les futurs actionnaires connaissent leurs droits et obligations. Mentions obligatoires (c. com. art. L. 210-2 et R. 224-2)
Souscription des actions	Les actionnaires souscrivent au capital et déposent les fonds dans une banque, chez un notaire ou à la Caisse des dépôts et consignations. Ces fonds sont indisponibles jusqu'à l'immatriculation au RCS.
Certificat du dépositaire des fonds	Le dépositaire des fonds établit un certificat sur présentation de la liste des actionnaires mentionnant les sommes versées par chacun d'eux.
Signature des statuts	Les statuts sont signés par tous les actionnaires soit en personne, soit par un mandataire justifiant d'un pouvoir spécial (c. com. art. L. 225-15). Cette signature entraîne approbation du pacte social. C'est à compter de cette signature que la SA est réputée constituée mais elle n'aura une personnalité qu'après son immatriculation au RCS.
Désignation des premiers administrateurs	L'article L. 225-16 du code de commerce impose la désignation des premiers administrateurs dans les statuts.
Désignation des premiers commissaires aux comptes	À compter du 1er exercice clos après le 26 mai 2019 (c. com. art. L. 225-218 et D. 225-164-1 sur renvoi de l'art. D. 221-5) : - pour toutes les SA : nomination obligatoire si dépassement de 2 des 3 seuils suivants : total du bilan de 4 M€, CA HT de 8 M€ et 50 salariés. - pour les sociétés têtes de groupe : nomination obligatoire si l'ensemble formé par la mère et les filiales dépasse 2 des 3 seuils énoncés ci-dessus. - pour les sociétés filiales : nomination obligatoire si l'entité tête de groupe est elle-même dans l'obligation de désigner un commissaire aux comptes et si la filiale dépasse de 2 des 3 seuils suivants : total du bilan de 2 M€, CA HT de 4 M€ et 25 salariés. - désignation obligatoire sur demande motivée par un ou plusieurs actionnaires représentant au moins 1/3 du capital pour un mandat de 3 exercices. - nomination en justice par un ou plusieurs actionnaires représentant plus de 10 % du capital. - nomination facultative par les actionnaires si les seuils ne sont pas atteints.
Réunion du premier conseil	Le premier conseil d'administration se réunira pour doter la société de ses organes de direction. Le conseil d'administration choisira entre les deux modalités d'exercice de la direction générale : un président du conseil également directeur général ou un président de conseil d'administration et un directeur général.
Demande d'immatriculation	Insertion dans un support d'annonces légales du lieu du siège social. Formalités de création en ligne auprès du Guichet unique (*voir § 1664*) et transmission des pièces justificatives : statuts constitutifs, s'il y a lieu, actes de nomination des commissaires aux comptes (si nomination hors statuts), ainsi qu'un exemplaire du certificat du dépositaire des fonds avec la liste des souscripteurs et en présence d'apport en nature, le cas échéant, un exemplaire du rapport du commissaire aux apports (c. com. art. R. 123-103). Différents autres justificatifs seront exigés.

Nature de la formalité	Règles à suivre
Immatriculation au registre du commerce	Aucun délai n'est imposé à la SA mais, l'immatriculation emportant jouissance de la personnalité morale, la demande doit être effectuée le plus rapidement possible. Le greffier doit procéder à l'immatriculation dans le délai de 1 jour ouvrable porté à 5 jours lorsque la complexité du dossier exige un examen particulier (c. com. art. R. 123-97).
Déclaration des bénéficiaires effectifs	Lors de la demande d'immatriculation auprès du Guichet unique *(voir § 1664)*.
BODACC	À la diligence et sous la responsabilité du greffier, un avis concernant l'immatriculation de la société est publié au BODACC (c. com. art. R. 123-155 et R. 123-157).
Retrait des fonds déposés en banque (ou auprès d'un organisme habilité)	Ce retrait s'effectue par un mandataire de la société sur présentation du certificat du greffier attestant l'immatriculation de la SA au registre du commerce (c. com. art. L. 225-11 sur renvoi art. L. 225-12 et R. 22-10-12 sur renvoi art. R. 225-13).

34 Déclaration des modifications statutaires

§§

Publicité dans un support d'annonces légales

Délais d'insertion

1690 Les annonces doivent être publiées avant l'expiration du délai imparti pour le dépôt des demandes d'inscription modificative au registre du commerce et des sociétés (RCS), c'est-à-dire dans le mois de la date de la modification des statuts *(voir § 1692)*.

Service de presse en ligne. Sur la possibilité pour les services de presse en ligne de publier des annonces judiciaires et légales, voir le paragraphe *1663*.

Contenu de l'avis

1691 En cas de modification de l'une des mentions publiées lors de la constitution de la société (autres que le transfert du siège), l'avis doit contenir (c. com. art. R. 210-9) :
– la dénomination sociale suivie, le cas échéant, de son sigle ;
– la forme de la société (SA) ;
– le montant du capital social ;
– l'adresse du siège social ;
– le numéro unique d'identification, la mention RCS suivie du nom de la ville où se trouve le greffe auquel la SA est immatriculée et le numéro unique d'identification de la société à l'Institut national de la statistique et des études économiques (INSEE) ;
– l'indication des modifications intervenues reproduisant l'ancienne mention à côté de la nouvelle.

Attestation de parution de l'avis. Toute demande d'inscription modificative est accompagnée des pièces justifiant les mentions contenues dans la demande (c. com. art. A. 123-45). Constitue une pièce justificative la production de l'avis publié dans un support d'annonces légales. Il peut s'agir d'une copie du journal dans lequel l'avis a été publié ou d'une attestation de parution de cette annonce.

En principe, l'attestation de parution émane de la société éditrice du support d'annonces légales. Si celle-ci fait appel à un intermédiaire chargé de réunir et de centraliser les annonces à paraître, l'attestation peut également être obtenue directement auprès de cet intermédiaire, à condition qu'il soit en mesure de justifier de sa qualité à agir (avis CCRCS 2012-003 du 16 février 2012).

Modifications statutaires

Déclaration au Guichet unique

1692 **Depuis le 1er janvier 2023, les formalités modificatives s'effectuent auprès du Guichet unique** *(voir §§ 1600 et 1664)*.

Une même déclaration peut comprendre plusieurs inscriptions modificatives dans la mesure où elles concernent la même immatriculation, elles entretiennent entre elles un lien étroit et elles sont déclarées dans le délai réglementaire d'un mois (CCRCS, avis 2015-08 du 19 mars 2015).

- **Plusieurs modifications : un seul coût.** Si une entreprise sollicite plusieurs inscriptions modificatives sur la même déclaration, elle n'est redevable que d'un seul émolument au titre des différentes inscriptions modificatives comprises dans cette déclaration (CCRCS, avis 2018-003 des 25 avril et 19 décembre 2018).

- **Modification des statuts.** Dans les cas nécessitant une mise à jour des statuts, il convient de déposer un exemplaire des statuts établis sur papier libre et à jour des modifications apportées depuis la constitution de la société certifié conforme par le représentant légal de la SA. Ce dépôt des statuts ne peut s'entendre que par la production de l'intégralité des statuts tels que modifiés et non de l'ajout du ou des articles aux statuts d'origine (RCS, bull. 16, p. 21).

Il n'y a pas lieu de reproduire la copie des paraphes ou signatures présents sur l'acte, ni d'indiquer en page de garde les dispositions faisant l'objet d'une modification (CCRCS, avis 2012-002 du 16 février 2012). Toutefois, le représentant légal ou toute personne habilitée reste tenu d'effectuer une certification conforme des statuts mis à jour sur papier libre (c. com. art. R. 123-105).

- **Société étrangère.** Les documents produits au RCS par une société étrangère peuvent être certifiés conformes par le représentant légal de la société ou par la personne ayant le pouvoir d'engager la société en France. Ceci concerne les documents produits pour un établissement en France d'une société commerciale dont le siège est situé à l'étranger et la copie des statuts d'une société étrangère qui est actionnaire ou dirigeant de société (c. com. art. R. 123-104).

Demande d'inscription modificative

▸ Principe et événements à déclarer

1693 **Les indications figurant dans la déclaration aux fins d'immatriculation doivent constamment correspondre à la réalité de la situation de la société.**

Ainsi, la SA doit demander, via le site en ligne du Guichet unique, une inscription modificative dans le délai de 1 mois à compter du fait ou de l'acte rendant nécessaire la rectification (c. com. art. R. 123-66).

En pratique, ces modifications, qui n'entraînent pas toujours une modification statutaire, peuvent concerner la société, ses dirigeants ou les établissements exploités.

Sanctions. Le fait de donner, de mauvaise foi, des indications inexactes ou incomplètes en vue d'une mention complémentaire ou rectificative au RCS est puni d'une amende de 4 500 € et d'un emprisonnement de 6 mois. Le tribunal peut, en outre, priver l'intéressé, pendant un temps qui n'excède pas 5 ans, du droit de vote et d'éligibilité aux élections des tribunaux de commerce, chambres de commerce et d'industrie et conseils de prud'hommes (c. com. art. L. 123-5).

1) Modifications touchant la société, les opérations ci-après sont concernées :
– augmentation de capital social par apport en numéraire ou en nature ;
– capitaux propres devenus inférieurs à la moitié du capital social ;
– reconstitution des capitaux propres ;
– réduction de capital ;
– modification de la date de clôture de l'exercice social ;
– modification de la dénomination sociale ;
– modification de l'activité sans modification d'objet social ou modification de l'objet social sans modification des activités déclarées au RCS ;
– prorogation de la durée de la SA ;
– transfert du siège social dans le même ressort du greffe ou hors ressort du greffe ;
– dissolution ou décision prononçant la nullité de la SA, pour quelque cause que ce soit, avec indication des nom, prénoms, domicile des liquidateurs, de l'étendue des pouvoirs de ceux-ci et la référence du support d'annonces légales dans lequel la nomination du liquidateur a été publiée ;
– prorogation de l'immatriculation au RCS pour les besoins de la liquidation d'une SA en dissolution ;
– cessation totale ou partielle d'activité sans dissolution ;
– fusion ou scission avec l'indication de la cause de dissolution ou d'augmentation de capital, ainsi que celle de la raison sociale ou dénomination, forme juridique et siège des personnes morales ayant participé à l'opération ;
– transformation de la SA en une société d'une autre forme.

Les SA doivent également veiller à mettre à jour la déclaration de leurs bénéficiaires effectifs qu'elles ont effectuée auprès du greffe du tribunal de commerce, dans les 30 jours suivant tout fait ou acte rendant nécessaire une rectification ou un complément d'information (c. mon. et fin. art. L. 561-46 et R. 561-55) *(voir § 1680)*.

2) Modifications ayant trait aux dirigeants ou aux commissaires aux comptes. Les événements suivants doivent être déclarés :
– changement d'adresse ou de siège du président, du directeur général ou du directeur général délégué ;
– changement d'adresse ou de dénomination sociale d'un commissaire aux comptes ;
– changement de président, de directeur général ou de directeur général délégué ou de membres d'organe collégial lorsque ceux-ci sont inscrits au RCS ;
– changement de commissaire aux comptes ;
– désignation d'une personne ayant le pouvoir d'engager la société à titre habituel par sa signature ;

– décision définitive plaçant un dirigeant de SA sous tutelle ou sous curatelle et celle qui en donne mainlevée (c. civ. art. 440 à 443).

3) Événements se rapportant à l'établissement. Sont soumis à déclaration modificative :
– l'adjonction, la modification, la suppression d'une enseigne ou d'un nom commercial ;
– la fermeture d'un établissement secondaire ;
– la cessation totale ou partielle d'activité d'un établissement dans le ressort du tribunal d'une immatriculation secondaire ;
– l'ouverture d'un établissement complémentaire ou secondaire par création d'un fonds de commerce ;
– transfert d'un établissement principal par création d'un fonds de commerce.

▸ Qui doit procéder à la déclaration aux fins d'inscription modificative ?

1694 La demande doit être signée par le président-directeur général ou le directeur général, ou par son mandataire qui doit être muni d'une procuration de celui-ci.

Toute demande d'inscription modificative peut, en outre, être signée par toute personne justifiant y avoir intérêt. Le greffier en informe la société par l'intermédiaire du Guichet unique (c. com. art. R. 123-87).

Les demandes d'inscription modificative et de radiation rappellent la dénomination sociale de la société, sa forme juridique, et l'adresse de son siège social ainsi que le numéro unique d'identification avec la mention RCS suivie du nom de la ville où se trouve le greffe auquel la SA est immatriculée (c. com. art. R. 123-86).

Injonction. Le juge peut enjoindre à toute personne immatriculée qui ne l'aurait pas requis, dans le délai de 1 mois, de faire procéder aux rectifications ou mentions complémentaires qu'elle doit y faire porter (c. com. art. L. 123-3, al. 2).

De même, tout intéressé peut demander au président du tribunal de commerce d'enjoindre sous astreinte le dirigeant d'effectuer le dépôt des pièces nécessaires (c. com. art. L. 123-5-1). Cette injonction peut intervenir pendant toute la durée de vie de la société et sans qu'aucune prescription ne puisse être invoquée (cass. com. 25 janvier 2023, n° 21-17592).

▸ Pièces justificatives

1695 Toute déclaration modificative concernant un changement dans les faits ayant motivé, lors de l'immatriculation de la société, la production de pièces justificatives doit être accompagnée des mêmes pièces attestant ou autorisant ce changement.

Lorsqu'elle doit transmettre des actes authentiques ou sous seing privé en original, la SA joint à son dossier une copie numérisée des pièces concernées, et dépose les originaux, accompagnés d'une édition de l'accusé de réception électronique *(voir § 1685)*, aux organismes ou aux autorités concernés (c. com. art. R. 123-6) *(voir § 1603)*.

▸ Rectification d'office

1696 La mention rectificative ou complémentaire est effectuée d'office par le greffier compétent et non par la société, notamment pour les opérations relatives :
– à la mise à jour des références faites, dans l'immatriculation principale, aux immatriculations secondaires (c. com. art. R. 123-71, 1°) ;
– à la mise à jour des renseignements relatifs à la situation personnelle de l'assujetti figurant dans l'immatriculation secondaire (c. com. art. R. 123-71, 2°) ;

– à la mise à jour des énonciations relatives aux établissements de la SA situés dans un autre État de l'Union européenne (c. com. art. R. 123-71, 3°) ;
– à la mise à jour, dans l'immatriculation principale, et, le cas échéant, aux immatriculations des établissements secondaires en France, de certaines informations relatives à une société immatriculée dans un autre État de l'Union européenne, à savoir notamment sa dénomination sociale, son siège social ou sa forme juridique (c. com. art. R. 123-71, 4°) ;
– aux décisions intervenues, dans certaines conditions, dans les procédures de sauvegarde, de redressement ou de liquidation judiciaires des entreprises (c. com. art. R. 123-122) ;
– aux décisions judiciaires prononçant la dissolution ou la nullité d'une société (c. com. art. R. 123-124) ;
– au changement de l'une des adresses déclarées par une personne immatriculée lorsque le greffier est informé par une autorité administrative ou judiciaire de ce changement (c. com. art. R. 123-126).

Changement d'adresse. Lorsque le greffier est informé qu'une SA aurait cessé son activité à l'adresse déclarée, il lui rappelle par lettre recommandée avec demande d'avis de réception transmise à cette même adresse ses obligations déclaratives. Si la lettre est retournée avec une mention précisant que la personne ne se trouve plus à l'adresse indiquée, le greffier porte la mention de cessation d'activité sur le registre (c. com. art. R. 123-125, al. 1). Une procédure identique est prévue lorsque le greffier est informé que la SA a été domiciliée collectivement et n'a pas pris connaissance de son courrier depuis 3 mois (c. com. art. R. 123-168 et R. 123-125, al. 2).

Règles particulières à certaines opérations

Changement d'administrateurs

▸ support d'annonces légales

1697 L'avis publié dans un support d'annonces légales du département du siège doit contenir les mentions générales suivantes : la dénomination sociale suivie, le cas échéant, de son sigle, la forme de la société, le montant du capital, l'adresse du siège social, l'objet social, la durée de la société.

Il doit indiquer la modification survenue, à savoir : la décision de l'assemblée générale en date du ..., nommant M/Mme. ... (*nom, prénoms, adresse*) en remplacement de M/Mme. ... (*nom et prénoms de l'ancien administrateur*) démissionnaire ou décédé(e), ou dont le mandat est résilié. Pour les administrateurs, l'avis indiquera les administrateurs sortants ou démissionnaires.

▸ Documents à fournir

1698 Les documents concernés sont :
– une copie certifiée conforme du procès-verbal de l'AGO ayant décidé la nomination des administrateurs ;
– une attestation de parution de l'avis dans un support d'annonces légales ;
– les pièces et déclarations exigées pour la nomination d'un président ou d'un dirigeant, à savoir copie recto-verso de la carte d'identité ou du passeport en cours de validité et déclaration de non-condamnation et de filiation (*voir §§ 1672 à 1678 concernant les pièces à produire*).

Changement d'adresse du dirigeant ou du commissaire aux comptes. Cette modification entraîne une simple inscription modificative (pas d'insertion dans un support d'annonces légales). Il en est de même en cas de changement de dénomination du commissaire aux comptes.

Changement du mode de direction

▶ Support d'annonces légales

1699 L'extrait du procès-verbal contenant la décision du conseil d'administration relative au choix de l'une des deux modalités d'exercice de la direction générale (président du conseil d'administration également directeur général ou président du conseil d'administration et un directeur général) fait l'objet d'un avis par un support d'annonces légales dans le département du siège social (c. com. art. R. 225-27).

▶ Document à fournir

1700 Est déposé l'extrait du procès-verbal contenant la décision du conseil d'administration désignant (c. com. art. R. 123-109) :
– soit le président du conseil comme directeur général ;
– soit le président du conseil d'administration et une autre personne physique directeur général.

▶ Inscription modificative

1701 Les documents concernés sont :
– l'attestation de publication de l'avis dans un support d'annonces légales ;
– les pièces et déclarations exigées pour la nomination d'un président-directeur général ou d'un directeur général.

Démission d'un P-DG. Le P-DG qui démissionne de toutes ses fonctions peut, en tant qu'administrateur intéressé, faire :
– publier la démission dans un support d'annonces légales du lieu du siège social ;
– adresser au greffe la lettre de démission ;
– demander une inscription modificative.

Ces formalités peuvent être effectuées dans l'attente d'une délibération du conseil sur le choix du mode de direction et la nomination du nouveau représentant légal.

Transfert du siège social hors ressort

▶ Support d'annonces légales

1702 En cas de transfert du siège social hors du ressort du tribunal au greffe duquel la société a été immatriculée :
– l'avis publié dans un support d'annonces légales du département de l'ancien siège indique que le siège a été transféré et l'adresse du nouveau siège ;
– l'avis publié dans un support d'annonces légales du département du nouveau siège (c. com. art. R. 210-11) :
- indique que le siège a été transféré,
- reproduit les mentions suivantes : la dénomination sociale suivie, le cas échéant, de son sigle, la forme de la société, l'adresse du siège social ainsi que les nom, prénom usuel et domicile du président directeur général ou du directeur général de la SA, l'avis de transfert du siège social n'a à rappeler ni l'objet social, ni la durée de la société, ni l'identité des associés (CCRCS, avis 2012-007 du 16 février 2012),
- mentionne le lieu et l'immatriculation au RCS de l'ancien siège social, ainsi que l'indication du RCS où la société sera immatriculée en raison de son nouveau siège social.

Vérifications du greffier. Lors du transfert, le greffier du nouveau siège vérifie que les deux insertions dans un support d'annonces légales ont été effectuées (CCRCS, avis 97-63 du 8 avril 1998).

► Documents à fournir

1703 **Il sera adressé, dans le délai de 1 mois à compter de la date de la décision de transfert au greffe du tribunal du nouveau siège :**

– un exemplaire de la décision de transfert ;

– un exemplaire certifié conforme des statuts mis à jour, tenant compte des modifications intervenues depuis la constitution de la société (c. com. art. R. 123-110, al. 1) **;**

– en annexe aux statuts, un état faisant mention des sièges sociaux antérieurs et des greffes auxquels a été immatriculée la société, ainsi que la date du dernier transfert du siège (c. com. art. R. 123-110, al. 2) **;**

– les pièces justifiant la réalité de l'établissement au nouveau siège : bail, cession de bail, sous-location ou attestation d'occupation du nouveau siège (c. com. art. L. 123-11) *(voir § 1671)* **;**

– le cas échéant, un pouvoir signé par le représentant légal.

La notification du dépôt est faite dans les 15 jours par le greffier du nouveau siège au greffier de l'ancien siège, qui porte une mention correspondante au dossier (c. com. art. R. 123-110, al. 3).

• **Immatriculation secondaire.** L'ouverture d'un établissement secondaire nécessite de déposer dans le dossier un extrait de l'immatriculation principale datant de moins de 3 mois et l'acte prouvant l'origine du fonds (achat, donation, location-gérance, etc.).

• **Radiation des établissements secondaires.** La radiation d'établissements secondaires s'effectue auprès du greffe de chaque établissement secondaire. Le greffier ne procède à des notifications intergreffes aux fins de radiation d'immatriculation secondaire d'une société commerciale que dans le cas d'une radiation de l'immatriculation principale (CCRCS avis 04-17 du 18 novembre 2004).

• **Mise à disposition de locaux par une société mère à sa filiale.** Si les locaux mis à disposition par une société mère au profit de sa filiale sont à l'adresse de son propre siège, la filiale peut présenter une attestation de mise à disposition des locaux établie par la société mère. En revanche, si ces locaux ne coïncident pas avec le siège social de la société mère, l'attestation n'est pas suffisante. Elle doit nécessairement s'accompagner d'un justificatif de la jouissance, par la société mère, des locaux en cause (CCRCS avis n° 2014-19 du 1er juillet 2014).

• **Documents concernant le nouveau fonds.** En cas d'achat ou d'apport d'un fonds de commerce, il convient de produire la copie de l'acte de vente enregistré et l'attestation de parution dans un support d'annonces légales.

En cas de location-gérance, il conviendra de fournir la copie du contrat et la copie de la demande de parution dans un support d'annonces légales. Si l'activité est réglementée, il convient de produire l'autorisation requise.

Transfert du siège dans le même ressort

► Support d'annonces légales

1704 **L'avis publié dans un support d'annonces du département du siège indique que celui-ci a été transféré. Il est signé par le directeur général ou le président-directeur général.**

▸ **Documents à fournir**

1705 Ce dossier doit comprendre :
– 1 exemplaire certifié conforme du P-V du conseil d'administration ayant décidé le transfert du siège dans le même ressort ;
– 1 exemplaire des statuts mis à jour (certifié conforme, et non un extrait) ;
– 1 exemplaire du bail ou de l'attestation d'occupation des nouveaux locaux ou tout document justificatif ;
– 1 attestation de parution de l'avis de modification dans un support d'annonces légales ;
– le cas échéant, 1 pouvoir signé par le représentant légal.

Domiciliation chez le représentant légal

1706 Lorsque la société a installé son siège au domicile de son représentant légal, le greffier lui adresse, 3 mois avant l'expiration de 5 ans, une lettre l'invitant à lui communiquer l'adresse du nouveau siège.

Faute pour l'intéressé d'avoir régularisé au regard des dispositions de l'article L. 123-11-1 dans le délai imparti, le greffier procède à la radiation (c. com. art. R. 123-171).

Changement de dénomination

1707 Le changement de dénomination sociale donne lieu, d'une part, à une insertion dans un support d'annonces légales et, d'autre part, à un dépôt au greffe du tribunal de commerce (depuis le 1er janvier 2023, par l'intermédiaire du Guichet unique, *voir § 1600*) d'un exemplaire des statuts mis à jour et certifié conforme, de la décision de l'organe compétent modifiant la dénomination sociale, de l'attestation de parution de l'avis dans un support d'annonces légales et le cas échéant, d'un pouvoir signé par le représentant légal.

• **Modification du sigle.** Les mêmes formalités doivent être effectuées pour rendre ce changement opposable aux tiers.

• **Dispense d'enregistrement.** La formalité de l'enregistrement n'est pas obligatoire (opération non visée à l'article 635 du CGI).

Modification de l'objet

1708 Il appartient au président-directeur général ou au directeur général de la société de déterminer, sous sa responsabilité, si la modification de l'objet relatée de façon sommaire dans l'avis de constitution doit donner lieu à une publicité (CCRCS, avis 99-74 du 18 janvier 2000).

Si tel est le cas, la SA devra procéder à :
– une insertion de cette modification dans un support d'annonces légales ;
– un dépôt au greffe du tribunal de commerce (depuis le 1er janvier 2023, par l'intermédiaire du Guichet unique, *voir § 1600*) d'un exemplaire des statuts mis à jour et certifié conforme, de la décision de l'organe compétent modifiant l'objet social, de l'attestation de parution de l'avis dans un support d'annonces légales et le cas échéant, d'un pouvoir signé par le représentant légal.

• **Changement d'activité.** Le changement des activités principales mentionnées au RCS entraîne une modification à ce registre.

Selon le comité de coordination du RCS, la société qui décide de modifier son activité par l'ajout ou la suppression partielle d'activité, sans pour autant modifier son objet social, doit procéder à une inscription modificative (CCRCS, avis 00-17 du 19 décembre 2000).

L'adjonction d'une nouvelle activité avec modification de l'objet social donne lieu à une publicité dans un support d'annonces légales.

• **Radiation d'office en l'absence d'activité.** Une société peut demeurer au RCS « sans activité » pendant une durée maximale de 2 ans. Au terme de ce délai, en l'absence de toute inscription modificative relative à une reprise d'activité, le greffier peut procéder à la radiation d'office de la société (c. com. art. R. 123-130).

Lorsqu'une société a été radiée d'office, elle peut, dès lors qu'elle démontre qu'elle a régularisé sa situation, demander au greffier de rapporter cette radiation. Dans un délai de 15 jours à compter de la demande, le greffier procède au rapport ou remet une décision motivée de refus. Le demandeur peut saisir le juge commis à la surveillance du registre du refus ou de l'absence de réponse du greffier dans les 15 jours suivant la notification (c. com. art. R. 123-138). La mention d'une radiation d'office sur le K-bis n'emporte pas la perte de la personnalité morale de la société comme c'est le cas pour une radiation faisant suite à la clôture de liquidation.

Expiration de la durée

1709 **Lorsqu'une société a pris fin par l'expiration du temps pour lequel elle a été constituée, l'assemblée générale extraordinaire (AGE), après avoir constaté sa dissolution, nomme un liquidateur. À l'issue de la clôture des opérations de liquidation, le liquidateur procède à la radiation de la société. La dissolution et la clôture de liquidation font l'objet des publicités d'usage dans un support d'annonces légales et au RCS** (CCRCS, avis 02-07 du 4 septembre 2003).

Le greffier peut mentionner d'office au RCS la dissolution de la société lorsque cette dissolution est due à l'arrivée du terme statutaire, sauf naturellement lorsque la société aura été prorogée en bonne et due forme (c. com. art. R. 123-124).

• **Prorogation de la société.** Les actionnaires devront fournir au greffe (depuis le 1er janvier 2023, par l'intermédiaire du Guichet unique, *voir § 1600*) : un exemplaire de l'acte constatant la décision de prorogation de la durée de la société, un exemplaire des statuts mis à jour et certifié conforme, une attestation de parution d'un avis dans un support d'annonces légales, et le cas échéant, un pouvoir signé par le représentant légal.

• **Enregistrement.** Les actes constatant la prorogation d'une société sont dispensés de la formalité de l'enregistrement. Si un acte constatant la prorogation pure et simple d'une société est présenté à l'enregistrement, cet acte est enregistré gratuitement (CGI art. 811, 1°).

Changement de la date de clôture de l'exercice social

▸ Report de la clôture du premier exercice

1710 **Le report d'une année de la clôture du premier exercice social, sans modification de sa date, ne fait pas l'objet d'une inscription modificative au RCS. Ce report requiert, en revanche, le dépôt du procès-verbal de l'assemblée générale l'ayant décidé** (CCRCS, avis 01-30 du 22 octobre 2001).

▸ Modification de la date de clôture

1711 **La modification de la date de clôture ne donne pas lieu à la publication d'un avis dans un support d'annonces légales.**

En revanche, la SA devra produire au greffe du tribunal de commerce (depuis le 1er janvier 2023, par l'intermédiaire du Guichet unique, *voir § 1600*) : un exemplaire des statuts mis à jour et certifié conforme, un exemplaire certifié conforme de la décision de l'organe compétent modifiant la date de clôture de l'exercice social et, le cas échéant, un pouvoir signé par le représentant légal.

Capitaux propres inférieurs à la moitié du capital social

▸ Support d'annonces légales

1712 La décision des actionnaires prévue par le code de commerce (c. com. art. L. 225-248) est publiée dans un support d'annonces légales du lieu du siège social, puis elle est déposée au greffe et inscrite au RCS (c. com. art. R. 225-166, al. 2). La copie de la demande d'insertion ou la copie de la publication sera produite au greffe.

▸ Documents à fournir

1713 Lorsque les capitaux propres deviennent inférieurs à la moitié du capital social, la décision des actionnaires prononçant la dissolution anticipée de la société ou prévoyant sa continuation doit être déposée au greffe du tribunal de commerce du lieu du siège social et inscrite au RCS (c. com. art. L. 225-248 et R. 225-166, al. 1).

De même, lorsque la société reconstitue ses capitaux propres dans le délai qui lui est imparti, un exemplaire du procès-verbal de l'assemblée générale qui décide la reconstitution des capitaux propres est déposé au greffe.

Régime plus souple. Signalons que la procédure et la sanction applicables en cas de perte de plus de moitié du capital social se sont assouplies depuis l'intervention de la loi 2023-171 du 9 mars 2023 *(voir § 1469)*.

Augmentation ou réduction de capital

▸ Support d'annonces légales

1714 Une publication dans un support d'annonces légales doit être effectuée *(voir §§ 1690 et 1691)*.

▸ Documents à déposer

1715 La règle générale exposée sous les paragraphes *1692 à 1696* inclut :
– en cas d'augmentation ou de réduction du capital social, le dépôt d'un exemplaire du procès-verbal de l'AGE des actionnaires ;
– en cas d'augmentation du capital par émission d'actions à souscrire en numéraire : un exemplaire original du certificat du dépositaire des fonds. En cas d'augmentation du capital par compensation de créances sur la société : un exemplaire de l'arrêté de compte établi par le conseil d'administration et certifié exact par le commissaire aux comptes ;
– la copie de la demande de parution dans un support d'annonces légales ou copie de celui-ci ;
– en cas d'augmentation du capital par apports en nature, le dépôt du rapport des commissaires aux apports désignés par les actionnaires (c. com. art. L. 225-147) 8 jours au moins avant l'AGE devant se prononcer sur l'augmentation de capital (c. com. art. R. 123-107, 3°). Il existe des dérogations à l'obligation de désigner un commissaire aux apports *(voir § 1394)* ;
– un exemplaire des statuts mis à jour certifié conforme.

▸ Inscription modificative

1716 Cette question est développée aux paragraphes *1693 à 1696*.

▸ Droit d'enregistrement

1717 Sont dispensés d'enregistrement :
– les actes constatant des augmentations de capital en numéraire et par incorporation de bénéfices, de réserves ou de provisions (loi 2020-1721 du 29 décembre 2020, art. 67, I.1° ; CGI art. 635, 1.5° modifié). Restent obligatoirement soumis à l'enregistrement dans un délai d'un mois à compter de leur date les actes constatant l'augmentation du capital d'une société autres que ceux cités ci-dessus ;
– les actes constatant l'amortissement ou la réduction du capital de la société (loi 2020-1721 du 29 décembre 2020, art. 67, I.1° ; CGI art. 635, 1.5° modifié).

Par cohérence, ces mêmes opérations non constatées par un acte ne donnent plus lieu au dépôt d'une déclaration au service des impôts compétent dans le mois qui suit leur réalisation (loi précitée art. 67, I.2° ; CGI art. 638 A).

Les actes de sociétés dispensés de la formalité peuvent être volontairement enregistrés, afin de leur conférer une date certaine.

L'augmentation du capital des sociétés au moyen de l'incorporation de bénéfices, de réserves ou de provision de toute nature est enregistrée gratuitement (CGI art. 812, I). Les augmentations de capital en nature sont soumises au même régime fiscal que les apports en société.

Les réductions de capital de sociétés contre annulation ou réduction du nominal ou du nombre de titres sont enregistrées gratuitement (CGI art. 814 C, 1°). Si la réduction de capital s'opère par attribution aux actionnaires de biens ou de droits immobiliers, l'acte est soumis à la formalité fusionnée au service de la publicité foncière du lieu de situation des biens concernés dans le mois de sa date (CGI art. 647 et 657).

• **Réduction de capital non motivée par des pertes.** La formalité s'effectue en deux temps :
– dépôt du procès-verbal de l'assemblée générale des actionnaires décidant la réduction du capital ;
– dépôt des statuts à l'expiration du délai d'opposition des créanciers.

• **Rachat des actions de préférence.** À la suite de l'assemblée ayant organisé un rachat d'actions, des formalités doivent être effectuées auprès du RCS dans le délai d'un mois (c. com. art. R. 123-105 et R. 210-9). Ce dépôt au RCS doit comprendre la copie du procès-verbal de l'assemblée générale des actionnaires ayant prévu le principe et organisé les modalités du rachat d'actions de préférence (c. com. art. R. 123-108, 4°).

Dissolution - Liquidation

▸ Insertions

1718 La dissolution d'une société et la clôture des opérations de liquidation donnent lieu à deux assemblées. Deux publications sont effectuées successivement dans le même support d'annonces légales dans le département du siège social :
– l'avis de nomination des liquidateurs dans le délai d'un mois (c. com. art. R. 237-2) ;
– et l'avis de clôture de la liquidation signée par le liquidateur (c. com. art. R. 237-8).

En cas de dissolution et de clôture simultanée de la liquidation, le CCRCS précise qu'il doit bien y avoir deux publications distinctes éventuellement dans le même numéro (CCRCS, avis 2015-014 du 29 septembre 2015).

Dans ces publicités, il conviendra, notamment, d'indiquer le lieu où la correspondance doit être adressée et le lieu où les actes et documents concernant la liquidation doivent être notifiés. De même, les causes de la liquidation et les limitations éventuelles des pouvoirs du liquidateur devront être précisées.

La décision de dissolution est soumise aux publicités ci-après :
- insertion dans un support d'annonces légales ;
- inscription modificative au RCS.

• **Publication de la nomination du liquidateur.** Le liquidateur doit publier dans un support d'annonces légales son acte de nomination dans le délai de 1 mois, en indiquant les mentions prévues à l'article R. 237-2 du code de commerce. Il doit également effectuer une publicité au RCS. Le ministère public ou toute personne intéressée peut demander au juge des référés d'enjoindre au liquidateur, le cas échéant sous astreinte, de procéder à cette publication (c. com. art. L. 237-3).

• **Publicité de la dissolution.** Si la décision de dissolution de la société est publiée dans un support d'annonces légales, les actes de procédure effectués postérieurement doivent être considérés comme nuls, et ce, peu important que la publication au sein du registre du commerce ait tout de même été faite postérieurement (cass. com. 11 mars 2014, n° 13-10557).

• **Droits d'enregistrement.** Les actes constatant la dissolution d'une société sont dispensés de la formalité de l'enregistrement (CGI art. 635, 1.5°). Les actes présentés à l'enregistrement sont enregistrés gratuitement s'ils ne portent aucune transmission de biens meubles ou immeubles entre les actionnaires ou autres personnes (CGI art. 811, 2°).

▸ Documents à fournir

1719 Dans le délai de 1 mois à compter de sa date, est adressé au greffe un exemplaire de la décision de dissolution comportant la nomination du liquidateur avec l'indication du siège de liquidation (le dépôt est à effectuer par le liquidateur).

Dans le mois à compter de la clôture des opérations de liquidation, les comptes définitifs établis par le liquidateur sont déposés par celui-ci au greffe du tribunal de commerce du lieu du siège de la liquidation, accompagnés :
- de la décision des actionnaires statuant sur ces comptes, sur le quitus de la gestion et la décharge du mandat du liquidateur ;
- ou, à défaut, de la décision du tribunal de commerce statuant sur ces comptes et sur la clôture de la liquidation (c. com. art. R. 237-6 et R. 237-7) ;
- la publication de l'avis de clôture de la liquidation.

S'il n'est pas justifié de l'accomplissement de ces formalités (par exemple, la décharge du mandat du liquidateur), le greffier doit refuser la demande de radiation (CCRCS, avis n° 2015-01 du 5 février 2015).

35 Tableau comparatif des procédures collectives

§§

Procédures collectives classiques

1730 Les procédures collectives visent à traiter les difficultés financières des entreprises.

Il en existe plusieurs types qui correspondent à des difficultés plus ou moins avérées : la sauvegarde, le redressement judiciaire et la liquidation judiciaire.

S'y ajoute la conciliation, qui n'est pas une procédure collective, mais précède souvent une sauvegarde.

Traitement des difficultés des entreprises : tableau comparatif des procédures	
Conciliation	**Sauvegarde**
Situations	
La conciliation peut être demandée par toute entreprise qui éprouve une difficulté juridique, économique ou financière (avérée ou prévisible) et qui ne se trouve pas en état de cessation des paiements (1) depuis plus de 45 jours. La demande de conciliation est facultative et ne peut être présentée que par l'entreprise elle-même. La conciliation peut être demandée même si l'entreprise a reçu une assignation en redressement ou liquidation, tant que la procédure collective n'est pas ouverte.	La sauvegarde peut être demandée par toute entreprise qui n'est pas en état de cessation des paiements (1) et qui présente des difficultés qu'elle n'est pas en mesure de surmonter. La procédure de sauvegarde est facultative et son ouverture ne peut être demandée que par l'entreprise elle-même. **Variante : sauvegarde accélérée.** Elle est réservée aux entreprises qui sont engagées dans une procédure de conciliation (elles peuvent donc être en cessation de paiements) mais ne parviennent pas à trouver un accord et présentent des comptes certifiés par un commissaire aux comptes ou établis par un expert-comptable.
Objectifs	
Un conciliateur est désigné par le président du tribunal pour 4 mois maximum (prorogeables de 1 mois). Le conciliateur cherche à obtenir le rééchelonnement ou la remise des dettes. Il peut également rechercher de nouveaux crédits ou encore envisager une restructuration de l'entreprise.	La sauvegarde est destinée à faciliter la réorganisation de l'entreprise afin d'en permettre sa pérennité. Son objectif est d'aboutir, après une période d'observation de 6 mois maximum (renouvelable une fois), à un plan de sauvegarde. Des sacrifices peuvent être imposés aux créanciers. **Variante : Sauvegarde accélérée.** Sa durée est de 2 mois, prorogeables par le tribunal pour une durée totale de 4 mois.

Traitement des difficultés des entreprises : tableau comparatif des procédures	
Conciliation	**Sauvegarde**
Effets	
La désignation d'un conciliateur n'autorise pas l'entreprise à ne pas payer ses dettes pendant la procédure. Toutefois, le juge peut imposer des délais sur 2 ans à un créancier qui poursuit l'entreprise, ou qui n'accepte pas la demande du conciliateur de suspendre l'exigibilité de la créance. Dans ce dernier cas, le juge peut reporter ou échelonner le règlement des créances non échues, dans la limite de la durée de la mission du conciliateur. En tout état de cause, les créanciers ne peuvent pas assigner l'entreprise en redressement ni en liquidation judiciaire. Par ailleurs, l'entreprise doit continuer à régler ses salariés, l'AGS n'intervenant pas dans les procédures de conciliation. Si la conciliation aboutit à un accord, celui-ci peut être soit constaté par le président du tribunal, soit homologué par le tribunal. Dans le premier cas, l'avantage est pour l'entreprise car l'accord va rester secret. Dans le second cas, l'intérêt est pour ceux qui auront apporté de la trésorerie (ou fourni de nouveaux biens ou services) : ils bénéficieront, si l'entreprise périclite, d'un paiement privilégié.	Un administrateur est désigné (facultatif si moins de 20 salariés et un chiffre d'affaires inférieur à 3 M€). L'entreprise peut proposer le nom d'un administrateur au tribunal. L'ouverture de la sauvegarde permet à l'entreprise de ne pas payer ses dettes nées antérieurement au jugement d'ouverture. Les créanciers doivent déclarer leurs créances auprès du mandataire judiciaire (désigné par le tribunal). Toutefois, l'entreprise doit assumer les salaires, l'AGS ne les prenant pas en charge. Les licenciements économiques sont soumis aux règles de droit commun. Les contrats commerciaux se poursuivent sauf décision de l'administrateur judiciaire. Chaque cocontractant (sauf le bailleur) peut mettre l'administrateur en demeure de faire savoir s'il entend poursuivre le contrat. À défaut de réponse pendant 1 mois, le contrat est résilié.
Textes	
(c. com. art. L. 611-4 à L. 611-16)	(c. com. art. L. 620-1 à L. 628-8)
Redressement judiciaire	**Liquidation judiciaire**
Situations	
La procédure de redressement judiciaire concerne les entreprises en état de cessation des paiements (1) et dont le redressement n'est pas manifestement impossible. Elle doit obligatoirement être engagée par l'entreprise dans les 45 jours de la cessation de ses paiements, sauf demande de conciliation ou de liquidation. Le tribunal peut également ouvrir cette procédure sur requête du ministère public ou encore sur assignation d'un créancier.	La procédure de liquidation judiciaire concerne les entreprises en état de cessation des paiements (1) et dont le redressement est manifestement impossible. Elle doit obligatoirement être engagée par l'entreprise dans les 45 jours de la cessation de ses paiements, sauf demande de conciliation ou de redressement. Le tribunal peut également ouvrir cette procédure sur requête du ministère public ou encore sur assignation d'un créancier. **Variante : liquidation judiciaire simplifiée.** La procédure de liquidation judiciaire simplifiée concerne les entreprises en état de cessation des paiements (1) dont le redressement est manifestement impossible et qui n'ont pas d'immeuble. S'il s'agit d'une personne morale, l'entreprise doit en outre employer 5 salariés au plus et avoir un chiffre d'affaires HT qui ne dépasse pas 750 000 €.
Objectifs	
Les objectifs de la procédure de redressement sont la poursuite de l'activité, le maintien de l'emploi et l'apurement du passif. Cette procédure s'oriente donc, en théorie, vers un plan de continuation, mais le tribunal peut ordonner la cession totale ou partielle de l'entreprise si le débiteur est dans l'impossibilité d'en assurer lui-même le redressement.	La procédure de liquidation judiciaire est destinée à mettre fin à l'activité de l'entreprise et à réaliser son patrimoine par la vente de ses biens. Le maintien de l'activité ne peut qu'exceptionnellement être autorisé. **Variante : liquidation judiciaire simplifiée.** L'objectif est d'aboutir à une liquidation accélérée : la procédure est limitée à 6 mois. Elle est toutefois portée à 1 an lorsque l'entreprise emploie plus de 1 salarié et que son chiffre d'affaires HT est supérieur à 300 000 €. Dans tous les cas, une prorogation de 3 mois est possible.

Traitement des difficultés des entreprises : tableau comparatif des procédures	
Redressement judiciaire	**Liquidation judiciaire**
Effets	
De façon générale, les règles qui s'appliquent au redressement sont, pour beaucoup, identiques à celles prévues pour la sauvegarde. Parmi les points divergents, il faut noter des règles spécifiques en matière de licenciement économique : lorsqu'ils sont urgents, inévitables et indispensables, les licenciements sont autorisés par le juge-commissaire. Par ailleurs, la période d'observation en redressement peut atteindre 18 mois, contre 12 mois en sauvegarde.	Le liquidateur administre l'entreprise, recherche un plan de cession ou vend les actifs, procède aux licenciements et effectue les opérations de liquidation. Chaque cocontractant (sauf le bailleur) peut le mettre en demeure de prendre parti sur le sort du contrat. À défaut de réponse pendant 1 mois, le contrat est résilié. **Variante : liquidation judiciaire simplifiée.** Le liquidateur vend au plus vite les biens de l'entreprise. Il ne s'intéresse pas aux créances des fournisseurs si elles ne sont pas susceptibles d'être payées.
Textes	
(c. com. art. L. 631-1 à L 632- 4)	(c. com. art. L. 640-1 à L. 644-6)
(1) Une entreprise est en état de cessation des paiements lorsque son actif disponible ne lui permet pas de faire face à son passif exigible. Si des réserves de crédit ou des moratoires accordés par ses créanciers lui permettent de faire face au passif exigible, elle n'est pas en cessation des paiements (c. com. art. L. 631-1, al. 1er).	

Procédure dérogatoire de sortie de crise

1731 Pour favoriser la reprise rapide des petites entreprises en cessation de paiements à l'issue de la crise sanitaire, une procédure temporaire de traitement des difficultés a été mise en place par la loi 2021-689 du 31 mai 2021. La procédure de sortie de crise n'avait été mise en place que pour une durée de 2 ans à compter du premier jour suivant la publication de la loi. Les entreprises ne pouvaient donc plus en demander le bénéfice depuis le 2 juin 2023.

Eu égard à la hausse du nombre des procédures collectives ces dernières années, le gouvernement a réouvert la procédure de sortie de crise depuis le 22 novembre 2023 pour une durée de 2 années. Autrement dit, les demandes devront être présentées avant le 22 novembre 2025 (loi 2023-1059 du 20 novembre 2023, art. 46).

Nous en présentons ci-dessous les principales modalités.

Procédure de traitement de sortie de crise
Situation
La procédure concerne les entreprises en cessation des paiements (1), mais qui disposent des fonds nécessaires pour supporter le paiement des créances salariales et qui sont en mesure d'élaborer, dans un bref délai, un plan tendant à assurer le règlement de leurs dettes. En outre, elles doivent employer moins de 20 salariés et leur bilan doit enregistrer moins de 3 M€ de total de passif hors capitaux propres.
Objectifs
La procédure a pour but l'adoption d'un plan de règlement dans un délai de 3 mois. Le plan ne concerne que les créances antérieures à l'ouverture de la procédure et listées par l'entreprise. Sont exclues les créances salariales, alimentaires, délictuelles et celles inférieures à 500 €. Le montant des annuités prévues par le plan, à compter de la 3e, ne peut pas être inférieur à 8 % du passif établi par le débiteur. À défaut de plan arrêté dans le délai de 3 mois, le tribunal ouvre un redressement ou une liquidation judiciaire à la demande du mandataire, du ministère public ou de l'entreprise.

Procédure de traitement de sortie de crise
Effets
Un mandataire est chargé par le tribunal de surveiller l'entreprise et de représenter les créanciers. Un juge-commissaire est chargé de statuer sur les contestations. L'inventaire du patrimoine de l'entreprise, les garanties qui le grèvent et la liste des créances sont établis ; le tribunal peut toutefois dispenser d'inventaire. La liste des créances est déposée par l'entreprise au greffe et transmise par le mandataire à chaque créancier. Les créanciers ont alors 1 mois pour présenter leurs contestations. Dès lors que les créances ne sont pas contestées, le plan de règlement des dettes peut être élaboré sur la base de la liste.
Textes
Loi 2021-689 du 31 mai 2021, art. 13 ; décrets 2021-1354 et 2021-1355 du 16 octobre 2021
(1) Une entreprise est en état de cessation des paiements lorsque son actif disponible ne lui permet pas de faire face à son passif exigible. Si des réserves de crédit ou des moratoires accordés par ses créanciers lui permettent de faire face au passif exigible, elle n'est pas en cessation des paiements (c. com. art. L. 631-1, al. 1er).

36 Récapitulatif des caractéristiques de la SA non cotée

1740

<table>
<tr><th></th><th>SA à conseil d'administration</th><th>SA à directoire et conseil de surveillance</th></tr>
<tr><td>Capital</td><td colspan="2">• Au moins 37 000 €, divisés en actions.
• Les actions d'apport en numéraire doivent être libérées de la moitié au moins lors de la souscription, le solde dans les 5 ans.
• Capital variable : interdit.
• Apports en industrie interdits.</td></tr>
<tr><td>Nombre d'actionnaires</td><td colspan="2">• 2 au moins.
• Personnes physiques ou morales.</td></tr>
<tr><td>Direction</td><td>• Soit une seule personne physique : P-DG.
Un président du conseil d'administration, personne physique, qui assume également la direction générale de la société, a une double fonction :
- de président du conseil d'administration ;
- de directeur général (président-directeur général).
Cette personne est nommée par le conseil d'administration parmi ses membres.
• Soit 2 personnes physiques : président et DG.
Un président du conseil d'administration, personne physique, qui n'exerce que cette fonction, et une seconde personne directeur général, qui dirige la société.
Ces 2 personnes sont nommées par le conseil d'administration. Le directeur général peut être actionnaire et/ou administrateur.
• Directeurs généraux délégués.
Sur proposition du directeur général (P-DG si cumul des fonctions), un ou plusieurs directeurs généraux délégués (5 au maximum) peuvent être nommés par le conseil d'administration.
• Conseil d'administration.
Conseil d'administration (3 à 18 membres) nommé par l'assemblée générale ordinaire. Les administrateurs sont actionnaires si les statuts le prévoient.</td><td>• Le directoire est composé de 5 personnes physiques au plus. Le nombre est fixé par les statuts. Les membres du directoire peuvent être ou non actionnaires.
• La désignation d'un président du directoire est obligatoire
• Un ou plusieurs autres membres du directoire peuvent avoir le pouvoir de représentation en portant le titre de directeur général.
• Lorsque le capital social est inférieur à 150 000 €, le directoire peut n'être composé que d'une seule personne : le directeur général unique.
• Seul le conseil de surveillance nomme :
- le président du directoire ;
- les directeurs généraux.</td></tr>
</table>

	SA à conseil d'administration	SA à directoire et conseil de surveillance
Révocation des dirigeants	• P-DG : il est librement révocable par le conseil d'administration, sans motif ni préavis. • DG : il est révocable à tout moment par le conseil d'administration, mais à défaut de juste motif, il a droit à des dommages-intérêts. • Directeurs généraux délégués : révocation par le conseil d'administration sur proposition du directeur général, dommages-intérêts si pas de juste motif. • Les membres du conseil d'administration sont librement révocables par l'assemblée.	Les membres du directoire sont révocables : - par l'assemblée générale ; - également par le conseil de surveillance, lorsque les statuts le prévoient. La révocation sans juste motif donne lieu à des dommages-intérêts.
Pouvoirs des dirigeants	• P-DG : il assure la direction générale de la société. Il représente également le conseil d'administration, organise et dirige ce conseil. • DG : il dispose du pouvoir général et est le chef de l'exécutif. • Président du conseil d'administration (non directeur général) : il représente, organise et dirige les travaux du conseil d'administration.	• Le directoire a les pouvoirs pour agir au nom de la société. Il convoque les assemblées et peut recevoir des délégations de pouvoirs pour augmenter ou réduire le capital. • La société est représentée par le président du directoire (ou le directeur général unique), ainsi que les directeurs généraux lorsqu'ils sont nommés par le conseil de surveillance.
Contrôle de la société	Le conseil d'administration contrôle les organes de direction, mais il a en plus le pouvoir de déterminer les orientations de l'activité de la société.	Le conseil de surveillance exerce un contrôle permanent de la gestion du directoire, sans pouvoir s'immiscer dans cette gestion. Le conseil est composé de 3 membres au moins, 18 au plus. Les membres sont actionnaires si les statuts le prévoient.
Statuts fiscal et social du dirigeant	• *Fiscal :* P-DG ou DG : sa rémunération rentre dans la catégorie des salaires. • *Social :* P-DG ou DG assujetti à la sécurité sociale au régime général. • *Administrateurs :* leur rémunération relève des revenus de capitaux mobiliers.	• *Fiscal : membres du directoire :* leur rémunération rentre dans la catégorie des salaires. • *Social : membres du directoire* assujettis au régime général. *Membres du conseil de surveillance* assujettis au régime général si contrat de travail • *Membres du conseil de surveillance :* revenus de capitaux mobiliers.
Cumul avec un contrat de travail	• Possible si les critères du contrat de travail sont réunis. • Possible pour un administrateur de devenir salarié si la SA ne dépasse pas, à la clôture d'un exercice social, les seuils de 250 salariés, un chiffre d'affaires annuel de 50 M€ ou un total du bilan annuel de 43 M€ et si son contrat de travail correspond à un emploi effectif. 1/3 des administrateurs peuvent cumuler leur mandat avec un contrat de travail.	• *Membres du directoire :* tous peuvent détenir un contrat de travail. • *Membres du conseil de surveillance :* 1/3 des membres peuvent cumuler leur mandat avec un contrat de travail.

	SA à conseil d'administration	SA à directoire et conseil de surveillance
Conventions réglementées	Est soumise à l'autorisation préalable du conseil d'administration toute convention intervenant directement ou par personne interposée entre la SA et : - son directeur général, l'un de ses administrateurs, l'un de ses directeurs généraux délégués ; - un actionnaire disposant d'une fraction de droit de vote supérieure à 10 % ; - une société contrôlant une société actionnaire qui dispose d'une fraction de droit de vote supérieure à 10 % ; - une entreprise, si le directeur général, un directeur général délégué ou un administrateur de la SA est propriétaire, associé indéfiniment responsable ou dirigeant de cette entreprise. Les conventions conclues et autorisées au cours d'exercices antérieurs dont l'exécution s'est poursuivie au cours du dernier exercice sont examinées chaque année par le conseil d'administration (c. com. art. L. 225-40-1).	Est soumise à l'autorisation préalable du conseil de surveillance toute convention intervenant directement ou par personne interposée entre la SA et : - un membre du directoire ou du conseil de surveillance ; - un actionnaire disposant d'une fraction de droit de vote supérieure à 10 % ; - une société contrôlant une société actionnaire qui dispose d'une fraction de droit de vote supérieure à 10 % ; - une entreprise, si un membre du directoire ou du conseil de surveillance de la SA est propriétaire, associé indéfiniment responsable ou dirigeant de cette entreprise. Les conventions conclues et autorisées au cours d'exercices antérieurs dont l'exécution s'est poursuivie au cours du dernier exercice sont examinées chaque année par le conseil de surveillance (c. com. art. L. 225-88-1).
Conventions libres	Les conventions portant sur des opérations courantes sont librement conclues dès lors qu'elles le sont à des conditions normales (c. com. art. L. 225-39 et L. 225-87). Les conventions conclues entre deux sociétés dont l'une détient, directement ou indirectement, la totalité du capital de l'autre ne sont pas soumises à autorisation (c. com. art. L. 225-39 et L. 225-87).	
Mode de consultation des actionnaires	• Les décisions des actionnaires sont prises en assemblée (pas de consultation écrite ou de décision unanime dans un acte). • Possibilité de vote à distance. • Possibilité de dématérialisation des assemblées.	
Droit de communication des actionnaires	• Sur demande des actionnaires : *voir §§ 618 à 630.* • À l'occasion d'une assemblée : *voir §§ 631 à 650.* • Droit permanent : *voir §§ 651 à 655.* • Tableau récapitulatif : *voir § 656.*	
Quorum	• AGO : 1/5 des actions (1re convocation, pas de quorum sur 2e convocation). • AGE : 1/4 des actions (1re convocation). 1/5 des actions (2e convocation).	
Majorité	• AGO : plus de 50 % des voix exprimées. • AGE : 2/3 des voix exprimées.	
Approbation des comptes annuels	Assemblée générale ordinaire.	• Assemblée générale ordinaire. • Le directoire, dans les 3 mois de la clôture de l'exercice, doit arrêter les comptes annuels et les présenter au conseil de surveillance. Il doit également communiquer à celui-ci le rapport de gestion.
Dépôt des comptes au greffe	Oui. Soit dépôt papier, soit dépôt électronique par l'intermédiaire du Guichet unique (*voir § 1601*).	

	SA à conseil d'administration	SA à directoire et conseil de surveillance
Nomination obligatoire des commissaires aux comptes	• À compter du 1er exercice clos après le 26 mai 2019 (c. com. art. L. 225-218, D. 225-164-1 sur renvoi de l'art. D. 221-5) : - pour toutes les SA : nomination obligatoire si dépassement de 2 des 3 seuils suivants : total du bilan de 4 M€, chiffre d'affaires HT de 8 M€ et 50 salariés. - pour les sociétés têtes de groupe : nomination obligatoire si l'ensemble formé par la mère et les filiales dépasse 2 des 3 seuils énoncés ci-dessus. - pour les sociétés filiales : nomination obligatoire si la personne ou l'entité qui les contrôle forme avec toutes les sociétés contrôlées un ensemble qui dépasse 2 des 3 seuils énoncés ci-dessus et si la filiale dépasse de 2 des 3 seuils suivants : total du bilan de 2 M€, CA HT de 4 M€ et 25 salariés. Par dérogation, si la société tête de groupe est elle-même contrôlée par une société dotée d'un commissaire aux comptes, elle n'a pas à en nommer un (c. com. art. L. 823-2-2, al. 2 remplacé par art. L. 821-43, al. 2 à compter du 1er janvier 2024).	
Cession des droits sociaux	• Les actions sont négociables. Elles se transmettent par virement de compte à compte ou par leur inscription dans un DEEP. • Les cessions sont faites librement, sauf clause d'agrément ou de préemption. Ces clauses ne peuvent s'appliquer en cas de cession entre époux, un ascendant ou un descendant. La clause d'agrément peut jouer entre actionnaires. • Le conseil d'administration peut être déclaré compétent pour statuer sur les demandes d'agrément. • *Fiscal :* droits d'enregistrement de 0,10 %, non plafonnés.	• Les actions sont négociables. Elles se transmettent par virement de compte à compte ou par leur inscription dans un DEEP. Les cessions sont faites librement, sauf clause d'agrément ou de préemption. Ces clauses ne peuvent s'appliquer en cas de cession entre époux, un ascendant ou un descendant. La clause d'agrément peut jouer entre actionnaires. • Le directoire peut être déclaré compétent pour statuer sur les demandes d'agrément. • *Fiscal :* droits d'enregistrement de 0,10 %, non plafonnés.
Responsabilité	• Actionnaires : à hauteur de leurs apports. • Dirigeants : en cas de faute de gestion. • Responsabilité fiscale du dirigeant effectif.	• Actionnaires : à hauteur de leurs apports. • Membres du directoire : en cas de faute de gestion. • Membres du conseil de surveillance : seulement en cas de faute personnelle, ils ne sont pas responsables des actes de gestion et des résultats. • Responsabilité fiscale du dirigeant effectif.
Régime fiscal	IS de plein droit.	

Table alphabétique

Les numéros en gras sont ceux des paragraphes.
Un sommaire détaillé figure au début de chaque fiche.

Table alphabétique

Table alphabétique

Table alphabétique